大同县志

（1996~2013）

刘志远　主　编

山西省大同县地方志编纂委员会办公室　编

线装书局

魅力大同县

中国黄花之乡

国家火山地质公园

全国燕山—太行山国家集中连片特困地区扶贫开发县

全国生态保护与建设示范区

全省休闲农业和乡村旅游示范县

大同西坪国家沙漠公园

大同桑干河国家湿地公园

国家全域旅游示范区

国际健康养生基地

创建全国绿色食品原料（黄花菜）标准化生产基地

《大同县志（1996~2013）》编审委员会

主　　　　任：王凤瑞　周聚德

副　主　　任：罗士彬　夏静安

委　　　　员：李　喜　张丙祥　赵　祥　穆成志　刘志远

《大同县志（1996~2013）》编纂人员

主　　　　编：刘志远

副　主　　编：吉广仁

编　务　人　员：吉广仁　张瑞芳　张晓瑛

《大同县志（1996~2013）》专家评审组

省级评审专家：刘益龄　马正英　郝世文　杨　颖

市级评审专家：李　勇　金丽娟　曹力军　王　林　韩保农

审　查　验　收：大同市地方志办公室

审　　　　核：山西省地方志办公室

批　准　出　版：大同县人民政府

中共大同县委书记　王凤瑞　　　　　　　中共大同县委副书记、大同县人民政府县长　周聚德

序言

　　《大同县志（1996~2013）》即将与大家见面了，这是一件十分有意义的事情。该志付梓问世，意义深远而重大，堪谓本县盛事，可喜可贺！这是大同县人民政治生活中的一件大事，也是大同县科学文化史上的盛举。在此，向县编修志书工作者，特别是编纂人员的辛勤笔耕、无私奉献的精神表示诚挚问候和良好祝愿，向省、市史志部门领导的有力指导和专家学者及社会各界人士的大力支持、帮助，表示衷心感谢！

　　编修该志历时六个春秋。全书150余万字，记述大同县改革开放以来自然、政治、经济、文化、社会等方面史料，既反映地方特色，又突出时代特点，依时为序，纵贯历史，横陈百科，门类齐全，重点突出，堪称"一县之全史"。一部志书在手，可挈大同县历史于眼底，功在当今，利及后代。

　　改革开放以来，大同县发生了翻天覆地的变化。新世纪新气象，尤其近年来，全县上下在市委、市政府和县委的坚强领导下，深入贯彻落实党的十八大、十八届三中、四中、五中全会和习近平总书记系列重要讲话精神，紧紧围绕县十一届党代会"建设现代城郊型新大同县，打造宜业宜居宜游三大乐园"的目标以及县十二届党代会确立的"以党的建设为统领，以脱贫攻坚为抓手，为建设美丽、富裕、幸福的大同县"奋斗目标，同心同力，共谋发展，统筹做好稳增长、调结构、促改革、惠民生等各项工作，县域经济迅猛发展，从一个传统的农业县努力建设成为新型城镇化示范县、新型产业承载地、旅游休闲体验地、健康养老养生地、绿色农产品供给地"一县四地"建设；竭力打造"现代新型工业园、火山文化旅游园、都市特色农业园、自然美丽新家园"的"四大园"战略发展目标，使宜业环境、宜居品质、宜游目标更彰显，为全面建成小康社会奠定坚实基础。城乡面貌发生深刻变化，县城从三面环山的一个小镇建设成为文明县城，正在步入城乡一体化发展的新阶段，社会事业快速发展，民主法制建设进程不断加快，初步形成积极向上、安定和谐的生动局面。目前，大同县已经建设成为中国黄花之乡、国家火山地质公园、生态休闲胜地，成为全国燕山—太行山国家集中连片扶贫开发县、全国绿化模范县、全省休闲农业和乡村旅游示范县、国家全域旅游示范区。这些巨大变化和辉煌成就，是全县人民共同奋斗的结果，凝聚了社会各界和大同县籍在外成功人士的心血和汗水。

该志忠实记载了大同县改革开放特别是1996年以来的光辉历程，客观记录了18万大同县儿女励精图治、奋发图强的动人事迹，真实反映了全县人民上下求索、激情拼搏的鲜活经验，为我们鉴往知来、把握现在提供了珍贵的历史资料，是大同县长远发展的宝贵精神财富。修史之难，莫过于志。修志是一项系统而繁杂的文化工程。这部县志内容全面、详略得当，既明白晓畅，又严谨切实，诚为爱国爱乡的好教材，足以起到"资治、存史、教化"的作用。积六年之功，书十八年之业，殊为不易。再次向所有编纂人员和关心支持修志工作的县内外人士表示诚挚的谢意！

人无完人，金无足赤。在编纂该志的过程中，虽经艰苦努力，反复锤炼，因人少任重、学识有限，书中难免有疏漏讹误之处，敬请读者不吝赐教。

真诚地希望各级领导同志认真拜读该志，仔细体味，从中领略决策的风采、循寻发展的轨迹、评味奋斗的艰辛、分享收获的喜悦、珍惜大好的局面，并从中学到领导的艺术，提高依法执政、科学执政、民主执政、文明执政的能力，从而进一步解放思想，开拓创新，求真务实，扎实工作，为全面建设大同县做出新的更大贡献。

一志在手，洞烛县情；一志相传，教益民众。借助这部县志，让历史告诉未来，必将激发全县人民前赴后继、薪火相传，把大同县的事业不断推向前进，早日实现美丽富裕幸福大同县，再谱更加灿烂辉煌的新篇章。愿大同县明天更加美好！

是为序。

中共大同县委书记
中共大同县委副书记
大同县人民政府县长

2013年7月17日，时任山西省委书记袁纯清莅临我县调研生态建设及火山群开发工程

2013年7月17日，时任山西省委书记袁纯清莅临我县调研黄花产业

2015年11月18日，时任省委书记王儒林莅临我县调研生态建设及火山群开发工程

2015 年 11 月 18 日，时任省委书记王儒林莅临我县调研黄花产业

2016 年 6 月 4 日，中央文献办滕文生（左一）等莅临我县调研黄花产业

2016 年 8 月 10 日，国家质量监督检验检疫总局局长支树平（左二）莅临大同县调研火山群开发项目

2017 年 4 月 17 日，山西省委常委、大同市委书记张吉福与干部群众、部队官兵一道，在大同县参加义务植树

谨　创新

2015年12月2日，时任省长李小鹏深入我县恒岳重工有限责任公司、玉鑫农牧资源开发公司、吉家庄乡南米窑扶贫移民新村等地调研

2014年6月21日，时任省委副书记楼阳生莅临我县调研

2013年7月23日，时任山西省委常委、组织部部长汤涛莅临我县调研黄花产业

2016 年 7 月 18 日，时任大同市委书记张吉福调研大同县黄花产业规划

2014 年 11 月 10 日，时任山西省委常委、统战部长孙绍骋莅临我县调研民营企业

2016 年 6 月 17 日，山西省人大常委会副主任张建欣莅临我县调研火山群开发工程

2012 年，时任大同市政府市长耿彦波莅临我县调研生态绿化工程

2015 年 4 月 8 日，郭凤莲、申纪兰、吕日周莅临我县参加造林绿化

2014 年 9 月 22 日，大同县政府县长周聚德代表县政府签约儿童医院项目、农副产品深加工项目、国家爱晚养老基地项目等 15 个项目

全县扶贫建档立卡培训工作会

大同县吉家庄乡移民新居（一）

大同县吉家庄乡移民新居（二）

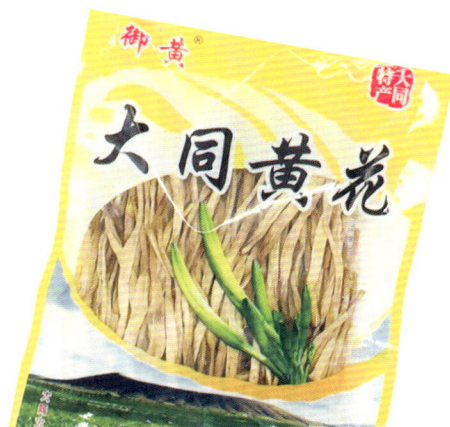

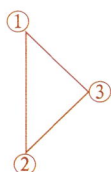

① 收获的喜悦

② 外国友人体验采摘黄花

③ 大同黄花品牌

大同县黄花种植基地

"黄花之乡"黄花香

大同首届火山黄花文化旅游节开幕式会场

金山近景

狼窝山

大同火山群国家地质公园博物馆外景　　　　　大同火山群国家地质公园火山沙盘

火山石蛋

大同睡佛

全县干部群众积极投身于生态绿化场景

全县人民群众义务植树

中国重汽集团大同齿轮有限公司新厂区落户我县
奠基仪式

恒岳重工有限公司生产车间

入京津电网

种植蘑菇

菲尼克斯酒庄诚请法国调酒师传授技术

立体种植

椿林养殖园区剪影

多元化种植

天佑养殖鸡场剪影

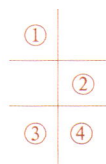

① 大同县客运汽车站
② 境内的大同云冈机场
③ 马连庄高速公路枢纽
④ 铁路枢纽

① 万昌物流园区
② 万昌物流园区鸟瞰图
③ 霖茂商场外景
④ 村头杂货市场

昊和广场

大同县一中

大同县体育馆

天然氧吧

昊天寺

西坪公园全景

美好生活　幸福晚年

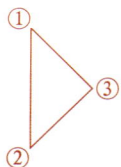

① 昊和广场夜景

② 在大同县举办的越野摩托车比赛

③ 中国乳娘村——散岔村的乳娘喂奶剪影

欢乐在乡村

泛舟小龙门

挠阁

大同耍孩儿

姑娘小伙与天试比高

国家住建部公布的第四批中国传统村落——许堡村

国家住建部公布的第四批中国传统村落——落阵营村

肖家窑子头民居

马连庄村文化广场

① ②

③ ④

⑤ ⑥
⑦

① 2017年5月省地方志办公室主任张志仁（左三）
  莅临大同县调研史志工作并观摩大同火山群
② 二轮《大同县志》省级评审会领导专家合影
③ 2016年10月28日二轮《大同县志》省级评审会
④ 2012年7月6日举行《中国共产党山西省大同县历史
  纪事（1921～2010）》首发仪式
⑤ 2010年10月26日召开首轮党史和二轮县志推进会
⑥ 2013年11月18日召开二轮县志推进会
⑦ 2010年3月18日召开大同县启动编修首轮党史暨二轮
  县志动员会

大同县旅游导览图

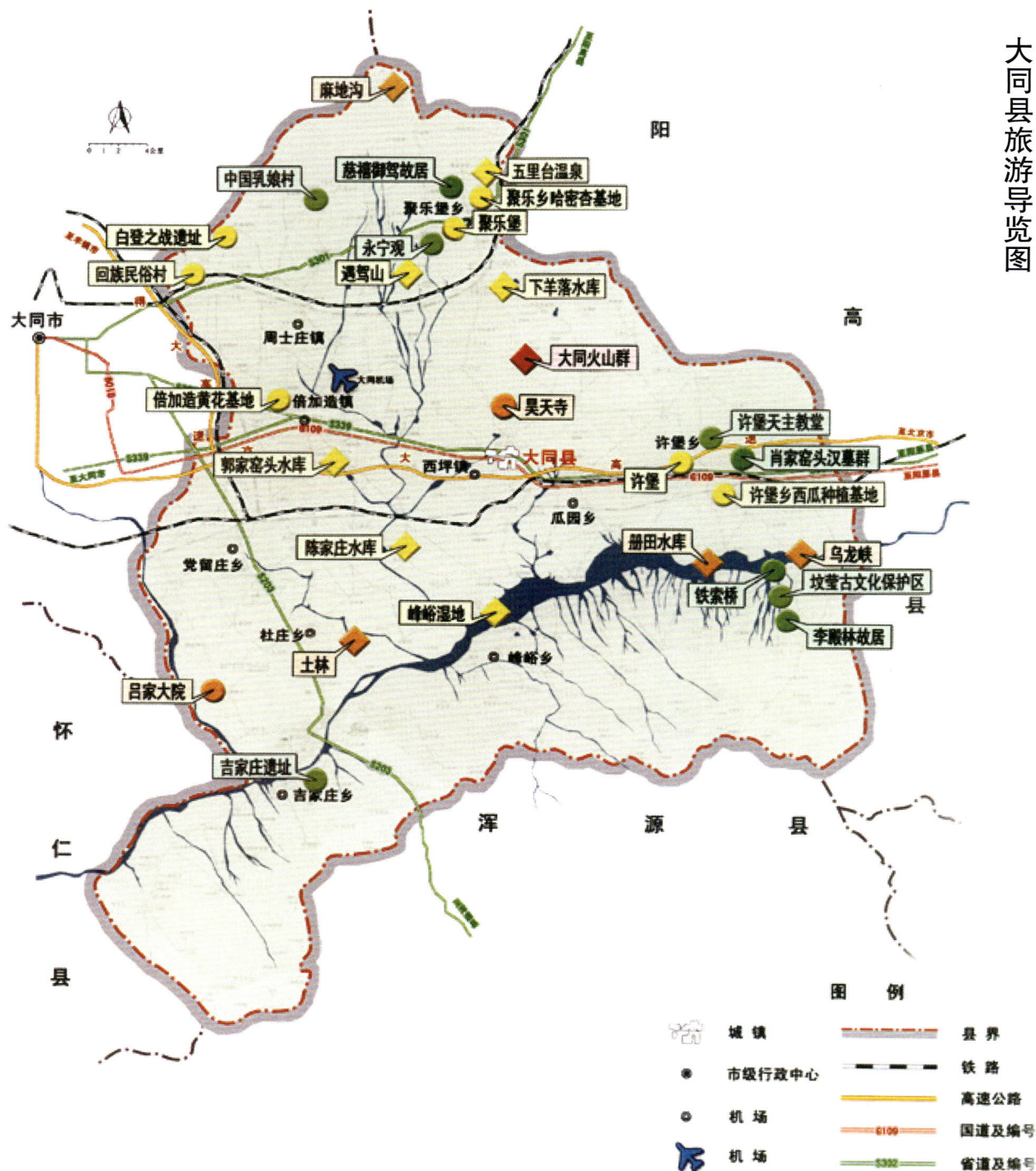

麻地沟

中国乳娘村　慈禧御驾故居　五里台温泉
聚乐堡乡哈密杏基地
白登之战遗址　聚乐堡乡　聚乐堡
回族民俗村　永宁观
通驾山　下羊落水库

大同市

周士庄镇

大同火山群

倍加造黄花基地　倍加造镇　昊天寺

许堡天主教堂
许堡乡　肖家窑头汉墓群
郭家窑头水库　大　西坪镇　大同县　许堡
许堡乡西瓜种植基地

瓜园乡

陈家庄水库

册田水库　乌龙峡
党留庄乡　铁索桥　坟茔古文化保护区
峰峪湿地　李殿林故居

杜庄乡　峰峪乡
土林

吕家大院

吉家庄遗址
吉家庄乡

怀　仁　县

阳

高

县

浑　源　县

图　例

城镇　　　　县界
市级行政中心　　铁路
机场　　　　高速公路
机场　　　　国道及编号
　　　　　　省道及编号

火山群园区面积77.1平方千米。在黄土覆盖的盆地上，集中分布有17座火山渣锥，其中著名的有昊天山、金山、黑山、狼窝山、阁老山、双山、老虎山、牌楼山等，还有玄武岩舌、岩垄及多个寄生火山。园区内还有沙板梁地垒、丰稔山变质岩断块山、黄土地貌等地质景观，是野外地质科普活动和科学研究、生态游览观光、火山观赏旅游胜地。

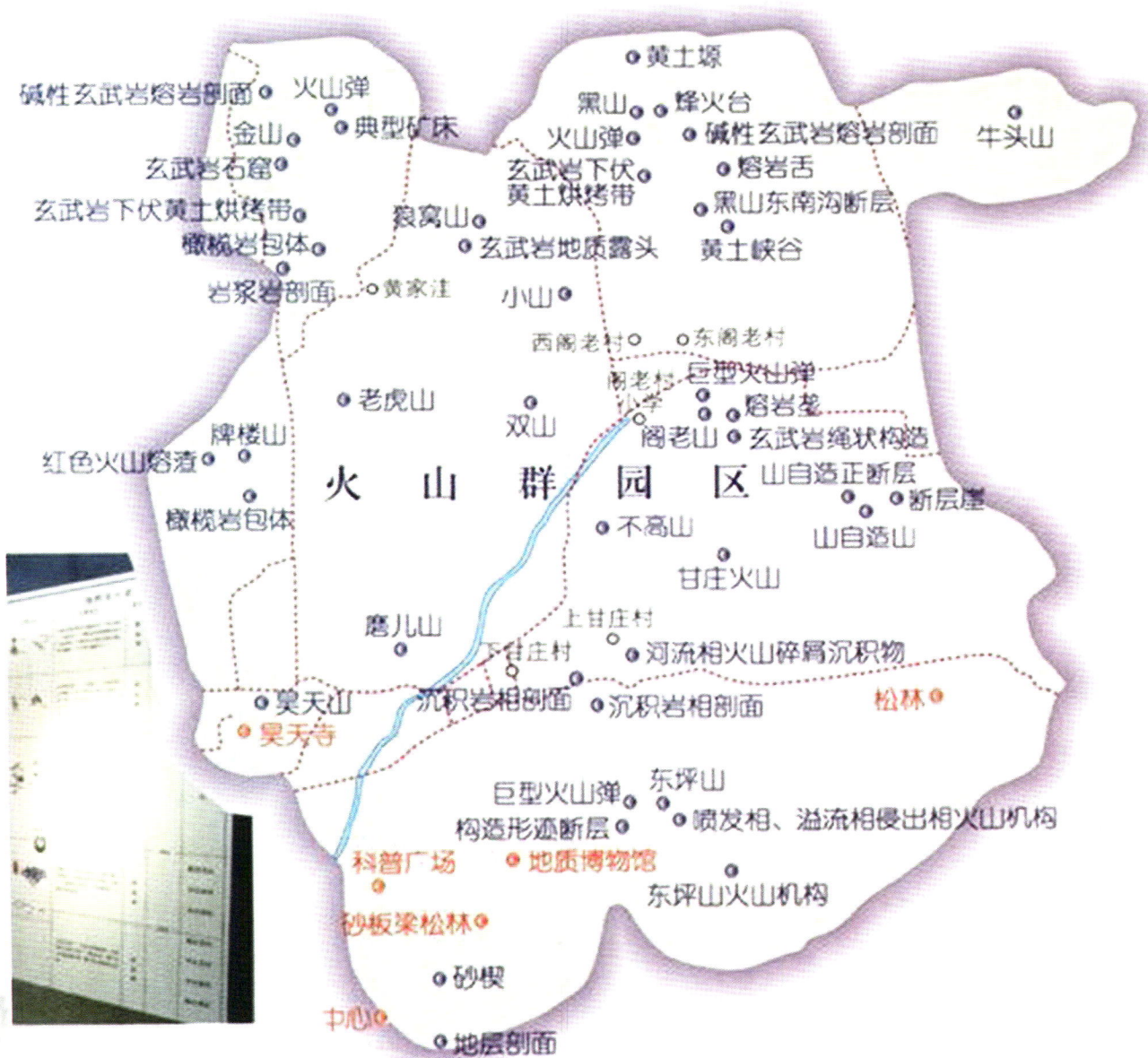

黄土塬

碱性玄武岩熔岩剖面
火山弹
黑山
烽火台
牛头山
金山
典型矿床
火山弹
碱性玄武岩熔岩剖面
玄武岩石窟
玄武岩下伏
熔岩舌
黄土烘烤带
黑山东南沟断层
玄武岩下伏黄土烘烤带
狼窝山
橄榄岩包体
玄武岩地质露头
黄土峡谷
岩浆岩剖面
黄家洼
小山
西阁老村
东阁老村
阁老村
巨型火山弹
小学
熔岩垄
老虎山
双山
阁老山
玄武岩绳状构造
牌楼山
山自造正断层
红色火山熔渣
火山群园区
断层崖
橄榄岩包体
不高山
山自造山
甘庄火山
磨儿山
上甘庄村
河流相火山碎屑沉积物
昊天山
沉积岩相剖面
沉积岩相剖面
松林
昊天寺
下甘庄村
巨型火山弹
东坪山
构造形迹断层
喷发相、溢流相侵出相火山机构
科普广场
地质博物馆
东坪山火山机构
砂板梁松林
砂楔
中心
地层剖面

2002 年前大同县行政区划图

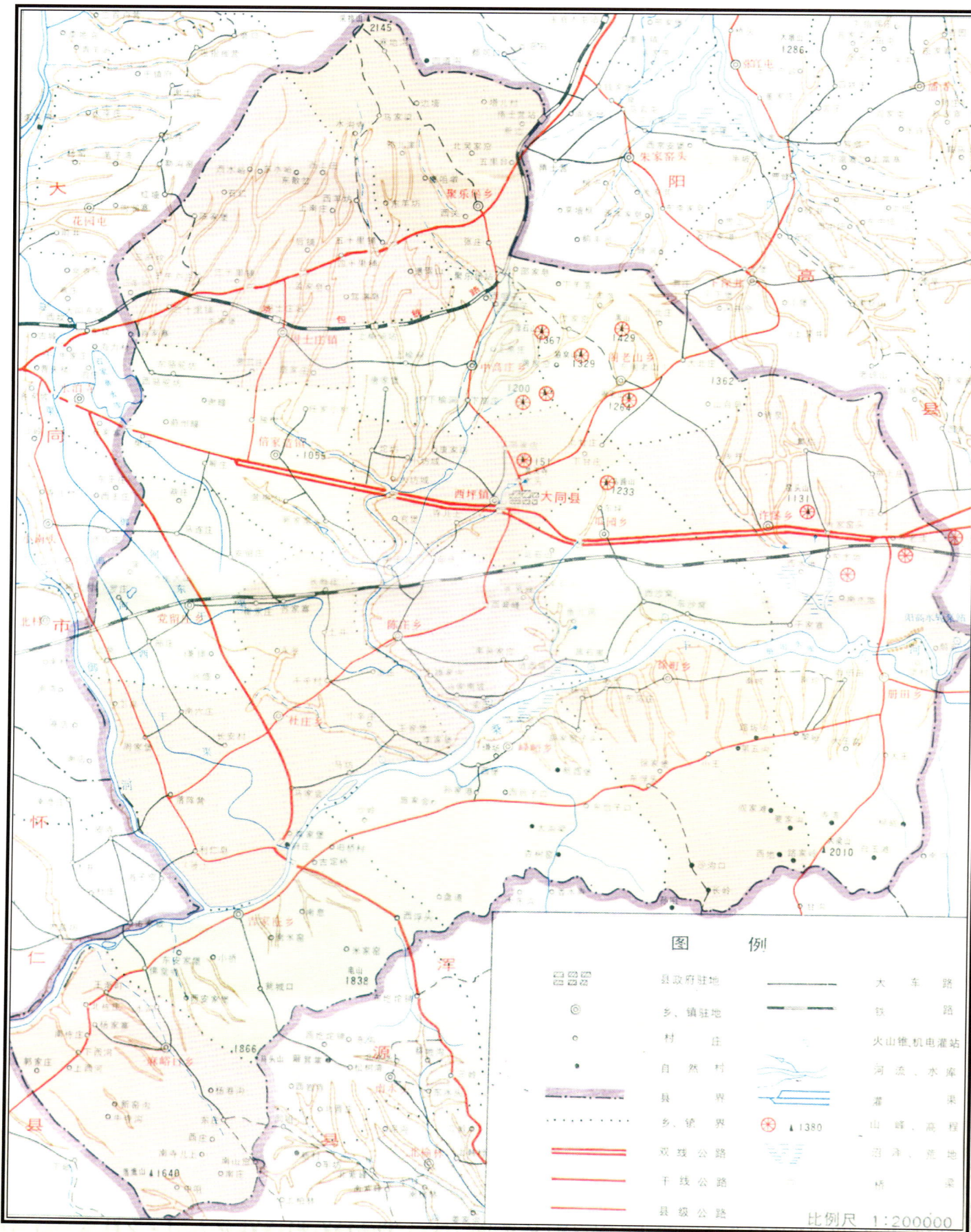

图　例

县政府驻地		大　车　路
乡、镇驻地		铁　　　路
村　　庄		火山锥、机电灌站
自　然　村		河流、水库
县　界		灌　渠
乡、镇界	▲1380	山峰、高程
双线公路		沼泽、盐地
干线公路		桥
县级公路		

比例尺 1:200000

2002年后大同县行政区划图

比例尺 1:100000

27

大同县县城总体规划 (2013—2030) 总图

图例　二类居住用地　A2 教育科研用地　A4 体育用地　B1 商业用地　B4 公用设施营业网点用地　　城市道路用地　　供电用地　　G1 公园绿地　　规划建设用地范围线
　　　　A1 行政办公用地　中 中学用地　　医疗卫生用地　B2 商务用地　B9 其他服务设施用地　　交通场站用地　　供热用地　　宗教绿地　　城市增长界线
　　　　A2 文化设施用地　小 小学用地　　社会福利用地　B3 娱乐康体用地　　加油站　　铁路用地　　排水用地　　G3 广场　　主要道路用地

山西省城乡规划设计研究院

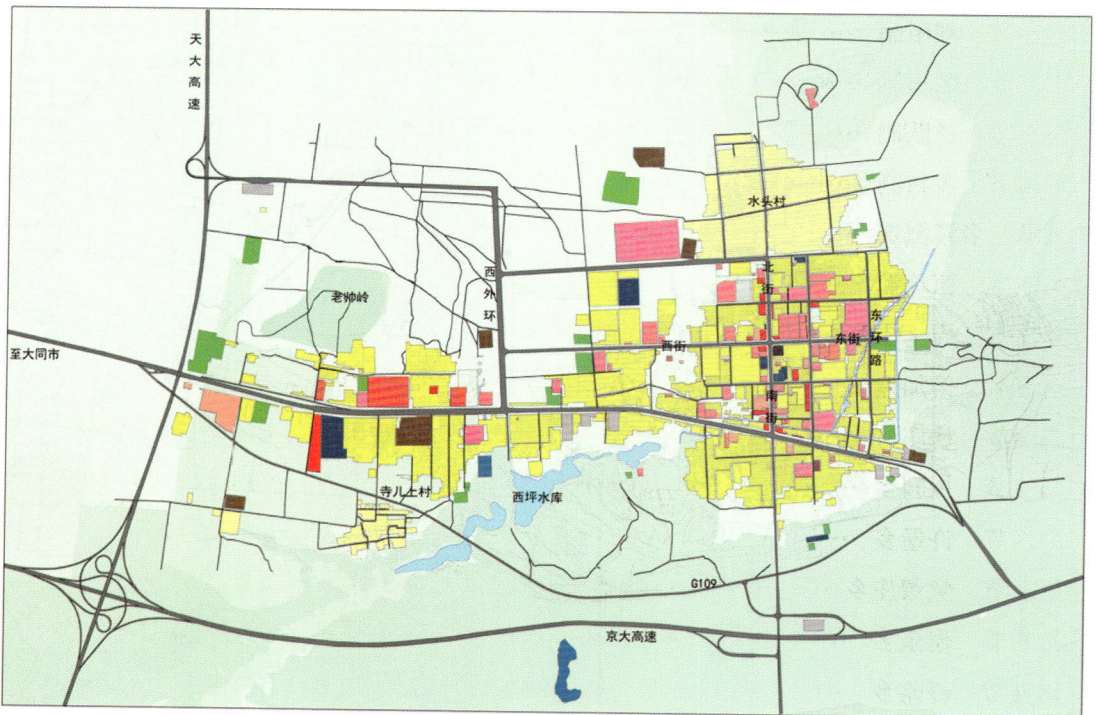

大同县县城总体规划 (2013—2030) 现状图

图例　二类居住用地　文化设施用地　宗教用地　娱乐康体用地　交通枢纽用地　环境设施用地　其他服务设施用地　水城
　　　三类居住用地　教育科研卫生用地　商业用地　公用设施营业网点用地　交通场站用地　农林用地　城市道路用地
　　　行政办公用地　医疗卫生用地　商务用地　工业用地　供应设施用地　广场用地　文物古迹用地

山西省城乡规划设计研究院

目　录

凡　例

一、指导思想:以马克思列宁主义、毛泽东思想、邓小平理论、"三个代表"重要思想、科学发展观和习近平新时代中国特色社会主义思想为指导,坚持辩证唯物主义和历史唯物主义观点,运用新观点、新材料、新方法,忠实地记述大同县境内自然、政治、经济、文化、社会的历史与现状。力求做到思想性、资料性、科学性相统一。

二、编纂原则:存真求实,详今略古,体现时代特征,突出地方特色,为社会主义现代化建设服务。

三、时间断限:本志叙事上限定于1996年1月,个别内容适当上溯,下限至2013年12月。重点记述1996年以后,特别是进入21世纪后的现代化建设成就。

四、志书体例:本志采用述、记、志、传、图、表、录等体裁,志为主体。全书首置概述和大事记,图表穿插其中。述以总摄全书,记以综记大事,志以记述各项事业,传以收载人物,附录辑存文献,图表随文穿插,力求图文并茂。本志结构为编、章、节、目四个层次,个别层次根据内容的需要设子目。

五、纪年方法:本志采用公元纪年。

六、称谓书写:各种机构、部门、社会团体和会议名称等,在行文中第一次出现时,一律用全称。多次出现时则用简称,如中国共产党大同县委员会,简称中共大同县委或县委。其他依此类推。言"党"而不指明何种党派,均指中国共产党;言"党派"而不指明何种党派,均指民主党派。

七、人物志:设人物传、人物简介、人物表三部分。坚持生不立传。人物志主要收录大同县籍人物,为大同县经济社会发展做出突出贡献、在人民群众中影响较大的人物。劳动模范以授予称号的时间为序。

八、计量单位:本志均以《中华人民共和国计量单位名称与符号方案》为准,个别沿用历史惯用单位。表示数量、百分比、公元纪年等一律使用阿拉伯数字。凡称"以上""以下""以内"的数据均含本数。

九、志书资料:修志资料来源于县内各承编单位提供的资料及档案,部分采自图书、报刊专著、图片、回忆录、调查、采访等,一般不再注明。凡本志涉及人物的职务、职级和荣誉均不能作为有关诉讼依据,仅供参考。

概　述

大同县,位于山西省东北部,隶属大同市。全县位于东经 113°20′ – 113°55′,北纬 39°43′ – 40°16′,东接阳高,南连浑源和怀仁,北邻新荣,西依大同市区,属晋冀蒙交会之地。地形呈南北高、中间低走势,主要有采凉山系、六棱山系和东部火山群。全境南北长 59 千米,东西宽 43 千米,总面积 1503 平方千米。平均海拔 1157 米。其中,平川 123.865 万亩,占 55.13%;丘陵 67.8 万亩,占 30.18%;山区 33 万亩,占 14.69%,是一个地势平坦、土壤肥沃的县。全县农用地 180.625 万亩,占土地总面积的 80.15%。其中,耕地 64.42726 万亩(水浇地 12.08239 万亩,旱地 52.06008 万亩,菜地 2847.9 亩)。全县建设用地 19.45851 万亩,其中集体用地 7.4586 万亩,国有用地 11.9999 万亩。经过几代人不懈努力,全县种植黄花达 9 万亩,林地达 101 万亩,牧草地达 36.1142 万亩,森林覆盖率、林草覆盖率分别达 23.6%、51.2%,湿地达 6 万多亩。全县辖 10 个乡(镇)175 个行政村。截至 2013 年底,总人口 189256 人。2013 年,大同县全年实现生产总值 226851 万元。大同县是中国黄花之乡、国家火山地质公园、生态休闲胜地,是全国燕山—太行山国家集中连片扶贫开发县、全国绿化模范县、全省休闲农业和乡村旅游示范县等。

大同县属温带季风型大陆性气候带,春季风大干燥、夏季雨水集中、秋季温差较大、冬季寒冷少雪。年平均气温 6.4℃,年平均降雨量 389 毫米,无霜期 125 天,大风日数 34 天。土壤以粟钙土为主,干旱、冰雹、冻害等灾害性气候出现频繁。境内有十处地质断裂带,属地震多发区。

大同县是富水区,水资源总量 10547 万立方米,其中河川径流量 3094 万立方米,地下水资源储量 7453 万立方米,人均水资源占有量 620 立方米。地表水属海河水系,以桑干河、御河、沙河和方城河、中高庄河等为主,形成了大、中、小型水库 16 座,水面达 12630 亩,湿地达 6 万亩。桑干河年均流量 2.6 亿立方米,境内流程 58 千米,注入境内的山西省第二大水库——册田水库。该水库总库容 5.8 亿立方米,面积约 5 万亩,蓄水量 8600 万立方米,每年向大同市和大同二电厂供水 5000 万立方米,历年共向北京市输水 2.3 亿立方米。

大同县物产丰富。境内有 12 种金属矿产,玄武岩、火山岩、石灰岩、花岗岩、白云岩探明储量分别为 69 亿立方米、5.5 亿立方米、3000 万立方米、311 万立方米和 82 万吨,还有煤、石英、长石、矿泉水、砖瓦黏土、砂、铁。主要工业品为活性炭、水泥、机砖等。

野生动物有狍子、野兔、豹、狐子、山狸子、獾子、瞎老、黄鼠狼等,禽鸟类有鸡、鸭、鹅和天鹅、大雁、燕子、麻雀、鸽子、喜鹊、布谷鸟、啄木鸟、老鹰以及画眉、黄莺、山雀等。养殖业以牛、羊、猪、鸡和鲤鱼、鲢鱼、蛇鱼、鲫鱼、鲇鱼等鱼类为主。

树种有油松、落叶松等针叶林和杨树、柳树、榆树等阔叶林以及苹果、梨、葡萄、杏、李、槟沙果等经济林。农作物有玉米、谷子、黍子、马铃薯、豆类、蔬菜等,特色农产品有黄花、绿豆、鲜食杏、槟果、西瓜、香瓜、地榴、药材等。

大同县远在新石器时代即有先民集居,系仰韶文化和龙山文化分布区。据记载,夏朝属冀州,商朝属危方、下方,西周属鬼方,春秋属楼烦、代。大同县于公元前3世纪战国年代建成,属赵国的代地。秦灭六国设平城、班氏,乃有"平城"之名。西汉置平城、班氏、平邑三县,东汉废县后又设郡,三国时期曹操统一北方仍置平城县,属冀州新兴郡。西晋,班氏、平邑并入平城,属并州雁门郡。公元313年拓跋猗卢定盛乐(今内蒙古和林格尔县)为北都,修秦汉旧平城为南都,属代国,后为北魏代都,曾名为万年县,孝文帝拓跋宏迁都洛阳后置恒州治理平城,北魏分裂后属东魏,北齐、北周曾名为北恒州、恒安镇、东州城、云中县,至此有"云中"一称。隋文帝统一中国置云内县。唐朝贞观年间置定襄城,后改为云中县、云中郡、云州。五代时期,为后唐所占,公元936年石敬瑭割让给契丹,改名西京,设西京道大同府,为辽之陪都,辽重熙十七年(1048年)划出"大同县",从此沿用到今天。宋设云中府路,金属西京路大同府。元属中书省河东山西道大同路。明属山西行中书省,后属山西布政使司大同府。清属山西省布政使司大同府,后属山西省大同府。民国先后属北路观察使、山西省雁门道,废道后直属山西省。抗战时期,日伪、国民党和共产党政权并存,从1937年抗日战争始以北同蒲路为界,分东大同、西大同,中国共产党政权设在东大同,先后属晋察冀边区第二专署、晋冀区专署、北岳专署、雁北专署,曾建立过大阳天、大阳丰等县政府,西大同属晋绥边区晋西第五、第九专署,曾建过"大怀左""大丰左"等县政府。1949年5月大同解放,东、西大同县合并,属察哈尔省雁北地区,另成立大同市。1952年属山西省雁北地区。1954年与怀仁县合并为大仁县,1958年归属大同市,称大郊区,1960年原大同县划为古城区。1965年恢复大同县建制,归雁北专署。1993年7月1日,雁北地区与大同市合并,归属大同市。1996年6月,成立于1992年的大同县湖东经济技术开发区同大同市经济技术开发区合并,蔚州疃、樊庄两村随之划入。

大同县党政机构驻地于1971年从大同市市区迁到大同县西坪镇水头村。

2013年,大同县全年出生2184人,死亡1031人,出生率11.58‰,死亡率5.46‰,自然增长率6.12‰。全县60岁以上人口2.4万人,占总人口的14%,按我国10%的标准,已经进入老龄化社会;全县残疾人抽样调查,占总人口的6.3%;全县重点优抚人员和五保户2000多人。

2013年,大同县全年实现生产总值226851万元,其中:第一产业完成增加值70197万元,第二产业完成增加值49998万元,第三产业完成增加值106656万元。第一、第二、第三产业对全县生产总值的贡献率分别为33.4%、5.3%、61.3%,三次产业结构比为30.9∶22.0∶47.1。人均生产总值达12831元,城镇登记失业率控制在4.2%以内,城镇化率为36.06%。

第一产业逐年增产增效。2013年,全县农作物播种面积为43031公顷,比上年增加94公顷,增长0.5%,其中,粮食作物播种面积为36706公顷,比上年增加502公顷,增长1.39%,经济作物播种面积为6325公顷,比上年减少194公顷,下降2.9%。在经济作物中,油料作物面积为214公顷,比上年增长9.8%,甜菜面积为245公顷,比上年下降26.6%,蔬菜面积为4513公顷,比上年下降0.5%,瓜果播种面积为1302公顷,比上年增长1.1%。2013年,大同县全年奶类产量30518吨,比上年下降0.7%,羊毛产量295吨,比上年增长0.9%,禽蛋产量12524吨,比上年下降1.8%。

2013年,大同县当年造林面积2678公顷,按造林方式分:人工造林2345公顷,无林地和疏林地新封造林333公顷。按经济成分分:国有造林333公顷,集体经济造林1745公顷,非公经济造林600公顷。按林种用途分:经济林600公顷,防护林1704公顷,薪炭林374公顷。四旁(零星)植树87万株,年末实有封山育林面积11866公顷,中、幼龄林抚育面积133公顷,当年苗木产量1200万株,2013年新增育苗面积193公顷,全年木材产量537立方米。

2013年，大同县实现农林牧渔业总产值130460万元。拥有农业机械总动力210353千瓦，农村用电量5192万千瓦时，农用化肥施用量（实物量）29157吨，农用塑料薄膜使用量1198吨，地膜覆盖面积14210公顷。

第二产业逐年增产增税。2013年，大同县全年14家规模以上工业企业实现增加值36181万元，实现销售产值118138万元，实现销售收入115284万元，比上年增长24%，实现利税7331万元，比上年增长13%，实现利润4285万元，全年实现总产值128665万元，其中：采矿业完成产值6303万元，占全部产值的4.9%，药品制造业完成产值5000万元，占全部产值的3.9%，水泥制品制造业完成产值20791万元，占全部产值的16.2%，煤炭制品制造业完成产值21000万元，占全部产值的16.3%，机械制造业实现产值32006万元，占全部产值的24.9%，其他建材类产值26066万元，占全部产值的20.3%。

2013年，大同县共有资质以上建筑业企业6家，共完成建筑业产值7961万元。资质以上房地产开发企业3家，共完成开发投资46527万元。

第三产业投资逐年增大。在固定资产投资方面：2013年，大同县共完成固定资产投资693095万元，按建设性质为：建筑工程完成投资408845万元，安装工程完成投资111587万元，设备工器具购置投资117705万元，房地产开发与经营投资46527万元，其他投资8431万元。全年共有投资项目76个，其中2013年新开工项目62个，房屋施工面积46700平方米，房屋竣工面积40000平方米，房屋竣工价值5491万元。在贸易服务业方面：2013年，大同县全年完成社会消费零售总额124380万元，按销售区域分：城镇的零售额为48938万元，占全部零售额的39.3%，乡村的零售额为75442万元，占全部零售额的60.7%；按消费形态分：餐饮业消费9564万元，占全部零售额的7.7%，商品零售为114816万元，占全部零售额的92.3%。

总之，截至2013年底，全县有中小企业188个，从业人员3957人。其中工业企业75个，农业企业69个，商业、建筑、服务企业44个。规模以上企业27家，按所有制分类，国有企业7家、其他企业20家；按行业分类，煤炭和煤炭运销业5家（按全县税收的80%以上）、建材业8家、化工业4家、冶金业3家、农产品加工业3家、装备制造业4家。全县个体工商户2391个，从业人员6113人。

大同县地处山西省北部赴京津地区的交通要冲，同浑、大张、大塘、109国道、京大高速、得大高速六条公路和京包、大秦、大准三条铁路纵横交错，位于倍加造镇的大同飞机场已开通了北京、上海、广州、长治四条航线。2013年，大同县境内公路通车里程达到1558千米，其中，国道通车里程为46千米，省道127千米，县道282千米，乡道735千米，村道368千米，公路密度为105.4千米/百平方千米，全县10个乡镇175个行政村全部通了水泥（油）路。全县拥有大型货用车4081辆，吨位达到117566吨；中型车辆171辆，吨位610吨；小型车辆1700辆，吨位2376吨。有牵引车3188辆，挂车3437辆，挂车吨位达109873吨，有大巴车41辆，拥有村村通小客车66辆，出租车250辆。村通水泥路1256千米，建成县城二级汽车站1座、乡镇四级汽车站8座、候车亭136个、招呼站62个，形成了四通八达的交通网络。境内铁路干线85.1千米，全国最大的煤炭运销基地——大秦公司湖东编组站位于大同县，年发运量达到3.5亿吨。

教育事业蓬勃发展。截至2013年底，作为全国"两基"教育先进县的大同县，拥有幼儿园36所（不含无证园），小学47所，小学办学点15所，初中14所，高中1所，职业中学1所、教师进修校1所。2013年，大同县小学招生人数为1672人，在校学生为9183人，毕业生人数为2566人；初中招生人数为938人，在校学生为3092人，毕业生人数为1147人。专任教师人数为：幼儿园79人（不含民办），小学959人，初中510人，高中202人。

卫生医疗健康发展水平明显提升。截至2013年底，大同县拥有县级医疗卫生机构6个，乡镇卫生院10

个,卫生院分院 6 个,农村卫生室(点)159 个,个体诊所 11 个。全县具有高级医疗卫生技术职称的人数为 10 人,全部为县级,具有中级医疗卫生技术职称人数为 91 人,其中县级 83 人,乡镇卫生院 8 人。具有初级医疗卫生技术职称人数 293 人,其中县级 122 人,乡镇卫生院 171 人。拥有床位 390 张,其中县级 196 张,乡镇卫生院 194 张。救护车 13 辆,其中县级 3 辆,乡镇卫生院 10 辆。大中型医疗设备(1 万元以上)174 台件,其中县级 137 台件,乡镇卫生院 37 台件。

文体事业推进有力。现有乡镇文化站 8 个、农家书屋 20 个、农村流动图书室 50 个;有健身场地 100 个、篮球场 46 个、小田径场 24 个、健身路径 26 条,全县人均体育场地 1.46 平方米;有文物保护单位 12 个、历史文化名村 1 个、非物质文化遗产 7 个。全县有 7 支农村电影放映队、11 支农民业余文艺队。全县金融业潜力巨大。2013 年底,全县金融机构存款余额 481740 万元,其中单位存款 135533 万元,个人储蓄存款 310687 万元,财政性存款 35255 万元,临时性存款 251 万元,其他存款 14 万元;各项贷款余额 143641 万元,其中短期贷款 75863 万元,中长期贷款 63928 万元,票据融资 3850 万元。

全县电力供应充足。现有 220 千伏安变电站、10 千伏安开闭所各 1 座,35 千伏安变电站 5 座,总容量 51800 千伏安,年最大负荷 37920 千伏安,年最大供电量 14300.14 万千瓦时,空余容量 27140 万千瓦时。市辖 500 千伏高压电路基座 366 基。目前,投资 1.2 亿元的御东 220 千伏安变电站正在建设,还将规划建设 1 座 110 千伏安和 2 座 35 千伏安变电站。

全县通信发达。共有固定电话 13950 户,小灵通 1030 户,移动电话 8 万户,宽带上网 3812 户。174 个行政村通程控电话,在 130 个村建成 279 个网络文化站,82 个村实现了宽带、IP 电话、有线电视等终端接入。

全县有党群、行政机关 42 个,乡镇、街道 13 个,事业单位 235 个(包括各类基层站所等),公教人员 6967 名。

全县有基层党组织 384 个,其中党委 19 个,党总支 10 个,基层支部 355 个。中共党员 7518 人,民盟党员 1 人,民建党员 2 人。

社会保障和救助体系不断完善。截至 2013 年,大同县拥有光荣院、敬老院 9 所,床位 450 张,集中供养 364 人,政府为集中供养老人支付养老费用 86 万元,分散供养五保户 1463 人,支付养老费用 190 万元。全县为 3074 户 6102 人城镇低保对象支付低保金 2334 万元,为 14064 户 15715 人农村低保对象支付低保金 2370 万元,新型农村合作医疗参保人数为 126153 人,全年共为农村参保患者报销医疗费 4959 万元。2013 年,全年新增城镇就业人员 2000 人,扶持创业带动就业 900 人,转移农村劳动力 7000 人,创业培训 400 人、城镇登记失业人员技能培训 800 人,农村转移劳动力培训 3200 人,技能人才培训 1200 人,高技能人才培训 160 人。2013 年,企业参加养老保险的职工为 9821 人,城镇居民参加养老保险的为 1764 人,农村居民参加养老保险的为 67012 人,事业单位参加养老保险的为 237 人,参加工伤保险的为 10596 人,参加生育保险的为 14078 人,参加城镇基本医疗保险的为 30074 人,参加失业保险人数为 7614 人。

大同县以汉族为主,有回族、蒙古族、藏族、维吾尔族、壮族等少数民族 593 人,其中有 2 个回民聚居村 406 人。大同县是全省宗教工作重点县,佛教、道教、天主教、基督教、伊斯兰教五教俱全,信教群众 6200 人,占全县总人口的 3.8%。截至 2013 年,全县境内有经政府宗教部门正式登记的宗教活动场所 28 所,教职人员 87 名(其中,佛教 10 所、19 名,道教 2 所、3 名,基督教 14 所、56 名,伊斯兰教 1 所、1 名,天主教 1 所、8 名)。

大同县旅游景点众多。大同火山群是中国境内最典型的火山集中分布区,是东亚大陆稀有的自然遗址,是研究第四纪地质运动的天然实验室,海拔在 1000 米至 1500 米之间的 30 余座火山锥均匀分布,具有不可媲美的旅游文化、地质学考察价值,已列入国家地质公园。建在火山口的昊天寺吸引了各方游客;县城东部的册田水库风光旖旎,环境优美,主要景观有乌龙峡、小龙门、回音壁、罗汉洞、蝴蝶湾、红门寺遗址等;县城北端的采凉山,主峰海拔 2144 米,超过恒山 100 米,自古有"北岳恒山万丈高,不及采凉半山腰"的说法,周边的地藏寺、采凉积雪、五里台温泉、麻地沟风光等景观都极具开发价值;县城南端的南山睡佛已有 1.38 亿年的历史,其逼真的佛像造型实属鬼斧神工,与云冈石窟相映生辉,珠联璧合;杜庄土林是黄土高原峡谷中的一道奇特风景,大自然的沧桑巨变造就了诡异迷离的地貌。此外,西汉"白登之战"遗址、李殿林旧居、吕家大院、慈禧西逃旧居等一大批人文景观也极具观赏价值。

大同县人文荟萃,涌现出众多名人志士。古代有北齐武明皇后娄昭君,文宣帝高洋生母;清代李殿林,曾任内阁学士、吏部左侍郎、邮传部尚书、吏部尚书、协办大学士、典礼院掌院学士等职。现代革命先驱举不胜举,尤以新加坡华侨仓夷烈士为代表。当代名人主要有吕日周等人,吕日周任省改革创新研究会会长、北京大学名誉教授,曾任省政协副主席,被评为改革开放三十周年风云人物;还有全国劳动模范赵喜顺、"新粮王"范成忠等。

这是思想大解放的 18 年。历届县委、县政府始终把解放思想放在首位,大力度、不间断地引导干部群众认清形势,解放思想。1996 年以来,历届县委、县政府大力倡导解放思想,改革创新,加快发展,使全县经济社会长足发展。2011 年,县委提出"建设现代城郊型新大同县",全县上下干群同心,众志成城,不断打造经济社会发展的亮点和奇迹。

这是发展大提速的 18 年。18 年来,县委、县政府始终突出科学发展为第一要务,以经济建设为中心,把上级精神与大同县实际结合起来,针对新情况,解决新问题,开创新局面。1998 年以来,大同县硅厂、大同县水泥厂、砖瓦厂等骨干企业在全国金属建材行业中处于中上游地位,为全县地方财政做出突出贡献。2006 年,提出"奋力赶超,强县富民"的经济工作思路,2009 年,按照"产业发展、平安和谐、生态宜居、文化繁荣"四大目标,推动全县经济社会健康快速发展。相继引进中国重汽集团大齿新厂区、威奇达等一大批项目,创税获益不菲;坚持城镇化发展战略,拓阔小城镇建设步伐,投入巨资新建县一中,实施县城集中供热工程,率先引进管道天然气,实施棚户区改造和廉租房工程,开发改造永业西街等县城部分地段,拓展西街和北环西路两条路,高标准建设和完善县城基础设施,拓展县城建设框架,建设百姓生活之乐园、人才创业之热土、商家投资之福地。2011 年以来,新一届大同县委县政府审时度势,确立了"建设现代城郊型大同县"奋斗目标,以转型综改试验区建设为统领,紧紧抓生态品牌,确立县域园林化发展目标,努力构建经济与环境协调,人与自然和谐发展的县域园林化建设新格局,团结带领全县广大干部群众,解放思想,自加压力,负重赶超,奋力拼搏,锐意进取,全力推进以黄花为主导的"一县一业"发展,做大做强黄花产业,促进农业提质增效、农民稳定增收,加快全县黄花产业化进程,为发展生态旅游产业、打造绿色生态的宜业、宜居、宜游乐园奠定了坚实基础,全县经济繁荣,政治稳定、社会安定的良好局面得到进一步的巩固和发展。

这是取得丰硕成果的 18 年。1996 年夺得省农田水利基本建设"禹王怀"。1996 年、1999 年分别被省委、省政府、省军区命名为双拥模范县。近年来先后获得,全国防沙治理先进县(成为全国十佳县之一)、全国平安建设先进县、中国最佳投资服务县、国家高标准农田建设示范县、全国第二次经济普查先进县、国家科普示范县、全国法制教育先进县、全省双拥模范县(2005 年实现四连冠)、全省畜牧先进县、全省卫生工作先进县、全省就业再就业工作先进县、省防震减灾工作先进县区、全省计划生育数据大集中先进集体、省农廉工作先进集体、省级精神文明先进集体(西坪镇、苏家寨等 4 个单位)、全省和谐社会建设先进县、全省造林绿化先进县、全省治超工作先进县、全省新农村建设先进县、全省农机推广旗帜县、全省政风行风评议先进县、全省公路建设十佳标兵县、省农田水利基本建设红旗县、全省消防工作责任制落实先进县、全省第三次文物普查先进县、全省农民体育健身工程建设先进县、山西省实施全民健身工程先进县、全省城乡环境卫生清洁工程先进县、全省支农资金整合先进试点县、山西省农家书屋先进县、全省安全生产工作先进县等30多个省级以上荣誉称号。

这是干群团结的18年。历届县委、县政府致力于营造团结务实的风气，以发展论是非，以效益论英雄，以实绩用干部。强调"想干事的有舞台，会干事的有环境，干成事的有位置"，对凝集人心、鼓舞斗志发挥了重要作用——人心思进，埋头苦干蔚然成风，树立了良好的大同县形象。2012年，全县开展"千名干部下基层帮扶"活动，全县1000余名机关干部深入175个行政村与农民同吃同住同劳动，极大地拉近了干群关系。

总结18年的发展历程，大同县人民更加坚信，只有发展才是硬道理，才是解决前进道路上一切问题的济世良方。展望今后的岁月，大同县人民将在县委、县政府的坚强领导下，以建设现代城郊型大同县为目标，继续解放思想，坚持改革开放，推动科学发展，致力社会和谐。大同县人民是勤劳勇敢的人民，是开拓进取的人民，是乐于团结实干的人民。大同县人民必将以自己的勤劳和智慧开创更加灿烂美好的明天！

大事记

1996 年

1 月 18 日,中共大同县委决定,从 1 月 18 日至 3 月底在全县范围内集中开展一次查禁赌博活动,以促进社会风气好转,推动全县精神文明建设。

1 月 26 日,中共大同县委提出"领导干部应该想什么、做什么"大讨论的 4 项实施方案。

3 月 1 日,根据《中共中央、国务院中央军委关于县(市、区)人民武装部收归建制的通知》精神,成立大同县人民武装部收归建制领导组。

4 月 5 日,中共大同县委、县人民政府联合做出《关于开展"打团扫恶"专项行动的方案》。决定:从 4 月 1 日至 7 月底,在全县开展一场声势浩大的以"打团扫恶"(即打击团伙犯罪、扫除社会恶势力)为主,带动侦查破案、追捕逃犯、基础建设、安全防范特别是枪支管理等各项工作的专项行动。

5 月 13 日,中共大同县委、县人民政府联合制订 1996 年重要工作责任制。

6 月 1 日,中共大同县委、县人民政府决定:给予在打团扫恶专项行动中有突出成绩的县公安局治安股、倍加造派出所,城镇派出所三个集体及刑警队指导员马星金,党留庄派出所所长宋立志等五名同志通令嘉奖,并按规定给予物质奖励。

6 月 25 日,中共大同县委发出《关于认真学习江泽民同志纪念"七·一"重要讲话通知》。

7 月 18 日,全县经济工作会议召开。

8 月 16 日,中共大同县委、县人民政府、县人民武装部成立大同县国防动员委员会。

8 月下旬,中共大同县委、县人民政府向党政机关、事业单位的干部职工发出借款支持企业技改的号召。

9 月 27 日,中共大同县委决定派出两支工作队;一支是以整顿后进支部为主的农村工作队,一支是以帮助企业扭亏增盈为主的企业工作队。

10 月 8 日,中共大同县委做出《关于转发〈中共大同市开展向优秀党支部书记卜宗亮同志学习的活动决定〉的通知》。

10 月 13 日,中共大同县委发出通知,要求各级党组织要组织广大党员、干部和群众立即掀起一个认真学习贯彻党的十四届六中全会精神的热潮。

10 月 26 日,中共大同县委做出《关于加速农业发展的意见》,以促进全县农村经济快速发展。

10 月 29 日,中共大同县委做出《关于进一步加强人民政协工作的决定》,使全县政协日常工作制度化,充分发挥人民政协在改革开放和社会主义现代化建设中的重要作用。

10 月 30 日,中共大同县委做出《关于近期减少各类检查活动的紧急通知》,保证中心工作的顺利进行。

11 月 4 日,大同县农业领导组向市委提出《关于将湖东开发区实行"市县共管,以县为主"的管理体制和不宜将个别村划归湖东经济开发区管辖的意见》。

11月5日,中共大同县委、县人民政府决定于11月6日至13日,在全县范围内组织广大干部职工集中开展一次学习活动,进一步提高全县各级干部的政治、业务素质,在全县形成讲学习、讲政治、讲正气的浓厚气氛。

1997 年

1月18日,中共大同县委在湖东宾馆召开党政两大班子副县级以上领导干部述职大会。

1月29日,中共大同县委做出《关于向尚成忠同志学习的决定》。尚成忠,生前是大同县周士庄镇党委书记,由于长期积劳成疾,不幸于1997年1月21日凌晨因公殉职,年仅42岁。

3月5日,中共大同县委发出《关于认真学习在邓小平同志追悼会上江泽民同志致的〈悼词〉等三编文献的活动通知》,进而把学习邓小平建设有中国特色社会主义理论引向深入。

3月15日,中共大同县委、县人民政府联合做出决定:从3月中旬到9月底,在全县范围内开展一场声势更加浩大的"三打三禁"(即:打击严重暴力犯罪、打击团伙犯罪和流氓恶势力、打击金融诈骗等经济犯罪,禁赌、禁毒、禁娼)战役。

3月31日,中共大同县委提出今后五年全县加速流通发展的规划意见,以确立竞争优势,搞活市场流通,改善供需衔接,促进经济发展,增加财政收入,提高综合实力,实现流通富县的发展方略。

4月1日,中共大同县委、县人民政府决定,从4月25日开始,集中两个月的时间在全县政法系统内部开展一场整顿作风纪律、狠杀歪风邪气、纯洁干警队伍为主要内容的专项整顿。

4月4日,中共大同县委、县人民政府就全县科级以上领导干部遵守工作纪律的有关事项做出两项通知。

4月25日,大同县委、县政府决定兴办大同县振兴实验农场,场址选在倍加造境内,面积1000亩,以推动全县农业产业化进程。

5月4日,中共大同县委发出《关于加强干部队伍培养锻炼通知》,旨在使全县干部特别是青年干部尽快适应加速发展的形势要求,建设一支高素质的干部队伍。

5月28日,中共大同县委、县人民政府做出《关于加强教育工作的决定》。

7月1日,中共大同县委、县人民政府做出《关于在全县开展党员联户扶贫活动意见》。

8月19日,中共大同县委、县人民政府决定,成立大同县企业改制包点工作组,以加快全县改革工作的步伐,加强对企业改制工作的组织领导。

9月,县委召开专门会议,进行安排部署,决定全县上下利用一个月时间,坚持每周二、五两个半天集中学习江泽民总书记的政治报告和党的十五大精神。

1998 年

1月22日,大同县召开全县农村小康建设动员会。参加会议的有各乡镇主要领导及部分重点村支部书记。

2月8日,中共大同县委做出《关于开展集资办学、捐资助教活动的决定》，调动全社会力量集资办学、捐资助教，从根本上改变全县中小学办学条件，培养跨世纪建设人才。

3月6日，中共县委、县人民政府决定继续从县直机关抽调15名工作队员，组成37个农村工作队，进驻41个村帮助开展小康村建设，以保证1998年规划达小康的乡村如期实现目标。

4月6日，中共大同县委、大同县人民政府联合发出《关于加快卫生改革与发展的实施意见》。

4月24日，县委常委会议议定，成立西坪东街、西街两个办事处，这是加速发展全县经济和社会事业，特别是创建文明县城，加快环境卫生、社会治安、社区服务、街道经济发展的客观需要。

4月28日，中共大同县委、县人民政府做出决定，从4月28日至7月31日在全县大张旗鼓地开展一场反对官僚主义的斗争。

5月11日，副省长王文学在市委书记纪友伟、市长杜玉林的陪同下，考察大同县地膜玉米丰产工程，并给予充分肯定和好评。

6月，县长高希明调离，中共大同市委提名马斌为大同县县长。

6月17日，经中共大同县委研究成立大同县农村村务公开领导组。

6月28日，中共大同县委、县人民政府决定成立"五清五建"工作领导组及办公室。

7月1日，大同县基层党组织建设经验交流会在县机关礼堂隆重举行，市委副书记孙辅智专程到会祝贺。会上，县委对先进基层党组织、先进个人进行了表彰，并就党建工作进行了经验交流。

7月22日，中共大同县委、县人民政府决定成立农村合作医疗领导组，从而全面推进全县农村合作医疗制度的运行，提高全县人民健康水平。

7月29日，大同县经济工作会（三干会）召开。这是新一届县委、县政府产生后，召开的第一次专门研究经济工作的县、乡、村三级干部会议。

7月29日，全县民兵预备役军官授衔仪式在湖东宾馆举行，省、市军分区有关领导为民兵预备役军官授衔。

8月14日，大同县在湖东宾馆召开全县引深"打团扫恶"斗争再动员大会。会后，全县抽调200名机关干部组成16个案件排查组深入16个乡镇进行为期一周的案件排查。

9月1日，中共大同县委、县人民政府决定：在大规模开展"禁毒"斗争的基础上，从9月下旬至12月底再开展一次全面加强社会治安防范工作的百日大行动。

9月4日，省体改委主任吕日周在大同县机关礼堂为全县1000名机关干部做改革与发展的专题报告。

9月10日，中共大同县委、县人民政府特对集资办学、捐资助教先进集体、先进个人予以通报表彰。同时，对李继珍、吴杰等123名优秀教师和孟建国等19名优秀教育工作者予以表彰。

9月18日，中共大同县委、县人民政府联合发出《关于整顿机关作风的实施方案》。

9月25日，县委常委会议通过，制定《大同县领导干部理论学习考试考核办法》。以推动干部的理论学习，加强对干部理论学习的管理，实现干部理论教育经常化、制度化、规范化。

9月28日，市委书记纪友伟、副书记赵仁家等到大同县检查指导农业工作。

10月9日，中共大同县委常委会研究通过，作出《关于对县管干部实行诫勉办法》，旨在全面落实江泽民总书记建设高素质干部队伍的要求，强化领导干部自我约束和廉洁自律意识。

10月14日，中共大同县委、县人民政府在县机关礼堂召开"全党动手、全民动员，年底建成小康县"动员大会。

10月26日，省委副书记刘泽民到大同县考察农建工作。

11月3日，大同县召开全县农建小康建设检查评比工作会。与会干部通过看工程、听汇报，对16个乡镇的三项工作逐项进行检查。

11月5日，中共大同县委办公室就进一步加强全县信息工作的有关事宜作出 4 项通知。

11 月 16 日，大同县"三讲一整"小康建设工作汇报会暨全县党建工作第四次例会召开。

11 月 26 日，全市刑释解教人员帮教工作经验交流现场会在大同县召开。市领导孙辅智、齐平、王护国参加会议。

11 月 29 日，省长孙文盛率参加中西部经济发展研讨会成员到大同县考察遇驾山造林工程、周士庄林场。

12 月 1 日，中共大同县委发出《关于进一步做好延长土地承包工作通知》。

12 月 15 日，大同县召开纪念党的十一届三中全会胜利召开二十周年大会。

12 月 19 日至 20 日，大同县举行了组织北京知青开展重访大同县联谊活动。这次活动，共接待北京知青 130 多人。联谊活动分欢迎仪式、联谊座谈、招商引资项目洽谈、联欢晚会、重返插队乡村、欢送等七个环节。全县机关干部群众和学生近千人参加欢迎仪式，县五套班子领导和各系统、各乡镇主要负责人 80 多人参加了接待洽谈工作，上万名干部群众与北京知青直接见面。

1999 年

1 月，大同县委、县政府决定从 1 月 1 日至 4 月 5 日在全县范围内开展一次百日安全大检查。

1 月 13 日，省委督查组由省委督查室巡视员白善带队，深入倍加造镇解庄村、党留庄乡马连庄村调研。

2 月 6 日，中共大同县委发出《关于学习推广壶关县人武部经验切实做好维护军人军属合法权益工作通知》。

2 月 8 日，市长靳善忠率领的市委副书记梁凤书，市委常委、纪检委书记康明训一行到大同县许堡乡慰问。

3 月 4 日，中共大同县委做出《关于在县级领导班子、领导干部中深入开展以"三讲"为主要内容的党性、党风教育工作方案》。

3 月 5 日至 5 月底，大同县委、县政府决定：集中力量在全县范围内开展一场以打击抢劫、绑架、敲诈、涉毒犯罪和收缴黑枪（简称"四打一缴"）为重点的春季严打攻势（全市统一代号为"99 云剑 2 号行动"）。

3 月 17 日，大同县卫生工作暨农村合作医疗表彰会召开。

3 月 22 日，大同市卫生工作现场会在大同县召开。市委书记纪友伟，市长靳善忠，市委常委、市委秘书长张富文，副市长谢廷香出席会议。

3 月 24 日，美国环球通讯公司总裁杨允中先生来大同县考察土豆全粉加工的厂址及土豆储藏情况。

3 月 25 日，大同县县级领导班子、领导干部"三讲"教育动员会召开。市委常委、秘书长张富文出席并作讲话。

4 月 8 日，毛泽东生前的机要秘书张玉凤来大同县宣讲，并与有关人员举行座谈。

4 月 21 日，外交部高级研究员庞中英博士到大同县作国际形势专题报告，县五大班子领导及全县副科级以上干部参加。

4 月 29 日，大同县乡镇企业工作会议召开。

5 月 7 日，市委书记纪友伟，市委常委、组织部长郭玉才，市委常委、秘书长张富文等一行 18 人到大同县视察"三讲"教育、党建及"一抗两保"工作。

5 月 10 日，大同县召开各界人士拥护我国政府严正立场，愤怒声讨北约暴行大会。

5 月 18 日，副省长范堆相一行在市委书记纪友伟,副书记赵仁杰,副市长马福山的陪同下,到大同县检查"一抗两保"工作。

5月20日,大同县召开创建基层党组织建设先进县再动员大会。县五大班子领导及全县副科级以上干部参加。

6月1日,省军区副司令王彭棠,市委常委、大同军分区司令弓济世检查指导大同县武装部正规化建设、部队管理及安全防范情况。

6月30日,大同县妇联工作会议召开。会议就落实县八届二次全会精神,围绕"教育年""销售年"活动,搞"家庭示范学校""好字号基地""五好队伍建设"作了详细部署。

7月1日,大同县召开纪念中国共产党成立78周年大会。

7月2日,大同县基层教育现场会在许堡乡召开。现场会介绍了许堡乡基础教育经验并进行了实地参观。

8月4日,大同县委副书记杨人毅率领林业局、农机局、黄花公司负责人赴太原有关部门联系、论证、签订干果经济林示范基地、黄花深加工、农业机械开发、养鱼项目等。经多方努力,大同县被省计委、林业厅确定为全省干果经济林示范基地县,规划分7年,每年拨款50万元。

8月19日,省政府督导室领导阎存来、亢东升、市教工委书记宋锁柱到大同县考察。

9月2日,市抗灾救灾工作队进驻大同县。

9月4日,国家民政部核灾救济司司长李本公在市委副书记贺锐的陪同下,深入大同县杜庄、吉家庄两乡视察受灾情况。

9月10日,全市环保工作座谈会在大同县召开。市委常委、纪委书记康明训,市环保局局长杨义春出席会议。

9月16日,全市县区党委系统信息工作座谈会在大同县召开。

11月1日,21时25分,大同县发生里氏5.6级地震,震中位于大阳地震老震区册田乡堡村。

11月2日,市委副书记、市长靳善忠,副市长马

福山、谢廷香率领地震局及农口各单位负责同志深入西册田乡了解灾情。

11月4日,副省长范堆相受省委书记田成平、省长刘振华的委托,代表省委、省政府深入大同县西册田乡堡村视察灾情,慰问受灾群众。

11月4日,市委副书记孙辅智,市委常委、纪检委书记康明训,市委常委、组织部部长郭玉才到西册田乡堡村视察灾情。同日,解放军322医院向灾民捐献面粉200袋、衣服5包和价值5000元的药品。解放军51366部队为西册田乡支援帐篷8顶,捐献面粉500袋、衣服875件,并派50名官兵帮助册田小学搭起帐篷,使册田小学在当天下午复课。省民政厅150顶帐篷、271张棉被、22块棉毯运抵大同县灾区。大同矿务局为大同县灾区捐煤38车、水泥3车、木材3车。

11月8日,大同县抗震救灾工作现场会在西册田乡召开。县四套班子领导参加。

11月12日,李立功、孙文盛、梁国英、来金烈、申纪兰、李双良等29名全国人大代表来大同县地震灾区西册田乡视察灾情。

11月13日,大同县召开了引深反对"法轮功"斗争再动员大会。

11月17日,全市农业综合开发现场会在大同县召开。与会者先后参观了山自造村土地治理科技示范园区、倍加造镇万亩科技示范园区。

11月22日,省"三讲"教育巡视组组长孟元正、市委书记纪友伟,市委常委、市委秘书长张富文,深入西册田乡就灾民越冬安置问题进行视察。

11月28日,新华社记者蔡先锋、孔召武来大同县采访农村合作医疗工作,参观了倍加造镇、西坪镇合作医疗情况,并就全县开展合作医疗情况进行了座谈。

12月11日,大同县被省委、省政府、省军区命名为"双拥模范县",这是继1992年、1996年大同县第三次获此殊荣。

12月12日,省委副书记、代省长刘振华深入大同县西册田乡堡村查看灾情、慰问群众。

12月17日，全省县级以下党政领导干部任期经济责任审计工作座谈会在大同县召开。省委组织部副部长杨静波，审计厅厅长魏德卿、副厅长郝

志远，市领导靳善忠、孙辅智、郭玉才、阎文照出席会议。

12月18日，大同县第二期"三讲"学习班结业。

2000 年

1月5日，省委书记田成平到大同县西册田乡堡村视察灾情，看望灾民。

1月25日，大同县委常委会议作出《关于实行领导干部试用期制度规定》，旨在进一步提高干部选拔任用工作的严肃性和准确性，减少和避免用人失策、失误，更好地体现德才兼备、任人唯贤的干部选任原则。

1月25日，中共大同县委出台《关于干部任职公示的暂行办法出台办法》。

2月19日，大同县召开全县三级干部工作会议。

2月26日，国际"红十字会"与新月会国际联合代表哈荣先生赴大同县西册田乡堡村考察灾情，看望灾民。

2月，中共大同县委、县人民政府联合做出《关于对1998—1999年先进集体和先进个人进行表彰和学习决定》。3月9日，大同县召开1998—1999年先进集体、先进个人表彰大会。对1998年、1999年全县各条战线涌现出的61个先进集体和79名先进个人进行了表彰；树立倍加造镇等10个单位为红旗单位、解庄村等10个村委红旗村，授予曹福等10名同志为先进个人标兵。

3月7日，军嫂梁东方为大同县妇女作家庭美德专题报告。

3月8日，大同县党员先进性教育领导组成立。

3月20日，中组部正式批准大同县为全国开展党员先进性教育试点县。

3月24日，经县委常委扩大会议研究，决定成立县城建设改造领导组和办公室，以解决处理有关

重大问题及前期相关事宜。

4月5日，市委书记靳善忠，市长孙辅智，市委常委、秘书长张富文到大同县工业硅厂、倍加造科技示范园区调研。

4月6日，首期大同县党员先进性教育准备阶段培训班开课。

4月14日，大同县召开党风廉政建设干部动员大会。

4月19日，大同县被评为全省铁路护路优秀县区。

4月27日，大同市抗震救灾重建家园观摩现场会在大同县西册田乡堡村召开。

4月29日，共青团大同县委组织青年志愿者"三下乡"活动拉开序幕。

5月2日，中共大同县委、县人民政府成立大同县计划生育"双进万"服务活动领导组。

5月4日，大同县和市旅游局共同开发的"大同县山水花鸟一日游"迎来首批游客。从此，以"大同人游大同"为契机，为推进全县旅游业的发展，迈出了第一步。

5月8日，中共大同县委、县人民政府和大同市京原迎宾馆邀请著名书法家徐悲鸿先生的夫人、徐悲鸿纪念馆馆长廖静文，毛泽东主席生前的最后一任秘书、铁道部正部级离休干部张玉凤，徐悲鸿书画研究院院长徐庆平，曾在大同县插队、现任东方书画研究会副会长孟凡玉，齐白石先生的孙女齐秉慧和著名的军旅画家柴京津6位知名人士来同。

5月11日，中共大同县委制定《大同县县级领导班子和领导干部"三讲"教育方案实施意见》。

5月21日，大同县领导班子和领导干部"三讲"教育动员大会召开，省委驻县巡视组组长王家官及市委书记靳善忠出席会议并作讲话。27日，县级领导班子和领导干部"三讲"教育第一阶段小结暨第二阶段动员大会召开。6月2日，"三讲"教育工作会议召开。会议传达贯彻省委巡视组对大同县"三讲"教育第二阶段的要求和指导意见。7月7日，三讲教育第二阶段小结暨第三阶段动员大会召开。21日，县委县级领导班子和领导干部"三讲"教育第三阶段小结暨第四阶段动员大会召开。8月3日，县级领导班子和领导干部"三讲"教育总结大会召开。

5月22日，大同县地震灾区重建家园领导组成立。领导组下设办公室、规划设计组、土地调配组、工程质量监督组、督查组。

5月24日，以最高人民检察院教育局原局长苑玉民为组长的中央赴山西"三讲"教育检查组到大同县检查和指导"三讲"教育工作。

5月24日，市委书记靳善忠，市农业局长李元宏深入大同县，就当前农业、农村和农民工作及移民搬迁工作进行调研。

6月6日，大同军分区民兵预备役基层政治教育改革现场会在大同县召开。省军区政治部主任王文宪、大同军分区司令员弓济世、副市长程家濂、大同军分区政委寇卫国参加了现场会。

6月30日，中共大同县委、县人民政府、县人民武装部决定成立大同县联合教育领导组。

6月，中共大同县委、县人民政府授权大同县科学技术协会为大同县社会团体业务主管单位，并行使6项管理职责。

6月，中共大同县委、县人民政府联合做出《关于农村小型水利产权改革实施方案》，以便进一步加快农村水利建设的步伐。

7月1日，西册田乡西册田村"永和希望小学"落成揭碑。

7月10日，以东北林大教授、中国工程院院士马建章为组长，全国政协委员李广毅教授为副组长等8位专家和首都新闻单位记者组成的"西部大开发，建设绿色家园"考察团莅临大同县考察防风治沙情况。

7月24日，中共大同县委制定《大同县党政领导干部廉洁自律守则》。

7月，中共大同县委、大同县人民政府联合制定《拍卖和治理开发农村"四荒"地使用权的实施方案》，旨在进一步调动全县广大群众治理开发农村集体所有的荒山、荒沟、荒丘、荒滩的积极性，加快水土流失治理步伐，改善生态环境和农业生产条件，建设生态农业。

8月1日，省委副书记刘泽民深入大同县倍加造高科技农业示范园区、堡村灾民搬迁新址振华村进行视察。

8月9日，省"三讲"教育检查组组长肖育英到大同县检查"三讲"教育工作。

8月11日，中共大同县委出台《中共大同县委议事规则》。

8月11日，中共大同县委做出《关于进一步改进领导作风意见》。旨在克服官僚主义和形式主义。

8月11日，县委召开常委会议研究决定：黄土坡煤站与黄土坡煤矿实施兼并重组。

8月15日，经中共大同县委、县人民政府联席会议研究决定，成立民营经济促进发展协调领导组。

8月22日，大同县乡镇人大主席法律知识培训班开学。

9月1日，国家计生委宣传司司长陈胜利一行到大同县评估"三为主"工作，省政府办公厅副厅长郭慧良，省计生委副主任朱明媚，副市长解廷香等陪同。

9月15日，中共大同县委做出《干部选拔任用工作责任制度和用人失误追究制度的实施意见》。

9月23日，香港环宇投资公司董事长托尼先生，北京咸恒农业科技开发公司总经理李中鹏、中国社会经济调查研究中心总工程师王兆生教授一行在大同县杜庄乡考察洽谈出口贸易型苜蓿产业化基地建设项目。

9月，大同县新建企业组建工会领导组成立。

10月2日，市委书记靳善忠到大同县振华村视察。

10月4日，大同县委、县政府组织全县60多名离退休老干部参观云冈石窟、京大高速公路、倍加造科技示范园区、堡村新址振华村。

10月9日，省卫生厅、省防疫站专家组成的等级防疫站评审团一行到大同县，对大同县等级防疫站建设工作进行评审验收，经过专家组对县卫生防疫站的166项指标和三项内容实地考察后认定，大同县卫生防疫站达到县二级标准。

10月26日，省委副书记、省委组织部长李景田到大同县工业硅厂、科技示范园区、鸵鸟养殖场视察，市领导梁凤书、张富文陪同。

11月16日，副省长范堆相在市领导赵仁家、马福山陪同下深入大同县新堡村进行调研。

11月27日，大同县召开全县计划生育先进工作者暨独生子女家庭表彰会议。

12月7日，经大同县委常委会研究决定，成立大同县撤并乡镇工作领导组。

12月12日，大同县召开村级指导"三个代表"下乡动员会。全县抽调96名工作人员深入48个村指导"三个代表"学教活动。

12月13日，大同县老区建设促进会正式成立。孙天奎当选第一届老促会会长。

12月17日，中共大同县委八届三次全体扩大会议召开。会议通过《关于加强和改进思想政治工作的实施意见》《关于制定大同县国民经济和社会发展第十个五年计划的建议》《关于对县委宣传部干部人事范围和权限的规定》的决议。

2001 年

1月31日，大同县各乡镇、街道、县直各单位召集广大干部、群众就1月30日晚中央电视台《焦点访谈》节目报道"法轮功"痴迷者在天安门广场进行自焚事件，集中深讨"法轮功"罪行。

3月5日，中共大同县委八届四次全体扩大会议召开。会议研究2001年财政税收任务、工交企业经济指标工作事宜。

3月6日，著名评书表演艺术家刘兰芳到大同县访问。

3月7日，大同县召开2001年经济工作会议。会议安排2001年全县财政、经济计划任务，并对2000年6家完成计划指标的企业给予奖励。

3月10日，大同县召开部分乡镇"三个代表"重要思想学习教育动员大会。

3月14日，中国社会科学院专家白仲尧、殷作衡、依绍华、邸明慧和市旅游行业协会副秘书长候长城到大同县考察旅游资源。

3月23日，大同县召开全县植树造林动员会。

3月24日，省委"三个代表"重要思想学习教育活动督查组王家官、李荣、曹玉森到大同县检查。

3月26日至27日，副省长申联彬到大同县调查研究，省政府办公厅副主任李福龙、市领导靳善忠、郭玉才陪同。

3月29日，日本黄土高原绿化协力团援建的大同青年林场在大同县聚乐乡采凉山上正式开工。

4月3日，市委书记靳善忠，市长孙辅智，市委常委、秘书长张富文，副市长马福山、王雁峰到大同县调研。

4月25日，大同县召开部分乡镇"三个代表"重要思想学习教育第一阶段总结暨第二阶段动员大会。

4月26日，中共大同县县委、县人民政府做出《关于贯彻落实中共中央、国务院〈关于加强人口与计划生育工作稳定低生育水平的决定〉的实施意见》。

7月18日，大同县委、县政府联席会议通过确定,制定《规范财经秩序严格收支管理的若干规定》。

10月6日,大同县召开全县正科干部大会。会议学习了省委书记田成平在全省贯彻党的十五届六中全会精神大会上的讲话和《中共中央关于加强和改进党的作风建设的决定》。

10月15日,省委副书记刘泽民到倍加造镇谢疃村调研。

10月17日,大同县召开了县四套班子领导干部会议。会上市委组织部领导宣布市委关于对全县部分领导进行调整的决定,武明任县委副书记,提名王雪萍为大同县人民政府副县长。

10月23日,经大同县委常委会议研究决定,成立大同县县乡机构改革领导组。

10月26日,大同县召开全县纪检监察工作会议。

11月20日,中共大同县委制定县乡(镇)机构改革实施方案。大同县设置10个乡镇、3个街道办事处。

11月22日,大同县召开村级和乡镇站所"三个代表"重要思想学习教育活动驻村指导组下乡动员会,县委抽调党政机关事业单位119名副科级干部深入农村指导"三个代表"学教工作。

11月30日,市委书记来玉龙,市委常委、组织部长高印及市直有关部门领导一行8人到大同县调研。

12月1日,市委常委、秘书长柴树彬在大同县西坪镇调研。

12月7日,大同县召开县级党政机构改革动员会。

12月7日,中共大同县委、县人民政府联合做出《关于在机构改革中加强档案管理工作的通知》,旨在合理地处置机构变动部门和单位的档案,确保档案齐全、完整,不因机构变动而遭受损失或发生泄密。

12月20日,大同县农村"三个代表"重要思想学教活动领导组扩大会议在周士庄镇召开。

12月21日,大同县政府结算中心,采购中心成立,并举行了揭牌仪式。

12月,据《大同县县级党政机构改革方案》,大同县旅游局改称旅游事业发展服务中心。

12月,据《大同县县级党政机构改革方案》,设置大同县机构编制委员会办公室。

2002 年

1月,大同县单独设置环境保护局,为县政府序列的行政机关。

1月7日,大同市市政公用局局长赵常富一行将价值5万元的救灾物资捐给大同县峰峪乡。

1月16日至18日,中共大同县委、县政府组团赴内蒙古和林格尔和朔州四县区参观学习。

1月21日至22日,大同县召开全县经济工作汇报会议。会议由各乡镇、开发区和县直有关局负责人汇报2002年工作思路和考察学习心得体会。

1月31日,大同县召开全县经济工作会议。

2月10日,大同县召开全县科级干部大会,会议传达全市治理环境、整顿作风动员会议精神。

2月26日,中共大同县委、县人民政府决定在全县开展"一切为了发展,重振大同雄风"大讨论。这次大讨论从2月中旬开始,集中3个月时间,分三个阶段具体组织实施。

3月4日,在全省农村工作会议上,大同县被省委、省政府授予2001年农民负担监督管理先进县。

3月11日,大同县召开整顿机关作风动员会议。

3月14日,中共大同县委办公室做出《关于做好全县党政机关企事业单位信息资料库的通知》。

3月22日,大同县党风廉政建设干部大会、"一切为了发展,重振大同雄风"大讨论转段动员会、宣传思想工作会议、组织工作会议、统战工作会议合并召开。

4月9日,市长孙辅智、副市长张甫、市政府秘书长王克勤及市政府有关部门负责人一行20人到大同县进行调研。实地察看了大同县农业调产、防沙治沙工程情况和新的民营企业。

4月16日,经大同县委、县政府研究决定,成立大同县企业改制领导组。

4月24日,省委副书记张宝顺深入大同县京津风沙源治理工程项目区调查研究,就调整产业结构,实施退耕还林还草等工作提出指导意见,并对大同县聚乐乡京津风沙源治理工程给予高度评价。

5月16日,大同县"扫黄打非"活动领导组成立。

5月23日,中共大同县县委、县人民政府决定,为朱卫友、苟丙如等68户"黄花菜品牌示范大户"授匾。旨在积极引导全县人民发展特色农业,巩固地方名优产品,创建品牌,拓展市场,发挥品牌优势,实现品牌效应,逐步形成依托品牌产品推进产业致富的新格局。

6月3日,大同县召开全县公路建设动员大会。

6月3日,中共大同县委、县人民政府发出《关于在处理"法轮功"问题工作中做好"四个纳入"的通知》。

6月13日,中共大同县委、县人民政府决定,成立大同县招商引资工作领导组。

6月21日,市委书记来玉龙在市委常委、秘书长柴树彬的陪同下,深入大同县调研。来玉龙在调研中指出:上新项目就必须树立牢固的科技意识,增强产品科技含量,切不可搞低水平、初级的重复建设项目。企业规模小不怕,只要技术含量高,市场销售就会大,发展速度就会快。

6月25日,经县委、县政府研究决定,成立大同县软环境建设领导组。旨在推进全县经济社会快速发展,切实加强软环境的集中治理,全面提升全县软环境建设的整体水平。

7月16日,中共大同县委、县政府做出决定,对在首届黄花文化旅游节中涌现出的先进单位和先进个人进行表彰,并授予荣誉称号:授予农业局等4个单位为"首届黄花文化旅游节突出贡献奖";授予周士庄镇为"首届黄花文化旅游节带头捐资先进单位";授予杜庄乡等30个单位为"首届黄花文化旅游节先进单位";授予教育文化体育局等16个单位为"首届黄花文化旅游节优质服务单位";授予县委办等3个单位为"首届黄花文化旅游节优秀组织单位"。

8月28日,大同县召开项目强县检查观摩促进会,会议组织县四套班子领导、各乡镇、开发区、街道办事处书记和县直机关负责人,分别深入西坪镇、聚乐乡、周士庄镇、倍加造镇、党留庄乡就引办项目情况进行检查观摩活动。

9月6日,经县委、县政府研究决定,成立大同县生态畜牧建设规划领导组。

9月25日,中共大同县委决定,对"9·5"特大强奸杀人焚尸案专案组及有功人员进行表彰。特别是党留庄派出所所长赵元印基础工作扎实,排摸细致,对破案起到关键作用。

11月21日,经县委常委(扩大)会议研究决定,成立大同县编制委员会。

2003 年

1月2日,副省长宋北杉代表省委、省政府来大同县杜庄乡进行慰问。

1月2日,中共大同县委、县人民政府联合做出《关于做好全省人大、政协"两会"期间信访工作通知》。

1月15日，大同县召开县级领导干部年度考核述职大会。市委驻大同县考核组组长、市人大常委会原副主任母俊梅一行10人参加了述职大会。

3月3日，大同县卫生局、药监局把对全县查获的霉变、失效、虫蛀以及《药品管理法》不允许使用的西药、中药、中成药进行了集中焚毁。

3月7日，大同县来自各条战线上的100余名妇女代表欢聚一堂，共庆三八国际妇女节。

3月13日，省文化厅厅长成葆德在市文化局局长李恒瑞的陪同下，到大同县就文化事业进行调研。

3月14日，县工商局、技术监督局、司法局等单位在大同县城街头联合举办了一系列宣传《消费者权益保护法》的活动。

3月16日，大同县委、县政府召集各乡镇和农口各部门负责人在县武装部会议室召开会议，专题研究2003年黄花栽植扩大事宜。

4月8日，大同县召开全县党风廉政建设干部大会。

4月10日，山西云冈洁净能源工业园区开工奠基仪式，在大同县党留庄乡安留庄村隆重举行。

4月14日，全市生态建设道路绿化现场会在大同县召开。

4月15日，中共大同县委就全县广泛开展学习郑培民同志先进事迹活动做出3项部署。

4月18日，大同县召开黄花栽植动员大会，大会提出全县上下要把黄花栽植作为当前农业工作中的"重头戏"。

4月20日，中共大同县委、县人民政府决定成立大同县非典型肺炎预防控制工作领导组。

4月23日，大同市黑流水劳教所新所在党留庄乡小蒲村举行隆重的奠基仪式。

4月28日，中共大同县委、县人民政府联合发出《关于加强当前严明工作纪律，切实加强"非典"防治工作通知》。

4月，经中共大同县委常委扩大会议研究，作出《关于进一步做好非典型肺炎防治工作的意见》。

5月7日，大同县召开防治"非典"工作会议。

5月11日，全县175名"防'非典'、促发展"下乡工作队员赴乡村抗击"非典"第一线。

5月25日，经中共大同县委、县人民政府研究决定，从即日起，利用40天的时间，在全县范围内开展专项禁牧整治活动。

6月18日，大同县召开四套班子领导会议。会上市委组织部副部长白玉宣布了大同县人事安排。市委决定：赵宇任中共大同县委常委、政法委书记。刘红斌任中共大同县委常委、纪律检查委员会书记。

6月27日至28日，中国共产党大同县第九次代表大会开幕。会议应出席代表286名，因事因病请假的代表6名，实出席代表280名。

6月28日，大同县召开县纪委一次全体会议。刘红斌当选为纪律检查委员会书记。

6月30日，中国人民政治协商会议大同县第六届委员会第一次会议开幕。

7月1日，大同县第十三届人民代表大会第一次会议在机关礼堂开幕，市领导柴树彬、张林到会祝贺。

7月2日，市委书记来玉龙、市委副书记郭玉才、副市长马福山到大同县考察生态建设情况。

7月5日，大同县农村税费改革动员暨培训会在财政局召开，会议明确了此次税费改革的目标是确保改革后农民负担明显减轻，不反弹；确保乡镇机构、村级组织正常运转；确保正常义务教育经费的正常需要。主要工作为"四取消、一调整、一改革"，即取消乡统筹费、农村教育集资等专门面向农民征收的行政事业性收费和政府性基金、集资，取消屠宰税，取消农业特产税，逐步取消劳动积累工和义务工，调整农业税收政策，改革村提留征收使用办法。

7月7日，大同县召开国有企业改制工作会议。

7月10日，大同县第二届黄花文化旅游节在倍加造镇谢疃村开幕。

7月11日，市委副书记、代市长郭良孝到大同县调研。

7月12日，大同县党风廉政建设干部大会在湖东宾馆二楼会议室召开。

7月18日，全县干部大会在县城机关礼堂召开，具体贯彻落实第九次党代会精神。全县副科级以上干部650人参加会议。

7月22日，大同县驻县金融系统联席会议在县农业银行召开，会议就全县经济发展、金融服务管理以及金融行业如何为地方经济建设服务，地方政府如何为金融行业创造良好宽松的服务环境进行了汇报、交流，取得了一致，达成了共识。

7月25日，大同县部分乡镇遭受了历史上罕见的特大雹灾、洪灾袭击，损失惨重。全县受灾面积11万亩，农作物绝收面积3.1万亩。聚乐乡山洪暴发，4人遇难，8人受伤。初步统计此次灾害造成经济损失3500万元。

7月26日，副市长马福山代表市委、市政府到大同县重灾区聚乐村进行慰问。马福山首先看望了死难者的家属和亲人，并代表市委、市政府给每家留下1000元慰问金，让群众安排好当前的生产、生活。同时给乡政府留下6000元救助金。之后马福山到防洪河堤现场，认真查看堤坝的毁损情况，询问昨天的水流量，了解大同县采取的应急措施。

7月27日，市委书记来玉龙、市长郭良孝、市委秘书长柴树彬、副市长马福山赴大同县察看灾情。

8月4日，大同县昊天寺药材种植基地、中药材加工厂在陈庄开发区滕家沟村"滕家庄园"揭牌成立。

8月6日，大同县目标责任考核工作会议在湖东宾馆二楼会议室召开。

8月7日，市委书记来玉龙，市委常委、市委秘书长柴树彬深入大同县党留庄乡、瓜园乡、倍加造镇检查指导工作。

8月13日，全省京津风沙源治理工程现场促进会在大同市召开。与会代表现场参观了大同县周士庄镇、聚乐乡风沙源治理工程，并给予了肯定。

8月15日，大同县召开全县财税运行分析会，会议就下半年财政税收面临的任务、压力和困难进行分析研究，针对存在的问题作出安排部署，确保圆满完成年度财政税收任务。

8月18日，中共大同县委、县人民政府联合提出进一步加大招商引资力度、促进非公有制经济发展的若干意见（共27条）。

8月18日，中共大同县委、县人民政府出台了推进农业产业化实施方案。

8月18日，经中共大同县委研究决定，从9月15日至10月16日，在县委党校对全县副科以上领导干部进行"三个代表"重要思想集中培训。

8月19日，大同县广大党员干部群众面对突如其来的7·25灾难，众志成城，迅速加固了聚乐村护村堤坝，以便安全度汛。截止20日晚，共出动劳力1000多人次，上马各类车辆32辆，装运沙袋4.3万个，动土石1.2万方，垒成平均宽6.5米、高2.5米、长约950米的护村堤坝。另又调运3万个编织袋，将150米的堤防加高加固。

8月21日，全市纪委系统纪检信访座谈会在大同县湖东宾馆召开。省纪委信访处丁处长、市纪委副书记刘志发及各县区纪委领导参加。

8月28日，大同市云冈旅游节册田水库分会场开幕。

9月2日14时10分，大同县境内西坪镇部分村突降暴雨冰雹，时间大约持续30分钟，冰雹最大直径20毫米，中高庄等8个村受灾严重，受灾面积达23385亩，粮食减产356.5万斤，经济作物减产116.07万斤，造成直接经济损失199.3万元。

9月4日，大同县文明家庭建设现场会在周士庄镇召开。

9月6日，大同县聚乐乡住邦希望小学举行奠基仪式。

9月9日，大同县教育工作会议在机关礼堂隆重召开。会议对全县教育战线所涌现出来的先进集体、先进个人及捐资助教先进单位先进个人进行了表彰奖励，其中，中小学危房改造先进集体周士庄镇等11个，每个奖奖杯一只，奖金0.5万元，9个村委会每个奖奖杯一只，奖金0.3万元；教学标兵王富等 10 名,教学骨干刘久江等 60 名,优秀教师刘喜清等 100 名;奖授一级工资的康尚珍、杨桂玲等 4 名;捐资助教先进单位共青团大同县委等 6 个,先进个人王子林等 11 名。

9 月 15 日,市委书记来玉龙带领各县区委书记、县区长及市直有关部门负责人到大同县观摩交流。

9 月 26 日,大同县委、县政府在雁北宾馆举行 2003 年大同县老乡联谊会。大同县籍正处以上领导干部和县四大班子领导共同参加了联谊活动。

9 月 29 日,大同县"信访百日攻坚活动"动员会召开。

10 月 14 日,大同县企业改制领导组会议召开,会议着重商讨县砖瓦厂拍卖有关事宜。

10 月 15 日至 18 日,全县生态、农田水利基本建设现场促进会召开。

10 月 29 日,大同县整顿机关纪律作风动员大会在县湖东宾馆二楼会议室召开。全县各乡镇并所辖开发区、街道办事处、县直机关单位的负责同志共 120 多人参加了会议。

11 月 6 日,为纪念毛泽东诞辰 110 周年,大同县举办了"永远的怀念"演讲赛。

11 月 12 日,总投资 150 亿元的国电、电力湖东电厂工程项目启动仪式在大同宾馆二楼会议室举行。

11 月 13 日,大同县安排再就业暨劳动保障工作会议在湖东宾馆召开,会议出台了《关于进一步做好下岗失业人员再就业工作的实施意见》和《加强全县社会保险征缴清欠工作的实施意见》。

11 月 25 日,中共大同县委、县人民政府发出《关于加强新闻舆论监督,切实维护新闻工作者合法权益的通知》。

12 月 8 日,全县整顿机关纪律、创优发展环境暨反腐败斗争案件公处大会在湖东宾馆召开。

12 月 22 日,大同县召开 2003 年度行评总结暨监督员会议。

12 月 23 日,大同县"三项治理"领导组工作会议在县委四楼会议室召开。

12 月 24 日,大同县各乡镇、开发区和经济主管局年终工作汇报会召开,县四套班子领导在人大会议室听取全县各乡镇、开发区和经济主管局年终工作汇报。

12 月 26 日,省委常委、省公安厅厅长杨安和,省民政厅优抚处处长王虎威一行,在市县领导的陪同下到大同县西坪镇敬老院慰问。

2004 年

1 月 5 日,市委书记来玉龙在市委常委、秘书长柴树彬和县领导的陪同下,深入大同县杜庄乡访贫问寒。

1 月 8 日至 10 日,大同县召开 2003 年度领导班子领导干部考核大会,以市委组织部副部长孙波为组长的 2003 年县级领导班子领导干部考核组,听取了大同县县级领导班子及领导干部 2003 年度工作述职报告,县四套班子领导以及全县正科实职干部参加。

1 月 15 日,大同县委、县政府在县湖东宾馆三楼会议室举行老干部座谈会。

2 月 4 日,全县干部大会召开,这次全县三级干部大会主要是认真总结 2003 年的工作,并对 2004 年的工作进行全面安排部署。

2 月 12 日,大同县招商引资暨企业改制工作会议在县政府四楼会议室召开。

2 月 13 日,大同县粮食收购协调会在县农业发展银行会议室召开,就粮食收购中遇到的困难和问题进行协调。

3 月 2 日,大同县粮食购销工作会议在粮食局会议室召开。

3月3日，大同县政务审批中心正式启动，15个单位入驻中心，承办与群众密切相关的88项业务。

3月4日，全县信访工作会议召开，全县各乡（镇）党委书记、乡长、街道办事处党委书记、各主管局负责人参加了会议。

3月5日，市委秘书长柴树彬、副秘书长刘毅等一行到大同县检查指导信访工作。

3月8日，大同县妇联与县总工会妇女工作委员会联合组织召开纪念"三八妇女节"94周年暨"双先"表彰大会。

3月15日，大同县工商局、司法局、技监局、烟草局、药监局、电信局等六家单位在县工商局门前举办了以"诚信、维权"为主题的大型宣传活动。

3月16日，大同县公路、生态建设动员会在湖东宾馆二楼会议室召开。

3月23日，大同县在周士庄镇召开全县贯彻中央一号文件集中培训动员会，确定派出下乡工作队，入驻全县各个村庄，宣传中央一号文件。

3月29日，大同县许堡乡东水地村发生火灾，全村420户村民有26户受灾，直接经济损失24.25万元。

3月30日，大同市副市长马福山率市民政局等部门的负责同志赴大同县许堡乡东水地村慰问灾民。

4月2日，大同县召开县委常委（扩大）会议，会议专门听取了全省粮食工作会议和全省宗教工作座谈会议精神的汇报，并对全县的粮食和宗教工作进行安排，对出席全市劳模会的集体和个人、大修厂和活性炭厂改制、全县招商引资和金属镁厂等事项进行议定。

4月16日，大同县城乡园林绿化建设动员会在湖东宾馆二楼会议室召开。

4月19日，大同县四套班子领导、县直机关、团体、事业单位全体干部职工在县城东梁义务植树。

4月20日，全县政法工作会议在湖东宾馆二楼会议室召开。

4月28日，大同县计划生育工作会议在湖东宾馆二楼会议室召开。

4月30日，共青团大同县委纪念"五四"运动八十五周年暨双先表彰会在县地税局会议室召开。

5月14日至16日，政协大同县第六届委员会第二次会议召开。

5月15日至16日，大同县第十三届人民代表大会第二次会议召开。

5月19日，大同县信访工作会议在县政府四楼会议室召开。讨论研究倍加造镇西村群众上访有关问题。

6月4日，大同县环保工作会议在湖宾馆二楼会议室召开。

6月15日，副省长王昕一行在市领导和县领导的陪同下视察大同县卫生工作。

6月16日，山西省军区参谋长李东军一行五人到大同县检查验收民兵整组和战备训练工作。

6月30日，中共大同县委九届三次全体会议在县会议中心召开。出席会议的县委委员22人，县委候补委员4人。会议的议程：学习《中华人民共和国土地管理法》并讨论通过关于贯彻实施《中华人民共和国土地管理法》的决定；学习《中华人民共和国行政许可法》并讨论通过关于贯彻实施《中华人民共和国行政许可法》的决定。

7月，大同县组建安全生产监督管理局、民族宗教事务局。

7月1日，中共大同县委在湖东宾馆二楼会议室举办了"庆七一·颂党恩"家庭演唱比赛。

7月9日，全国生态及小流域治理现场会在大同县聚乐乡、周士庄镇召开。国家林业部等八部委，山西、河北、内蒙古等六省区及省领导张宝顺、范堆相，市领导来玉龙、郭良孝、马福山、郝月生等参加。

7月15日，大同县第三届黄花文化旅游节在机关礼堂隆重召开。

7月30日，大同县在县武装部会议室举行军民联欢会。

8月10日，副市长郝月生率市农业、民政、林业、水务、农机等有关部门负责人来大同县检查指导救灾工作。

8月13日，大同县召开基层党组织建设工作会议。各乡镇街道党委书记、分管党务副书记、部分先进村的党支部书记参加会议。

8月16日，大同县在杜庄乡卫生院建成全省唯一1所鼠疫预防监测科研基地。实验室所需设备、器材等配置齐全，院落的硬化、绿化及污水净化处理，都符合项目要求标准。

8月20日，中共大同县委、县政府联合做出《关于加强全县宗教工作的意见》。

8月20日，大同县副县级领导到内蒙古察右中旗考察学习。

8月27日，大同县整顿村容村貌现场会在瓜园乡召开。与会人员参观了瓜园乡西紫峰村、陈庄村药材种植基地、北石山、瓜园等村的村村通水泥路建设，村容村貌整顿情况。

9月6日，大同县在县委常委会议室召开党政联席会议。传达全省经济结构调整会议精神、全省信访工作会议精神、全市人才工作会议精神；研究全县计划生育工作、地震工作、县志评审和印制、县城南街标志性建筑、县城南环路建设、召开全县"创新工作者"和"默默无闻工作者"表彰会、全县2004年经济指标的有关事宜。

9月9日，大同县人大常委会在湖东宾馆二楼会议室召开人民代表大会成立五十周年纪念大会。

9月14日，大同县科级干部培训班，在县委党校举行开班仪式，这次培训班是对全县近年来提拔任用的79名科级干部进行为期10天的短期培训。

9月19日，全市县域经济发展促进会代表观摩了大同县骏腾铸石厂、永翔食品有限公司、党留庄活炭厂、高岭土等项目。

9月21日，大同县在县委四楼会议室召开党政联席会议。会议内容：传达全市县域经济发展促进会精神；关于"三项治理"清房工作的有关事宜；关于示范中学新建教学楼的有关事宜；关于城市建设

的有关事宜；关于109国道两侧建设的有关事宜。

9月23日，全市人民调解工作研讨会在大同县检察院会议室召开。

9月24日，大同县集中治理经济发展软环境再动员大会召开。会议的目的是创造一个适应先进生产力的发展要求，建设有利于加速全县经济发展，提高县域经济竞争力的软环境。

9月25日，大同市长安高岭土有限责任公司开机剪彩暨市黑流水劳教所落成剪彩仪式举行。

9月30日，大同县生态、畜牧、农建动员会在政府四楼会议室召开。

10月12日，大同县2004年中学生田径运动会开幕式在县二中举行。

10月15日，大同县行风听证对话总结大会在县地税局会议室召开。

10月17日，大同县农建工作会议在县政府四楼会议室召开。

10月18日，大同县党政联席会议在县委常委会议室召开。会议内容及议定事项：关于引资筹建酱油厂的有关事宜；关于工业硅厂的有关事宜；关于加强政法干部队伍建设和创建"平安大同县"的有关事宜；关于补充机关工作人员的有关事宜。

10月22日，大同县2004年计划生育优质服务动员大会在湖东宾馆二楼会议室召开。

11月8日，为庆祝第二个记者节的到来，大同县委宣传部、记协在昊天会议室举行记者座谈会。

11月9日，大同县老干部工作会议在湖东宾馆二楼会议室召开。

11月10日，大同县经济、金融运行形势分析会在县人行会议室召开。

11月11日，中共大同县委、县人民政府联合作出《关于在全县范围内开展卫生大清理活动的通知》。

11月12日，中共大同县委出台《中共大同县委常委会议事细则》，旨在进一步坚持和落实党的民主集中制原则，切实加强和改进县委领导。

11月17日，举行峰峪乡希占希喜学校暨村村

通公路剪彩仪式。

11月19日，大同县委、县政府在湖东宾馆二楼会议室召开全县开展社会捐助活动动员会。

11月24日，大同县计划生育工作现场办公会议在周士庄镇召开。

11月29日，大同县审计工作会议在湖东宾馆二楼会议室召开。

11月29日，大同县在倍加造镇召开全县社会治安综合治理座谈会，县、乡、村、企四家，共同研究该镇的社会治安综合治理。

12月27日至28日，市软环境建设领导组办公室考核组一行4人，对大同县软环境建设进行考核。

2005 年

1月6日，大同县在湖东宾馆二楼会议室召开县级领导干部2004年度述职暨民主测评会议。县四套班子领导及全县各单位负责人160多人参加。

1月11日，市领导来玉龙、柴树彬、李士杰等来大同县吉家庄乡慰问敬老院、困难户。

1月26日，省国税局局长许月刚到大同县检查国税工作。

1月28日，市委秘书处及办公厅领导张小立、高东森、李生明、刘毅、韩钧及驻聚乐乡大北庄村工作队员走访慰问大北庄村民，此次慰问扶贫，工作队共带去3万元扶贫款和办公厅干部们个人捐赠的现金、衣物、面粉、棉衣被等折款达1.5万元。

1月31日，大同县委在县委常委会议室召开县委常委扩大会议。传达贯彻全市保持共产党员先进性教育活动会议精神，安排部署全县保持党员先进性教育活动工作。

2月3日，大同县保持共产党员先进性教育活动工作会议在湖东宾馆二楼会议室召开。市委常委、市委秘书长柴树彬、市委保持共产党员先进性教育活动督导组驻大同县组长姚振华等亲临大会指导。

3月25日，大同县在县湖东宾馆召开大同县委保持共产党员先进性教育第二阶段工作部署会。

5月18日，大同县党员先进性教育活动整改提高阶段工作部署会在湖东宾馆二楼会议室召开。

市委常委、秘书长柴树彬应邀参加并讲话。

2月6日，大同县委、县政府在县湖东宾馆二楼会议室举行2005年春节团拜会。

2月16日，县委常委扩大会议在县委四楼会议室召开。县四套班子领导及县委中心组成员参加。会上集中学习了《保持党员先进性理想信念的要求》文章。会议听取了赴南方学习考察组的考察情况报告，通报了全县2004年工作目标考核情况。

2月18日，大同县在雁北宾馆八楼召开书记办公会，听取全县干部大会暨双先表彰会筹备情况，并研究讨论了大会的有关事宜。

2月21日，中共大同县委、县人民政府做出决定，对2004年度全县各条战线涌现出的周士庄镇等12个红旗单位，检察院等85个先进集体，册田水库管理局等13个驻县先进集体，23名个人标兵，164名先进工作者，52名劳动模范给予表彰。对生态建设、黄花种植、新打机井、农村学校危房改造、招商引资、村村通工程、计划生育七个单项先进单位进行了奖励。

2月21日，中共大同县委九届七次全体会议召开，会议通过了《中共大同县委议事规则》，共5章38条。

2月23日，大同县干部大会暨双先表彰会议在湖东宾馆隆重召开。这次会议的主要任务是认真总结2004年的工作，对一年来各条战线涌现出的先进集体和先进个人进行表彰，并对 2005 年的工作进行全面安排部署。

2 月 23 日，全县人口和计划生育工作会议在湖东宾馆召开。

2 月 26 日，保持共产党员先进性教育活动驻山西督导组宁建华以及省委先进性教育活动驻大同督导组组长陈跃钢一行 10 人在市委常委、组织部部长刘志杰陪同下来大同县检查保持共产党员先进性教育活动。

3 月 3 日，大同县 2005 年城乡建设动员会召开。这次会议主要是认真总结 2004 年全县城乡建设工作，安排部署 2005 年全县城乡建设工作特别是县城道路建设工作，动员全县各部门、各单位和广大干部群众团结一致，克服困难，全力以赴地投身于实施经营城市战略之中，为实现县委提出的"规模大、力度大、成效大"的奋斗目标，举全县之力，做前所未有之事。

3 月 15 日，市委书记来玉龙，市委常委、秘书长柴树彬到大同县就党员先进性教育学习情况进行检查。

3 月 15 日，大同县党风廉政建设干部大会、党员先进性教育警示报告会、纪检委第四次全会在县湖东宾馆二楼会议室合并召开。

3 月 29 日，大同县日旺板业公司发生火灾并引起爆炸，造成 2 人死亡、3 人重伤的事故。

4 月 22 日，大同县召开中日关系形势宣传报告会。目的是为帮助广大干部群众了解国际形势，掌握中日关系的历史、现状和我国的对日政策，正确理解、支持、拥护中央的决策和部署。

4 月 26 日，大同县民营经济工作会议召开。

5 月 9 日，大同市政府常务副市长张富文在大同县湖东宾馆三楼会议室主持召开专门会议。就得（得胜堡）大（大同）高速公路大同县段建设有关事宜进行协调和研究。

5 月 10 日，大同县教育工作会议在湖东宾馆二楼会议室召开，县四套班子领导参加。

5 月 13 日，大秦铁路 2 亿吨扩能电气化配套工程征用地协调会在大同县电业局会议室召开。

5 月 24 日，大同县信息工作会议在政府四楼会议室召开。

5 月 25 日，中共大同县委、县人民政府联合作出《关于建立领导信访接待日通知》。

5 月 28 日至 30 日，市、县公安部门对大同县西骆驼坊村部分村民无理阻拦得大高速公路建设行为采取了法制教育和处置行动。

6 月 1 日，市委副书记、纪委书记梁凤书到大同县就政法综治工作和纪检监察工作进行调研。

6 月 1 日，大同县农村工作座谈会召开。会上通报了西骆驼村部分村民与得大高速公路项目部纠纷事件的情况，并对当前乡镇、农村两级安全、稳定工作提出了明确的指导意见。

6 月 20 日，中共大同县委、县政府做出《关于命名表彰 2004 年度人民满意的基层站所的决定》。

6 月 22 日，大同县安全工作会议在湖东宾馆二楼会议室召开。

6 月 24 日，大同县在湖东宾馆二楼召开了全县软环境建设暨基层满意站所表彰大会。

6 月 30 日，大同县第二批保持共产党员先进性教育活动动员会议在湖东宾馆二楼会议室召开。

8 月 2 日，大同县第二批先进性教育活动分析评议阶段工作部署大会召开。全县参加第二批先进性教育活动的单位有 48 个，党组织 111 个，党员 1687 名。其中，乡镇 10 个，街道 3 个，事业单位 13 个，金融机构 1 个，老干部支部 4 个，企业 17 个。党委 15 个，党总支 2 个，党支部 94 个。

8 月 3 日，全县第二批党员先进性教育活动现场会召开，与会人员分别参观学习了杜庄乡、峰峪乡、县二中的经验和做法。

7 月 4 日，大同县在县武装部会议室召开李殿林生平和白登（山）之战遗址评介会。评介会由市委政研室副主任赵忠格主讲。主要内容：李殿林生平和白登（山）之战遗址评介。

7 月 6 日，中共大同县委、县人民政府联合发出《关于加强双拥工作的通知》。

7月，大同县食品药品监督管理局分局在机关内部推行文明药监"五个一"工程。即：一接电话问好，一张笑脸相迎，一把椅子请坐，一片真情办事，一句好话送行。努力实现"三不出"（班子和队伍不出轨，市场监管不出乱，执法工作不出错）。

7月11日，中共大同县委、县人民政府联合发出《关于进一步严格工作程序严肃工作纪律通知》。《通知》要求：1. 必须严格遵守"逐级负责"的工作程序；2. 必须严格遵守工作责任制；3. 必须依法办事，依律行事。

7月12日，大同县第四届黄花文化旅游节在倍加造镇东村举行。

7月20日，大同县精神文明"十百千"活动现场会在许堡乡隆重召开。

7月21日，大同县宗教工作紧急会议在政府四楼会议室召开。

7月22日，大同县计划生育基层基础建设暨"二术动员"大会在瓜园乡召开。

7月27日，省委副书记薛延忠到大同县调研，并视察全县生态工程建设。

7月28日，全省少数民族聚居村电脑农业现场会在大同县周士庄镇三条涧村举行。

8月1日，中共大同县委常委（扩大）会议暨县委中心组学习会在县武装部会议室召开。邀请市统计局局长曹春雨作了《如何正确分析和判断经济形势》的专题讲座。

8月5日，大同县"五老"队伍建设工作会议在县武装部会议室召开。

8月8日，大同县西坪镇秋季物资交流大会开幕式在水头村举行。

8月10日，市委书记来玉龙在市委常委、秘书长柴树彬的陪同下到大同县调研。

8月11日，大同县妇女干部培训班在县委党校举行开学典礼。

8月11日，中共大同县委、县人民政府做出《关于大同县信访工作领导责任制和责任追究制的暂行规定》。

8月12日，全省雁门关生态畜牧经济区建设工作会议在大同召开。与会人员参观了大同县周士庄草种基地、养羊园区，聚乐生态工程。省委副书记薛延忠、副省长范堆相、省委副秘书长李平社、农业厅厅长杨文宪出席会议。

8月16日，大同县《公务员法》培训班在县公路段会议室举行。

8月17日，大同县联动大接访工作动员会召开。会议专题研究部署全县联动大接访工作，进一步促进全县社会和谐稳定。

8月19日，县委常委、宣传部部长明海君，在县委四楼主持召开了"县城一级路遭破坏谁之过"大讨论。会上，来自西坪、水头、东街、西街办事处的居民代表，齐声颂扬县委、县政府的这一民心工程，对破坏一级路的恶劣行为一致表示愤慨，大家争先恐后怒斥那些不法司机和不讲公德的沿路居民，并提出下一步加强管理的意见和建议。县交警、城建、交通、城管、环卫、公路等部门负责人参加座谈会，并现场回答了居民提出的问题。

8月22日，省政协副主席吕日周为家乡大同县杜庄乡落阵营村引资捐款10万元修缮学校，捐赠者民营企业家侯先生。著名作家柯云路及有关领导参加捐赠仪式。

8月23日，大同市城建观摩检查组到大同县观摩县城建设。

9月1日，大同县老干部观摩会召开。县委、县政府组织部分离退休及原县级老同志现场观摩了周士庄镇、聚乐乡生态工程及县城建设工程。

9月7日，大同县整顿煤炭市场动员会在工商局会议室召开，安排整顿煤炭市场的工商执照和税务登记等相关事宜。国税局、地税局有关负责人参加。

9月7日，中共大同县委、县人民政府联合发出《关于建设节约型机关的意见》。

9月9日，大同县庆祝教师节暨先进集体、先进个人表彰大会在县一中举行。

9月12日，大同县在县政府门前举行大型政风行风宣传咨询暨局（站）长与群众面对面对话活动。

9月17日，全市县域经济发展促进会与会人员来大同县参观检查。

9月20日，大同市原副地级实职老领导杜玉林、王善、姜锡铭、王护国、高树华等一行30人对大同县采凉山生态建设、周士庄种养扩繁基地、县城建设进行观摩。

9月22日，大同县新农村建设杜庄乡现场会召开。市委常委、宣传部长邹玉义到会，并作讲话。

9月23日，山西省军区"长城希望小学"在大同县聚乐乡西关村落成，并举行竣工剪彩典礼。省委常委、省军区司令员郑传福等参加。

9月30日，举行县老干部活动中心落成典礼仪式。

10月9日，召开全县城市管理大讨论再动员大会。

10月11日，大同县委、县政府在会议中心广场隆重集会，庆祝九九重阳节。

10月13日，全省创建"平安三晋"综合治理现场会与会领导参观学习大同县杜庄乡社会治安综合治理工作。省领导金银焕、杜玉林、杨安和出席会议，市县领导陪同参观。

10月20日，国家财政部委托宁夏回族自治区财政专员，以及山西财政专员对大同县作为财政困难县进行考核。

10月21日，大同县政风行风评议测评会在湖东宾馆二楼会议室举行。

10月23日，代省长于幼军在省政府秘书长李政文，市委书记来玉龙，市长郭良孝、副书记马福山陪同下视察大同县生态工程和工业企业、农业养殖项目。

10月25日，大同县征兵工作会议在县武装部会议室召开。

11月1日，大同县2005年度落实长效节育措施工作动员大会在湖东宾馆二楼会议室召开。会议邀请市计生委副主任沈小钢作了辅导讲话。

11月1日，省政协民族宗教委员会五位副主任在市政协副主席徐世立的陪同下到大同县调研。

11月7日，大同县委常委（扩大）会议暨中心组学习会在武装部三楼会议室召开。会议特邀市环保局局长张颖川主讲《环保·科学发展观·和谐社会》。

11月14日，县委选派80名科级后备干部充实加强农村开展第三批农村保持共产党员先进性教育工作。

11月15日，总投资2.4亿元的大同安盛实业有限公司水煤浆项目在大同县党留庄乡安留庄村开工奠基。

11月16日，大同县《火山文化》创刊一周年座谈会在西坪镇会议室召开。

11月28日，大同县举办《信访条例》培训班。

11月30日，大同县"地税杯·文明小主人"演讲比赛在地税局会议室召开。

12月1日，大同县党员领导干部警示教育报告会在湖东宾馆二楼会议室召开。市纪委常委武献民作了报告。

12月1日，全县第三批保持共产党员先进性教育活动动员会在湖东宾馆二楼会议室召开。

12月7日至9日，以"树立行业新风、优化发展环境"为主题的政风行风对话会在县地税局会议室召开。全县17家单位的负责人面对面与群众对话，现场解答群众提出的问题，接受群众的批评和建议。

12月14日，大同县召开"人民满意基层站所"创建评比大会。

12月15日，大同县举行"妇女儿童权益保障法"宣传暨男女平等报告会，会议邀请市妇联主席张秀峰做报告。

12月27日，大同县县城改造总结表彰大会召开。同日，大同县隆重举行县城改造碑记、"安顺"平安石揭幕及多功能会议中心启用剪彩仪式。

2006 年

1 月 20 日，大同县人武部召开庆功会，庆祝大同县人武部被北京军区表彰为"基层全面建设先进旅团单位"，并荣立二等功。

2 月 17 日，大同县干部大会暨 2005 年度"双先"表彰会召开。并对 2005 年一年来在各行各业、各条战线做出显著贡献的先进集体和先进个人进行表彰。

3 月 3 日，大同县在县会议中心召开传达贯彻全省建设社会主义新农村工作会议精神暨晋西北、太行山革命老区开发重点县工作安排会议。

3 月 21 日，大同县精神文明建设"十百千"评选活动表彰大会召开。会议主要是总结 2005 年全县精神文明创建工作，表彰新命名的文明单位、文明村镇和全县在"十百千"活动中涌现出的先进集体和先进个人，安排部署 2006 年的工作任务。

4 月 26 日，大同县安全生产工作会议召开。会议总结了全县 2005 年安全生产工作，对 2006 年的安全生产工作进行全面部署。

5 月 23 日，大同县公路建设动员会召开。会议对 2006 年全县公路建设作出具体安排、部署和进行动员，为全面完成 2006 年的公路建设任务做好各项准备工作。

6 月 2 日，大同县在县会议中心召开全县干部大会暨县政府主要领导更替大会。孙永胜任大同县县长。

6 月 28 日，中国共产党大同县第十次代表大会召开。大会听取审议了中共大同县第九届委员会所作的工作报告。

6 月 29 日，大同县纪念中国共产党成立 85 周年暨先进基层党组织、优秀共产党员、优秀党务工作者、先进性教育活动优秀工作者和新农村建设带头人表彰大会召开。

8 月 9 日，大同县建设社会主义新农村工作会议召开。

8 月 18 日，大同市村通水泥路现场会在大同县召开。

8 月 22 日，大同县机关效能建设动员会召开。

8 月 23 日，大同县依法治县"五五"普法创建平安县工作会议召开。会议还对"四五"普法以来涌现出的先进集体和先进个人进行表彰。

9 月 8 日，大同县教育工作会议召开。三个学校的负责人进行了经验介绍，县长孙永胜代表县委、县政府就教育工作作了六个方面的总结。

10 月 16 日，大同县召开了老干部情况汇报会。会议邀请与会的老同志沿着 10 月 15 日市委、市政府领导走过的路线，对全县在招商引资、产业结构调整等项工作中具有代表性的几个点进行了观摩，并向他们通报了工作情况。

2007 年

1 月 11 日，大同县 2006 年度县级班子及领导干部述职测评大会在县会议中心召开。县委书记县长分别代表县委和县政府班子及个人进行述职。

1 月 15 日，由市委讲师团团长刑玉珍带队的检查组莅临大同县，检查县委中心组理论学习的有关情况。

2 月 7 日，大同县信访、防邪教工作会议在县人大会议室召开。

2月13日，大同县信访专题会议召开。会议传达了省、市信访工作会议精神，对全县的信访工作进行了安排部署。

2月25日，县委常委扩大会议在县委四楼会议室召开。会议主要内容：研究部署全县干部大会暨"双先"表彰会；听取全县各部门目标责任考核情况汇报；县纪检委、组织部、宣传部、政法委工作汇报；听取县政府关于粮食流通体制改革方案和2007年县领导、各乡镇、各职能局招商引资的意见。县四套班子领导及副县级领导参加。

2月27日，大同县县乡换届选举工作会议在县人大会议室召开。

3月3日，全县干部大会暨"双先"表彰会议召开。会议总结了2006年工作，对一年来各条战线涌现出的先进集体和先进个人进行表彰，并对2007年的工作进行全面安排部署。

4月4日，省妇联主席李月娥到大同县视察西坪镇昊天山"三八"造林基地。

4月9日，大同县林业工作会议召开，县委书记刘俊雍作了《抢抓时间、排难而上，迅速投入到通道绿化工作之中》讲话。

4月9日，大同县农村公路建设动员大会召开。

4月28日，大同县十四届人大代表县城第一选区选举大会在县政府大院举行。

5月15日至17日，中国人民政治协商会议大同县第七届委员会第一次会议在会议中心召开。

5月16日至18日，大同县第十四届人民代表大会第一次会议在会议中心召开。

5月21日，大同县招商引资暨项目建设促进会在会议中心召开。

6月6日，市委书记郭良孝到大同县就新农村建设和项目建设进行调研。

6月8日，大同县经济社会发展考核会在县人大会议室召开。

6月12日，市委副书记、纪检书记梁凤书到大同县检查指导工作。

6月18日，省交通厅农村路网管理处处长李俊生到大同县检查公路建设情况。

6月28日，全省农村公路建设质量现场会在大同县召开。会议对大同县公路建设任务大、速度快、质量高给予充分肯定。

7月1日，大同县庆祝建党86周年知识竞赛在县地税局会议室举行。

7月3日，大同县委中心组在县人大会议室进行集中学习。市委讲师团团长、教授刑玉珍应邀为县委中心组作专题辅导。

7月6日，全省2000万亩耕地综合生产能力建设工程现场经验交流会大同县现场会在周士庄镇、倍加造镇、党留庄乡召开。

7月12日，大同县玄武岩开发会议在大同市五洲大酒店召开。

7月23日，全市"十名法律专家、百场法制报告"报告会在大同县会议中心召开。

7月25日，市委常委、政法委书记苑吉到大同县调研。

7月26日，全县禁毒工作再动员大会召开。

8月3日，大同县打击偷逃税费综合整治动员大会在会议中心召开。

8月4日至5日，大同县四套班子领导赴内蒙古自治区察右中旗参观学习。

8月6日，省交通厅公路建设记者采风团到大同县采风。

8月7日，省妇联主席李悦娥到大同县周士庄镇散岔村慰问孤残儿童，并参观了散岔村家庭寄养管理站。

8月8日，大同县举行土林观光园揭牌仪式。标志着大同县第一个大型旅游项目开工建设。

8月13日，大同县慈善总会成立大会在会议中心召开。

8月16日，第八届中国大同·恒山旅游节大同县桑干湖生态旅游区分会场在册田水库开幕。

8月17日，全市推进人民调解、建设平安大同经验交流会在大同县会议中心召开。

8月20日，大同市"两区"项目暨沼气建设现场促进会在大同县召开。

8月21日，大同县2007年选任的村官培训会议召开。

9月11日，市妇联主席薛丽娟到大同县调研。

9月12日，市人大常委会主任安大钧到大同县聚乐乡视察生态建设。

9月22日，大同县安全工作会议在倍加造镇召开。

9月24日，大同县"孝顺子女"表彰大会召开。会议对在"孝顺子女"评选活动中产生出来的100名先进个人进行表彰。

9月30日，中国共产主义青年团大同县第七次代表大会在会议中心隆重召开。

10月12日，大同县社会治安综合治理协会成立大会召开。

10月13日，山西省军区参谋长姬亚夫到大同县武装部检查指导。

10月18日，全县公路建设现场观摩促进会召开。

10月19日，大同市秋季农建工作大同县现场会在大同县武装部会议室召开。

10月23日，大同县2007年秋冬季落实长效节育措施动员会召开。会议旨在深入贯彻落实《中共中央、国务院关于全面加强人口和计划生育工作统筹解决人口问题的决定》和《省委、省政府关于贯彻决定的实施意见》，继续稳定全县的低生育水平，保持人口的协调发展。

10月23日，大同县农村基层党风廉政建设工作促进会召开。参加这次大会的有全县各局委办及企事业单位负责人和乡、村两级领导。

10月26日，全省第11届环卫工作节暨全县环卫表彰会召开。

10月30日，大同市县域经济发展促进会与会人员到大同县观摩。

11月6日，大同县四套班子领导扩大会议召开。会议由县长孙永胜通报了全市县域经济发展促进会总结大会的精神，并结合大同县实际，对政府各部门当前的工作进行了安排部署。

11月7日，大同县残疾人联合会第五次代表大会在会议中心召开。

11月9日，大同县在县会议中心召开全县干部大会，传达全市干部教育工作会议精神，安排全县的干部教育工作。

11月10日，大同县委、县政府在西坪镇召开全县公路建设和沼气建设总结分析会。会议听取了县交通局、县农业局的情况通报和各乡镇、街道的工作汇报。

11月11日，大同县隆重举行昊和广场落成庆典仪式。市县领导及全县副科以上干部1000多人参加了庆典活动，并举办了焰火文艺晚会，上万名干部群众观看了演出。

11月21日，大同县在县会议中心举行市委宣讲团宣讲十七大报告会议。

12月26日，大同县妇女工作座谈会召开。会议的主题是"话未来、创发展"，充分反映了"妇女在全县经济社会发展中的作用"。

2008 年

2月20日，全县干部大会暨"双先"表彰会议在县机关礼堂召开。会议对2007年度全县各条战线涌现出的96个先进集体和298名先进个人进行表彰。树立倍加造镇等15个单位为"红旗单位"。同时，对2007年在招商引资等19项工作前三名的乡镇（街道）进行表彰。并对2008年的工作进行全面的安排部署。

3月3日，大同县委十届六次全体（扩大）会议在县会议中心召开。会议的主要内容是研究部署全县党风廉政建设、效能建设、纪律作风整顿工作。

3月3日，大同县党风廉政建设干部大会、县纪委十届三次全会、县农廉工作会、机关效能建设大全暨全县整顿机关纪律作风动员会及县警示教育报告会五大会议在县会议中心合并召开。

5月5日，大同县2007年度民营经济表彰会召开。会议主要表彰近年来为大同县县域经济发展做出突出贡献的民营企业。

5月27日，大同县许堡乡集仁村75岁的农民女党员肖云梅一次性将儿女们平时孝敬她的1万元养老钱捐交了"特殊党费"，受到了全县干部的交口称赞。肖云梅1953年入党，从19岁开始到55岁一直在村里担任妇联主任和村党支部委员，至今已有55年的党龄。她热爱党、热爱劳动，处处起模范带头作用。在村30年连年被评为县乡劳动模范。1953年曾光荣出席省劳模大会，和当时的陈永贵、申纪兰等一同受到省委、省政府的表彰奖励。

7月28日，大同市消防支队四中队、七中队与大同县倍加造村军民共建文明村启动仪式在倍加造村举行。

9月1日，杨人毅任中共大同县委委员、县委常委、县委书记。

9月9日，全县庆祝教师节暨教育工作座谈会召开。

9月22日，大同县"中外摄影名家聚焦大同火山群"活动仪式启动。

10月8日，县委组织县四大班子领导、县直有关局和乡镇（街道）党委书记赴山西省应县、右玉县、左云县、阳高县、内蒙古和林格尔县、河北省阳原县进行了为期四天的考察学习，最终在县委十届七次全委扩大会议上做出了"产业发展、平安和谐、生态宜居、文化繁荣"的战略部署。

10月14日，大同县煤焦领域及非煤矿山反腐败专项斗争动员会召开。

10月15日，大同县大同火山群地质公园管理处成立。

10月29日，大同县2008年度秋冬季落实长效节育措施动员大会召开。

11月6日，大同县治超工作会议在政府四楼会议室召开，对在全县开展打击短途非法超限载运输专项行动"云暴二号"做了动员部署。

11月7日，大同县召开全县农田水利基本建设、生态旅游暨全面打造秀美山川动员大会。贯彻落实全委会精神，及早谋划"生态旅游休闲区"建设的相关事宜，以农田水利基本建设为突破口，全面打造山川秀美的大同县。

11月，中共大同县委决定，从县直机关中选派45名以35周岁左右的副科以上干部任组长的优秀青年干部组成10个宣讲团，集中3个月时间，驻乡（镇）、村宣传贯彻党的十七届三中全会精神和县委十届七次全会精神。期间，以县科协副主席刘志远为团长的驻周士庄镇宣讲团"一张明白卡、三到位、五进农家"宣讲工作方案受到了县委书记杨人毅的高度肯定并作了重要批示，并在《县情反映》上刊登了该团的宣讲工作报告以资相互学习借鉴。

12月5日，县委副书记，县长孙永胜，县委常委、政法委书记冯学中深入大同县各派出所和"110"报警台，突击检查值班和出警情况。在检查中发现，派出所站点基本能够做到所长坚守岗位，值班人员及时出警。

12月8日，大同县在县武装部会议室召开全县四大班子"五包四定"工作汇报会。县四大班子领导杨人毅、孙永胜、武明、薛守清等听取县级领导"五包四定"工作的落实和进展情况。县领导王占福、杨近源、刘红斌等分别汇报了各自包乡镇、包项目、包企业、包学校、包信访案件，定任务、定措施、定时间、定奖惩的工作进展情况。

12月9日，副省长胡苏平、省林业厅厅长耿怀英、省扶贫办主任刘昆明、省农业厅副厅长雷郭堂以及省卫生厅等部门的负责同志到大同县调研。

12月12日，市委常委、大同军分区政委董其高等领导到大同县调研村委会换届选举工作。

12月24日，大同县党政联席会在县委常委会议室召开。会议主要内容:县委副书记、县长孙永胜传达省委九届六次全会和全省经济工作会议精神;县委书记杨人毅传达市委主要负责人讲话精神,安排部署全县经济工作会议有关事宜。

12月25日,成立大同县接待办公室,隶属政府直属事业单位。

12月26日,全县教育工作会议在县会议中心召开。

2009 年

1月6日,市人大常委会主任梁凤书率领部分市人大常委会组成人员到大同县,看望慰问在大同县的市人大代表,征求他们对市人大工作的意见和建议。

1月6日,市政协主席马福山、市人大常委会副主任张志伟、副市长邰向华,大同军分区副司令员王金山、市政协秘书长刘首龙到大同县党留庄乡慰问困难群众。

1月9日,县委书记杨人毅,县人大常委会主任武明等深入黄土坡煤矿调研,慰问困难职工。

1月12日,县委副书记、县长孙永胜,县委常委、常务副县长杨近源上门看望老领导张顺、白玉芝,给他们送上新春的祝福,并诚恳地征求了他们对县政府一年来工作的意见和建议。

1月23日,市委常委、常务副市长李世杰,市委常委、市委秘书长柴树彬,市委常委、大同军分区政委董其高,市委组织部副部长王萍,县领导杨人毅、孙永胜等,在大同县下甘庄村委会亲切看望、慰问了大学生村干部,并与他们进行座谈。

2月4日,县委副书记、县长孙永胜在周士庄镇接待了中国重汽集团总经理蔡东一行,双方就大齿公司扩产项目选址的有关事宜,进行交流并查看了现场。

2月9日,农历正月十五,由县委书记杨人毅带队,大同县组团赴怀仁县学习考察。考察团一行先后赴怀仁县云中镇现代农业园区、金沙滩生态旅游区、迎宾广场、文化广场、云州东街旧城改造工程、云海生态园进行了学习考察。

2月11日,大同市春季抗旱备耕暨送科技下乡活动在大同县启动。

2月17日,中共大同县委、县政府联合作出《关于对2008年度先进集体和先进个人进行表彰的决定》。对2008年度全县各条战线涌现出的31个先进集体,36家国有企业和服务地方发展的民营企业、条管驻县单位和99名先进个人进行表彰,并选树倍加造镇等10个单位为"红旗单位",10名同志为"个人标兵"。

2月17日,大同县在县委四楼会议室召开县委常委(扩大)会议,听取新一中的建筑设计方案汇报,对方案进行了研究,提出了补充改进意见,并研究了加快建设进度、校园周边限批和规划等事项。

2月18日,大同县经济工作会议召开。会议回顾总结了2008年全县经济工作,全面分析了当前面临的形势和任务,安排部署了全县2009年的经济社会发展工作。对2008年各条战线上做出显著成绩的先进集体和先进个人进行了表彰。

2月18日,大同县人口和计划生育工作会议在县会议中心举行。会议对2008年全县人口和计划生育工作进行了全面总结,安排部署了2009年的主要工作和任务。

2月18日,国家邮政局副局长王渝次在省邮政局局长张勤学、市邮政局局长张俊卿等的陪同下,到大同县邮政局检查指导工作。

2月19日至22日,县委书记杨人毅随同由省工业经济联合会会长、原副省长彭致圭,副会长、原省机械工业厅厅长牛建业、市长耿彦波,副市长邰向华等组成的山西省考察团,赴浙江吉利控股有限公司上海、浙江两地的生产、研发和培训基地进行考察访问,并同吉利集团的高层领导人就该公司上马甲醇燃料汽车生产线相关事宜进行商谈。

2月26日到27日,大同县举办农村"两委"干部培训班,全县300多名"两委"干部、村官、部分乡镇干部参加培训。

3月1日,大同县深入学习实践科学发展观活动总结大会在党校会议室召开。会议对全县的学习实践活动进行了全面回顾总结,对今后更好地贯彻落实科学发展观进行了安排部署。

3月5日,省改革创新研究会会长、省治超领导组总监督、原省政协副主席吕日周,原市政协副主席徐世立视察大同县治超工作。

3月6日,大同县在县会议中心召开县委工作会议暨党风廉政建设干部大会。县委书记杨人毅作讲话,县委副书记、县长孙永胜就政府部门加强党风廉政建设和反腐败工作讲了指导意见。

3月12日,大同县春季植树造林暨重大动物疫病防控工作动员大会在县会议中心召开。

3月12日,浙江吉利控股集团有限公司副总裁毛勇一行莅同,就大同市及大同县投资环境等方面的内容进行考察调研。

3月16日,大同市国土局局长潘志中到大同县就2009年实施大项目建设用地情况进行调研。潘志中一行实地查看了新建县一中的选址情况,就今后的土地政策、全市土地规划报批情况和大同县引进重汽(大齿)、吉利等项目的土地报批方案与县领导交换了意见。

3月17日至18日,中国人民政治协商会议大同县第七届委员会第三次会议在县会议中心举行。

3月18日,大同县在武装部会议室召开全县落实党风廉政建设责任制汇报会。

3月18日至19日,大同县第十四届人民代表大会第三次会议在会议中心举行。

3月24日,中共大同县委、县人民政府联合做出《关于领导干部坚守工作岗位严守工作纪律的通知》。

3月26日,市委副书记高印到大同县调研指导深入学习实践科学发展观活动,对大同县的学习实践活动给予了充分的肯定。

4月,大同县招商贸易促进中心成立。

4月1日,大同县召开2009年重点工程项目进展情况汇报会。

4月2日,市人大常委会主任梁凤书到大同县就深入学习实践科学发展观活动开展情况进行调研。

4月8日,大同县在县武装部会议室召开县政府全体会议。会议就进一步贯彻落实县委十届七次八次全会、全县经济工作会议和县人代会精神,安排部署2009年县政府全面工作。县长孙永胜围绕如何抓好县政府重点工作任务作了讲话。

4月9日,县委副书记、县长、县深入学习实践科学发展观活动领导小组副组长孙永胜,深入县财政局调研学习实践科学发展观活动,提出指导意见。

4月13日,中共大同县委、县人民政府联合发出《关于党政机关实行厉行节约坚决制止奢侈浪费的通知》。

4月17日晚18时18分,大同县吉家庄乡南庄村附近发生森林火灾。刚刚在太原参加完会议的县长孙永胜、副县长王雪萍等直接奔赴火灾现场,亲自组织灭火工作。

4月20日,大同市春季造林绿化大同县现场推进会召开。

4月20日,经大同县委、县政府研究决定,授予赵德清"林业功臣"荣誉称号,并授予县林业局"学习实践科学发展观标兵单位"荣誉称号。并在全县开展向赵德清同志和县林业局学习的活动。赵德清以绿化大同县为己任,坚持数十年如一日,顽强奋斗,辛勤工作,为大地披彩、山川增绿做出了突出的贡献。

4月24日,大同县召开县委常委班子实现四大目标、推进科学发展征求意见座谈会,部分县人大代表和政协委员参加座谈,并围绕发展提出意见和建议。

4月29日，大同县"双学双比双服务"活动动员会在县会议中心召开。会上杨人毅为林业局颁发奖金10万元。中共大同县委、县人民政府决定从2009年4月30日开始到10月31日，在全县开展"双学双比双服务"活动。这次活动就是开展领导干部学习赵德清，在建设家乡中比比责任心；领导班子学习林业局，在科学发展中比谁有作为；200名干部下基层，服务企业树信心、拓市场、解难题；服务农村促发展、保稳定、解民忧的"双学双比双服务"活动。

4月30日，大同县召开人感染猪流感防控动员会，安排部署人感染猪流感防控工作。

5月4日，原省政协副主席、省改革创新研会会长吕日周到大同县参观调研。吕日周参观了火山群五万亩造林项目区、昊天寺旅游景点和同浑公路等绿化工程项目区。

5月5日，大同县在县委党校会议室召开全县综治委工作例会。

5月26日，大同县人民政府召开企业代表座谈会，了解各企业的生产经营情况和项目进展情况，诚恳地征求企业对政府工作的意见和建议。

5月27日，全县重点项目促进会在县武装部会议室召开。

5月31日，全县治超工作会议在武装部会议室召开。县委副书记、县长孙永胜传达贯彻了全省治超工作会议的精神，回顾总结了全县的治超工作，安排部署2009年的治超工作。

6月10日，省委副书记、省长王君到大同县就县乡村三级卫生服务体系覆盖情况进行调研。

6月17日，大同县推进发展关注民生"十大工程"开工暨荣泰生态农业科技示范园奠基仪式在倍加造镇独树村举行。

6月26日，大同市村通水泥路"全覆盖"工程推进会在大同县召开。市县领导和各县区分管交通的副县长、交通局长60多人观摩了古定桥—瓮城口、浅井—西坪村两条村村通水泥路工程。县长孙永胜介绍了大同县公路建设的基本情况和工作

经验。

6月28日，省委常委、副省长李小鹏到大同县瓜园车站大秦路扩能工程现场调研。李小鹏在调研时指出，要进一步加大工作力度，真抓实干，克服困难，切实推进重点工程建设，为应对金融危机，实现省委、省政府提出的"三个发展"做出贡献。

6月30日，省委统战部副部长王建行到大同县调研，王建行在倍加造参观了恒岳煤机集团的液压支架项目建设工地，在峰峪乡深入李建培英小学考查。

7月1日，市委常委、市委秘书长柴树彬到大同县走访慰问老党员蒙品和刘继明，为他们送上慰问金，并向全市的党员致以节日的祝福和问候。

7月3日，全国政协常委、北海集团董事长徐展堂到大同县考查建设高尔夫球场情况。徐展堂一行在杜庄乡土林周边、昊天寺附近进行了实地考察，对大同县的各项情况表示满意。市长耿彦波指出，大同县具有优越的地理位置、丰富的旅游资源、优惠的投资政策，很适合投资开发。县长孙永胜就大同县的各项政策、人文环境进行了详细介绍，热忱欢迎各方人士前来投资。

7月8日，大同火山群地质公园在大同县昊天寺门前隆重举行开园仪式，青少年地质科普夏令营也同时开营。开园仪式由县长孙永胜主持，并由高璋宣布大同火山群地质公园开园。高璋、冀明德、崔海英、杨人毅、孙永胜为地质公园揭牌。

7月21日，大同县在峰峪乡召开全县农村党风廉政建设工作现场推进会，对全县农廉工作，特别是对全面规范建设农村会计委托代理中心工作进行安排部署。

7月31日，大同县在西坪镇水头村举行新型农村社会养老保险待遇发放仪式。这意味着从即日开始，具备发放条件的农民，可按月领取基础养老金。副市长郜向华，市劳动保障局局长陈同心、县长孙永胜、副县长苑在雨等出席发放仪式并为西坪村、水头村参保农民发放了惠农卡。

8月5日至9日，团中央办公厅副主任康国明

到大同县调研，调查了解基层团组织建设情况。

8月6日，全国政协常委、香港北海集团董事局主席徐展堂，北海集团有限公司副主席钟逸杰（本名David Akers-Jones）爵士，香港北海集团有限公司主席林定波，北海有限公司董事赵朝阳，香港卡尔集团有限公司主席卢重强等一行，到大同县考察投资环境，并会商建设高尔夫球场项目事宜。

8月20日，大同火山群成为山西省第一个国家级火山地质公园。新获得资格的国家地质公园，将进行3年建设，建设达标后，可以新成员身份加入地质公园网络体系。届时，中国国家地质公园总数将增至182个。

8月26日，副省长张建欣到大同县就加强基层医疗卫生体系建设和搞好基层人口计生工作进行调研。

9月14日至15日，大同县召开2009年乡镇重点项目观摩会。

9月16日，中国重汽集团大同齿轮有限公司新厂区在大同县周士庄镇牛家堡村的装备制造园区举行了隆重的开工奠基仪式。省委常委、政法委书记、省公安厅厅长杜玉林，中国重汽集团公司党委书记、董事长马纯济及市县领导出席开工奠基仪式。

9月17日，全省马铃薯机械化作业暨农机推广旗帜县建设现场会在大同县举行。副省长刘维佳现场观摩了马铃薯机械化收获与各类农业机械实地作业演示。

9月22日，大同县在昊和广场和会议中心门前举办了建国60周年成就展暨书画摄影作品展开展仪式。成就展在昊和广场举办，105幅照片从政治、经济和文化等方面全面展现了大同县在新中国成立60年来取得的丰硕成果和人民生活发生的可喜变化。在会议中心展厅举办的书画摄影展精选了60余幅书画作品，20多幅摄影作品。是全县书法、摄影界多年来创作成果的一次集中展示。市书法家协会主席胡金来及市书法摄影名家也来助兴，奉献了若干精美作品。

9月25日，大同县在县人大会议室召开县城灯光亮化工程工作会。

9月27日至28日，大同县庆祝新中国成立60周年爱国歌曲大家唱歌咏比赛在县会议中心隆重举行。乡镇街道代表队和机关代表队满怀深情地演唱了《大刀向鬼子们的头上砍去》《团结就是力量》《爱我中华》等经典红色歌曲。

9月29日，大同市委副书记、市长耿彦波到大同县规划中的医药工业园区进行调研。

10月8日，中共大同县委、县政府联合发出《关于认真做好"法治大同县"建设工作的通知》。

10月18日，以全国人大常委、全国党建研究会会长、中央党校原常务副校长虞云耀为组长的中央巡回检查组到大同县倍加造镇进行实地调研，检查指导第三批深入学习实践科学发展观活动开展情况。省委常委、组织部长汤涛及市委陪同调研。

10月15日至22日，大同县委书记杨人毅、县长孙永胜带领考察团对榆次、清徐、昔阳、左权、壹关、平顺、屯留、阳城、泽州、襄垣和晋源等11个县区进行考察。整个考察活动历时8天，行程3000千米，共参观考察点78个。

10月23日，大同市推进综治基层基础工作现场会代表参观大同县倍加造镇郭家窑头村平安互助建设。

10月26日，大同县在昊和广场集会，庆祝重阳节。集会由县老龄委主办。

11月5日，大同县召开共产党员和国家工作人员计划生育专项检查再动员暨落实长效节育措施动员会。省计生委副主任梁明虎出席会议并在会上通报了全省计划生育形势，就贯彻落实中央领导有关计划生育的指示精神提出具体要求。

11月5日，大同县征兵工作会议在县武装部会议室召开。

从11月9日下午18点13分至10日早晨6点39分，大同县遭受了特大雪灾的侵袭，历时12小时26分钟，深度为16厘米，降水量达16.6毫米，在全市降雪量最大，为全县近几年所罕见。据统计，全县受灾严重的有8个乡镇20个行政村，共有78栋日光温室、74栋移动大棚、5栋养殖大棚受灾，受灾面积达 259.8 亩,受灾人口 183 户 611 人。初步测算,造成直接经济损失达 539.95 万元。

11 月 10 日,市长耿彦波和华润（集团）有限公司董事长负责人踏着积雪专程到大同县,共同点燃天然气火种,标志着大同县首期燃气工程顺利竣工。由此,大同县成为大同市农业县区中率先用上管道天然气的县区。

11 月 23 日,国家住房和城乡建设部村镇司司长李兵弟一行到大同县,深入郭家窑头村、寺儿上村实地检查农村危房改造情况。

11 月 27 日,大同县"右玉精神"宣讲报告会在县会议中心举行。宣讲团成员有:右玉县委副书记陈琦,县政协原主席刘义,李达窑乡党委书记贺仲,杨千河乡南崔家窑村农民（党的十六大、十七大代表）余晓兰,新城镇余官屯村大学生村官李丽芳。

11 月 27 日至 30 日,大同县在县委党校举办为期 3 天的农村党支部书记和大学生村干部培训班。全县近 300 名农村党支部书记和大学生村干部参加培训学习。

12 月 2 日,中共山西省委授予大同县"2008 年度和谐社会建设先进县",并获奖金 20 万元。

12 月 4 日,大同县召开"送温暖、献爱心"社会捐助活动动员大会。这次会议的目的是在全县范围内掀起形式多样的扶贫帮困、捐资助困活动,切实解决好受灾和困难群众的生活难题,帮助受灾和困难群众渡过难关。

12 月 8 日,国内医药龙头企业——中国医药集团总公司旗下的中国医药工业有限公司与大同市的山西威奇达药业有限公司合作意向签字仪式在北京举行。

12 月 9 日,大同县设施农业技术培训班在昊天国际商务会馆开班。省农业促进会会长王福水、省农科院蔬菜专家张京社应邀作专题辅导。

12 月 21 日,大同县在"亚洲博鳌,中国品牌年度盛典"上荣获"中国最佳投资服务管理县"称号,县长孙永胜当选"中国创新发展先锋人物"。

12 月 25 日,县档案馆大楼举行落成典礼暨揭牌仪式。

12 月 31 日,大同县在县党校会议室召开林业工作会议。

12 月 31 日,大同县政府机构改革暨事业单位清理规范和分类改革动员会在县委党校会议室召开。同日,大同县人民政府制定了《大同县人民政府机构改革方案》。

2010 年

1 月 9 日,省新农村建设验收组到大同县就新农村重点推进村建设工作进行检查验收。

1 月 12 日至 13 日,大同县重点工作汇报会在县委党校会议室召开。

1 月 18 日,原省政协副主席、省改革创新研究会会长吕日周,到大同县吉家庄乡佛堂寺村进行调研。

1 月 20 日,北京晟亚育达生物科技有限公司与大同县鑫森农牧科技发展有限责任公司联合开办的"添康生态有机猪肉"连锁店开业。这标志着大同市畜产品又添新品种。

1 月 21 日,大同县信访工作会议在县委党校召开。

1 月 26 日,大同县人口与计划生育工作会议在党校会议室召开。

1 月 31 日,以省综治办副主任李曾贵为组长的省社会治安综合治理考核组到大同县,对落实《2009 年山西省社会治安综合治理责任书》情况进行考核检查。

1 月,中共大同市委宣传部、大同市社会主义新农村建设领导组办公室作出关于表彰大同市新农村建设"十佳魅力乡镇、十佳明星村、十佳带头人"的决定,评出"十佳魅力乡镇"10个,"十佳明星村"10个,"十佳带头人"10位,大同县周士庄镇、倍加造镇被评为"十佳魅力乡镇",党留庄乡邢庄村被评为"十佳明星村",郭家窑头村党支部书记杨栋、马连庄村党支部书记王启日被评为"十佳带头人"。

2月1日,省委常委、宣传部部长胡苏平在省委副秘书长、省信访局局长阎根生,省总工会副主席安娜,省民政厅副厅长何耀光等的陪同下到大同县,代表省委、省政府看望慰问倍加造镇郭家窑头村困难群众李玉梅、樊明,带着米、面、油等慰问品和慰问金,送上党和政府的关怀。

2月4日,县长孙永胜在城建等有关部门负责人的陪同下,深入县供热公司检查指导工作。

2月7日,县委书记杨人毅、县人大常委副主任乔焕看望了退下来的老同志马德先和孙诚。

2月8日,中共大同县委、县人民政府在昊天商务会馆举行迎春团拜会。县领导及来自全县党政军及社会各界的代表欢聚一堂,喜迎新春佳节。

2月10日,大同县委副书记、县长孙永胜,副县长白采堂看望退下来的老同志陈连元,看望周士庄村离休干部王希贵、罗卜庄村老党员陶生财、张玉,给他们送去党和政府的温暖,并送上新春的问候。

3月2日,大同县委工作会议暨廉政警示教育大会在县委党校报告厅召开。

3月5日,大同县各界妇女纪念三八国际妇女节100周年大会在昊天国际商务会馆举行。

3月3日至9日,大同县委书记杨人毅、县长孙永胜率县党政考察团赴浙江东阳市、仙居县和温州市学习考察,就特色产业发展、生态庄园建设、城市和新农村建设、教育发展、招商引资、生态旅游等方面相互交流学习。

3月14日,大同市高速公路建设现场促进会在大同县召开,副市长郝月生参加会议并讲话。

3月18日,大同县教育工作汇报会召开。会上,各联校、县直各学校汇报了上学期的教学教研工作及对本学期的工作打算。

3月18日,大同市人大常委会主任梁凤书率部分常委会组成人员到大同县,征求基层市人大代表的意见和建议,了解县人大常委会工作和代表活动开展情况。

3月19日,大同县召开启动编修首轮党史暨二轮县志动员会。会议安排部署了全县史志工作,会后,市委党史办和市地方志办相关负责人就编撰地方党史和县志对与会人员进行了专业培训。

3月19日晚到20日,大同县遭受强风的袭击,部分蔬菜大棚及养殖圈舍损毁严重,一些居民院墙倒塌屋顶损毁,部分乡镇的电线、路灯、学校、村委会的院墙等基础设施被毁。

3月23日,大同县春季植树造林暨动物疫病防控工作动员会在县会议中心召开。

3月25日,大同县现代农业示范区建设启动暨鑫森农牧万头生态有机种猪基地奠基庆典仪式举行。

3月26日,市委常委、市军分区司令员侯立智视察了大同县民兵预备役建设。

4月8日,中共大同县委、县人民政府决定成立大同县革命遗址普查与保护工作领导组,由县委副书记薛丽娟任组长,县委办、政府办、史志、民政、财政、文化、建设、旅游及各乡镇为成员单位,并由史志办牵头,对全县革命遗址进行了普查,经过实地普查,反复核实,确认和发现革命遗址50处,其中,中共大同历史上第一个市级政权——市委、市政府成立(或组建)遗址1处,县委、县政府驻地5处,革命烈士纪念碑3处,革命烈士墓地2处,革命烈士牺牲遗址2处,战场遗址1处以及其他革命遗址36处。

4月9日,大同县第六次全国人口普查动员会召开,会议安排部署全县第六次全国人口普查工作。

4月10日,大同县委书记杨人毅、县人大常委会主任武明率领出席大同市人大第十三届三次会议的大同县代表团成员,利用会议间隙参观了大同市规划展览馆,专访了大同二电厂。

4月13日，副省长刘维佳到大同县，就进一步推进大同现代农业示范区建设及生态建设调研。

4月15日，中共大同县委研究决定，在全县继续开展县乡干部"下农村进企业"服务活动。此次服务农村、企业活动，时间为六个月，全县共抽调县直机关和乡镇干部500名，组成100个工作队，深入全县80个农村、40个企业（重点项目）。

4月19日，大同县四大班子领导带领机关干部500多人到马蹄山进行义务植树，为大同县火山群昊阳森林公园再添新绿。

4月19日，副市长马斌在大同县装备制造园区现场办公，就22万伏线路改迁工作召开协调会。

4月19日，大同县委理论学习中心组（扩大）在县委党校举行集中学习，就学习贯彻全国"两会"和温家宝总理《政府工作报告》精神，邀请市委讲师团教务科科长白培枝教授作《推进发展、关注民生》专题辅导。

4月23日，大同县委宣传部召集文体广播新闻出版局、广播电视台、新闻中心负责人和各乡镇街道办副书记举行座谈会，就乡镇、街道理论学习、文化建设、新闻宣传工作进行讨论并做出安排。

4月26日，大同县召开了县委常委（扩大）会议，研究安排即将召开的"转变作风年"活动暨"双服务"工作队下乡动员会、信访、重点工作责任制考核及文化创新等工作。

5月4日，共青团大同县七届三次全委（扩大）会暨"五四"表彰会召开。

5月4日，中共大同县委作出《关于开展"转变作风年"活动有关要求的通知》。

5月6日，大同市委副书记、市长耿彦波到大同县调研。

5月7日，大同县召开重点项目汇报会。政府办、招商、经贸、发改、国土、城建等相关部门负责人，全县40多个重点项目负责人和金融机构负责人参加会议。

5月8日，由聚乐乡主办的首届大同县聚乐杏花节隆重开幕。县委书记杨人毅宣布首届大同县聚乐杏花节开幕。

5月11日，大同县重点项目"自然家园"在倍加造镇解庄村正式奠基开工。

5月13日，大同县召开"转变作风年"活动暨"双服务"工作队下乡动员大会。

5月13日，大同县2010年重点项目汇报会在县武装部会议室召开。会议听取了42个重点项目的进展情况及许堡古堡、吕家大院的恢复性保护方案，对推进项目建设做出部署。

5月14日，大同县召开全县校园及周边治安秩序整治工作会。

5月14日，大同县非税收入管理工作会议在财政局会议室召开。会议通报了2008、2009年两年全县非税收入完成情况和2010年全县完成非税收入的计划，传达了《大同县人民政府关于进一步规范和加强非税收入管理的通知》精神。

5月15日，大同县委副书记、县长孙永胜，副县长王雪萍深入西街延伸路、北环路以及部分县乡道路，检查绿色通道建设情况。

5月18日，大同县四大班子领导杨人毅、孙永胜、等赴朔州市中煤平朔煤业有限责任公司考察学习。原省政协副主席、山西省改革创新研究会会长吕日周，原市政协副主席徐世立参加考察。

5月19日，省公安厅党委书记杨司到大同县周士庄派出所检查指导工作。

5月20日，大同县2010年禁毒工作会议在公安局会议室召开。会议传达了省市禁毒委会议精神，安排大同县2010年禁毒工作。

5月23日，大同县医院门诊楼落成剪彩仪式举行。

5月30日，大同市设施农业现场促进会代表观摩了大同县浩源绿色生态观光园。

6月9日，省土地卫片执法检查督导组到大同县督查土地卫片执法检查工作。

6月10日，大同县召开防汛工作会议，部署2010年的防汛工作，安排开展治理整顿取水市场专项行动。

6月12日，大同县召开天大（天镇至大同）、同源（大同至浑源）高速公路"文明施工、支持有力"竞赛活动动员会。

6月14日，原省政协副主席、省改革创新研究会会长吕日周，原市政协副主席徐世立到县新建一中工地调研。

6月17日，中共大同县委做出《关于加快推进反腐倡廉制度建设的实施方案》。

6月21日，副市长马斌率市经委、中小企业局等部门负责人到大同县就工业经济运行和项目建设情况进行调研。

6月24日，大同县委召开常委（扩大）会议，会议听取了相关部门就机场路到西坪段道路、北街到昊天寺段道路拓宽工程、西坪湿地公园筹建、新建县一中工程进展情况及永业东街工程土地拍卖方案的汇报，并探讨解决存在的困难和问题。

6月28日，全省治超工作会召开，大同县荣获"2009年度治超工作先进县"称号，省交通运输厅为大同县安排公路工程建设项目1000万元补助，这是继2008年之后大同县又一次获此殊荣。同时，县道路运输管理所和大同县同晟混凝土有限公司分获先进源头管理单位和先进源头企业。

6月29日，大同县三晋文化研究会成立。

6月30日，大同县防汛抗旱指挥部和峰峪乡联合在徐家堡村举行防汛抢险应急演练。

6月30日，中共大同县委制定《关于推进学习型党组织建设实施方案》。

7月1日，中共大同县委做出《关于在党的基层组织和党员中深入开展创先争优活动的实施方案》。

7月1日，中共大同县委决定在全县农村基层组织中全面推行"四议两公开"工作法，逐步实现村级重大事项决策制度化、民主化、科学化、规范化。

7月1日，市委原常委、大同军分区政委董其高，市书协主席胡金来，率领部分市书协会员应邀到大同县参加火山黄花文化旅游节创作笔会。

7月2日，大同县召开创先争优活动建设学习型党组织暨"四议两公开"工作动员会。

7月6日，中国·大同首届火山黄花文化旅游节新闻发布会在大同贵宾楼假日酒店举行，新闻发布会就大同县首届火山黄花文化旅游节的活动时间、内容向《山西日报》、《山西晚报》、黄河电视台、大同电视台、《大同日报》等28家新闻媒体进行了发布。

7月8日，大同县举行生态庄园经济现场促进会，与会人员观摩了全县10个乡镇的12个生态庄园，并对各乡镇生态庄园的新建情况、投资规模、建设品位等进行了集中评议。

7月18日，中国·大同首届火山黄花文化旅游节在昊天寺东北角隆重开幕。省委常委、宣传部部长胡苏平出席开幕式并宣布中国·大同首届火山黄花文化旅游节开幕。省市县领导和各乡镇、县直机关、企事业单位，各地游客及全县群众1万多人参加开幕式，并观看了文艺演出盛况。

7月28日，大同县倍加造镇解庄村世纪和谐广场暨村组织活动场所落成庆典仪式举行。

8月5日，中共大同县委决定在全县农村开展"十个一"创建活动，旨在进一步巩固扩大学习实践科学发展观活动成果，扎实推动全县"创先争优"和建设学习型党组织活动。

8月7日，大同县委副书记、县长孙永胜，县委常委、纪委书记刘红斌率县国土部门有关人员，对大同县地质灾害隐患点防范工作进行检查。县法院院长刘应泽参加检查。

8月8日，大同县委书记杨人毅参加了山西广播电台《理政热线》栏目的《全省县委书记谈信访》节目录制。

8月11日，全国基层农技推广体系改革与建设示范县项目启动仪式在大同县举行。县委副书记、县长孙永胜宣布项目启动。

8月11日，大同县推进预防职务犯罪工作会在县检察院召开。会议传达了省人大内务司法委员会、省人民检察院等八部门联合下发的关于宣传监督《山西省预防职务犯罪工作条例》贯彻实施推进全省预防职务犯罪工作通知精神,并对大同县推进预防职务犯罪工作进行具体部署。

8月16日,大同县联合整治省道干线公路工作会在县公路段会议室召开,会议传达了全市联合整治国省道干线公路工作会议精神,安排部署大同县整治省道干线公路工作。

8月17日,大同县委副书记、县长孙永胜主持召开信访工作紧急会议,就群众性上访事件进行了专题研究,提出处理意见。

8月29日,大同县召开第六次全国人口普查第七期培训会。

8月29日,在由市委、市政府主办,市经委、市广播电视台承办的大同经济发展高峰论坛上,县委副书记、县长孙永胜在县区专场论坛上作了题为《以国家地质公园为龙头,率先发展休闲旅游战略支撑产业》的演讲。大同县组织了25人的方队参加了论坛。孙永胜演讲精彩,赢得了现场观众的阵阵掌声。"青山秀水""魅力坪城""生态家园""大同县欢迎您"等标语、宣传牌在大同县方队中一次次展现。

8月30日至9月1日,大同县对2009年以来新提拔的175名科级干部进行培训。

9月1日,经中共大同县委研究,成立了大同县处理群众进京、赴省到市非正常上访及群体性事件应急领导组。同日,中共大同县委制定了《信访工作责任追究制度》。

9月3日,大同县在瓜园乡北石山村举行"法律进村入户实践行活动月"启动仪式。

9月8日,大同县在县会议中心召开兴起学习"右玉精神"新高潮动员大会。

9月12日,大同县与江苏省苏州市金阊区签署协议,缔结为友好县区。

9月13日至15日,大同县举行乡镇重点工作观摩会。13日,县四大班子领导听取了10个乡镇的项目引进、设施农业、露地菜、黄花种植、林改、村级组织活动场所建设6项工作及3个街道的重点工作汇报。14日,对各乡镇的20个重点项目进行了

现场观摩。吉家庄乡在2010年乡镇重点工作综合排名中位列第一,瓜园乡、聚乐乡、峰峪乡排在后三位,同时评选出吉家庄乡汇丰蔬菜批发市场等2010年乡镇十大优质工程。15日,召开了乡镇重点工作观摩总结会。

9月16日,第三届中国(太原)国际能源产业博览会在太原开幕。大同县委书记杨人毅,县委副书记、县长孙永胜率大同县代表团参展。大同县代表团向客商发放宣传展示招商政策的《大同县招商指南》300多册。

9月26日,省纪委副书记李正印到大同县,就进一步加强农村基层党风廉政建设进行调研。

9月30日,大同县召开春防总结表彰暨秋季重大动物疫病防控动员会,会议总结了2010年以来动物防疫工作取得的成效,安排部署秋季重大动物疫病防控工作。

10月13日,国家林业局副局长张建龙率国家京津风沙源治理工程检查组到大同县检查指导工作。省林业厅厅长耿怀英,副市长皋向华,市林业局局长席有福,县领导孙永胜、任向东参加检查。

10月15日,大同县召开维稳工作会议。会议传达了省、市维稳工作会议精神,并对下一阶段的维稳工作做出部署。

10月21日,国家北斗卫星导航定位军转民产业化负责人、创维集团军工事业部总经理、中科北斗董事和常务副总经理李诚,解放军总装备部指挥技术学院博士张文,中国电子科技集团公司研究员高林虎一行,与同煤集团运销公司党委副书记张庆江,到大同县就终端设备制造项目实地进行选址考察。县委书记杨人毅,县委副书记、县长孙永胜与李诚一行就今后的合作事宜深入交换了意见。

10月23日,大同县由县四大班子领导、乡镇(街道)以及部分职能局主要负责人组成的考察团赴右玉县实地考察学习,近距离感受"执政为民、尊重科学、百折不挠、艰苦奋斗"的右玉精神。

10月26日,副市长皋向华到大同县调研设施

农业建设和林改工作进展情况。

10月28日,共青团大同县第八次代表大会在县委党校召开。大会听取审议并通过了共青团大同县第七届委员会工作报告,选举产生了共青团大同县第八届委员会委员、候补委员。大会选举产生了共青团大同县第八届委员会委员19名,候补委员8名。

11月8日,大同市县区共青团工作会在大同县召开,会议听取团市委及全市11个县区团委2010年工作汇报,总结经验,促进工作。

11月15日,中共大同县委制定了《大同县机构改革实施方案》。

11月29日,大同县选派的34名优秀年轻干部赴山东省泰安市、滕州市和江苏省苏州市金阊区进行为期40多天的挂职锻炼。

11月30日,大同县召开市场价格调控联席会议,研究部署全县稳定物价、保障群众基本生活工作。

12月2日,原雁北行署专员、省农民教育促进会副会长王福水来大同县调研畜牧工作。

12月7日至9日,大同县畜牧学习考察团一行

50多人,在省农民教育促进会的安排下,赴太原进行为期两天的养殖业培训及学习考察。

12月8日至9日,大同县委副书记、县长孙永胜赴河北省邯郸市就玄武岩连续纤维及其复合材料开发项目进行考察。

12月15日,大同县召开2010年冬2011年春护林防火工作会。

12月17日,大同县在装武部会议室召开土地卫片执法检查工作紧急会议。会上,县委副书记、县长孙永胜通报了大同县参加全国2009年度土地卫片执法检查集体约谈情况,传达了有关精神,并就加大全县土地卫片执法检查整改工作进行安排部署。

12月23日,山西省人口与计划生育工作会授予中共大同县委书记杨人毅"落实计划生育国策好书记"光荣称号。

12月30日,中共大同县委制定《大同县重大事项社会稳定风险评估办法》。

12月,大同县倍加造镇郭家窑头村被中国计划生育协会评为"全国计划生育协会先进单位"。

2011 年

1月1日,县长孙永胜深入周士庄镇南庄村走访慰问已故老支书赵文海的遗孀孙月梅。

1月6日,市人大常委会主任梁凤书带领部分市人大常委会组成人员到大同县调研。

1月7日,县委十届十一次全体(扩大)会议在党校会议室召开。会议传达了市委"万名干部下基层,转变作风促发展"会议和人才工作会议精神,县委常委会向全委会报告了2010年度干部选拔任用工作情况。

1月8日,首届中国·大同乌龙峡冰雪艺术在乌龙峡景区开幕。市委常委、统战部长姚生平,市

人大常委会副主任马维平,阳泉市人大常委会副主任吴学斌,市政协副主席程廷龙、许进娥,县领导杨人毅、孙永胜等出席开幕式。

1月11日,省政协常委、司法厅副厅长刘占中率司法工作检查组莅临大同县,就全县司法所建设和司法行政工作开展情况进行检查。

1月20日,县委副书记、县长孙永胜深入大同县黄土坡煤矿走访慰问干部职工。

1月21日,市委宣讲团党的十七届五中全会精神报告会在县委党校会议室召开。

1月26日,由市委统战部、市工商联、市慈善总

会联合组织开展的2011年"新晋商万企联万户感恩行动"在大同县启动。大同华岳建设集团为大同县老红军、老八路、老党员、困难职工捐款9万元。市委常委、统战部长姚生平，市政协副主席、市工商联主席程廷龙，市慈善总会会长张文堂，县领导杨人毅、孙永胜等参加启动仪式，并慰问部分老八路和困难职工。

1月31日，县委常委（扩大）会议在武装部会议室召开。会议传达了市委十三届七次全会暨全市经济工作会议、全市计生工作会议、市委工作会议、全市党风廉政建设干部大会暨市绿委十三届六次全会精神，对即将召开的县委十届十届十二次全会、县委工作会议、全县党风廉政建设干部建设干部大会暨绿委十届六次全会、全县计生会议、2011年全县重点工程筹划、"两节"期间工作等进行了安排部署。

2月17日，市委常委、宣传部长马斌，市人大常委会副主任董变英，市人大常委会秘书长冯境城，市委原常委、军分区司令员董其高，县四大班子领导与群众共度元宵佳节。

2月19日至20日，县领导杨人毅、武明、薛守清、杨近源，各乡镇、街道书记县直各有关部门负责人赴晋中市和顺县考察，并看望了刚到任的和顺县委书记孙永胜。考察团参观了和顺县李阳镇石勒沟生态绿化工程、三奇村蔬菜大棚、云龙山森林公园，观看了和顺县"社火节"街头群众文艺活动。

2月21日，县党政联席会议在武装部会议室召开。县四大班子领导及相关单位负责人参加会议。

2月23日，2010年度目标责任考核大会在党校会议室召开，会议对2010年度目标任务完成情况及县四大班子工作情况进行民主测评。县委书记杨人毅代表县委作了2010年度目标任务完成情况及本届县委班子工作报告。

3月2日，省煤运集团大同市城区有限公司投资1.3亿元的现代农业循环经济产业园区项目评议会在大同宾馆举行。该项目拟在杜庄乡实施。

3月4日，以中国国际工程咨询公司农村经济与地区发展部项目经理吴金友为组长的国家京津风沙源治理工程评估组莅临大同县，就京津风沙源治理工程效果进行评估考察。

3月4日，纪念三八国际妇女节101周年表彰会在党校会议室举行。会议表彰了2010年妇女工作先进集体和先进个人。

3月8日，市政协副主席、民盟大同市主委许进娥率部分市政协常委、委员深入大同县，就医疗卫生体系建设情况进行专题调研。

3月14日，县委常委（扩大）会议在武装部会议室召开。会议就十届十二次全会、全县经济工作会议、县委工作会议、全县人口和计生工作会议等有关事宜进行了研究。

3月16日，市委常委、政法委书记卫国到大同县调研。

3月18日，县委十届十二次全体（扩大）会议暨全县经济工作会议在会议中心召开。

3月18日，全县春季植树造林暨重大动物疫病防控工作动员会在党校会议室召开。

3月21日，市委常委、纪委书记卫洪平到大同县调研。卫洪平书记一行先后深入装备制造园区、周士庄镇、自然家园、解庄村、郭家窑头村、县纪委机关了解县农廉工作开展情况，纪检监察干部队伍建设及经济社会发展状况。

3月22日，县委工作会议暨党风廉政建设干部大会在党校会议室召开。

3月22日，"双学双比双服务"工作队表彰会暨2011年工作队下乡、下企启动仪式在党校会议室召开。

3月25日，入驻装备制造园区的仁和铸造、保盛机械、大同紫光煤电、上海洋浦等11家企业开工建设。

3月29日，党政联席会议在武装部会议室召开。

4月1日，大同市书法家协会第五次代表大会在大同县昊天会馆召开。大同大学校长王守义，市委原常委、大同军分区政委董其高，市委宣传部副部长李文忠,市文联主席聂还贵,市书法家协会主席胡金来,市煤运公司总经理张宽礼等出席会议。

4月7日,省经济建设投资公司组团到大同县考察。先后深入瓜园乡、周士庄镇装备制造园区就玄武岩资源分布和园区建设进行实地考察,并召开座谈会。市委副书记、市长耿彦波,副市长王伟国,省经济建设投资公司总经理张旭,县领导杨人毅、杨近源参加座谈会。

4月8日,大同县西环路暨天大高速公路大同县连接线工程开工剪彩。该工程将进一步完善全县环城路的框架,有效推进县域西进北拓发展战略,对提高全县对外形象、改善群众居住环境和加快实现经济社会转型跨越发展起到积极的推动作用。

4月10日,富士康科技集团董事长郭台铭率富士康科技集团高管人员到大同县参观考察。郭台铭一行先后到装备制造园区、新型产业园区参观考察。省委常委、副省长高建民,市委副书记、市长耿彦波等省市县领导陪同考察。

4月13日,县四大班子领导与300多名机关干部、基层群众一起,在火山群生态林基地参加春季全民义务植树劳动,为坪城大地增添一抹新绿。

4月16日,大同县参观团在山西大同大学体育馆参观全国检察机关惩治和预防渎职侵权犯罪大同展区巡展。

4月16日,中纪委党风室副局级检查员王嘉岩率领的中纪委调研组一行深入周士庄镇,就党的基层组织党务公开情况进行调研督导。

4月29日,全县干部大会在会议中心召开。会议宣布王凤瑞任中共大同县委负责人。

5月2日,市委副书记、市长耿彦波在县装备制造园区调研。县委书记王凤瑞陪同。

5月4日,省新闻出版局原局长李锐锋为组长的省委巡视组莅临大同县进行巡视,并在党校会议室召开巡视工作动员会。县委书记王凤瑞主持会议并汇报工作。

5月5日,全县干部大会在党校会议室召开。

副市长邵向华代表市委宣布县四套班子任免决定。

5月6日,县委常委会和县委十届十三次全体会议在武装部会议室召开。会议讨论研究党代会准备工作和吉家庄乡公推直选有关事宜。县委常委、县委委员、候补委员参加会议。

5月10日,县委常委(扩大)会议在县林业局会议室召开。县委书记王凤瑞主持会议。与会人员观看了杨善洲典型事迹纪录片《山那边有一片翠绿》和《党员干部廉洁从政辅导讲座》,县林业局局长赵德清以《我这辈子就爱造林》为题,介绍了他30年艰苦奋斗植树造林的先进事迹。

5月11日,全市公安机关阳光警务区建设现场推进会在大同县周士镇、倍加造镇解庄村召开。会议对深化阳光警务区建设工作进行了再部署。市长助理、市公安局局长李如林,县领导王凤瑞、于君出席推进会。

5月16日,市人大常委会副主任邵奎率部分市人大常委和代表,就全县贯彻落实《食品安全法》情况进行了视察,并对大同县工作给予充分肯定。

5月18日,全县土地卫片执法检查、严厉打击私挖滥采、城镇环境综合整治"三项整治"动员会在党校会议室召开。会议对"三项整治"工作进行安排部署。

5月18日,大同县人大代表选举在县城和各乡镇、村展开,县四套班子领导和400多位选民一起在县城第一选区投票站投票。

5月23日,县委常委会和县委十届十四次全体会议在武装部会议室召开。会议通过了大同县第十一届委员会委员、候补委员、纪委委员候选人预备人选名单及大同县出席大同市第十四次党代会代表候选人预备人选名单。县委常委、县委委员、候补委员参加了会议。

5月24日,市人大常委会主任梁凤书深入大同县考察,指导县乡人大换届选举工作。王凤瑞书记就县乡人大换届各项工作作了汇报。

5月30日,县委十届十五次全体会议在武装部会议室召开。会议讨论通过县委书记王凤瑞代表十届县委在县第十一次党代会上所作的工作报告和县纪委书记冯学中代表县纪律检查委员会在第十一次党代会上所作的工作报告。

6月1日至3日，中国共产党大同县第十一次代表大会在县会议中心举行。会议选举产生了中共大同县第十一届委员会和纪律检查委员会，选出了大同县出席市第十四次党代会代表。县委书记王凤瑞代表第十届委员会向大会作了题为《勇于担当、转型跨越，为建设现代城郊型新大同县而努力奋斗》的工作报告。县委常委、纪委书记冯学中代表县纪律检查委员会作了题为《不辱使命，履职尽责，为建设现代城郊型新大同县提供有力保证》的工作报告。会议表决通过了《中共大同县第十一次代表大会关于中共大同县第十届委员会工作报告的决议》《中共大同县第十一次代表大会关于中共大同县纪律检查委员会工作报告的决议》。会议以无记名投票方式选举产生了中国共产党大同县第十一届委员会委员34名、候补委员6名，纪律检查委员会委员15名，出席大同市第十四次党代会代表19名。

6月3日，中国共产党大同县第十一届委员会第一次全体会议在武装部会议室召开。会议选举产生了中共大同县第十一届委员会书记、副书记、常委。

6月3日，中国共产党大同县纪律检查委员会第一次会议在县委四楼会议室召开。会议选举产生新一届县纪委书记、副书记、常委。

6月7日，县委常委（扩大）会议在武装部会议室召开。会议听取了县十五届人大一次会议、县政协八届一次会议筹备情况汇报；认真讨论了县人大、县政府、县政协以及法检两院的工作报告；听取讨论了《2010年国民经济和社会发展计划执行情况及2011年国民经济和社会发展计划（草案）》《2010年财政总预算执行情况和2011年财政总预算（草案）》《大同县国民经济和社会发展第十二个五年规划纲要（草案）》的报告；听取讨论了县十五届人大一次会议主席团成员、主席团常务主席、大会执行主席名单（草案）、工作日程（草案）的报告。

6月8日，市长耿彦波与省经济建设投资公司就玄武岩联系纤维项目进行座谈。

6月9日至11日，中国人民政治协商会议大同县第八届委员会第一次会议在县会议中心召开。市政协副主席陈昌辉到会讲话。会议通过了《中国人民政治协商会议大同县第八届委员会第一次会议政治决议》《中国人民政治协商会议大同县第八届委员会第一次会议关于常务委员会工作报告的决议》《中国人民政治协商会议大同县第八届委员会第一次会议关于政协大同县第七届委员会第一次会议以来提案工作情况报告的决议》。

6月10日至12日，大同县第十五届人民代表大会第一次会议在县会议中心召开。市委常委、组织部长李俊敏到会讲话。会议审议批准了《大同县人民代表大会常务委员会工作报告的决议》《大同县人民政府工作报告的决议》《大同县人民法院工作报告的决议》和《大同县人民检察院工作报告的决议》；审查批准了《大同县国民经济和社会发展第十二个五年规划纲要的决议》《大同县2010年国民经济和社会发展计划执行情况与2011年国民经济和社会发展计划的决议》《大同县2010年财政总预算执行情况和2011年财政总预算的决议》。

6月22日，县委书记王凤瑞深入骏腾铸石公司、伊鑫混凝土公司、恒岳煤机公司、庞大汽贸城、万昌物流公司、栋梁铝型材公司等工业企业和重点项目工地调研。

6月24日，省政协副主席李雁红率部分省政协委员深入大同县党留庄乡、党留庄村开展"察百姓情、建惠民言、办利民事"送法送戏下基层活动，并与该乡干部群众代表进行了座谈。

6月27日至28日，全县纪念中国共产党成立90周年"唱支红歌给党听"歌咏比赛在县会议中心举行。10个乡镇、3个街道办和县直机关的1500余名干部职工组成了20支队伍参加比赛。县领导王凤瑞、杨近源等观看了比赛并与干部职工同台高歌。

6月30日，全县林业建设总体规划征求意见会在武装部会议室召开。县委书记王凤瑞在与省规划设计院的专家交流时指出，要在全县林业生态建设取得良好成效的基础上，立足长远，调整布局，科学合理地编制全县林业建设总体规划，加快实现县域园林化。

7月2日，县委书记王凤瑞带领交通、住建、国土等部门负责人在县城西环路建设工地现场办公。

7月10日，市委副书记、市长耿彦波在第二医药园区、御东污水处理厂进行调研。

7月11日，副省长刘维佳深入大同县倍加造镇谢疃村黄花种植基地，就"一村一品、一县一业"和农业产业化推进情况、农田水利建设等进行调研。

7月11日，国家林业局西北院总工李立球为组长的国家防沙治沙考核组莅临大同县，检查考核"十一五"期间防沙治沙工作。副省长刘维佳，省政府副秘书长王纯，省林业厅厅长李永林等省、市、县领导参加检查。

7月12日，全县推进"三项整治"工作现场会在打击采凉山私挖滥采行动现场召开。

7月13日，全县黄花产业推进会在武装部会议室召开。

7月15日，副市长郜向华深入倍加造镇解庄村，就该村温室大棚建设进行现场办公。市农委主任麻树田、市水务局局长杨立宪、市农机局局长曹旺、市农业开发办主任王占福、市信用联社主任崔健、市林业局副局长李福，县领导王凤瑞、杨近源以及县农口各单位负责人参加现场办公。

7月18日，市长耿彦波深入周士庄镇调研装备园区配套有关事宜。

7月19日，全县农村工作领导组会议在县委四楼会议室召开。会议听取了农口各单位的工作汇报，安排部署了当前农业和农村工作。

7月20日，聚乐乡第三届杏果采摘暨生态旅游节开幕式在聚乐乡文化广场举行。来自省城、市区及周边地区的游客走进林果之乡，摘杏果，赏古堡，体验田园乐趣，感受农家生活。省科协常务副主席王德贵，市委常委、宣传部长马斌，市人大常委会副主任杨人毅等省市县领导出席开幕式。

7月21日，市政府副市长郝月生调研大同县土地卫片执法情况。

7月22日，县委书记王凤瑞与市年度目标考核组进行座谈并交换意见。考核组在听取全县经济社会发展情况汇报后，对大同县下一步完成目标任务提出了指导性建议。

7月26日，县委书记王凤瑞深入下乡包村联系点——聚乐乡小北庄村。与聚乐乡干部以及17个村党支部书记进行座谈。

7月27日，全县重点项目推进研讨会在武装部会议室召开。会议听取了重点工业推进情况汇报，研究解决项目发展中存在的问题和面临的困难，加快了项目建设进度。

7月28日，庆"八一"军事日活动在杜庄乡武警教导队举行。县四套班子领导通过深入官兵宿舍，参观军营设施，观摩武警教导队战士的军事课目汇报表演，感受到了部队的优良作风和严明纪律，进一步增强了国防观念。

8月2日，县委书记王凤瑞与中国城市规划设计研究院专家深入县城西环路、北环路、西坪水库、东山公园等地段实地查看县城布局和建设情况，并就加快道路等基础设施建设构筑县城大骨架，利用西坪河道、水库做好生态绿化打造秀美特色城镇，以及加快旧城改造实现宜居宜业等问题进行了研究探讨，为加快编制全县空间发展战略规划和县城规划，推进城镇特色化、工业园区化、农业现代化、县域园林化、建设现代城郊型新大同县作准备。

8月8日，山西晋投玄武岩开发公司年产1万吨玄武岩连续纤维及后制品项目开工奠基仪式在周士庄村举行。省政协副主席郭良孝，省国资委副主任李宝文、朱成基，市委副书记、市长耿彦波，市委常委、副市长胡玉亭，副市长王伟国等省市县领导出席开工奠基仪式。

8月9日至10日，全县现代农业观摩促进会召开。与会人员利用两天时间，对各乡镇农业重点项目、涉农精品工程进行了观摩检查，并在武装部会议室进行了总结。

8月16日，全县信访工作会议在武装部会议室召开。会议对1—8月全县信访工作情况进行通报，对当前形势作了深刻剖析，安排部署下一步工作。

8月17日，蔬菜批发市场，蔬菜预冷库落成庆典仪式在吉家庄乡南栋庄村举行。

8月18日，党政联席会议在武装部会议室召开。会议就市对全县年度目标考核工作、河道整治和规范采沙工作、加强和规范土地管理工作以及土地整理项目和农业综合开发项目等进行了研究部署。

8月20日，县委书记王凤瑞、副县长高莹陪同上海同济大学建筑设计院专家深入火山地质公园、县城西环路、北环路、西坪水库和东山公园等地查看县城布局和道路建设情况，研究制定县城建设发展规划。

8月25日，省人口和计划生育委员会主任杨增武莅临大同县，调研指导人口和计划生育工作。

8月26日，县委常委（扩大）会议在武装部会议室召开。会议传达学习了省委书记袁纯清来同考察讲话精神和市第十四次党代会、全省加强和创新社会管理工作现场会、全国窗口单位和服务行业为民服务创先争优视频会等会议精神，听取了全县农村基层组织建设、"1+6"教育综合改革倍加造镇、峰峪乡试点工作情况汇报，研究通过了《中共大同县委关于加强和改进全县宣传工作的若干意见》和"信访工作八项制度"，并就当前全县重点工作进行安排部署。

9月13日，县委书记王凤瑞深入金森生态有机猪、省煤运集团大同公司现代农业分公司高端循环农业园区、解庄村日光温室园区调研。

9月14日，全市法院基层基础建设工作座谈会在大同县法院召开。县委书记王凤瑞向与会人员介绍了大同县经济社会发展基本情况，并对会议的召开表示热烈的祝贺。

9月16日，富士康协鑫大同新能源产业集团公司揭牌暨300MW光伏电站项目奠基仪式在党留庄乡兼铺村举行。省委书记、省人大常委会主任袁纯清，省委副书记、省长王君，省政协主席薛延忠，省委常委、常务副省长李小鹏，省委常委、省委秘书长李政文以及市县领导参加了奠基仪式。

9月17日，县委书记王凤瑞深入杜庄乡就黄花产业发展进行调研指导。副县长及相关部门和农业龙头企业负责人参加调研。

9月19日，阳高县党政考察团一行先后深入杜庄乡鼎胜肉牛养殖基地、党留庄乡泰和春生态庄园、倍加造镇恒岳煤机公司就大同县畜牧业、庄园经济、工业发展情况进行考察。考察团对大同县依托近郊优势，确立"建设现代城郊型新大同县"的目标和已取得的成绩给予好评。

9月20日，全县创先争优活动推进会在党校会议室召开。会议总结了全县前一阶段开展创先争优活动取得的成绩，并就今后一个时期深入推进创先争优活动进行安排部署。

9月22日，全市民营企业家现代农业观摩会召开。与会人员观摩了大同县杜庄乡鼎盛肉牛养殖基地。

9月29日，研究打击私挖滥采及规范采砂管理工作会议在武装部会议室召开。

10月10日，全县2011年秋冬季全县农业农村工作会议在县委党校三楼会议室召开。

10月12日，县委常委扩大会议召开，会议听取上海同济大学规划设计院专家关于县城规划的情况汇报，以及西坪河公园、湖东宾馆、李王洞温泉等具体项目设计方案的详细说明。

10月24日，市委统战部副部长刘川楠率民营经济跨越发展县区行系列报道摄制组大同县，对全县民营经济发展进行实地采访。县委书记王凤瑞接受了采访。

11月4日，创优发展环境整顿机关纪律作风汇报会在县武装部会议室召开。

11月21日，市委常委、副市长胡玉亭深入大同县就企业项目建设、设施农业发展、低收入农户冬季取暖用煤供应等情况进行调研。

11月24日，大同县空间发展战略规划方案汇报会召开，市委副书记、市长耿彦波出席会议并作重要讲话。

11月28日，县委书记王凤瑞主持召开省委巡视组意见反馈会，作了表态发言；召集县委常委、人大常委会主任、政协主席、副县长和公检法负责人，安排部署召开全委会、确定2012年工作盘子、做好政法工作等事宜。

12月15日，乡镇（街道）工作汇报会在武装部会议室召开。县委书记王凤瑞，县委副书记杨近源和各乡镇（街道）党委书记、乡镇长（主任）、两办主任以及新闻、电视台、考核办等单位的负责同志参加会议。

12月17日，在县委党校三楼会议室举办以"规划·发展"为主题的讲座。由同济大学建筑与城市规划学院院长陈秉钊主讲。

12月20日，市人大常委会主任梁凤书一行慰问大同县的市人大代表，与代表们座谈。

12月21日，省社会科学院院长李中元带队的省委学习型党组织建设领导组，莅临大同县检查指导工作。市委常委、宣传部部长马斌和县四套班子领导参加会议，县委书记王凤瑞介绍了相关情况。

12月22日，市检察院检察长霍永宁一行在县万昌物流、自然家园、省煤运高端循环农业园区和李汪涧温泉调研。

12月23日，大同县工商业联合会第三次会员代表大会在昊天宾馆七楼会议室召开。县委书记王凤瑞要求，新一届工商联要充分发挥作用，引导动员民营企业家发展壮大，积极投身经济社会各项事业之中，为全县发展做出应有的贡献。

2012 年

1月4日，由县委政法委牵头，组织公安局、工商局、文体广电新闻出版局，对县城内工程队对面的黑网吧和倍加造镇一黑网吧进行了突击检查。当场下达停止营业执法文书3份，查扣游戏机7台、赌博机12台、电脑服务器1台，并对当事人进行了法律法规教育。

1月5日至6日，县防疫站组织开展了第二轮脊髓灰质炎疫苗强化免疫活动，对全县2个月至5周岁的城乡范围内常住儿童和流动儿童进行再次接种。

1月9日，上午10时45分左右黄土坡煤业有限责任公司"116113"巷距巷道口108米处发生顶板冒落事故后，县纪委迅速组成工作组会同县经信局、公安局、检察院配合市"1·9"顶板事故联合调查组开展事故调查。

1月13日，市换届领导组对大同县村级组织换届选举工作的检查验收。检查组通过听取汇报、实地检查、查阅资料等形式对全县村级"两委"换届工作进行了检查验收，对大同县换届工作表示了肯定。

1月30日，大同县召开县四套班子领导会议，会议传达了全省转型综改试验先行先试推进大会和中央、省、市扶贫工作会议精神及《中国农村扶贫开发纲要》精神。

2月2日，大同县"迎春杯"象棋比赛在县老年活动中心隆重开赛，来自十三个乡镇、街道和县直七大口共20个队60名队员参加比赛。经过三天的激烈角逐，杜庄乡代表队荣获团体赛第一名，东街办事处代表队和周士庄镇代表队分获二、三名；东街办事处代表队的郝振平荣获个人赛第一名，发改系统的吕建国、杜庄乡代表队的姚存福分获二、三名。

2月9日，2012年"坪城之春"春节、元宵节文化活动颁奖晚会在会议中心举行。会议对"两节"群众文化活动的6个优秀组织单位、11个优秀表演集体和8名优秀个人进行了表彰奖励。与会人员还观看了精彩的文艺演出。

2月13日至14日，市委考核组对大同县2011年度的工作进行考核。县委书记王凤瑞就年度目标任务完成情况、县委班子工作及个人廉洁自律情况作了报告。

2月16日，大同县召开县委工作会议暨党风廉政建设干部大会。会议印发了组织、纪检、宣传、政法、统战五个部门的工作要点，对2011年度全县政法综治工作先进集体和先进个人进行了表彰，县委书记、县综治委主任王凤瑞与各乡镇（街道）书记、综治委主任签订2012年社会管理综合治理目标责任书。

2月18日，省水利厅副总工张建宁带队的省水利厅小型水库大坝除险加固安全鉴定核查组一行8人莅临大同县，对涉及大同县的东水地、渔儿涧、南石山、北石山、东紫峰、吉家会、营坊沟七座水库进行了大坝安全鉴定核查。

2月21日至23日，在县委党校举办农村"领头雁"培训班，对全县175个行政村的380多名主干进行了为期三天的培训。

2月24日，在县委党校召开全县保持党的纯洁性学习教育活动动员大会，对本次活动做具体的安排和部署。

2月24日，政法系统思想纪律作风"大教育、大检查、大整顿、大整改"动员大会在县委党校召开，这次会议主要是转变工作作风，严明工作纪律，全面提升政法机关的公信力和政法队伍的战斗力。

2月29日，县公安局在县委党校会议室召开2012年公安工作会议暨"坪剑"一号专项行动动员部署会。贯彻落实全国公安厅局长会议、全省政法工作会议、全市公安工作会议精神，回顾总结2011年全县公安工作，深入分析当前面临的形势和任务，安排部署2012年工作，并对"坪剑"一号专项行动进行了动员部署。

3月5日，"全县2011年度目标考核工作安排会议"召开，会议对各乡镇（街道）、县直各单位2011年度目标考核工作进行安排部署。抽调组织、纪检、宣传、政法等部门同志组成考核组，深入各乡镇、街道、县直各单位，通过召开测评大会、填写测评表、个别谈话、查阅资料等方式对各单位2011年度目标完成情况进行了考核。

3月7日，"坪城讲堂"邀请省扶贫办项目处处长杨民为全县干部作扶贫开发专题报告。

3月15日，大同县工商、司法、质监、药监、烟草、移动等部门在县工商局楼前联合开展纪念"3·15"国际消费者权益日大型宣传活动。

3月16日，全县春季重大动物疫病工作会议召开。县重大动物疫病防控指挥部成员单位负责人和十个乡镇的乡镇长及分管负责人以及乡镇兽医站站长参加会议。

3月20日，全县食品安全责任监督工作动员会召开，会议印发了《关于开展全县食品安全责任监督工作的实施意见》，成立了县食品安全责任监督工作领导组及办公室。县食品安全责任监管领导组从社会各界专门聘请食品安全监督员，设立了有奖举报制度，形成开展食品安全监管"人人参与"的工作大格局。

3月23日，省监察厅副厅长李吉山一行组成的山西省农产品质量安全检查组，对大同县浩源绿色生态观光园有限责任公司进行农产品质量安全检查。

3月23日，由省水利厅党组成员、水保局局长张江汀带队的省水利水保项目调研组一行12人莅临大同县，对大同县近年来实施的水利水保项目建设情况进行检查调研。

3月28日，以市中级人民法院院长袁振民为组长的市"两项活动"督查组对大同县活动开展情况进行了督导检查，先后对县法院、县检察院、西坪派出所进行实地检查。

3月30日，"全县严格党员队伍管理、加强党员队伍建设工作会议"在县委党校三楼会议室召开。会议下发了《关于进一步规范发展党员工作程序的意见》《关于整顿和规范发展党员工作实施方案》、

《入党积极分子培养考察登记表》填写样本、《入党志愿书》填写样本、《发展党员公示登记表》及公示样本、发展党员票决办法及表决票样本等,明确了发展党员的标准、程序、步骤。会后,对参会的各乡镇、街道分管党务工作的副书记、组宣委员;各机关、企事业单位党委、支部专职书记、分管党务工作的副职或负责人进行了入党基本知识的培训。

3月30日,县乒乓球协会成立。这是大同县成立的第六个单项体育协会。3月底,县食品安全责任监管成员单位先后检查食品生产加工企业28家,食品经营企业12家,个体工商户163户,对2家违规食品加工企业进行严厉处罚。

4月1日,中国作家出版集团党委副书记艾克拜尔·米吉提、《中国作家》杂志副主编萧立军、市文联主席聂还贵等一行为中国作家协会在大同县建立创作基地考察选址,并深入聚乐万亩杏林、火山地质公园实地考察,初步选定在聚乐乡万亩杏林景区建立创作基地。

4月12日,全县副科以上干部在会议中心观看大同市耍孩剧团演出的移植剧目《血溅乌纱》。

4月12日,省水保局生态中心主任卫正新等一行5人莅临大同县,就2012年度京津风沙源水利水保工程初步设计进行了现场复核。

4月17日,全县深入推进打黑除恶专项斗争工作会议召开,部署开展为期九个月的打黑除恶工作。

4月18日,省教育厅副厅长张卓玉听取大同县关于农村义务教育学生营养改善计划的工作汇报。

4月20日,县禁毒委组织各乡镇街道的乡镇长(主任)、分管禁毒的乡镇副职,禁毒委24个成员单位,3个驻地林场,5所县直中小学以及10个易制毒化学品使用单位的相关负责人召开了全县禁毒工作会议。

4月23日,省督查组到大同县督查农村义务教育学生营养改善计划工作。

4月25日,市创先争优和保持党的纯洁性学习教育活动先进事迹巡回报告团到大同县作专场报告。县领导、县直单位党政正职、乡镇街道正职领导、条管单位正职共240多人在县委党校三楼会议室聆听了报告团的专场报告。

4月26日,县委宣传部邀请和组织市县摄影协会40余名摄影爱好者举办了以"绿色、杏花"为主题的摄影大赛,集中拍摄和展示大同县增绿增景的秀美山川和内涵丰富的杏花文化。

4月26日,由省纠风办董万章主任带队一行7人到大同县检查指导国家基本药物制度实施情况。同时对停止使用铬超标药用胶囊进行了抽查。

4月29日,投资30亿元的福建隆德集团中国大同论坛项目开工奠基。

4月底,全县春季动物防疫集中免疫工作全部结束,累计使用O型口蹄疫苗7.45万毫升,口蹄疫O型－亚洲Ⅰ型二价灭活疫苗9.45万毫升,A型口蹄疫苗0.871万毫升,猪蓝耳疫苗8.65万毫升。免疫动物头数为:猪4.08万头,牛1.02万头,羊7.31万只,鸡120万只。

5月4日,共青团大同县委在大同县青少年活动中心多功能会议室召开纪念建团90周年暨八届三次全体(扩大)会议,各乡镇、机关、企事业、学校的团干、团员青年代表参加会议。

5月6日至7日,海河委员会副处长孟宪智、省水利厅水保局生态中心副主任王志坚为领队的一行8人,对万家山流域的治理模式和治理情况进行了考察,考察组对大同县小流域治理效果给予了充分的肯定。

5月10日,大同县妇联举办了庆祝母亲节趣味运动会,以"健康""向上"为主题,以"趣"字贯穿活动,项目包括健身、拔河、定点投篮、夹乒乓球、丢沙包、一分钟跳绳。来自全县各乡镇、企事业单位的11支代表队共330多人同场竞技。

5月11日,县医院举办了"5·12"护士节表彰大会。大会对一年来全院涌现出的1名优秀护士长和7名优秀护士进行了表彰。

5月16日,投资1亿元的欧凯新型建材项目隆重开业。

5月17日至18日,以省移民办总工胡连升带队的省、市小型水库移民扶助项目验收组一行7人莅临大同县，就全县2011年度小型水库移民扶助项目进行了为期两天的检查验收。该项目总投资155万元，工程涉及6个村。

5月28日，投资6.5亿元的万昌物流园区项目投入运营。

6月3日，政协大同县八届二次会议在县会议中心隆重召开。县政协八届二次会议应出席委员164人，实到158人，符合法定人数。

6月4日，县第十五届人民代表大会第二次会议举行第一次全体会议，政府副县长、政协副主席，及县级以上领导、在大同县的省第十一届人大代表、市十三届人大代表、特邀代表、县委所属部门负责人、县人大常委会工作机构副主任科员、县政府工作部门负责人、县人民法院常务副院长、县人民检察院常务检察长、县直事业单位负责人、街道办事处主任、县群众团体负责人、市驻县单位负责人、企业负责人、参加县政协八届二次会议的全体政协委员列席了会议。

6月5日，县第十五届人民代表大会第二次会议举行第二次全体会议。会议以无记名投票的方式选举19人为大同县出席大同市第十四届人民代表大会代表；补选了边丽娟为县第十五届人民代表大会常务委员会委员。与会代表以举手表决的形式一致通过了第十五届人民代表大会第二次会议关于大同县人民政府工作的决议（草案）、大同县第十五届人民代表大会第二次会议关于大同县2011年国民经济和社会发展计划执行情况与2012年国民经济和社会发展计划的决议（草案）、大同县第十五届人民代表大会第二次会议关于大同县2011年财政总预算执行情况和2012年财政总预算的决议（草案）、大同县第十五届人民代表大会第二次会议关于大同县人民代表大会常务委员会工作报告的决议（草案）、大同县第十五届人民代表大会第二次会议关于大同县人民法院工作报告的决议（草案）、大同县第十五届人民代表大会第二次会议关于大同县人民检察院工作报告的决议（草案）。

6月6日，以水利部副部长李国英为组长的国家增粮稳产工作组在省农业厅副厅长王高勇、市政府副市长靳瑞林等省市领导的陪同下莅临大同县落利周玉米高产创建项目区指导工作。

6月9日，是中国第七个"文化遗产日"。为了继承和弘扬中华民族传统文化，进一步完善非遗保护方式方法，提高全社会的保护意识，加强非遗保护工作。县文化局在昊和广场举行了非遗保护宣传活动。活动共展出展板5块，图片100多幅，发放宣传资料3000多余份。

6月11日，县食安委组织各成员单位在昊和广场举行了大同县2012年食品安全宣传周启动仪式及现场咨询活动。此次活动的主题是"共建诚信家园，同铸食品安全"。县农委、卫生局、食安办、工商局、质监局、食药监管局、商业发展中心、畜牧局等食品安全成员单位在活动现场设立了咨询台、发放了宣传资料，本次活动共接受群众咨询300多人次，发放宣传资料5000余份。

6月14日上午，县防汛抗旱工作会议在县党校会议室召开，安排部署2012年全县防汛抗旱工作。

6月15日至19日，省水保局生态中心姚金刚总工带队的省级复查组，对大同县2011年度京津风沙源水利水保项目实施情况进行复查。复查组深入各个工程点对照全县自查情况实地复核检查，认为大同县的工程实施符合设计规划，质量精、工程量足，效益明显，为项目区的农业生产和生态建设起到了积极的推动作用。

6月20日，省军区政治部主任李竞携机关工作组一行莅临县武装部检查指导工作，县委书记王凤瑞出席会议。

6月25日，大同县在会议中心召开了"喜迎十八大纪念建党91周年暨创先争优学习先进模范优秀党员表彰大会"，对全县60个先进基层党组织、窗口单位和服务行业创先争优10个先进集体和30名先进个人、30个创先争优活动模范岗、100名优秀共产党员、30名优秀党务工作者、20名新农村建设"领头雁"先进个人和10名优秀大学生村官进行了表彰。

6月25日，县委组织部会同县委宣传部通过初、复、决赛的形式组织各乡镇、县直各大系统在县委党校举办了"坪城儿女跟党走"庆七一知识竞赛活动。

6月26日下午14时，大同县发生了特大冰雹灾害，灾害持续时间25分钟，冰雹最大直径达2厘米左右。受灾乡镇涉及倍加造镇(东骆驼坊村、西骆驼坊村、谢町村、独树村)、党留庄乡(上泉村)、杜庄乡(周家堡村、落阵营村、下泉村、利仁皂)3个乡镇9个村，受灾人口为2194户6442人，受灾面积为1553公顷，其中有293公顷黄花绝收，直接经济损失达5129.5万元，受灾农作物有玉米、谷黍、豆类、蔬菜、黄花等。

7月3日，农业部名优中心领导到大同县黄花总公司、浩源绿色生态观光园、三利农副产品、党留庄兼埔村蔬菜专业合作社，就农产品质量安全工作进行专题调研。

7月6日，省农业厅农产品质量监管局宋钦局长到大同县党留庄乡、杜庄乡、吉家庄乡检查指导农产品质量安全工作。

7月13日，县纪委组织县四大班子领导、各乡镇(街道)、县直机关党员干部600余人，在县会议中心集中观看重大革命历史题材故事片《忠诚与背叛》。

7月13日，《中国作家》创作基地揭牌和聚乐乡第四届杏果采摘节开幕仪式举行。市委副书记、市长耿彦波，市人大常委会副主任杨人毅，《中国作家》主编艾克拜尔·米吉提，《中国作家》副主编肖立军、王青风，市文联主席聂还贵，县领导王凤瑞、杨近源、薛守清等出席开幕仪式。

7月16日，大同县倍加造镇第八届黄花文化节在自然家园隆重开幕。开幕仪式后，市委副书记柴树彬深入黄花机械化采摘作业现场和黄花深加工企业——山西天特鑫保健食品有限公司进行了调研，对全县黄花产业发展现状给予充分肯定。

7月17日，全市疾控中心主任会议在大同县召开。会议对2011年全市各项业务工作先进单位给予了表彰。大同县疾控中心在结核病防治、慢性病防治、鼠疫布病防治等八项业务工作中被评为先进集体。

7月18日，省名优中心专家组对大同县对外贸易公司小明绿豆地理标志建设情况进行检查。

7月19日，省委巡视办全省保持党的纯洁性教育巡视组到大同县参观植树造林工作。

7月20日，太原市林业考察团到大同县参观火山植树造林工作。

7月24日，《中国共产党山西省大同县历史纪事》首发仪式在县武装部会议室举行。全书共142万字。

7月27日，大同县在峰峪乡徐家堡村举行山洪灾害防御演练现场会。现场会中，县防汛抗旱指挥部和峰峪乡联合举行了山洪灾害防御演练。30余名演练队员和100余名群众在指挥部的有序指挥下，先后演练了加固堤坝、组织群众撤离危险区、抢救被困群众等演练科目。

7月31日下午，大同市委常委、政法委书记卫国带领市政法观摩团赴周士庄派出所进行观摩指导，观摩团成员实地观摩了周士庄派出所"四区七室建设"情况，认真查看了该所"核心价值观学习教育活动""大学习、大教育、大整顿、大整改"等学习活动，详细了解民警工作、学习和生活情况，对周士庄派出所硬件过硬、人员整齐、运转高效给予高度评价。

8月1日，山西宝迪食品工业园项目签约仪式在云冈建国宾馆举行。该项目由国家级农业产业化重点龙头企业——天津宝迪农业科技(集团)股份有限公司投资10.8亿元在大同县倍加造镇、瓜园乡建立生产基地，占地1100亩，项目主要包括年屠宰200万头现代化生猪加工厂、年屠宰5000万羽禽类加工厂、年加工10万吨猪血加工厂、年10万头原种猪繁育基地，主导产品为血浆蛋白、血球蛋白、猪肉及肉鸡冷鲜肉、冷冻肉、精细分割等。

8月3日，林业局村干院一行40人参观大同县生态建设。

8月7日，省委常委、纪委书记李兆前到大同县调研生态建设。

8月7日，大同县再一次遭受强降雨袭击，此次降水持续时间长，降雨量大，使全县多个乡镇发生雨涝灾害，其中尤以周士庄镇、西坪镇最为严重。此次降雨共造成103户300人受灾，283间房屋倒损，其中71间倒塌，严重损毁108间，一般损坏104间，直接经济损失达89.2万元。

8月8日，县文体广新局在汽车站广场举办了以"每天锻炼一小时、幸福生活一辈子"为主题的我国第四个"全民健身日"宣传活动。来自县城各界的上千人通过表演广场舞、功夫扇、太极拳、踢毽子等活动，展示自己的健身成果。在活动中，县文体广新局为健身群众现场发放宣传文化衫1000件、羽毛球拍100副、跳绳500根、毽子800个等。

8月13日，由中央联席会议办公室副主任、国家信访局副局长徐业安任组长，中组部办公厅副巡视员贾茂兰和国家信访局副巡视员王月宁任副组长的中央信访工作督导组等一行人到大同县就做好十八大期间信访工作进行督察。

8月15日，山省公安厅党委副书记、纪委书记兼督察长任鸿太，带领十八大安保督导组一行莅临周士庄派出所检查督导工作。督导组一行查看了周士庄派出所的"四区七室"，重点对户籍室、值班室、候问室、民警休息室等进行了检查。

8月19日，农业部高产创建检查组，深入大同县杜庄乡就玉米高产创建和整乡推进情况对落利周湾万亩玉米高产示范基地进行检查。

8月20日，县妇联与宣传部、科教局、团县委联合举办了全县中小学生"童心向党"演讲朗诵比赛。组织大家开展了"党在我心中"歌咏比赛、《祖国在我心中》手抄报活动、"党的光辉暖童心红歌声声颂党恩"表演暨趣味游园活动。

8月21日，农业部农产品市场信息司农产品专家组，深入大同县许堡乡清泉、集仁绿豆无公害生产基地进行名优小杂粮调研，并同县农业龙头企业三利农产品、黄花总公司、外贸有限责任公司负责人就农产品名优认证情况进行座谈。

8月22日，全省造林绿化现场会与会领导到大同县，就近几年全县的造林绿化情况进行了观摩指导。副省长郭迎光，省政府副秘书长王纯，省林业厅厅长李永林，省直有关部门负责人，各市市长、分管林业的副市长、林业局局长、各县（市、区）长，省直林业局负责同志等300余人参加了观摩。

8月22日，山西省公安厅党委书记、厅长刘杰一行莅临周士庄派出所调研工作。

8月23日，全省造林绿化大同现场会总结大会在大同市假日酒店召开。大同县以森林覆盖率高、森林蓄积量多、生态绿化规模效益好的优秀成绩，被省政府授予"全省林业生态县"荣誉称号。这是大同县继"全国防沙治沙先进县""全省造林绿化先进县"等荣誉称号之后的又一张"绿色名片"。

8月26日，林业局治沙办主任刘拓到大同县视察治沙工作。

9月4日，大同县党建研究会第一次会员代表大会暨第一届理事会第一次会议召开。

9月5日，省水保局项目中心主任左中昌带队的省检查组，对大同县首都水资源二期项目前期工作进行检查。检查组深入首都水资源二期项目规划区域实地检查，认为大同县的工程规划科学，符合项目生态与经济效益共赢的基本要求。项目规划区为大同县的六棱山、双元山及落鹰山三个流域，具体规划工程内容包括：坡改堤、防护林、经济林、拦沙坝、谷坊、种草、封禁治理、沟头防护埂等。

9月5日，县医院血液透析科正式开诊，面向全县适应症患者服务。这是大同县县医院不断完善服务功能、拓展服务范围的又一重大举措。该院血液透析科目前拥有国际上最先进的德国费森血液透析机5台（含血滤机1台），水处理机1套，设床位5张，共有专业技术人员6人。

9月10日、11日，大同县组织县四大班子领导和各乡镇、县直有关部门负责人，对各乡镇的重点项目、党建工作、新农村建设和社会管理等各方面工作进行观摩检查。

9月12日，农业、农村工作检查观摩总结大会在党校会议室召开。

9月14日，市妇联主席贺向云带领市妇联党员干部到大同县参观火山群造林绿化工程，并组织学习赵德清同志的先进事迹和工作精神。

9月17日，集办公、商饮、居住、文化活动于一体的倍加造村德丰文化活动广场举行剪彩仪式，该广场集村委会办公楼、剧场、居民小区于一体，村委会办公楼使用面积1600平方米，住宅小区使用面积13806平方米，文化活动广场占地9165平方米，体育健身器材全部配套，剧场占地400平方米。

9月18日，展示艺术之美的大型活动"意象中国·走进大同"在大同县自然家园拉开帷幕。30多位活跃在全国美术界的画家将在活动期间深入大同县进行采风、创作，用画笔展示古都大同的艺术之美、雄浑之美。中国徐悲鸿画院美术创作院院长王京钟等出席启动仪式。

9月19日，省委书记、省人大常委会主任袁纯清，省委副书记、省长王君带领省观摩检查组，对大同县重点工作和项目推进情况进行观摩考察。

9月19日，省水利厅水库移民办公室监测评估处处长吕素全带队的省检查组，对大同县水库移民后扶资金及项目实施以来的扶持效益监测评估工作进行检查。

9月21日，县委书记王凤瑞与县委宣传部、新闻中心、电视台、政府网络中心、文体广电新闻出版局、文联等单位召开座谈会，就加快推进文化兴县战略进行研究讨论。

9月24日，在全省治超工作总结表彰会上，大同县人民政府获全省治超工作"优秀县（市、区）"，这也是大同县继2008、2009年连续两年获治超先进县的基础上，再获治超优秀县殊荣。同时，大同县治超领导组被省劳动竞赛委员会授予"山西省五一劳动奖状"，被省治超领导组授予"优秀县长"，分管副县长刘红斌被授予"优秀副县长"。大同县治超办继2009年后再获"优秀县（市、区）治超办"，瓜园乡获"优秀乡镇"。县运管所、固定桥公路超限检测站和同晟商品混凝土有限责任公司分获"优秀源头管理单位"、"优秀治超站点"和"优秀源头企业"称号。

9月25日，县委书记王凤瑞，带领县乡领导干部考察团赴朔州市怀仁县就产业发展、城镇建设、招商引资及项目建设进行了参观考察。学习考察团一行先后来到怀仁县烽火广场、海宁皮革城、金沙滩现代服务商贸物流园区、陶瓷—怀仁羔羊肉展销中心、金沙滩生态观光园区、怀义街棚户区改造工程、金沙滩羔羊养殖园区观摩，详细了解该县发展思路、产业定位、城镇规划和具体措施等方面的情况。

10月10日，省人大常委会副主任、省总工会主席郭海亮率领省工会副主席、常委、各地市工会主席观摩县工会工作。

10月13日，全国农家书屋工程建设总结大会在天津举行，大同县西坪镇水头村农家书屋被评为"全国示范农家书屋"。山西省共有21个村获此殊荣。

10月15日，大同县公安局周士庄派出所协同阳高县公安局刑警队在辖区有针对性地对暂住人口进行清查，抓获了网上命案逃犯席丽军。经查：席丽军，男，1974年8月25日出生，阳高县罗文皂镇杨家堡村人，9月27日该席因琐事将同村的姚根福用刀扎伤，致姚死亡，后席丽军一直在逃。

10月16日，"山西大水网"重点建设项目之一的大同市雁同灌区工程正式在大同县开工奠基。副省长郭迎光、省水利厅厅长潘军峰、县委书记王凤瑞等领导参加了奠基开工仪式。雁同灌区西起大同南郊区，东至山西省与河北省界，南起朔州市怀仁县，北至大同县马铺山，是"山西大水网"建设的重要组成部分。总灌区灌溉面积77.82万亩，其中保灌面积26.66万亩，改善灌溉面积29.27万亩，新增灌溉面积21.89万亩。工程总投资为16.14亿元，施工总工期3年。工程完工后，可以极大解决南郊区及大同县、阳高县水源和灌区分散、实灌面小以及灌溉渠道防渗配套率低等问题,具有良好的经济效益和社会效益。

10月19日,大同县召开乡镇(街道)党委书记履行基层党建工作责任专项述职评议会。会议主要围绕省委提出的"市县乡三级党委书记履行基层党建工作责任联述联评联考"的要求,结合大同县实际情况,由乡镇、街道党委书记向县委做基层党建专项述职。

10月20日,县委书记王凤瑞深入县城生态公园进行调研,详细了解工程进展情况,询问工程建设中遇到的难题,现场办公。

10月20日,中央电视台、北京电视台30余人对大同县火山生态工程进行拍摄。

10月21日,省农业厅副厅长雷郭堂为组长的山西省加快转变经济发展方式促进转型跨越发展监督检查工作组莅临大同县就农产品质量安全工作进行检查。工作组先后深入县农委农产品质量安全检验检测站、周士庄镇农技站、吉家庄乡蔬菜批发市场检查指导工作。

10月23日,大同县召开教育工作会议,会议认真研究分析影响制约教育科学发展的突出问题,对下一步教育改革发展各项工作作出了全面安排部署。会议对近年来涌现出的名校长和人民满意教师进行了隆重表彰,在《大同日报》以全版的形式进行了宣传报道,营造了尊师重教的良好氛围。

10月26日,大同县农产品质量安全培训座谈会召开,安排部署食品安全整治百日行动的各项工作。县农委食品安全整治百日行动领导组成员,各乡镇分管领导,农产品质量安全监测站站长、化验人员、农资经销部门负责人、农产品加工龙头企业负责人、规模蔬菜种植户、生产企业、农副产品交易市场负责人共70多人参加了会议。

10月31日,全县弘扬赵德清精神,开展千名干部下乡包村促发展活动动员大会召开。此次活动由县委常委挂帅任团长,抽调各乡镇、县直单位、驻县条管单位的近千名干部组成10个工作团、175个工作队,深入全县10个乡镇的175个村开展以维稳、宣讲、调产等为主要内容的活动。

11月2日,县委书记王凤瑞主持召开党政联席会,传达贯彻市委常委扩大会议、市委人大工作会议、全市综治委主任(扩大)会议、全省基层社会服务管理推进会精神,研究交通项目,安排部署信访维稳工作。

11月4日,县卫生局联合科教局组织召开农村义务教育学生"营养改善计划营养健康状况监测评估项目"启动仪式暨培训会。

11月6日,大同县开展对网吧、图书、印刷、广播电影的专项整治行动。主要围绕"扫黄打非"这一主线,深入开展查堵政治性非法出版物、打击侵权盗版、网络文化整治。这次行动,公安、工商、消防、电视台、文化市场执法队共出动32人次,检查网吧7家、图书零售摊点6家、复印部12家、手机下载经营门店10家。

11月20日,大同县教育系统树形象改作风创一流工作动员会在县委党校召开。

11月26日,县委中心组集中观看了中央党校教授、博士生导师杨秋宝《全面建成小康社会的战略部署——学习党的十八大报告》专题电教片。

11月29日,全市县区图书馆业务培训班在县文化局开班。本次培训对县区图书管理员学好图书馆岗位技能,全面实现县区图书馆资源数字化、服务网络化、管理科学化水平起到推动作用。

11月30日,县委书记王凤瑞主持召开农业项目工作专题会议,听取农口各单位重点项目工作情况汇报,研究谋划2013年农业项目工作。

12月6日,市委宣讲团党的十七届六中全会和省市党代会精神报告会在县委党校举行。全县各乡镇(街道)、各单位的负责人参会,听取了市委党校市情发展与研究室主任郑爱作的宣讲报告。

12月8日至9日,省水利厅管理处副处长侯建强、市水务局副局长姚继林带队的省市水库除险加固工程验收组一行17人,对大同县的陈庄水库除险加固工程验收组进行竣工验收。

12月14日,全县大学生村干部管理工作会议召开，各乡镇分管大学生村干部的副职参会。会议下发了《关于切实加强大学生村干部管理工作的通知》和《关于转发〈关于进一步加强大学生村干部安全和日常管理工作的通知〉的通知》，县委组织部与各乡镇签订了大学生村干部安全管理责任状。

12月15日，大同市政府常务副秘书长杨彦宝带队的市政府农田水利基本建设督查组一行10人莅临大同县检查指导工作。检查组先后深入黑山造林、东阁老山村饮水安全工程、南梁身边绿化工程、陈庄水库除险加固工程、杜庄高灌及万亩节水园区、解庄设施农业园区、109国道通道绿化工程、西坪镇高端农业循环园区等农建重点工程进行了检查。

12月15日，大同县周士庄镇被省人口计生委授予"全省人口和计划生育依法行政示范乡镇（街道）"。

12月17日至19日，大同县在县委党校三楼举办了党的十八大精神培训班。原同济大学建筑与城市规划学院院长陈秉钊作了题为"规划·发展"的主题讲座。

12月20日，市人大常委会主任梁凤书一行六人冒着严寒慰问在大同县工作的11名市人大代表。梁主任代表市人大常委会向代表们表达了新春的问候，认真听取了代表们一年来的工作情况，征求了代表们对市人大常委会提出的建议。

12月21日，市委常委、组织部部长李俊敏对大同县村级组织换届选举工作进行调研。

12月21日，由省社科院院长李中元带领的省委检查组对大同县党委中心组学习情况和学习型党组织建设工作进行检查调研。

12月21日，大同县新农村建设对接促进会召开。全县各有关职能部门与20个重点推进村党支部书记共聚一堂话服务，促发展，各职能部门各自介绍了工作职能，以及服务新农村建设的范围与方向，各重点推进村介绍了工作开展情况和存在薄弱环节。

12月23日，大同县工商业联合会第三次会员代表大会召开。大会听取了县工商联第二届执行委员会工作报告，选举产生了县工商联第三届执行委员会委员和领导班子。

12月30日，山西省农业厅科教处裴峰、鲁方副处长一行，深入大同县科技试验示范基地、基层农技站、科技示范户家中，检查指导基层农技推广体系改革与建设示范县项目建设工作。

2013 年

1月7日至9日，省市水库除险加固工程验收组一行16人，对大同县的重点小（二）型水库除险加固工程进行竣工验收。

1月18日，全县黄花产业"一县一业"推进会在昊天国际商务会馆举行。会议总结了近两年全县黄花产业发展成绩，并就全县黄花产业发展前景、国内外市场开拓和延伸产业发展链条等作了分析交流。

1月18日，全省农家书屋工程建设表彰会在太原举行，大同县文化局和倍加造镇解庄村委会被评为2012年度山西省农家书屋工程建设先进集体，解庄村的图书管理员辛富贵被评为山西省农家书屋建设先进个人，西坪镇小坊城村农家书屋被评为2012年度山西省示范农家书屋。

1月24日，省市计生协会深入大同县，对大同县2012年3户计划生育生育关怀紧急救助家庭进行了慰问。并为每户送去了2500元慰问金和价值200多元的米、面、油。

1月25日，县委书记王凤瑞，政协主席薛守清、副主席张海波深入县一中调研，同县一中教师进行了座谈，了解学校搬迁新址后各项工作进展情况，对学校的精细化管理、教师的辛勤劳动及取得的成绩给予充分肯定。

1月28日，《明星带你游大同》摄制组来到大同县取景拍摄。摄制组一行先后来到昊天寺、大同火山群国家地质公园及聚乐堡等景点进行拍摄。

1月31日，大同市宣传工作会议召开，大同县被评为大同市2012年度新闻宣传工作先进集体。同时，县委宣传部还被评为全市党报党刊发行先进集体。

2月5日，县委书记王凤瑞深入西坪镇中高庄村敬老院及困难农户家中慰问孤寡老人。王凤瑞实地察看了敬老院的居住房间、厨房、食堂等居住环境，了解他们的身体和生活情况，为他们送上了过节用的食用油、面粉等慰问物资和每人300元的慰问金，并代表县委、县政府祝老人们新年愉快，身体健康。

2月17日，全县教育工作总结表彰会召开，会议全面总结了2012年教育工作，安排部署2013年教育改革发展的目标任务以及教学教研、学校安全等工作。并对2012年度6个综合评价先进单位、6个教学成绩优胜单位和33名优秀教师进行了表彰。

2月17日，大同县文体广电新闻出版局在昊天山举办体育大拜年群众登高健身活动，参加活动人数达6千人。

2月17至2月21日，大同县文体广电新闻出版局大拜年象棋比赛在县老干部活动中心体育举行。参加活动的人员共64人，经过七轮紧张激烈的比赛，来自册田水库的郝振平获得冠军，国土资源局的张伍元获得亚军。

2月21日，大同县党风廉政建设干部大会暨县纪委十一届三次全会召开。会议传达了中央纪委十八届二次全会、省市党风廉政建设干部大会暨纪委全会精神，出台了《关于改进工作作风、密切联系群众的实施办法》，发出了《崇尚勤俭节约　反对大操大办》倡议书，印发了《关于加强领导干部管理的有关规定》小册子，观看了警示教育片《居安思危——苏联亡党亡国20年祭》。

2月21日至25日，省市水库安全检查组莅临大同县，对全县水库安全进行专项检查，主要包括：水库大坝、溢洪道、输水洞是否存在安全隐患，水库大坝是否按要求限制水位运行，在建的水库项目建设管理、工程质量、工程验收、蓄水管理等内容。

2月23日，大同县文体广电新闻出版局在文化中心广场举办了以"每天锻炼一小时、幸福生一辈子"为主题的健身大展示活动。来自全县11个健身站点的700多人参加活动，通过现场评分，倍加造村健身站、蔡庄村健身站、老年体协健身站获得前三名。

2月28日，全县信访工作会议在县武装部会议室召开。

3月1日，山西普德药业股份有限公司证券部部长张晨光和山西万昌商贸有限公司董事长齐俊斌，带着对县一中全体师生的关怀，为学校捐助了50万元爱心款和班车一辆，并在县一中举行了捐赠仪式。

3月1日至10日，山西省古建筑设计有限公司为大同县市级文物保护单位落阵营民居—吕家大院，进行文物了勘探和测绘，并制定出台了"吕家大院"文物保护规划和维修方案。

3月19日，大同县将县委十一届五次全会、经济工作会议、县委工作会、项目推进动员会、千名干部下乡包村促发展再动员会和春季植树造林、城乡环境整治、创建最美乡村（社区）动员会八个会议合并召开，转变了会风，节约了资源，促使各级各部门集中精力抓好落实。

4月3日，代市长李俊明到大同县突击检查森林防火工作，对全县森林火灾安排部署给予肯定。

4月11日，市委副书记、代市长李俊明深入大同县调研。先后深入中国大同论坛建设工地、万昌物流园区、奕曦农业观光园、恒岳重工有限公司、倍加造镇营坊沟村、西坪镇万亩黄花基地、省煤运高端农业循环园区、大同县一中新校区和西坪公园建设工地查看了解情况。

4月11日,大同县职业中学与大同市汇林发展有限责任公司联合办学签约仪式在大同市举行。

4月15日,大同县被授予"全国绿化模范县"荣誉称号。

4月17日,省委常委、纪委书记李兆前到大同县进行调研。深入光伏太阳能园区进行实地考察。

4月18日夜间23时至19日9时45分,大同县持续降雪,降水量3.9毫米,降雪后19日、20日两天持续低温,20日凌晨最低气温达零下1.6℃,造成轻霜冻。时值杏树开花时节,有634公顷杏树受冻,涉及西坪镇、倍加造镇、峰峪乡等6个乡镇29个村的2271户6621人,共造成经济损失990.65万元,损失严重。

4月24日,周聚德任中共大同县委委员、常委、副书记,提名为县长候选人。

4月26日,市委常委、市纪委书记卫洪平率领市纪委机关90多名干部来到大同县火山群万亩造林工程工地参加义务植树劳动。

4月,省财政厅下发通知,决定从2013年1月1日起,对大同县实行"省直管县"财政改革。从而使大同县成为继2006年全省确定的35个国家重点扶贫开发县和2010年确定的24个产粮大县实行"省直管县"财政改革试点后,2013年唯一新增的"省直管县"财政改革试点县。省政府赋予省直管县与省辖市相同的经济管理权限和部分社会管理权限,省财政在体制补助、税收返还、转移支付、财政结算、专项补助、资金调度等方面直接核定并监管到省直管县。

5月1日,县委副书记、代县长周聚德深入到新建公园、同源、天大高速路绿化现场,指导春季植树造林工作。

5月10日,大同县组织县四大班子领导及乡镇、街道办事处、部分县直单位负责人赴阳高县观摩考察,学习借鉴教育卫生、城市建设、现代农业和项目建设等方面的好经验、好做法。考察团一行先后深入到阳高县一中、县人民医院、县城街道改造工程工地、龙泉镇万亩现代农业示范园区、北农阳光都市农业示范园、鹏程小店种猪繁育公司、龙泉工业园区、玉安生态观光园等地观摩考察,就县域经济发展经验、做法与当地领导和干部群众进行了交流。

5月12日,爱沙尼亚·大同县国际音乐交流活动在文化中心广场举行。活动中,县民间乐团和爱沙尼亚的音乐家们分别演奏了精彩而别具地域色彩的民族音乐,并就加强音乐文化交流进行了座谈。

5月15日,山西省原副省长薛荣哲参观了大同县火山群生态建设,对全县生态建设工作给予高度评价。

5月23日,县卫生局在昊和广场举办了全国饮用水卫生宣传周活动启动仪式,本次宣传周活动主题是"关注饮水卫生,共享健康生活"。宣传周期间,县卫生监督所共出动工作人员76人次,深入乡镇、街道开展了专题知识宣传,发放宣传单3000余份,宣传册180册,接受群众咨询186人次。

5月27日,国家林业局治沙办副主任胡房兴带队对大同县防沙治沙,植树造林工作进行考察。

5月28日至29日,中国人民政治协商会议大同县第八届委员会第三次会议在县会议中心召开。薛守清受政协大同县委员会常务委员会委托,向大会作工作报告。

5月29日,山西省农机局局长左义河深入大同县调研了解农机化发展情况和农机合作社建设工作。

5月29日至30日,大同县第十五届人民代表大会第三次会议在县会议中心召开,会议圆满完成了各项议程。会议通过了大同县第十五届人民代表大会第三次会议关于大同县人民政府工作报告的决议;关于大同县2012年国民经济和社会发展计划执行情况与2013年国民经济和社会发展计划的决议;关于大同县2012年财政预算执行情况及2013年财政预算的决议;关于大同县人民代表大会常务委员会工作报告的决议;关于大同县人民法院工作报告的决议;关于大同县人民检察院工作报告的决议;会议选举周聚德为大同县人民政府县长。

6月3日，大同县代表省政府接受国家林业局保护发展森林资源责任考核组检查，考核组对大同县保护发展森林资源目标责任制的贯彻落实情况，给予极高评价，综合评分97分，被定为优秀，是历年得分最高的县。

6月6日，水利部副部长李国英为组长的国家增粮稳产工作组莅临大同县落利周玉米高产创建项目区指导工作。

6月9日，省委常委、政法委书记王建明莅临大同县，就深化平安建设工作进行调研。

6月11日，文体广电新闻出版局在文化中心广场举办了第八个"文化遗产日"宣传活动；在活动中展出展板4块，发放宣传资料500余份，通过活动的开展，使群众对文化遗产的保护有进一步的认识。

6月14日，大同县召开了加强和改进师德师风建设工作动员会，并决定在全县开展2013年度师德师风建设活动。

6月18日下午，2013年度防汛抗旱工作会议在县委党校会议室召开，研究分析防汛形势，安排部署防汛抗旱工作。

6月19日，大同县在武装部三楼会议室召开党政联席会议。会议认真传达了全市转型综改实验区建设大会精神；听取未按要求参加6月7日全国、省、市安全生产电视电话会议整顿情况汇报。

6月24日，市委副书记、市长李俊明率领由市有关部门、各县区县区长等组成的全市生态建设工程观摩团，对大同县生态建设工程进行观摩指导。

6月25日，由中交一公司三分局一公司承建的302省道县城段道路建设工程开工。该工程是市区通往大同县火山生态公园的一条重要城际快速路，同时也是2013年全县的一项重点民生工程。道路工程全长3千米，东起火山地质公园入口，西至西环路入口。设计为双向六车道，宽度为50米，总投资8000万元。

6月25日，全市乡镇便民服务中心标准化建设工作现场推进会在大同县周士庄镇召开，来自全市各县区县、乡两级纪检80多名干部参观了周士庄镇便民服务中心建设和运行情况，并观看了该镇农廉工作专题片。

6月26日，大同县开展国际禁毒日宣传教育活动。此次活动共发放禁毒宣传资料3000余份，接受各类咨询50余人次，收到了良好的社会效果。

6月27日上午，大同大学分别在大同县一中和示范中学建立了实践教学基地。双方举行了挂牌仪式，签订了合作协议，明确了双方的责任与义务。

6月4日、24日、25日、28日一个月内大同县遭受4次冰雹灾袭击，受灾乡镇涉及西坪镇、巨乐乡、许堡乡、瓜园乡、峰峪乡、吉家庄乡6个乡镇的62个村，累计13268户34350人受灾，受灾面积10296.2公顷，绝收634公顷，直接经济损失6300万元；6月28日至7月2日，峰峪乡、西坪镇、吉家庄乡3个乡镇，10个村发生洪涝灾害，受灾人口1127户2308人，受灾面积320.7公顷，倒塌住房8间，损坏14间，造成经济损失456万元，其中，农业损失444万元，家庭财产损失12万元。

6月，大同县被确定为县级公立医院综合改革试点县。

7月4日，市委常委、组织部部长赵向东深入帮扶点大同县吉家庄乡杨寨村和党留庄乡大学生"村官"创业基地进行调研。

7月9日，在纪念中国共产党建党92周年之际，大同县组织观看了以全国优秀共产党员、模范基层干部沈浩同志先进事迹为原型的影片《第一书记》。

7月11日，市政协主席柴树彬，副主席马维平、陈昌辉、武保洲、许进娥等政协常委到大同县调研生态建设工作。柴树彬先后参观机场快速通道，火山群生态绿化工程，在老虎山停车点。高度评价了大同县林业生态建设工作。

7月17日，省委书记袁纯清在大同县调研。在大同县倍加造万亩黄花种植基地，袁纯清指出，要按照因地制宜的原则，大力发展"一村一品、一县一业"，提升农业产业化水平，更好地富裕农民，并进一步延伸产业链条，做大做强黄花产业。在大同县火山群生态绿化区的96万亩林地，袁纯清实地查看土壤墒情和樟子松生长状况，并指出，大同县持之以恒抓生态，造林面积大，森林覆盖率高，是山西的"绿海"和"翡翠"。

7月17日，省政协副主席刘滇生深入大同县巨乐乡小北庄村马铃薯繁育基地进行调研指导。

7月18日，省改革创新研究会向落阵营新星书院捐赠图书仪式举行，现场共捐赠图书689套以及各种办公用品等。

7月23日，省委常委、组织部长汤涛到大同县调研。在倍加造镇万亩黄花产业基地，汤涛部长深入地头与黄花种植户了解情况。在大同县火山群国家地质公园，汤涛详细了解了大同县近年来的生态建设情况。

7月29日，县戏迷协会在昊和广场举办了一场消夏戏曲晚会，受到了群众一致好评。

7月1日至31日，县文化馆在昊和广场、文化中心广场举办纪念中国共产党成立92周年图片巡回展，在活动中共展出中国梦系列、廉政建设系列、党建系列图片130余幅，累计参观人数3000多人。

8月1日，县委书记王凤瑞带领大同县党政考察团，赴广灵、浑源县，就城市建设、文化产业、农业发展等进行考察学习。在广灵县，考察团先后到剪纸博物馆、保障性住房、便民服务中心、木槽涧河河道整治及滨河公园建设工地，通过实地参观和听取有关情况介绍，了解该县城市规划、建设和文化产业发展等情况。在浑源县，考察团先后参观了神农生态观光园、春润农业示范观光园、泰丰黄芪羊养殖园区和南阳庄生态苗圃，详细了解该县设施农业、规模养殖业、特色农业等发展情况，虚心学习先进经验。

8月7日，大同县邀请澳大利亚中央昆士兰大学悉尼研究生院电子商务系统与集成教研室主任吴明瑄博士作了题为《智慧化建设和电子商务——托起经济转型跨越发展中的大同》专题讲座。同日，全市民营企业和民族宗教工作调研组来大同县调研指导工作。

8月9日，大同县第六次妇女代表大会隆重召开。

8月13日，省人大常委会原副主任申联彬深入大同县老虎山生态绿化区调研。申联彬对大同县的生态绿化工程给予了充分肯定。

8月14日，省人大常委会原副主任靳善忠、省政协原副主席郭良孝深入大同县火山群生态绿化区、大同论坛建设工地调研。

8月15日，省委常委、省军区政委张少华带领工作组深入大同县查看了人武部的办公环境和应急物质储备情况，检查了应急分队建设，听取了县人武部组织建设和征兵工作情况汇报。

9月9日，大同市农村老年体育工作大同现场会在倍加造镇倍加造村德丰广场举行。县委书记王凤瑞作为本次现场会名誉主席出席会议。来自全市23个表演队进行了即兴表演。市老体协顾问姜锡铭对大同县老体协工作给予了充分肯定，并亲自为大同县队颁发了奖牌。

9月11至12日，县委书记王凤瑞、县长周聚德带领观摩检查组，对各乡镇重点工作、新农村建设、农业精品工程、城乡清洁工程推进情况和特色项目进行观摩检查，寻找差距，总结经验，推动全县经济社会转型跨越发展。

9月13日，省妇联副主席顾青圻一行到大同县调研"妇女之家"建设工作。顾青圻一行深入到省"妇女之家"示范点——西坪镇下甘庄村，察看了妇女活动中心、妇女维权站及"妇女之家"等，并与县妇联、该村妇女干部进行座谈。

9月18日，省委副书记、省长李小鹏带领省观摩检查组，深入县火山群生态绿化区观摩检查，对大同县在生态绿化方面取得的成绩表示充分的肯定。

9月20日至21日，卓达集团执行总裁杨汗青、副总裁杨继刚来一行来大同县考察。县委副书记、县长周聚德等参加对接会并陪同考察。

9月23日，县计生局在县城昊和广场设了宣传咨询台，耐心解答居民们提出的各类人口和计生政策法规问题。这次活动共接待咨询130人次，发放宣传单 1000 份，免费发放计生药具 200 盒。

9 月 24 日，由省委办公厅副厅级督察专员毛益民率领的督查组，实地察看了县四套班子的办公用房情况，并深入西坪镇、县农委等单位检查，对大同县坚决及时贯彻省、市有关精神给予了充分肯定和赞扬。

9 月 24 日至 28 日，县委书记王凤瑞带队前往大兴安岭地区漠河县、五大连池火山群、黑河市，认真学习森林防火、林下经济、火山开发管理以及城镇建设等方面的经验做法。

10 月 8 日，县委书记王凤瑞深入县下乡住村联系点——聚乐乡小北庄村，查看该村引进的新品种马铃薯产量、品质等情况，研究推进全县农业产业结构调整、加快农民增收致富的思路和办法。

10 月 10 日，大同县召开会议，部署农田水利建设、村庄绿化美化、新农村建设等当前农村农业各项重点工作。

10 月 16 日，大同县组织离退休老干部 20 多人深入县内部分重点项目现场观摩。离退休老干部们先后观摩了大同论坛、万昌物流、恒岳重工、火山生态公园、西坪等项目建设

10 月 23 日，全县防火护林工作会议召开，会议主要任务是贯彻省市相关会议精神，分析冬季护林防火形势，安排部署秋冬明春护林防火工作。

10 月 25 日，省政协副主席、山西大学常务副校长刘滇生一行深入大同县，就加强生物有机肥、农业机械化技术的推广应用，加快推进在绿色生态农业建设方面的合作进行洽谈，并达成初步合作协议。

10 月 30 日，共青团大同县第九次代表大会在县会议中心召开。

10 月 31 日，市委常委、统战部部长姚生平深入大同县，就贯彻落实全市加快民营经济发展大会和《关于加快发展中小微企业和民营经济的实施意见》精神情况进行调研。

11 月 1 日，大同县基层党建工作会议召开，会议对全县近期基层党建工作和正在开展的在置党员服务社区工作、党代表工作室建设及党的群众路

线教育实践活动前期准备工作等进行了安排部署。

11 月 7 日，市委常委、市纪委书记卫洪平带领市纪委有关负责人深入大同县，调研乡镇便民服务中心规范化建设工作。县领导王凤瑞、刘红斌、冯学中等参加调研。

11 月 12 日，县委中心组（扩大）召开集中学习会，就反对"四风"问题进行集中学习，县委书记王凤瑞主持学习并讲话。县四大班子领导参加学习。

11 月 15 日，市人大常委会副主任杨人毅深入下乡包村联系点宣讲党的十八届三中全会精神，听取基层干部群众对开展党的群众路线教育实践活动的意见和建议，并一起找问题、理思路、商对策、促发展。

11 月 19 日，市政协主席柴树斌等领导来大同县调研。

11 月 20 日，大同县在大同宾馆假日酒店举办大同火山地质公园规划方案论证会，听取了艾奕康公司、四川省地矿局物探队资源与环境研究所、北京博雅方略旅游景观规划设计院 3 家单位的规划方案。

11 月 25 日，大同县城市建设重点项目工作汇报会召开，会议听取 2013 年县城建设和重点项目完成情况以及 2014 年工作思路汇报，并研究解决城建重点工程推进中存在的问题和面临的困难。

12 月 1 日，全市县区图书馆业务培训在大同县昊天宾馆结束，在三天的培训中，来自省图书馆的专家教授重点讲述了《图书馆管理与发展》《文献资源建设及文献标引与编目》《文化共享工程》等方面的内容。

12 月 3 日，大同市食品安全考核组莅临大同县，考核验收 2012 年度食品安全目标责任工作。考核组在听取全县工作汇报后，市食安办、食监办、农委、工商、质监、商务、食药、盐务、粮食等部门深入对口单位进行了现场检查，并就检查结果进行了意见反馈。

12 月 17 日至 20 日，县四套班子领导和全县 260 多名科级干部在县委党校会议室参加了为期三天的党的十八大精神培训班。培训班邀请山西省

林业厅总规划师张云龙、朔州职业技术学院院长张久臻、大同市规划委员会主任张瀚、山西大学教授倪宁、市委党校教授韩府等专家学者进行学习辅导。

12月18日，县科教局组织全县20名人民满意教师，分五组分别深入县一中、城镇一小、示范中学和部分农村中小学，集中举行人民满意教师事迹报告会。报告会上，优秀教师纷纷传经送宝，以亲身经历述说着平凡岗位上的不平凡和他们对这份职业的特殊情感。

12月19日，市委常委、政法委书记卫国深入大同县，就基层社会服务管理中心建设和交通事故人民调解工作进行调研。

12月26日，县委宣传部、县文广新局联合举办的大同县"纪念毛泽东同志诞生120周年文艺演出"在县文化大楼举行。

12月，国土资源部组织专家组对大同火山群地质公园进行了复核验收，正式批复命名了"大同火山群国家地质公园"。

限外大事记

2014 年

1月6日，全县城乡清洁工程推进会在县委党校会议室召开。县委书记王凤瑞、县长周聚德参加。

1月8日，省2013年度目标责任考核组一行分组深入大同县进行实地查访核验，县委书记王凤瑞、县长周聚德陪同。

1月16日，大同县2013年度目标责任考核大会在党校三楼会议室召开，会议由县委书记王凤瑞主持，县长周聚德参加。

1月21日，县委书记王凤瑞深入人民商场、云中热力公司、公安交警大队、恒岳重工，检查节日安全生产工作，慰问一线干部职工。

1月22日，全县农村、社区"领头雁"培训开班仪式在党校三楼会议室召开，县委书记王凤瑞、县长周聚德在农村领头雁培训班上分别作了讲话，并与部分农村党支部书记和"第一书记"座谈。

1月22日，县委副书记、县长周聚德与县人大副主任白采堂等一起深入周士庄镇等地慰问老干部、困难群众、老党员、困难职工。

2月10日，全县党风廉政建设大会暨县纪委十一届四次全会在党校三楼会议室召开。县委书记王凤瑞、县长周聚德参加。

2月14日，大同县首届最美乡村文明单位道德模范表彰会在党校三楼会议室召开，县委书记王凤瑞、县长周聚德参加。

2月24日，省军区司令员冷杰松少将率工作组，检查县人武部基础设施建设、战备库室配套设施和武器装备存放使用情况，县委副书记、县长周聚德陪同。

2月27日，大同火山群国家地质公园概念性旅游规划方案专家论证会在大同假日酒店召开，县委书记王凤瑞、县长周聚德参加。

3月5日，全县党的群众路线教育实践活动动员大会在党校三楼会议室召开，县委书记王凤瑞主持，并做动员讲话。

3月10日至11日，县委书记王凤瑞深入聚乐乡小北庄和西坪镇下甘庄、下榆涧、中高庄、贺店等村，开展"访民生、知民情、解民事"活动。

3月11日，县委副书记、县长周聚德，在昊天商务会馆，会见横店集团总裁助理、战略投资中心总经理梅锐，浙江普洛药业董事长祝方猛一行。

3月12日，大同县党的群众路线教育实践活动专题辅导报告会在县委党校会议室召开，报告会由县委书记王凤瑞主持并作专题辅导。

3月15日，县委书记王凤瑞深入重点林区检查春季护林防火工作，并召集林业部门和各乡镇对当前护林防火工作进行重点安排。

3月21日，北京儿童附属医院及老年公寓项目协调会在武装部三楼会议室召开，会议由县委副书记、县长周聚德主持。

3月24日，县委书记王凤瑞主持召开县委群众路线教育实践活动领导小组会议，听取活动进展情况汇报，并对下一阶段活动进行安排部署。

3月29日，县委书记王凤瑞出席山东五征集团与大同县下甘庄村春利农机合作社企社共建仪式。

3月31日，县委书记王凤瑞率四大班子正职和相关领导以及信建、电力等相关部门负责人，深入永业东、西街，实地了解脏、乱、差的问题，研究道路改造有关事宜。

4月2日，全县党的群众路线教育实践活动基层组织书记集中培训班开课，县委书记王凤瑞为参加培训的学员讲党课。

4月11日，全市党的群众路线教育实践活动先进事迹报告团大同县巡回报告会在县会议中心举行，县委书记王凤瑞主持会议。

4月11日，全县群众路线教育实践活动大同县籍在同教育专家征求意见会召开，会议由县委书记王凤瑞主持。

4月15日至16日，省委宣传部常务副部长、省委群众路线教育实践活动领导小组办公室副主任李高山，市委常委、组织部部长、市委群众路线教育实践活动领导小组办公室主任赵向东到大同县检查指导教育实践活动，县委书记王凤瑞陪同。

4月22日至24日，政协大同县八届四次会议在县会议中心召开；县委书记王凤瑞参加联组讨论，并在闭幕式作重要讲话。

4月23日至24日，县十五届人大四次会议在县会议中心召开，县委书记王凤瑞出席，县长周聚德出席并作政府工作报告。

4月25日，省政协副主席朱先奇深入大同县玉鑫农牧有限公司、同华矿机有限公司、周士庄镇南庄村养鸡场、遇驾山造林绿化区、周士庄镇便民服务中心等地开展"访民生、知民情、解民事"走访调研活动，县委书记王凤瑞、县长周聚德陪同。

4月28日，市委常委、纪检委书记卫洪平及市纪委机关干部在火山群生态公园义务植树，县委书记王凤瑞陪同。

5月6日，市人大常委会副主任杨人毅深入峰峪乡进行"访民生、知民情、解民事"活动，县委书记王凤瑞陪同。

5月12日，省林业厅副厅长姚文达在大同县检查指导春季造林绿化工作，县委书记王凤瑞陪同。

5月20日，县委书记王凤瑞率刘义深副县长以及农业、畜牧、水务、发改等相关部门负责人，深入羊大大农业科技有限公司、亿鸿蛋鸡养殖场、盛大蘑菇种植园区、永翔食品有限公司现场办公，协调解决项目建设中的困难和问题。

5月21日，县长周聚德带领交通、住建、国土、移动、联通以及有关乡镇负责人深入山西省集中连片特困地区大同县县级公路改造项目施工现场办公。

5月28日，大同县在县会议中心举办专题讲座，由国家发改委城市和小城镇改革发展中心研究员冯奎作《新型城镇化与大同县发展战略》专题讲座，县委书记王凤瑞、县长周聚德参加。

6月5日，大同火山地质公园规划汇报会在大同假日酒店召开，会议由市委副书记、市长李俊明主持，县委书记王凤瑞、县长周聚德参加。

6月6日，副市长张韬到高考考点大同县一中进行视察，县长周聚德陪同，并在政府四楼会议室，主持召开大同县2014年高考考风考纪工作会。

6月9日，市政府副市长王克建到大同县调研小反刍羊疫情况，县长周聚德陪同，并在峰峪乡，就小反刍羊疫情况现场办公。

6月10日，市委常委、宣传部部长马斌到大同县调研生态文化、休闲旅游文化建设，县委书记王凤瑞陪同。

6月13日，县委书记王凤瑞与国家工信部培训处处长黄殿文率领的中小企业家代表座谈。

6月15日，市委副书记、市长李俊明到大同县羊大大养殖园区现场办公，县长周聚德陪同。

6月19日，美国教育基金会到大同县考察贫困县教育教学事宜，县长周聚德陪同。

6月20日，省人大常委会副主任安焕晓深入大同县调研指导扶贫开发工作，县长周聚德陪同。

6月21日，省委副书记楼阳生到大同县调研生态建设，县委书记王凤瑞陪同。

6月22日，市委常委、宣传部部长马斌到火山群生态公园调研，县委书记王凤瑞陪同。

6月24日，全县党的群众路线教育实践活动推进会在县会议中心召开，会议由县委书记王凤瑞主持。

6月26日，市委常委、副市长王克建到大同县羊大大养羊园区、天佑禽业、倍加造黄花种植基地、解庄日光温室园区、独树日光温室园区调研，县委书记王凤瑞陪同。

6月30日，国家工信部中小企业发展促进中心黄殿文秘书长一行，到大同县西坪镇下榆涧、中高庄两个黄花专业村和三利农贸公司实地考察黄花产业发展，县委书记王凤瑞陪同。

7月4日，县长周聚德带领县委办、政府办和涉农部门、住建、审计、监察等单位负责人和各乡镇书记，对全县20个村庄的绿化工作进行检查观摩。

7月6日，省政协原副主席、省改革创新研究会会长吕日周在大同县调研，县委书记王凤瑞陪同。

7月6日，落阵营新星书苑揭牌暨捐款仪式举行，县长周聚德参加。

7月11日，县长周聚德与郑州威科姆集团有关人员协商讨论威科姆IT产业园项目战略合作协议。

7月12日，市委常委、宣传部部长马斌以及市委新闻中心、大同日报社、大同电视台负责人在大同县调研，县委书记王凤瑞陪同。

7月18日，刘振国副市长到大同县检查指导保障性住房建设，县委书记王凤瑞陪同。

7月30日，省委常委、宣传部长胡苏平在大同县火山群生态公园调研，县委书记王凤瑞陪同。

8月4日，市政府市长李俊明到大同县调研项目建设，县委书记王凤瑞陪同。

8月14日，省人大常委会副主任、省总工会主席田喜荣视察大同县植树造林工作情况，县长周聚德陪同。

8月15日，"正气颂"廉政文化精品歌剧《党的女儿》在县会议中心演出，县委书记王凤瑞、县长周聚德观看。

8月17日，山西大同火山群国家地质公园揭牌开园启动仪式在县文广新局门前举行，县委书记王凤瑞、县长周聚德参加。

8月19日，县委书记王凤瑞会见山西宏远老年产业集团代表杨国兴、张名山，协商国家爱晚大型养老项目。

8月21日，县长周聚德与县委常委、副县长刘红斌，副县长宋晋利一起，带领县经信局、国土局、供电公司负责人深入倍加造镇压力容器厂、鑫飞龙超高压变压器、惠瑞制药企业现场办公。

8月24日，2014首届大同国际自行车骑游大会在大同火山群国家地质公园举行，县长周聚德参加。

8月26日，市委常委、秘书长邸向华深入大同县万昌物流、协鑫光伏、羊大大养羊园区调研，县委书记王凤瑞陪同。

9月10日，市政府市长李俊明在倍加造小学调研并看望教师，县委书记王凤瑞陪同。

9月23日，副省长王一新调研白登之战遗址，县长周聚德陪同。

9月24日，全市党代表工作室建设推进会在大同县召开，县委书记王凤瑞参加。

9月25日，市委常委、副市长王克建到许堡乡下庄村现场办公，县长周聚德陪同。

9月25日至28日，县委书记王凤瑞率政协主席薛守清、副县长刘义深以及倍加造镇、瓜园乡、峰峪乡、杜庄乡、党留庄乡、营坊沟村、锄禾项目负责人，赴河南省鄢陵县、河北省永清县、北京市延庆县考察城郊型农业、城郊型生态建设。

9月30日，县委书记王凤瑞、县长周聚德在县革命烈士陵园，参加首个烈士纪念日公祭活动。

10月11日，省政协副主席李悦娥到大同县进行"察情建言惠民行"活动，县委书记王凤瑞、县长周聚德参加。

10月12日，全国人大常委会委员、昔阳县大寨村党总支书记郭凤莲到大同县落阵营新星书苑开展捐赠活动，县长周聚德参加。

10月22日，全县党的群众路线教育实践活动总结大会在党校三楼会议室召开，县委书记王凤瑞、县长周聚德出席。

10月28日，市委常委、统战部长姚生平到大同县开展民生大走访活动，县委书记王凤瑞陪同。

11月5日，省委统战部副部长、省工商联主席杨林森，市委常委、统战部长姚生平，市政协副主席、市工商联主席程廷龙到恒岳重工调研民营经济存在的困难和问题，并发放调查问卷，召开座谈会。县长周聚德陪同。

11月5日，市委常委、宣传部部长马斌在大同县调研社会主义核心价值观建设，县委书记王凤瑞陪同。

11月6日，全县基层党（工）委书记基层党建工作专项述职评议会在党校三楼会议室召开，县委书记王凤瑞主持。

11月10日，省委常委、统战部部长孙绍骋到大同县就加快发展民营经济进行调研，县长周聚德陪同。

11月10日，省委常委、统战部部长孙绍骋到大同县恒岳重工、周士庄镇回族聚居村三条涧村调研，县委书记王凤瑞陪同。

11月14日，在党校三楼会议室，县委书记王凤瑞、县长周聚德分别主持召开省委巡视五组巡视大同县工作动员会和工作汇报会。

11月17日，省委巡视五组组长陈森一行深入大同县火山群生态公园、亿鸿养鸡、恒岳重工、大同论坛调研检查，县委书记王凤瑞、县长周聚德陪同。

11月21日，县委书记王凤瑞、县长周聚德与市教育局局长吕生祉深入大同县倍加造中学、示范中学、县一中调研。

11月25日，省政协原副主席、省改革创新研究会会长吕日周深入火山群生态公园调研，县委书记王凤瑞陪同。

12月18日，大同县科级主要领导干部学习讨论落实活动专题研讨班开班式在县委党校三楼会议室举行，县委书记王凤瑞、县长周聚德参加并作辅导。

2015 年

1月5日，市人大常委会副主任曹世平看望大同县市十四届人大代表，县委书记王凤瑞陪同。

1月16日，县委书记王凤瑞会见山西双良再生能源产业集团有限公司总裁李宝山一行，就光伏光热发电项目交换意见。

1月23日，全县森林防火、扶贫开发、信访维稳工作会议召开，县委书记王凤瑞出席。

1月27日至28日，市委常委、市军分区司令员孙利仁率领的市委学习讨论落实活动督导组到大同县检查，县委书记王凤瑞、县长周聚德陪同。

1月30日，全县学习讨论落实活动专题学习会

议在县委党校召开，传达学习中纪委十八届五次全会精神，观看剖析山西省交通厅腐败窝案等案例的廉政警示教育片，县委书记王凤瑞结合省市要求和大同县实际，讲了题为《守纪律、讲规矩、加强党性修养，共同营造弊革风清的政治生态》的党课，县长周聚德出席。

2月4日，市委常委、市军分区司令员孙利仁到大同县进行"两节"慰问，县委书记王凤瑞陪同。

2月5日，大同县学习讨论落实活动专题讲座在县委党校三楼会议室召开，专题讲座由县委书记王凤瑞主持，邀请省委党校教授兰喜作了题为《求

和与应变——中国传统文化的基本精神》《中国传统文化的基本精神——讲求和与应变》两个讲座。县长周聚德参加。

2月9日，县委副书记、县长周聚德在县委党校三楼会议室主持召开2015年全县安全工作会议。

2月11日，大同县2014年度目标责任考核大会在县委党校三楼会议室召开，县委书记王凤瑞主持会议，并代表县领导班子作述职报告和个人述职述廉报告，县长周聚德参加。

2月16日，县委十一届七次全会暨全县经济工作会议在县委党校三楼会议室。县委书记王凤瑞、县长周聚德参加会议。

3月20日，全县春季植树造林动员会暨森林防火工作会议在县委党校三楼会议室召开。县委副书记、县长周聚德主持会议。

4月8日，吕日周、申纪兰、郭凤莲一行到大同火山群国家地质公园植树，县委副书记、县长周聚德陪同。

4月16日，县委副书记、县长周聚德深入大同县恒升农牧养殖园、吉家庄瓮城口、南米窑易地扶贫搬迁试点工程、菲尼克斯酒庄葡萄基地、锄禾现代农业观光园、大同县周士庄亿鸿养鸡场、大同栋梁实业发展有限公司、大同同华矿机制造有限责任公司、玉鑫农牧资源开发有限公司、大同市中心压力容器厂等进行调研。

4月23日，大同县第二届道德模范颁奖典礼在县文广新局举行，县委副书记、县长周聚德参加。

4月24日，大同县2015年城乡爱国卫生清洁运动动员会在县委党校三楼会议室召开，县委副书记、县长周聚德参加。

5月5日，在市委副书记刘国庆，市委常委、政法委书记卫国的领导下，市公安局的配合下，县委书记王凤瑞组织县工商局工作人员、公安干警对大同乌龙峡生态旅游度假区非法广告宣传采取强制拆除措施；并召集县委副书记杨近源以及工商、公安、住建、安监、许堡等有关单位负责人研究安排后续跟进措施。

5月12日，全省地震应急综合演练在大同县举行，县委书记王凤瑞、县长周聚德先后在县武装部视频会议室、县城城镇第三小学、许堡乡地震应急综合演练现场参加相关项目的应急演练。

5月13日上午，县长周聚德在县委党校三楼会议室参加学习讨论落实活动总结暨"六权治本"推进会议。

5月14日，全县学习讨论落实活动总结暨"六权治本"推进会在县委党校召开，县委书记王凤瑞出席。

5月20日，县委书记王凤瑞到火山群国家地质公园东山项目建设工地，就公园基础设施及配套道路建设指导，县委副书记杨近源、副县长刘红斌以及公园管理处、交通、住建等部门负责人陪同调研。

5月27日，全县"三严三实"专题教育党课在县委党校三楼会议室召开，专题教育党课由县委书记王凤瑞主讲，县四套班子领导及其他副县级领导，各乡镇、街道党政正职，县直单位、条管单位负责人参加。

5月27日，县委书记王凤瑞深入西坪镇与各乡镇书记、乡镇长以及农委、扶贫办、信用联社、财保公司，西坪镇黄花种植大户、贫困户代表座谈，研究解决当前农业重点产业发展和扶贫开发有关问题。

6月2日，市委副书记刘国庆到大同县党留庄乡、周士庄镇和西坪镇，调研指导农村土地承包经营权确权登记颁证、农村集体"三资"管理专项清理整治和黄花产业发展，县委书记王凤瑞陪同。

6月6日，省纪委副书记、省监察厅厅长冯改朵到大同县峰峪乡检查指导"以群众举报乡村干部腐败为切入点集中解决群众信访诉求问题"专项治理工作，县委书记王凤瑞陪同。

6月10日，市委常委、纪委书记卫洪平到许堡乡、杜庄乡以及峰峪乡徐家堡村调研指导"两个责任"落实情况，县委书记王凤瑞、县长周聚德陪同。

6月11日，全县扶贫开发暨干部驻村帮扶工作动员会在县委党校三楼会议室召开，县委书记王凤瑞出席并做动员讲话。

6月11日，全县集中整顿软弱涣散基层党组织部署会在县委党校三楼会议室召开。县委书记王凤瑞、县长周聚德参加。

6月17日，市委常委、宣传部部长马斌深入县委党校和倍加造镇营坊沟村调研指导社会主义核心价值观教育情况，县委书记王凤瑞陪同。

6月23日，县委书记王凤瑞与县长周聚德、人大武明主任，率县委、县政府相关领导和部门负责人，到体育馆、电影院、火山地质公园、县城市场项目工地现场办公，研究解决问题。

6月30日，市委常委、副市长王克建，到县西坪镇万亩黄花种植基地、兴农黄花有限公司、三利公司、周士庄顺发养鸡专业合作社和党留庄乡，调研农业产业发展和农村土地承包经营权确权登记颁证试点工作，县委书记王凤瑞陪同。

7月1日，市委常委、统战部长姚生平到大同县调研民营经济发展，并出席中华职业教育社大同小组在县汇林家政服务职业培训学校成立仪式，县委书记王凤瑞陪同。

7月3日，全县"三严三实"专题讲座在县委党校三楼会议室召开，由省委党校赵公社教授作了《传承优良传统，践行在"三严三实"》专题讲座，县长周聚德参加。

7月8日，省纪委副书记辛旭光，市委常委、市纪委书记卫洪平，到大同县调研党风廉政建设"两个责任"落实情况，县委书记王凤瑞陪同，并就县委履行主体责任情况作了汇报。

7月9日，省委常委、组织部部长盛茂林，到大同县调研农村基层党建、黄花产业发展和林业生态建设，县委书记王凤瑞陪同。

7月10日，全县乡镇重点工作观摩促进会召开，县委书记王凤瑞、县长周聚德参加。

7月11日，县委书记王凤瑞到杜庄乡落阵营村与乡村干部，党员、群众代表座谈，共议一村一业发展大计，并陪同省政协原副主席、省改革创新研究会会长吕日周，出席该村星星书院捐书仪式。

7月14日，市委副书记、市长李俊明到大同县吉家庄乡南米窑移民新村、恒升奶牛养殖场、菲尼克斯葡萄酒项目、西坪镇唐家堡黄花基地、明通冷库调研，县委书记王凤瑞、县长周聚德陪同。

7月27日至30日，政协大同县第八届委员会第五次会议在县会议中心召开，县委书记王凤瑞、县长周聚德参加。

7月28日至30日，大同县十五届人大五次会议在县会议中心召开，县委书记王凤瑞、县长周聚德参加。

8月3日，大同县农村集体"三资"管理专项清理整治工作领导小组会议召开，县委书记王凤瑞主持会议，并研究安排下一步专项清理整治工作。

8月20日，全县安全生产和维稳工作会议在县委党校三楼会议室召开，县委书记王凤瑞出席会议，并作动员讲话。

9月1日，县委书记王凤瑞到大同县抗战老战士褚欲芳家中慰问，并颁发抗战胜利70周年纪念章。

9月6日，大同市市长到吉家庄乡南米窑村、恒升农牧有限责任公司、山西万昌商贸有限公司、恒岳重工有限责任公司和火山群绿化工程、火山地质公园等进行调研，县委书记王凤瑞、县长周聚德陪同。

9月8日，全县干部"学党章、守纪律、讲规矩"专题讲座在平城影院举行，省委党校、行政学院巡视员，山西大学博士生导师高健生授课，县委书记王凤瑞主持，县长周聚德参加。

9月14日，省政协副主席田喜荣，到天佑禽业、三江肉牛养殖、菲尼克司葡萄酒园区进行调研，县长周聚德陪同。

9月16日，参加国家三北工程退化林改造现场会与会人员到大同县参观，县委书记王凤瑞陪同。

9月28日，县委书记王凤瑞会见泰瑞集团总经理张明忠一行，商讨火山群地质旅游资源开发研究课题事宜。

10月2日，市委书记张吉福和有关专家在火山群地质公园考察，县委书记王凤瑞陪同。

10月9日，县委书记王凤瑞与县长周聚德，召集县委副书记杨近源、人大常委会副主任白采堂、政府副县长高莹以及住建、国土、水务、交通等部门负责人和泰瑞集团总经理张明忠，协调安排火山群地质旅游资源开发事宜。

10月12日，全县"同心同力发展大同"大讨论动员会在县委党校三楼会议室召开，县委书记王凤瑞出席，并做动员讲话。

10月17日，市委书记张吉福和德安杰环球顾问集团、北京粮食集团一行到云冈石窟、晋华宫国家矿山公园、三利农贸公司、火山群国家地质公园考察，县委书记王凤瑞陪同。

10月23日，全县社会治安综合治理工作会议在县委党校三楼会议室召开，县委书记王凤瑞出席。

10月26日，市委常委、宣传部长马斌到火山群地质公园调研，县委书记王凤瑞陪同。

10月28日，大同县邀请北京市旅游局国际市场处原处长李继诚作《创意文化与城市营销，繁荣大同文化》专题讲座，县委书记王凤瑞主持。

10月30日，市委张吉福书记在县一中调研，并参加北大汇丰商学院为县一中贫困学生捐助活动，县委书记王凤瑞陪同。

11月2日，市委书记张吉福和北大汇丰商学院负责人到大同火山群国家地质公园考察，县委书记王凤瑞陪同。

11月3日，全县传达贯彻党的十八届五中全会精神大会和深化"三严三实"专题教育深入开展基层干部不作为乱作为等损害群众利益问题专题整治工作动员会在县委党校三楼会议室召开，县委书记王凤瑞出席。

11月4日，市委书记张吉福到住村帮扶联系点——大同县吉家庄乡吉家庄村调研，并慰问贫困群众、与贫困群众座谈；调研"三严三实"专题教育和"同心同力发展大同"大讨论活动；并深入吕家大院、自然家园进行"文化旅游产业振兴发展"课题调研，征求干部群众意见。县委书记王凤瑞陪同。

11月9日，市政府领导到通用航空产业园区现场办公，并到吉家庄乡吉家庄村调研指导精准扶贫工作，县委书记王凤瑞陪同。

11月16日，大同县"同心同力发展大同"大讨论讨论会在县委党校三楼会议室召开，县委书记王凤瑞主持，并征求意见、修改完善报告。

11月18日，省委书记王儒林到大同县火山群生态公园调研，并参加大张高铁奠基开工仪式。县委书记王凤瑞陪同并汇报生态建设、扶贫工作。

11月23日，县委党的群团工作会议在县委党校三楼会议室召开，县委书记王凤瑞出席并讲话。

12月2日，省委副书记、省长李小鹏到大同县玉鑫农牧食用酒精、恒岳重工、吉家庄乡南米窑扶贫移民新村调研，县委书记王凤瑞、县长周聚德陪同。

12月2日至3日，全县"同心同力发展大同"大讨论论坛在县委党校三楼会议室召开，县委书记王凤瑞出席。

12月17日，全县2015年度基层党（工）委书记基层党建工作专项述职评议会在县委党校三楼会议室召开，县委书记王凤瑞主持，市委书记张吉福莅会指导并作重要讲话。

12月17日，市委书记张吉福与艾奕康环境规划设计（上海）有限公司有关专家和设计人员，就火山群地质公园规划、开发事宜座谈，县委书记王凤瑞陪同。

12月18日，县委书记王凤瑞与《山西日报》社总编丁跃伟一行，就大同县"一县一业"黄花产业发展座谈。

12月19日，全县学习贯彻中央和省委扶贫开发工作会议精神宣讲报告会在县委党校三楼会议室召开，县委书记王凤瑞主持。

12月28日，县委常委班子"三严三实"专题教育专题民主生活会召开，市委书记张吉福全程参加指导并作重要讲话，县委书记王凤瑞主持，县长周聚德参加。

12月24日，市人大常委会主任梁凤书一行慰问大同县市人大代表，县委书记王凤瑞陪同。

2016 年

1月5日，大同市军分区孙利仁司令员到周士庄镇进行慰问，县长周聚德陪同。

1月14日，全县重点工作汇报会召开。县委书记王凤瑞主持，并听取各分指挥部工作汇报和各乡镇、有关部门2016年重点工作汇报，县长周聚德参加。

1月20日，市政协主席柴树彬一行到大同县慰问县政协退下来的老同志并座谈，县委书记王凤瑞陪同。

1月22日，坪城大讲堂开讲，特邀台湾美丽乡村发展协会的颜建贤、林致远两位教授，分别作了题为《乡村社区生态文化创意产业》《台湾乡村自主营造与产业活化案例分享》的乡村文化休闲旅游专题讲座，县委书记王凤瑞主持。

1月28日，大同县2015年度目标责任考核大会在县委党校三楼会议室召开。县委书记王凤瑞主持，并代表县委常委班子和个人作2015年度述职报告、2015年度干部选拔任用工作情况报告。

1月28日，全县领导干部会议在县委党校三楼会议室召开，县委书记王凤瑞主持，会议通报省委、省政府、省纪委联合督查组督查中发现的问题情况，并就进一步从严落实"两个责任"、从严执行中央八项规定和严防"四风"问题反弹、从严春节期间纪律提出要求。

2月2日，市委书记张吉福到吉家庄乡吉家庄村春节慰问，县委书记王凤瑞陪同。

2月4日，省委常委、副省长付建华到大同县党留庄乡邢庄村春节慰问，县委书记王凤瑞、县长周聚德陪同。

2月6日，县委书记王凤瑞率县委杨近源副书记、政府刘义深、高莹副县长，深入县委办、住建局、市政公用管理中心、交警队指挥中心、自来水公司、集中供热公司、华润天然气公司、信用联社，慰问一线工作的干部职工。

2月16日，市委常委、副市长王克建到大同县吉家庄乡吉家庄村开展"新春走基层"活动，县委书记王凤瑞、县长周聚德陪同。

2月19日，市政府领导到国电电力大同湖东2×100万千瓦发电项目、大同华岳热电有限责任公司、大同晋北铁路物流基地、玉鑫农牧资源开发有限公司现场办公，县委书记王凤瑞、县长周聚德陪同。

2月25日，市政协副主席徐进娥在峰峪乡青城村调研扶贫工作，县长周聚德陪同。

2月29日，县委十一届八次全会暨全县经济工作会议在县委党校三楼会议室召开，县委书记王凤瑞主持，县长周聚德参加。

3月4日，全县县乡领导班子换届工作会召开，县委书记王凤瑞、县长周聚德出席，与各乡镇乡（镇）长进行换届谈话。

3月9日，省政府王一新副省长到大同县火山群国家地质公园调研，县委书记王凤瑞、县长周聚德陪同。

3月16日，市人大常委会副主任杨人毅深入西坪镇唐家堡村调研黄花产业发展，县委书记王凤瑞陪同。

3月18日，大同县县乡换届工作推进会召开，县委书记王凤瑞主持，深入安排县乡换届工作，召集县委组织部全体干部强调换届工作纪律。

3月22日，大同县举办农村"领头雁"培训班，县委书记王凤瑞为培训班讲党课。

3月24日，县委书记王凤瑞会见北京市城乡经济信息中心主任刘军萍率领的乡村旅游、农业嘉年华两位老总一行，对接乡村旅游项目。

3月25日，县委书记王凤瑞、县长周聚德与北京农研沟域发展促进中心主任、中科院地理科学与资源研究所总规划师张义丰带队的大同市生态文明建设规划和市区域发展战略研究调研组一行座谈，市委常委、副市长王克建出席。

4月8日，省政协原副主席、省改革创新研究会会长吕日周和市政府领导一行到火山群国家地质公园义务植树，县委书记王凤瑞、县长周聚德陪同。

4月15日，省编办、省军区民兵武器仓库职工编制调研组到大同县调研，县委书记王凤瑞陪同。

4月28日，全市检察机关司法警察骨干培训总结汇演在大同县宾馆举行，县委书记王凤瑞参加。

4月29日，全县"两学一做"学习教育部署会召开，县委书记王凤瑞出席。

4月6日，市委常委、组织部部长赵向东到大同县与现任、拟新提名县级领导谈话。

5月12日，由省委政研室副主任梁若皓带队的省换届风气督导组一行，到大同县督导检查换届工作，县委书记王凤瑞陪同。

5月16日，全县领导班子换届人事安排县级干部大会召开，县委书记王凤瑞主持，宣布市委干部任免决定。

5月29日，中国·山西·汇林集团与马来西亚城市理工大学学院，"一带一路"合作办学签约挂牌仪式暨马来西亚总商会等企业家来同投资考察洽谈会在汇林职业学校召开，县委书记王凤瑞参加。

5月31日，李培斌先进事迹巡回报告会在坪城影院举行。县委书记王凤瑞主持，对全县"两学一做"学习教育进行了再安排、再部署。

6月6日，全县严打整治"百日行动"动员大会召开，县委书记王凤瑞出席并做动员讲话。

6月14日，全县巡察工作动员大会在县委党校三楼会议室召开，县委书记王凤瑞出席并做动员讲话，与市委巡察第一组组长刘友和及相关领导，对大同县首轮巡察的三个巡察组进行培训。

6月17日，大同县举行"两学一做"学习教育专题辅导讲座，县委书记王凤瑞参加。

6月17日，省人大常委会副主任张建欣一行到大同县火山群国家地质公园调研，县委书记王凤瑞陪同。

6月20日，市人大副主任曹世平深入大同县周士庄镇东水峪村调研扶贫工作，县委书记王凤瑞陪同。

7月13日，市委常委、宣传部部长马斌，市政协副主席张小立到大同县调研，县委书记王凤瑞陪同。

7月14日，省农业综合开发办主任赵建生一行到大同县调研，县委书记王凤瑞陪同。

7月15日，革命红色影片《大火种》在县坪城影院上映，全县副科以上干部观看，县委书记王凤瑞参加。

7月26日，上半年全县基层党建和党风廉政建设汇报会召开，县委书记王凤瑞主持，听取各乡镇、重点单位汇报，安排部署下一步工作。

7月25日，山西省军区在册田水库举行防汛抢险应急演练，县长周聚德参加。

8月1日，省政协原副主席、省改革创新研究会会长吕日周一行到徐家堡村调研，县委书记王凤瑞陪同。

8月2日，县委书记王凤瑞与帮扶大同县脱贫的国家中小企业发展促进中心苗长兴主任、黄殿文秘书长、童有好处长一行座谈，共议脱贫大计。

8月2日至3日，西部扶贫促进协会到大同县调研，县长周聚德陪同。

8月4日，省委统战部孙绍聘到华岳电厂调研，县长周聚德陪同。

8月8日至10日，中国共产党大同县第十二次代表大会召开，县委书记王凤瑞、县长周聚德参加。

8月10日，国家质量监督检验检疫总局局长支树平到大同县调研，县委书记王凤瑞、县长周聚德陪同。

8月19日至22日，县政协九届一次会议召开，县委书记王凤瑞、县长周聚德参加。

8月20日至22日，县十六届人大一次会议召开，县委书记王凤瑞、县长周聚德参加。

8月31日，省扶贫办主任刘志杰到大同县调研，县委书记王凤瑞、县长周聚德陪同。

9月9日，市政府领导，到大同县吉家庄中心村易地扶贫搬迁工地现场办公，县委书记王凤瑞与周聚德县长陪同。

9月9日，市委常委、纪委书记朱晓东到大同县调研经济社会发展、生态建设、党风廉政建设和巡察工作，县委书记王凤瑞陪同。

9月11日，县委书记王凤瑞参加中央统战部常务副部长张裔炯主持的贯彻落实党中央关于统一战线系列重大决策部署情况调研检查座谈会，并作汇报发言。

9月23日至26日，县长周聚德赴浙江省仙居县参加2016中国县域绿色发展（仙居）论坛，并就南果北种和黄花、杏果产品研发同广东美辰生物科技负责人进行对接。

9月29日，由县工会举办的迎国庆职工文艺晚会在县坪城影院演出，县委书记王凤瑞参加。

9月30日，全县农村"抓基层党建，促脱贫攻坚"现场观摩总结会开幕，县委书记王凤瑞出席。

10月8日，市政协主席柴树彬一行到大同县调研，县委书记王凤瑞陪同。

10月9日，市委副书记、市委宣传部部长高键在大同县与群众一起观看"2015年度国家艺术基金传播交流推广资助项目《中国梦草原情》晋冀蒙陕甘宁六省（区）少数民族题材戏剧及音乐舞蹈三展联动优秀剧目展演"，县委书记王凤瑞陪同。

10月14日，大同县举行人民代表大会制度及其相关法律培训、考试，县委书记王凤瑞参加。

10月21日，县委书记王凤瑞会见"中国长城学会"专家一行，并参加在大同县召开的"大同长城经济带"研讨会。

10月24日，市委书记张吉福到大同县调研检查脱贫攻坚工作。先后到西坪镇、周士庄镇等，现场督查易地扶贫搬迁、扶贫项目等，走访看望贫困户，县委书记王凤瑞陪同。

11月11日，全县开展机关单位县城环境卫生集中整治行动，县委书记王凤瑞参加，并率副县长夏静安以及卫计局、市场和质量监督管理局、公用事业管理中心负责人检查指导县城环境卫生集中整治工作。

11月15日，市委常委、市军分区司令员孙利仁到大同县吉家庄乡调研检查脱贫攻坚工作，县委书记王凤瑞陪同。

11月15日，市委常委、统战部长黄岑丽到大同县调研统战工作和民营经济发展，县委书记王凤瑞陪同。

11月19日，省委党校常务副校长王联辉到大同县调研党校工作，县委书记王凤瑞陪同。

11月25日，沃田富农黄花专业合作社揭牌仪式举行，县委书记王凤瑞出席。

12月6日，县委书记王凤瑞在县武装部会议室，与县长周聚德，县委常委、组织部长王成武召集新调整的乡镇负责人集体谈话，要求要勤奋干事、清正廉洁、团结一致，尽快摸清情况、突出重点、打造亮点，做好乡镇各项工作。

12月7日，县委书记王凤瑞与火山地质公园负责人、县瑞祥六和乡村旅游公司研究黄家洼民族文化村项目。

12月9日，大同县召开党的十八届六中全会宣讲报告会，县委书记王凤瑞主持。

12月9日，大同县举行省、市党代会宣讲报告会，县长周聚德主持。

12月11日，市政府领导到大同县吕家大院、土林、大同栋梁铝材有限公司、西坪镇大坊城村和西咀村易地移民搬迁工程以及山西骏腾有限责任公司养殖屠宰项目现场，实地调研项目推进、产业发展、精准扶贫等情况，县委书记王凤瑞、县长周聚德陪同。

12月14日，全县驻村工作队、第一书记工作推进会召开，县委书记王凤瑞参加并作了讲话。

12月16日，山东商会三条涧村捐赠仪式在大同假日酒店举行,县长周聚德参加。

12月24日,省委组织部常务副部长孙大军深入到周士庄镇陈家堡村调研基层党建工作,县委书记王凤瑞陪同。

12月20日,全县脱贫攻坚暨整体规划和年度计划工作汇报会在县委党校三楼会议召开,室县长周聚德参加。

12月23日至12月27日,县长周聚德随同市长马彦平、副市长刘振国赴卓达集团考察。

第一编　政　区

第一章　建置沿革

第一节　位　置

大同县处于山西省东北部，大同盆地中间地带。平均海拔1050米。位于东经113°20′—113°55′，北纬39°43′—40°16′之间。东与阳高县所辖的友宰、东小村、下深井、朱家窑子头毗连，北屏采凉山、马铺山，与大同市北郊区的镇川、花园屯两乡接壤，西北滨文瀛湖与大同市南郊区的海里村、石家寨、水泊寺连界，西隔御河与大同市南郊区北村乡、怀仁县马辛庄、毛家皂乡相邻，南界马头山、万家山、大梁山……诸山与浑源县的东水头、吴城、大洼紧靠。南北长59千米，东西宽43千米，总面积为1503平方千米。其中，平川区123.865万亩，占55.13%，丘陵区67.8万亩，占30.18%，山区33万亩，占14.69%。人口密度106人/平方千米。

第二节　沿　革

大同县历史悠久。据考，从火山群发现的石器和桑干河南岸的古定桥、吉家庄之间残留的陶片来看，远在新石器时代这里就有人类活动。系仰韶文化和龙山文化分布区。

夏　夏禹划九州：荆、梁、雍、豫、徐、扬、青、兖、冀，大同属冀州。

商　商属危方、下危。

西周　西周属鬼方。

春秋　春秋属楼烦、代。为北狄（系指以狩猎为生的游牧部林胡、楼烦）所居。

战国　赵武灵王因赵国居四战之地，决计主动征伐。为适应战争，便于与少数民族作战，赵武灵王变俗胡服，习骑射，兵以益强。于公元前300年亲自率师略地：击林胡，破楼烦，括地千里。北至代（今蔚县、阳原、天镇、兴和、阳高、大同等县一带）、雁门西及云中（在今内蒙古呼和浩特市、土默特旗一带）、九原（在今内蒙古包头之西）。从此大同归入赵国的代地。并置云中、雁门、代郡三郡。时大同地区之城邑有：平邑（今许堡乡东水地村）、新城（又名小平城，在今朔州西南）、延陵（今天镇新平）、平舒（今广灵平城）、武州塞（今左云古城）、平城（今大同城北御河西岸，以祈福思安而得名）。

秦　秦灭六国，统一九州，实行郡县制，划全国为三十六郡，大同地区名平城、班氏。平城属雁门郡，班氏属代郡。秦以此地大张军威，威胁燕赵。平城之名自秦始。

西汉　沿袭秦郡县制，置平城、班氏、平邑三县。平城属并州刺史部雁门郡，班氏、平邑属并州刺史部代郡。

东汉　各州置州牧，后又改州牧为刺史，平城、班氏、平邑的归属未变。建武中，卢芳之乱，沿边八部并废，徙雁门、代郡之民于常山关、居庸关东。建武二十七年（51）复置郡，自善无移雁门郡治阴馆，县仍属。其代郡治高柳。东汉末，天下大乱。建安二十五年（220），曹操讨伐乌桓、平定代地，在今代县东五里又置平城县，属冀州新兴郡。

西晋　班氏、平邑并入平城，属并州雁门郡，永嘉四年（310）晋并州牧刘琨，以拓跋猗卢有救援之功上书晋怀帝，请封鲜卑拓跋猗卢为代公。建兴元年（313）拓跋猗卢定盛乐（今内蒙古和林格尔县北）为北都，修秦汉旧平城为南都，平城复还故治，属代国。

北魏　东晋孝武帝太元元年（376），前秦苻坚灭代，平城归前秦，淝水之战后，苻坚政权颠覆，鲜卑族拓拔珪乘机收复失地，改国号为魏，建都盛乐（今内蒙古和林格尔北）。天兴元年（398）自盛乐迁都平城，置恒州，领辖：凉城、善无（今右玉）、平齐（今神池、朔县）、桑干（今应县、山阴）、繁畤（今浑源）、灵邱、高柳（今阳高、天镇）、代等8郡14县（这时郡非常小为畿内之地）。时设两县：平城、永固属恒州代郡。北魏自平城建都之后，历时一百余年，境内安定，经济发展。到北魏太武帝延和元年（432）改称万年县。孝文帝元宏改为司州牧、置代尹（京都地方长官）。元宏迁都洛阳后，又改称平城县。属恒州代郡。至孝明帝元诩正光、孝昌年间，六镇造反，恒、代之北尽为丘墟。平城，致遭破坏，人口流失。天平二年（535），北魏分裂为东魏、西魏，平城在东魏境内。

北齐　天保元年（550）高欢之子高洋篡夺东魏政权，改国号为齐（史称北齐）。大同为北恒州、北朔州地，属县未有大的变化。天保七年（556）改北恒州为恒安镇（今大同），又名东州城，隶属恒州太平县，迁徙富豪三千家以充实。翌年镇废，仍为北恒州。筑长城1000余千米以御北部。北齐中期，恒州被突厥占据。

北周　建德六年（577）北周灭北齐后，州县并废，复置恒安镇。改朔州置北朔州总管府。改太平县为云中，大同称云中县，自北周始。

隋　隋开皇元年（581）隋文帝杨坚重新统一中国后，恢复地方政权郡、县两级制度，改诸州为郡，其地为马邑郡、雁门郡之地。马邑郡治善阳（朔县西北），辖善阳、神武（神池东北）、云内（改云中为云内）、开阳（阳高）。雁门郡治雁门（代县），辖雁门、繁畤、崞县、五台、灵丘。时恒安镇隶属马邑郡云内

县。隋末大乱，云内又遭破坏。马邑郡刘武周，朔方郡梁师都勾结突厥反隋，云内为刘武周所割据。

唐　唐高祖武德四年（621年）平刘武周，复于原恒安镇置北桓州，武德七年（624）北恒州废。贞观元年（627）分全国为13道，云、蔚、朔等州属河东道。云州（云中郡、下都督府）治云中，辖县云中。贞观十四年（640）于故云内县置定襄县。开元十八年（730）改定襄为云中县，属河东道云州（此时云州辖今大同、浑源、怀仁、左云、右玉、丰镇、察哈尔右翼前旗、尚义、兴和及阳高大部）。天宝元年（742）改云州为云中郡，乾元元年（758）改云中郡为云州。会昌三年（843）以云、蔚诸州为大同道，罢属河东，置都团练使，治云州。中和二年（882）云州复隶河东道。

唐末　突厥族沙陀人李克用（本姓朱邪，其父朱邪赤心归唐，赐姓李）因平农民起义军黄巢有功，以今山西大部之地封为晋王，云中自在晋地，属云州（这时云州范围小）。

唐亡　朱温建国为梁，（五代始）李克用仍占原地。

五代　大同地区为后唐所占，区划未有大的变动。云中县，为云州治，隶属河东道。清泰三年（936）河东节度使石敬瑭，借契丹兵灭后唐，称帝，国号晋。并将燕云十六州割让给契丹。

辽　辽重熙十三年（1044）改云州为西京，设西京道大同府，为辽之陪都。重熙十七年（1048），从云中划出大同县，大同县之名自此始。辽西京道所辖：大同府，治所大同。统2州7县：弘州（河北阳原）、德州（大同西北）、大同县、云中、天成（天镇）、长春（阳高东南）、奉义（怀仁奉义故城）、怀仁、怀安县。

宋　宋为路、州、县三级制，全国设15路。宣和五年（1123），预置云中府路，治云中府，同云中及武（神池县）、应、朔、蔚、奉圣（新保安）、归化（呼市）、儒（永宁县）、妫（延庆县）等8州与云州合称"山后九州"。此为宋金联盟攻辽的预置版图。后金失约，除武、应、朔、蔚诸州于宣和五年（1123）一度归宋，旋为金人所取外，西京仅在雍熙三年（986）云州

观察使杨业攻占云州 3 个月外,再未进入宋之版图。

金　金仍以大同为西京,改西京道为西京路、大同县属西京路大同府。

元　元初大同仍称西京。至元二年(1265)云中县并入大同。元划为省、路、府(州)、县四级制。大同县属中书省河东山西道大同路。

明　明洪武七年(1374)改大同路为大同府,隶属山西行中书省。洪武九年(1376)改为承宣布政使司。大同县属山西布政司大同府。

清　清初因明治,大同县隶属山西省布政使司大同府。后属山西省大同府。

民国时期　民国元年(1912)大同废府留县,大同县属北路观察使。民国 2 年(1913)5 月设道承省统县,置雁门道,大同县属山西省雁门道。民国 16 年(1927)废道后,大同县直属山西省。

抗日战争时期　民国 26 年(1937),抗日战争爆发,大同地区出现了日伪、国民党、共产党三方辖治之势:

日伪　从民国 26 年(1937)属伪蒙疆联合委员会晋北自治政府,民国 28 年(1939)属伪蒙古自治政府晋北政厅,民国 32 年(1943),改为"大同省公署"隶伪"蒙古自治邦政府"。

国民党　从民国 26 年(1937)9 月至民国 28 年(1939)12 月属山西省第一行政区和第二行政区。

中国共产党　从民国 26 年(1937)抗日战争始,以北同蒲路为界,分西大同、东大同。东大同先后属晋察冀边区第一专署、北岳五专署、冀晋区五专署。西大同属晋绥边区、晋西区第五、第九专署。东大同曾建立过"应浑同""大阳天"等县政府;西大同曾建立过"大怀左""大丰左"等县政府。

解放战争时期　1945 年 8 月,日本无条件投降后,大同县民主政府带领全县人民进入了如火如荼的解放战争。县政府先后属晋冀区五专署、晋冀区一专署、北岳一专署、雁北专署。曾建立过"大阳丰"办事处。

中华人民共和国　1949 年 5 月,大同解放,东西大同县合并。同时,另成立大同市,大同县属察哈尔省雁北区。

1952 年冬,归属山西省雁北区。

1954 年与怀仁县合并为大仁县。

1958 年,大仁县归属大同市,称大郊区。

1960 年原大同县划为古城区。原怀仁县划为怀仁区,仍归大同市所辖。

1965 年又恢复大同县建制,属雁北地区。

1993 年 7 月 1 日,雁北地区与大同市合并,大同县归属大同市。

大同县历代建置沿革

表 1 - 1 - 1

朝代	县名	隶属
秦	平城、班氏	雁门郡、代郡
两汉	平城、班氏、平邑	并州刺史部雁门郡、代郡
(三国)魏	平城	并州新兴郡
西晋	平城	并州雁门郡
北魏	平城、永固、万年	恒州代郡
北齐	太平县恒安镇	恒州
北周	云中	朔州
隋	云内	马邑郡
唐	定襄、云中	河东道、云中、云中郡
五代	云中	云州
辽	大同、奉义	西京道大同府

政区

续表 1 – 1 – 1

朝代	县名	隶属
金	大同	西京道大同府
元	大同	河东山西道、大同路
明	大同	山西布政司、大同府
清	大同	山西省大同府
民国	大同	山西省雁门道
日伪	大同	蒙疆、晋北政厅、大同省
中华人民共和国	大同县、大仁县、大郊区、古城区、大同县	察哈尔省雁北专署、山西省雁北专署、大同市工委、雁北地区革命委员会、雁北行署、大同市政府

第二章　行政区划

第一节　都甲制

两汉时平城的境域，南至十里河、北及丰镇、东起瓜园、西接左云。

北魏时，南括怀仁全境，北囊永固，东西变动不大。

隋时平城改称云内，其范围包括今左云、右玉、怀仁、大同等县。

唐代云内改称云中县，境域包括大同、浑源、怀仁、左云、右玉、丰镇、察哈尔右翼前旗、兴和、阳高等县。

辽代，平城从云中县内划出，定名大同县。

金代，据《金史·地理志》载，金代大同县的疆域包括今大同市及其郊区、矿区和今大同县。

元代大同县又括入左云、右玉、阳高三县。

明代大同县包括整个左云、右玉、阳高及内蒙古丰镇、清河各一部，并建立府治、领辖四州七县。四州即：浑源州、应州、朔州、蔚州；七县即：大同、怀仁、山阴、马邑、广灵、广昌（涞源）、灵丘。并设立军事机构，即：左卫、右卫、阳和卫、高山卫、天成卫、镇虏卫等十四个卫。

清代据道光十年（1830）《大同县志》载："县境东西广185里，南北袤168里。县治东乡康石庄，距城130里，界接直隶（今河北省）西宁县（今河北省阳原县）之小庄。县治西乡向水汛，距城55里，界接朔平府左云县之高山堡。县治南乡小村儿，距城85里，界接应县之三门城。县治北乡镇羌堡，距城83里，界接边外丰镇三道台。县治东南乡鳌石村，距城140里，界接广灵县之火烧岭，又东南乡西堰头村（今河北省阳原县东井集镇），距城120里，界接阳高县之东堰头。县治西南乡柳东营村，距城67里，界接怀仁县城。县治东北吴家洼汛，距城75里，界接阳高之石墙框。县治西北乡拒墙堡，距城80里，界接左云县属拒门堡边墙。"时全县所辖村庄：城东194村，城南177村，城西91村，城北118村，共计580村。

明清两代的行政区划，县辖里，里管乡村。清代至道光十年，全县分民里17个，屯里12个，共29个里。每里设正、副里长各1人。

17个民里是：南阁里、河合里、平旺里、永寨里、幸寨里、秦城里、口泉里、马坊里、蔚州里、大外里、小外里、西浮里、杨寨里、鲁一里、鲁二里、徐町里、更名里。

12个屯里是：前左里、前右里、前中里、前前里、前后里、后左里、后右里、后中里、后前里、后后里、东余里、西余里。

第二节　区村制

民国时期，大同县的境域略有变动，东部的东西马营、大石庄、王汉庄、康石庄等村划属天镇。西部有部分村庄划属左云。日伪统治时期，大同县的境域没有变动。

大同县共划分为5个区。

城内是一区（那时市、县不分）区公所设在大同市大北街路西。

城东一带为二区，区公所设在许堡。

城南一带村庄为三区，区公所设在落阵营。

城西一带村庄为四区，区公所设在口泉。

城北一带村庄为五区，区公所设在古店。

每区设区长1人，助理员1—2人。

日伪统治时期，在原行政区的基础上各设警察署，撤销区公所，以军代政。每署设指导官（日人）、署长（汉奸）各1人，下辖伪大村公所若干，每大村公所设：大村长、总务会计、司计、经济系主任、自卫系主任各1人。

民国34年（1945）5月，中国共产党建立人民政权时，原大同县东部的神泉堡、赵石庄、下神峪以东部分村庄已归阳高县管辖。

从民国34年（1945）5月到民国35年（1946）人民解放军围攻大同前，大同县已发展到12个行政区。

一区13村　鳌石、南徐、曹庄、梁家营、乱石、榆林、东册田、马营、东团堡、西团堡、龙堡、秋林、坊城。区公所在鳌石。

二区10村　友宰、前贵仁、后贵仁、大辛庄、大王、大王窑、黎峪、南坨子、西册田、堡村。区公所在友宰。

三区30村　峰峪、兼场、西堡、孙家港、施家会、沙岭、旧桥、古定桥、南息、吉家庄、东安家堡、西安家堡、水涧、瓮城口、南米窑、米家窑、西浮头、东浮头、盘道、大沟梁、杏树窑、西后子口、东后子口、小王、徐町、东马庄、委册、杨庄、胡家窑子头、吉家会。区公所在峰峪。

四区26村　许堡、肖家窑头、东水地、西水地、于家寨、南水地、养老洼、鹅毛、上庄、下庄、浅井、集仁、柴家干庄、山自造、大北庄、小北庄、上羊落、下羊落、艾家洼、邵家皂、下深井、上深井、贾庄、深井洼、正峰涧、鹅峰涧。区公所在许堡。

五区26村　王家堡、小辛庄、李家堡、米庄、千千村、杜庄、土井、长胜庄、苏家寨、崔家庄、侯大庄、罗庄、邢庄、兼铺、上泉、下泉、南六庄、周家堡、长安村、马家会、马坊、常家堡、利仁皂、落阵营、周家堡、塔儿村。区公所在杜庄。

六区32村　滕家沟、马家南坡、梁庄、吴家洼、道西湾、黑石崖、鱼儿涧、东紫峰、西紫峰、南石山、北石山、瓜园、东坪、西坪、上甘庄、李家庄、东阁老山、西阁老山、黄家洼、水头、贺店、上高庄、下高庄、下榆涧、唐家堡、坨坊、大坊城、小坊城、官堡、寺儿上、李王涧、茹庄。区公所在陈庄。

七区25村　聚乐、西关、张庄、五里台、北吴家洼、塔儿村、边墙、麻地沟、四道沟、马家梁、水沟寺、鸦儿崖、鹰嘴墩、散岔、上庄、东羊坊、西羊坊、南庄、后铺、三十里铺、五十里铺、四十里铺、孟家皂、驾遇造、遇驾山。区公所在三十里铺。

八区42村　镇边堡、善友沟、鹰鹞沟、黄彦沟、镇川堡、常胜庄、马河、元墩、镇川口、马家嘴、西寺、勒家窑、道土窑、侯家堡、姜庄、燕庄、泉寺头、马家小村、前井、花园屯、金家湾、沟涧寨、苇子湾、杨窑、南湾、李家湾、太平庄、马庄、于镇抚、谢士庄、黍地沟、青阳岭、张指挥营、麻口、三百户营、青花、水沟畔、尚龙门、圪坨、赵彦庄、三里桥、西崖底。区公所在镇川。

九区38村　麻峪口、王渐町、北栋庄、南栋庄、杨寨、下西河、上西河、郭家庄、王皓町、王庄、大滩头、小滩头、兴旺、新桥、东昌城、旧站、东寺庄、河头、朝阳、李家小村、小昌城、蒲里、中柳会、阎家堡、百谷寨、张家堡、黄土坡、甲车沟、下峪、牛寺沟、新窑沟、中嘴、南庄、南山洼、寺儿上、西庄、东庄、羊圈沟。区公所设麻峪口。

十区37村　水泊寺、石家寨、樊庄、蔚州町、谢町、东骆驼坊、西骆驼坊、解庄、独树、倍加造、罗卜庄、周士庄、路家庄、牛家堡、二十里铺、肖家寨、海力村、泗庄、东坟、西坟、仁家小村、牛家庄、梓家村、古城、马家堡、曹夫楼、坨坊、祁家坡、沙岭、寺儿村、东王庄、营房沟、西王庄、小南头、艾庄、蔡庄、西谷庄。区公所设周士庄。

十一区25村　谢店、后村、前村、古家小村、边店、下米庄、南米庄、智民庄、马庄、仝庄、大盐坊、古家坡、马辛庄、海子洼、李家场、小盐坊、鲁沟、小村、马港、杨岭、西杜庄、大井、安寺、南彦庄、杨谷庄。区公所设古家坡。

十二区18村　大路辛庄、大泰村、小泰村、肥村、东韩岭、西韩岭、魏辛庄、茶房、马营、房子、周家店、七里村、水泉湾、智家堡、西河河、冯庄、北村、南河湾。区公所设在西韩岭。

民国34年（1945）九区、十一区、十二区，属怀仁县所辖，于民国35年（1946）10月，划归大同县，为了便于领导，特在这3个区成立大同县分委，到民国36年（1947）3月撤销。

民国36年（1947），阳高被阎军占领。根据形势变化的需要，将一区、二区、四区和六区的黎峪、南坨、于家寨、许堡、浅井、邵家皂、阁老山、黄家洼等村庄划归阳高县。七区、八区和阳高、丰镇两县边界地区合并成立大阳丰工委办事处。

从民国36年（1947）初到民国37年（1948）4月大同县只有原来的三区、五区、六区、九区、十区、十一区、十二区共七个区，而且十区大部被阎军占领。境内据点林立，斗争相当残酷，该区、村干部只能在五区境内活动。

民国37年（1948）5月，大阳丰工委办事处建制撤销。原七、八两区又复归大同县。区域作了重新调整。

原十区划为一区，只将周士庄、路家庄划归七区。

原三区未动。

原九区划为四、九两区，四区在麻峪口周围，九区在怀仁河头周围。

原五区未动，仍在杜庄、党留庄周围。

原六区划为六、七两区，陈庄、瓜园周围为六区，中高庄、西坪周围为七区。

原十一区划为八区，仍为毛家皂、马辛庄一带。

原七区麻地沟以南划归十区，即聚乐及周士庄铁路以北一带村庄。采凉山以北镇边一带的村庄，在大阳丰撤销时留给阳高。

原八区划为十一区，除包括镇川堡、花园屯周围的村庄外又加入古店一带的村庄。

民国37年（1948），晋绥边区的"大丰左"办事处撤销，将拒墙、得胜、新荣、镇房一带村庄划归大同县，成立十二区。

1949年5月，大同解放后，东西大同县合并，成立大同市，大同县在东大同县原有十二区的基础上，把西大同县并过的地区，增设十三、十四两个区。

十三区　在今大同市高山、云冈、马军营的范围。

十四区　在今大同市峰子涧、鸦儿崖、赵家小村、平旺一带。

1950年新区土改后，又重新划为十个区。

一区——区公所在水泊寺（前在西谷庄、蔚州町）。所辖今倍加造、党留庄及大同市南郊区水泊寺、小南头4个乡（镇）的村庄。

二区——区公所在陈庄。所辖今杜庄、陈庄、瓜园、西坪4个乡（镇）的村庄。

三区——区公所在三十里铺。所辖今聚乐、周士庄、中高庄3个乡（镇）的村庄。

四区——区公所在花园屯。所辖今大同市北郊区镇川堡、花园屯、古店3个乡（镇）的村庄。

五区——区公所在新荣。所辖今大同市北郊区新荣、西村、拒墙、得胜、镇房5个乡（镇）的村庄。

六区——区公所在云岗。所辖今大同市云岗、高山、峰子涧、鸦儿崖、上深涧5个乡（镇）的村庄及马军营乡一小部村庄。

七区——区公所在西韩岭（甘河亦设驻过）。所辖今大同市西韩岭、赵家小村2个乡（镇）的部分村庄。

八区——区公所在毛家皂。所辖在今怀仁县毛家皂、马辛庄及大同市南郊区北村3个乡（镇）的范围之内。

九区——区公所在王庄。这个区又与1948年划的第四区合并，所辖在今河头、麻峪口2个乡（镇）的村庄。

十区——区公所设峰峪。所辖今峰峪、吉家庄、徐町3个乡的所有村庄。

1951年，划属大同市两个村：石崖村、小站村。

　　1952 年,划属大同市 48 个村:云岗村、吴官屯、水泉、榆涧、竹林寺、麻村、张土窑、校尉屯、青磁窑、红墙、上碗沟、业家村、高山、张家湾、北辛窑、二台子、杨树湾、五台湾、白庙、姜家湾、南信庄、段家小村、罗家辛窑、小窑头、郑家岭、南辛村、曹家窑、兴旺店、石岩庄、荣华皂、刘官庄、三道沟、大南沟、栗家庄、石头村、银塘村、北羊路、南羊路、碾子沟、辛庄村、官窑、老窑沟、盘道、双井沟、马林涧、雷公村、阳和坡、上皇庄。

　　1953 年,划属大同市 28 个村:全家湾、马辛庄、高庄、五法村、窑子坡、东西房、西米庄、甘河、赵家小村、东肖河、马营村、东韩岭、时庄、三井、西韩岭、魏辛庄、太善村、冯庄、辛寨、大路辛庄、墙框堡、落里湾、堡子店、西河河、东河河、七里村、田村、智家堡。

　　1953 年 4 月 29 日,大同县各界人民代表大会第十五次常务委员会关于大同县划分方案的决议中指出:"在和平建设时期,这种分散的狭小的行政村组织,不适合客观的需要了,因此把小行政村制划为大乡制。"

　　划分时是根据人口多少、地理条件、便于工作领导,并考虑到经济和文化的发展,分三类地区。

　　第一类　村庄稠密,人口集中的地区,包括平原、盆地、川地与城镇周围,每乡人口一般在 3000 人以上,所辖村庄一般距人民政府所在地不超过 5 里。

　　第二类　村庄与人口比较分散的地区,包括平川的沙碱山坡与丘陵地带,山区沿河两岸,每乡人口一般在 2000 人以上,所辖村庄一船距乡人民政府所在地不超过 10 里。

　　第三类　地广人稀,村庄与人口都分散的地区,每乡人口应在 1000 人左右,所辖村庄一般距人民政府所在地不超过 15 里。乡与村的距离已超过 15 里,又原属一个行政村已形成习惯者,亦不再加变更。如果乡与村的距离再远一点,虽五六百人或二三百人,亦可划为一乡。

1945—1953 年大同县行政变动情况

表 1 - 2 - 1

区别＼年份区公所所在地	1945	1946	1947	1948	1949	1950	1952	1953
一区	鳌石	鳌石	归阳高	水泊寺	水泊寺	水泊寺	水泊寺	水泊寺
二区	友宰	友宰	归阳高	西韩岭	西韩岭	陈庄	陈庄	陈庄
三区	峰峪	峰峪	峰峪	峰峪	峰峪	三十里	三十里铺	三十里铺
四区	许堡	许堡	归阳高	麻峪口	麻峪口	花园屯	花园屯	花园屯
五区	杜庄	杜庄	杜庄	杜庄	杜庄	新荣	新荣	新荣
六区	陈庄	陈庄	陈庄	陈庄	陈庄	云冈	归大同市	归大同市
七区	三十里铺	三十里铺	归大阳丰	中高庄	中高庄	西韩岭	西韩岭	归大同市
八区	镇川	镇川	归大阳丰	毛家皂	毛家皂	毛家皂	毛家皂	毛家皂
九区	西韩岭	麻峪口	麻峪口	河头	河头	麻峪口	麻峪口	麻峪口
十区	周士庄	周士庄	周士庄	三十里铺	三十里铺	峰峪	峰峪	峰峪
十一区	古家坡	古家坡	古家坡	镇川	镇川			
十二区		西韩岭	西韩岭	新荣	新荣			
十三区					云冈			
十四区					甘河			

根据以上划分原则:一区划乡 10 个,二区划乡 9 个,三区划乡 9 个,四区划乡 7 个,五区划乡 14 个,八区划乡 6 个,九区划乡 7 个,十区划乡 6 个,全县共划 68 个乡。

1953 年划乡后,8 个区的行政建制还在,到 1954 年 10 月,全县 8 个行政区全部撤销,县直接管乡。当时虽组建了河南区和北山区,但只是县的临时分设机构。

1954 年 7 月 20 日,大同县、怀仁县两县合并,共有乡 103 个,改称大仁县。县级党政、团体机关住怀仁镇,在大同市设临时办事处。是年 10 月,原有八个行政区的建制全部撤销。因桑干河南和北山一带距县城较远,交通不便,为了便于工作,特设河南、北山两区。河南区所辖:河头、王庄、南栋庄、佛堂寺、吉家庄、峰峪、徐町等乡。北山区所辖:窑子头、西村、兴胜、拒墙、得胜、镇房、风嘴梁、鲁家沟等乡。这两个大区在 1956 年 1 月撤销,至此,没有区一级的建制。

1956 年从大仁县划归大同市 7 个村:肥村、要庄、南村湾、南村、北村、高店、谢店。

1958 年冬,整个大仁县与大同市口泉区合并为大同市郊区。合并为 41 个乡。

第三节　社队制

1958 年 9 月 5 日,由乡变为公社(系政、社合一的组织),是年冬,全大同市郊区并成 8 个公社:

东方红公社:公社所在地倍加造;

花果公社:公社所在地周士庄;

飞跃公社:公社所在地古店;

长城公社:公社所在地新荣;

卫星公社:公社所在地毛家皂;

东风公社:公社所在地怀仁镇;

金沙滩公社:公社所在地怀仁第三作;

桑干河公社:公社所在地吉家庄。

1960 年 1 月 1 日,大同市(大)郊区划为古城区(原大同县)、怀仁区、云冈区,随之八大公社的建制

撤销,公社范围划小。古城区的公社有水泊寺、小南头、党留庄、杜庄、西坪、倍加造、周士庄、聚乐、镇川、花园屯、古店、河头、麻峪口、吉家庄、峰峪、徐町十六个公社。同年又将毛家皂、马辛庄两个公社的 28 个村划归怀仁区,所划之 28 个村为窑子头、前马圈头、后马圈头、古家小村、边店、李家场、毛家皂、大寨、扬谷庄、鲁沟小村、鲁沟、小盐坊、马港、杨家岭、仝庄、马辛庄、大井、大盐坊、马庄、杜庄、南彦庄、安寺村、古家坡、海子洼、智明庄、温庄、南米庄、下米庄。同年 6 月,云冈区撤销,把上深涧、西村、拒墙、得胜、新荣、镇房 6 个公社划入古城区。自此,古城区又成为 22 个公社。

1964 年,将古店、水泊寺、小南头 3 个公社的 35 个村划归大同市,所划之村庄为水泊寺、石家寨、祁家坡、曹夫楼、马家堡、寺庄、海里村、牛儿庄、古城、梓家村、马家小村、金家湾、泉寺头、燕庄、东坟、西坟、小南头、沙岭、艾庄、塔儿村、东王庄、西王庄、西谷庄、寺儿村、肖家寨、古店、马站、山底、孤山、宋庄、圣水沟、羊坊、赵家窑、北榆涧、窨子沟。同年又从原聚乐公社分出中高庄公社,从西坪公社中分出瓜园、陈庄 2 个公社。

1965 年恢复大同县,又归雁北地区管辖,仍为 22 个公社。这 22 个公社是:上深涧、西村、拒墙、得胜、新荣、镇房、花园屯、镇川、聚乐、周士庄、中高庄、西坪、瓜园、陈庄、倍加造、党留庄、杜庄、徐町、峰峪、吉家庄、麻峪口、河头。

1970 年初,将上深涧、西村、拒墙、得胜、新荣、镇房六个公社划归大同市北郊区,所划之村庄为胡家窑、甘一墙、得胜、镇羌堡、河东窑、黑土墩、堡子湾、二道沟、四道沟、扬里窑、马家窑、李培沟、磨复起、宏赐堡、刘家窑、扬州窑、高家堡、草汉头窑、拒墙、拒墙口、李三窑、阎家窑、风嘴梁、赵家窑、马武沟、马厂、李大头窑、王堂窑、小官窑、畔沟、鲁家沟、安乐庄、新荣、光明、前井沟、张布袋沟、后井沟、庞家窑、下甘沟、辛窑、总高墩、上甘沟、兴胜沟、里场沟、外场沟、镇房、李华庄、北七里村、户部村、和胜村、北智家堡、鸡窝涧、对白沟、大窑山、小窑山、畅

家岭、西村、镇河、五旗、谢家场、狮子村、马站、东村、夏家庄、白山、上深涧、下深涧、蔡家窑、蔡家窑店、施家洼、张大仁、刘安窑、刘中和、张旺村、马家村、后所沟、前窑、北辛窑、新村、前郭家坡、东郭家坡、后郭家坡、甘庄。只留下原有的 16 个公社。

1971 年 7 月，许堡、西册田、阁老山三个公社从阳高县划归大同县，所划之 29 个村庄为山自造、大北庄、小北庄、上羊落、下羊落、邵家皂、艾家洼、黄家洼、东阁老山、西阁老山、许堡、浅井、清泉、集仁、上庄、下庄、养老洼、肖家窑子头、东水地、西水地、于家寨、鹅毛、南水地、南坨子、大王窑、大王、黎峪、西册田、堡村。同年又将本县河头公社的 20 个村划归怀仁县，所划之村庄为大滩头、兴旺、小滩头、张家堡、百谷寨、下峪、王庄、王皓町、阎家堡、铺里、中柳会、旧站、东寺庄、河头、小昌城、李家小村、东昌城、新桥、黄土坡、甲车沟。同年又将花园屯、镇川两个公社划归大同市北郊区。所划之 33 个村庄为前井、花园屯、沟界寨、扬窑、苇子湾、红墙、靳家窑、马庄、太平庄、谢氏庄、于镇抚、张指挥营、麻地沟、镇川、西村、西寺、镇川口、三墩、元墩、姜家庄、侯家堡、马河、常胜庄、圪坨、水沟畔、上龙门、道土窑、青花村、赵彦庄、黍地沟、青阳岑、三百户营、三里桥。

至此，大同县所辖之 16 个公社为：倍加造、西坪、瓜园、陈庄、杜庄、党留庄、周士庄、聚乐、阁老山、许堡、西册田、徐町、峰峪、吉家庄、麻峪口、中高庄。辖 193 个大队，666 个生产队，12 个非行政自然村。

第四节　乡村制

1984 年 4 月开始改社划乡，10 月底全部结束，全县共划 3 镇 13 乡。3 镇是：倍加造、周士庄、西坪。13 乡是：阁老山、聚乐、中高庄、陈庄、瓜园、许堡、西册田、徐町、峰峪、吉家庄、麻峪口、杜庄、党留庄。大队改为村民委员会，共计 193 个。

1995 年，全县共有 3 镇 13 乡，1 个街道办事处，193 个村民委员会。

2001 年 11 月，实行乡镇机构改革，全县共划分为 10 个乡镇，即 3 镇 7 乡。3 镇为：西坪镇、倍加造镇、周士庄镇；7 乡为：许堡乡、吉家庄乡、党留庄乡、峰峪乡、瓜园乡、聚乐乡、杜庄乡，共辖 175 个行政村；3 个街道办事处，即东街办事处、西街办事处、湖东办事处。

至 2013 年底，全县共有 3 镇 7 乡 3 个街道办事处 175 个行政村。

第三章　乡镇概况

第一节　西坪镇

概况

地理位置　西坪镇位于县境中部，大同火山群西南端，是大同县县址所在地，距大同市区26千米，东与瓜园乡相邻，西与倍加造镇接壤，北与聚乐乡连接。全镇国土总面积19.58万亩，林地面积72483.1亩，耕地面积68298亩，其中水浇地面积23000亩。

交通状况　京包铁路线穿越乡境，109国道线、大塘公路横穿镇境中部，聚乐堡—落阵营县级砂砾公路纵贯全镇东部，西坪—阳高县级砂砾公路东北向穿越，是县址所驻地。大同县汽车站设在境内，交通便利。

地形地貌及土地　地形东北高西南低，大部分土地为风积黄土。东北部地处大同火山群，地形起伏，火山岩裸露，最大的火山锥昊天山，海拔1139米，山体为红褐色熔岩，上覆风积黄土。

水资源及其利用　昊天山前沟涧有泉水流出，谓之"水头泉"，下游建西坪水库，上游建水头水库；中西部为平川；西北部坨坊小坊城一带土地平坦，地下水位浅，有沼泽地；西部地形下沉，形成坊城河谷，水文由于受整体地形的控制，由北向南注入桑干河。坊城河为全县最大的内流河，全长22千米，年均流量0.64亿立方米，建有坊城水库，有三级高灌站一处，长4千米，铺设防渗渠道38千米。有机井28眼，水浇地达到10500亩。本镇干旱多风，历史上是一个风沙最大的地方。每逢春季风卷黄沙不见天，背风处沙丘高达1.5米。建县城以来，植树造林防风固沙，再加上人工建筑物不断增多，风沙大大减少。

区划变动情况　新中国成立初期属大同县七区，1950年划归二区，1953年区下设乡，分属西坪、小坊城和官堡乡，1954年大仁县时区撤改县辖乡，1956年三乡合并为大仁县西坪乡，1958年大仁县撤，划归大同市郊区东方红人民公社西坪管理区，1959年东方红人民公社撤置西坪人民公社，1960年郊区撤归大同市古城区，1964年复置大同县，西坪人民公社归大同县，1965年将西坪人民公社分置瓜园、陈庄公社，剩下的属西坪人民公社至今区划未变。1984年改称镇。1996年辖11个行政村：西坪、水头、上甘庄、下甘庄、贺店、康店、大坊城、小坊城、坨坊、官堡、寺儿上。2001年，乡镇机构撤并，原中高庄乡8个行政村（中高庄、上高庄、东嘴、西嘴、上榆涧、下榆涧、唐家堡、下高庄）并入西坪镇。至2010年，全镇辖19个行政村，8215户，全镇人口2.4万人，其中农业人口18866人。村庄居住较为集中。是一个典型的靠城郊型经济发展起来的乡镇。

主要农作物　有玉米、小杂粮、黄花、蔬菜等。其中黄花面积达12000亩，黄花以角长、肉厚、蕊多、营养丰富而享誉全国各地，也是当地的特产之一。

2010年，全镇以科学发展观为指导，以新农村建设为中心，以镇村增实力、农民增收入为目标，与时俱进，开拓创新，扎实推动经济社会快速和谐发展。2010年,全镇经济社会各项事业都取得长足发展,国民生产总值达到1.95亿元,农民人均纯收入4815元,均比上年有所增长。

农业产业化

养殖产业 2010年,在积极服务金森农牧养殖项目一期工程建设的基础上,还采取有效措施,全力扶持小坊城种猪养殖、大坊城肉猪养殖、寺儿上肉牛养殖、上榆涧蛋鸡养殖、唐家堡奶牛养殖、浩祥农牧业等企业的发展。逐步形成以金森农牧养殖为主体、其他养殖项目为两翼的养殖基地。全年肉类产量2491.4吨,禽蛋产量871吨,奶类产量852吨。

黄花产业 西坪镇积极发挥自身优势,通过资金扶助、提供种苗等形式,切实调动农民栽植黄花的积极性。2010年,新栽黄花2100亩,全镇现共有黄花8000亩,形成了以中高庄村为中心,辐射上榆涧、下榆涧、唐家堡等村的黄花高产优质基地。

设施农业 2010年,积极发挥区位、土地、水利优势,把发展设施农业作为全镇工作的重点来抓,出台了加大设施农业建设力度的相关措施,广开渠道,广泛宣传,典型引路,积极鼓励农民和企业通过集资、股份合作等形式,参与设施农业建设。在上榆涧、下榆涧、唐家堡、上高庄、中高庄、下高庄、贺店、康店、小坊城、官堡10个村实施每村10户黄花、玉米科技示范工程。实施高标准旱作农业玉米丰产方建设,平田整地2800亩,秋耕地3500亩。又在康店、下榆涧、下高庄、唐家堡实施秋耕深松工程9000亩。全年共投资1000万元,在大坊城、上榆涧、下高庄、官堡等村开工建设日光温室182栋;投资84万元,新建移动大棚168栋。并且经济效益可观,已成为农民增收的主要途径。在此基础上,还因地制宜,加强引导,打好时间差,算清经济账,大力推广露地蔬菜种植,共发展露地无公害蔬菜3000亩,这样,既增加了农民的收入,又使农民从种菜中看到致富的希望,为发展设施农业带奠定良好的基础。

新农村建设

道路建设 2010年,修建乡村道路2.2千米,全镇交通条件有所改善。

乡村绿化 2010年,栽植树木4万株,其中完成官堡、下榆涧等村庄以及10千米乡村道路的绿化。

水利水保 2010年,新打机井23眼,铺设防渗管道15000米,维修机井30眼,解决饮水不安全人口0.5万人,新增水浇地4600亩,农业生产农民生活条件有了极大优化。

惠农政策 2010年,共有粮食直补面积49071亩,发放粮食直补款1962840元,农村危房改造65户,危房改造资金71.5万元。

旅游建设 2010年,通过多种途径,筹资20万元,完成昊天山灯光亮化工程,进一步提升昊天寺的旅游规模和品位。

招商引资

2010年,西坪镇坚持把加大招商引资力度,推进落地项目建设放在经济工作的首位,创新招商举措,优化引资环境,提高服务水平,加快建设进度,从立项到投产为企业提供全程优质服务,协助其办理相关手续,帮助解决在建设过程中出现的各种问题,确保所引企业顺利建设,早日投产达效。全年引资2亿元,新上规模以上项目6个,其中重点项目有3个。

金森农牧养殖场 占地408亩,总投资2.7亿元,预计分三期建设,全部工程完工后,可年产有机猪30万头,为大同市和周边省、市提供无污染、无激素、无药物残留、营养高钙的优质猪肉。2010年,一期工程开工建设,共投资5000万元,已建成各种猪舍108栋,宿舍楼、办公用房、药房、兽医室、食堂、更衣室等附属用房11栋。猪栏、定位栏、产床、自动喂养系统和实验室设备等的采购已完成50%。一期工程全部建成后,可饲养基础母猪2400头,年出栏种猪3万头。

普华燃气公司 位于西坪镇大坊城村,是经山西省天然气股份有限公司授权负责大同市天然气管网规划、建设、运营管理的专业性公司。该项目的实施,对于调整能源产业结构、改善大气环境、带动全县经济发展具有重要意义。2010年一期工程开工,是分输站的建设和相关管网的铺设,在镇政府的大力支持和密切配合下,工程全部完工,每天供气3万立方米。

玫瑰谷生态庄园　总投资2000万元,计划用5年时间,建成大同市独具特色的,集花海观光景观、农业观光采摘、生态休闲娱乐、四季生态养生、农业特色种植为一体的大型生态旅游景区。2010年共投资500万元,共栽植各类乔、灌树木2.5万株,建成鱼塘1座,垂钓亭600平方米,进园引道220米,园区干道3500米,真人QQ农场试验田30亩,并完成部分基础设施工程。平均每天接待游客100多人,经济效益初步显现。

社会事业

计划生育　2010年,西坪镇政府认真落实党政一把手亲自抓、负总责制度,创新人口和计划生育工作新机制。投资3.6万元改善计生软硬件设施,认真开展计生服务活动,加强对流动人口、暂住人口的监控和管理,一年来全镇落实长效节育措施363人,上环309例,征收社会抚养费19.5万元,人口出生率控制在11.69‰,计划生育率86%,关注女性健康,组织全镇966名妇女参加健康检查。积极落实计生奖励扶助政策,新增奖励扶助对象104人,共发放扶助资金22.497万元,计生惠民政策得到全面落实。

社会保障　2010年,西坪镇坚持"以民为本、为民解困"的宗旨,充分发挥民政工作调压减震作用,全镇享受五保156人,加强农村低保户动态管理,为享受低保的1493户,共计1640人,全年发放低保金137万元;做好1003户城镇低保对象的报批工作,每月发放低保金13万元;积极应对自然灾害的发生,发放救灾救济慰问金5万元。农村养老保险工作也取得显著成绩,共筹资120万元,参保人数7408人,参保率达41%,为到龄农民2462人发放养老保险费158万元,极大地改善了老年人的生活。

教育工作　2010年,西坪镇紧紧围绕"学有所教"的目标,深入开展"争四名创五优"活动,切实把

教育摆在优先发展的战略地位。投入资金1100万元为3所学校更换教学设施,1916名中小学生"两免一补"政策全部落实。

卫生工作　西坪镇大力推广新农合制度,努力做到"病有所医",2010年共筹资51.8万元,参合人数1.75万人,参合率达92%,从根本上解决了群众"看病难,看病贵"和农民因病返贫的问题。同时又完成官堡、下高庄两个村的卫生所建设任务,19个行政村的卫生室的诊疗设施都得到进一步完善,切实做到小病不出村、大病有依靠。另外,科技、文化工作也取得一定成绩,镇文化站正式启用,丰富了广大群众的文化生活。圆满完成第六次人口普查工作,较好地完成了2000年以前档案移交及基层统计站基础建设工作。

湿地公园建设

建设湿地公园,是县委、县政府根据全县实际情况作出的一项重大决策。该工程的建设,对于改善大同县人居环境、加快生态宜居县城建设,具有极其重要的作用。对此西坪镇高度重视,成立了建设领导组,专门委托山西道康交通设计公司,按照"高标准规划、高起点建设"的原则进行设计,工程范围北至北环路,南至西街,占地面积约6.2万平方米。已完成选址立项,并投资595万元,完成了泄洪渠和蓄水坝建设等工程,整个工程预计两年完工,届时将成为县城居民休闲娱乐的最佳场所。

第二节　周士庄镇

概况

周士庄镇位于大同县西北部,距离大同市仅8千米。全镇总面积134平方千米。2010年,全镇辖23个行政村,共有5641户16704口人,耕地面积56652亩,其中水浇地面积8016亩。

地形地貌、土地　周士庄镇是一被黄土广泛覆盖的山地型乡镇,地势由北向南倾斜,高低相差悬殊,海拔一般为800米左右。山峦起伏、沟壑纵横,土壤多以沙壤土为主,只有靠近南部的地方有黏土。

水资源状况　周士庄镇境内无地上河流，地下水资源相对丰富，是大同市重要的水源地之一。全镇现有机井103眼，防渗渠3.1千米，节水工程共15处，可保障灌溉面积8000亩以上。

交通物流周士庄镇地理位置优越，交通便利，境内有雁同东路延伸段、大张公路、得大高速、京包、湖大增二线铁路横贯全镇，有周士庄火车站运送旅客和吞吐货物，是大同县西北部重要的物资集散地。

旅游资源　周士庄镇境内主要旅游资源有：三条涧白登之战遗址、廿里铺普度寺、三府坟特色山庄、水峪洪恩寺、散岔地藏寺和信达鸵鸟养殖场。近年来全镇生态建设开发力度大，总治理面积突破7万亩，已经具备旅游开发价值。

项目建设　周士庄镇大力招商引资，现在已经拥有中国重汽集团大齿分公司、骏腾铸石、凯之升科技、振兴古砖瓦制造、工业硅、天赐钢具、荣晨环保锅炉等一大批工业项目，拥有绿园、森特、骏腾农林牧、养殖场等50多家农业项目，引进的资金多达30亿元。

行政村　全镇辖23个行政村：周士庄、牛家堡、罗卜庄、路家庄、王千户、二十里铺、三十里铺、四十里铺、五十里铺、后铺、三条涧、三府坟、陈家堡、石仁、东水峪、西水峪、散岔、驾遇造、孟家造、遇驾山、上庄、南庄、西羊坊。

主要土特产品　三条涧的香瓜，罗卜庄的黄花，陈家堡的铺沙西瓜，水峪、散岔的槟果，三十里铺、后铺的胡麻油、遇驾山的大葱、土豆。

1996年至2009年，全镇在县委、县政府的正确领导下，坚持以邓小平理论和"三个代表"重要思想为指导，坚持科学发展观，认真贯彻落实十七大和十七届三、四中全会精神，围绕县委"五地"、"三区"、"四大工程"建设目标，科学发展，锐意进取，经济社会各项事业取得了长足的发展。

农业

2009年农村经济总收入达到了16503万元，农民人均纯收入实现3518元，分别比2008年增长7%和1.8%。

设施农业建设　在四十里铺、三十里铺村集中调地500亩，建成日光温室大棚150栋，就地转化农村剩余劳动力68人，通过示范带动全镇日光温室、移动大棚进一步推广。

生态畜牧建设　高标准完成王千户、三十里铺两个新农村重点推进村的绿化工作，全镇共计栽植树木17万株。舍饲圈养力度进一步加大，全镇鸡饲养量30万只，禽蛋总产量1517.8吨；牛饲养量3558头，其中奶牛饲养量528头，奶制品总产量1013吨；猪饲养量16892头；羊饲养量45811只；全镇肉类总产量1566.7吨。

农业基础设施　配合日光温室大棚项目和黄花种植，全镇的水利建设主要在四十里铺新打机井4眼，陈家堡2眼，王千户1眼，四十里铺、陈家堡各新建节水工程1处。

劳务输出全年外出劳务人员785人，实现劳务收入713万元。

工业

坚持优质服务和招商引资相结合，打造"工业重镇"，主要做了两个方面的工作。1. 服务全县"三区"中的装备制造工业园区建设。重点工程是雁同东路延伸段公路建设和大齿集团土建工程。雁同东路延伸段公路已经完成路面铺油和部分防护及绿化工程，全线贯通。大齿集团土建工程已经结束，园区内基本实现"六通一平"。2. 服务御东输变电站建设项目建设。该项目为22万伏输变电项目，投资2亿元，已经投入使用，为装备制造园区的电力供给打下坚实的基础。

招商引资工作。全镇抓住大同市区建设东移的大好机遇，大力宣传，搞好服务，先后引进资金9000万元，引进的项目主要有：①位于王千户村投资5000万元的天赐钢具厂项目；②位于牛家堡村投资1000万元的中元思益达保温材料厂项目；③位于三条涧村投资3000万元的伊鑫装饰公司项目。

新农村建设

文化建设　重点是牛家堡村投资98万元新建

占地 7 亩的牛家堡村文化中心和村文化活动广场。散岔村投资 36 万元新建村文化中心。周士庄村投资 430 万元改造农村集贸市场,新建农村文化中心。

基础设施建设　牛家堡村投资 52 万元新建水塔 1 座,埋设自来水管道 10800 米;投资 48 万元硬化路面 4200 米,栽植各种树木 6800 株;投资 20 万元,新建校舍 8 间,配置电脑 24 台。王千户村投资 25 万元,新铺道路 600 米,铺设下水 4800 米,安装路灯 26 盏;三十里铺村投资 30 万元,新打机井 1 眼,维修村小学围墙、教室,安装路灯 55 盏。全镇完成沼气建设任务 55 个。路家庄—小村、二十里铺—西骆驼坊两段 3.5 千米村通水泥路任务全部完成。全镇 23 个村通水泥路总里程达到 135 千米,100% 行政村实现村村通。

社会事业

计划生育　人口自然增长率控制在 7‰,计划生育率达到 85.6%。在秋冬季节集中四术工作期间,完成结扎 47 例,其中双女户结扎 12 例,上缴县计生局社会抚养费 15.3 万元。

文教卫生　一是投资 225 万元,新建镇中学宿舍工程,共建宿舍 36 间,食堂 300 平方米,建筑面积 930.8 平方米;二是投资 265 万元,对周士庄村小学校舍进行改造,新建教室 38 间,学生宿舍 18 间,食堂 230 平方米,修砌校园围墙 300 米,硬化校园 3000 平方米。引进日本大使资金新建三十里铺小学一处。卫生工作主要是积极预防甲型 H1N1 流感和做好动物春季与秋冬季预防接种工作,新农合参保率达到 92.7%。

社会保障　依法按程序做到应保尽保,对农村低保金发放实行"一卡制",上缴农村养老保险金 75.8 万元,救灾、救济、医疗救助、五保户供养、优抚工作扎实开展。

第三节　倍加造镇

概况

倍加造镇位于县城西 12 千米大同盆地中部平川区。东与西坪镇接壤,西临文瀛湖与大同市南郊区水泊寺乡交界,南靠党留庄乡,北与周士庄毗邻,总面积 79.6 平方千米。驻地中心海拔 1053 米,地理坐标北纬 40°03′、东经 113°27′,聚落形状呈长方形。

全镇国土总面积 68 万平方千米,其中,耕地面积 35054 亩,水浇地面积 24528 亩。2010 年,全镇辖 9 个行政村,5517 户,17181 人,全镇农村经济总收入 2.2052 亿元,农民人均纯收入 4723 元。

2013 年,全镇有中学 1 所,小学 9 所,中心幼儿园 1 所,乡镇卫生院 1 个,村级卫生所 7 个,畜牧兽医站 1 所,敬老院 1 所,计生服务所 10 所,自来水受益村 9 个,通电话村 9 个,通电村 9 个,通公路村 9 个。

经济和社会事业

招商引资　2010 年,抓住城市东移战略实施的历史机遇,主动承接转移项目,重点谋划引进能够引导产业发展方向、支撑经济发展的大项目、好项目。在促成投资 8000 万元的大同市恒岳煤机液压支架项目、投资 1600 万元的凯祥家具项目投产达效的基础上,重点抓好服务,促成了投资 2.5 亿元的古典家具博物馆项目开工建设。

设施农业　全镇规划建设 7 个日光节能温室园区,共计完成 800 栋。一方面通过制定宽松政策、优惠的条件,以地生财,吸引外资建设,投资者负责经营销售,农民负责生产,实现投资者与农民双赢;另一方面鼓励扶持农户集中自建,镇政府、村委会负责协调园区的通水、通电。为了打开局面,推动全镇日光温室建设,镇政府帮助示范村郭家窑头村农户每建一栋日光温室联系银行贷款 5 万元,并由镇政府承担郭家窑头村农户 2 个季度的贷款利息,村集体承担 1 个季度的贷款利息。

黄花基地　2010 年,全镇新栽黄花面积 1735 亩,西骆驼坊、东骆驼坊、谢疃、独树、倍加造、任家小村连片新增黄花面积达到 2000 亩以上。

庄园经济　2010 年,主要抓三个项目,一是引资 2.2 亿元,同庆祥房地产开发有限责任公司在解庄村建设自然家园项目,工程建筑面积约为24000平方米,建设50套小型传统四合院住宅及配套工程。该项目主体工程已完工。二是投资一亿元的解庄村集旅游、观光采摘、住宿餐饮、娱乐为一体的庄园建设。项目规划有旅游度假村建设、餐饮商务会馆、农业观光采摘园等。三是郭家窑头、营坊沟村南水库、生态林、经济林和旧村改造项目的开发,建设水上旅游项目。目前已与两家公司达成投资意向,规划投资2.6亿元。

规模养殖　重点引进了倍加造村春源生态猪专业合作社的生态猪项目,该项目投资1000万元,采取农户加公司,实现农户增收,公司增效的双赢模式;西骆驼坊村标准化规模养鸡项目,建设标准化养殖小区一处,将规模养鸡户集中起来,实行标准化、科学化管理。推进了全镇养殖业实现规模与效益,质量和品牌的新突破。

生态绿化　全镇共计投资41.35万元,其中村庄绿化投资28.95万元,营坊沟村投资2万元,栽植桧柏200株;独树村投资15.45万元,栽植国槐114株,垂柳135株,松树84株;解庄村投资10万元,栽植30厘米以上槐树10株,15厘米以上松树100株;郭家窑头村投资1.5万元,栽植松树300株。任家小村投资8.4万元,道路绿化及连片栽植新疆杨7000株;郭家窑头村投资4万元,补植经济林4000株。

集体林权制度改革　按照县委、县政府的安排部署,全镇林权改革工作积极稳妥进行。通过制作版面、流程图,向各村发放宣传资料1000余份,各村悬挂横幅标语9幅,书写固定标语27条,营造了全员关心林改、支持林改、理解林改、参与林改的良好氛围。

计划生育　全镇完成计生手术15例,其中双女户4例,上环280例。

教育事业　投资进一步加大,教学条件进一步改善。特别是镇中学投资26万元新建校舍204平方米。投资290万元新建公寓楼一栋。

卫生事业　深入开展发动农村新型合作医疗,

2011年,参合率达到92%;完成了全镇现有居住农业人口的100%。新建村卫生室2个,建筑面积共计120平方米。

农村养老保险　强化宣传,发动5826人参加养老保险,收缴保险费130万元。

综治工作　针对青壮年外出打工增多,农村治安防控力量弱化的现状,在郭家窑头村安装"视频监视系统"。

重点工程　得大高速公路改线和208国道改线工程涉及全镇四个村,涉及农户多,情况复杂,为了使施工单位顺利施工,镇村两级干部深入到户了解群众思想动态,积极开展矛盾化解工作,并垫支各项费用,确保了工程开展。

阵地建设　镇党委把强化村级活动场所建设作为夯实基层组织的一个重要途径来抓,分年度逐步新建村级活动场所。解庄村村级活动场所投资430万元,占地5400平方米,建筑面积4540平方米,广场面积4800平方米。独树村村级活动场所投资260万元,占地10亩,建筑面积1000平方米。任家小村村级活动场所投资28万元,占地1296平方米,建筑面积195平方米。倍加造村村级活动场所规划投资500万元,占地面积15亩。西骆驼坊村村级活动场所投资60万元,占地5亩,建筑面积1800平方米,并配套设施。新建的村级活动场所功能齐全,集村"两委"办公、文化广场、剧场、卫生室、老年活动室等功能于一体,成为党员学习、村民议事、便民服务、教育培训、文化娱乐等多项功能的综合阵地。

第四节　杜庄乡

概况

杜庄乡地处同浑公路两侧,大同市东南、大同县西南。境内有大秦铁路横穿东西,同浑公路纵贯南北,交通便利,距大同县城20千米、大同市25千米。2010年,全乡共有19个行政村,6319户13000口人,是一个以种植业为主的纯农业乡,总占地面积23.09万亩,其中耕地面积6.3万亩,水浇地面积2.8万亩。土地肥沃,水资源丰富,种植业、畜牧养殖业、民营企业、生态旅游、庄园经济为全乡经济快速增长,农民增收增添了活力,全乡三个文明建设健康、和谐发展。

经济和社会事业

1996年,是"九五"计划打基础的一年,全乡以农业为重点,以粮食生产为拳头,推动畜牧业,企业同步发展,精神文明建设取得明显成效。加强农业基础地位建设。以兴水治旱为抓手,投资96万元兴建下泉高灌站,改善生产条件,实施科技兴农战略,地膜覆盖面积达到2万亩;养殖大户达到200户,农村经济总收入9100万元,农民人均纯收入达到1825元。粮食总产量稳定在3000万斤。改善办学条件。新建校舍21间,维修校舍69间。全乡中小学校实现了"一无两有"(无危房;班班有教室,人人有课桌凳)。大多数学校实现了"三配套"。考入大专、中专学校的学生12名。农村初级卫生保健工作受到市、县表彰。计划生育率达到89.2%,人口自然增长率控制在8.9‰以内,群众性的文化活动基本普及,建设村图书室、活动阵地5家。

1997年全乡认真落实党的十四大精神,农村经济得到全面发展。农村经济总收入达到了1.0亿元。农民人均纯收入达2580元,被市委、市政府命名为"小康乡",并有落阵营、苏家寨两个村跨入中级小康村的行列。粮食总产达到了2990万斤。被市委、市政府评为农业战线先进集体和农田水利基本建设先进乡。地膜覆盖面积2.5万亩,建设落阵营科技示范园区1处,推广新科技20项,5月14日省委原书记胡富国亲临落利周河湾视察工作。民营个体企业达到了160多家,实现利税875万元。全乡开展了农村财务整顿工作,实行了"财务、村务"两公开。落实教育方针,推素质教育。乡村两级向教育投资20.1万元,新建和维修校舍120间,适龄儿童入学率达100%,普九验收和双基工作受到好评。群众的文化精神生活丰富多彩。健康水平不断提高,完成县下达的"四术"任务。全乡计生

率达81%,人口自然增长率控制在9.2‰内。

1998年,按照全乡的具体实际,加快经济发展。全乡经济总收入达到了1.15亿元,农民人均纯收入2661元。农业基础地位不断加强。投资146万元扩建下泉高灌站并运行,改善水浇地8000亩,打井5眼。粮食总产3200万斤,应用新科技17项。建设起百头养猪场3座,养牛场2座。规模养殖大户达到300户,股份鱼塘15个。文化教育工作继续完善和巩固,校校实现了"一无两有三配套"。全乡有11个村办起农村合作医疗所,计划生育开展了"五清五建",取得了良好效果。在全县开展"三讲一整"工作,为全乡政治、经济、社会工作注入活力。整修街道33条,硬化街道19条。安装路灯61盏,投资28万元强化村级阵地建设。修房83间。配备办公桌椅280多(套)件,村容村貌大为改观。

1999年,全乡遭遇了百年不遇的自然灾害,并响亮提出"稳粮田,调结构,盯市场,增效益"的发展思路。农业投入达810万元。新打机井5眼,改善了农业生产条件,但是,全乡粮食生产严重受损,减产幅度达80%,粮食总产仅为688万斤,农村经济总收入8522万元,减收54%,农民人均纯收入1230元,较1998年减少了1431元,有5个村农民人均纯收入回弹到500元以下。文化教育抓住全县"教育年"活动的开展,强化师资素质教育,在"双基"检查验收中受到了上级好评。农村合作医疗进一步推广。计生工作自组"四术"队:结扎手术、上环手术、人流手术和引产手术。人口自然增长率控制在8.9‰以内,投资40多万元新建乡敬老院1处,受到省、市、县表彰,五保老人老有所养。

2000年,全乡按照"农民增收入,集体增积累,财政增实力"的奋斗目标,全乡经济总收入达到1.12亿元,农民人均纯收入2214元,比1999年净增984元,乡财政收入达到135.6万元。全乡通过产业结构调整,粮、经、菜种植比达到4:3:3,发展黄花1500亩、瓜类3160亩、豆类9800亩、种菜600亩,铺开农建工程10处,新打机井3眼,维修旧井13眼,预整林地3300亩,新建养牛场2座,各类养

政
区

殖大户 350 户，引进小尾寒羊养殖 200 多只，围绕"两路"（铁路、公路）兴建个体服务业 80 多家，组建湖东运输队一个。全乡 21 所中小学校全部达到"三配套"，用于教育的投资达 42 万元。农村卫生事业健康发展，农民健康水平不断提高。计生工作积极开展"三结合"，认真贯彻"三为主"的方针，计生率达 82%，人口自然增长率控制在 7‰ 以内，省计生药具及省计生协会对全乡计生工作给予好评。同年 8 月，国家计生委检查评估"三为主"工作给予好评。

2001 年，全乡以调整优化农村经济结构为主线，以深化改革和推广农科技术为动力，以民增收入、村增积累、乡增实力为目标，推进全乡经济、社会全面进步。农村经济总收入达到 1.15 亿元，农民人均纯收入 2300 元，新增规模养殖户 48 户。达到 400 户。实现财政收入 119.8 万元。面对干旱，增强干群信心，调产增收黄花面积达到了 2000 亩，实现全乡经济大跨越。切实抓好素质教育，处理好"减负"与提高教学质量的关系、加快学校危房改造。丰富群众的精神文化生活，巩固发展合作医疗。积极开展计生"三结合"，推动"双进万"工作。计生率达到了 82.5%，人口出生率不超 16‰。

2002 年，加快经济结构调整，全乡经济总收入达到了 1.2 亿元，农民人均纯收入达到 2500 元，粮食总产 2100 万斤，加快小水改制，改善农业生态结构。文化教育巩固"双基"成果，投资 60 万元新建乡办中学开工。落实《人口计划生育法》促进优生优育，推进民主法制建设，实现安定祥和。

2003 年，全乡经济总收入 1.3 亿元，农民人均纯收入 2705 元。全乡新栽黄花 1020 亩，种菜 1000 亩加快生态建设，封育围栏 1000 亩，人工模拟飞播造林 1091 亩，退耕还林 2000 亩。引资 5116 万元新建长安高岭土股份公司，已投资 1000 万元的土建工程完工。农建以兴水为重点，长安村争取上级资金 30 万元建设管灌节水工程 5 千米。完成了税费改革工作，全乡农民应承担农业税 41.5 万元，减少了 14 万多元，粮食产量 2400 万斤。在长安村新建村

小学一所，投资 30 多万元，落阵营投入 7 万元为学校安装暖气，教学条件大大改观。卫生工作全面落实"非典"防控措施，实现了"0"目标。计生工作接受省、市对常家堡、南六庄检查，对各项工作给予肯定。计生率达 85% 以上，人口自然增长率控制在 10‰ 以内。非农业人口低保顺利推行。

2004 年，全乡围绕"高效农业兴乡、规模养殖富乡、生态建设绿乡、招商引资强乡"的奋斗目标，落实中央一号文件精神，全乡农村经济总收入 1.5 亿元，农民人均纯收入达到了 2950 元，粮食产量达到了 3200 万斤，利用优势，把玉米调高，杂粮调优，瓜菜调新，黄花调精，实现农业增效，农民增收，建设 2 万亩高产，优质玉米，4000 亩退耕还林，3000 亩菜等。完成周家堡 6000 亩中低产田改造，完成村村通水泥路 10 千米。

2005 年，围绕"高效农业立乡，规模养殖富乡，生态建设绿乡，招商引资强乡，和谐发展兴乡"的发展思路，开创工作新局面。全乡通过优质玉米、黄花、瓜类、蔬菜、小杂粮"五大基地"建设，粮食总产达 2990 万斤，农村经济总收入 1.6 亿元，农民人均纯收入 3809 元，引资 320 万元建设大同绿禾杜庄生态园，开展了新农村建设，建起农民文化广场 3 个，硬化街道 3 千米，农民文化剧场 2 个，"两委"办公楼 1 座，安装路灯 121 盏，全县新农村现场会在杜庄召开。全省"平安三晋"现场会参观了杜庄乡推行的"四卡"工作制。完成了第七届村民委员会换届选举，选出村主任 19 名，副主任 1 名，委员 57 名。推行精神文明"十百千"活动，评选好公民，好家长，好妯娌，好媳妇，致富能手等 32 名，下泉村投资 17 万元建起村小学一所，全乡维修改造校舍 94 间，配套桌椅 300 套，电脑 15 台，投资达 100 万元。落阵营李兰萍中考全县第一。广泛开展计生奖励扶助宣传，奖励独生子女 14 户，退二孩 3 户，国家奖励 3 户 3 人，完成结扎 106 例，上环 243 例。全乡社会、经济健康发展。

2006 年全乡以党的十六届六中全会精神为指导，强化农业基础地位，粮食总产量达 3262 万斤，

农村经济总收入1.72亿元,农民人均纯收入3250元。加大招商引资力度,引资1680万元的中房大地土地有限责任公司开发改造盐碱滩10000亩已被国土部审批,投资3000万元的杜庄土林旅游项目已签合同;投资1000万元的神利净化材料项目已签订合同。完成新农村建设2个示范村、4个整治村的建设。栽植树木3300株,绿化村庄。硬化街道0.7千米。完成杜庄—马坊,南六庄—杜庄,崔庄、土井—长胜庄至千千村水泥路24.5千米,巷道硬化9个村11千米。推广沼气6户。着力改善学校环境,新建马家会小学一所,投资18.2万元。大同大学为落阵营、杜庄两所中学培训师资。计生工作5月份省、市检查受到好评。为1000名妇女开展了生殖康复检查,被省委宣传部、省计生委等十单位评为全省婚育新风进万家活动先进乡。"五五"普法扎实开展。

2007年,全乡以"让农民的腰包鼓起来,让农村的环境靓起来,让农民从心里乐起来"为目标。加大科技含量,依托农业"五大基地",玉米面积达45000亩,瓜菜类15000亩,小杂粮19000亩,蔬菜5000亩,黄花2200亩,建设大棚102栋,全乡经济总收入达到1.87亿元,农民人均纯收入3680元。粮食总产3200万斤。招商引资成效显著,八个项目投产达效,投资5800万元的杜庄土林自然风貌旅游开发项目开工建设;投资800万元的微纳精工高岭土投产;投资300万元的落阵营东阁楼和吕家书院(文化站)开工建设等等。六个项目加快落地,投资1.1亿元,占地2000亩的鼎胜农业开发等项目加紧洽谈,完成352户沼气建设,建起8个村级文化活动室,完成苏家寨—永胜、苏家寨—崔家庄、王家堡—马坊通畅工程19.16千米,巷道硬化13.5千米。不断丰富群众的文化精神生活,2007年1月成功举办了首届农民文化活动周,组建乡电影放映队、放影各类影片1200多场,乡"双先会"表彰先进集体,红旗单位16个,评选出全乡十佳带头人,十大榜样20名。新建利仁皂小学1所,完成远程教育一类学校8所,二类学校12所,三类学校2所,教育环境得到

改善。"四卡"工作机制不断完善,有效化解各类矛盾11起。完成计生人口微机录入工作。女扎手术39例,其中双女户4例,收缴超生子女社会扶养费13.4万元。

2008年,全乡加快生态建设,发展现代农业,围绕土林、知青旧居,吕家大院,绿化道路栽树6000株,建起规模养殖场4座。大同热电2×300MW落户南六庄村,全乡经济总收入1.9亿元,农民人均纯收入3730元,总产粮食3000万斤。文化教育事业开展"争四名,创五优"活动,全乡中考达线36人,投资116万元扩建杜庄中学。投资85万元新建了周家堡小学,维修了落阵营中学。新农合参合率达到93%,计划生育落实独生子女奖励扶助政策,人口自然增长率控制在8‰以内,计划生育率达到83.5%。完成乡村公路,巷道硬化18.1千米,新建农民文化活动广场2处,安装路灯127盏,为4个村安装体育健身器材4套,28件,新建沼气户60个,全乡各项事业健康,快速发展。

2009年,全乡以"设施农业上规模,庄园经济上精品生态旅游上档次,招商引资上台阶,科学发展上水平"为主题,实现"解放思想换脑子,转变作风闯路子,调整结构赚票子"为目标,全乡完成沼气建设55个,新打机井8眼,新增农机81件,建起农机大院1个,全省农机工作现场会在杜庄乡召开,全乡经济总收入2.0855亿元,农民人均纯收入3932元,粮食总产量3894万斤。大同医药一、二园区即将开始建设,大同御河东路南延段至利仁皂公路规划开工建设。文化教育杜庄中学扩建已投入使用,周家堡小学二层楼已竣工,杜庄寄宿制小学已完工,整合教育资源8个村小学撤并。完成王家堡—米庄—土井—苏家寨村通水泥路12.12千米,7个村体育场地建设配备了体育设施和健身器材,安装地面卫星接收器45套。新型农村合作医疗参合人数12357人,参合率92.01%,投资23.7万元新建、维修改扩建设村级卫生室8个,新建乡中心卫生院主体楼完工。全乡1074人享受低保,148名五保户应保尽保,参加新型农村养老保险人数2622人,缴纳

保金 464295 元，为连续 10 年以上，累计 15 年以上农村两委干部发放生活补贴 11160 元。计划生育完成了县下达的各项任务，7 个村的计生服务室达到标准化。全乡人口自然增长率控制在 0.6‰ 以内，计生率达 85% 以上。

第五节　瓜园乡

概况　瓜园乡位于大同县东南，东邻许堡乡，西靠西坪镇、杜庄乡，北与聚乐乡毗邻，南隔桑干河与峰峪乡相望，总面积 135.1675 平方千米。境内北高南低，地形起伏，年平均气温 6.8℃，年均日照 2987.8 小时，无霜期 140 天，年均降水量 380 毫米。

1996 年，瓜园乡共有 8 个村：瓜园村、东坪村、南石山、鱼儿涧、东沙窝、西沙窝、黑石崖。2001 年，乡镇撤并，陈庄乡 10 个村（陈庄、东紫峰、西紫峰、吴家洼、道西湾、梁庄、滕家沟、南坡、李汪涧、茹庄）并入瓜园乡，瓜园乡由原来的 8 个村增加到 18 个村。2013 年，全乡辖 18 个行政村，3946 户，9237 人。乡政府驻瓜园村，全乡耕地面积 6 万亩，农村经济合作组织 31 个。

主要种植玉米、谷、黍、绿豆，出产的黄糕色泽金黄，口感香软，誉满大同县，绿豆有粒大籽饱、色泽深绿、营养丰富的特点。

全乡有大小水库 6 座，林地 9.7 万亩，丰富的水资源和林地面积，为林业、养殖业、旅游业的发展提供了便利条件。境内的养殖龙头企业有大同金沙养殖场、昌平养鸡场、北石山奶牛场、茹庄千头猪场等。这些企业已成规模，并带动附近村民大力发展相关养殖业，全乡正逐步成为大同市郊重要的肉、蛋、奶生产基地。水产养殖主要以茹庄、陈庄、渔儿涧水库养鱼为主，并伴有休闲垂钓等旅游项目的开发。东、西沙窝村有奇特的原始火山地貌，身置两村可观桑干河宽广的水面及两岸秀美的风光，还能品尝河内鲜美的鲫鱼，是一处难得的原生态休闲度假场所。矿产资源有玄武岩、浮石、河沙等，储量大、易开采，是优质的建筑保温纤维材料。

全乡交通便利，地理位置优越，距县城 4 千米，距大同市仅 30 千米，京大高速、109 国道、大塘公路、大秦铁路横穿乡境，同源高速公路路经乡境，京大高速西坪出口紧邻乡境，村村通水泥路达 66 千米。境内文物古迹有陈庄汉墓两座、渔儿涧金代张氏家庙一座。

经济和社会事业

1998 年，全乡上下认真贯彻党的十五大及十五届三中全会精神，以小康建设为己任，认真执行乡九届人大三次会议做出的各项决策，全乡经济总收入达 89.43 万元，比 1997 年增长 12.6%，财政税收完成 124 万元，比 1997 年增长 13%，农业生产夺取全面丰收，粮食总产量达到 530 万斤，比 1997 年增长 81%，人均占有粮食 1305 斤，乡村企业完成产值 9958 万元，比 1997 年增长 0.01%，村民人均纯收入为 2506 元，到 1998 年，全乡共有 3540 人 986 户进入小康行列。

全乡基础设施建设投资不断增加，投资 40 万元，维修办公设备，学校房舍 62 间，为两个千亩技术示范园区配套小白龙喷灌 30 台，办起合作医疗所 6 个，新建，整修，硬化主干路 8 条。

1999 年，全乡认真贯彻落实上级机关加强农业和农村工作精神，切实有效地推进农村经济全面发展。全乡农村经济总收入完成 3904.3 万元，比 1998 年减收 40%，粮食产量 100.7 万斤，比 1998 年减产 81%，农民人均纯收入 1108 元，比 1998 年减少 1398 元，畜牧业发展较快，全乡猪、羊、鸡和牛规模化，养量分别达到 1250 头、9000 只、11833 只和 263 头。全乡养鸡 50 只以上的户有 15 户，养羊 50 只以上的户数有 11 户，养牛 5 头以上的户有 25 户，养猪 10 口以上的户有 26 户。全乡完成乡镇企业营业收入 11302 万元，产值达 11302 万元，实现税金 124 万元。全乡自筹资金 25 万元，高标准完成了新铺防渗渠 10000 米，使水源得到充分利用，全乡共扩大水浇地 1000 亩，改善水浇地 1000 亩，使全乡水浇地面积达到 6000 亩，人均 1.5 亩，全乡完成财政收入 125 万元，投资 12.8 万元修整学校，投资 5 万元维修乡

卫生院。

2002 年，全乡经济收入和粮食产量减幅较大，干旱持续时间长，受灾面积占总播面积的 80% 以上，粮食产量仅为 27.13 斤，农村经济总收入为 5174.7 万元，减收 3903.7 万元，减收 43%，农民人均纯收入 896 元，比 2000 年减少 1145 元。乡镇企业发展势头良好，全乡完成乡镇企业营业收入 13245 万元，产值达 13461 万元，实现税金 133 万元。组建车队一个，拥有大型车 12 辆，全乡运输业收入可达 1597.1 万元，采取"内引外联，扶持典型"的办法，新建煤炭发运站三个，碳素厂一个，使全乡财政收入实现 133 万元，占任务的 155%。畜牧业规模化发展，全乡猪、羊、鸡和牛的饲养量分别达到 2761 口、11410 只、12870 只和 319 头，兴办牛场一座，全乡扩大水浇地 2500 亩，发展退耕还林还草 2500 亩。

2002 年，全乡经济总收入达到 7337.1 万元，比 2001 年增 41.8%，财政收入完成 183 万元，超任务 74%，比 2001 年的 133 万元增 38%，增收 50 万元，粮食总产量达到 330 万元，经济作物总收入 428 万元，全乡 24500 亩耕地，水浇地 6000 亩，经过全乡上下不懈的艰辛努力，共引进各种项目 6 个，引资达到 218 万元，投资 3 万元，维修乡政府房屋 39 间。投资 22 万元，新开道路 15 千米。

2003 年，全乡认真贯彻落实上级有关农业工作精神，扎实有效地推进农村经济全面发展，经济收入和粮食产量增幅较大，全乡农村经济总收入 9983 万元，比 2002 年增 33.5%，粮食产量 760 万斤，农民人均纯收入 2558 元，比 2002 年增 473 元，财政税收完成 156.715 万元，比年初下达的 115 万元，超额完成 35%。小杂粮面积增加，全乡谷黍、豆类的面积达 9800 亩，其中绿豆面积达 4000 亩。4 月，引资 250 万元，引进奶牛养殖大户一个。大力发展畜牧业，全乡猪、羊、鸡和牛的饲养量分别达到 2790 头、13400 只、36100 只和 490 头，完成退耕还林 994.7 亩，宜地荒山造林 2865 亩，按技术要求完成针对林建设 2230 亩，小流域治理 1324.5 亩，成活率达 95%

以上，完成黄花种植 500 亩。

2004 年，先后引进了投资 2000 万元的市供电公司胜利钢铁厂、投资 300 万元的北石山集煤站和投资 100 万元的西紫峰养鸡场。多方筹集资金，维修旧机井 13 眼，新打机井 4 眼，恢复和扩大水浇地 1350 亩。积极争取上级资金 34 万元，完成东沙窝、吴家洼、瓜园三个村的人畜牧水解困工程。经过全乡上下的艰辛努力，筹资 76 万元，完成西紫峰、东沙窝、吴家洼、北石山四村 9.8 千米的村村通水泥工程。为促进全乡教育工作的健康发展，争得上级投资 2 万元，完成乡中学近 700 平方米的危房改造工程。

2005 年，建成集煤站 2 个，投资达到 200 万元个 500 万元，引进投资 100 万元，建成汽车拖车厂一个。大力发展养鱼业，利用辖区内小水库多的优势，总投资 200 万元，在茹庄、李汪涧、陈庄、渔儿涧、腾家沟 5 个村建成 6 个鱼塘，累计养鱼达 50 万尾。在东紫峰投资 30 万元，西紫峰投资 50 万元，分别建成养猪场各一个，存栏猪达 210 头。在腾家沟投资 100 万元，建设一个综合养殖基地。投资 18 万元在北石山村修建水泥路 1.2 千米，有效地改善了该村的行路难问题。投资 10 万元用于中小学的危房修整。

2008 年，工业项目：投资 280 万元，新建了大同县金沙科技饲料有限责任公司；投资 230 万元扩建大同县裕鑫碳素厂；投资 60 万元新建瓜园汽车站一处。农业项目：投资 1170 万元，新建兴旺养殖有限公司等 7 个养猪场；引资 450 万元扩建西紫峰昌平、东坪联营两家鸡场；投资 260 万元扩建大同县金沙养殖；投资 470 万元扩建茹庄、陈庄、道西湾集养鱼、垂钓、休闲等为一体的综合水产养殖基地 3 处。

农民人均纯收入达到 3480 元，比 2007 年增加 433 元。完成农民专业合作社 5 个，完成沼气建设 54 个，超任务 4 个，其中"一池三改"23 个，自筹资金达 5 万元。1300 亩荒山绿化，2100 亩飞播造林，500 亩平原绿化，500 亩封山育林，飞播造林补植 5000 亩，退耕地造林 330.3 亩，配套荒山造林 2114

亩,自筹资金 20 万元,完成"村村通"12.5 千米,植新疆杨、垂柳 8100 株,通道绿化 3.5 千米,栽植杨树、松树 4640 株,北石山、瓜园、西紫峰村绿化植树 28592 株,在西紫峰育苗 200 亩,完成册田水库旅游线瓜园——东沙窝段树坑 5000 余个,完成了西紫峰路规划任务。全乡牛、奶牛、猪、羊饲养量分别到达 3204 头、638 头、6562 口、25253 只,肉、蛋、奶总产量分别达到 780、240、2580 吨,养鱼达到 400 万尾,动物免疫达到 100%。自筹资金 25 万元,完成"村村通"13.7 千米,占任务 8.3 千米的 165%。自筹资金新打机井 3 眼(西紫峰),维修旧井 31 眼,维修节水工程 8 处,新增水浇地 980 亩,恢复改善水浇地 1130 亩。新增节水面积 320 亩,缴纳农民参合费 15.784 万元,参合率达到 85.87%。自筹资金 15 万元,对吴家洼、瓜园、东紫峰三所学校进行维修,利用专项款 80 万元对瓜园中学校园、操场、房屋进行改造,对原陈庄中学校舍进行安全鉴定,并进行了撤并。完成养老保险 7.12 万元,占任务 5 万元的 146%,百分百完成了县里下达的培训任务。

2010 年,全乡在县委、县政府的正确领导下,以全县"四大目标"为根本,以开展创先争优活动和学习"右玉精神"为契机,以"生态兴农、绿色富民"为主线,推进"村村养殖布满点,沿路瓜菜一条线,沿河杏树连成片"的产业格局。在调整结构、建设生态经济林上实现新跨越,在村村通、文化站等社会建设上有新进展,有力地促进了全乡农业增效、农民增收。

农业基础设施建设

2010 年,把粮食稳产增产作为全乡经济社会发展的基础工作来抓,加大科技兴农力度,突出水利的命脉地位,巩固传统种植业基础,实施玉米万亩丰产方工程,扩大旱作农业新技术推广,有效提高了粮食单产。坚持农业升级,水利先行,新打机井 13 眼,铺管道 3 万米。完成渔儿涧、南坡和茹庄高灌提水工程,扩大了水浇地面积。全乡粮食生产达到 1377.1 万斤,创历史新高。通过多措并举,增加农民收入,全乡农民人均纯收入达到 3774 元。

产业结构调整　把设施农业作为农业产业结构调整的重要抓手,充分发挥日光温室大棚种植户的典型示范作用,走村入户做动员,引进技术搞培训,协调信用社跑贷款,为农民做好产前、产中、产后的全程服务,在扩大规模上做文章。在瓜园、北石山新建日光温室大棚 50 个,在陈庄村新建移动大棚 50 个。大力调整产业结构,因地制宜扩大小杂粮种植,实现绿豆 13000 亩、黍子 8000 亩、杂豆 3000 亩。在西紫峰村建设绿豆示范基地,在全乡 10 个村落实绿豆示范户 100 户。把露地菜作为农民增收的增长点,引导农民变种粮为种菜,全乡露地菜达到 1700 亩。在鱼儿涧村重点建设蔬菜示范基地,发展露地菜 500 亩,使该村率先实现了人均 1 亩菜地。已发展黄花 180 亩。19 户黄花种植户分布在 11 个村,起到了很好的示范带动作用。

规模养殖　依托全乡良好的养殖业发展基础,扎实推进"村村养殖布满点"的目标,并不断引导农民走规模养殖之路,全乡养牛 3523 头,其中奶牛 480 头,养猪 8758 口,羊 25165 只,实现肉类生产 840 吨,禽蛋产量 302 吨,产奶 407 吨。养殖业已经支撑起全乡农民收入的半壁江山。

充分发挥养殖龙头企业的带动作用,加大招商引资力度,重点在滕家沟、西紫峰、茹庄等村巩固提升饲养水平,引进有实力的企业投资建设生态养殖庄园,努力形成产业链条,带动全乡农民走规模养殖之路。使全乡养殖业加快产业集聚,形成规模效益。重点服务四大养殖项目的前期准备工作。服务各水库的养鱼项目,达到 400 万尾;在陈庄水库附近新建成千头猪场一个。实施林权改革,推进富民经济瓜园是全县的生态林业大乡,对林权改革高度重视。从 4 月起在全乡 18 个进行林地摸底,至 11 月底,全乡林改到户 4.1 万亩。昊阳森林公园和环城绿化涉及全乡五个村庄,经过全力做好稳定工作,没有出现群众群体上访事件。引导农民大力发展经济林,以林创业;通过林地承包权流转,以林招商,以实现林权改革与引进资金、技术有效对接,以林权改革推动全乡改革开放的深入发展。特别是要发展一批民营林业庄园经济，探索一条让农民就地变工人、农业就地变工业、农村就地变城镇的工业化、城市化和农业现代化的新路子。

庄园经济　现代庄园经济是一种建立在土地资本化、资产股份化、融资市场化、经营规模化、管理企业化基础上的农业开发和经营组织形式，是边远农村实现转型发展的最佳出路。依托有水有林有河湾的生态资源优势，全乡将庄园经济作为新的经济增长点。通过远景规划发展三类庄园经济：一是水产养殖加垂钓休闲的水上庄园；二是特色蔬菜种植和观光采摘的瓜菜庄园；三是干果经济林加散养鸡的林果庄园。继续扶持萌兰庄园发展壮大，形成以特色种植为主，配以采摘、烧烤等项目的田园观光旅游，增加庄园效益。要继续服务位于茹庄水库的海森庄园做大做强，开发集养殖观光、旅游垂钓为一体的水上休闲旅游。在茹庄水库维修加固后，投资100万元，建成一个垂钓中心，开发烧烤、采摘和田园观光项目，建设占地20亩的规模养殖区，绿化库区10亩。道西湾村的盛达庄园投资200万元，占地50亩，建成办公用房5间100平方米；建圈舍及饲料房70间，面积1800平方米，并引进藏獒12条，养猪200多头；建起塘坝一处，水库面积达到了100多亩，投鱼苗30万尾；栽植新疆杨、黄金柳、樟子松等1500株。并以三个庄园项目为引领，吸引各方投资进行水上开发，大力发展农家乐旅游，带动周边村民加入旅游业中。

第六节　许堡乡

概况

地理位置　许堡乡地处大同县东部，位于县城东15千米处，西距大同市40千米。东与阳高县东小村镇相连，西北与聚乐乡交界，西靠瓜园乡，北与阳高县下深井乡接壤，南靠大梁山与浑源县接壤，国土总面积229平方千米。境内为南北两山夹一平川地形，桑干河自西向东横穿，省第二大水库西册田水库横卧中部。

交通状况　大秦铁路、京大高速、109国道穿境而过，交通十分便利。

建制沿革　1996年，许堡乡辖13个行政村：许堡、浅井、清泉、集仁、上庄、下庄、养老洼、窑头、东水地、西水地、南水地、于家寨、鹅毛。2001年，乡镇撤并，西册田乡6个行政村大王、堡村、西册田、大王窑、黎峪、南坨并入许堡乡。至2011年，辖19个行政村：许堡、浅井、清泉、集仁、上庄、下庄、养老洼、窑头、东水地、西水地、南水地、于家寨、鹅毛、大王、堡村、西册田、大王窑、黎峪、南坨。全乡有5814户1.71万人。土地总面积34.3万亩，其中耕地9.8万亩，林地15.3万亩，森林覆盖率24.6%。

人文环境　许堡乡为传统文化之乡，外出工作人员位居全县之首，居民纯朴善良，乡风文明。

自然环境　境内大部分为火山地质公园规划区，火山地貌明显。耕作区土地平坦，有不规则林网；山丘区植被良好，林草覆盖率达68%以上，尤其是山西省以杨树局九梁洼林场、桦林被林场的大部分位于乡境，册田水库、乌龙峡库区绿树成荫，山水相映，风景优美。

旅游环境　境内有较完整的古堡大门，有水有山、烽火山、清代名人李殿林故居、古长城、百年教堂、万亩湖面等，丰富的旅游资源，年入境游客达10万人左右。

物产丰富　该乡年种植小明绿豆2.5万亩，全乡现有黄花面积5000亩，是全县的小杂粮花地，特产是册田水库大鲤鱼，正宗油皮、神泉驴肉、药草羊肉、农家柴鸡蛋。

文化繁荣　传统民间文化有许堡剪纸，秧歌二人台，民间文化活动室两处，村村都有图书室。

2011年，县十一次党代会后，乡党委、政府紧紧围绕"建设现代城郊型新大同县"的奋斗目标，经过调研和征求乡村干部意见，制定了"产业富乡、生态兴乡、旅游强乡、和谐稳乡"的发展思路，并积极采取措施抓好落实，各项工作都取得较好的成绩。

农业特色产业

黄花产业 为了确保完成黄花栽植任务,一是从2011年下半年开始,着手谋划具体实施,并在8月初组织全乡涉及村的30多名乡村干部和部分黄花种植大户,到西坪镇下渝涧村现场参观学习,取经。同时,还利用村官到各村进行广泛宣传县委、县政府关于推进黄花产业的相关激励政策,使更多的群众了解全县的黄花产业政策。同时还积极与县职业中学联系,聘请专家在各村巡回培训黄花专业技术知识,受到全乡群众的欢迎。二是科学制定规划,考虑全乡现有水浇地的分布状况,在全乡10个村不同侧重地下达黄花任务3000亩,截至10月底,全乡共完成栽植黄花1449亩,完成任务过半的目标。三是积极取得驻村帮扶领导的支持,解决部分村资金不足的难题,在册田村,财政局陈局长的帮扶下,投资10多万元维修高灌一座,恢复水浇地600多亩,极大地增强了全村群众栽植黄花的积极性。四是精心组织实施,采取乡党政主要班子成员包村的方法落实黄花栽植任务,而且和县农委的领导及时沟通,使全乡所有黄花栽植户都免费秋耕地,也在一定程度上调动了广大群众的积极性,现在已经形成了集中连片200—300亩片两片,分别是下庄村南片和浅井村南片,而且剩余的1400亩黄花任务也都落实了地块,并都秋耕平整土地,打埂等前期准备工作都已完成。五是利用冬季农闲时间与县农委积极联系,沿村搞黄花专业技术培训,不留死角,确保农科技术培训全覆盖。

小杂粮产业 以绿豆为主的小杂粮产业,从2009年经过在许堡、集仁两村集中连片试验地膜覆盖喜获丰收的基础上,到2011年、种植面积达到2.6万亩,户均4亩绿豆,户均增收2600多元。全乡已成立各类绿豆专业合作社8个,并已成功申报成许堡、清泉、集仁、上庄四村全省小杂粮专业示范村。

南山绒山羊产业 利用许堡地多坡广草丰的优势,养羊已成为许堡南部靠山的五个村的主导支柱产业。每只羊所产羊绒就能打了放羊的工钱。

截至2011年,大王、大王窑、黎峪、册田等村饲养绒山羊已初具规模,总饲养量达到2.8万只。户均6只羊,户均增收4500元,并已成功申报成了大王、大王窑两个全省养羊专业示范村。大王村还被评为全市12个养羊专业示范村之一。

旅游基地建设

充分发挥全省第二大水库——册田湖的优势,依托丰富的生态资源,积极吸引社会投资,从2009年到2011年乌龙峡生态旅游度假区累计投资9000多万元,建成了集旅游、餐饮、休闲观光为一体的大同近郊旅游基地。2011年共接待游客14万人次,旅游收入达500万元。

新农村建设

农村街巷硬化全覆盖工程 2011年全乡农村街巷硬化任务9个村42.09千米,通过招标,由4家有资质工程队施工,共完成18.2千米,完成任务的43%。

农村养老保险全覆盖工程 2011年,全乡农村养老保险参保人数3250人,农村养老保险征缴完成107万元。

新农村整治建设 2011年,全乡在全县"三项整治"工作会后,大打了一场清理各村卫生的攻坚战,每个村都清理了一条主街道,并对各村主街进行了全面美容,全乡共粉刷标语43条,刷白墙体3000多平方米。而且对2个全县新农村建设示范村许堡村、鹅毛村进行了重点布置,落实具体的责任措施,而且已经和国营九梁洼村场订好的部分绿化树种侧柏、花槐共350株。明春将移植绿化这两个新农村示范村。

第七节　党留庄乡

概况

党留庄乡位于大同县西部,毗邻湖东编组站,与大同市南郊区接壤,距大同市区仅13千米。大塘公路、同浑公路及大准铁路、大秦铁路在境内纵横交错,地理位置优越,交通便利发达。2011年,全乡辖11个行政村,1.5万人。共设13个支部,其中11个行政村党支部、1个机关支部、1个教委支部,有土地面积10.5万亩,其中耕地面积3.2万亩,水浇地面积2.32万亩,2011年,全乡农村经济总收入完成1.5亿元,农民人均纯收入达到5410元,年人均收入2300元以下的贫困户2020户5900人。

1996—2011年,紧紧围绕县委提出的建设现代城郊型新大同县的总目标,坚持大规划、大招商、大建设、大发展的总体要求,用科学发展观统领经济社会发展全局,以"农业稳乡、项目强乡、生态靓乡、和谐安乡"为目标,充分发挥"近郊、交通、土地、人文"四大优势,加大招商引资和园区化建设力度,推进农业现代化进程,抓好乡村特色化建设突破,提升生态园林化水平,努力打造"绿色蔬果、设施农业、规模养殖、生态观光"四大基地,全力推进"项目园区、现代农业、新农村、和谐社会"四大建设。勇于担当,转型跨越,实现全乡政治、经济、文化和社会各项事业的全面发展。

农业

基本情况　党留庄乡有基本农田3.2万亩,其中水浇地2.32万亩,加上开荒种植(包括宜林荒沙地开采),现可种植耕地约5.4万亩左右。

党留庄乡属于标准的农业大乡,全乡五万多亩可种植土地,玉米一项种植面积4万多亩,同时又属于典型的近郊型农业乡,蔬菜面积现已突破一万多亩,而且全乡已确定的"十二五"规划紧紧抓住"菜篮子"工程不放的农业发展思路。

日光温室和蔬菜大棚建设　按照规划发展及全乡农业观光采摘旅游的总体工作思路,现已建日光温室800多栋,已建塑料大棚约140栋。并建成日光温室园区有:浩源绿色生态观光园区、佳泰嘉禾农业园和雍峰农业生态观光园以及邢庄村海康生态农业有限公司,主要分布在安留庄村、小蒲村、马连庄村、邢庄村。现已通过无公害及有机农产品的认证,成为全乡农业龙头企业。全乡大棚面积突破1000亩,投资突破亿元,而且东西南北各有一个规模园区,中间各村有点,实现了多模式、多规格、多品种建设、多渠道筹资、多形式经营,现在需要一是继续通过引资扩大规模,二是让农民群众积极参与,达到以片带点,片点结合,全面发展的良好局面。2010年,大同市设施农业现场会浩源绿色有限责任公司生态庄园作为观摩点,得到了领导和参会同志们的认可,市长耿彦波认为浩源这种设施农业发展模式应积极推广。

蔬菜及黄花种植　按照发展大同市"菜篮子"工程的思路,全乡现已发展路地蔬菜及瓜果10000多亩,主要分布在马连庄、党留庄、兼埔村,现马连庄村已成为胡萝卜种植基地,兼埔村成为青椒、尖椒种植基地,并与大同市永翔蔬菜公司、大同市华晟脱水蔬菜公司等签订常年种植合同,其中党留庄村被省农业厅确立为"一村一品"蔬菜瓜果示范村,2012年,开工建设的兼埔村蔬菜批发市场,方便群众出售蔬菜及农产品,同时促进带动周边村蔬菜产业发展。

黄花作为大同县"一县一业"的主产业,由于传统种植习惯及外出务工人员较多等因素,在党留庄乡发展较慢,县委黄花种植推进会召开后,全乡积极行动,乡村干部统一思想,耐心细致做农户的思想工作,共完成黄花种植3500亩,形成兼埔600亩、蔡庄380亩、罗庄300亩、小蒲250亩等七大主片区,为发展黄花产业打下坚实的基础。全乡克服没有传统种植黄花习惯等不利因素,积极发动,大力宣传,组织群众赴倍加造、西坪等乡镇学习考察,积极联系农业部门实地指导种植,水利部门实地勘察打井3眼,尽一切可能服务黄花种植。针对种植黄花前几年效益低的现状,乡党委、政府出台政策,加大黄花补贴力度,鼓励调动农户黄花地套种蔬菜、万寿菊等,进一步减轻农户损失。

水利

党留庄乡水利基础条件一直较好。近几年,全乡继续大力发展水利建设,新建了高灌两处(上泉村),新打机井100多眼,铺设节水管道35千米,现共有机井168眼,建节水管道45千米,可浇灌土地面积约2.3万亩,占耕地总面积75%以上,为农业发展创造了良好的条件。全乡全部完成了安全饮水工程,共有 13 眼饮用水井,自来水已通到到所有农户家中,彻底解决了全乡饮水安全问题。

养殖业

2011 年全乡奶牛饲养量 2020 头,现有 4 个奶牛养殖园:椿林牧业园区、鑫农养殖专业合作社、犇胜牛场、小蒲奶牛养殖园。并配套 4 个奶站。通过发挥园区的示范带动,辐射周边,并认真做好散养户入园区工作,做到上量保质,到"十二五"末发展奶牛达到 5000 头,人均纯收入(奶牛养殖业)从 2010 年的 1040 元增长到 2200 元。

上泉村已发展成为全县养猪专业村,现猪存栏量达到 3000 头,年饲养量达 8000 头,到"十二五"末,年饲养量突破 20000 头,人均纯收入达到 10000元。2011 年,新办罗庄村雍峰养殖园区,饲养肉牛220 头,鸡 10000 只,以后每年新发展 1—2 个专业园区。

林业

党留庄乡地处平原,至 2011 年,有大片林 3630亩,其中,退耕还林地 3000 多亩,包括京大、大塘、德大、大涞四条公路两边通道绿化共 2200 亩左右,主要分布在马连庄、安留庄、蔡庄、侯大庄、党留庄、兼埔等村。发展苗圃 1000 多亩,主要分布在马连庄、安留庄、邢庄等村。

庄园经济

为推动庄园经济的发展,泰和春庄园在前期工程的基础上,2011 年投资 1000 万元,新建了人工湖、人工岛、停车场、别墅区,定位于接待会议和大型旅游团,向精品庄园迈进,浩源绿色生态庄园投资 500 万元,把一个单纯的设施农业基地打造成了一个集生态旅游观光、休闲、采摘一体的明星庄园。这两个庄园得到了各级领导和社会各界认可。

招商引资

全乡充分发挥"交通、区位、土地、水资源"四大优势,在巩固利用好引办项目的基础上,进一步为投资商提供宽松的环境和优质的服务。从 1996 年至 2011 年,累计招商引资 6 亿元,引进企业 38 个,

特别是引进华青活性炭、隆德集团大同论坛、保利协鑫太阳能、多晶硅项目、栋梁铝型材、庞大汽贸城、万昌物流、银河钢结构、冀东水泥盾石混凝土搅拌站、新义建材、京大混凝土加气块、益晟华保温材料厂、新城保温材料厂等十几个骨干企业,极大地提升了全乡经济发展水平,同时为全乡劳务输出,农民增收,乡村各项事业发展提供了强有力的支撑。

社会事业

文化站建设 2010 年,乡政府投资 36 万元,新建文化站 1 处,面积为 300 余平方米。通过多种渠道筹资、筹物,配套各项文化体育设施,已经开始正常运转。并在马连庄、安留庄村、上泉、蔡庄等村建立了农民书屋。

农民健身场所建设 安留庄、罗庄两村体育健身场所配套了健身器材,规划新建了蔡庄、兴胜体育健身场所。从而实现了村村都有文体活动场所,群众生活质量显著提高。

中小学校建设 党留庄中小学始建于 1994 年,占地面积 28500 平方米。至 2011 年,有教职工 54人(其中小学 20 人);中学 6 个教学班,在校生 241人;小学 6 个教学班,在校生 154 人;中小学教师达大学专科以上学历的 50 人,占总人数的 93%,有高级教师 1 人,中教一级和小教高级教师 26 人,省市县各级教学标兵、教学骨干、教学能手 30 余人,实现了教师队伍的年轻化、专业化。全乡中小学励精图治,努力改善办学条件。现中学有多媒体教室 2 个、网络教室 1 个,图书室、仪器室、实验室、文印室各一个;小学有多媒体教室 1 个、网络教室 1 个,图书室、仪器室、实验室各一个,各功能室配套齐全,为教育教学工作的开展提供了便利条件。教师们利用现代化教学设备,共享优质教学资源,既开拓了教师视野,又启迪了学生思维能力、动手能力,极大地提高了教育教学质量。2009 年,国家投入校舍改造工程款 125 万元和学校安全工程 65 万元,为党留庄中学新建了可溶容 300 人同时就餐的学生餐厅,改建了学生宿舍 27 间,配备了写字台、铁皮柜和土暖取暖系统,实现了公寓化管理。同时硬化了校园,使

学校面貌焕然一新。

卫生室建设　2011年，全乡共新建安留庄村、小蒲村卫生室2处，维修侯大庄村、兴胜村卫生室2处，实现了彻底消除卫生室空白点，医务人员全部到位，医疗器械、药品已全部配套，达到了小病不出村的目标。几年来，马连庄村卫生室多次接受省市观摩，得到王君省长及其他上级领导的一致肯定和好评。

卫生厕所建设　全乡完成双瓮式环保卫生厕所300个，重点是马连庄、党留庄，并在其他村进行试点户示范，向全乡卫生事业的高标准，高起点发展迈出了坚实的一步。

人口计划生育基本情况

2011年，全乡常住人口13733人，育龄妇女3756人，其中已婚育龄妇女2605人，已婚未育1641人。全乡采取各种节育措施2315人，其中男扎9人，女扎959人，宫内节育器1342人，其他5人，长效节育率为88.68%，综合节育率为88.87%。全乡独生子女父母奖励共298户，人数为462人，奖励额为261500元，其中年度新增人数66人，领证率20.84%。

新农村建设

公路建设　至2011年，全乡公路总里程达到96千米，实现了村村通水泥路。由于工作扎实，保证了时间、进度、质量的协调一致。全市公路建设现场会在党留庄乡进行了参观，并得到了上级领导的充分肯定。同时，紧紧抓住山西省新的五个全覆盖历史机遇，两年内完成街巷硬化70千米，基本解决村庄街巷整洁问题。

新农村建设提升工程　一是进一步完善规划，严格按照乡村规划实施建设，二是全面实现街道绿化灯化美化，环境整洁优美，其中邢庄村被命名为"省级生态示范村"。定期开展卫生大整治，同浑路两侧，村级街道全部粉刷并书写标语。三是大力实施通信，有线电视入户工程，全面提升信息网络质量，提高有线电视，宽带普及率。四是积极兴建农村便利店，确保群众生产、生活资料消费的便捷、安全。五是实施解危解困房工程，共兴建解困房67套。六是大力推广新型农村合作医疗，全乡合作医疗参合率达到了93%。

惠农政策落实　从1996年至2011年，确实把国家各项惠农政策不折不扣落实到位，切实减轻农民负担，促进农民增收，农村稳定。进一步完善农业技术推广体系，推进土地流转体制，建设规模大、数量多、宽领域的农村经济合作社，为农业产业的规模化发展提供有力支撑。

第八节　聚乐乡

概况

聚乐乡地处大同县最北部，位于绵绵的采凉山脚下，东接阳高县王官屯乡，西邻周士庄镇，南与西坪镇接壤。大张公路，天大高速公路穿越聚乐乡境内，京包铁路线斜穿全乡，途经7个村，全长5千米，交通运输极为便利。国土面积25万亩，其中农业用地面积3.8万亩，林地2.59万亩，退耕还林面积累计2.13万亩，其中经济林地面积1.98亩，草地面积0.15万亩。

自然地理

聚乐乡地处山区，山地相间，地域广阔，气候属大陆性半干旱气候，四季分明，昼夜温差大，宜于种草放牧。

采凉山坡土质好，植被广，山上牧草丰富，并含有多种有利于促进牛羊生长的中草药材，牛羊吃食，营养充足，膘肥体壮，肉质鲜嫩甜香，肥而不腻，食之滋阴壮阳，延年益寿。

建制沿革

1996年，聚乐乡辖13个村庄，分别是：聚乐、张庄、西关、五里台、吴家洼、塔儿村、新边、鹰嘴东、东羊坊、水沟寺、马家梁、麻地沟、牙儿崖，总国土面积15万亩，1814户5330口人。2001年，按照中央、省、市、县撤乡并镇有关精神，阁老山乡并入聚乐乡。将原阁老山乡10个村庄（大北庄、小北庄、东阁老山、西阁老山、山自造、邵家皂、艾家洼、上羊落、下羊落）并入聚乐乡。同年，国家启动京津风沙源治理工程，鹰嘴东、东羊坊、水沟寺、马家梁、麻地沟、牙儿崖6个村实行生态移民，迁聚乐乡西关村，归西关管辖。2011年，全乡共辖23个村，其中17个行政村，6个移民村，共计3034户8810口人。

旅游资源

花果之乡　聚乐乡素有花果之乡的美名，新中国成立后，特别是党的十一届三中全会后，全乡群众认真开展植树造林，绿化祖国的运动，大力营造以槟果、京杏、二元李子树为主的经济林，加上新栽植的杏树，已成为名副其实的花果之乡。花开时节，远望万亩杏林，红的、粉的、白的，如雪如玉，犹如朵朵白云飘在人间，青山绿水和雪白的杏花构成一幅优美的画卷……走过杏花林满耳是溪欢鸟鸣，闻到的是沁人的香气，杏花廊里，枝叶交错，暖暖的阳光透过层层的杏花投下斑驳的色彩，置身杏树林中，仿佛来到人间仙境，远离城市的喧嚣，尽情享受大自然的恩惠，让生活在城市中的人们心旷神怡，流连忘返。从2010年开始，聚乐乡已连续召开了三届杏花文化摄影节。

大同火山群　著名的大同火山群就分布在聚乐乡的东南部，一座座拔地而起的圆形山丘绵延数十里，宛如一幅长屏，座座相邻，似山非山，据考证，距今已有30万年的历史。采凉山位于聚乐乡西北部，古城采凉山位于大同城东20千米处，古称纥真山、纥干山、采药山。系阴山余脉，海拔2144.6米，为大同之镇山。该山是一典型的地垒山，山体浑圆，山顶平坦，山脚广泛发育洪积、坡积物，总面积为649.1平方千米。北与内蒙古大盘梁山相望；西与西寺梁山对峙；西南有其余支马铺山。山势由东北向西南倾斜。唐昭宗有诗曰"屹干山头冻死雀"，素以山峰峭拔，高寒异常，冬夏积雪而著称。"采凉积雪"为大同八景之一，有"马嘶踏遍银山顶，鸟倦惊飞玉树枝"的咏叹。山上森林苍拔，泉清草翠，药材遍地，山花烂漫，风景宜人。每逢夏季，清风花香，翠阴幽泉，已成为避暑旅游的绝佳胜地。1900年，八国联军入侵，慈禧西行避难，途中御居聚乐堡王家。现在，这座宅院有待开发修缮。

麻地沟风景旅游区　位于聚乐乡政府所在地西北部的原始森林深处，距大同市区20千米。山洞流水潺潺，松涛阵阵，野花芬芳，景色宜人，人入其中如归自然，是盛夏避暑、偕侣游玩之理想佳地。

"火山神池"　位于大同县聚乐乡下羊落村南0.5千米处，四周绿树成荫，道路畅通，池内泉水清澈见底，百花怒放，鸟鸣啁啾，是休闲度假、避暑旅游、捉杆垂钓的理想场所。每遇夏日节假日，前来观光的人络绎不绝。

国家生态示范庄园　位于采凉山南坡，四周环山，交通便利，四周绿化基础良好。占地面积约200亩，建筑面积为500平方米。园区设计有着中国古典式园林的风格，又掺和了现代人们消费的需求，共分为主绿区，经济林区，生活区，蔬菜园艺区，参观区五个区。采凉山生态绿化工程，十年规划治理面积10万亩，涉及21条山渠，22条大沟，2.1万亩坡地，乡党委、政府在县委、县政府紧紧抓住政策机遇，坚持"治理一方水土，培育以房产业，富裕一方百姓"的工作思路，狠抓林业生态建设工程。经过数年的奋战，到2010年，已完成退耕还林2.6万亩，飞播造林3万亩，封山育林2.2万亩，农田林网0.7万亩，人工造林0.9万亩，种草1.9万亩，育种基地500亩，生态移民200人，棚圈建设完成2300平方米，林业生态治理面积已达5万亩，落草面积已达5万亩，现在一个集绿色田园，生态经济、休闲旅游为一体的新聚乐乡、新采凉山正在以一个山川秀美、自然和谐的崭新面貌呈现于世人面前。

寺院景观　聚乐乡又是个宗教圣地。龙泉寺位于聚乐乡塔儿村，烟雾朦胧中的龙泉寺别有一番风情。置身其中，如在九天宫阙，欲仙欲醉，纷飞的雨雾让人忘却烦恼，忘却了忧愁，忘却了身边的繁杂世界。日落时的龙泉寺景色更美，太阳的余辉洒落在山坳，仿佛整座寺院沐浴在佛光之中，神圣而凝重，不禁让人在辉煌与淡然之中品味人生，意会佛学的深渊境界。永宁观，城隍庙位于聚乐堡内，寄托了当地人们对和谐、宁静、美好生活的向往和追求，又寄托了当地人们希望风调雨顺、家业兴旺的一种美好愿望，也指引人们向善、从善。五里台的土地庙、龙王庙等庙群，体现了儒教、佛教、道教五千年文化的深厚浓缩，其教化启迪人们要理智、明智的认识自我与世界，挖掘人生性善的一面，达到修心养性。

经济发展

聚乐乡是一个传统的农业乡，十年九旱的自然条件使这里至今仍为大同县的贫困乡镇之一。但聚乐乡历届党委、政府组织带领全乡勤劳、朴实的人民在困境中求突破，在苦干中求发展，紧紧依靠全乡自然资源优势，以"生态兴乡，绿色富民"为总目标，大力调整经济结构，认真实施"四二一"兴乡富民工程，使全乡经济得到了快速发展。"四"就是杏果、畜牧、蔬菜、小杂粮四大基地建设；"二"就是麻地沟羊肉、优质哈密杏两大品牌的宣传；"一"就是旅游产业的开发利用。到2010年，全乡杏树面积累计达到3万亩，年产鲜食杏果231万千克，引进品种有哈密杏、华州杏、银白杏、仁用杏等20多个品种。养殖主要以养羊为主，全乡羊饲养量年存栏6万只，50只以上的规模养殖大户有310户，100只以上的大户有80户，一部分农户已由分散饲养向设施圈养的方向转化，全乡棚圈建设面积达到了6万平方米。林果、畜牧等已成为全乡农村实现小康目标的两大支柱产业。2010年全乡农村经济总收入达到了9000万元，农民人均纯收入达到了3400元。

社会事业

乡、村两级阵地建设　2010年，投资170万元新建起乡政府综合办公大楼一座，使乡干部的办公环境条件彻底得到了改善。投资200多万元，新建村级办公场所12间，维修村级办公场所68间，使村级"两委"办公有场所，党员活动有阵地。

教学环境　2010年，投资120万元新建校舍21间，解决了乡中学校舍安全问题，投资200万元，新建校舍12间，进一步完善了大北庄寄宿制小学。

农田水利建设　2010年，投资500万元新打灌溉节水井20眼，扩大水浇地6000亩，使全乡水浇地面积达到了1万亩，其中耕地达到6500亩。投资400多万元，解决了艾家洼、上羊落、下羊落、东阁老山、吴家洼、小北庄2000人长期存在的饮水安全问题。

交通建设　2010年，全乡累计投入资金550多万元，完成村村通水泥路35千米，硬化村级街道、巷道25千米。

文化、体育工作2010年，投资120多万元，建设文化、体育广场2万平方米，为村民提供了文化和健身活动场所。

危房改造　2010年，全乡紧紧抓住国家扶持农民改造危房的政策机遇，先后对聚乐、新边、大北庄三个村进行危房改造，初步解决了53户村民住房困难问题。

农村亮化　2010年，全乡有13个村道路两侧安装了照明路灯，实现了农村亮化目标。

第九节　峰峪乡

概况

峰峪乡位于大同县南部，南依万家山和双元山，北傍桑干河，是一个典型的山区农业乡。全年平均气温高于其他地区1℃，无霜期长，为125—141天，特别适宜小杂粮生长，其产量高，品质优，且绿色无污染。

1996年，峰峪乡辖峰峪、兼场、西堡、孙家港、施家会、沙岭、盘道、西后口、东后口、窑子头、吉家会11个行政村，2个自然村（大沟梁村、杏树窑村）。2001年，乡镇撤并，将原徐町乡秦城、徐町、东马庄、委册、杨庄、东浮头、徐家堡、小王8个行政村划归峰峪乡。2011年，全乡辖19个行政村2个自然村。在册人口1.22万人，常住人口5790人，占在册人口的47%。全乡国土面积178平方千米，山地沟河约占70%，耕地面积5.1万亩，其中水浇地面积1.8万亩。2011年，全乡农村经济总收入12906万元，农民人均纯收入4013元，全乡粮食总产量1128万斤。

境内交通便利,同源(大同—浑源)高速公路、应册(应县—册田)公路、西峰(西坪—峰峪)公路穿境而过。自然条件优越,农业资源丰富。西部土地肥沃,水利条件好,粮食产量高,适宜发展高产高效优质农业;东部土地广阔,生态面积广,适宜种植优质特色小杂粮;南部山区小泉小水多,截潜流工程潜力大,适培植果类,仁用杏、中药材。

农业产业化

从1996年至2010年,全乡在稳定粮食生产的基础上,进一步加大农业产业结构调整力度,大力发展黄花、万寿菊等特色产业,初步形成"东粮、中菜、西瓜"的发展格局。

黄花产业　按照"集中连片、规模发展、典型示范,以点带面"的黄花产业发展思路,规划了徐家堡、东浮头、盘道、胡家窑头、东后口五个黄花专业示范村。其它村因村制宜,适度发展,共种植黄花2000多亩。

瓜菜产业　全乡从2009年开始扶持和培育以青椒为主的蔬菜产业,至2011年种植规模达2300多亩,主要分布在兼场、西后口、西堡、杨庄等村。2011年全乡优质青椒产量1800万斤,实现产值1000多万元。传统产业西瓜,2011年种植面积达到6000多亩,产量2500万斤,实现产值720万元。

万寿菊产业　万寿菊是峰峪乡的本土特色产业,依托海发天然色素有限公司,全乡万寿菊种植面积达1000多亩,产量3500吨,实现产值350万元。

新农村建设

农村街巷硬化全覆盖工程　全乡农村街巷硬化建设里程39.945千米,其中街道36.439千米、巷道0.086千米、通户道3.42千米。

农村便民连锁店全覆盖工程　在东后子口、胡家窑子头和吉家会3个村建设了农业便民连锁店。

农村文化体育场所全覆盖工程　新建乡文化站和硬化体育活动场地5处共计7200平方米,修缮旧舞台3处。共有16个村已建起了农家书屋,共配置图书50000余册,光盘850余张,书柜34个。

中等职业教育免费工程　2011年,多次与县职业技术中学联系,邀请专业能手对全乡农户进行科技培训,共举办培训班6期,免费培训365人次,主要培训瓜果蔬菜种植、畜禽养殖、病虫害的防治等实用内容。

农村养老保险全覆盖工程　全乡农村养老保险参保人数达到4355人,参合率为92%。共有60周岁以上老年人1681名,已全部发放基础养老金。

生态建设

全乡现有林地面积16.45万亩,占总土地面积的61.6%。其中,国有林地面积3.4万亩、集体林地面积9.2万亩、生态公益林面积0.75万亩、退耕还林地面积3.1万亩,全乡森林覆盖率27.05%,林草覆盖度65%。

社会事业

教育工作　2011年,被县委、县政府确定为"1+6"教育综合改革试点,统一思想,提高认识,严格按照校长竞聘上岗、教师全员聘用、中层领导组阁、后勤管理改革,教学模式创新、工资绩效发放的程序和规定进行改革,并采取"请进来、走出去"的方式,与市山橡学校结成友好学校,定期派出教师去学习取经。撤并小学3所,有效的利用教学资源。投资342万元,改、扩建兼场小学、峰峪中学;投资195万元,加固徐疃小学校舍,2010年乡中学升县一中的人数40人,升学率达37%,在全县综合评价中获第二名。

医疗卫生　新型农村合作医疗参合率达到92%;村卫生室建设实现了全覆盖。峰峪村、徐家堡村、孙家港村达市级卫生村。

城乡环境卫生　全乡累计出动清运车辆65车次,人工463人次,清运垃圾870余方,清理柴草堆55处,悬挂标语22条,粉刷标语236条,有力地保证了全乡及各村的环境卫生清洁。

招商引资

小王经纬生态庄园　全乡计划总投资1300万元,截至2010年底,已投入资金485万元,平整土地143亩,新开道路3000米,新栽梨树、柿子树、核桃树等各类树木 7000 多株，新建鱼溏 1 座。

神田生态庄园 全乡计划总投资 3100 万元，用 3 年时间建成集花卉种苗栽培、休闲观光为一体的生态庄园，规划建设 70 栋日光温室和 3 个联栋温室。至 2011 年，已完成园区四周围网、打井配电以及餐饮场所地基等基础建设。

第十节 吉家庄乡

概况

吉家庄原名为"集驾庄"，因其曾经是北魏皇室贵族朝拜佛教圣地时集结、沐浴、更衣的地方，故得名"集驾庄"，后演变为今称"吉家庄"。

吉家庄乡位于大同县西南部，南与大同市浑源县接壤，西连朔州市怀仁县，东部、北部分别毗邻本县峰峪、杜庄两乡，是全县经济基础较为薄弱、地理位置较为偏僻的乡镇之一。全乡行政区域总面积 28.8 万亩，184 平方千米，耕地面积 61440 亩，其中水浇地 21742 亩。乡境内同源高速、应册线、大灵线、鳌镇线等公路纵横交错，交通较为便利。全乡地势南高北低，南面靠山，山势蜿蜒起伏，北部靠河，地势平坦，多为良田，是粮食主要产区。年平均气温 11℃，年降雨量约 750 毫米，无霜期约 130 天。

1996 年，辖 12 个行政村：佛堂寺、西安家堡、东安家堡、小桥、吉家庄、瓮城口、南米窑、南息、米家窑、西浮头、古定桥、旧桥。2001 年，乡镇撤并，将原麻峪口乡的 17 个行政村（郭家庄、上西河、下西河、牛寺沟、辛窑沟、南栋庄、杨寨、北栋庄、王渐町、水涧、麻峪口、东庄、西庄、寺上、中嘴、南庄、杨圈沟）并入吉家庄乡。2011 年，全乡下辖吉家庄、佛堂寺、固定桥、西浮头、南息、南米窑、西安家堡、东安家堡、小桥、瓮城口、旧桥、麻峪口、水涧、王渐疃、南栋庄、北栋庄、杨寨、上西河、下西河、牛寺沟、郭家庄共 21 个行政村。2011 年，全乡在册人口 11470 人，在册户数 4235 户，是一个典型的纯农业乡镇，乡政府所在地为吉家庄村。

粮食作物主产玉米、谷子、黍子、绿豆、小杂粮、马铃薯，经济作物主产蔬菜、大葱、西瓜、香瓜、苹果、葡萄、辣椒等，畜牧业以养猪、养羊、养鸡为主。"十一五"期间，全乡按照"瓜果飘香、沟壑披绿、庄园点缀、宜居宜游、和谐文明"的发展战略目标，大力调整产业结构，加快蔬菜产业发展步伐，大踏步推进以"瓜菜调运集散地、生态建设基地、旅游休闲胜地和畜牧养殖园区"为主的"三地一区"建设，初步形成了以"汇丰蔬菜市场有限公司""吉家庄乡西瓜销售合作社""天宝生态庄园"等为龙头的集瓜果蔬菜生产、仓储、销售、调运和生态观光为主的农业产业化新格局，为"十二五"全乡经济社会全面发展奠定了坚实基础。

经济及社会事业

1996 年，全乡以农业为重点，以植树造林为拳头，畜牧业进一步发展，精神文明建设取得明显成效。加强农田基本建设，改善生产条件。以兴水治旱为抓手，投资 50 万元完成了吉家庄村高灌站建设。植树造林 2000 亩；乡建猪场 1 处，养猪 500 多头，带动养殖大户达到 200 户；农村经济总收入 1102 万元，农民人均纯收入达到 1825 元。全面落实党的教育方针，改善办学条件，新建校舍 11 间，维修校舍 23 间。全乡中小学校实现了"一无两有"。大多数学校实现了"三配套"。农村初级卫生保健工作受到市、县表彰。计划生育率达到 89.2%，人口自然增长率控制在 8.9‰ 以内，群众性的文化活动基本普及，建设村图书室、活动阵地 5 家。

1997 年，农村经济得到全面发展。粮食总产达到了 629.34 万斤。全乡开展了农村财务整顿工作，实行了"财务、村务"两公开。落实教育方针，推行素质教育，适龄儿童入学率达 100%，普九验收和双基工作受到好评。群众的文化精神生活丰富多彩。健康水平不断提高，完成县下达的"四术"任务。全乡计生率达 81%，人口自然增长率控制在 9.2‰ 内。

1998 年，按照全乡的具体实际，加快经济发展。粮食总产 1160.73 万斤。加快畜牧业发展步伐，乡新建鱼塘 15 个。文化教育工作继续完善和巩固"普九"和"双基"工作，校校实现了"一无两有三配套"。全乡有 11 个村办起农村合作医疗所，计划生育开展了"五清五建"。取得了良好效果。整修街道 21 条，硬化街道 11 条。安装路灯 61 盏，投资 20 万元强化村级阵地建设。修房 52 间。配备办公桌椅 142 多（套）件，村容村貌大为改观。

1999 年，遭受了百年不遇的自然灾害，全乡粮食生产严重受损，减产幅度达 80%，粮食总产仅为 243.9 万斤，农村经济总收入减收 54%，农民人均纯收入较上年减少了 1031 元，大部分村农民人均纯收入回弹到 500 元以下。文化教育抓住全县"教育年"活动的开展，强化师资素质教育，在"双基"检查验收中受到了上级好评，农村合作医疗进一步推广，人口自然增长率控制在 8.9‰以内，投资 36 万元新建敬老院 1 处，受到省、市表彰，五保老人老有所养。

2000 年，全乡通过产业结构调整，粮、经、菜种植比达到 4：3：3，发展黄花 1000 亩、瓜类 5160 亩、豆类 19800 亩、种菜 900 亩，铺开农建工程 2 处，新打机井 5 眼，维修旧井 9 眼，预整林地 2000 亩，新建养牛场 1 座，各类养殖大户 350 户，引进小尾寒羊养殖 200 多只。全乡 12 所中小学校全部达到"三配套"，用于教育的投资达 34 万元，农村卫生事业健康发展，农民健康水平不断提高，计生工作积极开展"三结合"，认真贯彻"三为主"的方针，计生率达 82%，人口自然增长率控制在 7‰以内，省计生药具及省计生协会对全乡计生工作给予好评。8 月份国家计生委检查评估"三为主"工作给予好评。

2001 年，全乡以调整优化农村经济结构为主线；以深化改革和推广农科技术为动力；以民增收入、村增积累、乡增实力为目标，推进全乡经济、社会全面进步。农村经济总收入达到 3011 万元，农民人均纯收入 1150 元。切实抓好素质教育，处理好"减负"与提高教学质量的关系、加快学校危房改造。丰富群众的精神文化生活，巩固发展合作医疗。积极开展计生"三结合"，推动"双进万"工作。计生率达到了 82.5%，人口出生率不超 16‰。

2002 年全面落实党的十五届五中、六中全会精神，实施县委提出的"十六字"发展新方略。加快经济结构调整，全乡经济总收入达到了 3268 万元，农民人均纯收入达到 1756 元，粮食总产 754 万斤，加快小水改制，改善农业生态结构。文化教育巩固"双基"成果，投资 60 万元新建乡办中学开工。落实《人口计划生育法》促进优生优育，推进民主法制建设，实现安定祥和。

2003 年以"三个代表"重要思想为指导，落实党的十六大精神，全乡经济总收入 4870 万元，农民人均纯收入 2480 元。全乡封育围栏 4000 亩，人工模拟飞播造林 2000 亩，退耕还林 2000 亩。卫生工作全面落实"非典"防控措施，实现了"0"目标。计生工作接受省、市的检查，对各项工作给予肯定。计生率达 85% 以上，人口自然增长率控制在 10‰以内。非农业人口低保顺利推行。

2004 年，全乡农村经济总收入 101803 万元，农民人均纯收入达到了 2230 元，粮食产量达到了 2135 万斤。

2005 年，全乡通过优质玉米、黄花、瓜类、蔬菜、小杂粮"五大基地"建设，粮食总产达 2234 万斤，农村经济总收入 82633 万元，农民人均纯收入 1824 元，引资 380 万元建设天宝生态园，开展了新农村建设，建起农民文化广场 2 个，硬化街道 3 千米，农民文化剧场 2 个。完成对东庄等 6 个村的移民工作。

2006 年至 2008 年，全乡上下紧紧围绕"生态公益大乡、特色农业富乡、龙头企业强乡、科教文化先进乡"的奋斗目标，种植玉米 2.1 万亩；经济作物达 3.5 万亩；粮食总产值达到 2235 万元；全乡农村经济总收入达到 10280 万元；人均纯收入 2340 元；肉、蛋、奶产量分别是 588 吨、358 吨、61 吨；牛、猪、羊、鸡的饲养量分别达到 1520 头、1500 头、2500 口、10230 只，实现了农业增效和农民增收。2006 年，引资 300 万元，在西安家堡兴建天宝生态园；引资 300 万元在吉家庄，旧桥新建磁性选铁工厂 2 座；引资 50 万元，在吉家庄兴建石料厂一座；2007 年，投资 500 万元，在吉家庄兴办北方加洲鲈鱼养殖基地 1 座；投资 150 万元在南栋庄兴建磁性选铁加工厂 1

座;投资 214 万元,完成乡东部 8 个村饮水解困工程;引资 200 万元,新建南栋庄肉牛合作社,圈养牛 300 头(其中奶牛 60 头)。2008 年,引资 80 万元,兴建凯弘养殖合作社,在佛堂寺圈养 300 只羊.以此全面推进全乡经济工作不断提升。这些项目的引进,为以后打造各种基地奠定了基础。全乡确定了南息 1 个新农村建设示范村和确定了吉家庄、南栋庄、郭家庄三个重点整治村,达到硬化、绿化、亮化、净化的标准。南息村开展"园林化"村庄建设,安装路灯,栽种了樟子松、油松、垂柳、丁香、刺梅、侧柏等观赏植物,并清理了街道垃圾,提高了村民的生活质量。三个整治村清理了垃圾,安装了路灯,硬化了中小学校院,维修了剧场、绿化了街道,分别兴建了一处休闲广场。全乡完成通达公路 60 千米,8 个村兴建和维修村委会,并全部绿化了通道。全乡完成 221 个沼气,超额任务 21 个,为全面建设小康社会打下基础。投资 2400 万元,完成了 2000 亩土地整理项目,并实施了坡改梯 1000 亩;投资 200 万元,解决了八个村的饮水安全;争取资金 60 多万元,彻底修复 2 座高灌站,得以保证六个村的万亩粮田灌溉;引入资金 47 万元,为西浮头村维修机井 2 眼,新建水塔 1 座,彻底解决该村人畜吃水困难;引进资金 16 万元,为瓮城口村新建护堤坝一座,保证 3000 亩耕地不被洪水冲毁;农民自筹资金 150 万元,打井 90 眼,整修原井 100 眼,改变了靠天吃饭的现状;同时,全乡六个村建立了卫生站,新建乡镇四级汽车站 1 个,应册公路建设完成 20 千米,为全乡经济社会又好又快发展奠定了基础。加强全乡基础教育工作,投资兴建了王渐瞳、古定桥等八所学校,维修危房 10 间,彻底消除了隐患;提高了节日困难群体慰问标准,共拿出 2 万元慰问困难家庭。启动了农民基本医疗保险制度,共有 150 人入了保险。新型农村合作医疗扎实推进,全乡有六个村建立了卫生站。全乡劳务输出 1000 人,农民劳动力技能培训 500 人。各项民心工程进展顺利,社会和谐稳定发展。对全乡 2 所中学、15 所小学的师资进行整合,教学水平逐步提高。

2009 年,依据全乡地理、区域条件,将农业项目作为全乡招商引资工作的重中之重,完成的投资项目有:完成投资规模达 120 万元的大同市渔业示范园区的扩建工程,新增鱼塘 9 个。现已投入运营。投资 80 万元的凯宏养羊合作社的圈舍扩建工程已竣工,扩大到 1500 只的养殖规模。在南栋庄村投资 20 万元兴建的汇丰仓储物流中心已竣工,已成为全乡蔬菜果品的销售的重要平台。确立了全面推进"3521"工程的农业产业化发展总体构想。"3"是稳定和发展了三个特色产品基地。玉米、绿豆、西瓜是全乡的三大特色优势产业。三大特色产业基地种植面积均突破 1 万亩,同时在品质、效益上做文章,三大绿色无公害产业基地初具雏形。"5"是完成五个新品牌基地的建设。(1)蔬菜基地。移动大棚完成了 110 栋,以种植甜瓜—芹菜、白菜的模式为主,每栋收益平均 5000 元。通过乡党委、政府的正确引导下,落实青椒种植 340 亩,番茄(铁柿子)100 亩,黄花 130 亩,为扩大蔬菜基地的建设奠定了基础。(2)优质葡萄采摘基地。与大同市新兴葡萄采摘垂钓园联系,为农户提供种苗、技术指导等服务,并负责以保护价收购。新发展葡萄种植 100 亩。涉及瓮城口等四个村。(3)优质大葱基地。抓住佛堂寺大葱传统的品牌优势,鼓励各村发展大葱种植,种植面积达到 3000 亩。(4)牛羊圈养基地。结合全省封山禁牧,全乡圈养牛达到了 1000 头,圈养羊达到了 3000 只。(5)林木种苗基地。在南栋庄、郭家庄、吉家庄等三个村完成了种植选址,发展种苗基地 200 亩。"2"是建设两个农副特产品加工基地。在南栋庄村投资 20 万元的兴建的汇丰仓储物流中心已竣工,已成为全乡蔬菜果品的销售的重要平台。吸纳资金 160 万元,在南栋庄村兴办粮食储运加工企业,为群众解决玉米以及小杂粮等粮食作物的"卖难"问题。"1"是建设一个旅游生态休闲基地。新增投资 100 万元的天宝生态园,扩建项目已完工。通过引资、融资 400 万元对龙凤寺的进行扩建,为全乡发展生态旅游业奠定了基础。实施生态富乡战略,加快生态建设步伐。完成同浑路两侧绿化任务 5.37 千米,主要栽植大油松 2000 株,其中乡投资 20 万元;完成吉家庄村到古定桥村 5 千米的通道绿化,栽植樟子松 3000 株,乡投资 15 万元;完成公益林补植补造任务 1200 亩,栽植松树 11 万株,成活率达 70%。同时完成了 3.2 万亩封山育林管护工作,完成 2000 亩的人工造林工程和 1000 亩的封山育林工程。

社会各项事业

(1)投资 60 万元新建乡文化站 1 处,完成了在佛堂寺、西安家堡、王渐疃等 8 个村高标准的体育健身场所的建设。(2)全乡新型农民合作医疗参加率达 92% 以上。(3)全面开展民政优抚工作。认真落实五保、低保和农村养老保险政策,按时足额发放定补资。完成农村安居工程住房改造任务 6 户投资 9 万元;认真搞好救灾救济工作,及时发放救灾救济款 31 户 3 万元;发放救济棉被 120 床;另发放了参军优抚对象补助款 2.49 万元。(4)计划生育工作开展扎实有效。完成征收社会抚养费 9.9 万元。较好完成了上级部门下达的任务。

第十一节 东街办事处

概况

大同县东街街道办事处成立于 1998 年 4 月,位于县城大东街,109 国道横穿辖区,毗邻京大高速公路,交通便利。至 2010 年,有工作人员 9 名,其中书记、主任、副书记、武装部长、办公室主任各 1 名,副主任 2 名和办事员 2 名,内设综合办、综治办、社会事务办、社区服务办、计生服务办五个办公室,管辖着县城南北大街中心的东半部。辖区面积 2.02 平方千米,原下设 14 个里巷,经整合,到 2010 年为 6 个社区居委会,每个居委会设有主任 1 名,委员 2 名;辖区内有高中 1 所、初中 1 所、小学 2 所和公立幼儿园 2 所、私立幼儿园 10 所;辖区共有居民 6499 户,总人口 20798 人,驻街单位 75 家。辖区幸福里社区在 2006 年被全国老龄委评为"全国敬老模范村居社区",连续三年被评为市级"文明和谐社区",连续多年被县委、县政府授予文明社区。

城市建设 东街办事处承担着所辖街区的拆迁建设工作,2010 年县城永业东街棚户区改造工程是全县的重点工程,拆迁总面积 6182 平方米,涉及东街辖区拆迁居民 52 户,拆迁房屋面积 4776.8 平方米。东街办首先成立了拆迁工作组,对永业东街建设北里的 52 户居民房屋的基本情况,包括产权、房屋结构、建筑面积、建设年代,以及他们家庭的基本情况进行了详细的摸底登记,并请评估公司对这些房屋进行了评估。然后根据县政府出台的《关于永业东街棚户区改造工程拆迁通告》,一方面向被拆迁户认真宣讲县政府《通告》中的具体内容和具体的拆迁安置补偿办法以及有关的政策、法规;另一方面,用和风细雨的方式,耐心细致地做被拆迁群众的思想工作,最后全部动员居民们顺利地完成了拆迁。街道在每年春季组织社区人员开展绿化工作,到 2010 年,共完成街道树木栽植 1200 株。

维稳工作 从 1998 年至 2010 年,东街办坚持"大整治、大稳定",密切联系群众,切实做好信访工作。按照"属地管理、分级负责"和"谁主管、谁负责"的原则,认真落实《信访条例》,坚持街道党委书记、街道主任信访接待日制度,努力畅通信访渠道,及时处理群众来信来访,切实把矛盾化解在萌芽状态,把问题解决在基层。做好辖区内军转人员、原法轮功练习者和一些老上访户的稳控工作,并与驻街单位签订《保平安维护稳定责任状》,形成齐抓共管的维稳格局。

民生工作 切实做好对低保对象,失业人员跟踪调查、动态管理,实现低保应保尽保。东街办和县民政局配合,对街道辖区低收入家庭的具体情况进行逐门入户审核,在低保户办上坚决做到"公开、公平、公正"。截至 2011 年底,共为辖区 1230 户低收入家庭办理了低保。切实做好廉租住房补贴的发放,对辖区内的 1735 户廉租房申请户进行入户调查,为符合条件的 1125 户办理了廉租住房补贴。切实保障辖区居民"病有所医",消除广大居民的后顾之忧,做到了城镇居民医疗保险全覆盖,到 2010

年共为辖区内的 5560 名居民办理了城镇居民基本医疗保险。切实做好全县城镇居民养老保险试点工作，按照"保基本、广覆盖、有弹性、可持续"的原则，为辖区未覆盖城镇居民办理了养老保险，完成了县政府下达的缴费任务，按照老有所养的原则，为 210 名年满 60 周岁的城镇居民办理了养老保险。

社区服务　东街办多方筹资 2 万元，建起了幸福里社区文化活动中心和常春里社区文化活动中心，配备了桌椅以及各种娱乐器具和各种图书，极大地丰富了辖区居民的文化生活。在社区组建 3 支以党员为主体，群众积极参与的文体团队，有组织地开展健康有益、积极向上的文体活动，倡导健康文明向上的生活方式。组织辖区内党员群众围绕"从我做起、向我看齐"的要求，公开承诺积极参加文化活动，为社区精神文明多做贡献。同时，还组织开展了文化型、和谐型、爱心型等特色小区创评活动，为街道社区健康和谐发展营造了良好氛围。

街道硬化及垃圾清理　东街办事处从 2003 年开始，连续多年开展城乡街巷道路硬化工作，截至 2009 年共完成辖区主街道和街巷硬化 30 余千米，极大地方便了居民的出行；同时对辖区内的小区和主要街道集中开展整治脏、乱、差的活动，特别是 2009 年对新中南里垃圾堆的清理工作，其是本县有名的"龙须沟"，多年来垃圾成堆、污水成河、道路难行，一直是个"老大难"问题，居民反映十分强烈。街道多方协调筹集资金 40 余万元，出动大型机械 5 台，垃圾车 30 辆，奋战一个月，清运了沉积多年的垃圾堆。并对主干道进行了硬化，把团结里、康复里、建设南里以前遗留下的一些路段也进行了硬化接通，达到了集中连片整治目的，使街道面貌彻底改观。这一务实举措，赢得居民群众的衷心拥护。2011 年街道按照基本公共卫生服务的精神，本着方便居民的原则，组织 20 多人与县医院的医务人员深入辖区六个社区的居民家中为他们全部建立了健康档案。

社会治安综合治理　东街办扎实推进平安创建工作，强化技防设施建设，在 11 个重点小区建设了"警务室"；健全组织机构，成立了平安创建工作领导小组和"大调解"工作领导小组；成立了由社区治安巡逻队员、居民小组长、治保会，调委会组成的群防群治队伍，维护居民区治安稳定；认真落实维护稳定领导责任制，健全矛盾纠纷排查调处机制，共调处矛盾纠纷 150 余起。积极做好辖区刑释解教人员、吸毒人员、法轮功练习人员的帮教工作，对两放人员坚持教育、硬化、挽救的方针，规范档案管理，实行"三级帮教"，即对表现差的由责任民警一级帮教，对表现一般的由街道干部二级帮教，对表现好的由社区居委会三级帮教，与责任人签订协议书，帮教率达到 100%，为两劳释放人员寻找就业机会，预防重新犯罪。做到了在敏感节点不失控、不漏管；加强对辖区校园及周边环境的整治、治安巡逻，确保了校园及周边社会秩序良好。

计划生育　加强对计生工作的领导，严格执行党政"一把手"亲自抓、负总责。深入辖区，摸清底数，完善全员人口数据录入，累计为育龄妇女发放宣传资料 10000 余份，避孕药具 6500 支，组织居民定期健康体检，并建立健康档案，加强对流动人口服务管理，定期开展流动人口的登记验证工作，广泛开展政策法规和健康知识宣传，为他们提供各项优质服务。

其他方面征兵工作　东街武装部切实站在战略全局高度，以强烈的主动意识和责任感全面贯彻落实省、市、县关于每年冬季征兵工作的相关精神，强化征兵工作领导组职责。充分利用广播、电视、标语、横幅、短信等进行征兵宣传教育活动，使广大适龄青年积极应征入伍，2011 年为国家输送进藏兵和武警兵等共 8 名，超额圆满完成了征兵工作任务，得到了县武装部的肯定。人口普查。2010 年认真组织人员做好"六普"工作，先后耗时 3 个月，组织人员近 30 人对辖区 14 个里巷 82 个普查小区进行了人口普查，圆满地完成了普查任务。按照县统计局的安排部署，2011 年又组织 30 多名熟悉统计工作的同志深入文昌里、常春里、粮食一中三个小区

政区

进行翔实的人口抽样调查登记,准确地掌握人口抽样调查数据,为全县人口抽样调查工作提供高质量的依据。

第十二节　西街街道办事处

概况

大同县西街街道办事处成立于1998年4月。至2010年,辖区总人口11320人,总户数3328户,辖区有三个社区七个居委会,每个社区设有书记1名,委员2名。下设财政所、派出所、计生办、民政办公室。驻街单位31家。

城市建设

街巷硬化　西街办事处从2003年开始,连续多年开展城乡街巷道路硬化工作,截至2009年共完成辖区主街道和街巷硬化25万多千米,极大地方便了居民的出行。街道每年在春季组织人员开展绿化工作,共完成道路树木栽植1200株。

拆迁改造　2009年,按照县政府的安排,西街办事处承担永业西街的通幽巷、工行家属院、地毯厂家属院、邮电大院改造的拆迁工作,涉及拆迁户75户,通过对广大居民进行宣传动员,千方百计动用各种关系,用感情耐心细致地与居民沟通,基本实现和谐拆迁,

社会保障

失业人员再就业　西街办事处会同劳动部门组织辖区失业人员进行进行的技能培训,提高失业人员的再就业能力。从办事处成立以来,使2100多名失业人员重新走上工作岗位。

低保及廉租住房　按照国家有关政策,对辖区的低收入家庭进行申请复核登记,做到及时登门服务和入户走访,对低保对象实现动态管理,把辖区内840户,1705人纳入低保覆盖范围,真正做到应保尽保,为941多户住房困难户发放廉租住房补贴。

居民医疗保险　通过广泛宣传、动员,为辖区居民办理医疗保险和养老保险,同时在服务质量上下功夫,对居民热情服务,随到随办,代填保险单、

免费复印证件等。针对辖区内两个幼儿园的幼儿每个家长来办不大方便,我们便主动上门报务,同时免费为孩子们照相。2011年,完成3041名居民的养老保险,全部完成县里交给的任务。使居民的办理率达到98%以上,逐步解决了居民看病贵和有病看不起的问题。

解难帮困　进一步加大临时救助力度,对辖区的困难家庭,特别是因病、意外事故造成的困难家庭,街道要积极帮助解困。在每年两节期间对他们进行慰问,从1998年到2010年共对364人临时困难户和残疾人进行了帮扶慰问。

维稳工作

信访工作　广泛宣传《信访条例》,认真搞好不稳定因素的排查和调解工作,着力化解社会热点、难点问题。将矛盾化解在萌芽状态,坚决避免发生大规模群体事件;加强预警机制,树立防早防小,及时解决问题的思想。针对个别残疾人和弱势群体等重点信访、重点人员,严加关注,经常摸排,准确掌握情况,制定有效措施予以解决,积极做好稳定说服工作,共稳控上访人员12名。

综合治理　认真抓好普法学习宣传培训和信息员队伍建设工作。做好矛盾纠纷调处工作,从1996年至2013年,共调解纠纷78起,调解率要求达到100%以上。

消防安全　抓好居民的宣传教育工作,增强居民的消防安全意识,提高居民的自救能力,预防事故或减少火灾发生,从1996年至2013年,共查处火灾隐患12起。

环境卫生

全面发动辖区居民、单位,利用各种形式大力进行环境卫生创建宣传活动,营造浓郁的搞好环境卫生氛围。针对辖区环境卫生实际情况,制定了"以点带面,全面铺开"的方针,在现有条件较好有下水的利民巷、葆华里,街道全体干部职工,挨家挨户地宣传动员居民,让居民把垃圾和污水分离,切实保护好环境卫生,辖区环境卫生大为改观。

第十三节　湖东街道办事处

概况

大同县湖东街道办事处，位于南郊区和大同县城郊结合部，西与党留庄乡毗邻，南与杜庄乡相接，北与倍加造镇，东与瓜园乡接壤，西接同浑公路。北有湖东编组站。辖区面积约 6 平方千米。

1998 年 4 月，经市政府常务会议批准成立大同县湖东街道办事处。设有地税所、国税所、工商所、邮电所、派出所、财政所。

2011 年，湖东街道办事处有干部职工 8 人，其中书记、主任、副书记、武装部长、办公室主任各 1 名，副主任 2 名和办事员 3 名，内设综合办、综治办、民政办、社区服务办、计生办五个办公室。原下设有六个居委会，居委会主任由县委经过统一选拔任命。

2011 年，由县民政局结合村级换届选举合并设置为三个社区居委会。每个居委会设主任、副主任、委员各 1 名。办事处所辖"欣和圆"小区共有楼房 29 栋，住户 1386 户，居住人口 5000 多人，有物业管理站一个。"欣和圆"小区 2005 年被县委、县政府评为"文明小区"、2007 年被市社区建设领导组评为"四星级社区"、2010 年度街道在全县乡镇（街道）年终考核中位列街道第一名，综合第三名、2012 年被山西省人民政府安全生产委员会评为"创建安全乡村工作先进单位"。

湖东编组站是全国最大的编组站之一，2011 年运输能力达 4.4 亿吨。设有机务、车务、车辆、供电、电务、房建等站段和车间还有三个大型发煤站。流动人口达 1 万余人。

社会事业

1996 年至 2013 年，办事处本着服务铁路、服务居民联络地铁关系的原则，开展工作，着力为湖东居民、铁路职工办实事、办好事，搞好后勤工作。成立了专职群众联防队、社区救济互助中心、市容管理队，居委会成立了包保组。并紧紧围绕县委、县政府的各项决策部署，立足实际，依托铁路，用足优势，用活政策，对外依托大秦铁路公司挖税源；对内以工作作风转变为主线，着力抓好社区稳定、社区卫生、社区服务和社区经济四项工作重点，力争将社区工作提高到一个新水平。

道路建设　2009 年至 2013 年，协调铁路投资完成了"100 万元新建站东街到常胜庄 2 千米（5 米宽）水泥路建设任务；投资 115 万元工程改造了站前街"之后，街道投资 10 万元对 8 千米道路进行了由专业机械喷涂统一的公路标线整治，宽 15 厘米，间隔 4 米，黄色；粉刷绿化道路两旁树木 8300 株。站前街喷设专门停车场，设置禁停和停车标线，专人负责车辆管理，县交警摄像车不定期整治。此外投资 5000 多元在主干道、站前街、市场等地设置了限速、停车、禁停等标志牌，投资 10 万元对机务段东门行车道进行扩建，既解决行车安全又促进了周边环境环境卫生整治，达到整洁安全。

环境卫生　为了加强专业卫生队伍管理，对 15 名清洁工和 5 辆车实行了"专人包片、责任到人、定时清运"的制度。既明确了责任区，又确保了社区公共卫生的日常保洁。同时，加大监督力度。责成辖区派出所与市场管理人员大力整顿市容市貌，使施工单位对建筑垃圾做到及时清运、不留死角。开展专项整治。按照品种层次化、环境优美化的原则，组织街道干部和社区群众积极开展"美化社区、净化家园"的行动。广大居民积极响应号召，新栽林木、花卉 6000 株，清运垃圾 140 吨。为防止街面野广告乱涂乱贴在市场两侧和家属区设置了广告栏 5 处。逢年过节积极筹资动员各居委会和驻街单位出动车辆、人员对沿路两侧及居民区部分垃圾死角进行了彻底清除。协调铁路投资 30 万元建设高标准冲水式厕所一座，有力地改善了站前街环境卫生。2011 年，协调铁路投资 20 万元建立高标准冲水式厕所一处，街道办事处投资 12 万元新建固定垃圾池 10 个，购买可移动垃圾箱 20 个，配备专职街面保洁员 5 名，整修塌陷路面、人行道 500 多平方米，投资 5 万元维修疏通下水管道及树池 1 千米回填土方1000余方。同年,路局现场观摩会在湖东顺利召开。

综合治理　1996年至2013年,适时开展宣传,营造良好氛围。先后发放法制宣传资料50000份,张贴法制宣传标语300条。并用固定横幅、标语、广告栏等形式为开展"迎两节""迎亚运""迎世博"打击入室盗窃、爱国卫生月、禁毒、食品安全、"六普"、"火山黄花文化旅游节"等做了大量宣传工作。同时把宣传品及时送往铁路部门,积极宣传全县各项优势,为产业发展打基础。外来人口的管理。由派出所、计生办等部门组建联合小组,对外来医院园区近千名流动人口和施工单位进行建档、登记、归类。同时,认真对驻街单位和个体户进行劳动用工登记,防止非法用工。群防群治。以派出所牵头,组织铁路护路队、铁路派出所、居委会等人员联防联治,坚持24小时值班巡逻,消除各类隐患,营造一方平安。加强信访工作。制定应急预案,加强对重点地段、重点对象的全面监控,对有异议的纠风事件办事处指定专人包点,化解矛盾。确保大事化小,小事化了。

社区服务　在社区文化建设上,组织成立了老年文艺队一支25人,健身舞蹈队两支60人;联系俱乐部开展了消夏电影放映月活动和铁路慰问演出活动,年均放映各类影片20多部。丰富了居民职工的文化生活。卫生医疗工作上,积极与卫生局协调成立了社区卫生服务站,方便居民就医,并广泛宣传号召居民参加医疗保险,累计有500多人参加保险。积极做好县与铁路方面的桥梁纽带作用,多方位关注大秦公司和太原路局人事动向,并及时向县里汇报,以便取得进一步的沟通。

社区经济　湖东街道办发挥紧靠大秦铁路的优势,加强服务,创优环境,全力推进经济发展。在税收方面,通过积极协调铁路施工单位的税收,争取为全县的财税收入做出贡献。2011年协调各类税收400余万元。在培育市场方面,充分利用湖东城乡结合、大秦铁路业务多的优势,大力培植扶持饭店、旅店、运输车辆等各类商业网点。为部分家庭联系就业岗位,不断增加居民收入。进一步做好市医药第一园区的治安和各项服务工作。园区企业:威奇达、谱德药业、振东药业、泰胜药业。

第二编　自然环境

第一章　地质地貌

第一节　地　质

地质结构

本县位于内蒙古断块的东南边缘，主要地质构造有桑干河新断陷。其分布与大同盆地东北边缘走向相一致。呈北东—南西向。其西北侧以口泉大断裂为界，南东侧以恒山北侧山前断裂、麻峪口断裂为界，向东延入河北省。裂陷呈北东向延伸，长约150千米，宽20—40千米，叠加于吕梁—太行断块、燕山断块和内蒙古断块均接壤地带、该新裂陷内主要呈现为两个箕舌相对的"簸箕状"凹陷和一个介于二者的陷隆。

地层

太古界—桑干群（A）　主要分布在北部采凉山，东部丰稔山和南部山区。此外，东坪山一带大片出露，在黑山、金山、狼窝山一带冲沟中零星出露，岩性为麻粒岩、黑云斜长片麻岩、花岗片麻岩、角闪片麻岩等，并夹有辉绿岩脉，出露面积约232平方千米，厚度不详。

元古界（Pt）　震旦系（乙）主要分布在簸箕崴山、寨子顶山、大王村两侧一带，在瓮城口、麻峪口及东坪山、东坪村北一带，也有零星出露，出露厚度20米左右，岩性为灰白—粉红色含燧石条带及结晶白云岩，下部夹黄褐色页岩，底部为含砾石英砂岩，厚度约90米。

古生界　寒武系　主要分布在大梁草帽山、大神堂山、马头山、殿山一带，南山洼零星出露，覆盖于震旦系高于压组之上，呈平行不整合接触，岩性为一套浅海相碎屑岩—碳酸盐岩建造，分上、中、下三个统，总厚度300米。奥陶系分布于马头山、柳峪村东一带，殿山也零星出露，为一套浅海相石灰岩，碳酸盐岩建造，厚度300米，与上覆地层呈不整合接触。石炭系地层多遭受构造运动的破坏和风化剥蚀残缺不全。缺失上统中统覆盖于奥陶系中统之上，呈不整合接触，为一套海陆相合含煤地层，厚100米左右。二叠系分布于东庄、羊圈沟一带，为一套陆相碎屑岩地层，于下伏石炭系地层呈不整合接触。中生界本县侏罗纪地层无表露，仅有白垩纪上统之层。在大同—阳高公路路堑及东坪山一带的冲沟中零星出露。岩性以棕红色、紫红色为主，夹有数层薄层状灰白或灰绿色砂质泥岩及粉沙岩，其间有灰白色或灰绿色斑点或斑块，半固结，厚度10—15米。新生界经新生界的第三、第四系后，地层在缓坡、河谷、沟底、平川区广泛发育，主要由坡积物、冲洪积物、风积物、动植物化石组成。据东咀村钻孔揭露，褐色淡红色地层多分布在山前倾斜平原区，为一套洪积相为主的亚粘土、亚砂土、砂砾石及碎石互层，厚度15米左右。盆地中部为一套冲湖积相为主的灰色、灰黑色及灰绿色黏土、亚粘土及淤泥质亚砂土夹粉砂中细沙层，岩相由上至下，颗粒由细变粗，自成一个完整的沉积韵律旋回，尚属中更新统地层物。在新生界的上更新统地层本县大面积裸露，顶板埋深52米，其岩性上部以灰黄、浅黄及黄色的黄土质亚砂土、黏土夹粉细沙、卵石、砾石等。在西坪附近有沉积泥炭层。在县境东部有火山砂、火山灰、火山弹气孔状玄武岩、橄榄玄武岩。本统地层富含钙质结核，颗粒由山前向盆地逐渐变细，岩相变化据周士庄学校南一钻孔表明，地层颗粒从下至上有由细—粗—细—粗的变化规律，总厚度14—52米。本统地层所含古生物化石，反映了当时生物群较大的变化，例如球星介、白旋螺、小土蜗、玻璃螺、五类蜗牛、平卷螺等都是较新的种属。这时的脊椎动物出现了鸵鸟、盘羊、披毛犀、中华鼢鼠、似布氏田鼠、野马及羚羊等。当时水草丰茂，充满诗情画意。本统出现过冰期气候。过去的那种生态环境不复存在，代之而来的是冷杉，属植物群和大量的耐旱草木出现。在本统西坪组（Q33X）上部，次生黄土层中常含有鸵鸟蛋化石碎片以及新石器和古陶器片。中部"灰绿层"中常含腹足类及丰富的微体生物化石。厚度15—20米，最大可达50米左右，组成Ⅱ级阶地冲湖积平原及倾斜平原。

地层岩性

全县地层从老至新有中太古界集宁群和上太古界五台群，上元古界长城系高于庄组，古生界寒武系出露较全，奥陶系出露于寒武系之上，新生界新近系、第四系零星分布于盆地及山间沟谷中。本县地层从老到新分为：

太古界　太古界在县境内包括中太古界的集宁群和上太古界的五台群。

集宁群（Ar1－2j）：主要分布在县境北部采凉山。该群岩性主要由一套经历中深—深度变质作用，普遍遭受不同程度混合岩化的各种含柘榴子石、矽线石、透辉石和紫色辉石的麻粒岩等组成，本县集宁群构造比较简单且层次比较清楚。

五台群（Ar1－2W）本县五台群仅见于县境南部大梁山、石人山一带，主要岩性为斜长片麻岩、变粒岩等。

元古界　长城系（chg）：上元古界长城系缺失中下统，上统仅有高于庄组，零星分布于马头山周围及大王村南部。以厚层、中厚层灰白色硅质白云岩为主，夹黑色燧石条带及肉红色石英岩，致密坚硬。

古生界　本县古生界地层发育有寒武系、奥陶系、石炭系。

寒武系（∈）：分布于县区东南、西南角，马头山周围，以厚层鲕状灰岩，竹叶状灰岩、泥质条带状灰岩为主。

奥陶系（O）：只有下统和中统，而缺失上统。分布于县区东南、西南、马头山一带。以中厚层白云质灰岩为主，夹少许竹叶状灰岩及豹皮灰岩。

石炭系（C）：仅在麻峪口乡的东庄村周围出现，主要岩性为黑色砂质岩夹煤层。其石炭系矿床倘有铝土矿，黏土及铁矿等。

新生界　新近系上新统（N2）：零星分布于东庄村，西坪村，中高庄一带。岩性主要为砾岩和粉质黏土夹粉砂等，砂岩，并含少量钙质结核。

第四系（Q）：广泛分布于盆地及山间沟谷中。厚度200余米。下更新统（Q1）：仅在册田水库北岸，桑干河南岸，南石山、陈庄水库两岸出露。由灰、灰绿、灰黄等色亚黏土、亚砂土及砂、卵石层组成。中更新统（Q2）仅在西册田乡东部，金山寺北部零星出露，由粉质黏土夹砂砾石层。厚20米左右。上更新统（Q3）区内广泛分布，遍及整个山坡谷地，岩性为灰黄、棕黄色粉土，下部为沙砾石层。厚度20—40米。全新统（Q4）近代河流冲洪积物，分布于河流Ⅰ级阶地，河漫滩及河床，以桑干河两岸为多，除Ⅰ级阶地表层为砂土、粉土外，其余均为砂、沙砾层，厚度10—20米。

岩土体工程地质特征

根据岩土体的岩性组合，结构和构造特征结合区域岩土体物理力学指标，本区岩土体类型可划分为以下几种：

块状坚硬变质岩、花岗岩组（Ar＋βμ1－22）主要分布于南部六棱山和北部采凉山一带，岩性为麻粒岩、斜长片麻岩、花岗片麻岩、变粒岩等。

岩体呈块状，原生及次生节理不发育，结构多呈闭合型，层间结合力强，具有较强的抗风化能力，耐火性好，岩体稳定，强度高。

厚层中厚层中等较硬白云岩、灰岩组（chg＋∈＋o）　主要分布于北部采凉山和南部六棱山一带，岩性以厚层、中厚层硅质白云岩、白云岩、鲕状灰岩、竹叶状灰岩、白云质灰岩为主，长城系岩石致密坚硬，抗风化能力强，岩体较稳定，寒武、奥陶系灰岩层间结合力较低，抗水浸能力差，吸水层易软化，故工程地质性质一般。但因其各自面积较小，故放在一组，为工程地质条件中等岩组。

薄、中层状夹软弱层碎屑岩组（C）　仅分布在麻峪口乡东庄村周围，岩性为灰黑色砂质页岩夹煤层，中间含有黏土及铁矿，砂质岩遇水易软化、泥化、体积膨胀，使岩体降低，工程地质条件较差。

砾岩、粉质黏土多层土体（N2）　分布于东庄村、西坪村、中高庄一带，岩性为砾岩粉质黏土类粉砂岩、砂岩。结构构致密，岩土工程地质条件中等。

黏土、砂砾石、粉土多层土体（Q1＋Q2）　分布在册田水库北岸，桑干河南岸，陈庄水库两岸，西册田乡东部、金山寺北部，岩性为粉质黏土、沙砾含钙质结核，结构较致密，工程地质条件中等。

黏性土单层土体（Q3）　分布在本县山坡谷地广大地区、岩性以土黄色粉土为主，结构疏松，具有大孔隙，垂直节理发育，具有明显的湿陷性，工程地质条件较差。

砂、砂砾石土体（Q4）　分布于河流Ⅰ级阶地，河滩及河床，以桑干河两岸为多，以砂、砂砾石为主，工程地质条件较好。

第二节　地　貌

本县国土总面积为225.45万亩（1503平方千米），其中山区占13.77%，丘陵占70.46%，平川占15.77%，是一个以丘陵为主要地貌特征的县。全县耕地面积58.8万亩，其中水浇地面积24万亩。全县共有林地面积69万亩，农田林网控制面积40万亩，森林覆盖率为23.6%。全县土壤以栗钙土为主，pH平均值为8.4。境内平均海拔1040米。

本县位于大同盆地的东北边缘，山川相间，南北高，中间低，由东向西呈波状缓倾，地势的起伏走向，大致呈西东展布，南北排列，北东高于南西，北部平均海拔约1347米，南部约1108米，西部约1052米，到东部的阁老山、集仁、大北庄一带为1208米。桑干河由西向东贯穿县境东南部，御河由北向南镶嵌在县境西边，在利仁皂村南流汇桑干河中。远观全景广阔平坦，近视地貌沟壑纵横，起伏不平。

根据地貌成因类型，形态特征，本区地貌可划分为以下几类。

构造剥蚀、溶蚀地貌

按岩性可划分为花岗片麻岩低中山区和碳酸盐岩低中山区。

花岗片麻岩低中山区　分布于本县的北部和南部，北部采凉山，海拔1350—1650米间。山体主要由花岗岩和花岗片麻岩组成。山峰突起，山脊尖棱，缓坡区多黄土覆盖，山谷较开阔，沟壑纵横密布，陡坡区植被覆盖好、缓坡区植被覆盖较差。

石灰岩低中山区　分布于东南部的大梁山，海拔1500米以上地带，麻峪口、吉家庄、西册田等地，海拔1200—1500米地带，主要由石灰岩组成。东南部由不同的峰岭、陡缓不均的坡面和深浅不一的沟谷组成。植被覆盖率较高，山势北坡陡峻，南坡较缓，植被稀少，除裸露岩石外，表层均覆盖岩石残坡积和黄土。

剥蚀堆积区

该区由剥蚀堆积作用形成，属丘陵区。

主要分布于聚乐、周士庄、中高庄、西坪、阁老山、瓜园、许堡、册田、徐町、峰峪、吉家庄和麻峪口等乡的部分地区。海拔在1350米以上，相对高度200米之内。

剥蚀堆积片麻岩丘陵区　分布于遇驾山、西坪南梁和周士庄三府坟一带。为下伏桑干群的黑云斜长片麻岩，麻粒岩和浅粒岩的石质丘陵区，上覆马兰黄土，厚度不均。本区侵蚀严重，土层瘠薄，植被稀少。

剥蚀堆积玄武质丘陵（火山锥）区　分布于西坪以东及东北部。包括阁老山、许堡、瓜园、西坪和中高庄的部分地区。此区有大小火山20余处，海拔1130—1300米，黑山最高为1429米。此区是在内引力作用下形成的火山锥，多为截头顶，顶部下凹有缺口，俯视成马蹄形，周围坡度由高向低逐渐变小，经长期风化剥蚀，山洪冲刷，地面雨裂较多，呈沟深坡陡的破碎地貌，坡多被放射状沟壑切割。顶部及周围被熔岩流所覆盖，土体上部为风积黄土，下部为玄武岩，土层浅薄，植被极少。

侵蚀堆积地貌

分布于县境平川区和河谷阶地区。

分布于周士庄、聚乐、阁老山、许堡、瓜园、西坪、中高庄、西册田、徐町、峰峪、吉家庄和麻峪口等乡部分地区，介于山地和洪积扇之间的残丘。由于缺少林草覆盖，黄土裸露，加之黄土结构松散，垂直节理发育，抗侵蚀力差，在地表引力作用下，侵蚀性沟谷发育下切强烈，形成了一面临川的残丘景观。此区沟壑密布，沟深可达50—70米，局部切割到了基岩。

熔岩地貌   分布于瓜园、许堡公路以南的平缓处，此外远观一马平川，近视高低起伏，有九梁十八洼之称。是原桑干河的二级阶地经下一中更新带老火山喷发覆盖而形成，地表裸岩随处可见，岩体厚度几米至几十米，上覆黄土薄厚不均。小地形可分为以下几类。

熔岩被：地表平坦，土层1米左右，下伏玄武岩，形成一个整板。

熔岩垅岗：在靠桑干河的地方，地形隆起，形成一条条垅岗。

垅间洼地：垅岗与垅岗之间形成的低凹地形。

山前倾斜平原   由洪积平原和冲积倾斜平原两部分组成。南北山前，丘陵之下，均属此种类型。海拔在1000—1200米之间，坡度在10°—15°之间。北部山前平原较宽，一般6—14千米，冲沟发育，深度50米左右，沟口扇裙面积小。南部山前平原狭窄，在3—6千米之间，冲沟较多而深，洪积扇裙较大，地貌较破碎。

河流阶地   本县桑干河、御河、坊城河的阶地较为广阔，东至许堡，西至文瀛湖与御河东岸，北至周士庄，南至旧同浑公路以北，长25—44千米，宽20—40千米。可分为以下几类。

一级阶地及河漫滩

分布桑干河与御河沿岸，最宽约一千米，一般呈长条状零星分布。

桑干河、御河二级阶地

分布于党留庄、杜庄、倍加造、周士庄、瓜园、西坪、许堡、峰峪、吉家庄等乡，高出水面10—20米。地表组成物上部为黄土状物质。此区土层深厚，土壤肥沃，水源丰富。

大同县土林   土林位于本县杜庄乡，方圆一千米，南北绵延3千米，由数百个高几十米至十余米的土柱、土壁组成，是目前华北地区唯一的土林景点。杜庄土林区，处于桑干河高、低两级阶地交接地带陡坡的下方，东西两侧又有御河与坊城河侧蚀，构造运动较为活跃，地表面水流冲刷较强，沟壑纵横，土层风化破碎，有较多盐碱析出。由于具备了这样一个特殊的地质背景，细沟在水、风等作用下，土林在纵深垂直下切同时，还向两侧侵蚀。日复一日，年复一年，形成了千奇百怪、千姿百态的土台、土柱、土崖、土岭。

第三节　岩浆岩

本县岩浆岩受构造的控制，在上述两构造发育区，伴随有燕山期基性岩到酸性岩脉侵入，方向为北北西向，北西以及北东。另外在金山寺、黑山、双山洼、狼窝山、阁老山、堆积有喜山旋回大同期基性火山岩喷发物，熔岩流及火山碎屑岩层，构成大同火山群，形成了大型的浮石矿床。

中晚中生代——燕山期岩浆岩   燕山期陆相基—酸性火山岩主要分布于浑源县—大同县—灵丘一带，该县也有零星分布，其主要岩类包括熔岩，安山质熔岩及流纹质熔岩。岩石类型包括有玄武岩、安山岩、玄武安山岩，英安岩，流纹岩，珍珠岩，松脂岩及黑耀岩等。主要岩类有玄武岩，黑耀岩，火山碎屑等。火山碎屑岩种类多，分布广，类型可分为两大类：熔结火山碎屑岩及压结火山岩。

新生代——喜山期岩浆岩　新生代喜山期岩浆岩包括喷出岩和侵入岩两种类型，主要岩浆岩为玄武岩，似金伯利岩（橄辉云辉岩）等。

喜山期火山岩主要为近期玄武岩，分布于本县的东部和东北部等地，在岩石类型上，近期玄武岩主要为橄榄岩类，普遍具有气孔状构造，呈显微斑状结构。基质以间粒结构为主，其次有间隙结构、辉绿结构等。

喜山期似金伯利岩群主要分布于大同县与阳高县交界处的采凉山南麓与东麓地带。似金伯利岩产状呈脉状，岩脉主要受北东向雁行或断裂控制成群出现，构成北东—南西向脉岩带。采凉山似金伯利岩群分为边缘相（细斑状橄辉云煌岩）和中心相（中粗斑状橄辉云煌岩）。岩体岩性单一，岩石为灰绿、深灰色，呈斑状，显微斑状结构，块状构造。主要矿物成分：斑晶为橄榄石假象，基质为镁黑云母、透辉石，副矿物有磁铁矿、钛铁矿、黄铜矿、磷灰石等。

第四节　山脉　盆地

北部采凉山系

采凉山属阴山支脉，由内蒙古丰镇红梁山伸入县境，东与阳高之云门山相连，横亘数百里。此山历名石会、纥真、纥干，后称采凉，许因六月山头见雪之故。

采凉山余支　牛皮岭、遇驾山、老帅岭、马铺山，属于本县片麻底山区。

牛皮岭　在聚乐乡境内，海拔500米。据《唐书·地理志》和《金史·地理志》均载：牛皮岭下有牛皮关。明代为大同入京必由之路。

遇驾山　在周士庄镇东南3千米处。清道光十年编《大同县志》载为聚稼山。光绪二十六年（1900）庚子之变，八国联军侵入北京，西太后与光绪帝逃往西安，路经此山，改为遇驾山，海拔1290米。

老帅岭　在西坪村西，清代提督李希仅（本县人）墓在岭上，故名。

马铺山　在周士庄镇三府坟、三条涧村边，东北与采凉山相连。蜿蜒35里，海拔1300米，古名为白登山，即汉高祖刘邦被匈奴围困之处。至今留有白登台，历代文人骚客以此吟诗怀古。

南部六棱山系

六棱山属恒山支脉。始于龙首（一名边跃），单面东经大同县、阳高县伸入河北。

按其东西山势形态主要有以下几个。

落鹰山　在吉家庄乡中嘴村西，海拔1648米。

马头山　在吉家庄瓮城口村西，由于双峰并峙，犹若马耳，又名耳山。海拔1866米。

团崖山　在瓮城口村东，巅顶团圆，岩崖峭立，中有洞，相传为唐末农民军驻扎之地。

山尖峰　在团崖山东，孤峰挺拔，直上青云。

殿山　在尖峰山东，米家窑南，重嶂叠翠，有桂殿兰宫之势，为本县旧志八景之一，海拔1838米。每当云雾遮顶，即为降雨之兆，附近村民借以占候。

斧刃山　在殿山东，其顶如刀削，其山由如斧砍，故名斧刃山。

桦山　在斧刃山东，清朝时树木葱茏，桦林茂密，现已成为次生林。

芥黄岭　在峰峪乡东大峪、西大峪之间。

万家山　在后子口村南，近年峰峪乡人民在万家山开山凿石，引后子口峪山洪以利灌溉。

凤台山　在万家山东，相传有凤凰落于此，故名凤台山。

凤云山　在峰峪乡东浮头村南，风劲重岗，云饶别岫。

丈夫山　在小王峪东，端严秀耸，高出群山。

大梁山　在许堡乡大王窑村南，主峰草帽山，峰状草帽形，海拔2010米，登上草帽山，阳高、大同、浑源、应县四县在望。

簸箕山　在大王村南，海拔1950米。

东部火山群

在东部聚乐、西坪、瓜园、许堡等乡400平方千米的区域内，散落着一座座拔地而起的圆形小丘，这就是驰名中外的大同火山群。这些火山锥沿着北东—南西、北西—南东和近东西向排列，长约40千米。

本县境内的火山锥有如下几个。

金山　位于艾家洼村西，海拔1367米。

黑山　位于阁老山村北，艾家洼村东，海拔1429米。

狼窝山　位于黄家洼村东，海拔1329米。

牌楼山　位于下高庄村东，贺店村北，海拔1200米。

栲栳山　位于阁老山村南，海拔1264米。

昊天寺山　位于水头村北，海拔1151米。

马蹄山　位于东坪村北，海拔1233米。

窑头疙瘩　位于肖家窑子头村西北，海拔1131米。还有孤山峰、大菜疙瘩，分别在养老洼村东和村南，海拔1100米。

火山锥的喷出物千姿百态，自火山口由近而远依次可见到：火山渣、火山块、浮石、火山砾、火山弹、火山豆、火山砂和火山灰。这是火山喷射出的物质依其重量，轻远扬、重近抛的见证。睹此，可联想到当时火山喷发的壮观景象。

20世纪30年代前后，中外地质工作者对大同火山群进行过多次勘察考证：

1929年（民国18年）夏，德日进和杨钟键先生在山西考察，针对大同火山群，杨在《西北剖面》一书中指出："这一带火山时代为第三纪末期或第四纪初期。"

其后，巴尔博、卡美年两先生对大同火山群调查后认为：大同火山喷发在三门淡水沉积层形成之后的马兰黄土堆积之前的侵蚀时期。

1932年（民国21年）9月间，尹赞勋教授研究后又指出：大同火山活动开始在三门期（黑山），活动在黄土期前期，并在黄土期中期告终（昊天山）。

1936年（民国25年），杨杰先生研究大同火山时认为："其爆发期，确在三门期之末，黄土期之初。"

苏联岩石学家B. N. 列别金斯基1956年勘察大同火山群后，其所著《大同火山群》一书中有："火山时代可更精确地定为有史时期，""在公元五世纪时大同火山仍有活动，""大同火山，也许不是死火山而是休眠火山"。

1974年，《地理知识》第二期刊载《我国的火山》一文，引用了列别金斯基《大同火山群》的资料。在本县干部群众中出现轩然大波，认为把县址建在休眠火山之下不妥，纷纷向上级反映，要求迁址。

1975年冬，尹赞勋教授不顾年老体弱，冒着塞外凛冽的寒风，再次来到大同火山群区实地勘查。同来的有雁北地区文化局苏士清、《文物》编辑部乔人、中国科学院地质研究所丁梦林和谢翠华、山西省地质局217地质队杨志庚等。经勘察、考证，确认大同火山活动在十多万年以前的旧石器时代，它属于死火山类型。其据有四：1. 列别金斯基言"在公元五世纪时大同火山仍有活动"，是依据北魏郦道元所著《水经注》中一段记载："黄水又东注武州川（《汉书·地理志》'州'、'周'二字通用），又东历故亭北、右合火山西溪水。水导源头火山西北流，山上有火井，南北六、七十步，广减尺许，源源不见底，炎势上升常若微雷发响，以草爨之，则烟腾火发。"据史料及实地勘查：武州川，即今大同市郊区十里河；西溪水，即今大同市矿区马脊梁沟水。火井炎势上升，乃系煤层自燃。列别金斯基误以武州川为桑干河，西溪水为今大同县水头村泉水，因而把今大同市矿区的煤层自燃当作今大同县境内的火山在北魏时仍有活动，张冠李戴。2. 1974年8月，许堡公社肖家窑子头村村民从窑子头疙塔（火山锥）东坡一条冲沟的西崖古墓中发现陶罐一件，陶壶三件，经地区文化局和文物工作站鉴定为汉代文物。又经现场勘查，这一古墓属于早已认定的汉墓群范围。最令人注目的是有四座汉墓位于火山锥东坡脚下。在距古墓约20米的冲沟崖壁上清楚地看到古墓所在的地层与覆盖在火山锥上的地层相当，其下是厚达 10 米左右的类似"泥河湾层"的河湖相沉积，火山熔岩在其下部，喷发物则夹在其间。在离汉墓群约一千米的东水地村西还有一处古城遗址，这已从《汉书·地理志》记载和中央、省文物考古工作者多次考证，为汉代平邑县城。根据火山锥东坡的汉墓群和附近的汉城建筑，可以断定：在汉代大同火山已停止活动多时了。3. 在昊天寺火山锥南坡的黄褐色土层中曾发现过新石器时代遗址，其分布：东西长约 2000 米，南北宽约 500 米，出土物有夹砂绳纹灰陶残片和磨光石斧以及装饰吕石璜等，这一遗址所在地层之下为约厚 4 米湖滨相的沉积，基中含大量平卷螺和椎实螺化石，再往下才是火山熔岩。显然，这里火山活动早于新石器时代。4. 1974 年，在离火山群不远的阳高县许家窑村发现一处旧石器时代遗址。遗址中有数以万计的石器和骨、角器；还有披毛犀、大角鹿、原始牛、普氏原羚、布氏田鼠以及野马、盘羊、天鹅、鸵鸟等 25 种脊椎动物的骨化石。这个遗址的时代，从地层、石器、哺乳动物的性质上判断，应为旧石器地代早期阶段。据此确定大同火山活动在旧石器时代以前。1976 年中国科学院地质研究所裴静娴对大同火山区的火山岩作为三例热发光年代测定，实验数据表明：大同火山群的活动时代，在距今 148000 ±7000 年（黑山）至 340000 ±21000 年前。

自
然
环
境

第二章　气候

第一节　气候特征

大同县地处黄土高原，位于山西北部，因海拔较高，南北为山脉夹抱，中间为盆地。境内四季分明，春季气温回升快，干燥、多大风；夏季温高、降水集中、多雷阵雨；秋季降水骤减，气候宜人，昼夜温差大；冬季寒冷干燥，多晴天，降水稀少。年无霜期短，属于大陆性季风气候区，支派气候的主要因素有地理纬度，季风环流和地形因素等。按候温指标划分，大同县冬季（候平均气温小于10℃）长约6个月，春季（候平均气温为10℃—20℃）为2个月，夏季（候平均气温大于22℃）为2个月，秋季（候平均气温为22℃--10℃）约2个月。

第二节　气候要素

气温

据大同县气象局1996年至2009年气象资料统计显示，这14年年平均气温为7.1℃，气温年际变化较大，最大可达2.0℃，年平均气温最大值出现在1998年，为8.3℃，年平均气温最小值出现在1996年、2005年为6.3℃。总的趋势年平均气温呈上升。气温月际变化大，最冷为1月，平均气温为－11.8℃，极端最低气温为－31.9℃，出现在2000年1月25日。最热为7月，平均气温为23.0℃，极端最高气温为39.1℃，出现在2005年6月22日，气温≤0℃的终日平均为4月28日，初日平均为10月3日，年平均活动积温（≥10℃）为3128.5℃，平均初日为4月22日，平均终日为10月5日。

1996—2013年大同县各月平均气温

表2-2-1　　　　　　　　　　　　　　　　　　　　　　　　　　　　　　　　单位：℃

月 年	1	2	3	4	5	6	7	8	9	10	11	12	年平均
1996	－11.5	－9.8	－1.4	7.1	15.7	20.4	21.4	19.9	15.8	7.4	－2.4	－6.7	6.3
1997	－12.6	－5.9	3.1	9.3	16.0	20.8	23.9	22.1	13.5	6.8	－1.7	－7.9	7.3
1998	－11.8	－3.7	2.2	13.0	15.7	21.3	22.4	20.3	18.0	8.9	0.3	－7.0	8.3
1999	－9.4	－6.0	1.3	11.3	17.1	22.9	23.9	22.3	16.1	6.9	－0.5	－8.3	8.1
2000	－14.8	－9.2	1.3	8.9	17.2	21.8	23.9	20.3	15.3	7.3	－3.9	－7.4	6.7
2001	－11.1	－5.9	0.7	9.6	18.1	22.2	24.5	21.7	15.2	8.8	－1.8	－13.2	7.4
2002	－7.0	－3.5	2.6	9.2	17.1	20.6	23.2	21.5	14.5	6.0	－3.3	－10.1	7.6
2003	－13.2	－5.5	0.9	8.8	17.0	19.3	21.6	20.7	16.3	6.8	－2.8	－9.2	6.7

续表 2 - 2 - 1 　　　　　　　　　　　　　　　　　　　　　　　　　　　　　　　　　单位：℃

月 年	1	2	3	4	5	6	7	8	9	10	11	12	年平均
2004	-12.3	-4.8	1.2	12.0	15.2	20.2	21.5	18.9	14.0	6.6	-1.6	-7.6	6.9
2005	-14.1	-10.9	-1.1	9.4	15.8	21.9	23.2	21.0	15.7	7.3	-0.6	-11.8	6.3
2006	-10.4	-7.7	1.2	9.9	16.4	20.9	23.3	20.9	15.5	10.3	-0.1	-8.9	7.6
2007	-11.1	-3.2	0.4	9.0	17.0	22.0	22.8	22.2	15.6	7.0	-2.1	-8.5	7.6
2008	-13.8	-11.2	2.2	9.8	15.8	19.4	23.3	20.3	14.5	7.1	-1.6	-9.1	6.4
2009	-12.0	-5.0	0.7	10.5	18.1	21.4	23.0	20.6	15.1	8.0	-2.0	-12.5	6.8
2010	-12.5	-6.0	-1.6	5.5	15.7	22.1	24.9	20.2	15.2	6.8	-1.1	-8.6	6.7
2011	-15.7	-6.1	-1.1	8.5	14.4	21.7	22.3	21.0	13.9	8.1	0.7	-10.0	6.5
2012	-13.1	-10.0	-0.2	10.8	17.8	20.1	22.9	20.4	13.0	6.4	-4.2	-11.5	6.0
2013	-12.2	-6.3	2.4	7.6	18.3	20.7	22.0	21.1	15.1	6.7	-2.0	-9.2	7.0

无霜期

据大同县气象局 1996 年至 2013 年气象资料统计显示：1996 年到 2013 年平均终霜日为 4 月 28 日，初霜日为 10 月 3 日，最早终霜日为 4 月 21 日（2003年），最晚终霜日为 5 月 13 日（2008 年），最早初霜日为 9 月 18 日（1997 年），最晚初霜日为 10 月 15日（1998 年），年平均无霜期为 143 天左右（均指地面有霜）。

降水

据大同县气象局 1996 年至 2009 年气象资料统计显示，1996 年到 2009 年，年平均降水量为 358.8毫米，比 1971 年到 1995 年年平均降水减少 33.8 毫米，这 14 年降水年际变化大，最多为 504.3 毫米，出现在 2004 年；最少为 253.7 毫米，出现在 2001 年，多少相差 1 倍。月最大降水量为 1996 年 7 月 148.4毫米，日最大降水量为 1999 年 8 月 18 日 60.0 毫米，历年降雪期一般为 170 天左右，（10 月下旬到次年 4 月中旬）降雪日数最多，为 2002 年到 2003 年度42 天，最少为 1998 年到 1999 年度，仅为 8 天。积雪日数年平均 39 天，最多为 66 天，最少 9 天，分别出现在 2002 年到 2003 年度和 1998 年到 1999 年度。年平均降雹日数 1.5 天，比 1996 年以前年平均减少近 1 倍，降雹日数 6 月到 7 月居多。

1996—2013 年大同县各月降水量统计

表 2 - 2 - 2 　　　　　　　　　　　　　　　　　　　　　　　　　　　　　　　　　单位：毫米

月 年	1	2	3	4	5	6	7	8	9	10	11	12	年合计
1996	0.0	0.0	8.8	11.3	7.0	59.6	148.4	84.8	26.4	51.6	8.6	0	406.5
1997	4.1	0.6	9.0	3.1	41.3	38.2	84.1	47.8	45.2	5.9	14.0	0.5	293.8
1998	1.5	6.2	28.7	66.3	66.2	51.0	130.5	25.8	43.7	14.0	0.0	0.7	434.6
1999	0	0	3.6	12.7	21.9	38.9	63.7	65.1	90.4	5.4	3.3	2.4	307.4
2000	6.1	1.2	10.0	8.2	36.0	37.3	74.1	102.5	25.4	19.4	5.7	0.2	326.1
2001	2.8	2.9	0.0	29.7	4.0	26.5	61.3	61.3	29.4	19.0	10.0	6.8	253.7
2002	0.0	2.9	7.5	38.0	7.1	112.7	55.0	41.7	63.6	13.2	0.6	6.2	348.3
2003	4.3	4.1	23.4	23.4	30.8	82.4	115.3	58.2	82.6	14.9	20.4	2.0	461.8

月 年	1	2	3	4	5	6	7	8	9	10	11	12	年合计
2004	2.3	7.0	0.2	10.7	44.9	45.7	145.7	119.4	92.0	22.0	6.1	8.3	504.3
2005	0.2	5.3	1.1	10.6	61.0	60.4	45.8	70.2	53.1	7.6	0.	1.0	316.3
2006	5.7	5.1	0.2	4.5	57.1	60.8	105.9	28.3	20.4	17.6	2.9	0.3	308.8
2007	0.0	2.8	36.6	12.5	30.7	86.5	65.9	86.2	54.5	51.8	0.0	1.1	428.6
2008	3.9	1.4	19.6	35.4	15.4	67.1	25.1	73.8	95.1	32.2	0.8	0.0	369.8
2009	1.3	3.2	6.1	21.4	15.7	16.4	60.0	33.4	60.4	22.5	22.1	0.0	262.5
2010	4.5	3.9	24.1	29.2	38.3	16.5	68.3	111.0	114.1	16.1	0.0	2.3	428.3
2011	0.0	10.3	2.0	14.7	37.1	24.1	53.3	76.9	18.4	22.6	16.0	1.3	276.7
2012	0.0	0.1	5.7	11.2	46.5	63.0	218.0	36.6	66.5	26.3	13.9	2.9	490.7
2013	2.5	2.1	3.6	13.3	16.7	72.7	189.6	73.2	74.5	20.0	1.8	0.0	470.0

风力

大同县地处内陆黄土高原,地面植被少,在春季气温回升快,受北方强冷空气控制,宜形成大风、降温、寒潮天气。据大同县气象局1996年至2009年气象资料统计显示,年平均大风日数为31天,春季(3—5月)居多,占全年总天数的49%,年最多大风日数为55天,最少为10天,分别出现在1996年和2008年。春季大风连续日数最多为3—4天,大风造成尘沙飞扬,黄土漫天,并伴有能见度小于100米的强沙尘暴,年极大风速为28.6米/秒,出现在2008年5月26日,各月大风出现次数最多为4月,历年平均为5.4天,1996年到2009年年平均风速为2.1米/秒,比1996年以前的1971到1995年年平均风速减少0.6米/秒。

1996—2013年大同县各月平均风速

表2-2-3　　　　　　　　　　　　　　　　　　　　　　　　　　　　　单位:米/秒

月 年	1	2	3	4	5	6	7	8	9	10	11	12	年平均
1996	2.1	2.3	2.8	2.9	2.8	2.5	1.7	1.7	1.4	1.9	2.9	3.3	2.4
1997	2.2	2.4	2.5	2.8	3.1	2.5	1.8	1.7	2.1	2.0	2.0	2.0	2.3
1998	2.8	2.2	2.6	2.6	2.3	2.4	1.6	1.5	1.4	2.0	2.0	1.5	2.1
1999	1.5	2.0	2.5	3.1	2.4	2.4	1.8	2.1	1.8	1.8	1.8	1.8	2.1
2000	1.4	1.5	2.4	3.6	2.6	2.2	2.0	1.7	1.4	1.6	1.7	1.7	2.0
2001	2.5	2.8	3.2	3.3	2.4	2.6	2.3	1.7	1.7	2.0	2.2	2.2	2.5
2002	2.6	2.1	3.6	3.9	2.4	2.6	2.1	1.7	2.0	2.5	2.7	2.1	2.5
2003	2.1	2.2	2.3	3.2	2.3	2.1	2.0	1.7	1.8	1.7	1.3	1.3	2.0
2004	1.1	2.4	3.2	2.9	2.3	1.7	1.7	1.7	1.7	1.5	2.0	1.1	1.9
2005	1.7	2.0	2.6	2.6	2.7	2.3	2.0	1.4	1.7	1.7	2.3	2.2	2.1
2006	1.6	2.3	2.9	3.4	2.5	2.3	1.9	1.5	1.6	1.5	2.0	1.9	2.1
2007	1.7	2.0	2.2	2.7	2.8	1.8	1.7	1.6	1.4	1.7	1.6	1.8	1.9
2008	1.6	2.0	2.6	2.6	2.6	2.1	1.7	1.6	1.6	2.1	2.1	2.6	2.1
2009	2.2	2.2	2.7	2.3	2.3	2.8	2.0	1.6	1.7	2.0	1.8	1.6	2.1

续表 2-2-3
单位：米/秒

月 年	1	2	3	4	5	6	7	8	9	10	11	12	年平均
2010	2.1	2.3	2.4	2.8	2.7	2.0	1.6	1.5	1.7	1.7	2.4	3.1	2.2
2011	1.8	1.6	2.4	2.8	2.6	2.4	1.8	1.2	1.4	1.6	1.8	1.6	1.9
2012	1.6	1.9	2.4	2.8	2.3	2.2	1.8	1.5	1.4	1.6	1.9	2.0	2.0
2013	1.3	2.0	2.3	2.8	2.7	2.3	1.7	1.6	1.6	1.6	2.1	1.9	2.0

光照

1996 年至 2009 年年平均实际日照时数为 2987.1 小时，年平均日照百分率为 67.8，一年中日照时间最长为 5 月份，最短为 2 月份，日照率最低是 7、8 两个月，这是由于雨季云层遮蔽所致，年日照时数最多为 3133.6 小时，最少为 2805.7 小时，分别出现在 2005 年和 2003 年。

1996—2013 年大同县各月日照时数统计

表 2-2-4
单位：小时

月份 年份	1	2	3	4	5	6	7	8	9	10	11	12	全年 合计
1996	225.4	242.5	259.7	283.6	321.7	282.6	250.1	218.8	282.9	230.3	220.6	223.8	3042.0
1997	217.7	205.6	235.5	288.7	285.0	289.7	274.8	296.0	260.1	293.6	202.6	193.6	3042.9
1998	211.1	183.7	242.0	245.9	286.7	303.4	291.8	288.3	283.2	245.3	235.6	222.5	3039.5
1999	236.7	229.4	248.9	287.8	285.1	331.8	270.4	301.6	203.1	263.3	238.2	209.8	3106.1
2000	187.9	245.8	269.4	266.5	300.0	309.6	286.7	236.2	256.4	221.1	198.2	214.3	2992.1
2001	184.8	208.4	294.2	269.4	356.8	280.5	289.9	304.7	222.2	240.5	231.5	190.2	3036.8
2002	227.6	215.5	281.6	265.0	276.9	261.0	288.8	327.9	215.5	237.7	234.8	172.2	3004.5
2003	230.3	195.8	203.9	235.7	272.4	246.1	237.9	299.2	234.8	260.1	176.4	213.1	2805.7
2004	208.3	246.9	260.7	300.5	291.2	225.1	276.4	221.9	238.1	262.3	238.1	180.7	2950.2
2005	217.7	187.3	297.3	285.0	318.5	292.7	296.7	264.6	227.1	268.9	252.1	225.7	3133.6
2006	167.3	209.8	304.6	276.4	256.6	271.0	276.7	195.4	254.2	249.1	210.0	188.0	2859.0
2007	226.9	228.8	244.0	291.2	311.6	226.2	254.7	293.0	245.5	236.8	210.7	204.7	2974.1
2008	196.8	245.4	251.3	254.4	309.3	242.6	306.9	242.0	235.6	247.4	201.7	196.1	2929.5
2009	221.3	181.7	275.4	285.5	310.4	321.7	256.4	248.1	226.1	236.3	176.8	163.4	2903.1
2010	178.2	184.2	186.7	253.9	265.5	268.5	262.1	207.5	183.6	216.1	205.1	186.7	2598.1
2011	225.6	179.7	285.1	262.3	252.7	247.2	236.6	252.0	217.7	192.2	110.8	157.4	2619.3
2012	186.8	212.4	213.7	251.1	274.8	242.5	240.4	251.1	193.1	211.4	169.5	129.8	2576.6
2013	200.3	167.9	220.8	241.4	269.1	219.6	224.4	249.2	225.7	215.4	188.2	181.4	2603.4

四季

春季　随着太阳高度角逐日增高，日照时数随之增长，这时蒙古高压逐渐衰退，太平洋副热带高压向西发展，县境内频繁出现西北低压槽，气温回升快，但昼夜温差显著，冷暖年际变化也较大，由于冷空气活动频繁，常造成"倒春寒"和晚霜冻，同时，春旱也比较严重，风沙天气较多，八级以上大风日数占全年的49%。3—5月日照时数，历年平均为834.7小时，占全年日照时数的28%，气温从3月的1.1℃，骤然回升到5月16.6℃，气温稳定通过0℃的日期，历年平均为3月19日，气温稳定通过10℃的日期，历年平均为4月22日，最早为4月4日，最晚为5月13日，分别出现在1998年和2008年，土壤5厘米深的地温稳定通过12℃的日期，历年平均为4月22日。3—5月平均降水量为63.1毫米，占全年18%，可谓"春雨贵如油"，其中1996年最少，仅为27.1毫米，仅占全年的8%。3—5月平均风速为2.8米/秒，蒸发量大，历年平均蒸发量为1784.7毫米，而3—5月蒸发量之和为622.8毫米，占全年总数的35%，因而春季气温回升快，风速大，降水少，蒸发量大，空气干燥，致使大同县处于十年九春旱之境地。

夏季　主要受大陆低气压控制，太平洋副热带高压常向华北入侵影响全县，日照时间长，历年平均为820小时，辐射强度大，气温较高。7月是全年最热月，历年平均为23℃，常出现连续数日高温天气，本县除北部聚乐乡外，其余大部分乡镇季平均气温均高于21℃，南北温差较大，降水比较集中，季平均降水量为204.5毫米，占全年的57%，由于降水量年季变化大，故发生洪涝灾害或伏旱，同时，夏季多雷阵雨、大风、冰雹等强对流天气发生，给各行业安全生产造成损失，冰雹年平均1.5次，暴雨14年当中仅出现两次，分别为1999年8月18日，降水量为60.0毫米和2000年7月4日降水量为55.9毫米，（暴雨指24小时内降水量大于等于50毫米）。

秋季　蒙古高压开始发展并逐渐控制全境，降水减少，天气较稳定，气候宜人，但入秋后日照时间缩短，辐射强度减弱，气温明显降低，晚秋常出现强烈的寒潮，造成早霜，威胁大秋作物的成熟。季平均日照时数为705小时，季平均气温为7.1℃，平均温度由8月21.0℃下降到9月15.4℃，到10月又降至7.5℃，气温稳定通过10℃的终日历年平均为10月5日，最早9月23日，1997年，最晚10月20日，2006年，气温稳定通过5℃终日，历年平均为10月22日，最早10月11日，2000年，最晚11月3日，2006年，气温稳定通过0℃终日，历年平均为11月10日，当日平均气温降到0℃以下，土壤开始冻结，河水结冰。季平均降水量为83.9毫米，占全年的23%，季平均风速为1.8米/秒。此季是大秋作物收获时节，由于早霜、冰雹、大风侵袭，农作物最易受灾。

冬季　冬季由于受蒙古高压控制，境内盛行偏北和偏西气流，冷空气活动频繁，气候寒冷干燥，多晴天，降水稀少，季平均降水量仅为7.4毫米，占全年的2%，常常一个月以上不降雪，最长达97天，由于太阳高度角在降低，日照时数在减少，季平均日照时数为627.5小时，12月为全年日照时数最少月，历年平均为199.9小时，季平均气温为－9.2℃，一月为全年最冷月，历年平均值为－11.8℃，月平均最低气温为－18.6℃，此季常出现剧烈大风降温天气，极端最低气温曾于2000年1月25日下降到－31.9℃，为大同县气象局有气象资料记录以来出现的最低值。

1996—2013 年大同县降雪日数、积雪日数、霜冻初终日及无霜期统计

表 2 - 2 - 5　　　　　　　　　　　　　　　　　　　　　　　　　　　　　　　　　　单位：天

日数　　年度	降雪日数	积雪日数	温度　　年份	气温≤0℃			地温≤0℃		
				终日	初日	无霜期	终日	初日	无霜期
1995—1996	13	16	1996	5 月 8 日	9 月 20 日	134	6 月 11 日	9 月 19 日	99
1996—1997	26	43	1997	4 月 30 日	9 月 18 日	140	5 月 16 日	9 月 17 日	123
1997—1998	31	51	1998	4 月 24 日	10 月 15 日	173	5 月 24 日	10 月 2 日	130
1998—1999	8	9	1999	4 月 23 日	10 月 2 日	161	4 月 29 日	10 月 2 日	155
1999—2000	19	50	2000	4 月 27 日	10 月 12 日	167	5 月 10 日	9 月 25 日	137
2000—2001	22	44	2001	5 月 9 日	10 月 4 日	147	5 月 31 日	10 月 4 日	125
2001—2002	17	40	2002	4 月 25 日	10 月 2 日	159	5 月 22 日	9 月 22 日	122
2002—2003	42	66	2003	4 月 21 日	10 月 3 日	164	5 月 8 日	10 月 1 日	145
2003—2004	23	56	2004	5 月 4 日	9 月 21 日	139	5 月 20 日	9 月 21 日	123
2004—2005	34	52	2005	5 月 9 日	10 月 4 日	147	5 月 9 日	10 月 4 日	147
2005—2006	20	37	2006	4 月 24 日	10 月 11 日	169	4 月 27 日	10 月 11 日	166
2006—2007	19	26	2007	5 月 1 日	10 月 14 日	165	5 月 18 日	10 月 12 日	146
2007—2008	18	38	2008	5 月 13 日	10 月 6 日	145	5 月 13 日	9 月 26 日	135
2008—2009	15	11	2009	4 月 26 日	10 月 2 日	158	4 月 26 日	10 月 4 日	160
			2010	4 月 30 日	9 月 22 日	144	5 月 11 日	9 月 22 日	133
			2011	5 月 12 日	9 月 19 日	129	5 月 22 日	9 月 19 日	119
			2012	4 月 26 日	9 月 29 日	155	4 月 26 日	9 月 29 日	155
			2013	5 月 20 日	9 月 25 日	127	5 月 20 日	9 月 25 日	127

1996—2013 年大同县 5—10 月冰雹日数统计

表 2 - 2 - 6　　　　　　　　　　　　　　　　　　　　　　　　　　　　　　　　　　单位：天

月　　年	5	6	7	8	9	10	合计
1996	1		1		1		3
1997	1					1	2
1998							
1999		3					3
2000	1						1
2001						1	1
2002	1			1			2
2003			1				1
2004	1		1		1		3
2005							
2006						1	1
2007				1			1
2008	1	2					3

续表2-2-6

单位：天

月\年	5	6	7	8	9	10	合计
2009							0
2010			1				1
2011							0
2012							0
2013		1		1			2

1996—2013年大同县各月大风日数统计

表2-2-7

单位：天

月份\年份	1	2	3	4	5	6	7	8	9	10	11	12	合计
1996	4	2	5	10	9	6	3		2		8	6	55
1997	1		3	2	10	8	3	1	1	4		2	35
1998	3	1	3	7	3	4		1		4	5	1	32
1999	2	2	5	6	2	2		1		3	2	2	27
2000	3		6	14	6			3	2		1	4	39
2001	5	6	12	2	11	8	4	1	2			2	53
2002	2	4	15	9	2	8	2		1	3	6		52
2003			3	5	2	1	3	2	1	2		2	21
2004		8	7	2	3	1	4			1	1	2	29
2005			2	5	1	4	3			1			16
2006			3	8	6	2	2			1			23
2007		1	3	2	5	2	1			2		1	17
2008				3	4				1				10
2009	2	2	3	1	2	5				2		1	18
2010		1	4	5	2						2	1	15
2011		1	5	2	4	1	1						14
2012		2	4	3	2	3			1		1		16
2013		1	2	4	4	1		2	1				15

1996—2007年大同县各月平均降水量、平均风速、平均蒸发量、日照百分率、日照时数统计

表2-2-8

单位：毫米、米/秒、米、%、小时

要素\年份	平均降水量	平均风速	平均蒸发量	日照百分率	日照时数
1996	2.2	1.9	32.3	70.8	211.4
1997	3.1	2.2	55.3	71.6	216.2
1998	11.1	2.7	124.1	71.1	262.0
1999	20.6	3.0	217.5	69.1	274.0
2000	31.4	2.6	281.2	67.3	298.7

续表 2－2－8
单位：毫米、米/秒、米、%、小时

要素 年份	平均降水量	平均风速	平均蒸发量	日照百分率	日照时数
2001	56.0	2.3	272.0	62.0	277.4
2002	84.3	1.8	243.5	60.7	275.6
2003	64.2	1.7	200.6	62.9	267.0
2004	55.9	1.7	152.3	65.0	241.8
2005	21.2	1.8	108.8	71.6	246.9
2006	6.8	2.0	59.8	72.7	216.2
2007	2.1	1.9	37.3	69.0	199.9
合计	358.9	25.6	1784.7	813.8	2987.1
平均	29.9	2.1	148.7	67.8	248.9

1996—2013 年大同县平均气温、极端最高气温、极端最低气温及年降水量、日大降水量统计

表 2－2－9
单位：℃、毫米

要素 年份	年平均气温	极端最高气温	出现日期	极端最低气温	出现日期	年降水量	日最大降水量	出现日期
1996	6.3	33.3	7月1日	−23.8	1月9日	406.5	46.9	7月17日
1997	7.3	35.4	7月13日	−28.5	1月6日	293.8	40.0	7月19日
1998	8.3	35.3	9月9日	−30.1	1月18日	434.6	30.3	7月13日
1999	8.1	37.2	7月29日	−25.4	1月14日	307.4	60.0	8月18日
2000	6.7	35.8	7月20日	−31.9	1月25日	326.1	55.9	7月4日
2001	7.4	35.7	7月11日	−27.1	12月25日	253.7	42.3	8月19日
2002	7.6	35.2	7月9日	−31.4	12月27日	348.3	34.4	6月26日
2003	6.7	33.7	6月29日	−30.3	1月5日	461.8	27.0	9月26日
2004	6.9	33.7	6月11日	−26.4	12月31日	504.3	43.4	9月30日
2005	6.3	39.1	6月22日	−27.5	2月20日	316.3	24.6	6月5日
2006	7.6	34.4	7月7日	−28.7	2月9日	308.8	26.6	7月10日
2007	7.6	35.9	6月9日	−26.0	3月6日	428.6	40.5	8月26日
2008	6.4	36.6	8月3日	−30.9	1月24日	369.8	22.3	9月21日
2009	6.8	36.6	6月25日	−27.6	12月19日	262.5	29.7	9月6日
2010	6.7	39.9	7月29日	−30.5	1月5日	428.3	52.4	9月18日
2011	6.5	34.1	8月9日	−26.8	1月18日	276.7	22.3	8月15日
2012	6.0	34.6	6月18人	−27.6	1月22日	490.7	66.0	7月21日
2013	7.0	32.6	7月7日	−30.1	1月4日	470.0	73.9	7月1日

2009—2013 年大同县各月平均降水量、平均风速、平均蒸发量、日照百分率、日照时数统计

表 2 - 2 - 10

单位:毫米、米/秒、%、小时

要素 月份	平均降水量	平均风速	平均蒸发量	日照百分率	日照时数
1	1.7	1.8	35.4	68	202.4
2	3.9	2.0	56.9	62	185.2
3	8.3	2.4	118.4	64	236.3
4	18.0	2.7	205.9	65	258.8
5	30.9	2.5	287.1	62	274.5
6	38.5	2.3	290.4	58	244.0
7	117.8	1.8	246.5	54	244.0
8	66.2	1.5	220.6	57	241.6
9	66.8	1.6	146.5	56	209.2
10	21.5	1.7	112.5	62	214.3
11	10.8	2.0	54.4	57	170.1
12	1.3	2.0	35.6	54	163.7
合计	385.6	24.3	1790.2	722	2660.1
平均	32.1	2.0	149.2	60	221.7

第三章 水 文

第一节 水文地质条件

本县位于大同盆地东北边缘,南北分别为六棱山,采凉山隆起,其间为新生代断陷盆地,这种地形为盆地地下水的汇集创造了有利条件。

全县地下水分布、埋藏及含水层发育、地下水运动等,明显地受地质、地貌条件所制约。

地下水的富集取决于含水层的空间分布,岩性所处的地貌部位,周围的构造条件,以及当地的水文气象等因素。

依据含水介质的岩性特征,地下水类型及赋存条件,将本区含水岩系划分为以下两大类六个亚类。

基岩裂隙水含水分组

变质岩类裂隙水含水岩组 主要分布在南部,北部(采凉山),东部(丰稔山)基岩山区,遇驾山、东坪山有其零星分布。含水岩组由太古界变质岩、麻粒岩等组成。地下水赋存在风化壳和构造裂隙中,径流运动方向一般和地形一致,并多呈泉水溢出,形成地表径流向盆地排泄,泉水流量一般在0.03—0.25升/秒之间,个别大者达1.53升/秒。如聚乐村西北500米,泉水流量5.56升/秒。

麻峪口东南750米片麻岩裂隙泉水流量为0.15升/秒。

此外,变质岩含水岩组在阁老山、张庄一带松散覆盖层下也有分布,基岩埋深在37—104米之间,基岩风化壳厚度18—66米,是一个较富水的部位。该区地下水水化类型一般为 HCO_3—Ca、HCO_3—Ca、Mg 型,东后子口—金城口一带为 $HCO_3 \cdot SO_4$—Ca 型。矿化度0.25—0.43克/升,pH 值6.8—8.1。

碎屑岩孔隙裂隙水 主要分布在南山的东庄、窑子湾一带,地下水多储于石炭系砂岩及煤层裂隙中,富水性较差,泉水流量0.15升/秒。

岩浆岩孔隙裂隙水 主要是玄武岩裂隙水,分布于金山、阁老山、昊天寺、大同—阳原公路北侧及桑干河北岸的东、西沙窝一带,地下水储于火山锥裂隙之中,常以泉形式排泄,泉水流量西沙窝2.0升/秒,肖家窑头20升/秒。

水化学类型为 HCO_3—Na、Mg 型水,矿化度0.42—0.7克/升,pH 值为8。

松散岩类孔隙水含水岩组 本县盆地内堆积了新生界巨厚的松散物,为孔隙水赋存提供了场所。但各地段所受的地质、新构造运动,古地理环境,成岩作用及水文气象诸因素的影响不同,在水平与垂直方向上,地下水的分布规律有一定的差异性。

火山丘陵孔隙裂隙含水岩组 富水区分布于贺店,艾家洼、大北庄一带。含水岩组主要为中—上更新统火山弹、火山砂、砂及粉细砂、粗中砂组成,厚10—22米,地下水埋深24米,单位涌水量1.30—1.61公升/秒·米,降雨渗入补给玄武岩裂隙运移于火山沙砾中,以泉排泄和向下游潜流至区外。

弱富水区主要分布于瓜园—养老洼及沿桑干河北岸、南水地、于家寨、鱼儿洞一带。含水层均以层状或似层状玄武岩,裂隙发育及粗中粉细砂,厚

65.3 米,地下水埋深 4—15 米,单位涌水量 0.8 公升/秒·米。

倾斜平原孔隙水 分布于北部采凉山前,包括周士庄、聚乐、中高庄、许堡四乡镇。南山前包括册田、徐町、峰峪、吉家庄、麻峪口 5 个乡镇,地下水常呈条带状分布。

本县洪积扇群主要分布于南山前小王—东后子口、北山前东水峪—上庄,丰稔山前浅井—上庄,该区面积为 119 平方千米,含水岩层为砾石、卵石、粗中砂,厚 7—54 米,地下水埋深 30 米,单位涌水量 1.5—2.1 公升/秒·米。

a. 洪积扇区主要分布在南山前大王、西浮头、瓮城口、麻峪口、北山前聚乐。含水层岩性为卵石、砾石、粗砂,厚 13—38 米,地下水位埋深 16—65 米,单位涌水量 1—3 公升/秒·米。

b. 扇间凹地分布于大王窑、盘道、南米窑、西安家堡、散岔一带。含水层岩性为砂砾石,厚 0.3—6.8 米,地下水位埋深 26—602 米,单位涌水量 0.69—0.78 公升/秒·米。

c. 西骆驼坊至任家小村、二十里铺、周士庄、下榆涧、聚乐堡、东西羊坊、五里台及桑干河南、郭家庄、施家会一带,面积为 206.05 平方千米,含水层为粉砂、细砂、中砂,厚为 8—34 米,地下水埋深 2—20 米,单位涌水量为 1.1—7.8 公升/秒·米。

总之,倾斜平原区中的洪积扇区是地下水的富水区,具有广泛的开发前景。水化学类型为 HCO_3—Ca、Mg 型及 HCO_3—Na. Mg 型,矿化度 0.3—0.46 克/升,pH 值 7.7—8.5 间。

冲湖积平原孔隙水 分布于本区中部及桑干河、御河河谷地带,主要富水区分布于倍加造以西一带,含水层岩性为粗砂、中砂、细砂,厚 55—68 米,地下水位埋深 1.3—7 米,单位涌水量为 5.0—8.8 公升/秒·米。

该类地下水水化学类型为 HCO_3—Ca、Mg 型,HCO_3—Na、Mg 型。矿化度 0.45—0.98 克/升,pH 值 7.8—8.2。

本县地下水的补给主要有降水垂直入渗,边山基岩裂隙水侧向径流,地表水径流沿破碎带下渗补给等。本区地下水的径流方向,即由山区向平原,自河流上游向下游流动,河床是地下水的强径流区,地下水总的流动方向是:自北向南,自南向北,最后通过桑干河河谷区向区外阳原盆地运动。

地下水的主要排泄方式有:潜水蒸发、泉水排泄、人工开采及地下水侧向迳流向阳高、御河、桑干河排泄地下水到区外。

第二节 地表水

大同县水系较为发达,多呈树枝状。境内河流主要有桑干河、御河、坊城河。桑干河属海河流域永定河水系。御河、坊城河属海河流域桑干河水系。

桑干河 发源于山西省宁武县管涔山,经朔城区、山阴县、应县、怀仁县在郭家庄村西 2.5 千米处流入本区,于鹅毛村东 2 千米附近出境,排向阳高及河北省。境内流长 58 千米,流域面积 1575.9 平方千米。桑干河河床宽阔,纵坡平缓,雨季河水暴涨暴落,旱季河水很少,虽然水流长年不断,但仍受季节控制,据古定桥水文站(1970—1980 年)测流资料,桑干河最大径流量 4.22 亿立方米(1970 年)最小年径流量为 0.93 亿立方米(1975 年),正常年径流量为 2.72 亿方(1973 年)。

桑干河水系的较大支流,有大王峪、小王峪、东浮头峪、麻峪口等,流域面积 160.5 平方千米,正常年径流量 685.0 亿立方米。

御河 发源于内蒙古丰镇县的北山,在罗庄村西 2 千米附近流入本区,于古定桥附近注入桑干河,境内流长 16 千米,据孤山水文站测流资料流域面积 2619 平方千米。多年平均径流量 0.93 亿立方米,中等干旱年径流量 0.58 亿立方米。1965 年实测平均流量(枯季)0.39 亿立方米。1967 年 8 月 5 日最大洪峰量 2020 立方米/秒,近年来枯季出现断流。属于夏季型和山地型河流。

坊城河 发源于采凉山南麓。流长 30 千米,流域面积 343 平方千米,多年平均径流量 0.064 亿立方米,中等干旱年径流量为 0.03 亿立方米,在马家南坡注入桑干河。本河流发源境内,枯水季节处于干枯状态。

第三节　地下水

地下水类型及分布规律

大同县地下水资源流域分区为永定河和洋河两区。

依据地质地貌和含水岩组的特点,将永定河区划分为六个水文地质类型区:一般山丘裂隙水区、一般山丘黄土层孔隙水区、一般山丘裸露型岩溶水区、倾斜平原孔隙水区、冲积平原孔隙水区、洪积扇群区。洋河区为山前倾斜平原孔隙区。

一般山丘裂隙水区　主要分布在南部,北部(采凉山)、东部(丰稔山)基岩山区,涉及许堡乡、峰峪乡、吉家庄乡、周士庄镇、聚乐乡,地下水赋存在风化壳和构造裂隙中,径流运动方向一般和地表水一致,并多呈泉水溢出,形成地表迳流向盆地排泄,泉水流量一般在 0.03~0.25 升/秒之间。

一般山丘黄土层孔隙水区　主要分布于聚乐乡(8 个村)、许堡乡(8 个村)、西坪镇(7 个村)、瓜园乡(6 个村),面积 241 平方千米,地下水资源量 802.9 万立方米,贺店、艾家洼、大北庄一带,含水岩组由火山弹、火山砂、砂及粉细砂、粗中砂组成,厚 10—20 米,单位涌水量 1.30~1.61 公升/秒·米,降雨渗入补给玄武岩裂隙,运移于火山沙砾中排泄成泉出露或汇集成地下潜流。瓜园——养老洼及沿桑干河北岸南水地、于家寨、鱼儿洞一带,含水层均以层状或似层状玄武岩。裂隙发育及粗、中、粉细砂,厚 65.3 米,单位涌水量 0.8 公升/秒·米。

一般山丘裸露型岩溶水区　该区碳酸盐岩类主要分布在南山、大梁草帽山、大王村东侧,由寒武系、奥陶系灰岩组成,岩石裂隙不发育,本区无泉水出露,面积 18.5 平方千米。

洪积扇群区　主要分布在南山前小王—东后子口一带,涉及峰峪乡面积 59.5 平方千米,地下水

资源量为 297.5 万立方米。地表岩性为全新统砂卵石、砾石,含水层为砾石、卵石、粗中砂,厚 7—54 米。单位涌水量 1.5—2.1 公升/秒·米。

倾斜平原孔隙水区　分布于北部采凉山前,南部马头山、东部丰稔山前,含水层埋深、厚度、岩性、富水性及水位埋深在不同地段差异性较大,该区涉及周士庄镇、倍加造镇、西坪镇、聚乐乡、许堡乡,面积 480 平方千米,地下水资源量为 2954 万立方米。西骆驼坊至任家小村一带,地表岩性多为上更新统冲洪积物。含水岩性为粉砂、粗砂、中砂,厚 8—11 米,单位涌水量 7.8 公升/秒·米。二十里铺、周士庄、下榆涧、聚乐堡及桑干河南岸郭家庄、施家会一带,地表岩性为上更新统亚砂土、砂砾石。含水层岩性为中粗砂、砂含砾石,厚 10~69 米,单位涌水量 1.1~2.38 公升/秒·米。

冲积平原孔隙水区　主要分布在本区中部及桑干河、御河河谷地带,各地段岩性及富水性均有差异。该区涉及党留庄乡、杜庄乡、倍加造镇(5 个村)、大同市经济开发区、瓜园乡(12 个村)、西坪镇(4 个村),面积 376 平方千米,地下水资源量为 2837.6 万立方米。

樊庄、蔡庄、解庄、独树、营坊沟一带,地表岩性为上更新统冲积堆积亚砂土,含水层岩性为粗砂、中砂、粉细砂,厚 5.5—68 米,单位涌水量 5.0—8.8 公升/秒·米。桑干河北侧的利仁皂、邢庄、党留庄、马连庄、官堡、陈庄、郭家庄至旧桥一带。地表岩性为亚砂土、亚黏土,含水层岩性为粗中细粉砂,厚 3.5—78 米,单位涌水量 1.65—2.9 公升/秒·米。常家堡、千千村、西紫峰、东水地一带。地表岩性为亚砂土、亚黏土,含水层岩性为粉细砂,厚 8—40 米,单位涌水量 0.4—0.6 公升/秒·米。

洋河流域倾斜平原区　该区涉及巨乐乡,面积 18 平方千米,地下水资源量为 110.7 万立方米。地表岩性为上更新统粗砂、砂卵石,含水层岩性为卵砾石、粗中砂,厚 14—34 米,单位涌水量 1.2—1.5 公升/秒·米。

各水文地质类型区地下水补、径、排条件。

本县地下水的补给、径流、排泄其影响因素很多,主要有水文气象、地质地貌、开采及边界条件等。

本区地下水的补给来源主要有降水垂直入渗、边山基岩裂隙水侧向径流,地表水沿破碎带或沿途下渗向盆地补给,以及御河灌渠灌溉渗入等。

降水入渗补给,山区基岩裸露,风化裂隙发育,玄武岩孔洞及柱状节理发育为降水入渗创造了良好条件。山前倾斜平原及冲洪积扇区,多为粗粒相物质堆积,降水入渗能力甚强,有利于边山基岩裂隙水以地下径流方式侧向补给。

本区地下水运动受地形地貌控制,其径流方向由山区向平原,自河流上游向下游流动,河床为地下水的强径流区,本区地下水总的运动方向是自南、北向桑干河径流,最后通过桑干河河谷向阳原盆地运动。

地下水的主要排泄方式有潜水蒸发、泉水排泄、人工开采及地下侧向径流排泄。以蒸发方式排泄地下水全区普遍存在,尤以地下水位埋藏较浅的各河谷,如御河、坊城河的下游及桑干河两岸。河谷是地下水排泄场所,各河地表径流除短时间洪水外,都是由地下水转化而来的,侧向径流主要是桑干河两岸松散堆积物以地下水径流向阳原盆地排泄。

地下水动态特征

地下水动态包括地下水位,地下水开采量、水质、水温的时空变化,其变化受气象水文、水文地质条件,人类活动等因素的影响,不同的自然地理条件,地下水的动态变化也各不相同,平原区年内动态变化主要受降水、蒸发、开采因素所控制,地下水垂直交替频繁,水平补给和排泄不稳定。20世纪80年代以来随着工农业生产的发展地下水资源的需求量促年增长。盆地平原区地下水位从20世纪90年代起至今呈下降趋势,工业排污,农业施用农药和化肥已造成局部地区地下水的水质污染。

地下水位年内动态变化　地下水位变化主要是受气候的制约,每年春季解冻后,其包气带岩层的解冻水补给地下水,此时水位略有上升,峰值多出现在4月初,5月以后受降水、开采、蒸发的控制,地下水位上下波动。6—10月主要受开采蒸发的影响,地下水位呈"V"字形低谷。10月以后,地下水开采量减少,水位逐渐回升,如果年内降雨量大,水位可恢复。

本县山前倾斜平原分布于南北两山向平原的过渡地带,其主要补给源是山前侧向径流和大气降水,开采及水平径流为主要排泄方式,据大同县独树村观测孔年内水位变幅在2—7米,水位波动与开采情况相吻合,4—10月水位变幅较大,10月以后,自然因素和人类活动影响较小,基本成平稳恢复趋势,地下水动态特征渗入——开采型。

本县冲积平原分布于中部盆地,主要补给源是山前侧向径流和降雨入渗补给,据大同县党留庄观测井,年内水位变幅1.2—1.8米,6—8月水位下降最大,10月以后开始回升,特别是农业灌溉集中期,自然因素和人类活动影响较大,地下水动态特征为降水—蒸发型。

本县黄土层火山丘陵区分布于县城东部。据下甘庄观测井年内水位变幅0.2—1.1米,变化不大。2—5月水位下降,10月以后开始回升。地下水动态特征为渗入—径流—开采型。

地下水位年际动态变化　大同县地下水监测从20世纪80年代初开始建立,地下水监测网本次整理分析了21年的水位动态资料及机井普查水位资料。根据资料分析,全县地下水位呈下降趋势,地下水开采量较少的地区,地下水位的年降率也较小。

山前倾斜平原区独树村地下水位从1983年起至2000年18年累计下降4.3米,年下降率0.24米。

冲积平原区营坊沟地下水位从1983年起至2000年18年下降了13.29米,年下降率0.74米。火山丘陵黄土层孔隙水区下甘庄地下水位从1983年至2000年,18年累计下降8.6米,年下降率为0.25米。

上述区域地下水下降的原因主要由于降水量少,潜水蒸发量较大所致,通过对不同类型区分析,全县地下水位变化总体呈下降趋势。

地下水采补关系

本县一般山丘裂隙水，地下水补给主要来源为大气降水入渗补给，由于开采难度较大，现状未开采，所以地下水主要受降雨量多少控制，一般变化不大。

一般山丘黄土层孔隙水区，主要补给来源：大气降水入渗补给和山区裂隙侧向补给，由于基岩埋藏浅，不易开采，现状开采量较少，地下水受弱开采和降雨补给控制，变化不大。

盆地山前倾斜平原区、冲积平原区、洪积扇区，主要补给来源有大气降雨入渗补给，其次为山区基岩裂隙侧向补给、河道入渗补给、渠道入渗补给、农田灌溉补给等，山前倾斜平原区、洪积扇区多为粗粒物质堆积，降水入渗能力强，且为地下水运移通道。山前倾斜平源孔隙水向冲积平原区运移。本区现状开采量较大，且部分区域集中开采，地下水变化主要受开采控制，区域地段开采量大于补给量，地下水位呈下降趋势。

地下水可持续利用

大同县永定河一般山丘区裂隙地下水可开采量为90万立方米，其中：北部采凉山一般山丘区裂隙地下水可开采量为26.2万立方米，南部马头山一般山丘区裂隙地下水可开采量为52.9万立方米，南部马头山裸露型岩溶山地下水可开采量为5.6万立方米，东部丰稔山一般山丘区裂隙地下水可开采量为5.3万立方米。

永定河一般山丘区黄土层孔隙地下水可开采量为212万立方米。

永定河盆地平原区山前倾斜平原孔隙地下水可开采量为2631.3万立方米，其中：采凉山前倾斜平原孔隙地下水可开采量为1601.4万立方米，丰稔山前倾斜平原孔隙地下水可开采量为132万立方米，马头山前倾斜平原孔隙地下水可开采量为645万立方米，东后口洪积扇群孔隙地下水可开采量为252.9万立方米。

永定河盆地平原区杜庄冲积平原孔隙地下水可开采量为2246.7万立方米。

洋河盆地平原区山前倾斜平原孔隙地下水可开采量为65万立方米。

本县基岩山区的地下水开发利用，主要是充分利用泉水为主。在条件许可的情况下，如较大的河谷中，也可以打大口井或机井，主要用于解决人畜缺水的困难。

火山丘陵区，在充分利用泉水的前提下，仍以开采地下水为主。从目前钻孔揭露地层，本区富水不均。主要含水层为火山砂，火山砾及蜂窝状玄武岩，是今后的主要开采层。钻进难度大，应改为钻机钻进。开采地下水发展水浇地是本区的长远之计。

总之，大同县开发利用地下水的主要部位在盆地，其中储藏着丰富的地下水资源，但分布不均，从长远工农业发展区划，及本区的综合利用条件出发，地下水的开发利用方案为互济余缺。南山前、大王、小王、徐家堡、东后口、西浮头、瓮城口、麻峪口、北山前、聚乐、上庄、东水峪、陈家堡以地表水解决边山及扇间洼地农田灌溉。洪积倾斜平原区则应开发利用地下水为农田灌溉的主要用水来源。冲积平原区，地下水与地表水兼用。按现有农田水利工程及地下水开发利用现状，边山地带在充分利用地面水资源的基础上，尽量开发利用地下水是大同县水利化建设扩大水浇地面积，保证灌溉效益的重要发展方向。

第四章　自然资源

第一节　土地资源

本县位于山西省北部大同盆地,属大同市近郊。辖10个乡镇(原辖16个,撤乡并镇减6个),3个街道办事处。现有185个行政村,总人口18.9万人,其中农业人口12.1万人。总土地面积147827.87公顷,平川、山区、丘陵各占三分之一,其中耕地面积44748.59公顷,是一个典型的纯农业县。

地质概况

大地构造上处于华北地台的山西台背斜与阴山隆起的交接部位。北为北口隆地,西南为大同——静乐凹陷,东南为桑干河新断陷。本区域在多期的地壳构造变动中形成了一系列的构造形迹,尤其以燕山运动和喜马拉雅山运动的影响最为明显,新构造运动相当发育,地震活动也较为频繁。境内有桑干河、六棱山两处地质断裂带,是一个地震多发区。大同出露地层较为齐全。自老至新有太古界集宁群,古生界寒武系、奥陶系、石炭系、二迭系,中生界侏罗系、白垩系(以上主要分布在西北部山地丘陵区),新生界第三系、第四系(主要分布在东南平川区)。其中,在集宁群的地层中形成丰富的石墨矿资源;在寒武系地层中沉积形成大量的水泥石灰岩、熔剂石灰岩和白云岩;在石炭系、侏罗系的地层中蕴藏了极为丰富的煤炭资源。

地貌概况

大同县山地、丘陵主要集中于西、北及东北部地区,而平川区位于东南部。这就构成了本县西北高、东南低,地形由西北向东南倾斜的主要特征。本县山地属阴山山脉的一部分,在境内呈东北——西南走向,斜贯全境。南北部为土石山区,东北部为丘陵沟壑区,中部为平川区、山区、丘陵区约占总面积的60%。平均海拔1347米,最低海拔891.7米,最高海拔2167.1米。

土地资源利用现状

全县土地总面积147827.87公顷,其中,农用地94430.49公顷,占土地总面积的63.88%,建设用地12184.85公顷,占土地总面积的8.24%,其他土地41212.53公顷,占土地总面积的27.88%。

农用地　耕地:耕地面积44748.59公顷,占土地总面积的30.27%。耕地中34681.05公顷为旱地,占到耕地面积的77.51%,各乡镇均有分布,主要分布于许堡乡、杜庄乡、周士庄镇、西坪镇,吉家庄乡分布最多,占到旱地总面积的65.01%;其余10067.45公顷为水浇地,占到耕地面积的22.49%,各乡镇均有分布,主要分布在杜庄乡、倍加皂镇、党留庄和峰峪乡,其中杜庄乡分布最多,占到水浇地总面积的23.44%。园地:园地面积为2079.43公顷,占土地总面积的1.41%。园地主要分布在聚乐乡、峰峪乡和周士庄镇,聚乐乡分布最多,占到园地总面积的40.95%。林地:林地面积为39365.72公顷,占土地总面积的26.63%。有林地面积为23015.85公顷,占林地总面积的58.47%,主要分布在瓜园乡、许堡乡和杜庄乡;灌木林地面积为

9299.34公顷，占林地总面积的23.62%，主要分布在聚乐乡、峰峪乡和许堡乡；其他林地面积为7050.53公顷，占林地总面积的17.91%，主要分布在吉家庄乡、聚乐乡、瓜园乡和西坪镇。牧草地：牧草地面积为1128.82公顷，占土地总面积的0.76%。牧草地全部为人工牧草地，主要分布在吉家庄乡和巨乐乡，分别占到牧草地总面积的72.89%和15.21%。其他农用地：其他农用地面积为7108.02公顷，占土地总面积的4.81%。其中，田坎3240.97公顷，农村道路2464.52公顷，沟渠805.82公顷，设施农用地466.18公顷，坑塘水面130.53公顷，主要分布在许堡乡、杜庄乡和西坪镇。

建设用地　城乡建设用地：城乡建设用地6158.02公顷。其中，建制镇用地839.89公顷，占城乡建设用地面积的13.64%，分布在西坪镇、倍加造镇和周士庄镇；农村居民点5022.50公顷，占城乡建设用地面积的81.56%，各乡镇均有分布，主要分布在西坪镇、倍加造镇、周士庄镇和杜庄乡；采矿用地295.63公顷，占城乡建设用地面积的4.80%，主要分布在党留庄乡。交通水利用地：交通水利用地4805.33公顷。其中，铁路用地557.52公顷，占交通水利用地的11.60%，主要分布在党留庄乡和杜庄乡；公路用地1193.30公顷，占交通水利用地的24.86%，主要分布在许堡乡、西坪镇、倍加造镇和瓜园乡；机场用地168.28公顷，占交通水利用地的3.50%，分布在倍加造镇和西坪镇；管道运输用地0.86公顷，全部在党留庄乡；水库水面2819.2公顷，占交通水利用地的58.74%，主要分布在许堡乡；水工建筑用地66.17公顷，占交通水利用地的1.38%，主要分布在许堡乡。风景及特殊用地为1221.50公顷。

其他土地　水域：水域面积为7533.08公顷，占土地总面积的5.10%。河流水面面积为1065.97公顷，占水域总面积的14.15%，主要分布在许堡乡和杜庄乡；滩涂面积为6467.11公顷，占水域总面积的85.85%，主要分布在许堡乡、吉家庄乡、峰峪乡和周士庄镇。自然保留地：自然保留地面积为33679.45公顷，占土地总面积的27.78%，自然保留地包含其他草地、裸地、盐碱地、沙地和沼泽地。其他草地31856.83公顷，占自然保留地面积的94.59%，主要分布在峰峪乡、许堡乡、巨乐乡和周士庄镇；裸地面积1741.17公顷，占自然保留地面积的5.17%，主要分布在周士庄镇、峰峪乡和西坪镇；盐碱地面积80.13公顷，占自然保留地面积的0.24%，分布在党留庄乡、杜庄乡和峰峪乡；沙地面积1.05公顷；沼泽地0.27公顷，分布在峰峪乡。

土地资源利用特点

农用地比重大　全县农用地占土地总面积的63.88%，其中以耕地、林地为主导的农用地结构有利于发展特色农业和生态农业。

土地后备资源较为丰富　其他草地和裸地占其他土地比重较大，可作为后备土地资源开发林地和园地等。

农村居民点布局分散用地粗放　2011年人均居民点用地为346.09平方米，农村居民点整理潜力大。

土地资源利用战略

大同县新一轮的土地利用战略目标是在保护耕地资源的基础上，是农业用地得到综合整治，生态环境优势得到进一步凸显；保障经济建设的前提下，控制建设用地总量，提高建设用地集约利用水平，农村居民点用地总规模逐步缩小，城乡用地实现动态平衡；土地开发整理复垦工作全面展开，土地后备资源得以相应开发；土地利用率与产出率明显提高，土地资源可持续利用。按"保护、保障、挖潜、集约利用"的总体要求，促使全县形成一个资源节约、永续利用、经济社会环境和谐发展的土地利用模式，实现土地资源的优化配置与合理布局，保证社会、经济、生态三者效益的最大化。

农业发展　进一步夯实农业基础地位，加强农牧业基础建设，提高农业综合生产能力，大力发展高效现代农业，加快农业内部结构调整，积极发展绿色、生态和具有区域优越性的特色农林牧业，推动农业和农业经济专业化、产业化进程，把大同县

自然环境

建设成为大同市重要的绿色农畜产品基地,形成八个特色农业的集约型、规模化农牧业产业带。

城镇发展　依托大同市的经济辐射带动作用,形成三条放射状发展轴(京大高速公路、大秦铁路为主发展轴,大张、大涞为次发展轴),同时配以各乡镇(西坪镇、周士庄镇、倍加造镇、党留庄乡和许堡乡)为重点,将全县城镇产业布局和区域生态环境密切结合,构成能带动全县域的城镇体系框架。

文物保护及风景旅游　加强文物保护工作,完善机构,广泛宣传,依法管理;加强环境建设,保持生态平衡,在大同县城区及外围建设风光带和山林地,改善城市生态环境;大力开发火山群、森林公园、农业观光旅游业等县域拳头旅游项目,改善旅游基础设施,提高旅游综合接待能力。

工业发展　大同县工业发展以优化产业结构、积极培育新的支柱产业为重点。大同县将积极发展高新技术产业,用高新技术改造传统产业,推进产业结构的优化、升级,使大同县工业由原来的煤炭运销为支柱产业的产业结构向支柱产业多元化方向发展,逐步形成以煤炭运销、冶金、建材、化工、农副产品深加工为主导支柱产业的产业结构。

商贸发展　继续发展商贸流通业、交通运输、邮电通信等,培育新兴行业,如旅游业、房地产业、社区服务业、交通运输、信息业,培育完善商品市场和生产要素市场,形成与县域经济发展相适应的市场体系。

经济发展　大同县经济发展主要经历从分散到集中再到扩散的阶段。现阶段,经济结构将由以前的分散式发展为以集聚式为主,其发展战略为"市场导向型的极核发展战略"。即充分利用其优越的地理区位,通过区域间多层次的地域分工和大同市市域北部的结构调整,在以内聚为主,外推为辅的作用机制下促进大同县经济发展。

土地用途分区

根据大同县土地资源条件、社会经济发展空间布局及土地利用调控措施的要求,按照有利于统筹城乡生产力布局和经济布局、有利于统筹城镇体系和基础设施建设、有利于实行分类指导区域土地利用、保持土地利用方向和调控措施相对一致性原则,将全区划分为基本农田保护区、一般农地区、城镇村建设用地区、独立工矿用地区、风景旅游用地区、林业用地区和生态环境安全控制区等七个区。

基本农田保护区　该区面积35075.00公顷,占全县土地总面积的23.73%,全区各乡镇均有分布,主要分布在许堡乡、杜庄乡、西坪镇和吉家庄乡等乡镇,属于质量及生产能力高、生产条件好、集中连片的耕地集中分布区,这些区域在将来的建设中不会被占有,是大同县的粮食生产基地。

一般农地区　该区土地主要为耕地、园地、禽畜水产养殖地和直接为农业生产服务的农村道路、农田水利、农田防护林及农业设施用地。该区面积18774.55公顷,占全县土地总面积的12.70%,全区各乡镇均有分布,区内现有非农建设用地和其他零星农用地应当优先整理、复垦或调整为耕地、园地,规划期间确实不能整理、复垦或调整的,可保留现状用途,但不得扩大面积。

城镇村建设用地区　该区面积7431.24公顷,占全县土地面积的5.03%。主要是中心城区和各乡镇的城镇用地及村庄、中心村等建设用地,包括依附于城镇的工矿用地。

独立工矿区　是指为独立于城镇村之外的采矿用地和其他独立建设用地发展需要划定的土地用途区。该区土地总面积约810.01公顷,占全县土地面积的0.55%,在各乡镇均有分布。

风景旅游用地区　是指具有一定游览条件和旅游设施,为人们进行风景观赏、休憩、娱乐、文化等活动需要划定的土地用途区。该区土地总面积约192.06公顷,占全县土地面积的0.13%,包括现有风景旅游用地和新建金山旅游用地区等。

林业用地区　是指为发展林业需要划定的土地用途区。该区土地总面积为40430.85公顷,占全县土地面积的27.35%,在各乡镇均有分布。

生态环境安全控制区　是指基于维护生态环境安全需要进行土地利用特殊控制的区域,主要包括河湖及蓄洪区、重要水源保护区、地质灾害高危险地区等。现规划期内,该区面积为348.88公顷,占全县土地总面积的0.24%,主要包括市中心城区绿地部分和大同县火山地质公园各火山头处。

第二节　水资源

水资源状况

水资源量

河川径流(地表水)资源量　由《大同市水资源调查评价》成果可见,1956—2000年大同县本地加入境河川径流量17454万立方米,其中本地河川径流量3376万立方米。本地年最大径流量为1956年11078万立方米,最小为1975年541万立方米,极值比20.49。

地下水资源量　大同县1956—2000年多年平均地下水资源量7453.4万立方米,其中盆地平原区6199.8万立方米,一般山丘区3847.8万立方米,重复量2594.2万立方米。

1980—2000年多年平均地下水资源量7056.3万立方米,其中盆地平原区5832.8万立方米,一般山丘区3829.0万立方米,重复量2605.9万立方米。

水资源总量　大同县1956—2000年本地加入境多年平均水资源总量23358万立方米,其中本地河川径流量3376万立方米,地下水资源量7453万立方米,两者之间的重复量1549万立方米,入境河川径流量14078万立方米。

1980—2000年本地加入境多年平均水资源总量15611万立方米,其中本地河川径流量2513万立方米,地下水资源量7056万立方米,两者之间的重复量1482万立方米,入境河川径流量7524万立方米。

水资源可利用量

大同县水资源可利用量为18922万立方米,其中本地加入境地表水可利用量13969万立方米,地下水可开采量5245万立方米,重复量292万立方米。

水资源开发利用

供水水利设施　大同县供水水利设施,按工程类型划分,主要有蓄水、提水、引水、水井工程四大类;按行业产权划分,主要由城市自来水、单位自备水源、水利工程及农村分散水源四部分组成;按水源划分,主要是河水供水水源和地下水供水水源。供水对象大部分为农业,其次为工业、城市生活、农村生活、林牧渔业。

蓄水工程

大同县现有大(Ⅱ)型水库一座(即册田水库),册田水库地处桑干河中上游,位于山西省大同县西册田村北,距大同市约60千米,是一座以城市工业供水、灌溉、防洪为主的大(Ⅱ)型水库。

除册田水库外,尚有茹庄等小(Ⅰ)型水库3处、东水地等小(Ⅱ)型水库12处,塘坝22处,总库容1490.15万立方米,兴利库容614万立方米。设计供水能力18759.8万立方米。

大同县蓄水工程统计

表2-4-1　　　　　　　　　　　　　　　　　　　　　　　　　单位:座、万立方米

工程规模	数量(名称)	总库容	兴利库容	设计供水能力
大型	1 册田水库	58000	41000	17968
小型	37	1490.15	614	791.8
小计	38	59490.15	41614.0	18759.8

引水工程

大同县现有引水工程24处,其中册田大型引水工程1处;御河中型引水工程1处,麻峪口、牛寺沟等小型引水工程22处,设计灌溉面积18.33万亩,(设计)供水能力3245万立方米。

大同县引水工程统计

表2-4-2 单位:座、万亩、万立方米

工程规模	数量(名称)	灌溉面积	设计供水能力
大型	1(册田)	13.74	2321
中型	1(御河)	4	880
小型	22	0.59	44
小计	24	18.33	3245

提水工程

大同县现有提水工程20处,其中册田大型提水工程1处,海心湾、佛堂寺等小型提水工程19处,设计供水能力6561万立方米。

大同县提水工程统计

表2-4-3 单位:座、立方米/秒、万立方米

工程规模	数量(名称)	提水规模	设计供水能力
万亩站	1(册田灌站)	2.1	6460
小型	19	3.418	101
小计	20	5.518	6561

地下水工程

据调查,2010年大同县共有各类水井1734眼,其中自来水公司7眼,占全县0.41%;城镇生活水井9眼,占0.52%;工业自备水井101眼,占5.82%;农业水井1585眼,占91.23%;向市区供水水井35眼,占2.02%。

大同县水井工程统计

表2-4-4 单位:眼

合计	自来水公司	城镇生活	工业	向市区供水	农业
1734	7	9	101	35	1585
100	0.41	0.52	5.82	2.02	91.23

年供水工程的供水量 2010年大同县供水工程总供水量5592万立方米(不含册田水库向北京集中输水供水量,下同),其中地表水源供水量2911万立方米,地下水源供水量2681万立方米,分别占总供水量52%、48%。在地表水源供水量中,蓄水工程供水量639.0万立方米,引水工程供水量674.9万立方米,提水工程供水量1597.1万立方米。

2010年大同县供水量统计

表2-4-5 单位:万立方米

地表水源供水量				地下水源供水量			其他水源供水量			总供水量
蓄水	引水	提水	合计	浅层水	深层水	合计	污水处理回用	雨水利用	合计	
639	674.9	1597.1	2911	2681		2681	0	0	0	5592

水资源开发利用情况　总取水量：2010 年大同县城乡取水量共计 5592 立方米。其中，生活用水量 445.3 万立方米，第一产业用水量 4128.2 万立方米，第二产业（含建筑业）用水量 139.5 万立方米，第三产业用水量 3.0 万立方米，向大同市区供水 876 万立方米。

2010 年大同县用水量调查统计

表 2-4-6　　　　　　　　　　　　　　　　　　　　　　　　　　　　　　　　　单位：万立方米

生活			生产												向市区供水	合计
			一产						二产		三产					
			种植业			林牧渔畜			工业							
城镇居民	农村居民	合计	菜田	水浇地	合计	林果地	牲畜	合计	一般工业	建筑业	商饮业	服务业	合计			
230	215.3	445.3	40	3726.9	3766.9	263.3	98	361.3	138	1.5	1.5	1.5	3		876	5592

按水源及用途取水量调查统计：根据用水统计，2010 年全县取水总量为 5592 万立方米，其中地表水 2911 万立方米，地下水 1435.5 万立方米。按用途分：农业取水 4346.5 万立方米，工业及建筑业取水量 139.5 万立方米，城镇生活取水量 230 万立方米，向大同市区供水 876 万立方米，工业及城市生活全部取用地下水。

2010 年大同县取水量调查统计

表 2-4-7　　　　　　　　　　　　　　　　　　　　　　　　　　　　　　　　　单位：万立方米

工业及建筑业取水	向大同市区供水	城镇生活取水	农业取水			合计
地下水	地下水	地下水	地表水	地下水	小计	
139.5	876	230	2911	1435.5	4346.5	5592

水源地建设情况　1996 年至 2002 年为缓解大同市城市供水紧张的现状，先后在大同县党留庄乡、周士庄镇建设城市供水水源地两处。其中党留庄供水水源地设计供水量每日 1 万立方米，1996 年建水源井 10 眼，2010 年建设水源井 10 眼。周士庄镇二十里铺水源地设计供水量每日 1.35 万立方米，建设水源井 15 眼。

节水

针对水资源严重缺乏的局面，实施全社会节水战略，全县在城乡生活和工农业生产节约用水的前提下，大力推广高效节水灌溉技术和污水处理回用技术，提高水的重复利用率。

农业灌溉节水　完成了桑干河册田灌区部分井灌区以及其他小型水利工程的农灌节水技术改造。在井灌节水技术改造上新建农业高效节水园区 3 处。在搞好渠系节水工作的同时，大力推广管灌节水技术，在高效节水园区内适当推广喷灌、滴灌、微灌等节水灌溉技术。

工业节水　围绕对原有工矿企业的技术改造，实现产业升级或传统产业转型，在调整产业结构的过程中注重发展节水环保型产业，实现节水环保型产业的规模化，提高整个工业的用水效益；根据水资源承载能力调整工业布局，以水定项目、定规模。

城镇生活节水　加大城镇供水价格改革力度，建立合理的水价体系和定额用水制度，全面实行按用途分类的超额累进计价和阶梯式水价制度。城市生活用水户逐步更换节水型器具，提高计量水表的安装普及率，特别要求新建民用建筑节水器具的普及率达到 100%。鼓励和支持中水回用工程建设，首先在宾馆、饭店、居民小区等用水单位推广安装中水回用设备。城镇供水企业加强内部管理和服务意识，完成抄表到户改造工程，建立健全城镇水表自动化缴费体系。重点抓好城镇供水管网改造和城镇污水处理回用工程、节水型器具建立市场准入制度。对于冲厕、洗车、绿化用水与生活用水要实行分管道、分水质供给，逐步改变城镇不合理的用水结构。

农村人畜饮水　在完成农村人畜饮水解困工程的同时，逐步把工作重点转移到农村供水的巩固、改善、提高上来。加强村镇供水体系建设，逐步提高农村生活用水水平，加强管理，促进节约用水。

第三节　矿产资源

大同县矿产资源比较贫乏，主要以非金属矿产为主。目前查明的矿种有浮石、花岗岩、玄武岩、石灰岩、白云岩、煤、石英、长石、矿泉水、砖瓦黏土、砂、片麻岩等 12 个种类，从查明的矿产资源量看，玄武岩、石灰岩、砖瓦黏土为县内主要优势矿种。

分布状况

浮石　分布于瓜园乡、聚乐乡、西坪镇。

花岗岩　全县共有花岗岩岩脉 44 条，主要分布在北部的采凉山、东部的老崟山、南部的马头山。

石灰岩　主要优势矿产，主要分布于许堡乡大王村南和吉家庄乡麻峪口村东南。

白云岩　主要分布于许堡乡寺弯村南。

玄武岩　主要优势矿产，分布于西坪镇、许堡乡、聚乐乡。

石英、长石　分布于峰峪乡。

矿泉水　分布于西坪镇水头村的优质锶型矿泉水，年流量 8.76 万吨。

煤　分布于吉家庄乡东庄村一带。

砖瓦粘土、砂　主要优势矿产，分布于全县各乡镇。

片麻岩　主要分布于聚乐乡、周庄镇、峰峪乡一带。

第四节　生物资源

自然植被

南部山区大王村南部的大梁山主峰草帽山、白玉滩一带分布有以华北落叶松、云杉、白桦为主的天然次生林和以虎榛子为主的灌丛林；峰峪乡万家山、吉家庄乡殿山、马头山一带分布有以油松、白桦、沙棘、虎榛子为主的针阔、乔灌混交次生林；麻峪口村至牛寺沟一带分布有以油松、樟子松为主的人工针叶林。桑干河南岸至南山脚下的山前倾斜平原一带分布有以油松、柠条、小叶杨为主的大面积人工林。

中部平川桑干河北岸，京包铁路以南，火山群以西的广大平原地区，分布有大面积的小叶杨人工林，其中瓜园乡、杜庄乡面积最大；火山群南部的许堡乡、瓜园乡分布有大面积的油松、樟子松和小叶杨人工林。

东北部火山群一带，分布有以油松为主的大面积人工林，其中金山周围、老虎山周围、昊天寺以北、县城东山一带分布面积最大。

京包铁路以北、马梁村以南、马铺山以东、塔儿村以西的浅山区分布有以油松、樟子松、柠条为主的大面积人工林；西关村至京包铁路以西一带平原地带，分布有大面积的杏树经济林。

采凉山周围分布有以华北落叶松和油松为主的大面积人工林和天然灌丛草地。

植物

乔木类　油松、樟子松、华北落叶松、云杉、侧柏、桧柏、杜松、新疆杨、青杨、小叶杨、群众杨、旱柳、垂柳、樟河柳、馒头柳、白榆、国槐、龙爪槐、刺槐、杏树、梨、苹果、山楂、栾树、白蜡、白桦、卫矛、酸枣、枣树、葡萄、臭椿、核桃。

灌木类　紫穗槐、锦鸡儿、胡枝子、绣线菊、珍珠梅、玫瑰、黄刺玫、山刺玫、山桃、山杏、榆叶梅、文冠果、连翘、柽柳、枸杞、虎榛子、沙棘、六道木、荆条。

杂草类　洋金花、龙葵、木贼、草麻黄、酸模叶蓼、大黄、沙蓬、灰绿藜、刺藜、反枝苋、白蒺藜、马齿苋、甘草、达乌里胡枝子、紫花苜蓿、草木樨、苦马豆、远志、地锦、狼毒、柴胡、田施花、菟丝子、牵牛、益母草、百里香、黄芩、黄花、地黄、车前、黄花蒿、青蒿、艾蒿、茵阵蒿、臭蒿、铁杆蒿、鬼针草、大蓟、施覆花、苦巨菜、蒲公英、苍耳、百日菊、甜苣菜、蒲草、黑三梭、芨芨草、白羊草、稗、野黍、披碱草、白茅草、芦苇、狗尾草、针矛、虎尾草、马兰、山丹、小蒜、地菊、荞瓜、郎泡泡、葶苈子、青桶、枯梗、苍术、知母、地丁、鹿蹄草、马斗铃、玉竹、党参、五加皮、赤芍。

野生动物

哺乳动物　刺猬、蝙蝠、狐狸、黄鼠狼、石貂（扫雪）豹、山狸子、狍子、野兔、土狗、松鼠、黄鼠、跳鼠、家鼠、中华鼢鼠、搬仓子。

20世纪90年代，吉家庄乡米家窑村曾有豹子多次进村捕食羊的事情发生，村民因此全部搬迁；2005年，林业局工作人员曾在京大高速公路大同县出口附近发现一只幼狍，十分稀奇。

禽鸟　野鸡、野鸭、大雁、鹭鸶、燕子、麻雀、灰鸽、大天鹅、斑鸠、黑鹳、野山灰、喜鹊、乌鸦、红嘴鸦儿、白脖鸦儿、鹌鹑、布谷鸟、杜宇、石鸡、半翅、沙鸡、鹈鹕、啄木鸟、画眉、黄莺、兰莺、白灵子、山雀、昊雀、捞鱼鹳、青鹅子、鹞子、老鹰、兔鹊、猫头鹰、黑雕、白头翁、黄大头、牛叫鹄、柳树叶、水沙啦。

爬行动物　采凉山区有蝮蛇，平川、丘陵主要有白条锦蛇、虎班游蛇、蜥蜴等。

两栖类动物　蟾蜍、青蛙。

水生动物　鲢鱼、鲤鱼、鲫鱼、蛤蟆鱼、泥鳅等。

昆虫类动物　青杨天牛、光肩星天牛、白杨透翅蛾、吉丁虫、苦香木蠹蛾、古毒蛾、舞毒蛾、天幕毛虫、油松毛虫、天社蛾、小地老虎、草地螟、蝗虫、杨园蚧、球坚蚧、牡励蚧、松梢螟等。昆虫类动物多为农、林有害生物，特别是光肩星天牛从20世纪80年代开始传播蔓延，对本县青杨派杨树造成了毁灭性灾害。

自然环境

自然环境

第五章　环境保护

第一节　环保机构

1984年5月成立县环境保护所,有干部职工3人,隶属县城乡建设环境保护局;1986年4月,办公地址迁到原大众旅社(现民政局办公驻地),有干部职工5人;1987年11月迁入现房管所驻地,有干部职工7人;1992年6月迁入现环保局驻地,有干部职工17人。根据大同县人民政府《关于"大同县环保所"改为"大同县环保局"的通知》(大政发〔1995〕41号),大同县环境保护局于1995年9月5日成立,有干部职工28人,10月4日增设"监理站""监测站"两个内设机构。2002年12月17日,大同县环境保护局列入县政府序列,"监理站"更名为"监察大队"。截至2013年底,现有干部职工75人,其中,局机关9人,监察大队27人,监测站23人,退休人员16人。

第二节　污染源普查

2006年10月17日,国务院印发了《国务院关于开展第一次全国污染源普查的通知》(国发〔2006〕36号),决定从2006年第四季度到2009年开展第一次全国污染源普查。根据《大同县第一次全国污染源普查工作方案》,于2008年1—12月,对全县所有排污单位进行了普查,共普查污染源906家,工业源有48家(重点38家、非重点10家),生活源146家(住宿业2家、餐饮业41家、洗染服务业1家、理发及保健服务业30家、洗浴服务业4家、洗车业5家、医院4家、城镇居民生活3个、拥有独立设施的单位56家),农业源有709家,集中污染治理设施3家(城镇污水处理厂2家、垃圾处理厂1家)。

第三节　主要污染物排放状况

工业污染源状况

2013年工业源能源消耗情况:全县纳入普查的工业源48家,工业综合能源消费量为102416.68吨标准煤,其中原煤消耗119333.7吨,焦炭消耗7000吨,用电8442.45万千瓦时。(详见表2－5－1)

2013 年大同县工业综合能耗情况

表 2-5-1　　　　　　　　　　　　　　　　　　　　　　　　　　单位:吨标准煤、万千瓦时

行业名称	原煤	洗精煤	其他洗煤	型煤	焦炭	电力	综合能源消费量
黑色金属矿采选业	0.00	0.00	0.00	0.00	0.00	85.00	104.48
农副食品加工业	250.00	0.00	0.00	0.00	0.00	0.62	179.34
食品制造业	240.00	0.00	0.00	0.00	0.00	25.40	202.65
饮料制造业	60.00	0.00	0.00	0.00	0.00	6.50	50.85
木材加工及木、竹、藤、棕、草制品业	4810.00	0.00	0.00	0.00	0.00	44.40	3490.35
造纸及纸制品业	6300.00	0.00	0.00	0.00	0.00	660.00	5311.23
石油加工、炼焦及核燃料加工业	21990.00	0.00	0.00	0.00	0.00	385.33	16181.04
化学原料及化学制品制造业	70.00	0.00	0.00	0.00	0.00	1.50	51.84
医药制造业	495.00	0.00	0.00	0.00	0.00	22.00	380.62
非金属矿物制品业	74608.70	0.00	0.00	0.00	6800.00	4045.70	64871.68
黑色金属冶炼及压延加工业	0.00	0.00	0.00	0.00	0.00	500.00	614.50
有色金属冶炼及压延加工业	10000.00	0.00	0.00	0.00	0.00	1968.00	9561.67
金属制品业	410.00	0.00	0.00	0.00	0.00	214.00	555.87
通用设备制造业	100.00	0.00	0.00	0.00	200.00	484.00	860.55
合　计	119333.70	0.00	0.00	0.00	7000.00	8442.45	102416.68

　　从工业综合能耗行业看出,大同县工业能源消费结构是以原煤为主。综合能耗大的主要是非金属矿物制品业、饮料制造业、活性炭制造业、有色金属冶炼及压延加工业、造纸及纸制品业和木材加工及木、竹、藤、棕、草制品业。这五个行业的综合能耗占总能耗的 97.07%。

工业源废气污染状况

　　大同县工业源废气处理量为 197559.79 万立方米,废气排放量 372163.9 万立方米,烟尘产生总量为 1168.13 吨,排放量 469.95 吨,削减率为 59.77%。二氧化硫产生总量为 2580.96 吨,排放量 2010.71 吨,削减率为 22.09%。工业粉尘产生量为 2693.54 吨,排放量 749.18 吨,削减率为 72.19%。氮氧化物产生量为 289.28 吨,排放量 289.28 吨,削减率为 0。氟化物产生量为 2.1 吨,氟化物排放量 2.1 吨,削减率为 0。(详见表 2-5-2)

2013 年大同县各行业废气污染物产生及排放情况

表 2-5-2　　　　　　　　　　　　　　　　　　　　　　　　　　单位:吨、千克

	烟尘总量	二氧化硫	氮氧化物	工业粉尘	氟化物
黑色金属矿采选业	0.00	0.00	0.00	35.68	0.00
农副食品加工业	4.14	4.00	0.74	0.00	0.00
食品制造业	3.97	3.84	0.71	0.00	0.00
饮料制造业	0.99	0.96	0.18	0.00	0.00
木材加工及木、竹、藤、棕、草制品业	79.59	76.96	14.13	1757.61	0.00
造纸及纸制品业	104.27	100.80	18.52	0.00	0.00
石油加工、炼焦及核燃料加工业	350.20	1009.82	38.19	130.46	0.00

自然环境

续表2-5-2

	烟尘总量	二氧化硫	氮氧化物	工业粉尘	氟化物
化学原料及化学制品制造业	1.16	1.12	0.21	0.00	0.00
医药制造业	8.19	7.92	1.46	0.00	0.00
非金属矿物制品业	593.07	906.48	213.05	440.16	2100.00
黑色金属冶炼及压延加工业	0.00	0.00	0.00	77.50	0.00
有色金属冶炼及压延加工业	4.97	460.80	0.88	115.20	0.00
金属制品业	6.78	6.56	1.21	3.73	0.00
通用设备制造业	10.80	1.70	0.00	133.20	0.00
合　计	1168.13	2580.96	289.28	2693.54	2100.00

按行业分析工业废气污染状况

通过对各行业烟尘排放量比较,烟尘排放量大的行业主要有五个,其排放量占烟尘总排放量的96.64%。其中非金属矿物制品业占75.76%,活性炭制造业占12.65%,造纸及纸制品业占3.13%,木材加工及木、竹、藤、棕、草制品业占2.8%,通用设备制造业占2.3%。

通过对各行业工业粉尘排放量比较,工业粉尘排放量大的行业主要有六个,其排放量占工业粉尘总排放量的98.02%。其中非金属矿物制品业占43.54%,通用设备制造业占17.78%,有色金属冶炼及压延加工业占15.38%,黑色金属冶炼及压延加工业占10.34%,活性炭制造业占15.38%,黑色金属矿采选业占4.76%。

通过对各行业二氧化硫排放量比较,二氧化硫排放量大的行业主要有五个,其排放量占二氧化硫总排放量的98.87%。其中非金属矿物制品业占41.72%,活性炭制造业占31.3%,有色金属冶炼及压延加工业占22.91%,造纸及纸制品业占1.67%,木材加工及木、竹、藤、棕、草制品业占1.27%。

通过对各行业氮氧化物排放量比较,氮氧化物排放量大的行业主要有四个,其排放量占氮氧化物排放总量的98.14%。其中非金属矿物制品业占73.65%,活性炭制造业占13.2%,造纸及纸制品业占6.4%,木材加工及木、竹、藤、棕、草制品业占4.89%。

通过行业比较烟尘、二氧化硫、氮氧化物的排放量以非金属矿物制品业和活性炭制造业为主,工业粉尘以非金属矿物制品业和通用设备制造业为主。

工业源废水污染状况

全县工业用水量为181.463万吨,主要反映在黑色金属矿采选业、造纸及纸制品业和非金属矿物制品业行业。全县工业废水产生量为155.3515万吨,主要来自黑色金属矿采选业、黑色金属冶炼和造纸及纸制品业。全县工业废水排放量为56.6874万吨,占工业废水产生量的36.49%,重复利用率达到62.59%。

全县工业废水污染物化学需氧量产生量为539.395吨,排放量348.595吨,削减率为35.37%。氨氮产生量为1.577吨,排放量0.217吨,削减率为86.24%。BOD5产生量为99.55吨,排放量49吨,削减率为50.78%。石油类产生量为2.839吨,排放量0.809吨,削减率为71.5%。氰化物产生量为76千克,排放量为0,削减率为100%。挥发酚产生量为2.97吨,排放量为0,削减率为100%。总铬产生量为8千克,排放量8千克,削减率为0。六价铬产生量为8千克,排放量8千克,削减率为0。(详见表2-5-3)

2013 年大同县各行业废水污染物产生及排放情况

表 2 - 5 - 3　　　　　　　　　　　　　　　　　　　　　　　　　　　　单位：吨、千克

行业名称	化学需氧量产生	化学需氧量排放	氨氮产生	氨氮排放	石油类产生	石油类排放	生化需氧量产生	生化需氧量排放	氰化物产生	氰化物排放	挥发酚产生量	挥发酚排放量	总铬产生量	总铬排放量	六价铬产生	六价铬排放
黑色金属矿采选业	14.70	1.45	0.00	0.00	0.00	0.00	0.00	0.00	0.00	0.00	0.00	0.00	0.00	0.00	0.00	0.00
农副食品加工业	4.32	4.32	0.00	0.00	0.00	0.00	1.70	1.70								
饮料制造业	34.50	34.50	0.22	0.22	0.00	0.00	16.50	16.50								
木材加工及木、竹、藤、棕、草制品业	223.02	223.02	0.00	0.00	0.00	0.00	0.00	0.00								
造纸及纸制品业	227.40	65.14	0.00	0.00	0.00	0.00	77.00	30.80								
化学原料及化学制品制造业	0.66	0.00	0.00	0.00	0.00	0.00	0.00	0.00								
医药制造业	18.57	18.57	0.00	0.00	0.57	0.57	0.00	0.00								
非金属矿物制品业	12.92	0.32	1.36	0.00	1.49		4.35		76.00		2.97					
有色金属冶炼及压延加工业	0.16	0.16	0.00	0.00	0.01	0.01	0.00	0.00					8.00	8.00	8.00	8.00
金属制品业	0.03	0.03	0.00	0.00	0.01	0.01										
通用设备制造业	3.11	1.08	0.00	0.00	0.76	0.22										
合　计	539.39	348.59	1.58	0.22	2.84	0.81	99.55	49	76	0	2.97	0	8	8	8	8

按行业分析工业废水污染物排放量

通过各行业工业废水 COD 排放量比较，COD 排放量大的行业有五个，其排放量占工业废水 COD 排放总量的 99.13%。其中木材加工及木、竹、藤、棕、草制品业占 63.98%、造纸及纸制品业占 18.69%、饮料制造业占 9.89%、医药制造业占 5.339 和农副食品加工业占 1.24%。

通过各行业工业废水污染物 BOD_5 排放量比较，BOD_5 排放量大的行业有三个，其排放量占工业废水 BOD_5 排放总量的 100%。其中造纸及纸制品业占 62.86%、饮料制造业占 33.67%、农副食品加工业占 3.47%。

工业源固体废物污染状况

全县工业固废产生量为 9.02 万吨。其中综合利用量 1.81 万吨，占产生总量的 20.13%；处置量 0.4678 万吨，占产生总量的 5.19%；储存量 6.62 万吨，占产生总量的 73.39%；排放量 0.114 万吨，占产生总量的 1.26%。固废排放主要集中在黑色金属矿采选业行业，其排放量共占排放总量的 86.85%。工业固废贮存量最大的是尾矿 66233 吨，贮存量占当年贮存总量的 100%。工业固废种类主要是炉渣、尾矿、冶炼废渣，固废产生量中炉渣 6166.21 吨，占总量的 6.83%；尾矿 67493.4 吨，占总量的 74.82%；冶炼废渣 10471.5 吨，占总量的 11.6%，这三项产生量占工业固体废物产生总量的 93.25%。工业固废综合利用最大的是炉渣、冶炼废渣和粉煤灰，综合利用率 100%。

按行业分析工业固废产生情况

通过对各行业工业固废产生情况比较，固废产生量大的行业主要有三个，其产生量占工业固废产生总量的 92.62%。黑色金属矿采选业占 74.52%、有色金属冶炼及压延加工业占 10.69%、非金属矿物制品业行业 7.41%。

自然环境

2013年大同县各行业固废产生情况

表2-5-4　　　　　　　　　　　　　　　　　　　　　　　　　　　　　　　　　单位：吨

名称	产生量	冶炼废渣	粉煤灰	炉渣	煤矸石	尾矿	脱硫石膏	污泥	其他废物
黑色金属矿采选业	67223.4	0.	0	0	0	67223.4	0	0	0
农副食品加工业	93.92	0	3.34	30.58	0	0	0	0	60
食品制造业	32.57	0	3.21	29.36	0	0	0	0	0
饮料制造业	508.14	0	0.8	7.34	0	0	0	0	500
木材加工及木、竹、藤、棕、草制品业	1040.79	0	64.35	588.44	0	0	0	378	10
造纸及纸制品业	854.97	0	84.24	770.73	0	0	0	0	0
石油加工、炼焦及核燃料加工业	2984.23	0	294.04	2690.19	0	0	0	0	0
化学原料及化学制品制造业	9.5	0	0.94	8.56	0	0	0	0	0
医药制造业	67.18	0	6.62	60.56	0	0	0	0	0
非金属矿物制品业	6680.11	0	216.52	1893.59	0	270	0	0	4300
黑色金属冶炼及压延加工业	835	835	0.	0	0	0	0	0	0
有色金属冶炼及压延加工业	9640.71	9600	4.01	36.70	0	0	0	0	0
金属制品业	187.07	0	4.14	37.93	0	0	0	0	145
通用设备制造业	50.07	36.5	1.34	12.23	0	0	0	0	0
合计	90207.66	10471.5	683.55	6166.21	0	67493.4	0	378	5015

按行业分析工业固体废物综合利用情况

通过对各行业工业固废综合利用情况比较，综合利用率高的行业有三个，占工业固废总利用量的81.82%。其中活性炭制造业占16.44%、非金属矿物制品业占12.29%、有色金属冶炼及压延加工业占53.1%。（详见表2-5-5）

2013年大同县各行业固体废物综合利用情况

表2-5-5　　　　　　　　　　　　　　　　　　　　　　　　　　　　　　　　　单位：吨

行业类别	利用量	冶炼废渣	粉煤灰	炉渣	煤矸石	尾矿	脱硫石膏	污泥	其他废物
农副食品加工业	93.92	0	3.34	30.58	0	0	0	0	60
食品制造业	32.57	0	3.21	29.36	0	0	0	0	0
饮料制造业	508.14	0	0.8	7.34	0	0	0	0	500
木材加工及木、竹、藤、棕、草制品业	662.79	0	64.35	588.44	0	0	0	0	10
造纸及纸制品业	854.97	0	84.24	770.73	0	0	0	0	0

续表 2 - 5 - 5　　　　　　　　　　　　　　　　　　　　　　　　　　　　　　　　单位：吨

行业类别	利用量	冶炼废渣	粉煤灰	炉渣	煤矸石	尾矿	脱硫石膏	污泥	其他废物
石油加工、炼焦及核燃料加工业	2984.23	0	294.04	2690.19	0	0	0	0	0
化学原料及化学制品制造业	9.5	0	0.94	8.56	0	0	0	0	0
医药制造业	67.18	0	6.62	60.56	0	0	0	0	0
非金属矿物制品业	2230.11	0	216.52	1893.59	0	120	0	0	0
黑色金属冶炼及压延加工业	835	835	0	0	0	0	0	0	0
有色金属冶炼及压延加工业	9640.71	9600	4.01	36.7	0	0	0	0	0
金属制品业	187.07	0	0	37.93	0	0	0	0	145
通用设备制造业	50.07	36.5	0	12.23	0	0	0	0	0
合计	18156.26	10471.5	678.07	6166.21	0	120	0	0	715

农业污染源状况

养殖业污染

畜禽养殖业污染　全县总调查养殖场为18家，养殖专业户为295个。粪便产生量为4.89万吨，尿液产生量为1.89万吨。COD产生量为9269.7吨、排放量为1894.81吨；总氮产生量为463吨、排放量为121.79吨；总磷产生量为93.66吨、排放量为25.03吨，铜产生量为965.28吨、排放量为395.93吨，锌产生量为3281吨、排放量为486.3吨。

水产养殖业污染　水产养殖专业养殖户为6户，养殖总面积为1970亩，排入外部水体为75038立方米，养殖总产量为563.58吨，养殖增产量为514.12吨，饲料总使用量为309吨，药物总使用量为0.52吨，肥料总使用量为110吨，污染物排放总氮为1.55吨、总磷为0.27吨、COD为13.14吨、铜为4.25千克、锌为9.11千克。

种植业污染

种植业污染共抽查10个乡镇390户农户，涉及耕地总面积为596192亩，保护地面积为32亩，园地面积为8732亩（果园为7980亩）。坡度面积平地为462549亩、缓坡地为128745亩、陡坡地为13630亩。

种植业肥料施用和流失情况　共施用肥料为7347.08吨，其中五氧化二磷为2501.57吨、氮肥为4845.51吨。地表径流肥料流失总磷为8.33吨、总氮为27.18吨，地下淋溶流失总氮为32.98吨。

种植业农药施用情况　共施用农药为13375.02千克，表2,4-D丁酯为2077.83千克、乙草胺为874.55千克、克百威为15.79千克、其他有机磷类为673.02千克、其他有机氯类为2.55千克、其他菊酯类为1196.69千克、其他类为8534.59千克。

种植业地膜使用及残留情况　地膜使用量787.3吨，地膜残留量97.31吨。

生活源污染状况

生活源能源消耗　全县共纳入普查的生活源有146家，能源消耗总量为10.903万吨（标煤），其中煤炭消费量占到100%，其他能源消耗为0。从中说明大同县城镇居民生活源能源结构以原煤消耗为主。

生活源废气污染状况　废气排放总量为98568.131万立方米，烟尘排放总量为617.55吨，SO_2排放量为821.77吨，氮氧化物排放量为274.87吨（见表2-5-6）。

2013 年大同县各行业生活源废气产生和污染物排放情况

表 2－5－6　　　　　　　　　　　　　　　　　　　　　　　　　　　　　　　　　单位:万立方米、吨

行业名称	废气产生量	废气实际处理量	烟尘产生量	烟尘排放量	氮氧化物产生量	氮氧化物排放量	二氧化硫产生量	二氧化硫排放量
住宿业	370.45	302.54	5.96	1.92	1.06	1.06	5.76	5.76
医院	617.43	503.98	9.93	1.07	1.76	1.76	9.6	9.6
城镇居民生活	54236.96	0	454.72	454.72	148.21	148.22	477.06	477.06
居民服务和其他服务业	629.77	555.69	10.13	4.067	1.79	1.79	9.79	8.45
独立燃烧设施	41835.74	152005.95	672.84	148.77	119.53	119.53	650.48	307.25
餐饮业	877.77	1065.38	14.12	7	2.51	2.51	13.65	13.65
合计	98568.12	154433.54	1167.7	617.547	274.86	274.87	1166.34	821.77

生活源按行业分析废气及污染物排放情况　通过各行业废气排放量的比较,废气排放量大的行业主要是城镇居民生活源、独立燃烧设施单位,分别占废气排放总量的 55.02% 和 42.44%。通过对各行业烟尘排放量比较得出,烟尘排放量最大的行业是独立燃烧设施单位和城镇居民生活源,分别占到烟尘排放总量的 57.62% 和 38.94%。通过对各行业 SO_2 排放量比较得出,SO_2 排放量最大的行业是城镇居民生活源和独立燃烧设施单位,分别占到 SO_2 排放总量的 78.6% 和 19.3%。通过对各行业氮氧化物排放量比较得出,氮氧化物排放量最大的是城镇居民生活源和独立燃烧设施单位,分别占到氮氧化物排放总量的 53.92% 和 43.48%。

生活源水污染状况　全县生活源总用水量为 258.839 万吨,污水产生量为 220.407 万吨,污水排放量为 220.407 万吨,占生活源污水产生总量的 100%。污染物化学需氧量排放量为 1081.4 吨,生化需氧量排放量为 367.16 吨,总磷排放量为 13.38 吨,动物油排放量为 45.79 吨,氨氮排放量为 138.3 吨,总氮排放量为 179.86 吨,铅排放量为 0.05 千克。

从生活源用水量的行业分布对比,全县生活源的用水量主要反映在城镇居民生活,用水总量占生活源用水总量的 82.68%。废水排放量占生活源总排量的 97.1%。化学需氧量排放量占 85.9%,生化需氧量排放量占 99.3%,总磷排放量占 95.76%,动物油排放量占 54.48%,氨氮排放量占 98.12%,总氮排放量占 96.78%。动物油在城镇居民生活、餐饮业和住宿业比例分别是 54.48%、40.28%、5.24%。石油类分布在洗车业为 100%。生化需氧量排放量分布在城镇居民生活和医院,分别占 99.3% 和 0.7%。(详见表 2－5－7)

2013 年大同县各行业生活源废水污染物产生及排放情况

表 2－5－7　　　　　　　　　　　　　　　　　　　　　　　　　　　　　　　　　单位:吨

行业类别	化学需氧量	生化需氧量	总磷	总氮	氨氮	动物油	石油类	化学需氧量	生化需氧量	总磷	总氮	氨氮	动物油	石油类
	产生量	产生量	产生量	产生量	产生量	产生量	产生量	排放量	排放量	排放量	排放量	排放量	排放量	排放量
住宿业	16.95	0	0.065	0.64	0.33	2.397	0	16.95	0	0.065	0.64	0.33	2.397	0
医院	6.555	2.54	0.074	1.028	0.74	0	0	6.55	2.54	0.073	1.028	0.74	0	0
城镇居民生活	1093.865	428.03	14.58	198.16	139.51	28.377	0	928.99	364.62	12.809	174.07	135.7	24.95	
洗染服务业	0.335	0	0.013	0.006			0.33		0.013	0.006				0.33

续表 2-5-7　　　　　　　　　　　　　　　　　　　　　　　　　　　　　　　单位：吨

行业类别	化学需氧量 产生量	生化需氧量 产生量	总磷 产生量	总氮 产生量	氨氮 产生量	动物油 产生量	石油类 产生量	化学需氧量 排放量	生化需氧量 排放量	总磷 排放量	总氮 排放量	氨氮 排放量	动物油 排放量	石油类 排放量
洗浴服务业	6.69	0	0.034	0.55	0	0	0	6.69	0	0.0338	0.55	0	0	0
洗车服务业	1.67	0	0.006	0	0	0	0.027	1.67	0	0.0061	0	0	0	0.027
理发及美容保健业	3.11	0	0.006	0.036	0	0	0	3.11	0	0.006	0.036	0	0	0
餐饮业	117.11	0	0.37	3.53	1.54	18.448	0	117.11	0	0.37	3.53	1.54	18.448	0
合计	1246.285	430.57	15.148	203.95	142.12	49.222	0.027	1081.4	367.16	13.3759	179.86	138.31	45.795	0.027

生活源固体废物污染状况　生活垃圾产生和处理情况：全县纳入普查的生活源产生生活垃圾总量约 1.028 万吨。生活垃圾清运量为 0.98287 万吨，其中生活垃圾简易填埋量为 0.98287 万吨。

炉渣和粉煤灰产生情况：炉渣产生量、排放量均为 0.497 万吨，主要来自独立燃烧设施，占炉渣总量的 94.58％；粉煤灰产生量、排放量均为 0.0576 万吨，主要来自独立燃烧设施，占粉煤灰排放总量的 94.38％。

医疗废物的产生处置情况：全县医疗机构数 4 个，医疗废物产生量为 6.04 吨，无害化处置量为 6.04 吨。

集中式污染治理设施运行状况　大同县现有集中式污染治理设施 3 家，其中城镇污水处理厂 2 家（大同县县城污水处理有限责任公司污水处理厂、大秦铁路股份有限公司大同西供电段污水处理厂），垃圾处理场 1 家。2 家污水处理场总投资为 3780 万元，设计处理能力为 8000 吨/日。垃圾处理场总投资为 15 万元，设计容量为 150000 立方米。

污水处理厂运行情况　污水实际处理量为 80 万吨，其中生活污水处理量为 65.6 万吨，工业污水处理量为 14.4 万吨。化学需氧量进量为 107.796 吨，排量为 37.828，削减率为 64.9％；氨氮进量为 2.73 吨，排量为 1.56 吨，削减率为 42.85％；石油类进量为 44.13 吨，排量为 4.98 吨，削减率为 88.71％；BOD 进量为 67.96 吨，排量为 11.88 吨，削减率为 82.52。污水处理厂污泥产生量为 358.595 吨，污泥处置量为 291.355 吨，其中土地利用为 291.355 吨，倾倒为 67.24 吨。

垃圾处理场运行情况　垃圾处理场采用简易填埋方式，没有进行渗滤液处理。总投资为 15 万元，设计容量为 15 万立方米，已填埋为 10 万立方米，实际处理量为 3.65 万吨。（污染物产排情况见表 2-5-8）

2013 年大同县垃圾处理场渗滤液及其污染物产排情况

表 2-5-8

污染物名称	单位	产生量	排放量
渗滤液	立方米	9125	9125
化学需氧量	吨	730	730
氨氮	吨	73	73
石油类	吨	1.1	1.1
总磷	吨	1.19	1.19
挥发酚	吨	0.27	0.27
氰化物	千克	5.48	5.48
砷	千克	2.74	2.74
总铬	千克	7.3	7.3

自然环境

续表 2-5-8

污染物名称	单位	产生量	排放量
铅	千克	13.69	13.69
镉	千克	3.65	3.65
汞	千克	0.5	0.5

集中式饮用水源地现状

2007年，大同县城镇饮用水水源地保护区进行了划分。同年完成了《大同县饮用水水源地保护区划分技术报告》。现全县共有城镇集中式饮用水水源地4处（甘庄水源地、南梁水源地、中高庄后备水源地、大同县二、三十里铺水源地）。2010年3月对大同县乡镇集中式饮用水源保护区进行了划分，乡镇水源保护区共有6处（倍加造镇集中供水水源、周士庄镇集中供水水源、杜庄乡集中供水水源、党留庄乡集中供水水源、瓜园乡集中供水水源、巨乐乡集中供水水源）。

水源地供水情况

甘庄水源地　为地下水源，共有机井4眼，日供水量为7000—9400立方米/天，供水服务人口为58000人；南梁水源地为地下水源，共有3眼机井，日供水量为1280—5760立方米/天，供水服务人口为20000人；中高庄后备水源地为地下水源，设计规划8眼井，单井涌水量为1200立方米/天。大同市二、三十里铺水源地为地下水源地，共有机井10眼，日供水量4258立方米/天。

倍加造镇集中供水水源　有机井2眼，日供水量为3840吨，供水服务人口为8000人；周士庄镇集中供水水源有机井为1眼，日供水量为1200吨，供水服务人口为5000人；杜庄乡集中供水水源有机井1眼，日供水量为1200吨，供水服务人口为1350人；党留庄乡集中供水水源有机井为1眼，日供水量为1920吨，供水服务人口为1005人；瓜园乡集中供水水源有机井1眼，日供水量为1200吨，供水服务人口为1450人；巨乐乡集中供水水源有机井为1眼，日供水量为1200吨，供水服务人口为1950人。

保护区划分状况

甘庄水源地　1#、2#、3#、4#水井的一级保护区范围均为以井口为圆心，半径120米的圆形区域，4眼水井一级保护区面积共计0.18平方千米。

南梁水源地　5#、6#、7#水井的一级保护区范围均为以井口为圆心，半径120m的圆形区域，3眼水井一级保护区面积共计0.135平方千米。

中高庄后备水源地　S1#、S2#、S3#、S4#、S5#、S6#、S7#、S8#水井的一级保护区范围均为以井口为圆心，半径130米的圆形区域，8眼水井一级保护区面积共计0.424平方千米。

大同市二、三十里铺水源地　6#、7#水井的一级保护区范围为以井口为圆心，半径250米的圆形区域，1#、2#、3#、4#、5#、8#、10#、11#水井的一级保护区范围按《技术规范》井群内井间距小于一级保护区半径2倍时，以外围井的外接多边形为边界，向外径向距离为半径250米的三个多边形区域，10眼水井一级保护区面积共计2.345平方千米。

倍加造镇集中供水水源　一级保护区范围以井口为圆心，半径为70米的圆心区域，保护区面积共0.03平方千米，保护区周长为0.88千米；周士庄镇集中供水水源一级保护区范围以井口为圆心，半径为130米的圆心区域，保护区面积为0.053平方千米，保护区周长为0.816千米；杜庄乡集中供水水源一级保护区范围以井口为圆心，半径为120米的圆心区域，保护区面积共为0.045平方千米，保护区周长为0.754千米；党留庄乡集中供水水源一级保护区范围以井口为圆心，半径为160米的圆心区域，保护区面积共0.08平方千米，保护区周长为1千米；瓜园乡集中供水水源一级保护区范围以井口为圆心，半径为100米的圆心区域，保护区面积共0.031平方千米，保护区周长为0.628千米；巨乐乡集中供水水源一级保护区范围为取水井口上游为1000米，下游为100米，左右各为50米范围内的河道水域，保护区面积为 0.22 平方千米，保护区周长为 4.51 千米，二级保护区范围从一级保护区上游边界外侧延伸为 1000 米，下游侧外边界延伸为 100 米，左右各为 50 米的河道水域，保护区面积为 0.11 平方千米，保护区周长为 2.2 千米。

第四节　环境监测

环境质量日常监测

大同县虽在 1985 年就较早地建立了环境监测站，但是由于仪器、设备条件不足，监测能力有限，除 2005 年 6 月空气质量日报站建成后，仅能监测县城上空气状况外，至今，其他方面的监测基本上是空白。设及本县建设项目环境影响评价，建设项目竣工验收、污染源调查、排污费征收、环境达标、污染事故处理，污染纠纷调处等工作一般都需要委托市环境监测站监测。此做法，虽有诸多不便，但基本保证了正常工作需要。

空气质量日报站建设

2005 年 6 月 5 日，大同县空气质量自动监测系统正式建成并投入运行，填补了本县大气监测的历史空白。空气质量日报站的监测范围是县城上空的空气质量，也间接地反映了县域内空气质量的一般状况。日报站按要求设立中心站 1 个（环保局院内）负责每日空气质量信息传送；设立子站 2 个（1 个位于环保局院内，代码为 251，一个位于气象站院内代码为 252），负责空气采样分析。251 子站平稳运行，252 子站因资金不足，气象站拆建停止（2005 年年底停运）使用。251 子站可以监测二氧化硫（SO_2）、氮氧化物（NOx）、可吸入颗粒物（PM10）。日报站制定了严格的管理制度，包括：定时采集子站监测数据，及时分析处理统计监测数据，每天上午准时将当日统计分析结果报至市环境监测站，并按要求存储各种原始监测数据和分析数据。

2006—2011 年大同县环境保护局空气质量各级别天气统计

表 2 - 5 - 9　　　　　　　　　　　　　　　　　　　　　　　　　　　　单位：级、天

年度	I 级	II 级	III 级	IV 级	V 级以上	实监测天数	备注
2005	9	80	103	3	2	197	II 级以上天气 89 天
2006	48	153	131	8	10	350	II 级以上天气 201 天
2007	55	144	77	1	2	279	II 级以上天气 199 天
2008	100	192	55	0	0	347	II 级以上天气 292 天
2009	86	213	52	0	3	354	II 级以上天气 299 天
2010	103	204	47	1		355	II 级以上天气 307 天
2011	137	176	45	2	1	361	II 级以上天气 313 天
合　计	538	1162	510	15	18	2243	II 级以上天气 1700 天

注：1. 大同县环境监测站空气质量自动监督系统 2005 年 6 月 5 日建成运行。

　　2. 因停电或机器故障，导致实测天数小于应测天数。

2013 年大同县空气污染指数范围及相应的空气质量级别统计

表 2 - 5 - 10

空气污染指数 API	级别	空气质量状况	对健康的影响	建议采取的措施
0—50	I	优	可正常活动	
51—100	II	良	可正常活动	
101—150	III₁	轻微污染	易感人群症状有轻度加剧，健康人群出现刺激症状	心脏病和呼吸系统疾病患者应减少体力消耗和户外活动
151—200	III₂	轻度污染		

续表 2 – 5 – 10

空气污染指数 API	级别	空气质量状况	对健康的影响	建议采取的措施
201—250	IV₁	中度污染	心脏病和肺病患者症状明显加剧，运动耐受力降低，健康人群中普遍出现症状	老年人和心脏病患者应停留在室内，并减少体力活动
251—300	IV₂	中度重污染		
>300	V	重污染	健康人运动能力降低，有明显强烈症状，提前出现某些疾病	老年人和病人应当留在室内，避免体力消耗，一般人群应避免户外活动

2006—2011 年大同县环境保护局综合污染指数统计

表 2 – 5 – 11

年度	综合污染指数
2006	3.68
2007	3.16
2008	2.04
2009	1.95
2010	1.92
2011	1.90

　　注：综合污染指数是各项污染项目：二氧化硫（SO_2）、氮氧化物（NO_x）、可吸入颗粒物（PM10），年日均浓度分别除以相应的国家二级标准得出各项目综合污染分指数的和。指数越小，表示环境空气质量越好。

第五节　环境治理

工业源污染治理

　　开展企业达标工作　2000 年，大同县开展了企业达标工作，按整治计划分年度整治排污企业，主要工作：锅炉建设脱硫除尘设施，对化工厂进行停产治理，对工业硅厂粉尘进行治理，对水泥厂工业炉窑改造，对同德镁业烟尘污染进行治理。

　　开展整治违法排污企业保障群众健康环保专项行动　自 2003 年以来，全县开展了"整治违法排污企业保障群众健康环保专项行动"以解决群众反映强烈、影响社会稳定的环境问题为重点，综合运用法律、经济、行政等手段，加大对违法排污企业的惩治力度。对未通过环境影响评价的建设项目，责令停建或停产，并限期进行环境影响评价。对未执行环保"三同时"制度，没有污染防治设施的排污企业，责令停产，并依法给予处理。对不正常使用污染防治设施且排放污染物超过排放标准的，责令改

正并依法给予处罚。对长期不能稳定达标排放的企业，责令限期治理，并对严重污染环境的企业实行限产；逾期未完成治理任务的责令停产关闭。对未按期淘汰的生产线，责令停产或关闭。对小造纸等"十五小"企业和小炼油厂、小玻璃厂、小水泥厂、小钢铁厂、小火电机组等"新五小"企业，责令关停。对在饮用水源地、自然保护区违法建设的项目，责令停建和拆除。对不能正常运行并超标排污的污水处理厂，责令限期治理。

　　开展"蓝天碧水工程"　根据《山西省人民政府关于实施蓝天碧水工程的决定》（晋政发［2006］15 号），省委、省政府决定在"十一五"期间，集中精力和财力在重点城市和重点区域实施"蓝天碧水工程"，按照上级要求，从 2006 年开始，全县开展了"蓝天碧水工程"，加大力度对违法排法企业治理，加大力度造林、绿化，提高全县林草覆盖率，建成区绿化覆盖率，水土流失治理力度，发展集中供热、供气，建设县城污水处理厂和垃圾填埋场，建设重点公路环保走廊等。通过调整产业

结构,转变经济增长方式,推行清洁生产和循环经济,实现排污总量削减和工业污染源全面达标,加大执法力度和实施环境综合整治,加强生态保护与建设,改善了全县环境质量。

开展全县重点工业污染源全面达标工作　为加强重点工业污染源治理,全面实现污染物达标排放,保护和改善生活环境与生态环境,根据《山西省重点工业源治理办法》,大同县于2006年—2008年开展了全县重点工业污染源全面达标工作,要求列入全面达标的企业,应当分期分批安装污染防治设施,严格执行"环评"和"三同时"制度,依法领取排污许可证,禁止擅自拆除、闲置污染防治设施和在线监测仪器等。全县有11家重点企业被列入达标行列。经过治理通过全面达标的企业有4家:大同市云光活性炭有限责任公司、大同魏都活性炭有限责任公司、山西华青活性炭集团有限公司、大同市新城建材有限责任公司;有7家责令停产治理:大同县地方国营工业硅厂、大同天照活性炭有限责任公司、大同同德镁业科技有限责任公司、大同县地方国营水泥厂、大同县地方国营砖瓦厂、大同同晶活性炭有限责任公司、大同市卫华药业有限责任公司。完成达标验收的企业还有:大同市神利净化材料有限责任公司、大同县天元碳素有限责任公司、大同市益晟华管道有限责任公司、大同市卫华药业有限责任公司。

开展"迎奥运保蓝天——环保净空行动"　为了更好地保障第29届奥运会空气质量,根据山西省环境保护局《关于在全省开展"迎奥运保蓝天—环保净空行动"的通知》和市局要求,全县开展了"迎奥运保蓝天—环保净空气行动"。奥运会及残奥会期间为2008年7月25日—9月20日。大同县从2008年4月24日—2008年7月24日进行为期3个月的环保净空行动。主要是对向大气违法排放污染物的污染源进行整治。重点对9家企业进行了治理,此9家企业在2008年5月底前完不成全面达标治理任务的,一律进行停产;已通过市全面达标验收的,必须实现稳定达标排放,否则采取停产措施,并给予处罚。9家重点治理企业为:大同县地方国营水泥厂、大同县地方国营砖瓦厂、大同市云光活性炭有限责任公司、大同魏都活性炭有限责任公司、山西华青活性炭集团有限公司、大同同晶活性炭有限责任公司、解庄煤站、秦嘉山煤站、亿鑫煤站。大同县地方国营水泥厂被停产。

开展全县流域环境综合整治工作　按照山西省环保厅《关于开展流域环境综合整治的通知》(晋环发[2010]113号),全县于2010—2011年开展了流域环境综合整治工作。综合整治目标:县污水处理厂必须正常运行,达标排放;力争建成垃圾处理厂,且投入运行;主要河流劣V类水体进一步下降,国家考核断面水质全部达标;工业废水达标排放;大力推行集中供热,取缔县城建成区燃煤小锅炉。认真开展流域环境综合整治工作,实行了"河长负责制",2011年集中供热面积达到106万平方米;天然气用户达到280户;县城污水处理厂能够正常运行达标排放;2011年5月编制了《大同县县城生活垃圾处理工程可行性研究报告》;投资240万元对西坪河县城段进行了垒坝、清淤、垃圾清运;取缔2家白灰厂,对一些违法排污企业进行了处罚,使一些企业新上了脱硫除尘设施;开展了净空行动、净水行动,严查环境违法行为及相关环保工作,顺利通过省环保厅验收组验收。

自然环境

2005—2011年大同县环境保护局取缔企业名单统计

表2-5-12

企业名称	地址	原因	取缔时间
大同县册田白灰厂	许堡乡大王村	粉尘污染	2007年
大同县新泉机械加工厂	郭家窑头村	小铸造	2010年
大同县谢疃砖厂	谢疃村	产能小	2010年

续表 2 - 5 - 12

企业名称	地址	原因	取缔时间
大同县康达卫生纸厂	周士庄村	小造纸	2011 年
大同市涌泉卫生纸厂	上泉	小造纸	2011 年
大同县地方国营工业硅厂	周士庄村	产能小	2007 年
大同同德镁业科技有限责任公司	解庄村	未完成限期治理	2011 年
大同县倍加造村石灰加工厂	倍加造村	粉尘污染	2009 年
大同县瓮城口白灰窑	吉家庄乡	不符合产业政策，落后产能	2009 年
大同县裕兴碳素厂	北石山村	烟尘污染	2008 年
大同县永泰洗煤厂	解庄村	煤粉尘污染	2010 年
大同县水峪碳素厂	周士庄水峪队营房区	烟尘污染	2008 年
大同县东兴碳素厂	精细化工厂院内	烟尘污染	2008 年
大同县马连庄煤场	马连庄村南	煤粉尘污染	2011 年
大同县顺通联办煤场	水峪村	煤粉尘污染	2006 年
大同县华辰农贸有限责任公司	三十里铺村	不符合产业政策	2007 年
大同县巨乐五里台煤场	五里台村	煤粉尘污染	2005 年
大同县落阵营劳改农场砖厂	落阵营村	产能小	2005 年

1996—2009 年大同县环境保护局停产停业企业名单统计

表 2 - 5 - 13　　　　　　　　　　　　　　　　　　　　　　　　　　　　　　　单位:吨

企业名称	地址	产能	投产时间	停业时间
大同县铁合金厂	倍加造村		1977 年	
大同县农机修造厂	倍加造村	30	1972 年	
大同县地方国营化工厂	县城西	600	1990 年	2000 年
大同县地方国营建材厂	上高庄村	7000	1982 年	1997 年
大同县精细化工厂	寺儿上村	白炭黑 475		1999 年
大同县天照活性炭有限责任公司	党留庄村	1000t/a 活性炭	2001 年	2003 年
大同县日旺板业有限责任公司	倍加造村西	30000m³/a 中密度纤维板	2002 年	2005 年
大同市信源活性炭厂	解庄村	600t/a 活性炭	2004 年	2006 年
大同市双汇活性炭厂	解庄村	900t/a 活性炭	2004 年	2006 年
大同市黄河盛业外加剂有限责任公司	西坪村西	720t/a 混凝土外加剂		2009 年
大同县钢木厂	大同县县城		1981 年	1998 年

2005—2009 年大同县环境保护局限期治理企业名统计

表 2 - 5 - 14　　　　　　　　　　　　　　　　　　　　　　　　　　　　　　　单位:万元

企业名称	新上治污设施情况	投资	时间
大同县精华机械有限责任公司	技术改造	20	2005 年
大同县地方国营农机修造厂	技术改造	20	2005 年
大同县地方国营工业硅厂	硅尾粉回收改造	200	2005 年
大同魏都活性炭有限责任公司	完成了烘干车间脱硫和塔静电除尘设备建设	80	2007 年

续表 2 - 5 - 14　　　　　　　　　　　　　　　　　　　　　　　　　　单位：万元

企业名称	新上治污设施情况	投资	时间
山西华青活性炭集团有限公司	完成脱硫塔和静电除尘设备奸计，建设生活污水二级生化处理设施	150	2007 年
大同县水泥厂	为了达标，更换了水泥大磨，新建了立窑沉降室，配置了 7 套静电除尘器和 4 套布袋除尘器。	400	2007 年
大同县正大纸业有限责任公司	新上污水处理循环利用设施，压滤设备	200	2009 年
亿鑫煤站	建设了挡风抑尘墙游离喷淋设施	200	2007 年
天富嘉煤站	建设了挡风抑尘墙游离喷淋设施	200	2007 年
大同县解家庄晋发运销有限公司	建设了挡风抑尘墙游离喷淋设施	230	2007 年

农业源污染治理

化肥污染治理　由于化肥施用量增加，加之使用方法不当、土地出现板结、有机质下降、出现偏施、多施氮肥，氮、磷比例失调。农业技术人员开展了一系列化肥试验，制定出配方施用模式、叶片喷施技术、微肥应用等，并积极引导农民尽量多施农家肥、复合肥、有机肥、生物肥，降低了施肥成本，提高了施肥效果，减少了土地污染。

农药污染治理　使用农药是消灭病虫的有效措施，但农民为片面追求杀灭病虫效果，不科学地过多施用高剧毒农药，造成了对农产品和环境的污染，县农业部门组织科技下乡，进行讲课辅导，向农民传授防病虫科学知识，让农民尽量采用生物防治、物理防治、农业防治方法，把化学防治降到最低限度。必须使用化学防治方法，尽量选择环保、高效、无污染的农药。

秸秆处理　大同县属玉米主产区，每年秋季产生大量玉米秸秆，一些人为省事，把大量秸秆一烧了之，不仅造成肥源流失，而且严重污染空气，甚至引发火灾。大同县大力提倡玉米秸秆覆盖技术，秸秆还田技术，秸秆气化技术，使秸秆得到利用，减少环境危害。

养殖业污染治理　本县环保部门，加强对畜禽养殖业规范化管理，严禁在人口集中区，水源地等环境敏感地带进行养殖，对养殖项目，从立项、选址、环评、"三同时"审批、执行和污染治理综合利用等各个环节进行全方位监管，使养殖业沿着可持续的道路健康发展。对小型养殖场产生的畜禽粪便必须集中堆放，加土覆盖；对大中型养殖场必须设置防渗漏、防雨淋设施。大力提倡综合利用，鼓励养殖户发展沼气。

生活源污染治理

县城烟尘治理　2005 年统计，县城内使用半吨以上锅炉的单位有 47 家。家庭用土暖气炉更是星罗棋布。由于县城三面环山，每到冬季取暖时，县城上空烟雾弥漫，严重地影响了县城环境，损害了居民健康。2005 年 12 月 5—9 日，县政府组织了一次为期一周的环保执法大检查，针对存在的问题进行了大力整治，治理燃煤锅炉 15 家，取消了五交化、中小企业局、中医院、妇幼站、东街办事处 5 台采暖锅炉，实行连片供热。划定了烟控区。为了更好地推动"蓝天碧水工程"，实施县委提出的"生态宜居"目标，县委、县政府实施了集中供热工程。该工程由大同县云中热力有限公司建设，一期工程于 2009 年 6 月 8 日开工，同年 10 月 25 日完工，并于当年 11 月 1 日正常运行；二期工程于 2010 年 10 月建成，截至 2011 年，全县供热面积达到 106 万平方米。拆除县城小锅炉 89 台，每年可减少烟尘排放量 384 吨，减少二氧化硫排放量 297 吨，节约原煤 2.5 万吨，节电 130 万千瓦时。2009 年 8 月 21 日，大同县人民政府同大同华润然气有限公司大同县分公司签订了《大同县城市燃气建设经营协议》，于 7 月份动工，10 月份基本完成，于 11 月 10 日点火通气并正式运营。2011 年底通气 280 户。大大改善了县城空气质量。

县城污水治理

原来县城生活污水经城市大小管网流入西坪河,途经之处臭气熏人,污染水源,加之经常污泥淤积,一到雨季,污水搅入河水,污染了地表水,造成下游水库严重污染。虽然县委、县政府投入大量资金挖淤修渠,疏通河道,但难以解决老大难问题。为了从根本上解决县城污水污染问题,县委、县政府决定建设县城污水处理厂。该厂从2004年开始筹建,2007年10月15日建成试运行,2008年9月16日开始投入正常运行,设计能力日处理5000吨,目前可处理3000吨左右,2009年7月安装了两台在线监测设备,在市、县环保部门监管下,已能够正常运行,达标排放。为了解决湖东铁路地区生活污水污染问题,1988年,大秦铁路股份有限公司大同西供电段也建设污水处理厂,设计日处理能力污水3000吨。2010年安装在线监测仪器,在市、县环保部门的监管下,能够较好地运行。经过处理后的污水可用于农田灌溉、景观用水。

县城垃圾处理 县城人口集中,基本建设规模大,产生的生活垃圾和建筑垃圾数量多。县委、县政府为清除垃圾,成立了环卫处,市容执法大队,加强对县城垃圾清运和监管,实行了县直机关包街巷清理卫生责任制、专业清扫队伍常抓不懈的工作制,建设了填埋场,购置了大量清运设备,县城环境卫生逐年改善。

县城噪声污染治理 县城的噪声污染主要来自交通运输、建筑施工、商业经营、文化娱乐等方面。多年来,县环保局接到的噪声污染环境上访案件,常涉及建筑工地打夯、夜间施工声、机器轰鸣、电锯嘶鸣声、商店、文化娱乐场所的喇叭声。噪声污染干扰他人正常生活、工作和学习。特别对老人、病人以及对参加中考、高考期间的学生影响较大。县环保局、县公安局及相关部门互相配合,各司其职,对县城扰民噪声进行了认真监管:严禁夜间施工,不准商店和文化娱乐业对外使用高音喇叭,不准在居民居住区从事高噪声营业性活动。通过认真监管,为广大居民创造了较好的生活环境。

加大了对机动车尾气、道路及建设工地扬尘,医疗固废和废水治理力度。

第六节 环境管理

新建项目管理

选址 建设项目选址是环境管理的一个重要环节。大同县属近郊县,地理位置特殊,因此科学规划、合理选址尤为重要。过去一些企业上马,未多考虑对周围环境的影响,部分养殖场和工业企业建在人口集中之地或环境敏感之地,造成对生产生活环境严重污染,环境纠纷和投诉、案件居高不下,不得不重新选址搬迁。按照国家规定:旅游开发区、文物保护区、城镇建设规划区、居民稠密区、城镇上风向、水源保护区以及国道主干线、铁路两侧1000米和河道两侧500米以内,禁止新建重污染项目。据大同县《生态功能区划》《生态经济区划》,大同县各有关部门严格把关,解决了新建项目的选址问题。

环境影响评价 根据建设项目的规模大小、建设位置污染程度、环境影响评价分为《环境影响报告书》《环境影响报告表》《环境影响登记表》三种。大同县第一个进行环境影响评价的项目是《大同县工业硅6300KVA工业硅炉技术改造项目》,1998年1月,由大同市环境保护局以(同环字[1998]3号)文,审核批准了此项目的环境影响报告书;第二个是2001年7月,由大同市环境保护局以环境影响报告表形式审批的《大同天照活性炭厂有限责任公司新建工程》。截至2011年7月,市级以上共审批全县建设项目106个。

"三同时"制度 大同县"三同时"管理制度从2000年初开始执行,由于当时人们的思想重发展、轻环保,"三同时"管理基本上停留在书面和口头要求上。2005年后,县政府采取一系列措施,进一步促进了"三同时"管理制度落实。与此同时,县环保局强化了对建设项目的日常监督管理,凡新、改、扩建项目,从项目环评、选址、施工、试生产、竣工验收后正式生产,实行全过程监管,而且每年都要组织相关单位进行一次全面检查。对不认真执行"三同时"制度的建设项目,根据《建设项目环境保护管理条例》的规定,责令限期改正,逾期不改正的,不准投产并处罚款。新建项目"三同时"验收达60%。

老企业管理

所谓的老企业是指已经投入生产运行的企业,本县的老企业,大都属于高耗能、高污染范围,由于片面追求经济效益,设施和生产工艺难以达到环保要求。因此,搞好老企业的环境管理是环保工作始终面对的一个重要课题。

淘汰落后产能　为了实现污染源达标排放的目标,国务院于1996年8月3日出台了《国务院关于环境保护若干问题的决定》,1997年、1998年国家经贸委连续公布了第一批、第二批《淘汰落后生产能力、工艺和产品的目录》,使淘汰落后产能的工作成为当时的紧迫任务。大同县地理位置优越,小造纸、小白灰、小冶炼、土炼油、小制革等也较多,规模不大、工艺落后,设备简陋、能耗高、污染重,产品质量达不到国家标准,县委、县政府做出了《关于取缔和淘汰土小生产设施的决定》,对一大批小砖窑、小造纸、小灰窑等进行了淘汰,极少数企业有抵触情绪,经过多方做工作,也被关停。受市场需求和利益驱动,一些落后产能因投资少,见效快受到部分人的青睐,淘汰落后产能的工作成了一项长期任务。淘汰落后产能为促进本县经济结构调整,产品升级换代和工业生产现代化,改善全县环境质量奠定了基础。

限期治理　大同县人民政府针对排污单位在污染物排放过程中存在的突出问题和群众反映强烈的焦点问题,对一部分企业采取了限期治理。

限期达标　根据省人民政府1997年12月24日下发的《关于贯彻国务院关于环境保护工作若干决定的实施办法》第四款要求,全省现有超标排放污染物或超过污染物排放总量控制指标的单位,实施限期治理。县政府十分重视环境达标工作,根据要求于2006—2008年,制定了方案,成立了领导组,重点对11家企业进行了全面达标工作。

治污减排

排污总量控制　1995年前后,控制污染物排放量实行的是浓度控制方法,从1996年开始,逐步实现了浓度控制向总量控制的转化。2006年国务院明确规定:今后各地主要污染物排放总量不得高于2005年的报表水平。国务院的这一硬指标,给全县后来的总量控制工作带了不利影响,因2005年二氧化硫和化学需氧量年报报得小,而实际排放量大,直接造成许多老企业超标排放,一些新上项目因没有总量指标而审批困难的被动局面。面对这一严峻形势,县政府和环保局除了更加严格新项目审批、"三同时"管理、达标验收工作外,采取多项措施,狠抓减排工作。一是加大脱硫除尘改造力度,二是实施集中供热、供气,三是取缔关停一些重污染企业,四是建设污水处理厂和垃圾填埋厂,使本县主要污染物总量控制取得明显成效。

2005—2010年大同县主要污染物排放情况

表2-5-15　　　　　　　　　　　　　　　　　　　　　　　　　　　单位:吨

年份　污染因子	2005	2006	2007	2008	2009	2010
二氧化硫目标排放量	2549	2472	2472	2470		
二氧化硫实际排放量	2642	2590	2546.6	2416	2416	2357
化学需氧量目标排放量			1333	1307	1258	1258
化学需氧量实际排放量	1385	1370	1313.04	1304	1203	1198

大气环境容量核定　2006年,大同县委托北京师范大学完成了环境容量核定,并在2007年底通过省局验收。通过此次大气环境容量核定,计算出了区域满足功能要求的大气环境容量,给出了现有大气污染源控制排放条件下剩余的容量空间,为促进全县经济发展中合理利用大气环境容量资源,规划产业发展布局,调整产业结构,实现县域经济的可持续发展奠定了科学基础。

大同县各乡镇大气环境容量核定结果

表 2 - 5 - 16

单位：吨

序号	乡镇名称	理想环境容量		现状排放量		剩余容量	
		二氧化硫	总悬浮颗粒物	二氧化硫	总悬浮颗粒物	二氧化硫	总悬浮颗粒物
1	西坪镇	1683	2811	1270	2233	413	579
2	周士庄镇	1322	1586	237	663	1085	924
3	倍加造镇	725	870	130	363	595	50
4	党留庄乡	682	818	122	342	560	477
5	吉家庄乡	1782	2138	319	893	1463	1245
6	许堡乡	2097	2516	376	1051	1722	1465
7	峰峪乡	1829	2195	328	917	1501	1278
8	杜庄乡	1538	1845	275	771	1263	1075
9	巨乐乡	1497	1796	268	750	1229	1046
10	瓜园乡	1422	1707	255	713	1167	994
	全县合计	14576	18283	3579	8695	10997	9589

排污申报登记　　大同县排污申报登记从 2005 年开始，2011 年下发了《关于全面开展排污申报登记工作的通知》，抽查技术骨干成立了排污申报办公室，负责具体申报工作。

排污许可　　指排污者事先必须向环境行政主管部门提出申请，经审查批准领取排污许可证后，按照排污许可证所规定的条件排放污染物的一项管理制度。其核心是确定污染物总量控制目标和分配污染物总量的削减指标，通过颁发许可证的形式对排污者行为进行控制。对不超过排放标准或总量控制指标的单位，发放排污许可证或临时排污许可证。实施排污许可制度，有利于环境行政机关实施有效监管，有利于调动排污者保护环境积极性。

环境统计

主要是统计报表的对象，按照国家统计局和国家环保部统一印制的表格要求，确定专人向县环保局填报，县环保局汇总后报送市环保局。本县的环境统计工作在相当一段时间内，存在企业负责人不重视，由下面人员随意填报的现象，经过县政府重视环境统计工作有了明显好转。为了保证环境统计工作的时间性、准确性、逻辑性、规范性，环境统计工作人员付出了艰辛劳动。每一个数据，都要求实事求是，靠依据、不估计、认真核实计算，准确填报。必要时，统计人员还深入企业反复核实情况。

档案管理

环保档案包括工作档案和人事档案两大部分。环保档案管理，主要是实际工作中形成的历史记录和历史资料的管理。档案资料，包括各个时期国家的法律和政策规定，各级政府和环保部门的文件；局务会对重要问题作出决策决定；历年来的工作总结报告，规划、简报以及环保局内部各部门在工作中产生的检查记录，处罚决定，调查报告，监察记录，建设项目环评审批、排污许可、环境达标、环境监测、排污申报登记、"三同时"验收资料、资金使用、统计报表、企业排污现状、信访和污染事故、污染纠纷处理情况等多方面内容。搞好档案管理，可以通过有关资料动态了解环境演变的历史，全面掌握环境质量现状，认真吸取经验教训，有利于科学决策。由于本县环保局历史上几分几合，局内各部门人员变动，使部分档案资料遗失。2010 年县环保局配置了专门人员，调整出一间专门的档案室，购置了档案柜，修订健全了档案保管、借阅使用制度，环保档案工作进入了规范化管理轨道。

第三编　地理标志品牌

第一章　大同黄花

第一节　黄花简介

黄花，俗称金针菜、忘忧草、安神菜，既是席上珍品又是观赏名花，其茎、根、叶均可入药，又称萱草，是一种营养价值很高的蔬菜。嵇康《养生论》神农经上，有"萱草忘忧，乐为食之"的记载；李时珍在《本草纲目》上论述，说它有利尿、健胃的功能。"莫道农家无宝玉，遍地黄花是金针。"这是宋代文学家苏轼描写黄花菜的诗句。

第二节　黄花成分及药性

大同黄花为地理标志品牌商标。"昊天牌"黄花菜是一种食用价值与药用价值兼备的上等菜系。经国农科院鉴定，该菜含有较多的蛋白质、脂肪，特别是钙、磷、铁，胡萝卜素、尼克酸的含量很高，在500克黄花菜干品中，含蛋白质72.5克，脂肪2克，其营养成分居各种蔬菜之首；经2001年农业部食品质量监督检验测试中心检验为一级品，蛋白质14.5%，总糖50.6%，总酸2.6%，分别超过一级标准3.5%、13.1%，减少一级标准的0.4%，经2002年中国绿色食品检测中心颁发绿色食品证书。黄花菜药用效能很高，据《本草纲目》记载，黄花"味甘而气凉，能去湿利水，除热通淋，止渴消烦，开胸宽隔，令人心平气和免于忧郁"。据《本草图经》记载，黄花菜可"安五脏、利心志、明目"。据《分类草药性》记载，黄花可"滋阴补神气、通女子血气、消肿、治小儿咳嗽"。

此外，黄花菜还有较佳的健脑抗衰老功能，日本范野节夫教授认为，黄花有较好的效果，故名为健脑菜，适于神经过度疲劳的现代人食用，亦有利于预防老年人智力衰退。

黄花含有人体所需的16种氨基酸和多种矿物质，并有健胃、利尿、安神、生津等药用功能。但是，新鲜的金针菜含有秋水仙碱，人体吸收后，部分秋水仙碱氧化成二秋水仙碱，它会严重刺激肠道、肾脏等器官而引起中毒。听说吃100克鲜金针菜就可出现中毒症状，那可不是闹着玩儿的。因此，黄花菜不能生食。

黄花，又叫金针、柠檬萱草，属百合目，是我国历史悠久的食物之一。它性味甘凉，有止血、消炎、清热、利湿等功效，含有丰富的花粉、糖、蛋白质、维生素C、钙、脂肪、胡萝卜素、氨基酸等人体所必需的养分。

黄花已有两千多年栽种史，是我国特有的土产。黄花的花有健胃、通乳、补血的功效，哺乳期妇女乳汁分泌不足者食之，可起到通乳下奶的作用；根有利尿、消肿的功效，可用于治疗浮肿、小便不利；叶有安神的作用，能治疗神经衰弱、心烦不眠、体虚浮肿等症。

第三节　黄花食法

黄花自古有"席上珍品"和"观为名花，用为良药，食为佳肴"的美誉。

焯好的金针菜可以做出很美味的菜品。家常、筵席皆宜，素菜荤肴均可。宜炒、烧、烩或做汤，常见菜例如金针炒鸡蛋、金针炒肉丝、金针炒木须肉、黄花炒粉丝等,金针同豆腐、木耳、蘑菇做汤鲜美爽口;同肉、蛋等荤素原料同烧别有风味;黄花鸡蛋打卤面独具特色。

据文献记录,相传秦末农民起义领袖陈胜起义前,因家境贫寒,又身患疾病,全身浮肿,可谓贫困交加,饥寒交迫,以致常以乞食度日。曾遇一黄姓好心老妇煮些萱草送给他吃,一段时间后,陈胜的全身浮肿慢慢消退,疾病痊愈,身体也强壮起来。后来他与吴广组织农民起义,成为历史上首开先河的农民领袖。陈胜为感谢黄姓妇女之恩,而请她常住在家里,并把萱草称为忘忧草。

又传,当陈胜、吴广率领农民起义军攻下陈州(今河南淮阳县)建都称王时,士兵们在兵荒马乱中,把生机盎然的黄花菜践踏得不成样子,当地有个名叫金针的姑娘,看到这种情形十分痛惜,于是就对其精心管理栽培,结果这些黄花菜死而复活。棵棵长得亭亭玉立,开满迷人的鲜花。人们为纪念金针姑娘,便将黄花菜起名金针菜。

用为良药的黄花菜在各类药书早有记载,不完全统计:《本草纲目》:"萱草味甘而气微凉,能祛湿利水,除热通淋,止渴消烦,开胸宽膈,令人心平气和,无有忧郁"。

清朝年间,永州地方官员(当时祁东县与祁阳县未分设,属永州府管辖)开始将黄花菜作为地方贡品向朝廷进贡。

清朝朝廷要员、有铁嘴铜牙之称的风流才子纪晓岚最爱吃黄花菜,用餐时一见到餐桌的黄花菜便手舞足蹈,兴奋得不能自已。赞美道:黄花菜可是个好菜,清爽香脆,其味无穷,常吃黄花菜的人聪明。

孙中山先生曾用"四物汤"作为自己健身的食疗食谱。"四物"即黄花菜、黑木耳、豆腐、豆芽,黄花菜位列其首。"四物汤"营养成分完备,是补血、养血、美容的良方,又是日常素食中价廉物美的珍肴。

第四节 大同县黄花特征

黄花,在雁北地区已有300多年的种植历史。大同黄花凭借其独特的品质,早已闻名遐迩。从明朝开始,大同就享有"黄花之乡"的盛名。

大同的黄花有三大优点:一是颜色鲜黄,干净无霉,一色金光灿烂,无黑斑;二是角长肉厚,线条粗壮,肥硕整齐;三是油性大,脆嫩清口,久煮不烂。因此,大同黄花为素食上品,在国内外市场享有盛誉,尤其受外商欢迎,成为山西省外贸骨干商品之一。

大同黄花含微量元素成分

表 3 - 1 - 1

单位:克、千焦、毫克、千卡

成分名称	含量	成分名称	含量	成分名称	含量
可食部	98	水分	40.3	能量	199
能量(千焦)	833	蛋白质	19.4	脂肪	1.4
碳水化合物(克)	34.9	膳食纤维	7.7	胆固醇	0
灰份(克)	4	维生素A	307	胡萝卜素	1840
视黄醇(毫克)	0	硫胺素	0.05	核黄素	0.21
尼克酸(毫克)	3.1	维生素C	10	维生素E(T)	4.92
a－E	3.56	(β－Y)－E	1.36	δ－E	0
钙(毫克)	301	磷	216	钾	610
钠(毫克)	59.2	镁	85	铁	8.1
锌(毫克)	3.99	硒	4.22	铜	0.37
锰(毫克)	1.21	碘	0		

大同县是闻名全国的"黄花之乡"，所产黄花医用价值和食用营养价值高，被中国绿色食品发展中心认定为绿色食品A级产品，多次荣获国家级、省级金奖，畅销东南亚、日本、欧美等地。"大同黄花"在2001年中国国际农业博览会上被评为最受欢迎产品和山西省名牌产品，并获荣誉证书。2011年，大同县委、县政府按照省市"转型跨越"的战略部署，把"大同黄花"作为全县"一县一业"的富民主导产业，列入了"十二五"规划。2001年11月在中国国际农业博览会上被评为"中国优质产品""山西名牌产品""最受欢迎产品"，总公司被大同市委、市政府评为"先进龙头企业"。2002年获得了国家级三个证书，省级一个证书，市级一个证书，县级一面锦旗，国家质量认证标准协会授予"质量信得过好产品"证书；国家保健教育协会授予全民保健"诚信产品证书"；国家食品协会授予"全国质量信得过食品证书"；山西省瓜果蔬菜展销会获金奖；大同市首届农副产品展销会获得最欢迎产品奖；大同县黄花旅游节获特别贡献奖。2008年12月，荣获香港国际农产品博览会金奖。2010年10月，荣获第八届中国国际农产品交易会金奖。2013年10月，荣获第三届中国（山西）特色农产品交易博览会金奖。

第五节　黄花栽培技术

黄花是多年生宿根草本植物，具有适应性强、栽培简单、经济效益高的特点。

栽培技术

整地、施肥　1. 选地黄花菜对土壤要求不严，轻壤、沙壤均可种植。因其喜水喜肥耐盐碱，选择沙壤土的水浇地最为理想。2. 深翻整地深翻土壤有利于根系生长。翻地深度20—30厘米，翻后耧平、打埂、修渠、作畦。畦长6米、宽2米。3. 施足基肥畦按行距大小，控种植沟集中施肥。一般亩施优质农家肥4000千克，过磷酸钙50千克。

栽植方法　1. 选好秧苗。黄花菜苗一般从生长多年的老黄花菜地刨出1/3的老根或用切块分芽繁

殖的秧苗作种苗。如用老根作秧苗，要掰芽抖土并"挑丁"，即把根茎中间的主根、烂根去掉，留下上边一层支根，每根有一个单芽。2. 栽植时间，黄花菜除旺苗期、采摘期外均可栽植，一般以春、秋两季为好。春栽在清明前后，土壤解冻后进行。3. 栽植形式采取宽窄行，每畦栽2行，宽行行距1.3米。窄行行距0.6米，栽后踩实。秧苗露出地表1厘米时，复水缓苗。①单行穴栽法：穴距0.5米，每穴呈0.2米边长的等边三角形，每角栽一株。②单行双株法：株距0.4米，每穴栽2株，亩栽苗3500株。4. 适当浅栽，提早进入盛产期苗栽的深浅与盛产期的迟早有密切关系。栽的浅，分蘖快，可提早1—2年进入盛产期，但不能栽得太浅。根据实践栽深20厘米为宜。

田间管理　加强田间管理，能使幼龄黄花菜延长采摘年限，增加产量。1. 中耕除草。早春大地解冻后春苗刚露出地面，应进行第一次中耕除草。以后结合浇水施肥，多次进行中耕，保持土壤疏松无杂草。2. 科学施肥。黄花菜是多年生植物，因此在施肥上要采取相应的措施，保证黄花菜的生育期参养分的需求。①少施催苗肥。黄花菜从出苗到花穗抽出前，亩施尿素15千克。②重施催穗肥。当植株叶片出齐，花穗抽出15—20厘米时，结合浇水亩施尿素30千克。③巧施催蕾肥。当花穗抽齐后，结合浇水，亩施尿至少10千克。④轻施保蕾肥。采摘中后期，蕾大花多，小蕾不易凋谢，每隔1周喷施500倍液磷酸二氢钾。⑤施好越冬肥。为培肥地力，保证来年高产，结合深耕，亩施优质农家肥3500千克，过磷酸钙50千克。3. 浇水。黄花菜属喜水作物，在生长发育期，保持一定的土壤水分有利高产。出苗后至抽穗前，水必须浇足；抽穗到采摘期，每隔1周浇1次水；采收到终花期，应保持土壤湿润；采摘结束后浇1次水，封冻前进行蓄墒。4. 合理间作。黄花菜栽培前两年苗子小，产量低，可在大行间种些低秆作物，如瓜、豆、薯类等。5. 割叶。在寒露时，黄花菜叶全部枯黄，要齐地割掉，并烧掉枯草、烂叶，减轻来年病虫危害。6. 深刨。3年以上的黄花菜病害主要是锈病，虫害主要有地老虎、蚜

虫、红蜘蛛等。可于黄花菜开始返青时,用敌百虫、锌硫磷灌根防治地老虎;在夏季可喷氧化乐果、20%双甲脒杀虫螨剂溶液防治蚜虫、红蜘蛛;在采收后易发生锈病,可喷代森锌防治。

第六节　加工与储藏

黄花菜,是由黄花花蕾干制加工而成,为常见的干菜品种。要提高金针菜的品质,除选用花蕾大、黄色或橙黄色品种外,更主要的是要把握住金针菜的采收和加工关。

采收

金针菜采收期,每天清晨采收,时间性很强,应掌握以花蕾发育饱满,含苞未放,花蕾中部色泽金黄,两端呈绿色,顶端紫点退去时采摘为最好。采收时要避免碰伤花茎和小花,以茎梗和花蕾交接处断离。每一株应自上而下、由外向里逐一采收。

蒸制

采收的花蕾要及时蒸制,以蒸气热烫最佳。将采下的花蕾分层轻轻放在蒸笼内,蒸筛1平方米面积装鲜蕾10千克左右,要保持疏松状态,然后将蒸筛放在烧开的沸水锅上,加盖盖严。蒸笼中部温度达70℃后,保持10—15分钟。最初5分钟要大火猛烧,以后用文火,以便将金针菜全部蒸熟。一般以颜色由原来的鲜黄绿色变为黄色,手捏略带绵软,呈半熟状态,体积约减少1/2时出锅为适度。

烘晒

蒸好后不能马上曝晒,要摊晾自然散热。干燥时如用晒制法,取出摊在席上曝晒,当晒到表面稍白色有结皮时,翻到另一席上再晒,在天气良好的情况下,只需晒2—3天就可干燥。若遇连阴天就容易腐烂,所以最好有人工干制的设备,如各种形式的烘房。每烘盘装蒸好的金针菜以5千克为宜,烘房先升温85℃—90℃,然后进菜,由于金针菜的吸热,使烘房温度很快降至60℃—65℃,保持12—15小时,再将温度降到50℃以上,至烘干为止。在烘烤过程中,应注意通风排湿,使烘房中的相对湿度降低至60%以下。干制期间进行2—3次倒盘翻菜。

储藏

将晒干或烘烤好的金针菜放在大木箱中回软均湿,使含水量达15%左右,以手握不易折断,松开能恢复弹性为准。由于干制的金针菜含糖量高,易吸湿发霉变质,大量的用双丝麻袋包装,小量的可储藏在塑料袋、缸或坛子内,放在干燥阴凉处。

第七节　黄花产业管理机构

2006年12月成立了大同县黄花菜合作协会,负责黄花产前、产中、产后及销售服务,并设立黄花菜质量检测中心,开展质量检测。协助协会健全了内部组织机构、规章制度,促进协会切实履行检测和控制职能,督促其成员加大科技投入,严把产品质量关,科学地组织规模化生产,发挥行业协会自我管理的作用。2012年,创建8个黄花专业村,发展12个黄花专业合作社。2013年创建下榆涧、唐家堡等2个黄花专业村,三利公司等4家黄花加工龙头企业。

第八节　黄花品牌注册

大同县县委、县政府注重提高商标意识,积极申请认证商标。促进大同县黄花走向国内、国际市场,知名度不断提高。1975年,大同县黄花被省政府确定为黄花生产基地县后顺利通过了绿色产品认证,获国家工商总局的原产地证明商标。2002年4月,大同县黄花总公司注册"昊天"商标。2004年,大同县有关部门积极宣传产品商标注册的重要性,提交了《为"大同黄花"申请注册商标必要性》的调查报告。多次邀请省、市工商局商标管理的领导和专家来大同县指导证明商标的申报工作。2005年,"大同黄花"证明商标成功注册。2006年2月我县黄花菜合作协会成功注册"大同黄花"证明商标,"大同黄花"是大同市第一家注册的地理标志商标。

充分利用产品外包装、说明书、产品展览会、黄花节等活动，多渠道开展广告宣传活动。一是在产品外包装上突出大同黄花菜角长肉厚，色泽金黄的优势；二是在产品说明书上介绍了其主要特征及食药兼用、保健营养的功效；三是在黄花节期间，开通旅游线路介绍客商到黄花产地、加工车间走访参观，让各界人士充分了解大同黄花，促进大同黄花远销到美国、日本、马来西亚、新加坡等国家和地区。

第九节　黄花产业

大同县黄花种植历史悠久，但多年来一直停留在小打小闹上，发展缓慢，没有形成规模。

2011年，县委、县政府按照省市"转型跨越"的战略部署，把黄花确立为"一县一业"主导产业，县财政开始强化奖励扶持政策，每年拿出专项资金按每亩500元的标准对黄花种植农户进行补贴，极大地调动了农民种植黄花的积极性。是年，县委、县政府积极鼓励龙头加工企业与科研院所联系，在鲜黄花保鲜加工、富硒加工上进行研究攻关，开发有较高品位的黄花系列食品，不断提高产量、品质，做精黄花产业。永翔食品公司开发的速冻保鲜黄花技术，实现了保鲜黄花加工和黄花产品的多样化；县黄花总公司和台商合作研发出了黄花菜秋水仙碱、黄花茶、黄花饮料等药用食用新产品，延伸了产业链条，提升了产品附加值。

县委、县政府鼓励流转土地，集中连片发展黄花产业；培育龙头企业，解决采摘、加工瓶颈问题；举办黄花产业论坛，确定发展方向。该县下大力气、多举措推动黄花产业不断升级壮大，种植面积逐年增加，2011年新栽黄花2.3万亩，2012年新栽8000亩，2013年新栽2万亩，全县黄花种植总面积已达8万亩，形成了西坪、倍加造两个万亩精品片区，已初步形成规模化种植、集约化加工、品牌化销售的现代农业发展模式。

县委、县政府强化黄花产业发展奖励扶助政策，拿出专项资金按每亩500元的标准对黄花种植

农户进行补贴，极大地调动了农民的种植积极性。据统计2013年至2015年底，新发展黄花面积9万亩，全县黄花种植面积达到15万亩，重点培植千亩以上黄花种植专业村50个，万亩以上示范区6个，无公害黄花菜认证面积15万亩，黄花菜干菜总产量达到3.75万吨，其中绿色产品认证2.25万吨。

同时，该县大力培育黄花龙头企业，研究、推广黄花无公害、稳产高产栽培新技术，在鲜黄花保鲜加工、富硒加工上进行研究攻关。县农机局与有关科研院所合作研制的黄花采摘机正在试摘和改进中，新研发的黄花熏烤温房。

县委、县政府在黄花产业服务上做了政策上的扶持和技术上的指导，服务具体、细致，服务到了每家每户，服务到了每个环节。在黄花采摘前，县委、县政府就发出通知，要求全县各级各部门全力以赴服务黄花产业，摸清底数，了解困难，对症服务。县黄花办对种植大户进行了摸底登记，归纳成档，提供给所有黄花收购企业，让各企业与大户直接对接，形成竞争，并联合各黄花收购企业及时为种植户提供收购价格信息；县气象局免费为各黄花种植户发布土壤墒情、天气预报；县扶贫办对种植500亩以上的村及种植10亩以上的农户在晾晒场地、晾晒架等方面进行帮扶；工商质监部门保障黄花交易期间公平交易。

2013年，干黄花收购价每千克达35元左右，比2012年同期高出十多元，每亩黄花预计纯收入可达9000元左右。

县委、县政府提出的"十二五"末全县黄花种植总面积达到15万亩。

第十节　黄花项目

大同县三利农副产品公司引进黄花菜烘烤干燥设备，改进黄花菜传统加工方法；天特鑫有限责任公司对黄花根、茎、叶、花进行立体研发，上马深加工提纯项目。

山西永翔食品有限责任公司计划投资1200万

元建设速冻保鲜黄花菜加工项目。

大同县黄花总公司采用现代高新技术嫁接,改进传统工艺,和台商合作研发黄花菜秋水仙碱药用新产品、黄花茶新产品、黄花饮料新产品。

大同县开始建设速冻保鲜黄花菜加工项目,逐步引入黄花菜烘烤干燥等加工设备,黄花加工实验室成立,并不断参加国内外农产品博览会、展销会、订货会,向外延伸联营合资,开发黄花饮料、黄花茶等新产品。逐步从传统的黄花种植走向精品化、效益化、外向化的现代农业。

第十一节 黄花企业

大同县黄花总公司 1999年4月成立。以"公司+农户",产供销一体化建立的股份制企业,下设4个分公司,占地1.9万平方米。公司配以车间、仓库、晾晒台,购置了烘干机、筛选比重机、真空包装机、打包机、封口机等设备。运用紫外线杀菌真空包装等新技术,开发出鲜菜、保鲜菜,原干菜等四个系列,辐射130个村、21000个黄花种植户,拥有黄花基地6万余亩。2012年,大同县农民就靠种植黄花菜增收8000万元。产品销往新疆、海南、黑龙江、上海、广东等20个省、市、自治区,日本、美国、新加坡、中国香港、中国台湾等国家和地区,享誉海内外。总公司生产的"昊天牌"黄花菜以角长、肉厚、色金黄、味鲜美、久煮不粘、脆嫩可口的独到之处,赢得了客户的信赖和专家的好评,数获殊荣。

晋能大同县农业开发有限公司 由山西省大型国有企业山西晋能集团有限公司和四川省农业产业化经营重点龙头企业四川宕府王食品有限责任公司合资成立。公司是一家集黄花种植、收购、加工与销售、蔬菜、种子、农药、化肥、农资产品的经销、农业技术与咨询、对外贸易于一体的现代化农业综合开发公司。拥有完整、科学的质量管理体系。公司占地面积102亩,总投资1.3亿元,建设年产1万吨黄花精深加工系列产品生产线项目,项目建成后,将实现年产值达两亿元。

大同县黄花加工销售龙头企业主要有:县黄花总公司、三利农副产品加工有限责任公司、宏达贸易有限责任公司和富康农贸有限责任公司4家,在市场上销售大同县成品包装黄花大都出自上述企业。据调查,上述4家龙头企业年收购加工黄花达2100多吨,产值达4200多万元,占到全县黄花总产量的70%。其中,县黄花总公司年收购加工黄花500多吨,产值达1000多万元;三利农副产品加工有限责任公司年收购加工黄花500多吨,产值达1000多万元;宏达贸易有限责任公司年收购加工黄花300多吨,产值达600多万元;富康农贸有限责任公司年收购加工黄花300多吨,产值达600多万元。目前,大同黄花菜运销全国20多个大中城市、9个国家和地区。

第十二节 黄花文化

影视文化

根据大同市作家任勇同名小说改编的电影《黄花女人》,于2013年7月11日上午10时在大同市工人文化活动中心二宫公映,也是该片的全国首映。《黄花女人》由北京银海飞天影视文化传播有限公司、山西电影制片厂、山西影视(集团)有限责任公司和中共大同县委宣传部联合摄制,是继《塞外有家》之后,又一部由大同作家主创、大同本地取景、大同方言叙述、大同演员参与表演的本土电影。

影片以大同某县一个叫乔家窑头的村子为故事背景;以一名农村女子黄花与丈夫保河、侄女的同学樊夫的情感为线索,讲述了一群淳朴善良的城乡男女在追求爱情、亲情、事业过程中发生的感人故事,描摹了一幅乔家窑头村的村民们脱贫逐梦的动人画卷。影片在展现主人公跌宕起伏命运的同时,还展现了大同县黄花遍野时的旖旎风光,许堡古村落、大同县火山群、小龙门、乌龙峡、土林等自然景观均将在片中出现。

故事传说

黄花菜与铁索桥的故事 从前,乌龙峡北岸上有一对夫妇，男的叫金金，女的叫珍珍，他们每天都要从桑干河的铁索桥上经过，到南山上采集药材，夫妇俩既善良又勤快，经常义务为贫苦的乡亲们治病，从不收一文钱。一天，夫妇俩上山采药，遇到一位神仙，神仙早就知道了这对夫妇心地善良，便给了他俩许多金银，又语重心长地说："这一带今年有洪水灾害，必然会让许多人传染上疾病，把这些钱拿去买药给穷人治病吧！"这件事很快被住在附近的一个地主知道了，他带着一群打手来抢金银。夫妇俩得知后，趁夜就带着金银往深山里跑。地主和狗腿子也紧跟着追上来，眼看就要被追上了，夫妇俩正好跑到了铁索桥边，丈夫对妻子说："我们就是死，也决不能让金银落在这帮人手里。"说完就用力把妻子推上桥，自己却举着一把砍柴刀，似一头被激怒的狮子，跟这帮人拼命。一连砍倒了三四个狗腿子，地主急红了眼，举起鸟枪朝金金射击，一颗子弹打中了金金的肩膀，地主和狗腿子准备活捉他。常言道，好虎架不住一群狼。金金有些招架不住了，边战边退，退到桥中央，突然，桥下的桑干河涛声如雷，上游的洪水以排山倒海之势冲了下来，汹涌的洪水顷刻之间漫过了铁索桥，金金用尽全身的力气，顺势举刀一砍，铁索桥当下断成两截，地主和剩下的狗腿子同时掉进了河里，被洪水卷走了。跑到前村的珍珍，把金银分给了村里贫苦农民，并嘱咐他们藏好，别让地主给抢走了。这时，有人报信说金金从桥上掉进河水里，与地主同归于尽的噩耗，悲痛的珍珍，昏昏沉沉来到断桥墩上，不吃不喝呼唤着丈夫的名字，哭了三天三夜，可只能听见桑干河水的声音，却听不见丈夫的回答。珍珍控制不了思念丈夫悲切之情，便一头扎进滔滔的桑干河里。第二年仲夏时节，在断桥的两岸山坡地上，生长出一簇一簇金黄色的花朵。百姓们看见这种花就想起他们夫妇俩。为了纪念这对勇敢的夫妇，管这种花叫金针。

第十三节　黄花药用价值

黄花菜的药用价值很高，它的花、叶、块根均可入药。它含有 γ-羟基谷氨酸、琥珀酸、β-谷甾醇、天门冬素、秋水仙碱、海藻糖酶等成分。其性平味甘，具有很好的利水凉血、安神明目、健脑、抗衰老功能，并能显著降低血清胆固醇含量，所以对于脑力劳动者及高血压患者有良好的保健作用。黄花菜对于正处在生长发育阶段的青少年及孕妇、产妇、病患者来说，经常食用，同样对健身益智十分有益，滋补作用很好。随着人们生活节奏的加快和竞争的激烈，各种心身疾病与日俱增，常食黄花菜，可愉悦情志，宣畅愁怀，能防止神经麻木、反应迟钝、健忘失眠、头晕耳鸣等。还可滋润皮肤，增强皮肤的韧性和弹力，保护表皮与真皮组织，加速皮肤血液循环，使皮肤白皙饱满，滑润柔软。还能降低血脂，防止动脉硬化。

黄花菜的营养成分对人体健康特别是胎儿发育十分有益，因此可作为孕妇的保健食品。黄花菜具有较佳的健脑抗衰功能，有"健脑菜"之称，精神过度疲劳的现代人应经常食用。能预防中老年疾病和延缓机体衰老。它所含的冬碱等成分有止血消炎、利尿安神、健胃等功效。黄花菜入药始见于《日华子本草》，中医认为其味甘性平，能养血平肝、安神明目、利尿消肿，可治头晕、耳鸣、咽痛、吐血、心悸、腰痛、乳痛等疾患。《云南中草药》言其"养血，补虚，清热"。《昆明民间常用草药》言其"补虚下奶，平肝，利湿，消肿止血"。中医本草书上称其能"开胸宽膈，令人心气平和，无有忧郁"，"利胸膈、安五脏，令人好欢无忧"。用黄花菜 40 克，猪蹄一只，煮烂加黄酒服食，每隔两天一次，可治风湿性关节痛。用黄花菜 30 克，黄豆 60 克，猪蹄两只切成块，清水适量，煮汤调味服食，每日或隔日 1 次，对妇女产后缺乳，有催乳作用。现代医学研究发现，黄花菜含有丰富的卵磷脂，这种物质是人体许多细胞，特别是大脑细胞的组成成分，对增强和改善大脑功能有重要作用。研究还表明，黄花菜能显著降低血清胆固醇的含量，有利于高血压患者的康复，可作为高血压患者的保健蔬菜。黄花菜所含的有效成分能抑制癌细胞的生长，丰富的粗纤维能促进

地理标志品牌

大便的排泄，因此可作为防治肠道癌瘤的食品。黄花菜还可以用来治疗神经衰弱。从中医理论上说，忧愁郁闷常是因为身体虚弱引起的，金针菜含有丰富的营养，常吃之后，虚弱的体质能逐渐转为强壮，身体强壮了，人自然无忧无虑，这就是古书上所说，使人"心气平和""安五脏"的意思。而从现代医学观点来看，金针菜能治疗神经衰弱，使人忘忧安眠，主要就是因其含有钙、磷成分的原因。此外，黄花菜还有清湿热、利小便的功效，如果小便不畅、小便频繁且尿量较少，或颜色较深黄，都可以利用金针菜来进行食疗。因此，也有人将这种利尿特性，用来治疗水肿、脚气的毛病，而在煮汤饮用时，除了金针菜以外，再加上"车前草"一起煎服，效果会更好。综上所述，黄花菜的确是一种好东西，难怪有人说"黄花菜，黄花菜，人人见了人人爱"。

附录：

在全县黄花产业推进会上的讲话

县委书记　王凤瑞

（2011年7月13日根据录音整理）

同志们：

今天的全县黄花产业推进会，是县委、县政府经过认真研究、精心准备，召开的一次重要会议。刚才，夏静安副县长作了很好的动员讲话，对全县黄花产业发展进行了全面的安排部署，政协薛守清主席围绕提高认识、抓好落实提出了许多中肯的意见，我完全同意。县农委、各乡镇以及企业的同志都作了表态发言，大家态度明确，对黄花产业未来发展充满了信心。下面，我就如何加快推进全县黄花产业发展，讲几点意见。

1. 必须把黄花作为大同县"一县一业"的主导产业，坚定不移予以推进。众所周知，大同县一直就有种植黄花的传统，而且与湖南祁东、甘肃庆阳、陕西大荔等国内其他三大黄花主产地相比，因为独特的地理条件、优良的产品品质，在国内外具有很高的知名度，是我县最具特色、最具发展前景的农

业优势产业。每亩黄花按纯收入5000元计算，远远超过种植玉米、小杂粮等作物带来的收入。经济效益十分可观，发展优势非常明显，如果能够做强做大做精黄花产业，对于我县加快"一县一业"基地县建设，推进农业现代化，有效增加农民收入具有巨大的推进作用。正是源于此，县十一次党代会把黄花确立为全县的主导产业和重点扶持项目，全力以赴予以推进。但是，从目前我县黄花产业发展的现状看，规模小、水平低，没有真正形成产业优势，一定程度上影响了农民群众的增收致富。这里面既有群众思想认识不到位、种植积极性不高的原因，我觉得，更主要的是各级干部思想上没有真正重视黄花产业发展，用心用力推进黄花产业发展。在推进黄花产业发展这一问题上，县委的态度就是八个字："坚定不移、紧抓不放"。各乡镇、各涉农单位必须在思想上与县委保持一致，在行动上锲而不舍，真正把黄花作为我县的农业第一产业、富民工程，采取坚决措施，全力以赴打胜打赢做强做大黄花产业这场硬仗，明年争取列入全省"一县一业"基地县，努力实现"今秋起好步、明年初见效、五年大发展"的总体目标。

2. 必须抓好黄花产业的总体规划。做强一个好产业、做大一个好项目，科学规划是基础。没有科学、合理的规划，做事就会盲从冒进，产业就不会健康有序发展。发展黄花产业，必须立足实际、着眼长远，规划先行。规划要突出科学性、系统性、务实性、超前性和可操作性。任务目标要落实到种植地块、管理服务、市场销售、技术创新、打造品牌等各个环节、各个步骤，工作责任要落实到每一个乡镇、部门，要排出"时间表"、定出"路线图"，分步实施、稳步推进，加快黄花产业的大踏步发展。县农委要尽快编制完善全县黄花产业发展规划，各乡镇要迅速拿出符合当地实际的黄花产业发展规划，包括长远发展规划、五年实施规划、年度推进规划等。条件好的乡镇要先行一步，为推进全县黄花产业发展带个好头。

3. 必须加强对黄花产业发展的领导。推进黄

花产业大发展，加快建设"一县一业"新格局，加强领导是关键。要进一步调整充实县黄花产业发展领导组，领导组组长由我来担任，各乡镇也要成立相应的领导机构，领导组组长原则上由乡镇党委书记兼任。县委已将黄花产业发展列为各乡镇年度目标考核的重要内容，要严格考核、奖惩兑现，确保黄花种植任务落到实处。上下同心、形成合力，集中利用三到四年的时间，推进黄花产业遍地开花，有效增加农民收入，确保实现人均纯收入翻番的目标。同时，要加大宣传力度，把挖掘火山文化、黄花文化与发展黄花产业有机结合起来，赋予黄花产业新的文化内涵，以品牌、文化占领市场，不断提升大同黄花的影响力、竞争力。我相信，只要我们加强领导，健全机制，创新举措，严格考核，就一定能够推动我县的黄花产业上档升级、做强做大。

4. 必须在规模经营上做文章。当前，随着农业产业化、现代化进程的加快，传统的小农经济已不能适应新形势的需要，扩大生产规模，创新经营形式，用发展工业的理念发展现代农业，已经成为时代潮流和历史趋势，也是我们推进黄花产业发展壮大的重要途径。就当前我县现状而言，加快黄花产业发展，重点要在两个方面有所突破：一是搞好土地流转。要用活用好土地政策，按照有利于产业发展布局、依法自愿原则，积极引导农民以各种形式向黄花种植大户合理流转土地，努力扩大黄花种植规模。二是建立专业合作社。要进一步改变农民一家一户、小打小闹的落后生产方式，鼓励农民创新组织形式，以土地、技术、市场等入股，建立多种形式股份制专业合作社，实现黄花的规模化种植、车间化管理、集约化经营，产业化发展。有条件的乡镇可以先行先试，取得经验后向全县推广。

5. 必须高度重视黄花产业的市场销售、品牌建设和研究开发。黄花的市场销售、品牌建设和研究开发，是黄花产业发展链的关键环节，事关到整个产业的兴衰。从政府到企业都必须高度重视，进一步加大力度，认真研究解决这一环节面临的各种问题。要认真研究、推广黄花无公害、稳产高产栽培新技术，不断提高单位面积产量，提高黄花品质，进一步做强做大"大同黄花"这一优质品牌。要主动与科研院所联系，在鲜黄花保鲜加工、富硒加工上集中进行研究攻关，开发具有较高品位的黄花系列食品，抢占国内外市场。要巩固现有市场，开拓新的销售渠道，始终让我县黄花保持旺盛销售势头。在这方面，政府要加强支持引导、企业要主动参与，多方发力、齐抓共管，努力在较短的时间内使我县黄花产业发展有一个质的飞跃。

6. 必须有效整合资源，集中使用。全县各级各部门要切实增强大局意识、发展意识，紧紧围绕做强做大黄花产业想问题、干事情、做工作，真正把有限的资源、资金有机整合在一起，集中用于黄花产业的发展。各级各部门要眼睛向上、眼睛向外，千方百计引资金、跑项目，争取国家、省、市的政策和资金支持，为发展黄花产业加油助力。各涉农单位要在制定产业发展规划、改善生产基础条件、开展科学技术培训等方面，全程为基层干部群众提供全方位优质服务。要加强涉农资金的管理使用，切实把有限的资金用到最需要的地方，用在发展黄花产业上。每年我们从各个渠道争取到的上级农业专项资金不少，如果能够集中起来统筹使用，放在黄花产业发展上，相信效果会非常明显。

7. 必须抓好农业龙头企业。做强做大黄花产业，龙头企业的带动引领作用至关重要。政府要高度重视农业龙头企业建设，及时帮助他们解决生产经营过程中遇到的各种难题，大力扶持企业做大做强。要建立奖励激励机制，从县财政拿出一定资金，支持企业开展技术创新和进行生产设备更新改造，进一步扩大生产经营规模，提高经济效益。要做好银企对接工作，积极帮助企业协调联系银行贷款，解决企业发展壮大面临的资金困难。各龙头企业要有做强做大的进取意识，对外要紧盯市场，千方百计扩大农产品的销售，对内要搞好服务，扎实有效增加农民收入。同行业的农产品加工、销售企业，要整合资源，相互扶持，加强合作，形成拳头，共同发展壮大。不同行业的要取长补短，互通有无，加快融合,实现集团化发展。本县企业要尽量避免恶性竞争,减少内耗、内磨,走合作共赢之路,这是现代企业发展的方向,也是实现企业利益最大化的有效途径。政府及有关部门要及早谋划,着手筹备建设我县的现代农业园区,为企业壮大搭建发展平台。

8. **必须认真搞好水利建设**。水利是农业的命脉。黄花产业要想快速发展,水利必须先行。今年中央的1号文件和刚刚召开的全国水利工作会议都对加强水利建设作出了重大安排部署。我们要紧紧抓住这一难得历史机遇,结合上级精神,加快制定全县水利发展规划,努力争取更多的上级专项资金和水利项目,不断加强农田水利建设,努力扩大有效灌溉面积,为黄花产业发展奠定更加坚实的基础。当前,要对全同县16座水库进行一次全面摸底,排查安全隐患,坚决惩处一包了之,少管理、不管理等不负责任行为。这项工作,县委、县政府分管领导和水务部门要尽快拿出意见。

9. **必须扎实做好群众工作**。加快推进黄花产业发展,是县委、县政府的重要决策,是全县人民的共同愿望。在推进工作过程中,各级干部尤其是乡、村两级干部,要注意工作方式方法,不能强迫命令,简单粗暴对待群众。要善于与群众沟通,善于做群众的思想工作,要多给群众算细账算对比账、多请黄花大户现身说教,以实实在在的利益打动群众、调动群众种植黄花的积极性。真正把这一强县富民的好事办实,实事办好,绝不能搞政绩工程、面子工程,引发群众不满,造成工作被动。

同志们,做强做大黄花产业,是我们贯彻落实党代会、人代会精神,促进农业增效、农民增收的重要举措,也是我们加快"一县一业"、推进农业现代代化的重要抓手,全县各级各有关部门一定要以今天的会议为起点,统一思想、坚定信心、振奋精神、埋头苦干,迅速掀起黄花规划、种植新高潮,努力推动全县黄花产业大发展,为建设现代城郊型新大同县做出新的更大的贡献!

第二章　大同火山群

第一节　火山群喷发

大同火山群国家地质公园的火山喷发时间、火山群机构形态划分及重要地质遗迹等级见表3-2-1、表3-2-2、表3-2-3。

表3-2-1　　　　　　　　　　　　　　　**大同火山群喷发时间**

大同火山群分期	火山喷发区位	喷发形成的火山
第三期,约在10万年前	南区与西区	南区:大峪口、秋林、东窑火山西区:金山、黑山、昊天山(上锥)阁老山、马蹄山、东坪山
第二期,约在40万年前	东区	窑头疙瘩、孤山、鹅毛疙瘩、册田玄武岩
第一期,约在70万年前	西区	昊天山(下锥)、磨儿山、不高山、上甘庄火山、山自造火山、脑头山、牛头山、狼窝山、阁老山东南残丘

表3-2-2　　　　　　　　　　　　　　　**大同火山群机构形态划分**

形态	火山名称
圆锥形火山	昊天山、黑山、老虎山
马蹄形火山	金山、狼窝山、马蹄山、阁老山、北大山、小山
盾形火山	孤山
垄岗状火山	如牌楼山、双山、桑干河两岸玄武岩
鼓丘形火山	沿桑干河沿岸分布成串珠状鼓丘
半锥形火山	大峪口火山、秋林火山
胎火山(寄生火山)	狼窝山、牌楼山、双山的旁侧有胎火山

表3-2-3　　　　　　　　　　　　　**大同火山群国家地质公园重要地质遗迹等级**

地质遗迹资源名称	位置	等级
世界上唯一发育在黄土高原上的火山群	火山群园区	世界级
山麓半锥层状火山锥	秋林峪园区	国家级
河道砂与枕状玄武岩互层剖面	桑干河园区	国家级

第二节 火山群分布

大同火山群是受欧亚大陆—太平洋板块体系影响的、典型的发育在板内裂谷系、断陷火山盆地内岩浆作用的地质地貌遗迹,是我国华北地台上唯一的保存完好的第四纪火山群,已知有32座,分布在大同县和阳高县境内,集中于4区域:主要分布于大同盆地东部,可以划分为东、西、南、北4个区。东区在许堡、神泉寺一带。西区指爪园与西坪北地区。南区是桑干河以南。北区系大同市以北的山。根据火山外部形态特征,可分为4类:一是穹隆状的,由玄武岩组成,没有火山口,如孤山和峨毛疙瘩等;二是壳状的,由玄武岩组成,如肖家窑头火山和大辛庄火山等;三是半圆形的,系火山喷发物沿山前裂隙喷出,依山坡流动而成;四是马蹄状的,由玄武岩流、火山碎屑互层组成,火山形成后,流水切穿火山口,形如马蹄状,如东坪山、金山等。上述除马蹄形火山已被冲沟切穿外,其余的仅在锥体四周有窄浅的沟谷,说明火山地貌还处于侵蚀初期。由火山喷发物与上覆下伏地层接触关系判断,大同火山群是在上新世末、晚更新世马兰黄土堆积之初多次活动的产物,最早活动的是北区、东区,南区次之,西区最新。

大同火山群保存有火山渣锥、混合火山锥、熔岩锥3种类型。锥体大部是由熔岩和火山碎屑物组成的层状火山锥,熔岩主要为碱性橄榄玄武岩(玄武岩的主要成分是硅铝酸钠或硅铝酸钙,包括二氧化硅、三氧化二铝、氧化铁、氧化钙、氧化镁,还有少量的氧化钾、氧化钠,其中二氧化硅含量最多,占45%—50%,玄武岩的颜色,常见的多为黑色、黑褐或暗绿色。因其质地致密,它的比重比一般花岗岩、石灰岩、沙岩、页岩都重。但也有的玄武岩由于气孔特别多,重量便减轻,甚至在水中可以浮起来。因此,把这种多孔体轻的玄武岩,叫作"浮石")。

大同火山群处于侵蚀初期,经过专家的考证和玄武岩同位素测年,确认大同火山活动大约在74万年前开始,经过三期反复多次喷发,距今40万年前是大同火山活动的高潮期,大约在10万年前停止了喷发,形成了今天的天然景观大同火山群。最为著名的如金山、黑山、狼窝山、阁老山、双山、马蹄山、老虎山和昊天山等。

第三节 大同火山群特点

大同火山群主要有以下四大特点:

(1)是华北地区保存最好、出露最完整、规模最大的第四纪火山群;

(2)世界上唯一的发育在黄土高原上、板内裂谷系火山盆地内的火山群;

(3)一般的呈中心式喷发形成的火山锥,分为盾形、穹隆状、岩渣状、层状等四种基本类型,而大同火山群全部包括了这四种基本类型;

(4)火山地貌、前火山地貌及后期风化、剥蚀遗迹保存完好,是认识火山从形成前—火山形成过程—火山形成后的地貌变化这一完整过程的天然模型。

因此,大同火山群不愧为东亚大陆地区火山地质的珍稀标本,具有显著的典型性和稀有性,以及很高的科学价值。

第四节 大同火山群国家地质公园

大同火山群省级地质公园开园时间:2009年7月8日正式开园。地质公园是以具有特殊地质科学意义,较高美学价值的地质遗迹为主体,并融合其它自然景观与人文景观而构成的一种独特的自然区域。建设国家地质公园,对保护地质遗迹的资源,开展地质科学研究和地质知识的普及;利用地质资源,为经济社会发展服务,尤其是推动旅游经济的发展有着重要意义。

大同火山群国家地质公园(大同火山群风景名胜区)面积:公园总面积为129.8平方千米,分三个景区 1.大同火山群景区(77.1平方千米):主要地质遗迹景观为集中分布的 17 个火山渣锥群,主要有昊天山、狼窝山、金山、黑山、马蹄山、老虎山、东坪山、阁老山等,人文古籍有始建于北魏时期的昊天寺、明代烽火台、火山岩窑洞等。2. 桑干湖景区(23.6 平方千米):主要地质遗迹景观为玄武岩岩舌、岩垄及其表面结构、玄武岩平面、峡谷地貌景观等。

秋林峪景区(29.1 平方千米):主要地质遗迹景观为山麓混合半锥火山、沿裂隙喷溢的熔岩锥等。事实上从高空鸟瞰大同火山群落,应该是最富意境也最为形象而有特色。其中如西区火山中火山口直径最大者即是狼窝山,达 500 米左右,几乎呈正圆形状,山口深度则平均达到 30—50 米,这也是大同火山群中火山口最为深邃的一座。昊天山,也就是昊天寺山,是大同西区火山口自然锥体最为完整的一座,在空中鸟瞰甚至发现不到数十万年间水蚀作用在山体上所留下的一点痕迹。它坐落在大同县城的东北近郊,已经成为这个小县城的一处最显著的自然标志物。为什么叫"昊天寺山"?这是因为早在明代时,当地人就已在该山的山顶之上——即火山口正中建起了一座名为昊天寺的佛刹,所以也就有了昊天山这个名字。如果说从卫星拍摄的照片上看黑山的火山锥就像是一只正在蠕蠕爬行的"大海蜇"的话,那么,用同样方法去观察黑山西边大约两千米外的金山火山锥,那就更像是一颗正在夏夜夜空中灼灼燃烧着的明亮"彗星",其"彗尾"不但生动而硕长(300 余米,为火山爆发时山口岩浆外流而形成),而且洁白闪光。再从高空俯瞰阁老山,它的形状像一枚金色的"桃心",由于其四周布满了呈放射状的水蚀沟纹理,所以从"桃心"发出的"金光"就显得更为迷人。东坪山火山锥距离西区火山的密集地带较远,它坐落在大同县城正东约两千米以外,因为火山喷发时熔岩流朝着东南方向喷流,故而这个火山锥的东南部就留下了一个很明显的缺口,这缺口使得整个火山锥冠就像是一只惟妙惟肖的巨型马蹄子。久而久之,东坪山于是就又有了另外一个雅号,那就是"马蹄山"。总之,在高空视

觉下的大同西区火山锥群,那简直就是群形象的活物,一群具有生命形态的活物。

第五节　火山群开发

大同火山群与南北美洲或大洋洲中的许多岛国不同,整个东亚大陆,特别是在中国这个古老的大地上,数千上万年以来却是这样的平和而寂静,人们竟再难以在此寻觅得到活火山躁动的踪迹。也许正由于此,在许多地学家的眼中,无论从群落整体规模和构成形态的多样性以及原始景观保留的完整性任何一个方面去看,大同火山群均已成为东亚大陆地区的人们藉以认识该地区火山地质的珍稀标本。据专家结论,一般呈中心式喷发形成的火山锥,依其组成物质的差异与外观形态的不同,可以将它们分为盾形、穹隆状、岩渣和层状等四种基本类型,而整个大同火山群落已经被确认是全部包括了这四种基本类型在其内的。我国北京师范大学的知名地质地理学家和旅游学家卢云亭先生曾说大同火山锥群落作为东亚大陆的稀有自然遗产,不但应该给予珍惜与保护,而且更应该使人们认识它,了解它,逐渐使它成为青少年的科普教育基地和对国内外游客开放的游览观光胜地。

总体战略目标

火山地质遗迹和生态环境得到有效保护,同时科研科普得到大力发展,把山西大同火山群国家地质公园建成集地质科普、山水观光、生态休闲为一体,中国一流的国家地质公园,成为大同市的又一重要旅游品牌。

阶段性目标

2011—2015 年　①在 2012 年 8 月前按国土部要求,完成必要的科普设施、边界勘界设桩和初步的接待设施的建设,以保证顺利实现开园揭碑。

②根据地质遗迹保护项目实施方案,完成主要地质遗迹保护工程建设项目。

③完成火山群园区的基础和接待区的建设,初步完成大型博物馆的建设,建立相对完善的公园内

外交通网络体系;

④完成公园内的地质遗迹和公园边界数据库的建设,初步建成公园监测系统,开通大同火山群国家地质公园网站;

⑤开展科普活动,建立地学教育实习基地,培养精通业务的地质科普导游团队,编制系统的科普材料;与高校和科研单位合作,开展大同火山群地区地质遗迹保护和玄武岩测年研究;

⑥完善公园管理体制,加强公园管理人员和专业人员的业务培训,提升服务水平。明确地质遗迹的保护职责,建立地质遗迹保护管理制度、工程安全评估制度。

2016—2020年 ①建设秋林峪园区配套服务设施,完善桑干河园区基础设施建设,达到公园三个园区全面接待游客的目标,成为大同市的主打旅游品牌之一。

②全面完成规划中的大型博物馆的建设,提升园内科普设施水平,完善公园信息化系统,提高运转水平,建成"数字化地质公园"的智能运行模式,使本公园成为山西省的科普教育示范基地。

③建成国际火山地质地貌科考研究中心,为国内外科学家提供良好的科学研究软硬条件,为吸引更多的专家学者到公园展开研究。

第六节 火山群管理

1998年以来,册田水库管理局在公园区桑干湖景区和桑干河峡谷景区的河谷区进行旅游开发,到目前为止已投入建设资金3000余万元。建设项目包括:停车场7000平方米、道路变压器、绿化、购置游船等。

2002年,大同县国土资源局下发了《关于严格整顿矿产资源开采秩序的通知》,坚决取缔大同火山群浮石矿的开采。

2003年12月,大同市国土资源局立项,委托太原理工大学进行大同火山群国家地质公园地质遗迹调查、地质公园总体规划。

2004年6月26日,大同市国土资源局向省国土资源厅申报山西省大同火山群地质遗迹保护项目。经详细的地质遗迹调查,大同火山群拟建国家地质公园的地质遗迹有6大类25类54小类300余处,和自然风光、人文古迹一起构成341余处景点和28处景群。按照地质遗迹分布的特征确定了公园区的边界、景区划分,并对公园做出总体规划。

2006年12月26日,大同市县领导积极组织有关单位就大同火山群地质公园申报工作进行安排和协调,并做了大量的前期工作,被山西省地质遗迹保护区评审委员会批准为省级地质公园。

2008年9月22日,由中共大同县委、大同县人民政府主办的《中外摄影名家聚焦大同火山群启动仪式》在大同火山群地质公园昊天寺广场隆重举行。有50多个国家和地区的摄影名家前来聚焦大同火山群。

2009年1月26日经报批大同市人事编制办公室成立了大同火山群地质公园管理处,具体负责公园的建设和公园区的地质遗迹保护,旅游开发和科普宣传。

2009年6月29日,大同火山群地质公园管理处与北京大学城市与环境学院、太原理工大学、大同大学商学院签订了科普协议。

2009年7月8日,在大同火山群地质公园昊天寺广场隆重举行了省级地质公园开园仪式。

2009年7月11日,大同市人民政府以同政发[2009]150号文件向山西省国土资源厅申请申报大同火山群国家级地质公园的,并得到了明确的批复。

2009年8月6日,全国政协常委、香港北海集团董事局主席徐展堂,北海集团有限公司副主席钟逸杰(本名David－Akers－Jone)爵士,香港北海集团有限公司主席林定波,北海有限公司董事赵朝阳,香港卡尔集团有限公司卢重强等一行,来我县考察投资环境,并会商建设项目事宜。

2009年8月8日,国土资源部对各省地质公园上报情况进行综合评审,10日通过国土资源部专家评审。

2009 年 8 月 11 日,国土资源部网站对全国 44 家评审合格的国家地质公园进行了网上公示。大同火山群地质公园脱颖而出,被批准建设国家级地质公园。

2009 年 9 月 18 日,国土部原则同意了大同火山群地质公园申报国土部地质保护项目。

2009 年 10 月 22 日,国家拉动内需大同检查组,在组长国家统计局贾海司长的带领下,考察了大同火山群国家级地质公园,并就公园的保护和建设提出了许多宝贵的建议。

2009 年 8 月,大同火山群地质公园在成功申报国家地质公园后,大同县委、县政府按照全市旅游发展战略,加快旅游资源整合升级的步伐,以"火山文化"为内核,以火山群地质公园为龙头,以昊天寺、乌龙峡、小龙门为代表的一批项目,经包装打造后集中推向市场,旅游市场日渐升温,旅游业的兴起和发展为该县加快转型发展提供了新的支点。

大同县火山群地质公园位于大同县城西南部,紧邻县城,是建设城郊型地质公园的理想之地。目前,主要火山锥及其山体周围荒山荒坡已基本绿化,成林面积达 3000 余公顷,2009 年被批准为国家级地质公园。

2009 年经国土资源部专家组对大同火山群地质公园进行复核验收,依据国土资源部相关文件要求及专家组验收意见,正式批复并命名了大同火山群国家地质公园。

2009 年经国家和省市批准取得大同火山群地质公园建设资格。

2012 年投资 2900 万元新建的 16.8 千米大同火山群旅游路也建成通车。

2013 年国土资源部关于同意命名山西大同火山群国家地质公园。

2012 年县委、县政府投资万元建成了大同火山群国家地质公园博物馆。该馆演示大同火山群的 3D 地质地貌影像宣传片。

2012 年 8 月 11 日山西大同火山群申报成国家地质公园。

2012 年,大同县投资百万元建成了火山文化博物馆。

附录:

大同火山

40 万年前,大同盆地发生了一件重大事件,大同火山群爆发了。我们说蒙古高原黄土高原挤压碰撞断裂下陷形成大同盆地,由于不断挤压这个地段在盆地内再次断裂形成了断裂带,地下岩浆沿断裂带涌出地面形成大同火山。在桑干河北岸瓜园许堡一带,火山不断喷发,形成一片大面积玄武岩覆盖区,那时一条条熔岩浆一次又一次冲向桑干河,一次又一次对桑干河进行围追堵截,我们可以想象火与水战斗场面何等壮观,硝烟弥漫,怒吼雷鸣。

大同火山群,分东西南北四个区。东区分布在桑干河北岸瓜园、许堡、神泉堡一带,西区分布在聚乐东南部,南区分布在桑干河南岸许堡、友宰一带,北区在大同市东北白登山至御驾山一带有零星分布。极个别除外,绝大多数在大同县境内。从东到西长达 130 华里,在聚乐乡火山西南折向瓜园乡,使整个火山群呈之字形分布。整体上火山从西北到东南大致处在一条线上,这条线与桑干河在鹅毛疙瘩也就是册田水库处交汇。

揭开火山的神秘面纱并不难,只要我们找到它的成因,掌握了它的活动规律,一切就会昭然若揭。

一般来说,地下岩浆接近地面并非易事,能够形成火山,说明此次断裂程度较大,再加上断裂的前端在地下搅动地下岩浆使地下岩浆向后上升接近地面形成熔岩湖,熔岩湖岩浆沿断裂带涌出地面形成火山。其实岩浆并不是直接喷出地面形成火山的,它还要经一个或多个通道进入地表下方的岩浆库,在地表形成火山锥,锥体由小变大,压力达到一定程度爆发形成火山。无疑大同火山就是这样形成的。

按照大同火山现有的黄土覆盖程度,火山的风化侵蚀程度,以及不同的火山喷发物,我们把大同火山分为早、中、晚三个时期。正因为有黄土覆盖这个因素我们认识它、了解它变得更为简便容易。

早期火山,主要分布在东区、南区,北区也有个别分布。这部分火山,由于黄土覆盖和火山自身的风化侵蚀,无锥体或锥体很不完整,绝大部分呈陇岗形式出现。

东区早期火山分布最广,桑干河北岸从瓜园村到阳高县的蔚家小堡村东西长50里,火山呈土石梁出现,火山熔岩流纵横驰骋,形成一道道土石梁。这一带的国有林场名叫九梁凹林场,更是形象地说明了这一点。由于早期火山岩浆杂质少,岩浆尚未变性变稠,地下气体发育尚未成熟,与后期火山不同,火山主要以裂隙方式喷发,喷发物以玄武岩浆为主,比较单一,喷发量大,形成大面积玄武岩覆盖区。这也是这些早期火山锥体不发达如今火山特征不明显的一个重要原因。然而我们在这一区域的很多地方,比如南水地村的村东村南,西水地村西,余家寨村周围,东平村北,分布着众多锥体小丘,走近看我们还是一眼就能看出这就是火山,有的还有火山嘴。南水地旧村石堡就建在一座火山上,一口很深的石井也说明了这一点,据说挖这口井仅花椒就吃了几担。孤山、肖家窑头疙瘩、鹅毛疙瘩虽处这一区域,是明显的火山,但它们是中期火山,不是早期火山。

在这个区域打机井,岩层有100米之厚,可见覆盖之厚,断陷之深。还有一个奇怪的现象,这一带机井打不出水,几个村子打的机井多为旱井,而北面一出这一区域尽管地势较高却出水反而不错。究其原因,可能是地下古老的土层由于断裂下陷坡度较大,存不住地下水的缘故。

白登山,北区早期火山,位于大同市区东北10里,山体孤立,呈不规则圆锥体,山顶不规则圆口覆盖黄土,四周岩石裸露,东麓半山腰裸岩如林,一种石鸡栖息其中。山下三条涧村沟中有石脊外露,表明了熔岩的流向。如今这里不再是"黄尘足古道,白骨乱蓬蒿"的烽火战场,人造松林漫山遍野,柏油公路直通山顶。当年汉高祖刘邦在这里被匈奴四十万大军围困,山穷水尽,走投无路,军师陈平设计方得解脱。白登山尽管山体较大,但容纳几十万大军仍然十分有限,当年的战场是否只局限在这小小的弹丸之地尚存疑问,之所以被认为是被围困地,恐怕是因为山体比较孤立以及比较适合作地标的缘故吧。

御驾山,位于大同市东北60里聚乐乡中部偏西,因八国联军占领北京恣熙太后东逃驾临于此而得名。和白登山一样作为早期火山特征很不明显,山体呈缓坡陇岗形式,然而在山下的东西嘴村和张庄村两条裸露在外的熔岩流石脊,暴露了其火山的庐山真面目。

由于北区早期火山零星分布,所以没有形成大面积玄武岩覆盖,因而不像东区的拉斑玄武岩那样张牙舞爪遍地都是,只是偶尔裸露在外而已。

南区火山,和东区火山一样同为早期火山,从册田村到龙堡村也形成大面积玄武岩覆盖,只不过覆盖不够完全,我们从桑干河岸边的石崖和土崖交替出现可以看出这一点。况且黄土覆盖较厚,不像东区那样岩石裸露在外怪石嶙峋。这可能和此地盛行北风,黄土由于有六棱山阻挡在桑干河南岸容易堆积的缘故。

中期火山,只在东区分布,集中在东区东端。有孤山、肖家窑头疙瘩、鹅毛疙瘩三座,火山特征比较明显,但不及晚期火山明显,圆锥山体,没有火山口,有熔岩和浮石两种喷发物。浮石覆盖在熔岩之上,说明熔岩先于浮石喷出。浮石,质轻蜂窝状,入水不沉,当地人用它洗脚褪猪及房顶建材,现在有人用于雕刻。这是由于之后熔岩杂质增多变性变稠岩浆库形成气体造成的,故而爆发的力量较大形成的锥体较大。

尽管只有三座,但它们仍有所区别。鹅毛疙瘩、肖家窑头疙瘩这两个火山是早期火山喷发后岩浆通道没有堵死到中期又喷发形成的,所以我们叫它火山上的火山,由于喷发较早浮石覆盖在2米多厚的黄土之下。而孤山，山下没有早期火山岩浆通道，喷发时它必须冲破早期覆盖的玄武岩，故而孤山十分高大雄健，气势磅礴，山顶上仁立着巨大的石块，像飞来之石，东麓形成一堵陡峭的石壁悬崖。之所以我们把它划为中期火山，这是一个重要原因，还有一个原因就是它的喷发物也为岩浆和浮石两种。

肖家窑头疙瘩向东南方向有一条熔岩流，过去流水经过这里在许堡村南切割形成一个滴水崖，清大同县地方志记载为大同县八景之一。

鹅毛疙瘩向西的一条熔岩流在册田水库北岸形成一条石梁，水库建成之前，一条小溪在石崖形成瀑布，瀑布下桑干河水经年累月冲刷侵蚀出很深的一个石窑，夏天，窑内阳光不照，冻冰不化，人们取冰解暑，无不惬意。由于存在这条石梁，北面东水地、南水地村形成一个小洪积区，石梁未被流水切穿之前更是多次被洪水淹没，当然现在要被流水冲为石沟，地名叫石桥湾。土层呈多层沉积，至少有两层沉积有密集的贝壳，这就说明了这一点。现有的几处凹地与黄土地不同为胶泥地质，比较肥沃，产量颇高。在鹅毛疙瘩北面有一个叫大凹的地方，过去水库建坝取土留下一个大坑，一年几个社员浇地偷懒回家睡觉，一晚上北干渠偌大的水硬是没把坑底淹没，水呼通呼通不知流向哪里，幸好泵站站长是本村人，所以没有追究。现在我们分析，一个可能是沿两期火山的岩石夹层流走，另一个可能是沿熔岩洞流走，前者的可能性或许更大一些。

晚期火山，分布在西区，大同县县城北聚乐乡一带，火山集中丛生，火山锥体标正，高耸挺拔，较早中期火山来说处在侵蚀初期，棱角分明，血气方刚。火山口比较完整，四周流水侵蚀的条条沟线，更是将山体梳理得无比俊秀。现在已被列为国家地质公园。由于喷发时岩浆呈碱性，黏稠，气体增多，压力增大，所以喷发物绝大部分为火山碎屑，也就是火山灰，少部分为浮石和玄武岩。这部分火山主要有金山、黑山、狼窝山、阁老山双山、昊天寺山、马蹄山等大小10余座，分布在方圆10千米之内。

金山，西区最大的一座晚期火山，位于聚乐乡艾家洼村西。从山体来看，圆锥体标准，火山口比较完整，喷发力量巨大。从火山堆积物判断火山分三次堆积，底层为黑色碎屑，中层为灰白色火山灰，上层为褐红色浮石。

狼窝山，火山口最大，直径达500米，深50米。

马蹄山位于南端瓜园乡东平村，离集中区较远显得比较孤立。流水在火山口东南部形成缺口，形如马蹄，因而得名。

昊天寺山，位于大同县县城北1里处，因火山口建有昊天寺院得名。与其他火山稍有不同，底层有少量的熔岩喷出，东面一条石柱横担在500米处大同县看守所的大墙之下。由此判断，这一火山是介于中后期之间的一座火山。另外这一火山弹比较发达，山外土层中存有大量火山弹，地表也遗存有少量的火山弹。

还有一座晚期火山，位于阳高县丘林村南六棱山的半山腰上，海拔足有2000米左右，火山灰喷发在山沟对面堆成小山，像口袋倒东西一般，而浮石喷在附近山坡上。非常奇特，它离集中在西区的晚期火山有70里，同时它是最东的一座火山。之所以我们认为它是晚期火山，还是依据它的两种喷发物。

学者们认为大同火山40万年前至6万年前喷发，而每个火山具体的年代，恐怕需要更专业更系统的研究，恐怕要进实验室。今天我们给火山分期分类，种种迹象表明这些粗浅的认识还是有道理的，究竟是不是事实，现在盖棺定论还为时尚早。就是这些我们觉得还是令人费解，为此我们不妨以熬一锅粥作比喻，用熬粥的过程来认识理解大同火山的发展变化过程，或许简便浅显些，或许能够起到深入浅出的效果。

桑干河，由于东区火山岩浆的步步紧逼，在瓜园黑石崖村逐渐南折，东区火山与南区火山在册田村汇合，那时册田南疙瘩和北疙瘩两座火山岩浆一齐扑向桑干河，她已走投无路，在此形成堰塞湖，或许和现在的册田水库一模一样。冲破这一关前方又有一座火山挡住，无数次冲开，无数次挡住，最后火山不断喷发,南北火山熔岩连成一片,巨大的石板死死挡住桑干河的去路。没有办法,河水最后只能爬上石板,首先在石板的末端也就是蔚家小堡村形成瀑布,水滴石穿,瀑布艰难顽强地一点一点切割石板,石板一点一点切开,瀑布一点一点后退,几万年也许是几十万年,瀑布终于退到册田,石板终于被打通了,倔强的桑干河露出了胜利的微笑。小小的桑干河,用她那弱小的身躯,谱写了一篇波澜壮阔的地质史诗,真是可歌可泣。

这就是现在乌龙峡的来历,顾名思义,两岸乌黑的石壁悬崖得此名称。峡谷全长13里,幽深静谧,峡内雾柳垂荫,流水云蒸霞蔚,水草碧绿滴翠,奇花璀璨芬芳,水禽河中游戏,鹰隼崖壁翻飞,一年四季,风景宜人。特别是夏天,峡中无比凉爽,而冬天流水不冻,依然绿草茵茵,颇为奇特。这是桑干河与大同火山共同的杰作,是她俩携手描绘的锦绣山河和壮丽画卷。

在乌龙峡中,有一个景点叫小龙门,小龙门位于河道中,是一座立在河道南侧的巨大石门,石门门洞宽高4米多,长有15米,紧靠岸边悬崖,半悬崖处建有一座寺庙,十分宁静。我们站在石门上查看悬崖,上层为高大的白色砂岩,砂岩下有一层薄薄的火山碎屑和烧焦的痕迹,很不起眼,也许不是专门寻找很难发现,碎屑下就是玄武岩层了。这无疑

是桑干河切割冲开乌龙峡的遗迹,是最好的见证。离岸500米处一座孤立的山体无疑就是大辛庄火山,尽管它已面目全非。

册田水库,山西省第二大水库,人称桑干湖。始建于1968年,1976年初步建成。坝体雄伟,坝体弓形长2000多米,泄洪闸巨大,泄洪时,雪浪排空,吼声如雷,灌溉闸供南北两个灌区灌溉40万亩良田。库长60里,设计库容量5亿立方米,为大型水库。水坝建在南北两个遥相对望的册田南北疙瘩之间,即两座早期火山之间,可谓一坝横跨南北,千年桑干聚平湖。1957年地质队勘探河床,河床仍为石质河床,那时钻上的石钻辘遍地都是,所以决定在此建坝。今天我们站在坝上远眺,只见烟波浩渺,碧水连天,青山倒影,波光粼粼,水畔清凉立白鹳,波田万亩飞气舟。两岸蒲棒摇逸,芦苇丛丛。湖水拍打月牙状湖湾,浪花飞溅,似有臼声,清风徐徐,一叶扁舟打鱼归来,如诗如画。

火山熄灭了,它用生命之火,谱写一篇不朽的地质历史诗,描绘了一幅壮丽的千古图画,至今仍然傲骨凌风,巍然屹立,我们应该珍视这一地质文化遗产,了解它、认识它、爱护它,用现代科学技术保护它。

刘雁平

第三章　生态林业

第一节　森林资源

据2009年全省县级林地保护利用规划统计，全县林业用地为67833.86公顷，占国土面积的为45.86%。其中，森林面积为41087公顷，林地利用率为60.57%；林木蓄积为508279立方米，生产率为19.12立方米/公顷；公益林地面积为65067公顷，占林地面积的为95.92%，重点公益林为13660公顷，占林地面积的为20.14%；其中，国家级公益林地为13660公顷，占公益林地面积的为20.99%；商品林地面积为2767公顷，占林地面积的为4.08%。

在67833.86公顷林业用地中，有林地为29343.58公顷，疏林地为3111.26公顷，灌木林地为11743.72公顷，未成林造林地为10591.27公顷，经济林为2059.1公顷，苗圃为655.36公顷，无立木林地为8595.01公顷。全县森林覆盖率为27.78%（见表3-3-1）。

2010年大同县各类土地面积统计

表3-3-1　　　　　　　　　　　　　　　　　　　　　　　　　　　　　　单位：公顷

年度	土地总面积	林地										非林地	森林覆盖率
		合计	有林地			灌木林地							
			小计	乔木林	疏林地	小计	特灌	未成林地	苗圃地	无立木林地	宜林地		
2009	147917	67834	29343	29343	3111	11744	11744	10592	655	8595	3794	80083	27.78
2015	147917	74354	36142	36142	1634	13885	13885	14500	706	3955	3532	73563	33.82
2020	147917	79735	41796	41796	404	15670	15670	17706	750	92	3317	68182	38.92

大同县国土面积224.5万亩，原有沙化土地面积100.5万亩，水土流失面积118.5万亩，沙滩沟壑、干石山地、盐碱滩地随处可见。多年来，大同县历届县委、县政府一任接着一任干，坚持不懈，艰苦奋斗，全力改善生态环境。截至2013年底，全县林地面积达到101.75万亩，森林覆盖率达到31.8%，其中30万亩火山群生态绿化工程一处，30万亩采凉山防沙治沙工程一处，10万亩南山"三北"防护林工程一处，以哈密杏为主的经济林达10万亩，走出了一条靠生态转型跨越发展之路。大同县森林覆盖率高、森林蓄积量多、生态绿化规模效益好，是山西省唯一被国家确定的风沙治理工程科技示范县，2007年被授予"全国防沙治沙先进县"，2008年、2009年连续两年荣获"全省造林绿化先进县"，2012年被山西省政府授予"林业生态县"，同年大同县被列入山西省生态县行列，2013年，被授予"全国绿化

模范县"。

2011年以来,大同县县委、县政府紧抓生态品牌,确立县域园林化发展目标,大力推进城镇、农村、道路、林网绿化美化,加快身边增绿增景,实施了京津风沙源治理、省级造林绿化、首都水资源治理等一大批国家、省重点生态建设工程,积极推进大同火山群、采凉山脉、册田水库、杜庄土林等荒山造林绿化工程。火山群绿化工程、主要干道绿化、重点村庄绿化、县城整体绿化、经济林建设等12项重点造林绿化工程,新增造林面积8.2万亩,完成通道绿化208千米,建设经济林3万多亩,高标准完成全省造林绿化现场会观摩路线66.6千米的造林任务。同时,完成大同云冈机场至县城西环路连接线、大同火山群旅游路、老虎山停车点等一批精品工程。为发展生态旅游产业和打造生态园林县奠定了坚实基础。仅2012年和2013年,全县在财力困难的情况下,投资近2亿元用于林业建设,栽植各类树木8.2万亩,同时,努力构建经济与环境协调,人与自然和谐发展的县域园林化建设新格局,为发展生态旅游产业、打造绿色生态的宜业、宜居、宜游乐园奠定了坚实基础。

"十二五"期间,大同县计划在北部建成1个50万亩连片生态经济大景区、南部建成1个30万亩生态休闲观光区;建成生态园林县城、100个花果村、500千米景观大道。力争到2015年,全县林地面积达到110万亩,森林覆盖率达到33.8%(见表3-3-1),形成"百花迎春,绿荫护夏,红叶映秋,松柏伴冬"的绿色生态景观。

2012年,大同县紧抓生态品牌,投资1.1亿元完成大片造林4.15万亩,通道绿化108千米,高标准完成全省造林绿化现场会观摩路线66.6千米,村庄绿化39个,义务植树32万株。同时,完成大同机场至县城西环路连接线、大同火山群旅游路、老虎山停车点等一批精品、亮点工程,城乡生态环境大大改善。

2012年8月21日至23日,山西省政府召开全省造林绿化大同现场会,回顾总结全省造林绿化工作和取得的成绩,安排部署当前及今后一个时期的工作。会议期间,8月22日,时任山西省政府副省长郭迎光,省政府副秘书长王纯,省林业厅厅长李永林,省直有关部门负责人,各市市长、分管林业的副市长、林业局局长,各县(市、区)长,省直林业局负责人等300余人,观摩了大同县火山群生态经济型林业示范工程,并沿途参观了通道绿化和聚乐乡食用杏经济林绿化工程,对大同县造林绿化工程取得的成果给予高度评价。会上,大同县造林绿化成果受到全省造林绿化现场会代表高度赞誉,并被省政府授予"林业生态县"。此次观摩活动进一步提升了大同县生态绿化战略的影响力,擂响了加快全县生态建设战鼓,激发了全县广大干部群众建设现代城郊型美丽新大同县的热情。此后,省内外多个考察团前来大同县观摩学习造林绿化经验。

2013年,大同县紧紧围绕生态立县战略,以创建"全国林业生态县"为目标,重点打造天大、同源高速公路42.9千米通道绿化工程,大同机场至县城西环路绿化工程,火山群、采凉山、南山2万亩荒山造林工程,西坪镇、巨乐乡现代农业示范园区干果经济林工程和巩固退耕还林成果薪炭林工程五项生态绿化工程,推进中心村、乡镇所在地绿化示范工程,推进县域园林化,建设现代城郊型美丽大同县。

为圆满完成2013年的造林任务,及早规划,认真部署,层层落实造林任务;各乡镇、部门及早动手,协调配合,组织义务植树造林活动,全县日出劳力2200余人,机械80台(辆),高标准高质量推进县城、通道、村镇和农田林网等造林绿化工程;县林业局坚持组织常年专业造林,严把造林质量关,派出林业技术人员亲临造林现场进行督导和技术服务,掀起了抓早动快、全民参战、绿化美化家园的春季造林绿化热潮。同时,大同县坚持国家、集体、个人多方筹资原则,鼓励各种社会力量参与生态建设,形成多方位筹资、多元化投入的造林绿化格局,确保了各项生态绿化任务的按时完成。截至2013年,全县共完成荒山造林荒山造林为2.06万亩,经济林为 9000 亩,市县造林为 3000 亩,封山育林为 5000 亩,高速路绿化为 42.9 千米(2572 亩),绿化县乡村道路 57.1 千米,村庄绿化 20 个,义务植树 32 万株,春季植树造林任务全部完成,为全力打造绿色生态的宜业、宜居、宜游乐园奠定了坚实基础。

2013 年 7 月,时任省委书记袁纯清在大同县考察调研时,站在火山地质公园景点上俯瞰山下莽莽苍苍一望无涯的林海,兴奋地说:"这里是山西的绿海,山西的翡翠。"

"十二五"期间,大同县规划在中北部建成 1 个 50 万亩连片生态经济大景区,南部建成 1 个 30 万亩生态休闲观光区,建成 1 个生态园林县城、100 个花果村、500 千米景观大道。围绕上述目标,每年造林 5 万亩,森林覆盖率新增 1 个百分点,并充分挖掘和整合林海、火山、温泉、土林、水库、湿地、黄花、乡土文化等资源优势,形成"百花迎春,绿荫护夏,红叶映秋,松柏伴冬"的绿色生态景观,成为大同乃至京津地区的生态休闲胜地。到 2020 年,力争全县林地总面积达到 120 万亩以上,森林覆盖率达 40% 以上,打造一路一品、一村一景、一乡一业、三季有花、四季常绿的生态景观,成为充满绿意、富有活力的生态园林县、大同后花园。近年来,大同县把生态建设作为实现可持续发展战略的重要突破口,实施了京津风沙源治理、省级造林绿化、首都水资源治理等一大批国家、省重点生态建设工程,积极推进以大同火山群、采凉山脉、册田水库、杜庄土林为中心的荒山造林绿化工程。其中有 30 万亩火山群生态经济型林业示范工程 1 处,20 万亩采凉山防沙治沙工程 1 处,10 万亩南山"三北"防护林工程 1 处,还有万亩以上的绿化工程十多处,全县林地面积达到 92 万亩,森林覆盖率 38.9%。

第二节　生态绿化

1996 年到 2013 年,本县营林生产主要任务仍然为植树造林。

1996 年,"三北"防护林建设三期工程实施,2000 年结束,全县共造林 5200 公顷,造林地点为全县各地。

1995—2000 年,由省杨树丰产林实验局牵头,大同县实施了德国援助林业建设项目,项目共造林 386.6 公顷,主要造林地点为三十里铺村东北、五十里铺村北、东咀村东、陈庄村东北一带。

1995—1998 年,省世界银行贷款林业项目实施,全县造林 1600 公顷,主要造林地点为吉家庄乡等南部山区。

1998—2000 年,省干果经济林示范工程实施,在聚乐乡营造杏树经济林 233 公顷。

2000 年,国家重点生态建设工程之一的京津风沙源治理工程启动实施,大同县被国家列为首批项目县。到 2013 年底,全县共完成林业治理面积 41665.7 公顷,其中完成人工造林 3255.3 公顷,人工模拟飞播造林 10078.6 公顷,封山育林 11865.3 公顷,退耕还林 13533.33 公顷,农田林网 2933.3 公顷。

京津风沙源工程实施,国家共投入林业工程 5175.35 万元。地方配套资金 335.43 万元,其中省配套 221.78 万元,市配套 80 万元,县配套 33.65 万元,国家投资中:人工造林每公顷投资 1500 元,计 488.295 万元;飞播造林每公顷投资 1800 元,计 1814.094 万元;封山育林每公顷 1050 元,计 1245.857 万元;农田林网每公顷 1500 元,计 307.98 万元;退耕还林工程每亩补助种苗费 50 元,每退耕 1 亩,国家每年每亩补助粮食(折款)140 元、医教费 20 元,补助期限为经济林 5 年,生态林 8 年。为了巩固退耕还林成果,2008 年国家做出延长期补助期限的决定,将补助期限延长一个周期,即生态延长 8 年,经济林延长 5 年,延长期内,每年每亩补助 90 元。

京津风沙源治理工程退耕还林项目实施中,全县共完成退耕还林任务 13533.3 公顷,其中退耕地造林 7533.3 公顷,按照国家"退耕一亩耕地,造二亩林"的"退一还二"要求,配套荒山荒地造林 5800 公顷,配套封山育林 200 公顷,分别占到下达任务的 100%。全县退耕还林工程共涉及 10 个乡镇 148 个村8483个农户。退耕还林任务主要实施地点为南北两山和东部丘陵区的低山，丘陵坡地和山前倾斜平原区的风沙地带，其中大于25°的坡耕地260公顷，15°—25°的坡耕地600公顷，小于15°的坡耕地5340公顷，在退耕地总面积中严重沙化耕地2533.3公顷。

大同县京津风沙源治理项目林业工程完成情况统计

表3-3-2　　　　　　　　　　　　　　　　　　　　　　　　　　　　　　　　　　　　　单位：公顷

年份	人工造林			飞播造林			封山育林		退耕还林			农田林网	
	任务	完成	合格	任务	完成	合格	任务	完成	任务	完成	合格	任务	完成
合计	3255.3	3255.3	3255.3	10078.6	10078.6	7576.7	11865.3	11865.3	13533.3	13533.3	11298	2933.2	2933.2
2000	98.3	98.3	98.3	1400	1400	1390	200	200					
2001	482	482	482	1275	1275	1202							
2002				2000	2000	1432.7	2000	2000	4000	4000	3359	1333.3	1333.3
2003				1133.3	1133.3	866.7	1800	1800	2666.7	2666.7	2115	666.7	666.7
2004				1333.3	1333.3	1094.9	2000	2000	1533.3	1533.3	3117.6	333.3	333.3
2005				966.7	966.7	590.5	2000	2000	1333.3	1333.3	1417.7		
2006				666.7	666.7	400	1000	1000			1289.3	200	200
2007				436.3	436.3	364.7	666.7	666.7				133.3	133.3
2008				333.3	333.3	235	333.3	333.3				133.3	133.3
2009				200	200	0	333.3	333.3				133.3	133.3
2010	334	334	334				333	333					
2011	200	200	200	334	334	334	533	533					
2012	767	767	767				333	333					
2013	1574	1574	1574				333	333					

在7533.3公顷退耕地造林面积中，生态林6346.7公顷，占84.2%；经济林1186.6公顷，占15.8%；生态林林种主要为水土保持和防风固沙林。

在6346.7公顷生态林中，油松＋紫穗槐、杨树＋灌木等乔灌混交林1032.5公顷，占16.3%；柠条、紫穗槐等灌木林及灌草混交林5314.2公顷，占83.7%。

在1186.6公顷经济林中，仁用杏306.6公顷，占25.8%；鲜食杏880公顷，占74.2%。

京津风沙源治理工程实施中，全县实行了按山系、按流域进行规模治理、综合治理和科学治理的治理办法，建成了一大批重点生态建设工程。较突出的有：一是北部采凉山综合治理工程，工程实施8132公顷，使周士庄、聚乐乡的中、低山区和平川地区得到全面绿化治理。二是东北部火山群绿化工程，绿化面积达到4300公顷，火山群昔日满目荒凉、风沙肆虐、荒山秃岭的自然环境得到明显改善。三是南部桑干河流域综合治理工程，工程实施总面积15149公顷。

2006年，省级造林绿化工程启动实施，主要建设内容有交通沿线通道绿化工程、交通沿线荒山绿化工程、环城绿化工程、封镇绿化工程、城市绿化工程和厂矿区绿化，大同县的实施任务主要为前四项。到2013年底，全县共绿化大张、大涞、109国道、京大高速等国、省道154.99千米，绿化县乡道路400千米，栽植油松、新疆杨等绿化、美化树木88.6万株；在县城东山、昊天寺北部等县城周围用50厘米以上的油松大苗造林533.3公顷，绿化老帅岭、肖家窑头疙瘩、县城东山南梁等交通沿线荒山荒地733.3公顷，绿化、美化新农村建设推进村63个。

2009 年大同县林地保护利用规划主要指标

表 3 - 3 - 3   单位：公顷

年度		2010 年	2015 年	2020 年
森林保有量	面积	41087	50027	57466
	森林覆盖率	27.78	33.82	38.85
林地保有量		67834	74354	79735
林地生产率		19.12	22.59	24.83
林地结构	公益林地　面积	65067	65921	66600
	公益林地　占林地	95.92	88.66	83.53
	商品林地　面积	2767	8433	13135
	商品林地　占林地	4.08	11.34	16.47
	重点公益林地　面积	13660	22544	22544
	重点公益林地　占林地	20.14	30.32	28.27
	重点商品林地　面积	1786	8104	13129
	重点商品林地　占林地	2.63	10.9	16.47
国家公益林面积		13660	22544	22544

2010 年大同县林地现状质量等级统计

表 3 - 3 - 4   单位：公顷

林地质量等级	合计	Ⅰ级	Ⅱ级	Ⅲ级	Ⅳ级	Ⅴ级
面积	67834	818	24872	27830	14314	
占林地	100	1.21	36.66	41.03	21.1	

2010 年大同县林地保护等级统计

表 3 - 3 - 5   单位：公顷

林地保护等级	现状（2009 年）					规划（2020 年）				
	合计	Ⅰ级	Ⅱ级	Ⅲ级	Ⅳ级	合计	Ⅰ级	Ⅱ级	Ⅲ级	Ⅳ级
面积	67834	3861	25289	37704	980	79735	1773	41218	36738	6
占林地	100	5.69	37.28	55.58	1.45	100	2.22	51.69	46.08	0.01

第三节　绿化技术

营林设计

从 1985 年起，大同县根据上级林业部门的安排和要求，在"三北"防护林工程建设，德援项目造林、世行贷款项目造林等林业建设工程中开始实行"按规划设计、按设计施工"。之后，京津风沙源治理工程、省级造林绿化工程等林业建设项目都严格按照营林设计实施。在营林设计上，全县划分了 16 个立地类型，合理选用了油松、樟子松、新疆杨等十多个适生树种，采用了 6 个治理模式，使用了林草间作、乔灌混交等营林技术，将工程建设地点、范围、面积、树种选择、苗木规格、整地标准、造林技术要点等技术要求用设计书规定下来，实施中按设计严格施工。

科技推广

1996—2013 年,全县普遍推广使用了"半干旱地区抗旱造林综合配套技术",先后使用 ABT 生根粉,"根宝"蘸根造林 1.5 万公顷,抗旱保水剂造林 300 公顷;2005 年开始推广使用容器苗造林,到 2013 年,容器苗造林占造林总面积的 95% 以上。

技术培训

从京津风沙源治理工程实施起,开始加强对各类施工人员的技术培训。十多年间,全县举办各类大、小培训班 70 期,培训人员 3.5 万人次,印发各类技术资料 5 万余份。

科技示范工程

2005 年,大同县被国家林业局确定为全国防沙治沙综合示范区建设项目县。到 2013 年,全县完成防沙治沙示范工程 1766.7 公顷。其中,山区、丘陵区综合治理示范 150 公顷,火山群干旱石质山地造林 741.7 公顷,"小老树"改造示范 605 公顷,退耕还林生态林营造 116.7 公顷,退耕还林经济林营造 153.3 公顷。

第四节　林场苗圃

林场

1996—2013 年,驻本县的国营林场仍为落阵营林场、九梁洼林场、桦林背林场、长城山林场。

落阵营林场原属雁北地区管辖,1980 年划归省杨树丰产林实验局管理,在本县经营面积 4000 公顷,场址原在杜庄乡落阵营村东,2006 年搬迁至倍加造镇的倍加造村与西坪镇驼坊村之间的 109 国道路北。

九梁洼林场原属雁北地区管辖,1980 年划归省杨树丰产林实验局管理。据 2005 年省二类资源调查在本县调查经营面积 4466.67 公顷。场址原在许堡村西,1991 年搬迁至县城东部。

桦林背林场属大同市管辖,在本县经营面积 1200 公顷。场址原在阳高县友宰乡西团堡村,2000 年搬迁至本县县城西部。

长城山林场属大同市管辖,在本县经营面积 811.7 公顷,场址原在镇川乡青花村北,1989 年搬迁至孤山镇孤山村东。

苗圃

2005 年至 2013 年,全县育苗总面积保持在 700 公顷左右,其中留床 480 公顷,每年新育 220 公顷。

国营苗圃

县国营苗圃　始建于 1964 年,原址在大同市水泊寺公社金家湾村,1973 年至 1978 年逐步搬迁于本县杜庄公社原县级机关农场,1986 年搬迁于倍加造镇郭家窑头村北,现经营面积 59.3 公顷,其中育苗面积 50 公顷。

县中心苗圃　始建于 1984 年,原址在杜庄乡长胜庄村东 1 千米处,因土地条件差于 1987 年停止生产,1993 年重建于倍加造村东南,总经营面积 20 公顷。

落阵营林场苗圃　位于倍加造镇郭家窑头村西北,109 国道两侧,始建于 1994 年,总经营面积 66.6 公顷。2006 年林场场部也搬迁于此地。

九梁洼林场苗圃　位于县城南部约 1 千米处,始建于 2001 年,总经营面积 43.3 公顷。

桦林背林场苗圃　位于西坪镇老帅岭北部,始建于 2002 年,总经营面积 10 公顷。

民营苗圃

1996—2013 年,本县建立了 30 多个民营苗圃,经营总面积达 347 公顷。其中规模较大的有:

奥瑞森公司苗圃　位于峰峪乡西堡村,总经营面积 38.6 公顷;

岳秀农场苗圃　位于周士庄镇二十里铺村东,总经营面积 17.3 公顷;

绿禾公司苗圃　位于杜庄乡杜庄村南,总经营面积 24.9 公顷;

森通公司苗圃　位于周士庄镇牛家堡村南,总经营面积 113.3 公顷。

第五节　生态保护

护林防火

本县护林防火工作在宣传、组织、措施、设施等方面逐年加强，森林火灾防控水平不断提高，1996—2013年，未发生一起较大的森林火灾。

在宣传工作上，全县上下利用会议、电视、县报、印发宣传资料等多种宣传形式，大力宣传有关护林防火方面意义、知识和法规。全县各地在林区路口竖立森林防火警示碑牌200多个，刷写宣传标语200多条；全县每年印发、张贴各类宣传资料5000余份，发放森林防火宣传画册、门帘、扑克等宣传物品2000—10000余份。通过宣传，广大干部群众的依法治林意识和森林防火意识不断增强，一旦发生森林火灾，立即有人报告，有人主动参与扑灭。

在组织工作上，县、乡都成立了护林防火指挥部，并根据人事变动及时做到人员调整，实行了护林防火行政首长负责制和森林火灾责任追究制度；编制了"森林防火应急预案"，并根据实际情况进行及时修订和完善；实行了县、乡护林防火办常年24小时值班制度和森林火情、火警报告制度。

护林防火措施　一是加强林区野外火源管理，严禁在林区及附近烧荒、烧灌、烧地埂、烧茬、野炊、吸烟、狩猎、上坟烧纸等一切野外用火活动；二是在春节、元宵节、清明节等特殊节日和特殊时期，护林防火办提前下达加强护林防火工作的通知，及时进行安排，在重点林区、重点地段、主要路口加强巡查，死看硬守，严密监控，加强防范；三是通过会议、文件、通知等方式，加强对中、小学生的森林防火教育和管理，因学生野外玩火引发的森林火警、火情逐年减少，特别是近三五年内基本没有发生；四是林业局自己筹资在全县重点林区安排专职护林人员80多名，并在森林防火办逐年加大巡查和案件查处力度，及时堵塞护林防火工作漏洞和惩戒各类破坏森林资源的违法、违规行为，平均每年查处各类毁林案件50余起。

设施建设　一是加大森林防火物资储备，年储备量达到200多万元；二是县政府配套资金25万元，建设了森林火灾视频监控系统，设立了鹰咀墩、马蹄山、落鹰山三个视频监测点，对全县大部分林区实现了视频监控；三是加强了林区道路和防火隔离带建设；四是县、乡组建护林防火应急队伍11支，总人数达500多人。

国家级公益林界定

2005年，根据省林业厅安排和要求，将桑干河、册田水库沿岸两侧1000米范围内的集体林地界定为国家级生态公益林，界定面积1967.7公顷；2009年又将遇驾山、落鹰山、县城东山、火山群等重点林区界定为国家级生态公益林，大同县国家级生态公益林总面积达到3300公顷。国家级生态公益林，国家每年每公顷投入生态效益补偿资金225元，用于公益林的管护、抚育、补植等经营和管护，各种林地都安排了专职护林员进行管护。

林业有害生物防治

县森防站建设　县森林病虫害检疫防治站（简称森防站）成立于1981年，属县林业局管辖的事业单位，专门从事林业有害生物的检疫和防治工作，2002年被列为国家级森防标准站和国家级森林病虫害测报中心，现有工作人员5人。

林业有害生物检疫　本站检疫任务为对出入境苗木、木材、药材等林产品进行产地检疫和运输检疫，严防检疫对象传播蔓延。每年约检疫各类苗木100多万株，木材500立方米，药材10吨。

主要有害生物防治　近年来，本县危害严重的林业有害生物为中华鼢鼠和光肩星天牛。

中华鼢鼠主要发生在吉家庄乡落鹰山林区，以啃食油松、落叶松根系为害，被害树木重者成行、成片死亡，轻者严重影响生长。县、乡对该林区进行了多年、多次防治，主要防治办法为人工地箭捕杀和投放杀鼠醚。经过防治，林木被害株率下降到4%以下，害鼠种群密度由平均每公顷7.5只下降到1.5只以下。

光肩星天牛于20世纪80年代从大同市区传入大同县，一开始从靠近大同市的倍加造镇、党留庄乡发生蔓延，虽经大力防治，但仍以点线状扩散到全县各地，造成大量农田林网、四旁绿化杨树树木上部干枯，生态功能和经济效益明显降低。由于该虫害为蛀干害虫，防治十分困难，而且费用较高，近年来主要防治措施仍以营林措施为主。主要防治办法是选用新疆杨、油松等抗虫树种更新重造，营造混交林，砍伐利用被害树木，清除虫源等，1996—2013年，全县共更新重造200多万株。

第六节　生态林管理

林政管理

1991年县林业局内部设立林政管理站，加强林政管理。

林权证发放

2005年，继1984年之后，开展了第二次林权证发放工作。至2013年，共发放林权证9650本，发证林地面积35880公顷。其中集体25966.7公顷、个人9800公顷林木砍伐审批。

1996—2013年全县继续实行林木砍伐审批制度，砍伐集体林木要经过市林业局和省林业厅批准，由县林业局核发砍伐证。

木材运输管理

1996—2013年，继续实行木材运输审批制度，木材运输要有市林业局核发的准运证。同时，成立木材检查站（与林政管理站合署办公），对木材运输进行检查。

封山禁牧管理

2007年8月，山西省人民政府颁发了《山西省封山禁牧办法》，要求到2009年6月1日全省实行封山禁牧，根据省封山禁牧办法，制定了《大同县封山禁牧实施细则》，从2007年10月1日到2013年6月1日，全部实行了封山禁牧。

林政站依据《森林法》等林业法律、法规和国家有关政策，对乱砍滥伐、偷盗林木、乱占林地、毁林采矿、林地放牧、毁林种地等毁林案件逐年增大查处力度，每年查处各类案件50起左右，对偷盗林木、林地纵火等构成犯罪的，及时移送公安机关处理。

第七节　生态林综合开发

经济林种植

2013年底，全县经济林总面积达到5333公顷，进入盛果期的达3200公顷，果品总产量达到1000万千克左右。其中以仁用为主的干果林面积1000公顷。全县经济林树种主要为杏树，主要品种有华州大接杏、哈密杏和仁用杏等。

果品加工

本县果品以鲜果销售为主，加工规模小，加工能力低，当前只有聚乐乡进行果品加工，年产杏脯45吨左右。

第四编 人 口

第一章 人口状况

第一节 人口规模

1996年至2013年，全县人口呈现缓慢增长趋势，1996年全县年末总人口为159037人，其中，男85129人，女73908人，2000年全县年末总人口为162104人，其中，男87000人，女75104人，2007年全县年末总人口为173704人，其中，男92459人，女81245人，2013年末，全县总人口为180175人，其中，男93388人，女86787人。

1996－2013年大同县户籍人口总量及户口性质构成

表4－1－1　　　　　　　　　　　　　　　　　　　　　　　　　　　　　　　　　单位：人

年份	总人口	农业人口	非农业人口	非农业人口占总人口比重	年份	总人口	农业人口	非农业人口	非农业人口占总人口比重
1996	159037	136052	22985	14.45	2005	174816	139303	35513	20.31
1997	159113	134780	24333	15.29	2006	171311	134980	36331	20.21
1998	159447	133929	25518	16.00	2007	173704	136760	36944	21.27
1999	158910	132807	26103	16.43	2008	172701	134609	38092	22.06
2000	162104	133259	28845	17.79	2009	178688	139518	39170	21.92
2001	162911	133283	29268	18.17	2010	180575	140347	40228	22.28
2002	163573	132606	30967	18.93	2011	182619	141326	41293	22.61
2003	166195	133358	32837	19.78	2012	184299	142424	41875	22.72
2004	170618	134806	35812	20.99	2013	180175	139554	40621	22.55

1996－2013年大同县户籍人口总量及性别构成

表4－1－2　　　　　　　　　　　　　　　　　　　　　　　　　　　　　　　　　单位：人

年份	总人口	男	女	女性占男性比重是（女性为100）	年份	总人口	男	女	女性占男性比重是（女性为100）
1996	159037	85129	73908	116.5	2005	174816	93417	81399	114.8
1997	159113	85609	73504	117.9	2006	171311	92253	79058	116.7
1998	159447	86287	73160	117.9	2007	173704	92459	81245	113.8
1999	158910	85925	72985	117.8	2008	172701	91543	81207	112.7
2000	162104	87000	75104	115.8	2009	178688	93907	84781	110.8

续表4-1-2

年份	总人口	男	女	女性占男性比重是(女性为100)	年份	总人口	男	女	女性占男性比重是(女性为100)
2001	162911	87518	75393	116.1	2010	180575	94321	86254	109.4
2002	163573	87864	75709	116.1	2011	182619	94995	87624	108.4
2003	166195	89151	77044	115.7	2012	184299	95529	88770	107.6
2004	170618	91040	79578	114.4	2013	180175	93388	86787	107.6

2003—2013年大同县户籍人口总量及年龄构成

表4-1-3

单位:人

年份	总人口	18岁以下	占总人口比重	18—35岁	占总人口比重	35—60岁	占总人口比重	60岁以上	占总人口比重
2003	166195	42450	25.54	46880	28.21	54262	32.65	22603	13.60
2004	170618	43062	25.24	49696	29.13	55775	32.69	22085	12.94
2005	174816	43418	24.84	49843	28.51	60117	34.39	21438	12.26
2006	171311	41142	24.02	49078	28.65	59087	34.49	22004	12.84
2007	173704	40213	23.15	49103	28.27	61691	35.51	22697	13.07
2008	172701	38201	22.12	47524	27.52	63404	36.71	23572	13.65
2009	178688	40548	22.69	47599	26.64	65927	36.90	24614	13.77
2010	180575	41131	22.78	47677	26.40	67403	37.33	24364	13.49
2011	182619	39719	21.75	48622	26.62	68479	37.50	25799	14.13
2012	184299	38981	21.15	49801	27.02	68451	37.14	27066	14.69
2012	180175	37779	20.97	49166	27.29	65258	36.22	27972	15.52

第二节 人口密度

2010年第六次全国人口普查,大同县常住人口为169616人,行政区域面积为1478.28平方千米,全县人口密度为115人/平方千米,由于各乡镇经济水平、就业状况不同,人口密度也存在较大差异(见表4-1-4)。

2010年第六次全国人口普查大同县人口密度

表4-1-4

单位:人、平方千米、人/平方千米

	常住人口	面积	人口密度
全县	169616	1478.28	115
西坪镇	27732	133.01	208
倍加造镇	18739	77.52	242
周士庄镇	17620	145.01	122
吉家庄乡	7306	189.13	39
峰峪乡	7325	173.17	42

续表 4-1-4

单位：人、平方千米、人/平方千米

	常住人口	面积	人口密度
杜庄乡	11836	146.27	81
党留庄乡	12956	74.32	169
瓜园乡	6834	128.03	53
巨乐乡	6832	139.47	49
许堡乡	16522	272.35	61
湖东	2974		
东街	22535		
西街	10405		

第三节　人口变动

人口变动分自然变动和机械变动，自然变动指出生、死亡变动对人口总量的影响，机械变动指迁入、迁出对人口总量的影响。1996年，全县出生人口1507人，死亡人口964人，迁入人口6321人，迁出人口5595人。2013年，全县出生人口1622人，死亡人口695人，迁入人口1834人，迁出人口7816人。

1996—2013年大同县人口变动情况

表 4-1-5

单位：人

年份	自然变动		机械变动		年份	自然变动		机械变动	
	出生	死亡	迁入	迁出		出生	死亡	迁入	迁出
1996	1507	964	6321	5595	2005	1951	875	3024	2936
1997	2447	880	2542	3068	2006	1933	611	1803	2803
1998	1879	933	2670	2959	2007	2017	403	3610	2503
1999	1866	934	2700	3159	2008	1929	502	2271	2080
2000	2648	1058	5097	3833	2009	1687	881	3252	1986
2001	1873	910	3019	2964	2010	1624	1122	2921	2358
2002	1520	1037	4109	3473	2011	1533	762	2201	1498
2003	1520	804	4695	3297	2012	1722	1143	2445	2276
2004	1686	997	12180	9302	2013	1622	695	1834	7816

第四节　人口构成

性别

1996年，全县有男85129人，女73908人，男女性别比（女为100，下同）114.8,2000年，全县有男87000人，女75104人，男女性别比（女为100）115.8,2008年，全县有男91543人，女81207人，男女性别比（女为100）112.7,2013年，全县有男93388人，女86787人，男女性别比（女为100）107.6。

年龄

2010年第六次人口普查，全县人口180575人。18岁以下41131人，占总人口比重22.78%,18—35岁47677人，占总人口比重26.4%,35—60岁67403人，占总人口比重的37.33%,60岁以上24364人，占总人口比重的13.49%。

至2013年末，大同县仍健在的百岁（虚岁）老人共4人，其中男1人，女3人。

表4－1－6　　　　　　　　　　　　　2013年末大同县百岁（虚岁）老人情况

姓名	性别	出生年月	居住地
刘氏	女	1912年7月	许堡乡下庄村
魏存梅	女	1914年3月	瓜园乡黑石崖村
高满	男	1914年3月	峰峪乡兼场村
刘玉梅	女	1914年12月	许堡乡下庄村

民族

大同县人口以汉族为主,少数民族人口占总人口的比重不到1%。2000年第五次全国人口普查结果显示,全县常住总人口为162977人,汉族为162420人,少数民族人口为557人,其中,蒙古族128人,回族281人,藏族4人,维吾尔族6人,苗族15人,彝族17人,壮族11人,布依族2人,朝鲜族6人,满族52人,侗族6人,瑶族7人,土家族20人,哈尼族1人,普米族1人。2010年第六次全国人口普查结果显示:全县常住人口为169616人,汉族为169140人,少数民族为476人,其中,蒙古族42人,回族321人,藏族5人,苗族9人,彝族33人,壮族2人,朝鲜族1人,满族24人,侗族9人,白族1人,土家族11人,哈尼族5人,傣族2人,黎族1人,佤族3人,土族1人,仡佬族5人,羌族1人。

文化

据2000年第五次全国人口普查和2010年第六次全国人口普查的结果,在常住人口中,6岁以上人口受教育的程度十年变化较大,2000年小学文化程度人数占6岁以上人口的41.59%,2010年则为29.88%,2000年初中文化程度人数占6岁以上人口的39.7%,2010年则为50.94%,2000年高中(中专)文化程度人数占6岁以上人口的10.04%,2010年则为12.46%,2000年大专文化程度人数占6岁以上人口的1.44%,2010年则为2.68%,2000年大学本科文化程度人数占6岁以上人口的0.21%,2010年则为0.60%,2000年研究生仅为5人,2010年则为27人。

大同县第五次、第六次人口普查常住人口受教育程度及占6岁以上人口比重表

表4－1－7　　　　　　　　　　　　　　　　　　　　　　　　　　　　　　　　　　单位:人、%

年份	6岁以上人口			未上过学						小学					
	小计	男	女	计	比重	男	比重	女	比重	计	比重	男	比重	女	比重
2000	148159	78012	70147	10390	7.01	3482	4.46	6908	9.85	61616	41.59	29931	38.37	30490	43.47
2010	158475	83485	74990	5412	3.42	1806	2.16	1806	2.41	47357	29.88	21932	26.27	25425	33.9

年份	初中						高中(中专)					
	计	比重	男	比重	女	比重	计	比重	男	比重	女	比重
2000	58816	39.7	33318	42.71	25498	36.35	14880	10.04	9516	12.20	5364	7.65
2010	80735	50.94	44318	53.08	36417	48.56	19747	12.46	12141	14.54	7606	10.14

年份	大学专科						大学本科						研究生及以上		
	计	比重	男	比重	女	比重	计	比重	男	比重	女	比重	计	男	女
2000	2142	1.44	1532	1.96	610	0.87	310	0.21	230	0.29	80	0.11	5	3	2
2010	4242	2.68	2665	3.19	1577	2.10	955	0.60	608	0.73	347	0.46	27	15	12

15 岁及以上人口的文盲率由 2000 年第五次人口普查时的 8.40% 下降至 2010 年第六次人口普查的 3.39%。

15 岁及以上常住人口及 15 岁以上文盲人口情况

表 4 – 1 – 8   单位:人、%

	15 岁以上人口			15 岁以上人口中文盲人口			15 岁及以上文盲人口占 15 岁以上人口比重		
	计	男	女	计	男	女	计	男	女
2000 年	119231	62501	56730	10012	3227	6785	8.40	5.16	11.96
2010 年	138583	73156	65427	4704	1446	3258	3.39	1.98	4.98

从乡镇、街道看,教育资源的配置、经济条件不同,文盲程度也不同,2010 年各乡镇、街道的文盲人口情况见表 4 – 1 – 9。

2010 年大同县第六次人口普查各乡镇、街道常住文盲人口情况

表 4 – 1 – 9   单位:人、%

	15 岁以上人口			文盲人口			15 岁及以上文盲人口占 15 岁及以上人口比重		
	合计	男	女	合计	男	女	合计	男	女
全县	138583	73156	65427	4704	1446	3258	3.39	1.98	4.98
西坪镇	22140	11522	10618	613	194	419	2.77	1.68	3.95
倍加造镇	14907	7550	7357	396	103	293	2.66	1.36	3.98
周士庄镇	14241	7688	6553	553	138	415	3.88	1.80	6.33
吉家庄乡	6304	3272	3032	423	123	300	6.71	3.76	9.89
峰峪乡	6304	3265	3039	486	151	335	7.71	4.62	11.02
杜庄乡	9996	5171	4825	382	108	274	3.82	2.09	5.68
党留庄乡	10557	5645	4912	295	79	216	2.79	1.40	4.40
瓜园乡	5767	2909	2858	291	81	210	5.05	2.78	7.35
巨乐乡	5845	3136	2709	407	126	281	6.96	4.02	10.37
许堡乡	13831	7296	6535	543	170	373	3.93	2.33	5.71
湖东办事处	2700	1514	1186	19	4	15	0.70	0.26	1.26
东街办事处	17997	10022	7975	235	151	84	1.31	1.51	1.05
西街办事处	7994	4166	3828	61	18	43	0.76	0.43	1.12

职业

2010 年第六次全国人口普查中对 10% 的调查户抽样调查结果显示,大同县共涉及国民经济行业大类 19 个,分行业从业人员占所有从业人员比重为:农林牧渔业为 69.31%,批发零售贸易业为 8.42%,制造业为 6.88%,教育为 3.5%,住宿餐饮业为 3.65%,居民服务和其他服务业为 2.17%,卫生、社会保障福利业为 0.93%,公共组织与社会管理业为 1.24%，交通运输仓储邮政业为 1.02%，建筑业为 0.90%，金融业为 0.59%，电力、水、燃气的生产与供应业为 0.40%，信息传输、计算机服务与软件业为 0.34%，房地产业为 0.09%，科研、技术服务与地质普查业为 0.09%，文化体育娱乐业为 0.19%，水利、环境和公共设施管理业为 0.22%，采矿业为 0.03%，租赁与商务服务业为 0.03%。

2010 年第六次全国人口普查结果显示：大同县从业人员的职业共涉及 6 个职业大类，各大类从业人员占全部从业人员的比重为：农林牧渔水利生产人员 69.19%，商业服务人员 16.07%，生产、运输等设备操作人员 7.56%，专业技术人员 5.23%，办事人员 1.49%，国家机关、党群团体、企事业单位负责人 0.46%。

第二章 人口控制

第一节 计生机构

县级计划生育机构

1974 年，大同县计划生育领导小组办公室成立。1983 年，机构改革，撤销领导小组办公室，成立大同县计划生育委员会。2002 年 6 月，计划生育委员会改为计划生育局。2004 年 8 月更名为"人口和计划生育局"。

计划生育协会

2000 年 7 月，成立大同县计划生育协会。计生协会成立后，充分发挥群团组织作用，积极协助政府贯彻落实党和国家计划生育方针政策，指导村级积极推行计划生育村民自治，维护群众合法权益。2010 年，全县共有县级计划生育协会 1 个，乡镇计生协会 12 个，村级（社区）计划生育协会 203 个，共有会员 17000 名。

计划生育服务站

1984 年 11 月，大同县计划生育服务站成立。同年，全县 16 个乡镇均成立了计划生育服务所，并配备了便携式 B 超。2000 年，全县 175 个行政村都建成了村级计划生育服务室。2004 年，按照"县聘、乡管、村用"的办法，全县公开招聘了 258 名专职村级计划生育服务员。

计划生育药具站

大同县计划生育药具站挂牌于 2001 年 3 月，管理和服务职能由计生服务站管理，两幅牌子，一套人马。

截至 2013 年，大同县计划生育工作连续 20 年完成人口目标责任制。1983—2013 年 30 年间，有 18 人先后受到省部级的表彰奖励。其中省委、省政府表彰的 2 人，省劳动竞赛委员记二等功的 2 人，三等功的 6 人，省计生委表彰的 8 人。

第二节 政策措施

《山西省人口与计划生育条例》1990 年 1 月，山西省第一部计划生育法规《山西省人口与计划生育条例》颁布施行。1999 年 4 月 6 日《山西省计划生育条例》部分条款作了修改。2002 年 9 月 28 日《山西省人口与计划生育条例》进行了修正，并于 2002 年 11 月 1 日起施行。2008 年 11 月 28 日，《山西省人口与计划生育条例》重新修订，并于 2009 年 6 月 1 日施行。虽然数次修改，但提倡晚婚晚育、提倡一对夫妻只生育一个孩子的生育政策未改变。

《中华人民共和国人口与计划生育法》2001 年 12 月 29 日第九届全国人民代表大会常务委员会第二十五次会议通过，2002 年 9 月 1 日起施行。该法首次以国家法律的形式确立了计划生育基本国策的重要地位，明确了国家稳定现行生育政策，并将生育政策予以法律化、制度化。

《计划生育技术服务管理条例》2001 年 10 月 1 日起施行，2004 年 12 月 10 日国务院进行了修改。该条例规定，国家向农村实行计划生育的育龄夫妇免费提供避孕节育技术服务。

《流动人口计划生育管理办法》1991 年 12 月国

家计生委颁布了《流动人口计划生育管理办法》。1999 年 1 月 1 日,修改后的《流动人口计划生育管理办法》正式实施。2001 年 9 月 29 日,《山西省流动人口计划生育管理办法》施行,该《办法》规定,成年育龄流动人口计划生育管理实行婚育证明制度。离开常住户口所在地 30 日以上,赴异地从事务工、经商等活动或居住生活的成年育龄人员,应在到达居住地 10 以内,持本人的身份证件和婚育证明,向现居住地的乡(镇)人民政府或街道办事处交婚育证明。

《山西省禁止非医学需要鉴定胎儿性别和选择性别人工终止妊娠规定》2006 年 11 月 1 日起施行。主要规定:符合法定生育条件妊娠的妇女,除胎儿患严重遗传性疾病;胎儿有严重缺陷;因患严重疾病,继续妊娠可能危及孕妇生命安全和严重危害孕妇健康;省人口和计划生育行政部门依法批准的其他情形外,不得人为终止妊娠。同时规定,不符合法定生育条件的,应当及时终止妊娠。医疗保健机构和计划生育技术服务机构的工作人员非法为他人进行胎儿性别鉴定或选择性别的人工终止妊娠手术的,由县级以上卫生行政部门或者人口与计划生育行政部门视情节给予警告、没收违法所得、罚款、吊销执业许可证等行政处罚,构成犯罪的,依法追究刑事责任。

《山西省社会抚养费管理办法》2003 年 9 月 1 日起施行。社会抚养费的征收标准,分别以当地城镇居民年人均可支配收入和农村居民年人均纯收入为计征参考标准,并结合当事人的实际收入水平及不符合法律法规规定生育子女的情节确定征收数额。

第三节 计生工作

1992 年前,基层基础工作制度和计划生育组织网络不健全,全县计划生育工作基本处于粗放管理状态。针对形势和任务,县委、县政府坚持"三不变"工作原则,落实"三为主"工作措施,推广"三结合"工作经验,控制计划外生育,落实人口计划为总抓手,强化对育龄群众的服务与管理,使计划生育工作逐步走上了规范化管理轨道。1993 年,在大同市政府计划生育目标管理责任制年度考核中,大同县全面完成了责任制指标并获得全市"双服务"活动二等奖。1994 年,大同县获得大同市年度计划生育目标管理责任制考核成绩良好县区。1995 年,大同县被评为大同市完成计划生育责任制优秀县区。1997 年,大同县被大同市人民政府授予完成人口与计划生育目标管理责任制优秀县区。1999 年 1 月,被山西省人民政府授予计划生育工作"五清五建"先进奖,同年 7 月,被中共大同县委授予"党建工作先进单位",同年 12 月,参加大同市计划生育知识竞赛,获三等奖,同年 12 月,被山西省计划生育委员会评为"一九九九年度先进发行站"。2000 年 6 月,山西省计生协会授予大同县计生协会争先创优"先进集体"。2001 年 7 月,被大同县委授予"先进基层组织"。2002 年参加大同市计生委、计生协、司法局联合主办的《人口与计划生育法》知识竞赛获三等奖。2003 年被大同市计生委评为"计划生育通讯报道工作先进集体",同年 7 月,在大同市计生系统"人口之光杯"书法、摄影、绘画比赛活动中获"优秀组织奖",同年 8 月,被山西省计生委授予防治"非典"工作"先进集体",同年 12 月,被山西省计生委评为全省计划生育宣传品进村入户"先进单位"。2005 年 1 月,被大同市委、市政府授予人口与计划生育工作"进步县(区)",同年 12 月,被山西省人口和计划生育领导组评为落实农村计划生育家庭奖励政策"先进单位",同月,被大同市委、市政府评为"人口和计划生育先进县"。2007 年 4 月,被县委、县政府评为"政风行风先进单位",同年 5 月,被山西省人口和计划生育委员会评为"村级服务员中专函授教育先进单位",同年 12 月,被山西省人口和计划生育委员会评为"山西省全员人口数据大集中先进单位"。2008 年,被市委、市政府评为"人口计生目标管理责任制考核先进奖",同年 6 月,被《人生》杂志社评为"征订学习先进单位"。2009 年,被大同市委、市政府授予"人口计生目标管理责任制考核先进奖"，同年3月，参加大同市计生委、计生协会、人口文化促进会联合举办的流动人口计划生育知识竞赛获三等奖。2010年9月，在大同市人口计生委、大同市计生协会为纪念《公开信》发表30周年举办的文艺会演中获得优秀组织奖，同年10月，在市人口计生委举办的"计划生育药具'三基'知识竞赛"中，获二等奖，同年12月，县委书记杨人毅被省政府授予"落实计划生育国策"好书记，同月，被中国计划生育协会评为"先进单位"。2011年1月被市委、市政府评为人口和计划生育目标管理责任制考核综合先进奖，和2011年度人口和计划生育工作先进奖，同年2月，被省宣教中心评为2011年度人口和计划生育宣传品进村入户工作先进单位。2013年被市政府授予人口和计划生育工作目标管理责任制考核"先进奖"。

人口

第五编 党 群

第一章　中国共产党大同县地方组织

第一节　党代表

中国共产党大同县第一至第十一次代表大会代表由党员直接选举产生。全县党组织按乡镇党委、县直机关党（工）委、总支和党组织关系在本县的驻县单位等划分为若干选举单位。中共大同县委根据《中国共产党章程》规定和县内党员数量，确定代表大会代表总名额。然后进行分解，并将名额分解至各个选举单位，由选举单位党组织采取自下而上、自上而下的方法酝酿讨论，根据上级党组织提出的代表构成比例要求，按多于应选代表20%以上的差额比例提出代表候选人初步人选名单。选举单位党组织对初步人选名单考察后，填报"代表候选人初步人选登记表"。选举单位召开党的委员会全体会议，确定代表候选人预备人选名单，报上级党组织审查，并在一定范围内公示。审查后，选举单位召开党员大会或党员代表大会或代表会议，对候选人预备人选进行充分酝酿后，根据多数选举人的意见确定候选人，进行选举。选出的代表，上报县委审批。每次代表的分配，少数民族和妇女代表要占一定比例。对代表过于集中的县领导机构的部分代表，采取分配到各选县参加选举。

2011年，中国共产党大同县第十一次代表大会代表的产生是：全县按乡镇党委、县直机关党（工）委、总支和党组织关系在本县的驻县单位等，共划分为23个选举单位。这些选举单位按照有

关规定，分别召开了党代表大会、党员大会或党代表会议。

中国共产党大同县第十一次代表大会代表的选举工作，严格按照党章和中央有关规定进行。在代表选举过程中，从代表候选人初步人选的提名，代表候选人预备人选的确定，到代表的选举产生，都注意充分发扬党内民主，尊重党员的民主权利，体现选举人的意志。代表的产生经过了严格的民主程序，在自下而上、自上而下反复征求广大党员意见的基础上，各选举单位分别召开会议，采用无记名投票的方式，进行了差额选举。各选举单位的差额比例均不少于应选名额的25%。当选代表得到的赞成票，都超过了应到会代表或党员的半数。

第二节　历届党代表大会

中国共产党大同县第八次代表大会

1998年5月28日至29日，中国共产党大同县第八次代表大会召开。会议应出席代表216名，因事因病请假的代表7名，实到代表209名。会议主要议程为：听取和审议中国共产党大同县第七届委员会的工作报告；听取和审议中国共产党大同县纪律检查委员会的工作报告；选举产生了中国共产党大同县第八届委员会委员、候补委员和县纪律检查委员会委员。选举产生了书记1名，副书记4名，常委11名，纪律检查委员会书记1名。县委委员23名。

中国共产党大同县第九次代表大会

2003年6月27日至28日，中国共产党大同县第九次代表大会召开。会议应出席代表256名，因事因病请假的代表8名，实到代表248名。大会主要议程为：听取和审议中国共产党大同县第八届委员会的工作报告；听取和审议中国共产党大同县纪律检查委员会的工作报告；选举产生了中国共产党大同县第九届委员会委员、候补委员和县纪律检查委员会委员。选举产生了书记1名，副书记4名，常委11名，纪律检查委员会书记1名。县委委员24名。

中国共产党大同县第十次代表大会

2006年6月28日，中国共产党大同县第十次代表大会召开。会议应出席代表286名，因事因病请假的代表6名，实到代表280名。大会听取审查了中共大同县第九届委员会的政治报告。听取和审议中国共产党大同县纪律检查委员会的工作报告；选举产生了中国共产党大同县第八届委员会委员、候补委员和县纪律检查委员会委员。选举产生了书记1名，副书记2名，常委9名，纪律检查委员会书记1名。县委委员23名。

中国共产党大同县第十一次代表大会

2011年6月1日至3日，中国共产党大同县第十一次代表大会在县会议中心召开。会议应出席代表290名，因事因病请假的代表4名，实到代表286名。会议听取中国共产党大同县第十届委员会向大会作了《勇于担当，转型跨越，为建设现代城郊型新大同县而努力奋斗》，会议表决通过了《中共大同县第十一次代表大会关于中共大同县第十届委员工作报告的决议》《中共大同县第十一次代表大会关于中共大同县纪律检查委员会工作报告的决议》。会议以无记名投票方式选举产生了中国共产党大同县第十一届委员会委员34名、候补委员6名、县纪律检查委员会委员15名、出席市第十四次党代会代表19名。选举产生了书记1名，副书记2名，常委9名，纪律检查委员会书记1名。

第三节 县委组织机构

县委组织机构组成

1997年机构改革，农工部更名为农村工作领导小组办公室，人员、职能纳入县农业局，实行一套人马两块牌子；政策研究室取消，人员整体纳入县委办；知识分子办公室取消；党校列入事业单位。2001年机构改革，县委改设工作机构8个，分别为纪检委（监委与其合署办公）、县委办公室、组织部、宣传部、统战部、政法委（综治办与其合署办公）、编办、老干部局。县机构编制委员会办公室从人事局独立出来，既是县委的工作机构，又是政府的工作机构，列入党委序列；机要保密室（保密局）并入县委办公室，挂机要保密局牌子；县委督查室并入县委办公室；县委、县政府信访局并入县委办公室，挂信访局牌子；对台湾工作领导组办公室并入统战部；机关工委并入组织部，挂机关工委牌子；民族宗教局并入县委统战部。2002年，成立事业单位登记管理中心，隶属县编办，事业单位，副科建制；成立党员电化教育中心，隶属县委组织部，事业编制，股级建制。2004年，成立县矛盾纠纷排查调处办公室，隶属县政法委，事业编制，副科建制；成立人才工作领导组办公室；成立610办公室，隶属县委。是年，事业单位登记管理中心更名为事业单位登记管理局。2005年，成立县纪委干部培训中心，事业编制，副科级建制。2006年，成立纪委监委行政效能监察室，事业编制，副科级建制。2008年，成立县委信息化中心，隶属县委办公室，事业编制，副科级建制。2008年，监察委员会更名为监察局，仍与纪委合署办公。至2013年12月没有大的调整。

第四节 纪检监察

工作机构

1993年5月4日，根据中央决定和中纪委、监察部，省、地监委有关指示精神，中共大同县纪委、县监察局机关合署办公,实行一套工作机构、两个机关名称的体制,履行党的纪律检查和政府行政监察两项职能,对县委、县政府负责。

1996年县纪委监委内设办公室、信访室(举报中心)、党风廉政监督室、执法监察室、宣传教育室、检查一室、检查二室、研究室、审理室,下设干部培训中心1个事业单位。

2002年机构改革后,县纪委监委内设办公室、信访室(举报中心)、党风廉政监督室、执法监督室、检查室、审理室,下设干部培训中心1个事业单位。

2006年11月成立了效能监察室,2006年12月成立了效能投诉中心。

2008年1月县监委更名为县监察局。

纪检工作

廉政建设　1998年5月—2003年6月,全县各级党委、政府认真贯彻执行《中国共产党党员领导干部廉洁从政若干准则(试行)》《关于党政机关历行节约制止奢侈浪费行为的若干规定》和党中央这几年作出的领导干部廉洁自律一系列规定,并结合"三讲"教育和学习"三个代表"重要思想,对照《廉政准则》等各项规定,着力纠正领导干部中存在的不廉洁行为。县纪委通过对党员干部日常性教育和开展全方位的监督检查,搞好集中性的治理工作。先后出台了《大同县党政领导干部廉洁自律守则》《严禁大操大办婚丧嫁娶有关事宜规定》等一系列规章制度,规范领导干部从政行为。集中开展了清理领导干部超标准住房、违反规定配备小汽车、通讯工具以及禁止公款吃喝、大操大办和"假日腐败"等工作。

对领导干部电话费作了明确规定,科级以上领导干部在子女的婚庆事宜中主动进行了申报,有效地遏制了大操大办不良风气。县委、县政府简化公务制度,实行公务接待审批,统一标准、统一管理,公务费用逐年减少。共精减压缩会议50余次,取消不必要的喜庆活动16次,节约会议、喜庆支出50万元。同时,还完善了领导干部廉政谈话、廉政诫勉等制度,共廉政谈话368人(次),廉政诫勉36人,

对全县副科以上领导干部建立了廉政档案。进一步规范了领导干部从政行为。

从2003年6月至2006年6月,县纪委按照省、市纪委的要求,在全县开展了以制止奢侈浪费行为、清理领导干部违规多占多购住房、纠正超标准超编制配备小汽车的"三项治理"工作。三年来,清理纠正各类违规车辆20辆,并制定出台了《大同县行政事业单位配备和使用小汽车的暂行规定》;在清房上,对29名超标准住房的科级干部进行纠正处理,收缴超标补缴款3.6万元;在制止奢侈浪费上,通过完善公务接待制度,强化监督检查,有力规范了各单位公款消费行为。2005年,又开展了狠刹向领导干部送钱的歪风、跑官要官歪风、打着领导干部旗号谋取私利的歪风、领导干部参与赌博的歪风、领导干部借婚丧嫁娶等事宜收钱敛财的歪风。

从2006年8月开始,县纪委监察局在党政机关中认真组织开展机关效能建设,着力解决各级机关中存在的影响经济发展问题。依据省、市纪委要求,按照市编办批复文件,在县纪委机关内部组建了效能监察室,并配齐配强了工作人员,进一步充实了机关效能建设力量。2007年制定出台了《大同县机关效能行为规则》和《机关效能五条禁令》。围绕加强机关效能建设,每年都开展机关纪律作风专项督查,以及组织开展对招商引资项目进展落实情况进行了跟踪督查,有效解决了招商引资项目落实的梗阻问题。

2006年10月,中办、国办印发了《关于加强农村基层党风廉政建设的意见》,对农村基层党风廉政建设工作作出全面系统的部署以来,全县各级各部门按照中办、国办《意见》及省、市、县的《实施意见》,深入贯彻落实中央、省、市农村基层党风廉政建设工作会议精神,围绕市委提出"12345"工作思路,结合实际,创造性地开展农村基层党风廉政建设工作,各项工作进展顺利,推进有力,取得了阶段性成效,全县农村基层党风廉政建设呈现出良好的发展态势。领导重视程度高,组织机构健全。任务思路明确,齐抓共管局面形成。督促检查力度大,

促进工作高效落实。注重培育典型，以点带面整体推进。工作重点突出，五项工作成效显著。

2007年，协助县委制定出台了《中共大同县委关于加强作风建设狠抓工作落实的意见》，认真学习贯彻中纪委七次全会精神，在全县各级领导干部中大力倡导八个方面良好风气，即：勤奋好学、学以致用；心系群众、服务人民；真抓实干、务求实效；艰苦奋斗、勤俭节约；顾全大局、令行禁止；发扬民主、团结共事；秉公用权、廉洁从政；生活正派、情趣健康。响应全省大力学习深入宣传"右玉精神"的号召，2008年10月，县委组织四套班子领导及部分乡科级干部赴右玉考察学习，通过实地考察右玉生态建设，切身感受"执政为民、尊重科学、百折不挠、艰苦奋斗"为核心的"右玉精神"。2009年开展领导干部作风建设专项督查，为切实改进机关工作作风，严肃工作纪律，不断增强领导干部在工作中大局意识、责任意识和组织纪律观念，县纪委监察局组织开展对全县科级干部在岗及履职情况专项检查，成立了由县纪委副书记带队的三个检查组，利用半个月时间深入各乡镇、县直机关事业单位、驻县条管单位开展专项检查，主要采取听取单位一把手汇报与实地调查相结合检查方式，共对全县10个乡镇、3个街道办事处、75家县直机关事业单位、37家驻县条管单位523名科级干部进行了检查。

2008年，按照省、市纪委的部署要求，结合全县实际，组织开展了以煤炭运销和非煤矿山反腐败专项斗争为重点的煤焦领域及非煤矿山反腐败专项斗争，成立了由县长任组长的领导组，召开了动员会，按照省《关于集中开展煤焦领域反腐败专项斗争的意见》和《大同市煤焦领域反腐败斗争工作任务分解意见》及《自查自纠阶段工作安排意见》，结合大同县实际，制定出台了相应的《实施意见》《工作任务分解意见》及《自查自纠阶段工作安排意见》等7个文件。组织开展了自查申报，全县共有75家单位1608人进行了申报。加大对煤炭票据管理、基金、价款征收拨付使用的专项检查力度，依纪依法追缴偷逃税费，先后对黄土坡煤矿所欠的1500万元采矿权价款分两批如数上缴县财政专户，并对黄土坡煤矿2003年底所欠缴的税费95.79万元进行了清缴。

案件查办 1998年5月至2003年6月，县纪委把查处党员干部违法违纪案件作为从严治党、惩治腐败的重要环节来抓，不断研究新形势下违纪违法案件的特点和规律，创新办案思路，改进办案方法，提高依纪依法查办重大案件和复杂案件的能力。并始终把查办"三机关一部门"（党政机关、行政执法机关、司法机关和经济管理部门）案件作为重点，着重查处了贪污、挪用公款、失职渎职、贪赃枉法等方面的案件。全县纪检监察机关共初查核实案件429件，立查案件398件，结案398件，党政纪处分127人。为国家、集体挽回经济损失256万元。所办案件均做到了事实清楚，定性准确，经受住了时间的考验。

从2003年6月至2006年6月，全县各级纪检监察机关共立案466件，结案466件，给予党纪政纪处分466人，其中科级干部23人。

2007年至2009年，全县各级纪检监察机关共初核案件线索137件，立案129件，结案129件，处分党员干部136人。

纠风举措 1998年5月至2003年6月，县纠风办坚持标本兼治、纠建并举的方针和"谁主管、谁负责"的原则，与各有关部门密切配合，对群众反映强烈的"热点""焦点"问题进行认真纠正，取得了良好的效果。共清理公路"三乱"（乱收费、乱罚款、乱摊派）问题9起，查处政法干警违纪问题3案5人。在卫生系统逐步推行了药品集中招标采购制度，药品招标采购达到90%以上，中标药品的零售价逐年下降，让利患者28万元。各项减负工作扎实开展。共查处有乱收费现象学校7所，涉及超标准、不合理收费金额2.3万元，均已作了上缴财政和退还学生的处理；取消不合理涉农收费16项，发现并查处24起加重农民负担案件，全县农民负担始终保持在上年人均纯收入的5%以内。

从2003年6月至2006年6月，全县各有关部门坚持标本兼治、纠建并举，综合治理的方针，围绕群众反映强烈的热点难点问题，切实加大纠风专项治理力度，取得了较好的效果。治理教育乱收费工作成效明显。在全面落实义务教育阶段公办学校"一费制"的收费办法和公办高中招收择校生"三限"政策的基础上，查处并清退各种教育乱收费33.5万元，8名责任人受到严肃处理；纠正医药购销和医疗服务中不正之风工作扎实有效。全县2家县级医院和16所乡镇卫生院用药全部进行集中招标采购，累计招标采购总金额达370多万元，切实降低了药品价格。加强医德医风建设，医疗服务中"开单提成"、收受"红包"现象得到有效遏制。对医药市场进行专项检查，取缔8家无证经营药品单位和27家黑诊所；减轻农民负担工作不断引深，通过减免农业税，落实对种粮农民直补政策和开展各种涉农收费专项治理，农民负担大幅度减轻；治理公路"三乱"工作的成果得到巩固，基本实现了全县境内公路无"三乱"的目标；清理整顿统一着装工作进展顺利，收缴违规着装及标识400余套；政风行风评议工作深入开展，全县各行业文明、廉洁程度有所提高，部门和行业风气进一步好转。

从2006年6月至2009年12月，县纪委、监委紧紧围绕群众反映强烈突出的食品药品安全、劳动安全、坑农害农、上学、看病、行路等问题，继续深化纠风专项治理工作，着力解决损害群众利益的突出问题。在清理拖欠农民工工资方面，共受理拖欠农民工工资案件31件，先后追讨回拖欠农民工工资72.5万元；在打击制售假冒伪劣食品药品、非法行医方面，对80家无证经营使用药品单位和黑诊所进行取缔；治理教育乱收费方面，严格执行"两免一补"政策，督促有关部门认真落实农村义务教育经费保障机制；纠正医药购销和医疗服务中不正之风方面，建立并完善了医德医风教育制度、考核制度，将医德医风考核纳入医院目标考核责任制中。强化对药品集中招标采购的监督，2007—2009年，全县共集中招标采购药品价值达822万元，招标采购后药品价格平均降幅20%。治理公路"三乱"方面，

建立了查处公路"三乱"快速反应机制，不断加大对各收费站卡的明察暗访力度，严肃查处顶风违规违纪行为。加强对实施成品油价格和税费改革有关政策落实情况监督检查，2009年对全县境内的四十里铺、蔡庄、恒山三个收费站进行撤销。政风行风评议方面，先后在47家参评部门和行业开展了政风行风评议工作，政风行风建设得到进一步加强。2007年抓住昊和广场落成庆典之际，针对参加庆典干部群众多，人员流动大这一特点，积极组织参评单位在政府门前举行政风行风评议宣传咨询活动，共发放宣传资料5500余份，发放征求意见表413余份，征求到各类意见和建议540条。

执法监督 1998年5月至2003年6月，县纪委、监委会同有关部门，围绕国债建设项目、建筑工程招投标以及粮食流通体制改革等工作落实情况积极开展执法监察。并对投入全县的国债资金进行了全面检查，发现违纪金额12万元，纠正了在票据使用等方面存在的问题，对直接责任人给予了相应的党政纪处分；建筑市场执法监察，共检查50万元以上工程28个，涉及建筑金额2000多万元，对14家手续不完备的单位督促其补办了相关手续，对3项"三无"工程下了停工通知书。此外，全县在全市率先推行了《建筑工程廉政协议》制度，变事后监督为事前监督，遏制了建筑工程招投标过程中的不廉洁行为；粮改执法监察重点对粮食仓储、收购、销售三环节跟踪检查，涉及收购资金5500万元，纠正不合理支出20多万元，督促部分粮站及时归还销售款50余万元，保证了国家粮食流通体制改革在全县的顺利进行。同时针对生产经营中的薄弱环节，开展效能监察，整章建制、堵塞漏洞。

从2003年6月至2006年6月，县纪委围绕经营性土地使用权出让、建设工程项目招标投标、国债、社保、涉农专项资金管理使用等，开展执法监察，提出监察建议50多条，纠正违规违纪金额100多万元，挽回经济损失200多万元。参与3起重大事故调查处理，对9名相关人员追究了责任。加大矿产资源开发秩序专项整治力度，对全县境内47家

党群

非法采矿点依法关停。开展对征收征用土地、城镇房屋拆迁、企业违法排污、企业重组改制和破产中损害群众利益以及拖欠农民工工资等突出问题的专项治理。清回拖欠农民征地补偿安置费480多万元；追讨回拖欠农民工工资120多万元；取缔污染严重企业1家，关停6家"十五小"企业，对45家单位40个锅炉进行脱硫除尘治理。同时，加强效能监察，促进了行政机关和国家公务员勤政廉政、依法行政。

从2006年6月至2009年12月，县纪委、监委组织开展查处土地违法违规案件专项行动，先后查处土地违法违规案件20起，党政纪处分21人。查处取缔关闭非法采沙选矿企业12家。协调环保、经贸等相关职能部门开展节能减排和推进"蓝天碧水"监督检查，淘汰拆除县地方国营工业硅厂落后高耗能、高污染硅炉2座、县水泥厂水泥磨2台、立窑1座。关闭违法排污企业6家，实施停产整顿企业2家，对9家排污企业提出治理要求。会同城建部门开展建筑市场执法检查，先后检查建设工程项目10项，涉及建筑面积20.28万平方米，投资总额16478万元，对7家手续不全擅自开工的建设单位下达《停工通知书》7份，责令其停止施工，并处罚款60多万元。2009年，牵头组织开展了扩大内需促进经济增长及重点工程建设监督检查工作，制定了监督检查工作方案，建立县重点工程建设监督检查联席会议制度，并在县纪委监察局下设办公室，先后协调有关职能部门重点对2008年新增1000亿元和2009年新增1300亿元、700亿元、800亿元四批中央投资在全县落实情况开展监督检查，确保了项目规范合法有效实施。与此同时，2009年又部署开展了工程建设领域突出问题专项治理。

改革创新体制机制　从1998年5月至2003年6月，主要进行了财政管理体制改革、干部人事制度改革、行政审批制度改革。在财政管理体制改革中，县委提出了"积极推进，稳妥扎实，尽职尽责、集中办大事"的总体要求，制定了"政府主抓，财政操作，部门配合，纪委监督"的工作格局，按照"分步实施，稳步推进"的原则，不断加以探索和完善。2001年10月全县政府结算中心正式挂牌成立，有83家单位纳入政府结算中心，共审核出不合理票据256笔，拒付不合理支出90多万元。同时，通过细化部门预算科目，编制部门预算，实施项目管理，加大对资金的监管力度，控制了各种预算单位的资金收入和支出，延长了财政部门对预算资金的管理链。在干部人事制度改革中。县委按照中央关于《深化干部人事制度改革纲要》，结合实际出台了《关于进一步深化全县党政机关干部制度改革的意见》，在干部考察、选拔、管理、考核等方面加大改革力度。普遍推行了领导干部任用考察预告、任前公示、竞争上岗等制度。在2002年6月的县级机关机构改革，先后对拟任的多名领导干部和268名公务员，在公示栏、电视台等媒体上全部进行了公示，增加干部任用的透明度。同时，实行中层干部竞争上岗末位淘汰待岗制，完善了激励机制，强化了领导干部的竞争意识。在行政审批制度改革中。成立了以县长为组长的领导组，加强对政务审批制度改革的领导，2002年建立了政务审批大厅，全县已有15个行政事业单位进驻，实行了"一个窗口"对外，"一条龙"审批，"一站式"服务。政务审批服务中心运行一年来，已办理各种手续1400余件。

从2003年6月至2006年6月，全县各级各部门围绕权、钱、人等管理制度方面存在的漏洞和问题，推进体制机制制度创新。行政审批制度改革卓有成效，累计清理行政许可项目223项，第一批取消了76项审批项目，对保留的项目强化了后续监管，将其中88项审批项目纳入政务审批中心管理，实行阳光审批；财政管理体制改革不断深入，在各乡镇推行了"定收定支、收支包干、超支不补、节余留用、超收按比例分成"的财政管理体制。严格执行"收支两条线"规定，所有政府非税收入全部纳入了"收支两条线"管理。进一步完善会计集中核算体制。政府采购规模逐步扩大，三年来政府采购预算支付金额1668万元，实际采购支付金额1543万元，资金节约率达8%；干部人事制度改革迈出新步伐，县委认真贯彻《党政领导干部选拔任用工作条例》，普遍推行考察预告、公开选拔、任前公示、全委会票决等制度，进一步加大对科级干部的公选力度，三年来，共公开选拔科级干部37人。此外，建设工程招标投标、经营性土地使用权出让和产权交易进入市场等制度得到进一步落实。

党风党纪教育　1998年5月至2003年6月，县纪委、监委利用新闻媒体和县委党校以及街头专栏开辟党风党纪教育阵地，在县电视台举办党纪法规讲座20期，举办专题节目5期。在《大同县消息》上开辟"纪检在线"专栏，宣传党纪条规，报道反腐败动态，解答群众问题。县委党校举办了5期农村党员干部党纪条规学习培训班，有近3000人次接受了学习培训，农村受教育党员干部达到90%以上。抓住建党80周年、党的十六大召开等重要时段，举办了党的知识以及纪检监察法律法规知识考试竞赛活动，参加活动的党员干部达到5600人次。利用厦门特大走私案、胡长清、成克杰等重大典型案例，在党员干部中开展了警示教育活动，全县副科以上党员干部受教育率达到100%。通过学习汪洋湖、梁雨润等先进典型，培养和创建了不同类型的廉洁单位25个，"人民公仆"和廉洁干部60名。

从2003年6月至2006年6月，全县各级党委、纪委（纪检组）在党员干部中，开展了"艰苦奋斗、廉洁从政"主题教育活动。2004年《纪律处分条例》《党内监督条例（试行）》颁布实施后，以及2005年《建立健全教育、制度、监督并重的惩治和预防腐败体系实施纲要》印发后，组织党员干部参加知识竞答、竞赛活动，丰富了党员干部反腐倡廉理论知识。加强反腐倡廉阵地建设，在《县情反映》和电视台开辟了《廉政经纬》和《纪检在线》专栏。注重把反腐倡廉教育纳入先进性教育活动之中，针对党员干部特别是领导干部在思想、作风、工作等方面存在的突出问题，开展了理想信念教育、反腐倡廉形势教育、纪律教育、正反典型警示教育等一系列活动，增强了党员领导干部廉洁自律的意识。加强廉政文化建设，2006年开展了家庭助廉教育和全县青少年

争做廉洁公民征文活动，稳步推进了廉政文化进家庭、机关、学校、企业和农村。在全县干部群众和青少年中，开展了社会主义荣辱观教育，营造了以廉为荣、以贪为耻的良好社会风尚。

2007年，建立了大同县党风廉政宣传教育暨廉政文化建设联席会议制度，明确了各成员单位各自工作职责。组织党员干部学习贯彻《建立健全惩治和预防腐败体系2008－2012年工作规划》，把《工作规划》纳入县委党校干部教育培训教学计划。加强廉政文化建设，把廉政文化建设纳入社会主义精神文明和文化建设总体部署，深入推进廉政文化"六进"活动，制定下发《关于开展廉政文化"六进"活动实施方案》，把廉政文化进企业作为廉政文化"六进"活动重点。2008年率先在县黄土坡煤矿开展了廉政文化进企业活动，组织黄土坡煤矿有关负责人深入左云县鹊儿山煤矿就廉政文化进企业进行参观学习，进一步推动廉政文化进企业深入开展。与此同时，积极创新廉政文化载体，县纪委制作了72个印有144条廉政格言警句的灯箱，悬挂在县城南街两侧，全力开展打造廉政文化一条街活动。

自身建设　从1998年5月至2003年6月，县委、县政府非常支持纪检监察工作，关心纪检监察干部。五年中，共有24位纪检监察干部交流了工作岗位，有21位被提拔重用。10个乡镇纪委书记都由同级党委副书记担任，各乡镇、开发区都配备一名监察员。另外，从自身实际出发，加大对纪检监察干部的教育和管理，改变工作作风，提高纪检监察干部的整体素质。五年来，先后选送8名干部参加了中纪委举办的业务培训活动，全县10个乡镇纪委书记和县纪委17名干部参加市纪委举办的业务培训班，县纪委举办了10期纪检监察干部业务培训班，提高纪检监察干部的业务能力和整体素质。同时与乡镇纪委、县直机关纪委（纪检组）签订目标管理责任书，建立了一套奖惩激励机制，对信息写作报送、调研工作和目标任务完成等情况进行严格考核。五年中，县纪委、监委及有关各室受市级以上表彰的有15次，纪检监察干部中受市级以上表彰的

有 36 人（次），受县委表彰的 52 人（次）。

从 2003 年 6 月至 2006 年 6 月，县委和县纪委高度重视纪检监察机关领导班子和干部队伍建设，县委先后向 17 家县直机关增派了纪检组长，根据人事变动，2005 年为各乡镇、街道办重新调整配备了 14 名监察员。积极推进干部轮岗交流，改善了干部队伍整体结构，三年中，共有 21 名纪检监察干部交流了工作岗位，其中有 7 名得到提拔重用。加大干部培训力度，有效提高了纪检监察干部的工作能力。县纪委先后举办各类培训班 5 期，培训纪检监察干部 150 多人次，同时选派了 22 名干部参加了省、市纪委组织的培训。加强作风建设，开展了纪律作风整顿，2003 年制定出台《关于全县纪检监察机关若干纪律规定》《大同县纪检监察干部办案五不准》等制度。

2008 年，县监委更名为县监察局，监察局局长由纪委副书记担任，并作为政府党组成员参加政府常务会议，建立健全监察局局长办公会议和特邀监察员制度，首聘 10 名特邀监察员。2007 年至 2009 年先后有 42 名纪检监察干部进行轮岗交流。

2009 年，贯彻落实中纪发〔2009〕9 号、10 号文件精神，推进县级纪检监察机关建设，配齐配强县纪委监察局领导班子。严格按照中纪委 10 号文件精神，强化县级纪检监察机关办公办案装备配置。12 月，中纪委给全县纪委下发配置了工作用车、电脑、打印机、摄像机等价值近 40 余万元的办公办案装备。

第五节　组织建设

县委组织部

1997 年 7 月，县委组织部设立党员电化教育中心（股级）。2004 年 12 月，设立人才办。2010 年 3 月，大学生村干部管理办公室（副科级）。到 2010 年，县委组织部共设 7 个职能科室：办公室、干部科、组织科、人才办、电教中心、大学生村干部管理办公室、考核办；行政编制 21 人，其中部长 1 人、专职副部长 2 人、兼职副部长 2 人，工勤人员编制 1 人。

基层组织

1996 年，中国共产党大同县委员会在县人民代表大会常务委员会、中国人民政治协商会议大同县县委员会、大同县人民政府、大同县人民检察院和大同县人民法院分别设立党组，在西册田乡、麻峪口乡、阁老山乡、徐疃乡、杜庄乡、中高庄乡、陈庄乡、瓜园乡、党留庄乡、吉家庄乡、巨乐乡、峰峪乡、许堡乡、西坪镇、倍加造镇、周士庄镇 16 个基层人民政府设立委员会，并分设县直属机关工委 1 个，本级委员会简称"党委"，共计 17 个。16 个乡（镇）党委在各村设立支部，共设 178 个农村支部。县直机关党委下设 12 个总支部。县、乡（镇）机关企事业单位共设 210 个支部。全县支部共计 388 个。党员人数较多的支部均下设若干小组，人数较少的支部不设小组。

2010 年 2 月，调整全县基层组织设置，调整后计有：县人大常委会、县政协、县政府、检察院、法院、工商联、质量技术监督局和农业委员会 8 个党组，西坪镇、周士庄镇、倍加造镇、党留庄乡、杜庄乡、许堡乡、吉家庄乡、巨乐乡、峰峪乡和瓜园乡 10 个乡镇党委。县直属机关工作委员会 1 个。公安局、册田水库、黄土坡煤站、黄土坡煤矿和科教局 5 个机关企事业党委，东街、西街、湖东三个街道党委，党委共计 19 个；直属机关工委下设 10 个总支部，卫生局、粮食局、交通局、工商局、地税局、国税局、商业发展中心、二轻总会、县供销社、县砖瓦厂。各党委、总支部共下设支部 366 个，其中机关企事业支部 191 个，10 个乡（镇）农村支部 175 个。

1996—2010 年大同县中共基层组织情况

表 5 - 1 - 1　　　　　　　　　　　　　　　　　　　　　　　　　　　　　单位：个

年份	党组	党委	总支部	支部		
				合计	机关企事业	农村
1996	5	17	12	388	210	178
1997	5	22	12	388	210	178
1998	5	22	12	388	210	178
1999	5	22	12	388	210	178
2000	5	22	12	375	197	178
2001	5	16	12	365	189	176
2002	5	16	13	368	192	176
2003	5	16	13	368	192	176
2004	6	16	10	361	187	174
2005	6	16	10	359	185	174
2006	7	16	10	358	184	174
2007	7	16	10	354	180	174
2008	7	16	10	354	180	174
2009	7	16	10	355	180	175
2010	8	19	10	366	191	175

党员队伍建设

1996 年至 2010 年，全县党员队伍建设继续执行"坚持标准、保证质量、改善结构、慎重发展"十六字方针，在严格执行中央发展党员规定的前提下，注重在农村和企业生产一线发展党员，并保障机关和各行各业的入党积极分子及时入党。干部身份积极分子由组织部代表县委考察发展入党；工人、农民积极分子由各基层党委考察发展入党，并经组织科审查。入党积极分子的培养由基层党支部和小组负责。1996 年 8 月，实行团县委推荐优秀青年团员作为入党积极分子培养，后来县妇联也可推荐优秀妇女作为入党积极分子培养。通过改造完善表册簿卡，建立强化监督机制，党员队伍建设一直科学平稳地运行。党员组织关系接转逐级履行手续，党员去世年报注销。

1996—2010 年大同县中共党员统计

表 5 - 1 - 2　　　　　　　　　　　　　　　　　　　　　　　　　　　　　单位：个

年份	总数	性别		职业				
		男	女	工人	农民	干部	专业技术人员	其他
1996	6986	6371	615	671	3618	1135	675	887
1997	7089	6466	623	683	3697	1156	685	868
1998	7198	6569	629	712	3765	1183	702	836
1999	7251	6604	647	738	3825	1217	746	796
2000	7302	6620	682	758	3842	1230	762	710
2001	7439	6782	657	626	3972	1229	812	800

党群

续表 5 - 1 - 2　　　　　　　　　　　　　　　　　　　　　　　　　　　　　　　　　单位：个

年份	总数	性别		职业				
		男	女	工人	农民	干部	专业技术人员	其他
2002	7526	6862	664	654	4045	1226	829	772
2003	7533	6869	664	679	4068	1228	851	707
2004	7503	6803	700	927	3852	1248	917	559
2005	7356	6658	698	964	4046	1206	812	328
2006	7410	6717	693	870	4121	1183	835	411
2007	7502	6819	683	918	4210	1113	801	460
2008	7485	6786	689	747	4295	1175	718	550
2009	7494	6755	739	208	4617	1220	609	840
2010	7398	6679	719	228	4413	1229	624	904

党员电化教育

1996年，制作十余部党建工作专题片，在县电视台播放。2004年完成电教工作资料归档。"一册三簿"、党员电教片收视卡、带库节目清单录入微机，建立电教资料专柜，对电教中心的设备器材登记造册，电教工作做到程序化、规范化。播放《党章》《入党积极分子培训教程》等多部党员电教片，对全县入党积极分子进行全面培训。2006年，根据省市要求全县建设党员干部现代远程教育站点54个，配备站点管理员54名。并分批次对站点管理员进行培训学习。截至2013年，全县站点增加至112个，基本上达到了全覆盖。

党组织建设

支部活动　1996年，慰问1939年前入党的老党员。随着老党员数量减少，逐年延后老党员入党时间，需要重新统计登记。给1949年9月30日前入党的党员发放生活补贴。同年，建立全县农村支部档案及后备干部档案。开展整顿后进村工作，1996年3月，在全县开展以"十个红旗支部达标，一百个支部升级，一千名党员联户，带动一万名群众致富"为内容的"十百千万工程"活动。1999年为了激励党员提升工作水平和业务能力，在本职工作岗位上创一流业绩，开展"服务群众"活动。深入做好党员联系和服务群众工作，帮助群众解决生产生活中的实际问题；开展"非公企业党组织创建活动"。

按照"非公经济发展到哪里，党组织就延伸到哪里"的要求和"成熟一个，建立一个"的原则，新建立非公有制企业党组织16个，扩大全县非公有制企业党组织覆盖面；开展点评工作。县四套班子领导对联系点党组织点评，各党委对所属总支、支部点评，基层党支部书记对党员点评，实事求是地肯定成绩，客观公正地指出问题，提出改进意见建议；开展以"弘扬右玉精神、争创时代先锋"为主题的副科级以上干部驻村帮扶活动，促进了干部作风的转变。通过开展创先争优系列活动，进一步巩固和拓展了学习实践科学发展观活动。

整顿农村后进支部　1996年，全县布点整顿10个农村后进支部。县委专门成立整顿领导组和办公室，实行县委常委包村整顿责任制，从县直机关和多镇抽调120名副局和副乡级以上干部进住后进支部帮助整顿。共调整后进支部班子6个，调整支部书记3名、支部委员11名，10个后进支部全部得到转化，转化率、巩固率均达到100%。同年，深入开展党员联户活动。在强化农村党员联户的同时，发动机关党员干部联户，全县有130名正科级以上党员领导干部、187名副科级党员领导干部、140名股站级党员干部参加联户活动，共联系特困户1379户、特困人口4000余人。1997年，县委对全县排名靠后的40个农村党支部进行切块整顿。全县抽调150名正、副科级干部组成工作队，住村整顿。1998

年初制定下发《农村党支部切块整顿工作安排意见》，对全县 178 个农村党支部进行排名摸底，对排名靠后的 50 个农村党支部专门派驻工作队重点整顿，按照省委下发的"五好""五有"标准，全县农村重新分类为红旗支部 16 个、先进支部 90 个、一般支部 72 个。1999 年，县委抽调熟悉农村党建工作的同志，分赴 16 个乡镇住乡帮扶，全县农村党建工作的整体水平得到提高。2000 年，在"三讲"教育工作中，组成督查组由县组织部领导带领进乡入村下机关，直接听取群众的意见和建议，召开 20 场座谈会。2006 年，按照省、市、县委的统一要求和部署，结合村级组织换届工作，选派 205 名后备干部和年轻干部入住各乡村，指导先进性教育活动和村级组织换届工作。同时成立 3 个督导组，由副县级后备干部任组长，采取集中督导、重点督查的方法，推动全县第三批先进性教育活动扎实开展。2009 年组织全县县处级领导干部及学习实践科学发展观活动单位副科级以上干部 1000 余名深入到全县 10 个乡镇 175 个行政村（社区）和 7 家骨干企业开展为期一周的大调研。通过调查研究，领导干部共写出调研报告 156 篇。2010 年，组织全县科级以上干部开展了"创先争优强党建，进村帮扶促发展"主题实践活动，住村时间不少于一周，帮扶范围为全县 10 个乡镇 175 个行政村。

干部队伍

1999 年，全县科级干部共 565 人，其中：副科级干部 353 人，正科级干部 212 人，妇女干部 19 人，占 2.8%；非党干部 8 人，占 1.4%。2010 年，全县副科以上干部 598 人，其中县级 31 人、正科 230 人、副科级 368 人。县直党政机关、事业单位科级干部 457 人，乡镇科级干部 141 人。在全县科级干部中，妇女干部 69 人，占 11.5%；非党干部 29 人，占 4.8%；聘用制干部 17 人，占 2.8%。

干部教育

2002—2007 年，共举办各类培训班 93 期，培训党员干部 8650 人次、专业技术人员 2260 人次；乡镇党校举办各类培训班 260 期，培训乡村党员干部 18730 人次、专业技术人员 1320 人次；同时，坚持送理论、送科技下乡，利用村级活动场所培训农村党员干部，先后有 3300 人次接受了培训，其中有 850 人成为"市场经济领路人、科技推广带头人、文化教育热心人、生态建设创业人"的四类带头人。

2008—2010 年，共组织干部调训 92 人次，分赴清华大学、复旦大学、中央党校、省委党校参加各类专题培训。全县举办科级领导干部进修班、中青年后备干部培训班、乡镇（街道）干部进修班、县直机关干部进修班、妇女干部培训班、大学生村干部培训班等各类主体班 50 多次，培训 4000 余人次。同时认真落实领导干部登台授课工作，从书记到常委、从县长到局长，纷纷登台授课，他们结合自身工作经历和部门职能，从县情分析、科学发展观、提高执政能力、思想大解放等不同角度，为各级干部开展各类讲座 30 多场次。其间，县委组织部还向全县正科级干部赠送了《五百年来谁著史》《责任胜于能力》《公司的力量》等经典书籍，各级领导干部求知若渴，自主学习蔚然成风。

2003 年，组织林业技术人员及部分村干部共 150 人去河北盂县考察仁用杏的栽培、种植技术。2004 年组织部分县级领导和乡镇书记、乡镇长及部分县直机关主要负责人共 118 人分四批分赴华东六市、江西、福建等地学习考察，这条路线中既有杭州、上海等发达城市，又有华西村、航民村等全国闻名的社会主义新农村。为了做好城市建设及管理工作，组织相关部门负责人共 30 人赴江苏、浙江的一些大中城市和怀仁等县进行学习考察；为了规范农村新型合作医疗实施工作，组织县直有关部门负责人及乡镇分管副职到长春、大连等地学习考察，并组织 50 人赴太原进行培训。2006 年组织相关乡镇干部、农民及技术人员共 350 人分三批分别去太原、大同参加沼气技术培训。2009—2010 年，县四大班子领导、乡镇（街道）党委书记、县直有关单位负责人 200 余人次，分 6 次赴浙江、福建、山东、江苏、安徽、重庆、河北、内蒙古及本省共 37 个先进县（市、区）进行考察学习。

后备干部

2005年全县选拔科级、县级后备干部169人，2009年推荐选拔科级后备干部177人。2010年，通过公开报名、资格审查、专业评审，10名本县优秀专业人才脱颖而出。2010年，安排3批后备干部到县信访局进行为期三个月的挂职锻炼，使年轻干部真正沉到接访、处理复杂问题一线，转变了作风，增强了为民意识、大局意识和服务意识，促进了干部自身的成长。2009—2010年，先后组织三批74名科级干部赴浙江东阳、仙居、江苏金阊、山东泰山、滕州、山西高平等县（市、区）挂职锻炼。按照"发现一批、使用一批、储备一批"的人才战略，加大对年轻干部公开选拔和竞争上岗力度。从后备干部队伍中选拔使用基层和一线35岁以下干部65名。干部调整后，全县35岁以下的年轻干部89名，占14.8%，比调整前提高了5.5个百分点；大专以上学历的干部550名，占91.7%，比调整前提高了3个百分点。

监督管理

1996年后，逐步建立健全干部谈话、待岗、诚勉、交流回避、重大问题申报制度。1999起，按照《干部任用条例》有关规定和干部人事纪律，逐步推行考察预告、任前公示、廉政谈话、离任审计、新任副科级干部试用期等制度。对新提拔干部进行考察预告、任前公示、民主测评、到信访部门挂职锻炼，对离任干部进行离任审计。从2007年起，县委对乡镇党政正职的任免实行了全委会票决制。2010年起，科级干部任免全部由县委常委会票决。

大学生村干部

2006—2009年，大同县共招聘大学生村干部176名，2006年9名，2007年54名，2008年54名，2009年59名。根据中央和省有关文件规定拟任初始位子，党员大学生村干部任村级党组织副书记，非党员大学生村干部任村委会主任助理。

2009年2月，专门成立了大学生村干部管理办公室，负责大学生村干部日常管理工作。2010年4月大学生村干部管理办公室由股级升格为副科级，行政编制2人，设副科级领导职数1名。制定出台《大同县大学生村干部教育培养管理意见》《大同县大学生村干部安全管理责任制》《大同县大学生村干部考核暂行办法》等制度，为大学生村干部的健康成长提供制度和组织保证。

培训教育

坚持任前培训、履职轮训和专题调研相结合，聘请专家、教授和县委党校、农口单位人授课，先后举办大学生村干部演讲比赛、大学生村干部座谈会等活动，对大学生村干部进行培训教育。

考核选拔通过"考、选、评、推"四个工作环节，即年度考核、业绩选拔、村民评议、乡镇推荐，推荐一批业绩突出、群众认可的大学生村干部参加各级各类公务员、事业单位工作人员考试，先后有7人考录为公务员，26人考录为事业单位工作人员。

2008年12月，在第八届村民委员会和村级党组织换届选举中，全县97名大学生村干部报名参选，参选率达82.9%。有39名大学生村干部当选，当选率达到40.2%。18名当选为党支部副书记，2名当选为副主任，19名当选为"两委"委员。

老干部管理

1986年成立中共大同县委老干部局，是县委负责全县老干部服务管理的部门。1996年，设局长1人，副局长2人。2013年，仍设局长1人，副局长2人。主要工作是贯彻执行中央、省、市、县有关离退休干部工作的各项方针政策；制定和参与制定全县落实老干部政策的实施方案；开展调查研究，探索解决老干部工作问题的方法和措施。总结推广老干部工作经验，做好老干部工作的宣传报道、信息工作；负责离退休干部的服务管理和易地安置工作；建立和健全离退休干部的帮扶机制和医疗费的保障机构；负责离退休干部的思想政治工作。加强离退休干部党支部建设。组织离退休干部发挥作用。负责离退休干部的来信来访。探望慰问工作，组织离退休干部参加重大活动、会议和参观学习工作；抓好老干部活动场所建设和管理工作；承办县委、县政府及市委老干部局交办的其他事项。

第六节　宣传教育

机构沿革

1996年，宣传部设部长1人，副部长2人。至2013年，宣传部仍设部长1人，副部长2人。

宣传工作

大同县党的宣传工作是根据中共中央在各个时期的中心工作结合本县实际，有计划地开展的。

理论教育　1996年，围绕本县经济建设的十六字方略开展宣传思想工作，首先引深"领导干部想什么、做什么"大讨论活动家，设立了大讨论办公室，定期组织人员深入各级了解情况，掌握动态，深入基层分析本县干部的思想状况和工作情况，及时总结经验，指导面上活动，共发简报25期3000多份。十四届六中全会召开以后，把贯彻落实中央会议精神，加强本县精神文明建设作为义不容辞的工作，经过一个多月的酝酿讨论，起草了《贯彻〈决议〉精神，启动"八大工程"的实施意见》和领导讲话，认真把关，选出粮食局、电业局、邮电局等三个单位和范成忠、付贵、任贵香、陈飞雄等四名个人，作为本县精神文明建设会议的典型发言单位和个人。联系实际抓理论教育，提高全县在职干部的理论水平。注重抓县乡两级中心组的学习。县乡两级分别调整领导机构，健全完善规章制度，凡要求干部的，中心组首先学好，并且定期不定期的组织学习检查，在学习内容上，重点抓好组织学习《邓小平文选》和《邓小平同志建设有中国特色的社会主义理论纲要》。与县委党校配合，分两期，对副科级干部进行培训；精心组织党的十四届六中全会精神的学习、贯彻。六中全会闭幕后，通过广播、电视组织了专题讲座15讲，编发学习资料5000份，使六中全会精神直接与群众见面，在此基础上，组成了三个宣讲组，深入乡镇、厂矿、单位进行宣读29场，受教育面达1.2万人次。并与组织部配合，对副科级以上干部进行三次理论学习考试。1997年9月8日，组织开展全县计划经济与市场经济理论研讨会，旨在通过计划经济与市场经济的比较进一步解放思想，更新观念，加大改革力度，明确市场经济的内涵，促进本县市场经济体制建设的深入开展，推动本县企业改制的顺利进行。各乡镇、各单位认真组织研讨文章的撰写，围绕十四大以来提出的有关社会主义市场经济方面的理论、观点和实践中的重大问题以及正确认识和处理计划于市场的关系等，采取论文、工作研究的形式撰写，评出一、二、三等奖，获奖单位编入《我爱大同县》一书。9月15日至10月15日组织本县各单位集中一个月的时间全面深入细致地学习十五大精神，特别是每周三、五下午，各单位自行组织集中学习，县委中心学习组，每周三下午集中学习，县委、县政府、人大、政协分别选配人员作中心发言。1998年8月中旬，本部组织召开全县"学理论、促发展"汇报会，主要是总结党的十四大以来特别是党的十五大以来本县在学习理论和运用理论指导实际方面取得的成绩，同时寻找出存在的差距，贯彻落实党的十五大和中央《通知》精神的一项重要举措，也是掀起学习理论新高潮的实际步骤。9月10日发文制定关于全县干部理论学习的计划，用一年时间，全县各级干部对邓小平理论作一次全面系统的学习，使每个干部在对邓小平理论的科学认真上有新提高，根据学习进度和平时督查情况，于9月下旬组织举办全县"学理论、促发展"经验交流会，年终举办一次理论研讨会，促进学习质量的提高。11月与组织部对本县党员进行冬训。2000年1月20日，组织召开了由宣传、党校、广播、报社、政研等有关人员参加的新闻工作者座谈会。4月对基层党委中心组理论学习进行检查，通过检查总结经验，发现问题，以便进一步增强各级党组织学习理论的自觉性和用理论指导实践的责任感与使命感，这次检查分两个阶段进行，4月中旬，各基层党委组织自查；4月下旬，县委宣传部分组深入基层进行全面检查，一是理论学习方面，包括学习计划、学习制度、理论读本、学习笔记、考勤制度、队伍建设、经费落实、心得交流、考核制度、奖惩措施以及各项制度措施的执行情况；二是用理论指导实践方面，考察基层党委学习理论，联系实际，指导工作中取得的成绩和存在的问题，采取听、看、查、评、议、考等方法进行。2001 年 8 月 13 日至 17 日，对基层党委理论学习中心组学习江泽民"七一"讲话情况进行了检查，检查内容包括组织领导、学习制度、学习计划、学习笔记、考勤考核、体会交流和理论指导实际新成果，检查方法采取听看议考等方式进行，此项检查有力地推动全县干部学习《讲话》的热潮，有效地指导全县两个文明建设的发展。宣传部成立"七一"讲话宣讲团从 10 月 30 日至 11 月 2 日分五组深入全县 10 个乡镇（6 个开发区）和 3 个街道办事处进行宣讲，听讲人数达 800 多人，宣讲报告会共进行 19 场，既有历史经验的客观总结，又有现实情况的理性分析，使大家找到理论报告实践的最佳切入点，10 月份以"讲文明、树新风"为主题，在全县范围积极开展创建成乡文明单位活动，针对新形势、新任务、新要求，把创建工作与落实江总书记"七一"讲话和中央十五届六中全会精神紧密结合起来，与宣传《公民道德建设实施纲要》紧密结合起来，与继续推进全县精神文明建设紧密结合起来，与本行业、本单位的工作特点和劳动者的基本情况结合起来。全县各级党组织加强调查研究，善于发现和培养先进典型，利用先进事迹报告会、演讲赛、文艺活动及新闻媒体宣传报道等多种形式总结推广先进经验，推动活动不断深入开展，各单位要积极创造条件，创造性地开展工作，把这次活动搞得有声有色，不断提高活动的品位和水平。12 月份会同有关部门对这次开展的情况进行督查，重点检查窗口单位和文明乡（镇）、村在活动中有无组织机构，有无活动内容，采取了哪些形式，收到了怎样的效果，对好的典型进行表扬，对活动组织不力的单位领导给予通报批评。2002 年，理论学习方面以迎接党的"十六大"为主线，继续把学习宣传贯彻"三个代表"重要思想作为重中之重，强化各项思想理论教育工作。一是坚持中心组学习制度，不断创新学习方法，拓展学习内容，深入进行理论研讨。

县、乡党委学习中心组成员系统地学习邓小平同志《建设有中国特色的社会主义理论》、江泽民同志"三个代表"重要思想和十六大报告，逐步探索有效的学习方法，构筑一级抓一级、一级带一级的理论教育网络，扩大了教育的覆盖面。党的十六大胜利召开后，县四套班子领导深入基层，与乡村干部群众一起收听收看了十六大开幕盛况。11 月 14 日开始在党校举办两期科级干部培训班，专门开展会议，对本县学习十六大精神做出安排部署，出台《学习宣传贯彻十六大精神的安排意见》，明确提出了要把宣传贯彻十六大精神作为当前工作的头等大事。在市委宣传部组织的迎接十六大，引深"三个代表"征文活动中，宣传部丁保杰等三名同志撰写的《农村党员教育要实施"三个转变"》获论文二等奖。孙掌宽撰写的消息《我市境内国道省道亟须保护》获 1996 年度"山西省首届交通杯新闻大赛"三等奖，撰写的通讯《东街集贸市场真尴尬》，被评为 1999 年"山西新闻奖"三等奖，撰写的长篇通讯《揾不尽英雄泪》，在第十届"山西新闻奖"（2000 年度）评选中荣获二等奖，撰写的组诗《我记忆中的那片土地》在 2009 年第 4 期《黄河》（大型文学双月刊）发表，撰写的诗歌《角圪台》在 2009 年第 8 期《诗选刊（下半月）》发表，撰写的诗歌《通往矿井的那条土路》在 2010 年第 3 期《黄河》（大型文学双月刊），发表。2010 年，创作的诗歌《黑暗中最美丽的花朵》被山西作家协会主编的诗集《不熄的生命火焰》收录。山西省作协会员魏军的散文《黑旋风》发表于《黄河》2009 年第 4 期，短篇小说《暑天》发表于《山东文学》2010 年第 10 期，短篇小说《准备出逃》发表于《短篇小说》2011 年第 2 期等。在组织参加的全市首届读书知识竞赛中，获得一个优秀组织奖，一个集体一等奖，两个集体二等奖的好成绩。组织开展"一切为了发展，重振大同雄风"大讨论和经济发展软环境治理。期间，积极发挥办公室组织、协调作用，广泛宣传，积极动员，认真部署，定期督查，取得了明显效果。2003 年，理论学习坚持以十六大报告、"三个代表"重要思想、新党章为主要内容，扎扎实实地抓好十六大精神的学习宣传,强化各项思想理论教育工作,坚持中心组学习制度,不断创新学习方法,突出重点,深入进行理论研讨。以县委文件起草下发《中共大同县委关于建设学习型机关的通知》和《大同县建设学习型机关的实施方案》,全县各级机关都积极响应县委号召,制定各自的规划和详细的实施意见。为了切实做好本县防治"非典"工作,增强广大群众的预防意识,使各级各部门的干部群众积极行动起来,投身到防"非典"这项具有艰巨性、复杂性的工作之中。5月14日,下发《关于进一步加强防治非典型肺炎思想政治工作的通知》,通知要求各级党组织要站在讲政治、讲大局、讲稳定的高度,通过开展深入细致的思想政治工作,组织广大干部群众认真学习,准确把握中央和省市县关于防治"非典"的指示精神,真正把思想统一到党和政府的方针、政策、决策上来,大力宣传和倡导在防治"非典"斗争中所体现出来的伟大民族精神,引导广大人民群众万众一心、众志成城、团结奉献、科学求实,战胜困难,全力打好抗击"非典"这场人民战争。4月30日,为使抗击非典斗争有序开展,宣传部精心组织,周密布置,并成立由部长挂帅,各新闻单位负责人参加的防非宣传工作领导组,出台《关于防治非典型肺炎宣传工作方案》,在两个多月的时间内,先后组织召开政工书记会、宣传系统干部会、新闻工作者等会议六次,强化防控非典的舆论导向作用,稳定了民心。参与"大同县第二届黄花文化旅游节"的举办,先后组织规模较大的开幕式、大型文艺表演、反映全县工农业成就大型图片展等活动,把经济、文化和旅游融于一体,为名牌产品的宣传和黄花文化的发展注入活力,特别是邀请上级领导和中央电视台、人民日报社、山西电视台、山西日报社、大同电视台和《大同日报》、《大同晚报》等各级新闻单位,宣传本县黄花这一拳头产品和产业,中央电视台特地播出对黄花的种植进行的专访,在全国范围内宣传本县黄花这一特色产品,扩大本县的知名度。9月20日,开展纪念《公民道德建设实施纲要》印发两周年暨"公民道德宣

传日"活动,活动中,散发宣传材料3000份,深入3个乡镇5个村进行宣传。2005年,县委中心组集中学习坚持长年不动摇,进一步完善中心组学习制度,一把手负总责,县乡中心组作表率,县乡党校为阵地,带动各单位和全社会形成浓厚学习氛围的特点。县委中心组学习签到由县委书记亲自把关,并定期评阅中心组成员的学习笔记,起到带头示范作用,促进全县理论学习的深入开展。继续创新学习形式,丰富学习内容,以学习和工作研究相结合的方式贯彻落实党的方针政策,通过集中宣讲、看录像、请学者、请专家等形式进行学习,全年共学习29次,特别是第一批先进性教育结束后,县委结合本县的县城建设和提高干部的执政能力入手举办高质量、高水平的县委中心组学习系列讲座11期。2006年,县委中心组学习签到由县委书记亲自把关,并定期评阅中心组成员的学习笔记,县委中心继续创新学习形式,丰富学习内容,中心组学习共24次,其中请学者、请教授、结合全县实际组织了高质量、高水平的专题讲座共11次,专题讲座扩大到乡镇和各职能局的领导,特别请市讲师团陈月梅教授讲授《树立和践行社会主义荣辱观》,组织中心组成员观看社会主义法治理念光碟。2007年,在全县理论学习中,本部积极开展十七大的学习宣传和"八荣八耻"社会主义荣辱观主题教育,坚持为中心组学习提供服务,发挥理论指导作用。特别是十七大报告列为中心组学习的重要内容,请学者、请教授、结合本县实际组织高质量、高水平的专题讲座共12次,专题讲座扩大到乡镇和各职能局的领导。从关心领导干部的身心健康出发,邀请市讲师团智淑萍副教授专题辅导《创造和谐的自我》;从转变政府职能的角度,邀请了市委党校常香荷副教授辅导《构建服务型政府》;为提高十七大精神的学习质量,先后邀请市委讲师团邢玉珍、白培枝等几位教授进行了专题辅导。2008年,积极开展了十七大、十七届三中全会的学习宣传和"八荣八耻"社会主义荣辱观主题教育,在全县上下掀起学习十七大精神、落实科学发展观的热潮。坚持为中心组学习提

供服务，县委中心组集中学习 8 次，邀请市委组织部处级干部杨生春讲授《增强领导干部的忧患意识》，邀请市委党校韩府教授讲授了《21 世纪领导干部必备的素质》，邀请原省政协副主席吕日周作《加强党的建设，落实科学发展观》专题辅导、邀请市委讲师团孙宝荣作《学习三中全会精神大力推进新农村建设》的专题辅导，组织参与大同县十七届三中全会宣讲组培训班的工作。2009 年，在理论学习中，积极开展了十七大、十七届三中全会的学习宣传和"八荣八耻"社会主义荣辱观主题教育。认真组织参与县委中心组集中学习 9 次，邀请市委组织部处级干部杨生春讲授《增强领导干部的忧患意识》，邀请市委党校王树荣教授讲授《科学发展观的理论来源和实践依据》、郑爱教授讲授了《科学发展观的内涵与实质》，邀请市委党校党建研究室副主任、副教授宫增华作《学习领会十七届四中全会精神》的专题辅导，利用党校阵地和党校等有关部门举办各种培训班，培训人数达 1000 多人。组织参与大同县十七届三中全会宣讲组培训班的工作。2010 年，把建设学习型党组织作为首要任务，坚持把学习科学发展观贯穿于中心组学习的全过程，为县委中心组（扩大）集中学习搞好服务，先后举办 14 次集中学习辅导专题讲座。与县委组织部联合举办新任科级干部、农民经纪人、农村党支部书记和大学生村干部等培训班，培训人数达 1500 多人次。2011 年，认真组织和服务县委中心组学习，县委中心组（扩大）先后举办 14 次集中辅导学习，深入学习胡锦涛总书记"七一"讲话精神，党的十七届六中全会精神和省市县党代会精神等内容。7 月 16 至 17 日，举办全县科级党员干部学习贯彻胡锦涛总书记"七一"重要讲话精神培训班，特邀市委党校教授杨晋昌作专题辅导，培训乡镇、街道及机关单位副科以上党员干部共 500 多人次。

文化活动 1997 年，春节和元宵节期间，在本县开展"九七文明文春系列活动"3 月底结束。为庆祝七一香港回归祖国，5 月下旬举办了全系统所属单位的体育竞赛活动并成立了由县委宣传部部长明海君任组长的竞赛领导组，竞赛项目有拔河、男女混合接力赛和自行车慢赛等项目。1998 年春节期间，开展了形式多样、立意创新、健康向上、生动活泼的街头文艺活动，主要项目有节日彩灯、彩车、锣鼓表演、街头文艺表演等，正月十三至十五，县晋剧团、电影公司为城镇居民在街头公演了三场晋剧、五场电影，正月十四、十五举办烟火晚会。3 月与关工委、教育局、团县委、少工委联合成立大同县"中华魂"（伟大旗帜）主题读书教育活动组委会，在全县广大青少年干部、职工、中小学师生中广泛深入扎实有效地开展"中华魂"（伟大旗帜）主题读书教育活动。在读书的基础上，组织开展了解《伟大旗帜》知识竞赛、演讲竞赛、征文竞赛等，在活动家中评选出优胜者，推荐参加县、市、省和全国评比表彰会。1999 年，春节期间开展了丰富多彩的街头文艺活动，并于正月十六、十七进行了文艺会演。2 月份在全县教师中开展了园丁杯普通话演讲赛。五四前夕在全县团员青年中开展了庆"五四"展风采"TCL"王牌杯卡拉 OK 业余歌手赛暨演讲赛。为进一步加强新闻管理，五月中旬下发《新闻宣传责任制》。6 月 28 日在全县机关干部职工中举行了迎七一首届"健身杯"篮球赛。8 月 10 日在全县农民中举行了首届"小康杯"农民篮球赛，与文化局共同主办了 10 场迎"七一"家庭演唱会，参加演出家庭 7 家，23 人，观众达 5 万人次。从 11 月 1 日起在全县范围内广泛深入地开展一次科技、政策进万家活动，以十五大精神，十五届三中、四中全会精神及科技知识、科学管理的宣传运用和学法用法为主题，12 月为迎接澳门回归祖国和新世纪到来，举办了迎接澳门和新世纪到来书法、绘画、篆刻、剪纸作品展览，在全县各阶层、各团体人士中征集各类作品，3 万余人参观展览。12 月 18 日，在机关礼堂门前举行县直机关干部群众迎澳门回归万人长跑活动。2000 年春节，由县委宣传部牵头，县农委、科委、科协、法院、司法局、卫生局、新闻书店联合组织的下乡"大篷车"，深入边远乡镇开展"六下乡"活动，受到了山区群众的热烈欢迎，主要是送戏、送科技、送医送药、送政策、送法律、送实用图书。重点是深入到偏远贫困乡村开展活动，为山区广大农民群众送去新春的问候，新世纪的祝福，传播党的农村政策、法律知识、科技知识、倡导科学、文明、健康的生活方式。"大篷车"每到一处都被群众围得水泄不通。3月1日，县委宣传部会同县教委党委，组织县直各中小学校长、教师代表、家长代表、学生代表60多人，就加强青少年学生的思想教育进行座谈，共同探讨了新形势下如何加强青少年思想教育，使青少年健康成长的热点问题，团县委和县妇联的负责人应邀出席了座谈会。3月17日，县委宣传部、县教委召开了学习江总书记《关于教育问题的谈话》座谈会，座谈会后，县城各学校积极行动，立足本校实际，提出了加强和改进教学工作的新思路、新举措。4月在全县中小学校举办第二届"校园文化艺术节"。以中小学校为主体，县直中学和城镇联校为单位开展活动。乡镇中小学校由当地教委组织，采取集中和分散相结合的形式进行，组织有序，参与广泛，7月上旬召开总结表彰会，宣布第二届大同县"校园文化艺术节"闭幕。"七一"期间，举办了一系列文体活动，以丰富多彩的形式纪念党的生日。6月25日全县机关干部职工"新风杯"篮球赛拉开了七一文体系列活动的帷幕，27日上午，来自全县八大口的广播体操队在县城街头进行了广播体操表演赛，30日在县城机关礼堂进行了庆七一歌咏比赛，还举办了书法绘画作品展览和"党旗在我心中"朗诵比赛。2001年，春节元宵节期间开展了"世纪之春、世纪之声、世纪之门、世纪之梦"等系列活动，文明办关于推荐表彰2000—2001年度省精神文明创建工作先进单位进行了一系列的先期准备工作。2002年，春节元宵节期间，24支文艺表演队在县城举办了为期3天的大规模街头文艺活动，内容健康、形式活泼，展示了传统文化和现代文化的艺术感染力。邀请3个外地文艺团体演出，进行文艺交流，丰富干群的文化生活。全县民间文艺团体也以其灵活的演出方式活跃在乡下，成为一支不可忽视的文艺工作队伍。参与了"大同县黄花文化旅游节"的举办，先后组织了规模较大的开幕式、大型文艺表演、科及以上干部实地采摘黄花，反映全县工农业成就大型图片展等活动，把经济、文化和旅游融于一体，为名牌产品的宣传和黄花文化的发展注入活力，特别是邀请了上级领导和中央电视台、人民日报社、山西电视台、山西日报社、大同电视台和大同日报、大同晚报等各级新闻单位，宣传了大同县黄花这一拳头产品和产业，特别是中央电视台播出《山西大同县搭文化旅游戏台，政府农民齐唱黄花大戏》和专题片《黄花种植前景好》在全国范围内宣传了本县黄花这一特色产品，进一步扩大了本县的知名度。2003年，春节元宵节间组织了文艺表演，36支文艺表演队在县城举办了为期3天的大规模街头文艺活动，内容健康、形式活泼，展示了传统文化和现代文化的艺术感染力。组织举办了元宵灯谜活动，活跃了群众文化生活。10月，下发组织纪念毛泽东诞辰110周年演讲赛、诗歌朗诵比赛的通知，参赛的有各乡镇、街道办、县直各单位的代表，通过演讲和朗诵，使参与者以及全县人民能缅怀老一辈革命家的丰功伟绩。2004年4月，宣传部与妇联、文体局联合下发《关于举办全县家庭演唱大赛的通知》，6月举办了大赛，共评选出一等奖一名，二等奖两名，三等奖三名。6月3日，在全县范围开展了"企业党旗红"有奖征文活动。6月30日，举办"颂歌献给党"歌咏比赛，以西坪镇、街道和县直各大口组队，每组50人参加比赛，热情讴歌中国共产党领导人民在社会主义革命和建设时期取得的辉煌成就，充分体现本县上下贯彻落实党的十六大、十六届三中全会精神及学习实践"三个代表"重要思想的可喜成果，激发干部群众昂扬向上，积极进取的精神。7月中旬，协助县委举办了第三届黄花文化旅游节。8月22日，隆重举行邓小平同志诞辰100周年纪念系列活动，主要安排有：纪念邓小平同志诞辰100周年座谈会、举办纪念邓小平同志诞辰100周年书画展、举办《百年小平》主题征文活动家、组织播放一批反映邓小平同志生平业绩并具有较高思想艺术水平的影视、戏剧、歌舞等文艺作品和节目。国庆期间开展了建国五十五周年庆祝活动，10月1日，举办了书法美术展，9月30日至10月6日举办了革命历史题材电影周活动，举办了"金色十月"卡拉OK大赛，举办了象棋、擢轮比赛。2005年，春节元宵节期间组织了文艺表演，音乐、焰火晚会，电视征联、灯展、春联剪纸作品展览等丰富多彩的文化娱乐活动，30支文艺表演队在县城街头进行了为期三天的文艺表演活动，内容健康，形式活泼，以传统文化与现代文化交融的美感染和吸引了群众。举办的"春联剪纸展"共收集作品120余幅，展出90余幅，促进了民间艺术创作活动。特别是本县参加市政府组织的"迎春系列文化活动"的三项参演节目均获奖。5月27日，在青少年活动家中心举行了全县干部职工擢轮比赛，共评比一等奖一名，二等奖两名，三等奖三名，促进了本县全民健身活动的开展，活跃全县干部职工的文体生活。6月30日，举行了庆"七一"全县机关干部篮球赛和举办两期《大众广播体操》培训班。8月中旬，协助县委政府成功举办第四届黄花文化旅游节。2006年春节元宵节期间组织了文艺表演，音乐焰火晚会、电视征联、灯展、春联剪纸作品展览等丰富多彩的文化娱乐活动。举办的"春联剪纸展"共收集作品120余幅，展出90余幅，促进了民间艺术创作活动。与文联、书协联合举办了书法美术作品展览。成功地举办了"创新杯"自创节目汇演和"多彩夏日"等文化活动。特别是"多彩夏日"文化活动，受到省文化厅领导的一致好评；还组织了"激情广场"送电影下乡活动，演出电影20多场次，丰富了农村人民的精神文化生活。2007年，春节、元宵节期间，协助文体局先后组织了张灯结彩贺新春、街头文艺表演、灯展等七项活动。共搭建彩灯门8个，电子旺火8个，歌舞专场演出1场，戏曲专场演出1场，放映电影20场次，展出彩灯48盏，有27个单位近6000人参加

了街头文艺活动等。还参与了第八届大同云冈、恒山旅游节，大同县桑干湖生态旅游区分会场开幕式和昊和广场落成庆典活动的策划和文艺演出。3月，启动"文明与我同行"社会实践活动，学习积极投入文明县城创建活动中，活动自启动之日起，每周六、日定期举行，县直小学四年级至高中二年级的学生将参与其中，目的在于使荣辱观教育从学校延伸到家庭和社会，为青少年营造"明是非、知荣辱"的良好社会环境。从4月份开始新闻媒体开展"转变作风、狠抓落实"宣传报道活动。新闻媒体在开设《转变作风、狠抓落实》的栏目下，《县情反映》在一版开设专栏，保证较大篇幅；广播、电视在新闻联播时开设专栏，整个活动贯穿全年，分三个阶段进行。5月，中国青少年新世纪读本计划"城乡少年好书传递万里行"活动在全县正式启动。在启动仪式上，中国青少年服务中心向峰峪乡小学赠送了价值3000多元的课外读物，帮助该校建起了一所质量较高的"红领巾图书站"。6月下旬至7月，党的生日之际，在全县开展纪念中国共产党成立86周年宣传教育活动。2008年，春节、元宵节期间，协助文体局先后组织了张灯结彩贺新春、街头文艺表演、灯展、八音会等八项活动。共搭建彩灯门8个，电子旺火8个，歌舞专场演出2场，展出彩灯53盏，剪纸、书画作品163件，八音会专场2场等，有29个单位近7000人参加了街头文艺活动，组队参加了全市新春业余文艺表演，获优秀组织奖，参加的八音会展演获组织奖。对全县文物普查工作进行安排部署，加强全县民族民间文化遗产和非物质文化遗产保护工作，文体局深入全县行政村对具有文物价值的古建筑、古生产用具等进行了普查登记，文物普查工作受到了省市文物部门的肯定，并将大同县列为全省第三次全国文物普查先进县。群众体育工作方面，组织举办了"迎奥运全民健身活动"共有400多名干部职工参加。此项活动获市级二等奖。4月下旬，参加了"五一杯"全市门球赛，获优秀组织奖；6月下旬，参加了全市老年门球赛，获县区组第

二名。在学校体育工作中，坚持开展"送体育进校园"活动，县一中举办了迎奥运广播操、篮球等比赛；县二中举办了校园文化活动周；在 8 月中旬开展了以"我参与、我快乐、我运动、我健康"为主题的全民健身与奥运同行活动；10 月 26 日，开展了"阳光体育"进校园长跑活动等。9 月 22 日，开展了"中外摄影名家聚焦大同火山群"的重大文化活动，来自英国、比利时、芬兰等 16 个国家的摄影名家齐聚火山群。12 月 29 日，在市五洲大酒店组织了大同县改革开放三十周年座谈会。2009 年，春节、元宵节期间张灯结彩贺新春、街头文艺表演、灯展、八音会等八项活动。共搭建彩灯门 8 个，电子旺火 8 个，型煤旺火 2 个，歌舞专场 2 场，戏曲专场 1 场，展出彩灯 112 盏，有 31 个单位近 6000 人参加了街头文艺活动，特别是在街头文艺表演中，县四大班子领导亲自上场与民同乐。正月十五成功举办了大同县第一届"健身大拜年"系列活动，直接参加活动人数达千人，活动获全市二等奖，6 月 30 日至 7 月 5 日成功举办了庆"七一"干部职工篮球赛，农业系统、政法系统、宣传系统分别夺得了前三名。2009 年是建国 60 周年，在全县深入开展群众性爱国主义教育活动，有计划地开展系统宣传教育活动，唱响共产党好、社会主义好、改革开放好、伟大祖国好、各族人民好的时代主旋律。6 月 30 日至 7 月 5 日，举办全县干部职工篮球比赛，本县七大系统干部职工参加比赛。7 月 24 日至 30 日，举办"小康杯"农民篮球比赛。9 月 10 日至 10 月 20 日，参加了在市展览馆举办的大同市庆祝建国 60 周年成就展。9 月 20 日至 10 月 10 日，在昊和广场举办大同县庆祝建国 60 周年成就展。9 月下旬，举办歌咏比赛，由各乡镇和县直机关七大系统组成 17 支参赛队（每支参赛队人数 60 人至 80 人，现场演唱二首歌曲），参加"我和我的祖国"大同县庆祝新中国成立 60 周年歌咏比赛。国庆期间与县教育局、团县委共同举办了"祖国在我心中"普通话演讲比赛。在全县新闻单位进一步深化"三项学习教育活动"。2010 年，春

节、元宵节期间，先后组织了张灯结彩贺新春、街头文艺表演、灯展、八音会等八项活动。共搭建彩灯门 5 个，电子旺火 4 个，型煤旺火 2 个，歌舞专场演出 1 场，戏曲专场 2 场，展出彩灯 112 盏，有 32 个单位近 6000 人参加了街头文艺活动。7 月 18 日至 22 日，成功举办了中国·大同首届火山黄花文化旅游节。中国·大同首届火山黄花文化旅游节的主题是"火山奇观、生态家园、黄花之乡"。旅游节期间活动内容丰富多彩，开幕式大型文艺演出、滑翔机表演、农副产品展销会、各大景区实地游览、哈蜜杏采摘品尝、水上垂钓、百名摄影家作家书画家作品展览、百名记者集中采风、千名群众健身攀登火山、黄花采摘加工体验、火山知识讲座等一系列共 22 项。全面展现了大同县独特的山水风光、生态环境、历史文化、人文魅力，带动了全县餐饮住宿、娱乐购物等第三产业的发展。7 月，举办了为期 15 天的消夏音乐晚会；举办了全县干部职工象棋、撂龙比赛、机关干部乒乓球比赛。乌龙峡冰雪艺术节于年底在大同市举办了大型新闻发布会，有 28 家新闻媒体参加。2011 年，春节、元宵节期间，组织了街头文艺表演、灯展、摄影展等贺新春活动，全县 32 个单位近 6000 人参加了街头文艺活动。3 月，开始组织力量，深入调研，多方征求意见建议，起草《农村思想政治工作评价指标体系实施细则》，参加中宣部政研会在太原举办的关于农村思想政治工作评价工作座谈会。深化文化体制改革，制定《大同县十二五文化产业发展规划》全面完成第一轮文化体制改革任务，精心组织指导第二轮文化体制改革，率先完成改革任务。4 月，组织参观火山地质公园、吕家大院、乌龙峡项目，印制宣传画册。5 月，参加中国第七届深圳文博会。5 月上旬，参加中宣部全国思想政治工作研究会在太原举办的关于农村思想政治工作评价工作座谈会；下旬开展社区思想政治工作调查问卷活动。7 月，举办庆祝建党 90 周年活动，在全社会营造出爱党、爱国、爱社会主义的浓厚氛围。其一，组织开展了庆祝建党九十周年"唱支红歌给党

听"大型红歌会,组织了万余名党员干部群众、19支代表队、2个场次的合唱比赛,规模和参演人数均创大同县文艺活动历史之最;举办了"党在我心中"主题演讲赛,经过初赛,共62名选手进入决赛,评出了19名获奖者,并在电视台播放,营造了庆祝建党90周年浓厚热烈的喜庆气氛。其二,开展革命战争时期牺牲的革命烈士英雄事迹宣传教育活动,在广场举办爱国主义图片展览,大力营造爱国主义活动氛围。其三,7月份,开展"红色电影"农村巡演活动,组织30多部红色影片在全县175个行政村放映1000多场次。

精神文明建设 2003年9月,为了弘扬社会公德,由县委宣传部、团县委、妇联倡导的"爱心助学、真情奉献"活动在西坪镇康店村启动,十名成绩优秀的贫困生每人收到150元的捐款。由于把《公民道德建设实施纲要》宣传做得深入广泛,全县涌现出不少先进典型,募捐活动共收到运管所、湖东宾馆、昊天酒家以及县领导等的捐款12600元,烟草局捐煤4吨。围绕建设文明城镇,创文明小区,全县城乡下大力气在加强基础设施、拓宽道路、规范区划等重塑城镇形象上下功夫,重点以粮食花园小区为典型创建文明小区活动。东街办事处又在安乐小区建设硬化、美化示范工程,起到了以点带面的作用。全县申报了国税局、散岔村两个省级文明单位,烟草局、地税局、质监局、运管所、通讯公司、公路段六个市级文明单位,并对40多个县级文明单位进行验收。9月,县委宣传部、县文明办与妇联在周士庄镇召开了文明家庭建设现场会。2005年7月,在全县农村掀起了评选精神文明"十百千"活动的热潮。根据评选类型不同,共初选出好家庭、好妯娌、孝顺儿女、好媳妇、好少年、好园丁、卫生户、致富能手、健康老人各130名,十佳带头人25名。并于7月20日在许堡乡召开了评选活动现场会,随着现场会的召开,全县农民争当先进,掀起了评选热潮,有力地推动了全县农村经济发展,促进农村社会稳定,在全县上下形成了积极、健康、向上的良好社会舆论氛围。认真贯彻落实县委、县政府《关于

创建文明县城活动的实施意见》,组织好县城管理大讨论工作。为了服务县委、县政府的中心工作,先后组织召开了动员会、座谈会、讨论会、演讲会,以生动的事例和有关法律法规对广大群众进行教育,营造良好的社会舆论氛围,增强群众的法律意识、大局意识和公德意识。8月19日,针对一级路中央隔离带惨遭人为破坏的不文明现象,组织开展了"加强公民道德建设,维护城市基础设施"大讨论,邀请西坪、水头村民和东街、西街居民代表和城建、公路、交通、交警等有关单位直接座谈对话,面对面交流城市道路建设管理中存在的问题以及解决的办法。县电视台、《县情反映》都开辟专栏,对不讲卫生、不讲公德的现象进行曝光。精心组织开展了县城管理大讨论活动,全县各界人士积极参与,打击了有意破坏和漠不关心城市设施的歪风邪气,弘扬了正气。利用县电视台、《县情反映》、宣传车等深入地宣传了《大同县县城市容和环境卫生管理办法》《实施细则》《关于深入开展创建文明县城活动的实施意见》和《公民道德建设实施纲要》。组织一、二、三小的学生在县城主要街道,进行捡塑料袋、废纸、扫除垃圾的"环保小卫士"行动;还组织了"地税杯·文明小主人"演讲比赛,在电视台播放了竞赛的全过程,并通知各学校学生收看,通过学生带动家庭,扩大了教育的效果。2006年,精神文明建设方面,以建设社会主义新农村为重点,继续扩大和巩固农村精神文明建设"十百千"评选活动成果。3月21日,为充分发挥典型人物的示范带动作用,隆重召开精神文明建设"十百千"评选活动表彰大会,对评选出的1900名十佳带头人、好媳妇、好妯娌、好家长、产业致富能手、卫生户、孝顺子女等各类典型代表和在评选活动中做出突出贡献的妇联等五家单位进行了表彰。5月31日,大同县委宣传部、教育局、广电中心、电视艺术协会等单位联合举办了知荣辱、讲文明、树新风演讲大赛。来自全县各行各业的21名参赛选手参加了演讲。6月,在全县中小学生中开展了"知荣辱、树新风"读书征文活动,征集稿件上千篇,选出优秀作品在《县情反映》

上刊登。8月下旬,与本县纪检委、妇联、文体局联合举办了"廉洁、文明"家庭演唱会,评出一二三等奖、优秀奖、组织奖等。9月20日,开展了第四个"公民道德宣传日"宣传教育活动。国庆期间开展建国五十七周年庆祝活动。11月7日,全市精神文明建设先进单位表彰大会上,县地税局被授予"文明单位标兵"称号;县农业局、财政局、疾病预防控制中心被授予"文明单位"称号;县湖东欣和园社区、财政局财政社区被授予"文明社区"称号。11月28日,联合政法委、综治办、教育局、司法局、团县委等单位召开青少年法制教育工作座谈会,研究探讨了当前青少年法制宣传教育方面存在的问题,解决的方法措施以及好的经验做法。2007年,以精神文明创建"十百千"活动为主,突出"孝顺子女"评选及表彰活动,整个活动共分四个阶段:宣传发动阶段;审核讨论阶段;推荐评比阶段;评选表彰阶段,各乡镇、街道共推荐"孝顺子女"共150名,在《县情反映》和电视台开辟专栏、开设专题,每个乡镇选两名典型进行跟踪采访,深度报道。9月24日,对全县涌现出的周士庄镇的孙焕桃、倍加造镇的史丽芳、瓜园乡的郭贵连等100名孝顺子女进行了大张旗鼓地表彰,并印发了一万份《致全县公民履行孝顺义务的倡议书》,在全县产生了很大的影响,同时,掀起了敬老爱老的热潮。"孝顺子女"评选活动促进了和谐社会建设,使广大群众深受教育,文明素质有所提高,成为全县三个文明建设的一个有效载体,为全面发展营造了良好氛围。按照省市宣传部的要求,配合《山西农民报》推荐杰出支农先进个人王希占、优秀乡镇干部王汉斌、优秀村支部书记杨泽、优秀村主任刘孟等社会主义新农村建设带头人。年度新闻人物18名,其中王希占、杨泽、王汉斌当选,并对其事迹进行了报道。推荐地税局、国税局、西坪镇、杜庄乡苏家寨村为省级文明和谐单位,纪检委办公室、编办、许堡乡、倍加造镇、工商局、质监局、烟草公司、气象局申报市级文明和谐单位。2010年3月30日,大同县文明委下发了《关于开展大同县道德模范评选活动的通知》,对全县的推荐

评选工作做出统一安排部署,并成立了由县委宣传部、县文明办、县政法委、县民政局、县直机关工委、团县委、县总工会、县妇联、县监察局和县残联组成的大同县道德模范评选活动组委会,设立了接受群众和组织推荐的专用电子邮箱和联系电话,在全县各部门、各行业中迅速展开、大力推进。各部门、各单位和群众积极推荐道德模范人选,在征求纪检、计生、公安、税务、工商等部门的意见,按照活动评选程序、标准和要求,对推荐的人选进行了严格的核实。共评选产生了10名"大同县道德模范"、10名大同县道德模范提名奖。在开展全县道德模范评选活动的基础上,精心组织开展"凯德世家"杯首届大同道德模范暨"感动大同"人物推荐活动。县委宣传部、县文明办、团县委、县总工会、县妇联等5家单位协同配合,按照首届大同道德模范暨"感动大同"人物评选活动要求及时上报道德模范候选人。最终,全县推荐的散岔村党支部书记王挺为代表的乳娘群体,获得了大同新闻人物称号,身残志坚、带领家乡父老共同致富的解庄村党支部书记曹天斌和三十年如一日绿化荒山秃岭的吉家庄乡农民张兴云,被评为"感动大同"人物。2011年,开展全县道德模范评选活动,推选出散岔村党支部书记王挺为代表的乳娘群体,解庄村党支部书记曹天斌,吉家庄乡农民张兴云等精神文明先进个人。在原有5个省级文明和谐单位的基础上新增县供电支公司和倍加造镇解庄村2个省级文明和谐单位,评比出县国土资源局、峰峪乡和倍加造镇等18个市级文明和谐单位。

第七节　统一战线

机构

1996年,大同县委统战部有干部职工4人,其中部长1人由政协副主席兼,副部长1人,兼工商联主席,秘书1人,科员1人,平均年龄46岁。1999年统战部实有干部职工5人,其中部长1名、副部长2名、科员2名。2002年,机构改革,对台办划归统

战部,主任由统战部副部长兼任。2005 年,对台办归入县委办,主任由县委办副主任兼任。2013 年,统战部有干部 4 人,其中部长 1 名、副部长 3 名,一名兼工商联书记,一名兼宗教局局长。

理论研究

1996 年,开展为期 4 个月的宗教情况调研,摸清全县宗教情况。1997—1998 年,对全县非公有经济情况进行调查,为县工商联的恢复提供理论支持和数据基础。2000 年,召开党外人士座谈会和各乡镇党委副书记、组宣统委员专人会议,传达省、市统战会议精神,对新时期统一战线的性质、地位、任务作用等问题进行宣传和探讨。

2000 年,统战部落实省、市统战工作会议精神,围绕县委、县政府提出的“项目强县、产业富县、品牌兴县、科教立县、依法治县”二十字发展方略的奋斗目标,团结协调方方面面的力量,为全县改革、发展、稳定做出贡献。

2002 年,县委统战部把“三个代表”重要思想作为行动指南,召开不同类型统战成员参加的座谈会,增强社会各界对党的政策的了解。深入基层进行调研,撰写调查报告 2 篇。2003 年,按照全市换届工作会议精神,通过推荐、考察、协商,筛选出一批有代表性,又有参政议政能力的高素质优秀人才加入政协队伍,保证第六届政协委员会第一次会议按时召开。2005 年,引导非公经济人士参与社会活动,加强自身管理,召开第二届工商联代表大会选举工商联主席 1 名、副主席 10 名、执委 30 名。2006 年,全面贯彻落实全国第 20 次统战工作会议精神,把全县统战干部的思想和认识进一步统一到会议精神上,推动全县统战工作的开展。借助新闻媒体及时报道宣传全县统一战线方面的典型经验,提高全县党员干部及各个领域人士对统战工作的认识。2008 年,全面实施“凝聚力九大工程”,积极开展“树统战干部形象,建党外人士之家”活动,有 11 名个人、3 个单位在“凝聚力九大工程”中获奖。2009 年,以学习实践科学发展观为契机,不断转变工作作风,提高人员素质,增强统战工作能力。下企业

进农村调研,写心得体会 10 篇、调研文章 4 篇、论文 2 篇。召开形式多样的座谈会。2001—2009 年,统战部共编发信息 200 多期,大同县委统战部被《山西政协报》等报刊采用 10 篇,在省市有关报刊上发表理论文章 2 篇。被大同市委统战部评为理论研究先进单位、信息工作先进单位、统战宣传先进单位,大同县委被授予大同统一战线“凝聚力工程”奖。

党外人士

1996 年,全县有非党知识分子 1256 人,其中高级职称 26 人,副科级以上 8 人,无党派人士 16 人。1996 年,非党副科以上干部达到 13 人。1996 年,乡镇换届时有 3 个乡镇配备非党副乡长,实现乡(镇)领导班子非党干部零的突破。1999 年,全县非党干部达到 16 人,其中副处级 4 人、副科级 12 人。2002 年,由于乡镇合并非党副职减少,统战部积极联系各方做好非党干部思想工作,保证非党干部队伍的稳定。2005 年统战部向组织部门推荐 5 名优秀非党干部,并对其中 3 名保送到中央社会主义学院进行培训。2013 年,全县副科以上非党任实职干部达到 25 人,其中乡镇干部 4 人。

其他

宗教工作 全县境内五大宗教俱全,有依法登记的宗教活动场所 30 所,信教群众约 6700 余人,佛教 3200 余人,基督教 2600 余人,伊斯兰教 580 人,天主教 230 人,道教 150 人,教职人员 39 人。

非公经济 十一届三中全会后,非公有制经济作为公有制经济的有益补充得到政策的肯定。1996 年,全县有个体户 3300 户、从业人员 8 人以上企业 182 个。

2009 年,3 名非公有经济人士被大同市委评为优秀中国特色社会主义事业建设者,5 位民营企业家被评为抗震救灾模范,3 个非公有制企业被授予“凝聚力工程”先进集体。

2010 年全县个体工商户 3532 户,从业人员 10410 人,占全县总劳力 17.9%。民营企业发展到 190 家,全县民营经济完成增加值 33983 万元,占全县 GDP 的 22.8%。

少数民族　全县共有 11 个少数民族主要是回族、满族、蒙古族。少数民族村 2 个。

归国侨胞　华侨 10 名、侨眷 18 人。蒙古归国侨胞 1 名。

送温暖献爱心　2008 年汶川地震后，在全体统战成员中开展"送温暖献爱心"的活动，统战系统向灾区捐款 60 万元。

第八节　党校教育

组织机构

中共大同县委党校位于大同县东街 68 号，占地面积 9.2 亩。2013 年有教职工 16 人，其中党员 10 人，高级讲师 2 人，中级职称 4 人。校长 1 名，由县委副书记兼任，常务副校长 1 名，副校长 2 名。

干部教师队伍

自建校以来，党校的全体同志注重提高政治理论水平，不断加强自身素质修养，努力工作，克己奉公，勤政廉洁，严格按党员标准要求自己，积极为党校建设贡献力量。组织全校教师职工，认真参加县委党校的理论学习，先后做读书笔记 50 万多字。同时深入基层，调查研究，了解情况，尽心尽力地为基层单位讲课辅导，认真撰写调研报告，当好县委县政府的参谋助手。在工作中不断学习，追求进步。特别是确立了教师的主导地位，通过卓有成效的管理活动来激发和调动教职工的积极性、主动性和创造性，充分发挥党校的"三个阵地，一个熔炉"的作用，促进教职工的全面发展。树立"校兴我荣，校衰我耻"的观念，形成人人关心党校建设，人人对党校兴衰负责的良好氛围。树立全面的人才观，把党管人才的原则落到实处，着力在制定政策，整合力量，营造环境，搞好服务上下功夫，多出人才，快出人才，努力做到用事业留人、感情留人。通过建立竞争约束机制，奖勤罚懒，调动每个员工的积极性，切实从思想上、政治上、生活上关心全体教职工，真心实意为他们排忧解难，为教师队伍的成长创造良好的环境。2006 年有两名教师晋升为高级职称，填补了党校历年来无高级教师的空白。2013 年，党校有教师 8 名，其中两名高级讲师，两名讲师，四名助理讲师。同时，还坚持解放思想创新思路，聘请大同市委党校讲师团精英，来党校授课，收到良好效果，实行动态管理，兼职教师与校内教师互相学习，取长补短，为党校培训工作做好了人才铺垫。

学校建设

2006 年前，是两排破旧的平房，墙面已有破损，前排为教室，后排为办公室，2006 年 7 月县委常委会决定，经过前期准备，于 2006 年 8 月公开招标，由县霖茂房地产公司承建，当年 10 月 22 日开始破土动工，到 2007 年底，工程已全部完工并投入使用。现已有教学楼和学员综合楼两幢，总面积为 3860 平方米。2008 年，又集中进行内部设施的配套完善，县政府又投资 50 万元，为大小会议室配备了桌椅板凳，为学员楼配备了床铺被褥，为会议室配备了音响，投影设备，为教师配备了电脑，更新了办公设备，图书馆藏书 1.2 万册，改善了办公教学条件，为大规模培训干部创造了条件。

远程教育网

1998 年前，党校一直采用每学期面授的方法，学员学习方式被动、落后，随着现代通讯技术手段的发展，1998 年安装了第一部程控电话，2002 年后，为每位教职员工都配备了手机，方便与学员沟通，2003 年，又安置了卫星接收器，通过与电视机相接，定期播放党校教育栏目，突破了传统的教学模式。随着互联网的迅猛发展，2008 年又为每个办公室配备了电脑设备，并上了网，使每位教职工直接与最新的党校教育网络相连，成立了大同县委党校信息专题办公室，专门负责信息的采集、收发与整理工作，为我校的远程教育提供智力与技术上的保证。

教学、教研

每次的教学任务下达后，全体教职员工都要根据省委党校的各科的教学安排组织备课、试讲，阅读各类书籍，记录读书笔记。从"硬道理"到"第一要务"，再到科学发展观，发展理念不断演进，从"两位一体"到"三位一体"，再到"四位一体"中国特色社会主义事业总体布局不断完善。其间,党校的学习理论方法不断创新,并形成电子化集体备课,集中试讲、串讲,经常"走出去"与"请进来"相结合,不断锤炼教师的基本政治功与业务素质。

干部轮训

为进一步贯彻中央、省、市委各级会议精神,提高全县广大干部、群众的政治理论和综合素质,县委党校对全县各系统的理论干部进行培训,包括国家公务员、各级各类干部和全体公职人员的培训。尤其是对全县农村干部进行集中培训。培训期间,农村干部交流学习体会,畅谈学习心得。

县委党校在承担着党政领导干部、理论骨干的培训轮训任务的同时,还承担着以党政干部和理论骨干为主要对象的学历教育,即依托党校力量举办的函授学历教育,根据教学新布局,进一步健全和完善党校、行政学院的教学体制、科研体制、管理体制。

党校函授教育

党校函授教学是由制定教学计划、编写教材、自学、面授、电教刊授、作业、考试、社会调查、党性教育、毕业论文及答辩等诸多教学环节构成的教学全过程,各个环节要力求统一规范,协调一致。

面授辅导的目的在于帮助学员掌握课程体系和学习重点,解决党员学习中的难点和疑点,便于学员理解和掌握所学。

中共中央关于党校学历及待遇的规定

党校主体班次的学历,是干部在党校学绩的一种标志,是任用干部的一个必备条件。

函授教育是党校教育的重要组成部分。省委党校在办好主体班次的前提下,可和中央党校联办自办以党员干部为主要对象,与党校职能相适应的函授教育,学员学完必修课程,经考试考核合格者,授予党校函授教育学历,同时享受国民教育相应学历的有关待遇。

受奖情况

2007年12月,县委党校被省委党校授予"全省党校系统先进党校"。2008年4月,被省委党校评为"全省党校系统科研工作先进单位",同年3月被

县委县政府授予"平安先进单位""信访工作先进单位"。县委党校多次受到省委党校表彰,多次被省、市委党校评为业余教育先进学校,被省委党校评为班级管理优秀奖。

干部培训

县委党校是在县委直接领导下培养党员领导干部和理论干部的学校,至2013年,培训副科级干部3000余人次,中青、妇女、非党干部培训班(大学生村官)2000人次,与县人事局配合,举办国家公务员领导干部培训586人次,各基层党组织培训800人次。

第九节 机要保密

组织机构

大同县委机要保密局是县委、县政府负责全县密码管理和密码通信工作的职能部门,担负着贯彻执行党的密码工作方针政策,以及省、市、县党政秘密信息的传输,全县密码的推广、使用、普及、执法检查,密码通信网络、电子政务内网、政府部门网站等的建设和管理任务。大同县委机要保密局是隶属于县委办管理的副科级职能部门,承担着国家保密局的职责,负责本行政区域内的保密工作。1996年,设局长1人,副局长1人。2013年,有局长1人,副局长1人。

机要工作

1996年至2013年,县委机要保密局不断强化和规范机要工作,连续几年都被市委办公室评为"全市密码工作先进集体"。

完善制度,加强管理 完成机要文件的阅办,对经机要投递的文件,严格按规定登记、附笺,经办公室主任签发后,需传阅的文件立即传达到位,并及时收回;需发放部门的文件,及时通知有关单位派专人取阅,阅办完毕的文件,及时收回并分类、整理、入柜。严格传真电报办理。坚持机要室值班制度,对收、发的传真电报严格履行登记手续,对收到县委或县委办公室的传真电报,附笺并填写有关条

目经办公室主任阅批后,按要求及时办理。切实履行机要保密职责。严格工作程序,严守工作纪律。

保密审查监测　确定全县要害部门、部位及重点涉密人员,加强全县保密工作管理;确保密码通信安全畅通;对县机关各部门的过期涉密文件按保密规定进行集中处理;加强对上网信息的审核,坚持"谁上网谁负责"的原则,要求各单位上网信息必须经领导审查、批准,确保国家秘密信息不上网;加强对全国统一考试试卷的保密监管力度,高考期间配合公安、教育等部门对试卷存放地点、各考场等进行保密安全检查,确保国家统一考试的顺利进行。

保密教育培训　以《保密法》等相关法律法规为重点,将保密知识纳入人大新任命干部前的考试内容和新进机关工作人员培训内容,增强广大干部职工的保密意识;组织全县各部门主要领导、涉密人员观看保密宣传片,进行保密教育,使干部职工更好地了解和掌握保密工作的有关法律法规。

甘于奉献　认真完成机要文件及传真电报的阅办,做好机要保密,严肃纪律,踏实工作,苦干实干,履行各项职责。机要室每天要处理大量的机要文件和传真电报,工作烦琐而枯燥,机要人员以默默奉献、不计得失的精神做好每一件细小的工作,传递好每一份文件、传真,杜绝懈怠情绪,为整体工作的顺利开展提供保障和服务作用。面对大量繁杂的事务,机要保密人员都严格按照各项规章、制度的要求,认真做好工作计划,履行工作职责,使工作在各个环节上都规范有序,做到按程序处理,按规定办事,使工作的科学性和工作能力有明显提高。

第十节　机关党建

机构设置

1996年大同县机关党委设书记1人,副书记1人,有干事3人。2002年机构改革后,机关党委并入县委组织部序列,并称中共大同县直属机关工作委员会(简称县直工委),同时,又是中共大同县委的派出机构。2013年有书记1人,副书记1人。

从1996年至2013年,县直机关党委始终坚持党在社会主义初级阶段的基本路线,坚持"党要管党,从严治党"的方针,不断探索在新形势下加强机关党建的新路子,在探索中前进,在实践中提高,切实加强了机关党组织和党员队伍的建设。到2013年12月,县直属机关党委下属共有10个党总支部、118个党支部、2031名党员。

党建工作

从1996年至2013年,县直属机关党委围绕党的政治路线,按照《党章》规定的基层党组织的基本任务开展工作。

党员学习　县直机关党委每年对党员学习活动进行全面部署和安排,并提出明确的学习目的和要求,要求各支部在完成学习笔记、心得体会、学习进度表的基础上,结合创建"学习型"支部活动,努力丰富学习形式,提高学习效果。通过认真组织党员学习,领会党的路线方针政策,并联系实际制定贯彻执行的具体措施和办法,使全体党员在思想上、政治上和行动上同党中央保持一致。从1996年至2013年,县机关党委共组织党员学习78次。

1996年,组织机关全体党员认真学习江泽民总书记"七一"重要讲话,学习毛泽东同志有关政治问题的论述、邓小平文选等有关文章。

1997年9月,党的十五大召开后,组织机关党员认真学习宣传党的十五大精神和邓小平理论。

1998年12月,为了推动全县正在开展的"三讲一整"教育党员冬训活动,组织机关广大党员认真学习《江泽民同志在党的十一届三中全会二十周年纪念大会上的讲话》,学习中,把《讲话》列入"三讲一整教育"、党员冬训的必读篇目。

2001年6月,组织机关广大党员认真学习《江泽民同志在庆祝中国共产党成立80周年大会上的重要讲话》,进一步提高了认识,统一了思想,振奋了精神,凝聚了力量。

2002年,党的十六大召开后,组织广大机关党

党群

员学习党的十六大报告、十六大党章的同时，还组织党员系统地学习了中宣部编写的"三个代表"重要思想学习纲要《党的十六大报告学习辅导百问》。同时，为了把机关学习建设有中国特色社会主义理论活动不断引向深入，结合县级机关的实际，开展了《学党章、学理论的双学活动》，并订购学习材料发给每个党员。

2007年10月，组织机关广大党员认真学习了党的十七大精神，把全体党员的思想统一到党的十七大精神上来，使机关党委下属各支部党员干部初步掌握了邓小平理论的基本起点和精神实质。

制度建设　从1996年至2013年，县机关党委先后建立和健全了党委工作责任制和"议事、表决"、民主生活会、"三会一课"（支部会、支委会、民主生活会和专题党课）、民主评议、创先争优等各项制度，使党内生活逐步走上制度化、规范化的路子。并积极落实"三会一课"制度，督促各支部开好支部会、支委会和民主生活会，上好专题党课，不断丰富和完善"三会一课"的内容和形式。

思想建设　从1996年至2013年，县机关党委坚持党员自费订阅《支部生活》《先锋队》，购买《党的十六大报告学习辅导百问》《"三个代表"重要思想学习纲要》《保持共产党员先进性教育续本》《党员手册》和《邓小平同志建设有中国特色社会主义理论学习纲要》等书籍3万多册，切实加强了机关党员的思想理论武装工作。同时，重视对党员进行"三基本"教育，落实"三会一课"制度，并经常采取办培训班、开展知识竞赛和学习考式等方式组织党员学习，提高党员政治理论素养。

组织建设　发展党员、吸收新鲜血液、不断壮大党的队伍，是县机关党委的一项经常性工作，也是加强党的建设的一项重要任务。严格按照新时期发展党员的"坚持标准、保证质量、改善结构、慎重发展"的十六字工作方针，积极指导发展党员工作。各支部在发展党员前，对发展对象都进行公示，广泛征求群众意见，有重点地培养和发展一批优秀干部职工加入到党组织中来，壮大党员队伍。

县直机关党委每年根据上级党委下发的发展党员计划，在各基层支部上报的入党积极分子中进行考察，确定发展对象后开展发展党员工作。随着全县各项事业的前进，发展党员工作逐步制度化、正规化，从1992年始，县直机关党委每年对入党积极分子集中培训一次，时间不少于5天或40小时，凡未经学习培训的，一般不得列入发展对象。至2005年开始实行公示制，对于经过组织培养、考察，确认符合发展条件的拟发展对象和预备期满拟转正的预备党员要坚持在单位或居住地实行公示，进一步征求广大党员、群众的意见，接受群众的监督，公示时间一般为7天。从2006年始，实行测评制和发展党员票决制，党支部在接收预备党员和预备党员转正时，均须实行党员无记名投票的方式表决，表决采用县委组织部统一制发的表决票，票决制实行率要达到100%。从1996年到2013年，县机关党委共组织570名干部职工参加入党积极分子培训班学习，吸收发展新党员568名。

党风廉政建设　县机关党委通过严格的组织生活，组织机关各支部党员开展批评与自我批评，切实履行党员义务，监督党员干部认真执行党和国家的方针、政策，坚决同各种违法违纪行为作斗争。通过专题、辅导、座谈会、知识测验、观看电教片和演讲比赛等方式，先后组织党员干部开展"加强作风建设，勤政廉政为民""加强制度教育，构筑拒腐防线"等为主题的纪律教育学习活动。使广大党员干部受到了深刻的党性教育和反腐败教育，进一步强化了遵纪守法、廉洁奉公、为民服务意识，增强了党员干部反腐倡廉和严于律己责任感，筑牢了拒腐防变的思想防线。同时认真落实《党内监督条例》，按照《中国共产党和国家机关基层组织工作条例》规定的监督职责，积极有效地开展党内监督，营造党内民主监督氛围，创造良好的监督环境，实现党内监督工作的制度化和程序化。认真学习贯彻《中纪委关于严格禁止利用职务上的便利谋取不当利益的若干规定》，增强机关干部的政治意识、大局意识、责任意识和忧患意识，不断加强机关党员干部的党性修养和实践锻炼,不断提高党性和作风修养水平。从 1996 年至 2013 年,机关党委共组织各种专题辅导、座谈会、知识测验 57 次。

党费收缴工作

党员按中央规定标准向所在支部缴纳党费,然后逐级上缴。县委组织部于银行设立党费专门账户,负责管理,并按规定上缴和经批准用于党务活动。1998 年 4 月 1 日,执行缴纳标准为:党员工资月收入 400 元以下为 0.5%,401—600 元为 1%,601—800 元为 1.5%,801—1500 元为 2%,农民、学生、下岗职工和领取最低生活保障金者月缴 0.2 元,无收入或困难党员经批准可少缴或免缴。2008 年 4 月 1 日,执行标准为:月收入 3000 元以下为 0.5%,3001—5000 元为 1%,5001—10000 元为 1.5%,10000 元以上为 2%。其余不变。2008 年全县 7485 名党员响应中央号召,缴纳特殊党费支援四川地震灾区,共缴纳特殊党费 626733 元其中 1000 元以上的 94 名,500—1000 元的 161 名,500 元以下的 7230 名。

从 1996 年到 2013 年,县机关党委严格按照《党费收缴、管理、使用的规定》,做好党费收缴工作,并坚持统筹安排,量入为出,收支平衡,略有节余的原则,合理使用留存党费。

群众组织工作

县机关党委,由于工作面对全县机关,同人民群众有着最直接、最广泛的联系。在严格党的组织生活的同时,利用五一、国庆、元旦、春节等节庆日开展各种形式的文体活动,主要是演讲赛、拔河赛、乒乓球赛、篮球赛、环城赛、接力赛、登山比赛以及春节文娱等健康、有益的文体活动,增进了机关职工之间团结、友谊和合作,密切了党内外干部关系,增强了机关党组织的吸引力和凝聚力,促进了机关党的建设、政治文明和精神文明建设。从 1996 年至 2013 年,县机关党委共组织机关各项活动 137 次。

送温暖活动

县机关党委每年坚持为职工办好事、办实事、排忧解难。建立困难干部职工动态档案,及时把握了解机关困难职工情况,深入做好送温暖工作。从 1996 年至 2013 年,共筹措资金 26000 元,慰问补助 210 名在职职工及离休人员。同时,看望生病、住院及走访慰问劳模、先进、老领导,及时把党组织的关怀送到职工家中,共组织干部到 128 户家庭进行了走访慰问。

主题教育活动

从 1996 年到 2013 年,县机关党委开展各种主题教育活动 51 次。主要有:建设有中国特色社会主义教育、"三个代表"教育、三讲教育、党员先进性教育、先进人物先进事迹教育、科学发展观教育、争先创优活动等。

纪念活动

围绕每年 7 月 1 日党的生日、10 月 1 日国庆节,机关党委都要组织机关广大党员和干部职工举行各种纪念活动。以歌颂党和祖国、学习贯彻党章,弘扬廉政文化等为主要内容,积极筹办文艺演出。同时,7 月 1 日,在全委范围通过评选表彰先进基层党组织、优秀共产党员和优秀党务工作者的活动,总结经验、树立典型、弘扬正气,激励广大党员干部职工争优创先,为国家现代化建设贡献智慧和力量。从 1996 年至 2013 年县机关党委共组织各种纪念及表彰活动 31 次。

第十一节　老龄工作

工作机构

1988 年 10 月,大同县老龄委员会成立,2005 年 4 月,更名为"大同县老龄工作委员会办公室",正科级建制。

帮老、扶困、送温暖　1996 年,春节、重阳节期间,深入农村慰问特困老人 40 人,送去棉被、白面、拐杖等慰问品。1997 年 2 月,慰问副县级以上领导十多名,每人赠送健身器材一套,总价值达 3000 多元。1999 年,春节、重阳节期间,慰问 80 岁以上的贫困老人 40 多名,送去白面、肉等慰问品及党和政府的关心与祝福。2000年,春节、重阳节期间,慰问贫困高龄老年人40多名,送去慰问品价值达6000多元。2001年,春节、重阳节期间,对全县40多名高龄特困老人和百岁老人进行慰问,并送去白面、食用油等生活用品及慰问金8000多元。2004年1月,深入县光荣院和乡镇敬老院慰问,发放被子45床,并慰问高龄贫困老人40多户。2008年1月9日,成立"希占敬老服务大队",服务涉及春节慰问侨眷、老教师、困难老人、患病老人,并为老年人免费提供各种信息等。与大同市米兰丽致联合为老年人、残疾人免费照相8000多人,并为地震灾区——汶川的老年伤病人员捐款13600元。2009年元旦、春节期间,开展了一系列敬老、扶困、送温暖活动,共慰问百岁老人3名,高龄贫困老人40名,并为他们送去了棉被40床,营养品、生活必需品及慰问金1万余元。2011年,元旦、春节、重阳节期间,共慰问百岁老人三位、救助农村特困老人320位,救助大病致贫老人103位,慰问、救助金额高达112000元,棉被20床,毛毯20床;5月20日,县人民家电在昊和广场为10位百岁、高龄老人每人捐赠了一台21英寸的彩电。2012年,慰问了百岁老人4位,每人两次,空巢、孤寡、贫困老人200多位,发放慰问、救助金额达40000元,棉被40床。2013年,对特困、高龄、百岁、特殊贡献老人和老年服务机构进行了走访慰问,共慰问百岁老人两位,救助空巢、孤寡、贫困老人100多人。

开展重阳节庆祝活动　1996年10月20日,组织开展重阳节庆祝活动,活动形式多样,主要有套瓶、登山、演唱、扭秧歌等,参加人数达400多人,并为优秀者发放了手套、毛巾、牙膏、牙刷等纪念品。1998年10月28日,组织了丰富多彩的重阳节庆祝活动,主要有登高望远、老年秧歌、扇子舞、表演唱、晋剧、京剧、二人台等,老年人还表演了自编的小品等,参加活动的老年人达500多人。2002年10月14日,组织了庆祝重阳节登高望远及文艺演唱和秧歌、体操表演等活动,参加活动的老年人达500人,2003年10月4日,举办了丰富多彩的重阳节庆祝

活动,有登山、套瓶、演唱等,参加人数达800多人,并为老年人发放了纪念品。2004年10月22日,开展庆祝重阳节活动,举行了老年体操、门球、登山比赛及歌曲、晋剧、耍孩儿、二人台等文艺表演,参加活动的人数达800多人。2005年10月11日,重阳节,邀请各乡镇的老年代表40多人在县城共庆老年节,副县长陈玉兰和老龄办带领老年代表乘大巴参观了县城新貌和新建成的老干部活动中心,老龄办主任高喜斌亲自带领老年登山爱好者,喜登昊天山。并在会议中心门前搭台聘请文艺工作者和锣鼓队全天为老年人表演了晋剧、耍孩儿、二人台和流行歌曲等文艺节目,观看的群众达800多人。2006年10月30日,举行了庆祝重阳节活动,主要有:组织了有70多名老人参加的老年秧歌队,组织60多名老年代表到会议中心展览厅参观了全县精选出的书法、绘画、摄影、漫画等作品,并在县老干部活动中心举行了合唱、京剧、晋剧、门球、象棋比赛等活动,参加人数达1000多人。2007年,举行庆祝"九九"重阳节活动,搭台演唱了《红太阳》,表演了抖空竹杂技、耍孩戏《刘家庄分家》等,参加的老年人达100多人。同时组织了"大同县迎奥运庆重阳老年登山健身签名活动",2008年10月7日,全县2000多位老年人与市儿童公园激情广场老年文艺团80多人在昊和广场共庆重阳节,同时县老龄办在县老干活动中心组织了象棋、乒乓球、台球等比赛,并颁发了太空被、被罩、褥单、毛巾等奖品和纪念品。2009年10月26日,重阳节庆祝活动主要进行了老年太极拳、太极剑、老年健身秧歌,花篮舞,抖空竹,二人台,男生独唱,晋剧清唱,手绢舞等活动,并进行了老年法律与保健知识有奖问答。2011年9月30日举办了全县"孝亲敬老之星"表彰暨庆祝重阳节老年文艺表演活动,由老年人自编自演的舞蹈、二人台、晋剧、耍孩儿等文艺表演节目精彩纷呈,充分展示了老年人的健康向上、积极乐观的精神风貌。2012年重阳节组织了以老年威风锣鼓及老年人自编自演的舞蹈、体操、二人台、晋剧、耍孩儿等文艺节目为主,穿插老年人的即兴表演活动,

充分展示了老年人的健康向上、积极乐观、身心愉悦的精神风貌，在活动中让广大老年人感受到国家的富裕与强大，切实提高他们的幸福感。2013 年 10 月 12 日，在县城昊和广场隆重举办了大型庆祝重阳节广场老年健身文体活动。老年健身舞、健美操、健身柔力球，还有最受老年朋友喜爱的太极拳等及由老年人自编自演的器乐合奏、二人台、晋剧、耍孩儿、舞蹈等活动精彩纷呈。参加活动的全体老年表演者身着华装，精神抖擞，展示了老年人的勃勃英姿、老年文体活动的丰富多彩以及老龄工作的欣欣向荣。

开展老年法律、法规等宣传活动　1998 年 3 月，开展宣传老年法律、法规和有关政策的宣传活动，努力维护老年人的合法权益，共发放宣传资料 2000 余份。2000 年 2 月，制定了全县老龄事业"十一五"发展规划。5 月，组织广大老年人参与全县社会经济发展，为全县的经济建设发挥余热。10 月 6 日，组织了有益于老年人身心健康的重阳节庆祝活动，召开座谈会，进行了《老年养生与保健》知识讲座，努力丰富老年人的精神文化生活，参加活动的老年人达 1000 多人。2001 年 3 月，宣传老年法律、法规、政策和全县的尊老、敬老先进事迹，发放宣传资料 3000 余份。2003 年 3 月，加大宣传《中华人民共和国老年人权益保障法》和《山西省实施〈老年法〉办法》的力度，发放宣传尊老敬老资料 5000 多份。4 月至 6 月，对老年人合法权益受到侵犯的案件进行法律援助活动。8 月，建立了来信来访登记制度。2004 年 3 月，发放敬老宣传材料 1000 余份，《老年法》读本 400 多本，悬挂街头大标语四幅。6 月，选取西坪、许堡、吉家庄 3 个经济条件好、中差的乡镇作为试点进行了农村《家庭赡养协议书》的签订工作。2005 年 8 月，大同县老年法律援助中心成立。1—9 月，在老年人群中广泛开展《老年人权益保障法》宣传教育活动，组织讲座 5 场次，参加听讲的老年人达 400 多人。2008 年成立"县老年维权中心"和"老年维权综合执法监督队"。2010 年 10 月，重阳节期间，精心组织开展了以"贯彻老年法，造福老年人"为主题的一系列精彩纷呈的"敬老月"活动。广泛开展敬老宣传活动。利用网络、刊物、简报、电视、新闻、板报、标语等宣传方式、工具和手段，开展老龄宣传活动，宣传《中华人民共和国老年人权益保障法》、"孝亲敬老之星"先进事迹、人口老龄化的严峻形势和应对挑战的对策措施，宣传老龄事业发展成就，"六个老有"工作目标，"敬老文明号"创建活动等。举办老年法律法规培训班一期，开展法律咨询活动 3 次，接受法律咨询近 300 人。2011 年，继续加大宣传《老年法》及相关法律法规，组织老年法律知识讲座，认真贯彻《老年法》和省《实施办法》，进一步落实老年人各项优待政策。4 月份，同司法局成立了大同县老年人法律援助工作站，建立起家庭—基层老年组织—法庭三道维权防线，形成维权联动机制，使老年人的权益得到有效保障。

各种荣誉　1996 年 3 月，县老龄委被省、市老龄委授予"老龄工作先进集体"。2004 年，县民政局被市政府评为"全市老龄工作先进集体"；副县长陈玉兰和县老龄委乔润义被市政府评为"全市老龄工作先进个人"；县文化馆段生儒被市政府评为"全市老有所为先进个人"；县文化局李凤兰被市政府评为"全市敬老好儿女"。2006 年，县城东街办幸福里居委会被评为"全国敬老模范居委会"；倍加造镇周向琴被评为"全国孝亲敬老之星"。副县长陈玉兰被评为"全省重视老龄工作先进个人"。县老龄办、老龄人才资源开发协会和西坪镇都被评为"大同市老龄人才开发先进集体"，县老龄办主任高喜斌被评"为大同市老龄人才开发工作先进个人"。本年，王希占被省老龄办推荐为全国孝亲敬老楷模，政府副县长、老龄委主任王殿起等 3 人被评为省老龄工作孝亲敬老先进个人。县老龄办、西坪镇、瓜园乡被市政府评为"全市老龄工作先进集体"；县老龄办主任高喜斌、县民政局、许堡乡、西坪镇西坪村被市政府评为"全市尊老敬老先进集体"；县政府副县长老龄委主任王殿起，县海发天然色素厂厂长、希占敬老服务大队名誉队长王希占，县交通局王振兰被市政府评为"全市尊老敬老先进个人"。2008年,老年作家、希占敬老服务大队原副大队长郭荣获大同市老年科技协会"我为大同做贡献"之优秀著作和先进个人奖。是年,大同县获全省爱心助理工程。

并在落实老年人优待工作方面为全省先进典型。

《老年人优待证》发放工作。从1996年至2013年共发放《老年人优待证》21352个。

第二章　群众团体

第一节　总工会

机构沿革

大同县总工会,前身为1945年5月成立的大同县抗联工人部,1946年12月称大同县工人联合会,1952年4月正式成立大同县工会联合会。随行政区划变更,先后称大仁县工会联合会、大同市郊区工会联合会、大同市古城区总工会。1964年12月恢复为大同县总工会。历经十年浩劫,组织瘫痪,活动停止,1973年6月,经批准再次恢复为大同县总工会。至2013年县总工会有干部职工11人,内设办公室、财务室、救助中心。设主席1名,常务副主席1名,副主席2名。基层工会258个,会员20987人。其中农村工会146个,农村会员10036人,女会员4734人,专(兼)职干部786人。

慰问困难职工　1996年至2001年,开展送温暖捐款活动,共募捐13.2万元,为困难职工发放困难补助。2002年1月,开展帮扶工作,实施元旦、春节"送温暖"工程。向559名特困职工发放慰问金6万多元,解决了部分特困职工生活上的困难。2003年1月,继续实施帮扶困难企业,为特困职工"送温暖"工程。筹集3万余元送温暖资金,对全县26个困难企业,52户特困职工进行了慰问,每户发放救助金300元;对全县250户贫困职工进行可节日慰问,共发放慰问金10000元;对全县30多户因病、因灾返贫的困难职工进行慰问,每户发放救助金100—300元。2004年1月,实施为特困职工"送温暖"工

程,共筹集资金5万元,对642个特困职工和3个省级以上劳模进行慰问。2005年、2006年开展"两节"送温暖活动,分别筹集资金5万元、12万元,慰问困难职工2634名、2564名。2007年,元旦、春节两节期间,对全县50户特困职工家庭进行慰问,给予每户300元的慰问金,对8名特困省劳模进行了慰问,给予人均1800元的困难补助,并对全县622多户困难职工家庭给予生活救助。2008年,元旦、春节两节期间,县四套班子领导对全县50户特困职工家庭进行慰问,给予每户300元的慰问金;还对8名特困省劳模进行慰问,给予人均1800元的困难补助,对全县500多户困难职工家庭给予生活救助,共发放救助金12万元。2009年1月,争取专项资金20万元,专门用于困难职工救助工作,共救助困难职工1460人,为3609名困难职工建立了档案。对6名省级困难劳模进行慰问,发放"三金"(慰问金、生活困难补助金、特殊困难帮扶金)1.2万元。10月,在庆祝建国六十周年活动中,慰问省劳模10人,发放慰问金3000元。11月,为1900名困难职工和900名困难农民工建立了档案,救助农民工77人,发放救助金2.3万元。2010年,元旦、春节期间,县工会经过多方协调,共筹集专项资金26万元,专门用于困难职工救助工作,共救助困难职工2460人。县总工会对7名省级困难劳模进行慰问,发放三金(慰问金、生活困难补助金、特殊困难帮扶金)1.4万元。2011年1月,开展"两节"送温暖活动,发放资金26万元,慰问困难职工2460人。慰问省困难劳模9名,发放救助金1.8万元。2012年1月,"两

党
群

节"送温暖发放救助金 29.6 万元,慰问困难职工 1860 人。2013 年 1 月,深入开展帮扶工作,共筹集"两节"送温暖专项资金 102 万元,慰问困难职工 3400 人。为 8 名困难省劳模发放救助金 1.6 万元。

女职工特病检查 1998 年 5 月,县总工会和县妇联联合为女职工进行特病检查。2003 年 11 月,邀请外地教授及妇女病专家来县授课,1500 多名女职工接受了培训,为 150 多名女职工进行妇科检查。2006 年 6 月和 2007 年 11 月,分别开展了女职工特病保险活动和妇科病普查普制活动。2009 年 3 月,为 30 名女职工办理女工特病保险,其中有一名患子宫肌瘤的女职工获得了 1800 元的理赔。2010 年 3 月,实施关注女性健康的活动,为 50 多名女职工办理了女职工特病保险。

大病救助 2006 年 10 月,开展大病救助活动,为 14 名贫困患病职工发放救助金 1.4 万元。2007 年 6 月,开展职工大病医疗互助(第一期)活动,惠及 12 名贫困患病职工,发放救助金 12000 元,为县粮食局一患尿毒症职工向市总援助中心申请大病救助金 1 万元。2008 年 4 月,为县水泥厂一患尿毒症职工向市总工会援助中心申请大病救助金 1 万元,极大地减轻了该职工经济负担;6 月开展职工大病医疗互助(第二期)活动。惠及贫困患病职工 8 名,发放救助金 8000 元。2009 年 4 月,为县水泥厂一名患尿毒症职工向市总援助中心申请大病救助金 1 万元。6 月开展第三期职工大病医疗互助活动,共有 6339 名职工参加,交纳互助金 22.9 万元。至 6 月底,全县共有 53 名患大病职工享受到共计 39.7 万元的补偿金。2010 年 6 月,开展了第四期职工大病医疗互助活动。参加职工 5807 人,交纳互助金 29 万元,全县共有 5960 人参加,交纳互助金 21 多万元。有 58 名患大病职工享受到共计 59 万元的补偿金。2011 年 6 月,第五期职工大病医疗互助活动为 2011 年 7 月 1 日至 2012 年 6 月 30 日,参加职工 5549 人,交纳互助金 27.5 万元。2012 年 6 月,为第五期 81 名患病职工申请大病互助。2013 年 7 月,第七期职工大病医疗互助活动于 7 月 1 日顺利

启动,参与职工 5163 人,交纳互助金 25.8 万元。为第六期 81 名患病职工申请大病救助,共享受救助金 35.4 万元。

竞赛活动 1996 年 5 月举办职工篮球比赛。1997 年 5 月,开展庆"五一"活动,举办职工象棋比赛。1998 年 5 月,开展庆"五一"活动;举办乒乓球比赛。1999 年 10 月举办职工篮球比赛,参加全市职工篮球比赛。2000 年 5 月,开展庆"五一"活动,举办拔河、羽毛球、乒乓球等比赛。2002 年 10—11 月,开展了一系列竞赛活动。工业企业,各基层围绕产品开发、技术改造、生产营销方面,开展多种形式的竞赛。教育战线,围绕变应试教育为素质教育,为达到即教书又育人的目的,尝试了一系列教学改革。邮政、电信、电力、金融等特殊行业,在开展以促进企业经济发展的同时,还重点抓塑形象、建行业文明窗口竞赛;12 月,组队参加市总组织的全市职工棋牌五项大赛,象棋取得团体第 8 名。2003 年 5 月,积极开展宣传中国工会十四大精神知识竞赛,共有 23 个基层 500 多名职工参加竞赛;积极开展"两个十佳"精神文明建设竞赛活动,大同县国税局局长闫俊秀被市总工会评为"十佳"先进个人,粮食局工会被市总工会评为"十佳"先进集体。2009 年 7 月,开展庆祝建党 88 周年活动,捐资 3 万多元,参与举办县直机关和乡镇篮球赛。2010 年 2 月,组织全县职工乒乓球比赛,参与市职工乒乓球赛。2012 年 2 月举办全县职工象棋比赛。来自 10 个乡镇、街道和县直七大口共 20 个队 60 名队员参加比赛。2013 年 2 月,举办全县职工象棋比赛。来自 10 个乡镇、街道和县直七大口共 18 个队 54 名队员参加比赛,东街办事处、周士庄镇、党群系统等三个单位分获团体第一、二、三名,东街办事处郝振平等三名同志分获个人第一、二、三名。

劳模宣传 1996 年 5 月,开展劳模宣传活动。2001 年 5 月,开展庆"五一"活动,举办劳模宣传活动。2002 年为弘扬劳模精神,探望生病的全国劳模范成忠和生活困难的 6 名省级劳模。2008 年 5 月,五一期间开展规模宏大的宣传劳模、弘扬劳模精神

活动,制作市级劳模专题20个,并在县电视台黄金时间播出。2010年5月,投资3万元,在《山西经济日报》定制整版,宣传当年评选的6名省级劳动模范的先进事迹。在县城主要街道悬挂三条庆祝五一国际劳动节横幅标语。采访制作了劳模专题片,在县电视台黄金时段播出。2011年5月,五一期间开展"劳模宣传月"活动,制作省、市级劳模专题20个,并在县电视台黄金时间播出。

法律宣传 2001年12月,开展法律宣传活动,发放资料3000份。2002年6—7月,宣传修改后的《工会法》。先后出动宣传车一辆,宣传员18人,印发宣传资料6000多份,开展法律咨询38人次,受教育群众2500多人。举办各种形式的《工会法》学习培训,先后采取以会代训的方法培训工会兼职干部150多人,20人次参加省市培训班的培训。在县电视台开辟《工会法》宣传栏目。向县四套班子领导和有关单位负责人赠送《工会法》和《实施办法》。深入基层开展多种形式的宣传活动,组织职工积极参加全国《工会法》知识竞赛和组队参加市总举办的《工会法》电视知识大赛。

培训工作 2003年5月,县总工会和县劳动局联合举办下岗职工技能培训,对全县155名下岗职工分两期4个班进行培训。2009年2月,举办下岗职工和农民工再就业培训班,举办两期下岗职工再就业培训班,来自全县各困难企业的140名下岗失业人员参加培训;同年,由于金融风暴,引发许多农民工选择返乡,县工会采取组织专家组进村入户,专家现场授课,现场解答农民工朋友的提问等方式,举办9期种养业培训班,免费培训农民工1500人次。2012年9月,派出企业、乡镇共12名工会干部到省总工会干部学校,参加民主管理、工资集体协商、厂务公开等业务培训。

春雨助学 从2004年7月开始,县工会困难职工救助中心和市总困难职工救助中心对特困职工子女上大学开展联合救助,至2013年,市、县两级共筹集资金113.4万元,对203名贫困职工的子女进行了救助。

其它工作 2012年3—4月,扎实开展"面对面、心贴心、实打实服务职工在基层"活动。1. 县工会领导分赴水泥厂、砖瓦厂进行调研,分别召开工会干部、职工座谈会,填写《基层工会走访工作表》和《职工情况走访工作表》,同时走访6名困难职工。2. 完成了全县规范完善工会帮扶管理系统做实"一卡通"基础工作,从3月23日起至4月6日结束,共规范困难职工档案1200个,上报办理"一卡通"资料3163份。3. 慰问两家困难户,分别发放5000元;慰问六名困难职工,每人发放纯毛毯一块;慰问两名困难职工,每人500元。4. 对全县所属基层工会及覆盖的法人单位,逐一进行数据采集、核实,对已录入的信息进行再核实、完善。截至6月底,全县录入基层工会数275个,覆盖法人单位数560家。12月,继续实施企业工资集体协商制度。由县工会指导企业签定工资协议为乡镇工会指导企业签定工资集体协议,发挥了乡镇工会的主观能动性,提高了工作效率。全县共签订区域性、行业性和单一性企业工资集体协议45份,实现了工资集体协商全覆盖,有力地促进全县劳动关系的和谐稳定。2013年9月,吉家庄村成功申报市级"职工书屋",市总配套价值1.5万元的综合性图书。

第二节 共青团

中国共产主义青年团大同县委员会(简称团县委),是中共大同县委领导的、由团员代表大会选举产生的先进青年组织,是广大团员青年在实践中学习共产主义的学校,是党的助手和后备军。其成员由书记、副书记、常委和委员若干人组成,每届任期三年。2013年,团县委设书记1人、副书记1人。团县委遵照《中国共产主义青年团章程》,围绕县委工作中心,服务党政大局,协助政府管理青年事务,开展各类适合青年特点的活动。

团组织工作

1996—2009年,为提高全县团干部的整体素质,团县委建立健全团干培训网络。在全县10个乡镇团委、3所完全中学先后完善组织建设。2009年12月,团县委组织10名乡镇团委书记到大同团校进行为期3天的团干培训。

2002年乡镇撤并,全县16个区乡(镇)合并为10个乡镇,乡镇团委组织进行调整,在推选出15名团委书记、副书记的基础上,有5名优秀团干部进入乡镇党委班子,2名被提拔为副科级干部。

团县委在工作实践中坚持"五带一优化",即带班子、带队伍、带思想、带工作、带阵地、优化工作环境,按照"坚持标准、扩大数量、提高质量"的要求,以农村党建带团建工作为重点,切实加强农村基层团组织建设,积极探索团建新模式。2007年,团县委把握县、乡两级换届契机,开展县、乡、村团组织"三级联创"活动。按照胡锦涛总书记"使团的基层组织网络覆盖全体青年,使团的各项工作和活动影响全体青年"的要求,组织参加全省乡镇共青团工作活动,推进基层团组织建设;大力加强机关、企事业单位的团建工作,及时调整团组织设置;着力巩固学校团建工作,强化学校团组织阵地;探索社区团建工作,大力发展社区团组织;加大非公有制经济组织和"两新"组织的团建力度。至2013年12月,团县委下辖286个共青团组织,其中:团委16个,团支部270个。全县有团员青年20016名,女性比例46.5%,少先队员10369名。

共青团代表大会

2007年9月,共青团大同县第七次代表大会在县会议中心召开,出席大会的正式代表138名,特邀代表15名,共计153名,其中女青年代表49名,占35%;专兼职团干部27名,占20%。代表中具有大、中专文化程度的75名,代表平均年龄27.3岁。经过代表酝酿讨论,选举产生了共青团大同县第七届委员会,委员20人,常委5人。

主要工作

亲切关怀 团中央、省、市委领导多次在大同县调研,县委、县政府多次对团县委的工作给予肯定。2009年7月8日,团市委副书记张志刚深入党留庄乡调研基层共青团工作情况。在仓夷烈士墓前,张志刚书记指出团委要主动协调好文物保护部门对仓夷烈士墓加以保护和修复,并积极申报市级爱国主义教育基地。8月4日至7日,团中央办公厅副主任康国明在大同县调研。调研期间,康国明指出,一是要充分调动农村青年人的兴趣和热情,加强村团支部活动阵地的建设,积极利用现有的条件,推进新农村建设,但是如何适应新形势下农村基层团组织工作是每一位基层团干部值得思考的;二是要搞好文化娱乐教育活动,利用农家书屋、网络、电视、广播等设施,搞好青年的思想政治教育,找准突破口,充分发挥广大青年在新农村建设中的生力军和突击队的作用;三是要坚持原则,严格管理,通过好的载体服务青年,让青年们感觉到团组织的关怀,使得基层团组织对广大农村青年的吸引力大大增强。

青少年思想道德素质教育 青少年思想教育是共青团的一项重要工作,1999年为深入揭批"法轮大法"邪教组织的反动本质,坚决抵制"法轮大法"对广大青少年的思想侵害,团县委向全县各级团组织下发《关于共青团员不准修炼"法轮大法"的通知》,并针对"法轮功"问题在全县团组织中开展学习教育活动。2005年,团县委抓住纪念抗日战争胜利60周年的契机举行"民族魂"主题教育活动,掀起学习实践"三个代表"重要思想的新高潮;并广泛深入地开展增强团员意识主题教育活动,开展多种教育实践活动。2006年,团县委向全县青年发出"践行'八荣八耻',铸造民族精魂"的倡议书,号召全县青年践行"八荣八耻"。2007年,团县委组织开展的"我与祖国共奋进"主题教育实践活动,在全县团员青年中掀起争当优秀青年的热潮。2008年,组织全县中小学生为"汶川"地震灾区的小朋友们捐款。与此同时,团县委抓住大型纪念日的契机,开展"党在我心中""永远跟党走""与祖国共奋进,大同县青年展风采"等一系列主题教育活动。少先队"新世纪我能行""雏鹰争章"行动全面开展;小学生"手拉手"互助活动进一步深化;大中专生"科技、法律、文化、卫生"为主要内容的暑期社会实践活动蓬勃开展。通过开展各类活动，青少年思想道德素质和科学文化水平显著提高。2009年，在县一中开展迎"七一"暨"红色传递"爱国主义教育活动。

希望工程　由邓小平同志亲笔提名并倡导、旨在帮助贫困地区失学儿童重返校园，唤起全社会关心支持教育的希望工程，自启动以来，团县委把扶贫助困作为团组织服务社会、服务青少年的大事提上议事日程。为了解全县贫困学生的真实情况，团县委深入调查研究，撰写调查报告和汇报材料，详细记载了全县550多名贫困学生的基本情况。至2013年底，共筹集"希望工程"专项资金27万余元，累计结对救助贫困学生220多名，兴建希望小学2所，为全县基础教育做出了实实在在的贡献。

助教、助学　团县委坚持把工作重点放在助教、助学上，通过多种途径筹集贫困学生救助资金。2004年，由山西省青少年发展基金会资助的大同县希望学校——住邦希望小学竣工。2005年，募集资金16000元，资助贫困中小学生10名，大学新生5名。2006年，开展"圆梦大学"助学行动，募集资金28000元，成功帮助18名应届大学新生步入校园；2007年，团县委争取到6万元的希望工程新世纪助学金；争取和筹集希望工程圆梦行动助学资金3万元，资助贫困大学新生15名；2008年，大同市联创科技有限公司将10台电脑赠送给唐家堡小学。在希望工程的申报和结对中，团县委严格把关，避免了关系救助、顺车救助、人情救助等现象，并在严格管理的同时，争取加大希望工程筹资力度。

青年创业就业活动　团县委围绕"建设创业大同县"这个主题，以科学发展观为统领，开展创业培训、提供创业服务、优化创业环境，教育和引导广大青年转变创业观念、增强创业意识、激发创业热情、投身创业实践。2006—2007年，全县各级团组织大力实施"阳光工程""青春行动"，以服务促转移，以创业促就业，积极推动农村青年转移就业，培训青年300多名，有效转移145名。2009年，实施农村青年诚信创业计划，96名农村青年获得诚信创业贷款418万元。2010年，中共大同县委组织部、共青团大同县委、大同县农村信用合作联社共同印发《大同县大学生村干部创业提供信贷扶持的实施方案》，同时多次同县信用联社协调，争取到在原有贷款利率的基础上下调利率的优惠政策。

青年志愿者　自开展青年志愿者行动以后，先后成立15个青年志愿者服务队，在乡镇、县直单位建立10个志愿者服务基地，注册青年志愿者150多名。2007年4月，全县各地青年志愿者义务植树2万株。2008年3月，在"学雷锋、树新风"活动中，团县委组织供水、卫生、电力、司法、税务等300多名青年志愿者到街上开展志愿服务活动，为群众提供电价咨询、电器维修、保健咨询、义诊义治，普法宣传、法律援助等服务，发放相关宣传资料2000多份；2009年9月底，团县委联合县教育局在大同县昊和广场举行大同县青年志愿者服务创建文明县城活动，700余名中小学生聚集一起，用清扫县城主要街道的方式扮靓大同县，庆祝建国60周年华诞。青年志愿者行动开展以来，团县委组织引导全县青年围绕文明创建、捐资助学、扶危济困、抗洪抢险、抗旱保收、植绿护绿、保护母亲河等中心工作，做到"党有号召，团有行动"，为社会提供了各种各样的志愿服务。

青年文明号　是以青年为主体，在生产、经营、管理和服务中创建的体现高度职业文明，创建一流工作成绩的青年集体、青年岗位和青年工程。2006年，团县委以青年文明号活动创建为依托，不断拓宽青年文明号创建领域，完善青年文明号创建机制，健全青年文明号考核办法。2007年，团县委在全县青年文明号中开展"青年文明号建设示范行动"，活动的开展有效地推动了全县青年文明号集体强化信用的意识，充分展示了全县青年文明号的风采，提升了团组织的社会影响力。自开展创建活动以来，各级团组织高度重视，广大青年积极参与，取得显著成绩。至2010年，全县有省级青年文明号2家，市级青年文明号6家。

青少年权益保护　为深入贯彻落实《青少年违法犯罪预防计划》，团县委开展"法律进社区"和"法律下乡"活动,举办专题讲座 15 场次,培训家长 210 人,受训青年 3000 多人。2007 年,举办法律知识、医疗救护、防火防灾、心理咨询等自护技能知识培训 20 余次。2010 年 4 月,邀请团中央"知心姐姐"未成年人心理健康教育巡回报告团来大同县开展报告会,在县直四个学校及机关幼儿园等举办 9 场报告会,帮助广大家长掌握科学家教方法,树立正确的家教观,积极推动全县未成年人心理健康教育工作的深入开展。历年来团县委通过开展"为了明天——青少年帮教帮扶工程"、法律知识讲座、"两法"读本发放等活动,进一步加大对《未成年人保护法》和《预防未成年人犯罪法》的宣传力度,为青少年解决法律难题,提高青少年法律意识。大力实施优秀"青少年维权岗"创建活动,动员优秀"青少年维权岗"创建单位公开承诺,为青少年办实事办好事,努力构筑包括家庭、学校、社会"三位一体"的青少年综合保护体系。县公安系统"青少年维权岗"还结合平安创建开展了"安全学校"和"护学岗"创建活动,采取组织师生护校队、聘请保安人员、设立民警住校保安室等措施,为学生提供安全、和谐、健康的学习环境。2009 年,全县共有省级"青少年维权岗"1 家,市级"青少年维权岗"4 家。

少年先锋队 中国少年先锋队是中国共产党委托共青团领导的少年儿童的群众组织,是少年儿童学习共产主义的学校,是建设社会主义和共产主义的预备队。全县各级团组织发扬全团带队的光荣传统,抓好少先队组织基础建设,广泛开展"雏鹰行动"、少年团校、少年军校,丰富少先队员文化生活,开展城乡小学"手拉手"活动,结对扶贫、书信往来等活动。1996—2013 年,团县委大力推进团队规范化建设。建立健全双向考核目标管理机制,定期向上级团组织和学校党组织交换意见,反馈信息,落实团干和少先队辅导员各项待遇,完善少先队员本人申请—团支部大会讨论通过—培训考试—上级团委批准的新团员发展模式。针对少先队特点,组织开展各项社会活动。1996—2009 年,在红领巾活动中,全县少先队员做好事 3 万多件,为贫困失学

儿童捐款 20 多万元,为老红军、孤寡老人慰问演出 15 次。城镇一小、二小、三小等 10 个单位获团省、市委表彰,李永红等 50 多人被团省、市委授予"优秀少先队辅导员"称号。2008 年 6 月 24 日,在大同县人大会议室召开了中国少年先锋队大同县第一次代表大会,出席大会的正式代表 58 名,代表全县少年儿童选举了第一届少委会委员 9 名。

第三节 妇 联

组织机构沿革

1946 年 12 月,大同县妇女联合会成立,1949 年改称大同县民族妇女联合会,1965 年又改称大同县妇女联合会。1996 年,县妇联共有干部 3 人,设主席 1 人,副主席 1 人。2013 年,县妇联共有妇女干部 3 人,设主席 1 人,副主席 1 人,妇儿工委办公室主任 1 人,辖 10 个乡镇妇联,175 个行政村妇代会。

从 1996 年至 2013 年,妇联会围绕"创造新岗位,创造新业绩,创造新生活"的总体要求,开展"三八"红旗手,"双学双比"先进女能手,"巾帼建功"先进集体先进个人,"五好文明家庭"优秀家长、优秀妇干和先进妇联(妇代会)组织各项评比活动。

妇女创业就业 从 1996 年到 2013 年县妇联采取社会化、开放型的工作方式,争取党政重视、部门支持、社会参与,做好借力、借题、借智文章。在"平安文明和谐家庭"创建工程中,将"平安家庭"创建纳入县、乡、村三级综合治理规划,并充分发挥牵头作用,协调成员单位共同开展活动。特别是在全球金融危机的大背景下,妇女创业就业问题受到社会广泛关注,县妇联坚持从关注民生,服务发展的高度联合有关部门大力推进"妇女创业就业行动",通过"送岗位,授技能,树榜样",整合城乡创业就业资源,引导城乡妇女创业就业。举办"巾帼创业,春风送岗"妇女专场招聘会 12 次,家政服务员培训班 6 次,联合新闻媒体加大优秀创业女性宣传报道力度,推动妇女创业就业。全县妇女就业规模不断扩大,就业领域不断拓宽,城乡妇女从业人数,女性从

业人员占从业总数比重、女性自主创业比例都大幅度的提高。从1996年到2010年，新增就业妇女1852人，创业带动就业妇女611人，失业人员再就业妇女202人，转移农村女劳动力1922人。创业培训妇女1213人，城镇失业人员再就业培训妇女656人，农村劳动力技能培训妇女人数1452人，参加职业技能鉴定妇女人数240人，取得职业资格证书妇女240人。

创建文明家庭　围绕社会主义和谐社会建设的总体目标，县妇联始终抓住家庭这一阵地坚持以人为本，2006年启动实施了以"为国教子，以德育人"为主题，以"争做合格家长，培养合格人才"为目标的"家长教育工程"。2007年出台了《大同县家庭教育工作十一五规划》，成立领导组，组建妇女之家，成立家庭教育讲师团，特邀北京新东方优秀教师方倪、大同大学儿童学专家教授夏凌云、大同家庭教育专家李德胜、十大杰出母亲马占婷等做家庭教育巡回宣传。听课家长达7万人。2008年3月8日，召开了"纪念三八暨好家长"报告会。2009年，召开"家庭美德报告会"，编印《家庭读本》25000册。巩固推进精神文明创建活动。涌现出韩玉娥等10户省级文明和谐家庭、李茸等60户市级文明家庭、全县文明和谐家庭占75%以上。

巾帼建功　从1996年至2013年，全县各级妇联共举办实用技术、农村女经纪人等培训班102期，累计培训妇女1.1万人次，培养扶持巾帼示范村35个。李淑花等一批新型女农民成为发展农业生产建设社会主义新农村的主力军，培育"双学双比"女能手100多人。"巾帼建功"先进个人100多人，累计为妇女办好事实事30余件，为3万多名妇女进行妇科病免费检查，接待信访案件36次，结案率95%以上，慰问贫困妇女儿童6次，为贫困儿童争取助学资金20.3万元。"昊天'三八'营业工程"成为全国妇联重点营林工程，郭家窑头村荣获全国妇联先进基层组织建设奖；下甘村荣获省妇联"巾帼文明示范村""平安示范村"等荣誉。妇女儿童健康水平日益提高，有力推进了全县妇女事业的创新与发展。

第四节　工商联

代表大会

1996年，大同县工商业联合会设主席1人、副主席2人、秘书长1人。

2005年5月，大同县工商业联合会召开第二届会员代表大会，有会员130人，出席会议代表70人，选举产生执委会委员30人，会长1人，副会长30人，秘书长1人。

2011年11月，大同县工商业联合会召开第三届会员代表大会，有会员150人，出席会议代表100人，选举产生执委会委员60人，主席1人，副主席30人，秘书长1人。

工商联工作

到2013年，全县有民营企业184户，个体户3157户，从业人数达4991人。2012年新增就业人数544人。从1996年至2013年，大同县工商业联合会共吸收会员180人，其中团体会员1个，企业会员5个，个人会员174个。从1996年至2013年，充分利用工商联自上而下联合密切的优势，通过电话、信函等形式为会员提供各类信息，为民营经济发展搭建平台。通过培养选拔，逐步建立起一支坚持党的领导、爱国、敬业、诚信、守法、奉献的非公有制经济代表人士队伍。一批人格有魅力，经济有实力，社会有影响，乐于加入工商联的非公有制经济人士已成为大同县工商业联合会骨干。

第五节　科协

组织机构

2013年，县科协设主席1人副主席2人。设综合岗、普及工作岗、学会管理岗、咨询宣传岗、青少年科技岗。并领导县级学（协）会、乡（镇）科协及企业协会开展工作。

县级学（协）会组织　2002年，全县社团重新登

党群

记、整顿和规范管理,保留医药卫生、农学、林学等6个学会。至2013年,各种技术协会共计63个,会员4000多人。县级各学(协)会均有办公室、办事机构,有一定的经费来源和规章制度。

2013年大同县县级学(协)会一览

表5-2-1　　　　　　　　　　　　　　　　　　　　　　　　　　　　　　单位:人

学(协)会名称	成立年份	会员数	学(协)会名称	成立年份	会员数
县医药卫生学会	1980	138	县青少年辅导学会	1987	30
县林学会	1987	35	县畜牧兽医学会	1980	70
县农学会	1980	80	县珠算协会	1994	105
县水利电力学会	1980	216	县黄花技术协会	2002	70
县工业学会	1980	50	县医学会	1987	102
县中医学会	1987	43	县统计学会	1994	90
县青少年科技辅导协会	1983	24	县教育学会	1982	2927
县畜牧兽医水产学会	1980	45	县老科技工作者协会	1999	56
县黄土坡煤矿技术协会	2002	48	水泥厂技术协会	2003	53
砖瓦厂技术协会	2003	45	硅厂技术协会	2002	58

党群

　　乡(镇)科协组织(含农村专业技术研究会)1996年,全县16个乡(镇)均成立了科协。2002年,乡镇机构改革后,每个乡(镇)科协配专职干部1人。2005年,县委组织部对乡(镇)科协重新考核,任命10个乡(镇)的科技副乡(镇)长兼任科协主席,科协专(兼)职干部为秘书长或副秘书长,开创了全省配备乡(镇)科协专干的先例。

　　1996年后,全县先后成立122个农村专业技术研究会(简称"农研会"),有会员4780人。2005年,经过整顿和规范管理,保留95个技术协会。至2013年,全县共有农村专业技术协会会员4500人,全县乡镇科普协会由原来的16个合并为10个,县级学会改为21个。

　　企业科协组织2002年后,相继成立大同县黄土坡煤矿技术协会、砖瓦厂技术协会及水泥厂、硅厂等企业技术协会25个。至2013年,全县企业科协组织共有会员1260人。

科普活动

　　科普宣传　从1996年至2013年,县科协组织科技人员深入农村、工厂、学校开展科技下乡、科技扶贫,推广新品种、新农药、新肥料、新技术、新农机具(简称"五新"技术)。15年间,通过组织科技下乡宣传服务活动、出版科普宣传栏、举办科技报告会(讲座)、举办科普挂图展、编印科普资料等形式,进行科普宣传。2003年,在抗击预防非典过程中,县科协全体人员深入乡村开展预防非典知识咨询活动,编写预防非典材料两份,发放各种资料10000多份,并在县电视台举办为期半个月的专题讲座。2005年组建一支100人的科普志愿者队伍,在全县10个乡镇170多个行政村,发放科普挂图200套,资料1000份,图书400册。2006年,联系市科协邀请322部队医院、大同三医院等三家医院大夫为许堡乡清泉村农民义诊,赠送600多份特困户就医优惠证。2007年,组织山西大学商务学院43名科普志愿者深入乡村对农民进行电脑知识培训,受惠农民5600多人。2008年,邀请中国科学院、中国保健协会、骨关节疾病防治专家举办"骨关节疾病防治与治疗"专题医学报告会一场。

　　每年的科技宣传周、全国科普日、甲型H1N1流感防控期间,县科协协同妇联、团委、工会等相关部门,出版科普画廊,组织学会会员上街宣传、咨询、服务,举办科普成果展,播放科普录像,悬挂宣传标语等。

实用技术培训 1996年至2013年，县科协协同农广校加大农函大招生和农民培训力度，按照"实际、实用、实效"的办学原则，培养农村各类型实用技术人才。2003年，组织实用技术培训班5期，推广实用技术10多项，主要有：植物营养素在经济林中的应用、养猪实用技术、奶牛养殖技术、奶牛场袋装青贮料机械新技术等。15年间，累计招收中专和省农函大学员1000名，结业1000名。涌现出一批科技致富带头人。全县现有科普示范村25个，科普示范乡镇6个，科技示范户1000户。2002年，大同县被列为跨世纪青年农民科技培训项目县；2005年，被列为新型农民科技培训项目县；2006年至2009年，连续4年被山西省列为农业科技入户示范工程项目县；2009年至2010年被农业部列为基层农技推广体系改革与建设示范县。围绕"工业立县"和"科技兴农"两大主题，县科协多次组织科技下乡、进厂活动，并开展短期实用技术培训。期间，由科协系统主办或与其他部门联办培训班共计40期，培训3万人次。培训新型农民1.5万人，其中获绿色证书的农民有5000人。

实施"金桥工程" 1996年开始实施"金桥工程"活动，县科协组织广大科技人员选择一些高起点、科技含量较高、规模较大、经济效益较好的重点活动项目开展科研活动，共推广"五新"技术60项。1996年至1998年，推广APT生根粉技术，全县16个乡镇拌种10万亩，主要是小麦、谷子、山药，增产幅度在7%—15%。1997年，科协主席马发被国家科委授予一等奖。1997年12月29日，马发被大同市委、市政府评为优秀科技人才。温占全《生根粉在植树成活率的研究》论文获中国林业部二等奖。

青少年科技教育 1996年至2013年，开展校园科技教育活动，在全县中小学共配备45名科技辅导员，成立19个科技兴趣小组，建立3个科技教育阵地。同时，组织学校开展"三小"（小发明、小创造、小论文）、科学探索、航模、夏令营、学科竞赛等活动，举办科技报告会、科技征文和科技图片展。

全县4人次受到市级以上表彰。

科普网络建设

科普阵地建设 全省"科普惠农村村通"活动开展以后，县科协立足实际整合社会资源，从2005年至2008年，先后投资15万元在全县10个乡镇102个村安装制作了102个科普惠农信息栏，建立科普惠农服务站102个，配备科普惠农信息员102名。同时，在建好、管好、用好科普宣传栏各个环节上探索出一些好的经验做法，并在全省经验交流大会上做典型发言。

农村专业技术协会建设 2004年全县农技协会总数达122个，各个学会、协会组织工作都有好的起色。黄花协会配合黄花旅游节组委会成功举办了大同县第三届黄花旅游节；全国风沙治理工作现场会在大同县召开，农学会、林学会为大同县的风沙治理做了大量工作。从2005年到2009年，县科协大力发展整顿农技组织，农技协会整合为95个，全县农技协会人数达到5000多人。2010年大同县海森农村专业技术协会被评定为国家级农技协会。

科普基地建设 2010年全县有县级科普示范基地8个；省级科普示范基地1个（党留庄乡的椿林养殖基地）；市级科普示范基地1个（巨乐鲜食杏种植基地）。主要有：杜庄乡、吉家庄乡的畜牧养殖基地；峰峪乡、周士庄镇的4个玉米种植基地；许堡乡、瓜园乡的2个绿豆种植基地；西坪镇、倍加造镇2个黄花种植基地；党留庄乡蔬菜设施基地。

其他工作

2009年，县科协对全县科技工作者状况进行了一次问卷调查，通过向厂矿、企业、农、林、水利、卫生、教育等系统发放调查问卷，向县人事局、统计局查阅相关数据对全县科技人员进行摸底，全面、客观地了解了全县科技工作者的基本状况，做出《大同县科技工作者状况调查分析报告》。2010年，县科协协同科教、统计、农业、林业等相关部门，完成了大同县申报国家级科普示范县工作，制定了大同县《全民科学素质行动计划纲要》，并被评为国家级科普示范县。

第六节 文 联

工作机构

1993年始，设立专职文联主席，专抓文联的各项工作。1996年，县文联设主席1人，副主席1人。2013年，县文联设主席1人，副主席1人。

从1996年至2013年，县文联相继成立了大同县书画协会、音舞美协会、作家协会、电视艺术协会、摄影家协会等5会，并发展会员500多名。

主要活动

2005年1月，县文联《火山文化》正式办成季刊。在第2期《火山文化》上，时任县委书记、县长分别刊发了《我对"火山文化"的一点认识》和《一座瑰丽的艺术宝库》两篇文章，对地域文化作了深入浅出的归纳、分析。11月，《火山文化》创刊一周年座谈会召开。省作协副主席、市文联主席马俊对全县文艺创作取得的成绩给予充分肯定。

2006年1月，《火山文化》扩大版容量，加厚到150页，首期刊物焕然一新，受到读者的喜爱。4月中旬，县委宣传部、县文联联合举办了"与春天同行"活动，本市学术界、文化界的专家、作家及本县部分文艺骨干应邀参加，参观了吕家大院、平邑古城遗址、李殿林故居、大同火山群、昊天寺等历史、人文景观。对如何开发本县旅游资源和《火山文化》如何调整、介绍这些有价值的自然、历史财富进行了深入的讨论，提出了许多有价值的建议。4月下旬，县文联组织部分作者赴平遥、绵山乔家大院等地采风，开阔创作视野。5月，县文联被省文联授予"优秀文联"的称号。11月初，县文联在桑干湖小龙门度假村建立了山西省第一个县级文联创作基地，并举行揭牌仪式。12月，县文联在西坪镇召开了"大同县文学创作会"，聂还贵、王祥夫、曹乃谦等知名作家对参会作者进行了文学辅导。《火山文化》被市文联评为"优秀文学期刊"。同年，县文联组织部分作者陆续完成了总题为《走向和谐文明的大同县》系列报告文学，分城建篇、政法篇、经济篇

和党风篇，陆续在《火山文化》刊出。

2008年5月，与团委联合举办了"青春杯"有奖征文活动。7月，县文联组织全县文艺家参与了"中外摄影名家聚焦大同火山群"等重大文化活动。

2009年8月，《魅力火山 文化坪城》一书出版，计20余万字，收录了200余幅珍贵图片，图文并茂，将大同县自然历史、人文景观、珍贵文物和名优特产等生动形象地呈现出来，是一部大同县文化旅游的百科全书。10月，县文联承办了"庆祝新中国成立60周年大型书画摄影作品展"。素荣获《黄河》2009年度优秀小说奖，贾文连续在《山西文学》发表作品。五年来，由一个不定期、不知名的县级刊物，渐渐经营成一个内容充实、包装精美、在全省有着一定影响的文学双月刊。12月，与县示范中学联合举办了"文学与教学碰碰碰"活动，让文学走进校园，深受师生们欢迎。

2010年7月22日，县文联承办了"中国·大同首届火山黄花文化旅游节、百名作家大同火山群采风活动"，省、市作协、文联的领导和各兄弟县区文联主席以及国内知名刊物的主编、知名作家等近百人参加了活动。

2011年1月，《火山文化》新开了"第一频道"和"每期一景"栏目，以优美的文笔和图片介绍大同县的文化旅游资源，受到读者欢迎。

第七节 残 联

工作机构

1989年，成立大同县残疾人联合会。其宗旨是：弘扬人道主义思想，发展残疾人事业，促进残疾人平等，充分参与社会生活，共享社会物质文化成果。每隔五年召开一次残疾人联合会代表大会，由残疾人联合会主席团召集，代表中残疾人及残疾人亲友应超过半数，主席团设名誉主席、副主席，设立残疾人工作协调委员会，由主任、副主任、委员组成，设立残疾人联合会执行理事会，由理事长、副理事长组成。设立专门协会：盲人协会、聋人协会、肢

残协会、智力残疾人及亲友协会、精神残疾人及亲友协会，由主席、副主席、委员组成。1996年，设理事长1人，副理事长2人。2013年，设理事长1人，副理事长1人。

残疾人工作

抚育孤残儿童　中国乳娘村——大同县散岔村，从20世纪60年代开始，共养育孤残儿童1000多名，至2013年12月，该村仍有270多名孤残儿童寄养在全村近三分之二的家庭。

改善残疾人生活　2002年，加强残疾人用品、用具供应服务工作，减少控制先天疾病发生，提高出生人口素质。2003年，开展富士康"爱心助残康复工程"，使一批贫困残疾人得到救助，实施项目为：聋儿免费佩戴助听器、聋儿康复训练补助、装配大腿假肢、肢残矫形手术。2006年8月，实施"彭年光明行动"，免费为贫困白内障患者手术；11月，市残联与县残联为贫困聋儿和部分贫困听力残疾者捐赠助听器10台；春节，走访慰问贫困残疾人50多人，并开展送温暖献爱心活动，让贫困残疾人过一个祥和快乐的春节。2007年8月，由香港爱心慈善总会志市残联出资，县残联组织，免费为17名贫困白内障患者手术，减免各项费用6万多元；9月，开展由安利（中国）日用品有限公司分公司营销人员资助的"扶残助学春雨行动"；并开展大型全国"爱耳日"宣传活动，将听力语言康复服务对象由聋儿扩展到听力语言残疾人，社会各界为他们捐赠助听器8台，同时动员全社会关注听力语言残疾人的状况，支持听力语言康复事业，加强全民的爱耳、护眼意识；同年，社会各界为贫困肢残者捐赠轮椅13辆，救助贫困学生10名。2008年，台湾曹仲植基金会与市残联为全县重度肢残者捐赠轮椅16辆。8月，市红十字会与市残疾人联合会联合，县残联组织为14名白内障患者免费进行复明手术；春节期间，各级政府慰问残疾人40多名。2009年，开始实施"阳光家园"计划为70名重度精神病和智力残疾人发放家庭托养补助每人720元；省政府为民办实事康复救助项目为全县10名智力残疾儿童进行康复训

练和救助。台湾曹仲植基金会为全县重度肢残者捐赠轮椅9辆，为5例白内障患者免费进行复明手术。2010年，继续实施"阳光家园计划"，为70名重度精神病和智力残疾人发放家庭托养补助每人720元，免费为26名贫困白内障患者进行复明手术，为4名贫困截肢患者安装了假肢。9月11日，中国残疾人福利金会沈伟俊秘书长、山西省残联郝保平副理事长、大同市残联秦成贵理事长、社会"慈善"人士以及大同县副县长王殿起等有关领导，赴大同县党留庄乡马连庄村入户慰问贫困白内障患者。

办理残疾人证　1991年，开始办理第一代残疾人证。2009年8月，在全县开展第二代残疾人证的换发工作。

为灾区捐款　2008年，5·12汶川地震，县残联职工为灾区捐款2040元，县福利冶炼厂厂长曹天斌（残疾人）为汶川灾区捐款1万元。

第八节　红十字会

工作机构

1985年，大同县红十字会正式成立，2003年12月，县委、县政府根据《中华人民共和国红十字会法》，将县红十字会与卫生局分离，单独建制为县群众团体组织，依法理顺了管理体制，成为独立自主开展工作的社会救助团体。县红十字会设有名誉会长、名誉副会长、会长、副会长、常务理事、理事。2013年，县红十字会下设办公室、组训赈济股、宣传青少股，有专职工作人员5人，自愿工作者298人。

大同县红十字会作为政府的参谋和助手，以发扬人道、博爱、奉献的红十字精神，保护人民的生命和健康，促进人类和平进步事业为宗旨。其在卫生和保健方面的主要工作有：开展卫生救护和防病知识的宣传普及；在易发生意外伤害的行业和基层组织开展初级卫生救护培训，组织群众参加意外伤害和自然灾害的现场救护。协助政府开展无偿献血的宣传推动工作，开展社会服务及社区红十字服务

工作;推动遗体(器官)捐献工作。开展预防控制艾滋病宣传和健康教育、关心爱护艾滋病病毒感染者、患者及其他救助工作。建设和管理中国造血干细胞捐献者资料库;开展捐献造血干细胞的宣传动员、组织工作。

会员代表大会

1997年5月8日,大同县红十字会第四届会员代表大会召开。会议选举产生了大同县红十字会第四届理事会,并由理事会选举产生了会长、副会长。

2004年10月18日,大同县红十字会第五届会员代表大会召开。会议选举产生了大同县红十字会第五届理事会,并由理事会选举产生了会长、副会长。

红十字工作

接收捐赠款物　1999年11月1日21时25分,大同县发生5.6级地震,这是继1989年、1991年6.1级、1999年5.8级地震后十年内的三次地震。此次地震,震中仍在老震区堡村。地震使全县16个乡镇191个行政村受灾,受灾人口43768人,伤28人,倒塌房屋13558间,直接经济损失2.3亿元。灾情发生后,县红十字会积极行动,接收来自社会各界的捐赠款物,共收到捐赠款物总价值113.2万元。2004年3月29日,许堡乡东水地村发生重大火灾,受灾农户26家,经济损失24.25万元。灾情发生后,县红十字会一面积极组织灾民自救,一面向市红十字会争取到白面、衣服、被子等物质折价3000多元分发给灾民。

开展社会募捐活动　2003年4月,大同市出现非典疫情,县红十字会根据市红十字会同红字[2003]第9号文件精神及县"非典"防治领导组的指示,从4月8日起就积极参与到这场抗击"非典"的战役中,并积极组织社会募捐活动,共收到全县各企事业单位及群众捐款9万多元。2003年7月25日,聚乐乡遭受特大洪灾、雹灾袭击,8人受伤,5人死亡。县红十字会一边及时报灾,一边将100床被子送往灾区。随后又将募集的1000元资金、715

件衣物送往灾区。2004年12月24日,印度洋海域发生强烈地震并引发海啸灾难。县红十字会按照市红十字会的安排,组织全县性的社会募捐救援工作。此次活动共募集捐款6200多元,并按要求全部上缴市红十字会,用于救援印度洋海啸灾民。2006年春节,县红十字会开展了以"健康援助进农家,红十字在行动"为主题的救助重病患者白玉强、刘清的募捐活动。活动开始后,许多人踊跃捐款。特别是县昊天大酒店捐款达2000元。2006年国庆前夕,县湖东宾馆服务员26岁的王丽珍突患疾病,被确诊为骨髓癌,急需到天坛医院手术。县红十字会接到救助申请后,倡议全县人民为其捐款。短短20天的时间,就募集捐款3万多元。2008年5月12日,四川汶川地区发生了里氏8级强烈地震,县红十字会根据大同市红十字会和县委、县政府的统一安排,于5月13日在全县迅即开展了"抗震救灾献爱心"募捐活动,倡议全县各界人士发扬中华民族"一方有难,八方支援"的传统美德,援助灾区人民,并深入基层开展劝募工作,活动期间共募集捐款12万多元,全部上缴市红十字会专户,用于四川汶川的抗震救灾。2010年4月14日07时49分,青海省玉树藏族自治州玉树县发生了7.1级特大地震。"地震无情人有情",县红十字会积极行动起来,倡议全县各党政机关、社会团体、企事业单位干部职工及广大群众,积极行动起来,发扬中华民族"一方有难,八方支援"的优良传统美德,慷慨解囊,踊跃捐赠,帮助灾区人民共渡难关。特别是县金森农牧发展公司董事长扬子江及员工情系玉树灾区,共为玉树灾区捐款1.69万元。

开展"红十字博爱送万家"活动　2007年1月24日,中国红十字会总会2007年"红十字博爱送万家"活动在聚乐乡西关村启动。总会常务副会长江亦曼、山西省人大常委会副主任王昕、省红十字会专职副会长冯晋生及大同市副市长李世杰、市红十字会常务副会长杨竹梅等领导出席,并送来价值达20万的物资。2008年1月29日,县红十字会在"乳娘村"散岔村组织开展了"博爱送万家"活动。活动期间,县红十字会向城乡特困群众发放价值24万元的生活包和救济棉衣、棉被、药品等,同时还对3名贫困群众进行慰问,共发放救助金900元。2009年1月4日,县红十字会一年一度的"红十字博爱送万家"救助款物发放活动正式启动。此次活动得到了省、市红十字会的大力支持,活动中将由省市红十字会下拨的价值4.2万元的生活包发放给了全县3个贫困乡镇的6个村,使300户特困家庭受益,让他们度过了一个愉快祥和的春节。3月2日,山西省红十字会下拨了一批由河北省石家庄以岭药业捐赠的感冒药"莲花清瘟胶囊",共6件,每件400盒,共计35520元的药品。3月3日,县红十字会工作人员便带着药品随村干部一起下村入户,派发药品。2010年2月6日,县红十字会在瓜园乡东沙窝村举行了2010年"红十字博爱送万家"活动启动仪式,县红十字会专职副会长吴健、瓜园乡乡长薛志军等参加了启动仪式。此次活动县红十字会将募集的价值4万多元慰问物资全部发放到困难群众手中,使全县200余户特困群众受益。

开展"博爱一日捐"募捐活动　2008年1月4日,县红十字会在全县组织开展"博爱一日捐"募捐活动,募捐范围为全县党政机关、事业单位有固定收入的干部、职工及效益好的企业职工等。救助对象是城乡特困居民、大病患者和特困大学生等。此次活动共募集捐款4万多元,全部用于对城乡大病患者和特困群众的救助。

其他工作　2001年春节前,县红十字会投资1000元对县城街头四个宣传灯箱进行整修。上半年,与卫生、公安、工商、广播等部门联合清理滥用、误用红十字标志,共清理滥用、误用红十字标志45处,处罚4家。2006年3月,大同县红十字会和县地震局技术人员在2所县直中学——县示范中学、二中开展了急救知识和地震、火灾等灾害避险培训,共培训师生500多人,发放急救知识、抗震减灾宣传资料1000多份。2007年,大同县被中国红十字总会、省红十字会确定为新型农村合作医疗救助试点县,年内共筹措资金10万多元,共救助贫困的患病群众51人,发放救助款8万多元。2008年6月,在上级红十字会积极协调下,美援大同县项目正式启动。此项目总投资48万元,由美国卡夫、宝洁公司捐赠,主要有许堡乡四个村、四所小学进行改厕、健康教育和上庄卫生站建设等项目。年底,项目顺利完成。这些项目改善了当地卫生状况,提高了村民健康意识。

第六编　政权　政协

第一章　地方人民代表大会

第一节　历届县人大工作

第十一届人大常委会
（1993 年 3 月—1998 年 6 月）

第十一届人大常委会主任为马德先，副主任为孙天奎、付源、杨永庆、赵喜奎、孔致如（1997 年 5 月—1998 年 6 月）、吴子文（1996 年 11 月—1998 年 6 月），委员 10 人。机构设置有办公室、财经、法制、教科文卫、人事代表 4 个工作委员会，本届任期内共举行了 6 次人民代表大会会议，28 次常委会会议，46 次主任会议，审议了"一府两院"66 项工作报告，开展了 45 次执法检查，对 58 项议题进行了视察调研，作出了 8 项决议、决定，任免国家机关工作人员126 人。

第十二届人大常委会
（1998 年 6 月—2003 年 7 月）

第十二届人大常委会主任为孔致如（1998 年 6 月—2001 年 12 月）、刘政（2001 年 12 月—2002 年 5 月为代理主任、2002 年 5 月—2003 年 7 月为主任），副主任为刘政（1998 年 6 月—2001 年 12 月）、吴子文、方孝斌、何溢（1998 年 6 月—2002 年 5 月）、王繁秀（2002 年 5 月—2003 年 7 月），委员 13 人。机构设置有办公室、财经、法制、教科文卫和人事代表 4 个工作委员会。本届任期内共举行了 5 次人民代表大会会议，32 次常委会会议，59 次主任会议，审议了"一府两院"45 项工作报告，开展了 38 次执法检查，对 68 项议题进行了视察和调研，作出了 13 项决议、决定，任免国家机关工作人员 134 人。

第十三届人大常委会
（2003 年 7 月—2007 年 5 月）

第十三届人大常委会主任为刘政，副主任为吴子文、方孝斌、李子明、王繁秀、卫水玲，委员 13 人。机构设置有办公室和财经、法制、教科文卫、农村（2005 年设置）等 4 个工作委员会。本届任期内共举行了 4 次人民代表大会会议，25 次常委会会议，审议了"一府两院"49 项工作报告，开展了 57 次执法检查，对 58 项议题进行了视察和调研，作出了 14 项决议决定，任免国家机关工作人员 131 人。

第十四届人大常委会
（2007 年 5 月—2011 年 5 月）

第十四届人大常委会主任为武明，副主任为李子明、王繁秀、卫水玲、乔焕，委员 16 人。机构设置有办公室、财经、法制、教科文卫和农村等 4 个工作委员会。换届三年来共举行了 3 次人民代表大会会议、15 次常委会会议、38 次主任会议，听取和审议了"一府两院"34 项专项工作报告，开展了 13 次执法检查，对 38 项议题进行了视察调研，做出了 8 项决议决定，任免国家机关工作人员 51 人。

第十五届人大常委会（2011 年 5 月—）

第十五届人大常委会主任为武明，副主任为白采堂、王殿起、王雪萍、王繁秀、卫水玲、乔焕，委员 16 人。机构设置有办公室、财经、法制、教科文卫和农村等 4 个工作委员会。换届三年来共举行了 3 次人民代表大会会议、15 次常委会会议、38 次主任会议,听取和审议了"一府两院"34 项专项工作报告,开展了 13 次执法检查,对 38 项议题进行了视察调研,作出了 8 项决议决定,任免国家机关工作人员51 人。

第二节　执法检查工作

第十一届人大常委会五年来,常委会集中力量,上下联动,对了农业法、产品质量法、食品卫生法等 40 多部法律法规的执行情况进行了检查。每次检查活动,常委会始终做到抓住重点,深入突破,务求实效。

常委会把《农业法》作为执法检查的重点之一,进行了以保证农业投资的足额到位、保护耕地、改善农村财务管理、减轻农民负担为重点的农业法执法检查。检查范围涉及 16 个乡(镇)97 个村庄,共查出各类违反土地法案件 42 件,违反财经纪律问题21 起,挤占挪用农业专项资金 64.2 万元,政府和有关部门进行了查处。到 1996 年年底,被挤占挪用的农业资金大部分归还到位,同时政府增加了对农业的投入,1997 年县财政预算对农业的投入比 1993年增加了 46 个百分点,已经达到农业法规定的县级财政对农业投入的增长比例。

打击假冒伪劣商品,保护消费者的合法权益,是人民群众关注的社会热点问题。常委会连续三年组织开展 5 次消费者权益保护法、产品质量法的执法检查活动,共查处价格违法和损害消费者权益案件 130 件,查处销毁假冒伪劣商品 11 类 130 个品种,价值 13.4 万元,取缔无证个体行医和非法销售药品摊点 35 家,责令停止个体行医 14 家,为规范市场,保护消费者的合法权益起到了积极的推动作用。

第十二届人大常委会五年以来,突出监督重点,注重监督实效,先后开展了《预算法》《义务教育法》《土地管理法》《村委会组织法》《互联网上网服务营业场所管理条例》《大同市行政执法责任制条例》等法律法规的执法检查,促进了宪法及法律法规在全县范围内的贯彻与实施。1. 围绕推行执法责

任,全力推动依法行政进度。为了营造依法治县氛围,为全县创造良好的发展环境,常委会在 2004 年7—9 月,以"明确执法责任、完善执法制度"为目标,对 51 个县直单位、24 个条管单位,开展了行政执法责任制落实情况的检查。并对评选出的 5 名先进个人、3 个模范单位进行了隆重的表彰。2. 围绕群众关心热点,加强监督力度。根据群众和代表的强烈反映,常委会于 2005 年 6 月开展了贯彻落实《互联网上网服务营业场所管理条例》执法检查活动。检查组深入县城及部分乡镇,通过明察暗访,彻底查清了分布在全县城乡的网吧数量和经营状况。随后常委会第十三、十五次会议两次听取了县政府关于贯彻落实该条例以及整改情况的报告。县政府有关部门根据常委会提出的 6 条审议意见,取缔了所有的黑网吧,加大对手续齐全网吧的整治力度。先后扣留主机 24 台,封存主机 61 台、游戏机 7 台,使这一社会顽症得到阶段性遏制。3. 围绕可持续发展,不断加大监督强度。大同县矿产资源相对贫乏,其利用、保护情况如何,历来是常委会关注的重点。2005 年 7 月,常委会组织专人开展了《矿产资源法》执法检查,提出了合理化的意见和建议。政府及其职能部门随后采取一系列措施,加大监督力度,保护和合理利用了有限资源。2006 年,常委会还组织市人大代表对该县的火山群进行视察,并在市人代会上提出议案被列入了当年市人代会十个重点建议之一,呈交市政府办理,这一珍贵地质资源引起了上级有关部门的高度重视。

第十三届人大常委会五年来,常委会从完善监督机制入手,首先出台了《关于"依法治县"的实施意见》,从学法、执法、维护法律尊严等方面,对"一府两院"工作提出新要求,为依法治县奠定一个良好的基础。其次在全县推行部门执法责任制。常委会根据"一府两院"所司法律,划分职责范围,明确执法责任,建立配套制度,达到一级对一级负责,层层对法律负责。常委会多次听取"一府两院"关于推行部门执法责任制的情况汇报,召开了执法经验交流大会,总结推广县计量局推行执法责任制的

经验，通报批评 14 个行动缓慢的执法单位，同时责成法工委进一步跟踪督促、检查、指导。再次就是掀起学法热潮。多次组织组成人员、人大代表、乡镇人大主席和机关工作人员参加法律讲座，形成了常委会会前学、日常学、开展重大活动提前学的风气。换届后对拟任命 42 名国家机关工作人员进行了《宪法》和《行政处罚法》考试，还对县土地局、水利局的 100 多名执法人员进行了有关法律知识考试。对考试不及格者，建议收回执法资格证，离岗学习。通过学习、考试，提高了机关工作人员、执法单位负责人和执法人员的法律意识和执法水平。

第三节　工作监督

第十一届人大常委会五年来共召开 28 次常委会会议，听取和审议了"一府两院"66 个专项工作报告，为了增强监督效果，对每次会议的召开都进行了充分准备，做到会前组织视察调查，会上集中审议议题，会后跟踪督促落实，使监督向全程化迈进。

常委会对企业的发展十分关注，围绕《企业法》的贯彻实施，听取和审议了县政府 7 次专项报告，组织代表进行 4 次视察活动，提出 34 条建议、意见，改进了工业经济稳定、健康发展。

第十二届人大常委会五年来，常委会共听取和审议"一府两院"关于农业、财政预决算、农村合作医疗、市容和环境卫生、打团扫黑等 10 个方面 45 个专项工作报告，对于推动全县改革、发展、稳定起到了重要作用。为促进产业结构调整，常委会多次听取和审议政府产业结构调整情况的报告，就发挥"区位、交通、人文"三大优势，实施"三环"发展战略，确保产业结构调整步入良性发展轨道，提出了重要意见和建议。为了提高严打整治效果，常委会听取和审议了政府关于开展严打整治斗争的报告，促进了这项工作的深入进行。

第十三届人大常委会四年来，常委会紧紧围绕发展这个执政兴国的第一要务，密切关注与人民群众切身利益息息相关的问题，共召开常委会议 25

次，听取和审议了县政府关于教育、预算执行、新农村建设、新型农村合作医疗、县城总体规划执行等方面 49 个专项报告，并对其中的 25 个进行了满意度表决，共提出审议意见及专题建议 62 条。为了提高监督实效，常委会从 2005 年开始将政府工作报告提出的各项任务以责任制形式分解到各个部门，建立起了统分结合、责权清晰、严格考核、年底兑现的量化监督运行机制，推动了政府工作的顺利进行。

第十四届人大常委会两年来，按照"围绕中心、突出重点、注重实效"的思路，根据全县的工作中心、代表提出的意见、群众反映集中的问题来确定监督重点，特别是高度重视涉及民生的事项，选择经过努力可以解决的问题作为突破口，举一反三，以点带面，实现监督效应。加强对预算的监督。认真听取预算执行、决算审计等报告，通过提前介入、发挥与审计监督的对接作用等方法，加大对预算执行的审查监督力度，进一步规范了预算行为，增强预算的透明度，维护了预算的严肃性。加强对县城环境治理的监督。专门在燃煤锅炉集中使用时段现场查看，掌握县城烟控区污染以及脱硫除尘设备使用情况。连续两次会议听取县政府关于环保工作的报告，提出审议意见，督促县政府进行整改，县城人居环境得到有效改善。加强对民营企业运行情况的监督。多次到民营企业进行调研，详细了解企业的运行状况及所存在的问题，向县政府提出意见。县政府加大招商引资力度，使全县民营经济呈现出强劲的发展势头，并在财政困难的情况下，拿出 260 万元，表彰成绩显著的民营企业，为加快发展县域经济起到了积极的促进作用。

第十四届人大常委会两年来，按照"围绕中心、突出重点、注重实效"的思路，根据全县的工作中心、代表提出的意见、群众反映集中的问题来确定监督重点，特别是高度重视涉及民生的事项，选择经过努力可以解决的问题作为突破口，举一反三，以点带面，实现监督效应。加强对预算的监督。认真听取预算执行、决算审计等报告，通过提前介入、发挥与审计监督的对接作用等方法，加大对预算执行的审查监督力度,进一步规范了预算行为,增强预算的透明度,维护了预算的严肃性。加强对县城环境治理的监督。专门在燃煤锅炉集中使用时段现场查看,掌握县城烟控区污染以及脱硫除尘设备使用情况。连续两次会议听取县政府关于环保工作的报告,提出审议意见,督促县政府进行整改,县城人居环境得到有效改善。加强对民营企业运行情况的监督。多次到民营企业进行调研,详细了解企业的运行状况及所存在的问题,向县政府提出意见。县政府加大招商引资力度,使全县民营经济呈现出强劲的发展势头,并在财政困难的情况下,拿出260万元,表彰成绩显著的民营企业,为加快发展县域经济起到了积极的促进作用。

第四节 代表工作

第十一届人大常委会五年来,常委会组织部分县、乡两级人大代表对政府、法院、公安、涉农部门的工作进行了评议。常委会根据形势的要求和人民群众的呼声,1996年组织开展了对县人民法院工作的评议。评议中,对重点案件的发案地和涉案地进行了调查,以专题座谈、个别走访的形式,广泛听取社会各阶层对县人民法院工作的反映,收集代表和群众意见、建议59条,调阅各类案卷69件,重点查阅17件。代表们通过广泛深入的调查了解,对县人民法院工作进行了客观公正的评议,在肯定成绩的基础上,重点对6个刑事案件和3个治安案件提出了依法核实查正、纠正的意见,其次对久拖不决案件,案卷不规范、制度不健全等问题也提出了整改要求。县人民法院根据要求,认真进行整改,纠正了2起错判案件,重新审理了3起处理不当案件,审结了12起久拖不决案件。

第十二届人大常委会五年来,县人大常委会认真贯彻代表法,不断改进工作方式,努力提高工作水平,代表工作迈上了新台阶。一是创造条件,支持和保障代表依法履职。扩大代表对常委会活动的参与,保障代表知情知政,为代表提供宽阔的履职平台。两年来共有87名人大代表参加了常委会组织的视察调研、执法检查等活动,有29名人大代表列席了常委会会议,还有100多名人大代表参加了县里的有关会议。二是加大代表建议督办力度,推动办理工作从"答复型"向"落实型"转变,既提高了建议的答复率,又提高了代表的满意率。

第十三届人大常委会五年来,常委会进一步加强同代表的联系,组织代表开展视察、调查、执法检查和评议等活动,充分发挥了人大代表的主体地位。共召集县乡两级代表座谈会65次,收集代表和群众意见、建议152件,其中87件得到了政府及有关部门的及时办理答复。

常委会重视代表工作,多方面采取措施,改进代表工作。一是连续四年为代表人手订阅一份《人民代表报》,坚持邀请代表参加执法检查、视察调研等活动。同时还采取走访看望、征求意见、答复提出的问题等形式,不断加强同代表的联系,拓宽代表知情知政渠道,为其履行职能提供服务和保障;二是认真督办代表议案、建议。十三届人大历次会议以后,代表共提出各类建议156件,为使这些建议落到实处,常委会按照畅通送达渠道、加大督办力度的原则开展工作。基本达到案案有着落、件件有交代。在十三届人大四次会议后,还尝试将代表、承办单位负责人以及常委会组成人员召集在一起,三方见面,面对面答复,收到很好效果。

第十四届人大常委会五年来,县人大常委会认真贯彻代表法,不断改进工作方式,努力提高工作水平,代表工作迈上了新台阶。

第十五届人大常委会五年来,常委会注重加强和改进代表工作。继续坚持组成人员联系代表,邀请代表列席常委会会议、参与执法检查等制度,通过为代表订阅报刊等形式,努力为代表履行职责提供服务。为调动代表参政议政积极性,常委会每年对代表提出的议案、建议都认真进行了转交督办,对于办理不够满意的,要求政府重新办理,限期答复,提高了办理质量。五年来,共办理了14件议案、134件建议。对于人民群众的来信来访,常委会作为联系群众的重要渠道,始终高度重视,进一步完善了接待、登记、转交、督办制度,共受理来信49件,接待来访225人次,做到件件有着落,事事有回音。

第五节　重大事项决定权和人事任免权

第十一届人大常委会至第十五届人大常委会以来,常委会紧紧围绕县委的中心工作,严格按照有关法律规定,认真行使重大事项决定权,审议通过了县城总体规划、农田水利基本建设"十一五"规划以及"五·五"普法等14个规划和决定,为这些前瞻性的工作提供了法律保证和依据。

常委会坚持党管干部和人大依法任免的有机统一,认真贯彻县委意图,充分发扬民主,制定并认真实施《大同县人大常委会关于进一步加强人事任免工作的决定》,牢牢把握任前考察、法律考试、审议任免、投票表决四个环节,增强了拟任人员的法律意识、人大意识和责任意识。2003年至2007年共任免国家机关工作人员131人,为"一府两院"各项工作的正常开展提供了组织保证。

为了加强对任命人员的任后监督,2004年12月,对法、检两院的44名审判员、检察员开展了述职评议工作。通过听汇报、查案卷、民主测评、个别谈话、走访当事人、交换意见、限期整改等步骤,促进了"两院"执法队伍执法水平的整体提高。

五年以来,常委会认真负责地行使决定权和任免权,共作出200多项决定、决议。在人事任免上常委会始终以对党、对人民、对被任免人员高度负责的态度,认真对待这项工作,自觉把党管干部与人大依法任免统一起来,充分发扬民主,严格依法办事,增强了干部任免的严肃性、法律性和民主化程度。

第六节　自身建设

第十一届人大常委会到第十五届人大常委会以来,常委会紧密结合工作实际,始终把自身建设放在突出位置。一是精心组织,严格要求,深入开展学习实践科学发展观活动;二是继续狠抓政治理论、法律法规、人大业务等知识的学习;三是注重调查研究,为审议相关报告掌握第一手资料,做好会前准备;四是建立健全机关值班、信访、文件传阅等工作制度,用规章管事,用制度管人,工作作风明显改善,确保了机关各项工作的顺利有序进行。

20多年来,常委会始终把自身建设摆在重要位置,常抓不懈。在思想建设方面,深入进行了"三讲"集中教育,在政治理论建设方面,深入学习了邓小平理论、江泽民同志"三个代表"重要思想和十五大、十六大精神。作风建设方面,常委会认真落实十五届六中全会提出的"八个坚持""八个反对"的要求,工作作风有了明显转变。常委会组成人员抽出时间深入实际,深入群众,调查研究,了解民情,反映民意。先后为贺店、下甘庄、黎峪、三条涧等村群众解决了人畜吃水、电力供应等问题。

常委会还加强了对乡镇人大及乡镇和村民委员会换届选举工作的指导。针对人大主席和副主席多数都是新同志的实际,进行法律知识培训,坚持乡镇人大主席列席常委会议和参加重大活动制度。本届人大由于机构改革和撤并乡镇,进行两次乡镇和两次村民委员会换届选举,常委会精心指导,对选举过程中出现的新情况、新问题,及时指导并责成有关部门严肃处理,确保换届选举工作任务的圆满完成。

开展纪念活动。为了纪念人民代表大会成立50周年和地方人大常委会设立25周年,2005年常委会经过精心组织,先后举办了六项纪念活动。一是隆重召开纪念大会。会上县委、人大、"一府两院"的主要负责同志都作了重要讲话。二是在全县党政机关干部、市县人大代表中开展"坚持和完善人民代表大会制度"有奖征文活动。共收到征文100多篇。三是在县电视台举办了八期专题讲座。加大了宪法以及人大制度的宣传和普及力度。四对常委会任命的"一府两院"64名工作人员进行了人大制度知识考试。五是开展了人大制度知识竞赛活动。全县共有21个代表队参加了预赛，有6个代表队进入了决赛，县电视台对决赛实况进行全程转播。六是召开了有70余人参加的人大制度理论研讨座谈会，认真探讨和研究了新时期人大工作的重要性、必要性以及发展方向。

第二章　地方人民政府

第一节　县人民政府

1997年，成立了公安交通警察大队，恢复了司法局。同年3月，撤销农牧开发服务总公司、林果开发服务总公司、煤炭总公司、农机开发服务总公司、粮油开发服务总公司、经济技术协作公司、商业供销总公司，物资总公司及驻太原、赤峰、北京三个办事处。农业、粮食、林业、水利、乡镇、煤炭6公司撤销后设局，列入政府组成部门；农机、经济技术、商业、物资4公司撤销后，成立服务中心，列入县直事业单位。同年，县政府对大同县水泥厂、大同县砖瓦厂、大同县工程公司、大同县金属镁厂、大同县联营砖瓦厂等国有企业进行了改制。

1998年，大同县人民政府辖西坪镇、倍加造镇、周士庄镇、阁老山乡、聚乐乡、中高庄乡、党留庄乡、杜庄乡、吉家庄乡、麻峪口乡、峰峪乡、徐町乡、陈庄乡、瓜园乡、西册田乡和许堡乡共16个乡（镇）人民政府，195个村民委员会。期间，各乡镇名称、县划、管辖村民委员会数等没有发生过变动。大同县人民政府直属企业有黄土坡煤矿、大同县化肥厂、大同县水泥厂、大同县砖瓦厂、大同县工程公司、大同县金属镁厂、大同县联营砖瓦厂、大同中包绿色制品厂、大同县农机厂、大同县建材厂等；另有大同县煤运公司、黄土坡煤炭集运站、农行大同县支行、大同县信用合作联社、工行大同县支行、建行大同县支行、供电局、邮电局、中保有限公司大同县支公司等由行业和所在地双重领导的企业9个。大同县人

民政府直属事业机构有：大同县第一中学、大同县第二中学、大同县示范中学、大同县职业中学、教师进修校、县人民医院、县中医院、档案馆、农技推广中心、农业综合开发办、商业服务中心、农机服务中心、劳动服务公司、物资服务中心、广播电视服务中心、机关事管理务局、老龄办共15个。另有广播电台、防疫站、地震办公室、公路站、农副产品销售信息中心、公证处、技术监督局等有关部门归口管理的事业机构7个，有农调队双重管理的机构1个。大同县人民政府直属常设工作机构有：办公室、经贸委、计委、科委、计生委、科干局、人事局、劳动局、财政局、审计局、民政局、统计局、卫生局、交通局、司法局、土地局、物价局、公安局、交警队、煤炭工业局、农业局、林业局、水利局、粮食局、乡镇局、反贪污贿赂局共26个；有关部门内设二级单位自来水公司、环保所、房管所3个；另有地税局、国税局、工商局双重领导的机构3个；虚设的协调机构和临时工作机构39个。同年4月，成立东街街道办事处、西街街道办事处、湖东街街道办事处。

2001年10月，撤并乡镇，将阁老山乡并入聚乐乡，将中高庄乡并入西坪镇，将原麻峪口乡并入吉家庄乡，将原陈庄乡并入瓜园乡，将原西册田乡并入许堡乡。同时，成立了阁老山、中高庄、麻峪口、陈庄、西册田等4个正科建制的开发区，不设政府领导，只配置党委书记及若干名副职。

2002年，根据《大同县级党政机构改革方案》，对政府工作机构进行精简。将原计委与物价局合并成立发展计划局，撤销农业委员会，成立农业局

（挂农村工作领导小组办公室牌子）、原地矿局与土地局合并成立国土资源局，监察委员会与纪律检查委员会合署办公，列入政府序列局，不计入政府机构个数。安全生产监督管理局挂煤炭工业局牌子，县环境保护所撤所改设环境保护局。是年，县人民政府工作部门共设置23个，分别是：办公室、发展计划局、经济贸易局、文教体育局、公安局、民政局、司法局、财政局、水务局、农牧局、林业局、卫生局、交通局、计划生育局、审计局、统计局、粮食局、科技局、人事局、劳动和社会保障局、国土资源局、城乡建设局、安全生产监督管理局、监察委员会。

2004年，大同县人民政府撤销了阁老山、中高庄、麻峪口、陈庄、西册田5个正科建制的开发区，其干部职工归并乡镇分流。是年，县人民政府设办公室、发展计划局、经济贸易局、教育体育局、民政局、司法局、财政局、水务局、农业局、林业局、卫生局、交通局、计划生育局、审计局、统计局、粮食局、科技局、人事局、劳动和社会保障局、城乡建设局、文化局、安全生产监督管理局、监察委员会共23个工作部门。

2008年成立招商办公室，正科建制直属事业单位。2009年更名为招商投资促进中心。同年12月，成立大同县委政府接待办公室，正科建制直属事业单位。

2009年10月，成立大同县人民政府信息网络中心，为全额事业单位，副科级建制，隶属县政府办公室。主要职能是电子政务建设和政府网络建设；信息收集、网页制作、内容更新；电子政务信息网络日常管理、网络安全；协调指导相关单位计算机。同年，成立大同县火山地质管理中心。

2010年，对政府工作部门进行改革。组建县经济商务和信息化局，将县经济贸易局除国有资产监督管理方面以外的职责与县中小企业局承担的行政职责进行整合，划入县经济商务和信息化局，不再保留县经济贸易局；组建县人力资源和社会保障局，将县人事局的职责、县劳动和社会保障局的职责进行整合，划入人力资源和社会保障局，不再保

留县人事局、县劳动和社会保障局；组建县住房保障和城乡建设管理局，将县城乡建设管理局的职责与县房产管理中心承担的行政职责进行整合，划入县住房保障和城乡建设管理局，履行县住房保障和城乡建设规划、基础设施建设、综合管理等职责，不再保留县城乡建设局；组建县农业委员会，挂县委农村工作领导组办公室牌子。将县农业局的职责、县农机中心、县农业综合开发办公室、县农经服务中心承担的行政职责进行整合，划入县农业委员会，不再保留县农业局；组建县文体广电新闻出版局，将县文化体育局的职责、县广播电视服务中心承担的行政职责进行整合，划入县文体广电新闻出版局，不再保留县文化体育局；组建县科技教育局，将县科技局承担的科技方面的职责进行整合，划入县教育局，不再保留县科技局和县教育局；县食品药品监督管理局不再实行省级以下垂直管理，将建制移交县政府管理，并入县卫生局，县卫生局加挂食品药品监督管理局牌子；县人民政府办公室加挂县人民防空办公室牌子。县人民政府下辖西坪镇、倍加造镇、周士庄镇、聚乐乡、党留庄乡、杜庄乡、吉家庄乡、峰峪乡、瓜园乡、许堡乡共7个乡（镇）人民政府和东街街道办事处、西街街道办事处、湖东街街道办事处等，175个村民委员会。共设23个工作部门，分别是：大同县人民政府办公室（挂大同县人民防空办公室牌子）、大同县发展和改革局（挂粮食局牌子）、大同县经济商务和信息化局、大同县科技教育局、大同县公安局、大同县监察局（中共大同县纪律检查委员会机关与其合署办公，列入政府机构序列，不计入政府机构个数）、大同县民政局、大同县司法局、大同县财政局、大同县人力资源和社会保障局、大同县国土资源局、大同县环境保护局、大同县住房保障和城乡建设管理局、大同县交通运输局、大同县水务局、大同县农业委员会（挂中共大同县委农村工作领导组办公室牌子）、大同县林业局、大同县文体广电新闻出版局、大同县卫生局（挂大同县食品药品监督管理局牌子）、大同县人口和计划生育局、大同县审计局、大同县统计局、大同县安

全生产监督管理局、大同县民族宗教事务局。

2011年,大同县食品药品监督管理局从大同县卫生局分设独立。

2013年底,政府部门未再进行调整。

第二节　施政方式

会议制度

县政府全体会议由县长召集主持,副县长、县政府组成部门领导人参加,必要时扩大至乡镇和有关单位领导。会议主要内容:决定和部署县政府的重要工作;讨论政府工作报告、重要行政措施和县政府工作中的重大事项;通报全县经济运行和社会发展情况,协调各部门工作;讨论其他需要县政府全体会议讨论的事项。县政府全体会议一般每半年召开一次,如有重大事项可临时召开,议题由县长确定。

县政府常务会议由县长、副县长、县政府办主任参加。会议主要内容为:讨论决定县人民政府工作中的重大事项;讨论通过提请县人民代表大会和县人民代表大会常务委员会审议的议案;讨论通过由县人民政府制定的行政规章;讨论决定县人民政府各部门、各乡镇和有关单位请示县人民政府解决的重大事项;研究分析全县经济运行和社会发展形势;讨论由各副县长提出的且有必要集体讨论的事项。县政府常务会议一般每月召开一次,如有急需解决的问题可临时召开。会议由县长或县长委托常务副县长召集和主持。会议议题由县政府办公室收集整理,报请县长审定。会议决定事项,由县政府办公室整理成《县人民政府常务会议纪要》,经县长或县长委托常务副县长审阅后,印发有关单位。

县长办公会议由县长或县长委托有关副县长召集和主持,参加人员由县长或副县长确定。会议主要内容为:研究处理县政府日常工作中的重要问题;副县长按照所分管工作召开的专题会议,研究协调政府工作中的专门问题。县长办公会议,根据需要不定期召开。会议决定事项,由县政府办公室整理成《县长办公室会议纪要》,经县长或副县长审阅后,印发有关单位执行。

分工负责制

县政府实行县长负责制和副县长分工负责制相结合的工作制度。工作中,分级管理,分级负责,各司其职,职责明确。县长主持全面工作,副县长按照财税金融、工业、农业、煤炭、城乡建设、文教卫生等工作门类分工,落实县政府重要会议的决定和工作部署,管理、协调、监督、检查分管单位的工作。对于工作中的重要情况和重大事项,及时向县长报告。各乡镇人民政府和县政府并部门及有关单位报送县政府的审批事项,属于副县长分管的工作,由副县长审批,重要问题需报县长审批或需提交县政府常务会议研究的,主管副县长、县政府办公室事先做好协调工作,提出处理意见。以县政府名义下发的公文,涉及有关法律法规、政策性的规范性文件,涉及其他县长分管的文件,涉及全县经济、社会发展大局的文件,以及属于综合性问题的文件,先由主管副县长负责协调,形成具体意见,并由有关副县长或有关主要负责人签署意见后,报县长或常务副县长签发。凡不涉及上述内容的文件,由主管副县长签发。

政务公开制度

根据《中华人民共和国政府信息公开条例》(以下简称《条例》)和《大同市人民政府办公室关于做好2010年政府信息公开年度报告有关工作的通知》的规定,从2010年开始,大同县人民政府实行信息公开工作年度报告,大同县政府利用门户网站设置政府公示公告、政府文件专栏,公布重要政府公告以及县政府或县政府办公室名义下发的主要规范性文件、与经济社会管理和公共服务相关的其他文件。县委、县政府按照《条例》要求,成立了大同县信息网络中心。同时各乡镇各单位部门成立相应机构,规范公开内容,紧扣全县中心工作,紧贴人民群众关注的热点问题,开辟"大同县要闻""公示公告"等专题栏目。完善政府网站"县长信箱""监督投诉""建言献策""网民留言"等特色栏目;

创新公示形式,利用网络进行公开,增大公开的容量和覆盖面,达到便捷、快速、接受群众面广的目的;部分乡镇、部门建立自己的门户网站;利用广播、电视、报刊等媒体向社会进行公开,通过大同县电视台、"村村通"广播等形式,及时发布公告、政策法规、服务承诺、办事流程等,广泛公开政务信息;利用公开栏、电子显示屏等形式进行公开,县委政府机关利用电子显示屏公开办事指南、办事程序、办理结果等情况,计生局在全县所有行政村都公开计划生育执行情况,县民政局在各村公开栏中及时公开农村低保、救济、优抚、五保资金发放的标准和流程;县农委、人社局、供电公司等通过设立公开栏,公开再项惠农支农政策、劳务人才信息、水电收费标准等,县档案馆成为政府信息公开的主要场所;县政府办公室下发《关于进一步加强政府信息公开工作的通知》等文件,从深化政府信息公开内容、丰富公开形式、健全工作机制等方面作出具体安排。各乡镇、各部门也结合实际,建立完善了相关工作制度,并严格遵照执行。县政府门户网站还与市级机关网站、各县(市、县)政府网站建立了链接,方便群众查阅各政府机关主动公开的政府信息。

第三节 法制工作

大同县人民政府法制办 主要职能是:编制县政府规范性文件的制发规划和年度计划,从法律角度对县政府或县政府办公室印发的规范性文件进行审校把关,组织起草重要的规范性文件草案;督促、检查、指导有关部门对于政府规范性文件的贯彻落实;负责县政府规范性文件涉及法制问题的解释工作;负责对县政府各部门、各镇政府、街道办事处行政执法工作的监督、组织、指导,参与全县的行政执法检查活动,分析研究全县行政执法中带有普遍性的问题,并向县政府提出解决的意见和建议;负责协调县政府各部门、各镇政府和各办事处之间在行政执法方面的矛盾和争议,纠正违法或不当的行政行为;负责向县政府备案的规范性文件的审

查、备案工作;负责审理公民、法人和其他组织向县政府申请复议的行政案件,代理县政府进行行政诉讼和经济、民事诉讼,承办县政府受理的行政赔偿案件;组织清理规范性文件,编辑规范性文件汇编;开展政府法制理论研究和学术交流,组织法制学习、宣传、培训,提供法律咨询和法制服务;承办法律、法规、规章草案征求意见工作;承办县政府和县政府办公室交办的其他事项。

法制办自成立后,围绕县政府中心工作,继续以贯彻国务院《全面推进依法行政实施纲要》(以下简称《纲要》)为统领、以服务政府工作、服务社会为宗旨,以推进依法行政、建设法治政府为目标,以健全工作制度、规范行政行为为载体,紧密结合大同县法制工作实际,认真履行职责,为推进依法治县进程和加快建设社会主义法治政府,提高政府及各部门依法执政能力和执政水平扎实开展工作。

县法制办审核出台的执法规范性文件,提请县政府常务会议审议,经县政府常务会议通过后通过县政府网站及时向社会公布。2011年至2013年共清理县政府、县政府办规范性文件,以分别报大同市法制办、大同县人大备案,并规定未经清理并宣布有效的县政府、县政府办规范性文件一律不得作为行政管理依据。

第四节 应急管理工作

大同县人民政府人防办,其前身是战备办公室。负责人民防空战备建设。后成立大同县政府应急管理办公室,设在县政府办公室,应急办主任由政府办主任兼任,另核定专职副主任1名(副科级)。

大同县政府应急管理办公室成立后,按照县政府的总体安排,坚持以人为本、预防为主的方针,健全组织机构,完善工作机制,夯实基层基础,提供物质保障,做到上下联动、全民参与,通过认真开展预防和处置突发公共事件,减少重大突发事件的影响,保障人民群众生命财产安全,维护全县的公共

安全、环境安全和社会稳定。

第五节　机关后勤服务

工作机构

1990年6月28日，大同县机关事务管理局成立。1996年6月，解散车队。同时调度室、油库、配件库也相继停止使用。2001年，更名为大同县机关后勤服务中心。2010年12月31日，更名为大同县机关事务管理局。机关事务管理局除承担原有的工作职能外，还负责全县公共机构节能监督管理工作。

2013年，大同县机关事务管理局共有职工44人，其中党员23人，干部4人，工人40人。共有平房18间，建筑面积360平方米。

工作概况

办公场所整治　一是开展大院环境卫生集中整治，加强了日常保洁，确保了大院良好的卫生环境；二是开展爱国卫生运动，组织开展除"四害"活动，从1996年到2010年，共投入人力2200人次；三是完成了重大节日大院布置，从1996年到2013年，栽种花卉20余次，为30多次重大活动和重要节日营造节日气氛，定期对各种观赏类植物修剪、整形、美化和病虫害防治；四是适时给草坪修剪、施肥、和清除杂草，从1996年到2013年，共投入人力达3000多人次；五是卫生保洁工作得到改善，清运垃圾、清理卫生死角垃圾，从1996年到2013年，共投入人力

近2000人次。

设备维护维修　从1996年至2013年，共完成维修任务1500多人次，确保了水、电、锅炉的安全、正常运转。一是对锅炉按国家规定定期进行年检和维护保养，禁止带故障运行；二是对水、电线路进行有计划的改造，共计100余次。以适应机关大院内各单位对供水、供电和供气的需要；三是进行日常巡查，对存在的问题和隐患及时采取措施进行处理；四是对机关大院内各单位反映的问题，及时派维修人员前往进行及时解决。

会议服务　会议服务和保障工作是机关事务管理局的一项重要职能。一是做好会议准备工作，确保会议准时、顺利召开和结束；二是经常对会议音响设施进行检查维护，确保会议正常、安全；三是会后对会场进行清扫，平时进行日常保洁，确保会场干净、整洁、舒适。

公共机构节能　2008年，国家提倡节能，大同县设置公共机构节能小组，办公室设在县机关事务管理局，由县机关事务管理局局长兼任办公室主任。节能办成立后，组织全县公共机构开展形式多样的节能宣传周活动。悬挂横幅标语总计90余条。2008年至2013年5年间共印发节能宣传画3000余张和宣传单10000余份；同时开展全县公共机构节能专项督查，对全县各乡镇、县直各相关单位进行节能专项检查5次，督查率达81.3%，有力推进全县公共机构节能的开展。

第三章　地方政协会议

第一节　历届政治协商会议

政协大同县第四届委员会第四次会议

1996年4月13日至15日,政协大同县第四届委员会第四次会议在县城召开。出席本次会议的政协委员78人,列席人员46人。会议听取了大同县委领导的讲话,听取并审议了政协大同县第四届委员会常务委员会工作报告,听取并审议了政协大同县第四届委员会关于四届三次会议以来提案工作情况的报告,会议通过了政协大同县第四届委员会第四次会议政治决议及其他决议。全体委员列席了大同县第十一届人民代表大会第四次会议。

政协大同县第四届委员会第五次会议

1997年4月2日至4日,政协大同县第四届委员会第五次会议在县城召开。出席本次会议的政协委员79人,列席人员48人。会议听取了大同县委领导的讲话,听取并审议了政协大同县第四届委员会常务委员会工作报告,听取并审议了政协大同县第四届委员会关于四届四次会议以来提案工作情况的报告,会议通过了政协大同县第四届委员会第五次会议政治决议及其他决议。全体委员列席了大同县第十一届人民代表大会第五次会议。

政协大同县第五届委员会第一次会议

1998年5月16日至18日,政协大同县第五届委员会第一次会议在县城召开。五届委员会共有委员99人,来自全县18个界别,其中,中共委员4名,占委员总数的4.0%;无党派爱国人士2名,占委员总数的2.0%;共青团2名,占委员总数的2.0%;总工会4名,占委员总数4.0%;教育界10名,占委员总数10.1%;文艺界2名,占委员总数2.0%;体育界1名,占委员总数1.0%;医卫界3名,占委员总数3.0%;少数民族2名,占委员总数2.0%;工商联6名,占委员总数6.1%;妇联4名,占委员总数4.0%;科协2名,占委员总数2.0%;科技界5名,占委员总数5.1%;农林界10名,占委员总数10.1%;新闻界3名,占委员总数3.0%;宗教界3名,占委员总数3.0%;经济企业界15名,占委员总数15.2%;特邀21名,占委员总数21.2%。

从文化结构看:大专以上文化程度的45名,占委员总数的45.5%;中专、高中、中师、中技文化程度35名,占委员总数的35.4%;初中文化程度11名,占委员总数的11.1%;小学文化程度的8名,占委员总数的8.1%。委员中,有中级以上技术职称的39名,占委员总数的39.4%。从年龄结构看:35岁以下的14名,占委员总数的14.1%;36—50岁的69名,占委员总数的69.7%;51—60岁的13名,占委员总数的13.1%;60岁以上的3名,占委员总数的3.0%。

会议听取了中共大同县委书记的讲话,听取并审议了政协大同县第四届委员会常务委员会工作报告,听取并审议了政协大同县第四届委员会关于提案工作情况的报告,会议通过了政协大同县第五届委员会第一次会议政治决议及其他决议。全体委员列席了大同县第十二届人民代表大会第一次会议。

会议期间共收到委员提案49件，经提案审查委员会审查，全部予以立案。在立案处理的提案中，经济建设方面的13件，科教文卫方面的14件，群众生活方面的17件，宗教方面的4件，组织人事方面的1件。

政协大同县第五届委员会第二次会议

1999年6月16日至17日，政协大同县第五届委员会第二次会议在县城召开。本次会议应出席委员99人，实到92人，列席人员40人。会议听取并审议了政协大同县第五届委员会常务委员会工作报告，听取并审议了政协大同县第五届委员会关于五届一次会议以来提案工作情况的报告，会议通过了政协大同县第五届委员会第二次会议政治决议及其他决议。全体委员列席了大同县第十二届人民代表大会第二次会议。

会议期间共收到委员提案24件，经提案审查委员会审查，全部予以立案。在立案处理的提案中，经济建设方面的8件，科教文卫方面的6件，群众生活方面的10件。

政协大同县第五届委员会第三次会议

2000年4月25日至26日，政协大同县第五届委员会第三次会议在县城召开。出席会议的政协委员97人，列席人员40人。听取并审议了政协大同县第五届委员会常务委员会工作报告，听取并审议了政协大同县第五届委员会关于五届二次会议以来提案工作情况的报告，会议通过了政协大同县第五届委员会第三次会议政治决议及其他决议。全体委员列席了大同县第十二届人民代表大会第三次会议。

会议期间共收到委员提案60件，经提案审查委员会审查，全部予以立案。在立案处理的提案中，经济建设方面的22件，科教文卫方面的21件，党群、政治、劳动人事方面的17件。

政协大同县第五届委员会第四次会议

2001年5月9日至10日，政协大同县第五届委员会第四次会议在县城召开。出席本次会议的政协委员99人，列席人员42人。会议听取并审议

了政协大同县第五届委员会常务委员会工作报告，听取并审议了政协大同县第五届委员会关于五届三次会议以来提案工作情况的报告，会议通过了政协大同县第五届委员会第四次会议政治决议及其他决议。全体委员列席了大同县第十二届人民代表大会第四次会议，听取并讨论了《大同县政府工作报告》《大同县第十个五年计划纲要》和其它有关报告。

会议期间共收到委员提案63件，经提案审查委员会审查，全部予以立案。在立案处理的提案中，经济建设方面的21件，科教文卫方面的31件，群众生活方面的11件。

政协大同县第五届委员会第五次会议

2002年5月9日至10日，政协大同县第五届委员会第五次会议在县城召开。出席本次会议的政协委员98人，列席人员41人。会议听取并审议了政协大同县第五届委员会常务委员会工作报告，听取并审议了政协大同县第五届委员会关于五届四次会议以来提案工作情况的报告，会议通过了政协大同县第五届委员会第五次会议政治决议及其他决议。全体委员列席了大同县第十二届人民代表大会第五次会议。

会议提案审查委员共收到委员提案56件，经济建设方面的17件，科教文卫方面的11件，城建环保方面的有12件，党群、政治、劳动人事方面的16件。审查后，立案处理55件，占提案征集总数的98.2%，作为意见送有关部门参考的1件，占提案征集总数的1.8%。

政协大同县第六届委员会第一次会议

2003年6月30日至7月2日，政协大同县第六届委员会第一次会议在县城召开。本届会议的委员共有119人。来自全县17个界别。委员分布情况为：中共委员5人，占委员总数的4.2%；无党派民主人士8人，占委员总数的6.7%；工会4人，占委员总数的3.4%；妇联5人，占委员总数的4.2%；共青团3人，占委员总数的2.5%；工商联15人，占委员总数的12.6%；教育11人，占委员总数的

9.2%;文艺 2 人,占委员总数的 1.7%;体育 1 人,占委员总数的 0.8%;科技 10 人,占委员总数的 8.4%;农业 12 人,占委员总数的 10.1%;新闻 4 人,占委员总数的 3.4%;医卫 4 人,占委员总数的 3.4%;宗教 6 人,占委员总数的 5.0%;少数民族 2 人,占委员总数的 1.7%;经济企业 13 人,占委员总数的 10.9%;特邀 14 人,占委员总数的 11.8%。

从文化结构看:大学学历 16 名,占委员总数的 13.5%;大专学历 54 名,占委员总数的 45.4%;中专及高中学历 39 名,占委员总数的 32.8%;初中文化程度 8 名,占委员总数的 6.7%;初中以下文化程度的 2 名,占委员总数的 1.6%。从年龄结构看,委员中年龄最大的 78 岁,最小的 24 岁,平均年龄 40.4 岁。本届政协常委共 24 人,其中中共常委 12 名,非党 12 名,妇女常委 6 人。常委中大学本科 5 人,大专 12 人,中专高中 6 人,初中 1 人。

会议听取了大同县委领导的讲话,听取并审议了政协大同县第五届委员会常务委员会工作报告,听取并审议了政协大同县第五届委员会关于提案工作情况的报告,会议通过了政协大同县第六届委员会第一次会议政治决议及其他决议。全体委员列席了大同县第十三届人民代表大会第一次会议。

政协大同县第六届委员会第二次会议

2004 年 5 月 13 日至 14 日,政协大同县第六届委员会第二次会议在县城召开。出席会议的政协委员 111 人,列席人员 50 人。会议听取并审议了政协大同县第六届委员会常务委员会工作报告,听取并审议了政协大同县第五届委员会关于六届一次会议以来提案工作情况的报告,会议通过了政协大同县第六届委员会第二次会议政治决议及其它决议。全体委员列席了大同县第十三届人民代表大会第二次会议。

会议期间共收到委员提案 42 件,经提案审查委员会审查,立案处理的 41 件,作为意见处理的有 1 件,在立案处理的提案中,经济建设方面的 4 件,科教文卫方面的 10 件,城建环保方面的有 17 件,群众生活方面的有 4 件,其他方面的有 6 件。

政协大同县第六届委员会第三次会议

2005 年 4 月 12 日至 13 日,政协大同县第六届委员会第三次会议在县城召开。出席会议的政协委员 110 人,列席人员 49 人。会议听取并审议了政协大同县第六届委员会常务委员会工作报告,听取并审议了政协大同县第六届委员会关于六届二次会议以来提案工作情况的报告,会议通过了政协大同县第六届委员会第三次会议政治决议及其他决议。全体委员列席了大同县第十三届人民代表大会第三次会议。

会议共收到委员提案 63 件,经提案委员会审查,立案处理的有 62 件,作为意见处理的有 1 件。在立案处理的提案中,经济建设方面的有 31 件,占立案总数的 50%;科教文卫体方面的有 15 件,占立案总数的 24.2%;政法、统战方面的有 7 件,占立案总数的 11.3%;党群方面的有 9 件,占立案总数的 14.5%。

政协大同县第六届委员会第四次会议

2006 年 6 月 14 日至 15 日,政协大同县第六届委员会第四次会议在县城召开。出席本次会议的政协委员 112 人,列席人员 51 人。会议听取并审议了政协大同县第六届委员会常务委员会工作报告,听取并审议了政协大同县第六届委员会关于六届三次会议以来提案工作情况的报告,会议通过了政协大同县第六届委员会第四次会议政治决议及其他决议。全体委员列席了大同县第十三届人民代表大会第四次会议。

会议提案审查委员共收到委员提案 54 件,经济建设方面的 14 件,科教文卫方面的 15 件,城建环保方面的有 18 件,党群、政治、劳动人事方面的 7 件。审查后,立案处理 54 件,占提案征集总数的 100%。

政协大同县第七届委员会第一次会议

2007 年 5 月 15 日至 17 日,政协大同县第七届委员会第一次会议在县城召开。七届委员会共有政协委员 119 人,设置 17 个界别。委员分布情况为,中共委员 14 人,无党派人士 6 人,中国民主同盟 1 人,工会 5 人,妇女联合会 5 人,共青团 5 人,工商业联合会16人,教育界9人,文化艺术界5人,科学技术界6人,农业界10人,新闻出版界5人,医药卫生界5人,宗教界5人,少数民族界2人,经济企业界11人,特别邀请人士9人。

在119名委员中,六届留任委员42名,占委员总数的35%;新进委员77人,占委员总数的65%;委员中年龄最大的79岁,最小的24岁,平均年龄42岁。委员中大学以上学历的30人,占委员总数的25%,大专学历62人,占委员总数的52%,中专及高中学历22人,占委员总数的18.5%,初中以下的5人,占委员总数的4.5%。

会议听取并审议了政协大同县第六届委员会常务委员会工作报告,听取并审议了政协大同县第六届委员会关于提案工作情况的报告,会议通过了政协大同县第七届委员会第一次会议政治决议及其他决议。全体委员列席了大同县第十四届人民代表大会第一次会议。会议通过协商酝酿、民主选举。

会议共收到委员提案78件,经提案委员会审查,立案处理的有76件,作为意见处理的有2件。在立案处理的提案中,经济建设方面的30件,占立案总数的39.5%;科教文卫体方面的20件,占立案总数的26.3%;城市建设方面的12件,占立案总数的15.8%;政法统战方面的5件,占立案总数的6.6%;属于党群、旅游方面的4件,占立案总数的5.3%;组织人事方面的有3件,占立案总数的3.9%;其他方面2件,占立案总数的2.6%。

政协大同县第七届委员会第二次会议

2008年5月27日至28日,政协大同县第七届委员会第二次会议在县城召开。出席本次会议的政协委员119人,列席人员60人。会议听取了大同县委领导的讲话,听取并审议了政协大同县第七届委员会常务委员会工作报告,听取并审议了政协大同县第七届委员会关于七届一次会议以来提案工作情况的报告,会议通过了政协大同县第七届委员会第二次会议政治决议及其他决议。全体委员列席了大同县第十四届人民代表大会第二次会议。

会议共收到委员提案38件,经提案委员会审查,立案处理的有36件,作为意见处理的有2件。在立案处理的提案中,经济建设方面的10件,占立案总数的27.8%;科教文卫体方面的8件,占立案总数的22.2%;城市建设方面的9件,占立案总数的25%;劳动、旅游方面的3件,占立案总数的8.3%;组织人事方面的2件,占立案总数的5.6%;其他方面4件,占立案总数的11.1%。

政协大同县第七届委员会第三次会议

2009年3月17日至18日,政协大同县第七届委员会第三次会议在县城召开。出席本会议的政协委员121人,列席人员61人。会议听取了中共大同县委书记的讲话,听取并审议了政协大同县第七届委员会常务委员会工作报告,听取并审议了政协大同县第七届委员会关于七届二次会议以来提案工作情况的报告,会议通过了政协大同县第七届委员会第三次会议政治决议及其他决议。全体委员列席了大同县第十四届人民代表大会第三次会议。

会议共收到委员提案61件,经提案委员会审查,立案处理的有60件,作为意见处理的有1件。在立案处理的提案中,经济建设方面的18件,占立案总数的30%;科教文卫体方面的15件,占立案总数的25%;城市建设方面的18件,占立案总数的30%;政法方面的5件,占立案总数的8.3%;组织人事方面的4件,占立案总数的6.7%。

政协大同县第八届委员会第一次会议

2011年6月8日至11日,政协大同县第八届委员会第一次会议在县城召开。八届委员会共有委员165人,来自全县17个界别,其中,中共委员28名,占委员总数的17%;无党派爱国人士5名,占委员总数的3%;共青团7名,占委员总数的4%;总工会6名,占委员总数3.6%;教育科技界15名,占委员总数9%;文艺界4名,占委员总数2.1%;民建界1名,占委员总数0.6%;医卫界8名,占委员总数4.8%;少数民族1名,占委员总数0.6%;工商联20名,占委员总数12%;妇联5名,占委员总数2.4%;民盟1名,占委员总数0.6%;

农林界 10 名,占委员总数 6%;新闻界 6 名,占委员总数 3.6%;宗教界 6 名,占委员总数 3.6%;经济企业界 21 名,占委员总数 12.7%;特邀 20 名,占委员总数 12%。

从文化结构看:大专以上文化程度的 120 名,占委员总数的 72.7%;中专、高中、中师、中技文化程度 44 名,占委员总数的 26.7%;初中文化程度 4 名,占委员总数的 2.4%。从年龄结构看:35 岁以下的 18 名,占委员总数的 11%;36—50 岁的 120 名,占委员总数的 72.7%;51—60 岁的 22 名,占委员总数的 13.3%;60 岁以上的 1 名,占委员总数的 0.6%。

会议听取了中共大同县委书记的讲话,听取并审议了政协大同县第七届委员会常务委员会工作报告,听取并审议了政协大同县第七届委员会关于提案工作情况的报告,会议通过了政协大同县第八届委员会第一次会议政治决议及其他决议。全体委员列席了大同县第十五届人民代表大会第一次会议。

会议期间共收到委员提案 89 件,经提案审查委员会审查,全部予以立案。在立案处理的提案中,经济建设方面的 27 件,科教文卫方面的 16 件,群众生活方面的 23 件,宗教方面的 1 件,组织人事方面的 9 件。

政协大同县第八届委员会第二次会议

2012 年 6 月 2 日至 6 日,政协大同县第七届委员会第三次会议在县城召开。出席本会议的政协委员 165 人,列席人员 76 人。会议听取了中共大同县委书记的讲话,听取并审议了政协大同县第八届委员会常务委员会工作报告,听取并审议了政协大同县第八届委员会关于八届二次会议以来提案工作情况的报告,会议通过了政协大同县第八届委员会第三次会议政治决议及其他决议。全体委员列席了大同县第十五届人民代表大会第三次会议。

会议共收到委员提案 81 件,经提案委员会审查,立案处理的有 80 件,作为意见处理的有 1 件。在立案处理的提案中,经济建设方面的 20 件,占立

案总数的 30%;科教文卫体方面的 21 件,占立案总数的 25%;城市建设方面的 20 件,占立案总数的 30%;政法方面的 11 件,占立案总数的 8.3%;组织人事方面的 9 件,占立案总数的 6.7%。

政协大同县第八届委员会第三次会议

2013 年 5 月 7 日至 11 日,政协大同县第七届委员会第三次会议在县城召开。出席本会议的政协委员 165 人,列席人员 73 人。会议听取了中共大同县委书记的讲话,听取并审议了政协大同县第八届委员会常务委员会工作报告,听取并审议了政协大同县第八届委员会关于八届二次会议以来提案工作情况的报告,会议通过了政协大同县第八届委员会第三次会议政治决议及其他决议。全体委员列席了大同县第十五届人民代表大会第三次会议。

会议共收到委员提案 82 件,经提案委员会审查,立案处理的有 82 件,作为意见处理的有 1 件。在立案处理的提案中,经济建设方面的 22 件,占立案总数的 30%;科教文卫体方面的 20 件,占立案总数的 25%;城市建设方面的 20 件,占立案总数的 30%;政法方面的 8 件,占立案总数的 6.3%;组织人事方面的 12 件,占立案总数的 8.7%。

第二节　历届政协常委会议

1996 年 4 月第四届第四次会议至 1998 年 5 月第五届第一次会议召开的二年时间中,县政协常委会议先后召开了 8 次,全委会议 2 次,主席办公会议 22 次,列席了县人大常委会议,听取了县政府工作报告、财政预决算报告、检察院和法院工作报告。县政协常委对大同县国民经济建设,财政预算报告情况及法制改革、经济效益、政策兑现等方面提出了许多好的建议和意见,受到了政府部门的重视。

1998 年 5 月选举产生的政协大同县第五届委员会常务委员会,到 1999 年 6 月,先后召开了 4 次常委会议,全委会议 1 次,主席办公会议 13 次,列席了县人大常委会议,并组织委员开展视察活动 1 次,同时政协主席多次列席县委常委会议,参与有关经

济建设重大问题和有关人事调动的讨论。

1999年召开常委会议4次,全委会议1次,主席办公会议10次。听取和讨论政协常委会关于大同县乡镇卫生院现状调查、中小学实施素质教育、廉政建设、个体私营经济调查报告。

2000年召开常委会议4次,听取和讨论大同县农业产业结构调整、中小学学生减负、外来企业发展、社会治安整治、农村有线广播"村村通"、生态环境建设、县城规划建设情况通报。

2001年召开常委会议4次,听取和讨论文明卫生城镇、旅游业发展状况、个体私营经济发展情况通报。

2002年召开常委会议4次,听取和讨论县重点工程项目建设、县政府关于乡镇卫生院现状及改革思路、县药品监督管理局的工作情况通报。

2003年召开常委会议4次,讨论通过六届一次全委会议有关文件。听取水利建设及管护问题和农业产业结构调整情况的视察通报。

2004年召开常委会议4次,组织全体政协常委对《政协章程》进行集中学习。听取了招商引资、国企改革、产业结构调整、调解群众上访、治理村容村貌和乡村路面硬化等情况的通报。

2005年召开常委会议4次。5月,在先进性教育活动中,征求了政协常委对县政协领导班子成员的意见与建议,对领导班子成员进行了民主评议。听取和讨论县交通局、农业局等职能部门就乡村道路建设、新农村建设规划、两区经济开发的工作情况通报。

2006年召开常委会议4次,听取并讨论了农村新型合作医疗进展情况、经营城市战略推进情况等专题视察的通报。

2007年召开常委会议4次,讨论通过七届一次全委会议有关文件。听取并讨论了农业产业化结构调整、县属工业企业改制、私营经济发展、软环境治理等情况的通报。

2008年召开常委会议4次,分别就县委十届七次、八次全委会议报告（讨论稿）进行专题协商,并提出合理化建议,受到县委的重视。听取并讨论全

县生态建设、城市建设、招商引资工作、农村沼气、乡村公路建设和水利工作等五项工作的情况通报。

2009年召开常委会议4次。听取全县重点工程项目进展情况汇报。听取了就全县如何发展庄园经济的专题调研结果,并形成《大同县建设生态庄园,发展庄园经济的一些思考》的调研报告,报告中,对全县发展生态庄园的意义、优势、现状及各乡镇发展生态庄园应具体采取的模式进行了细致的分析,同时就全县发展生态庄园经济提出了七条建议,为县委决策提供了重要的事实依据和理论参考。听取了各视察小组的视察汇报,形成了《关于我县城建工作的视察报告》《关于我县重点工业项目建设情况的视察报告》《关于当前农业农村工作的视察报告》《关于我县教育工作的视察报告》四份具有前瞻性、针对性和可操作性的报告。

第三节　主要工作

政治协商

从1996年至2009年,大同县政协围绕政府工作报告开展协商讨论,为推动经济的持续、快速、健康发展提出了许多建设性的意见和建议。组织委员进行大会发言,发言涉及到城建、环保、教育、工业、农业、旅游、卫生等人民群众关注的方方面面的工作,形成了许多中肯的建议和意见,有效地开阔了有关部门的决策思路。

提案工作

提案工作进一步加强。政协委员提出许多高质量提案,内容涉及经济建设、环境改善、科教文卫体、群众生活、政法等多个方面。这些提案选题准确,调查深入,分析透彻,建议实在,质量普遍较高。在县党政领导的重视和有关单位的支持下,均按期办复完毕,从反馈情况看,委员满意和基本满意率达94%以上。大量提案的办理落实,为县委、县政府及县直有关部门掌握实情,制定政策,改进工作,解决人民群众关注的热点、难点问题起到了积极的推动作用。

政权
政协

民主监督

民主监督渠道进一步拓宽。历年来，县政协针对广大群众关心的热点问题，围绕全县党风廉政建设和行风评议工作，切实加强了情况通报和建言献策工作，支持和推荐委员参加县委、县政府及有关部门组织的检查监督活动。推荐责任心强、政治素质高的政协委员和机关干部参加各职能部门的行风评议工作。他们积极履行职能，敢于提出批评意见，推进政务公开，端正了行风，社会风气好转，发挥了人民政协的民主监督作用。

参政议政

1996年，调查、视察医药市场、种子生产经营、乱占耕地等问题，提出意见和建议，帮助党委、政府改进工作。

1997年，视察普及九年制义务教育，提出实行目标管理，对边远山区实行教育基金金额返回，稳定教师队伍，实行智力支边，加快"普九"步伐等建议。

1998年，视察全县农村小康村建设、电气化建设、县城公路改造等重点建设项目，向县委提出建议得到采纳。

1999年，调查水利建设及管护问题，提出增加投入，加大水利设施整治和执法力度等6条建议。

2000年，调查农业产业结构调整情况。建议要面向市场、立足优势，实施科技兴农，采用能人兴村，建立健全服务体系，实事求是，量力而行调整农业产业结构。组织视察农村有线电视"村村通"工程，建议加大领导和宣传力度，多渠道筹措建设资金，确保工程建设质量与进度，加强乡镇广播电视站的自身建设，完善责权利管理制度，推动农村有线电视"村村通"工程的顺利进行。

2001年，对文明卫生城镇、旅游业发展状况、个体私营经济发展进行专题调研，并提出建议和意见10条，受到县委、县政府的高度重视。

2002年，视察县重点工程项目建设和关于乡镇卫生院现状等工作，形成了两份高质量的视察报告，受到县委、县政府和有关职能部门的高度重视。

2003年，组织委员对水利建设及管护问题和农业产业结构调整情况进行视察，听取水利局和农业局的汇报，并深入乡镇进行走访，形成两份视察报告，提出8条建议和意见，受到县委、县政府的高度重视。

2004年，组织50多名委员分3组就当前农资价格上涨，农民卖粮出现困难的形势下，如何提高农民种粮积极性，增加农民收入，推进农业产业化进程、农村税费改革、教育实行"一费制"后，如何改善全县农村办学条件的问题以及如何促进民营企业更好地发展等进行了专题调研，并形成三份有质量的调研报告。

2005年，大同县政协围绕社会主义新农村建设，深入到农户家中，开展了为期8天的问卷调查，对于群众在新农村建设中最关注什么、最期盼政府做什么等内容进行调查，掌握了大量的一手资料，为县委、县政府的科学决策提供了有价值的依据。此外，大同县政协围绕全县的中心工作，先后就建设社会主义和谐社会、农村新型合作医疗、私营企业发展、农村劳动力转移等内容进行了专题调研，并形成了高质量的调研报告，其中有一篇调研报告被省政协采用，两篇被市政协表彰奖励。在努力做好宏观献策的同时，县政协充分发挥自身优势，主动参与全县的经济建设，以实际行动支持县委、县政府的工作。在去年进行的县城道路改造工程中，县政协多方联系，为该项工程筹集资金14万元，完成了县委交予的任务，被县委评为"县城道路建设贡献突出单位"；在投资1.5亿美元的富嘉焦化厂项目的引进上，县政协主要领导积极参与该项目协商洽谈、场址选择、开工筹建等各个重要环节并协助项目企业解决了许多影响开工建设和农民关系的重要问题，为项目的顺利引进做出了贡献。

2006年，组织40多名政协常委、委员分五个小组，对全县的生态建设、城市建设、招商引资工作、农村沼气、乡村公路建设和水利工作五项内容进行了视察。各视察组均撰写了视察报告，共提出建议30余条，并以通报的形式及时向县委、县政府和有关部门进行了反馈。

2007年，组织驻县的市政协委员深入县财政局、国税局、农业局、民政局等单位就税收制度改革、农村劳动力转移、农民医保和社保情况进行调研，在履行参政议政职能的同时为市政协委员知情知政创造了条件。

2008年4月，就县城环境卫生的情况进行了视察并撰写了视察报告，受到了县委、政府的重视。10月，组织常委和部分委员在"产业发展"目标上围绕工业园区、项目建设；"平安和谐"目标上围绕社会治安治理；"生态宜居"目标上围绕农业园区、基础设施建设；"文化繁荣"目标上围绕落实"争四名创五优"活动和"八大工程"建设深入全县工业、农业、政法、教育行业的20多家单位开展了调研视察，形成四份高质量的视察报告，提出建议意见18条，有力地促进了职能部门对县委工作部署的落实。同年，在新一届县委成立之后，根据县委安排，县政协组织力量，深入全县各工业部门，摸清了全县工业发展的现状，并邀请有关部门的领导和专家进行座谈，对大同县今后工业发展的思路进行了探讨，在此基础上形成了《大同县工业经济发展现状及思路》的调研报告，得到了县委的认可，一些建议意见

在县委一些重大决策中被采纳。

2009年至2013年，县政协组织力量就全县如何发展庄园经济进行了专题调研，撰写了《大同县建设生态庄园，发展庄园经济的一些思考》的调研报告，为县委决策提供了重要的事实依据和理论参考。县政协委员、史志办主任刘志远在政协大同县第八届第一、二、三次大会上作的资政报告《我们应时打造黄花文化品牌》《对我县教育发展的思考与建议》《对县域文化发展的思考与建议》等，受到县委县政府主要领导高度赞赏与肯定，并为县委县政府对这几项工作做重大决策时提供有价值的参考依据。县政协组织常委和委员分四组对全县工业、农业、城建、教育等工作进行了调研、视察。在调研过程中，委员们听取了相关单位的汇报，深入基层了解情况，掌握了大量的一手资料。经过常委、委员们的分析讨论，形成《关于我县城建工作的视察报告》《关于我县重点工业项目建设情况的视察报告》《关于当前农业农村工作的视察报告》和《关于我县教育工作的视察报告》四份具有前瞻性、针对性和可操作性的报告，提出建议20多条，并以通报的形式向有关单位进行了反馈，受到了县委、县政府和相关职能部门的高度重视。

政权　政协

第七编　综合政务

第一章 编制管理

第一节 机构改革

行政机构改革

1997 年党政机构改革 大同县设置党政机构 25 个,其中,党委机构 6 个,政府机构 19 个。具体机构设置为:纪律检查委员会机关与监察委员会合署办公,一个机构,两块牌子。县委工作部门 6 个:办公室、组织部、宣传部、统一战线工作部、政法委员会(与社会治安综合治理委员会办公室、司法局一个机构,三块牌子)、农村工作领导小组办公室(挂县委农村工作委员会、县农业委员会的牌子)。县政府组成部门 19 个:办公室、计划委员会、经济贸易委员会、教育委员会、科学技术委员会、公安局、监察委员会(与纪委机关合署办公)、民政局、财政局、人事局(与机构编制委员会办公室合署办公)、劳动局、城乡建设环境保护局、土地矿产资源局、卫生局、计划生育委员会、统计局、审计局、工商行政管理局、地方税务局。

2001 年党政机构改革 大同县设置党政机构 30 个,其中,党委机构 8 个,政府机构 22 个。县委机构设置为:县委设置纪律检查委员会和 6 个工作部门,另设 1 个部门管理机构。具体设置为:1. 纪律检查委员会机关(监察委员会与其合署办公)。2. 工作部门 6 个:办公室(挂信访局、机要保密局牌子)、组织部(挂直属机关工作委员会的牌子)、宣传部、统一战线工作部、政法委员会(社会治安综合治理委员会办公室与其合署办公)、机构编制委员会

办公室。3. 部门管理机构 1 个:老干部局,由组织部管理。县政府机构设置:县政府设置工作部门 22 个。具体设置为:办公室、发展计划局、经济贸易局、科技教育局、公安局、民政局、监察委员会(与纪律检查委员会机关合署办公,列入政府机构序列,不计入政府机构个数)、司法局、财政局、人事局、劳动和社会保障局、国土资源局、城乡建设环境保护局、卫生局、审计局、统计局、水务局、农业局、(挂农村工作领导小组办公室牌子)、林业局、文化体育局、计划生育局、粮食局、交通局。

2001 年乡镇党政机构改革 根据乡镇撤并后,各乡镇的人口统计数据及分类标准,确定全县 10 个乡镇类别为,二类乡镇 4 个:西坪镇、倍加造镇、周士庄镇、许堡乡;三类乡镇 6 个:瓜园乡、党留庄乡、杜庄乡、聚乐乡、峰峪乡、吉家庄乡。二类乡镇设 4 个综合性办事机构:综合办公室、党建办公室、经济发展办公室(可挂城镇建设办公室或乡村建设办公室的牌子)、社会事务办公室。三类乡镇设 3 个综合性办事机构:综合办公室、经济发展办公室(可挂城镇建设办公室或乡村建设办公室的牌子)、社会事务办公室。

2004 年政府机构改革 全县增设安全生产监督管理局、民族宗教事务局,县计划生育局更名为县人口和计划生育局。改革后县政府设置工作部门 25 个,具体设置为:办公室、发展和改革局、经济贸易局、公安局、科学技术局、司法局、监察委员会(与纪律检查委员会机关合署办公,不计入政府机构个数)、民政局、劳动和社会保障局、财政局、人事

局、国土资源局、粮食局、城乡建设局、农业局（挂农村工作领导组办公室牌子）、林业局、水务局、卫生局、统计局、审计局、交通局、人口和计划生育局、环境保护局、教育文化体育局、民族宗教事务局、安全生产监督管理局。

2009 年政府机构改革　改革后，县政府设置工作部门 23 个，具体为：大同县人民政府办公室（挂大同县人民防空办公室牌子）、大同县发展和改革局（挂粮食局牌子）、大同县经济商务和信息化局、大同县科技教育局、大同县公安局、大同县监察局（中共大同县纪律检查委员会机关与其合署办公，列入政府机构序列，不计入政府机构个数）、大同县民政局、大同县司法局、大同县财政局、大同县人力资源和社会保障局、大同县国土资源局、大同县环境保护局、大同县住房保障和城乡建设管理局、大同县交通运输局、大同县水务局、大同县农业委员会（挂中共大同县委农村工作领导组办公室牌子）、大同县林业局、大同县文体广电新闻出版局、大同县卫生局（挂大同县食品药品监督管理局牌子）、大同县人口和计划生育局、大同县审计局、大同县统计局、大同县安全生产监督管理局、大同县民族宗教事务局。

事业单位机构改革

2001 年乡镇事业单位机构改革　转变乡镇政府职能，改进乡镇对事业单位的管理方式，规范乡镇机关事业单位的职能。解决好乡镇机关事业单位混编、混岗、混员的问题。全县各乡镇事业机构均设置 7 个：畜牧兽医站、财政所、国土资源管理所、计划生育服务中心、林水生态建设服务中心、农业技术服务中心、农村经济经营管理综合服务中心。

2009 年县直事业单位机构改革　全县从 2009 年开始实行县直事业单位清理规范和分类改革工作，此次改革共分四个阶段，第一阶段：清理规范（2009 年 6—12 月）；第二阶段：机构分类（2009 年 12 月至 2010 年 3 月）；第三阶段：配套改革（2010 年 4—11 月）；第四阶段：检查验收（2010 年 12 月）。

第二节　行政编制

2002 年政府机构改革后，全县县直机关行政编制共计 268 名，机关工勤人员编制 40 名；司法专项编制 26 名；公安专项编制 133 名；法院专项编制 39 名；检察院专项编制 30 名；乡镇行政编制 224 名。

2009 年县级政府机构改革后，全县县直机关行政编制共计 311 名，机关工勤人员编制 46 名；司法专项编制 27 名；公安专项编制 170 名；法院专项编制 44 名；检察院专项编制 35 名；乡镇行政编制 224 名。

第三节　事业编制

按照《地方各级人民政府机构设置和编制管理条例》和《山西省机构编制管理规定》的规定，县属事业单位核定纳入财政预算管理的事业编制，由县级机构编制委员会提出方案，经上一级机构编制管理机关审核后，报上一级机构编制委员会审批，并报省机构编制管理机关备案。

2004 年 9 月，经市编委批复全县中小学教职工编制为 1820 名。2008 年 3 月，经市编委批复全县中小学教职工编制为 2059 名。

第四节　事业单位登记管理

1996 年，大同县机构编制委员会办公室和县人事局合署办公，即一套人马、两块牌子。2001 年 12 月，根据中共大同县委、大同县人民政府《关于印发〈大同县县级党政机构改革方案〉的通知》，设置大同县机构编制委员会办公室（以下简称编办），为正科级建制，是县机构编制委员会的常设办事机构。既是县委的工作部门，又是县政府的工作部门，列入县委工作部门序列。具体负责全县行政管理体制和机构改革以及机构编制的日常管理工作。

从 2002 年下半年开始，按照省、市机构编制部门的要求，全县对全县事业单位开展了全国统一的事业单位初始登记工作。对符合登记条件的事业单位发放了《事业单位法人证书》（正、副本）。

经中央机构编制委员会办公室批准，国家事业单位登记管理局于 2004 年 9 月 20 日发出通知，正式确定山西省和黑龙江、上海、江苏、福建、江西、广东、广西等 8 个省、自治区和直辖市为全国事业单位网上登记管理试点地区。大同县于 2005 年以后正式开始对全县事业单位进行网上登记、变更、年检等工作。

综合政务

第二章 人 事

第一节 人事制度改革

国家行政机关的人事制度改革

1997年,第一次进行国家机关机构改革工作,时县政府职能部门设置24个职能局,将原科技干部管理局整体划归人事局(未执行),编制办公室从人事部门分离出来,列入党委工作部门序列,并于当年进行了公务员过渡考试。

2001年11月又进行了第二次国家行政机关机构改革工作,全县设置党政工作部门30个,其中政府职能部门22个,后又增加了安监局、宗教局两个部门为24个职能工作部门。乡镇也进行了机构撤并,由原来的16个乡镇,撤并为10个乡镇,即西坪镇(与中高庄乡合并)、倍加造镇、周士庄镇、吉家庄乡(与麻峪口乡合并)、峰峪乡(与徐疃乡合并)、许堡乡(与西册田乡合并)、巨乐乡(与阁老山乡合并)、瓜园乡(与陈庄乡合并)、党留庄乡、杜庄乡。2006年1月1日,国家颁布了《公务员法》,使公务员管理真正走上了法制轨道。2009年第三次政府机关机构改革中,调整了部分机构,将原来的人事局、劳动和社会保障局合并成立人力资源和社会保障局,负责政府序列公务员的综合管理工作。

国家公务员制度的实施在人事管理方面形成五个机制。一是法制管理体制。公务员的"进、管、出",都应有严格的法规制度,人事制度必须依法办事,违法必究,克服和防止人治现象。二是激励竞争机制。针对过去干部管理上的统分统配、干好干坏都是铁饭碗的弊端,建立考试录用、考核晋升的制度,充分体现平等竞争、优胜劣汰,使优秀人才能够脱颖而出。三是正常的新陈代谢机制。针对人事管理中人员流不动、结构不合理、能进不能出、能上不能下等问题,建立退休、辞职、辞退、升降、交流等制度,实现了公务员的正常交替更新,增强机关的生机和活力。四是勤政廉政保障机制。勤政廉政作为对公务员的一项基本要求,应贯穿于公务员的义务与权利、纪律、录用、晋升、考核、奖惩等各项制度和管理环节中。同时还实行了回避交流制度,以防止公务员队伍中腐败问题的发生。五是民主监督机制。公务员的管理要充分体现走群众路线的优良传统。对公务员的考试、考核、晋升、奖惩等环节,都规定了群众参与和民主监督的方法、程序,防止和纠正用人上的不正之风,真正把人民群众的拥护和满意程度,作为评价和任用公务员的根本准则。

事业单位人事制度改革

事业单位人事制度改革的基本思路是:按照"脱钩、分类、放权、搞活"的路子,改变用管理党政机关工作人员的办法管理事业单位人员的做法,逐步取消事业单位的行政级别,不再按行政级别制定事业单位人员的待遇;根据社会职能、经费来源的不同和岗位工作性质的不同,建立符合不同类型事业单位特点的和不同岗位特点的人事制度,实行分类管理;在合理划分政府事业单位职责权限的基础上,进一步扩大事业单位的人事管理自主权,建立健全事业单位用人上的自我约束机制;贯彻公开、平等、竞争、择优的原则,引入竞争激励机制,通过建立和推行聘用制度,搞活工资分配制度,建立充满生机活力的用人机制。通过制度创新、配套改革,充分调动各类人员的积极性和创造性,促进优秀人才成长,增强事业单位活力和自我发展能力,减轻国家财政负担,加速高素质、社会化的专业技术人员队伍建设。一是养老保险制度的建立。这标志着全县事业单位养老保险制度正式确立,并在自收自支单位首先开展。至2010年,在职参保人数123人,退休人员33人。二是专业技术人员实行结构比例控制。2000年以前专业技术人员职务晋升的计划指标控制,2001年后专业技术人员职务晋升全面实行结构比例控制,标志着全国事业单位人事制度改革的不断深化,事业单位人事管理不断走向科学化。三是建立以聘用为基础的用人机制。根据省、市有关安排部署,大同县于2006年在卫生、教育、文化、广播、交通、城建六个系统开展试点,由于是试点工作,难度大、进度慢,实施起来比较困难,直到2009年在省、市人事部门的指导和帮助下,全面开展工作,并下发了《大同县事业单位岗位设置管理实施方案》和《关于开展全县事业单位岗位设置管理实施工作的安排意见》,到2010年底已完成全县114个事业单位岗位设置工作。

第二节　人才资源规划与开发

1996年全县人才总量只有2163人。人才资源总量不足,分布不均,好多行业没有专业技术人才,结构不合理,高层次人才更是严重不足。经过10年的发展,到2005年全县人才总量达到4280人,是1996年的2倍。人才总量和各层次人才数量都有明显增加,各层次人才结构得到进一步改善,高层次人才不足问题有所缓解。中共十七大召开以后,人才资源规划和人才开发利用工作进一步加强。随着人事制度改革的不断深入,人尽其才的有效机制逐步建立,人才市场体系和人才管理法规的日趋完善,人才成长的环境进一步优化,人才总量的不断增加,人才结构与经济结构基本适应,人才队伍素质整体明显提高,到2010年全县人才总量达到

5122人,比2005年增加了842人,基本实现了"十一五"规划的发展目标。

第三节　录用　调配

录用

1996年至2000年全县共接收分配大中专毕业生600多人,安置军队转业干部14人。2001年至2005年期间,全国各地普遍存在分配与考试录用并存的两种形式,一般事业单位存在分配,行政机关以考试录用为主。全县在这五年时间事业单位分配录用基层教师200多名,其他事业单位100多人。到2006年《公务员法》颁布实施以后,国家行政机关全面实行考试录用,事业单位也参照此办法结合事业单位人事制度改革逐步开展以考试录用聘用为主要形式的进人办法。全县于2007年、2008年、2009年进行了三次公开招聘事业单位工作人员。2007年第一次以用人单位(县第一中学校)为主体,向部分大专院校公开招聘高中教师7人,2008年和2009年全县两次公开招聘教师和部分事业单位工作人员分别为54人和97人,2008年经全省公安系统统一考试录用人民警察19人。

调配

调配是公务员和事业单位及企业工作人员进行交流的主要形式,也是干部人才队伍新陈代谢的必然要求,更是体现了大同县人尽其才、各尽所能用人机制的不断完善和发展。

第四节　公务员管理

公务员的日常管理主要有考核、培训、奖惩三个方面。

考核

平时考核　就是单位主管部门或单位人事部门对其下属的日常工作所进行的一项经常性考核,没有严格的形式限制,可以根据需要灵活安排。通过平时考核,及时了解和掌握下属在日常工作中的

政治表现、工作态度和完成工作任务的情况等,为年度考核积累资料,提供参考。

年度考核 是指大同县按一个年度为时限,对工作人员的德、能、勤、绩、廉作一全面的评价,写出档次,并以此来确定工作人员的升降、奖惩、培训等工作待遇。2006年《公务员法》实施以来,大同县党政领导对考核工作都比较重视,将此列入重要工作日程,为正确使用干部提供了依据。

2006—2013年大同县人事部门管理的公务员年度考核结果

表7-2-1　　　　　　　　　　　　　　　　　　　　　　　　　　　　　　　　　　　单位:人

序号	项目	内容							
		2006年	2007年	2008年	2009年	2010年	2011年	2012年	2013年
1	参加考核人数	168	168	167	218	263	332	323	335
2	优秀等次人数	8	9	6	10	13	30	28	16
3	称职等次人数	159	159	161	208	250	302	294	319
4	基本称职等次人数	0	0	0	0	0	0	0	0
5	不称职等次人数	0	0	0	0	0	0	0	0
6	未定等次人数	1						1	

培训

培训对象 培训的对象是指所有的国家公务员。培训的形式是集中培训和远程培训及自学等多种形式。

培训种类 培训的种类多种多样,现在主要以能力培训、职业道德培训、任职培训和定期轮训等。

培训的内容:培训主要以政治理论、管理知识、专业知识、行为规范等为内容。

2006年《公务员法》实施以后,大同县进行公务员法知识培训,参训人达890人次。专业知识培训各单位按照上级部门的安排部署不同程度不同数量的进行培训。

2006—2010年大同县公务员培训一览

表7-2-2　　　　　　　　　　　　　　　　　　　　　　　　　　　　　　　　　　　单位:人

项目 \ 年度	2006	2007	2008	2009	2010
法律法规	890	150	161	253	301
专业知识	172	164	189	331	343
政治理论	680	690	710	720	830
公共知识	200	267	213	281	410
任职培训	2			1	19

奖励

奖励的基本原则 国家公务员奖励应遵循以下原则:依法管理原则;精神奖励与物质奖励相结合的原则;奖励与惩戒相结合的原则;奖励的民主、公开和公正原则;及时、适度、注重实效的原则。

奖励的种类 奖励的种类有嘉奖、记三等功、记二等功、记一等功、国务院授予荣誉称号。

惩处

处分的原则 惩戒与奖励相结合的原则。

处分的解除 《公务员暂行办法》对行政处分

解除的规定是:公务员受开除以外的行政处分,分别在半年至两年后原处分受理机关按规定解除处分。公务员解除处分后在晋升职务与级别时不再受原处分的影响,与其他公务员有同样的晋职晋级机会。处分解除不意味着恢复原级别。

全县从 2000 年到 2011 年底,受各种处分 11 人,其中,行政警告 2 人,行政记过 2 人,行政记大过 6 人,开除 1 人。

第五节　专业技术人员管理

1998 年人事部下发了《关于开展专业技术人员职称外语等级统一考试的通知》(人发〔1998〕54 号),首次将外语考试列入职称晋升序列。省人事厅 1999 年下发了《山西省事业单位专业技术职务聘任管理暂行办法的通知》(晋人职通字〔1999〕58 号),首次提出结构比例控制,并先后出台了卫生单位、中等专业学校、高等院校、中小学校到全部事业单位实行专业技术职务结构比例控制。

至 2013 年,全县参加评审的专业有农业、工程、档案、新闻、艺术、中小学和中专学校教师等系列,参加专业技术职务考试的专业有经济、统计、会计、法律、社会工作等系列。

1995—2013 年部分年度大同县在职专业技术人员统计

表 7 - 2 - 3　　　　　　　　　　　　　　　　　　　　　　　　　　　　　　　单位:人

年份	高级专业技术职务	中级专业技术职务	初级专业技术职务
1995	20	455	1443
2001	26	656	1794
2005	57	953	2166
2010	144	1105	2186
2011	170	1134	2391
2012	178	1120	2362
2013	192	1101	2316

第六节　继续教育培训

继续教育培训分公需科目和专业知识两大部分组成。公需科目的培训按干部管理权限由同级组织(人社)部门负责实施,专业知识由主管部门根据工作需要负责实施。从中国加入世界贸易组织到 2013 年底大同县人社局共组织公需科目培训 5 次,科目分别是:公务员类的是公务员法、公务员能力建设;专业技术类的是 WTO 知识、知识产权、专业技术人员职业道德与创新能力教程。

2002—2013 年部分年份大同县继续教育培训统计

表 7 - 2 - 4　　　　　　　　　　　　　　　　　　　　　　　　　　　　　　　单位:人

培训时间	培训内容	培训方式	培训人数
2002	WTO 知识	脱产集中	3016
2004	知识产权	脱产集中	3108
2006	公务员法	脱产集中	783
2008	公务员能力建设	脱产集中	708
2011	专业技术人员职业道德与创新能力教程	脱产集中	518
2013	专业技术人员职业道德与创新能力教程	脱产集中	508

综合政务

第七节 工资福利

2006年，国家进行了第四次工资制度改革。山西省结合实际，制定了实施意见。其中，公务员工资制度主要特点如下。一是重在建立新制度，形成新机制。通过简化工资结构、增设级别、完善工资调整办法等措施，进一步加强工资的激励作用，促进公务员队伍建设。二是向艰苦边远地区倾斜。完善艰苦边远地区津贴制度，扩大实施范围。事业单位工作人员收入分配制度改革的特点，主要体现在三个方面。一是与深化事业单位改革相适应。这次事业单位收入分配制度改革，在内容和方法步骤上，都充分考虑了事业单位其他相关配套改革的要求和进程。二是建立体现事业单位特点的收入分配制度。事业单位在功能性质、资源配置、管理方式、用人机制等方面都不同，收入分配制度改革必须体现自身的特点，与公务员工资制度相区别。三是建立分级管理体制。适应社会主义市场经济体制和分级管理财政体制的要求，改革完善事业单位工资管理体制。

机关事业单位工资标准的正常晋升

公务员 公务员职务工资晋升以职务变动为依据。公务员晋升职务后，从晋升职务的次月起执行新任职务的职务工资和相应的级别工资。原级别低于新任职务对应最低级别的，晋升到新任职务的最低级别；原级别在新任职务对应级别以内的，晋升一个级别。级别工资逐级就近就高套入晋升后级别对应的工资标准。对机关事业单位工作人员因考核不合格予以降职、低聘的，从任免机关作出撤职、低聘决定次月起，职务就近就低套入新任职务的工资档次。按考核结果晋升级别增加工资。从2006年7月1日起，公务员年度考核累计五年称职以上的，从次年1月1日起在所任职务对应级别内晋升一个级别，级别工资就近就高套入晋升后级别对应的工资标准。下次按年度考核结果晋升级别的考核年限，从级别变动的当年起重新计算。

事业单位工作人员 岗位变动调整工资。工作人员岗位变动后，从变动的下月起执行新聘岗位的工资标准（高工及以下从次年的1月1日起执行）。正常增加薪级工资。从2006年7月1日起，年度考核结果为合格及以上等次的工作人员，每年增加一级薪级工资，并从第二年的1月起执行。

机关工人 机关工人晋升技术等级后，岗位工资逐级就近就高套入晋升后的技术等级相应的岗位工资标准。晋升岗位工资等次从2006年7月1日起，机关工人累计两年合格以上的，从次年1月1日起晋升一档岗位工资。下次按年度考核结果晋升岗位工资档次的考核年限，从工资档次晋升的当年起重新计算。

机关事业单位现行退休政策

机关、事业单位工作人员的退休政策，现行的是国发［1978］104号文件，即《国务院关于安置老弱病残干部的暂行办法》和《国务院关于工人退休、退职的暂行办法》。概括起来为四个方面。1. 正常退休。男60周岁，女干部55周岁，女工人50周岁，应当退休。2. 因工退休。对个别因工致残，经医院证明完全丧失工作能力的，可以退休。3. 因病退休。对个别男年满50周岁，女年满45周岁，参加工作年限满10年的，经医院证明完全丧失工作能力的，也可以退休。4. 退职。不符合上述退休条件又不能工作的，应当退职。5. 提前退休。国家公务员按照《国家公务员暂行条例》的规定，国家公务员符合下列条件之一的，本人提出要求，经任免机关批准，可以提前退休。（1）男年满55周岁，女年满50周岁，且工作年限满20年的；（2）工作年限满30年的。

第三章　劳动和社会保障

第一节　劳动制度改革

1996 年,对职工加班工资支付制度进行改革,单位安排职工在法定工作日延长工作时间的,按 150% 付加班费。安排在休息日工作不能补休的,按 200% 付工资报酬。安排在法定节假日工作的,另外支付职工本人日工资或小时工资标准 300% 的工资。

2000 年开始,实行岗位证书制度。凡在各类工作岗位上工作的人员,必须有相应的上岗资格证书。无上岗证的,须经过培训取得上岗资格方可上岗。对外来外出流动就业人员实行"证卡合一"管理。即外来外出务工人员必须有户口所在地劳动部门开出的"外出就业人员登记卡",凭登记卡到务工地劳动部门办理"外来人员就业登记证"方可务工。

第二节　劳动就业与劳务输出

1996 年至 2013 年大同县劳动就业与劳务输出情况见表 7-3-1。

1996—2013 年大同县劳动就业与劳务输出情况

表 7-3-1　　　　　　　　　　　　　　　　　　　　　　　　　　　　　　单位:人

人数＼年份	1996	1997	1998	1999	2000	2001	2002	2003	2004	2005	2006	2007	2008	2009	2010	2011	2012	2013
劳动就业劳务输出	916	951	962	1052	1180	1260	1311	1327	1428	1580	1690	1765	1870	1986	2146	2350	2566	2818

第三节　劳动管理与培训

2003 年后,对城镇下岗失业人员全部实行免费培训。2004 年开始,有计划地对农村劳动力实行免费培训。

2005 年后,为解决下岗职工再就业问题,全部实行免费培训,培训所需经费从国家下拨的再就业经费中开支。并采取免费再就业培训、职业介绍、鼓励自谋职业、实行再就业优惠政策、扶持个体经济、开展招商引资、兴办社区经济实体、发展第三产业、开发社区公益性就业岗位和对"4050"人员(女 40 岁,男 50 岁)大龄就业困难对象实行送政策、送项目、送岗位、送培训、送服务"五送"活动等措施。

第四节　职工工资与福利

1996 年,除普遍性调资外,部分经济效益好的企业每年都调升效益工资,总调效益工资人数为

6900多人次，调资金额为1000多万元，人均年增资1200多元。1999年后，因职工下岗，工资水平大幅度下滑，有许多职工每月只能领取100—200元的基本生活费。2001年以后，随着国家新的就业政策的出台和社会就业渠道的不断拓宽，多数下岗职工和社会待业人员实行个体就业、自谋职业和外出务工，广大劳动者的收入又有所提高，至2005年，劳动者月平均工资900余元。

为保障企业职工最低生活水平，对劳动者实行最低工资保障制度，严格执行山西省最低工资标准，大同县是三类地区，历年最低工资标准为：1997年最低工资标准为170元，1999年最低工资标准为220元，2002年最低工资标准为260元，2004年最低工资标准为440元，2006年最低工资标准为470元，2007年最低工资标准为530元，2008年最低工资标准为620元，2010年最低工资标准为710元，2011年最低工资标准为820元。

2000—2013年，劳动工资制度改革进一步深化，出现企业经营者年薪制、钟点工资制、岗位工资制、市场工资价位制等。县劳动保障部门根据有关文件精神，及时向社会发布市场工资指导价位，为各用人单位与职工协商确定工资提供参考依据。

第五节　劳动监察

1996年10月，根据《劳动监察规定》，大同县劳动监察大队成立，主要监督检查用人单位执行劳动和社会保障法律法规情况，组织查处重大劳动违法案件，负责劳动和社会保障法律、法规的咨询与宣传等工作。

1997年后，围绕用人单位劳动合同的签订与履行情况，招用职工情况，工作时间与休假制度情况，工资支付与福利情况，劳动规章制度的制订和执行情况，女职工、未成年工特殊保护及残疾人劳动权益保障情况，参加社会保险情况，劳动者持证上岗情况，社会职业介绍机构和培训机构遵守劳动政策法规情况开展强有力的监察。至2013年底，共纠正用人单位违反劳动政策法规问题的案件212起，督促用人单位补签劳动合同9658份，催缴各项社会保险基金到位9256万元，帮助劳动者特别是农民工追回被克扣和拖欠的工资1820多万元。

第六节　社会保障

1996年至2013年间，调整了企业退休人员基本养老保险金，大幅提升了企业退休人员养老金水平。1997年以后，全县社会保障工作以"两个确保"（确保企业离退休人员基本养老金按时足额发放，确保下岗失业人员基本生活费按时足额发放）为重点，不断加大社会保障费征缴力度，多方筹措资金，确保企业离退休人员基本养老金和下岗失业人员基本生活费按时足额发放，为全县经济发展和社会稳定发挥很重要的作用。2009年，根据大同市劳动和社会保障局给县劳动局回复的《关于"亦工亦农人员"、"计划外临时工"参加基本养老保险等问题请示报告的复函》，县劳动局按照复函以大劳社[2009]5号、大劳社发[2009]7号、大劳社发[2009]8号、大劳社发[2009]13号文件共为565名"亦工亦农人员""计划内外临时工"办理了企业职工养老保险，解决了这些人员的养老保障问题。

第四章 民 政

第一节 优抚安置

1996年,大同县民政局依据国家政策两度提高优抚对象抚恤标准。全县共有优抚对象973户3506人。全县享受优待总户数476户,发放优待金344587元,户均790元,其中218户农村义务兵家属全部优待达标。全县共安置退伍兵25人。

1997年,大同县出台了《城镇义务兵家属优待实施方案》,有232户农村义务兵家属受优待,优待金额38.2万元,户均优待1650元。全县接收安置退伍军人58名,其中城镇兵14名,二等功1名,志愿兵9名。这些安置对象,大同市安置7名,全县安置17名。具体安置为县砖厂3名,县硅厂2名,县黄土坡煤矿1名,县水泥厂1名,精细化工厂2名,县金属镁厂2名,活性炭厂1名,化工机械厂1名,印刷厂1名,农机局1名,县化工厂2名。

1998年,全县全年发放优待款75.54万元,户均1018元。其中,对全县农村义务兵家属优待实行了以乡(镇)统筹,为164户农村义务兵家属发放优待金30.73万元,户均优待1874元。并出台了《大同县城镇义务兵家属优待金实施办法》,有效地保障了城镇义务兵优待金足额兑现。有万人参加的送温暖帮战友小组活动在优抚第一线。

从1999年1月1日起,根据晋民优字[1999]23号文件精神,全县一次提高革命伤残人员伤残抚恤金、烈属(含因公牺牲军人家属、病故军人家属)定期抚恤金的标准。在乡革命伤残人员的伤残抚恤金,在1998年标准的基础上特等每人每年提高1800元,一等每人每年提高1240元,其他等级依次递减。在职特等、一等革命伤残人员的伤残保健金,在1996年标准的基础上,每人每年分别提高400元、300元。(新标准见表7-4-1)

革命伤残人员抚恤(保健)金标准(从1999年1月1日起执行)

表7-4-1   单位:元/年

	伤残等级	伤残性质	理性标准	提高标准	新标准
在乡	特等	因战	3540	1800	5340
		因公	3380	1800	5180
	一等	因战	2760	1240	4000
		因公	2630	1240	3870
		因病	2500	1240	3740
	二等甲级	因战	1550	570	2120
		因公	1440	570	2010
		因病	1350	570	1920

续表 7-4-1

单位:元/年

	伤残等级	伤残性质	理性标准	提高标准	新标准
在乡	二等乙级	因战	1080	240	1320
		因公	1000	240	1240
		因病	960	240	1200
	三等甲级	因战	748	152	900
		因公	728	152	880
	三等乙级	因战	546	134	780
		因公	616	134	780
在职	特等	因战	600	400	1000
		因公	570	400	970
	一等	因战	500	300	800
		因公	460	300	760
		因病	450	300	750

烈属、因公牺牲军人家属和病故军人家属的定期抚恤金,在1998年标准的基础上,每人每年提高27元。(新标准见表7-4-2)。

烈属因公牺牲军人家属病故军人家属定期抚恤金标准

(从1999年1月1日执行)

表 7-4-2

单位:元/月

标准 居住地	对象 烈属、因公牺牲军人家属	病故军人家属
农村	95	90
小城镇	105	100

(注:上述人员中的孤老在上述标准基础上每人每月增发10元)

从1999年1月1日起,根据晋民优字[1999]1号文件精神,为1954年10月31日前入伍的在乡革命伤残军人增发生活补助费。抗日战争时期入伍的,每人每月增发15元;解放战争时期入伍的每人每月增发10元;建国后至1954年10月31日前入伍的每人每月增发5元。

从2001年1月起,组织专门力量,对全县重点优抚安置对象和优抚事业单位进行了全面普查。经过普查,全县共有法定2000年12月31日时限应登记重点优抚对象631人。其中,在乡复员军人365名(包括抗日战争时期入伍的71名,解放战争时期入伍的156名,建国后入伍的138名),带病回乡退伍军人80名,"三属"33名,革命伤残军人153名(在乡83名,在职70名)。县光荣院收养优抚对象15名。本年全县享受义务兵优待家属总户数191户398人,优待总金额23.7万元。全县共接收退伍军人70名,其中城镇兵37名,农村兵33名,37名应安置的城镇退伍军人中市安置22名,县安置15名。

2002年,继续深入开展"爱心献功臣"活动,努力解决优抚对象"三难"问题,特别是"医疗难问题"对二等乙级以上革命伤残军人的医疗费用全部实报实销,报销157595.49元,对不享受公费医疗的优抚对象实行定点医疗和大病补助制度。全县共接收城镇退伍军人23人,转业志愿兵8人,农村兵48人。面对退伍军人安置难的问题,出台了《大同县退役士兵自谋职业工作实施方案》制定了优惠政策,同时,将未参加工作的安置对象列入低保范围。

从2003年7月1日起,全县抚恤经费实行新的发放办法,各类民政供养对象的抚恤补助经费由财政局统一按时按标准下拨到乡镇民政专账上,保证他们能按时足额领到各类抚恤补助金,并定期进行跟踪监督检查。本年，全县享受义务兵家属优待总户数182户337人，优待总金额15.59万元，其中65户农村义务兵家属户均优待1950元，优待面100%，优待标准达到了全县上年度人均纯收入水平。

2004年，新的《军人抚恤条例》从10月1日起正式颁布实施，年底前启用了新的各类伤残证件。同年，全县有124户农村义务兵家属享受优待，其中进藏义务兵享受每人每年不低于2000元的优待金，并为他们办理了农转非手续。全年，共接收退伍军人和转业士官37人，农村退伍兵55人。对这些安置对象仍采取重点安置和鼓励自谋职业相结合的安置办法，多方开拓安置渠道，对他们进行职业介绍和技能培训。同时协调各有关部门，做好转业士官和城镇退伍军人的户口办理工作。

2006年，对复员军人的抚恤金领取证件进行了统一换发，为纪念世界反法西斯及抗日战争胜利60周年给每一位抗日老战士发放了纪念章和800元慰问金。全县共有各类重点优抚对象566户566人，全部按时足额发放各类抚恤补助金。对91名农村义务兵家属全部给予优待，优待面达到100%，户均优待金2000元。3月，对于历年遗留下来未安置的105名转业士官和城镇退伍军人，大同市安置12人，县安置1人。其余有31人申请自谋职业，并鉴定了协议，领取了自谋职业一次性补偿金，仍有61人待安置。

2008年，出台了《大同县重点优抚对象医疗保障实施办法》，"八一"前夕，为西坪镇的重点优抚对象发放了慰问款10000元，人均500元。本年底，全县共有各类重点优抚对象582户582人。对农村义务兵家属全部给予优待，优待面达到100%，户均优待金2000元。

2009年，《大同县重点优抚对象医疗保障实施办法》启动，并将所有的优抚对象全部纳入保障范围，极大地解决了他们看病贵、看病难的问题，形成了医疗加入、医疗报销、医疗救助三位一体的医疗保障新格局。本年，全县共有重点优抚对象543户543人，农村义务兵家庭全部给予优待，优待面达到100%，户均2000元。

2008年和2009年，全县共安置城镇退伍军人15名，除一人安置在县水泥厂，其余14人均安置在县污水处理厂。

2010年，为七至十级在乡革命残疾军人、"三属"、老复员军人发放300元门诊费，为带病回乡退伍军人和参战人员发放200元门诊费；为一至六级城镇残疾军人办理了职工医疗保险，为七至十级城镇残疾军人办理了城镇居民医疗保险；为重点优抚对象发放临时价格补贴2.334万元。本年，共有3名退役士官和城镇退役士兵签订了自谋职业协议书，发放一次性自谋职业补偿金5.7万元。

2011年，全县共有各类重点优抚对象498户498人，其中伤残人员110人，"三属"38人，老复员军人253人，带病回乡退伍军人58人，参战参试人员39人。重点优抚对象的抚恤金按时足额发放，并完成了对烈士纪念设施的普查工作。全县共有100名适龄青年应征入伍，对农村义务兵家属全部给予优待，优待面达100%，户均优待金2000元。还完成了对59周岁农村退伍义务兵的调查摸底，60周岁以上农村退伍义务兵享受生活补助资格的审核审批工作，全县共有268人通过审批。认真落实安置政策，将4名城镇退伍士兵安置到县森林消防队工作，同时鼓励城镇退役士兵自谋职业，并组织22名农村退役士兵参加民政部对农村退役士兵的免费培训，增强其自谋职业和社会实践能力。2011年5月，大同县第六次被中共山西省委、省人民政府、省军区评为省级"双拥模范县"。

2012年，严格按照上级文件要求对全县烈士子女基本情况进行了调查摸底及统计上报，全县共登记符合条件烈士子女（含错杀被平反人员）38人。对全县境内的零散烈士墓进行了普查登记，投资20.4万元对位于党留庄乡的仓夷烈士墓进行了修缮。及时提高重点优抚对象的抚恤标准，抚恤补助金按时足额发放，并为重点优抚对象发放了一次性门诊费9.6万元。对2011年入伍的99名（其中非农户23人，农户46人，进藏兵30人）义务兵全部按标准给予优待，发放优待金2243878元，优待面达到100%。八一期间，为驻地官兵发放了3万元的慰问品。积极组织18名农村退役士兵参加培训，增强了他们的自谋职业和社会实践能力。

截至2013年12月底，全县共有各类重点优抚对象782户782人。重点优抚对象的抚恤补助金按时足额发放。对满59周岁农村退伍义务兵进行摸底登记。投资90万元新建了大同县革命烈士陵园，并将散葬于全县的217座零散烈士墓迁入陵园内进行集中管理。2013年，有90名适龄青年应征入伍。共计为167名正在服役的城乡现役义务兵发放优待金353.9万余元，优待率达100%。认真落实安置政策，共为36名城乡退役士兵安置了工作，其中6名二、三期士官安置到大同县苗圃，为差额事业单位；30名其他安置对象安置到大同县砖厂。同时积极组织全县45名农村退役士兵参加职业技能培训。

第二节　赈灾救济

农村救济

1998年，大同县部分乡村遭受了旱灾和雹灾，为此下拨救灾款108.9万元，落实资金217项。同年，全县为南方抗洪救灾捐款15.7万元，衣物459件。

1999年11月1日21时25分。大同县再次发生了地震，震中仍位于原大阳地震中心区—西册田乡，最大震级5.6级。这次地震，全县共有7个乡156个村受灾。

2001年，大同县发生了十分严重的旱情，全县10个乡镇189个村58万亩农田普遍受旱，直接经济损失达8966万元。上半年共下拨救灾专款22万元，确保2350户灾民渡过了春夏荒时期。

2002年，全县的各种自然灾害相当频繁，农村经济遭受了极大的损失。全县受灾面积50.17万亩，成灾面积50.17万亩，面积15.45万亩。全县约有15140户53000多人缺口粮1325万斤，缺饲料约

2462万斤。上半年，共下发救灾粮114.8万斤，接收市直机关捐赠衣物12000余件，现金2000元。建立了农村救助对象档案管理制度，全县共有基本救助对象2161户4466人，占全县农业人口的3.5%。

2003年7月25日，聚乐乡发生特大洪灾，县民政局立即组织人员，从市局运回帐篷60顶，被褥90套，棉衣130套，面粉5000斤，黍子3000斤，旧衣服10000余件，连夜送往灾区。县直有关单位捐款4万元，驻同部队向巨乐村捐赠了价值4万余元的面粉、大米、衣物等。全年全县共发放救灾面粉626650斤。

2004年，3月29日中午12时30分，许堡乡东水地村发生火灾，火灾共造成57户群众受灾，经济损失达到45万元。火灾发生后，县、乡、村领导参与灭火，县民政局紧急调用帐篷30顶，面粉200袋，被褥100套，棉衣104套，解决了受灾群众的吃住问题。此外，全县还发生了冰雹、虫灾、旱灾等自然灾害。上级共下拨全县救灾款98万元，农村特困家庭救助资金20万元。同年，县政府出台了《大同县农村特困救助方案》和《大同县救灾应急预案》。

2005年5月4日晚，聚乐乡发生了冻灾、风灾，4000多亩杏树全部花飞叶落，损失惨重，特别是大风刮倒戏院围墙，砸死两人。本年，上级共下拨救灾资金82万元。（其中购买救灾粮36万斤，下发灾款20万元），下拨农村特困救助资金65万元（这部分资金用于救助农村中年收入低于300元的特困户），下拨农村大病医疗救助资金30万元。

2006年3月8日，许堡乡浅井村的地洞进水塌陷造成居民房屋倒塌和裂缝，涉及3户15间窑房，直接经济损失15万元。5月4日下午，峰峪乡东后口村沟突发山洪，受灾村6个，受灾人口3200人，毁坏玉米3700亩，冲毁截流渠2000米，破坏道路12千米，淹死羊73只，直接经济损失174万元。同年，黄土坡煤矿部分房屋发生裂缝，县民政局连夜送去27顶帐篷。本年全县共下发救灾款20万元。救灾粮36万斤。5月12日，召开全县农村低保及五保供养工作会议，并出台《大同县农村最低生活保障

制度实施办法（试行）》。本年，全县共有 3689 户 5695 人享受农村低保待遇，上级下拨农村大病医疗救助资金 20 万元，救助 113 人。

2007 年，5 月底到 6 月中旬，西坪、吉家庄、峰峪等 3 个乡镇受到了蝗虫、草地螟等病虫害的侵害，受灾面各约 1430 公顷，受灾人口中 4300 人，造成农业直接经济损失 483.5 万元；9 月 20 日至 22 日，全县普遍遭受低温冷冻灾害，受灾面积为 3750 公顷，受灾人口 16000 人，经济损失 150 万元；10 月 3 日至 6 日，聚乐乡西关村遭受洪水袭击，10 户村民的 15 间窑房倒塌，30 间成为危窑，因灾直接经济损失 16.5 万元；全县旱灾受灾面积达 35976 公顷，受灾人口约 104593 人，8600 人饮水困难，造成农业直接经济损失 5191 万元。本年，全县共争取上级救灾资金 243 万元。有 6350 户 6757 人享受农村低保待遇，共发放农村低保金 235.02 万元。争取上级农村大病医疗救助资金 84 万元，其中出资 2 万元为农村五保户和重点优抚对象加入农村合作医疗组织。救助 246 人，救助金额为 83 万元。

2008 年 5 月，在经济林开发之际，周士庄镇、聚乐乡、党留庄乡受到低温冷冻灾的侵害，致使 12622 人受灾，受灾面积达 1532.7 公顷，经济损失 254.63 万元；同年旱灾也很严重，全县受灾面积达 5289 公顷，受灾人口 28380 人，造成农业直接损失 828.35 万元。本年，全县共发放救灾款 21 万元，救灾粮 60 万斤；共有 7071 户 7621 人享受农村低保待遇，发放低保金 160.1 万元，人均 210 元。上级下拨农村大病医疗救助资金 61 万元，其中出资 2 万元为农村五保户和重点优抚对象加入农村合作医疗组织，共救助 230 人，救助金额 58 万元。

2009 年 5 月 1 日下午 3 时左右，一场大风突然袭击大同县及周边地区。大风风级为八级，风速最高达 21.5 米/秒。此次大风，共使全县 10 个乡镇 434 栋大棚不同程度损坏，杜庄乡一户养猪专业户的 2 个养殖大棚被破坏，风灾所造成直接经济损失总计 362.42 万元，总受灾人口 1036 户 3852 人。11 月 9 日下午 18 时 13 分至 10 日早晨 6 时 39 分，大

同县遭受了特大雪灾的侵袭，历时 12 小时 26 分，深度为 16 厘米，降水量达 16.6 毫米，在全大同市降雪量最大。截至 13 日降水量为 21.9 毫米。全县共有 10 个乡镇，35 个村受灾严重，此次雪灾共造成直接经济损失 1637.83 万元，其中农业经济损失 1632.83 万元，受灾人口 220 户 753 人，养殖业经济损失 78.08 万元，受灾人口 21 户 82 人。本年，全县发放救灾款 48 万元，救灾粮 116 万斤；发放农村低保金 767.3 万元，全县共有 7667 户 11880 人享受农村低保待遇，发放农村低保家庭考取大学子女助学金 5 万元。全县共争取上级下拨农村大病医疗救助金 99 万元，其中出资 2 万元为重点优抚对象及农村五保户加入农村合作医疗组织，共救助 268 人，救助金额为 72 万元。

2010 年的灾情特别严重，主要有风雹灾、震灾、旱灾。灾情发生后，各级领导都十分重视，及时深入灾区，查看灾情，统计上报，筹集资金，购买救灾粮食并及时发到灾民手中。全年发放救灾款 239 万元，其中发放救灾粮 104 万斤。全年共发放农村低保金 1074.7 万元，发放 11—12 月农村低保家庭临时价格补贴 50.9 万元。有 11829 户 12729 人享受农村低保待遇。开展了"春霖助学行动"，为 45 名农村低保对象大学生子女发放助学金 9 万元。全年共争取农村大病医疗救助金 236 万元，其中出资 5.2 万元为 1754 名重点优抚对象及农村五保户加入农村合作医疗组织，共为 683 人发放大病医疗救助款。

2011 年，全县 10 个乡镇有 18764.46 公顷农作物受灾，受灾人口 10.23 万人，经济损失 9186.6 万元，有 0.3 万人、100 头大牲畜饮水困难。争取上级救灾资金 230 万元，通过政府采购中心发放救灾粮 115.6 万斤，衣服 200 套，毛毯 200 块，被褥 1500 套。发放救灾款 14 万元。该年全县共有 13381 户 14481 人享受农村低保，全年共发放低保金 1465.6 万元、春节一次性生活补贴 144.8 万元、1—12 月临时价格补贴 347.5 万元。发放农村大病救助金 250 万元，救助 706 人。

2012年，全县发生的灾情主要有冰雹、洪涝、病虫害三种。造成直接经济损失9236.76万元。针对灾情，一方面及时深入灾区，查灾核灾，统计上报，另一方面积极筹集资金，购买救灾粮。下达救灾粮634吨，救灾款25万元，用于解决灾民的口粮和倒房重建、维修工作，25467人得到救助。为受灾群众发放了棉被棉褥2500套、棉衣棉裤1500套、单衣单裤200套、被罩褥单200套。争取农村低保金2100万元，发放1996万元，有13080户14444人享受农村低保待遇。发放农村大病医疗救助资金285万元，救助1123人。

2013年，全县的灾情主要是低温冷冻、旱灾、冰雹、洪涝灾害等，共有28791户71518人受灾，农作物受灾面积达23794公顷，绝收面积1917.08公顷，居民住房倒损8540间，其中倒塌住房674间、严重损坏住房2766间、一般损坏5100间，造成直接经济损失19320.95万元。全年共争取上级救灾资金423.4万元，下发救灾款91.4万元，救灾粮78.8万斤，棉衣1500套，单衣200套，棉褥2500套，被罩被单200件。该年全县共有14062户15643人享受农村低保待遇，发放农村低保金2368万元，同时为农村低保对象发放电价补贴58.9万元，发放"春霖"助学金10.8万元。发放农村大病医疗救助金305.8万元，救助1226人。

城市低保

1998年，出台了《大同县城镇居民最低生活保障制度实施（暂行）办法》。

2002年，全县城镇居民最低生活保障工作转入正轨，建立了低保对象个人档案，配备了低保专用微机并联网，实现了信息化管理。本年，全县城镇低保人数1309户3248人，占城镇总人口的8.8%。

2003年3月，大同县城市居民最低生活保障管理所成立，并落实了人员编制、业务经费和办公场所，建立了会计、统计台账，实行社会化发放和信息化、规范化动态管理。全县享受城市低保2543户5994人。

2004年4月10日，县民政局举办了大规模的城镇低保宣传日活动，并制定了多方面的优惠政策和保障措施，县城镇小学、示范中学对享受低保学生给予适当的费用减免。同年，全县共争取上级低保资金556万元，享受城市居民最低生活保障的有2700户6407人，真正实现了动态管理下的应保尽保。

2005年，共收到上级低保资金451万元，使2605户5808人享受到城镇低保。下发了《关于建立城乡社会救助都督考核制度的意见》文件，将未复核户口本和长住不足三年以上的57户252人及隐瞒收入或收入明显高于低保线的172户539人清理出低保范围，同时将符合条件的134户198人纳入低保范围，真正实现了动态管理下的应保尽保。

2006年，上级下拨全县低保金601.5万元，全县享受城镇低保为2909户6211人，低保补差人月均85元，低保人数占非农业人口比例为16.2%，高于全市12%的平均水平。对城市低保家庭实施分类施保，发放教育救助金5.7万元，大病救助金6.8万元。低保金实现了社会化发放，信息化管理。

2007年，共争取上级城镇低保资金780多万元，全县享受低保有2986户6266人，低保补差人均110元，低保人数占非农业人口比例的15.6%，高于全市12%的年均水平。全年共发放低保金810万元，对低保家庭实施了分类施保，发放教育救助金16.3万元，大病救助金19.1万元。从8月起对低保家庭每人每月发放肉食补贴10元，从10月起每人每月发放生活补贴15元，从11月起每户每月发放12元液化气补贴。

2008年，全县有3168户6470人享受城市低保待遇，月人均补差120元，低保人数占非农业人口比例为16.9%，并对低保家庭实施了分类施保。

2009年，共发放城镇低保金1290.8万元，有3210户6390人享受城市低保待遇。继续实行分类施保工作，发放教育救助金18.6万元，大病救助金15万元。

2010年，全县共有3308户6665人享受城市低保待遇。共发放城镇低保金1247.8万元，教育救助金 20.4 万元,大病救助金 35 万元,发放 11—12 月临时价格补贴 39.99 万元。

2011 年,全县共有 3373 户 6759 人享受城镇低保。全年共发放城镇低保金 1450 余万元,春节一次性生活补贴 100.425 万元,1—12 月临时价格补贴 240 余万元,教育救助金 16.3 万元。在城市低保规范化建设中,共清理出各类不符合低保条件户 144 户 314 人,对 5473 名城镇低保对象进行了免费体检,以户建立了健康档案 3040 户。

2012 年,按照大同市人民政府《关于优化审批流程进一步规范最低生活保障制度的意见》,在全县范围内开展了对城乡低保对象的清理工作,共清理出:城市低保对象 371 户 718 人;农村低保对象 1190 人。该年共争取城市低保金 2000 万元,发放了 1879 万元,有 3394 户 6776 人享受城市低保待遇。发放城市大病医疗救助金 49 万元,救助 135 人。为城市低保对象加入城镇居民基本医疗保险补助资金 31 万余元。

2013 年,严格按照大同市人民政府《关于优化审批流程进一步规范最低生活保障制度的意见》及《大同市城市低收入和城乡低保家庭经济状况核对办法》规范城乡低保工作,全年清退各类不符合低保条件保障对象 386 户 754 人。本年全县有 3074 户 6102 人享受城市低保待遇,发放城镇低保金 2334 万元,发放城市教育救助金 8.3 万元,发放城市低保家庭大病医疗救助金 137.2 万元,救助 120 人。

第三节　社会福利

福利彩票

1996 年 8 月 10 日至 23 日,在县秋季物资交流会举办期间,共发行福利彩票 140 万元。新增民政福利加工厂一个,产值 4 万元,利税 0.5 万元。2013 年 3 月,县民政局被市民政局评为全市福利彩票站点管理先进单位。

五保供养

1997 年,从有奖福利彩票基金中提 30 万元投

资筹建了倍加造、周士庄两所敬老院,评出县级文明敬老院 11 所,推荐上市级的 8 所,上省级的 6 所。1998 年,全县共有五保户 402 户 405 人,其中分散供养 196 户 199 人,供养总金额 23.8 万元,年人均供养 1196 元,敬老院集中供养 206 人,年人均生活水平 1800 元。本年投资 30 万元筹建了吉家庄敬老院,并搬迁了瓜园、周士庄两所敬老院。2001 年,全县共有五保户 405 户 409 人,其中分散供养 169 户 199 人,供养总金额 24.3 万元,全县共有 16 所敬老院,集中供养 210 人,院民生活水平平均达到了当地人均水准。8 所敬老院被评为省级文明敬老院,12 所被评为市级文明敬老院。2002 年,新建了杜庄乡敬老院,并改造了县光荣院。全县共有五保户 402 户 407 人,集中供养 196 人。2005 年,上级下拨五保户供养专项转移支付经费 120 万元,使 1202 名五保户享受到财政转移支付待遇,同时投资 5 万元对党留庄乡敬老院进行了维修。2006 年,国务院新的《农村五保供养工作条例》于 3 月 1 日起施行。全县共有五保户 1444 人,农村敬老院 10 所,院民 121 人,供养率为 8.5%。2006 年,上级下拨农村五保供养资金 120 万元,五保对象的人均供养标准达到 1000 元。2007 年,全县共有五保户 1444 人,农村敬老院 10 所,院民 137 人,供养率为 9.7%。集中供养的五保对象,人均年供养省级财政补助标准为 1200 元/人·年,分散供养省级财政补助标准为 1100 元/人·年。同年,还为各乡镇敬老院配备了 21 寸彩色电视机和微型接收天线,丰富了院民精神文化生活。本年,大同县慈善总会成立。2008 年,全县共有五保户 1444 人,全部享受财政转移支付待遇。有农村敬老院 10 所,院民 141 人,供养率为 10%,五保对象集中供养省级财政补助标准为每人每年 1300 元,分散供养补助标准为每人每年 1200 元。本年投资 30 万元新建了西坪敬老院。2009 年,全县有 1444 名农村五保对象,集中供养人数 141 人,供养率为 10%。供养省级补助标准执行 2008 年标准。对全县孤儿的基本情况进行调查摸底,并发放了 118 个孤儿福利证。完成了大同社会

福利服务中心建设的立项、规划及审批工作。2010年，全县有1806名农村五保对象，集中供养人员为141人，供养率为7.8%。供养省级财政补助标准执行2009年标准。并为五保户发放11—12月临时价格补贴8.66万元。大同社会福利服务中心大楼开工建设。2011年，由县民政局牵头，协同县老龄委组织商家举办了敬老义卖活动；大同县社会福利服务中心竣工，中心以提供养老服务为重点，共设床位40张；昊河敬老院后期建设完成，并积极组织五保对象入住；该年五保供养省级财政补助标准执行2010年标准。为全县147名孤儿发放2010年度生活补助金56.5万元，人均3840元。2012年，全县共有五保户1812人，全部享受财政转移支付待遇，五保对象供养省级财政补助标准为每人每年1500元，分散供养为每人每年1300元。该年，县民政局积极申请民政部"霞光计划"资助项目，对瓜园乡中心敬老院进行了改扩建，全县有农村敬老院7所，院民349人。为143名孤儿发放生活补助金102.6万元。2013年，全县共有五保户1812人，全部享受财政转移支付待遇，五保供养标准省级财政补助标准为集中供养每人每年2000元，分散供养每人每年1300元。同年，完成了瓜园乡敬老院的维修工程，全县共有农村敬老院6所，院民121人。建立了西坪、倍加造、党留庄、杜庄、瓜园五个老年人日间照料中心并配备了被褥、毛毯等物品。为136名社会散居孤儿每月发放生活补助费600元，为福利中心的2名孤儿每月发放生活补助费1000元。

特困救助

2005年，为四名唇裂患者免费做了手术，为一名先天性心脏病患者做了心脏搭桥手术，为四户特困家庭发放"2005福彩公益金资助活动"资助金6000元。2010年，大力开展"明天计划"和"心新工程"，对白内障患者和先天性心脏病患者进行免费手术治疗和体检。2011年，开展"明天计划"和"心新工程"，对白内障患者和先天性心脏病患者进行免费手术治疗和体检，并启动了"母婴平安——天使救助行动"。2012年，大力开展"明天计划"和"心新工程"，对白内障患者和先天性心脏病患者进行免费手术治疗和体检。2013年，继续大力开展"明天计划"和"心新工程"，对白内障患者和先天性心脏病患者进行免费手术治疗和体检。成立了大同县社会救助站，开展工作，将3名流浪精神病患者送入市六医院治疗。

捐款

2008年，5·12汶川地震发生后，全县组织接收了向四川灾区捐款168万元，县慈善总会率先向灾区捐款1.4万元。

第四节　基层群众自治组织

1996年，开展了第四届村民委员会换届选举，选举中各乡镇严格遵守选举原则和方法步骤，充分发扬民主，严格依法办事，换届选举工作圆满完成。同年，开展了村民自治示范活动，确立一个示范镇倍加造镇，三个示范村即西坪村、侯大庄、苏家寨，其中倍加造镇被省评为明星镇。

1997年，出台了《大同县村务公开暂行办法》。

1998年，全县100%的村都开展了村务公开，80%的村开展了合作医疗，本年，还筹建了3个街道办规划了21个居委会。

2003年11月底，第六届村委会换届选举工作顺利完成。

2005年，全县共有175个行政村参加了第七届村民委员会换届选举，经正式选举产生了主任175名，在此次选举中，一次直选的有24个村，书记、主任一肩挑的45个村。

2007年，深入开展村务公开工作，党留庄乡和杜庄乡确定为两个村务公开试点乡，同时确定55个试点村。

2008年12月底，全县第八届村委会换届选举工作按时完成。

2009年，对村务公开民主管理"难点村"进行了摸底，并制定了相应的整改方案，实行"一村一方案"限时整改完成。

2010年，出台了《大同县村务公开实施细则》，下发了《大同县村务公开目录》。村里的重大事项全部实行"四议两公开"工作法。

2011年，全县所有村民委员会普遍建立了财务监督委员会制度。完成了第九届村民委员会换届选举工作和第四届社区居委会换届工作。

2012年，对新修订的《村委会组织法》进行了广泛宣传，并对第九届村民委员会及第四届社区居委会当选成员进行了培训。

2013年，对《大同市村务公开条例》《大同市村民讨论决定重大事项条例》的落实情况进行了检查，县村务公开协调领导组办公室下发了《关于做好二〇一三年度村级民主管理工作的安排意见》等。

第五节 勘界

1996年，县政府下发了《关于统一设置新门牌有关事项的通知》，在县城范围内进行了一次全面的门牌整顿工作。并成立了勘界组织机构，进行了大同与朔州界线、大同县与怀仁县33千米处踏勘工作。

1997年，县地名勘界办公室工作人员完成了五个三县（区）交会点的勘定和两条边界线勘定。尤其是大同县—怀仁边界线的勘定，经历了三轮谈判，将总测绘局1∶5万地形图上已错划给怀仁县的近1平方千米的滩地划归大同县所有。本年，门牌整顿工作进入制作阶段，县城已挂门牌3094个，街牌40个，6个乡镇和6个小康村共挂门牌5600个。

1998年，主要勘定了大同—阳高、大同—浑源、大同—新荣三条县级线，埋了界桩。

2004年，与新荣区的边界勘定工作顺利完成，县区联合出台了文件，确定了大同县与新荣区的区域界限，地名数据库的录入工作圆满完成。

2006年，全县共设置村名标志牌175块，完成了大同县—浑源的边界联检工作。

2007年，完成大同县—阳高县的行政区域界限

联检任务，并确定了边界线。

2008年，协助大同市完成大同市—朔州市的行政区域界线联检任务。

2009年，完成了大同县—新荣区的行政区域界线联检任务，开展了平安边界建设活动。

2010年完成了大同县—南郊区的行政区域界线联检任务，开展了平安边界建设活动。

2011年，规范了县城部分街、路名称，新设立了30块街道、路牌。完成了大同县—浑源县行政区域界线联检任务。

2012年，完成了大同县—阳高县的边界联检任务。完成了《政区大典·大同县》的编纂工作。

2013年，继续开展平安边界创建活动。

第六节 婚姻登记管理

1997年，县民政局开展了大规模的婚姻法规宣传活动，发放宣传材料5000余份，并下发了《关于在全县范围内查处违法婚姻的通知》文件到各乡镇，同时对各种违法婚姻进行了摸底，并督促其补办结婚登记手续。其他违反婚姻法规行为也得以遏制，当年办理结婚登记695对，合格率100%。

2001年，新《婚姻法》颁布，全县进行了声势浩大的宣传活动。散发宣传材料7.6万份，编写板报、墙报22期，县乡共出动宣传车80余次，并在电台、电视台开设了新《婚姻法》专题讲座，本年共办理结婚登记953对，离婚登记8对。婚姻登记率85%，合格率100%。

2002年，婚姻登记工作在县政务公开中心集中登记，挂牌服务，持证上岗。

2008年，大同县婚姻登记所成立。奥运会期间婚姻登记所出台了《关于做好北京奥运会期间婚姻登记工作的应急预案》，加强了人员配备，保证了奥运期间登记高峰登记工作的有序正常进行。

2009年，全年办理结婚登记3245对，离婚登记44对，合格率100%。

2010年1月1日起，婚姻登记开始实行自动化

登记模式,实现了婚姻登记工作由传统手工抄写向微机操作、机械化、现代化的巨大转变,婚姻登记效率、质量、水平大幅提升。婚姻登记管理工作更具规范化。本年全县共登记结婚2334对,离婚94对,补发结婚证94对。此外,婚姻登记档案管理工作按照上级要求,进行了健全规范,设置专门的婚姻档案室,配备了档案柜等。

2011年,婚姻登记实现全省联网,大同县婚姻登记规范化建设成效显著,婚姻登记所于5月被民政部授予2010年度婚姻登记规范化建设单位称号。本年全县共办理登记结婚1876对,离婚96对,补发结婚证124对。

2012年,婚姻登记规范化建设取得成效。不断改善服务环境,完善服务程序,健全规章制度,创新工作机制,婚姻登记工作迈上了新台阶。设立了专门档案室,及时分类归档,实现档案管理标准化,规范化。2012年,全县共办理登记结婚1881对,离婚96对,补发结婚证132对。

2013年,全县共办理登记结婚1654对,离婚138对,补发结婚证180对。

第七节 社团登记管理

2002年,全县有两家教育类民办非企业单位进行登记,发放了证书,一是"昊天小学",另一个是"新世纪幼儿园"。并对其他社会团体进行了年检。

2003年至2013年,先后成立了大同县质量检验协会、大同县黄花菜协会等各类社会团体16家,在县民政局登记注册并进行年检。

2011年,全县社团民间组织协会达到25个,严格依法对其进行了年检,并进行了对行业协会"小金库"的检查治理工作。

2012年,全县共有社团、民间组织26个,严格依法对26个民间组织进行年检工作,对一家社团组织进行取缔。年检后,全县共有25家社团民间组织,同时进行了对行业协会"小金库"的检查治理工作。

2013年,依法管理民间组织协会,进行了社团、民间组织年检工作,同时开展了对行业协会"小金库"的检查治理工作。

第五章　民族宗教事务

第一节　民族工作

民族状况

2013 年，大同县有少数民族人口 601 人，其中回族 480 人，满族 48 人，蒙古族 43 人，白族 1 人，苗族 1 人，彝族 7 人，黎族 6 人，布依族 2 人，哈尼族 1 人，土家族 10 人，土族 1 人。除回族外，其它少数民族人口多为从外地迁入本县。回族作为本县少数民族的主体，主要集中在周士庄镇的三条涧村和杜庄乡的马家会村。三条涧村的回族人口不足百人。马家会村的回族人口为 320 多人，为纯回民聚居村。

主要工作

1996 年后，县民族宗教事务局在县委、县政府的正确领导下，紧紧围绕"共同团结奋斗、共同繁荣发展"这一主题，认真贯彻落实中国共产党的民族政策，使中国共产党的民族政策在少数民族群众中得到充分落实。关注民生，着力解决少数民族群众关心的热点、难点问题，加大扶持力度，争取上级支持，全力推动少数民族经济社会发展。维护民族稳定，稳妥处置涉及民族方面的矛盾和问题。从 2002 年起，先后为马家会村、三条涧村解决教育、人畜吃水、基础设施建设、水利等方面的问题，投资达 380 多万元。2007 年 7 月，全省少数民族聚居村电脑农业现场会在周士庄镇三条涧村召开。2006 年，县委被省政府授予"山西省民族团结进步模范集体"。2010 年，民族宗教事务局被省政府授予"山西省民族团结进步模范集体"。

第二节　宗教工作

宗教状况

大同县是全省民族宗教工作重点县之一，全县境内五大宗教俱全。2013 年，有佛教、道教、伊斯兰教、天主教和基督教。依法登记的宗教场所 32 所。其中，佛教 13 所（三所待建）、道教 2 所、伊斯兰教 1 所，天主教 1 所，基督教 14 所，分布在全县 10 个乡镇。有教职人员 85 名（含基督教讲道员），其中，佛教比丘 12 名，比丘尼 10 名，道教乾道 1 名，坤道 1 名，伊斯兰教阿訇 1 名，天主教神父 1 名，修女 7 名，基督教传道员 52 名。有信教群众 6200 余人，其中，佛教 2960 人，道教 230 人，伊斯兰教 680 人，天主教 273 人，基督教 2057 人。伴随中国共产党的的宗教信仰自由政策的进一步落实，信教人数逐年增加，尤以基督教为比较快。

宗教场所分布

佛教

昊天寺：建于西坪镇水头村北昊天山上，

灵安寺：建于西坪镇西坪村南；

凤龙寺：建于吉家庄乡翁城口村南 1 千米处马头山脚下；

龙泉寺：建于巨乐乡塔儿村北采凉山；

天龙寺：建于倍加造镇独树村；

三官庙：建于周士庄镇周士庄村；

泰安寺：建于倍加造镇解庄村；

普渡寺：建于周士庄镇二十里铺村；

极乐寺:建于周士庄镇牛家堡村;

龙兴寺:建于倍加造镇仁家小村。

道教

太乙观:建于周士庄镇散岔村北采凉山。

永宁观:建于巨乐乡巨乐村。

伊斯兰教

清真寺:建于杜庄乡马家会村。

天主教

许堡天主教堂:建于许堡乡许堡村。

基督教

水头村基督教堂:建于西坪镇水头村,

西坪村基督教堂:建于西坪镇西坪村;

倍加造村基督教堂:建于倍加造镇倍加造村;

西骆驼坊村基督教堂:建于倍加造镇西骆驼坊村;

谢疃村基督教堂:建于倍加造镇谢疃村;

崔庄村基督教堂:建于杜庄乡崔庄村;

杜庄村基督教堂:建于杜庄乡杜庄村;

陈庄村基督教堂:建于瓜园乡陈庄村;

巨乐村基督教堂:建于巨乐乡巨乐村;

周士庄村基督教堂:建于周士庄镇周士庄村;

三十里铺村基督教堂:建于周士庄镇三十里铺村;

党留庄村基督教堂:建于党留庄乡党留庄村;

兼埔村基督教堂:建于党留庄乡兼埔村。

宗教管理

网络管理　为了夯实宗教工作基础,建立健全宗教工作三级网络,形成领导重视,协调配合,齐抓共管的工作局面,从2003年起,全县狠抓宗教工作三级网络建设,县成立了以分管书记挂帅,吸收有关部门参加的宗教工作领导组,乡镇、街道成立了党政一把手挂帅的宗教工作领导小组,农村成立了由支部书记任组长的农村宗教工作管理小组,每村设有一名宗教工作联络员。建立完善了县乡村三级宗教工作目标责任制考核制度。2004年3月,全市宗教工作网络建设现场会在西坪镇召开。同年,县委出台了《关于加强全县宗教工作意见》。2007年,大同县人民政府以政府办名义下发了《大同县涉及民族宗教方面群体性事件应急预案》。县民族宗教事务局多次受到市局表彰,2012年,被省局评为全省"民族宗教工作先进单位"。

依法管理　本着"保护合法,制止非法,打击犯罪,抵御渗透"的原则,依据《宗教事务条例》和《山西省宗教事务条例》,认真贯彻中国共产党的宗教信仰自由政策,依法保护正常的宗教活动和宗教场所的合法权益,制止打击了多起非法宗教活动。在宗教界中,先后开展了"实施宗教教职人员素质工程",创"双五好"宗教教职人员和宗教场所活动,创建"和谐寺观教堂"活动和开展"宗教慈善周"活动。宗教界以"博爱""慈悲""善行"信条,积极开展公益性社会活动。在扶助弱势群体,服务社会方面做了大量工作。2002年至2013年做善事2000多件,为汶川玉树地震捐款,为绿化县一中道路县城建设,救助贫困学生和大病患者等捐款30万多元。

宗教培训　2002年起全县狠抓党政领导干部,宗教工作干部,宗教教职人员"三支队伍"培训,并列入日常工作范畴。以切实提高党政领导干部"宗教无小事"的认识水平,增强责任意识,提高宗教工作干部依法管理宗教事务的能力,提高全县教职人员的整体素质。2002年到2013年,共举办各类培训班20多期。2003年,全市教职人员培训现场会在大同县召开。

第六章 移 民

第一节 概 述

从 20 世纪 80 年代起,由于自然环境发生变化和国家相关政策的扶持,大同县便产生了移民。1996 年至 2013 年间,全县移民主要有水库移民、地震移民、生态移民三种。

第二节 移民搬迁

水库移民搬迁

扶持范围 后期扶持范围为大中型水库的农村移民。其中,2006 年 6 月 30 日前搬迁的水库移民为现状人口,2006 年 7 月 1 日以后搬迁的水库移民为原迁人口。在扶持期内,中央对各省、自治区、直辖市 2006 年 6 月 30 日前已搬迁的水库移民现状人口一次核定,不再调整;对移民人口的自然变化采取何种具体政策,由各省、自治区、直辖市自行决定,转为非农业户口移民不再纳入后期扶持范围。

扶持标准 对纳入扶持范围的移民每人每年补助 600 元。

扶持期限 对 2006 年 6 月 30 日前搬迁的纳入扶持范围的移民,自 2006 年 7 月 1 日起再扶持 20 年;对 2006 年 7 月 1 日以后搬迁的纳入扶持范围的移民,从其完成搬迁之日起扶持 20 年。

扶持方式 后期扶持资金直接发放给移民个人的应尽量发放到移民个人,用于移民生产生活补助;也可以实行项目扶持,用于解决移民村群众生产生活中存在的突出问题;还可以采取两者结合的方式。具体方式由地方各级人民政府在充分尊重移民意愿并听取移民村群众意见的基础上确定,并编制切实可行的水库移民后期扶持规划。

水库移民后期扶持政策实施 2007—2009 年三年间,一是全面完成实施移民后期扶持人口核定登记工作,并通过了省、市两级验收。县共核定登记移民后期扶持人口 4438 户,11777 人,涉及 10 个乡镇 149 个村。发放移民直补资金 2442.915 万元。移民实行年度审核,2009 年的后扶人数为 11459 人。所需资金的解决方案由县发改局正式上报省发改委,由省发改委再上报省政府。二是后期扶持资金发放工作从 2007 年 6 月 30 日正式启动,并率先在基础条件好的乡镇开始兑现。兑现工作按资金拨付进度如期完成。兑现工作每年如期展开。以县为单位的《大中型水库区和移民安置区设施建设和经济发展规划》已经编制完成。按照中央要求和省政府具体安排,出台完善了大同县水库移民后期扶持的一系列配套政策,其中包括:移民后期扶持人口核定登记工作验收办法、后期扶持基金使用管理暂行办法、移民后期扶持基金发放管理实施细则。为了后期扶持政策的顺利过渡,继续实施移民遗留问题处理,规划启动大中型水库后期扶持结余资金项目,批复资金 249 万元,受益人口 7095 人,新增灌溉面积 1950 亩,改善灌溉面积 3500 亩。组织编制《解决小型移民生产生活困难项目规划》,涉及 6 个村,受益人口 6934 人,新增灌溉面积 5430 亩,改善灌溉面积 3500 亩,批复资金 155 万元。组织编

综合政务

制《第二批大中型水库后期扶持结余资金项目计划》，涉及9个村，受益人口4765人，新增灌溉面积7800亩，改善灌溉面积1000亩，批复资金285万元。

地震移民搬迁

移民搬迁　1996—2009年，建设移民村1个，搬迁安置灾民409户，新建住房953间，并完成相应的配套基础设施建设。在倍加造镇新建新堡村。新堡村在土地面积明确，四至界线清楚，疏林地上报审批、规划、住房设计、承建方案制定、土地划拨和办理审批、计委立项等手续完成，三通一平工作全部完成情况下，于2000年7月28日正式破土动工。9年来的努力工作，新堡村新打机井3眼，建起容量50吨水塔1座，自来水主管道4000米全部铺设贯通，架设高低压线路2100米，并配备80KVA变压器两台，主街道全部安装了路灯，村委会及学校11间房屋全部完工。新堡村新建灾民住房953间，其中建1间的52户，建2间的71户，建3间的253户，能安置灾民202户707人。旧堡村原有429户1117人住房1091间，除14户不能搬迁，已维修加固外，现有323户拆除旧房767间。大同市补助资金共838.24万元，其中，搬迁482.31万元，移民搬迁使用474.41万元，其中，民用房补助299.42万元，通水50.88万元，移坟、土地补偿65.5万元，通电26.06万元，土地审批5万元，林业审批3万元，建村委会、学校24.55万元。新村搬迁安置灾民409户1077人，现已规划土地498亩。新村搬迁后，由于人均耕地不足半亩，况且土地贫瘠，传统的耕作解决不了口粮问题，为此，县、乡、村三级多方筹集，发展水利实施，强化农业基础设施建设，培育发展水浇地，推广科技种植，发展外出打工，增加劳务性收入，为搬迁农民多渠道增加收入，解决搬迁户的后顾之忧。

生态移民

1996—2009年，大同县实施的生态区域移民乡镇有两个：聚乐乡、吉家庄乡。聚乐乡分别在聚乐乡西关村、张庄村北建设两处新村，每个搬迁移民给予5000元补助；吉家庄乡实施分散移民，每户迁到不同的地方。实施年度2002—2008年。搬迁移民人数按年度分别为100人、100人、300人、300人、200人、150人、160人，合计1310人。其中，聚乐乡涉及搬迁村庄为：鹰咀墩、麻地沟、水沟寺、鸦儿崖、马家梁、东羊坊、上羊落、黄家洼8个村庄。吉家乡涉及搬迁村庄为：东庄、南庄、西庄、寺儿上、辛窑沟、杨圈沟6个村庄。

2013年，吉家庄乡共移民180人，其中，南米窑162人、翁城口18人。移民资金捆绑使用，在吉家庄乡吉家庄村西建新村，项目于2014年完成。

第八编　军　事

第一章 人民武装部

第一节 机构设置

县人民武装部

1986年军队精简整编,县人民武装部划归地方建制,1996年又收归军队建制。不管县级人民武装建制如何变化,其领导关系和根本职能始终没有改变,是国家武装力量的重要组成部分,平时完成上级军事机关和大同县委、县政府赋予的军事工作,战时组织地方武装,加强国防后备力量建设。

1996年4月,大同县人民武装部收归军队建制后,复称"中国人民解放军大同县人民武装部",缩小了编制。下设军事科、政工科和后勤科。干部编制11人,职工11人,其中部首长3人,部长、政委为正团级,副部长为副团级,各科长为正营级,军事科编4人、政工科编2人、后勤科编2人。民兵装备仓库编职工6人,由一名军事参谋兼任民兵装备仓库主任,机关公勤人员5人。2004年,县人武部再次缩小编制。到2013年县人武部首长4人,部长、政委为正团级,副部长两名为副团级(其中一名副部长兼军事科长),后勤科长1人,后勤助理员1人(由一名士官担任),职工6人。

1996年以后,县人武部曾经连续5年被省政府、省军区表彰为"先进人武部",连续4年被省军区表彰为"先进党委",2005年人武部被北京军区表彰为"基层建设先进旅团单位",荣立集体二等功,2006年被省军区树立为"十二面红旗单位"。2013年被省政府、省军区评为"一类人武部"。先后被省

军区和军分区表彰为"民兵预备役建设先进单位""新闻报道先进单位""战备工作先进单位"等。

乡镇武装部

1996年,根据上级关于加强基层武装部建设的有关规定,明确了基层武装部的设置体制,大同县对专职武装干部的配备、待遇、任免做出了具体明确的规定,使专职武装干部队伍建设走上规范化的轨道。全县共有16个乡镇,下设16个基层人民武装部。专武干部25名,具体负责本乡镇的民兵和兵役工作。

2000年1月,新增设东街道办事处人民武装部、西街道办事处人民武装部和湖东街道办事处人民武装部。

随着乡镇行政区划撤并,基层人民武装部几经调整,到2013年全县有西坪镇、周士庄镇、倍加造镇、党留庄乡、许堡乡、吉家庄乡、瓜园乡、杜庄乡、聚乐乡、峰峪乡10个乡镇和东街、西街、湖东3个办事处人民武装部。专武干部14人。

第二节 主要工作

党建

组织建设 1996年,县人武部党委,由军事科、政工科、后勤科科长以上人员组成。县委书记兼任县人武部党委第一书记。县武装部政治委员、部长分别任书记和副书记,各科长(主任)为党委成员。县人武部党委接受军分区党委和中共大同县委双重领导。

党的组织生活制度 县人武部党委,实行党委集体领导下的首长分工负责制。一切重大问题,都要经部党委会集体讨论决定。

机关党支部建立健全了内部党员大会、支部委员会和党小组会议制度,坚持了党日制度和党课教育制度,抓好党的思想作风建设。

为活跃党内民主生活会,增强党委团结,改进党委领导,部党委建立了交心通气会议制度、党委中心组学习制度、党员领导干部过双重组织生活制度等,党委的战斗力显著增强。

2005年,以总政治部下发的《军队保持共产党员先进读本》为基本内容,通过专家辅导讲课、座谈讨论、先进典型介绍、现场观摩等形式,开展了保持共产党员先进性的教育活动。进行组织考评、个人自评、谈心互评和领导讲评,不断深化教育效果,解决了党员干部在思想认识、精神状态、工作作风、自身形象上存在的问题,进一步强化了全体党员的先进性意识及实践先进性要求的责任感和紧迫感。2008年,开展了"坚定中国特色社会主义信念,有效履行我军使命"主题教育活动,自觉为促进经济社会发展和维护社会稳定做贡献。2010年,部党委扎实学习好党的创新理论,特别是胡锦涛关于新形势下国防和军队建设重要论述,学习党的路线方针政策和法律法规,努力推动学习型党组织深入发展,不断提升部队的建设质量和层次。

党的思想作风建设 一是利用民主生活会、党课时间,对党员干部进行党章、党的历史等方面的教育。党委成员、党员干部以身作则,做群众的表率。二是开展争取先进党委先进党员活动。每年结合年终总结评比,评选优秀党员。2004年至2008年连续4年,大同县人武部党委被山西省军区表彰为先进党委。2008年,开展"讲党性、重品行、作表率"教育活动,结合"勤政清廉、率先垂范"、"学习新党章知识竞赛活动"和"廉政法规知识竞赛活动",认真抓好党风廉政建设,增强党员遵纪守法的自觉性。2012年,部党委开展"讲政治、顾大局、守纪律"和"赞颂科学成就、忠实履行使命"两项教育活动,

积极为十八大召开营造氛围。三是加强群众监督,严格纪律检查。部党委每年结合征兵工作,加强党的廉政建设,出现了连续19年无责任退兵事故。部党委廉洁自律,在群众中树立了良好的军人形象。

军事训练

1996年以来,大同县的军事训练工作主要是抓好本级首长机关训练,提高现役干部的军事素质;加强训练基础设施建设,提高训练层次;搞好学生军训,提高后备兵员的军政素质。同时,指导基层武装部开展民兵训练,完成上级规定的民兵军事训练任务。

干部训练 大同县人武部认真贯彻军委新时期的军事战略方针,按照省军区军事训练指示,提高干部高技术条件下应对局部战争和突发事件的组织指挥能力、市场经济条件下做好民兵预备役工作的能力,作为干部训练的主要课题,不断加大高科技知识含量,同时以应付突发事件为背景,进行了应急指挥训练。通过学习训练,干部的高新技术理论水平、本级组织指挥和教育训练能力有了明显提高。

进入21世纪,县人武部党委下大力提高干部业务素质和工作能力。组织干部学会、学懂、学精业务知识,重点进行民兵预备工作知识、军事高科技知识的研究以及参谋业务、计算机操作能力的学习。训练方法主要采取集中培训、在职自学等形式。县人武部主官每年参加一次省军区组织的战役训练,其他干部参加由军分区组织的培训。

2004年以后,深入开展创建"学习型军营"活动,依据《军分区(人武部)军事训练与考核大纲》,扎实抓好以信息化自动化为重点的理论学习,以参谋"六会"、办公自动化为重点的基本技能训练;2010年后,适应形势发展需要,扎实学习网络信息自动化知识。同时,在征兵工作结束后参加由军分区组织的冬季适应性训练,部队的军政水平进一步提升;2012年,在完成县国防动员指挥中心、部机动通信指挥车等建设任务后,坚持军事训练中心位置,选拔一名优秀干部参加省军区集训比武,现役

干部的综合素质显著提升。

训练设施建设　1996年后，大同县加强和完善县民兵训练基地建设，发挥训练基地作用，促进了全县的军事训练工作向规范化、正规化迈进。

这一时期，县人武部以振兴当地经济和提高后备力量整体素质为目的，紧紧围绕大同县党委经济工作的总体部署和大同军分区党委关于加强民兵、预备役部队基层建设的指示要求，积极贯彻"因地制宜，各展所长，两头兼顾，协调发展"的方针，建起一批能创高经济效益的以劳养武实体，产生了科学合理的基层民兵建设管理办法，形成了具有地方特色的民兵建设格局。

民兵队伍训练　民兵军事训练由县人武部统一组织实施。

1996年以后，大同县民兵充分发挥地方科技优势，贴近实战，联系民兵实际的特点，创新方法，在每年一次的民兵整组工作中不断巩固和提升队伍执行任务的能力；2008年3月26日至4月19日，按照军分区部署，依据《民兵军事训练与考核大纲》规定和"三年完成一个周期"的原则，组织民兵125人，重点进行了武器装备操作技能、战术基础和战备常识等内容的军事训练。通过考核，所有参考分队均达到合格成绩。2009年，县人武部集中人武、专武干部进行民兵军事训练教学准备，并培训了教学骨干。按照按级教学、按分工教学、按系统教学，严格落实教学分工责任制。同年3月，负责训练教学的专武干部鲁学宁组织独立第3排步兵班38人，完成步枪应用射击训练，平均成绩87分。4月，负责训练教学的专武干部王海军组织通信连27人，完成识图用图科目训练，平均成绩85分。这一年，共组织训练民兵700人。

2010年后，重点加强应急队伍建设，2012年，各乡（镇、街道）成立了30人的民兵应急排，为处置突发事件和执行急难险重任务提升了保证。2012年至2013年全县民兵队伍累计扑灭山火60余次，保护了人民群众生命、财产的安全。

学生军训　依据1984年颁发的《兵役法》规定，县人武部每年在初高中新生入学阶段组织学生进行军事训练工作。

学生军事训练，是适应国防建设指导思想战略性转变，加强有中国特色后备力量建设的重要措施和有效途径。学生军事训练组织建设是开展学生军事训练工作的重要保证。为了搞好学生训练，提升军训质量，大同县成立了学生军训领导小组，由一名副县长、县人武部部长任组长，由县教委副主任、县人武部副部长任副组长，由县财政，县教委和武警大同县中队的领导为成员。形成了部队和地方、学校分工负责的军训组织领导体系，为全县的学生军训提供了组织保证，推动了学生军事训练的健康有序开展。

县人武部组织专武干部和聘请驻同部队、武警官兵共同参加中学生军事训练工作，学生军训已形成规模化、制度化的格局。

2000年前，大同县学生军训工作主要是对县一中、县示范中学的入学新生进行一次军事训练，通过军事训练学习军事技能，增强国防观念。

2000年后，大同县学生军训进一步扩大范围，除对县一中、县示范中学的入学新生进行一次军事训练，同时还对县二中、县职业技术学校的入学新生进行一次军事训练；2008年9月1日至7日，县人武部军事科和政工科组织专武干部，对县一中新生328人、县示范中学新856人，分别在本校进行军事训练。按照《学生训练大纲》要求，军训分三个阶段进行，先以3天时间进行了国防和形势教育，重点学习《国防法》《兵役法》和大同县出台的《新兵优惠办法》，增强新生国防意识；再用3天时间进行队列训练；9月7日进行汇报表演。2009年9月，训练县示范中学入学新生886人，县一中入学新生280人。

据统计，1996年至2013年，接受军事训练的初中生为18659人，接受军训训练的高中生为7560人。

政治工作

思想教育　一是党的基本理论教育。在不同

的时期大同县人武部党委始终把党的基本理论教育列入党组学习计划,列入党员干部教育计划,自觉学习。系统学习了邓小平理论、江泽民文选、"三个代表"重要思想和科学发展观。2012年,县人武部党委突出抓好胡锦涛主席"七一"重要讲话和十七届六中全会精神学习,通过领导带头学、理论观点辅导、学习心得交流、报纸宣传教育、个人笔记展评、应知应会考试问答等形式,取得了较好的学习效果;2013年,部党委认真学习贯彻习近平主席系列讲话,用习近平的讲话精神统一思想,指导工作。二是人民军队性质和宗旨教育。全心全意为人民服务,是人民解放军的宗旨。部党委一直把全心全意为人民服务,作为政治教育的重要内容。1996年4月22日至5月2日,用10天的时间对全体干部职工进行思想作风纪律整顿,紧紧围绕人武部归建后面临的新形势、新情况、新任务,密切联系个人思想工作生活实际,注重找准存在的问题,坚持边整边改,强化了全体人员的政治观念、军人意识和敬业奉献的思想作风;1997年,开展学习党的十四届六中全会《决议》和军委的《意见》,着重学习《邓小平论社会主义精神文明建设》和《邓小平关于新时期军队建设论述选编》。同时,结合香港回归和建军70周年,重点抓了爱国奉献和光荣传统教育,引导大家树立正确的人生观、价值观,自觉抑制各种腐朽思想的影响,保持高度的道德情操;1998年进行了"服务改革大局,增强奉献意识"的革命军人利益教育;2000年,进行了"四个廉政警示教育",坚定了机关人员扎根老区献身武装事业的决心;2003年,为"创建学习型人武部、培育知识型军人",结合学习"三个代表"重要思想,坚持在真学、真懂、真用上下功夫,强化政治意识、大局意识、服从意识和责任意识;2004年,部机关围绕"正确认真调整改革,正确对待利益得失"这个核心进行了服从组织决定,正确对待定编教育;2010年,部党委以贯彻科学发展观为主线,不断加强对干部职工进行党的宗旨教育,提升思想政治建设水平。年初,抓好专题教育。按照"党员干部受教育、科

学发展上水平、履行使命见成效"的目标要求,坚持结合基层民兵预备役部队全面建设实际,继续抓好第三批学习实践活动的开展。开展了"构建党代军人核心价值观"主题教育活动,使每个党员干部在日常工作中、生活中真正树立"忠诚于党、热爱人民、献身使命、崇尚荣誉"的思想意识,进一步强化当代军人核心价值观;2011年,部党委深入开展"严守党纪法规、树立清风正气"主题教育,围绕加强作风建设这个主题开好民主生活会,不断提高党委依法决策、民主决策、科学决策水平;2012年,开展"谨防精神懈怠,筑牢思想根基"专题教育,党员干部普遍受到党性锻炼。

后勤保障

后勤机构 1996年,县人武部收归军队后,设后勤科,编制科长1人,助理员1人,另配有炊事员、司机等后勤人员。2004年10月部队精简整编后,人武部设后勤科,配备科长1人,管理员1人(士官)。一名参谋兼任民兵装备仓库主任。另外,司机、炊事员由职工担任。

车辆装备 1996年,后勤部门在车辆配置与管理上真抓实干,为战备保障提供高质量的保证。2012年,按照省军区提出的"市建营、县建连、乡建排"要求,全县连排组建完成,同时投入44万元完善应急连排装备器材和两台应急保障车。2013年,大同军分区在大同县人武部召开了战备训练管理现场会,与会领导及兄弟单位领导对大同县的后勤保障工作给予了好评。

基础设施建设 2001年,新建机关办公楼,面积1890平方米,改善了干部职工办公、生活条件;2008年,投入5万元资金用于建设库室,配齐物资,达到了平时应急、战时应战的要求。新购置帐篷4顶,行军床8张,野战餐桌4套、医疗急救箱2个,汽油炉灶1套。2010年,新建武装工作综合楼,面积2910平方米,有力改善了全县民兵教育训练条件。

后勤训练 2005年,县人武部按照军分区"抓实备、谋打赢,抓管理、求效益,抓改革、促发展,抓

能力、强队伍"的思路，强化后勤技能训练，在经费管理监督、业务能力提升和基层后勤建设等方面取得了新的进展。2005年、2006年、2007年连续三年被大同军分区评为党委理财先进单位。2009年，以军事斗争后备准备为牵引，落实后勤训练，现役干部参加了"铸盾——2009"演习和"大同地区应对多种安全威胁防空演练"，修改完善了战时后勤保障方案和保障计划，后勤动员保障动员不断提升。同年，县人武部加强落实"三项整顿"力度，在油料、物资管理、医疗保障等方面，取得了新的成绩和进步。

军事

第二章 兵 役

第一节 兵役机构

义务兵的征集,为一年一度的定期征集,一般在冬季实施,2013年改为夏秋季征集。

每年均设立大同县征兵领导组和征兵办公室。县征兵领导组由当年的政府县长任组长,由政府副县长、县武装部部长、县武装部政委任副组长,民政局、卫生局、财政局等相关单位负责人和县武装部军事科、政工科、后勤科负责人为成员。县征兵办公室主任由副部长(军事科长)担任。县征兵办公室设在县人武部军事科。县征兵办公室下设宣传组、体检组、政审组、后勤保障组。

征兵工作期间,各乡(镇、街道)也相应成立征兵领导小组,负责本辖区内的征兵工作。

第二节 兵役登记

兵役登记,是兵员征集的前期准备工作,一般在每年的7—9月进行,并在新年春节外出人员还乡,学生毕业回村,民兵整组等时机进行补充登记。

为搞好兵役登记,县人武部成立以县人武部领导为组长,有关部门和单位领导为成员的兵役登记领导组,以各乡(镇、街道)武装部和县武装部为固定兵役登记站点,同时在广场、商贸市场设立流动登记站。利用县电视台、县报、流动宣传车等宣传媒介进行兵役登记工作宣传,县人民政府发布兵役登记公告,明确登记的时间、地点、人员和要求,7月

1日开始正式登记。在此基础上,村(居委会)、乡(镇、街道)进行逐级审查,公安、卫生、教育等部门共同把关,确定应征服兵役、缓服兵役、免服兵役和不得服兵役人员,再按新兵征集条件全面衡量,按照上年度征兵数的两倍选定预征对象,各乡(镇、街道)武装部、民兵连(营)建立花名册,对预征对象做到去向明确、情况清、联得上、召得回。

2010年,县人武部进一步明确兵员登记内容,扎实推进兵役登记工作。登记内容规定:一是对所辖区全体公民进行国防和兵役义务教育;二是摸清适龄青年(男性)的人数、政治文化及身体状况,填写登记表;三是依法确定应服兵役、缓服兵役、免服兵役和不得服兵役人员;四是对已登记的应征公民,进行体格目测、病史调查和政治、文化初步审查,选定预征对象;五是办理兵役登记、核验手续,统计上报有关表册,为年度冬季征兵工作打下了坚实的基础。2012年,县人武部针对兵役登记过程中存在的程序不清、登记不规范;工作忙,没时间;路途远,成本高;疏管理,易流失等问题,采取程序服务、集中服务、上门服务和跟踪服务"四种服务方式",深入服务基层,有效提高了广大适龄青年和家长登记报名率。全县兵役登记工作较2011年提高了20%。特别是,县一中、二中有83名同学直接参加兵役登记,登记率达100%。在此基础上,县人武部通过深入分析,科学分类全县兵役登记信息,把兵役工作与冬季征兵工作、国防教育和后备力量储备结合起来,通过初步筛选,有213名高学历青年为冬季征兵预征重点对象,有315人被登记青年作为

后备力量储备，有 274 人纳入 2013 年民兵编组计划，有效提升了兵役登记工作质量。

2013 年，随着征兵工作改为夏秋季征兵，兵役登记工作同步提前，改为 4—6 月进行，切实为新兵征集打下了坚实的基础。

第三节　征集实施

每年新兵征集前，首先采取各种形式，在群众和广大适龄青年中广泛开展国防教育和以《兵役法》为主要内容的依法服兵役教育，强化广大适龄青年参军保国的责任感、光荣感和使命感，激发他们的参军热情。结合征兵宣传，县人武部深入基层进行广泛调查研究，进一步掌握各类人员特别是适龄青年及其家属的思想动态，做好有针对地宣传教育，并把思想教育贯穿到征兵工作的全程，确保征兵工作的顺利进行。每次征兵，均按宣传教育、登记报名、体格检查、政治审查、审批定兵和新兵交接等步骤进行。具体讲，宣传教育，每次的征兵教育宣传，都必须确保受教育面达到 98% 以上。通过宣传教育，激发广大适龄青年的爱国热情和依法参军的自觉性；报名登记，确保登记报名数达到或超过各乡（镇、街道）上县站人数的 2.5 倍。确定预征集对象，按当年的规定执行，一般征集 18 到 22 周岁的适龄青年。高中以上文化程度可适当放宽年龄要求。体检和政审，按照当年的体检政审标准进行。定兵交接，县征兵领导组从条件合格的应征人员中，按照征兵数量择优确定对象，并及时张榜公布，接受社会监督，最后发放入伍通知书并交给接兵部队。

2005 年，大同县人武部被国防部表彰为征兵工作先进单位。

2008 年，大同县征兵工作，严把政审、体检关，有效保证了征兵质量。年内，圆满完成 110 名新兵征集任务；2011 年，大同县多措并举，确保征兵工作落实。多方宣传发动，做到"五个覆盖"，征兵信息发送到每一个适龄青年手中，公告张贴到 178 个行政村，广播覆盖到所有村，专武干部进村覆盖到所有报名家庭，标语覆盖到 47 个主干道。同时，与大家一起算好"三笔账"，当兵经济上不受损，政治上有资本，成长上有发展。叫响"四句话"，当兵有责，当兵光荣，当兵受益，当兵成才。通过扎实工作，圆满完成了 100 名新兵征集任务；2012 年后，广大适龄青年选择多元，有意向参军的人数锐减，新的《兵役法》对征兵体检标准进行了修改，适度放宽了身高、视力等标准，特别是对具有大学专科、本科学历的青年的体格检查进行了适度修改，鼓励高学历大学生参军入伍，支持国防建设。

历年征兵统计

1996 年 80 人，1997 年 89 人，1998 年 80 人，2000 年 100 人，2001 年 100 人，2002 年 100 人，2003 年 100 人，2004 年 100 人，2005 年 110 人，2006 年 110 人，2007 年 120 人，2008 年 110 人，2009 年 100 人，2010 年 75 人，2011 年 85 人，2012 年 90 人，2013 年 70 人。

军事

第三章 驻 军

概况

中国人民武装警察部队大同县中队,历经多次演变,1996年,改编为中国人民武装警察部队大同市支队大同县中队。2013年,编制38人,干部3人,士兵35人。主要担负社会维稳定、看守所外围武装警察、参与地方经济建设等任务。

第一节 部队建设

1996年后,武警大同县中队,在总队、支队党委的正确领导下,坚持以科学发展观为统领,紧紧围绕总队、支队党委的总体工作思路和年度工作任务,坚持"争创先进中队、争创学习型警营、争做知识性士兵"的工作思路,狠抓部队全面建设。中队支部班子核心领导坚强,能力素质全面过硬;思想政治工作扎实有效,官兵精神状态昂扬;执勤、处突能力显著提高,中心任务完成圆满、从严治警措施得力,内外关系和谐融洽;后勤管理深入到位,综合保障效益增强,部队整体建设呈现出又好又快发展的良好态势,较好地实现了"两个确保"的工作目标。

2010年,中队坚持以胡锦涛主席关于国防和军队建设重要论述特别是武警部队建设一系列重要指示,按照武警大同支队党委一届九次(十次)全体扩大会议的部署要求,以《纲要》为依据,着眼推动部队全面建设新一轮发展,突出抓好中队的全面建设。

2011年,投资15万元进行绿化美化,办公楼建设坚持高标准完善。在硬件过硬的基础上,狠抓干部士兵的政治教育,严格军事训练,全年训练质量稳步提升。

2012年,中队按照"666"组训模式进行新兵岗前训练,总结经验不足,并利用五一假期三天时间组织干部骨干重新系统地学习了"666"组训模式的主要内涵和基本方法,进行专门培训和实地操作,从科学的组训方法中提高训练质量,培养执勤哨兵机智、果断、勇猛、顽强的作风和快速反应的能力;中队重点突出了以"一切为中心,一切围绕中心、一切保证中心、一切服务中心"为主导思想,狠抓了"执勤三项纪律"、《正规化执勤等级评定标准》的落实。规范执勤制度,狠抓执勤秩序。强化了科技强勤,技术强勤的思想意识。实现了人防、物防、技防的有机结合。

2013年,中队按照"强支部、抓经常,激活力,打基础,上台阶"的工作思路,突出"支部建设、上勤前准备、实战化训练、人性化保障、安全稳定"五个重点内容,狠抓经常性工作的落实,多项工作走在全区前列,特别是在维护社会稳定方面做出了贡献,多次受到总队、支队党委和大同县委、县政府表彰。结合昆明"3·01"、乌鲁木齐"4·30"、新疆"5·22"暴恐事件,依据支队指示,中队及时修订方案,研究对策,确定了四个时间段营区巡逻,夜间配备助勤犬的常态化防袭击措施,采取不定时实案化拉动应急小组、应急班的方式,提高应急处突能力,共计协调配备夜间照明手电20部,公安对讲机5部,制作大头棍30根,完成营区外围封闭,提高了战备能力;

为全面提升综合训练水平，中队重点突出教练员队伍建设和训练方法拓展两个方面，利用一个月对各科目教练员进行了再培训、考核，并将训练成绩和士官教员月评议相结合，提高了教练员能力素质；经广泛征求建议，在全中队开展了训练成绩大比拼活动，将每周各班训练科目会操成绩和班长、战士的优秀士兵评选相挂钩，提升了官兵训练积极性。仅一季度中队体能合格率由60%提高到了85%，夜间训练水平也有了新的发展，各科目均达到良好以上水平，较之去年同期有大幅度的提高。

第二节　参建活动

1996年至2013年，武警大同县中队在圆满完成了以执勤为中心的各项任务的同时，把保护人民群众生命财产安全作为自己的天职，主动承担地方党委政府交给的担负急难险重任务。

1996年，参加抗洪救灾成绩突出，被总队荣记集体三等功一次。2003年，大同县聚乐乡发生特大洪水灾害，武警大同县中队官兵积极参加抗洪抢险战斗，连续战斗20多个小时，成功解救了遇险群众，受到大同县委县政府表彰。2002年、2003年、2004年，连续三年被总队评为基层按照《纲要》建设"先进中队"。

2006年至2009年，中队先后30多次扑灭县城东山森林大火，受到大同县委、县政府表彰，被县委、县政府评为"双拥模范单位"，中队先后有74人荣立三等功。2012年，中队圆满完成了昊天寺执勤，东山灭火，县一中军训和各种战备执勤任务。2013年，中队按照"强支部、抓经常，激活力，打基础，上台阶"的工作思路，突出"支部建设、上勤前准备、实战化训练，人性化保障，安全稳定"五个重点内容，狠抓经常性工作的落实，多项工作走在全区前列。

军事

第四章　民兵预备役

第一节　领导体制

军队系统领导

军队系统领导是县人民武装部对民兵预备役工作的领导。县人民武装部是县委的军事部和县人民政府的兵役机关。其主要任务是:战时,领导与指挥地方部队和民兵就地作战;调动预备役部队参战或转隶野战部队;根据战争的需要,不断为部队补充兵员。平时,负责地方武装、国防后备力量建设和兵役工作,组织与指挥民兵、预备役部队维护社会治安,积极参加经济建设和国家大型项目建设;执行抢险救灾任务;参加社会主义精神文明建设。

1996年,改归军队建制,隶属于大同军分区。大同县人民武装部辖10个乡镇、3个街道办事处武装部。两级人民武装部认真履行职责,民兵和预备役部队建设得到不断加强。

地方党管武装

地方党委管武装(简称党管武装),是坚持党对军队绝对领导,永远保持人民武装本色的根本保证。一是兼职制度。根据规定,县委书记兼任县人民武装部党委第一书记。县人武部一名主官参加县委常会。县委书记兼职第一书记关心支持武装工作,经常到位现场办公,听取汇报,研究工作,解决实际问题。这一制度对加强民兵部队建设发挥了重要作用。二是党委议军制度。议军是县委把军事工作列入议事日程,加强对县人武部和全县民兵工作领导。每年定期召开议军会议,吸收政府、人大和地方有关部门领导参加,学习党中央、中央军委关于国防后备力量建设的方针、指示,听取县人武部工作汇报,分析武装工作形势,研究解决民兵预备役部队建设的重大问题。三是述职报告制度。县委书记每年年底向上级党委军事部门进行党管武装工作述职。四是学习培训制度。县委把学习党管武装理论纳入中心组理论学习计划,列入党校教学课程,每年都要对党政领导干组织学习和培训,明确任务职责,强化各级领导干部的国防观念,增强做好党管武装工作的自觉性。

国防动员委员会

大同县国防动员工作,以上级《国防动员建设发展规划》为依据,落实国防动员机制体制,完善国防动员各办公室机构,大抓民兵预备役整组工作落实,后备力量建设得到进一步规范,人民武装动员工作、国民经济动员能力、战备保障能力、人民防空工作都取得了进步。

1996年大同县在人民武装委员会的基础上,成立大同县国防动员委员会。国防动员委员会第一主任由县委书记担任。主任由政府县长担任。副主任由一名副县长、县人武部政治委员、县人武部部长担任。委员由县人武部副部长、县委办主任、政府办主任、县委宣传部副部长、县委组织部副部长以及财政、科技、交通等相关单位负责人组成。县国防动员委员会下设综合办公室、人武动员办公室、人民防空办公室、政治动员办公室、经济动员办公室、交通战备办公室、信息动员办公室、科技动员办公室。

2009年6月召开了全县国防动员委员会第二季度会议。出席会议的有国防动员委员会主任孙永胜、副主任乔江华、孙贵文以及县国防动员委员会成员20人、各专门办公室人员24人。会议调整了县国防动员委员会及其各办公室组织机构，调整了县国防动员委员会22人。总结部署了全县国防动员工作，制定下发了《大同县抢险救灾动员方案》《大同县应急维稳动员方案》《大同县兵员动员方案》《大同县国防动员总体方案》，进一步完善动员机制，加强基础建设，强化"双应"能力。

2011年，县国防动员委员会按照《国防法》《兵役法》《国防教育法》《国防交通条件》等法律法规，制定大同县国防动员有关政策，逐步实现动员体制科学化、动员准备制度化、动员建设法规化、动员保障社会化，确保国防动员工作顺利进行；县人武部完成了"四库一室"配套建设，完成了动员资料管理建设；以建设民兵应急分队为重点，调整民兵组织，提升民兵队伍的快速动员能力；把经济动员纳入经济和社会发展总体规划，及时充实动员数据库，提高平战转换能力。

2013年，县国防动员委员会统一部署，完成了全县第九次国防动员潜力调查工作。投资35万元，新建了联合战备值班室和作战室，规范整合了31个库室，修整了野战指挥帐篷、野战生活帐篷及其他野战设施；补充了野战指挥器材、森林消防器材、防汛器材、应急处突器材和政工器材；8大类软件资料实现了"纵向成体系，横向全覆盖"的建设目标，为各项工作的开展提供了坚固的支撑平台。3月22日，军分区在大同县召开了日常战备规范化建设现场会，为全区部（团）战备规范化建设探索了方法路子。同时严格落实战备值班制度，加强指挥训练，使每名干部能熟练掌握视频系统、铱星电话、柯顿电台和机动指挥车等设备的操作使用。10月，县人武部严格落实军分区指示要求，在财力非常紧张的情况下，又投入10万余元，新建了作战数据工作站，并对战备训练系统进行了升级改造，全面推进了全

县国防动员建设工作又好又快发展。

第二节　组织建设

民兵组织调整

为适应形势发展的需要，依据上级民兵整组工作指示大同县每年都要对民兵组织进行调整。

1999年，认真贯彻"控制规模、突出重点、分类指导、提高质量"的方针，进一步深化民兵工作调整改革。经调整，全县民兵数量减少一半，民兵总数仅占总人口的6.4%。在这次调整中，民兵应急分队实行了统一单独编组，落实了建制，提高了应付突发事件的能力。同时，扩大了专业技术分队的组建规模，并开始组建高技术对口专业技术分队；2005年，根据形势变化，进一步调整组建范围，改进编组方法，优化组织结构。合理调整布局，对外出打工多、兵员在位率低的基层民兵组织，向经济条件好、适龄人员集中的地方转移。特别是向中心镇、重点目标、交通沿线转移。组建了应急分队、专业技术分队、对口专业分队；2009年1月10日至17日，大同县人武部利用一周时间，组织机关干部和全体专武干部召开了民兵整组动员大会和整组工作研讨会，传达上级指示精神，研究分析全县的整训工作形势，重点查找了以往整组工作中暴露出的与新时期、新要求不相适应的问题。通过学文件、看形势、找不足，统一思想认识。在民兵组织调整工作中，贯彻科学发展观，着眼实战，打牢基础、优化结构、落实编制、创新方法、提高质量，通过扎实工作，所有基干民兵达到了政治合格、文化较高、综合素质良好的要求。按照"乡镇建营、行政村建连"的原则，共编普通民兵13458人，编制10个营、182个民兵连长。高质量完成了民兵组织调整工作任务；2010年，县人武部组织全县机关干部、专武干部，分别对所辖10个乡镇的民兵整组工作进行巡回观摩。按照"组织落实、政治落实、军事落实"应急力量建设，推动民兵队伍常态化发展转变、提高民兵队伍快速反应能力要求，着眼加强干部队伍对民兵整

组，优化民兵组织结构，从"选、训、用、管"等关键环节入手，采取"查内容、看阵地、见队员、拉队伍"的方式，全方位观摩各单位民兵整组工作情况、经验做法、存在的问题以及对新形势下对做好民兵整组工作的意见和建议。这是大同县近十年来首次大规模地组织专武干部和机关干部对基层民兵整组工作巡回观摩活动，有效促进了民兵整组工作全面落实，促进了民兵基层建设水平全面提升。

县人武部认真贯彻后备力量建设"十二五"规划，按照"向新兴企业延伸、向行业系统延伸、向事业单位延伸、向科技密集型转变"的整组思路，落实民兵整组工作，后备力量组建秩序得到进一步规范，基层建设质量有了明显提高。

2010年，县人武部按照"乡建营、行政村建连"的原则，对全县基层民兵组织进行调整，全县共编普通民兵8868人，编制10个营，176个民兵连队。基干民兵700人，编组步兵、炮兵、伪装、防空、通信、森林防火等13个专业分队。所有基本民兵达到政治合格、文化素质较高、综合素质良好；所有分队基本达到人员满编、岗位明确、职责熟悉、基本技能掌握的要求。同时，按照县人武部制定的《基本民兵整组三年规划》，突出抓好民兵阵地建设。5月12日省军区首长到大同县检查民兵整组工作，给予了充分肯定；2013年，县人武部全力抓好民兵整组工作。3月，县人武部利用20天时间，深入乡村及企事业单位实地调研，摸清了兵员、经济、阵地、重点目标底数；4月，依据省军区、军分区整组工作指示，按照"三贴近"的原则合理调整民兵组织，打破编组传统模式，对全县民兵"三支队伍"进行整合，把175个民兵连合并为44个民兵连。投资5万元，补充完善了基层武装部和营连部的设施，使每个乡镇武装部达到了"三有一能"（有办公场所、有办公设备、有牌子、能开展活动）、民兵营（连）部达到了"五有一能"（有办公场所、有办公设备、有旗子、有牌子、有资料软件，能开展活动）的标准。依据省政府、省军区《关于加强应急力量建设的意见》，利用事业单位公务员稳定、时间有保证、素质较高的优势，组建了515人的民兵应急力量，实现了县有125人的应急连，乡镇有30人的应急排。

民兵干部队伍建设

民兵干部，即民兵连（营）以下基层干部，他们是民兵队伍的直接组织者、领导者。

每年县人武部结合民兵组织调整工作的开展，组织民兵定期进行政治军事理论集中培训。大多采取集中授课、集中培训的方法进行。结合每年的征兵工作将民兵干部作为基层一线的组织者突出来，给他们加担子、交任务，使他们积极主动参与到工作中来，通过岗位锻炼提升民兵干部的工作能力。特别是县人武部党委注重加强民兵干部队伍的政治教育，及时将他们纳入部党委的政治教育学习计划。2009年8月至12月，县人武部组织全县民兵干部开展第三批学习实践科学发展观活动，进一步提升全县民兵干部队伍综合质量。

专武干部队伍建设

专武干部，是从事民兵工作的基层人民武装工作的干部。县人武部党委依据民兵工作实际以及专武干部队伍的建设现状，及时向县建议，通过考核、公开选拔，让有知识、有能力的基层干部充实到专武干部队伍中来，使专武干部队伍始终充满活力。

2007年，县人武部党委在基层调研中发现，大学生村官学历高、视野开阔，在基层工作善于用新知识解决新问题，部分大学生村官还担任村里的民兵干部，于是向县委建议，从优秀大学生村官中选拔专武干部，最终从100名大学生村官中选拔了7名大学生村为专武干部。专武干部队伍由原来的14人，增加到17人；2008年，县人武部党委积极协调县委、县政府，将7名48岁以上乡镇专武干部全部退出。调整后，专武干部平均年龄34岁，大专以上学历占91%；2010年，县人武部组织全县专武干部进行了为期5天的集中训练。由军事科具体组织，副部长刘瑞星任训练队长，下设教学、行管和保障三个小组。主要进行了民兵预备基本常识、业务知识、军人素质养成等三方面内容的训练，涵盖了民兵组织建设、民兵军事训练、征兵工作、法律知识、专武干部和教练员应具体的能力素质、应对公共突发事件等16个专项知识。在训练过程中，集中采取授课、座谈讨论、实地练习、考核验收等方法，突出基础理论和实际工作结合运用，有效提高了全县专武干部队伍的综合素质，提高了民兵分队的训练质量，促进了基层建设全面发展。同年5月，县人武部选送5名专武干部参加了军分区组织的比武竞赛活动，获得了团体第二名的好成绩；2011年，全县共有专武干部14人，其中省人武学院毕业生6人。部分年龄偏大、文化程度较低的专职武装干部调整到地方其他单位任职；2012年，县人武部党委结合地方干部调整，积极向县委建议，一次性调整8名乡镇街道专职干部，使全县专武干部文化程度全部达到大专以上，为从组织上促进民兵工作在基层的全面落实提供了有力保证。

第三节　武器装备

1996年前，县民兵武器和弹药集中在县民兵装备仓库，集中管理。

1999年，民兵武器和弹药实行了市集中保管。大同县取消了民兵武器库，在部机关办公楼设立了兵器室，做到了部室合一。

为搞好民兵武器管理，县人武部不断加强保管人员的教育和培训，明确职责，统一标准，严格要求，提高保管人员的思想和业务素质。多年来，县民兵装备仓库和兵器室多次接受上级机关检查工作，先后被北京军区、省军区评为武器管理工作先进单位。

第四节　教育训练

随着世界科学技术的迅猛发展，为适应高技术条件下局部战争的需要，以军委新时期军事战略方略为指导，大同县民兵的军事训练进入具有快速反应和高技术含量阶段。大同县民兵参加军分区组织的民兵应急分队进行的实兵演练及战备等级转换的组织实施程序演练。此后，进一步理清了应急分队的战备工作思路，严格落实军分区统一和规范的民兵应急分队训练标准。

在提高民兵快速反应能力的同时，大同县开始组建民兵高技术对口专业分队。1998年，成立医疗保障分队、通信保障分队，并进行了用于军事目标的强化训练。同年9月，在大同市召开民兵高技术对口专业分队研究性演示会议上获得好评。

从2004年起，优化训练形式，提升训练质量，全县民兵训练进入了新的提升阶段。

2010年，县人武部对民兵队伍严格按纲施训，深化训练和教学责任制，重点加强民兵干部和重点分队训练，军事训练水平不断提高。

第五节　预备役

随着陆军预备役步兵第3团移防大同县编组，全县的民兵预备役工作从党委建设、政治工作、军事训练、基础设施建设、后勤保障等方面全面加强部队建设，各项工作取得了优异的成绩。

1998年11月，遵照总部整编命令，步兵第3团移防太原。2004年11月与步兵第2团合并为249团，转隶预备役第83师。

政治工作

自组建以来，全县预备役部队用马克思主义、毛泽东思想、邓小平理论和"三个代表"重要思想武装官兵头脑，不断提高干部战备的政治思想觉悟。在国家改革开放深入发展，社会主义市场经济体制不断确立和完善，广大预备役官兵面临许多新情况、新问题的新形势下，积极探索适应市场经济特点、加强思想政治工作的新途径和新方法，有针对性进行思想政治教育，始终保持献身国防后备力量建设，努力为部队建设做贡献的饱满热情。1991年，团机关党支部被山西省军区表彰为"先进党支部"。2001年7月，团党委被省军区表彰为"先进党委"。

军事训练

自组建以来，全县预备役部队坚持以战斗力为标准，以提高部队快速动员能力和遂行作战任务能力为目的，重点进行基础训练，着重提高预备预兵员的军政素质；在完成干部训练、新编士兵训练和专业技术兵训练的同时，突出战术技术训练，注重加强分队成建制和分队战术演练，增强部队遂行作战任务能力；在营房、训练基地、装备仓库三项基本设施完成后，全面实施正规化训练，全面提高部队整体作战能力。全团90%以上的分队干部和80%以上的机关干部参加本级指挥训练。

基层建设

全县预备役部队认真贯彻总部"重点抓训练、抓管理、抓基层"的工作方针，狠抓基层建设各项工作落实。坚持一年一度基层整组，使预任干部和士兵保持合理的结构。实行团机关抓基层工作周、落实"四课"教育制度，涌现出基层建设先进单位。

部队现状

2013年，大同县编舟桥1连，连部位于大同县西坪镇。舟桥3连，连部位于大同县许堡乡。隶属于大同陆军预备役工兵团舟桥营。营长：吕飞云。教导员：常久权，预备役少校。副营长：李培华，预备役少校。

第五章 国防动员

第一节 国防动员

在国防动员中，政治动员占有十分重要的地位。政治动员工作直接关系到国家政治、精神潜力在战时发挥的程度。政治动员是在平时准备的基础上进行的，因此，向全民进行经常性的国防教育，是做好政治动员准备的重要方面。

从1996年至2013年，大同县国防教育由点到面，由兵到民，形成了教育组织的网络化、教育内容系统化、教育形式多样化、教育对象社会化、教育活动制度化的良好局面。

第二节 国防教育

教育机构

1996年至2013年，依据县委、县政府领导的变动情况，国防教育委员会都会进行一次组织调整。

大同县国防教育委员会由县委副书记、政府县长任主任，县人武部政治委员、县委宣传部部长、副县长任副主任。县国防教育委员会办公室设在县政府。

依据大同市国防教育委员会要求，大同县国防教育委员会每年召开一至两次会议，同时，依据大同市国防教育细则的规定，各乡、镇、街道、厂矿成立国防教育领导小组，形成了自上而下的组织机构。

教育内容

国防教育的内容主要包括国防理论、国防历史、国防精神、国防法制、国防形势等。其根本目的是通过国防教育，增强全民的国防观念，掌握基本的国防知识，激发爱国热情，自觉履行国防义务。大同县国防教育委员会针对不同的教育对象确定了不同的教育内容，经过多年的摸索总结，全县的国防教育逐步达到了系统化、规范化。

1992年，根据省市两级教委和国防教育委员会《关于在小学、初中开展国防教育的通知》，以省教委和国防教育办公室联合编印的《国防教育参考书》为内容，开始在学校进行国防教育。1999年贯彻河曲现场会精神，落实《关于全省中小学国防教育实施意见（试行）》，针对学生特点，结合中小学教学内容，对全县中小学生的国防教育原则、内容、要求、形式和组织保障等都做出了更加明确的规定，使全县中小学生的国防教育，做到了长期稳定地开展。

除上述的基本教育内容外，随时把国内外形势和发生的大事，列入国防教育内容。1999年，开展以维护国家主权、维护民族尊严、激发爱国热情的国防教育；2013年，随着征兵工作的提前，开展"积极应征入伍活动"，都起到了很好的教育作用。

教育活动

军训政治教育 每年结合高、初中新生入学军训时间，由县武装政工科组织编写国防教育教材，对新生进行以爱国主义为主要内容的国防教育。通过军事和不失时机的国防教育的开展，学生的国防观念明显提升，形成了人人关心国防建设的良好格局。2013年9月1日至10日，县武装部组织专武干部深入县一中、二中、示范中学对新入学的2215名新生进行了为期10天的军事训练。在进行军事训练的过程中，部长、政委亲自走进课堂对学生进行国防理论教育，引起了广大师生的强烈共鸣，激发了广大师生的爱国热情，提升了师生的国防观念，收到了良好的效果。

征兵期间教育　每年结合征兵工作的开展，在全县范围内开展自上而下的国防教育，把《兵役法》《国防教育法》印制宣传单送到街道、学校、山村，提升了全民国防观念，营造了"一人参军，全家光荣"的良好社会氛围。

民兵整组期间教育　每年结合基层民兵组织调整的时机，县人武部编写国防教育教材，对全县民兵进行广泛的国防教育。全县民兵受教育面达100％，较好地提升了民兵队伍的国防观念，也推进了民兵政治教育的全面落实。

党课教育　每年县人武部军政主官亲自撰写国防教育辅导讲课稿，在全县科级以上干部集中进行党课教育的过程中，亲自走上讲台，分期对全县科级以上干部进行国防教育，有力推进了全县党政机关团体领导层面的国防教育内容的落实，提升了领导层的国防观念，为全县的武装工作奠定了坚实的基础。

阵地教育　1996年，在大同县国防教育委员会的指导下，县人武部结合民兵政治教育现场会的有利时机，争取5万元专项资金在县城主干道建立了国防教育一条街。2013年，县人武部与县委政府协调在县城昊和广场设立国防教育宣传栏、在大同飞机场十字口设立国防教育宣传牌，营造了良好国防教育氛围。

国防教育效果　全民国防教育的深入开展，增强了广大人民群众的国防意识，教育活动出来的爱国热情，不断转化为爱军拥军参军报国的实际行动。通过国防教育，"无兵不安、忘战必危"的道理深入人心。人民群众的爱军之情，化为拥军之举。随着国防教育深入，拥军优属年年有新举措，2011年起，每年县财政给新入伍城镇乡村义务兵进行2万至3万元的优抚金。大同县连续8年被省委、省政府、省军区评为"省双拥模范县"。2013年"八一"前，协调县政府一次性落实2012年度、2013年度(两年一次)义务兵优抚金共计347万元，保障了军人军属权益，充分调动了广大适龄青年参军报名的积极性。

第六章 人民防空

第一节 组织机构

1996年大同县人民防空办公室成立,防空办的工作归县国防动员委员会领导。县人民防空办公室是县国防动员委员会的一个机构。办公室设在县政府办公楼。主任由县政府办公室主任兼任(后由政府办公室副主任兼任),副主任由县人武部副部长(军事科长)、县交通局局长、县计委主任兼任。县人民防空办公室的职责是贯彻"长期准备、平战结合、重要建设的方针",以人防工程、通信报警为重点,全面抓好各项工作,抓好主要方向和重点地区的人民防空建设,结合民用建设修建防空设施,完善防护和指导体系,有计划地搞好人民防空工作,大力开展平战结合,提高战备效益、社会效益和经济效益。责任的具体内容如下:一是贯彻执行委员会和上级关于人防工作的方针、政策和法规,组织拟定全县人民防空的规章和措施。二是组织制定城市防空预案和各项保障方案;确定经济防护目标,指导制定战时抢修方案;组织人员演练。三是组织实施人防通信、警报建设与管理。四是负责训练人防干部和技术干部,开展人防科学技术研究和学术交流。组织指导通信、防化、医疗救护、消防、公安、交通运输等防空队伍建设和训练。五是负责组织对公民进行防空宣传教育、训练,协助指导全县人防工作在初级中学进行防原子、防化学、防生物武器知识的教育。六是管理人防经费、资产。七是督促检查战时医疗救护、物资储备、水电供应和其它后勤保障方案的落实。八是制定全县人防平战结合发展规划。九是战时组织全县的人防工作。十是完成委员会和上级主管部门赋予的其它任务。

第二节 人防(国防)工程

1997年1月1日,《人民防空法》正式颁布,《山西省结合民用建设修建防空地下室管理规定》也随之出台,大同县的人防工程步入快速发展轨道。

2005年,全县共建地下室504间,总面积12350平方米,可隐蔽3000多人脱离危险,又在西水峪北山和马铺山地区修复加固国防工程9处,有坑道3000米,通道1800米,房间1000平方米,兼作打、防之用。为使国防工程时刻处于管控状态,自2008年封堵洞库坑道以后,坚持"六项制度"管理国防工程,有效克服了管理随意性的问题,使国防工程时刻处于管控状态。一是会商制度。遇到诸如兴修电站等建设项目时,县人武部都要参与其中,对国防工程的保护进行审核论证,确保国防工程不受影响。二是交接制度。由于人武部干部交流频率大,每次干部交流时,把国防工程的交接工作都作为重要的交接事项,严格履行手续,确保不出漏洞。三是督查制度。坚持每季度派出检查小组,深入山区进行工作督导,发现情况及时现场解决,保证了国防工程维护工作的有效落实。四是维护理制度。严格国防工程专项经费使用,招聘两名国防工程管护人员负责日常管护,及时对受损的界桩、标桩进行加固维修。五是请示报告制度。要求参加管护工作人发现问题及时报告,鼓励地方群众举报破坏国防工程的行为。对地方在保护区域内进行工程建设的,严格按报批程序上报,待批复后方可进行。坚持每半年向分区报告国防工程维护情况,有效防止了国防工程受到破坏。六是登记统计制度。严格落实上级规定,定期对工程中各种数据进行现场登记统计,使国防工作始终处于正常的管控状态。

第三节　通信报警

为加强人民防空警报通信建设,县人防办严格按照上级关于警报通信建设的指示精神,每年按规定实施9月18日防空警报试鸣工作,做到警报完好率、参试率、鸣响率均达100%。

在县政府办公室安装了电声警报器一台,并且进行试鸣。通过试鸣检测后,其结果:防空警报辐射范围距县政府办公楼方圆3千米,都能覆盖到警报信号,警报音响覆盖率(县城)达100%。

防空警报信号按全国统一规定执行。全国统一规定人防警报信号为预先警报、空袭警报、解除警报三种。

预先警报:鸣36秒,反复3次为一个周期,时间3分钟。

空袭警报:鸣6秒,停6秒,反复15次为一个周期,时间3分钟。

解除警报:连续3分钟。1996年至2013年,县国防动员委员会在人民防空日定期组织人员进行警报试鸣活动。

第四节　防空教育

多年来,县人防办把人防知识的宣传、教育作为人防工作的基础和重点。一是结合防空警报试鸣,组织县城部分中小学生开展了疏散、隐蔽演练等多种形式的防空防灾知识的宣传教育。重点对《中华人民共和国防空法》《中华人民共和国教育法》《山西省应急知识宣传训练纲要》进行了宣传教育,使学生增强国防观念,增强忧患意识,基本了解应对战争、自然灾害的防护措施、防护方法。二是结合国防教育宣传日进行教育。通知新闻媒介全方位、多角度大力宣传人防知识和人防的职能、地位和作用,有力增强了广大人民国防观念和人防意识。

第九编 公安 司法行政

第一章 公 安

第一节 机构队伍

1997 年 11 月，侦审合并，取消预审股。1998 年 7 月，成立政工股；设立了东街、西街、湖东三个街道派出所。1999 年，成立了警务督察大队。2000 年 1 月，成立了杜庄、巨乐派出所；城镇派出所与中高庄派出所合并为西坪派出所。2003 年 6 月，成立了禁毒大队。2005 年 5 月，成立信访接待室。2007 年 1 月，成立 110 指挥中心、经侦大队、纪检监察室；同时，政保股更名为国保大队，内保股更名为经文保中队。2008 年，完善了警务室建设，延伸治安巡逻防范触角，减少治安盲点。为每个派出所配齐警用制式车辆，解决了派出所多年无车的状况。2009 年，按照公安部《关于规范县级公安机关机构设置》的要求，进行机构改革，内设机构 12 个：110 指挥中心、国内安全保卫大队、刑事侦查大队、治安管理大队、交通管理大队、政工监督室、法制室、警务保障室、人口管理大队、禁毒大队、巡逻警察大队，后勤保障中心。直属机构 2 个：大同县看守所（正科级）、大同县拘留所（副科级）。派出机构 13 个——其中户籍派出所 10 个：西坪、周士庄、倍加造、吉家庄、峰峪、党留庄、瓜园、巨乐、杜庄、许堡；治安派出所 3 个：东街、西街、湖东。西坪派出所为正科级，其他派出所均为副科级。2010 年 11 月，增设纪检监察室，原政工监督室纪检监察和警务督察职能划入纪检监察室。全县 52 名警务人员登记为公务员。2011 年 7 月，首批 6 名政法体制改革定向生报到。2012 年 8 月，第二批 9 名政法体制改革定向生报到。

第二节 刑事侦察

1996 年，全年共立刑事案件 80 起，破案 50 起，其中破现案 40 起，积案 10 起。1997 年，全年共立案 92 起，八类案件立案 3 起，其中抢劫 3 起。破案 54 起，其中现案 40 起、隐积协案件 14 起。1998 年，全年共立案 104 起，八类案件立案 5 起，其中抢劫 5 起。破案 55 起，其中现案 50 起、隐积协案件 5 起。1999 年，全年共立案 118 起，八类案件立案 10 起，其中抢劫 10 起。破案 58 起，其中现案 56 起、隐积协案件 2 起。

2000 年，全年共立案 129 起，八类案件立案 13 起，其中抢劫 13 起。破案 71 起，其中现案 67 起、隐积协案件 4 起。2001 年，全年共立案 158 起，八类案件立案 27 起，其中抢劫 19 起、杀人 3 起、强奸 4 起、投毒 1 起。破案 73 起，其中现案 45 起、隐积协案件 28 起。2002 年，全年共立案 117 起，八类案件立案 36 起，其中抢劫 28 起、杀人 6 起、强奸 2 起。破案 149 起，其中现案 49 起、隐积协案件 100 起。2003 年，全年共立案 88 起，八类案件立案 26 起，其中抢劫 20 起、杀人 5 起、强奸 1 起。破案 94 起，其中现案 60 起、隐积协案件 34 起。2004 年，全年共立案 79 起，八类案件立案 35 起，其中抢劫 31 起、杀人 3 起、强奸 1 起。破案 57 起（现案 42 起，隐积案 15 起）。连续侦破了"3·12"入室抢劫案、"3·15"

公路抢劫案、"3·24"公路抢劫案、"4·18"公路抢劫案等一批大要案件。

2005年,县公安局先后组织开展了"命案必破"专项行动、打击"两抢一盗"专项行动、"五个专项行动"、"创建平安冬季严打整治百日大会战"等专项斗争,取得明显成绩。全年共立刑事案件95起。共破获刑事案件53起;立重特大案件42起,共破获重特大案件24起;共抓获犯罪嫌疑人50名;缉捕在逃嫌疑人3名;缴获脏款脏物总计价值达40余万元。2006年,共立刑事案件62起。共破获刑事案件60起(其中,现行案件38起,隐积案件1起,协外案件21起);共立重特大案件35起,同比下降17%。共破获重特大案件25起,破案率为71%;共抓获犯罪嫌疑人31名;打掉犯罪集团5个,涉及成员21名;缉捕(含协外)逃犯5名;缴获赃款赃物总计价值80万元。在"打黑除恶"专项行动中,打掉黑恶团伙3个,涉及成员12名。2007年,全年共立刑事案件123起,共破获刑事案件87起(其中,现行案件52起,隐积案件10起,协外案件25起);共立重特大案件26起,共破获重特大案件16起,破案率为61%;共抓获犯罪嫌疑人107名;打掉犯罪集团5个,涉及成员22名;缉捕(含协外)逃犯67名;缴获赃款赃物总计价值62万元;在"云暴一号""云暴二号"等严打整治行动中,结合全县实际,采取调查摸底、广泛宣传、专案调查、秘密调查等多种手段,全警动员,全警参战,重点攻坚,相继侦破"7·20""8·22""8·30"入室抢劫案件、"9·14"抢劫致人死亡案件、"7·6""7·15"抢劫案件、"8·4"特大制造爆炸物品案等。2008年,全年共立案件134起,破获案件58起。抓获犯罪嫌疑人38人,抓获吸食毒品人员7名。侦破了2006年发生在大同县境内的"9·30""11·27""12·17"系列抢劫、强奸女出租车司机案以及"4·12"特大持枪抢劫案,抓获嫌疑人4名。2009年,全年共立各类刑事案件135起。立案数与去年同比上升了30%。共破获各类刑事案件79起,其中现案35起,隐积案5起,协外案39起;破重特大案件9起,打掉犯罪团伙2个,涉案成员7名;共

抓获各类犯罪嫌疑人60名;抓获网上逃犯45名,其中大同县18名,山西省17名,外省10名;追缴赃车2辆。侦破"两抢一盗"案件25起,其中抢劫案20起,盗窃案5起。

2010年,全年共立各类刑事案件208起;立案数与去年同比上升了30%。共破各类刑事案件117起,其中现案89起,隐积案5起,协外23起;破重特大案件9起,摧毁此类犯罪团伙3个,涉案成员15名;共抓获各类犯罪嫌疑人60名;抓获网上逃犯48名,其中大同县16名,山西省17名,外省15名;共侦破"两抢一盗"案件82起,其中抢劫案28起,盗窃案54起。2011年,全局共立各类刑事案件140起。共破获各类刑事案件83起(其中破现行案47起,破隐积案30起,协外破案6起);破获"两抢一盗"案件26起;打掉犯罪团伙4个,抓获团伙作案成员共16人;抓捕各类逃犯45名。破获了"3·12""3·30"两起命案,6月25日,县公安局成功打掉"5·31"特大破坏农电设施团伙,抓获犯罪团伙成员6名,破获案件8起。2012年,全年共立各类刑事案件152起。立案数与去年同比下降了16.9%。共破各类刑事案件187起,其中现案30起,积案59起,协外134起;破重特大案件22起,打掉犯罪团伙3个,涉案成员15名;共抓获各类犯罪嫌疑人70名,刑拘14名,逮捕46人,取保候审7人,移送起诉5人,抓获网上逃犯27名,其中大同县21名,山西省外市3名,大同县3名。

第三节 禁烟缉毒

公安局禁毒大队于2003年成立,为副科级单位。

2003年侦各类办涉毒案件6起,强制隔离戒毒2人,劳教2人。

2004年侦办各类涉毒案件17起,强制隔离戒毒8人,罚款9人。2005年侦办各类涉毒案件21起,强制隔离戒毒12人,罚款9人。2006年侦办各类涉毒案件15起,强制隔离戒毒12人,罚款3人。

2007年侦办各类涉毒案件24起,强制隔离戒毒14人,罚款7人。其中侦办2起非法种植毒品原植物（罂粟）涉毒刑事案件,3名犯罪嫌疑人被依法判刑。2009年侦办各类涉毒案件58起,涉毒刑事案件5起,强制隔离戒毒39人,罚款14人。2010年侦办各类涉毒案件72起,涉毒刑事案件4起,强制隔离戒毒49人。特别是破获了孟宪占贩卖毒品案件,查获毒品海洛因98.6克。2011年侦办各类涉毒案件38起,涉毒刑事案件3起,强制隔离戒毒33人。收缴毒品海洛因0.64克。2012年侦办各类涉毒案件123起,涉毒刑事案件5起,强制隔离戒毒,72人。收缴毒品海洛因1.09克,冰毒21.96克。

第四节　治安管理

特种行业管理

1996年初,公安局决定对全县特种行业进行摸底登记。时有旅店业4家,废品收购业5家,打字复印业3家,摩托车修理业11家;1997年至2000年期间县公安局清查整顿路边店13家,对全县文化娱乐场所进行清查,特别是对台球活动室、录像放映厅进行了治安规范管理;2001年至2006年加强了对电子游戏经营场所的治安管理,同时对不符合规定的网吧进行停业整顿;2007年至2012年,旅店业、美容美发业、洗浴休闲服务场所不断增加,在2008年奥运会、2009年国庆60周年和2010年上海世博会期间,全县14家旅店安装了旅馆业信息系统,通过各部门协调配合,7家网吧规范了合法手续,11家汽车修理业也纳入了信息化管理,刻章业信息系统纳入规范化管理。

枪支、危险物品管理

1996年公安局对全县所有列管枪支进行清查登记;在1999年国庆50周年和2008年奥运会之际,县公安局进一步强化涉枪1家单位治安检查;2009年至2013年全县未发生涉枪案件。

1996年至2006年公安局全面列管涉爆单位7家,并对各乡镇违法使用爆炸物品的采石场进行查处;对全县有关企业学校摸底调查,将剧毒化学品纳入治安管理;2006年底至2010年5月大同县已有涉爆单位8家,已全部列入信息化管理;2008年至2013年按照公安部部署要求深入开展了"治爆辑枪"专项行动,推进平安大同县建设。

治安管理及处罚

公安局治安大队原名称为治安股,始建于1969年,随着机构改革,2006年底更名为治安大队。除日常治安管理外,还对全县首脑机关、要害单位、重要设施、重点部位进行专项检查,同时还要做好传统节日、大型群众性活动安全保卫及中央、省部级领导到大同县调研期间的警卫工作。

1996年至1998年共立案查处治安案件310起,与派出所共同调解治安案件103起。1999年至2003年共查获各类治安案件504起,此期间家庭纠纷案件增多,化解社会矛盾任务增大。2004年至2009年日常治安管理任务日趋繁重,查处治安案件713起。2010年至2013年查处治安案件1132起。

第五节　户籍管理

1995年城镇派出所将人口信息全部录入微机,1996年正式推到前台办公,是全县唯一的微机办理户口的户籍所。2005年,10个农村派出所全部配备微机,同时将人口信息全部录入微机,并推向前台办公,实现了全县常住户口管理微机化。2005年,县公安局利用一年的时间,对全县村、街（路）巷进行了门牌号码的编制,为换发第二代居民身份证打下了良好的基础。2008年,在经费非常紧张的情况下,县局党委克服困难,为每个派出所增加了办理身份证系统,极大地方便了群众,受到了各级人民群众的好评。

2000年后,户政工作重点是指导、督促、检查各派出所常住人口、暂住人口、出租房屋、重点人口管理。常住人口实现了微机化管理,暂住人口登记率,发证率100%,刑满释放、重点人口的列管率和控制率约达100%,到2012年底,共上传"第二代居民身份证"数据167672个。

2001年,出入境管理工作由公安局政保股转到户政股。截至2012年底,共办理因私(公)护照652本,港澳通行证810本,大陆证96本,为了进一步贯彻落实公民凭户口簿和身份证到公安出入境管理部门按需申领护照,首先实行国家工作人员因私出国(境)登记备案制度,建立国家工作人员登记备案信息系统,为2010年为全县人民按需申领护照创造了条件。

人口变动情况:2010年全县总户数为76913户,总人数为181755人。2011年全县总户数为81543户,总人数为182619人。2012年全县总户数为85506户,总人数为184299人。2013年全县总户数为87125户,总人数为189256人。

第六节 交通管理

1996年,交警大队进行勤务改革,成立4个中队,1个巡逻队,分管主要公路的交通管理工作。在交通管理工作中,实行了"四定一保"责任制,即定人员、定时间、定路线、定任务,保安全畅通。在路面管理上,以济南交警为榜样,严格执法、文明服务。全年共出动警力8110人次,查车266031辆次,警告违章者19530人次,纠正违章195500人次,全县交通安全四项指数明显下降,事故发生率比1995年减少了16.5%。1997年,交警大队于2月24日破获了1996年"10·26"交通肇事逃逸案,肇事逃逸犯罪嫌疑人寇某被抓获。1998年,交警大队开展了文明路(街)创建工作。大队把大涞公路(大同县段)确定为"文明路",把县城南大街确定为"文明街"。创建活动中,投入警力1800人次,清理马路市场52处,查扣无牌车辆286辆,纠正各类违章4954人次,取缔非法占道标牌24块,清理不规范标牌广告68块。制作文明路(街)示意牌30块,设置"122"报警点10处,签订了"122"报警点协议,在县城道路标划停车线,与58家沿道单位、门店,签订

"门前三包"责任书。使文明街、文明路创建工作达到省交管局制定的文明标准。1999年,交警大队积极开展创建"平安大道"活动。活动中,共出动宣传车5辆,散发传单4000份,设立咨询点4处,全县受教育人数达5万余人。同时,大队开展了交通秩序大整顿,严禁"两无"(无牌照、无行车执照)车辆上路行驶。整治中,查扣"两无"摩托车860多辆。2000年,交警大队在创建"三晋平安大道"活动中,针对县城和国省道沿线违章占道、乱停乱放、乱设摊点的现象,以"一城三线"为重点,集中整治交通秩序。行动中,共查扣"两无"摩托车1150辆,督促上户办证980例,取缔不规范标牌43块。2001年,为庆祝建党80周年,迎接云冈旅游节,县交警大队整顿交通秩序,力创安全畅通、文明高效的交通环境。把109国道、大张公路、同浑旅游线路确定为整顿的范围,重点整治无牌无证、酒后驾车、货车超载、客车超员等严重交通违章。2002年,交警大队全面开展整治公路货运和客运车辆严重超载违章专项行动。全面禁止严重超载客货车辆上路行驶,确保严重超载车不出省,不出县。大队在主要干线公路设立检查点3处,卸煤场3个。由公检法三部门配合在县乡公路堵截绕道的严重超载车辆。全队出动警力55400人,割马槽21辆,卸煤660吨。2003年,交警大队集中开展治超工作。同时,交警大队还同全县40家汽修厂签订了非法改装、拼装机动车责任书。治超工作中,共出动警力2800人次,卸煤1550余吨,割马槽900余块,劝返218辆次。同年,交警大队重点还开展了"六项安全大整治"。整治活动开展中,全队共出动警力600人次,检查车辆3080辆次,纠正各类交通违章1340人次。2004年,交警大队全面落实公安部"五整顿、三加强"的具体要求,先后开展路面行车秩序整治行动4次,重点治理机动车超速行驶,无证驾驶机动车、客车超员,强超硬会、随意穿插形成道路堵塞,不系安全带,农用车、拖拉机违法载客等交通违法行为。全年出动警力5400人次,查车24500辆次,处理交通违法行为9831起。2005年,交警大队开展了严厉

打击盗抢机动车、假牌假证、挪套号牌等违法犯罪专项行动。活动期间，全队共出动警力1800人次，开展集中行动8次。同时，大队开展了全县整治机动车超速行驶、客车超员载客交通违法行为专项行动，省道、旅游公路杜绝了客车超员20%以上的违法行为。2006年，交警大队先后开展了"春运安全保卫""机动车严重交通违法行为专项整治""公路重点违法行为专项整治"以及"大干70天，全力预防重大道路交通事故"等专项行动。大队85%的警力上路执勤，有效预防和遏制重特大道路交通事故的发生。全队出动警力2451人次，查车29800辆次，处理交通违法行为14429起。2007年，交警大队全警动员，全员参战，全力以赴，坚决打好治超攻坚战。从12月19日开始"无缝隙、拉网式"集中打击，依法严查重处超限超载违法行为。整治中，大队出动警力490人次，检查各类重型货车2703辆；其中查处重型货车超载、非法改装19起，卸煤120吨，拆除改装车3辆，形成对非法超限超载车辆严查严管态势。2008年，交警大队以开展奥运安保工作为重点。奥运期间，大队全警动员，全力以赴，不断加大路面管控，先后开展了12次集中整治行动，对发现的交通违法行为发现一起纠正一起，绝不姑息手软，震慑和警示了各种交通违法行为，创造了良好的奥运外围道路交通环境。2009年，交警大队重点开展了国庆60周年大庆交通安保工作，大队严格执行24小时路面执勤责任制，采取流动巡逻与设置执勤点相结合的方式，强化路面执勤管控，充分发挥安全检查服务站的作用，做到不失控、不失管、不留死角，形成严管高压态势。期间，大队共查处各类严重交通违法行为1732起，辖区内未发生一起重大以上道路交通事故。2010年，交警大队全力开展"文明交通行动计划"。一是加强宣传教育，着力提高全民文明交通素质。二是严格规范执法，着力改善交通秩序整体环境。三是加强社会监督，着力形成文明交通内外约束氛围。四是全力打造平安校园。同时，大队完善了上下学"交通助学岗"制度，及时疏导交通，保障师生交通安全。对学生往返的

重点路段和一早一晚及上、下学等时段实行重点管控，落实责任制，为学生安全保驾护航。2011年，交警大队在全县深化和拓展道路客运隐患整治专项行动工作。一是采取定点执勤和流动巡逻相结合的方式，加强客运班线集中和交通事故多发路段的巡逻管控。二是对辖区客运企业普遍开展一次安全大检查，督促加强承包、租赁车辆的安全管理。三是对全部客运驾驶人集中开展一次安全教育，广泛宣传客运车辆超员、超速、疲劳驾驶等交通违法行为的危害。同时，大队切实加大"三超一疲劳"路面整治力度。确保了交通安全畅通。2012年，交警大队全力以赴为党的十八大的胜利召开创造平安、畅通、文明、和谐的道路交通环境。从10月20日，大队及时启动三十里铺交通安全检查服务站，增设了四十里铺、养老洼、马连庄高速口、西坪高速口、固定桥、客运站六个临时交通治安检查站。期间，共出动警力720人次，警车160辆次，查处各类交通违法行为3936起；完成了党的十八大会议期间道路交通安全保卫工作任务。同年，大队先后组织开展了酒后驾驶、城乡环境综合整治、"牵手平安行"、"防事故保畅通"、"打非治违"、"涉牌涉证"、"校园周边交通环境"等十余次大型秩序整治活动。2012年，全县共查处各类交通违法行为79264起，在全市交警系统绩效考核中，位列全市第一。

第七节 消防安全管理

大同县公安消防大队隶属于大同市公安消防支队。1993年大同县公安局消防股成立，办公设在县公安局院内，隶属于公安局管理。1995年3月，大同县公安局消防股编为大同县公安消防大队，在市消防支队的管理指导下工作。

1991年，县内确定重点消防单位23家。1993年，县消防大队对23家重点防火单位重新建立防火档案。2005年，确定重点消防单位30个，实行县、乡、村三级管理制度。2010年9月至2012年12月31日，共审核建筑项目5个，竣工验收工程5个。

设计备案项目31个,竣工备案项目12个。2009年至2012年,消防大队共检查单位3195家,发现火灾隐患12209条,督促整改火灾隐患12154条,下发责令改正通知书2052份,下发行政处罚决定书98份,下发临时查封决定书33份,责令三停40家,罚款313500元。

第八节 "110"警务

1998年,大同县公安局成立"110"报警服务中心。将报案电话8012222改为"110",并公开对社会承诺"有警必接、有难必帮、有险必救,有求必应"。一个以"110"报警中心为龙头,以派出所和其他警种为基础的公安机关快速反应机制逐步形成。

2003年11月下旬,第二十次全国公安会议提出,县市级公安机关要逐步将"110、119、122""三台合一"。2004年3月,公安部对县市级公安机关"三台合一"工作专门下发了《关于大力推进县市公安机关"110、119、122""三台合一"工作的通知》,制定了《县、市级公安机关"三台合一"接处警系统技术规范》《地级以上城市公安机关"三台合一"接处警系统技术规范》等一系列文件、制度。2004年,大同县公安局将"119、122"报警台并入"110"报警服务系统,由"110"报警服务台统一受理各种报警求助,实现"110、119、122""三台合一"。

2008年底,大同县公安机关在完成县市级公安机关"三台合一"工作的基础上,对"三台合一"接处警系统进行升级改造,对"110"接处警工作场所和机房进行了改造和装修,全面推进指挥中心和"110"接处警工作上台阶、上水平。

2009年,按照《公安部关于县级公安机关机构设置的指导意见》,大同县公安进行警务机构改革,将"110"报警服务台隶属县局指挥中心。同年,"110"接处警工作新增"动态管控预警平台",实行24小时实体化运作模式,辖区派出所、辖区刑警中队、禁毒等警种全天候运转,通过指令下达、交办、反馈等工作。将信息警务、动态警务、实时警务融为一体,提高"110"派警的抓捕率和打击率。

2010—2013年,"110"指挥中心进行二级指挥平台建设,实现点对点、扁平化、可视化指挥,提高了大同县局公安局警力资源指挥调度能力。

第二章 司法行政

第一节 机构队伍

大同县司法局 1945年,大同县抗日民主政府设司法科,1949年后,县人民政府仍设司法科,1951年10月,司法科撤销。1981年2月,县人民政府组建司法局。大同县司法局是大同县人民政府下设的行政单位,正科级建制。2009年3月,全面启动社区矫正工作,随后又成立了社区矫正科。2010年,下设大同县公证处、山西得民律师事务所、大同县法律援助中心三个事业单位。其中,大同县公证处、山西得民律师事务所为副科级建制,大同县法律援助中心为股级单位。2013年,全局共有行政、事业单位13个,其中行政编制24人(政法专项编制),事业编制12人。局机关设局长1人,副局长2人,纪检组长1人。局机关内设宣教股、基层股、办公室、监察室,2010年改为宣传教育科、基层基础科。

大同县公证处 1981年10月10日山西省司法厅晋司公[1981]79号文件批准设立大同县公证处,为行政体制,时编制2名,隶属于大同县司法局。1986年山西省编制委员会晋编字[1986]第169号文件明确规定:县(市)区公证处为副科级单位。2000年7月国务院批准司法部,《关于深化公证工作改革的方案》,根据方案的精神,大同县公证处保持原行政体制不变,按事业单位的模式管理运行。2001年山西省机构编制委员会办公室、山西省司法厅晋编字[2001]128号文件为大同县公证处核实政

法专项行政编制3名。2006年3月1日《中华人民共和国公证法》正式施行,全国公证机构进行整合,重新报批设立。2006年12月30日,经山西省司法厅审核设立山西省大同县公证处。2007年7月大同市司法局同司公字[2007]19号文件通知,将大同县公证处更为山西省大同县公证处。目前,山西省大同县公证处共有人员8名,其中公证员2名,公证辅助人员6名。两名公证员中,二级公证员(高级职称)1名,四级公证员(初级职称)1名。

山西得民律师事务所 是经山西省司法厅《晋司公(81)第101号》文件批准,于1981年10月成立的国资所,成立时名称为"大同县法律顾问处"。为事业单位,成立时有律师1名。1985年7月1日根据山西省司法厅《(1985)晋司律字第22号》文件精神,更名为"大同县律师事务所"。1986年山西省编制委员会晋编字(1986)169号文件确定律师事务所级别为副科级建制。1998年2月5日根据《中华人民共和国司法部令第36号》、山西省司法厅《晋司律(1995)第39号》、大同市司法局《同司字(1998)第5号》文件精神,各律师事务所应统一使用"山西省+字号+律师事务所"的名称进行对外业务活动,律师事务所名称被正式核定为"山西得民律师事务所"。至2010年,正式在册在编人员5人,其中管理人员1人(由主任兼任);专业技术人员5人(中级职称的1人,初级职称的1人,技术员级的3人)。人员全部达到大专以上学历,本科学历的有3人。

大同县法律援助中心 2001年8月,经县人民

政府批准成立，2002年12月，大同市机构编制委员会办公室正式批准成立"大同县法律援助中心"，隶属于县司法局，为全额预算事业单位，股级建制，核定事业编制3名，现实有人员4名，主任1人，科办员3人。

乡镇司法所　2002年机构改革后，全县10个乡镇全部成立了司法所，分别为大同县司法局西坪司法所、大同县司法局倍加造司法所、大同县司法局峰峪司法所、大同县司法局吉家庄司法所、大同县司法局杜庄司法所、大同县司法局党留庄司法所、大同县司法局巨乐司法所、大同县司法局瓜园司法所、大同县司法局许堡司法所、大同县司法局周士庄司法所，共有在编司法助理员12名，其中大同县司法局倍加造司法所配备司法助理员3名，其余每所配备1名司法助理员，司法助理员为县司法局派驻在乡镇（街道）工作的人员，司法所与司法助理员实行县司法局与乡镇双重领导，以司法局管理为主的体制。

第二节　普法教育

"三五"普法（1996—2000年）

1996年8月，在全县启动第三个五年普法规划，由县普法依法治理领导组制定"三五"普法规划，县人大通过决议。1997年6月，由县司法局出动宣传车深入各乡镇宣传《中华人民共和国选举法》，出动宣传车17辆次，散发宣传资料3万份，全县各类宣传板报21块，受教育人数达5万余人。1998年11月4日，县司法局配合《中华人民共和国村民委员会组织法》颁布实施三，深入各乡镇农村进行大张旗鼓宣传，出动宣传车13辆次，散发宣传资料9000余份，出各类板报11块。

1999年4月18日，县司法局组织各乡镇司法助理员和基层人民调解员培训班，培训者共43人，培训内容为《劳动合同法》《中华人民共和国土地管理法》，培训为期2天。2000年11月，举办全县"三五"普法验收考试，全县参考人员2300人，合格率达100%。

"四五"普法（2001—2005年）

2001年10月，"四五"普法在大同县正式启动，县司法局以高度积极性和责任感投入到法律宣传工作中，第四个五年普法规划，由县依法治县领导组起草"四五"普法规划，县委、县政府予以发文通知，县人大作出相应决议。同年国家规定12月4日为法制宣传日。此后，治县办与全县各执法单位每年都抓住这一契机，开展形式多样的宣传活动。2002年元宵节期间，司法局特聘县剧团10余名演员，组成法制宣传队，先后在县城、农村上演18场次法律文艺，深受群众欢迎。同年3月，组织送法进万家文艺演出队，深入农村进行法律文艺宣传演出，和现场办公、法律咨询，散发宣传材料12万余份，解答咨询321人次。6月，依法治县办与县关工委联合聘请了法制辅导员260名和20多名义务法制宣传员，并为其颁发了聘书，有力地促进了青少年法制教育工作的开展。同年12月，县司法局举办了司法行政干部培训班，对全县52名司法行政工作人员和各乡镇的司法助理员进行了法律知识培训。2002年—2004年举办了三次大型的法律知识考试，对全县公职人员每年的学法成果进行了认真的检验。2003年，在非典期间，司法局组织县相关单位12家，宣传人员70余名，上街宣传《传染病防治法》《突发公共卫生事件应急条例》等法律，散发宣传材料8000余份，还在县电视台开办专栏32期，每日将各类法律法规摘登播出。同年7月，与县检察院共同建立民事行政检察联络员工作制度，并对"四五"普法农村骨干分子法律知识培训。当年有1个乡镇、11个村、8个机关、6所学校、3个厂矿，获得了普法依法治理典型示范单位。2004年元旦，举行了法制春联进万家活动、送法下乡活动，并开展"民主法制示范村"和法律进校园活动，配合各行政部门进行部门法的宣传，同年12月4日举办了大型的"12·4"法制宣传书法展，共展出各类书法作品35幅，受教育数达12000余人。2005年"12·4"法制宣传日，大同县司法局用124米的红布发起了"12·4"法制宣传日万人签名活动，使广大人民群众法律意识有了更深认识。

"五五"普法（2006—2010 年）

2006 年 12 月 4 日，县司法局组织了全县 30 多家单位，开展以"落实'五五'普法规划，促进和谐社会建设"为主题法律宣传活动，全面启动了"五五"普法动员会议。2007 年，开展以"讲法律、讲权利、讲义务、讲责任"为主题的普法活动，推进法律进机关、进乡村、进企业、进学校、进社区、进单位等法律"六进"活动。2008 年，在全县开展"五五"普法中期督导工作，由县人大、政协领导带队，组成督导组深入全县 23 家相关单位进行检查，有力地促进了"五五"普法的深入开展。2009 年，在全县范围内聘请了 50 名大学生村官担任普法宣传员和法律援助联络员，在《大同县情》上推出了"坪城法苑"法律专栏，7 月 30 日，县国税局作为全市"法律六进"中法律进机关的观摩点，接受全市观摩学习，并将其经验推广。同年 12 月 18 日，对非人大任命的 29 名副科以上干部进行了任前法律知识考试。2010 年 2—3 月，县司法局组织全干部职工和大学生村官 80 余人组成法制文艺宣传队，深入县城街头、社区和部分村庄宣传人民调解、法律援助及公证律师服务方面的知识。6 月 1 日，依法治县办会同公安、消防、交警、工商、地震、教育、文体、卫生、团委、计生开展举行了"大同县校园安全法制宣传月"集中活动。7月 1 日，建立"大同县司法行政网"，利用网络平台，搞好法律宣传和法律服务；并公布 6 条法律专线，实行每月 6 日、16 日、26 日为局长接待日制度。9 月，在全县开展了以"大宣传、大排查、大调解、大服务"为主要内容的法律服务进村入户实践行活动月，组织法制文艺宣传队深入乡、村表演法制文艺节目，散发宣传资料，设立咨询台，解答法律咨询等活动。12 月 4 日，在第十个"12·4"全国法制宣传日，县司法局在县城广场通过悬挂张贴标语、设置大型展板，发放各种法制宣传单、宣传品及咨询解答等方式，集中开展大型普法宣传教育活动。

"六五"普法（2011—2015 年）

2011 年是实施"十二五"规划的开局年，也是"六五"普法的启动年。12 月 6 日县委、县政府召开了全县法制宣传教育会议，总结"五五"普法依法治理工作，表彰在"五五"普法依法治理工作中涌现出来的先进集体和先进个人，部署了"六五"普法依法治理工作。2012 年元宵节期间，县司法局组织全局干部职工和大学生村官 80 余人组成大型法制文艺宣传队，在表演文艺节目的同时，宣传法律知识；5月 25 日，副局长张斌在县示范中学为 2000 余名师生作了法制辅导，宣讲有关法律、法规和政策，预防青少年违法犯罪，弘扬社会正气，提高了师生的法律意识，营造了良好的法制宣传氛围；7 月 30 日在周士庄镇南庄村举行农村"两委"干部法律知识手册赠书仪式，并进行法律宣传和举办"送法下基层、促和保稳定"法制文艺演出；9 月 15 日，在倍加造镇郭家窑头村举行由市委依法治市领导组办公室、市司法局主办，县委依法治县领导组办公室、县司法局协办的主题为"弘扬法治文化构建法治大同"——依法治村暨法制文艺宣传、法律服务进农村推进会。同年 11 月，根据大发〔2012〕28 号《中共大同县委关于弘扬赵德清精神开展千名干部下乡包村促发展活动工作方案》，县司法局抽调 15 名干部成立 13 个工作队进驻 13 个行政村开展下乡包村促发展活动。2012 年县司法局局抽调专业人员完成了《农民学法用法手册》《青少年法律知识手册》《社区居民法律知识手册》的撰写，于 7 月份印刷并向群众免费发放。同时，县局筹措资金征订《农村"两委"干部法律知识手册》3500 册和《普法宣传挂图》2100 份，为全县 175 个行政村每村发放《农村"两委"干部法律知识手册》20 册和《普法宣传挂图》每月一图，要求村委会将《普法宣传挂图》张贴于显著位置。2013 年在实施"六五"普法规划的同时，积极推进社会主义法治文化建设。县委依法治县领导组办公室下发了《二〇一三年依法治县工作要点》，对全面实施"六五"普法规划，积极推进依法治县工作进行了安排部署。采取"集中宣法""培训讲法""电视播法""报刊登法""网络考法""挂图看法""版面展法""街头散法""调解释法""赠书学法""登台演法""用歌唱法""搭车送法"等形式,全方位、广角度、多层次地开展法律宣传,做到既有针对性,又具实效性,有效地提高了全民的法律素质,扩大了法制宣传教育的覆盖面,实现了普法效益的最大化。同年8月13日,县司法局、县法律援助中心在昊和广场举行了《法律援助条例》颁布实施十周年主题宣传活动,8月19日,县司法局、县法律援助中心与大同市法律援助中心在党留庄乡党留庄村联合开展《法律援助条例》颁布实施十周年主题宣传活动。2013年组织律师、公证、基层法律服务工作者积极为重大项目、重点企业和新农村建设提供法律服务;特别是对包点的8家企业和2个村庄通过开展登门座谈、为企业担任法律顾问、定期开展"法律体检"、及时调解矛盾纠纷等,进行重点服务。10月17日,专门邀请全市"调解情、平安行、中国梦"人民调解能手先进事迹报告团来大同县举行报告会,200余名基层人民调解员参加了报告会,进一步激励了广大人民调解员维护社会和谐稳定的决心和信心。同年完成了公职人员普法无纸化考试,接受了省市"六五"普法中期验收。12月18日依法治县领导组审议通过了《中共大同县委依法治县领导组规范性文件审查联席会议制度》等六项工作制度的通知,健全了"1+6"工作机制和工作制度。

第三节　律师事务

组织机构

1981年10月,经山西省司法厅《晋司公(1981)第101号》文件批准,成立"大同县法律顾问处",为事业单位。成立时仅有律师1名。1985年7月1日,根据山西省司法厅《(1985)晋司律字第22号》文件精神,更名为"大同县律师事务所"。1986年山西省编制委员会晋编字[1986]169号文件确定律师事务所级别为副科级建制。1998年2月5日根据《中华人民共和国司法部令第36号》、山西省司法厅《晋司律(1995)第39号》、大同市司法局《同司字(1998)第5号》文件精神,各律师事务所应统一使用"山西省+字号+律师事务所"的名称进行对外业务活动,律师事务所名称被正式核定为"山西得民律师事务所"。

至2013年,律师事务所正式在册在编人员5人,其中管理人员1人(由主任兼任);专业技术人员5人(中级职称的1人,初级职称的1人,技术员级的3人)。人员学历全部达到大专以上,达到本科学历的有3人。

律师工作

1996年至2013年,县律师事务所紧紧围绕全县经济建设这一中心,开展多层次、多方位的律师服务,始终依法维护当事人合法权益,维护法律正确实施,维护社会公平和正义,为全县的体制改革、经济发展、社会稳定做出积极贡献。2000年于XX涉嫌强奸杀人一案,公诉书指控其故意杀人罪并判处死刑,该案经大同市中级人民法院于2000年8月以故意杀人罪判处于XX死刑,后于XX上诉,2001年,经得民律师事务所李德明主任依法辩护,犯罪嫌疑人于XX案被发回大同市中级人民法院依法重新审判。后该案经大同市中级人民法院重审程序,认定于XX故意杀人罪名不成立,依法被无罪释放。2004年王XX诉大同县经贸局300多万元经济纠纷一案,该案一审人民法院判处大同县经贸局支付王XX的300多万元。后经县律师事务所主任李德明参与该案的二审和再审为政府担任代理律师,经过多方查找原始证据、查找原始人证、核对原始材料,最后该案以驳回原告王XX的300多万元的诉讼请求结案,既为政府挽回了经济损失,同时重塑了政府在社会的声誉。自1996年至2013年底,县律师事务所累计办理各类法律事务300多件,担任法律顾问100多家次,解答群众法律咨询2万多人次,参与政府各类涉访、涉诉、重大矛盾调处近100多次,参与全县法律培训讲座30多次,参与法制教育普法讲座100多次。充分发挥出县律师事务所在全县经济建设中保驾护航、维护稳定的作用。自1996年至2013年底,大同县公证处累计办证达12087件,充分发挥了公证的职能作用。

1996—2013 年山西得民律师事务所律师业务统计

表 9 - 2 - 1　　　　　　　　　　　　　　　　　　　　　　　　　　　　　　　单位：人次、件、家、元

年份 \ 内容	解答法律询	代写法律书	办理各类法律事务（诉讼、非诉）	担任法律顾问	业务收入
1996	308	42	15	25	4620
1997	339	48	28	18	4880
1998	1463	54	37	9	3880
1999	1046	56	19	9	4800
2000	988	68	31	9	4990
2001	988	69	36	9	5048
2002	238	78	23	9	5123
2003	1200	150	29	6	8210
2004	913	62	19	4	13550
2005	468	49	19	4	14000
2006	893	45	12	4	4500
2007	398	18	5	4	4900
2008	382	16	8	3	7400
2009	389	20	8	3	9000
2010	335	26	11	3	6100
2011	731	32	15	3	11000
2012	1806	45	37	6	30000
2013	1572	124	49	6	48000

第四节　公　证

组织机构

大同县公证处于 1981 年 10 月 10 日经山西省司法厅晋司公［81］79 号文件批准设立，为行政体制，编制 2 名，隶属于大同县司法局。1986 年山西省编制委员会晋编字［1986］第 169 号文件明确规定：县（市）区公证处为副科级单位。2000 年 7 月国务院批准司法部"关于深化公证工作改革的方案"，根据方案的精神，大同县公证处保持原行政体制不变，按事业单位的模式管理运行。2001 年山西省机构编制委员会办公室、山西省司法厅晋编字［2001］128 号文件为大同县公证处核实政法专项行政编制 3 名。2006 年 3 月 1 日《中华人民共和国公证法》正式施行，全国公证机构进行整合，重新报批设立。2006 年 12 月 30 日，经山西省司法厅审核设立山西省大同县公证处。2007 年 7 月大同市司法局同司公字（2007）19 号文件通知，将原大同县公证处更名为山西省大同县公证处。至 2013 年，大同县公证处共有人员 8 名，其中公证员 2 名，公证辅助人员 6 名。两名公证员中，二级公证员（高级职称）1 名，四级公证员（初级职称）1 名。

主要工作

1996 年至 2013 年，大同县公证处在县委、县政府及各级司法行政机关的领导与支持下，紧紧围绕全县的中心工作，开展了全方位、多层次的公证法律服务，为全县的经济繁荣和社会稳定做出了应有的贡献。如 1989 年大—阳地震后，为生产自救，重建家园，世界银行为灾区人民发放救灾贷款，大同

县公证处全力以赴,深入全县8个受灾乡镇的所有村庄,一蹲就是两个月,为灾区人民办理救灾贷款合同公证4500余件,为灾后重建做出了不可替代的贡献。因工作突出,当年被山西省司法厅评为争先创优先进单位。特别是1996年以来,大同县公证处围绕带文明队伍,创文明环境,抓文明服务,依靠文明树立形象,凭借服务促进发展,立足管理谋求效果。把全面开展公证业务与加强规范化管理和创建文明公证处有机地结合起来,互相促进,取得了较好的效果。自1996年至2013年底,大同县公证处累计办证达12087件,充分发挥了公证的职能作用。

1996—2013年大同县公证处工作情况统计

表9-2-2　　　　　　　　　　　　　　　　　　　　　　　　　单位:人次、件、项、元

时间	解答法律咨询	办理各类公证业务		办证项目	业务收费
		国内民事	国内经济		
1996	222	835	925	22	16000
1997	237	721	809	21	18000
1998	220	263	1087	23	20000
1999	320	345	855	21	25500
2000	278	133	1282	17	18000
2001	292	90	1110	18	27300
2002	225	180	926	21	20000
2003	350	62	748	13	18000
2004	238	210	670	15	20000
2005	207	32	120	13	22000
2006	380	20	18	11	14000
2007	420	25	31	14	22000
2008	278	43	107	13	29000

第五节　人民调解

调解机构

人民调解工作历经建立村(居)、企事业单位调委会——乡镇(街道)调委会和行业性、区域性等多样化调解组织——人民调解、行政调解、司法调解有机结合的"大调解"工作体系三个发展时期,推动建立以人民调解为基础,人民调解、行政调解、司法调解相互衔接配合的多元化纠纷解决机制。人民调解工作改革全面展开、不断深化,步入规范化发展轨道。截至2013年底,全县共有各类调解组织224个,其中行业性、专业性调解组织9个(即2009年3月成立的大同县交通事故调解委员会,2011年8月成立了大同县消费纠纷、医疗纠纷、土地纠纷、劳动争议、校园纠纷、林权纠纷、城建物业纠纷、环境污染纠纷8个行业性专业性调解委员会),调解员队伍达750人,形成了以县司法行政部门为统领,乡镇(街道)调委会为主导,村(居)调委会为基础,企事业、行业性、区域性调委会为补充,调解小组为延伸的多层次、宽领域、立体化调解组织网络体系,社会矛盾纠纷化解效能明显

提高。

主要工作

2003 年 6 月，中共大同县委办公室、大同县人民政府办公室关于转发县综治办等三单位《关于规范建设人民调解委员会工作的意见》，明确了设立乡镇（街道）人民调解委员会（原乡镇〈街道〉司法调解中心等形式的人民调解组织统一调整为乡镇〈街道〉人民调解委员会）。2010 年 7 月底为了有效解决基层司法所调处矛盾纠纷人员不足的状况，切实做好重大、复杂、疑难矛盾纠纷的调处工作，高效、便捷地处置可能发生的突发性、群体性事件，维护社会稳定，促进平安和谐，按照就近、相邻、便于操作的原则，在全县范围内成立四个人民调解联调小组。并于 2010 年 9 月，开展了声势浩大以"大宣传、大排查、大调解、大服务"为主要内容的"法律服务进村入户实践行"活动，活动期间集中开展了 2 次"拉网式""无缝隙"矛盾纠纷大排查，共排查出矛盾纠纷 85 起，调解 80 起，其中调解重大、复杂、疑难矛盾纠纷 32 起，避免民转刑案件 1 起，避免越级上访 3 起。自 1996 年至 2013 年，各级人民调解组织共化解各类纠纷 2 万多件，调处成功率在 97% 以上，防止群体性上访 100 多次，充分发挥了维护社会稳定"第一道防线"的积极作用。

第六节　法律援助中心

援助机构

2001 年 8 月，经县人民政府批准成立大同县法律援助中心。2002 年 12 月，大同市机构编制委员会办公室正式批准成立"大同县法律援助中心"，隶属于县司法局，全额预算事业单位，股级建制，核定事业编制 3 名。至 2013 年，共有人员 4 名，其中主任 1 人，科办员 3 人。

主要工作

2003 年组建到 2009 年，中心积极地指导和协调全县律师、公证员、基层法律工作者等法律服务人员，为经济困难和特殊案件的当事人给予免费提供法律服务，共办理各类援助案件 283 件。解答法律咨询 4076 人次，受援人数 4424 人。

2010 年，法律援助中心由杜用平负责，工作进入了一个全面发展的新阶段：1 月 11 日，省司法厅副厅长刘占中、省法律援助中心主任任晋昆、省司法厅公管处副处长王青元一行在市司法局副局长张渝林、市法律援助中心主任刘文丰、市司法局公管处处长李文涛的陪同下，到大同县检查指导基层司法行政工作。县委副书记薛丽娟，县委常委、政法委书记冯学中，副县长王殿起参加汇报会并陪同检查。检查组深入县法律援助中心进行了现场查看。省、市中心主任首先查看了信息管理系统的案件、咨询登录情况及档案管理情况，其次听取了中心主任对援助中心工作汇报情况，任晋昆指出，农民工法律援助是工作亮点，值得肯定和发扬。通过检查指导，省、市中心领导对全县法律援助工作给予充分肯定和高度赞扬。并获得"2010 年度全市司法行政工作先进集体"称号。元宵节街头文艺表演中，中心全体人员身披彩带，打着"提供法律援助，服务弱势群体"的横幅，参加了表演，并向沿街群众散发法律援助宣传资料 3000 余份；6 月 1 日，在县城第一小学组织庆"六一"活动中，县司法局联合公安消防大队、妇联、卫生局、工商行政管理局、地震局等单位在该校门口举办了"提高防范意识保障校园安全"为主题的宣传活动。设立法律援助咨询台 2 个，法律援助专栏 2 块。县委书记和副县长等领导参加了宣传活动，向在校学生和现场群众发放法律援助宣传资料 3000 余份，解答各类咨询 400 多人次，受援人数达 900 多人。9 月 3 日，县司法局及法律援助中心共同举办的"法律服务进村入户实践行活动月"启动仪式在瓜园乡北石山村文化广场举行。9 月 15 日，在周士庄村举行了"大同县司法局法律援助便民服务"专场文艺演出。设立了法律援助服务咨询台，现场解答法律咨询 500 人次，发放了《农民工维权知识手册》及"贫者必援，弱者必帮，残者必助"法律援助小册子近 2000 册，散发《法律援助条例》和《法律援助知识问答》等宣传资料 5000

余份。12月3日，大同县"12·4"全国法制宣传日集中宣传活动在昊和广场举行，主题为"弘扬法制精神，促进社会和谐"。活动以司法局牵头，工会、团委、妇联、法院、交通局、交警队等全县17个单位参加。县委书记杨人毅带领四大班子领导，身披彩带向学生及周围群众发放宣传材料。活动期间，架设彩虹门5个，大型展板25块，设立咨询台32个。中心主任就农民工、老年人、妇女、未成年人、残疾人等提出的法律问题作了耐心、细致的解答。中心工作人员向现场群众发放《法律援助折叠册》、《农民工维权知识手册》及《老年人维权法律法规》等1000余册。发放便民服务联系卡600张，发放《法律援助知识问答》《法律援助条例》等宣传材料2000余份，并深入商店、街道路口发放宣传材料1000余份。现场解答咨询200余人次。同年，中心共办理法律援助案件92件，解答法律咨询935人次，解决了5起重大疑难案件，受援人数达到1015人，为农民工追回劳动报酬95.5万元，为受援当事人索赔金额131.31万元。家住大同县许堡乡大王村的郑贵，年近六旬，单身一人，还抚养一个常年卧病在床的弟弟，家庭十分贫困。2009年2月24日，郑贵在大同县大王石料厂干活时，被溅起的碎石打伤了眼睛，先后在大同市第五、第二、第三人民医院住院治疗，经大同市第三人民医院人身伤害司法鉴定中心鉴定为五级伤残。可是，厂方对郑贵不闻不问，不予理睬。后因郑贵家庭十分困难，欠下一大笔医疗费等各项费用不能继续治疗，导致左眼失明。郑贵四处求助，都无济于事，最后找到了法律援助中心，中心决定给予援助，提起诉讼，并递交缓交诉讼申请。中心主任不辞辛苦，多方调查了解取证，写代理词，法庭上多次质证、辩论，法院终于采纳了原告方的代理意见，郑贵获赔医疗费等各项费用70728.69元；2009年12月27日，调解了一起疑难、复杂的重大医疗纠纷上访案件。2009年9月14日，年满11岁的王璐因患感冒到诊所治疗，用药过程中王璐出现休克症状，后送往医院被确诊为药物过敏导致肾积水，医生建议切除左肾及输尿管。而诊所不认为是用药过敏所致，双方发生争执，矛盾激化。为此，王璐的父母曾多次上访，要求县政府给予解决，事情轰动全县。中心得知情况后，决定伸出援助之手，一方面了解受援当事人的家庭情况，另一方面为政府减轻负担，决定组成由局、中心、司法所、律师所、公证处各一名组成的五人联调小组，深入到王玉芳家（系王璐之母）、诊所调查了解。经过援助人员近一个月的艰苦、努力工作，并对双方当事人耐心细致的说服、疏导，终于达成了调解协议，王璐获赔163000元赔偿金，双方保证今后息诉罢访，不再纠缠对方及当地政府和有关部门。

2011年，大同县法律援助中心积极开展"法律援助六进宣传月"活动，充分发挥法律援助职能作用，努力做到"贫者必援、弱者必帮、残者必助"，最大限度的满足困难群众的法律援助需求，切实维护困难群众的合法权益。5月，按照省、市"法律援助宣传六进"活动的要求，中心以"保稳定、促和谐、法律援助进万家"为活动主题，积极开展了法律援助宣传月活动。1.利用媒介配合宣传。2.深入基层巡回宣传。3.举行专场联合宣传。5月12日，大同县法律援助中心联合县地震局、妇联、团委等单位在昊和广场举行法律援助"六进"专场宣传活动。加强法律援助网络建设。为进一步构建全县法律援助工作网络，在全县设立22个法律援助工作站，其中乡镇设立了10个，街道3个，在劳动和社会保障局设立农民工法律援助工作站1个，在县老龄委设立了"大同县老年人法律援助工作站"，在全县175个行政村设立了法律援助联络点，聘请了395名法律援助联络员。其中聘请了50名大学生村官担任法律援助联络员，聘请201名青年担任法律援助志愿者。全年共办理各类法律援助案件86件，诉讼类案件15件；非诉讼类案件71件。接待咨询1020人次，代写法律文书24件，为受援人追索赔偿金230.68万元，其中为农民工追回拖欠工资101.42万元，受援人数1028人。

2012年，大力开展"法律援助为民服务创先争优年"活动，为全面落实"六五"普法规划，继续引深法律援助"六进"、大力开展"法律援助为民服务创先争优年"活动。7月31日，由市委政法委书记卫国带领全市政法综治工作领导组来大同县观摩政法综治工作，听取了中心主任的汇报，对援助中心工作给予了肯定，他希望法援中心发挥职能优势，切实维护困难群众的合法权益，为保障社会公平正义，维护社会和谐稳定，化解矛盾纠纷作出积极贡献。8月13日，由中央联席会议办公室副主任、国家信访局副局长徐业安任组长，中组部办公厅副巡视员贾茂兰和国家信访局副巡视员王月宁任副组长的中央信访工作督导组一行深入大同市部分县、区进行督查，听取援助中心主任的汇报，并指出要进一步发挥法律援助在信访维稳中的职能优势，解决问题，化解矛盾，引导当事人向正规、合法渠道表达诉求，把问题解决在基层、解决在萌芽状态，维护社会的和谐稳定。9月15日，由市委依法治市领导组办公室、市司法局主办，县委依法治县领导组办公室、县司法局协办的主题为"弘扬法治文化构建法治大同"——依法治村暨法制文艺宣传、法律服务进农村推进会在大同县倍加造镇郭家窑头村举行。同年，共办理各类法律援助案件80件，诉讼类案件16件；非诉讼类案件64件。接待咨询1024人次，代写法律文书26件，为受援人挽回损失387.12万元，为农民工挽回损失46.97万元，受援人数1030人。

第十编　检察　审判

第一章　检　察

第一节　检察机构

1996 年 11 月，大同县人民检察院反贪污贿赂局成立。

1997 年 12 月 15 日，大同市人民检察院下发《关于大同县人民检察院机构设置意见的批复》，同意设置机构 9 个：办公室、审查批捕科、审查起诉科、反贪污贿赂局、法纪检察科、监所检察科、民事行政检察科、控告申诉检察科、法警队。

2001 年 5 月，县人民检察院共有机构 12 个。分为办公室、政工科、反贪贿赂局、综合科、批捕科、起诉科、法纪科、民行科、控申科、监所科、法警队、流动基金队。

2010 年，县人民检察院共有机构 10 个，分为办公室、侦查监督科、公诉科、反贪污贿赂局、反贪污贿赂局侦查科、渎职侵权检察科、渎职侵权检察科、民行科、控申科、法警队。

2013 年，县人民检察院共有机构 10 个，分为办公室、侦查监督科（含监所科）、公诉科、反贪污贿赂局、反渎职侵权局、民行科、控申科、职务犯罪预防科、案件管理中心、法警队。

第二节　刑事检察

1996 年，共受理公安机关提请逮捕 50 案 102 人，经审查批准逮捕 45 案 88 人，其中团伙案件 14 案 68 人，不捕 4 案 13 人，追捕 25 人，退回公安机关补充侦查 1 案 1 人。受理县人民检察院自侦部门提请逮捕 6 案 9 人，批准逮捕 6 案 8 人。1997 年，共受理公安机关提请逮捕 33 案 58 人，其中团伙案件 8 案 27 人，经审查批准逮捕 26 案 44 人，不捕 6 案 13 人，追捕 6 人，撤销逮捕 1 案 2 人。受理县人民检察院自侦部门提请逮捕 4 案 5 人，全部批准逮捕。1998 年，共受理公安机关提请逮捕各类刑事案件 38 案 76 人，通过审查批准逮捕 32 案 64 人，其中团伙案件 7 案 32 人，不捕 6 案 4 人，建议公安机关提请逮捕 10 人，公安机关补充侦查后，向县人民检察院提请逮捕 5 人。1999 年，共受理公安机关提请逮捕各类刑事案件 41 案 71 人，通过审查批准逮捕 34 案 54 人，其中团伙案件 6 案 27 人，不捕 7 案 17 人，向公安机关建议提请逮捕 6 人，公安机关补充侦查后，向县人民检察院提请逮捕 3 人。2000 年，共受理公安机关提请逮捕各类刑事案件 36 件 51 人，审查后批准逮捕 33 件 46 人，不捕 3 件 5 人。办理立案监督案件 5 件，口头纠正违法 2 次。2001 年，共受理公安机关提请逮捕各类刑事案件 41 件 63 人，审查后批准逮捕 39 件 61 人，不捕 2 件 2 人。建议公安机关提请逮捕 3 人；口头纠正违法 3 次，提出检察建议 1 份。2002 年，共受理公安机关提请逮捕各类刑事案件 25 件 51 人，受理自侦部门提请逮捕 1 件 1 人；审查后批准逮捕 24 件 50 人，决定逮捕 1 件 1 人，不捕 1 件 1 人。办理立案监督案件 6 件，建议公安机关提请逮捕 7 人，口头纠正违法 2 次，提出检察建议 3 份。2003 年，共受理公安机关提请逮捕各类刑事案件 23 件 41 人，审查后批准逮捕 23 件 41 人，无不捕案件。办理立案监督案件7件,建议公安机关提请逮捕21人,口头纠正违法1次。2004年,共受理公安机关提请逮捕各类刑事案件22件27人,审查后批准逮捕22件27人,无不捕案件,办理立案监督案件4次,建议公安机关提请逮捕20人,口头纠正违法5次。2005年,共受理公安机关提请逮捕各类刑事案件26件44人,审查后批准逮捕26件37人,不捕7人。办理立案监督案件7件,口头纠正违法15次。2006年,共受理公安机关提请逮捕各类刑事案件14件23人,审查后批准逮捕14件23人。办理立案监督案件8件,口头纠正违法20次。2007年,共受理公安机关提请逮捕各类刑事案件33件72人,审查后批准逮捕33件69人,不捕3人,追捕16人。2008年,共受理公安机关提请逮捕各类刑事案件27件46人,审查后批准逮捕26件38人,不捕1件8人。办理立案监督案件12件。2009年,共受理公安机关提请逮捕各类刑事案件30件41人,审查后批准逮捕29件40人,不捕1件1人。办理立案监督案件12件14人。2010年,共受理公安机关提请逮捕各类刑事案件35件63人,审查后批准逮捕31件50人,不捕4件13人。办理立案监督案件5件15人,追捕漏犯6人。2011年,共受理公安机关提请逮捕各类刑事案件32件45人,审查后批准逮捕30件42人,不捕2件3人。办理立案监督案件10件13人。2012年,共受理公安机关提请批捕的刑事案件和我院自侦部门移送的各类刑事案件49案81人,审查后批准逮捕46案77人,办理立案监督16人。2013年,共受理公安机关提请逮捕各类刑事案件58案83人,审查后批准逮捕50案73人,不捕1件1人,办理立案监督9人。

第三节　审查起诉

1996年,共受理公安机关移送起诉68案127人,连同1995年积存的5案13人,共计73案140人。经审查,提起公诉56案92人,报送市院10案34人,退回公安机关补充侦查2案3人,免予起诉2案6人,不诉1人。受理公安机关提请免诉4案7人,审查后全部作了免诉。受理县人民检察院自侦部门移送起诉6案6人,移送免予起诉2案4人,审查后,提起公诉1案1人,免予起诉3案5人,退回补充侦查3案3人。1997年,共受理公安机关移送起诉39案61人,经审查提起公诉32案50人,不起诉3案4人,报送上级检察机关5案7人。受理县人民检察院自侦部门移送起诉5案5人经审查决定起诉4案4人,不起诉1案1人。1998年,共受理公安机关移送起诉29案46人,连同1997年积存的7案13人,共计36案59人,通过审查向同级人民法院提起公诉24案41人,移送上级人民检察院3案5人,不诉5案8人,退回公安机关补充侦查1案1人。1999年,共受理公安机关移送起诉各类案件53案71人,受理县人民检察院自侦部门移送起诉1案1人,连同1998年积存的3案4人,共计57案76人。审查后,向同级人民法院提起公诉37案42人,法院全部作了有罪判决;报送上级人民检察院审查起诉8案22人,公安机关撤案另行处理2案2人,不起诉5案5人退回公安机关补充侦查3案3人。2000年,共受理各类刑事案件38件52人,审查后提起公诉32件44人。法院全部作了有罪判决;不起诉3件5人;报送市院审查起诉3件3人。2001年,共受理各类刑事案件58件82人,审查后提起公诉44件63人,法院全部作了有罪判决;不起诉3件5人;报送市院审查起诉5件7人,建议公安撤案另行处理1件1人;正在审查的3件4人;退回县人民检察院自侦部门补充侦查2件2人。2002年,共受理各类刑事案件44件80人,审查后提起公诉32件48人,法院全部作了有罪判决;不起诉4件8人;报送市院审查起诉5件20人,建议公安撤案另行处理2件3人;退回县人民检察院自侦部门补充侦查1件1人。2003年,共受理公安机关移送起诉39件69人,审查后提起公诉27件43人,全部作了有罪判决;不起诉4件4人;报送市院审查起诉7件21人;建议公安撤案另行处理1件1人。2004年,受理公安机关移送起诉各类案件29件39人,审查后提起公诉 21 件 30 人,法院全部做了有罪判决;不起诉 1 件 1 人;报送上级人民检察院审查起诉 4 件 4 人;建议公安撤案另行处理 3 件 4 人。2005 年,共受理各类刑事案件 31 件 47 人,审查后提起公诉 24 件 29 人,法院全部作了有罪判决;报送市院审查起诉 6 件 14 人。2006 年,共受理各类刑事案件 28 件 46 人,审查后提起公诉 25 件 38 人,法院全部作了有罪判决;报送市院审查起诉 3 件 8 人。2007 年,共受理各类刑事案件 42 件 65 人,审查后提起公诉 34 件 50 人,法院全部作了有罪判决;不起诉 3 件 3 人;报送市院审查起诉 4 件 11 人。2008 年,共受理各类刑事案件 34 件 57 人,审查后提起公诉 31 件 49 人,法院全部作了有罪判决;不起诉 3 件 6 人;报送市院审查起诉 2 件 2 人。2009 年,共受理各类刑事案件 51 件 70 人,审查后提起公诉 45 件 67 人,法院全部作了有罪判决;相对不起诉 2 件 2 人;报送市院审查起诉 1 件 1 人。2010 年,共受理各类刑事案件 58 件 85 人,审查后提起公诉 49 件 75 人,法院全部作了有罪判决;不起诉 6 件 6 人;报送市院审查起诉 3 件 3 人。2011 年,共受理各类刑事案件 52 件 68 人,审查后提起公诉 49 件 65 人,法院全部作了有罪判决;相对不起诉 2 件 2 人;报送市院审查起诉 1 件 1 人。2012 年,共受理各类刑事案件 56 件 69 人,审查后提起公诉 50 件 63 人,法院全部作了有罪判决;相对不起诉 1 件 1 人;报送市院 2 件 7 人;提出抗诉 1 件 1 人。2013 年,共受理各类刑事案件 62 件 77 人,审查后提起公诉 50 件 63 人,法院全部作了有罪判决;报送市检察院强制医疗 1 人。

第四节　反贪污贿赂检察

1996 年,受理各类贪污贿赂案件线索 14 案 16 人,决定立案侦查 9 案 11 人,其中贪污 6 案 6 人,挪用公款 1 案 1 人,偷税 1 案 1 人,侵占罪 1 案 3 人。经侦查,移送起诉 6 案 6 人,移送免诉 2 案 4 人,决定撤案 1 案 1 人。为国家和集体挽回经济损失 342715.83 元。1997 年,共受理各类贪污、贿赂等经济案件线索 22 案 24 人,初查后决定立案侦查 9 案 11 人,其中,贪污 5 案 6 人,挪用公款 2 案 2 人,侵占 2 案 3 人,经审查后全部结案,移送起诉 8 案 10 人,移送不起诉 1 案 1 人,通过办案为国家和集体挽回经济损失 26778.80 元。2000 年,共受理贪污贿赂案件 7 件,立案侦查 4 件 5 人,为国家和集体挽回经济损失 15 万元。2001 年,共受理贪污贿赂案件 4 件,立案侦查 4 件 5 人,为国家和集体挽回经济损失 18 万元。2002 年,共受理贪污贿赂案件 5 件,立案侦查 5 件。2003 年,共受理贪污贿赂案件 7 件,立案侦查 1 件,为国家和集体挽回经济损失 2 万元。2004 年,共受理各类贪污贿赂案件 6 件,立案侦查 4 件,提起公诉 2 件,均作了有罪判决;撤案 2 件。2005 年,共受理贪污贿赂案件 11 件,立案侦查 3 件。2006 年,立案侦查 3 件,移送起诉 1 件。2007 年,共受理贪污贿赂案件 6 件,立案侦查 3 件 4 人,为国家和集体挽回经济损失 20 余万元。2008 年,共受理贪污贿赂案件 7 件,立案侦查 3 件 3 人。2009 年,共受理贪污贿赂案件 6 件,立案侦查 3 件 7 人。2010 年,共受理贪污贿赂案件 8 件,立案侦查 1 件 5 人。2011 年,共受理贪污贿赂案件 7 件,立案侦查 2 件 4 人。2012 年,共受理贪污贿赂案件 6 件,立案侦查 3 件 4 人。2013 年,共受理贪污贿赂案件 5 件,立案侦查 2 件 2 人。

第五节　法纪检察

1996 年,共受理各类法纪案件 8 案 10 人,其中:责任事故 3 案 3 人,玩忽职守 2 案 3 人,非法拘禁 3 案 4 人。初查后决定立案侦查 4 案 5 人。1997 年,共受理法纪案件 9 案 13 人,初查后决定立案侦查了 3 案 7 人,其中非法搜查 1 案 5 人,非法侵入他人住宅 1 案 1 人,玩忽职守 1 案 1 人,3 案全部审结。

第六节　控告申诉检察

1996 年,共受理群众来信举报 35 件,其中经济案件 23 件,法纪案件 7 件,其他案件 5 件。接待群众来访 15 人次,向人民群众反馈调查结果 16 件,初查 1 件,查办申诉案件 1 件,妥善处理告急案件 1 件。1997 年,共受理群众来信、举报 30 件。其中经济案件 19 件,法纪案件 10 件,其它案件 1 件。接待群众来访 9 人次,向群众反馈调查结果 29 件,初查 4 件,受理申诉案件 1 件,妥善处理告急案件 1 件。1998 年,共受理群众来信举报 11 件,其中经济线索 7 条,法纪线索 4 条,接待群众来访 10 人次,向人民群众反馈调查结果 8 件,妥善处理告急案件 1 件,受理申诉案件 3 件,驳回申诉 2 件,立案纠正 1 件。1999 年,共受理群众来信举报 11 件,其中属县人民检察院管辖 6 件,接待来访群众 16 次,向群众反馈调查结果 5 件,要妥善处理告急案件 2 件,受理申诉案件 3 件。2000 年,共受理群众来信举报 12 件,接待群众来访 6 人次,受理申诉案件 3 件。2001 年,共受理群众来信举报 14 件,接待群众来访 30 人次。2002 年,共受理群众来信举报 15 件,接待群众来访 40 人次,受理申诉案件 2 件。2003 年,共受理群众来信举报 8 件,接待来访群众 30 人次,受理申诉案件 1 件。2004 年,共接待来访群众 30 人次,受理来信举报 11 件,受理申诉案件 4 件。2005 年,共受理群众来信举报 13 件,接待群众来访 52 人次,受理申诉案件 5 件。2006 年,共受理群众来信举报 12 件,接待群众来访 34 人次,受理申诉案件 3 件,被省院授予"文明接待室"。2007 年,共受理群众来信举报 17 件。2008 年,共接待群众来访 45 人次,受理申诉案件 11 件。2009 年,共接待群众来访 50 人次,受理申诉案件 11 件,初查 5 件。2010 年,共接待群众来访 35 次 50 人,受理申诉案件 16 件,初查 5 件。2011 年共接待群众来访 10 次 55 人,受理申诉案件 12 件,初查 6 件。2012 年,共接待群众来访 45 次 105 人,受理申诉案件 4 件。2013 年,共接待群众来访 36 次 62 人,受理申诉案件 17 件。

第七节 民事行政检察

1996 年,共受理各类民事行政案件 5 件,立案 2

件,息诉 2 件,提请抗诉 1 件。1997 年,共受理民事行政案件 5 件,通过初查立案 2 件,息诉 1 件。1998 年,共受理民事行政案件 2 件,上级院交办 1 件,受案后息诉 1 件。1999 年,共受理民事行政案件 4 件,受案后息诉 1 件,立案 1 件,并提请上级人民检察院抗诉一件。2000 年,共受理民事行政案件 4 件,通过审查,立案 1 件。2002 年,共受理民事行政案件 2 件,提请市检察院抗诉 1 件。2003 年,共受理民事行政案件 5 件,立案 3 件,提请市检察院抗诉 1 件,建议提请抗诉 2 件。2004 年,共受理民事行政案件 4 件,立案 4 件,提起市院抗诉 1 件,建议提请抗诉 1 件。2005 年,共受理民事行政案件 2 件,通过审查,立案 2 件。2006 年,共受理民事行政案件 1 件,通过审查,立案 1 件。2007 年,共受理民事行政案件 5 件,通过审查,建议提请抗诉 1 件,支持起诉 2 件,执行和解 1 件,调解 1 件。2008 年,共受理民事行政案件 6 件,提请抗诉 2 件,支持起诉 3 件,终止审查 1 件。2009 年,共受理民事行政案件 6 件,通过审查,4 件提请抗诉,刑事附带民事诉讼 1 件,立案监督 1 件。2010 年,共受理民事行政案件 26 件,通过审查,立案 26 件,提请抗诉 1 件,发出再审检察建议 1 件,检察建议 20 余份。2011 年共受理民事行政案件 24 件,通过审查,立案 24 件,提请抗诉 1 件,发出再审检察建议 1 件,检察建议 20 余份。2012 年,共受理民事行政案件 27 件,通过审查,立案 27 件,检察建议 34 份。2013 年,共受理民事行政案件 35 件,通过审查,立案 35 件,提出再审检察建议被法院采纳 1 件,支持起诉 19 件,向派出所分别发出纠正违法通知书 35 份。

第八节 监所检察

1996 年,办理看守所干警玩忽职守 1 案 1 人,大同监狱审查起诉 2 案 7 人,进行安全检查 33 次,发现问题 16 起,提出口头建议 16 次,书面建议 2 次,同人犯谈话 490 人次,上法制课 25 次,全年共考察监外服刑罪犯 15 人。

1997 年，共召开联席会议 15 次，向看守所提出口头建议 10 次，进行安全防范检查 35 次，联合检查 15 次，集体上法制课 19 次，回访考察缓刑犯 36 人次，受理大同监狱移送起诉又犯罪案件 2 案 2 人，法院均作了有罪判决。1998 年，共召开联席会议 15 次，提出口头建议 12 次，安全防范检查 29 次，联合公安、武警检查 15 次集体上法制课 12 次，回访考察缓刑犯 28 人次，受理大同监狱起诉又犯罪案 1 案 2 人，起诉到法院后，均作了有罪判决。1999 年，共召开联席会议 15 次，提出口头建议 26 次，进行安全防范检查 40 次，集体上法制课 13 次，开展政治攻势 4 次，检察揭发犯罪线索 11 条。受理大同监狱移送起诉又犯罪案 2 案 2 人，法院均作了有罪判决。2000 年，共进行联合检查 30 次，向看守所提出口头建议 13 次，书面建议 12 份，发出纠正违法通知书 1 份。2001 年，共进行联合检查 35 次，向看守所提出口头建议 32 次，办理大同监狱又犯罪案件 2 件 2 人，起诉到法院后均作了有罪判决，纠正超期羁押 4 人。2002 年，共进行联合检查 25 次，向看守所提出口头建议 20 次，办理大同监狱又犯罪案件 2 件 2 人，起诉到法院后均作了有罪判决；办理上级院交办案件 1 件 1 人。2003 年，监所检察：全年共召开联席会议 5 次，向看守所提出口头建议 20 次，纠正超期羁押 1 人。2004 年，开展对减刑、假释、保外就医等刑罚执行活动的专项检查，向看守所提出口头建议 7 次，书面建议 2 次，办理大同监狱又犯罪案件 2 件 2 人，起诉到法院后均作了有罪判决。2005 年，共进行联合检查 12 次，向看守所提出口头建议 20 次，书面建议 2 份。2006 年，共进行联合检查 12 次，向看守所提出口头建议 20 次，书面建议 7 份。2007 年，进行各类安全件检查 48 次，书面建议 5 份，发出纠正违法

通知书 2 份。2008 年，向看守所提出口头建议 30 多次，书面建议 8 份，发出纠正违法通知书 5 份，办理监狱又犯罪案件 2 件 2 人。2009 年，向看守所提出口头建议 30 次，发出纠正违法通知书 2 份。2010 年，共进行安全防范检查 45 次，生活卫生检查 1 次，节假日检查 2 次，向看守所提出书面建议 20 份，发出纠正违法通知书 31 份。2011 年，共进行安全防范检查 40 次，生活卫生检查 2 次，节假日检查 2 次，向看守所提出书面建议 20 份，发出纠正违法通知书 25 份。2012 年，向看守所提出书面建议 25 份，发出纠正违法通知书 28 份。2013 年，向看守所提出书面建议 35 份，发出纠正违法通知书 27 份。

第九节　渎职侵权检察

2000 年，共受理渎职侵权案件 2 件，立案侦查 1 件 2 人。2001 年，共受理渎职侵权案件 1 件，立案侦查 1 件 1 人。2002 年，共受理渎职侵权案件 2 件，立案侦查 2 件。2003 年，共受理渎职侵权案件 2 件，立案侦查 1 件。2004 年，共受理渎职侵权案件 4 件，立案侦查 2 件。2006 年，共受理渎职侵权案件 3 件，立案侦查 3 件。2007 年，共受理渎职侵权案件 2 件，立案侦查 2 件。2008 年，共受理渎职侵权案件 3 件，立案侦查 3 件 3 人。2009 年，共受理渎职侵权案件 4 件，立案侦查 4 件 4 人。2010 年，共受理渎职侵权案件 2 件，立案侦查 2 件 3 人。2011 年，共受理渎职侵权案件 3 件，立案侦查 3 件 3 人。2012 年，共受理渎职侵权案件 8 件，立案侦查 8 件 9 人。2013 年，共受理渎职侵权案件 4 件，立案侦查 4 件 8 人。

第二章 审 判

第一节 审判机构

1951 年 10 月,大同县人民法院成立。2004 年 10 月,新审判办公综合大楼竣工,坐落于大同县县城西街,大楼建筑面积 9000 余平方米,有大小法庭及调解室 5 个,设有活动室、接待室、档案室、图书室、会议室等,基本能够实现每人一台电脑,全面实现办公、办案的现代化。

人员结构 2010 年,全院有审判员 32 人,书记员 8 人,法警 16 人,行政人员 9 人,工勤人员 7 人。其中四级高级法官 10 人,一级法官 11 人,二级法官 5 人,三级法官 3 人,四级法官 3 人。具有本科学历以上 41 人,大专学历 23 人,中专学历以下 7 人。年龄结构为,35 周岁以下 21 人,35 周岁至 45 周岁 28 人,45 周岁至 55 周岁 20 人,55 周岁以上 2 人。

机构设置 2010 年,全院设刑事庭、民一庭、民二庭、行政庭、执行局、立案庭、审监庭、政治处、书记官处、法警大队、办公室 11 个机构。下设 4 个基层法庭,杜庄法庭、倍加造法庭、周士庄法庭、许堡法庭。

新建办公场所 大同县法院争取国债资金投资,先后新建完成了杜庄、周士庄等 4 个基层法庭的审判办公楼,为业务庭配置了业务必备的警用车辆,全院装配电话 20 余部,为院内各庭室和基层法庭配置了电脑 50 多台及打印机等设备,完成了局域网的建设并投入试运行。

2004 年 7 月,杜庄人民法庭被最高人民法院评为"全国优秀法庭"。

第二节 刑事审判

在刑事审判工作中,大同县人民法院正确把握宽严相济的刑事政策,依法惩处各种刑事犯罪,切实维护了全县的社会稳定。1996 年至 2010 年,着重抓了以下四项工作。1. 严历打击危害国家安全、扰乱社会治安、侵害群众利益的多发性犯罪,增强人民群众的安全感,促进社会和谐稳定。2. 对未成年人犯罪、过失犯罪以及一些因民间纠纷、生活琐事所引发的轻微刑事案件,以宽缓为主,从而实现法律效果与社会效果的有机统一。3. 注重刑事附带民事案件的调解和履行,对因邻里纠纷、家庭矛盾、权属纠纷导致的刑事案件,尽力化解矛盾,减少对立,促进社会治安稳定。4. 强调司法领域的人权保护,依法保障刑事被告人的诉讼权利,确保无罪的人不受刑事追究,并对轻微的刑事犯罪和危害相对小的罪犯,依法从轻、减轻处罚。1996 年至 2013年,县法院受理各类案件 5053 件,其中刑事案件 528 件。

2010—2013 年大同县人民法院收结案统计

表 10 - 2 - 1

单位:件、%

类型	数量	2010	2011	2012	2013
刑事	受理数	30	39	59	60
	审结数	30	39	59	58
	结案率	100	100	100	97
民商事	受理数	334	355	321	438
	调解数	250	176	180	308
	撤诉	86	68	73	
	撤诉率	78.87	70	70	70
行政	受理数	5	1	1	2
行政非诉	受理数	2	0	0	0
执行	受理数	64	86	75	91
	执结	64	86	75	91
	执结率	100	100	100	100

第三节 民事审判

在民商事审判中,大同县人民法院以促进和谐为目标,坚持"调解优先,调判结合",一批社会影响大,对立情绪强,涉及面广,简单下判难以"事了"的纠纷得到了妥善化解,促进了社会稳定,取得了明显成效。县人民法院还紧紧围绕为全县的经济发展大局服务,着力在体现民生关怀、化解矛盾的有效性上下功夫,坚持司法公正与诉讼效率相结合,坚持实体公正与程序公正相结合,坚持法律效果与社会效果相结合,坚持化解群众矛盾与维护社会稳定、经济发展相结合。在确保案件质量的前提下,坚持"重调息诉、和谐司法"的原则,强化案件质量管理,杜绝案件超审限。认真做好案件的判前风险告知和判后答疑工作,促使当事人服判息诉,收到了较好的法律效果和社会效果。从 1996 年至 2010 年,县法院受理各类案件 5053 件,其中民事案件 3583 件。通过多年的努力工作,在法院所审结的民商事案件中,调解率逐年上升。2009 年法院调解结案率为 68.59%,调解结案自动履行率为 95%。

第四节 行政审判

在行政审判工作中,大同县人民法院依法维护行政相对人的合法权益,监督和支持行政机关依法行政。在审理行政机关具体行政行为案件中,认真审查行政行为的合法性,做到维持有理,变更合法,撤销有据。加强宣传和走访工作,采取积极措施,化解行政争议,促进群众对行政机关的理解和支持,为经济发展营造了和谐稳定的社会环境。1996 年至 2010 年,共受理各类行政诉讼案件 11 件,结案 11 件;受理各类非诉行政审查案件 35 件,审结 35 件。

县法院在没有行政诉讼案件的情况下,本着"保护合法权益,促进依法行政,优化司法环境,化解行政纠纷"的原则,加强行政相关法律方面的宣传和走访工作,努力从化解官民纠纷、协调干群关系出发,着力营造良好的干群关系与官民和谐相处的社会环境。共走访行政机关30多个,外出宣传法律50余次,共收集意见建议100多条。对意见和建议及时召开了专题研讨会,及时研究整改措施,并将办理情况及时向相关部门做了反馈。

工作步入了规范化轨道。2009年,在全体执行干警共同努力下,通过实施司法救助,采取查封、扣押、拍卖、变卖、拘留等强制措施,共执结各类案件37件,执行积案全部执结,并有效防止了新执行积案的产生。

第五节 案件执行

1996年至2010年,县法院共收执行案件942件,涉案标的6500万元。长期以来,"执行难"问题一直是困扰法院工作的难点。人民法院的生效裁判得不到有效执行,不仅损害了当事人的合法权益,同时也损害了法律的尊严。为彻底破解"执行难",维护法律的尊严,提升司法公信力,县法院通过不断加强执行工作,有力地保护了当事人的合法权益,捍卫了法律的尊严,为维护全县社会稳定、经济发展、社会和谐作出了应有的贡献。

自2008年底开始,县法院按照中央政法委及最高人民法院对清积工作的安排部署,对清理出的执行积案37件,进行了专项执行。开展集中清理执行积案活动以来,县法院按照上级法院的要求,依法执行,穷尽执行措施,严格把握执行结案标准,完备案卷材料,创造性地开展执行工作。以"和谐司法"为理念,以"案结事了"为目标,以清理执行积案活动为契机,进一步建立和完善涉诉特困群体执行救助机制、执行联动机制等一系列长效机制,使执行

第六节 审判监督

大同县人民法院在实际办案过程中,始终坚持调解优先原则,遵循能调则调,想尽一切办法,动用一切关系,综合运用情感感化、困难救助等多种方式,努力实现案结事了、息诉罢访、群众满意、社会稳定。对调解未达成调解协议的,依法及时作出判决。在审理再审案件的过程中,树立服判息诉、案结事了是审监工作的"硬道理"理念,强化案结事了意识,注重判后释法答疑,提高办案质量,彻底有效的解决当事人之间的纠纷,积极化解社会矛盾,努力使当事人服判息诉;牢固树立案件质量是法院工作的生命线的思想,实体审查和严格执行诉讼程序并重;树立依法纠错理念,把保障当事人的申请再审权利和维护生效裁判的稳定性、既判力兼顾,对确有错误的案件,应当改判的绝不以维护生效裁判的既判力、稳定性为借口而不予改判,也不对生效裁判动辄改判,损害生效裁判的稳定性。2013年,县法院审监庭共审理再审案件2件。

第十一编　经济综合管理

第一章 经济综述

第一节 经济发展

概况

"九五"（1996—2000 年）时期

从 1996 年"九五"规划执行以来，全县认真贯彻落实党中央的方针政策和重大决策，按照省委、省政府的安排部署，紧紧围绕山西省委、省政府确定的重大战略部署，把工作重点转入狠抓推进落实阶段。紧紧抓住经济社会发展中迫切、现实、重要的问题，全力组织攻坚，在转变经济发展方式、调整经济结构、改善生态环境、推进社会主义新农村建设、深化体制改革、促进社会和谐等方面取得了明显进步。全县经济发展出现了好中加快，社会事业全面协调推进的可喜局面，各项经济指标均呈现出稳步增长的态势。

"十五"（2000—2005 年）时期

国民经济 2000 年至 2005 年，全县生产总值由 61058 万元增加到 94489 万元，2005 年比 2000 年增长 54.75%，年均递增 9.1%。三个产业结构的比由 2000 年的 33.8：35.8：30.4 变为 2005 年的 25.3：34.6：40.1，人均生产总值由 2000 年的 3804 元增长为 2005 年的 5538 元，增加 1734 元，增长 45.58%。

农村经济 以水利设施建设为重点的基础设施投入和改革继续加强，通过加大"科技兴农"力度，积极调整种植业结构和农业内部结构，大力推进农业产业化进程，促进了全县农业和农村工作的全面发展。全县建成以加工黄花、绿豆、杏脯、脱水蔬菜、草业、药材、苦荞为主的农业企业 9 家，形成了产加销一体的良好格局。2005 年与 2000 年相比，农村经济总收入由 9.86 亿元增加到 11.22 亿元，增长 13.79%，年均递增 2.62%；农民人均纯收入由 2086 元增加到 2636 元，增长 26.36%，年均递增 4.79%。"十五"期间共完成生态治理面积 65.58 万亩，全县森林覆盖率达到 22.6%。畜牧业向规模化、集约化方向发展，畜牧业在农村经济总收入中的比重逐年加大。农村税费改革取得明显成效，提前一年为全县农民免除了农业税。

工业生产速度和效益 "十五"期间，加大了国企改革力度，以建立混合所有制经济为目标，以产权制度改革为核心，加快国有企业改制步伐，加快国有企业的有序退出，通过整体租赁、分离租赁、股份制改造、拍卖等形式，对黄土坡煤矿、解庄煤站、工业硅厂、水泥厂等企业进行了改制。2005 年与 2000 年相比，现价工业总产值由 26679 万元增加到 59146 万元，增长 121.69%，平均年递增 17.26%；实现利税由 3358 万元增加到 7829 万元，增长 133.14%，平均年递增 18.45%。

招商引资及民营经济 "十五"期间，全县共引办投资 500 万元以上的工业项目 14 个，总投资 2.1 亿元；已开工、正在办理有关手续和积极争取的上亿元以上项目 8 个,总投资 70 多亿元,其中开工的 3 个,正在办理有关手续的 3 个,正在积极争取的 2 个。全县民营企业从 2000 年的 42 个增加到 2005 年的 183 个,净增 141 个,个体工商户由 2000 年的 2768 个增加到 2005 年的 3587 个,净增 819 个,民营企业总资产由 2000 年的 2.15 亿元增加到 2005 年的 7.3 亿元,净增 5.15 亿元,增加 2 倍多。其中,投资 500 万元以上的规模企业由 2000 年的 2 家增加到 2005 年的 17 家,净增 15 家,民营企业的产品由 2000 年的 11 种增加到 2005 年的 38 种,其中名牌产品有 3 种,出口产品有 4 种。

城市建设 "十五"期间,在编制完成县城总体规划、县城近期建设规划和县域城镇体系规划的前提下,全县共投资 10870 万元,在县城新建综合楼、住宅楼共 62 幢,新增建筑面积 18.38 万平方米。2003 年始实施的投资 2480 万元的县城污水处理厂竣工投入运营。筹资 2864 万元,翻修、硬化县城的 6 条主干道、6 条次干道、42 条居民区街巷,完成县城道路建设面积 32.95 万平方米,筹资 1000 万元,完成了 11 条 12 万平方米的人行道硬化,铺设雨水管网 15 千米。投资 120 万元,对县城南街路灯进行了改造,并在南街入口处建成了代表县城形象的第一个标志性雕塑。

公路建设 "十五"期间,共投资 4407 万元,完成村村通水泥(油)路 267.84 千米,国债项目工程 14 千米,通达工程 28.9 千米,维修桥涵 2 处,完成了养老洼—寺儿湾 8 千米水泥路。公路场站建设实现投资 777 万元,新建的二级客运汽车站已奠基开工,建成了 2 个四级汽车站、32 个乘车招呼站、37 个候车亭。全县县乡公路通车里程由 2000 年的 190 千米增加到 2005 年的 575.6 千米。

财政收入 大同县在 2003 年被列入省财政转移支付县序列。2005 年与 2000 年相比,全县财政总收入由 7440 万元增加到 2.3032 亿元,增长 209.57%,年均递增 25.36%。

科技、教育及各项社会事业 "十五"期间,全县累计推广应用科技成果 160 多项,科技进步对经济增长的贡献额达到 35%。"普九"工作得到巩固和提高,实行了义务教育阶段"一费制"改革政策,师资队伍和教学质量得到进一步提高,高考本科达线人数逐年递增,2004 年突破百人大关,2005 年达到 145 人,达线率 15.8%。全县中小学危房改造共投资 2161.4 万元,新建校舍面积 21073 平方米,改扩建 16475 平方米,维修 59221 平方米,信息技术教育,装备微机 654 台,安设地面卫星接收台 22 个。全县卫生条件医疗水平不断提高,投资 155 万元新建了县疾控中心,投资 258 万元对 10 个乡镇卫生院进行了改扩建,从 2003 年 10 月开始运行的新型农村合作医疗试点工作稳步发展,广大农民群众的医疗保障问题得到有效解决。科学规范地组织开展了防控"非典"工作,有效应对突发公共卫生事件的能力明显提高。在县乡医疗机构实行了药品集中招标采购工作,开展了居民健康普查,普查人数 11.66 万。人口控制取得明显实效。国家京津风沙源治理工程、首都水资源可持续利用项目和雁门关生态畜牧区建设工程的实施,使生态环境状况逐步好转。城乡居民收入逐年增加,生活质量不断提高,就业形势保持基本稳定,各项社会事业进一步发展。

调整投资结构 "三驾马车"增幅趋向协调。在国家控制"三过"特别是投资增长过快的背景下,着力优化、调整固定资产投资比重提高。在规模以上投资中,高耗能工业比重下降。与此同时,消费和出口的拉动作用有所增强,"三驾马车"对经济增长的拉动作用趋向协调。全年全社会固定资产投资 26%,社会消费品零售总额增长 16.53%,进出口总额增长,形成了比较合理的增长结构。宏观调控取得阶段性成果,经济结构调整新进展。结合县情落实国家宏观调控政策,认真制定了能源、重要原材料、装备制造、新型材料等行业发展规划和产业政策,全县经济结构协调不断深入。传统产业新型化进程加快。新兴产业规模化取得积极进展。为全县实现,腾出宝贵的资源环境空间。在文化旅游等方面实施了一批重点项目。出台了推进服务业发展的各项优惠政策和具体措施。按照国家产业政策，狠抓了"两区"开发项目推进工作，采取"人盯人"的措施，在土地、环评、节能等方面做好与国家省市的衔接，为项目推进做好全方位服务。节能减排取得一定成效，循环经济开始起步。节能方面，研究制定了分行业、分领域的节能具体措施，节能降耗指标分解落实到了县重点企业，新上项目开展了用能评估。完善了工业节能政策措施，实施了社会领域节能十大工程。减排方面，开展了力度空前的区域环境集中整治行动，启动了重点企业污染源自动监控系统，建设了一批城市污水、垃圾处理和集中供热项目。推广了综合挖潜、纵向拓展、厂际合作、企业聚集等循环经济发展模式，确定了全县第一批循环经济试点单位，启动了发展循环经济、推进节能减排全民行动。

改革开放与经济发展环境　结合工业可持续发展试点工作，推动投资体制改革特别是政府投资体制改革取得重大突破，初步理顺了各部门项目投资管理职责。推动企业产权多元化、完善现代化企业制度，在加快国有资产管理体制改革方面取得重要。积极配合有关部门加快了医疗卫生等社会领域的体制机制改革。积极参与大型招商引资活动。牵头组织煤炭等重点企业与金融组织、科研机构的合作进一步扩大，改革工作稳步推进。

"十一五"（2006—2010 年）时期

从 2006 年至 2010 年，全县上下认真贯彻党的十七大和十七届三中、四中、五中全会精神，以邓小平理论和"三个代表"重要思想为指导，牢固树立和认真落实科学发展观，抓住机遇，攻坚克难，有效应对国际金融危机的巨大冲击，紧紧围绕"产业发展、平安和谐、生态宜居、文化繁荣"四大奋斗目标，把科学发展作为第一要务，团结拼搏、求真务实、锐意创新、扎实苦干，经过五年努力奋斗，全县经济和社会发展取得了显著成就，各项社会事业蓬勃发展。

县域经济与综合实力　"十一五"期间，全县国民生产总值，从 2005 年的 94489 万元增加到 2010 年的 148978 万元，比 2005 年增长 57.67%，年均递增 9.53%。产业结构比重由 2005 年的 25.3：34.6：40.1 变为 2010 年的 34.3：23.4：42.3，人均国民生产总值由 2005 年的 5538 元增至 2010 年的 8513 元，增加 2975 元，增长 53.72%。2010 年固定资产投资完成 124193 万元，社会消费品零售总额实现 80640 万元，分别是 2005 年的 6.47 倍、1.82 倍；2010 年财政总收入完成 28175 万元，一般预算收入完成 11303 万元，分别是 2005 年的 1.22 倍、3.31 倍；2010 年农民人均纯收入 4361 元，城镇居民可支配收入 9914 元，分别是 2005 年的 1.65 倍、2.06 倍。

农村经济与新农村建设　"十一五"期间，全县农村通过持续加强以水利设施建设为重点的基础设施投入和体制改革，通过加大科技兴农力度，调整优化农业产业结构，大力推进农业产业化进程，发展壮大特色产业，促进了全县"三农"工作的全面发展。农业龙头企业发展迅速。全县建成以黄花、绿豆、杏脯、脱水蔬菜、草业加工为主的"513"农产品龙头企业 4 家，其中，市级重点 2 家，县级重点 2 家。形成农业专业合作社 259 家，全县范围内基本形成了农产品产加销一体化的产业格局。设施农业突破性发展，截至 2010 年底，全县发展日光温室大棚 2347 栋，移动大棚 2444 栋，设施蔬菜总面积达到 4524.76 亩，露地菜面积达到 4.5 万亩；特色种植稳步推进，黄花、林果面积每年分别以 5000 亩、10000 亩的速度快速增长，全县黄花达到 5.5 万亩，干果经济林达到 6 万亩；生态庄园快速发展，投资 2.33 亿元，建设生态庄园 14 个。重点推进村、新农村试点建设、扶贫移民工程、农村"五个全覆盖"等新农村建设工作进展顺利，农民生活节节攀升。2010 年与 2005 年相比，农村经济总收入由 11.22 亿元增加到 17.67 亿元，增长 57.49%；农民人均纯收入增长 65%；农业总产值达到 9.7 亿元，是 2005 年的 1.83 倍；粮食总产量达到 9 万吨，比 2005 年增产 1.65 万吨。"十一五"期间，全县共完成生态流域水土流失治理面积 54.97 万亩，全县森林覆盖率达到 23.6%。畜牧业向规模化、集约化纵深发展，畜牧业在农村经济总收入中的比重逐年加大，2010年占比达到 17.65%。

县域工业　"十一五"期间，全县继续加大国企改革力度，完善建立混合所有制经济，通过产权制度改革，大力招商引资，加快重点项目建设。全力推进民营经济发展步伐，提高民企对县域经济的贡献率。通过整体租赁、分离租赁、股份制改造、拍卖等形式，完成了对黄土坡煤矿、解庄煤站等 13 家企业改制工作。从 2005 年至 2010 年，现价工业总产值由 2005 年的 59201 万元增加到 2010 年的 69299万元，增长 17.06%，平均年递增 3.2%。特别是 2008 年县委十届七次全会以来，按照园区化承载、集群化推进、板块化发展的思路，装备制造业、医药工业、食品工业、电力工业四大工业园区得到快速发展，中国重汽集团、国药集团、华润集团、福建隆德集团等一批重点企业入驻园区，投资总额近百亿元。这些大企业、大项目为全县建立新型工业体系提供了重要支撑，为转型跨越发展奠定了坚实基础，全县"一煤独大"的产业格局得到有效改善，煤炭运销业创造的税收占比从 2005 的 81.2% 下降到 2010 年的 43.5%；工业企业税收占比从 2005 年的 16.1% 增加到 2010 年的 22.5%；一般预算收入占财政总收入的比例从 2005 年的 14.81% 提高到 2010 年的 40.12%，经济结构更趋合理，发展方式更加科学。

招商引资及民营经济　"十一五"期间，全县共引办项目 90 个，总投资近百亿元。投资 500 万元以上的规模企业由 2005 年的 18 家增加到 2010 年的 24 家，净增 6 家，民营企业的产品由 2005 年的 8 种增加到 2010 年的 25 种。其中，名牌产品 3 种，出口产品有 7 种。

经营城市战略　"十一五"期间，投资 400 万元，编制完成了县城总体规划、县城远期建设规划和县域城镇体系规划。五年间，全县总投资 6 亿元，在县城新建综合楼、住宅楼 46 幢，新增建筑面积 39万平方米。2006 年始实施投资 280 万元的县城污水处理厂投入运营。投资 3000 万元，全市 7 县 4 区首家引入天然气入户工程；投资 8000 万元，拓展了西街延伸段、北环路，西环路 A、B 线已完成初步设计、立项审批，2010 年底部分开工。构建"两纵三横"通衢大道，完善城市道路网络。投资 1.2 亿元，建设县城集中供热工程，解决了县城居住环境污染严重、空气质量差的现状，2010 年全县空气质量二级以上优良天气达到 299 天。新装北环路、西街延伸段太阳能路灯 2000 盏，在县城十字路口、109 国道交叉口安装红绿灯指示标志。新建廉租房454 套。

公路建设　"十一五"期间，全县总投资14937.8 万元，完成村村通水泥（油）路 1109.8 千米，通达工程 23 千米，维修桥涵 10 处。纵横东西、贯通南北，投资 7384 万元改造完成七条县乡大道。其中，聚乐—落阵营 47 千米，峰峪—怀仁界 19.5 千米，倍加造—周士庄 11 千米，西后子口—堡村 23.9千米，上泉—固定桥 16.7 千米，册田水库—浑源界15.8 千米，西坪—大北庄 14.1 千米，七条公路共计148 千米，全部为水泥（油）路。公路场站建设完成投资 1474.2 万元，新建县二级客运汽车站已付诸运营。建成了 9 个乡镇四级汽车站、72 个乘车招呼站、158 个候车亭。全县县乡公路通车里程由 2005年的 488 千米增加到 2010 年的 1005 千米。

文化科技教育及各项社会事业　从 2005 年至2010 年，全县推广应用科技成果很多项，科技进步对经济增长的贡献增大。教育发展改革上，部署实施，撤并布点不合理的偏远学校，实行了义务教育阶段全部免费、农村寄宿制学生补贴及困难学生减免政策。以"办人民满意教育"为目标，加强师资队伍建设，认真实施教育"八大工程"，扎实开展"争四名、创五优"活动，大力推进教育领导、投资、管理体制三大改革，取得了明显成效，教学质量大幅提高。县一中、二中高考本科达线人数逐年递增，2007 年突破百人大关，2010 年达到 244 人，创历史最好水平。全县教育投入不断加大，仅 2009、2010 两年，全县用于教育的投资达 2 亿元。实施中西部农村校舍改造工程9所;投资1.2亿元,新建大同县一中。中小学信息技术教育全面普及,全县中小学校装备微机496台,安设地面卫星接收设备89套。全县卫生基础和医疗设施建设不断提高,投资350万元新建县疾控中心大楼,投资2500万元,改扩建县人民医院门诊大楼,投资1000万元对10个乡镇卫生院进行了改扩建,投资300万元,新建村级卫生室80个。新型农村合作医疗工作扎实开展,全县农民参合率达到92.11%,参合农民住院医疗年报销比例不断扩大,五年累计为农民报销医药费4844.91万元,极大地减轻了农民负担,使广大农民群众医疗保障问题得到有效解决。科学规范地组织开展了防控"H1N1"甲型禽流感工作,有效应对突发公共卫生事件的能力明显提高。对县乡医疗机构实行了药品集中招标采购工作。人口计生工作取得明显实效,五年计划生育率稳定在85%。

环境和居民生活及社会保障 国家京津风沙源治理工程、六大造林工程等系列建设工程的实施,项目区总面积达57.68万亩,使全县生态环境状况逐步好转,2010年,二级以上空气良好天数达299天。"十一五"期间,实施区域生态移民1310人,水库移民后期扶持11777人,发放移民直补资金2442.915万元。生活质量不断提高,城乡居民收入逐年增加。其中,城镇居民人均收入由2005年的5203元增加至2010年的9913元;农村人均纯收入增长近50%,2010年为4361元。就业形势保持稳定,社会保障体系逐步完善。2010年底,全县参加职工养老、医疗、失业、工伤保险和农村养老保险的人数分别达到10356人、20240人、21815人、4890人和57643人,城乡低保户达到15137户,19449人。其中,城镇低保人口6695人,农村低保人口12754人,保障人群不断增多,保障面不断扩大,基本形成了覆盖广泛、应保尽保的社保体系。五年间,安置"4050"下岗再就业人员645人,开辟其它公益岗位32个,各项社会保障事业进一步向前发展

经济态势和投资发展 全县贯彻落实国家宏观调控政策,紧紧围绕确定的各项目标任务,按照建设国家新型工业基地的总体思路,加强经济运行综合协调和服务力度,着力推进工业结构的优化升级,切实转变经济发展方式,工业经济增速高位运行,产品出口快速增长,企业效益大幅提高,总体呈现速度、质量、结构和效益协调发展的良好局面。国民经济平稳快速增长,固定资产投资稳步增长,投资结构进一步优化,带动了投资规模进一步扩大。

综述

1998年,全县经济发展面对极其复杂的国内外经济环境和全县经济社会发展中日益显现的各种矛盾,全县人民在县委、县政府正确领导下,按照县九届人大一次会议的部署,同心协力,真抓实干,艰苦奋斗,迎难而进,立足于增加投入,积极开拓市场,稳步推进各项改革,有力地促进了国民经济持续增长和社会全面进步。国内生产总值完成58125万元,比1997年增长11.5%,接近县里提出的奋斗目标,且比全市平均水平高出1.7个百分点,取得这样的成绩确实是来之不易的。

1999年,面对错综复杂的国内外经济环境和全县经济社会发展中日益显现的各种矛盾,尤其是遭受有史以来罕见的农业旱虫洪雹和地震多灾并发的袭击下,全县人民在县委、县政府的正确领导下,同心协力,真抓实干,艰苦奋斗,迎难而进,立足于县域优势,加大产业结构调整力度,积极开拓国内外市场,稳步推进各项改革,以提高经济运行质量和经济效益为中心,全力开展"教育年"和"销售年"活动,有力地促进了全县国民经济持续发展和社会全面进步。1999年全县国内生产总值完成5.5814亿元,比1998年减少3.9%,完成年计划的89%。其中,第一产业完成5115万元,第二产业完成35723万元,第三产业完成14976万元。

2000年,是"九五"计划的最后一年,全县人民坚持以党的"十五"大精神为指导,以"增加农民收入,增加企业效益,增加财政实力,增加发展后劲"为目标,立足于县域优势,加大产业结构调整力度,积极开拓国内外市场,稳步推进各项改革,以提高经济运行质量和经济效益为中心,同心协力,真抓

实干,迎难而进,全县国民经济和各项社会事业保持了较好的发展势头。全县2000年国内生产总值完成61058万元,比1999年增长9.4%。其中,第一二三产业分别完成20637万元、21842万元和18579万元,分别比1999年增长303.5%、减少38.9%和增长24.1%。

2001年,全县以邓小平理论为指导,按照"三个代表"的要求,全面贯彻落实党的十五大和十五届五中全会精神,解放思想,抢抓机遇,加快发展,依靠科技创新、体制创新和环境创新,加快国企改革,推进经济结构的战略性调整;强化农业基础地位,千方百计增加农民收入;多渠道扩大就业,加快建立和完善社会保障体系,进一步改善人民生活;加快基础设施建设,努力创建良好发展环境,扩大对外开放,促进国民经济持续快速健康发展和社会全面进步,努力实现"十五"计划的良好开局。

2002年,全县人民认真执行县十二届五次人代会通过的决议,贯彻落实全县经济工作会议精神,团结和带领广大干部和群众,排难而进,奋力赶超,国民经济整体运行良好,继续保持稳步、快速、健康发展,各项社会事业全面进步。全县国内生产总值完成73581万元,比2001年增长41.48%,完成年计划的119.35%。

2003年,全县上下认真贯彻落实县第九次党代会精神,紧紧围绕"一切为了发展,重振大同雄风,全面建设小康社会"奋斗目标,坚定不移地实施"十六字"发展方略,努力实践突出一条主线、实现两个目标、搞好五项重点工作的工作思路,团结一致,顽强拼搏,克服了经济发展中存在的严重困难,战胜了经济建设面临的严峻挑战,以及"非典"带来的不利影响,全县国民经济保持了持续平稳健康发展,整体运行态势良好。全县国内生产总值实现74972万元,完成年度计划的101.78%,比2002年增长1.8%。

2004年,全县上下认真贯彻落实县第九次党代会精神,紧紧围绕"一切为了发展,重振大同雄风,全面建设小康社会"奋斗目标,扎实推进突出一条

主线、实现两个目标、搞好五项重点工作的工作思路,排难而进,顽强拼搏,克服了经济发展中存在的严重困难,战胜了经济建设面临的严峻挑战,国民经济整体运行良好,继续保持稳步、快速、健康发展,各项社会事业全面发展。全县国内生产总值实现74972万元,完成年度计划的101.78%,比2003年增长1.8%。

2005年,全县人民迎难而上,扎实推进,实现了国民经济和社会各项事业的全面协调快速发展。全县生产总值完成94489万元,占年度计划的102.29%,比2004年增长13.54%。

2006年,全县上下紧紧围绕"奋力赶超,重振雄风,构建和谐社会"的目标要求,迎难而上,奋力拼搏,扎实推进,实现了国民经济和社会各项事业健康快速的发展。全县生产总值完成108311万元,占年度计划的103.27%,比2005年增长14.63%。

2007年,全县上下紧紧围绕"奋力赶超,重振雄风,构建和谐社会"的目标要求,攻坚克难,奋力拼搏,务实创新,实现国民经济和社会各项事业健康快速协调发展。全县生产总值完成126908万元,占年度计划的103.69%,比2006年增长14.2%。

2008年,全县上下紧紧围绕"转型发展、绿色崛起"的战略部署,坚定不移地实施"产业发展、平安和谐、生态宜居、文化繁荣"四大目标,攻坚克难,奋力拼搏,务实创新,在国际、国内金融危机影响的情况下,实现了国民经济和社会各项事业健康协调发展。全县生产总值完成139598万元,比2007年增长8.22%。

2009年,全县上下在县委、县政府的正确领导下,按照县委十届八次、九次全会决议,紧紧围绕市委、市政府"转型发展、绿色崛起"的战略部署,坚定不移地实施"产业发展、平安和谐、生态宜居、文化繁荣"四大目标,以深入学习科学发展观为动力,抓住国家扩大内需以及大同市区东移的战略机遇,在逆境中追赶前进,迎难而上,在困境中奋力拼搏,强力崛起,坚持以项目建设为核心,以改善民生为根本,以强基础、调结构为重点,从容应对国际金融危

机的冲击,应对煤炭资源整合给全县煤炭运销产业带来的影响,计划执行情况比预想的要好,实现了国民经济和社会各项事业平稳协调发展。

2010年,全县生产总值(GDP)完成148978万元,比2009年增长18.8%。其中第一产业完成增加值51035万元,比上年增长18.1%。第二产业增加值34875万元,比2009年增长48.9%。在第二产业中,工业完成增长值32008万元,比2009年增长52.6%。第三产业完成增长值63068万元,比2009年增长4.0%,人均地区生产总值为8513元,比2009年增加2186元,增长34.5%。第一、第二、第三产业对GDP增长的贡献率分别为33.28%、26.65%、40.07%,三次产业结构的比由2009年的34.6:22.3:43.1变为34.3:23.4:42.3。

2011年,全县生产总值(GDP)完成177844万元,比2010年增长12%,其中,第一产业完成增加值66964万元,比2010年增长9.9%,第二产业完成增加值39668万元,比2010年增长18.7%,在第二产业中工业完成增加值36092万元,比2010年增长19.0%,第三产业完成增加值71212万元,比2010年增长10.0%,人均地区生产总值为10105元,比2010年增加1592元,增长18.7%,第一、第二、第三产业对全县增长的贡献率分别为55.2%、16.6%、28.2%,三次产业结构的比由2010年的34.3:23.4:42.3变为37.7:22.3:40。

2012年,全县实现生产总值200301万元,比2011年增长9.4%,其中:第一产业增加值61340万元,比2011年增长7.4%,第二产业增加值48588万元,比2011年增长11.4%,在第二产业中工业增加值43325万元,比2011年增长12.2%,第三产业增加值90373万元,比2011年增长9.8%,第一、第二、第三产业对全县生产总值增长的贡献率分别为27.03%、13%、59.97%,三次产业结构的比由2011年的31.1:25.7:43.2变为30.6:24.3:45.1,人均生产总值为11348元,比2011年增加1243元,增长12.3%。

2013年,全县实现生产总值226851万元,比2012年增长7.5%,其中,第一产业完成增加值

70197万元,比2012年增长5.0%,第二产业完成增加值49998万元,比2012年增长11.3%,在第二产业中,工业完成增加值45221万元,比2012年增长12.7%,第三产业完成增加值106656万元,比2012年增长7.2%。第一、第二、第三产业对全县生产总值的贡献率分别为33.4%、5.3%、61.3%,三次产业结构的比由2012年的30.6:24.3:45.1变为30.9:22.0:47.1。人均生产总值达12831元,比2012年增加1483元,增长13.1%。城镇登记失业率控制在4.2%以内,城镇比率为36.06%(含市开发区)。

行业概览

农业　1998年,在稳定粮田面积的同时,以市场为导向,积极调整优化种植业结构,继续引深农村改革,大力推广科技兴农,加快农业产业化经营,农业生产大幅度增长,农村经济全面发展。农作物播种面积58.5万亩,粮食总产量1亿千克,比1997年增39.4%,超计划的5.6%,创历史最好收成。油料、甜菜、肉蛋奶产量分别比1997年增长8%、3.5%、2%、1.5%、8%,完成年计划的83.9%、81.7%、98.7%、99.9%、100%;农村经济总收入达到10.1亿元,比1997年增16.5%;乡镇企业总产值12.6381亿元,完成年计划的105.3%;乡镇企业总收入11.1675亿元,完成年计划的111.7%。

1999年,在遭受有史以来罕见的接踵而至的旱灾、蝗灾和洪雹灾害面前,全县人民不低头不萎缩,在县委、县政府的正确领导下,以市场为导向,着力调整农业和农村经济结构,积极推进农业产业化,继续增加农业投入,实施科技兴农战略,切实减轻农民负担,全力以赴启动一切水利设施,积极开展劳务输出等生产自救,使农业损失降到了最低程度,保持了社会稳定。除粮食减产外,其他农村经济全面发展。①粮食大幅度减产,农村经济收入下滑。全县粮食产量1829.65万千克,比1998年减少82.4%,完成年计划的18.2%;油料、甜菜产量分别为67.47万千克和185.1万千克,分别完成年计划的18.6%和13.8%,分别比1998年减少80.85%和

82.15%;农民人均纯收入1212元,比1998年减少50.9%,完成年计划的47.3%。②畜牧业在肉蛋价格下跌不利情况下,保持了平稳发展。全年肉蛋奶产量分别为4733吨、2054吨、1053吨,比1998年分别增长10%、10%和9.9%,分别完成年计划的110.1%、106.3%、103.5%。③乡镇企业在技术改造、扩大规模和结构调整中稳步增长。全县全年乡镇企业增加值完成3.6426亿元,比1998年增长18%,完成年计划的102.1%。

2000年,以市场为导向,以调整农业和农村经济结构为主线,以科技兴农为支撑,积极推进全县农业产业化进程,使全县农业和农村经济全面发展。全县农作物播种面积58.8万亩,其中,粮食播种面积29.8万亩,经济作物播种面积29万亩,首次实现粮经比例五比五。粮食总产量8515.5万千克,比1999年增长365.4%,完成年计划的106.4%;农民人均纯收入2086元,比1999年增长72.1%,完成年计划的102.3%;肉蛋奶产量分别达到5518吨、1600吨、1261吨,分别比1999年增长16.6%、减少22.1%和增长19.8%。全县乡镇企业增加值44287万元,比1999年增长21.6%,完成年计划的105.3%。上缴税金3136万元,比1999年增长6.8%,完成年计划的102.4%。

2001年,大力调整农业和农村经济结构,发展特色农业,努力增加农民收入,促进农村经济全面发展。根据县情,认真抓好五围绕五加快。农民人均纯收入2200元,比2000年增长5.5%;粮食产量8700万千克,比2000年增长2.2%;农作物播种面积58.8万亩,其中粮食作物35万亩,经济作物23.8万亩;肉蛋奶产量分别为5600百吨、2400吨和1300吨,分别比2000年增长1.5%、9.1%和3.1%;农林牧渔业增加值完成19428万元,比2000年增长2.1%。

2002年,在后期干旱情况下,由于加大农业产业结构调整力度,注重品牌效应,抓住以京津风沙治理为主的工程建设机遇,积极改善农业生产条件,千方百计增加农民收入,全县农村经济得到全面发展。全县农林牧渔业总产值实现42929万元,比2001年增长155.28%,完成年计划104.15%;农民人均纯收入2046元,比2001年增长107.29%,完成年计划102.3%;粮食总产量7047.5万千克,比2001年增长458.44%;农作物播种面积57.5153万亩,其中,粮食播种面积28.931万亩,经济作物播种面积28.5843万亩,分别完成年度计划的97.82%、86.78%和112.27%。

2003年,农村经济全面发展,生态畜牧经济县建设势头强劲。全县农林牧渔业总产值完成42115万元,完成年度计划的100.02%,比2002年增长5.9%;农民人均纯收入达到2159元,占计划的97.7%,比2002年增长5.5%。种植结构突破了传统的粮经二元结构,逐步向粮经草三元结构转变,粮经草比例为4:5:1,全年粮食总产量达到66267吨。畜牧业快速发展,全县建成规模奶牛养殖园区5处,肉、蛋、奶总产量分别为8255吨、3231吨和2281吨,分别比2002年增长18.9%、20.7%和84%,畜牧业产值占全县农业总产值的比重达41.8%左右。生态工程建设规模空前,京津风沙源治理任务44.23万亩,完成43.24万亩,占计划的97.8%,其中,退耕还林任务10万亩,完成10万亩,完成计划的100%;首都水资源水保项目完成治理面积10.15万亩。农业产业化经营步伐加快,16个农产品生产基地初见成效,黄花、牧草、杏脯、药材四个龙头企业正在崛起。

2004年,农业产业化初具规模,农村经济发展空前高涨。全县认真贯彻落实《中共中央、国务院关于促进农民增加收入若干政策的意见》精神,在实行最严格的耕地保护制度,利用玉米直补的契机,大力扶持农业生产,扎实推进农业和农村经济结构调整,大力推进雁门关生态畜牧经济县建设,着力发展畜牧、林草、优质杂粮、蔬菜、黄花六大基地建设,蔬菜、黄花、杏脯、绿豆四大农产品加工龙头企业初具规模。全县农林牧渔业总产值完成42115万元,完成年度计划的100.02%,比2003年增长5.9%;农民人均纯收入达到2159元,占计划的97.7%，比2003年增长5.5%。种植结构突破了传统的粮经二元结构，逐步向粮经草三元结构转变，粮经草比例为4：5：1，全年粮食总产量达到66267吨。畜牧业快速发展，全县建成规模奶牛养殖园区5处，肉、蛋、奶总产量分别为8255吨、3231吨和2281吨，分别比2003年增长18.9%、20.7%和84%，畜牧业产值占全县农业总产值的比重达41.8%左右。生态工程建设规模空前，京津风沙源治理任务44.23万亩，完成43.24万亩，占计划的97.8%，其中，退耕还林任务10万亩，完成10万亩，完成计划的100%；首都水资源水保项目完成治理面积10.15万亩。农业产业化经营步伐加快，16个农产品生产基地初见成效，黄花、牧草、杏脯、药材四个龙头企业正在崛起。

2005年，农业产业化扎实推进，农村经济空前发展。全县上下认真贯彻落实中共中央、国务院出台的惠农政策，利用玉米等农作物直补的契机，大力扶持农业生产，扎实推进农业和农村经济结构调整，全力加快玉米、黄花、蔬菜、小杂粮、林果、土豆、畜牧、草业、中药材、万寿菊十大基地建设，蔬菜、黄花、杏脯、绿豆四大农产品加工龙头企业初具规模。全县农林牧渔业总产值完成53020万元，占年度计划的102.7%，比2004年增长8.2%；农民人均纯收入达到2636元，占计划的102.97%，比2004年增长9.8%。种植结构突破了传统的粮经二元结构，逐步向粮经草三元结构转变，全年粮食总产量达到1.47亿斤。畜牧业快速发展，肉、蛋、奶总产量分别达到9901吨、5047吨和2929吨，分别比2004年增长6.7%、8.4%和24.1%。生态建设工程确立了"八项绿化任务"和"六大精品工程"，共完成各类生态治理面积7.25万亩。

2006年，全面开展社会主义新农村建设，扎实推进农业产业化，农村经济呈现出空前发展态势。坚持把"三农"工作摆在重中之重的地位，重点对9个典型示范村、21重点整治村的建设和规划给予财政补贴，使农村的道路建设、水利建设、生态建设、沼气工程、农业产业化建设等方面得到全面的发展、农村经济空前高涨。一是全县共完成通村水泥路建设333.18千米，通达工程11千米；沼气工程示范户93个、建成澡堂45个、村庄绿化65个；完成京津风沙源治理工程4.2万亩，省六大造林工程28.13千米；铺开各类水利工程55处，新打机井118眼，新增水浇地面积2.24万亩，改善恢复水浇地面积1.48万亩，新增节水面积0.8万亩，投资727.5万元解决16个村庄、1.93万人农村饮水安全问题。二是认真贯彻落实中共中央、国务院出台各项惠农政策，落实对种粮农民直接补贴、育种补贴和农机具购置补贴资金的发放；大力扶持农业生产，扎实推进农业和农村经济结构调整，全力引导扶持玉米、黄花、蔬菜、小杂粮、林果、土豆、畜牧、草业、中药材、万寿菊十大基地建设，发展优势农业、特色农业、绿色农业。三是发展乡村农技组织，大力发展经济人队伍；实施测土配方施肥项目，提高农业科技含量；实施万村千乡市场工程，为农村提供良好的消费环境。四是种植结构由传统的粮经二元结构逐步向粮经草三元结构转变，全年粮食总产量达到1.55亿斤。全县农林牧渔业总产值完成58078万元，占年度计划的101.1%，比2005年增长9.5%；农民人均纯收入达到2850元，占计划的101.1%，比2005年增长8.11%。

2007年，全面开展社会主义新农村建设，扎实推进农业产业化进程。一是坚持把"三农"工作摆在重中之重的地位，全面开展社会主义新农村建设，制定出台了《大同县2007年新农村建设方案和标准》，委托省规划设计院对2个乡和15个重点推进村进行规划。整合支农资金1240万元，集中用于农业产业化、沼气、道路等新农村重点项目建设。全县共建成沼气池3229个。在63个村实施了总面积7900平方米的村级组织活动场所建设工程。在乡镇所在地建便民超市10个。丰富乡村文化体育活动，建设乡文化站2个，村文化室30个，村级健身场地27个。为全县101个行政村进行了光缆铺设和宽带接入，建立农村网络文化站101个。投资520万元解决了18个村庄、1.36万人和3038头牲畜的农村饮水安全问题。铺开各类农田水利基本建设工程680处，实施了倍加造万亩节水灌溉园区、东山万亩荒山造林工程、桑干河南岸土地整理项目等一批农建精品工程。实施了测土配方施肥、旱作玉米穴灌种植、盐碱地改造、高标准旱作农田、农业机械化示范等项目，农业综合生产能力进一步提高。二是认真贯彻落实中共中央、国务院出台各项惠农政策，落实对种粮农民直接补贴、育种补贴和农机具购置补贴资金的发放；大力扶持农业生产，扎实推进农业和农村经济结构调整，全力引导扶持玉米、黄花、蔬菜、小杂粮、林果、土豆、畜牧、草业、中药材、万寿菊十大基地建设，发展优势农业、特色农业、绿色农业。三是发展乡村农技组织，大力发展经济人队伍；实施测土配方施肥项目，提高农业科技含量；实施万村千乡信息工程，为农村提供良好的消费环境。四是种植结构由传统的粮经二元结构逐步向粮经草三元结构转变，全年粮食总产量达到11040万斤。全县农林牧渔业总产值完成63960万元，比2006年增长10%；农民人均纯收入达到3135元，比2006年增长10%。

2008年，全面开展社会主义新农村建设，扎实推进农村经济的发展。坚持把"三农"工作摆在重中之重的地位，全面开展社会主义新农村建设，投资120万元完成了2个乡集镇、19个新农村推进村的总体规划编制。建成村级文化站18个，农民休闲健身场所13处，硬化街巷36.7千米，建成沼气池500户。新打机井48眼，新增水浇地0.8万亩。完成饮水安全工程7处，解决8400人、2000头大牲畜的饮水安全问题。完成县道改造工程74.2千米，新修村通水泥路157.2千米。完成造林工程2.23万亩，通道绿化、新农村绿化美化栽植各类树木49.5万株。组织申报了第二轮8个省级两区开发产业化项目。投资800万元建设了3个标准化肉牛养殖小区和1个标准化肉羊养殖小区，投资400万元建设棚圈2万平方米。实施测土配方施肥面积60万亩，玉米丰产方建设3万亩，高标准旱作农田5000亩。完成农机化示范面积7000亩，辐射推广5000亩。

整合资金1000多万元建设了党留庄万亩节水灌溉园区。为农民发放粮食补贴1948万元、良种补贴210万元、产奶牛补贴171.45万元。全年粮食总产量达到13065万斤，比2007年增长18.3%。农林牧渔总产值达到71198万元，比2007年增长4.6%，农民人均纯收入达到3330元，比2007年增长6.22%。

2009年，扎实推进新农村建设，农村经济呈现良好发展态势。把"三农"工作放在重中之重的位置，全面展开新农村建设，农村基础设施建设不断加强。投资2000万元新增村通水泥路100千米；投资358万元新建饮水安全工程19处，解决了1.3万人、1850头大牲畜的饮水安全问题；投资1737万元完成党留庄中学、杜庄中学14所农村中小学的改扩建工程；投资350万元，新建村卫生室（站）71个，安装地面卫星接收器420套；投资210万元建成600个沼气池；投资296万元实施农村"新网"工程；完成4个乡镇综合文化站和18个村体育场地建设；完成50个村图书室的图书配套。特色农业建设步伐加快。2009年全县新增黄花种植面积4755亩，投资5525万元新建日光温室891栋、移动大棚950栋，投资1500万元建设标准化养殖小区7个。农业生产能力显著提高。投资658万元实施农业综合开发工程，改造中低产田8700亩；投资150万元建设面积5万亩的现代农业丰产项目；投资300万元实施了旱作农业示范基地项目；投资600万元完成退耕还林口粮田建设项目；投资300万元建成高标准农产品质量安全检验检测中心；投资210万元对全县7万亩耕地进行了秋深耕或增施有机肥；投资1198万元完成西坪、茹庄、郭家窑头三座小型水库除险加固工程。惠农措施进一步得到落实。落实粮食直补1948万元、农机补贴420万元，落实玉米差价补贴289万元，落实家电下乡补贴74万元，建设改造20个"万村千乡市场工程"农家店，实施"农村商务服务体系建设试点工程"，帮助农户实现农产品网上购销2271.1万元。2009年，全县农林牧渔总产值达到75645万元，比2008年增长4.6%，农民人均纯收入达到3579元，比2008年增长7.5%，受旱灾影响，全年粮食总产量达到8839万斤，比2008年减少了32.35%。

工业　1998年，面对企业市场疲软、资金短缺、销售困难等诸多不利因素，紧紧扣住工业强县，推进发展这条主线，采取扶优扶强倾斜政策，不断强化市场意识和责任意识，狠抓了技改企业的达产达效和产品开发、市场开拓。同时，在中央加大投资、拉动需求的政策效应影响下，主要工业产品产量止跌回升，水泥、机砖等基础原材料产品增速逐步加快。全县现价工业增加值（新口径）完成7810万元，同比增长9.8%。

1999年，面对市场持续疲软、流动资金严重短缺、市场开拓难等诸多不利因素，县里围绕骨干企业实行政策、资金倾斜，实施了扶优扶强战略，围绕提高企业产品质量和降低产品成本，强化了企业内部管理，按照生产围着销售转、销售围着市场转的经营策略，狠抓了技改企业的达产达效、产品开发和市场开拓，工业生产保持了速度和效益同步增长的良好态势。全县全年现价工业总产值完成23584万元，比1998年增长23.1%，实现年计划的112.5%；完成工业增加值9094万元，比1998年增长16.4%，实现年计划的109.3%。

2000年，以实现"一增三优"为目标，突出开发潜力产品为重点，努力做强创汇企业、做大优势产业、做活煤炭销售行业，切实加强企业管理，开展增收节支，在市场仍然低迷、资金严重短缺和市场开拓难的情况下，工业经济继续保持了稳步发展的态势。全县规模以上现价工业总产值完成26679万元，完成年计划的107.7%，比1999年增长13.12%；工业增加值10058万元，比1999年增长10.6%；实现利税3358万元，比1999年增长27%。

2001年，加大调产工作力度，确保经济结构调整顺利入轨。坚持一二三次产业全面调整，促进产业结构优化升级。第一产业要突出农业产业化开发，推进特色农业和订单农业发展。第三产业要突出服务业的发展。工业重点推进砖瓦厂粉煤灰空心砖生产线的上马、工业硅厂的扩建以及大同云光

活性炭厂的搬迁投产和大同魏都活性炭厂的新建项目。深化筹融资体制改革。积极引导民营企业建立健全法人治理结构，推动混合经济的快速发展。2001年完成国内生产总值66981万元，比2000年增长9.7%；规模以上现价工业总产值30194万元，比2000年增长13.2%；全部以上工业增加值29523万元，比2000年增长11.8%；规模以上工业增加值11600万元，比2000年增长9.1%；规模以上工业企业实现利税3720万元，比2000年增长8%；乡镇企业增加值48400万元，比2000年增长9.3%。其中，工业增加值15770万元，比2000年增长9.4%。财政总收入10879万元，分别比2000年增长46.2%；一般预算收入完成5115万元。社会消费品零售总额28300万元，比2000年增长9.1%；

2002年，企业积极引深改革和推进产权转换，促进了工业生产持续增长，经济效益稳步提高，运行质量进一步好转。规模以上现价工业总产值完成38395万元，比2001年增长34.15%，完成年计划的112.26%；规模以上工业增加值完成15895万元，比2001年增长34.12%，完成年计划的126.19%；规模以上工业实现利税5770万元，比2001年增长47.23%，完成年计划的135.09%。

2003年，工业经济增长质量明显提高。由于对县水泥厂、砖瓦厂、解庄煤站、黄土坡煤矿、糖酒公司、百货公司六户国有企业进行不同程度的分类改制，使其焕发出了生机和活力，再加上创优发展环境、项目带动战略实施的推动，工业经济出现了结构、效益、速度的良性互动。规模以上工业增加值完成19063万元，占计划的100.3%，比2002年增长19.9%；规模以上工业实现利税6353万元，占计划的100%，比2002年增长10.1%。

2004年，工业企业积极引深改革和推进产权转换，促进了工业生产持续增长，经济效益稳步提高，运行质量进一步好转。规模以上工业增加值完成19063万元，占计划的100.3%，比2003年增长19.9%；规模以上工业实现利税6353万元，占计划的100%，比2003年增长10.1%。

2005年,工业企业积极引深改革和推进产权转换,运行质量进一步好转,经济效益稳步提高。规模以上工业增加值完成25433万元,占计划的104.61%,比2004年增长15.08%;规模以上工业实现利税7829万元,占计划的100%,比2004年增长6.41%。

2006年,工业企业积极引深改革和推进产权转换,运行质量进一步好转,经济效益稳步提高。规模以上工业增加值完成29906万元,占计划的104.99%,比2005年增长17.58%;规模以上工业实现利税9091万元,占计划的100.12%,比2005年增长16.12%。

2007年,企业运行质量进一步好转,经济效益稳步提高。规模以上工业增加值完成39920万元,占计划的113.12%,比2006年增长22.1%;规模以上工业实现利税12529万元,比2006年增长37.82%;万元工业增加值能耗比2006年下降7.6%。

2008年,工业企业运行质量进一步好转,经济效益稳步提高。规模以上工业增加值完成50796万元,比2007年增长2.85%;规模以上工业实现利税12741万元。

2009年,工业企业运行质量偏差,经济效益出现下滑。规模以上工业增加值完成19238万元,比2008年减少51.37%;规模以上工业实现利税2679万元,减少73.3%。

2010年,全县全年完成规模以上工业总产值69299万元,比2009年增长72%。实现销售产值63235万元,比2009年增长69.25%。销售率为91.25%,比上年增加3.74个百分点。实现工业增加值25062万元,比2009年增长61.10%。其中,国有工业完成2421万元,比2009年增长28.7%,集体工业完上成6598万元,比2009年增长46.3%,非公经济完成16043万元,比2009年增长72.3%。实现利税2842万元,比2009年增长26.25%。

2011年,全县15家规模以上工业企业(年主营业务收入2000万元以上),实现工业增加值28128万元,比2010年增长23.0%,实现工业总产值83605万元,比2010年增长54.05%,实现销售收入77182万元,比2010年增长42.17%,实现利税总额7108万元,比上年增长140.36%。实现利润3174万元,比2010年增长140.39%。

2012年,全县全年14家规模以上工业完成增加值30622万元,按可比价计算,比2011年增长17.2%,完成总产值109227万元,比2011年增长30.65%,实现销售收入92936万元,比上年增长20.4%,实现利税6457万元,比2011年下降10.43%,实现利润3612万元,比2011年增长13.4%。

2013年,全县全年14家规模以上工业企业实现增加值36181万元,比2012年增长12.8%,实现销售产值118138万元,比2012年增长19.0%,实现销售收入115284万元,比2012年增长24%,实现利税7331万元,比2012年增长13%,实现利润4285万元,比2012年增长18.6%,全年实现总产值128665万元,比2012年增长17.8%,其中:采矿业完成产值6303万元,占全部产值的4.9%,药品制造业完成产值5000万元,占全部产值的3.9%,水泥制品制造业完成产值20791万元,占全部产值的16.2%,煤炭制品制造业完成产值21000万元,占全部产值的16.3%,机械制造业实现产值32006万元,占全部产值的24.9%,其他建材类产值26066万元,占全部产值的20.3%.

消费品市场　1998年,消费品市场运行平稳,物价总水平持续走低。面对亚洲金融危机和国内市场需求不足的影响,全县大力加强市场体系建设,强化市场管理,促进了市场销售稳定增长。社会商品零售总额实现29106万元,比1997年增长3.3%。物价保持较低水平,商品零售价格指数和居民消费价格指数分别比1997年下降2.2%和0.5%,仍在低位徘徊。城镇人均可支配收入为3620元,同比下降5.8%;农民人均纯收入2466元,比1997年增16.5%,完成计划的103.6%。

1999年,运行平稳,物价总水平低位徘徊,但降幅有所减缓。全年社会消费品零售总额实现24265万元,比1998年减少16.6%,完成年计划的80.9%。

2000年,消费品市场稳中趋活,财政收入稳定增长。全县社会消费品零售总额实现25974万元,比1999年增长百分之6.9,完成年计划的百分之98.2。

2001年,社会消费品零售总额28300万元,比2000年增长9.1%。

2002年,县城市场硬环境在国家积极财政政策和稳健货币政策大形势推动下,再加上县城南街改造政策调控和振兴商贸商场的建设,县城市场硬环境得到改善,市场的激活,带动了消费,拉动了全县第三产业的发展。全县全年社会消费品零售总额完成36988万元,比2001年增长32.04%,完成年度计划的118.28%。

2003年,消费品市场运行平稳。全县社会消费品零售总额达到33845万元,占计划的103.04%,比2002年增长14.4%。由于受粮油、鲜菜以及其他商品价格上涨的拉动,全县城镇居民消费价格总指数为101.8%,摆脱了前两年市场持续低迷的状态,出现了止跌回升的市场旺盛态势。

2004年,消费品市场运行平稳。在国家积极财政政策和稳健货币政策大形势推动下,再加上受煤、电、油、运和粮油及其他商品价格上涨的拉动,激活了市场,带动了消费,拉动全县经济的发展。全县社会消费品零售总额达到33845万元,占计划的103.04%,比2003年增长14.4%。由于受粮油、鲜菜以及其他商品价格上涨的拉动,全县城镇居民消费价格总指数为101.8%,摆脱了前两年市场持续低迷的状态,出现了止跌回升的市场旺盛态势。

2005年,消费品市场供求两旺,运行平稳。受国家积极财政政策和稳健货币政策以及煤、电、油、运和粮油等其他商品价格上涨的影响,激活了市场,带动了消费,拉动全县经济的发展。全县社会消费品零售总额达到44368万元,占计划的100.35%,比2004年增长11.39%。全县城镇居民

消费价格总指数为103%,摆脱了多年市场持续低迷的状态,出现了市场不断旺盛态势。

2006年,消费品市场供求两旺,运行平稳。受国家积极财政政策和稳健货币政策以及煤、电、油、运和粮油等其他商品价格上涨的影响,激活了市场,带动了消费,拉动全县经济的发展。全县社会消费品零售总额达到51995万元,占计划的106.53%,比2005年增长17.19%。呈现出市场不断旺盛的态势。

2007年,消费品市场供求两旺,运行平稳。受国家积极财政政策以及煤、电、油、运和粮油等其它商品价格上涨的影响,激活了市场,带动了消费,拉动全县经济的发展。全县社会消费品零售总额达到63176万元,比2006年增长22.2%。呈现出市场不断旺盛的态势。

2008年,消费品市场运行比较平稳。受国家稳健财政政策、后期国际、国内金融危机以及煤炭价格等其他商品价格上涨的影响,全县社会消费品零售总额达到65225万元,比2007年增长7.32%。

2009年,消费品市场运行比较平稳。受国家积极稳健财政政策、商品价格上涨等多方面的影响,全县社会消费品零售总额达到78118万元,比2008年增长18.87%。

财政收入 1998年,财政收入在困境中实现了稳定增长,金融业运行态势平稳。财政总收入6674万元,增长7.8%;一般预算收入完成4419万元,增长5.6。金融机构年末各项存款余额达52063万元,较年初增长34.9%;各项贷款余额达68928万元,比年初增长66.6%,有力地支持了全县经济发展。

1999年,财政收入在面对全县经济总量增长不足、组织收入难度比往年大等困难的基础上,实现了稳定增长。全县全年财政总收入7239万元,比1998年增长8.47%,完成年计划的100.3%;一般预算收入4836万元,比1998年增长9.46%,完成年计划的100.6%。

2000年,全县财政总收入完成7440万元,比

1999年增长2.8%,完成年计划的100.5%;一般预算收入完成4974万元,比1999年增长2.9%,完成年计划的百分之100.14%。

2001年,财政总收入10879万元,分别比2000年增长46.2%;一般预算收入完成5115万元。

2002年,财政收入在财源锐减的形势下,积极开源节流,加强财税管理,加大督查力度,实行目标管理,实现了财政收入的稳步增长。财政总收入完成8916万元,比2001年增长12.46%,完成调整预算的102.81%;一般预算收入完成2708万元,比2001年增长18.05%,完成调整预算的104.3%。

2003年,财政收入在原有税源锐减、现有税源不足的情况下,经过努力被列入全省财政收入一般转移支付县,基本上保证了全县公教人员工资的发放。全年财政总收入完成9042万元,占计划的100%,比2002年增长1.41%;一般预算收入完成2347万元,占计划的85.16%,比2002年减少11.33%。

2004年,财政收入实现了稳步增长,基本上保证了全县公教人员工资的发放。全年财政总收入完成9042万元,占计划的100%,比2003年增长1.41%;一般预算收入完成2347万元,占计划的85.16%,比2003年减少11.33%。

2005年,财政收入在煤炭市场购销两旺的情况下,由于加强财税管理,加大督查力度,实现了财政收入的稳步增长,保证了全县公教人员基本工资的发放。全年财政总收入完成23032万元,占计划的170.6%,比2004年增长99.97%;一般预算收入完成3410万元,占计划的170.5%,比2004年增长88.71%。

2006年,财政收入在煤炭市场购销两旺的情况下,由于加强财税管理,加大督查力度,实现了财政收入的稳步增长,保证了全县公教人员基本工资的发放。全年财政总收入完成22544万元;一般预算收入完成3873万元。

2007年,财政收入稳步增长,保证了全县公教人员基本工资的发放。全年财政总收入完成28000

万元,占计划的105.26%,比2006年增长24.2%;一般预算收入完成6818万元,占计划任务的104.16%,比2006年增长24.99%。

2008年,财政收入增长较快,保证了全县公教人员工资的发放。全年财政总收入完成41998万元,比2007年增长49.99%;一般预算收入完成10158万元,比2007年增长48.99%。

2009年,财政收入受金融危机和煤炭资源整合的影响,财政收入减少。全年财政总收入完成24622万元,比2008年减少41.37%;一般预算收入完成9988万元,比2008年减少1.67%。

固定资产投资　1998年,固定资产投资增势强劲,拉动了相关产业的发展。为有效拉动经济增长,贯彻国家扩大内需政策,1998年全县固定资产投资完成4960万元,比1997年增长17.6%,完成年计划的96.4%。

1999年,固定资产投资回升幅度大,有力地拉动了全县经济和社会的发展。2000年全县固定资产投资4650万元,比1999年增长30.5%,完成年计划的97.8%。其中,基本建设投资3400万元,技术改造投资1250万元。由于2000年县里加大了改善投资软环境的力度,出台了《县城南街改造实施意见》,并要求县政府有关部门简化基本建设办事程序,全力为投资者提供优质服务,极大地迸发出了投资者的投资热情。仅县城南街改造就有两家个体户投资518万元,搞房地产开发。

2010年,全县全年完成固定支出投资124193万元,比2009年增长58.64%。分经济类型看:国有经济完成投资额88906万元,比2009年增长110.22%,非国有经济完成投资额35287万元,比2009年下降1.97%。分产业看:第一产业完成投资额9492万元,比2009年增长46.03%,第二产业完成投资额60074万元,比2009年增长163.34%。第三产业完成投资额54627万元,比2009年增长11.54%。

2011年,全县全年共完成固定资产投资(统计口径为500万元以上项目)322346万元,比2010年增加近20亿元,增长159.9%,分产业结构看,第一产业完成投资额 33422 万元，占全部投资的 10.37%，第二产业投资额为 170166 万元，占全部投资 52.79%，全部为工业制造业投资，第三产业投资额为 118758 万元，占全部投资的 36.84%，以基础设施建设与住宅建筑为主。从生产经营与非生产经营项目看：生产经营项目投资额为 238462 万元，占全部投资的 73.98%。非生产经营项目投资额为 83884 万元，占全部投资的 26.02%；从投资主体经济类型看，国有经济投资额为 190873 万元，占全部投资的 59.21%，集体投资额为 3255 万元，占全部投资的 1.01%，私营经济投资额为 128218 万元，占全部投资的 39.78%。

2012 年，全县全年共完成固定资产投资 496950 万元，比 2011 年增长 54.17%。分产业行业结构看：第一产业完成投资 59533 万元，占全部投资的 11.98%，第二产业完成投资 279123 万元，占全部投资的 56.17%，在第二产业投资中，投资额较大的行业为：通用设备制造业 46959 万元，金属制品业 36572 万元，专用设备制造业 30589 万元，汽车及零部件制造业 25900 万元，电力、热力、燃气供应业 27026 万元，黑色金属冶炼和压延业 19015 万元，非金属矿物制品业 15350 万元，电气机械及器材制造业 15683 万元，仪器仪表制造业 11162 万元。第三产业完成投资 158294 万元，占全部投资的 31.85%。分经济类型看：国有经济投资 279994 万元，占全部投资的 56.34%。内资私营投资 199720 万元，占全部投资的 40.19%，外商投资 17236 万元，占全部投资的 3.47%。全年共有投资项目 63 个，其中本年新开工 28 个，规划用地面积 685.79 万㎡，本年实际征用和购置土地面积 285.82 万㎡。

2013 年，全县共完成固定资产投资 693095 万元，比 2012 年增长 39.5%，按建设性质为：建筑工程完成投资 408845 万元，安装工程完成投资 111587 万元，设备工器具购置投资 117705 万元，房地产开发与经营投资 46527 万元，其他投资 8431 万元。全年共有投资项目 76 个，其中 2013 年新开工项目 62 个，房屋施工面积 46700 平米，房屋竣工面积 40000 平方米，房屋竣工价值 5491 万元。

经济投资软环境　2002 年，加大招商引资力度，推进项目强县，经济和社会的发展后劲蓄势待发。全县争取回国家、省市投资 3055 万元，其中：京津风沙源治理工程 2430 万元，倍加造小城镇建设资金 100 万元，中小学危房改造资金 173 万元，残联基础建设资金 12 万元，倍加造节水浇灌资金 20 万元，法院、检察院办公楼建设资金 320 万元；全县共引进工业、农业、商贸等各类项目 143 个，其中：500 万—1000 万元 4 个，1000 万元以上 8 个，引资额达到 13.84 亿元。

2003 年，进一步对外开放水平提高全县通过招商引资共引进项目 42 个，其中，国家和省级拨款投资项目 14 个，建设资金 6238 万元；大公司和民营投资项目 28 个（投资额在 100 万元以上的），其中 1000 万元以上亿元以下项目 5 个，亿元以上项目 3 个，落地 2 个。

2004 年，全县紧紧围绕项目强县战略，优化投资环境，加大招商引资力度。争取回国家、省市投资 3994.5 万元，其中京津风沙源治理工程项目 2003 年度省配套资金 89 万元，2004 年度国家、省投资 1419 万元；退耕还林工程 300 万元；首都水资源可持续利用工程（二期工程）1728 万元；饮水解困工程 20 万元；水保治理工程 40 万元；中小学危房改造工程 278.5 万元；峰峪乡到梁庄村通油路国债补助资金 120 万元，全县共引进工业、农业、商贸等各类项目 31 个（投资额在 100 万元以上的），其中 1000 万元以上亿元以下项目 7 个，亿元以上项目 4 个，落地 3 个，开工 1 个。

2005 年，积极实施项目强县战略，招商引资又有新突破。全县共引进工业、农业、商贸等各类项目 32 个（投资额在 100 万元以上的），其中 1000 万元以上亿元以下项目 5 个，亿元以上项目 4 个，开工 1 个，其余正在办理相关手续；争取回国家、省建设资金 1885 万元，分别是京津风沙源治理工程 2005 年国家、省投资 1092 万元，退耕还林工程种苗费 115 万元，饮水解困工程 30 万元，中小学危房改造工程 170 万元，10 个乡镇卫生院改造182万元,县计生服务站改扩建工程50万元。大同县人民医院传染病区中央资金28万元,2005年农村巡回医疗车项目中央资金23万元,2005年医疗救治体系建设项目省级配套资金10万元,大同县县城雨水管网工程省煤炭资金150万元,文化馆建设资金35万元。

2006年,招商引资积极实施项目强县战略,招商引资又有新突破。全县共引进工业、农业、商贸等各类项目36个(投资额在100万元以上的),其中1000万元以上亿元以下项目18个,亿元以上项目4个,开工2个;争取回国家、省建设资金4462万元,分别是京津风沙源治理工程2006年国家、省投资1003万元,退耕还林工程种苗费100万元,西坪小城镇建设项目200万元,农村公路改造工程1249万元,饮水安全工程310万元,首都水资源治理工程1600万元。

2007年,招商引资积极实施项目强县战略,招商引资又有新突破。全县按照省、市项目攻坚年的部署,遵循科学发展观的规律,依托区位、交通、资源等优势,努力在引办煤炭深加工、非煤支柱产业、农业龙头企业、旅游业上做文章、下功夫。先后组织参加了中国大同国际投资合作项目洽谈会、第二届"中博会"、"珠洽会"、首届"煤博会"以及第六届沙迦国际商品交易会,共签订合同项目9个,组织企业外出参加科技成果博览、科技交流与科技转让等对接活动8次。推进了党留庄、倍加造、周士庄三大项目区建设,编制了《大同县招商指南》,充实完善了项目库,为持续推进招商引资奠定了良好的基础。全县共建成项目22个,总投资4.16亿元;在建项目20个,总投资28.04亿元;拟建项目27个,总投资59.38亿元。争取回国家、省建设资金3378万元,其中小型水库除险加固资金1000万元、京津风沙源治理工程872万元、中小学远程教育工程306万元、西坪小城镇建设200万元、村级组织建设项目240万元、陆生野生动物疫源疫病监测站建设40万元、饮水安全工程124万元、农业综合开发250万元、农业资金346万元。同时,积极编制省煤炭可持续发展基金规划和全省"十一五"省级投资规划,申

报了工业、教育、卫生、文化、体育、环保等建设项目,涉及十多个类别80亿元资金,为全县今后"十一五"期间争取省级投资奠定了良好的基础。

2008年,招商引资积极实施项目强县战略,重点项目建设取得新突破。大秦铁路湖东编组站迁建2万吨集运铁路专用线项目,铁道部批文已正式下达,正在进行用地、环保、审核等工作;瓜园煤站新建项目完成前期设计规划,准备召开评审会;大热公司热机联产项目已完成前期勘测设计,通过省级立项,并报国家发改委批复,正在开展前期"三通一平"工作;大唐公司2×300MW御东热电厂项目前期已拿到省级批文26个,相关工作正在有序进展;国电大同二电厂4×1000MW项目的评审工作正在积极推进;农业"两区"项目、丽源绿色生态农业观光园项目和萌兰庄苑蔬果生产项目积极实施;玄武岩开发项目已与中国建材集团、江苏天龙集团等企业达成意向。装备制造业园区初步选址在周士庄镇和倍加造镇,共规划土地3000亩,其中为大齿集团提供土地1200亩,前期划分地类、测算费用等工作已经完成。

2009年,招商引资实施项目强县战略,重点项目建设取得新进展。园区建设发展迅速。投资2亿元大同县旺胜物流有限责任公司物流基地铁路专线项目,前期投资2000万元完成选址、环评和编制预可研;投资1.38亿元大同市万昌有限责任公司万昌物流中心项目,取得市政府批复,正在办理前期手续。在新能源新材料基地建设上,投资28亿元山西省大同热电有限责任公司热电联产项目,实现投资2100万元,完成选址、编制可研和省级立项;投资26亿元大唐热电联产项目,实现投资2200万元,完成编制预可研并通过省级评审。在装备制造业园区上,投资12亿元的中国重型汽车集团大齿公司搬迁项目奠基开工;沈阳北方交通重工集团特种机械制造项目签订合作协议。在建设医药工业园区,完成了1960.3亩占地的选址和规划。生态旅游区已编制完成了全县旅游总体规划,启动国家级火山地质公园建设。扩内需、三级重点工程项目推进顺

利。全年争取中央新增投资项目63个，已开工50个，完工36个。新开工省、市、县三级重点项目21项，总投资14.5亿元，完成投资12.75万元。以县城集中供热工程、廉租房工程、黄土坡煤矿棚户区改造工程、县城道路改造工程、新建一中工程等为代表的"推进发展、关注民生"十大工程进展顺利，为全县经济社会持续协调发展奠定了坚实的基础。

民营经济 2002年，民营经济发展较快，初步显现出了较强的发展后劲。全县年检办照个体工商户达到1401户，从业人员2904人，注册资金2483万元；私营企业注册登记47户，注册资金2474万元，从业人员646人。完成销售收入8900万元，实现税金1380万元，占全县财政总收入的14.1%。

城乡建设 2009年，以生态宜居为目标，投资230万元编制了新的县城发展规划，县城规划面积由原来的4.5平方千米扩大到6.8平方千米。拓展县城框架，投资4708万元新修了县城西街延伸段、北环路两条干道；投资4.52亿元开发改造黄土坡煤矿棚户区、永业西街棚户区、工行大院、明珠市场；

投资1018万元新建廉租房工程；引资1.36亿元实施了县城集中供热工程，一期供热面积达67万平方米；投资5000万元在全市七县中首家引进管道天然气并通气点火。生态建设上，投入3000万元实施了造林绿化"八大工程"，完成京津风沙源治理工程1万亩，绿化通道89千米，县级公路绿化144千米，乡村道路绿化268千米，荒山绿化5000亩，义务植树32万株。注重保护环境，切实节能减排，2009年县城空气质量二级以上优良天气达299天。

第二节 经济结构

经济总量及结构

总量、增速与结构经济总量即地区生产总值[统计上简称GDP（英文缩写）]。1996年，大同县GDP为46058万元，2013年为226851万元，18年来取得了长足的发展。但18年来，因受自然因素和外部环境的影响，每年的发展并不平衡，增长速度也起伏较大（增长速度按可比价计算）

1996—2013年大同县GDP总量及构成情况

表11-1-1 单位：万元、%

产业类别/年份	1996			1997			1998		
	总量	构成	增速	总量	构成	增速	总量	构成	增速
地区生产总值	46058	100.0	20.1	52250	100.0	11.7	58125	100.0	11.5
第一产业	16993	36.9	167.8	12527	24.0	-24.3	20042	34.5	47.2
第二产业	16030	34.8	3.0	23379	44.7	34.8	23849	41.0	4.1
工业	15749	34.2	3.6	20983	40.2	26.8	21353	36.7	2.4
第三产业	13035	28.3	3.8	16344	31.3	18.7	14234	24.5	-5.3
交通邮政仓储	3035	6.6	12.3	4083	7.8	18.7	2682	4.6	-15.3
批零贸易	3275	7.1	-23.1	4410	8.8	19.4	2748	4.7	-11.2
住宿餐饮	289	0.6	5.2	495	0.9	18.3	523	0.9	2.2

续表11-1-1　　　　　　　　　　　　　　　　　　　　　　　　　　　　　　　　　　单位:万元、%

产业类别/年份	1996			1997			1998		
	总量	构成	增速	总量	构成	增速	总量	构成	增速
金融保险	503	1.1	11.3	774	1.5	31.1	620	1.1	-3.1
房地产	503	1.1	2.6	874	1.7	35.5	912	1.6	6.9
其他服务	5430	11.8	5.5	5708	10.9	4.1	6749	11.6	15.3

产业类别/年份	1999			2000			2001		
	总量	构成	增速	总量	构成	增速	总量	构成	增速
地区生产总值	52814	100.0	-3.4	61058	100.0	13.1	52008	100.0	-12.6
第一产业	5115	9.7	-70.8	20637	33.8	252.1	6251	12.0	-68.0
第二产业	32723	62.0	54.0	21842	35.8	-33.5	25687	49.4	19.4
工业	18820	35.6	2.9	19027	31.2	1.2	22711	43.7	21.3
第三产业	14976	28.3	4.9	18597	30.4	20.7	20070	38.6	7.6
交通邮政仓储	2525	4.8	-6.0	3812	6.2	43.3	4240	8.2	2.5
批零贸易	2851	5.4	2.4	3450	5.6	20.3	3633	7.0	7.5
住宿餐饮	530	1.0	4.4	674	1.1	25.8	721	1.4	5.8
金融保险	650	1.2	4.4	705	1.2	11.6	844	1.6	12.7
房地产	875	1.6	-4.0	985	1.6	12.0	1018	2.0	2.0
其他服务	7545	14.3	5.9	8971	14.7	4.9	9614	18.4	5.3

产业类别/年份	2002			2003			2004		
	总量	构成	增速	总量	构成	增速	总量	构成	增速
地区产业总值	73581	100.0	42.1	74972	100.0	1.8	83128	100.0	10.2
第一产业	22909	31.1	268.0	20591	27.5	-7.7	23823	28.6	21.1
第二产业	29260	39.8	13.9	29777	39.7	2.1	29045	34.9	-3.9
工业	23784	32.3	4.3	27723	37.0	11.0	24471	29.4	-15.7
第三产业	21412	29.1	8.1	24604	32.8	9.7	30350	36.5	16.0
交通邮政仓储	4278	5.8	1.0	5372	7.2	14.6	6562	7.8	38.4
批零贸易	5119	7.0	34.5	5898	7.9	12.8	8726	10.5	20.3
住宿餐饮	738	1.0	-31.8	791	1.0	13.2	876	1.1	9.7
金融保险	731	1.0	13.0	756	1.0	7.9	980	1.2	21.3
房地产	1022	1.4	2.0	1042	1.4	2.0	1121	1.4	4.6
其他服务	9524	12.9	-1.2	10745	14.3	9.1	12085	14.5	8.7

续表 11 - 1 - 1　　　　　　　　　　　　　　　　　　　　　　　　　　单位：万元、%

产业类别/年份	2005			2006			2007		
	总量	构成	增速	总量	构成	增速	总量	构成	增速
地区生产总值	94489	100.0	10.0	108311	100.0	13.4	126908	100.0	14.2
第一产业	28597	30.3	5.0	32909	30.4	13.8	29654	23.4	-12.2
第二产业	29565	31.3	13.7	35425	32.7	18.5	47004	37.0	29.3
工业	29086	30.8	16.2	35033	32.3	19.2	46486	36.6	29.3
第三产业	36327	38.4	11.2	39977	36.9	8.9	50250	39.6	22.5
交通邮政仓储	7587	8.0	11.1	8629	8.0	11.6	8677	6.9	0.1
批零贸易	12133	12.8	28.5	13528	12.5	10.3	18913	14.9	38.5
住宿餐饮	933	1.0	10.9	958	0.9	1.5	1044	0.8	6.2
金融保险	1121	1.2	10.3	1149	1.0	1.3	1252	1.0	6.3
房地产	1149	1.2	2.5	1172	1.1	2.0	1195	0.9	2.0
其他服务	13404	14.2	8.9	14541	13.4	6.5	19179	15.1	23.6
产业类别/年份	2008			2009			2010		
	总量	构成	增速	总量	构成	增速	总量	构成	增速
地区生产总值	139598	100.0	8.3	109968	100.0	-10.1	148978	100.0	18.8
第一产业	35571	25.5	18.1	34051	31.0	10.0	56395	37.9	18.1
第二产业	44467	31.8	-6.9	25481	23.2	-39.3	34875	23.4	48.9
工业	44220	31.7	-6.3	23274	21.0	-44.0	32008	21.5	52.7
第三产业	59560	42.7	16.6	50436	45.8	-1.0	57708	38.7	8.5
交通邮政仓储	7683	5.5	-0.3	6362	5.8	-1.3	6876	4.6	4.1
批零贸易	25011	17.9	28.0	14604	13.3	-17.5	17917	12.0	5.2
住宿餐饮	1058	0.8	-0.2	1132	1.0	10.0	1564	1.0	18.2
金融保险	1257	0.9	-1.2	1383	1.3	11.3	1574	1.1	6.3
房地产	1713	1.2	36.0	1747	1.6	7.5	1799	1.2	6.6
其他服务	22838	16.4	17.1	25208	22.8	9.9	27978	18.8	8.4
产业类别/年份	2011			2012			2013		
	总量	构成	增速	总量	构成	增速	总量	构成	增速
地区生产总值	177844	100.0	12.0	200301	100.0	9.4	226851	100.0	7.5
第一产业	55269	31.1	-2.9	62533	31.2	7.4	70121	30.9	5.0
第二产业	45668	25.7	31.2	48588	24.3	11.4	49998	22.0	11.3

续表 11-1-1 　　　　　　　　　　　　　　　　　　　　　　　　单位:万元、元%

产业类别/年份	2011			2012			2013		
	总量	构成	增速	总量	构成	增速	总量	构成	增速
工业	38842	21.8	26.5	43325	21.6	12.2	45221	19.9	12.7
第三产业	76907	43.2	10.0	89180	44.5	9.8	106732	47.1	7.2
交通邮政仓储	12778	7.2	0.4	14376	7.2	8.0	19156	8.4	6.4
批零贸易	26533	14.9	20.3	30379	15.1	16.9	37298	16.4	9.5
住宿餐饮	1584	0.9	6.9	2746	1.4	9.0	3112	1.4	3.6
金融保险	2359	1.3	6.2	3988	2.0	51.4	4534	2.0	12.0
房地产	2354	1.3	5.2	2536	1.2	6.7	2158	1.0	-2.0
其他服务	31299	17.6	9.1	35155	17.6	5.2	40474	17.9	4.9

1996—2013 年大同县人均地区生产总值统计

表 11-1-2 　　　　　　　　　　　　　　　　　　　　　　　　　　单位:元

年份	人均 GDP	年份	人均 GDP
1996	2896	2005	5588
1997	3284	2006	6356
1998	3645	2007	7369
1999	3512	2008	8083
2000	3767	2009	6327
2001	3192	2010	8513
2002	4438	2011	10105
2003	4511	2012	11348
2004	4942	2013	12831

第三节　人民生活

农民人均纯收入

大同县农民人均纯收入从 1996 年的 1720 元增长到 2013 年的 6364 元,虽然中间有的年份有波动,但总体趋势呈现较快增长的态势。

1996—2013 年大同县农民人均纯收入情况

表 11 - 1 - 3　　　　　　　　　　　　　　　　　　　　　　　　　　　　　　　　单位:元

年份	农民人均纯收入	年份	农民人均纯收入
1996	1720	2005	2636
1997	2116	2006	2850
1998	2260	2007	3135
1999	1212	2008	3330
2000	2086	2009	3579
2001	987	2010	4361
2002	2048	2011	4907
2003	2159	2012	5657
2004	2400	2013	6364

城镇居民人均可支配收入

大同县 2006 年开始计算的城镇居民人均可支配收入,2006 年城镇居民人均可支配收入为 6296 元,2013 年为 14883 元,每年稳步增长。

2006—2013 年大同县城镇居民人均可支配收入情况

表 11 - 1 - 4　　　　　　　　　　　　　　　　　　　　　　　　　　　　　　　　单位:元

年份	城镇居民人均可支配收入	年份	城镇居民人均可支配收入
2006	6296	2010	9913
2007	6560	2011	11610
2008	6901	2012	13556
2009	8758	2013	14883

经济综合管理

第二章 计划管理

第一节 机构体制

体制

20世纪80年代初大同县即着手改革计划管理体制,其历程大致经历了两个阶段:1980年至1991年为改革推开阶段,按市场经济取向进行改革探索,内容涉及到计划管理的各个方面;1992年至2010年为改革深化阶段,按照建立社会主义市场经济体制的要求,继续加快转变计划部门的职能,努力建立以间接调控为主要形式的管理模式。经过各个方面的积极探索和共同努力,全县初步建立起了与社会主义市场经济体制相适应的管理体制。

机构

县发展和改革局作为县政府的组成部门,是综合研究拟订经济和社会发展政策,进行总量平衡,指导总体经济体制改革的宏观调控部门。它的前身县计划委员会,成立于1952年。1998年,县计划委员会更名为县发展计划局。2001年,撤消县物价局,其职能并入县发展计划局。2003年,将县体改办和县经委部分职能并入县发展计划局。2004年,县发展计划局更名为县发展和改革局。2010年,又改组为县发展和改革局(挂粮食局牌子)。

从1996年开始,计划体制改革有了实质性进展,并向各个方面推开,取得了明显的阶段性成果。

职能转变

抓好总量控制,强化综合协调平衡 从1996年至2009年,发展计划部门逐步从直接定产品产量、抓计划进度,从日常分指标、批条子等琐碎事务中摆脱出来,集中精力抓社会总供给与总需求、积累与消费、速度与效益等一系列协调平衡。对交通、电力、供水、人口等基础设施发展问题高度重视,特别是在涉及民生、基础设施等项目上,超前规划,着力协调解决项目资金等难题,注重经济发展速度与效益的同步增长。1999年对当年开工建设的项目效益进行调研,专门做出了一份年度投入产出报告。

依托产业政策,引导经济社会发展 通过制定中长期规划及年度计划提出产业导向、思路措施,引导调整产业结构,引导经济社会发展。1996年制定《大同县产业政策实施办法》,1998年改进为每半年修订,公布一次《大同县产业导向目录》,2004版、2006版产业指导目录修订实行,并通过宏观管理促进实施。开展调查研究,当好经济参谋,做好协调服务。发改部门把精力投入调查研究,分析经济动态,及时向县政府反映情况,提出建议,参与推动全县工业、农业、人口、财政资金等政策措施的制定。针对调研中发现的问题,协同有关部门采取措施,推进全县重大重点项目的建成投产。

体制改革

1996年开始按照建立社会主义市场经济体制的要求进行计划体制改革的新探索,简政放权,加强宏观调控。1997年2月对县下放权限,固定资产投资规模实行切块管理,县可审批投资限额以下的项目。凡企业投资生产性技改和基建项目以及新产品、新技术的开发项目,能自行解决建设和生产条件的,由企业自主决定,报县政府有关部门备案。在简政放权的同时加强宏观调控,主要是强化投资、财政等方面的综合动态平衡,对涉及宏观经济和社会发展全局的进一步加强管理。2004 年,开始人口计划管理上实行了一项重大改革措施,实行小城镇户口政策,改革"农转非"制度。直至 2013 年,没有大的变化。

第二节　计划编制

1996 年至 2009 年,计划编制主要是减少实物指标,简化计划细目指标,增加效益指标。除编制总产值、净产值、利润和劳动生产率计划外,在全县的年度计划和中长期规划中增设了全县国民生产总值、人均 GDP、固定资产投资、招商引资等诸多指标。随着计划经济体制向社会主义市场经济体制的转变,发展改革部门不断推进改革,更新观念,转变职能,充分发挥市场配置资源的基础性作用。同时,不断加强和改善宏观调控,有力推进国民经济持续快速健康发展。主要计划编制如下。①拟订并组织实施国民经济和社会发展战略、中长期规划和年度计划;提出国民经济发展和优化重大经济结构的目标和政策;提出运用各种经济手段和政策的建议;受县政府委托向人大作国民经济和社会发展计划的报告。②研究县域经济体制改革和对外开放的重大问题,组织拟订综合性经济体制改革方案。提出完善社会主义市场经济体制、以改革开放促进发展的规划建议,指导和推进总体经济体制改革。③提出全县固定资产投资总规模,规划重大项目和生产力布局,引导民间资金用于固定资产投资的方向,安排国家拨款的建设项目和重大建设项目。④推进产业结构战略性调整和升级,提出国民经济重要产业的发展战略和规划,衔接指导农村专项规划;指导工业发展,推进工业化和信息化,制定工业行业规划。制定天然气、煤炭、电力等能源发展规划。拟定高技术产业发展规划。⑤研究分析区域经济和城镇化发展情况,提出区域经济协调发

展和实施西部大开发战略的规划。提出现代物流业发展的战略和规划。做好人口和计划生育、科学技术、教育、文化、卫生等社会事业以及国防建设与国民经济发展的规划。⑥推进全县可持续发展战略,研究拟订县级资源节约综合利用规划,参与县级编制生态建设规划。

1996—2013 年期间,县发展改革部门按照发展战略规划目标,编制年度和中长期的重大项目计划。1995 年编制了的"九五"规划,2000 年编制了的"十五"规划,2005 年编制了的"十一五"规划。2010 年编制了"十二五"规划,2015 年编制了"十三五"规划。

第三节　计划执行

"十五"（2000—2005 年）时期　国民经济从 2000 年至 2005 年,全县生产总值由 61058 万元增加到 94489 万元,2005 年比 2000 年增长 54.75%,年均递增 9.1%。三个产业结构的比由 2000 年的 33.8∶35.8∶30.4 变为 2005 年的 25.3∶34.6∶40.1,人均生产总值由 2000 年的 3804 元增为 2005 年的 5538 元,增长 45.58%,增加 1734 元。财政收入大同县在 2003 年被列入省财政转移支付县序列。2005 年与 2000 年相比,全县财政总收入由 7440 万元增加到 2.3032 亿元,增长 209.57%,年均递增 25.36%。

"十一五"（2006—2010 年）时期　"十一五"期间,全县国民生产总值,从 2005 年的 94489 万元增加到 2010 年的 148978 万元,比 2005 年增长 57.67%,年均递增 9.53%。产业结构比重由 2005 年的 25.3∶34.6∶40.1 变为 2010 年的 34.3∶23.4∶42.3,人均国民生产总值由 2005 年的 5538 元增至 2010 年的 8513 元,增加 2975 元,增长 53.72%。2010 年固定资产投资完成 124193 万元,社会消费品零售总额实现 80640 万元,分别是 2005 年的 6.47 倍、1.82 倍;2010 年财政总收入完成 28175 万元,一般预算收入完成 11303 万元,分别是 2005 年的 1.22

倍、3.31倍;2010年农民人均纯收入4361元,城镇居民可支配收入9914元,分别是2005年的1.65倍、2.06倍。

第四节　计划管理

计划管理形式

主要是减少指令性计划,加大政府投资项目计划。1998年后,先后取消了农业和工业的指令性计划,企业根据市场信息安排生产、组织经营。指导性计划只列出部分指标,提出发展方向和要求,作为企业制定生产计划的参考。对企业自行投资、产值增长、产品方向、产品价格和生产要素的供应等由企业根据市场情况自己决定。政府投资计划集中在民生人口、财政收支、区域基础设施布局等方面,并把握工作的着力点,搞好部门间的协调沟通,使计划管理不背离市场经济发展的客观要求,又能弥补市场调节的缺陷。政府项目配套基建投资,由实施部门在规模投资内提出项目上报计划,发改部门综合平衡后再下达,管理主要是控制投向和规模。

规划政策导向制度

以年度计划管理为主向以中长期规划、发展战略和产业政策为主转变,建立规划政策导向制度。1996—2009年,计划管理发生变化,县政府对制定中长期发展规划、发展战略更加重视,不间断地进行此项工作,使规划战略对经济社会发展发挥宏观引导和调控作用。从1996年起开始编制《大同县1996—2000年经济社会发展规划》,提出以先进工业为基础,发展高新产业为先导,推进第三产业为支柱,促进规模农业为途径的产业发展战略,同时,推动各个乡镇进行规划编制工作,促进乡镇经济上台阶。同时,特别重视产业政策的具体实施工作,认真执行投资导向目录。从2000年开始又增加了《对环境有影响的建设项目目录》,对各种投资进行引导,《2004版—2006版目录》详细规定了鼓励、限制、禁止发展的产业项目,并抓住对项目立项审批这一手段,贯彻执行产业政策和产业布局规划,鼓励投资者提高项目的实施档次和效益水平,优化投资结构和产业结构。为增强中长期规划的可操作性,建立了年度规划项目库,作为宏观经济决策的支持和中长期预测工作的基础。

政府投资项目管理制度

深化投资计划管理改革,完善固定资产投资管理,强化政府投资项目管理制度。1996年—2009年,按照国家投资体制改革的总体思路,实行了项目资本金制度和项目法人责任制,同时,建立科学的投资决策责任制。所有政府投资项目必须经过有资格的咨询公司评估,听取评审意见,严格执行项目审批程序和有关规定,对违反决策程序盲目上马的建设项目,追究主要决策者的责任,造成经济损失的,追究经济和法律责任。

年度计划报告制度

从1996年开始,根据宏观管理体制和计划体制改革进程及市场经济发展的要求,对年度计划指标体系、编制方法及计划下达等进行较为全面的改革。改变原来按部门、行业进行指标分类的传统方法,按照市场经济的特性,将资金、商品、劳动力、技术信息作为年度计划指标的新分类标准。将原有的指导性计划与指令性计划改为预期指标和调控指标,对不必要和没有实际作用的计划指标予以简化和取消,对需保留的指标加以改造,并增加必需的宏观经济总量指标和效益指标,实行严格的年度计划报告制度。

经济运行发布制度

把经济形势分析、监测预警和信息咨询服务作为一项重要工作来抓,强化宏观经济综合信息的传输和服务,发挥中长期规划和年度计划和政府预期目标、重大经济政策、经济运行预测预警等要素的导向作用。

增强计划管理的民主化、科学化和法制化,不断完善计划管理方法。增强计划调控手段的规范化和权威性,加强和规范对固定资产投资和政府投资的管理,1996—2009年先后出台政府投资项目管理办法等一系列措施,对计划工作和固定资产投资计划实行规范化管理。提高计划工作的透明度和社会参与度,改进计划管理方法,提高工作效率,接受社会监督。

第五节　投资管理

项目审查

严格筛选投资项目　为避免政府投资不经论证程序和项目盲目上马,全县建立了政府投资项目信息管理系统,将全区所有项目按备用项目、计划项目、投资项目进行分类,详细录入每个项目的用地、投资、规划、进展等基本信息,并实行动态更新和管理。每年确定政府投资项目时,优先从项目储备库中精心筛选,优先对基础设施、公益事业等民生项目安排资金,未进入项目储备库的项目和市场竞争性项目不安排投资,从而准确把握了发展的重点。同时,明确政府投资立项的审批流程和先决条件,加强了决策审批。

严格审查投资概算　为确保投资决策科学合理,在加强效益分析和风险评估的同时,把握立项关,努力做到项目建议书批复、可研报告批复、初步设计概算批复三个环节环环相扣、互为援引,进一步完善政府投资预算管理,不断强化预算约束力,有效防范项目建设单位虚报预算额度和工程造价。特别是在预算管理环节,无论是财政直接投入还是市场融资投入,都把项目概算审查作为政府投资立项的必要环节,本着节约与求实并重的原则,聘请专业评审机构就拟定的项目设计方案、投资额度和工程造价进行全方位评审,最大限度节约财政投入成本。

严格控制预算规模　为确保投资项目符合节约、高效的立项要求,严格按照项目建设要求和设计规范、定额标准对工程预算标的进行严格审查。同时,结合市场行情、财政承受能力和工程实际需要,明确各重点工程通用项目包干单价和人工工资单价,并由财政、监察、审计、建设等部门定期进行市场调查、及时修正项目单价。

项目运行

政府投资项目管理作为政府公共财政管理的一项重要内容,必须确保资金安全高效运行。同时,抓好项目招标、合同审查、施工管理、投资变更、项目评审等五个关键环节。

项目运作管理　由专门的招投标管理机构,代理政府投资项目的招标投标环节,并对全过程监管,有效防止了招标、投标和开标、评标过程中可能发生的围标串标、暗箱操作等情况。特别是组织监察、发改、审计、建设等部门每年有关部门的招投标执行情况进行详细检查,完善了对招投标的事后监督。同时,为进一步明确责任主体、规范项目管理,创新项目管理模式。

合同审查管理　为保障政府投资项目顺利实施,杜绝项目被层层转包、违法分包和"低中高结"等现象,重视合同审查管理,出台措施明确规定,所有政府投资项目的设计、施工、监理以及投资、融资合同的签订都由财政局进行审查,所有设计、施工、监理单位必须严格按照合同要求对项目法人负责,同时在合同中明确必须经评审机构审核后才能办理工程结算。

现场施工管理　针对部分政府投资项目设计论证与规划、施工脱节,造成工程损失严重、工期随意拖延、施工效果不佳等情况,部门抽调专人组成工程施工现场监管小组,对建设单位、监理单位及施工单位进行监管。

投资变更管理　为有效防范虚假变更和随意抬高工程造价等行为,出台了《关于政府投资项目施工过程工程变更的若干规定》等一系列规章制度,结合县情实际和以往的经验,对政府投资项目的投资变更及相应事宜作了详细规定。

项目评审管理　为了严格控制建设成本,严把项目评审关,对投资额较大、工期较长的项目安排专人全程现场跟踪,对工程进度和变更工程量、隐蔽工程量进行认真审查核实,并出台了系列规章制度,不断加大成本控制力度,确保投资效益。同时,明确规定审计机关对政府投资项目实行再审时,造价1000万元以上工程必审、其他项目抽审率每年不低于20%。

资金监管

合理确定负债规模　坚持项目安排与区域发展统筹相应、举债规模与财政偿债能力相一致的原则,出台一系列政策措施,对政府债务的举借、担保及政府债务资金的使用、偿还和监管作出明确规定,并严格按照举债程序要求,量力安排年度投资计划。

严格规范资金拨付　一方面,在强化项目招标、合同审查、施工管理、投资变更、项目评审等关键环节管理的同时,对政府投资项目实行专户核算,由县财政局和借款单位共同实行双控管理。另一方面,始终坚持"按计划、按预算、按合同、按进度"的原则,对项目资金支付实行动态管理、跟踪审计,严格执行根据合同约定进度支付工程款和项目决算评审后再支付尾款的制度。

加强债务风险防范　在合理确定负债规模、严格规范资金拨付的基础上,设立专款专用、专户核算、集中管理的政府债务偿债准备金,为依法防范政府债务风险提供了坚实有效的保障。

第六节　投资体制改革

1996年后,国家对原有的投资体制进行了一系列改革,打破了传统计划经济体制下高度集中的投资管理模式,初步形成了投资主体多元化、资金来源多渠道、方式多样化、项目建设市场化的新格局。但是,至2004年,当时实行的投资体制还存在不少问题,特别是企业的投资决策权没有完全落实,市场配置资源的基础性作用尚未得到充分发挥,政府投资决策的科学化、民主化水平需要进一步提高,投资宏观调控和监管的有效性需要增强。2004年,在吸收体改办和经贸局的部分职能后,县发展和改革局成立。同年,国务院以国发[2004]20号下发了《关于投资体制改革的决定》,对现有的投资体制进行了改革,扩大企业投资决策权,进一步拓宽企业

投资项目的融资渠道;规范政府投资行为,加强和改善投资的宏观调控。同时,政府核准的投资项目目录(2004年本)颁布。同年9月,国家发改委发布实施《企业投资项目核准暂行办法》,对核准项目的程序、内容进行了详细规定。同年11月,下发了《关于实行企业投资项目备案制指导意见的通知》,对企业投资项目备案的办法做了规定。同年,国家发改委、商务部修订了《外商投资产业指导目录》。2005年7月,国家发改委下发了《关于改进和完善企业投资项目核准程序有关规定的通知》和《关于印发审批地方政府投资项目有关规定(暂行)的通知》。国家以上文件下发之后,山西省人民政府分别以第185号令、186号令公布施行《山西省企业投资项目核准暂行办法》《山西省企业投资项目备案暂行办法》。同时,下发了山西省产业投资指导目录。2006年,市政府以同政办发[2006]129号文件下发了关于贯彻实施省两个办法有关问题的通知,进一步明确审批、核准、备案三制并行后的相关工作要求。2007年,国务院深化投资体制改革,依法加强和规范新开工项目管理,切实从源头上把好项目开工建设关,下发了《关于加强和规范新开工项目管理的通知》。2005—2009年,县发展和改革局一直按照省市投资体制改革精神,负责对全县投资项目限额以下备案、限额以上备案及核准呈报和审批。

投资体制改革指导思想

按照完善社会主义市场经济体制的要求,在国家宏观调控下充分发挥市场配置资源的基础性作用,确立企业投资活动中的主体地位,规范政府投资行为,保护投资者的合法权益,营造有利于各类投资主体公平、有序竞争的市场环境,促进生产要素的合理流动和有效配置,优化投资结构,提高投资效益,推动经济协调发展和社会全面进步。

投资体制改革目标

改革政府对企业投资的管理制度,按照"谁投资、谁决策、谁收益、谁承担风险"的原则,落实企业投资自主权;合理界定政府投资职能,提高投资决

策的科学化、民主化水平,建立投资决策责任追究制度;进一步拓宽项目融资渠道,发展多种融资方式;培育规范的投资中介服务组织,加强行业自律,促进公平竞争性健全投资宏观调控体系,改进调控方式,完善调控手段;加快投资领域的立法进程;加强投资监管,维护规范的投资和建设市场秩序。通过深化改革和扩大开放,最终建立起市场引导投资、企业自主决策、银行独立审贷、融资方式多样、中介服务规范、宏观调控有效的新型投资体制。

转变政府管理职能,确立企业的投资主体地

改革项目审批制度,落实企业投资自主权;规范政府核准制。要严格限定实行政府核准制的范围;健全备案制;扩大大型企业集团的投资决策权;鼓励社会投资;进一步拓宽企业投资项目的融资渠道;规范企业投资行为。

完善政府投资体制,规范政府投资行为

合理界定政府投资范围;健全政府投资项目决策机制;规范政府投资资金管理;简化和规范政府投资项目审批程序,合理划分审批权限;加强政府投资项目管理,改进建设实施方式;引入市场机制,充分发挥政府投资的效益。

改进投资宏观调控方式

综合运用经济的、法律的和必要的行政手段,对全县社会投资进行以间接调控方式为主的有效调控。发展和改革等有关部门要依据国民经济和社会发展中长期规划,编制教育、科技、卫生、交通、能源、农业、林业、水利、生态建设、环境保护、战略资源开发等重要领域的发展建设规划,专项发展建设规划,明确发展的指导思想、战略目标、总体布局和主要建设项目等。按照规定程序批准的发展建设规划是投资决策的重要依据。要努力提高政府投资效益,引导社会投资。制定并适时调整各级固定资产投资指导目录、外商投资产业指导目录,明确国家鼓励、限制和禁止投资的项目。建立投资信息发布制度,及时发布政府对投资的调控目标、主要调控政策、重点行业投资状况和发展趋势等信息,引导全县社会投资活动。

第三章 统计管理

第一节 机 构

大同县统计局成立于1981年2月,为县政府直属行政单位。下设两个事业单位:大同县农村社会经济调查队(简称农调队)成立于1992年,为全额预算股级事业单位;大同县城市社会经济调查队(简称城调队)成立于1995年,为全额预算副科级事业单位。2007年大同市统计局在大同县设立了大同县统计局调查监测中心,为全额预算的正科级事业单位,属大同市统计局的派出机构,由大同县统计局代为管理。

至2013年末,大同县统计局行政编制7人,其中,领导职数4人,局长1人,副局长2人,总统计师1人。现有行政人员7人,局长1人,副局长2人,总统计师1人,纪检组长1人,非领导职数2人。农调队编制6人,现有6人,城调队编制6人,现有7人,农调队、城调队队长由县统计局局长兼任,两支调查队各设1名专职副队长,监测中心编制4人,现有人员4人,中心主任由县统计局局长兼任,1名专职副主任及科、办员由市财政供养。

第二节 统计报表

日常报表

统计工作承担国民经济经综合、核算、农业、工业、建筑业、固定资产投资、房地产业、从业人员与劳动报酬、批零贸易、住宿餐饮业、服务业、基本单位名录库、文化产业等十几个专业的日常月报、季报、年报工作。各专业报表统计的都是具有法人资格的单位。①国民经济综合主要是负责搜集统计局以外的部门数据,整理本单位的数据。对县委、县政府及全县各部门提供数据服务,定期对外公布统计数据,如一年一度的统计公据,并负责数据库年报,按月度、季度、年度对全县的经济运行情况进行分析。②国民经济核算主要是计算全县的生产总值(GDP)分季度与年度两种。③农业报表主要有农村基层组织年报,农作物播种面积,农林牧渔业总产值、增加值、规模养殖大户季报等。④工业报表,主要是统计规模以上工业企业,2000年以前,规模以上工业是国有企业和主营业务收入500万元以上的工业企业,2011年开始规模以上工业企业又调整为全年主营业务收入2000万元以上的工业企业,报表有月报、季报、年报三种。至2013年末,大同县共有规模以上工业企业15家。⑤建筑业统计主要是统计资质以上(三级以上)企业;至2013年末,全县共有资质以上建筑业企业6家,主要报表有季报和年报两种。⑥固定资产投资统计在2010年以前统计50万元以上的项目,2011年以后统计标准调整为500万元以上。固定资产投资报表分为月、季、年报表三种。⑦房地产业是统计资质以上的房地产开发企业,报表分为月、季、年三种,至2013年末,全县共有房地产企业3家。⑧从业人员与劳动报酬统计国有与集体单位全部,分季报、年报两种。⑨批零贸易住宿餐饮统计,2000年以前所有单位都统计,2001年后,改为统计限额以上企业,批发业统计年主营业务收入 2000 万元以上的企业，零售业统计年主营业务收入 500 万元以上的企业，住宿餐饮统计年主营业务收入 200 万元以上的企业。至 2013 年末，全县限额以上批发企业 2 家，限额以上零售业企业 7 家，限额以上住宿餐饮业 2 家。⑩服务业统计是重点服务业企业，是不属于上述行业的企业，同时满足以下两个条件之一，即可成为重点服务业企业，一是年主营业务收入 1000 万元以上，二是年末从业人员 50 人以上，重点服务业统计是国家统计局 2011 年新设立的报表专业，报表分季报、年报两种，至 2013 年末，全县共有重点服务业企业 2 家。⑪文化产业统计是涉级文化性质的工艺、美术、新闻出版、雕刻等行业的单位。从 2010 年起正式列入统计报表制度的新统计专业，至 2013 年末，全县共有 30 多家涉及文化产业的单位，只做年报。⑫基本单位名录库统计的是工商、地税、国税、编办、民政等部门年度、季度内新审批注册的单位，并对注销、变更的单位在原名录库中做相应的注销与变更，报表主要是季报和年报。

"四上"企业联网直报

规模以上工业、限额以上批发、零售、住宿餐饮业、资质以上建筑业和房地产业以及重点服务业在统计上简称"四上"企业。从 2011 年起，"四上"企业实行联网直报，即由"四上"企业将统计报表直接放在国家统计局的联网直报平台上，因此，"四上"企业告别了纸介质报表的传统报送方式，县统计部门只有督促、审核功能，没有修改功能。

规模以上工业（15 家） 大同市伊鑫装饰有限责任公司、大同市益晟华管道有限责任公司、大同卫华药业有限责任公司、山西省大同县地方国营砖瓦厂、大同县栋梁实业发展有限责任公司、大同县胜利铸轧有限责任公司、大同市恒岳煤机有限责任公司、大同县天元碳素有限责任公司、大同市同晟商品混凝土有限责任公司、山西华青集团有限责任公司、大同县地方国营黄土坡煤矿、大同市骏腾铸石有限责任公司、大同盾石混凝土有限责任公司、大同县云中热力有限公司、华润雪花啤酒（大同）有限公司。

资质以上建筑业和房地产业 ①建筑业（6 家）：大同县建筑工程有限责任公司、大同市双骥建筑工程有限责任公司、大同市骏腾抗磨防腐工程有限责任公司、大同市银河钢结构工程有限责任公司、大同县增庆祥建筑装饰有限责任公司、大同市卓达建筑工程有限责任公司。②房地产业（3 家）：大同县霖茂房地产开发有限责任公司、大同县同庆祥房地产有限责任公司、大同市隆德房地产开发有限公司。

限额以上批发零售、住宿餐饮业 ①批发业（2 家）：大同解家庄晋发有限公司、大同亿鑫煤炭运销有限责任公司。②零售业（7 家）：大同县三利农副产品有限责任公司、大同县人民家电总汇、山西祥成实业有限公司、大同县恒盛贸易有限责任公司、山西省大同县黄花总公司、大同市庞润昊达汽车销售服务有限公司、大同县安泰煤炭有限公司。③住宿餐饮业（2 家）大同县昊天大酒家、大同县昊天国际商务会馆有限责任公司。

重点服务业（2 家） 大同机场有限责任公司、山西万昌物流有限责任公司。

第三节 统计调查

抽样调查

规模以下工业抽样调查 年主营业务收入不足 2000 万元的工业企业为规模以下工业，按国家统计局的统计方法制度，对规模以上工业企业实行全面调查，对规模以下工业企业实行抽样调查，由国家统计局大同调查队根据抽取的样板情况，推算全县的规模以下工业企业产值等统计指标，分报季报与年报两种。

人口抽样调查 从 20 世纪 90 年代开始，每年搞一次人口抽样调查，分省点与国家点两种，省点年年有，国家点隔几年一次，国家点与省点都搞时同步进行，省点用于推全县数据，国家点推算全省数据。抽样办法抽的是省点抽 10% 左右的人口，国家点抽1%左右的人口。省点推算的指标有全县总人口、出生率、死亡率、自然增长率等指标，由省统计部门推算县级数据，无分乡镇、街道数据。

粮食产量抽样调查   20世纪80年代至2010年，国家统计报表制度一直是村村开展抽样调查，村村都推算粮食产量，从2011年起，改为由县统计局直接抽样推算全县的产量。乡镇村再不推算，因此从2011年起，粮食产量县统计局只推算全县数据。

畜牧业抽样调查   从2011年，对规模户以下的散养户实行抽样调查，分季报与年报。

群众安全感调查   每年一次，采取问卷形式。

居民人均可支配收入抽样调查   分农村居民与城镇居民两种，在常住居民中抽一定比例的户数，采取逐日记账的方法，季报。

限额以下批发零售贸易住宿餐饮业抽样调查   对年主营业务收入500万元以下的批零贸易业和年主营业务收入200万元以下的住宿餐饮业企业进行抽样调查，推算全县限额以下的销售额和住餐收入，分季报和年报。

普查

普查的年份与种类   1990—2000年搞的普查有：1990年第四次全国人口普查，1993年第一次全国第三产业普查，1995年全国第二次工业普查，1996年第一次全国农业普查、第一次全国基本单位普查，2000年第五次全国人口普查。2000年后，国家整合普查类型，只搞三种普查，即：人口普查、农业普查、经济普查，把原来的第三产业普查，工业普查，基本单位普查整合为经济普查。人口普查、农业普查通称为大普查，每10年一次，人口普查逢"0"的年份搞，如1990年、2000年的第四、第五次人口普查，农业普查是逢"6"的年份搞，如1996年的第一次农业普查。经济普查通称为小普查，每5年一次，逢"3"与"8"的年份搞，如2003年的第一次全国经济普查。2001—2013年搞的普查有：2003年第一次全国经济普查，2006年第二次全国农业普查，2008年第二次全国经济普查，2010

年第六次全国人口普查，2013年第三次全国经济普查。

普查的组织与实施   普查是大型的国情国力调查，人、财、物消耗都较大，组织不好很难在规定的时间内完成任务。每次普查国务院都要制定普查条例为普查做法律的保障。国家、省、市、县都要制定相应的普查方案，根据方案的要求，首先要成立县普查领导小组，一般由分管统计工作的副县长担任组长，由县统计局牵头，办公室设在统计局，统计局局长担任办公室主任，根据普查内容的不同，领导小组的成员单位略有不同，每次普查都涉及十几个成员单位，每次普查，财政、宣传、广电、统计、政府办等都是必需参与的部门，其他参与部门根据普查内容而定，如经济普查以工商、地税、国税、民政、编办、质检、经信等有要批准成立单位权限的部门或经济主管门为主，农业普查以农业、林业、水务、国土资源、城建等部门为主，人口普查以计生、公安、教育、民政、卫生、农业、林业、水务等部门为主，实施的主要步骤一是成立领导机构，落实办公场所，抽配工作人员，二是做好经费预算，按时按需拨付，三是搞好宣传活动，争取被普查对象的积极配合，四是积极协调好领导小组成员单位，多部门密切合作，五是认真搞广大普查人员的培训工作，六是搞好试点工作，通过试点实际操作使基层普查人员不断熟练业务技能，七是在整个普查期间，县级业务骨干不断深入乡村社区细心指导，八是普查表的审核，所有的普查表一张一张地审核，核实，九是普查表的编码，十是普查表的录入，再审核（机审），改错，十一是汇总上报，最后是汇总结果的评估，上报评估报告，并等待省市定案数据的反馈。

普查表的录入汇总方法   在计算机未普及以前，各种普查都采用手工加总的方式汇总，那一时代的普查由于汇总方式的限制，普查的指标设置少，普查的种类也少，1990年以前，基本上只搞过三次人口普查和一次工业普查。1990年的第四次人口普查，采用了计算机录入汇总，由于县级统计部门计算机普及率低，录入人员少，录入在地市一级进，由于每户（包括家庭户和集体户）一张表，表多录入耗时较长，录入人员也较多。

随着科技的进步，从1996年起，人口普查和农业普查采用光电扫描录入的方法，虽然这两种普查涉及的表较多，人口普查有住户表5万—6万张表，农业普查有4万—5万张，录入仍在市级，但大大地缩短了录入时间，且录入人员也大大地减少了，采用光电录入汇总的普查共有四次，1996年的第一次、2006年第二次全国农业普查，2000年第五次、2010年第六次人口普查。

经济普查由于普查表较少，2000张—3000张，第一、第二次仍采用计算机手工录入汇总，在县级进行，2013年的第三次经济普查，录入手段更进了一步，录入放到了普查员身上，普查员手持小平板电脑（类似手机，简称PDA）在上门登记时直接录入并拍照的方法进行。

普查方法的变化　人口普查与农业普查变化不大，主要是第一、第二次经济普查与第三次经济普查在方法上有较大的变化。一是第三次经济普查增加了各类证照图片的拍照上报，前两次经济普查，各种证照只在普查表中填证号，如质检部门的组织机构代码证号，工商营业执照号，地税、国税的登记证号，民政的协会、民办非企业证号，编办的事业单位法人证号等，而第三次经济普查仍然在表中填写以上证号，还要对上述证照原件拍照。二是录入上报的方式不同，前两次经济普查由县级录入汇总后上报，第三次经济普查由普查员用PDA（小型平板电脑）直接对普查表录入并对普查表拍照，连同各种证照的照片，普查表的图片和录入的数据直接上传到国家普查网上，然后汇总。整个普查登记的过程，国家、省、市、县都能全程监控，国家对省、市、县、乡、村的工作进度随时掌握。三是数据修改的变化，前两次经济普查，汇总后上报前，每个单位的数据，因仍在县级上级并未掌握仍能修改，也存在修改的现象，第三次经济普查一经普查员上传，经济指标数据未经国家授权，县级无法修改，即使

授权修改，也需被普查单位出具数据差错的证明，并上传到国家普查网上，因此，第三次经济普查经济指标大同县没有修改。

普查的对象和范围

经济普查的对象和范围：一是大同县行政区域范围的所有从事第二、第三产业的单位，包括：企业、事业、机关、团体、宗教、民办非企业等单位，二是从事第二、第三产业的个体经营户。

人口普查的对象和范围：大同县行政区域内居住的所有人，以住户的形式登记，有家庭与集体户两种，家庭户是有血缘关系的人居住在一起的住户，集体户是无血缘关系的居住在一起的住户，无论是家庭户或是集体户，以自然户的形式登记，户口簿只作为参考。

农业普查的对象和范围：一是大同县行政区域范围内所有从事农林牧渔业（第一产业）生产经营的所有住户，以农村的农户为主，具体对象是：种植耕地0.5亩以上，种植园地0.1亩以上，养殖大中型牲畜一头以上，养殖小型家畜家禽20只以上的住户。二是大同县行政区域范围内所有从事农林牧渔业（第一产业）生产经营的单位，如农林场、养殖场等。三是乡镇、农村村委会。

第四节　统计法制与教育

统计法制　县统计局负责在全县行政区域内的统计法等统计法律法规，进行宣传，对统计违法案件进行查处，大同县统计局主要以书面催报和批评教育为主，1996年后，只对两家单位进行过罚款处理。

统计教育　县统计局负责对全县行政区域内所有统计人员进行培训教育。一是日常报表（年报、季报、月报）的表间指标的培训，每年一次；二是抽样调查的培训，各类抽样调查一般每年培训一次；三是逢普查年普查内容的业务培训；四是全县从事统计工作的新上岗人员业务培训，培训后经省级考试合格后，由省统计局发给上岗证书，

2013年末，全县共拥有统计上岗证书的统计人员485人；五是统计职称人员的培训教育组织，县统计局负责统计职称的报名和资格审验，培训由市级组织，考试由省级组织，主要组织统计师（中级职称）报名审验工作，考试合格者由国家统计局授予统计师证书，2013年末，全县共有统计师85人，无高级统计师。

第四章　物价管理

第一节　管理体制

1992年国家物价局撤销，山西省物价局仍然存在，全省十一个地市物价局依然保留。县物价局独立单设，归口承担着全县价格管理任务，体制机制运行正常。内设机构：物价检查所、农产品成本调查队、办公室。

1997年，随着经济体制改革的不断深入，县物价局行政职能有增有减，县级定价职能继续缩减，全县96.7%的商品价格完全由市场调节，管理行政事业性收费职能加强。同年3月，县级机构改革开始，县物价局上报《关于稳定物价机构的报告》，经多方努力，机构得以保留，内设机构为农产品成本调查队，物价检查所单设。8月，开始清理登记行政事业性收费项目，同时，加强乡镇农村物价管理工作。9月，成立倍加造镇中心价格管理所，成立湖东、倍加造镇两个价格监督站，同期开展了价格事务，餐饮业价格等级评审。

1998年，县物价局内设价格事务所，负责全县价格事务评估认证。

1999年，抽调县煤管局、经委等相关部门人员，组建大同县煤炭价格稽查队，对全县煤炭运销企业"三项基金"进行专项稽查管理，权属县物价局领导。其间，县管定价范围和权限大幅缩减，行政事业性收费管理职能日益加强。制定调整了部分县管收费项目，重新核发了价格监督证、价格检查证。全县商品和服务价格完全放开，县级规编地方定价目录不足三项。

2001年，新一轮机构改革开始，县物价局撤销，并入县发展计划局，成立县物价所。在县发展计划局领导下，县级价格管理工作正常进行。

2002年12月1日《政府价格决策听证办法》颁布实施，县级政策价格决策首次引入听证会形式，听证目录主要是关系群众切身利益的商品和服务价格，成本监审进入价格管理。

2004年，县发展计划局更名为县发展和改革局，价管体制归发展和改革局，由发展和改革局行使全县价格管理职能职责。

2005—2009年，县级价格主管部门更多的是完善价格监测，做好日常价格监督检查工作，搞好调控，维护地方价格平稳，其间，2006年2月21日、2008年国家两次修改《价格违法行为行政处罚规定》个别条款，增加临时价格干预措施，明确临时价格干预措施品种范围、干预形式及办法。

2007年10月1日《山西省价格监测办法》出台，县级价格监测预警报制度进一步加强。建立"12358"价格举报电话。

第二节　物价改革

1996年，县物价局调整食盐价格，改革食盐作价办法，批零差率由倒扣16%改为顺加20%，每500克提价0.1元。为了控制价格上涨，改革化肥价格管理，所以县实行综合平均零售价格。调整全县定购粮价，玉米每50千克由41元调整为63元，提价幅度达35%。改革全县公路汽车运价,货运价格实行浮动价格,公路汽运旅客运价仍执行国家定价,基本运价为0.063元/千米,取消客运外收取的燃油差价、客运附加费。同时,加强农村物价管理,部署药品价格改革。同年,调整了柴油、农用塑料薄膜作价办法。

1997年2月,调整全县中成药作价办法,批零差率最高为15%,实行顺加作价。同年,完善控制物价上涨措施,实行了全县居民生活必需品和服务价格提价申报和备案制度,涉及32个品种。

1998年4月,下发《收费许可证》年度申验、申领、换证事宜,加强收费管理。7月实施企业交费登记卡制度。

1999年4月,制定大同县调(定)价(费)程序规定。7月,《收费许可证》年审收费和罚改款实行"收支两条线",取消了自留部分。8月,出台《收费许可证管理办法实施细则》,修订《医疗服务收费标准》。

2000年8月,县物价局出台《支持和促进旅游产业发展实施意见》。10月,明确县域民办学校收费标准审批权限和定价原则。同期开始介入商品住房价格管理,改革取消调整了部分价格监审品种,宣传了石油价格改革提纲。

2001年,县物价所工作重点转变到"定规则,当裁判"为主上来。加强行政执法力度,拓宽监督和服务范围,进一步放开商品和服务价格。同年,与县政府、市物价局签订了《工作目标责任书》,列入年度考核范畴。

2002年,县物价所联合县质量技术监督局开展"价格、计量信得过"活动,即"双信"活动,首次评定4家企业。落实下岗职工再就业各项收费优惠政策,免收个体工商户管理费等5种费用。贯彻物价系统依法行政工作第四个五年规划(2001—2005年)。

2003年,县物价所贯彻《电价改革方案》。改革成品油和药品价格管理。

2004年,疏导电网电价矛盾,调整用电类别,实行新的分类,居民生活用电暂不调整,仍执行0.475元/千瓦时。同年7月,进一步深化创建规范化物价检查所活动。同年9月,贯彻实施《山西省非常时期价格行政干预工作预案》,加强市场价格监测及预警预报,应对突发价格异常。10月,组织开展争创价格诚信活动,为人民家电等3家单位颁发诚信牌匾。

2005年,为了规范价格行政执法行为,制定了《价格监督检查案卷评查规定》细则,深化行政执法责任制。

2006年,"两节"期间,临时价格干预措施持续加强。下达了《禁止价格欺诈行为的规定》解释意见,打击商业促销中虚假优惠折价。同年,开展"价格服务进万家"活动。5月,启动实施市场价格异常波动预警和应急监测,成立了领导组和办公室,组长由赵生权担任。

2007年8月,贯彻国务院促进生猪生产发展稳定市场供应意见,与商务、农业部门联合,布置全县养殖生产供应,维护价格稳定。同年10月,《山西省价格监测办法》施行,为完善价格监测报告和预警,局里内设价格监测机构。同年,取消成本监审收费。

2008年5月1日,在县城街头开展《中华人民共和国价格法》实施10周年活动。为控制成品油、电力价格调整连锁反应,开展了保持市场价格基本稳定的系列工作。对部分重要商品及服务实行临时价格干预措施,实行调价备案制度,对品种范围、干预形式,都作了规定,稳定物价放到价格工作重要位置上来。同年,国家再次修改《价格违法行为行政处罚规定》,增加"临时价格干预措施"条款。

2009年,改革化肥价格形成机制,流通环节价格实行差率控制。同年7月,为稳定食盐价格,继续实行政府定价形式。

第三节　物价调控

1996年,全县建立"三金一储"制度,即:粮食风金基金、副食品价格调节基金、价格调控基金和粮油储备制度。

1997年，县物价局报请上级物价部门，调整了全县农村综合分类电价，调节疏导价格矛盾。调整了自来水水价，调整水价为0.8元/吨。

2001年，贯彻实施《山西省物价局关于运用价格杠杆促进全省经济结构调整的实施意见》，推动区域经济发展，调整核定全县经营性水价。

2002年，"价格调节基金"，更名为"价格调控基金"管理工作进一步理顺，价调办设在价格主管部门。

2003年4月，对部分中药饮片由市场调节价变为实行最高限价，出台防"非典"相关产品最高限价干预措施，加快防治药品组织调运，平抑市场价格。

2007年，为了平抑市场物价，发挥吞吐调节作用，动用价调基金，建设物资储备项目。

2008年，为防止煤、电价格轮番上涨，对发电用煤实行临时价格干预措施，执行时间：从2008年6月19日至2008年12月31日。流通环节实行差价率控制，加价幅度不得超过6%。

2009年，对养殖、设施农业项目进行了价格调控基金补助，扶持重要商品生产发展。

第四节　定价与收费管理

1996年3月，县物价局整顿县直二所幼儿园收费行为，颁发《收费许可证》。1996年5月，组织县交警、工商、交通等部门收费进行了检查。1996年6月，制定了县生猪屠宰场屠宰加工费为17元/头。实行了物价监测定点，确定11个点，涉及37个调查品种，实行《收费许可证》《收费员证》"两证"管理制度，实行年审制度。1996年10月，县物价局对县直五所学校学生校服价格进行价格核定，深入四家国有银行，规范银行结算业务收费。

1997年，制定全县供热价格，不分居民非居民，统一为3.18元/平方米。

1997年1月，调整了县种子公司玉米包衣优种售价。同期，调整部分成品油销售价格，0#柴油零售价为2790元/吨。1997年3月，调整了湖东煤站汽车上站煤卸费标准，暂定为2元/吨。1997年5月5日，调整核定了县火山遗址旅游参观门票价格每张3元/人，30人以上组团参观2元/人。1997年8月，核定全县607眼农业灌溉水井收费标准，实行了"一井一价"机井489眼。向县各医疗机构下发了列入国家、省管目录药品价格，印发了全县《义务教育阶段四个收费管理暂行办法》。

1998年6月，第一批降低涉及公路运管费，乡镇企业管理费等22项收费标准。7月，废止农机动力管理费，农机经营管理费27项行政事业性收费。下发制定了大同县汽配、摩托车配件销售价格。10月，下达1998年全县玉米统购价格，中等质量标准玉米0.58元/斤。

1999年3月，加强对全县中小学电教教材收费管理。同年度，降低部分学校《收费许可证》年审收费。年度审验《收费许可证》153本，取消不合理收费8项。

2000年调整全县农村分类综合电价，核定地税系统发票价格，调整了成品油价格，降低了向客运货运汽车收取的工商户管理费，调整了部分药品价格。

2001年，县物价所整顿涉农价格和收费，推进涉农价费公示制，取消不合理收费1项。开展餐饮业价格等级年度审核工作及《收费许可证》年度审验。

2002年，县物价所上报调整全县农村分类综合电价，从12月10日起执行，城乡居民照明用电实行同价，为0.475/千瓦时，农业生产电价为0.505元/千瓦时。

2002年8月，调整全县自来水价格，消费性水价由0.90元/吨调整为1.90元/吨。明确学生宿舍用电价格。

2003年，组织整顿治理教育乱收费。调整公布化学药品体格，涉及品种上千种。同年4月，加强口罩、消毒液与防治"非典"相关原材料价格监管，对抗病毒冲剂等16种药品执行最高零售限价。对防

"非典"中药材实行差率控制,顺加进销差控制在15%以内,在防"非典"特定时期,加强相关药品价格监管。同年7月,对物业管理服务收费实行《收费许可证》管理。对成品油价格进行调整。

2004年,全面开展行政事业性收费公示制度,全县制作公示栏版面308块。出台实施治理教育乱收费工作实施意见。

2005年,持续开展商业单位价格诚信建设,推进明码标价和收费公示。在东、西两个街道办事处,聘请义务价格监督员12名,实施价格监督进社区活动。

2006年,转发《国家定价药品目录》及《山西省定价药品目录》。同年,由于成品油价变动频繁,下发《关于进一步加强成品油价格管理的通知》。同年,明确社会福利机构用电价格,即0.475元/千瓦时。调整广播电视运营用电价格类别,执行非普工业电价标准,不执行分时峰谷电价。同年2月,调整印刷品国内业务资费,本埠由0.30元调为0.40元(首重100克)。公布了2006年春季、秋季及2007年春季中小学教材价格。同年7月,公布有线数字电视基本收视维护费收费标准,居民用户每卡每月23元。

2007年3月,安排年度《收费许可证》审验,共审验107家。同年6月,商品房销售实行明码标价,共3家,制发标价牌6块,发放标价签1000张。同年9月与经贸、消防、安监部门联合,开展成品油市场秩序整顿。同年,调整居民、非居民热价,居民用热价为4.7元/平方米,收费期为5.5个月。

2008年,加强商品住房、经济适用房价格管理。调整电网销售电价,一般工商业用电每千瓦时提高3.5分。同年6月20日,调整成品油零售价格,90#汽油最高零售价5.63元/升,0#轻质柴油6.10元/升。

2009年,调整水资源费收费标准,降低计量检定收费标准。公布108种进入医保目录药品最高零售价格,公布2008年行政事业性收费项目目录。同年7月,转发市物价局批复大同县经济适用房"天

艺花园"销售价格,单价为1292元/平方米,总建筑面积27000平方米。对《收费许可证》进行年度审验。同年11月,明确县污水处理厂收费标准,消费性用水0.5元/吨。加强监管H1N1流感疫情相关医药产品价格和甲流疫苗价格。同年,成品油最高零售价格频繁调整:

2月,降低成品油价格90#汽油4.60元/升;0#柴油4.87元/升。

3月24日,提高成品油价格90#汽油4.88元/升;0#柴油5.03元/升。

6月3日,提高成品油价格90#汽油5.17元/升;0#柴油5.37元/升。

6月30日,提高成品油价格90#汽油5.62元/升;0#柴油5.89元/升。

8月3日,降低成品油价格90#汽油5.46元/升;0#柴油5.70元/升。

9月8日,提高成品油价格90#汽油5.68元/升;0#柴油5.96元/升。

11月11日,提高成品油价格90#汽油5.89元/升;0#柴油6.21元/升。

12月24日,降低成品油价格90#汽油4.76元/升;0#柴油5.01元/升。

第五节　物价监督检查

1996—1997年,发展村级义务物价监督员300名,开展农资、生活必需品,药品价格,收费专项检查及一年一度"三大检查",共出动796人次,查处价格违纪案件49起,价格违纪行为14起,没收违法所得31.19万元,罚款0.1万元,退还用户0.84万元。

1998年,开展教育收费检查,查处乱收费8起,没收非法所得2.7万元。1999年对涉及电力、交通、教育、医疗等部门收费进行专项检查,清理乱收费,实施经济制裁21.5万元,上缴财政15万元。

2000年,开展全县电力、旅游、医疗收费与药品价格专项检查,查处价格违法行为13起,罚没款为

4.78 万元。

2001 年 5 月 1 日，正式开通价格举报电话号码"12358"，建立举报中心。对明码标价进行专项检查，实施罚款 0.6 万元。

2001 年，县物价所开展了行政事业性收费和中介机构收费、涉农收费和价格、教育收费、煤炭价格五项专项检查，查处价格违法行为 7 起，罚款 1.1 万元，退还用户 1.9 万元。

2002 年，县物价所组织开展涉农价费，工商部门收费，铁路货物运输价格和延伸服务收费等 4 次专项检查。

2003 年，县物价所开展防"非典"药品价格大检查，出动 140 人次，检查 48 个单位，责令改正 13 家，实施罚款 3.1 万元。组织农业生产资料专项价格检查和煤炭价格及涉煤收费专项检查。

2004 年，县物价所组织开展医疗服务和药品价格重点检查，为加大查处力度，首次由市、县两级联合。同年，又开展了成品油、"五一""十一"黄金周市场价格，"两节"（元旦、春节）市场价格、房地产价格及物业收费等专项检查。

2005 年，价格监督检查重心按照"放得开、管得好"的总体要求，对全县粮食、煤、电、油、运市场价格进行每周 2 次重点巡查，对涉及民生问题，如涉农价费、高中"三限"，义务教育阶段"一费制"执行，医疗服务和药品价格进行重点检查，查出违纪金额 27.82 万元。

2006 年，开展了成品油、通信行业价格欺诈、电力价格、涉机动车收费等 10 项专项检查，查处价格违法行为 13 起。

2007 年，以规范市场秩序为重点，组织粮、油、肉、蛋、奶生活资料和生产资料价格专项检查。

2008 年，在专项价格检查中，首次实行价格告诫，规范行业自律。

2009 年，开展涉农、涉企价费、教育、医疗等专项检查，对违规行为予以纠正，对违纪行为严肃处理。同年，还开展了电力价格、粮食收购价格、物业服务收费，"五一""十一"节日市场价格等专项检查。

第五章 质量技术监督

第一节 计量管理

中华人民共和国成立前,衡器计量单位为旧计制,计量单位混杂,量值不一。后度量衡器具改为市用制,即市斗为16斤,市斤为16两,交易换算极不方便。1959年,国务院发布《关于统一我国计量制度的命令》后。大同县对于秤、盘秤进行改制,16两秤改为10两秤。斗的使用被淘汰。

1996年,大同县标准计量局自筹资金,购回加油机检定标准器1台,对全县加油站实行统一计量管理。至当年年底建立了4项社会公用计量标准;即四等标准砝码5吨、血压计标准装置1台、压力表检定装置1台、检定加油机用标准金属量器100L1台、10L1台。随着这四项计量标准的建立,衡器、血压计、压力表、加油机这四个领域的强制检定工作在全县范围内展开。当年强制检定衡器75台(件),血压计9台,压力表3块,加油机(汽油机、柴油机)37台。这四项计量标准建立,积大的推动了质监事业的发展,服务了县域经济的发展,截至2010年10月份,共检定衡器7460台(件),血压计464台,压力表581块,加油机2137台。

1996—2010年大同县年检定数情况

表11-5-1
单位:台、块

项目 年份	血压计	压力表	衡器	加油机
1996	18	18	360	82
1997	18	26	382	85
1998	20	25	399	93
1999	23	28	417	98
2000	29	39	444	120
2001	29	48	450	131
2002	31	53	467	135
2003	30	62	480	138
2004	33	33	492	145
2005	35	31	533	160
2006	34	35	561	175
2007	37	36	570	171
2008	40	43	610	190
2009	42	50	639	201
2010	45	54	656	213

1997年，大同县煤炭经营企业开始迅猛发展，县计量所在只有4名计量检定人员的情况下，边从事计量工作，边帮助企业，为企业累计安装地中衡20多台，实现了历史上的大突破。同年，计量所还组织人力下大功夫对成品油市场进行了专项整治，加大对成品油市场的计量监管力度，年内组织了5次成品油计量违法行为大检查活动，查处利用加油机作弊违法案件7起。同年还对衡器和加油机等强制检定的计量进行强制检定。保护了国家利益和消费者合法权益。

1998年7月16日，国办下发明传电报，对计量局实行省以下垂直管理。按要求大同县标准计量局改名为山西省大同县技术监督局。人事进行了冻结，但具体条管事务未办理，没有进行交接，具体权限职能未做变动。

1999年，国家对实验室（计量所的检定工作属广义上的实验室）重新进行计量认证考核，同年大同县计量所取得了计量认证证书。再一次取得了向社会公众出具权威检验报告的资格。

2000年计量所与质检所合并。2001年经大同市质量技术监督局党组会研究决定，合并后的计量所和质检所更名为大同县质量技术监督检验测试所。

2000年，大同县质量技术监督测试所，首次建立了机制红砖质量检验标准。该所已建立的社会公用计量标准达到4项，质量检验标准1项。

2002年大同县质量技术监督检验测试所向山西省质监局申请建标考核。根据计量考核标准达标的要求，该所进行了充分准备，购进2台检验设备，配套了相关设备。制定完善了《实验室质量手册》《实验室程序文件》两个根本性规章制度，修改了内部操作规程，建起面积为54平方米实验室，建立了计量标准技术档案。组织6名同志参加计量检定员培训，6名同志全部取得计量员检定资格。同年11月，大同县质量技术监督检验测试所顺利通过了省联合考评组的考评。

2003年经省质监局根据JJF1069—2000法定计量检定机构考核规范和JJF1003——2001计量标准考核规范规定经考核合格，并取得合格证书，所建标准作为统一本地区量值的依据，并具有法律地位和法律效力。

2006年，省质监局对质检机构复查认可，大同县质量技术监督检验测试所顺利通过复查认可，取得计量认证资格。

第二节　标准化管理

1996年，大同县质监局对全县的14家生产企业实施了监督管理服务，帮助县砖瓦厂起草制定了企业标准1个，为钢木家具厂等单位寻找标准10个，配合市局搞了新产品签定1项，企业标准备案1个。

1997年，大同县质监局重点帮助工业硅厂、水泥厂共同采用国际标准。

1998年，大同县质监局积极推动中小企业的建标工作，帮助2户企业建立，查寻标准3件，提高了产品质量。同时还加快农业标准化宣传力度，会同农业部门进行实施农业标准化工程。

1999年，大同县质监局大力推进消灭无标生产进程，帮助18户企业建立标准，查找标准18件，推动县里的优势企业，重点企业的采标进程。此项工作得到了县政府的大力支持，成立了"大同县消灭无标生产领导小组"。同年，省技术监督局确定大同县为消灭无标生产县，省技术监督局授予大同县人民政府消灭无标生产县称号。

2000年，大同县质监局帮助县酒厂严把质量关，提高管理水平，使该厂顺利通过省生产许可证检查组验收。帮助县砖瓦厂提高砖瓦质量水平，向建筑企业提供砖瓦检验报告，推荐县砖瓦厂产品。

2001年，大同县质监局帮助云光活性炭、魏都活性炭共同采用国际标准。

2003年，县政府成立了农业标准化领导组。通过两年多的努力，我们和农业部门联手制定了黄花菜种植和田间管理方法两项企业标准；采用企业+

农户的经营模式，县委、县政府和涉农部门大力培植龙头企业（大同县黄花公司），由农业部门牵头，成立了农业黄花菜协会，对绿豆、马铃薯建立了农业标准。

2007年，大同县质监局走访了多家食品加工企业，其中包括大同县黄花总公司，大同永翔食品有限公司，山西天特鑫保健品公司等几个龙头企业，对企业标准执行情况、标准备案情况进行了督促检查。

2009年，又制定了黄花菜种植标准，申请大同县为省级黄花菜种植园区。

第三节　产品质量监督

2001年，理顺条管关系后，山西省大同县质量技术监督局内设办公室、监督股、业务股三个股室。监督股的职责概括为查处违法行为，业务股的职责为质量管理。从此，质量技术监督局具有了产品质量管理职能，取得行政执法权。

2002年，省质监局组织了交叉打假执法活动。经大同市局决定，大同县质监局与浑源县质监局实行交叉打假。2002年5月，浑源县质监局的工作人员在副局长的带领下一行三人到大同县，在大同县范围内开展了为期三个月的交叉打假工作。查处各类质量案件32起，计量违法案件12起，认证认可案件11起，没收伪劣产品货值2万元。质监部门形象得以树立，质监工作的社会影响得以扩大，有力地推进了质监事业的发展。

2003年，大同县质监局针对汽车配件市场呈现出的行业性质量问题，在全县范围内开展了汽车配件专项整治活动。在整治中，大同县质监局共出动执法人员500多人次，检查汽车修理部、配件销售门市153家，查处各类案件57起，没收无"CCC"标识电瓶54块，无"CCC"标识刹车片120多副，无"CCC"标识转动带600多条。货值达8万余元。同年，国家对食品领域内的面粉、大米、食用油、酱油、醋五类实行市场准入制。

2004年1月，查处无证生产。同年4月16日，中央电视台报道了阜阳出现多例婴幼儿"大头娃娃"案例。调查发现之所以引起"大头娃娃"在阜阳农村地区普遍存在，是因为患病婴幼儿均食用了当地生产的劣质奶粉。报道播出后，立刻震惊全国。4月19日上午，国务院总理温家宝做出批示，要求立即对此进行调查。4月19日下午6点，由国家质检总局、国家工商总局、卫生部组成的专项调查组，从北京出发奔赴阜阳。质监系统全国奶粉专项检查随之展开。在专项检查中，大同县质监局共出动执法人员200多次，深入县城、乡镇、农村三级，对销售奶粉的商铺进行了逐一筛查，在大同县境内没有发现通报所列的奶粉生产厂家所生产的奶粉。同年，质监局在全县范围内开展了专项查处工作，查处销售无证面粉、大米、食用油、酱油、醋案件26起，确保了让人民群众吃得放心。

2005年，大同县质监局在全县范围内开展了严查"孔雀绿"行动，经抽样检查，在全县境内没有发现在食品中添加"孔雀绿"的行为。同年，大同县质监局组织编写了《大同县质监局"十一五"规划》，为十五质监工作的发展规划了蓝图。同年，大同县质监局与3家食品加工企业签订了食品安全卫生承诺书，引导15家食品加工企业进行了食品质量公开承诺，并与19家麻油加工点、9家糕点加工点签订了区域销售承诺书。

2006年，大同县质监局积极引导永翔食品有限公司和精华机械有限公司申报2A质量信誉等级，引导昊酒有限公司和册田水库生态园区申报A级质量信誉等级，确定大同县黄花公司的产品为名牌产品培育对象。

2007年，大同县质监局在全县范围内开展了"产品质量和食品安全专项整治活动"。10月15日，召集相关成员单位召开了全县产品质量与食品安全专项整治新闻发布会。县委县政府对此项工作给予大力支持，成立了专项整治领导组，并拨款5万元用于专项治理。

2008年，"三鹿奶粉事件"发生，大同县质监局

紧急部署开展了奶制品行业"三聚氰胺"专项检查。

2009年，大同县质监继续加大对食品企业、小作坊监管的力度，一是加强对食品企业、小作坊的监管。严格按照"五定"的工作要求，实行定期巡查制度，对生产过程进行全方位的监管。二是开展食品安全专项整治，严厉打击在食品中违法使用食品添加剂和使用非食品原料加工食品的行为。

2010年，大同县质监局采取有效措施，确保人民群众吃得放心，用得安心。一是严格实行市场准入制，加强对企业的证后监管。进行定期不定期巡查，及时掌握企业的生产信息，努力实现对企业原料采购、生产加工、成品存放、出厂检验的全过程监控，从源头上严把产品质量关。二是明确产品监管责任，建立产品质量监管责任制。三是采取综合监管与专项整治相结合的监管措施，确保了对企业监管的效果。

第六章 工商行政管理

第一节 工商业登记

1996年,全县经济发展不断壮大,各类企业稳步发展,经济结构有所变化,到年底,全县实有注册企业53户,从业人员达558人。

1997年,随着全县人口的逐渐增加,经济发展逐渐繁荣,社会需求量不断扩大,从事个体户人员也有所增多,企业发展也再增加,至年底,实有企业65户,从业人员达632人。

1998年,全县经济发展良好,人民生活水平不断提高,国家政策逐年放宽,各类企业都在发展,到年底,全县已有企业76户,从业人员712人,注册资金9195.9万元。

1999年,随着全县的发展以及《公司法》《个人独资法》《私营企业暂行条例》《合伙企业法》的逐年实施,企业登记管理也在发生变化,到年底,全县注册登记的企业达91户。

2000年,随着第九届全国人民代表大会常务委员会第十三次会议关于修改《中华人民共和国公司法》的决定,企业注册登记条件放宽,全县经济发展势头良好,到年底,全县核准登记的各类企业共有238户,从业人员1206人,注册资金达15081.41万元,其中,内资企业104户,从业人员979人,注册资金14404.29万元,私营企业5户,从业人员59人,注册资金533万元。城乡个体工商户129户,从业人员168人,注册资金144.12万元。

2001年,全县企业发展稳中有升,个体经济也在不断上升,到年底,全县注册登记的企业有129户,从业人员1248人,注册资金17948.29万元,个体工商户达186户,从业人员253人,注册资金235.22万元。

2002年,全县招商工作得到了进一步的发展,到年底,注册的企业达158户,注册资金19825.29万元,从业人员达1404人。个体工商户达266户,注册资金361.22万元,从业人员达365人。

2003年,全县企业发展达189户,从业人员达1639人,注册资金达23356.29万元。随着国家进一步拓宽渠道,扩大再就业政策的实施,个体工商户达306户,从业人员达423人,注册资金437.72万元,个体工商户从事最多的是商品批发和零售业。

2004年,全县登记注册的企业达227户,个体工商户达427户,全县无照经营现象逐渐减少。

2005年10月27日第十届全国人民代表大会常务委员第十八次会议修订通过第二次《公司法》修正,有限公司注册资本最低限额为人民币3万元,鼓励各类人员办企业。到年底,全县登记注册的企业达285户,注册资金54199.19万元,从业人员2478人,个体工商户达608户,注册资金1094.82万元,从业人员863人。

2006年,全县核准登记的各类企业共1574户,其中内资企业192户,私营企业173户,个体工商户已达1193户,各类企业和个体户的发展,为全县下岗和失业人员创造了许多再就业岗位。

2007年,全县企业发展达479户,从业人员4611人,注册资金82604.98万元,个体户达2527

户，从业人员达 3293 人。从 7 月 1 日起旅行的《中华人民共和国农民专业合作社法》以来，到年底，注册登记的农民专业合作社达 16 户。

2008 年，国家工商局颁发了《股权出质登记办法》《个体工商户验照办法》等法规，同时对下岗人员、大学毕业生和"三农"实行优惠政策，全县企业和个体户发展呈现良好势头，到年底，全县注册登记的企业有 511 户，从业人员 4696 人，个体户 3148 户，从业人员 4193 人，农民专业合作社 113 户，从业人员 1789 人。

2009 年，随着国家经济结构的不断调整优化，在世界经济低迷状态下，大同县私营企业保持稳定发展态势，带动了内资企业缓慢增长。新《公司法》的实施，降低了股份公司的投资门槛，加强了对中小股东权益的保护，鼓励了投资者的热情，投资人数迅速增长，到年底，校准登记的各类企业共 4558 户，其中内资企业 233 户，私营企业 395 户，个体工商户实有稳步增长，实力不断增强，到年底达 3763 户，从业人员 5038 人，注册资金达 5434.67 万元。个体工商户一是商业批发和零售业，二是居民服务和其他服务业，三是为食宿和餐饮业，四是为制造业，五是为交通运输和仓储业。此期间，全县农民专业合作社发展迅猛，到年底达 194 户，出资总额 6356.9 万元，成员总数 1886 人，农民专业合作社的业务范围主要集中在种养殖业和农产品加工销售业。

2010 年，全县新增个体户 478 户、内资企业 6 户、私企 80 户、农民专业合作社 56 户。各类企业和个体户的发展，为下岗职工和大学生提供了许多就业渠道。

2011 年，全县个体工商户发展到 4866 户、内资企业发展到 255 户、私企发展到 642 户、农民专业合作社发展到 330 户，全县经济出现了发展势头良好。

2013 年，由于国家登记政策的放宽，市场准入门槛放低，全县各类企业发展数量猛增。截至年底，全县个体工商户发展到 5442 户、内资企业发展到 255 户、私企发展到 746 户、农民专业合作社发展

到 465 户。一些个体工商户转变为企业，为全县经济发展注入新的活力。

第二节　经济合同管理

1996 年，大同县工商行政管理局经济合同管理股，主要负责全县工商、农商、商商之间经济合同的签约、签证和管理。管理人员以事实为依据，合同法为准绳，仲裁经济合同纠纷。截至年底，共签订各种经济合同 128 份，金额 5746.83 万元，其中购销合同 109 份，金额 5140.1 万元；建设工程承包合同 9 份，金额 105.8 万元；货物运输合同 6 份，金额 275.15 万元；加工承揽合同 2 份，金额 43.5 万元；管理案件 1 份，争议金额 1 万元，管理金额 50 万元。

到 1997 年底，全县共新增省级"重合同守信用"单位 1 个，市级 4 个。查处经济合同违法案件 10 多起，为企业挽回经济损失达 265 万元。

1998 年，工商行政管理系统进行了体制改革，根据国务院"三定"方案的要求，经济合同管理的重点任务是：依法实施合同行政监督管理，负责管理动产抵押物登记，组织监督管理拍卖行为。

从 2000 年开始深入开展房地产专项整治工作，不断推进工程建设领域突出问题专项整治工作，推行了工程建设施工合同示范文本 8000 份、商品房买卖合同 5000 份。

2001 年，县工商局一方面加大合同法律法规宣传、树立服务意识，开展帮扶企业活动，努力帮助企业和个体私营经济加强信用体系建设，促进诚信经济；另一方面，推进"守合同重信用企业"的推荐和申报工作。

2002 年，先后共申报了 200 户"守重"企业，为企业信用建设提供了服务。

2004 年，以发展订单农业为主线，积极开展合同帮农工作，制定推行涉农合同示范文本和培育发展涉农龙头企业作为合同帮农工作的重点，不断深化合同帮农服务工作，每年的农业订单在 21000 份以上。

到 2009 年度先后共查处各类合同违法案件 120 件,罚款 10 万多元。

2010 年至 2013 年,全县经济合同主要发展定单农业合同。开展合同帮农工作,其次,主要开展房地产合同专项整治工作。推行合同示范文本,依法实施合同行政监督管理。负责管理动产抵押物登记,组织监督管理拍卖行为。帮助企业进行融资。先后共申报了 215 户,"守重"企业为企业信用建设提供了服务,共发展农业订单 31000 份。

第三节　商标广告管理

商标管理

1996 年,凡在大同县的企事业单位生产的产品,须向大同县工商局提出申请报告,填写商品注册申请书、商标设计说明书、产品质量规格表、商标图案存档卡片,并附商标图样照片,经地市工商局审核,报省商标处备案,交 300 元商标注册费,然后经国家商标局批准后方可使用。到 1997 年底,全县注册商标的企业共 7 个。其中企业正常运作,注册商标继续使用的仅有 2 个,一是县水泥厂注册的"桑干河"牌商标,另一个是工业硅厂注册的"云岗牌"商标。

2000 年,大同县的注册商标量比较少,仅有的几个注册商标也因为企业的停产而闲置无用,只有大同县地方国营水泥厂的"桑干河"牌商标还在使用。

从 2001 年开始,自然人只要提交商标图样和身份证就可以申请注册商标。

2001 年 11 月,山西大同昊酒有限责任公司注册"云昊""云丰"商标。

2002 年 4 月,大同县黄花总公司注册"昊天"商标。

2004 年 8 月,山西天特鑫保健食品有限公司注册"XT"商标。

2005 年 7 月张春注册"采凉山"商标。大同县地方国营水泥厂于 2005 年 9 月续展了"桑干河"商标。

2006 年 2 月,县黄花菜合作协会成功注册"大同黄花"证明商标,"大同黄花"是全市第一家注册的地理标志商标。

2007 年 2 月,为了防止恶意注册,国家对个人申请注册商标作了一定的限制,要求商标注册人须提供营业执照且必须以营业执照核准的经营范围为限申请商标注册。随着经济的发展,大同县的注册商标逐年增多,而且个体户和农产品经营户也加入到申请注册商标的行列。

2008 年 5 月,西骆驼坊村人尚华注册了"远健"商标。

2009 年,大同市昌泰活性炭有限责任公司大同县销售公司注册"吉洲"商标。大同县正大纸业有限公司注册了"汉舒""美邦"商标。

广告管理　广告管理在本县主要涉及墙体广告、印刷品广告、电视广告、灯箱广告、路牌广告等形式。全县广告经营单位较少,户外广告基本由大同市的广告公司垄断,大同县仅有印刷品广告、电视广告等。县工商局对广告管理实施登记制度。凡是发布的广告需到工商部门登记审查备案,有效地减少了虚假广告的发生,至 2010 年,查处各类广告违法案件 200 多起,有效地维护了消费者的合法权益。

2010 年,全县有三家企业的商标申报知名商标成功,它们是大同县三利农副产品有限责任公司"御黄""利黄"商标、大同县运兴轮胎销售有限责任公司"运兴"商标。到年底,商标申请量达 10 件、注册量 10 件、有效注册量 48 件。

2011 年,大同市知名商标有大同市益晟华管道有阴责任公司"益晟华"商标、大同市乌龙峡生态旅游度假区有限责任公司"乌龙峡"商标。到年底,商标申请量达 17 件、注册量达 7 件、有效注册量达 55 件。

2012 年,大同市知名商标有大同市金森一农牧科技发展有限责任公司"金森"商标、大同市栋梁铝材有限责任公司"同大"商标。至年底,商标申请量

1件、注册量14件、总有效注册量69件。

2010年至2013年，全县广告管理工作，主要是安照《中华人民共和国广告法》《广告管理条例》《广告管理条例施行细则》《户外广告登记》《户外广告管理条例》等一系列法律法规，开展对印刷品广告、电视广告、灯箱广告、墙体广告等进行重点整治。减少了虚假广告的发生，查处各类违法广告案件180起，维护了广大消费者的合法权益。

第四节　消费者权益保护

1994年1月1日《消费者权益保护法》正式实施。同年1月5日国务院"三定方案"第一次明确了工商行政管理机关"查处侵犯消费者权益案件"的职责。县工商局开始内设消费者权益保护股。同年3月大同县消费者协会成立。从此大同县消费者权益保护工作走入法制化发展轨道。

1998年12月工商行政管理体制实现省以下垂直管理后，消费者权益保护工作得到进一步加强。县工商局成立了消费者申诉举报中心，开通了12315申诉举报电话。实现了专人负责、受理及时，反应快速，件件落实的要求。一年一度的"3·15"宣传活动及日常的普法宣传，促进了消费者自我保护意识的增强，消费维权深入人心。

随着消费领域的多元化，消费维权不断呈现新的格局，全县消费纠纷主要集中在农资市场和日常消费品市场，根据全省的统一要求，从2008年开始，县工商局狠抓"一会两站"建设，扩大消费维权的城乡覆盖面，到2013年全县共有消费者协会分会11个，"12315"申诉举报联络站112个，消费者协会投诉站112个，保证了消费投诉方便快捷，调处及时。

自"12315"开通以后，先后共受理申诉举报1380件，调处1360件，为消费者挽回经济损失20多万元，通过举报线索，立案查处经济违法案件120件，罚没款50多万元。

2010年至2013年，在消费者维权领域里，主要开展流通环节食品安全专项整治工作，重点开展乳制品、酒类及儿童食品、肉类、农村食品。节日性和季节性、食品添加剂和调味品、校园周边食品、食用油市场专项整治。同时常抓不懈，强化流通环节食品安全日常性和规范性管理。在全县建立食品安全示范店108个。三年来出动执法人员1200多人次，检查食品经营户6600多户次，取缔无照经营食品户36户。同时，对农业生产资料以及家电、建材、装饰材料、化肥、地膜、种子、农药、农机具、家用电器等重点商品进行专项整治。全面构建"大维权"工作格局；继续扩大"一会两站"建设，推进"12315"维权服务站进社区、进农村、进学校、进市场、进旅游景点，聘请群众监督员188人。三年业查处各类违法案件131个，罚没款55万元。维护了广大消费者的合法权益。

第五节　市场监督管理

1996年，随着经济的发展，人口的增长，人民生活水平的提高，大同县城乡市场日趋繁荣。县城沿街市场及周士庄、倍加造、湖东等农贸市场已初具规模。全县综合集贸市场成交额达1443万元，比1985年增长了7倍。同时，市场管理工作的重点也转变为保护合法经营，打击欺行霸市，哄抬物价，假冒伪劣等违法行为。全县各类市场初步实现了划行归市，定点经营，市场面貌有了很大改观。全县共查处各类经济违法案件30多起，查获假冒伪劣商品价值达20万元。受理消费者投诉案件40多起，为消费者挽回经济损失达3万元，有力地保护了消费者的合法权益。

1997年后，随着形势的发展，市场的扩大，工商部门加强市场管理的任务也越来越重，主要是加大市场巡查力度，严厉打击生产和销售假冒伪劣商品，开展"百城万店无假货"活动和"百家企业打假维权"活动。至2000年底，市场成效额突破3600万元，且逐渐形成了食品市场，农资市场、汽车市场、家电市场、农村市场、旅游市场等。

2000年后，国家政策更加放宽，市场管理工作更加复杂,城乡市场日趋繁荣,各种市场逐步规范,县城和周士庄、倍加造、湖东农贸市场已具规模。工商行政管理部门监管市场工作任务也越来越重。特别是农村市场、包括食品、农资等成为监管重点。近几年为维护农民的切身利益,开展了"红盾护农"和大力培育发展农村经济人,促进社会主义新农村建设,进一步规范农资市场,严防假冒伪劣农资坑农害农。从2000年到2009年,工商行政管理部门对全县各类市场开展了多次专项整治,出动执法人员3000多人次,查处各类违法案件80多起,销毁假冒伪劣产品价值近30万元。受理消费者投诉案件100多起,为消费者挽回经济损失达6万元,解答消费者咨询90多起。

到2009年底,在乡(镇)街道办事处建立起消费者协会11个,在农村建立消费者协会投诉站和"12315"申诉举报联络站112个,在各大超市和食品店设立消费者举报站30个,有务地维护了全县消费者的合法权益,也净化了全县各类市场,促进各类市场健康有序地发展。

2010年至2013年,随着形势的发展,国家政策的放宽,市场管理工作更加复杂,工商部门的任务主要是打击制售假冒伪劣商品,重点是食品市场、农资市场、汽车市场、家电市场、农村市场、城中城市场、旅游市场。组织开展"红盾护农"专项行动,开展"百成万店无假货"活动和"百家企业打假维权"活动。县城和周士庄、倍加造、湖东农贸市场形成规模。三年来,市场专项整治共出动执法人员1500多人次,查处各类违法案件91件,销毁假冒伪劣产品价值达35万元,受理消费者投诉120多起,为消费者挽回经济损失12万元。

第七章 审 计

第一节 管理机构

1996年，大同县审计局共有干部职工18人，中共党员11人，团员3人，大专以上文化素质11人，中专4人，拥有中级技术职称4人，初级职称4人，平均年龄36岁。

2013年，全县有审计管理机构2个，即大同县审计局、大同县经济责任审计中心，其中，大同县审计局有公务员11人，设局长1人，副局长2人，总审计师1人，纪检组长1人，科员5人，公勤人员1人；大同县经济责任审计中心17人，设主任1人，有专业技术职称干部职工8人，其他工作人员8人。

第二节 主要工作

1996年共完成七大类54个审计和调查项目，审计单位124个，审计总金额38690万元，查出各种违纪违规资金239.31万元，应上缴财政23624元。同年11月，出台了《大同县审计局加强精神文明建设意见》六项二十条，通过加强精神文明建设，审计责任感增强了。市局在全市审计系统做了经验推广，省厅也在《审计情况通报》上专文刊登了此意见。同年12月，举办了第二期审计业务培训班，全体审计干部参加了培训。同月，参加了市局《我与审计征文》活动，并获得了组织奖。庞有彪、郭爱珍获得了优秀奖，庞有彪被评为1996年全市审计系统先进个人，大同县审计局被评为全市模范审计局。

1997年初，审计局对县砖瓦厂生产经营情况进行探索性的效益审计，从企业产、供、销、人、财、物六个方面进行了深入细致的研究分析，并对企业生产的主要环节进行测评分析，从原理上要效益，找到了企业在提高效益上的途径，县砖瓦厂采纳了审计建议，当年实现利税800万元，比上年增加200万元。这一调查报告受到了县委、县政府的高度重视。2007年6月份，县委专门指定审计局给全县副科级中青年领导干部培训班讲解了《审计法》，审计局派一名同志认真备课，耐心讲课，使来自全县各级的学员共三期近150名认真学习了《审计法》，对审计工作有了一个全新的认识，从而认识到审计工作的重要性。

1998年，县审计局完成了对广灵县公安、交警财务收支交叉审计，对天镇县粮食企业1992年4月至1998年5月亏损挂账专项审计，编写审计信息30篇，被采纳19篇，撰写审计调查报告7篇，被《山西审计》及其他刊物收录共3篇，审计成果转化工作较为突出。1998年，审计局抽出8名骨干参加了农村"三讲一整"工作队和企业巡回组，在合同兑现、清理拖欠等工作中发挥了审计特长，起到了积极的作用。

1999年，经济责任审计取得了实质性的进展，全县完成党政领导干部任期经济责任审计二十一项，审计单位47个，提出合理化建议13条，被采用的8条，完成综合调查报告3篇，编写审计信息13篇，被采纳7篇，依据审计结果，县委对12人进行了提拔和重用，对2人降职处理，对2人诫勉2年，对4

个单位进行了通报批评,1999 年大同县审计局被市审计局评为模范审计局,被县委组织部评为红旗党支部。8 月,县政府 42 号文批转《大同县审计局离任经济责任审计实施细则》。12 月,省审计厅和省委组织部联合在大同县召开了全省县级以下党政领导干部任期经济责任审计工作座谈会。全省各地市审计局长及相关人员 100 多人参加了会议。同年 12 月,审计局档案工作达到省级一级标准。

2001 年,重点对撤乡并镇的财政财务收支进行了审计,开展了 15 个单位的经济责任审计。

2002 年 5 月,县审计局受市审计局委托对阳高县国土资金、左云县城建资金进行了交叉审计,共收缴回 80 万元。

2003 年 5 月 16 日,市编委 52 号文件批复同意成立"大同县经济责任审计中心",隶属县审计局,为全额拨款事业单位,副科级建制,核定事业编制 6 名。同年,受市局委托,对大同市矿区公安局 2002 年财务收支进行了交叉审计,查处各种违纪资金 368.65 万元,收缴回 10 万元。同年完成了防治非典型肺炎专项资金和捐赠款物的两次审计,参与了徐疃开发区"非典"防治工作。完成了对县信用合作社 2002 年度资产、负债、损益的审计,查出违纪违规金额 21.26 万元,对违规贷款、违规支出和违规资产负债的比例问题进行了审计处理。完成了 4 个党政企业领导经济责任审计,完成了对解庄煤站建站以来资产负债情况审计,完成了对京津风沙源治理项目资金管理使用财务移交的审计,完成了 2002 年饮水解困工程专项资金审计。另外,2003 年还配合县企业改制领导组完成了对黄土坡煤矿、县砖瓦厂改制前的清产核资和财务清查工作,配合县纪检部门完成了对县工业企业效益和农业专项资金使用情况的检查、监察。2003 年 9 月 24 日,代表大同市接受了审计署组织的经济责任审计工作调研。

2004 年,完成了县民政局等 17 个单位负责人的经济责任审计,包括受市局委托对大同市焦煤矿有限责任公司董事长高占明的离任审计,查出欠缴水资源费、虚列收入、违规支付代理费等问题,收缴

回 30 万元。2004 年完成了对县医院财务收支审计调查,参与了县城市建设项目的审计调查,对省级财政性委托贷款的审计调查,参与了县大修厂、县活性炭厂、大同同德金属镁厂、黄土坡煤矿企业改制清产核资审计工作。同年,在县湖东宾馆隆重召开了大同县审计工作会议,县四大班子主要领导参加了会议。全县所有单位的主要领导、会计参加了会议。

2005 年完成了经济责任审计任务 14 个,审计调查项目 8 个,财务审计 4 项。重点完成了对县粮食系统 1998 年至 2004 年粮食清查审计,查出各种违纪违规资金 779.05 万元,处以罚款 3.3 万元。同年,局党支部组织全体党员认真开展了保持共产党员先进性教育活动,响应县委、县政府号召,多方筹集资金 14 万元用于县城道路改造建设,被县委、县政府表彰为突出贡献单位。

2006 年,重点完成了矿产国土专项资金、排污费征收、卫生系统专项资金、公路养路费专项资金共 9 个审计调查项目。

2007 年,完成了专项审计 8 项,经济责任审计 19 项,基本建设投资审计 9 项,完成了京津风沙源专项资金审计,按照市打击偷逃税费综合整治领导组的安排,在各有关部门的配合下,积极开展了打击偷逃税费工作,共计收缴偷欠税费 614 万元,增加了财政收入,为完善大同县税收机制创造了良好的经济环境。同年,出台了《大同县审计局关于转变工作作风加强廉政建设的决定》,制定了三条纪律,严禁接受宴请、接受礼品、礼金等,更不允许吃、拿、卡、要。同年 12 月,审计局的档案工作代表全县接受了市档案局的验收检查。2007 年,审计局开始试行调审制度,既节约了时间,提高了工作效率,缓解了审计任务重与审计人员少的矛盾,又避免了被审计单位的接待,进一步树立了审计的良好形象。同年,审计局在经费不足的情况下,为帮扶郭家窑头村搞好新农村建设资助 2 万元。7 月 8 日,会同县物价所、许堡乡组成工作组对东水地村村民浇地上访事件进行调查处理,一起浇地上访事件得以平

息,市局审计信息予以报道,尤其是2007年7月27日《中国审计报》头版位置发表了《坑农事件出现之后……》专题文章,肯定了审计局在服务经济建设方面所做的工作。

2008年完成上级审计机关安排的专项审计5项,完成县政府指令审计任务8项,完成清理化解农村"普九"义务教育债务审计,继续开展打击偷逃税费综合整治工作,收缴偷欠税费2339.63万元,完成政府投资项目审计15项,为国家节约资金153.38万元。汶川地震后,全局为灾区捐款3700元,捐出"特殊党费"2900元。

2009年,全局完成了74个项目审计任务,查出违纪违规资金3168.98万元,为国家节约资金152.33万元。其中,完成上级审计机关安排的任务12项,完成经济责任审计39项,完成清理化解农村"普九"义务教育债务审计复查工作,完成了政府投资项目16项,打击偷逃税费工作共收回720万元。同年,全局上下认真开展学习科学发展观活动,并派出4名优秀干部参加了全县"双学双比双服务"工作队。为实现县委提出来的四大目标发挥自身的职能作用,为创优环境、依法治县、促进全县经济快速发展做出了应有的贡献。同年,审计局挤出经费维修了办公用房7间,为每一个审计人员配备了新的办公桌椅及文件柜,增加了电脑5台,基础设施得到了进一步的改善。

经济综合管理

第八章　国土资源管理

第一节　土地使用制度改革

国家不断制定和改革土地使用制度,目标在于通过节约信约用地协调建设用地和保护耕地的关系,以保障经济社会的可持续发展。

1990年5月19日,国务院令第55号发布《城镇国有土地使用权出让和转让暂行条例》,确立了土地使用权出让这一与划拨用地并行的新的土地使用制度,标志着正式的土地市场建设开始启动。旨在为了提高建设用地节约集约利用水平,保障可持续发展。

1997年,党中央、国务院出台了《关于进一步加强土地管理切实保护耕地的通知》,提出了加强土地管理,切实保护耕地的总的指导思想和一系列重大措施。

1998年12月24日,国务院令第257号发布了《基本农田保护条例》,山西省于1999年11月30日修正了《山西省基本农田保护条例》,国家实行对基本农田的特殊保护。全县按照条例规定划定了基本农田保护区范围。

1998年修改了《土地管理法》,新的《土地管理法》提出国家实行土地用途管制制度,严格限制农用地转为建设用地,控制建设用地总量。自此,严格控制建设用地总量成为规范、调控土地市场,提高土地利用效率的基本前提条件。随着形势的变化,国家对这一制度的要求越来越严格。对土地利用总体规划,要求各类与土地利用相关规划的建设用地规模必须符合土地利用总体规划的安排。对土地利用年度计划,一方面实行了指令性管理政策,另一方面,计划涉及范围进行了扩大,将未利用地纳入计划范围。再就是加大了计划执行的监管力度,对超计划批地的,实行了"超多少、扣多少"的政策。

1998年12月27日,国务院令第256号修改了《中华人民共和国土地管理法实施条例》,对土地征收补偿标准进一步予以提高,将土地补偿费从平均年产值的3—6倍提高到4—6倍,安置补助费从平均年产值的10倍提高到15倍,将两费总和从平均年产值的20倍提高到30倍,并且特别规定,国务院根据社会经济发展水平,可以提高补偿标准。除此之外,还对用地单位占用耕地增加了占补平衡的要求,进一步增加了占用耕地成本。1999年9月26日《山西省实施〈中华人民共和国土地管理法〉办法》,进一步细化补偿标准,土地补偿费分别提高到:基本农田8—10倍、一般农田6—9倍、草地7倍、荒地3—6倍等,安置补助费分别提高到:基本农田5—6倍、一般农田4—5倍、草地5倍等。2007年5月21日,山西省国土资源厅以晋国土资发[2007]193号文件又出台了关于山西省建设项目征地补偿意见的通知,又一次提高了建设用地征收土地补偿标准,此文件将大同县的平均补偿标准提高到2.2608万元/亩。2009年12月,山西省人民政府又以晋政发[2009]38号文件提高全省征地统一年产值标准,此文件又将大同县的平均补偿标准提高到2.5573万元/亩。

1999年3月2日,国土资源部第3号令分布了

《建设用地审查报批管理办法》，进一步规范建设用地审查报批方式。

2001年10月22日，国土资源部第9号令公布了《划拨用地目录》、第10号令《征用土地公告办法》。9号令明确了可以办理划拨用地的项目，10号令重在保护农村集体组织、农村村民或者其它权利人的合法权益。

2004年，国土资源部出台了《工业项目建设用地控制指标（试行）》，这个控制指标由投资强度、容积率、建设筑系数、行政办公及生活服务设施用地所占比重四项指标构成，不符合要求的不予供地或对项目用地面积予以核减。

2007年5月21日，山西省国土资源厅以晋国土资发〔2007〕193号文件出台。对此，大同县县委、县政府坚决按照"十分珍惜和合理利用每寸土地，切实保护耕地"基本国策的要求，在保护耕地和较大幅度地提高建设用地节约集约利用水平的基础上，有力地保障了大同县国民经济长期持续快速发展。

第二节　土地规划与开发利用

土地规划

《大同县土地利用总体规划（1997—2010）》于2001年4月26日经省人民政府以《关于大同县土地利用总体规划的批复》批复。省政府批复要求大同县在规划期间基本农田保护面积不少于44426.7公顷，规划期末耕地保有量不得低于52452.3公顷，《规划》期内全县建设用地总量控制在1266公顷（含占用耕地713公顷）以内，其中包括大同市经济技术开发区建设用地300公顷（含占用耕地190公顷）。大同县各乡（镇）级土地利用总体规划于2003年10月8日经大同市人民政府批复，各乡（镇）级土地利用总体规划严格落实了县级土地利用总体规划以各项控制指标是对县级土地利用总体规划的细化和具体。

土地利用

据1996年土地利用变更调查资料，全县各类土地利用现状为：耕地为52207.66公顷，园地为1382.36公顷，林地为36989.66公顷，牧草地26158.71公顷，居民点及工矿用地50101.86公顷，交通用地2592.32公顷，水域为10869.76公顷，未利用地14565.05公顷；分别占土地总面积的34.86%、0.92%、24.70%、17.47%、3.34%、1.73%、7.26%、09.72%。从当时的现状来看，全县土地利用率较高，达90.28%，农、林、牧用地结构比为45∶33∶22。到2009年，全县耕地、园地、林地、牧草地、居民点及工矿用地、交通用地、水域、未利用地分别占土地总面积的35.02%、1.28%、26.54%、18.77%、3.48%、2.12%、6.81%、5.98%，经过调整，土地利用结构趋于合理，土地利用率提高到94.02%，农、林、牧占地比调整为43∶34∶23。

土地利用总体规划新增建设用地情况

全县土地2006—2020年规划指标为3970.92公顷，其中落实上级下达新增建设用地指标3662.97公顷，城乡建设用地增减挂钩新增建设用地指标307.88公顷。土地利用年度计划均由市国土资源局根据省厅安排，报请市政府同意，然后将农用地及利用地指标下放到县局，县局根据上级部门下达的指标开始组卷报批。我县2008年至2013年共下达新增建设用地计划指标1490.9023公顷，具体如下。

2008年共下达新增建设用地计划指标100.9479公顷，其中农用地80.0622公顷（包括耕地48.336公顷），未利用地20.8857公顷。

2009年共下达新增建设用地计划指标75.612公顷，其中农用地69.669公顷（包括耕地32.2122公顷），未利用地5.943公顷。

2010年共下达新增建设用地计划指标126.309公顷，其中农用地124.7627公顷（包括耕地67.6065公顷），未利用地1.5463公顷。

2011年共下达新增建设用地计划指标138.4032公顷，其中农用地122.5588公顷（包括耕地49.4870公顷），未利用地15.8474公顷。

2012年共下达新增建设用地计划指标

708.7222公顷,其中农用地545.8836公顷(包括耕地348.8776公顷),未利用地162.8386公顷。

2013年共下达新增建设用地计划指标340.908公顷,其中农用地269.1872公顷(包括耕地107.038公顷),未利用地71.7208公顷。

以上年度土地利用计划经上级批准后,县国土资源局严格执行,不存在超过当年下达计划指标非法批准用地行为。

第三节　建设用地管理

京大高速公路用地

1998年,为了改变全省北部地区交通结构,加快大同市经济发展,改善投资环境,根据省委、省政府的安排布置,以及晋计投交字[1998]539号文件精神,拟在全县境内新建109国道(京大路),于1998年开始动工修建:共占6个乡(镇)16个村、2个国营林场,其中主线占4219.04亩;附属工程126.73亩,共占地4345.77亩。建设项目用地经山西省人民政府晋政征土字[1998]第223号、224号、225号、227号批准。

项目建设用地

2001年共4宗,土地总面积165.1854公顷。①大同县文化局新建职工住宅楼用地0.1628公顷,利用原建设用地,经大同县人民政府大政征土字[2001]5号于2001年10月批准。②大同县粮食局建家属楼征用土地0.12公顷,经大同县人民政府大政征大字[2001]6号于2001年10月批准。③大同民用机场工程建设用地,是全市"十五"时期重点工程,场址位于大同县县城西部12千米处的倍加造镇和西坪镇内,用地总面积159.6346公顷,其中集体用地149.8913公顷,建设用地3.4786公顷,未利用地0.2267公顷。经中华人民共和国国土资源部国土资函[2001]440号于2001年9月批准。④大同富恒交通建设有限责任公司承建大张线(大同—阳高段)改建工程,建设里程全长47.67千米,于2001年开始动工修建,占用周士庄镇七个村和聚乐乡二个村,征用全县土地总面

积5.2680公顷,其中农用地4.1287公顷,未利用地1.1393公顷。经山西省国土资源厅晋国土资函[2002]396号于2002年12月批准。

2002年共12宗,涉及土地总面积4.6904公顷。①大同县人民法院综合审判庭建设用地0.1413公顷,涉及西坪镇水头村与周士庄镇周士庄村,其中农用地0.0988公顷,建设用地0.0425公顷。经山西省国土资源厅晋国土资函[2003]307号于2003年7月批准。②大同县工业供销公司新建综合楼建设项目用地0.0632公顷,全部为建设用地,经大同县人民政府大政征土字[2002]10号于2002年6月批准。③农行大同县支行住宅楼用地0.1095公顷,经大同县人民政府大政征土字[2002]11号于2002年6月批准。④大同县发展计划局综合楼建设项目用地0.0612公顷,使用本厂原有建设用地。经大同县人民政府大政征土字[2002]12号于2002年6月批准。⑤大同县副食加工厂新建商住楼用地0.2812公顷,使用本厂原有建设用地。经大同县人民政府大政征土字[2002]8号于2002年6月批准。⑥大同县第二建筑公司改造县糖酒公司临街门面房、兴建商业楼用地0.7657公顷,全部为建设用地。经大同县人民政府大政征土字[2002]9号于2002年6月批准。⑦山西省电力公司大同县供电支公司35KV许堡变电站用地0.2286公顷,占用许堡村109国道南,全部为集体土地。经山西省国土资源厅晋国土资函[2002]349号于2002年8月批准。⑧中国移动山西省公司建设落地铁塔用地0.0126公顷,占用大同县水泥厂、徐町开发区、陈庄开发区、中高庄开发区土地,全部为建设用地。经山西省国土资源厅晋国土资发[2001]197号批准。⑨山西移动通信公司大同分公司铁塔、基站等项目占地0.0324,占用瓜园乡瓜园村、许堡乡养老洼村、峰峪乡东后口村、周士庄镇四十里铺村、吉家庄乡古定桥村,其中农用地0.0048公顷,建设用地0.0276公顷。经山西省国土资源厅晋国土资函[2002]265号于2002年5月批准。⑩倍加造镇任家小村联建活性炭厂项目占地0.7公顷,位于任家

小村村北,全部为建设用地。经大同市人民政府同占土字[2002]14号于2002年11月批准。⑪大同县光明农业综合科技开发有限责任公司与水头村联建大同昊天天然矿泉水厂,占地2.1534公顷,全部为农用地。经大同市人民政府同占土字[2002]12号于2002年9月批准。⑫大同县检察院业务楼建设用地0.1413公顷,位于大同县西街路北,其中农用地0.0988公顷,建设用地0.0425公顷。经山西省国土资源厅晋国土资函[2003]307号于2003年7月批准。

同年,第一批次用地分为3个地块,用途为基础设施用地,商业用地,国家机关用地,总面积1.4613公顷,其中农用地1.2478公顷,建设用地0.1425公顷,未利用地0.071公顷。建设项目经山西省国土资源厅晋国土资函[2003]307号于2003年7月批准。

2003年共6宗,涉及土地总面积58.1719公顷。①大同县周士庄镇三十里铺村联建大同县天赐型煤加工厂项目占地2.662公顷,位于大同县杜庄乡周家堡村,全部为农用地。经大同市人民政府同占土字[2003]4号于2003年10月批准。②大同县供电支公司10KV西坪开闭所建设用地0.0988公顷,征用大同县西坪镇水头村、西坪村和周士庄镇周士庄村土地,其中耕地1.2478公顷,建设用地0.1425公顷,未利用地0.0710公顷。经山西省国土资源厅晋国土资函[2003]307号于2003年7月批准。③得大高速公路项目:为了完善全省基础设施,经交通部交规划发[2001]467号文《关于二河国道主干线得胜口至大同公路可行性研究报告的批复》批准同意建设二河国道主干线得胜口至大同公路,于2003年开始动工修建。工程途径党留庄乡蔡庄村、国营原种场和倍加造镇西骆驼坊村,共征用全县土地26.3999公顷,全部为农用地。其中:水地18.5819公顷,旱地5.0651公顷,林地0.5670公顷,天然草地2.1859公顷。建设项目用地经国土资源部国土资函[2004]582号批准。④大同市自来水有限责任公司党留庄加压站项目占地0.36公顷,位于党留庄乡侯大庄村,全部为农用地。经山西省国土资源厅晋国土资函[2004]233号于2004年3月批

准。⑤大同县西坪镇坨坊村与大同市通达生态工程开发有限公司联建草业试验示范中心项目,占用坨坊村土地21.9845公顷,全部为荒地,经大同市人民政府同占土字[2004]1号于2004年1月批准。⑥大同市黑流水劳动教养所为给劳教人员提供劳动场所,拟建大同保健食品有限公司,占地6.6667公顷,分别占用党留庄乡侯大庄村、小铺村土地,其中农用地0.5067公顷,未利用地6.16公顷。经山西省国土资源厅晋国土资函[2004]441号于2004年8月批准。

2004年共11宗,涉及土地总面积38.8246公顷。①大同市粮油储运公司新建现代化国家粮食储备库占地5.0733公顷,占用周士庄镇三条涧村土地,全部为集体建设用地。经山西省国土资源厅晋国土资函[2005]28号于2005年1月批准。②大同县污水处理有限责任公司拟建污水处理厂一座,占地1.0公顷,占用西坪镇寺儿上村土地,全部为天然草地。经山西省人民政府晋政地字[2005]57号于2005年4月批准。③周士庄镇周士庄村与大同县兴达碳素厂联建石墨化技改项目占地2.0公顷,占用周士庄村土地,全部为建设用地。经大同市人民政府同占土字[2005]11号于2005年7月批准。④大同县盛益农场建设项目占地1.0公顷,占用党留庄乡马连庄村土地,全部为农用地。经山西省人民政府晋政地字[2005]109号于2005年6月批准。⑤大同市骏腾实业有限公司畜禽繁育基地建设用地1.8467公顷,占用周士庄镇二十里铺村土地,全部为农用地。经山西省人民政府晋政地字[2005]111号于2005年6月批准。⑥大同市泰和春实业有限责任公司名品花卉培育基地建设用地1.6827公顷,占用党留庄乡邢庄村土地,其中农用地1.2627公顷,未利用地0.42公顷。经山西省人民政府晋政地字[2005]115号于2005年6月批准。⑦山西永翔食品有限公司新建脱水蔬菜项目建设用地2.0公顷,占用倍加造镇独树村土地,全部为农用地。经山西省人民政府晋政地字[2005]116号于2005年6月批准。⑧大同市华青贸易有限责任公

司新建新型活性炭项目用地4.6907公顷，占用党留庄乡党留庄村土地，全部为天然草地。经山西省人民政府晋政地字〔2005〕112号于2005年6月批准。⑨大同顺瀛和田宽食品有限公司年产二万吨本酿造酱油项目建设用地（10.0公顷），全部占用大同县良种场耕地。经山西省人民政府晋政地字〔2005〕113号于2005年6月批准。⑩大同县通信分公司所涉及的14宗交换站共占用土地0.0862公顷，公分14个地块，用途为公用设施，分别占用党留庄乡马连庄村、聚乐乡吴家洼村、西坪镇西坪村土地，其中农用地0.0193公顷，建设用地0.0669公顷。经山西省国土资源厅晋国土资函〔2004〕238号于2004年4月批准。⑪大同市华岳热电有限责任公司2×50MW热电联产技改工程建设用地9.445公顷，分别占用党留庄蔡庄村土地7.55公顷和倍加造镇解庄村土地1.9公顷，全部为集体土地。建设项目用地经山西省国土资源厅晋国土资函〔2004〕347号批准。

2005年共3宗，涉及土地总面积6.3037公顷。①大同市豪杰实业有限公司新建细木板项目建设用地1.6417公顷，占用倍加造镇解庄村土地，全部为农用地。经山西省人民政府晋政地字〔2005〕282号于2005年12月批准。②大同县周士庄王千户村联建大同县宏发农副产品加工项目占地2.0公顷，占用王千户村未利用土地。经大同市人民政府同占土字〔2006〕10号于2006年7月批准。③周士庄镇三十里铺村与大同县天赐洗选加工有限责任公司联建洗选煤加工项目占地2.662公顷，全部为耕地。经大同市人民政府同占土字〔2005〕25号于2005年12月批准。

2006年共8宗，涉及土地总面积18.2917公顷。①大同县道路运输管理所建设汽车客运站征收土地2.0公顷，占用西坪镇水头村土地，全部为耕地。经山西省人民政府晋政地字〔2007〕421号于2007年9月批准。②大同市粮油储运公司粮库二期在大同县境内占地0.3公顷，全部占用周士庄镇三条涧村土地，其中农用地0.2823公顷，建设用地0.0177公顷。经山西省人民政府晋政地字〔2006〕

420号于2006年10月批准。③大同县椿林林牧养殖园区建设养殖基地占地1.44公顷，占用党留庄乡邢庄村土地，全部为荒草地。经山西省人民政府晋政地字〔2006〕717号于2006年12月批准。④大同县党留庄乡党留庄村联建新义建材有限公司粉煤灰加气混凝土砌块项目占地4.0公顷，全部为未利用地。经大同市人民政府同占土字〔2006〕20号于2006年11月批准。⑤大同市银河钢结构工程有限责任公司新建钢结构厂占地4.5699公顷，占用党留庄乡马连庄村土地，其中农用地3.2366公顷，未利用地1.3333公顷。经山西省人民政府晋政地字〔2006〕715号于2006年12月批准。⑥西坪镇西坪村建设棚户区改造项目占地3.9818公顷，位于西坪村北，全部为建设用地。经大同县人民政府大政占土字〔2007〕1号于2007年6月批准。⑦大同县道路运输管理所建设汽车客运站占地2.0公顷，占用西坪镇水头村土地，全部为农用地。经山西省人民政府晋政地字〔2007〕421号于2007年9月批准。⑧2006年大同县人民政府统征经营性用地占地0.7333公顷，位于大同县党留庄乡马连庄村西侧，全部为农用地，用途为商业服务业。经山西省人民政府晋政地字〔2006〕421号于2006年10月批准。

2007年共4宗，涉及土地总面积25.731公顷。①大同县天赐钢木家具厂建设铁皮制品生产线项目占地2.4公顷，占用周士庄镇王千户村土地，全部为农用地。经山西省人民政府晋政地字〔2007〕441号于2007年9月批准。②大同市安盛实业有限责任公司建设水泥浆厂占地17.331公顷，占用大同县党留庄乡安留庄村土地，其中农用地2.2526公顷，未利用地15.0784公顷。经山西省人民政府晋政地字〔2007〕307号于2007年6月批准。③大同市华青活性炭有限责任公司建设活性炭项目占地4.0公顷，全部占用党留庄乡党留庄村土地，其中农用地0.5519公顷，未利用地3.4481公顷。经山西省人民政府晋政地字〔2007〕277号于2007年5月批准。④大同市凯之升科技发展有限责任公司新建书刊包装印刷及农产品综合加工项目占地2.0公顷，占用周士庄镇牛家堡村土地。经山西省人民政府晋政地字[2007]278号于2007年5月批准。同年，第一批次建设用地共分为11个地块，全部为工业用地，总面积35.6869公顷，其中农用地10.5721公顷，未利用地22.3248公顷。建设项目用地经山西省人民政府晋政地字[2007]539号于2009年4月批准。

2008年共5批次，涉及土地总面积79.4511公顷。第一批次建设用地，分为4个地块：分别为工业用地、工矿仓储用地、公路用地、住宅用地，总面积10.3056公顷，其中农用地9.7269公顷，未利用地0.5787公顷。建设项目用地经山西省人民政府晋政地（补）字[2009]42号于2009年4月批准。第二批次建设用地，分为6个地块，全部为工业用途，总面积32.1628公顷，其中农用地16.6266公顷；建设用地2.1229公顷；未利用地13.4133公顷。建设项目用地经山西省人民政府晋政地字[2008]287号于2008年12月批准。第三批次建设用地，分为14个地块：1为设施农业用地；2—4为公共建筑用地；5—6为商服用地；7—12为工业仓储用地；13—14为基础设施用地，总面积24.9910公顷，其中农用地22.9531公顷，建设用地0.4128公顷，未利用地1.6251公顷。建设项目用地经山西省人民政府晋政地字[2008]287号于2008年12月批准。第四批次建设用地，共1个地块，为工业用途，总面积0.6677公顷，其中农用地0.2920公顷，未利用地0.3757公顷。建设项目用地经山西省人民政府晋政地（补）字[2009]42号于2009年4月批准。第五批次建设用地，分为2个地块，1为旅游、住宅用地，2为工业用地，总面积11.3240公顷，其中农用地10.9289公顷，建设用地0.3951公顷。建设项目用地经山西省人民政府晋政地字[2008]287号于2008年12月批准。

2009年共4批次，涉及土地总面积145.0446公顷。第一批次建设用地，共1个地块，为工业用途，总面积64.6387公顷，其中农用地59.6501公顷，未利用地4.9886公顷。建设项目用地经山西省人民政府晋政地字[2009]124号于2009年8月批

准。第二批次建设用地，共分4个地块，1—3为工业用途，4为服务用途，总面积4.5531公顷，其中建设用地4.4625公顷。建设项目用地经山西省人民政府晋政地字[2010]148号于2010年5月批准。第三批次建设用地，共1个地块，用途为公路用地，总面积46.753公顷，其中农用地45.069公顷，建设用地0.2985公顷，未利用地1.3855公顷。建设项目用地经山西省人民政府晋政地字[2010]148号于2010年5月批准。第四批次建设用地，共1个地块，开发用途为公路用地，总面积29.0998公顷，其中农用地26.2237公顷，建设用地2.8761公顷。建设项目用地经山西省人民政府晋政地字[2010]149号于2010年5月批准。

2010年共5批次，涉及土地总面积151.383公顷。第一批次建设用地项目为威奇达药业项目，总面积38.4823公顷，其中农用地18.2792公顷，林地20.2031公顷，建设项目用地经山西省人民政府晋政地字[2010]225号于2010年8月11日批准。第二批次建设用地项目为万昌物流、县一中、永翔食品、集中供热、文化大楼、廉租房、庞大汽贸、天然气8个项目，总面积15.176公顷，其中农用地14.9877公顷，建设用地0.0275公顷，未利用地0.1608公顷，建设项目用地经山西省人民政府晋政地字[2010]241号于2010年9月25日批准。第三批次建设用地项目为普德药业、奥麟敬老院2个项目，总面积33.5824公顷，其中农用地33.5369公顷，建设用地0.0455公顷，建设项目用地经山西省人民政府晋政地字[2011]139号批准。第四批次建设用地项目为仟源药业项目，总面积35.9997公顷，其中农用地35.2898公顷，建设用地0.7099公顷，建设项目用地经山西省人民政府晋政地字[2011]140号批准。第五批次建设用地项目为振东泰盛药业、御东污水处理厂2个项目，总面积28.1426公顷，均为农用地，建设项目用地经山西省人民政府晋政地字[2011]141号批准。

2011年1个单独选址项目，9个批次建设用地项目，涉及土地总面积458.2443公顷：单独选址项

目为飞机场扩建项目，总面积46.122公顷，其中农用地6.6862公顷，建设用地24.4012公顷，未利用地15.0346公顷，建设项目用地经山西省人民政府晋政地字[2011]81号批准。第一批次建设用地项目为中央大道项目，总面积21.5511公顷，其中农用地18.9003公顷，建设用地1.8380公顷，未利用地0.8128公顷，建设项目用地经山西省人民政府晋政地字[2011]338号批准。第二批次建设用地项目为廉租房(上)、廉租房(下)、御河东路三期、国药阿拉宾度(部分)4个项目，总面积48.5409公顷，其中农用地26.9704公顷，建设用地20.6829公顷，未利用地0.8876公顷，建设项目用地经山西省人民政府晋政地字[2012]41号于2012年1月10日批准。(第三批次建设用地项目省政府未批复)。第四批次建设用地项目为2.5万吨高纯多晶硅项目，总面积35.5406公顷，其中农用地35.2442公顷，未利用地0.2964公顷，建设项目用地经山西省人民政府晋政地字[2012]29号于2012年1月6日批准。第五批次建设用地项目为多晶硅动力供热工程项目，总面积49.0547公顷，其中农用地43.4588公顷，建设用地0.0705公顷，未利用地5.5254公顷，建设项目用地经山西省人民政府晋政地字[2012]30号于2012年1月6日批准。第六批次建设用地项目为园区道路、多晶硅冷氢化工程2个项目，总面积55.4066公顷，其中农用地38.7729公顷，建设用地2.3024公顷，未利用地14.3313公顷，建设项目用地经山西省人民政府晋政地字[2012]31号于2012年1月6日批准。第七批次建设用地项目为三九同达药业、振东泰盛药业、经一路、园区南路西延、阿拉宾度药业、星火药业、协和硅材料7个项目，总面积38.5269公顷，其中农用地35.0453公顷，建设用地0.2058公顷，未利用地3.2758公顷，建设项目用地经山西省人民政府晋政地字[2012]32号于2012年1月6日批准。第八批次建设用地项目为富士康硅材料、前意实业、县第一中学、岳华建材厂4个项目，总面积53.9818公顷，其中农用地35.2954公顷，建设用地16.9028公顷，未利用地1.7836公顷，建设

项目用地经山西省人民政府晋政地字[2012]33号于2012年1月6日批准(第九批次建设用地项目省政府未批复)。第十批次建设用地项目为大同论坛项目，总面积69.9353公顷，其中农用地0.1506公顷，建设用地1.8996公顷，未利用地67.8851公顷，建设项目用地经山西省人民政府晋政地字[2012]40号于2012年1月10日批准。第十一批次建设用地项目为惠瑞药业、精工建筑、云冈玻璃、紫光煤电1、紫光煤电2、十堰同创、上海洋浦、仁和制造、特维尔、同华矿机1、同华矿机2、同华矿机3、维敏药业13个项目，总面积39.5844公顷，其中农用地22.8895公顷，建设用地4.7273公顷，未利用地11.9676公顷，建设项目用地经山西省人民政府晋政地字[2012]434号于2012年9月6日批准。

2012年7个单独选址项目，7个批次建设用地项目，涉及土地总面积607.4219公顷。单独选址项目为：①208国道改建项目，面积54.8149公顷，其中农用地29.4336公顷，建设用地23.8898公顷，未利用地1.4915公顷，建设项目用地经国务院国土资函[2012]68号于2012年1月21日批准；②御河东路南延项目，总面积35.8873公顷，其中农用地22.6123公顷，建设用地0.9675公顷，未利用地12.3075公顷，建设项目用地经国务院国土资函[2012],48号于2012年1月21日批准；③同源高速项目，总面积171.3501公顷，其中农用地121.4287公顷，建设用地15.4606公顷，未利用地34.4608公顷，建设项目用地经国务院国土资函[2012]67号于2012年1月21日批准；④天大高速项目，总面积131.0913公顷，其中农用地117.8871公顷，建设用地5.0049公顷，未利用地8.1993公顷，建设项目用地经国务院国土资函[2012]45号于2012年1月21日批准；⑤得大高速项目，总面积17.6217公顷，其中农用地15.9509公顷，建设用地1.4881公顷，未利用地0.1827公顷，建设项目用地经国务院国土资函[2012]46号于2012年1月21日批准；⑥党留庄110千瓦变电站项目，总面积0.4355公顷，均为农用地，建设项目用地经山西省

人民政府晋政地字[2012]592号于2012年12月27日批准;⑦解庄110千瓦变电站项目,总面积0.5524公顷,其中农用地0.3084公顷,未利用地0.244公顷,建设项目用地经山西省人民政府晋政地字[2012]591号于2012年12月27日批准。第一批次建设用地项目为热源电厂项目,总面积9.445公顷,均为建设用地,建设项目用地经山西省人民政府晋政地字[2012]473号于2012年9月12日批准。第二批次建设用地项目为大同论坛项目,总面积36.7202公顷,其中农用地15.6507公顷,建设用地0.5049公顷,未利用地20.5646公顷,建设项目用地经山西省人民政府晋政地字[2013]66号于2013年1月21日批准。第三批次建设用地项目为同煤机电、万昌物流、云州街延伸段、陕西重汽、经三十路、装备园区办公楼停车场、医药二园区经十二路(北)7个项目,总面积43.6652公顷,其中农用地29.0789公顷,建设用地3.1445公顷,未利用地11.4418公顷,建设项目用地经山西省人民政府晋政地字[2013]67号于2013年1月21日批准。第四批次建设用地项目为宝迪食品、红木家具2个项目,总面积21.8192公顷,均为农用地,建设项目用地经山西省人民政府晋政地字[2013]68号于2013年1月21日批准。第五批次建设用地项目为2个搅拌站项目,总面积3.0102公顷,其中农用地2.0277公顷,未利用地0.9825公顷,建设项目用地经山西省人民政府晋政地字[2013]69号于2013年1月21日批准。第六批次建设用地项目为纺织园区项目,总面积47.1212公顷,其中农用地41.9365公顷,建设用地0.1107公顷,未利用地5.074公顷,建设项目用地经山西省人民政府晋政地字[2013]70号于2013年1月21日批准。第七批次建设用地项目为纺织园区项目,总面积33.8877公顷,其中农用地13.1002公顷,未利用地20.7875公顷,建设项目用地经山西省人民政府晋政地字[2013]71号于2013年1月21日批准。

2013年3个单独选址项目,11个批次建设用地项目,涉及土地总面积267.425公顷。单独选址项目为:①大同土林北路项目,总面积4.3956公顷,其中农用地1.3443公顷,未利用地3.0513公顷,建设项目用地经山西省人民政府晋政地字[2013]719号于2013年12月25日批准;②大同县长胜庄35KV输变电工程项目,总面积0.2114公顷,均为农用地,建设项目用地经山西省人民政府晋政地字[2013]710号于2013年12月25日批准;③大同东500KV输变电工程项目,总面积4.212公顷,均为农用地,建设项目用地经山西省人民政府晋政地字[2013]712号于2013年12月25日批准。第一批次建设用地总面积26.5118公顷,其中农用地20.8536公顷,建设用地5.1666公顷,未利用地0.4916公顷,建设项目用地经山西省人民政府晋政地字[2013]565号于2013年10月14日批准。第二批次建设用地总面积20.5492公顷,其中农用地12.351公顷,建设用地6.5164公顷,未利用地1.6818公顷,建设项目用地经山西省人民政府晋政地字[2013]566号于2013年10月14日批准。第三批次建设用地总面积22.7678公顷,其中农用地10.9978公顷,建设用地11.5345公顷,未利用地0.2355公顷,建设项目用地经山西省人民政府晋政地字[2013]567号于2013年10月14日批准。第四批次建设用地总面积9.7026公顷,均为农用地,建设项目用地经山西省人民政府晋政地字[2013]609号于2013年10月25日批准。(第五批次建设用地项目省政府未批复)。第六批次建设用地总面积2.3334公顷,均为农用地,建设项目用地经山西省人民政府晋政地字[2013]607号于2013年10月22日批准。第七批次建设用地总面积30.4963公顷,其中农用地29.9162公顷,未利用地0.5801公顷,建设项目用地经山西省人民政府晋政地字[2013]717号于2013年12月25日批准。第八批次建设用地总面积34.4662公顷,其中农用地27.3198公顷,建设用地4.1286公顷,未利用地3.0178公顷,建设项目用地经山西省人民政府晋政地字[2013]735号于2013年12月31日批准。第九批次建设用地总面积31.2319公顷,其中农用地26.3319公顷,建设用地1.0877公顷,未利用地3.8123公顷,建设项目用地经山西省人民政府晋政地字[2013]736号于2013年12月31日批准。第十批次建设用地总面积19.7197公顷,其中农用地15.2932公顷,建设用地1.98公顷,未利用地2.4465公顷,建设项目用地经山西省人民政府晋政地字[2014]368号于2014年5月26日批准。第十一批次建设用地总面积1.4667公顷,其中农用地1.258公顷,未利用地0.2087公顷,建设项目用地经山西省人民政府晋政地字[2014]369号于2014年5月26日批准。第十二批次建设用地总面积59.3604公顷,其中农用地49.8929公顷,建设用地4.1307公顷,未利用地5.3368公顷,建设项目用地经山西省人民政府晋政地字[2014]376号于2014年6月5日批准。

至2013年底,全县共实施增减挂钩项目2个:2011年度增减挂钩项目,总面积197.194公顷,均为建设用地,经山西省人民政府晋政地(挂)字[2012]3号、4号、5号于2012年3月5日批准;2012年度增减挂钩项目,总面积33.333公顷,其中农用地30.5202公顷,建设用地0.2577公顷,未利用地2.5551公顷,经山西省人民政府晋政地(挂)字[2014]43号于2014年12月31日批准。

第四节　地籍管理

土地登记　围绕"十分珍惜,合理利用土地和保护耕地"这一基本国策,完善地籍管理规范化建设,严格、科学、有效的落实地籍管理制度,在日常工作中严把审批关,从规范土地登记,保证土地登记的合法性、有效性出发,严格遵守土地登记程序及规则,认真把握有关法律法规和政策界限,严格执行国土资源局"五不登记"规定,积极推进土地分类、调查、登记和统计的"四统一",依法进行土地登记,在规范化建设中进一步提高了土地登记覆盖率。据统计,从1996年到2013年全县共发放土地使用权证书9000余册,其中国有土地使用权证书共发放2500余册,集体使用权证书共发放6500余册。

处理权属纠纷　土地纠纷成为困扰农村工作牵扯干部精力、损害干群关系、影响社会安定的一个根源,也是地籍管理的一项重要工作。在尊重历史、面对事实的基础上认真严肃地调解处理各类土地纠纷案件,尤其个人与个人之间、个人与单位之间、集体与集体之间土地权属纠纷,都全部得到了圆满的解决,历年来共处理了20多起土地权属纠纷案件,其中影响比较大的是册田水库与周边村的土地权属纠纷,落阵营监狱农场与周边村的土地权属纠纷。避免了群体上访事件的发生,化解了矛盾,维护了群众的合法利益,促进了社会的稳定。

第五节　矿产资源管理

概况

至2013年,全县发现矿产13种。主要矿种玄武岩、石灰岩、花岗岩及砖瓦用黏土分布广,储量大。经过这些年的逐步开发,形成了东部的北石山、集仁、大王以开采玄武岩、花岗岩、石灰岩为主,西部的三府坟、牛家堡、五十里铺、后铺、周士庄、郭家窑头、散岔以开发砂石、黏土矿为主的矿产开发格局,各类矿山企业经登记注册的有10家。全县依托矿产资源兴办搅拌站、水泥厂、砖瓦厂、石材加工厂等企业。原矿及矿产品深加工,为全县经济发展做出了很大贡献。

矿产资源开发利用

1996—2009年,对全县石灰岩、花岗岩及其他矿产资源进行勘查开发,积极培育矿业权市场,对符合条件的矿产地实行以招标拍卖挂牌的方式出让矿业权,切实做到依法持证开采。

矿业秩序整顿

以砂石为重点的治理整顿　针对全县砂石开采存在数量多、规模小、无证开采、乱采滥挖、安全隐患严重等问题,对此要加大对砂石场的重点整治力度。一是造成水土流失严重,破坏生态环境,不具备安全生产条件,以无力整改的砂石矿点要坚决封停,否则一旦出现安全事故,将追究有关人员的法律责任;二是对砂石资源的开采一律实行采矿许可证制度,对符合办矿条件要求的砂石点,要按照采矿登记程序要求办理采矿许可证,切实做到依法持证开采。

矿山安全生产专项整治　为了巩固发展全县非煤矿山、尾矿库安全生产专项整治成果,促进安全生产形势进一步发展,县国土资源管理局不断对专项整治工作进行"回头看"再检查。重点检查矿山企业分类整治落实到位情况,其中,"一类"企业单位是否全部关闭到位,关实关死;"二类"企业单位是否真停真整,对整改无望的是否列入关闭范围实施关闭,完成整改的是否按规定标准程序进行验收,并长期保持安全生产条件;"三类"企业单位是否加强日常监管,保证安全生产等。通过"回头看"再检查专项行动工作,至2013年,全县矿产资源开发秩序稳定、良好。[三类企业为。①对未经政府有关部门依法批准、无任何证照擅自组织生产经营的非法生产经营单位,要列入关闭取缔名单,并实施关闭取缔。②对证照不全(包括证照过期)或虽然证照齐全,但存在重大事故隐患的生产经营单位,要列入停产整顿名单,并责令停产停业整顿。③对证照齐全、符合安全生产条件的生产经营单位,要列入正常生产经营单位名单,并加强日常监管。]

非煤资源整合

为了深入贯彻落实科学发展观,促进矿业经济发展方式的转变,切实做到集约发展、科学发展、可持续发展,加快新型能源和工业基地的建设步伐,根据《国务院办公厅转发国土资源部等部门对矿产资源开发进行整合意见的通知》精神和省、市、县三级政府和各级非煤矿山企业资源整合和有偿使用工作领导组办公室文件精神,借鉴全省煤炭资源整合和有偿使用工作的成功经验和做法,结合全县非煤矿产资源分布情况和生产开采现状,制定了《大同县非煤矿山企业资源整合和有偿使用工作方案》,《方案》坚持"资源整合、淘汰落后、优化结构、有偿使用"的指导方针,对全县13个非煤矿山进行资源整合,整合后,非煤矿山减少为9个,压减关闭4个。

单独保留矿山

大同县地方国营水泥厂,

大同县红日石头场;

大同县周士庄镇文海洗沙厂;

大同县周士庄镇三府坟村南砂厂;

大同县同发洗沙厂;

大同县永顺砂厂;

大同县通达石料厂。

整合保留矿山

大同县新广源石料厂,

大同市汇豪能源有限责任公司石料厂;

单独关闭矿山;

大同县富鑫洗砂厂;

大同县金昆洗砂厂;

资源整合压减关闭矿山;

大同县大王石料厂;

大同县册田石料厂。

第六节　土地监察

监察机构

2013年,大同县国土资源局现设立执法监察大队负责执法监察工作,下设3个监察中队,共8人。

主要工作

坚持巡查制度　对一般区域每周巡查一次,重点区域每三天巡查一次,对违法行为及时发现、及时制止、及时报告。

完善执法监察制度　制定执法人员工作职责、动态巡查制度、举报制度、文明执法公约、错案纠正和过错责任追究制度等。

依法查处国土资源违法行为　监察机构建立以来,认真贯彻执行《土地管理法》《矿产资源法》和有关法律法规,依法查处国土资源违法行为。据不完全统计,从执法监察大队成立至2013年共立案查处违法案件55起,收缴罚款346万元,给予机关责任人员党政纪处分48人,拆除违法建筑面积8376平方米,复耕土地面积100多亩。

第九章　安全生产

第一节　机　构

2001年县级机构改革过度中,县安全生产监管职能由县劳动局调整到大同县经济贸易局。2002年6月,大同县安全生产监督管理局组建,与大同县经济贸易局一套人马、两块牌子。2004年9月,大同县在全市11个县区中率先将安监局与经贸局分出来,单独设立,配备工作人员16人,同时针对机构改革和有关人员、工作变动的问题,及时调整县安委会组成人员,进一步明确安委会的工作职责。各乡镇(街道办事处)、各单位、各部门及各生产经营企业全部成立安全生产管理机构,乡镇(街道)设立安监站,村(居委会)配置安全员。

到2013年底,全县10个乡镇、3个街道办事处全部设立了安监站,配置监管人员39人,175个行政村27个居委会明确具体抓安全工作人员202人。

第二节　监管措施

工作思路

2004年,根据工作职责和形势要求,结合全县实际探索制定和完善了安全生产监管"1234"工作思路。一是抓住一条主线,就是强化对全县安全生产工作的监督管理。二是实现两个目标,就是安全生产控制目标和安全生产工作目标。三是突出三个重点,就是突出煤矿、非煤矿山和危险化学品包括烟花爆竹、民用爆破等三大高危行业的安全监管工作。四是搞好四项工作,就是安全生产大检查工作,安全生产专项整治工作,安全生产责任制的落实工作和安全生产许可证的领办工作。

专业学习

县安监局注重强化全体干部的专业学习。一是组织全体干部认真学习有关专业知识,变外行为内行。进一步使全局干部了解掌握安全监督管理的主要职能,各行各业容易存在的事故隐患和问题,应如何整改和解决,使他们在深入企业监督检查和强化管理中能够及时发现问题、排查问题、解决问题,掌握过硬的专业本领。二是组织全体干部学习有关安全生产监督管理的法律法规。先后组织全局干部学习了《安全生产法》《安全生产许可条例》《安全生产违法行为行政处罚条例》《危险化学品经营条例》《国务院关于预防煤矿生产安全事故的特别规定》《山西省安全生产条例》等10多部法律法规,提高了全局干部懂法用法,依法行政,从严执法的能力和水平。三是加强干部队伍的职业道德和行业风气建设。一方面将安监工作向社会公开承诺,一方面制定严格的工作纪律,对全局干部提出了严格的要求,要求他们遵守纪律、文明执法、廉洁自律、规范行为,建立一支内强素质,外树形象,廉洁高效的安监队伍。

监督检查　2004年到2010年,县安监局坚持经常性地深入全县各行各业进行深入细致的监督检查,现场检查,排查隐患,发现问题及时整改,及时解决。把事故隐患消除在萌芽状态,组织开展"元旦""春节""元宵节、"全省、全国"两会""五一"

"国庆"等重大节日和重大活动安全生产隐患大排查,确保了重大节日和重大活动期间全县安全祥和无事故。同时,积极组织开展季节性安全生产大检查,建筑施工单位安全生产大检查、人员密集场所安全大检查等综合性大检查活动。安全监督检查做到了"四查",即平时拉网查,节日大排查,个别重点查,全年经常查。在深入各行各业监督检查中,坚持从严从细的原则,深入生产和经营一线,认真检查,过细排查,从严执法,不留情面,对发现的问题,该整改的坚决进行整改,该停产整顿的坚决停产整顿,该处罚的坚决给予处罚,使生产和经营企业安全警钟常鸣,从而确保了监督检查的实效。

责任制落实

县政府坚持层层签订安全工作目标责任书。各企业和单位将安全生产工作目标分解落实到车间、班组和个人。做到了安全生产工作责任明确、层层负责、层层落实。形成了横向到边,纵向到底,一级抓一级,一级带一级的安全生产责任网络。

档案管理

建立健全企业安全生产经营档案,以档案管理的形式强化企业安全生产经营是全县加强安全生产监管的有效形式和工作重点。县安监局对全县所有的生产经营企业建立安全档案,先后对全县98家生产经营企业逐一建档,一企一档,并按照生产经营类型和企业性质分门别类,制定编号,由监管股室统一整理和保管。主要是将各企业在每次大检查中发现的重大危险源、重大事故隐患和存在的各类问题,安监部门下达的整改指令,整改进展情况,整改效果,需要注意的问题等方面的内容建档、存档,根据档案内容确定监管重点,进行跟踪监管,落实监控和整改责任,达到对企业的安全生产经营情况心中有数,全面掌握。

第三节　专项整治

安全生产专项整治行动,是全县安全生产工作的重中之重,特别是2009年省、市、县政府组织开展

的为期一年的安全生产专项整治工作,关闭取缔力度大,工作标准要求严,全县各级、各部门领导高度重视,认认真真,不折不扣地组织开展了专项整治工作。县安监局积极牵头,集中精力,精心组织开展了全县安全生产专项整治工作,按照不论非法合法,不论规模大小,不论隶属关系的"三不论"原则,对全县所辖行政区域的所有生产经营企业和单位进行了全面、准确的排查摸底工作,对无证无照非法生产经营的一类14个企业全部予以关闭和取缔,对证照不全存在安全隐患的12个二类企业进行了停产整顿,对符合安全生产条件的企业加强了日常监管。

煤矿整治　全县仅有黄土坡一座煤矿,也是全县专项整治最为突出的重点,县安监局坚持把黄土坡煤矿的专项整治工作作为全县专项整治的重中之重来抓,集中力量进行了整治。县局主要领导及分管副局长带领有关工作人员,每月深入黄矿至少一次以上,现场排查各类隐患和问题。重点排查企业"一通三防"、瓦斯治理、水害治理和火工品管理等方面存在的隐患和问题,共排查出问题和隐患14条,并督促企业严格整改,严防各类事故的发生。该矿投入整治资金500余万元,对提升系统、支护设备、防灭火系统、探防水设备进行了改造和购置,企业安全生产得到了进一步保障,已重组并入山西煤炭运销集团。

非煤矿山及尾矿库整治　组织矿山股工作人员,多次深入全县各非煤矿山及尾矿库企业进行集中整治。①对9家列入关闭取缔的尾矿库企业和5家列入关闭取缔的非煤矿山企业进行了关闭取缔。这14家企业已拆除了设备,遣散了人员,并实现了闭库处理。在闭库工作中,县安监局联合所在乡镇政府,克服资金困难实际,共同组织挖车和铲车等设备,对无业主尾矿库的库区进行了回填和平整等简易闭库治理,闭库工作完全彻底,闭库标准符合相关要求。在全省组织开展的非煤矿山尾矿库三级联动检查中,全县的非煤矿山及尾矿库专项整治工作,因关闭取缔力度大,工作标准要求严,受到

省、市联动检查组的好评,关闭取缔工作和尾矿库闭库工作在全市名列前茅。②对1个水泥厂,2个砖厂,3个石料厂,3个沙厂共计9个企业下达了停产整顿通知书,严格监督企业认真整改存在的隐患和问题,严防以停代整。③对符合安全条件的4户企业加强了日常监管,确保安全生产。

危险化学品经营规范　组织危化股人员先后对全县24家以加油站为重点的危险化学品经营企业多次进行了拉网式的安全检查,每到一处,都要对每个企业的危险化学品经营许可证、成品油零售经营许可证、消防安全许可证和营业执照等各类证照进行查对,对各种经营单位安全设备、消防设施配备和运行情况以及安全组织机构,安全操作制度,安全培训,安全日志记录,应急救援预案的建立和完善等危险化学品经营的软硬件建设情况进行认真细致的审核,对15家危险化学品经营许可证到期存在安全隐患的加油站下达停产整顿通知书。督促企业认真整改,经过企业积极认真整改,已有14家企业陆续换取了新的危险化学品经营许可证,1家企业正在整改之中。省、市联动检查组认为,全县化工行业安全生产专项整治工作安排部署全面周密,宣传发动迅速广泛,各类方案翔实具体,排查摸底准确全面,企业自查自整认真,工作人员培训及时,整改资金保障到位,相关责任落实明确,整治效果较为明显。

机械制造行业整治　全县共有7家机械制造小型企业,规模不大,全部为正常生产企业。为引深专项整治成果,县安监局主要做到了四项工作。一是组织企业有关人员,积极参加市局组织的专项培训,共有12人参加,受到了市机械制造行业安全专项整治领导组的充分肯定。二是邀请市安监局业务骨干,为全县有关企业相关负责人和工作人员举办专项整治知识讲座,7个企业的14名负责人和工作人员参加了学习。三是进行全员培训,进一步提高从业人员安全生产专业素质。7家机械制造行业的厂长、安全管理人员、特种作业人员共计32人参

加了培训。四是聘请有关专家,对3家新改扩建企业进行现场检查及安全报告专编的评价和审查,并组织了"三同时"验收。

第四节　工作成效

全县安全生产工作,始终坚持"安全第一、预防为主、综合治理"的基本方针,认真贯彻落实国家、省、市有关安全生产法律法规,全面落实安全生产责任制,深入开展安全生产专项整治,不断强化监管力度,取得了一定的工作成效。2009年,全县生产安全事故死亡人数由2004年的19人下降到13人,亿元地区生产总值生产安全事故死亡率由2004年的2.28‰下降到1.18‰,安全监管工作走在了全市各县区前列,多次受到上级领导好评和省、市政府及有关部门表彰。县政府2009年度被省政府安委会授予全省安全生产工作先进单位,连续6年被市政府授予全市安全生产工作先进单位荣誉称号;县安监局连续6年被市政府评为安全监管先进单位,两位监管干部2006年度受到国家安监总局表彰。

2004—2013年大同县各类生产
安全事故死亡人数统计

表 11-9-1　　　　　　　　　　　　　单位:人/年

年度＼项目	工矿商贸	道路交通	火灾	农机	合计	备注
2004	0	19	0	0	19	
2005	0	25	2	0	27	
2006	0	17	1	0	18	
2007	0	14	0	0	14	
2008	0	14	0	0	14	
2009	0	13	0	0	13	
2010	0	7	0	0	7	
2011	0	7	0	0	7	
2012	2	4	0	0	6	
2013	0	3	0	0	3	

第十二编　招商　旅游

第一章 招商引资

第一节 机　构

大同县招商贸易投资促进中心成立于 2009 年 7 月，为县政府直属事业单位，编制 7 人，正科建制。其中正科 2 人，副科 1 人，科员 4 人。

负责编制全县招商引资总体规划；发布全县对外招商引资信息；审查投资项目是否符合国家、省、市、县有关政策；考察来县投资企业的投资实力、绩效和信誉度；协调办理投资项目的选址、立项、环评、土地预审、注册登记、供水、供电、消防等前期手续，并全程跟踪服务；审查批准外埠设立驻县办事机构；组织参加国家、省市举办的各类招商会、投资贸易洽谈会、博览会等；负责与意向投资企业或投资商起草并报县政府签署或授权签署的投资协议、框架协议；等等，督查落到项目的资金按时足额到位等等。

2010 年荣获"中国（博鳌）最佳投资服务管理县"；2011 年获得"山西省招商引资工作重要贡献奖"；2012 年被评为"大同市招商引资签约项目先进单位"；2013 年获"大同市招商引资展务工作优秀组织奖""大同市投资软环境建设奖"。

第二节 政　策

2010 年，县委、县政府制定出台了《大同县招商引资政策（试行）》。

按照国家有关产业发展、环境保护政策和大同县经济发展整体规划，凡投资者在大同县行政区域内一次性投资人民币达到一定额度的工、商企业、高新技术产业、农业龙头项目、社会事业和基础设施建设项目且在大同县注册登记的，适用本政策。

准入条件　工业（商贸物流）项目投资在 5000 万元以上，高新技术产业在 1000 万元以上，农业产业化及其龙头企业项目投资在 500 万元以上，社会事业、基础设施建设项目投资在 3000 万元以上，项目可行性明确，并且符合土地供给政策。

优惠条件　项目建设投资额度超过 1 亿元（其中注册资本金 5000 万元以上），对世界、国内 500 强或国内外知名企业及符合本县产业发展方向的中国名牌、驰名商标、高新技术企业的优质项目入驻大同县，县政府根据其投资规模、科技层次和财政贡献等情况，报县委常委会议，按照"一事一议、特事特办"的原则，给予特殊优惠政策。

审批政策　凡到大同县投资建设的项目，采取县级领导包项目负责制，实行联合审批"一条龙"服务，建设期给予"保姆式"服务。有关部门从政府协调会之日起，三个工作日给予答复，对符合条件的，在一周内给予办理完毕（土地手续除外）。对于条件不成熟的，要给以帮助和指导，尽快完善前期手续。

收费政策　新建或改扩建企业项目，自筹建之日起，对上级明文规定的行政性收费项目，县政府有权减免的，一律按 50% 征收，无权减免的，一律按下限收取。办理各类证照，只收成本费。

第三节　程　序

2010年，县委、县政府制定出台了《办理项目手续基本程序》。

接洽、咨询、意向洽谈　由招商中心牵头负责。根据需要召集有关部门负责人对接、洽谈，特殊项目需实地考察或投资人邀请考察，须报告并通过县招商引资工作领导组呈报县委、县政府，经批准后组织相关部门人员前往考察，考察组应向县招商引资工作领导组提交考察报告。

论证、可行性评估、论证　由招商中心组织县发改局、经信局及规划、国土、环保等部门的主要领导或专业技术人员召开项目评议、论证会议。审定项目是否符合国家产业政策、是否符合当地的发展建设规划、土地供应政策和准入标准。确定项目的可行性后，向县招商引资工作领导组提出《项目建议书》，并协调投资方草拟《投资框架协议书》。

政府协调　《项目建议书》和《投资框架协议书》由招商引资领导组组长审阅后，根据需要提交县政府县长办公会、政府常务会或由招商引资领导组组长组织相关部门领导召开专题会议决定，并出具批复文件、会议纪要或专题会议纪要。

项目选址　依据批复文件和会议纪要，由县招商引资工作领导组办公室（招商中心）组织规划、国土、环保、文物、地震、林业、水务、人防等部门以及涉及的乡镇进行选址并确定项目建设地点。

签署《框架协议书》或《投资协议书》由县政府县长、授权副县长或有关部门领导签署《框架协议书》。

办理前期手续　依据批复文件或《会议纪要》，由相关职能部门办理有关手续。招商中心全程跟踪服务、协调、督办。随时向县政府报告办理手续过程中的问题和困难。

工商局办理名称核准、注册登记或转移注册手续；

发改局立项或组织材料上报；

住建局出具选址意见书、国土局进行土地预审、环保局进行环境评价；

住建局办理用地（规划）许可证；

土地局进入正式用地审批程序，林业局办理林地手续；

住建局办理建设许可证；

办理消防、水土保持、文物保护、地震设防、人民防空、供电、供水等手续；

招、投标后开工建设。

办理税务登记　发改、国土、住建、招商验收合格，正式投产。

实行审批制的政府投资项目　项目单位应首先向发展改革等项目审批部门报送项目建议书，依据项目建议书批复文件分别向规划、国土资源和环境保护部门申请办理规划选址、用地预审和环境影响评价审批手续。完成相关手续后，项目单位根据项目论证情况向发展改革等项目审批部门报送可行性研究报告，并附规划选址、用地预审和环评审批文件。项目单位依据可行性研究报告批复文件向城乡规划部门申请办理规划许可手续，向国土资源部门申请办理正式用地手续。

实行核准制的企业投资项目　项目单位分别向城乡规划、国土资源和环境保护部门申请办理规划选址、用地预审和环评审批手续。完成相关手续后，项目单位向发展改革等项目核准部门报送项目申请报告，并附规划选址、用地预审和环评审批文件。项目单位依据项目核准文件向城乡规划部门申请办理规划许可手续，向国土资源部门申请办理正式用地手续。

实行备案制的企业投资项目　项目单位须首先向发展改革等备案管理部门办理备案手续，备案后，分别向城乡规划、国土资源和环境保护部门申请办理规划选址、用地和环评审批手续。

第四节　推介项目选介

装备制造、医药园区项目

大同市大力实施"转型发展、绿色崛起"的发展战略,强力推进装备制造、医药、新材料、清洁能源等总规划占地140平方千米的七大园区建设,打造空间集中开发、资源集约利用、产业集群发展、服务集聚配套的发展平台,促进经济快速发展。凡意向申请入驻位于我县的装备制造、新能源新材料、物流、食品、医药园区等市级园区的项目,按照市政府有关规定,只要在大同县完成工商注册、税务登记,投资强度在150万元/亩左右,总投资达到1亿元以上(入园标准为投资总额2亿元以上),即可由县政府报请市政府批准后进入,享受园区的有关优惠政策。

县委、县政府将采取"一条龙"保姆式的跟踪服务,为入驻企业提供完善的前期、建设和产销服务,协调办理选址勘界、拆迁、环评、规划意见、建设许可、招投标以及土地、交通、电力、水务等单位的有关事宜;为入驻企业提供一定的广告宣传,提高入驻企业的品牌形象,形成产品品牌效应。

中小微企业示范园区

园区选址位于县城建成区南800米,规划面积7平方千米,一期实施2.2平方千米。园区分中型企业区、小型企业区、微型企业区、生态控制区、行政管理区等功能区。主要吸纳发展前景好、技术含量高、就业带动能力强的中小微工业企业入驻为主,以劳动密集型、无污染、亿元以下企业为重点,只要是符合环保及当地产业规划的,园区不排斥非高科技、非高附加值、非高税收、非高投资密度的企业。园区实行"统一规划、统一重大基础设施建设、统一招商准入、统一土地收储"。打造成一个集中小微企业集聚、综合保税、配套加工、物流集聚区等为一体的"一园多区,功能叠加"的小微企业示范园区。

园区采取两种主体模式进行招商:一是投资主体多元化。按照"政府宏观规划、监管,市场运作、企业推动"的原则,鼓励有实力的企业投资建设示范园并赋予管理权利,以企招商,以商招商,互利多赢。二是开发模式多元化。根据产业集聚、特色突出的原则,鼓励投资者整体建设示范园的基础设施,实现"七通一平"(供电、道路、给排水、燃气、供热、通讯、土地整理),政府参与、协调、配合招商,红利共享,互利双赢。

农副产品加工园区

选址位于县城西4公路处的西坪镇坨坊村南,南三环机场路东延快速道旁,规划核心区占地1200多亩,其中包括商业服务业设施用地10.87公顷,农副产品加工业用地39.6公顷,仓储物流用地3.5公顷,道路与交通18.2公顷,绿地及其他等,规划为"一核、两轴、五区"。按照基础设施、特色农产品加工、工商业服务性配套设施等功能区别招商,吸纳发展前景好、技术含量高、就业带动能力强的农业企业入驻为主,以集聚产业、突出特色、打造品牌,推动全县农业产业化发展。

粉煤灰再生利用(新型低碳环保墙体、装饰建材)项目

粉煤灰是燃煤二电厂的主要排放物,其主要成分为二氧化硅、三氧化二铝、三氧化二铁、氧化钙和未燃煤,二电厂排放场位于吉家庄乡,占地1800多亩,每年收储粉煤灰达300多万吨,仅有三分之一用做空心砖、水泥等建材的原材料,如果按平均堆高6米计算,年占用土地约500余亩。为实施粉煤灰的科学管理,推进粉煤灰的综合利用,改善大气质量,实现节约能源,变废为宝,保护环境,化害为利的目标,造福社会和服务经济建设,计划引进10亿—30亿元资金和技术,规划占地500—1000亩,利用粉煤灰综合利用的新工艺、新设备和新技术,建设一座新型低碳环保装饰建材工厂,即利用粉煤灰、植物纤维(农业作物秸秆)和天然无机胶凝料生产制造低碳环保、无甲醛、甲苯、胺及放射性等有害物质,同时具有防火防水、防蛀防腐、抗折抗冲击、保温隔热、隔音、调湿、释放负离子等优越物理性能的多功能墙体建筑、装饰材料生产企业。

玄武岩科技开发项目

玄武岩是一种基性火山喷出熔岩,一般为灰黑色的细粒致密状岩石,具有天然的高强度和对高温、腐蚀性介质作用的稳定性、耐用性、电约绝缘

性,是制作铸石、岩棉、复合材料的优良原料。近年来,发达国家都争先研发玄武岩纤维(简称CBF),玄武岩鳞片(BSC)等玄武岩复合材料,由于其性能优异、性价比好,可广泛运用于消防、环保、航空航天、军工、车船制造、工程塑料、建筑等领域,被誉为21世纪最具潜力的绿色新材料。已被列入国家"863"计划和国家"十二五"发展规划,属国家大力支持和鼓励的战略性新兴产业项目。

大同县中东部是玄武岩的集中分布区,分布面积达211.8平方千米,储量约69.4亿立方米,埋深在5米以上的16平方千米,裸露面积为22平方千米,35%以上系高品位金属和非金属氧化物,开发条件得天独厚。

项目内容:玄武岩采石场,玄武岩纤维科研开发、流程加工厂等系列项目。

概算投资:5亿—20亿元人民币(一期约5亿元)。

城市商贸物流园区项目

大同马连庄商贸物流园区,位于京大高速、高铁,208国道、大塘公路、同浑旅游专线,大准铁路路网站(场)交汇区,总体规划占地5平方千米,其中核心区1215亩(万昌、金洋物流规划约1000亩)。拟引进国内外大中型物流企业,融资3亿—50亿元,分三期实施,建设中国AAAA级综合性国际现代物流园区,中国物流产学研基地。项目建成后,预计货物储存量3万—500万吨,货物周转量1亿吨,年货运周转值700亿—1000亿元,年创税收5亿—10亿元。

山泉水生产项目

1. 采凉山脚下的山泉水,属于火山玄武岩裂隙泉水,系2008年县政府在聚乐乡吴家洼、五里台村钻探温泉时发现,2009年经山西省天然矿泉水鉴定委员会鉴定化验,水质符合饮用天然矿泉水国标GB8537—95标准,pH值为8.28,属碱性水。特殊成分:偏硅酸的含量为32.8毫克/升,锶含量为0.52毫克/升,达到山泉水质标准,是全国稀有的富锶优质山泉水。

项目内容:水厂区标准化建设,购置设备,拟建设规模为年生产能力1.5万吨—2万吨的矿泉水厂。

概算投资:2000万—3000万元人民币。

2. 优质饮用泉水开发项目位于渔儿涧村,该村地质系火山喷发物玄武岩覆盖区,其泉水从地下深处自然涌出、经未受污染的地下火山岩过滤。经初步检测含有一定量的矿物盐、微量元素和二氧化碳气体,其化学成分、流量、水温等动态在天然波动范围内相对稳定。

拟引资1000万—3000万元,规划用地30亩,开发锶、锌、硒、溴矿泉水。

大型农业经济庄园

大同县新鲜的空气、高雅秀美的生态、清澈透明的水库、绿色有机的青菜、朴素自然的农家建筑、芳香四溢的果园……构成发展农场庄园的天然条件。在这样的环境里,可以按田园风格建设休闲庄园,可以利用土地的优势开展规模种植与养殖,还可建设现代化的农业生态园。适合开发建设各种庄园景观定位——园林路、房子、小桥、水景、亭子、球场、果园、菜地、鸡场等,周边肥沃的土地适宜特色作物大面积种植,为投资建设大型农业经济庄园(有机种植、特色养殖、娱乐休闲、旅游餐饮、商务住宿、垂钓健身等)提供了得天独厚的天然条件。

招商原则:政府统一规划,分步实施;整体投入、分步建设;农民参股,企业管理。

招商引资额3000万—5000万元及以上。

优质黄花深加工项目

黄花,学名萱草,俗称金针,营养价值很高。《本草纲目》述其有健胃利尿、消肿散结、解毒美肤之功效,已引起当代医学界、美容界的广泛关注。大同县是华北地区黄花的主要生产基地,以其颜色鲜黄、干净无霉、角长肥硕、脆嫩清口之特点,成为素食珍品,享誉国内外,是山西省外贸骨干商品之一。现种植面积9万亩,"十二五"规划末达10万亩,年产鲜黄花100万吨。拟引资0.7亿—1.5亿元。

1. 建设黄花保鲜及深加工项目,其中:恒温保鲜菜 40 万吨,方便什锦菜 1000 吨,出口精黄花 50 万吨。包括新建仓储、化验、加工包装、制冷、烘干、蒸汽灭菌等设备设施建设。

2. 科技开发黄花营养素、营养品、饮品、美容、美肤化妆品等。

优质杏果加工项目

全县鲜食杏种植达 8 万亩,"十二五"末将达 15 万亩,集中分布在聚乐乡、周士庄镇境内,品种有哈密杏、华州大接杏和京杏等十多个品种,现年产 800 万千克。2002 年山西省农业科学院监测产地土壤、水质、空气等全部达标,经农业部食品质量检验测试中心检验"采凉山"牌杏脯各项指标全部合格。

拟引资(概算)5735 万—1 亿元人民币,建设一条年加工 1 万吨鲜食杏(杏脯)、一条年处理杏核 3750 吨的生产线。实现销售收入 1 亿元,利税 2235 万元。

绿豆深加工项目

绿豆具有消暑、解毒等药理功效。地处晋北高寒地区的大同县,适宜原生态绿豆的生长,与其他地区相比具有独特的植物营养品位。目前,全县绿豆种植已呈规模化发展,种植面积达到 7 万亩,年产绿豆 7000 吨,所产品牌"小明绿豆"粒大籽饱,已获国家无公害产品认定和地理标志认证。到十二五末,种植面积可达 12 万亩,年总产量达 1.8 万吨。

拟招商引资 5000 万—8000 万元。

建设年产 1 万吨绿豆乳(饮料)、绿豆糕(饼)生产线及系列配套项目,实现年销售收入 8300 万元,利税 1800 万元。

林下经济开发项目

林下经济以林地资源为依托,对微生物和动植物进行合理种养殖,开展森林旅游和林下产品加工,是一种绿色、循环的经济模式。全县现有林地面积 101 万亩,其中适合发展林下经济的达到 2.2 万亩,发展林下经济空间巨大,潜力无限。

林下经济开发模式有五种。一是林禽模式。利用郁闭的林下饲养鸡、鸭等禽类。二是林畜模式。规模饲养肉猪、肉牛、山羊等畜类。三是林菜模式。根据林间光照程度和木本粮菜植物的需光特性,选择如大白菜、萝卜、菠菜、葱等。四是林药模式。林间种植较耐阴的中药材,如金银花、白芍、栀子等中草药或金花茶等名贵花卉。五是林游模式。适应现代人亲近自然的愿望,沿交通干线或城镇近郊发展休闲、餐饮于一体的森林旅游、休闲观光旅游、餐饮业。推广"龙头企业＋专业合作组织＋基地＋农户"运作模式,因地制宜发展品牌产品,加大产品营销和品牌宣传力度,形成一批各具特色的林下经济示范基地。通过招商引资、典型示范,推广先进实用技术和发展模式,辐射带动广大农民积极发展林下经济。

大同县城新区开发建设项目

大同县城新区位于县城西部,已编制完成了修建性详细规划。是县城提质扩容,形成"一城两心"格局,推进大县城战略的重要举措。新区东邻县城中心路,西邻西环路,南邻西坪水库,北邻天大高速路引道。东西长 516 米,南北长 1747 米,总用地面积 1352 亩。

新区规划总建筑面积 78.19 万平方米,其中公共建筑面积 19 万平方米,道路绿化面积 11.94 万平方米,住宅建筑面积 59.16 万平方米,可容纳 6500 户 20000 多人居住,容积率为 1.36。公共绿地面积 5.86 万平方米,绿化率为 35%。是大同县新的城市中心,拟以招商引资方式建设集公共服务、文化娱乐、商贸居住三大功能为一体的生态宜居新区。

县城对外旅游服务区

西坪水库位于县城建成区南侧,林带茂密,泉水荡荡,自然环境优美,对外交通条件优越,规划总面积 170 公顷(2550 亩),非常适合发展环境要求、交通条件较高的对外服务功能。通过较少的投入就能形成优美的景观面貌,是一个难得的自然休闲空间。

结合西坪水库的优良环境,建设以休闲度假、会议展览为主的休闲度假服务区;发展高品质的居住社区,为大同市民提供高端居所的选择。区内结合地形和环境,采用分散组团式的空间布局,各组团间利用绿化进行隔离;在滨水地区布局各类服务设施,结合绿化建设,打造市民进入的公共开放空间。

城南街两侧规划

大同县城南路与大同市南三环道路一个标准,一个档次,是大同县城连接大同机场、市区的快速通道,横贯县城东西,道路宽度50米,长度4114米,工程于2013年竣工并投入使用。今年启动两侧房屋改造,改建宽度为200—600米,面积约200公顷(3000亩)。该道路是火山公园对外连接的主干道,是县城东西向的生态景观轴,是县城重要的对外形象展示轴线。

规划功能定位:县城南街东西串联着县城的三个重要的功能片区,即旧城片区、新城片区、科教片区,定位为以商务、景观、生活为主的综合功能。

城市功能设施建设

大型专业购物市场(商场、超市):县城新区规划建设建筑面积20000平方米的大型现代化功能完备的专业购物市场(商场、超市)一座,投资5000万—1亿元。

大同家居商贸城:选址位于县城城南路与208国道交汇点东一千米处,占地200—300亩,引资2亿元,规划建设大同市规模最大、品位最优的中高低档大型家居用品商贸城,集加工制作、实物展示、批发零售为一体。

社会福利事业项目

采取"政府规划指导,集约化用地,市场化运作"的原则,积极推进园林化养老场所、花园式殡葬聚集区建设等,投资项目享受国家有关扶持政策。

养(敬)老院(所)、老年公寓:规划建设标准化、园林式养(敬)老院10个、老年公寓3—5个,规划用地100亩—200亩/个(按投资额度供地,亩均投资强度应在150万—250万元),老年公寓概算投资约3000万—5000万元以上/个。

公共生态陵园项目:规划建设大王山—落鹰山脉东片区、西片区,马铺山—采凉山脉西片区、东片区四大山地花园式公共陵园,首期占地约1000亩/区。

大同火山群地质公园

大同火山群位于大同县城东北部1千米处,是东亚大陆最完整、规模最大的第四纪火山群稀有自然遗产;是世界唯一发育在黄土高原上的火山群;是中国地学教育中应用最早的火山群范例,具有世界级科考教学价值及观赏价值。距今14800年,总面积129.8平方千米。公园主景区汇集全锥型、半锥型群、玄武岩平原峡谷、烧结陶土、古熔岩堰塞湖、火山碎屑潜蚀洞等,包括金山、昊天山、狼窝山、黑山、阁老山和双山六大火山锥组成,平均海拔1100米以上。火山锥的喷出物千姿百态,自火山口由近及远可见:火山渣、火山块浮石、火山砾、火山弹、火山豆、火山沙和火山灰等。经中外地质科学家60多年的考察,确认为休眠火山或死火山,属晚新生代板块裂谷盆地内深源岩浆的活动遗迹,极具旅游观赏和永久保存的科学价值。2009年通过国家级地质公园评审并被命名为"国家级地质公园"。现由艾奕康环境规划设计有限公司编制火山地质公园概念性旅游总体规划,总体发展定位与战略是"侦探火山、飞翔火山、滋味火山、涅槃火山"。打造火山景观与科普科教结合的地质旅游地标。

飞翔火山:阳光活力与自由奔放结合的户外教育乐园。

滋味火山:农业地景与休闲体验结合的生态乐活典范。

涅槃火山:原野寄情与特色度假结合的文化创意别庄。大同火山地质公园作为串接云冈石窟、浑源恒山等大同旅游圈重点资源环线的关键据点,投资潜力巨大,商机无限。

项目内容:根据火山地质公园总体规划,按照分区域、分项目招商引资,打造"火山地质度假观光旅游胜地",按景区功能区划分配套建设火山地质博物馆、火山宾馆、温泉度假疗养中心、生态运动场(生活馆)、热气球起降场、大型滑雪场、滑草场、野外拓展训练基地、高尔夫球场等特色游览休闲度假区及其配套设施等。

投资概算：3.5 亿—10 亿元。

温泉度假村开发项目

地热资源位于大同县火山地质集中分布区内，现已探明的温泉井位于京大高速、同源高速枢纽—官堡服务站附近的李汪涧村。温泉井口出水温度为 44 度，安装 30 厘米热水泵热水泵，每天可出水 800—1000 余立方米。据有关专家考证，该地区为火山岩地质裂缝水，富含 50 余种对人体有益的稀有元素，其中锶的含量为 0.48 千克/升，偏硅酸的含量为 30.4 千克/升，溶解性总固体的含量为 1410 千克/升，达到优质矿泉水标准。矿化度的含量为 1404.21 千克/升，达到医疗矿泉水标准。经常饮用、洗浴此水，可以软化血管、抗癌防衰、治疗糖尿病、降低高血压、调整内分泌、促进血液循环、加速人体新陈代谢，还可美容养颜、延年益寿，具有非常好的医疗保健效果。具备促进人体血液循环、加速新陈代谢、润肤美容的条件，尤其对皮肤病有"洗之即愈"之功效，极具开发价值。

规划在县城西部，南三环快速路（大同县段）北侧，天大高速公路西，规划占地 2000 亩建设温泉风情小镇。

功能定位　①高端接待。建设山西省最具特色的高端商务休闲会所，提供个性化、品位化的接待服务。②温泉休闲。营造花园般的泡汤环境，配套高端特色水疗，打造最具特色的温泉休闲项目。③生态休闲。利用地热打造热带雨林环境中的生态餐厅，培植优势特色农作物、花卉水果，建设田园采摘、游憩的度假乐园。④会议度假。将"云中漫香郡"主题渗透于度假村的景观、建筑、小品和温泉产品中，让休闲度假人群体验大同文化。⑤养老基地和温泉住宅开发。

概算投资总额：3 亿—5 亿元人民币。

采凉山（麻地沟）自然风景区

采凉山（麻地沟）自然风景区因慈禧太后西逃遇驾聚乐故居、汉高祖刘邦被困白登古战场而闻名，麻地沟的原始森林深处，山涧泉水涓涓、松涛阵阵。羊肉鲜嫩无比、杏花芬芳、风景秀美，名扬天下。毗邻采凉山山脉位于聚乐乡，西临大同市马铺山生态公园，南与大张公路相连，最高海拔 2400 米，素以山峰陡峭、高寒清凉、夏秋酷暑无蝇无蚊、秋末夏初白雪皑皑而著称，"采凉积雪"为古"云中八景"之一。其间有道观、洪恩寺等宗教场所。极具深厚的文化底蕴和开发观光旅游、休闲度假价值。

项目内容：项目总面积 10 平方千米，休闲度假村及峡谷漂流、极限游乐、登山探险、检测系统等。

投资概算：1 亿—3 亿元人民币。

吕家大院开发项目

吕家大院位于大同县落阵营，同浑旅游专线西五千米处，大同市御河东路南延终点。始建于清光绪年间，主人吕瑭于清道光二十四年（1844）中举，后任石膏井盐提举、云南孙阳知州、河南大府领三品衔，赐忠义大夫。其子吕生春为清末进士，步入仕途后亦官亦商。吕家大院是由慈禧太后奖励吕氏父子勤政廉洁而拨专款兴建，大院占地面积 40 亩，现存院落 7 座，大小房屋 150 间，院落之间相互贯通。主院落前有门厅、中有过道、后为正厅。正厅三间大堂屋、东西各厢房两间。中堂门前有一尊 3 米见方、略高于地面、青砖斜砌院坛，系光绪皇帝所赐，百官到此均需下跪，整个大院主体工程花费时间 13 年，建筑规模和风格在晋北堪称一流，属晋商文化的一个重要组成部分，故有晋商大院"南有乔家，北有吕家"之称。现保存较完整的有门楼和照壁以及七处破败院落。

项目内容：修复现存建筑，恢复东西阁楼及关帝庙、牌楼、回收散落民间的各种古董和器物等。

概算投资：1.5 亿—3 亿元人民币。

生态农业文化庄园

大同县境内现有大小水库 16 座，分布位置距大同市区均在 10 千米以内，地理位置优越，道路交通条件便利。水库容量分别在 10 万—250 万立方米之间，周边林草覆盖率均达 90% 以上。库区风光旖旎、景色宜人，地势或平坦开阔或崎岖嶙峋；景色或碧水如镜或雨雾霏丽；水域或溪清崖翠或石怪花异。围绕建设"生态园林县，京津后花园"的发展定位，打造中华"夏都"。

项目内容：规划建设五个生态度假文化园、五个亲农产业文化园、五个休闲别墅养殖庄园。

概算投资：3000万—2亿元人民币/个/园。

凤羽湿地公园开发项目

凤羽湿地公园位于大同县桑干河流域，西南起吉家庄乡固定桥，东北至瓜园乡渔儿涧村。规划公园占地面积61050.4亩，包括土地、林地、滩涂、湿地、水域等，其中现有湿地面积37041亩。公园内植物种类有双子叶、单子叶、蕨类等共有31科77属101种，其内植被有水生植物、沙生植物、盐生植物、防护林和农田植被等14个植被群落。项目区内有脊椎动物21目51科171种，其中两栖类4种、爬行类9种、鸟类134种、哺乳类24种。列入国家重点保护的20种，省级重点保护的7种，中日、中澳保护协定的42种。

公园性质和定位：以河流湿地和人工湿地组成的复合湿地生态系统为主体，以优美的湿地生态景观和历史色彩浓重的湿地生态文化为特色，溶河流、滩涂、大容量水面、湿地田园风光为一体，集湿地保护与修复、湿地科研与科普宣传教育、生态观光休闲养生为一体的国家级湿地公园。打造国家湿地资源保护与可持续利用的示范工程；湿地科普宣传教育和民族融合教育的国家级基地；华北地区生态文明的典范项目；山西省湿地生态旅游的精品工程；京津冀蒙生态休闲养生基地；大同市生态建设示范工程、滨水宜居的乐园。

总体布局：为"一心、两轴、五区"规划模式，即以凤羽河流、滩涂湿地为湿地保护中心；以凤羽河道为生态保障轴线；按照功能不同划分五个区域，湿地生态保护保育区、湿地生态缓冲控制区、湿地科普宣教展示区、湿地休闲养生游览区和综合服务管理区。

项目概算投资：0.9亿—2.3亿元。

许堡古堡恢复修缮项目

位于大同市区东40千米处的许堡，作为明长城防御体系的一部分，是明万历二十七年（1599）至二十九年（1601）修建。城墙周长1500米，南北长于东西，呈长方形。古堡向南开有正门，城头石铭"许家庄堡"。城墙高12米，夯土墙体外层包以砖石。其宽度可并行两辆古代花轱辘车。城墙外沿建有50厘米宽、212厘米高的女儿墙，用以蔽身。女儿墙上设有垛口，垛口上嵌有外大内小的箭枪孔。城墙外轮廓凸凹相间、排列有序，四周分布16个城墙护墩。

古堡最有特色的是正面南门设有长方形瓮城，瓮城依附于城门，与城墙连为一体，是古战术"瓮中捉鳖"之建构。瓮城开有东西两门，东门城头石铭"迎恩"，西门城头石铭"息警"。

古堡以文昌阁为中心，分作上街和下街，从南街照壁到北街龙王庙乐楼，有马路直穿南北，两边为对称的8条居民巷。分上街、下街、东西关、小堡和官道等居民区。北城墙中轴顶上，东城墙与南城墙交接处分别建有祯王庙和魁星阁，结构造型精美，瑰丽壮观。

项目概算1亿—1.5亿元。项目采取"政府指导，市场运作""谁开发，谁管理，谁受益"的原则开发，独资或合资等方式建设。

聚乐古堡、慈禧御驾居旅游开发

聚乐古堡为大同左辅，筑于明弘治十三年，隆庆六年包砖，周长三里三分，高三丈七尺，呈日字形，系少见的镇边古堡。慈禧御驾居位于聚乐堡内原通街阁楼东侧王家，是一典型四合院，院内砖雕照壁工艺精湛、雕梁画栋更显宅子气派。室内地砖浸透百年历史，但保持了当年原状。分别引资1亿元和200万元，恢复原貌。

表12-1-1　　2010—2013年大同县招商引资项目签约落地情况

序号	签约项目基本情况						签约项目落地情况					备注
	项目名称	县区	投资方名称	投资方所在地	会议	签约时间	立项审批批复文号	支撑性文件批复文号	总投资（亿元）	已投资额（万元）	是否已开工建设	项目选址
1	庞大·大同汽贸城	大同县	河北庞大集团	河北	5中	2010.09	同改财贸[2009]007号	规划证号1402020110056	2.1	4500	是	党留庄乡
2	中国·大同论坛	大同县	福建隆鑫集团	福建	6中	2011.09	同发改投资发[2012]173号	城规编第101202号	30	80000	是	党留庄乡、杜庄乡
3	建设华泰汽车工业园	大同县	中国华泰汽车集团	北京	6中	2011.09			200	0	已撤销	装备园区
4	玄武岩纤维及其后制品加工	大同县	山西经济投资公司	山西太原	6中	2011.09	晋发改备案[2011]第173号	大同市规划局关于玄武岩纤维及其后制品加工（云周路东）规划设计条件	25	45000	是	装备园区
5	硅煤电一体化项目	大同县		北京	6中	2011.09			1231.5		是	党留庄乡
6	上大压小火力发电厂	大同县	国电华北公司	北京	四能	2012.09			54	0	否	党留庄乡
7	大同火山群主题公园	大同县	港中旅北京分公司	北京	四能	2012.09			11.9	0	否	西坪镇
8	彩色环保地砖	大同县	福建欧凯建材有限公司	福建	四能	2012.09	大发改字[2011]第7号		1	10000	已建成	西坪镇
9	栋梁铝型材二期	大同县	铝型材有限责任公司	太原	四能	2012.09			1	10000	是	党留庄乡
10	物流园区	大同县	万昌商贸有限公司	朔州	四能	2012.09	晋发改[2012]22号		6.5	43000	是	党留庄乡
11	钢结构加工工业生产	大同县	宏鑫钢结构建筑安装有限公司	忻州	四能	2012.09	晋发改备案[2012]92号	装备园区[2012]21号	2	0	否	装备园区
12	中联重科工程机械配套设备生产基地	大同县	长沙中联重科工程机械有限责任公司	湖南	四能	2012.09		规划条件	8	0	否	装备园区

招商 旅游

招商 旅游

续表 12 - 1 - 1

序号	签约项目基本情况						签约项目落地情况					备注
	项目名称	县区	投资方名称	投资方所在地	会议	签约时间	立项审批批复文号	支撑性文件批复文号	总投资（亿元）	已投资额（万元）	是否已开工建设	项目选址
13	掘进机配件制造	大同县	润阳矿用机械有限责任公司	北京	四能	2012.09			1.4	0	投资人申请撤销	装备园区
14	变压器制造	大同县	鑫飞龙特变电气公司	太原	四能	2012.09			2	1100	否	装备园区
15	华青活性炭二期	大同县	大同华青活性炭分公司	朔州	四能	2012.09			1.3	13000	是	党留庄乡
16	恒岳煤机	大同县	大同市恒岳重工有限责任公司	朔州	四能	2012.09			1.08	10800	是	倍加造镇
17	蓝岛环保新型建材大同产业基地	大同县	石家庄卓达集团	山东	四能	2012.09			240	0	否	吉家庄乡
18	生态体育训练、旅游观光	大同县	金园公司	北京	四能	2012.09			10	0	投资人申请撤销	许堡乡
19	食品工业及10万头现代化原种猪养殖基地	大同县	宝迪集团	天津	四能	2012.09			39	0	否	倍加造镇
20	温泉开发	大同县	管宝宝石	大同	首届晋商大会	2012.08			5	0	否	西坪镇
21	环保低碳建材体育产业基地	大同县	太极金园投资有限公司	香港	首届晋商大会	2012.08			8.3	0	否	许堡乡
22	集中供热	大同县			首届晋商大会	2012.08			5	50000	是	县城
23	永业怡园	大同县			首届晋商大会	2012.08	同发改[2009]325号		7	70000	是	县城
24	大同县宾馆、同和鸿园	大同县			首届晋商大会	2012.08	同发改投资发[2011]94号		6	60000	是	县城

续表12-1-1

序号	项目名称	签约项目基本情况						签约项目落地情况					备注
		县区	投资方名称	投资方所在地	会议	签约时间	立项审批批复文号	支撑性文件批复文号	总投资（亿元）	已投资额（万元）	是否已开工建设	项目选址	
25	同华矿机制造	大同县	同华矿机制造有限公司	朔州	自签	2013			3.2	32000	是	周士庄镇	
26	生态有机猪养殖	大同县	杨子汇	北京	自签	2013			2.725	11200	是	西坪镇	
27	现代生态农业观光园	大同县	翔龙集团	大同市	自签	2013			1	8000	是	解庄村	
28	汽车综合性能检测中心	大同县	安邦建设有限公司	大同市	自签	2013			1.2	2100	是	瓜园乡	
29	纺织工业基地	大同县	江苏震纶绵纺有限公司	江苏省苏州市	自签	2013			148	0	否	大同县倍加造镇	
30	海尔（大同）虚实网服务园	大同县	青岛海尔产业发展有限公司	山东/青岛	自签	2013			8	0	否	大同县倍加造镇	
31	服务业—自然家园食府	大同县	海外海餐饮有限责任公司	太原	自签	2013			15	0	否	倍加造镇	
32	工业—装备制造	大同县	百晶科技有限公司	珠海	自签	2013			5.24	0	否	装备园区	
33	工业—信息产业	大同县	河南威科姆集团	河南	自签	2013			10	0	否	倍加造镇	
34	服务业—汽车服务园	大同县	大同鑫茂房地产开发公司	大同	自签	2013			5	20000	是	西坪镇	
35	服务业—商贸物流二期	大同县	海尔科技有限责任公司	青岛	自签	2013			2	0	否	倍加造镇	
36	工业—重工三期	大同县	大同市恒岳重工有限责任公司	大同	自签	2013			2.1	0	否	倍加造镇	
37	农业	大同县	台湾苏思忠	台湾	自签	2013			1.005	0	否	西坪镇	
38	农业	大同县	燕之坊食品有限公司	安徽	自签	2013			0.581	0	否	西坪镇	

招商 旅游

续表 12 - 1 - 1

| 序号 | 签约项目基本情况 | | | | | | | 签约项目落地情况 | | | 备注 |
	项目名称	县区	投资方名称	投资方所在地	会议	签约时间	立项审批批复文号	支撑性文件批复文号	总投资（亿元）	已投资额（万元）	是否已开工建设	项目选址
39	农业	大同县	大同恒升农牧有限公司	大同	自鉴	2013			0.9	3000	是	吉家庄村
40	农业	大同县	大同市佳田农业开发有限公司	大同	自鉴	2013			0.8	2000	是	党留庄村
41	农业	大同县	大同鼎胜农牧科技开发有限公司	大同	自鉴	2013			0.48	4800	是	马家会村
42	农业（加工园区）	大同县	山西煤运集团晋能公司	太原	自鉴	2013			5	0	是	西坪镇吃坊村
43	工业—材料	大同县	新广源石料有限责任公司	大同	自鉴	2013			1.5	4500	是	大王村
44	工业—能源（60KW变电站）	大同县	山西省电力公司	太原	自鉴	2013			3.68	0	否	峰峪村
45	工业—材料	大同县	鑫涛铝合金门窗有限公司	大同	自鉴	2013			1.3	13000	是	陈庄村

第二章　旅　游

第一节　旅游资源

自然资源

　　火山群　驰名中外的大同火山群，是珍贵的地质遗迹，它记载着大自然运动的神秘历史，被誉为"东亚大陆珍稀自然遗产"和"火山地质博物馆"。金山、黑山、狼窝山、牌楼山、阁老山、昊天山、马蹄山、窑头疙瘩等30余座火山由西北东南走向排列于聚乐、西坪、瓜园、许堡等乡镇400平方千米区域内，山峰起伏，绵亘40余里，宛如一幅长屏，令人流连忘返。登高远眺，春日原驰蜡象，冬季山舞银蛇，一派北国风光。

　　这些火山多呈圆锥状和马蹄形，火山口有圆形和簸箕形两种，山坡上部陡峻、下部平缓，火山锥之间的谷面开阔，上覆风积黄土，下为紫红浮石。火山的喷出物形态各异，在火山口由近及远依次可见：火山渣、火山块、浮石、火山砾、火山豆、火山砂和火山灰。

　　经过专家勘查、考证，确认大同火山活动在十万年前的旧石器时代。当时的大同盆地水茂草丰，剧烈的地壳运动致使大同湖底产生了众多的火山喷发口。经过多次反复喷发，火山口堆积的喷发物越来越多，逐渐露出水面，凝固成许多小山丘。大约6万年前，大同湖干涸，火山也停止了喷发，形成火山群。从这一区域内发掘出来的肖家窑头汉墓群，西汉时代郡平邑县故址以及许家窑旧石器时代文化遗址均没有被火山岩覆盖，连火山喷发物质沉降的地层痕迹在许家窑人（北京周口店猿人的后裔）生活时期以后也没有发现过，可见大同的火山远在旧石器时代之后就一直没有活动过，属于第四纪火山运动的典型遗存，是死火山群，而非传言的休眠火山。

　　杜庄土林　由大同市市区出发，沿大同至浑源旅游专线南行20千米，或由京大高速公路马连庄出口沿大同至浑源旅游专线南行10千米到达杜庄乡杜庄村。村东北有一片充满魔幻色彩的峡谷地带，由西北向东南长约5千米，这就是大同杜庄土林自然风貌。

　　大同杜庄土林属黏土地质，并有盐碱成分，她座落在一条沟谷之中，下面是一条沟壑。据有关专家考证，土林的形成已经很久远，由于常年的流水侵蚀与风霜雨雪，厚厚的黄土被冲刷之后，显露出盐碱的"硬壳"，对姿态各异，形状不同的土林风貌形成了"保护层"，才得以保留至今。大自然的鬼斧神工造就了这里诡异迷离的地貌，勾勒了原始粗犷蛮野的"古堡"，构筑了这座神秘的殿堂。

　　进入土林，挺拔的土柱，绵延的土墙上黄、白、红色在不同的光照下呈现出不同的色彩变幻，时而金光闪闪，时而红若火焰，时而黛如深渊，时而白如霜田……放眼望去，土林的奇特令人眼花缭乱，褶皱、沟壑、洞穴、断崖、高柱、长墙无序地排列组合，形成一个魔幻多变的世界，有的连绵不断，如远古长城再现；有的独居一处，恰似隐士休闲；有的三五成群如古堡森严。土林下的沟壑内有一条伸约1千米的宁静水域，站在岸边眺望，在水光倒影中的土林，更是扑朔迷离。

大同睡佛 大同睡佛位于大同市东南45千米处。由恒山山脉的马头山（海拔1866米、东经113°29′、北纬39°40′）、殿山、小泉华山和马鞍山绵延而成，在大同县境内长达14千米。国内一些睡佛在观赏时，常常会受到一定的位置局限，而大同睡佛在观看时，则视野开阔，许多位置都可领略到大佛的"容颜"，其最佳观赏点在大五线19千米处的杜庄乡。

这尊睡佛由西向东观察：天庭饱满，白毫隆起，佛眼微闭，鼻梁直挺，双唇合拢，下颏浑圆，颈项细长，胸挺腹收，双腿舒展，躯体雄伟。从东往西看，酷似仰身侧面的窈窕淑女。其长发自然飘逸，眉毛、眼角、脸庞、下颏轮廓清晰可见，胸部乳峰凸现，玉体修长，意态悠闲，美丽动人。总观睡佛确有神采奕奕，气势磅礴之感，天造地设大有可观。真可与四川乐山睡佛相媲美。从地图上看，还有许多惊人的巧合。如睡佛的鼻尖正是马头山，海拔1866米，肚脐眼是殿山，海拔1838米，右脚脚尖是小泉华山，海拔1803米，几乎在一个水平面上，正符合人们的仰卧姿势。左脚脚尖麻刀山略低了一些，海拔1405米，这大概是右脚直立而左脚稍斜的缘故。更巧的是，睡佛的头身比例1:8，以肚脐眼为界，两段身长比例是1:1，这恰恰与人体的比例相符。此佛西南—东北而睡，头正朝看西南方的佛国大竺，这好像又是巨佛忠于佛祖、缅怀圣天的象征。

这尊睡佛的发现者是大同铁路分局湖东办事处干部张鸿生，据他回忆，1992年3月16日上午10时许，他在三楼阳台上眺望，忽然发现：苍苍远山原来是佛形。张鸿生立即拍了照片，随后到大同上华严寺找住持藏宝看，藏宝连称："善哉！善哉！"并说，这一天然巨佛，从所处的位置、走向、神态看，都与佛教相关联。1993年秋，西藏活佛多龙来大同，看后十分肯定地说是佛像。多龙说，凡自然佛像正看是佛像，倒看是女像。2001年7月，张鸿生先后两次拜访了五台山仰天大佛发现者、普化寺的主持妙生，妙生看过睡佛照片后连连称奇，挥笔写下"大

同睡佛"四个字。2003年3月，中国佛教学会副秘书长、法源寺的能行法师特意为大同睡佛题字。对张鸿生的这一惊人发现，大同市文物部门颁发了鉴定证书，大同市公证处颁发了公证书，山西省版权局颁发了作品登记证书。2005年6月，国家工商行政管理总局商标局批准注册了壮观服务商标，该商标所用图案就是大同睡佛。据专家考证，大同睡佛形成于第三次造山运动，也就是燕山造山期，距今已有1.38亿年的历史，其逼真的佛像造型实属鬼斧神工，其佛体之巨大完整乃罕见的自然奇观，所处的地理位置与云冈石窟遥相呼应，珠联璧合，相映生辉，像是大自然对"福地宝城"的有力佐证，并被列入大同市旅游线路，成为历史文化名城大同的一处新景观。

桑干湖 桑干湖景区以册田水库大坝为脊梁，以水库5万亩湖面为中心，以20里乌龙峡为趣韵，以南北山峦为衬托。景区南北宽3千米，东西长38千米，总面积95平方千米。水库始建于1958年3月，主要任务是为下游官厅水库拦沙、防洪和渡汛，还起着保障首都防洪安全的重要作用，同时还担负着大同城市部分工业和生活用水及农田灌溉。桑干湖生态旅游区主要景观由"坝""水""峡""山"四部分组成。即水工建筑区赏坝、水库景区玩水、乌龙峡景区探峡、两山衬托区览山。册田水库与其下游的乌龙峡形成一秀丽公园，主要有四景可观。

大坝飞瀑 库坝高40余米，长1.2千米，坝顶宽8米，正常溢洪道4孔闸门，泄槽宽80米，长100米。南干渠倒虹吸由三排直径为1.2米的钢筋砼预应力管路组成，全长400米，在出水口形成瀑布巨观。泄洪之时，碧水喷雪，飞瀑直挂，雪浪排空，吼声如雷，山撼地动，雨雾升腾，气势磅礴，可观可叹。人立千米之外，犹觉细雨蒙蒙，顿生"飞流直下，银河落天"之感。

夕阳扁舟 水库横贯册田、徐疃、峰峪三乡，长16.5千米，库容5.7亿立方米，是山西省仅次于汾河的第二大水库。伫立坝上，凭栏远眺，只见湖面如镜，小舟若叶，青山倒映碧水之中，沙鸥盘旋湖面

之上。清风徐来，吹皱一池春水；艳阳高照，闪亮万顷秋波。最是那夕阳西下之时，霞落湖面，红跳波中，扁舟一叶，天际而来，如诗如画。

二龙戏珠　从坝下荡舟，西行二千米，至于家寨附近湖面，凭舟远眺，北岸山梁形成"二龙戏珠"之奇观。一圆球状土梁凹下一段之后，分别自西向东蜿蜒而去，长不可测。称之"二龙戏珠"，极为形象妥帖。东西两"龙头"之下的石缝间，各有一小泉，水质纯净，常流不息。相传，因二龙横卧村南，灵气十足，于家寨古时多出美女，并有佼佼者选入宫中，深得皇帝宠爱，贵为正宫娘娘，后宫一妃出于忌恨，派人摸入寨中，在龙珠上筑一庙，镇住二龙，此后于家寨女子便无人入宫。传说是否有稽自不可考，但龙珠上过去确有一庙，民间称之为龙泉寺，"文革"时被毁。

乌龙峡　在册田水库库区下方，有一绵长峡谷，两岸为火山溶岩，经河水亿年冲刷，形成长十千米、宽百余米的天然奇峡，取名乌龙峡。峡内杨柳依依，绿草茵茵，溪清崖翠，石怪花异；黑色巨石星罗棋布，汩汩泉流环绕其间，是一方如诗如画的天然胜景。峡内的怪石、飞泉、乌蝶被誉为"石峡三奇"。景区内乌龙泉、乌龙滩、乌龙洞并称乌龙三绝。

乌龙泉　位于库坝东 1.5 千米处的崖壁下，其出口为一宽 2 米、高 1.5 米、深 2.5 米的岩洞，泉水汩汩淌出，清澈见底，鱼儿嬉戏游逗，似与游人相乐。泉水流速 0.27 立方米/秒，其流量和景观可与西湖跑泉媲美。

乌龙滩　位于乌龙洞与乌龙泉之间，滩上黑色玄武岩密布，奇大无比者满目皆是，奇形怪状，姿态万千，有的如壮牛卧草，有的如雄狮沉睡，有的如猛虎下山，有的如鲲鹏展翅，有的如巨龙戏水……经流水多年冲刷，块块黑石光滑如肌肤，棱角全无。巨石之间，溪水逶迤东流，清澈见底，其下鹅卵石光滑圆润，煞是可爱。

乌龙洞　位于大坝东数百米处的陡峭的悬崖上，四周怪石嶙峋，由于攀缘艰险，从未有人探津，至今神秘莫测。相传，洞内居一巨蟒，万年长睡不醒，醒时便大发雷霆，倾泄兽欲，弄得山崩崖塌，溪流飞溅，这乌龙峡之无数巨石便是威力之遗证。又说，乌龙洞与册田水库南大王村西南 2 千米处的琉璃洞相通。琉璃洞创建年代不详，据清朝道光年间《大同县志》载，明崇祯癸未年（1643）重修，石洞分上、中、下三层，依山而建。相传若干年前，从琉璃洞口扔下一飞禽，不见飞出，玄之又玄。

回音壁　位于册田水库上游 10 千米处，北岸有一凹湾，湾中央长满了树木，挺拔苍劲，葱郁茂盛。湾西是一缓坡，杂草丛生，绿茵如毯。湾东是一峭壁，高十四五丈，虽是土质结构，但陡峭的程度令人十人惊叹。地质结构的层次清晰可见。站在湾的西坡上面向峭壁大声吆喝，声音立即回转过来，而且与原来的声音十分相象逼真，极为有趣。特别是每天清晨万籁俱寂的时候，回音更为清新美妙，因此，人们称其为"回音壁"。

铁索飞渡　库坝东南有桥墩一座，为 20 世纪 50 年代末铁索桥拆后所遗。据《大同县志》载，铁索桥为明嘉靖年间所建，清光绪二十六（1900）年重修，立碑，镌有协办大学士李殿林诗"层冰开冱客心惊，每到春秋阻旅行。西望河源来马邑，东连山势拱燕京。石壁直立千寻峭，铁索凌虚一道虹。步履舆梁无病涉，回头共说陷途平"。原桥有铁索八股，每股重 700 斤，长 18 丈，飞架桑干河两岸，普济行人。民间称之为"铁绳桥""普济桥"。据说，每逢开河、封河，或山洪暴发时节，人行桥上，战战兢兢，如履薄冰，如踏惊涛。现立于桥墩处，犹可想象当年行人过桥之惊险。

桑干河　桑干河是一条流向祖国首都北京的河流，横贯内外长城之间的塞上地区。它源于山西宁武管涔山，东至河北怀来的官厅水库，下游为永定河，像一条玉带穿过大同县西部的广阔平原。桑干河是塞北人的母亲河，历代也留下了大量吟诵桑干风光的赞美之作。如南宋诗人范成大《过桑干》、明人冯琦的《桑干歌》。由于九曲桑干的壮观秀美，占尽塞上风情，早在明代，"桑干晚渡"就被列为"云中八景"之一,近代文学家丁玲的《太阳照在桑干河上》更让它名扬天下。

采凉积雪　采凉山位于大同县县境北部的巨乐乡,古称纥真山、纥干山,为本县镇山,海拔2400米。

每当春末夏初,平川之地早已花开似锦,唯有此山积雪皑皑。唐昭宗曾以"纥干山头冻杀雀,何不飞去生处乐"的诗句描写采凉山的雪景。山上旧有采凉观、碧霞宫、地藏寺。北魏明元帝拓跋嗣,曾于碧霞宫阅兵讲武。山下有明代王诸藩墓。山上森林茂密、山花烂漫、药材遍地,曾是大同地区著名的风景区。

登上采凉山主峰,整个大同盆地历历在目,桑干、御河如带,境内诸山如砾。置身于苍松翠柏之中,前面奇峰绝壁,白雪覆盖;脚下花香草青、郁郁葱葱;周围流水潺潺,曲径通幽;树上鸟雀欢歌,快乐啼鸣。怡人的景色令人心驰神往,使人真切地感受到"不似身来似梦来"的奇妙境界。

遇驾山森林公园　遇驾山森林公园位于大同县周士庄镇,全山由六山十五坡和九十七条小沟岔组成,海拔高度为1150—1290米,过去这里是一处不毛之地。20世纪80年代后期,大同县的干部群众发挥了"人定胜天"的精神,在山上兴建造林样本工程,共造林973公顷,其中油松960顷,樟子松13公顷。二十多年过去了,这里已变成一片森林,成为大同地区少有的绿色空间,素有"天然的森林氧吧"之称。

人文资源

鹰嘴墩遗址　在大同县聚乐乡鹰嘴墩发现一处重要的金代聚落遗址。由于没有可靠的文字记载,文物专家便暂时将遗址命名为"鹰嘴墩遗址"。据介绍,遗址面积45000平方米,文化层厚约40—100厘米,属金代遗存。经勘察,该遗址的地表遗物十分丰富,采集到的陶器均为泥质灰陶,有器座、卷沿盆、罐,纹饰则有几何纹、三角纹等多种;瓷器以白釉为主,碗、盒盖、盘等生活用具保存完整,器皿上装饰有印花、白釉黑花等,精美绝伦。据专家介绍,遗址采集的标本中以白釉器盖、白釉瓜棱碗最具特色,同样的器物仅见于金正隆四年陈文庆夫妇墓中,这一点也可以证实,这是一处金代遗址的大型聚落遗址,对研究大同县金代居民的生产、生活具有很高的价值。

烽火台　又称狼烟台,是与长城有关的明代军事信息系统的一部分,大同县境内的烽火台均建于明代,沿明长城以南分布,均由土夯制而成,不见一砖,夯制的与就地取材。烽火台一般高6—10米,底部围长22—44米,大部分呈方形锥体。完整的烽火台建筑还包括土夯制的围墙、烽火台夯制后掏制的上下两层窑洞,窑洞内有土炕和灶台,两层窑洞上下有通道,通道壁上有脚蹬坑。其中黑山顶上的烽火台是建的最高的烽火台。这些烽火台保存都不完整,断垣残壁,但给人一种历史的真实感,使人不由得想起几百年前的条件下筑台和守台的艰辛,又深感边防的重要,原汁原味地记载了历史。

白登之战遗址　西汉战场遗址在大同县境内周士庄镇三府坟、三条涧村西北的马铺山上。马铺山古称白登山,山头北原建有白登台,海拔1300米。当时的平城,在今大同市东古城村一带。《辽史》误认为阳高县的白登村就是汉代白登,《金史》又沿袭了《辽史》的错误。其实,北魏建都平城(今大同市)时,曾大规模的修筑鹿苑,东包白登,说明那时白登还在平城一带。后来,由于鹿苑之内禁止人们居住,白登居民才迁移到今阳高县白登村,所以,今阳高白登村是北魏以后的白登,不是汉代的白登。

汉初,匈奴冒顿单于不断侵扰汉朝北方郡县。汉高祖七年(前200)韩王信勾结单于冒顿据马邑作乱,刘邦率32万大军北征,进逼平城。匈奴出精兵40万骑,于白登山将汉军围困七天七夜,汉军力战,始得突围。战后,刘邦采纳娄敬建议,对匈奴采取和亲政策。1993年大同市人民政府在此新建"汉阙"式碑亭,正面书"汉白登之战遗址",背面碑文用正史原文辑成。周围遍植松树,苍翠挺拔。

李殿林墓　许堡乡大王村北约2千米处有李殿林墓。墓高6米,封土周长130米,"文革"期间被掘。墓内《墓志铭》现存其孙李润汗家中，"文化大革命"前，墓外有石坊，高约 5 米，刻有对联一副。上联为:恒麓脉长到此发祥开泰地，下联为:桑干源远环流如带绕佳城。现存无字碑一通。

李殿林祖茔　大王村西 1000 米，依山而择，有坟茔 15 座，占地 150 米，宽 100 米，封土高 1—2.5 米，周长 5—12 米。现存石人、石马、石猪、石羊等石雕 30 余件，石碑四通。

康里脱脱墓　大王村北 700 米，元代大丞相康里脱脱墓，封土已毁。

肖家窑头汉墓群　许堡乡窑头村东 50 米，有汉墓十冢，占地 1 平方千米，封土高 5—8 米，每冢周长 44—170 米。1984—1986 年发掘无封土的墓葬 102 座，多为土洞墓和竖穴墓，出土文物 100 余件。

昊天寺　建于昊天山顶。昊天山，为大同火山群之一，位于县城北一千米处。北魏时山上建昊天寺，距今已有 1600 多年的历史，是北方闻名的寺院之一，在中国佛教史上占有重要地位，现代佛学教材中，就有昊天寺的有关课程记载。民间曾流传着"先有昊天寺，后有华严寺"的说法。明代万历年重修，清康熙年再修。"文化大革命"期间，此寺遭人为毁坏。1993 年，各路僧人，四方乡邻，捐资捐物，重新修缮，才得以恢复旧观，千年古刹，重放异彩。

昊天寺旧为三教寺，儒、释、道三教并举。原寺其后院正殿为释迦牟尼塑像，西殿为孔子塑像，东殿为老子塑像。经重修后的昊天寺主要由"大雄宝殿、藏经楼、观音殿、地藏殿、四大天王殿、迦蓝殿、钟鼓楼、山门、青石牌坊"等组成，建筑宏伟壮观，雕塑独具匠心。寺内现存明代《大乘妙法莲花经》一套七卷，《佛祖万代通载》一套九卷。

吕家大院　吕家大院位于桑干河与御河交汇处的大同县杜庄乡落阵营村，距京大高速公路西谷庄出口 10 千米。

吕家大院建于清光绪年间。其主人吕塘于清道光二十四年（1844）中举，后任石膏井盐提举、云南孔阳州知州、河南大府三品衔，赐忠义大夫。其子吕绅春为清末进士，步入仕途后亦官亦商，后经

李鸿章所荐出任清朝财政大臣。

吕家大院所在街巷，人称"庆字号"（因祖先叫吕庆，当时买卖商号叫"庆云祥"）。共有院落九处，房屋 150 多间。建筑式样是从天津取回的图样，仿皇宫四合院修建而成。其主院落为三进三出式，前有门厅，中间有过道厅，后为正厅，结构严谨，布局大方。其中房顶上的脊上有张嘴铁角兽，正厅为三间大堂屋，东西各有耳房两间，屋内过去曾摆有开道锣、万民伞、纱灯等皇帝所赐之物，特别是在堂屋门前有一块地方略高于院面，约 3 米见方，为青砖斜砌，系清光绪皇帝所赐，百官到此都要下跪。据传，吕家大院是由于吕塘和吕绅春勤政廉洁而由慈禧太后拨专款兴建的。

吕家大院现存大小房舍 102 间，保存较为完整的建筑有门楼和照壁。门楼前的上马石、旗杆立座、门楼下的鼓石，门廊内的彩绘，匠心独具，栩栩如生。现存之七面照壁，尤以"三元图"和"桃园三结义"制作最为精美。"三元图"描绘的是三位书生等待大考张榜的情景，画壁上的人物塑像、梧桐树、喜鹊等均为烧制而成的立体图型，情态活灵活现。画上题有"碧桐茂蔚阴高轩，又见凌晨喜鹊喧。借间仙禽何所报，祯祥早已兆三元"的诗句，充分表达出宅院主人的审美情趣。整个大院建筑面积 40 亩，主体工程花费了约 13 年时间，建筑规模在当时晋北堪称一流，属晋商文化的一部分。

地藏寺　采凉山南麓，周士庄镇散岔村东北 2 千米处，有一著名道观"地藏寺"。民间称之为"地党寺"。该寺何年创建不详，据清代黎中辅所纂《大同县志》载，明万历五年、清乾隆三十年重修。另据寺前碑文记载，清光绪七年也曾重修。

据专家推测，地藏寺可能建于北魏太延（公元 435—439）年间，其时太武帝拓跋焘定道教为国教，昭示天下，兴土木，建道观，一时间道教香火大盛，崇道者甚多。道观内设有玄门日课，祀典、授录、传戒，民间也在正月初九玉皇大帝诞辰日、二月十五太上老君圣诞日、三月初三王母娘娘蟠桃会、四月初八娘娘庙会、六月二十四关帝庙会举行不同形式

庆典。据说，民国初年，地藏寺香火最盛，经年不息。

地藏寺现由玉皇阁、三清庙、关帝庙、奶奶庙、灵官庙等组成。玉皇阁蹲踞三清庙之上，为层楼式结构。关帝庙、奶奶庙则筑于西侧的高地。东南方的灵官庙独居山腰处。每幢建筑依山而筑，错落有致，形成一个建筑群体，形散而神不散。无论大殿还是小庙，均无围墙，使人感到庙宇在无限伸展，山谷即为院。

龙泉寺　龙泉寺，原名大寺庙，位于大同县聚乐乡塔儿村。村中有俗语"前有大寺，后有上寺"，表明了龙泉寺久远的建庙历史，又记录了该寺在大同地区佛教史上的重要地位。庙内古时有一巨塔，塔儿村的名称就是源于该塔。可惜的是原寺已在"文革"期间惨遭破坏，巨塔也只剩遗址。现在的寺庙是1996年至1998年由民间自筹资金重新修建的。寺内的主要建制与中国传统寺庙相同，主殿内供奉释迦牟尼佛、药师如来佛、阿弥陀佛，两侧是关公、岳飞以及十八罗汉，形象逼真，栩栩如生。

龙泉寺最吸引人的应该是保持绿色生态的天然景致。远远望去，群山环绕中的龙泉寺如一朵空谷幽兰，淡雅而宁静。寺庙近旁有一处由山间地形地貌构成的奇特景观——"二龙戏珠"。凝神细看：中间隆起的山地恰似一颗龙珠，两旁潺潺的泉水仿佛两条蛟龙，亦动亦静，蜿蜒盘旋于苍翠的群山之间，越发彰显了此处的灵气与生机。

李殿林旧居　许堡乡大王村中，共有两处。一处为清代建筑，门楼坐南朝北，门首内外分别书有"如见大宾""诗书门第"匾额。入院迎面是青砖浮雕照壁。上雕"五魁堂"。落院东西两进。东为"图书府"，西为"翰墨林"，东院正房5间，宽15米，深6米，有配房、南房，为李殿林幼年住宅。另一处系民国元年（1912）李殿林还乡后所建，书斋坐北朝南，宽5间，进深一间，单檐硬山顶。分东西两院，西院外有花园，种有二度梅和白牡丹。别墅大门外部满式，内部汉式，上写"养年别墅""善乐年耆"镏金大字。门内照壁青砖浮雕"园同韩相黄花圃，室似裴公绿野堂"对联。

僧塔　大王村南，依山而造，四周青山环抱，清凉幽静，为明代建筑，塔基呈方形，塔座直径2.5米，塔身为复钟式，高5米，塔刹已毁。上嵌大理石碑文，为明成化年间镌刻。

大同县特产

黄花　黄花又名金针菜、安神菜、忘忧草、萱草，是观赏名花，又与蘑菇、木耳一起被列为素食中的珍品，其茎、根、叶还均可入药，具有利尿、健胃、治血、消炎、清热、降压、镇痛、安五脏等功能。

大同县黄花菜栽培始于明末清初，在大同地区已有300多年的种植史。大同黄花多生长在大同县内火山群下，独特的地理、气候和土壤条件培育了其苗大苔繁、肉厚角长、七蕊色黄、营养价值高的品质，是同类产品中的上品。2003年，大同黄花被中国绿色食品发展中心认定为"绿色食品A级产品"，远销亚欧十多个国家和国内30多个大中城市。

绿豆　大同县绿豆具有粒大籽饱，色泽深绿，发芽率和营养价值高等特点。经测定其营养成分为：蛋白质含量25.6%，脂肪含量0.7%，此外还有VA、VD、VB2等多种营养成分，绿豆芽百克含量为6毫克，是茄子的二倍。大同县绿豆以其独特的品质和奇异的药效，深受国内外消费者的欢迎。

聚乐哈密杏　大同县聚乐乡位于大同市东北端，晋、冀、蒙交界处，地理气候独特，交通便捷，历史上素有"花果乡"之称，所产哈蜜杏品质以其汁多、汁浓、汁甜、口感滑爽、外形圆光、色泽可口、营养价值丰富为特征，享誉塞北，近年产品远销国内、国际市场。

百草羊肉　主要以北山边墙、麻地沟、南山麻峪口乡等村庄的羊肉为最好。特点是：鲜嫩，味道纯正，无膻味，肥而不腻，瘦而不柴。由于这些地方的羊主要以南北山中的200多种中草药为食草，素有"百草羊肉"之称。

佛堂寺大葱　佛堂寺大葱远近闻名，单株独茎，茎粗白长；味道鲜美，辣中带甜；葱白结构严密，肉厚心实，极耐储藏。收获后，略晒一晒，只干表皮层，冬去春来，不枯不腐，味道鲜美如初。

三条涧香瓜 相传大约在北魏时期香瓜随着西瓜一同传到大同，大同县在明朝开始广泛种植，历来尤以三条涧的香瓜最好。其种类主要有：状如羊头的"青羊头"、飘香四溢的"八里香"、肉厚瓤白的"花莱士"、又香又绵的"大绵瓜"，此外还有"红灯笼、梨儿脆、蛤蟆皮"等。经专家鉴定，本地香瓜均含有苹果酸、葡萄糖、氨基酸、甜菜茄、维生素C等，营养价值极为丰富，对感染性高烧、口干、烦躁、食欲不振、消化不良、肾衰及老年性高血压等有较好的疗效。

第二节 旅游项目

云冈·恒山旅游节册田分会场

2007年8月16日，第八届中国大同云冈·恒山旅游节举行期间，将大同县桑干湖生态旅游区设为分会场，与南边的恒山分会场、西边的云冈分会场遥相呼应，浑然天成，使嘉宾游客饱览古都名胜，尽赏塞北风情。

大同县桑干湖生态旅游区依山傍水，环境优美，是大同市休闲度假的避暑胜地。景区内绿树成荫，碧水汪泽；鱼儿浅翔，水鸟高唱；怪石嶙峋，泉水叮咚。品全鱼宴，赏落日景，几分神奇，几多浪漫……

期间，组委会安排了丰富多彩的文艺娱乐活动、水上娱乐活动、舟艇表演活动、垂钓比赛活动。

此后，每年的中国大同云冈旅游节期间都将大同县·桑干湖生态旅游区列为重要旅游景点。

大同县黄花文化旅游节

黄花文化旅游节从2002年至2013年每年举办，每年7月中旬召开。黄花文化旅游节，旨在进一步扩大大同县黄花在国际和国内外的市场知名度，提升品牌效应，将这一特色产业做强做大，真正使黄花成为大同县县域经济发展和农民增收致富的拳头产品和支柱产业。

昊天寺四月初八庙会

1993年，昊天寺重新修缮，千年古刹，重放异彩。随着昊天寺的重修，每年四月初八的娘娘庙会成为十里八乡群众求子祈福的一种民间活动，妇女持香烛到庙上布施许愿，以求子女平安；无子女者，用红线拴在送子娘娘身旁的童男童女身上，希望早日如愿以偿。每年的农历四月初八这一天，三里五村的小商小贩也云集于此，场面十分热闹。加上闻名而来的四方游客，客流量可达3万人。

山水花鸟一日游

2000年5月4日，大同县与大同市旅游部门共同开发了一条旅游线路——山水花鸟一日游。即早晨乘汽车直抵大同县参观闻名遐迩的黄花种植基地，看夺目的遍野黄花，品浓浓的乡野气息。而后参观华北地区最大的鸵鸟养殖场，与鸟同乐。后再赴农业高科技示范园区参观后午餐。而后参观火山口上的建筑奇观——昊天寺。此处还可参观人类新石器遗址。下午赴册田水库，饱览一碧万顷的水面，探访奇花异石密集的乌龙峡。这条线路一经推出，深受广大市民的喜爱，但随着交通的便利和自驾游的普及，现已淡化出市场。

第三节 旅游服务

餐饮住宿

宾馆 宾馆可接待各种大、中型会议，宴会，宾客住宿。馆内设有理发室、医疗室各一个。同时还设有娱乐厅，配置有高级音响设备，可举行酒会、舞会，是一幢集住宿、餐饮、娱乐为一体的综合性服务大楼，昊天大酒店位于县城南街，始建于1994年，企业占地面积1000多平方米。内设高档豪华包间26个，设备先进，环境幽雅，可同时容纳600人就餐。

旅游交通

大同县交通条件便利，境内京包、大秦、大准三条铁路和京大、德大两条高速公路，大张、同浑、大塘南线、北线四条省级公路，横穿纵贯全境，干线公路四通八达。全国大型铁路编组站——太原铁路局湖东编组站就位于大同县党留庄乡。大同飞机场也位于大同县倍加造镇境内，至今已开通大同—北京、大同—上海、大同—广州的航线。铁路、公路、航空路线都能达到"朝发夕至"。县境内建设有两条旅游专线。

昊天山旅游公路 水头村北至昊天山顶,全长3.4千米,于2005年开工修建,当年建成。路面宽3.5米,水泥路面,路面等级为四级公路,由大同县交通局投资44.2万元人民币建设。

桑干湖旅游专线 大同县瓜园至册田,全长17.5千米,其中三级路2千米,四级路15.5千米,2005年建成通车,总投资301.5万元。

娱乐场所

桑干湖旅游度假区 塞上自古沙急风高,山多水少,涟漪5万亩的水面,成为公园区的亮点,倍受青睐。目前开展的游乐项目主要是:水上游乐、沙滩嬉水、密林探幽、临岛垂钓等。已开发的景点如下。

观渔矶 大坝北端的玄武岩石梁,其状如鱼,名金鱼矶,"金鱼"身体弯曲,头南尾北,鱼咀紧咬着水库大坝,与大坝连为一体。据说辽代的圣宗皇帝于充和二十三年(1005年)冬十一月,曾在此观渔,因此又名观渔矶。矶上花草如茵,绿树掩映,是观赏湖光山色的理想之处。

沙滩嬉水 湖北岸为天然沙滩,辟有各种游泳场、儿童乐园、桑干河文化碑石林等。

水上游乐 以水上划船、水上游艇、水上飞艇等娱乐为主。在乘飞艇任意驰骋、荡扁舟逍遥摆渡的同时,可尽情领略奇丽的湖岸风光。

二龙戏珠 为余家寨村南的玄武岩垄。

情人月夜湾 位于观渔矶以东许堡东沟口入桑干河处,岸边林密幽静,夜晚平静的湖面月影倒映其中,虫鸣声不绝于耳,空气清新湿润,不仅是情人,在此逗留的每一位游客都会得到满足。

密林探幽 湖南岸,密林丛生,植被良好,天苍野茫,风吹草低,别具塞上风情,扎有仿古军帐、蒙古包等,是野营、消夏、体味边塞风情的绝妙去处。

钓鱼岛 湖南之东,有一玄武岩小岛,面积约5000平方米。小岛四面环水,独处江心,游客垂钓,乐而忘返。

精品旅游线路

四季可观主打旅游线路 大同火山群国家地质公园科普游。

赏花一日游线路 4—5月游大同火山群地质奇观、赏聚乐堡万亩杏花争艳。

采摘游线路

1.5—6月郭家窑头油桃采摘,营坊沟锄禾有机生态园草莓采摘、大同火山群国家地质公园探秘亲子一日游。

2.6—7月聚乐采摘大同县特色哈密杏、登采凉山,游龙泉寺、永宁观、聚乐古堡休闲一日游。

3.6—7月聚乐采摘大同县特色哈密杏、登采凉山,游龙泉寺、永宁观、聚乐古堡,畅游大同火山群腹地,桑干湖、乌龙峡休闲度假二日游。

摄影采摘游线路

1.7—8月万亩黄花基地采风、大同火山群探秘一日游。

2.7—8月万亩黄花基地采风、大同火山群探秘、乌龙峡谷休闲度假二日游。

山水游玩精品旅游线路

1.5—10月大同火山群探秘,许堡古堡、李殿林故居寻踪、桑干湖乌龙峡休闲度假二日游。

2.5—10月马六庄卧佛庄园、邢庄采摘园、吉家庄天宝庄园休闲采摘,杜庄土林、吉家庄马头山龙凤寺一日游。

大同县旅游导览图

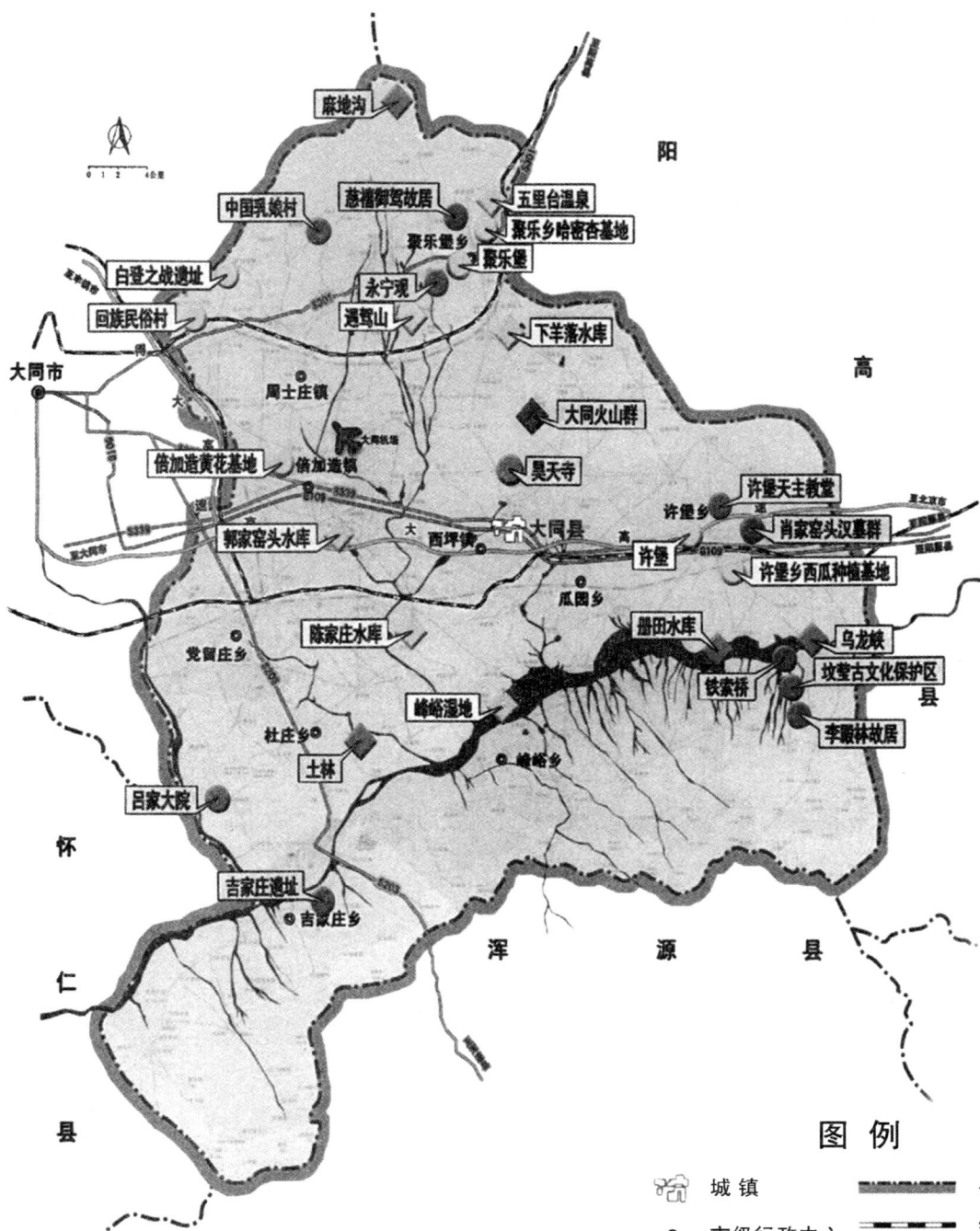

麻地沟

阳

中国乳娘村

慈禧銮驾故居

五里台温泉

聚乐銮乡

聚乐乡哈密杏基地

聚乐堡

白登之战遗址

永宁观

回族民俗村

遇驾山

下羊落水库

高

大同市

周士庄镇

大同火山群

倍加造黄花基地

倍加造镇

昊天寺

许堡天主教堂

郭家窑头水库

西坪镇

大同县

许堡乡

肖家窑头汉墓群

许堡

许堡乡西瓜种植基地

陈家庄水库

党留庄乡

瓜园乡

册田水库

乌龙峡

铁索桥

坟茔古文化保护区

县

峰峪湿地

杜庄乡

土林

峰峪乡

李殿林故居

吕家大院

怀

吉家庄遗址

仁

吉家庄乡

浑

源

县

县

招商 旅游

图 例

城镇

县界

市级行政中心

铁路

机场

高速公路

机场

G109 国道及编号

S302 处道及编号

第十三编　农　业

第一章 农业综述

第一节 农业结构调整

从 1996 年至 2013 年,县委、县政府切实加强对农业和农村工作的领导,深入贯彻中央和省市农业农村工作会议精神,坚持"围绕增收调结构、突出特色树品牌,领先科技增效益"进行农业产业结构调整。根据大同县的自然条件及经济条件,以市场为导向,重点发展具有比较的产品。依靠科技进步,大力组织实施"特色种植""设施农业"菜篮子工程等,发送农产品品种结构,提高农产品质量,加强农田水利等基础设施建设,提高农业抵御自然灾害的能力,大力扶持龙头企业发展,推进农业产业化经营;引导农民从事二、三产业,农业和农村经济保持了健康,持续、协调发展的态势。一是农村经济总量增加,农业产业渐趋合理。2013 年全县农村经济总收入达 30.5 亿元,农民人均纯收入达到 6364 元。二是种植业结构调整有了较大进展,主导产业玉米种植面积得到大幅提升,从 1995 年的 13.7 万亩增加到 2013 年的 36 万亩,种植面积翻了近两番,优质特色作物品种面积进一步扩大,无公害、绿色、有机农业产品逐渐增多,传统特色产黄花种植面积由 1995 年的 1.12 万亩增加到 2013 年底的 8 万亩,是当年种植面积的 7 倍多,蔬菜种植面积从 1995 年的 5118 亩增加到 2013 年的 8 万亩,是当年种植面积的近 16 倍,近年来,按照"高产、优质、高效、生态、安全"目标和要求,强化"三品"认证工作,打造地方农产品品牌,努力提高农产品质量安全水平和市场竞争力,截至 2013 年底,大同县共认证无公害农产品 30 个品种 56 万亩。"大同黄花"已取得原产地认证,"小明绿豆"已取得国家农产品地理标志认证。三是农产品加工业有了较大发展,涌现出一批涉农龙头企业。全县共有较大规模农产品加工企业 5 家,三利农副产品、黄花公司、永翔食品、海发天然色素等龙头企业的带动力逐步增强。四是科技应用水平进一步提高,农产品质量有一定改善。玉米地膜覆盖、测土配方施肥、病虫害防治、优良品种丢弃等农业技术得到了推广应用,产量大幅提升,品质得到改善,玉米亩产量由 1995 年的 298.5 万斤增加到 2013 年的 352 千克。五是农村剩余劳动力转移步伐加快,农民增收渠道有新的拓展。通过发展加工业园区医药园区,开展境外劳务输出,逐步把农民引导到二、三产业上来,改变了农民就业结构,增加了农民收入。六是产业布局渐趋优化。通过围绕市场调产业,围绕品质调品种,围绕区域调布局,农业产业结构更加合理,全县初步形成了 36 万亩的优质玉米种植基地,8 万亩的黄花基地,8 万亩的露地蔬菜基地,16 万亩的小杂粮基地,9 万亩的林果基地等。

第二节 农民负担

1996 年至 2006 年,农民负担主要是向农民收取农业税、三提(村提留公积金、公益金、管理费)五统(乡村两级办等、民兵训练、优抚、计生、修建乡村道路)等。

2006年后,不再向农民收取上述费用,但农民间接负担依然存在,比如:一事一议筹资筹劳,农业生产性收费如农业灌溉电费、行政事业性收费如农业建房收费、外出务工经商收费,农机、摩托车、三轮汽车和低速载货汽车收费,计划生育收费、农村义务教育收费,各种罚款等项目也都属于农民负担。

此后,大同县高度重视减轻农民负担工作,认真落实各项强农惠农和农民减负政策,农民减负工作整体趋好,并逐渐减至农民负担为零。一是坚持政府主办政府出钱原则,任何部门和单位不得利用政府主办项目,违反规定擅自出台涉及农民负担的行政事业性收费。严禁乡镇违规向村级组织收取有关工作活动经费及自立名目收费。严禁各中小学(含幼儿园)违规向村级集体经济组织收取赞助费、资助款、节日贺礼等款项和实物。二是涉农商品和服务等经营性行为,坚持公开合理、自愿原则,严禁相关部门和单位强行服务、强行收费、只收不服务,或将政府对农民的公益性行为转变为有偿服务。三是村级组合不得擅自设立项目向农民收费,不得随意用押金、违约金、罚款等不合法方式来约束村民、管理村务。四是落实好村级组织公费订阅报刊费用"限额制"。严格执行中央和省关于党报党刊的规定要求,确保党报党刊征订,坚决杜绝"私定公助"中私定部分由村负担情况发生;适当订阅业务报刊,在限额范围内自行选择与农业生产农民民生贴近的业务报刊,任何组织和部门不得以任何形式下达征订指标或摊派;严格限制订阅都市娱乐类报刊,征订都市娱乐类报刊的,要在党报党刊和业务报刊征订后的限额剩余范围内进行,但支出金额不得超过报刊订阅总支出的10%。按照"谁违规征订,谁承担责任"原则,对违反村级组织公费订阅报刊限额制度的组织和个人要追究责任;超出限额部分,由责任人负责补足。有关部门要加强对村级组织公费订阅报刊情况的监控检查,同时广泛开展民主监督,有效遏制村级组织公费订阅报刊超限额发生。五是加强涉及农民负担事项的检查监督,对向农民、村级组织和农民专业合作社违规违纪收

取的各种款项,坚决予以退还;对违规使用的农民劳务,按当地工价标准给予农民合理补偿;对擅自出台、设立涉及加重农民负担的文件和收费项目、建设项目,坚决予以撤销;对擅自提高的收费标准,坚决予以降低。严格实行农民负担责任追究制度,对违反政策规定,加重农民负担或影响强农惠农富农政策的相关责任人员,要依照有关规定予以严肃处理。要将减轻农民负担检查制度固定化、长效化,常抓不懈,促进减轻农民负担政策的落实。

第三节 农村小康建设

农村小康建设,是以中共十六届三中全会和四中全会精神为指针,坚持以"三个代表"重要思想与科学发展观为指导,坚持实事求是,争先发展的原则,以农民增收为中心,以深化农村改革为动力,以市场为导向,大力调整优化农业和农村经济结构,增加农民收入,提高农民生活质量,同时统筹城乡发展,壮大县域经济,提升产业化水平,推进城镇化建设,加快工业化进程,深化改革,加大投入,强化领导,扎实工作,基本实现建设全面小康社会的目标,促进农村社会全面进步,推动大同县的农村小康建设快速、健康发展。全县从1994年始,至1998年全县基本达小康,并通过省市验收,至此,全县达小康村达到156个,到2004年全县189个村都达到了小康。1994年达小康村5个,其中,峰峪乡1个村即西堡,杜庄乡1个村即苏家寨,党留庄乡1个村即马连庄,倍加造镇1个村即西骆驼坊,西坪镇1个村即西坪村。1995年达小康村12个,其中,杜庄乡3个村即常胜庄、利仁皂、周家堡,党留庄乡1个村即侯大庄,倍加造镇6个村即解庄、倍加造、郭家窑头、独树、谢疃、东村,西坪镇1个村即水头,周士庄镇1个村即三十里埔。1996年达小康村51个,其中,吉家庄乡3个村即麻峪口村、南栋庄村、小桥村,峰峪乡9个村即兼场、峰峪、施家会、东后子口、孙家港、吉家会、胡家窑头、西后口、徐疃,杜庄乡11个村即常家堡、杜庄、下泉、崔庄、米庄、小辛庄、落阵营

马坊、马家会、南六庄,党留庄乡8个村即安留庄、兼埔、蔡庄、小埔、党留庄、罗庄、邢庄、上泉,倍加造镇1个村即仁家小村,瓜园乡3个村即陈庄、瓜园、北石山,西坪镇6个村即坨坊、寺儿上、康店、官堡、贺店、下榆涧,聚乐乡1个村即西关,周士庄镇3个村即陈家堡、三条涧、周士庄,许堡乡6个村即东水地、南水地、清泉、养老洼、鹅毛、南坨。1997年达小康村50个,其中,吉家庄乡13个村即牛寺沟、郭家庄、下西河、上西河、王渐疃、水涧、南息、旧桥、固定桥、东安家堡、佛堂寺、西安家堡、吉家庄,峰峪乡3个村即沙岭、盘道、秦城、小王,杜庄乡3个村即王家堡、土井、千千村,党留庄乡1个村即兴胜,倍加造镇1个村即营坊沟,瓜园乡7个村即东紫峰、道西湾、渔儿涧、西沙窝、南石山、东沙窝、东坪,西坪镇8个村即下甘庄、小坊城、中高庄、上高庄、上榆涧、下高庄、唐家堡、东嘴,聚乐乡2个村即聚乐、塔儿村,周士庄镇3个村即牛家堡、罗卜庄、王千户,许堡乡8个村即肖家窑头、上庄、下庄、于家寨、集仁、许堡、浅井、西水地。1998年达小康村38个,其中,吉家庄乡7个村即东庄、南庄、西庄、杨家寨、南栋庄、西浮头、瓮城口,峰峪乡4个村即许家堡、东浮头、委册、杨庄,瓜园乡6个村即南坡、李王涧、茹庄、西紫峰、滕家沟、黑石崖,聚乐乡7个村即吴家洼、张庄、五里台、新边、艾家洼、山自造、大北庄,周士庄镇11个村即路家庄、驾遇造、散岔、东水峪、孟家造、三府坟、石仁、后埔、二十里埔、三十里埔、遇驾山,许堡乡3个村即大王窑、册田、堡村。2000年达小康村5个,其中,吉家庄乡2个村即杨圈沟、南米窑,杜庄乡1个村即永胜村,西坪镇1个村即大坊城,周士庄镇1个村即西水峪。2002年达小康村5个,其中,吉家庄乡1个村即新窑沟,峰峪乡1个村即东马庄,周士庄镇2个村即五十里埔、南庄,许堡乡1个村即黎峪。2003年达小康村6个,其中,瓜园乡2个村即梁庄、吴家洼,西坪镇2个村即上甘庄、西嘴,周士庄镇1个村即上庄,许堡乡1个村即大王。2004年达

小康村17个。

2006年后,全县小康建设主要以新农村建设为主,县委、县政府紧紧围绕"生产发展、生活宽裕、乡风文明、村容整洁、管理民主"的二十字方针,按照"整体规划、分步实施、点面结合、分类指导、先易后难、分层推进"的原则,以"四化四改"为重点("四化"街巷硬化、村庄绿化、环境净化、路灯亮化。"四改":改水、改厨、改圈、改厕),同时结合2009年和2012年启动实施的两轮"五个全覆盖"大力推进全县新农村建设[第一轮:即具备条件的建制村通水泥(油)路全覆盖、中小学校舍安全改造全覆盖、村级卫生室全覆盖、村通广播电视全覆盖、农村安全饮水全覆盖。第二轮:实现农村街巷硬化全覆盖、农村便民连锁商店全覆盖、农村文化体育场所全覆盖、中等职业教育免费全覆盖、新型农村社会养老保险全覆盖]。从2006年至2013年,全县完成了9个新农村示点村和120个新农村重点推进村的建设任务,使全县乡村基础设施日趋完善,群众生活水平、精神面貌发生明显的改变。2013年,为了更高层次的建设新农村,根据省、市文件精神全县详尽编制了《大同县改善农村人居环境规划》,有力地促进城乡互补协调发展,实现新农村转型跨越发展的目标,同时又实施完成了82个行政村1640盏太阳能路灯的街道亮化工程。2012—2013年两年全县又确定了22个县级新农村示范村,整合农业、扶贫、水利、林业等部门资金进行项目、资金倾斜,同时全县大力实施"百园立农""一村一品""黄花产业"等惠农、惠民工程,大力培育主导产业,增强集体经济实力,加强新村建设后劲,巩固完善新农村建设成果。大同县根据省市文件精神,启动实施省级美丽宜居示范村建设工程,以建设"大县城、特色镇、中心村"为重点,保留传统村落,弘扬乡村传统文化,建设现代美丽乡村。同时大力实施"一村一品""一县一业"工程,大力推进黄花主导产业,推进全县新农村建设再上新台阶。

2006—2013年大同县新农村建设试点村及重点推进村名单

表13－1－1　　　　　　　　　　　　　　　　　　　　　　　　　　　　　　　单位：个

乡（镇）\村名\年度	2006	2007	2008	2009	2010	2011	2012	2013
吉家庄	南息	南栋庄	郭家庄 吉家庄	佛堂寺 王渐町	西浮头 水涧	东安家堡 西安家堡	杨家寨 麻峪口	上西河 下西河
峰峪	峰峪	徐家堡	杨庄	兼场 施家会	小王 孙家港	西堡 徐疃 东后子口	吉家会	西后子口 东浮头
杜庄	苏家寨	长胜庄 落阵营	杜庄 长安村	利仁皂 马坊	马家会 周家堡	崔家庄 永胜	千千村 南六庄	王家堡 小辛庄
党留庄	马连庄	党留庄 邢庄 小蒲	兼埔 安留庄	上泉 罗庄	蔡庄 侯大庄	兴胜		
倍加造	解庄	谢町 郭家窑头	营坊沟 倍加造	东骆驼坊 独树	任家小村 西骆驼坊			
瓜园	北石山		瓜园 西紫峰	吴家洼 东紫峰 李汪涧	茹庄 陈庄	东坪	南坡 南石山	渔儿涧
西坪	水头	西坪 寺儿上	下榆涧 下甘庄	官堡 中高庄	大坊城 小坊城	上榆涧 贺店	唐家堡 康店	坨坊村 上高庄
巨乐		大北庄	山自造 西关	巨乐 东阁老山	西阁老山 吴家洼	下羊落	张庄 小北庄	艾家洼 五里台
周士庄	三条涧	周士庄 萝卜庄	牛家堡 三府坟	王千户 三十里铺	后铺 遇驾山	陈家堡 驾遇造	二十里铺 南庄	路家庄 孟家造
许堡	东水地	清泉	西册田 肖家窑头	大王 集仁 上庄	许堡 浅井	养老洼 于家寨	下庄村	鹅毛
合计	9	15	19	22	20	16	14	14

表13-1-2　　1994—2003年大同县小康建设完成统计

单位：个

项目 乡镇	行政村数	合计	1994	1995	达小康村 1996	1997	1998	2000	2002	2003
总计	189	172	5	12	51	50	38	5	5	6
吉家庄乡	27	26		麻峪口 南陈庄 小桥	牛寺沟 郭家庄 下西河 上西河 王湘町 水洞 南息 旧 固定桥 东安家堡 佛堂寺 吉家庄	东庄 南庄 西庄 杨家寨 南栋庄 西浮头 翁城口	杨圈沟 南米窑	新窑沟		
峰峪乡	21	19	西堡		兼场 峰峪 施家会 东后子口 孙家港 吉家会 胡家窑头 西后口 徐疃	沙岭 盘道 秦城 小王	许家堡 东浮头 委册 杨庄		东马庄	
杜庄乡	19	19	苏家寨	常胜庄 利仁皂 周家堡	杜庄 长安村 下泉 常家堡 崔庄 米庄 小辛庄 落阵营 马坊 马家会 南六庄	王家堡 土井 千千村		永胜		
党留庄乡	11	11	马连庄	侯大庄	安留庄 兼辅 蔡铺 小铺 党留庄 邢庄 上泉	兴胜				
倍加造镇	9	9	西骆驼坊	倍加造 解庄 窑头 独树 谢疃 东村	任家小村	营坊沟				
瓜园乡	18	18			陈庄 瓜园 北石山	东紫峰 道西湾 渔儿洞 西沙窝 南白山 东沙窝 东坪	南坡 李汪涧 茄庄 西紫峰 腾家沟 黑石崖	大坊城		
西坪镇	19	19	西坪	水头	坨坊 寺儿上 康店 官堡 贺店 下榆涧	下甘庄 小坊城 中高庄 上高庄 上榆涧 下高庄 唐家堡 冬咀	大方城			
巨乐乡	23	10			西关	巨乐 塔儿村	吴家洼 张庄 五里台 新边 艾家洼 山自造 大北庄			
周士庄镇	23	22		三十里铺	陈家堡 三条洞 周土庄	牛家堡 罗卜庄 王卜户	路家庄 驾遇造 散岔 东水峪 孟家洼 三府坟 石仁 后铺 二十里铺 三十里铺 驾驶山 遇驾山	西水峪	五十里铺 南庄	上庄 西咀
许堡乡	19	19			东水地 南水地 清泉 养老洼鹅毛 南坨	肖家头 上庄 下庄 于家寨 集仁 许堡 浅井 西水地	大王窑 册田 堡村		黎峪	大王

第二章 农业科技

第一节 农村技术培训

农村技术培训主要包括农民的学历教育和实用技术、技能培训。大同县农业技术培训主要由山西省农业广播电视学校大同县分校及农业技术推广中心及基层农业技术推广站承担。

教育培训机构

山西省农业广播电视学校大同县分校成立于1983年,同年组建了学校领导组,副县长李元宏任组长兼校长,李乐卿任副校长。1990年正式评估入位,任命李乐卿为专职校长,教师待遇享受10%工资。机构设置为副科级,校务、教务、声像教学、教材发放和农民培训等项工作均设有专人负责,是全省县级农广校系统中成立较早、办学规格较高的一所农业成人教育学校。1998年3月大同县人民时代的发展、农业产业结构调整和农业产业化发展的变化,农广校培训的内容也在不断调整。

学历教育

中专学历教育 1996年至2010年,累计招收中专生3339人,毕业2882人。其中招收农学专业685人,毕业682人;招收畜牧兽医专业320人,毕业320人;招收林学50人,毕业50人;招收农业经营管理50人,毕业50人;招收会统审324人,毕业324人;招收人口与计生60人,毕业60人;招收现代乡村综合管理300人,毕业296人;招收现代种植技术1500人,毕业1100人;招收企业经营管理50人。

大专学历教育 2000年组织具中专学历的县、乡两级农业技术人员56人,参加中央农业广播电视学校中专后继续教育(相当大专学历)的农业推广专业学习,全部获得毕业证书。2000年至2010年组织186人参加山西农业大学和东北农业大学的专科学习,全部获得国家承认学历的大专毕业证书。

农业实用技术培训

1996年至2010年,为提高农民素质,根据"实际、实用、实效"的原则,通过集中技术培训、开展农业科技"110"服务、专家现场咨询、示范基地观摩、图片样品展览展示、发放技术资料和播放VCD技术光盘等形式,深入农村开展种植、养殖等实用技术培训,共举办农业生产实用技术培训班和技术讲座4500多期次,发放技术资料和VCD光盘十多万份,培训农民14.5万人次。特别是2009年大同县被列为全国基层农技推广示范县以来,2009年、2010年每年组织100名基层农技人员参加省定点培训机构的集中培训,并依托项目每年对2000户科技示范户开展主导品种和主推技术培训。

绿色证书培训

1998年大同县被列入山西省的绿色证书工程启动县之一,开始实施绿色证书教育。根据国务院、农业部、省政府关于开展绿色证书教育的要求,在总结初等农业技术教育等县情的基础上,按农业生产岗位规范要求,制定了《大同县实施"绿色证书工程"的意见》,有针对性地对受训农民开展农业生产操作技能培训。至2010年底,开展绿色证书培训4527人,颁发绿色证书4282人,为农村科技致富、农村基层科技推广培养了一大批带头人及中坚力量。

农村劳动力转移培训

2004 年大同县被农业部确定为全国农村劳动力转移培训阳光工程试点县，县政府成立领导小组，制订了实施方案，2004 年至 2010 年"阳光工程"培训引导性培训累计培训 3.5 万人，技能型培训累计培训 7500 人。2008 年大同县被山西省扶贫办确定为"雨露计划"培训试点县，对 1300 户贫困户开展技能型培训。从 2008 年至 2010 年，大同县承担巩固退耕还林成果劳动力转移技能培训，对 450 户退耕户进行了技能培训。

新型农民科技培训

2001 至 2003 年大同县被农业部列为跨世纪青年农民科技培训工程示范县，采取集中培训与现场指导相结合的方式，开展农作物无公害栽培技术、畜禽饲养技术、农业经济经营管理和农村政策等农业科技培训，使 3000 名农民技术骨干熟练掌握了 1—2 门农业实用技术。

第二节　示范工程

高标准旱平地培肥玉米丰产方建设项目

2007 年，实施高标准旱平地培肥玉米丰产方建设项目。建设地点：周士庄镇的陈家堡村、王千户村、三十里铺村，倍加造镇的独树村、任家小村，西坪镇的康店村、贺店村，党留庄乡的兼铺村、邢庄村共 4 个乡镇 19 个村。建设面积 10000 亩。建设内容：田间生产路 11 千米，路两旁补栽杨树 500 株，平田整地面积 5800 亩，购置深耕犁 15 台，播种机 30 台，少耕穴灌播种机 50 台，秋深耕 10000 亩，测土配方施肥 10000 亩，采购保水剂 5 吨，硫酸亚铁 130 吨。项目效益：项目区采用了工程、农艺、化学措施的各项技术手段，收到了显著效果。总增产玉米 236 万千克，总增值 472 万元。

巩固退耕还林成果基本口粮田建设项目

2008 年，实施巩固退耕还林成果基本口粮田一期建设项目。项目总投资 758.05 万元，实际到位资金 610 万元，其中，中央资金 600 万元，县级配套 10 万元。建设地点：吉家庄乡古定桥、王渐疃等 15 个村，党留庄乡蔡庄、马连庄等 6 个村，杜庄乡马家会、马坊等 4 个村。共 3 个乡镇 25 村。建设面积：15000 亩。建设内容：修复地埂 750000 米，整修田间道路 21330 米，增施有机肥 20170 吨，增施磷肥 855 吨，秋深耕 10174 亩。项目效益：项目实施后，项目区农业生产条件得到显著改善，土肥水资源利用率、耕地综合生产能力明显提高。项目区退耕户共计增产粮食 120.3 万千克，总增产值 240.8 万元，退耕户人均增收 275 元。

2010 年，实施巩固退耕还林成果基本口粮田二期建设项目。项目总投资 473.67 万元，实际到位资金 408 万元，其中：中央资金 400 万元，县级配套 8 万元。建设地点：许堡乡许堡、浅井等 13 个村，倍加造镇郭家窑头等 3 个村，2 个乡镇 16 个村。建设面积：10000 亩。建设内容：平田整地 1310 亩，修复地埂 78600 米，整修田间道路 4000 米，增施农家肥 10000 吨，增施有机肥 800 吨，增施土壤改良剂 898.03 吨，秋深耕 10000 亩。项目效益：项目实施后，使项目区的农业生产条件得到了有效改善，土肥水资源利用率、耕地综合生产能力得到了明显改善，项目区耕地土壤含水量和降雨利用率明显提高，土壤有机质明显提高。增产粮食 40.72 万千克，增收 81.44 万元，项目区农民人均增收 438.54 元。

盐碱地改造项目

2005 年，实施盐碱地改造一期项目：该项目具体实施地点在党留庄乡兼铺村，实施面积 5000 亩，其中示范区面积 600 亩，共涉及 60 个农户。具体操作实施情况如下。（一）工程措施 1. 架设电力设备，安装 80K 变台 1 座（380 伏）。现在已经安装完毕，交付使用。2. 打机井 2 眼，深度在 100—120 米，分别在 600 亩示范区域内，为了确保浇灌面积，铺设灌溉网 3800 米，现在正在施工期间，预计在 6 月中旬竣工使用。（二）使用化学改良剂 1. 硫酸亚铁。按要求亩施用量 50 千克，根据省土肥站运来数量,使用面积 2000 亩,其中示范区 500 亩,辐射区 1500 亩,普遍基施。2. DS1997 土壤改良剂。亩施用量 150 千克,使用面积 300 亩,主要用在示范区内,普遍基施。(三)农业生物措施 1. 增施有机肥,亩施有机肥 2000 千克,使用面积 2000 亩,其中示范区 600 亩,辐射区 1400 亩,为了解决农户肥料不足的状况,县农业局特地从大同市牛场购买了 500 吨牛粪,满足了项目的施肥要求。2. 施用工业有机肥,施用量每亩 100 千克,使用面积 200 亩,其中示范区 100 亩,辐射区 100 亩,普遍基施。增磷改碱,使用面积 5000 亩,亩施用量 50 千克(普磷)。其中示范区 600 亩,辐射区 4400 亩。

2010 年,实施盐碱地改造二期项目。项目总投资 240 万元,实际到位资金 196 万元,其中:省级资金 190 万元,县级配套 6 万元。建设地点:杜庄乡落阵营、周家堡二个村。建设面积:40000 亩。建设内容:平田整地 610.8 亩,田间道路 2000 米,农田林网工程:2000 株,增施精制有机肥 831.285 吨。增施畜禽肥 3000 吨。测土配方施肥 4000 亩。秋深耕 4000 亩。施用脱硫石膏 623.5 吨。施用硫酸亚铁 461.306 吨。项目效益:杜庄乡落阵营等二村盐碱地改造项目的实施,最大程度地改造了项目区中、轻度盐碱地,提高农业综合生产能力,提高肥料资源和水资源利用率,促进农业节本增效。增产玉米 101.84 万千克,年增收 203.7 万元,亩均纯收益 509.3 元,项目区农民人均增收 613.8 元。

测土配方施肥项目

2006 年,实施测土配方施肥项目。项目区实施技术主要围绕"测土、配方、配肥、供肥、施肥指导"五个环节开展工作。测土配方施肥面积 40 万亩,覆盖全县 189 个村庄 3 万个农户,使用化肥 5000 吨(纯养分),共取土样 3945 个,分析化验土样项次 44055,其中大量元素 26350 项次,中微量元素 16915 项次,其他 790 项次。按照测土配方施肥技术(规程)的要求,布置了肥料校正试验 10 个,分布在周士庄镇陈家堡村、倍加造镇独树村、营坊沟村,杜庄乡长安村,西坪镇西坪村,峰峪乡兼场村共 6 个

村庄,代表全县丘陵区、平川区和水旱地的不同土壤肥力耕地。为测土配方施肥工作提供有效数据。在大面积推广测土配方施肥工作的同时,根据发放 4 万份配方施肥卡、抽样调查 200 个农户,做为测土配方施肥使用效果信息反馈资料。按照全县不同土壤肥力等级,选择 30 个配方施肥农户和 30 个习惯施肥农户比较配方施肥的效果,分析比较施肥效益。并按照农业部和省土肥站测土配方施肥方案要求,掌握当地作物最佳施肥量,共布置肥料"3414"完全试验 19 个,其中玉米 7 个,谷子 3 个,马铃薯 3 个,甘蓝 3 个,豆子 3 个,分布在周士庄镇陈家堡村,倍加造镇独树村、营坊沟村,县良种场,西坪镇西坪村,巨乐乡山自造村,许堡乡东水地村,峰峪乡兼场村 8 个村庄,共 19 个试验,266 个小区,11.78 亩。在测土配方施肥项目实施中,安排了玉米示范区 4 个,其中万亩以上示范区 1 个,设在杜庄乡落阵营村、利仁皂村;千亩以上示范区 3 个,设在峰峪乡兼场村、峰峪村、倍加造镇独树村、周士庄镇陈家堡村,为测土配方施肥项目树立典范。

高标准旱作农田示范区

2007 年,全县开始实施高标准旱作农田示范区建设项目,通过在旱作区大力推广少耕穴灌蓄水聚肥技术、测土配方施肥技术,进一步提高耕地土壤的抗旱能力和肥料效率,使土壤水资源综合利用率、化肥利用率各提高 10 个百分点,土壤综合生产能力提高一个等级,达到增产增收、节本增效的目的,为实现农业可持续发展奠定坚实的基础和技术支撑。项目实现地点选择在周士庄镇陈家堡村、倍加造镇营坊沟村,项目建设规模 5000 亩,其中少耕穴灌地膜覆盖玉米 3500 亩,少耕穴灌地膜覆盖西瓜 1500 亩。项目实施内容为:①少耕穴灌蓄水聚肥技术应用 5000 亩;②采集土样 160 个,进行常规元素和微量元素分析,实现配方施肥面积 5000 亩;③建立施肥参数田间试验点 5 个,试验观察点 20 个;④开展农民技术培训 3000 人次。

旱地玉米穴灌聚肥节水项目

2008 年,开始实施推广旱地玉米穴灌聚肥节水

项目。主要包括：①开穴灌水：每亩开穴 800 个，穴直径 30 厘米，穴深 8 厘米，每穴灌水 1.5—2.0 千克。②播种覆盖：在穴四角播玉米 4 株，覆土 5 厘米左右，用地膜沿种植带条状覆盖，防止灌水蒸发。③宽带播种，行距和株距全部实行 70 厘米、30 厘米相间。充分提高通风透光性能，提高光热资源利用率。④测土配方施肥，项目区全部进行土壤化验，然后根据化验结果委托大同市天丰有机复合肥有限公司生产适宜的玉米专用肥供应农民，亩施 50 千克，并亩基施硫酸锌 2 千克，亩追施尿素 10 千克，保证作物全生育期营养充分供应。⑤应用良种：在项目区全部推广应用中水肥高产玉米良种，长城 799、706 和屯玉 88，取代晋单 24 和晋单 32 号，保证高产基础条件。⑥病虫害综合防治，项目区普遍推广了地下害虫的综合防治技术，在定植时亩施神农单颗粒剂 1.5 千克，以防治红蜘蛛，结合种子包衣技术，用 22% 的力克莠湿拌剂拌种防治丝黑穗和瘤黑粉病。⑦合理密植，根据项目区土壤肥力，玉米亩留苗 3000 株左右。

少耕穴灌聚肥节水旱作农业建设项目

2010 年开始实施少耕穴灌聚肥节水旱作农业建设项目。项目实施地点选择在周士庄镇陈家堡村、西坪镇小坊城村，项目建设规模 5000 亩，主要是少耕穴灌地膜覆盖玉米 5000 亩，全部配套测土配方施肥技术。项目总投资 15 万元，全部由省厅投资。少耕穴灌蓄水聚肥技术应用 10.0 万元；测土配方施肥 1.0 万元；施肥参数田间试验点补助 1.5 万元；示范观察点补助 0.5 万元；农民技术培训 2.0 万元。

党留庄乡农业科技示范场

2004 年，实施山西省大同县党留庄乡农业科技示范场项目，实施地点：山西省大同县党留庄乡党留庄村，建设占地 500 亩的股份制高产优质玉米科技示范场，通过引进新品种，推广新技术，推动全县玉米产业向纵深发展，搞好实用新品种、新技术的试验示范推广和培训工作。建设内容：①配套机井 2 眼，管灌配套 400 亩，配套移动式喷灌设施 10 套；②建设毛渠 2000 米，田间道路改造 1000 平方米；③

购置各类仪器、机具设备 10 台（套）；④培训基层干部及农民 7500 人次。

倍加造镇黄花水肥一体化项目区

2006 年，实施倍加造镇黄花水肥一体化项目，涉及谢疃、东骆驼两村黄花地，以黄花旅游线路为主，面积共计 2000 亩，涉及 295 户，其中谢疃村 230 户 1200 亩，东骆驼坊村 65 户 800 亩，区内机井数为 10 眼，其中谢疃村 6 眼，水量 80 立方米/小时，东骆驼坊村 4 眼，水量均 60 立方米/小时。此项目主要解决的问题：①黄花落蕾现象比较严重。黄花是多年生植物，随着栽植年限的延长，由于生产管理跟不上，加上生理机能逐步衰老，落花落蕾逐年增多，一般 10 年以上的黄花落花落蕾率达 35% 以上。②黄花是一种收入比较高的作物，在生产上农民为了追求高产量高收入，在管理上采取大水大肥，造成水肥管理不科学，浪费严重，特别是在施肥上多施氮肥，忽视磷、钾肥的现象时有发生，不能做到平衡施肥。

第三节　绿色产业

农产品质量安全检测站

2008 年 6 月 20 日大同县人民政府以大政发〔2008〕89 号文件下文，成立大同县农产品质量安全检验检测站，系农业局内设机构，股级建制，全额事业单位，人员编制 10 名，检测站以农业部门为主畜牧部门配合具体承担全县的农产品质量安全综合检验检测任务，检测业务范围包括农业投入品、生产环境和农产品质量三个方面，同时承担农业部门指定的农产品质量监督检验，复查和跟踪检验；受农业系统其他部门委托，对农业部门实施标志管理的农产品进行检验；对重要农业新产品投产和科技成果的鉴定进行检验；负责农产品质量安全检测和检测信息的统计上报；办无公害农产品的申报，开展农产品质量安全信息的收集上报工作，对无公害和绿色农产品及其他农副产品中农药残留进行检测；承担有关农产品的其他委托检验。

农产品质量安全综合检验检测室建设项目

农产品质量综合检验检测站检验检测室总投资300万元,其中中央财政投资240万元,省级配套30万元,市县配套30万元,检测室建成后可新增检测能力1000项次,新增检测参数100余个。从2009年9月开始,对大同县农委办公楼五层进行改扩建,其中包括实验室电路上下水系统进行了改造,分设资料室,有机前处理室,色谱室,无机前处理室等14间实验室,面积达328.82平方米,同时铺设了地板254平方米,对前处理室,气相、液相室进行了防火隔离安装了塑钢窗户,铝合金隔断门,不锈钢楼道门,实行每个房间一个用电系统,保证了用电安全和密封效果,于2009年11月室内改造竣工。2009年12月开始一系列通过指标购置仪设备72台(套)到2012年1月仪器设备全部安装调试完成。

无公害农产品认证

从2008年开始大同县就开始了无公害农产品的生产认证工作,山西永翔食品有限责任公司的大同市大同县无公害蔬菜产地,面积3670公顷,产地区域为倍加造镇、西坪镇、党留庄乡、杜庄乡、巨乐乡、周士庄镇、吉家庄乡等8个乡镇,产品有脱水胡萝卜、脱水甘蓝、脱水马铃薯、脱水甜椒、脱水金花菜;大同县吉家庄乡西瓜产销合作社的大同县吉家庄乡无公害西瓜产地,面积667公顷,产地区域为大同县吉家乡、党留庄乡产品为西瓜;大同县大北庄农业综合服务合作社的大同市大同县无公害西瓜、马铃薯产地面积2000公顷,产地区域为大同县巨乐乡、许堡乡、党留庄乡产品为西瓜、马铃薯;大同县三利农副产品有限责任公司的山西省大同县无公害杂粮产地面积16667公顷,产地区域为大同县西坪镇、许堡乡、瓜园乡、峰峪乡、吉家庄乡、巨乐乡、

周士庄镇、杜庄乡产品为黄米、玉米、黄花菜;大同县杜庄蔬菜产销合作社的山西省大同县无公害瓜菜产地面积1666.7公顷产品为大葱、大白菜、青椒;大同县巨乐哈密杏林果专业合作社山西省大同县无公害杏产地面积1000公顷,产品为杏;大同县吉家庄乡汇丰蔬菜产销专业合作社的山西省大同县无公害蔬菜,产地面积1333.33产品为尖椒、菜豆;山西煤炭运销集团大同有限公司现代农业分公司的山西省大同市大同县无公害蔬果,产地面积100公顷,产品为西葫芦、黄瓜、辣椒、甜椒番茄、西瓜、甜瓜;大同县鑫兴农种植专业合作社的山西省大同市大同县无公害杂粮产地面积400公顷,产品为粟、大豆、马铃薯、黍米。共8个企业28个产品,总面积27504.03公顷。

绿色食品认证

2004年大同县粮油贸易有限责任公司生产的凤羽牌小明绿豆经中国绿色食品发展中心审核,该产品符合绿色食品A级标准,被证定为绿色食品A级产品,许使用绿色标志。2010年大同县黄花总公司生产的昊天峰、黄花菜(干)2000吨,经中国绿色食品发展中心审核,该产品符合绿色合品A级标准,被证定为绿色食品A级产品,许使用绿色标志,2004年6月大同县聚膑杏脯加工厂经中国绿色食品发展中心审核,该产品符合绿色食A级标准,被证定绿色食品A级产品,面积6000亩。

有机食品认证

2010年大同市浩源绿色生态观光园有限责任公司位于大同县党留庄乡安留庄村东的大同浩源绿色生态种植基地26.67公顷瓜果蔬菜被认证为有机食品。

第三章 种植业

第一节 粮食生产

大同县的种植业,历来以粮食作物为主,经济作物面积较小。1996 至 2010 年,粮食作物的种植面积占主要地位,随着产业结构的调整,经济作物面积的种植面积由 1995 年的 10% 左右上升至 12.14%。

1996—2010 年大同县主要年度种植业内部结构

表 13 - 3 - 1

单位:公顷、亩、%

| 年度 | 农作物总播种面积 | 其中 | | | | | |
| | | 粮食作物 | | 经济作物 | | 其他作物 | |
		面积	占%	面积	占%	面积	占%
1996	38173	32800	85.92	5003	13.11	370	0.97
1997	39580	30460	76.96	8070	20.39	1050	2.65
1998	40253	31647	78.62	7996	19.86	610	1.52
1999	39267	29680	75.59	8667	22.07	920	2.34
2000	39220	29420	75.01	8750	22.31	1050	2.68
2001	23667	19973	84.39	2654	11.21	1040	4.4
2002	37833	31040	82.04	6543	17.29	250	0.67
2003	33500	26713	79.74	5657	16.89	1130	3.37
2004	32200	28200	87.58	3300	10.25	700	2.17
2005	35380	29787	84.19	3563	10.07	2030	5.74
2006	37673	32127	85.28	5246	13.93	300	0.79
2007	41933	38113	90.89	3590	8.56	230	0.55
2008	41540	37030	89.14	4450	10.71	60	0.15
2009	40780	35230	86.39	5500	13.49	50	0.12
2010	41664	36593	87.83	5056	12.14	15	0.03

粮食作物

大同县粮食作物分为夏收粮食作物和秋收粮食作物两种,主要以秋收粮食作物为主。秋粮面积较大,主要以玉米为主,谷子、黍子、豆类次之。豆类作物主要以绿豆为主,其他豆类大豆、蚕豆、梅豆、红芸豆次之。夏收粮食作物面积较小,1996 年,夏收粮食作物面积仅为 1020 公顷,以后随着种植业结构的调整,夏收粮食作物逐年减少,到 1999 年,全县夏收粮食作物面积为零。

1996年种植业生产全面丰收。1996年的农业生产和农村工作是在上年遭受严重自然灾害的条件下进行的，由于农村基础建设加强，农业投入增加，科技兴农力度加大，农业抗灾能力有所提高，粮食生产取得了丰收。粮食播种面积3.28万公顷，粮食总产9.8万吨。

1997年夏秋，大同县发生了历史上罕见的虫灾和旱灾，全县粮食生产受到了严重影响。全县粮食作物面积3.046万公顷，粮食总产量5.3138万吨。

1998年，全县粮食喜获丰收，主要农产品产量增幅较大。全县粮食作物面积3.165万公顷，粮食总产量10.0282万吨。

1999年，全市遭受了20世纪最严重的旱灾。县委、县政府把抗灾救灾作为农村工作的首要任务来抓，带领全县群众积极开展抗灾自救，努力把灾害降到最低。种植业减产幅度较大。全县粮食作物面积3.165万公顷，粮食产量1.8298万吨，与1998年相比减产81.75%。

2000年，种植业生产喜获丰收。全县粮食作物总播面积2.968万公顷，粮食总产量5.5154万吨，与1999年相比增长幅度达635.37%。

2001年是自1955年以来全县第三个严重干旱年，全县各级各部门千方百计抗旱救灾，最大限度降低种植业的损失。全县粮食作物总播面积2.942万公顷，粮食总产量1.262万吨，与2000年相比增长幅度为-85.15%。

2002年，全县以农民增收为重点，以市场为导向，深入推进结构调整，农业和农村经济全面发展。全县种植业又喜获丰收。全县粮食作物总播面积3.104万公顷，粮食总产量7.047万吨，与2001年相比增长幅度为+458.40%。

2003年，全县种植业结构稳步推进种植业又喜获丰收。全县粮食作物总播面积2.671万公顷，粮食总产量6.267万吨，与2002年相比增长幅度为-5.96%。

2004年，全县种植业结构进一步优化。全县粮食作物总播面积2.821万公顷，粮食总产量9.1257万吨，与2002年相比增长幅度为+37.71%。

2005年，全县农业各项惠农政策逐步到位，有效地调动了农民群众的生产积极性，使全县农业生产平稳发展，种植业结构进一步优化。全县粮食作物总播面积2.979万公顷，粮食总产量7.3441万吨，与2002年相比增长幅度为-19.52%。

2006年至2010年，由于国家粮食直补政策的实施，种植业保持了平稳发展的良好势头，全县粮食播种面积基本保持在50万亩左右，除2009年受自然灾害的影响，粮食产量受到影响，仅为0.8835万斤外，其他年度粮食产量基本稳定。

玉米　大同县作为典型农业县，玉米生产作为粮食生产的主要农作物，在保证全县粮食生产中起着决定作用，玉米的种植面积自1996年起，基本保持在30多万亩左右，且随着测土配方施肥、少耕穴灌、地膜覆盖技术、玉米优良品种的引入和大面积推广，使全县玉米单产不断提高。特别是作为玉米主产区的杜庄乡落阵营、周农堡等村平均亩产可达700到800千克，峰峪乡峰峪村、兼场村部分可达900至1000千克。

1996—2010年玉米种植面积及产量发展变化

表13-3-2

单位：公顷、吨、%

年度	播种面积	占粮食作物播种面积	亩产量（公斤）	总产量	占粮食作物总产量
1996	10993	33.52	5035	55347	56.48
1997	10440	34.27	3724	38876	73.16
1998	11200	35.39	5939	66516	66.33

续表 13 - 3 - 2

单位：公顷、吨、公顷、%

年度	播种面积	占粮食作物播种面积	亩产量	总产量	占粮食作物总产量
1999	12160	40.97	1052	12794	70.47
2000	7340	24.95	5769	42343	67.62
2001	9193	46.03	1084	9965	78.96
2002	9060	29.19	5040	45660	74.22
2003	10393	38.91	4414	45862	69.21
2004	19800	70.21	3965	78516	86.04
2005	19880	66.74	3149	62607	85.25
2006	19873	61.86	3324	66062	85.24
2007	24520	64.34	1949	47782	86.55
2008	23090	62.35	2127	49103	77.54
2009	22760	64.60	1463	33300	75.35
2010	25085	68.55	3139	78750	85.69

谷子　谷子作为大同地区的主要粮食作物之一，在大同县有悠久的种植历史，在整个粮食作物中占有重要的地位。由于产业结构的调整，谷子的种植面积呈下降趋势，全县谷子生产面积已降至3万亩左右，基本处于一种自给自足的状态。

2006—2010 年谷子种植面积及产量变化情况

表 13 - 3 - 3

单位：亩、万斤、亩/斤

年度	播种面积	总产量	亩产量
2006	27737	495.27	181.2
2007	26088	227.37	87.2
2008	22236	287.22	129.2
2009	24198	216.39	89.4
2010	19767	391.25	197.9

黍子　黍子为一年生草本植物，叶线形，子实淡黄色，去皮后称黄米，比小米稍大，煮熟后有黏性，可以酿酒、做糕等，是本县群众日常生活中主要的主食品之一。黍子的种植面积一直在7万亩左右。

2006—2010 年黍子种植面积及产量变化情况

表 13 - 3 - 4

单位：亩、万斤、斤

年度	播种面积	总产量	亩产量
2006	63597	920.42	144.7
2007	66264	635.11	95.8
2008	71689	926.92	129.3
2009	60703	479.01	78.9
2010	57177	1103.41	192.9

农业

麦类 主要有小麦、大麦、莜麦等,是传统的种植作物,种植历史较长,由于种植结构的调整,人们食品结构的变化,2011 年统计,上述作物在大同县几乎没有种植。

豆类 主要有绿豆、黄豆、黑豆、蚕豆、梅豆、豌豆、扁豆、小豆、豇豆等。绿豆作为大同县主要豆类品种,在全县各个乡镇均有种植,且以大同地区的优良品种"小明绿豆"为主,2011 年前基本保持在7万至 8 万亩之间,是群众农业创收的主要作物之一。

1996—2010 年豆类种植面积及产量变化情况

表 13 - 3 - 5

单位:亩、万斤、亩/斤

年度	播种面积	总产量	亩产
1996	72450	841.00	116.08
1997	111150	634.80	57.11
1998	127500	1830.20	143.54
1999	97350	119.60	12.29
2000	147450	2048.90	138.95
2001	44250	81.00	18.31
2002	165450	1288.0	77.85
2003	101250	994.40	98.21
2004	39450	476.80	120.86
2005	63300	535.20	84.55
2006	72268	473.38	65.50
2007	85049	323.43	38.02
2008	91411	529.55	57.93
2009	72201	282.99	39.19
2010	72257	614.33	85.02

第二节 经济作物生产

大同县的经济作物主要有油料、蔬菜、瓜类、甜菜、烟叶、药材等。

油料

油料是本县群众食用油的主要来源,主要有黑芥、大菜籽、胡麻、葵花、蓖麻、花生等作物,其中黑芥、大菜籽为全县主要油料作物,其它面积较小。近年来,由于种植业结构的调整,油料作物的种植面积呈下降趋势,2006 年至 2011 年,全县油料作物的种植面积基本保持在 5000 亩左右,2009 年,全县油料作物的种植面积为 9695 亩,是近年来种植面积较多的年份。

2006—2010 年油料种植面积及产量变化情况

表 13 - 3 - 6

单位：亩、万斤、亩/斤

年度	播种面积	总产量	亩产量
2006	5598	45.78	81.69
2007	3172.5	14.48	45.64
2008	7519	96.64	128.5
2009	8695	44.37	51.03
2010	7585.6	58.27	76.82

蔬菜

大同县种植的蔬菜品种 1995 年以前主要有长白菜、菠菜、卷心菜、芥菜、茄子、胡萝卜、白萝卜、水萝卜、青椒、芹菜、蔓菁、韭菜、葱、蒜、西葫芦、豆角、辣椒、西红柿（番茄）等。1996 年后，随着产业结构的调整，生产条件的逐步改善，设施蔬菜产业的不断壮大，蔬菜种植品种更加丰富，且随着市场的变化，更换种植品种，其他如芥兰、西兰花、铁柿子等菜品均可种植。

除群众夏季庭院蔬菜种植外，全县规模露地蔬菜种植面积逐年加大，1996 年结合部的倍加造、党留庄、周士庄等乡镇呈零星分布状态，整体规模不大，效益不明显，主要以日光温室和移动大棚为主，最多时期发展到 200 多栋，但由于种种原因，有的生产一两年就下马，有的种成了露地，到 2008 年底，全县仅有日光温室 90 栋，移动大棚则属于空白。随着大同市的战略东移，城郊农业的兴起，靠近城郊结合部的倍加造、周士庄、杜庄、党留庄等乡镇及县城中心镇西坪镇设施日光温室发展速度较快，到 2011 年底日光温棚总量达 2107 栋。尤以党留庄乡、倍加造镇发展为最。

第三节　耕作制度

大同县地处山西晋北与内蒙古接壤冬冷春旱是典型的一年一熟区全县指数，除少部蔬菜品种，种植以单作为主，全年耕地面积 693 亩，每年播种面积 71 万亩，引青化制度由于基础设施的改善，加上科技的投入，耕作制度也发生了很大的变化。主要有：深耕改土、加厚活土层，农业机械化的实施，使土地耕层进一步加厚，有制改善土层结构使土壤水、肥、气热的到协调，土层厚度由原来不足 4 寸达到 5 寸以上，增加 1 寸以上。冬碾，耕耱，耱耕保墒。

全县旱地面积大，使的旱作农业措施冬碾早春耙耱在一些地方，逐一溜烟是采用的冬碾，即进入寒冬的三九到六九，在秋耕过的土地上用石碾压地，将土块压碎，裂缝压实，防止土壤跑墒。进入早春即六九以后，为了提墒，保证按照春播，采取多耙耱的办法，进行提墒，耱耕是播种前用机械耱地，以三寸左右为宜，太深不易种苗，苗不易产生悬苗、死苗现象。

播种

播种时间，以二十四节气为依据有"春对十晌，秋对一晌"的说法，立夏种杂田"立夏种葫麻，七股八个杈""小满种葫麻，到老一朵花""小满前后点瓜，芒种黍子急种谷，夏至不种高山黍，还有十晌小糜黍"等农谚。具体播种时间是玉米、谷子、高粱、山药蛋，谷雨至夏至的后十天；荞教养，头伏至中伏；种种秋菜，如蔓菁、芥菜、长白菜、心美、萝卜等，末伏至立秋。播种方法，主要有三种，即三条腿的木耧条播种、犁开沟点播种机播种。播种深度：谷子、黍子、葫麻等小籽粒作物一寸为宜；玉米、山药蛋、葵花、蓖麻、豆类、瓜类、小麦等作物一寸至二寸为宜。播后管理：无论哪种作物播后均采取砘压或耱地提墒，使种子和土壤紧密相接，为种子的发芽提供一个良好的墒情条件，并可防止出苗后因墒情不好而悬苗。

轮作倒茬

主要形式为玉米——玉米、谷子、黍子、山药蛋,谷子、黍子、高粱等——玉米、瓜类、豆类、瓜类、豆类、山药蛋等——多种禾本科作物,除此以外,群众中有忌葫麻、瓜类、豆类四六对茬,即逢四年六年头不种同类作物的实践经验,若四六对茬,作物会出现成片大面积的死苗。

苗期管理

主要有放苗、间苗、中耕、喷药地膜玉米出苗后要进行放苗,每次只留一株,谷子、黍子要进行面苗,其他耧播作物,一段采取中耕结合定苗,中耕在各种作物的生育、前、中期进行,各种大秋作物中耕的原则是头遍浅,二遍深,三遍不伤根,喷药分两种情况,一是地不害虫为害重的地块,播种前结构春耕进行,每亩用硫磷粉剂2—3千克兑土撒施,番入土中,二是喷除草剂,根据不同作物,不同时期采取相应的除草剂进行灭草,为作物留苗生长创造好的生长环境。

合理密植

1949年前后,因生产条件的限制,在留苗上形成了以衡为好的习惯,各种作物亩留苗株数一般为"好地玉米1500—1800株,好水地谷子20000株左右,次地谷子7000株左右,高粱为5000株左右,山药蛋2500—3000株。其他不间苗的作物亩播种量为黍子1千克多,葫麻、臭芥等油料0.75—1千克,故造成了亩叶面积系数低下,光能利用率不高,单位面积产量小的现象。1958年以后,由于生产条件的不断发展和人们科学技术水平的提高,以种地,合理密植留苗方法的推广应用,并逐步发展到现在的因品种制种的留苗方法,从而使亩留苗的密度比过去有了大幅度增加。如玉米的亩留苗株数1950年至1967年只有1000株至1500株。1980年以后对叶片肥大,植株较高的大穗形品种亩留苗均在2400株至2800株之间,对植株矮小,叶片上冲的早熟品种入围留苗3500多株,最高的达4000株。谷子好地亩留苗一般为35000株左右,旱地也不下

15000株。水地小麦的亩播种子17.5—20千克,旱地也在5—7.5千克。山药蛋亩留苗3500株左右。以上几种作物的留苗密度均比1949年前后增加1至1.5倍,其他作物的亩留苗也有相应的增加。"稀谷秀大穗,跑马高粱卧牛豆"的传统留苗制度得到了改变。留苗密度的增加,生产条件的不断发展,发挥了品种的各自优势,有效地增加了每亩叶面积系数,提高了光能利用率,从而使单位面积产量大幅度增长。

根据生产条件,合理引进品种,确定作物播种密度。20世纪90年代,玉米推广的大型品种,种植密度,水地在3000—3500株,旱地在2500—3000株,2009年后推广的品种的轴细、粒深叶上冲为主的优良品种,种植密度比原来有所增中、水地一般在3800—4000株,旱地在3000株左右,其他作物谷子为地一般在3500株左右,旱地在15000左右,山药亩留苗在3000—3500株,其他作物亩留苗也有所增加,"稀谷黍大穗,跑马高粱卧牛豆"的传统留苗制度得到了改变。

排盐改碱

大同县盐碱地主要分布在盆地中心及桑干河两岸,总面积5019.94公顷,分五片,其中峰峪片900公顷,吉家庄片1666.67公顷,党留庄片1533.3公顷,杜庄片733.3公顷,西坪片186.67公顷。

全县盐碱地绝大部分为轻度、中度盐碱化土壤,矿化度每升为0.1—2.5克之间,pH酸碱度在7—8之间。盐碱区土层为风积黄土游积而成的栗钙土、土壤中含有大量SO_3^{2-}、CO_3^{2-}等离子,土地类型可分为四种:第一类下湿沼泽地,略带碱性,主要分布在盆地北部,倍加造镇西骆驼坊、东骆驼坊、蔚州町、谢町、独树、任家小村,周士庄镇罗卜庄、西坪镇坨坊,以及许堡一带地处山前冲积放扇末端。地形坡度逐渐平缓,土质由粗变细,地下水埋藏在1—1.5米之间,矿化度每升在1克以下,面积为2440公顷。第二类盐碱土,群众称为白毛毛碱,分布在桑干河南岸的峰峪、孙家港、施家会及麻峪口乡的南栋庄、王渐町、谷家庄一带,面积为2566.67公顷。

第三类苏打盐化土，当地称油性碱花脸地，分布在党留庄、候大庄、罗庄、邢庄、兴胜、安留庄一带，面积为1533.3公顷。第四类碱化土，群众称之为"瓦碱"、"白脑碱"。特点为湿时泥泞，时硬，透水性较差，种庄稼基本捉不住苗。分布在杜庄乡石板沟西侧，同浑公路东的二电厂石灰渣地及飞机学习场一带，土地面积800公顷。

第四节　栽培技术

谷子栽培技术

谷子去壳后为小米，营养价值很高，是体弱多病、产妇和幼儿的良好滋补良品。随着社会经济的发展，人们的膳食结构发生了变化，对谷子的需求越来越大。大同县地处山西北部，属高寒冷凉区，年降雨量395毫米左右，无霜期125天。谷子的产量较低，一直影响着种植面积。1996—2000年大同县谷子播种面积大约稳定在25000亩，平均亩产175千克。2001年至2013年，随着优良品种、地膜覆盖技术有机旱作技术的普及应用，谷子产量开始稳步增长。

主要栽培技术：①整地。现在普遍整地措施有伏耕、秋耕和糖地等。过去秋耕后在冬季干旱时一般镇压1—2次，春季干旱时要在3月份惊蛰时节土壤解冻时进行顶凌糖地，不过近年来很少这样做了。由于在冬春季缺少保墒措施，猛烈的西北风将秋耕后的土壤水吹走而严重跑墒。春耕有利于保墒，但地温低，对于出苗不利。因此在山药蛋、豆类等好茬口上应实行春耕以保墒，在其他作物茬地秋耕以提温。②轮作与倒茬。谷子是中等耗地作物，应当年年倒茬，相隔2—3年。前茬一般为山药蛋。豆类等肥性大的作物，这些茬口不留根，土壤疏松，好整田，容易有效防止病虫害、改善土壤肥力。③施肥。种植谷子大部分是旱地，最好深耕或者春耕时一次施入，播前施入的肥料要熟透，以防与种子争水。谷子地如果不施肥料的空白产量为100千克，则产200千克时要施农家肥1500千克、过磷酸

钙25千克或磷酸二铵4千克、碳铵10千克或尿素3.5千克；如果产量为300千克时，要施农家肥1500千克、过磷酸钙50千克或磷酸二铵8千克、碳铵20千克或尿素6.5千克。上年施的农家肥由于有后效作用，可低一半数量的农家肥。瘦田的保肥保水能力差，可以将其中的尿素部分作追肥。④种子处理。现在种子已经良种化，谷子病害少，农民基本上很少采取种子处理措施，有兴趣的农民可酌情采取以下一种或几种措施：晾种、晒种、精选、拌药、种子肥育等等，都能起到良好的效果。⑤播种：播种期。大同县一般在地温达到12℃，从谷雨到立夏时节播种，本地多年春旱，一定要按时下种，实践证明，苗等雨的效果比较好，而等下雨下种往往误了时机。播种量。一般每亩留苗2.6万株，精选的种子0.5千克，不是精选的种子为0.9千克，亩距为20厘米左右，如果土壤肥力差，要减少密度。播种深度。以3—4厘米为好，播种过深，养分消耗多而出苗率低，播种过浅，在墒情差的情况下，种子容易落干而不出苗。施种肥。谷种小，养分少，只够三个叶子以前使用，在瘦地容易脱肥，施种肥比较明显，用0.5千克尿素加3.5千克过磷酸钙混合使用，种子和肥料分开撒，以防烧苗。镇压。播后土壤干燥时用石砘多镇压2次并糖地，以提墒抗旱，湿度大时不要镇压，以防土壤结板。⑥苗期管理。从发芽到拔节，共50来天：保全苗。在谷苗快出土时砘压可碾碎土坷垃，防止卷黄、悬死苗、烧尖、灌耳以及大风抽死苗。断垄时要浸种催芽补种，4—5叶时可移苗容易成活。促壮苗。要结合锄地尽早进行间苗、定苗，拔除弱苗、病苗和拥挤的苗，以减少水、肥的争夺。第一次在3—4片叶子时间苗，第二次在6—7片叶子时定苗，并起到除草、松土、促进扎根的作用。第一次锄地要浅，第二次锄地要深。多锄地的谷子品质好、出米率高。⑦中期管理。从拔节到抽穗，共30天：结合第三遍锄地培土、追肥，促进谷子扎根、保墒、接纳雨水。如果是瘦地，要追5次尿素，正常的谷苗的颜色应当是深绿色，苗色浅时要早追。谷子对干旱的抗逆性很强，一定程度的干旱

可促进扎根、在雨季来临后生长迅速,对产量的影响不大,谷子是典型的抗旱作物,在大同市山区难保墒的沙土壤上,曾连年遭遇6月至7月的30多天干旱,都没有发生死苗现象,只要秋后预防好初霜冻就不会减产。⑧末期管理。从抽穗到籽粒成熟,共40多天:大同县8月末9月初秋雨较多,一般人多关心秋季雨多会影响成熟而导致遭遇霜冻,但是往往忽视干旱,其实谷子成熟期也是需水的,不过需水量不大。如果9月初遭遇严重干旱,要轻浇水以抗旱,对于有病害的谷子要拔出烧掉,不要喂牲口,以防来年传染。9月份往往遭遇冰雹的袭击,对倒地的谷子不能扶;过一段时间谷子能够自动立起来,扶了反而容易折断。大同每年的9月初和9月末各有一次寒流,容易造成霜冻,不过寒流过去,温度迅速升高,一直持续到10月中旬。只要预防了9月初的寒流,9月末的寒潮对谷子的伤害就不大了。预防措施是寒流来临的当天夜里两三点时在谷子地的上风头点起烟火,让浓烟笼罩谷子地以改变寒流方向。一般地说,向阳、背风谷子成熟晚,地势低的地方是防霜冻的重点。近年来电视台对寒流的预报很准,只要出现1℃或0℃的寒流一定要加以小心。近年来由于耕地面积减少,从谷子灌浆开始,麻雀日益成为主要的危害,麻雀是国家保护动物,假人、网、放炮、人轰、毒药的效果都不好,可采用放飞老鹰的办法,一只老鹰可以保护一到数个山头没有麻雀。⑨收获。一般以蜡熟末期或完熟初期收获最好,谷子有后熟作用,收后运到场上垛好,10天以后打场脱粒。收割过晚容易造成落粒、雀害和霜冻,谷子遭受霜冻后,穗子发酥,散落满地,产量损失严重,且味道发涩而失去商品价值。

第五节　植物保护

病虫害种类

病害　主要有禾谷类的黑穗病、黑粉病、谷子的白发病、马铃薯的早、晚疫病,环腐病、黑胫病,瓜类的枯萎病、蔬菜的叶斑病、霜霉病、白粉病等。

虫害　主要有地下害虫:蝼蛄、金针虫、蛴螬。苗期害虫:谷子钻心虫、谷跳蚤、蚜虫、金龟子、栗叶虫、菜青虫、小菜蛾、豆莞青、地老虎等。暴发性害虫:土蝗、红蜘蛛、草地螟,此外,还有农田鼠害的鼢鼠(盲鼠)黄鼠。

病虫害的防治

农业防治　选用无病种子、秧苗和无性繁殖材料,合理轮作倒茬;适期播种;加强水肥管理;搞好田间卫生。

物理防治　温烫浸种;高温闷棚;辐射处理;外科手术。

化学防治　土壤消毒;植株喷药;烟雾熏蒸等。

生物防治　就是利用其他对植物无害的有益微生物来影响或抑制病原物的生存和活动,从而降低病害的发生率咸严重度。生物农药应用最广泛的就是苏云金芽孢杆菌。

植物检疫　加强种子苗木等繁殖材料和农产品的调运、产地检疫,防治国外、省外的有害生物传播到外地区。同时防止本地区的检疫对象传播到外地区。

进入21世纪全国农业已入进入新的发展阶段,调整结构,提高农业效益,提高农产品市场竞争力,已成为新阶段农业生产的重要任务。为农业种植业保驾护航的植物保护事业,由于与农产品产量、品质、价格关系十分密切,在新的历史时期面临新的挑战、机遇和发展前景。也由于食品安全日益受到消费者的重视,使用的农药向高效,低毒的方向转变;社会经济的发展、植保机械的革新,病虫害防治已向专业化转变;农产品的生产向无公害、绿色、有机产品方向转变。大同县植保部门在县委、县政府和局领导的大力支持下,与时俱进,应用各种防治办法,确保大同县种植业良性发展,为大同县的农业增效,农民增收,农村繁荣做出了应有的贡献。

防治成效　1997年麻峪口、吉家庄、峰峪、许瞳、册田、瓜园、许堡、阁老山、西坪、陈庄10个乡镇土蝗大发生,发生面积16万亩,虫口密度达到每平方米30—50头,严重的地方每平方米达到80—100

头,主要发生在荒坡、地埂、林地及部分农田,但由于各级政府的重视,及时组织了飞机灭蝗和发动群众围歼扑灭,未造成大的危害。

1999年麻峪口、吉家庄、峰峪、许疃、册田、周士庄、巨乐5个乡镇土蝗发生,来势猛、密度大,再次由省、市、县各级政府组织了飞机灭蝗工作,未造成危害。2004年由此吉家庄、峰峪、许堡、西坪、巨乐个乡镇在前期干旱,后期雨量集中的情况下,土蝗又严重发生,省、市、县三级政府第三次在大同县组织了飞机灭蝗工作,防治面积达12万亩,有效地防止了危害的发生。2005年市、县两级农业部门组织专业队加群众的防治方式,在峰峪、吉家庄、瓜园进行了机械灭蝗、防治面积达到了5万亩(次)。从2006年到2011年玉米红蜘蛛在大同县以峰峪、吉家庄、杜庄、党留庄四个乡镇每年都有不同程度的严重发生,重的年份虫口密度达到株螨量5万多头。市、县两级农业部门采取了积极有效的措施,控制了危害

的发生。在2002年、2003年和2008年草地螟在大同县党留庄、周士庄、许堡、杜庄等乡镇的甜菜、瓜类、豆类、牧草、蔬菜、禾谷类作物上严重发生,虫口密度严重的每株达到100头以上,市县两级农业部门及时调运农药、防治器械,组织农民及时防治,使因虫害造成的损失降低到最低限度。

对于普发性病害如禾谷类黑穗病等,大同县每年平均发生100万亩(次)左右。由于现在气象预报水平的提高,结合这些病虫害的发生特点,市县农业部门及早做出了预测、预报,急早发送到各乡镇、相关部门,从春耕到播种就开始预防,采取土壤消毒杀菌,种子拌种等措施,控制或减轻病虫害的发生,防治率达到92%以上。对于暴发性害虫草地螟、土蝗、红蜘蛛则在重点乡村设立观察点,由县、乡、村共同负责监察,做到早发现、早防治,达到治小、治了的效果。

第四章 农业开发

第一节 机 构

大同县农业综合开发办公室是负责全县农业综合开发项目建设以及资金管理的正科级事业单位。主要是贯彻落实农业综合开发政策；拟定农业综合开发有关制度；编制农业综合开发年度项目计划；管理和统筹安排农业综合开发资金；指导、管理和组织农业综合开发项目实施；组织检查农业综合开发项目执行情况；承办联席会议交办的具体工作。内设综合科、规划设计科、产业项目科、财务科4个职能科。综合科：主要负责贯彻落实农业综合开发政策、网站管理、通信畅通；规划设计科：主要负责农业综合开发项目立项、申报及年度计划的编制，指导、监理、组织项目实施。产业项目科：主要负责产业化项目考察、立项、申报、指导、管理、组织项目实施计划；财务科：主要负责农业综合开发资金管理和统筹。

第二节 综合开发

大同县位于山西大同盆地的东北边缘，农业自然条件优越，综合治理的增产潜力很大。已治理面积32万亩，可改造的中低产田面积30万亩。

1990年开始实施农业综合开发，开发工程涉及16个镇（2001年乡镇合并前数），67个村庄，项目计划投资1807.57万元，主要集中完成中低产田改造以及相关配套的渠、林、路、水等基础设施建设。从

1990年到1994年5年中，全县改造中低产田8.83万亩，造林1.109万亩，改良土壤0.65万亩，新打机井179眼，维修机井94眼，新建高灌站4座，新铺防渗渠286.98千米，架设高低压电路101.13千米，安装变压器79台，完成投资1617.31万元，但由于农业综合开发涉及的点多面广，个别项目没能发挥出规划设计的效益。县农业综合开发办公室按照国家、省办的农业综合开发有关方针政策，针对本县实际，在第一、二期中低产田改造的基础上，科学规划，合理布局，由"点"变"片"集中资金，集中技术，连片改造，科学开发，收效明显好于以前。

1997年，县农业综合开发办公室在原阁老山乡山自造村这个典型的山区村庄实施农业综合开发，三年累计投资101.5万元，新打机井8眼，修复旧井1眼，铺防渗渠道11.4千米，架设输电线路4千米，植树2万株，新开田间路10千米，改造中低产田3500亩，增加水浇地2500亩，全村206户，723口人，人均水浇地近3.5亩，使这个"旱地多，水地少；粮田面积多，经济作物少；赖房多，好房少；穷人多，富人少"的穷村一举改变面貌，全村种植高产玉米、葵花1200亩，人参萝卜200亩，黄花发展到200亩，农民调产的积极性高涨。到1998年全村种植业收入340万元，比开发前的1996年增加了104%，农民人均纯收入突破3000元，达到了3123元，比1996年增加了2070元，粮食总产60万千克，比开发前的1996年增长了201%，村里新建了办公楼，硬化了村主街道，安装了路灯，整修了校舍，旧貌换新颜。

2005年、2006年，县农业综合开发以连片开发，

综合治理，注重效益，提升农业综合开发水平，服务新农村为目的的，在西坪镇下高庄、下榆涧、贺店、康店4个村2.4万亩土地上进行项目开发，经过2年的施工建设，农业生产的质量和效益进一步提升。在工程项目实施中，重点对下高庄、下榆涧进行综合治理。在用水方面实行井、管配套，根据当地农作物用水需要和自然坡度，以生产方为单元配置输水管道和渠系建筑物，满足农作物的用水，立项前灌1亩地从开机到地头，需半个小时，项目建成后仅用5分钟，过去轮灌一次需一个月，现在仅用10天，既节省农民的费用，又提高了灌溉系数，保证农作物的生长。2009年倍加造镇任家小村万亩农业综合开发项目，更加体现了集中、连片、规模的开发效应。由"点"到"片"的开发，也大大提升了农业综合开发的实际效应和工作水平。2010年在杜庄乡投资1360万元，建成一万亩的高标准农田建设示范工程项目。

实施农业综合开发，是提高农业综合生产能力的重要依托。为此，大同县在实施农业综合开发工程时，充分考虑当地产业结构，努力将农业综合开发工程与农业产业结构调整紧密结合起来，不断夯实农业发展基础，优化产业结构，壮大基地规模。2005年实施的西坪镇农业综合开发区，过去由于没有水，靠天吃饭，粮食产量低而不稳，加上农民依靠"老传统"种植，玉米亩产仅500斤左右，谷黍300斤，现在开发的水浇地种植地模玉米达到了500千克，大部分作物产量翻番，经济效益增加了一倍，同时，开发项目机、电、水、渠、林、路、田的配套，带动了黄花、绿豆、反季节蔬菜等经济作物种植面积的大幅增加，项目区亩综合产值达到了1700元以上，比非项目区要高25%。农民人均收入比非项目区要高300元以上。2009年倍家造镇任家小村农业综合开发项目完成后，该村大力发展庄园经济，不仅种菜、种经济作物、还建起大棚，经济效益十分明显，彻底改变了单一种粮的"老模式"，形成了粮、菜、棚、花（黄花菜）的农业"新格局"，开发的杜庄乡落利周高标准农田建设示范项目，被县委、县政府确定为全县万亩蔬菜种植基地，项目完成后，将推

动当地调整产业结构步伐加快，增加农民收入，带来不可估量的社会和经济效益，农业结构调整明显加快。

农业综合开发项目是一个涵盖农业多领域，多形式的综合性项目，为了能够把项目实施好，充分发挥农业项目投资的综合效益，提高工程的总体性和实效性，县开发办借鉴外地好的经验，在工程实施中大胆尝试，一种是把不同类型的项目整合在一个项目中实施，有利于解决单个部门投入不足的问题，形成一个比较完整的工程体系和产业体系。另一种是把同一类型的项目规划实施在同一个区域内，有利于扩大建设规模，既能减少配套支出，又能形成较大规模的综合效益。像落利周万亩高标准农田建设示范项目，我们把农田林网、节水工程、水源工程、设施农业、庄园经济等统筹安排，林业、水利、电力、交通、农业、畜牧、农机各家合力建设，初步形成了机、电、水、林、菜、棚、路、管八配套的高效农业综合开发经济示范园区。由"单一"变"综合"使单一部门分割实施变为形成合力建设，使农业综合开发项目更具精品效应。

提高农民素质是促使农业生产变革的重要因素，在项目建设中，始终把项目实施与农业新科技推广、新品种引进、新农村建设相结合。一是在项目实施的过程中，聘请市县农业技术专家，专业技术人员，对项目村群众进行新科技培训。采取现场指导问答，农业科技影片放映，农闲集中培训等方式，先后举办玉米高产管理，大棚技术指导，蔬菜种植管理等培训140多期，培训农民10.4万人次。二是突出科技含量，广泛应用新品种。组织县农业部门技术人员，通过讲座、田间指导等形式组织农民培训、示范，让良种良法进入综合开发项目区的田间地头，项目实施以来，引进优良品种21类70多项，为农民增收创造了新的途径。三是为推进新农村建设起到了积极作用。20年的实践证明，农业综合开发就是不断加强农业基础设施建设，提高农业综合生产能力，促进生产发展的过程，就是促进农民增收和生活富裕的过程，就是积极引导农民自主

开发民主管理的过程，聚乐乡山自造村在实施农业综合开发前，村子穷，邻里不和，打架斗殴，偷盗赌博，时有发生，1993年至1996年被司法机关判刑就有5人，农业综合开发后，人人谋划搞生产，个个盘算找富路，村风好转，人心思变和谐发展，通过农业结合开发一系列的措施，使农民的整体素质得到了全面提高，过去的"旧把式"变成了"新农民"，农民科技应用水平在不断加强，可持续发展的现代农业在全县得到了充分体现。2008年党留庄乡邢庄村项目区建成后，新科技含量大大提高，新增灌溉面积0.4万亩，改善灌溉面积0.26万亩，新增节水灌溉面积0.5万亩，旱作杂粮面积由治理前的70%减少到治理后的20%，瓜类蔬菜面积由治理前的30%增加到治理后的70%，一大批种田"老把式"变成了应用科技的"新能手"。

开发规划

县开发办坚持以科学发展观为指导，以提升农业综合生产能力和农业主产区为重要任务，以建设高标准农田为主要措施，坚持山水田林路综合治理，水利、农业、林业、科技等措施综合配套的开发原则。同时加大农业产业化扶持力度，促进项目区产业化。项目布局围绕"一县一业""一村一品"的主导产业来开展。

第三节 政策与措施

财政资金政策

土地治理项目进行的是农业基础设施和生态环境建设，提供的是公共产品或准公共产品，公益性较强，适应公共财政管理的要求，实行全部无偿投入。中央财政资金集中用于产业化经营项目，但对不同类型的产业化经营项目，从2009年起实行全部无偿投入。在农业综合开发中央财政资金中单独设立贴息资金，对产业化龙头企业利用银行贷款，给予贴息，凭利息单报账。

制定项目建设标准

逐步提高单位面积投资标准项目建设标准要体现南北方差异，平原、丘陵、山区的差异，不同产业发展需要的差异。逐步提高单位面积投资标准，将项目区建成适应主导产业发展需要、较高标准的优势农产品生产基地。允许在已建项目区的基础上重新立项，进一步重点建设适应优势农产品生产要求的基础设施。

农民筹资投劳政策

认真贯彻执行《国务院关于全面推进农村税费改革试点工作的意见》（国发［2003］12号）和《国家农业综合开发农民筹资投劳管理暂行规定》，及时了解政策执行情况，并进一步完善农业综合开发农民筹资投劳政策。

农业产业化相关政策

产业化龙头企业的扶持政策 采取灵活多样的扶持方式。按照龙头企业发展的实际需要、农民直接受益程度等因素，分别采取贴息、补贴、投资参股、借给有偿资金等灵活多样的扶持方式。同时，土地治理项目也要紧密围绕龙头企业进行优势农产品基地建设。明确申报条件。坚持扶大扶优扶强的原则，申报农业综合开发产业化龙头项目的企业，必须是国家级和省级产业化龙头企业。同时还需具备：有独立的法人资格；经营期2年以上，有一定的经营规模和经济实力，有较强的自筹资金能力；资产负债率小于70%，银行信用等级A级以上；开发产品市场潜力大，竞争优势明显；带动能力强，与农产建立了合理的、紧密的利益分配机制；企业建立了符合市场经济要求的经营管理机制。项目申报须附有社会中介机构出具的财务审计报告。完善监管机制。把对龙头企业的积极扶持与严格监管结合起来，加强项目立项评审工作和项目执行过程中的监管工作，防止企业多头申报项目，严防资不抵债、经营业绩不良和不能有效带动农民增收的企业，骗取国家财政资金。

对农民专业合作经济组织和农产品专业协会的扶持政策 坚持民办、民管、民受益的原则，重点扶持以产品或产业为纽带组织起来的农民专业合作经济组织。允许具有法人资格的农民专业合作经济组织作为项目主体申报农业综合开发项目,对符合立项条件的项目,要一视同仁乃至优先予以扶持。扶持的条件是:优势产业明显;具有法人资格;经营管理规范;与会员建立起紧密型的利益联结机制。

对农产品专业协会,重点扶持其开展科技推广、技术培训、营销服务等;对其承担某个农业综合开发项目的技术培训、科技推广任务,允许用该项目的科技推广费给予相应补贴。

第四节　项目及资金管理

项目管理

农业综合开发项目主要包括土地治理项目、产业化经营项目、科技推广示范项目等。土地治理项目包括稳产高产基本农田建设、盐碱地改良等中低产田改造项目,小流域治理、生态林建设、草场改良、土地沙化治理等生态综合治理项目,中型灌区节水配套改造项目。产业化经营项目包括蔬菜、经济林等种植基地建设项目,畜牧水产等养殖基地建设项目,农产品加工项目,农产品储藏保鲜、产地批发市场等流通设施建设项目。科技推广示范项目包括农业新品种、新技术推广应用,科技成果转化等项目。

资金管理

农业综合开发资金实行专人管理、专账核算、专款专用。

农业综合开发资金的使用应当突出重点、集中投入、奖优罚劣、效益优先。

农业综合开发财政专项资金的使用实行县级报账制。开发县农业综合开发管理机构应当执行规定的报账程序和手续。农业综合开发资金应当按照农业综合开发财务、会计制度,实行专人管理、专账核算、专款专用,不得挪作他用。

县农业综合开发管理机构应当做好农业综合开发资金绩效评价工作,提高资金使用效益。

任何单位和个人不得挤占、挪用、骗取农业综合开发财政专项资金,不得将无偿使用的财政专项资金转为有偿使用。

第五节　开发成果

大同县农业综合开发办创建于1990年(前身为农业综合开发指挥部)。至2010年,共开发治理面积24.68万亩,营造农田防护林2.215万亩,新打机井378眼,修复旧井223眼,铺设防渗渠708千米,改良土壤4.2万亩,新开田间路212千米,新建、修复高灌站16处,埋设输水管道140千米,架设高低压线路220千米,安装变压器185台,土地治理综合开发总投资9357.05万元,1996年后投入多种经营项目资金4648.68万元,扶持多种经营项目6处,农业产业化项目3处,均取得良好效果。1995年被省评为农业综合开发成绩显著县,县开发办实施的工程年年被市评为优质工程。

第六节　社会效益

通过农业综合开发,项目区广大农民的科技素质明显提高。农民热切盼望解决的问题逐步得到解决,农民的生产生活水平显著提高,党群、干群关系进一步密切。村级党组织凝聚力和战斗力显著增强。通过农业综合开发,将彻底改变从前的落后、贫穷、荒凉面貌,项目区内道路平直、通畅,农田林网纵横交错,道路两旁整齐的树木随风摇曳,真正形成田成方、林成网、沟相通、路相连,工程设施整齐规范,田间作物苗壮成长,生态环境优美的现代农业新格局。项目区由原来全县农业的落后区"死角",成为全县的示范区"亮点",对全县农业发展起到积极推动作用。产业化项目能辐射和带动周边贫困地区县种植业的发展和农民致富,产业化项目在当地推广,基地农民增收社会效益十分显著。此外,还能够吸纳农村剩余劳动力,同时能为社会增加产品的供给和促进加工、运输、包装、中介等相关产业的发展,具有较好的社会效益。

第五章　林　业

第一节　营林生产

造林绿化

1996年,三北防护林建设三期工程实施,2000年结束,全县共造林5200公顷,造林地点为全县各地。

1995—2000年,由省杨树丰产林实验局牵头,大同县实施了德国援助林业建设项目,项目共造林386.6公顷,主要造林地点为三十里铺村东北、五十里铺村北、东咀村东、陈庄村东北一带。

1995—1998年,省世界银行贷款林业项目实施,全县造林1600公顷,主要造林地点为吉家庄乡等南部山区。

1998—2000年,省干果经济林示范工程实施,在聚乐乡营造杏树经济林233公顷。

2006年,省级造林绿化工程启动实施,主要建设内容有交通沿线通道绿化工程、交通沿线荒山绿化工程、环城绿化工程、封镇绿化工程、城市绿化工程和厂矿区绿化,我县的实施任务主要为前四项。到2013年底,全县共绿化大张、大涞、109国道、京大高速等国、省道154.99千米,绿化县乡道路400千米,栽植油松、新疆杨等绿化、美化树木88.6万株;在县城东山、昊天寺北部等县城周围用50厘米以上的油松大苗造林533.3公顷,绿化老帅岭、肖家窑头疙瘩、县城东山南梁等交通沿线荒山荒地733.3公顷,绿化、美化新农村建设推进村63个。由于工程建设成效突出,2008年与2009年连续两年被省政府授予"全省造林绿化先进县",2012年大同县被列入山西省生态县行列,2013年被授予"全国绿化模范县"。

森林资源

据2009年全省县级林地保护利用规划统计,全县林业用地为67833.86公顷,占国土面积的45.86%。其中,森林面积41087公顷,林地利用率60.57%;林木蓄积508279立方米,生产率19.12立方米/公顷;公益林地面积65067公顷,占林地面积的95.92%,重点公益林13660公顷,占林地面积的20.14%;其中,国家级公益林地13660公顷,占公益林地面积的20.99%;商品林地面积2767公顷,占林地面积的4.08%。

在67833.86公顷林业用地中,有林地29343.58公顷,疏林地3111.26公顷,灌木林地11743.72公顷,未成林造林地10591.27公顷,经济林2059.1公顷,苗圃655.36公顷,无立木林地8595.01公顷。全县森林覆盖率为27.78%。

2010 年大同县各类土地面积统计

表 13 - 5 - 1　　　　　　　　　　　　　　　　　　　　　　　　单位:公顷、%

| 年度 | 土地总面积 | 林地 | | | | | | | | | | 非林地 | 森林覆盖率 |
| | | 合计 | 有林地 | | | 灌木林地 | | | | | | | |
			小计	乔木林	疏林地	小计	特灌	未成林地	苗圃地	无立木林地	宜林地		
2009	147917	67834	29343	29343	3111	11744	11744	10592	655	8595	3794	80083	27.78
2015	147917	74354	36142	36142	1634	13885	13885	14500	706	3955	3532	73563	33.82
2020	147917	79735	41796	41796	404	15670	15670	17706	750	92	3317	68182	38.92

2009 年大同县林地保护利用规划主要指标

表 13 - 5 - 2　　　　　　　　　　　　　　　　　　单位:公顷、%、立方米、立方米/公顷

年度			2009	2015	2020
森林保有量		面积	41087	50027	57466
		森林覆盖率	27.78	33.82	38.85
林地保有量			67834	74354	79735
林地生产率			19.12	22.59	24.83
林地结构	公益林地	面积	65067	65921	66600
		占林地	95.92	88.66	83.53
	商品林地	面积	2767	8433	13135
		占林地	4.08	11.34	16.47
	重点公益林地	面积	13660	22544	22544
		占林地	20.14	30.32	28.27
	重点商品林地	面积	1786	8104	13129
		占林地	2.63	10.9	16.47
国家公益林面积			13660	22544	22544

2010 年大同县林地现状质量等级统计

表 13 - 5 - 3　　　　　　　　　　　　　　　　　　　　　　　　单位:公顷、%

林地质量等级	合计	Ⅰ级	Ⅱ级	Ⅲ级	Ⅳ级	Ⅴ级
面积	67834	818	24872	27830	14314	
占林地	100	1.21	36.66	41.03	21.1	

2010 年大同县林地保护等级统计

表 13 - 5 - 4　　　　　　　　　　　　　　　　　　　　　　　　单位:公顷、%

| 林地保护等级 | 现状(2009 年) | | | | | 规划(2020 年) | | | | |
	合计	Ⅰ级	Ⅱ级	Ⅲ级	Ⅳ级	合计	Ⅰ级	Ⅱ级	Ⅲ级	Ⅳ级
面积	67834	3861	25289	37704	980	79735	1773	41218	36738	6
占林地	100	5.69	37.28	55.58	1.45	100	2.22	51.69	46.08	0.01

农业

第二节　京津风沙源治理工程

2000 年,国家重点生态建设工程之一的京津风沙源治理工程启动实施,大同县被国家列为首批项目县。到 2013 年底,全县共完成林业治理面积 41665.7 公顷,其中完成人工造林 3255.3 公顷,人工模拟飞播造林 10078.6 公顷,封山育林 11865.3 公顷,退耕还林 13533.33 公顷,农田林网 2933.3 公顷。

大同县京津风沙源治理项目林业工程完成情况统计

表 13 - 5 - 5

单位:公顷

	人工造林			飞播造林			封山育林		退耕还林			农田林网	
	任务	完成	合格	任务	完成	合格	任务	完成	任务	完成	合格	任务	完成
合计	3255.3	3255.3	3255.3	10078.6	10078.6	7576.7	11865.3	11865.3	13533.3	13533.3	11298	2933.2	2933.2
2000	98.3	98.3	98.3	1400	1400	1390	200	200					
2001	482	482	482	1275	1275	1202							
2002				2000	2000	1432.7	2000	2000	4000	4000	3359	1333.3	1333.3
2003				1133.3	1133.3	866.7	1800	1800	2666.7	2666.7	2115	666.7	666.7
2004				1333.3	1333.3	1094.9	2000	2000	1533.3	1533.3	3117.6	333.3	333.3
2005				966.7	966.7	590.5	2000	2000	1333.3	1333.3	1417.7		
2006				666.7	666.7	400	1000	1000			1289.3	200	200
2007				436.3	436.3	364.7	666.7	666.7				133.3	133.3
2008				333.3	333.3	235	333.3	333.3				133.3	133.3
2009				200	200	0	333.3	333.3				133.3	133.3
2010	334	334	334				333	333					
2011	200	200	200	334	334	334	533	533					
2012	767	767	767				333	333					
2013	1574	1574	1574				333	333					

京津风沙源工程实施,国家共投入林业工程 5175.35 万元。地方配套资金 335.43 万元,其中省配套 221.78 万元,市配套 80 万元,县配套 33.65 万元,国家投资中:人工造林每公顷投资 1500 元,计 488.295 万元;飞播造林每公顷投资 1800 元,计 1814.094 万元;封山育林每公顷 1050 元,计 1245.857 万元;农田林网每公顷 1500 元,计 307.98 万元;退耕还林工程每亩补助种苗费 50 元,每退耕 1 亩,国家每年每亩补助粮食(折款)140 元、医教费 20 元,补助期限为经济林 5 年,生态林在 6346.7 公顷生态林中,油松 + 紫穗槐、杨树 + 灌木等乔灌混交林 1032.5 公顷,占 16.3%;柠条、紫穗槐等灌木林及灌草混交林 5314.2 公顷,占 83.7%。

在 1186.6 公顷经济林中,仁用杏 306.6 公顷,占 25.8%;鲜食杏 880 公顷,占 74.2%。

京津风沙源治理工程实施中,全县实行了按山系、按流域进行规模治理、综合治理和科学治理的治理办法,建成了一大批重点生态建设工程。较突出的有:一是北部采凉山综合治理工程,工程实施 8132 公顷,使周士庄镇、聚乐乡的中、低山区和平川地区得到全面绿化治理。二是东北部火山群绿化工程,绿化面积达到 4300 公顷,火山群昔日满目荒凉、风沙肆虐、荒山秃岭的自然环境得到明显改善。三是南部桑干河流域综合治理工程,工程实施总面积 15149 公顷。

第三节　林业经济体制改革

在经济体制上，2002 年，随着退耕还林工程的实施，全县林业经济体制开始由过去单一的国营、集体经济形式向多种经济形式并存的方向转变。到 2013 年，全县民营林业经营面积达 8000 公顷。其中 33.3 公顷以上的造林大户 11 户，承包"四荒"造林 877 公顷，累计投入资金 378 万元。大同市下岗工人张兴云在吉家庄乡原中咀村、南庄村一带承包荒山造林 223 公顷，主要造林树种有油松、落叶松、杏树等，2006 年被评为大同市十大新闻人物。

在林业生产组织形式上，从 2000 年起，由过去的上级计划、集体组织、农民"两工"造林组织形式向国家投资建设、职能部门组织、专业队伍施工与多部门联动、多层次投入相结合的方向转变，促进了造林绿化标准质量的明显提高，全县造林绿化成活率和保存率分别达到 80% 和 75% 以上。到 2013 年底，全县具有取得资质证书的专业造林绿化施工单位十多个。同时，县林业部门对国家和省级造林工程实行了招投标制度。

在工程管理上，从 2000 年起，由过去的单纯行政号令向监理制、招投标制、报账制、检查验收制、管护制等规范化、制度化的方向转变，形成了较完善的林业工程管理体系。一是实行监理制。京津风沙源治理工程实施，大同县常驻监理 2 人，对工程实施质量、进度和资金运用进行全程监理。二是实行了报账制。施工单位对工程进行承包，并根据工程进度和质量向工程管理部门报账和申请资金拨付。三是实行了检查验收制。施工单位承包的工程项目竣工后由林业部门组织检查验收小组对其工程进行详细的检查验收，并将检查验收结果作为工程资金拨付主要依据。四是实行了招投标制。对大中型工程面向社会公开招标，择优选择施工单位。五是实行了管护制。对所有工程进行了禁牧管护，绿化一处，管护一处，全县专职护林人员达到 80 名，工资由林业局筹资发放。

第四节　林业科技

营林设计

从 1985 年起，大同县根据上级林业部门的安排和要求，在三北防护林工程建设，德援项目造林、世行贷款项目造林等林业建设工程中开始实行"按规划设计、按设计施工"。之后，京津风沙源治理工程、省级造林绿化工程等林业建设项目都严格按照营林设计实施。在营林设计上，全县划分了 16 个立地类型，合理选用了油松、樟子松、新疆杨等 10 多个适生树种，采用了 6 个治理模式，使用了林草间作、乔灌混交等营林技术，将工程建设地点、范围、面积、树种选择、苗木规格、整地标准、造林技术要点等技术要求用设计书规定下来，实施中按设计严格施工。

科技推广

1996—2013 年，全县普遍推广使用了"半干旱地区抗旱造林综合配套技术"，先后使用 ABT 生根粉，"根宝"蘸根造林 1.5 万公顷，抗旱保水剂造林 300 公顷；2005 年开始推广使用容器苗造林，到 2013 年，容器苗造林占造林总面积的 95% 以上。

技术培训

从京津风沙源治理工程实施起，开始加强对各类施工人员的技术培训。10 多年间，全县举办各类大、小培训班 70 期，培训人员 3.5 万人次，印发各类技术资料 5 万余份。

科技示范工程

2005 年，大同县被国家林业局确定为全国防沙治沙综合示范区建设项目县。到 2013 年，全县完成防沙治沙示范工程 1766.7 公顷。其中：山区、丘陵区综合治理示范 150 公顷，火山群干旱石质山地造林 741.7 公顷，"小老树"改造示范 605 公顷，退耕还林生态林营造 116.7 公顷，退耕还林经济林营造 153.3 公顷。

第五节 林场苗圃

林场

1996—2013年,驻本县的国营林场仍为落阵营林场、九梁洼林场、桦林背林场、长城山林场。

落阵营林场原属雁北地区管辖,1980年划归省杨树丰产林实验局管理,在本县经营面积4000公顷,场址原在杜庄乡落阵营村东,2006年搬迁至倍加造镇的倍加造村与西坪镇驼坊村之间的109国道路北。

九梁洼林场原属雁北地区管辖,1980年划归省杨树丰产林实验局管理。据2005年省二类资源调查在本县调查经营面积4466.67公顷。场址原在许堡村西,1991年搬迁至县城东部。

桦林背林场属大同市管辖,在本县经营面积1200公顷。场址原在阳高县友宰乡西团堡村,2000年搬迁至本县县城西部。

长城山林场属大同市管辖,在本县经营面积811.7公顷,场址原在镇川乡青花村北,1989年搬迁至孤山镇孤山村东。

苗圃

2005年至2013年,全县育苗总面积保持在700公顷左右,其中留床480公顷,每年新育220公顷。

国营苗圃

县国营苗圃 始建于1964年,原址在大同市水泊寺公社金家湾村,1973年至1978年逐步搬迁于本县杜庄公社原县级机关农场,1986年搬迁于倍加造镇郭家窑头村北,现经营面积59.3公顷,其中育苗面积50公顷。

县中心苗圃 始建于1984年,原址在杜庄乡长胜庄村东1千米处,因土地条件差于1987年停止生产,1993年重建于倍加造村东南,总经营面积20公顷。

落阵营林场苗圃 位于倍加造镇郭家窑头村西北,109国道两侧,始建于1994年,总经营面积66.6公顷。2006年林场场部也搬迁于此地。

九梁洼林场苗圃 位于县城南部约1千米处,始建于2001年,总经营面积43.3公顷。

桦林背林场苗圃 位于西坪镇老帅岭北部,始建于2002年,总经营面积10公顷。

民营苗圃

1996—2013年,本县建立了30多个民营苗圃,经营总面积达347公顷。其中规模较大的有:

奥瑞森公司苗圃 位于峰峪乡西堡村,总经营面积38.6公顷。

岳秀农场苗圃 位于周士庄镇二十里铺村东,总经营面积17.3公顷。

绿禾公司苗圃 位于杜庄乡杜庄村南,总经营面积24.9公顷。

森通公司苗圃 位于周士庄镇牛家堡村南,总经营面积113.3公顷。

第六节 林木保护

护林防火

多年来,本县护林防火工作在宣传、组织、措施、设施等方面逐年加强,森林火灾防控水平不断提高,1996—2013年,未发生一起较大的森林火灾。

在宣传工作上,全县上下利用会议、电视、县报、印发宣传资料等多种宣传形式,大力宣传有关护林防火方面意义、知识和法规。全县各地在林区路口竖立森林防火警示碑牌200多个,刷写宣传标语200多条;全县每年印发、张贴各类宣传资料5000余份,发放森林防火宣传画册、门帘、扑克等宣传物品2000—10000余份。通过宣传,广大干部群众的依法治林意识和森林防火意识不断增强,一旦发生森林火灾,立即有人报告,有人主动参与扑灭。

在组织工作上,县、乡都成立了护林防火指挥部,并根据人事变动及时做到人员调整,实行了护林防火行政首长负责制和森林火灾责任追究制度;编制了"森林防火应急预案",并根据实际情况进行及时修订和完善;实行了县、乡护林防火办常年24小时值班制度和森林火情、火警报告制度。

护林防火措施　一是加强林区野外火源管理，严禁在林区及附近烧荒、烧灌、烧地埂、烧茬、野炊、吸烟、狩猎、上坟烧纸等一切野外用火活动；二是在春节、元宵节、清明节等特殊节日和特殊时期，护林防火办提前下达加强护林防火工作的通知，及时进行安排，在重点林区、重点地段、主要路口加强巡查，死看硬守，严密监控，加强防范；三是通过会议、文件、通知等方式，加强对中、小学生的森林防火教育和管理，因学生野外玩火引发的森林火警、火情逐年减少，特别是近三五年内基本没有发生；四是林业局自己筹资在全县重点林区安排专职护林人员80多名，并在森林防火办逐年加大巡查和案件查处力度，及时堵塞护林防火工作漏洞和惩戒各类破坏森林资源的违法、违规行为，平均每年查处各类毁林案件50余起。

设施建设　一是加大森林防火物资储备，年储备量达到200多万元；二是县政府配套资金25万元，建设了森林火灾视频监控系统，设立了鹰咀墩、马蹄山、落鹰山三个视频监测点，对全县大部分林区实现了视频监控；三是加强了林区道路和防火隔离带建设；四是县、乡组建护林防火应急队伍11支，总人数达500多人。

国家级公益林界定

2005年，根据省林业厅安排和要求，将桑干河、册田水库沿岸两侧1000米范围内的集体林地界定为国家级生态公益林，界定面积1967.7公顷；2009年又将遇驾山、落鹰山、县城东山、火山群等重点林区界定为国家级生态公益林，本县国家级生态公益林总面积达到3300公顷。国家级生态公益林，国家每年每公顷投入生态效益补偿资金225元，用于公益林的管护、抚育、补植等经营和管护，各种林地都安排了专职护林员进行管护。

林业有害生物防治

县森防站建设　县森林病虫害检疫防治站（简称森防站）成立于1981年，属县林业局管辖的事业单位，专门从事林业有害生物的检疫和防治工作，2002年被列为国家级森防标准站和国家级森林病虫害测报中心，现有工作人员5人。

林业有害生物检疫　本站检疫任务为对出入境苗木、木材、药材等林产品进行产地检疫和运输检疫，严防检疫对象传播蔓延。每年约检疫各类苗木100多万株，木材500立方米，药材10吨。

林业有害生物防治　近年来，本县危害严重的林业有害生物为中华鼢鼠和光肩星天牛。

中华鼢鼠主要发生在吉家庄乡落鹰山林区，以啃食油松、落叶松根系为害，被害树木重者成行、成片死亡，轻者严重影响生长。县、乡对该林区进行了多年、多次防治，主要防治办法为人工地箭捕杀和投放杀鼠醚。经过防治，林木被害株率下降到4%以下，害鼠种群密度由平均每公顷7.5只下降到1.5只以下。

光肩星天牛于20世纪80年代从大同市区传入我县，一开始从靠近大同市的倍加造镇、党留庄乡发生蔓延，虽经大力防治，但仍以点线状扩散到全县各地，造成大量农田林网、四旁绿化杨树树木上部干枯，生态功能和经济效益明显降低。由于该虫害为蛀干害虫，防治十分困难，而且费用较高，近年来主要防治措施仍以营林措施为主。主要防治办法是选用新疆杨、油松等抗虫树种更新重造，营造混交林，砍伐利用被害树木，清除虫源等，1996—2013年，全县共更新重造200多万株。

第七节　木材经营

到2013年底，全县各类林地蓄积量为184872立方米，四旁树总蓄积为108849.8立方米。由于本县自然条件差，林木蓄积量小，出材率低，木材材质差，用途范围小。现生产木材主要为杨树，年砍伐量300—1000立方米。所产木材多为农民建房自用，少数经木材商贩运至周边地区销售。

近年来，国家将森林划分为商品林和生态林两大类，本县除经济林之外，其余均划分为生态林，主要经营目的为防沙治沙、保持水土、改善生态环境。

第八节 林政管理

设立林政管理站

1991年县林业局内部设立林政管理站,加强林政管理。

林权证发放

2005年,继1984年之后,开展了第二次林权证发放工作。至2013年,共发放林权证9650本,发证林地面积35880公顷。其中集体25966.7公顷,个人9800公顷。

林木砍伐审批

1996—2013年全县继续实行林木砍伐审批制度,砍伐集体林木要经过市林业局和省林业厅批准,由县林业局核发砍伐证。

木材运输管理

1996—2013年,继续实行木材运输审批制度,木材运输要有市林业局核发的准运证。同时,成立木材检查站,(与林政管理站合署办公),对木材运输进行检查。

封山禁牧管理

2007年8月,山西省人民政府颁发了《山西省封山禁牧办法》,要求到2009年6月1日全省实行封山禁牧,根据省封山禁牧办法,制定了《大同县封山禁牧实施细则》,从2007年10月1日到2013年6月1日,全部实行了封山禁牧。

林政站依据《森林法》等林业法律、法规和国家有关政策,对乱砍滥伐、偷盗林木、乱占林地、毁林采矿、林地放牧、毁林种地等毁林案件逐年增大查处力度,每年查处各类案件50起左右,对偷盗林木、林地纵火等构成犯罪的,及时移送公安机关处理。

第九节 果品开发

经济林种植

2013年底,全县经济林总面积达到5333公顷,进入盛果期的达3200公顷,果品总产量达到1000万千克左右。其中以仁用为主的干果林面积1000公顷。全县经济林树种主要为杏树,主要品种有华州大接杏、哈密杏和仁用杏等。

果品加工

本县果品以鲜果销售为主,加工规模小,加工能力低,当前只有聚乐乡有体户进行果品加工,年产杏脯45吨左右。

第六章　畜　牧

第一节　管理机构

1997年4月，大同县畜牧局更名为大同县畜牧服务中心，为事业单位；全县16个乡（镇）设有畜牧兽医服务站，人、财、物由各乡（镇）管理，县畜牧服务中心指导。2001年11月，全县"撤乡并镇"后，乡（镇）畜牧兽医服务站减为10个。2003年，县政府成立以县长为指挥长、分管副县长为副指挥长、19个有关部门的主要负责人组成的大同县重大疫病防治指挥部，下设办公室，办公室设在县畜牧服务中心，县畜牧服务中心主任任办公室主任，各乡镇也成立相应的组织。并制定《大同县重大疫病防治应急预案》，成立由13个相关部门50多人组成的应急处理预备队。县畜牧服务中心建立应急物资储备库，储备疫苗、消毒用品等应急物资。重大疫病防治期间各乡镇兽医服务站人员、村级防疫员采取分片包干、责任到人的管理方式，实行了县、乡、村三级防疫，确保防疫工作落实到位。2008年4月，大同县畜牧服务中心更名为大同县畜牧兽医局，为县政府直属全额拨款事业单位，正科级建制，统一行使全县范围内的畜牧兽医行政管理职能。核定人员编制8名，领导职数4名，其中局长1名、副局长2名、总畜牧师1名。同时，在动物检疫站的基础上组建大同县动物卫生监督所，为全县畜牧兽医执法机构；在兽医防治站的基础上组建大同县动物疫病预防控制中心，为畜牧兽医行政管理和执法监督提供技术保障。全县共设置西坪镇、倍加造镇、周士庄镇、许堡乡、瓜园乡、党留庄乡、杜庄乡、聚乐乡、峰峪乡、吉家庄乡10个畜牧兽医中心站（挂动物防疫监督站的牌子）。2010年6月开始设立总畜牧师1人。2011年4月，大同县畜牧兽医局更名为大同县畜牧兽医服务中心。保留的事业单位有：大同县畜牧兽医工作站、大同县动物卫生监督所、大同县动物疫情测报站、大同县动物疫病预防控制中心、大同县种兔试验场、大同县奶牛试验场、大同县种鸡试验场、大同县种猪试验场及全县10个乡镇的畜牧兽医中心站。2013年，县畜牧兽医服务中心共有工作人员36名，其中管理人员14名（设主任1名、书记1名、副主任2名、总畜牧师1名、科员9名），畜牧兽医师10名，助理畜牧（或兽医）师10名，畜牧兽医技术员2名。全县10个乡镇共有畜牧兽医工作人员34名，其中畜牧兽医师2名，助理畜牧（或兽医）师30名，畜牧兽医技术员2名。

第二节　畜禽品种

1996年至2012年，全县畜禽结构得到进一步调整，传统的以猪、羊、鸡为主的饲养格局向多品种、规模化方向发展。先后饲养的畜禽品种有：猪、鸡、羊、牛、驴、骡、马、蛋鸡、肉鸡、肉兔、毛兔、獭兔、狗、鸭、鹅、鸽、鹌鹑、水貂、狐、鸵鸟等。规模饲养量较大的畜禽是猪、牛、羊、鸡。

县内饲养的特种动物主要是：水貂、毛兔、獭兔、肉狗、鸵鸟、狐。其中，毛兔、獭兔、肉狗饲养形式大多数为农户散养，规模化程度不高，量也不大。

而狐、水貂、鸵鸟则由饲养场集中饲养,规模化程度较高。

第三节　畜禽养殖

常规养殖　马、驴、骡　20世纪80年代前,马、驴、骡是大同县农业生产和运输的主要动力,随着实行家庭联产承包责任制和农业机械化程度的不断提高,全县马、驴、骡的饲养量逐年下降,至2008年,全县马存栏9匹、驴栏2822头、骡存栏2155头,分别比1992年减少52倍、1倍、1.83倍。

黄牛及肉牛　在农村实行家庭联产承包责任制前,黄牛主要以役用为主,役肉兼用,随着农业生产机械化程度和人民生活水平的不断提高,养肉牛效益较高,黄牛由役肉兼用变为以肉用为主,全县牛饲养量呈上升趋势。2001年,全县30头以上的养殖户达到70户,仅落阵营村张新春就投资引进西门塔尔牛450头。2005年全县牛饲养量达19028头,是1992年9255头的2倍。2012年全县牛饲养量达51155头,是1995年13790头的2.13倍。

奶牛　本县地方行政辖区内无乳品加工企业,牛奶仅供城乡居民食用。1995年全县奶牛存栏1282头,随着人民生活水平的不断提高,人们对鲜奶的需求逐年增加,相对的奶牛饲养量也逐年增加,至2012年,全县奶牛饲养量达5237头,是1995年的4倍。

羊　20世纪90年代前,县内养羊多为小群散养,羊的饲养量较少,且规模较小。1996年后,随着优种羊的引进及人们在物质生活需求上的不断增加,羊的饲养量逐年增加,1992年,全县羊的饲养量达158788只,2010年全县羊的饲养量达377099只,是1992年的2.37倍。

猪　1995年全县生猪饲养量为70585头。1996年后,县畜牧局在全县推广生猪直线育肥综合技术,母猪标准化饲养综合技术,采取建暖舍、集中防治疫病等科技含量较高的饲养措施,全县生猪生产逐年发展,饲养量逐年递增,涌现出许多年出栏100头以上的养猪大户,为家庭小规模饲养大群体创出了一条发展之路。2001年全县百口猪以上的养殖户达80多户。2005年,全县年末生猪存栏55380头,出栏88299头。2008年全县年末生猪存栏48012头,出栏91450头。至2010年全县生猪饲养出现巅峰,年末猪存栏77711头、出栏124437头,均比2005年增长40%。2010年后,由于粮食、饲料价格上扬,养猪成本增大,而猪肉价格一直徘徊在10元/千克上下,部分养殖户被迫放弃饲养,生猪生产呈现下降趋势,2012年,全县生猪存栏34090头,出栏55121头,均比2005年下降60%。

禽　20世纪80年代前,大同县禽类产品主要以自给为主,养殖方法以庭院式为主,大规模养殖场较少。随着人们对肉、蛋需求的逐年增加及海塞克斯蛋鸡、艾维茵肉鸡等优良品种的引进,同时采用高产综合饲养技术,全县养鸡业向规模化养殖快速发展。1998年全县家禽存栏235635只。2001年,家禽年末存栏330744只,全县500只鸡以上的养殖户达42户。2001年后绿色环保食品受到人们青睐,笨鸡、土鸡蛋等禽类产品逐步走向市场,但规模化较小,养殖量较少。2005年,全县家禽年末存栏381944只,2008年全县家禽年末存栏49885只,是1998年235635只的2.11倍。2011年,全县家禽年末存栏达1051163只,达历史最高峰。

特种养殖

鸵鸟养殖场　位于周士庄镇牛家堡村,是华北地区最大的鸵鸟养殖中心,该养殖场1998年由山西省电建一公司投资建设,引进非洲种鸵鸟,个头高大,昂首挺拔,每只重120—150kg,耐粗饲,抗病寒。母鸵鸟年产蛋80—120枚,每枚重约1.5kg,该养殖场年出售商品鸵鸟200多只,2003年存栏800多只。鸵鸟养殖既是旅游观光的重要内容,又具有明显的经济效益。

银狐养殖场　该场位于杜庄乡落阵营村东约1千米处,占地面积60多亩。养殖场始建于1986年。1987年10月,场主贺人杰从芬兰、挪威等地引进银黑狐、乌苏里貉等300多只,到2007年,已繁殖到1

万多只。每只银狐皮的价格800—1200元，每一对幼崽的售价约5000元，具有可观的经济效益。2007年11月，中国农业部特种经济动植物中心在河北萧宁举办的"2007年中国华尔斯杯珍惜皮毛动物貂王、狐王、貉王评选大赛"中，该厂选送的4号银狐获得金奖，同时该厂的银黑狐养殖技术荣获2007年第二届中国民营企业科技产品博览会科技创新成果金奖。

第四节 良种推广

猪 1996年后，本县养殖户陆续引进瘦肉型大约克、杜洛克、长白、大白、山西黑猪等优质种猪，既进行纯种繁育，又对本地生猪进行杂交改良。2013年，全县共推广三元杂交优种猪2.7万头。

羊 1996年后，先后引进小尾寒羊、辽宁绒山羊、夏洛莱、无角道赛特、杜泊、萨福克、波尔山羊等品种进行杂交改良繁殖。特别是辽宁绒山羊，适应环境快，耐寒，耐粗饲，抗病能力强，产绒量高，且都是白羊绒。2001年全县小尾寒羊达5000只，杂交改良本地羊1万多只。2013年，全县改良绵羊5.8万只，山羊0.9万只。

牛 1996年，后先引进西门塔尔、夏洛莱等优良牛进行杂交繁育。2001年，全县引进西门塔尔牛2500头。2005年又引进安格斯肉牛，对黄牛进行改良。2012年，引进西门塔尔。夏洛莱等优良公牛冷冻精液，在全县范围内开展黄牛冷配，改良肉牛3000头。奶牛，主要引进国荷斯坦奶牛（又称中国黑白花）进行改良，2013年，执行奶牛良种补贴政策，改良奶牛3000头。

禽 1996年从大同市家禽公司引进海兰蛋鸡。1996年后，全县笼养蛋鸡品种主要引进海兰褐、罗曼褐、海塞克斯等，肉鸡引进爱泼益加、艾维茵等品种。

第五节 疫病防治

1996年后，除对猪丹毒、猪肺疫、仔猪副伤寒等二、三类传染病免疫外，重点抓牲畜口蹄疫、高致病性蓝耳病、高致病性禽流感、猪瘟等一类传染病的防控工作。一般畜禽疾病的治疗，多是通过乡镇兽医站技术人员、乡村兽医登门诊治。对规模户饲养畜禽所发生的疾病，多由县畜牧局技术人员现场察看，配合所在乡镇兽医人员会诊治疗。对疫病严重者，将畜禽进行解剖、化验确诊，拟定处方治疗或采取相应的处理措施。同时，县畜牧部门认真贯彻《动物防疫法》，不断加强畜禽疾病防控工作，县畜牧总站设立兽医防疫站，各乡镇设畜牧兽医综合服务站配有专治防疫人员，村村设防疫员，形成了县、乡、村三级防疫网络，每年由防疫人员定期深入到养殖户进行畜禽防疫。1999年11月，大同县杜庄乡长安村发生牲畜疫情，经上级畜牧部门确认为牲畜5号病（即口蹄疫），共扑杀牛130头，被扑杀病畜就地焚烧，深埋处理，使疫情得到控制。2003年8月，本县许堡乡养老洼、东水地两村发生布鲁氏杆菌病，感染羊520只，全部扑杀，并做无害化处理。2004年6月，杜庄乡周家堡村发生布鲁氏杆菌病，感染羊160只，全部扑杀，并做无害化处理。

第六节 草场 饲料

草场

据县国土资源局测报，2009年，全县共有草地面积49.478万亩，其中，人工牧草地面积1.693万亩，其他草地面积47.785万亩。2012年，全县完成人工种草面积2.1万亩，通过实施灭虫、灭鼠，草地保护面积总计2.5万亩，草地改良3.85万亩。

饲料

20世纪90年代前，本县畜禽养殖专业户少，规模小，畜禽饲养多利用麦麸、米糠、玉米和秕谷、野菜等作为饲料，不种植青绿饲料和牧草。饲喂牛、马的等大牲畜，初秋以放牧为主，秋收后打场剩余土杂粮及玉米秸、豆秸、豆毛为冬季饲料。1996年后，全县牛、马、猪、羊的数量迅速增加，县政府加大了对种植业的调整，由单一的以粮为主，逐步向粮经饲发展，饲料种植面积逐步扩大，种植青贮玉米的专业户相继增多，并特别注重饲料的开发利用，主要是：提高玉米等秸秆的开发利用。通过粉碎草粉、青贮、微贮等手段使秸秆利用率由20世纪90年代初的40%左右提高到2010年的60%；开发利用本县农副产品加工后的下脚料，根据本县资源现状，渣类有豆腐渣、土豆渣等，糠麸类有黍糠、谷糠、麦麸、豆皮等，其他有葵花盘、树叶等，利用率除树叶外均为100%；开展人工种草，种植苜蓿、青莜麦、青贮玉米等喂畜禽。2013年，全县在六个乡镇通过种植青贮玉米，完成人工种草2.1万亩；推广食用配合饲料，1993年，开始推广使用配合饲料饲养畜禽技术，全县共开设饲料销售网点12处，年销售猪、鸡、羊、牛各类全价饲料1000吨。规模养殖户，部分直接使用饲料生产厂家的成品料；部分使用饲料厂家生产的浓缩料、预混料，再按厂家提供的比例配合玉米做成全价配合饲料；部分自拟配方，购进鱼粉、谷粉、多维素、微量元素等，再配以玉米粉碎搅拌后自制成配合饲料。

第七节　畜禽饲养习俗

家畜、家禽饲养在大同县境内有着悠久的历史，主要以畜力为主的大牲畜饲养，以肉蛋为主的畜禽饲养和以猫、狗为主的动物豢养。

畜力饲养

以大牲畜饲养为主的畜力是传统农业的重要生产力，亦是重要的代步出行物，旧时有无畜力和畜力的多少，对以家庭为主的农业生产显得至关重要，为此在建国初期的土地改革运动中，大牲畜的拥有量也成为划定贫富的重要内容。到1958年人民公社时期，大牲畜的饲养由农民个体变为以生产小队集中饲养。此后一段时期，畜力在农村集体经济的发展和农业生产起到了举足轻重的作用。1978年之后，随着土地承包责任制的推行，畜力饲养重

归农民自养或合养，最初几年，成为农业生产的重要生产力，后随农业机械化水平的提高，畜力在农业生产中的地位开始逐年下降，其饲养也由牛、马、骡大畜力向以驴、骡为主的小畜力转变，到2000年之后，牛的饲养已由生产型变为肉牛、奶牛的经济型饲养。大牲畜的饲养性质和饲养方式已发生根本转变。

畜禽饲养

旧时，以猪、羊、鸡为主的畜禽饲养，在大同县域内农村家庭中极为普遍，此俗一直延续至今。即使在三年困难时期和割资本主义尾巴的特殊年代，亦未中断。新中国成立后一直到20世纪80年代，家畜、家禽的饲养在调剂农民家庭生活、维持家庭日常生活、子女上学、大件购置中起到了重要作用。2000年之后，家畜、家禽作为家庭重要经济来源的功能逐渐退化，家庭养殖虽较为普遍，但以自己食用为主，养猪、养羊、养鸡专业养殖、规模养殖兴起，传统养殖渐被商品化养殖所替代。

动物豢养

大同县域内豢养动物主要为猫、狗。旧时，养狗主要为防盗，看家护院，中型犬类较多。由于粮食紧缺，养猫主要为防鼠害，此俗延续至今。新中国成立后，鼠被列入"四害"之一，大量毒性较强的鼠药的投放，殃及到猫的生存，亦殃及到狗的生存。抗日战争、解放战争时期，由于战争原因，养狗数量减少。新中国成立后，由于粮食紧缺，20世纪60年代至80年代曾有几次打狗运动，养狗处于低潮。2000年之后，养猫者为少数，属宠物性质的豢养，养狗之风又起，以小型犬类为主，兼有防盗宠物性质，但狗多为患。二、八月发情期成群结队，尿迹遍地，伤人事件屡见。

在大同县还有养鸽子的习俗，此俗亦较早，20世纪70年代前，以土鸽为主，粮食紧缺时曾限养，现养殖不多，有养殖均以信鸽为主。

1996—2013年全县畜禽年末存栏情况

表13-6-1 单位:头、只

年份	大牲畜	牛	奶牛	羊	猪	禽
1996	29675			154391	39647	
1997	34109			188357	50784	128750
1998	28264			134167	34875	235635
1999	28289			141340	36066	277985
2000	30357			157795	40526	318023
2001	28867			160875	39348	330744
2002	31534			176385	43083	363018
2003	32554			196200	47342	428361
2004	31576			195137	54431	404620
2005	32415	22412	3384	187519	55380	381944
2006	31173	22275	3683	149311	46719	481329
2007	35065	25853	5869	146859	47618	191652
2008	30239	21253	5906	147125	48012	392550
2009	34605	26327	7201	149937	45414	476623
2010	36026	27867	7656	147045	77711	521700
2011	26224	18348	5114	103673	36973	1051163
2012	19845	13878	5237	102401	34090	919400
2013	2301	16093	5012	111970	35309	1008400

第七章 水 利

第一节 水利工程

截至 2010 年,全县蓄水、引水工程达到 62 处,其中水库工程 16 座,自流渠道 14 座,挖泉截流 10 处,塘坝 22 座。在水库工程中册田水库库容在 1 亿立方米以上为大型水库;西坪、郭家窑头、茹庄、陈庄、杜庄、水库容在 100 万立方米及以上、不足 1000 万立方米为小(Ⅰ)型水库;王家堡、倍加造、营坊沟、东紫峰、北石山、南石山、渔儿洞、东水地、下羊落、吉家会水库库容在 10 万立方米以上、不足 100 万立方米为小(Ⅱ)型水库。

蓄水工程

册田水库 册田水库始建于 1958 年 3 月,初期为碾压土坝,坝顶高程 939 米。1968 年拦洪后用水中倒土法继续加高到 953.6 米。1970 年到 1976 年续建,按设计完成大坝填筑及正常溢洪道工程,坝顶高程达 961.5 米,最大坝高 41.5 米。1989 年 6 月至 1992 年 5 月进行改建,完成拦河坝后坡石渣培厚,非常溢洪道及左副坝等工程。册田水库枢纽工程主要包括土坝、正常溢洪道、非常溢洪道、引水洞。该水库所属河系为桑干河,水库主要特征:坝址以上控制流域面积 16700 平方千米,坝型土坝,坝高 42 米,水库总库容 58000 万立方米,兴利库容 41000 万立方米,防洪库容 16300 万立方米,已淤积库容 21900 万立方米。2010 年年末蓄水量 3038 万立方米。

西坪水库 西坪水库是海河流域永定河水系坊城河一级支流西坪河上游的一座小(Ⅰ)型水库,1975 年开工,1976 年完成,水库位于县址西南方向,距县城约 1.5 千米,水库坝址上游控制流域面积 48.75 平方千米,主河长 12.4 千米,河道平均纵坡 16.8‰。流域北高南低,海拔高程在 1020—1422 米之间。水库枢纽工程主要由土坝、放水洞和溢洪道组成。大坝为均质碾压土坝,放水洞位于大坝左侧,溢洪道位于大坝右岸。水库在建设时由于受经济、技术条件的限制,水库防洪标准只达 20 年一遇设计标准,不达 100 年一遇校核洪水标准,防洪安全性低。2007 年 4 月,县水务局委托大同市水利规划设计研究院对西坪水库进行了大坝安全鉴定。2007 年 5 月 29 日,大同市水务局组织成立西坪水库大坝安全鉴定,专家组综合认定西坪水库大坝为"三类坝"。2008 年 3 月 3 日,山西省水利厅同意三类坝的鉴定结论。2008 年 4 月,编制完成《大同县西坪水库除险加固工程初步设计报告》。2008 年 8 月 26 日,山西省水利厅批准工程设计报告,同意除险加固工程设计方案。西坪水库除险加固工程总投资 402 万元,2009 年 4 月 1 日开工,9 月 13 日完工。除险加固工程实施后,西坪水库总库容 151.8 万方,水库功能以防洪、灌溉为主,兼顾水产养殖、旅游等,工程等别Ⅳ等,主要建筑物 4 级,水库防洪标准为 30 年一遇洪水设计,300 年一遇洪水校核。

郭家窑头水库 郭家窑头水库为杜庄、倍加造两乡镇联办工程,1972 年开工,1976 年竣工,是海河流域永定河水系坊城河一级支流尼河上游的一座小(Ⅰ)型水库,水库位于县址西南方向,距县城约

15千米,水库坝址上游控制流域面积27平方千米,主河长7.9千米,河道平均纵坡6.06‰,流域西北高、东南低,海拔高程在1025—1070米之间,水库枢纽工程主要由大坝、放水洞和溢洪道组成,大坝为均质碾压土坝,放水洞位于大坝左侧,溢洪道位于大坝右岸二级阶地上。水库防洪标准只达50年一遇设计标准,低于300年一遇校核洪水标准,防洪安全性低,2009年投资422万元实施了除险加固工程,水库总库容158.6万立方米,工程等别为Ⅳ等,主要建筑物4级,水库防洪标准为30年一遇洪水设计,300年一遇洪水校核。

茹庄水库 茹庄水库建于1965年,是乡村自办工程,规划标准低,建设质量差,1974年做简单的处理后,蓄水运行,它位于西坪水库下游、坊城河右侧一支流上,坝址上游控制流域面积56平方千米,经技术鉴定,原设计洪水标准20年一遇,校核洪水标准50年一遇,防洪安全性低。2009年投资374万元实施了除险加固工程,水库总库容165.95万立方米,工程等别为Ⅳ等,主要建筑物4级,水库防洪标准为30年一遇洪水设计,300年一遇洪水校核。小型水库库容及建成时间见表13-6-2。

小(Ⅱ)型水库容及建成时间

表13-6-2

单位:万立方米

水库名称	所属支流	库容	建成时间
西坪镇西坪水库	坊城河Ⅰ级支流	151.8	1976年
倍加造镇郭家窑头水库	坊城河Ⅰ级支流	158.6	1976年
瓜园乡茹庄水库	坊城河Ⅰ级支流	165.95	1965年
瓜园乡陈庄水库	桑干河坊城河	346.6	1989年
瓜园乡东紫峰水库	桑干河Ⅲ级支流	55	1977年
瓜园乡渔儿涧水库	桑干河西河沟	72	1989年
瓜园乡北石山水库	桑干河Ⅲ级支流	46	1969年
瓜园乡南石山水库	桑干河南石山沟	38	1977年
杜庄乡杜庄水库	桑干河石板沟	110	1990年
杜庄乡村王家堡水库	桑干河石板沟	78	1980年
倍加造镇倍加造水库	桑干河尼河	28.4	1990年
倍加造镇营坊沟水库	桑干河尼河	31	1988年
许堡乡东水地水库	桑干河Ⅲ级支流	43	1966年
峰峪乡吉家会水库	桑干河吉家会沟	23	1978年
聚乐乡下羊落水库	桑干河Ⅲ级支流	30	1975年

引水工程

引水工程御河渠规模最大,御河灌区为国营灌区,管理单位位于南郊区齐家坡村,御河灌区设计灌溉面积7.18千公顷,2010年以前全年灌溉引水量在500万方以上,输水干渠长度67千米,渠道建筑物3860件,其中全县境内渠道长度48.6千米,渠系建筑物1576件,设计灌溉面积5.9万亩,其中倍加造镇、党留庄乡、杜庄乡的35个村受益。全县引御河水灌溉分为两种形式:一种是直接从御河引水,沿御河东畔的上泉、周家堡、落阵营、利仁皂的沟湾地可直接从御河引水浇地,正常年景浇地面积达12000亩;另一种是御河东岸的自流上水干渠,1996年以前御河干渠水浇地面积最高年份可达45000亩,之后随着工业化、城镇化进程的加快,灌溉面积逐步减少,到2010年实灌面积仅有2000亩左右。

引水工程效益较好的有峰峪乡东后口引水工程、峰峪乡小王村引水渠工程、聚乐乡聚乐村引水渠工程、许堡乡大王村引水渠工程、瓜园乡渔儿涧村引水工程。

蓄水量在500立方米以上(含)、10万立方米以下的塘坝共有22座,总库容105.8万立方米,10个乡镇均有分布,截至2010年塘坝分乡镇情况见表13－6－3。

2010年全县塘坝统计

表13－6－3　　　　　　　　　　　　　　　　　　　　　　　　单位:万立方米、座

乡镇名称	工程数量	总库容	工程规模分类					
			500—1万立方米		1万—5万立方米		5万—10万立方米	
			数量	容积	数量	容积	数量	容积
合计	22	112.8						
西坪镇	3	12.2			2	5.9	1	6.3
倍加造镇	3	6.8	1	0.8	2	6		
周士庄镇	1	0.5	1	0.5				
吉家庄乡	1	8.5					1	8.5
峰峪乡	3	11			3	11		
杜庄乡	3	27					3	11
党留庄乡	3	7			3	7		
瓜园乡	4	36.8					4	36.8
聚乐乡								
许堡乡	1	3			1	3		

第二节　提水灌溉工程

大同县大部分灌溉区域水低地高,提水灌溉是一种主要灌溉方式,截至2010年实施提水灌溉的面积为15.65千公顷,占总灌溉面积的86.8%,在提水灌溉面积中,机电灌站灌溉面积8.95千公顷,机电井灌溉面积6.7千公顷,分别占到提水灌溉面积的57%和43%。

机电灌站

固定机电灌站共22处,其中国营的有:杨庄电灌站、西册田电灌站,集体管理的有20座。

国营电灌站

杨庄电灌站　杨庄电灌站位于册田库区上游南岸,大同县杨庄村东,一级站距水库坝址14.6千米。原设计分五级六站,最大扬程94米,最大抽水能力1.4立方米/秒,安装机泵16台,装机2000千瓦,设计灌溉面积4万亩。原设计抽水主干渠2.7千米,干渠3条36.4千米,支渠40条52千米。

2002年对册田灌区实施节水技术改造,更新抽水站引水级,一级、二级水泵6套,对杨庄西二干0＋000－11＋650段干渠及配套支、斗渠实行了防渗配套,其中支渠防渗16条21.301千米,斗渠防渗38条24.92千米,配套建筑物1260件。节水改造面积2.0万亩。

原杨庄泵站站址位于大坝上游约14.6千米南岸,由于库区淤积严重,每年靠挖引水渠提水,取水十分困难,且机泵老化失修,损失严重,出水量少。2005年对杨庄灌区进行了泵站及压力输水管线工程改造,泵站站址由原水库大坝上游南岸迁至徐疃村东约2千米、距册田水库大坝约10千米处,站址下移约4.6千米。水源站直接从水库提水,泵站设计流量1.26

立方米/秒。加压后经高压出水管（采用预应力钢筋混凝土管，管内径1米，管道长2405米）至出水池；再至低压输水主干管（采用预应力钢筋混凝土管，管内径1米，管道长2405米）至二级出水池，低压输水管岔线4667米长，沿线设十个支渠分水口。二级出水池向西分别向西一、西二干渠分水灌溉，西二干渠自流灌溉，西一干渠设抽水站灌溉。

西册田电灌站　位于册田库区上游南岸大同县西册田（新）村西北，一级站距水库坝址1千米。

原设计总扬程159米，分四级提水，安装机泵11台，装机1615千瓦，最大提水能力0.66立方米/秒，设计灌溉面积1.99万亩。主干长渠3.958千米，下设支渠11条长25.13千米，实际只完成主干，支渠未开挖。目前本站已停用，泵站及渠道建筑物严重损坏，机泵、电器设备已不能运行。

集体电灌站

集体管理的二十座机电灌站名称、装机容量及装机功率见表13-6-4。

小型机电灌站名称、装机容量及装机动率

表13-6-4　　　　　　　　　　　　　　　　　　　　　　　　单位：立方米/秒、千瓦

泵站名称	装机流量	装机功率	管理单位
合计	3.418	2207	
杜庄乡杜庄泵站	0.14	85	杜庄村村民委员会
杜庄乡下泉泵站	0.34	220	下泉村村民委员会
杜庄乡郭家窑头泵站	0.28	120	杜庄乡人民政府
党留庄乡上泉2号站	0.228	82	上泉村村民委员会
党留庄乡上泉1号站	0.27	110	上泉村村民委员会
倍加造镇倍加造泵站	0.1	55	倍加造村村民委员会
倍加造镇营坊沟泵站	0.1	55	营坊沟村村民委员会
倍加造镇郭家窑头泵站	0.2	110	郭家窑头村村民委员会
瓜园乡李王涧泵站	0.08	55	李王涧村村民委员会
瓜园乡茹庄泵站	0.2	90	茹庄村村民委员会
瓜园乡渔儿涧泵站	0.08	75	渔儿涧村村民委员会
瓜园乡陈庄泵站	0.22	200	陈庄村村民委员会
瓜园乡道西湾泵站	0.1	187	道西湾村村民委员会
峰峪乡施家会泵站	0.1	56	施家会村村民委员会
峰峪乡吉家会泵站	0.07	37	吉家会村村民委员会
西坪镇西坪泵站	0.42	300	西坪村村民委员会
吉家庄乡海心湾泵站	0.14	100	吉家庄乡人民政府
许堡乡南水地泵站	0.15	75	南水地村村民委员会
许堡乡堡村泵站	0.12	130	堡村村民委员会
瓜园乡东紫峰泵站	0.08	75	东紫峰村村民委员会

机电井

机电井灌溉是使用最方便、水源保证程度最高的一种灌溉方式，截至2010年底，全县共有地下水取水井7106眼，其中井口井管内径大于或等于200毫米、日取水量大于或等20立方米的规模以上机电井有1734眼；井口井管内径小于200毫米、日取水

量小于20立方米的规模以下取水井5372眼。在规模以上机电井中配套率达到95%以上,装机1648 台21030千瓦,灌溉面积6.7千公顷。

2010年各乡镇规模以上机电井数量统计

表13-6-5 单位:眼

乡镇(街道)名称	规模以上机电井数量
合计	1734
西坪镇	122
倍加造镇	167
周士庄镇	212
吉家庄乡	296
峰峪乡	114
杜庄乡	293
党留庄乡	244
瓜园乡	99
聚乐乡	65
许堡乡	65
经济技术开发区	56
东街办事处	2

规模以下机电井以农户在院内自备水源井为主,分机械取水与人力取水两类,其中机械取水5002眼,人力井370眼。

2010年各乡镇规模以下取水井数量统计

表13-6-6 单位:眼

乡镇(街道)名称	规模以下机电井数量	其中	
		机械取水	人力取水
合计	5372	5002	370
西坪镇	1063	815	248
倍加造镇	29	29	
周士庄镇	17	17	
吉家庄乡	1315	1241	74
峰峪乡	1148	1144	4
杜庄乡	747	747	
党留庄乡	371	369	2
瓜园乡	210	203	7
聚乐乡			
许堡乡	471	436	35
东街办事处	1	1	

第三节 防汛抗旱

防汛

汛情 2003 年 7 月 25 日，聚乐乡聚乐村发生特大洪水。

防汛工程 1996 年至 2010 年建设了东后口村、兼场村、孙家港村护村护地坝工程，对五十里铺村、东水峪、聚乐村的护村护地坝进行了延伸加固与维修。

全县防洪的主要区域是南北两山的 35 处边山峪口，山洪直接威胁着涉及 10 个乡镇的 66 个村 8 万多人的生命和财产安全，主要县管河流是坊城河，流域面积 400 多平方千米，南部山区的防洪地段为麻峪口、牛寺沟、瓮城口峪、西浮头峪、东后口峪、小王峪、大王峪，北部山区的主要防洪地段为陈家堡峪、西水峪、五十里铺峪、巨乐峪、中高庄东大渠，这些峪沟及下游的村庄历史上都出现过短时局部洪灾，既是防洪工程建设的重点，也是落实防洪各项措施的重点。

对水库、河道的防洪，主要实施了西坪、茹庄、郭家窑头三座小（Ⅰ）型水库的除险加固工程，至 2010 年底，这三座水库的防洪标准已达到 30 年一遇设计，300 年一遇校核，其余的 12 座小型水库也已进行安全鉴定。河道防洪方面的标志性工程是实施了大同市装备制造产业园区改河及河道整治工程，从 2008 年启，周士庄镇以西至牛家堡村南，大张公路以南至罗卜庄区域，被大同市政府规划为大同市装备制造产业园区，园区内有大齿集团等多家大中型企业。但是牛家堡村"大沙沟"向南一直延伸至规划工业园区南端，严重影响将来工业园区的度汛安全。为此，市政府决定对"大沙沟"进行改道处理，以确保工业园区的规划建设顺利进行和度汛安全。改河工程的改道河流为三十里铺村东的"大沙沟"，工程起点位于大同县周士庄镇三十里铺村北 2.5 千米的"大沙沟"。在三十里铺村北修建引洪渠，引洪渠为西北—东南走向。"大沙沟"的 3 条

主要支沟在三十里铺村东汇流，在汇流点上游约 2.5 千米河沟修建 1 号拦河坝，在坝上游新建东南向引洪渠，利用引洪渠将"大沙沟"的洪水引入后铺村东的沙沟内，通过大张公路的三孔公路桥后，在公路桥下游约 1 千米处新建 2 号拦河坝，在拦河坝上游再新建东南向引洪渠，引至孟家造村南的河沟内，在该河沟内新建 3 号拦河坝，并新建东南向引洪渠，将洪水引至驾遇造村的坊城河干流内，针对坊城河干流河道淤积、阻塞严重的实际情况，对六孔铁路桥下游河道进行疏浚。改河工程总投资 4437 万元，由市政府投资。

抗旱

旱情 大同县的干旱主要是气象干旱，又称为大气干旱，是指因自然界降水和蒸散发收支不平衡造成的异常水分短缺现象。大同县属于半干旱气候，降水不足严重影响了农业的发展，加上降水分配不均，年变率大，使得原本不足的降水量更加匮乏，水成了农业发展的限制性因素，旱灾成为最严重的自然灾害。干旱以春旱最常见，春旱加伏旱次之。如果春旱连秋旱，则危害巨大，损失严重。1997 年降水 293.8 毫米。1999 年至 2002 年连续三年大旱。其中 1999 年为特大干旱，全县粮食产量只有 1500 万千克，全县直接经济损失 3.46 亿元，农民人均纯收入是 1998 年的 28%。全县干旱分三种情况。一是春旱，即发生在春季播种期间（每年 4 月 20 日—6 月 10 日）。这段时间如果土壤团粒结构较好，且冬季实行镇压耙磨等措施的土地则墒情好，作物可以播种，但大部分地区为沙性黄土，土壤保水能力差，播种期内土壤含水量低，必须等雨下种，可是一般此期间风干物燥，在大风作用下，耕作层土壤水分迅速蒸发，形成春旱，1999 年严重春旱。二是伏旱，即夏季作物生长期间发生的干旱，也称夏旱。此期间正值夏季，气温较高，蒸发量大，作物需水多，如果连续十天半月不下雨，正在生长中的作物极易受旱，由于夏季是降雨集中的季节，因此夏旱发生机率远低于春旱，一般情况下十年发生一到两次。三是秋旱，即

作物抽穗成熟期发生的干旱。秋旱是旱灾中最严重的一种,20世纪90年代的1997年、1999年发生的秋旱比较严重,2001年全县发生特大干旱,全年降水仅242.2毫米。

抗旱工程 全县的抗旱工程包括水库工程体系、泵站工程体系、自流灌区工程体系、机电井工程体系、农村人畜饮水工程体系、县城供水体系。

2000年7月,南梁应急吃水工程建成投入使用,实际日供水量1200吨,年供水量43.8万立方米。

抗旱非工程体系建设,组建于20世纪60年代的大同县凿井队是全县打井抗旱中的中坚力量,为了加快抗旱工作,大同县人民政府于1995年正式批准成立了大同县抗旱服务队,服务队以抗旱服务为宗旨,负责全县抗旱服务日常工作。

2003年5月1日国家防汛抗旱指挥部办公室印发《抗旱工作评价实施细则》,按照相关规定,大同县人民政府防汛抗旱部办公室于2001年7月编制完成《大同县抗旱预案》。

国务院办公厅于2007印发了《关于加强抗旱工作的通知》,明确要求各地区应结合经济发展和抗旱减灾工作实际,组织编制抗旱规划,并与其他相关规划做好衔接,以优化、整合各类抗旱资源,提升综合抗旱能力,避免重复建设。有关部门要加强对地方抗旱规划编制工作的组织指导。2009年4月10日编制完成了《大同县抗旱规划》。

第四节 水土保持

水土流失

本县水土流失面积794平方千米,占总土地面积的53%,其中轻度侵蚀281平方千米,占侵蚀总面积的35.3%,中度侵蚀面积248平方千米,占31.24%,强度侵蚀面积236平方千米,占29.7%,极强度侵蚀面积291平方千米,占3.65%。造成水土流失的成因很多,一般可分为自然因素和人为因素两种。

降水是引起水土流失的主要因素 降水中雨量、雨滴能量大小、降水分配、强度等四个方面都对水土流失产生直接影响。年降水量分配不均,强度又大。必然引起强烈的水土流失。全县地处黄土高原,属大陆性季风气候,年平均降水量390毫米,24小时最大降水量达100毫米以上,汛期降雨量约占全年降水量的60%,主要集中在7—9月份,这是全年降水强度最大的月份,这样在汛期,容易形成严重的水土流失。

地形是影响水土流失的重要条件 地面坡度大小、坡面朝向、坡长、坡形、分水岭与沟谷底距离和河面的相对高差以及沟壑密度等对水土流失都有很大关系。本县地处海河流域,境内主要有桑干河、御河、坊城河。沟壑总长454.6千米,平均切割密度0.36千米/平方千米,随着切割程度的加大,地表破坏程度逐渐增大。由于众多的沟壑河流纵横切割,致使地形比较破碎,成为山西省北部大同盆地中部典型的丘陵。地表有5个土类14个亚类32个土层84个土种。五个土类是山地黑钙土、甸钙土、草甸土、盐土和风沙土。而这些土类除冲积平原区的草栗土以外,其他土类土体结构松散,土质多为沙壤,每年雨季一到,就会被暴雨侵蚀表土,造成水土流失。

植物被是阻缓水蚀和风蚀的重要因素 良好的植被能够覆盖地面,拦截雨滴,调节地表径流,减缓流速,过滤淤泥,固结土壤,从而增加土壤渗透性,涵养水源,防止水土流失,提高土壤肥力,改善生态环境。全县森林覆盖率、林草覆盖度的逐年增加,有效地减少了土壤侵蚀。

水土流失的发生不仅有自然界本身的原因,人类活动的结果可直接或间接地导致水土流失,并且随着工业化进程的加快这一因素显得更加重要。这一方面全县主要表现在境内的公路、铁路建设。

2010 年各乡镇水土流失面积情况统计

表 13 - 6 - 7　　　　　　　　　　　　　　　　　　　　　　　　　　　　　单位：平方千米

乡镇名称	水土流失面积
合计	794
西坪镇	59
倍加造镇	5
周士庄镇	132
吉家庄乡	133
峰峪乡	152
杜庄乡	8
党留庄乡	1
瓜园乡	42
聚乐乡	121
许堡乡	141

冲积平原区是全县的产粮区，治理特点是农田基本建设为主，其次是乔木林及人工种草。分布在南北两山的土石山区，石多土薄以封禁治理为主要措施；南北两山脚下的黄土丘陵沟壑区，区域面积最大，地形高低不平，沟壑纵横，水土流失非常严重，这个区域的治理措施比较多样；介于冲积平原区和黄土丘陵沟壑区之间，坡度比较平缓，以发展生存态林、经济村为主。

截至 2010 年底，全县累计完成水土流失综合治理面积 385.8 平方千米，其中水平梯田 18.6 平方千米，滩地 11.9 平方千米，旱坪垣地 6.6 平方千米，水土保持林 213 平方千米，种草 12.1 平方千米，封山育林 123.6 平方千米。

1996 年至 2010 年，特别是 2001 年之后，全县的水土保持工作驶入快车道。

2001 年 8 月，根据《国务院关于 21 世纪初期（2001—2005 年）首都水资源可持续利用规划的批复》文件精神，山西省水土保持勘测规划设计队、山西省水土保持科学研究所共同编制了《大同县马头山、马蹄山、万家山、昊天寺小流域水土流失综合治理工程可行性研究报告》，可行性研究报告批复后，编制了初步设计，2001 年 9 月，山西省计划委员会

以晋计设计发［2001］646 号文对大同县马头山、马蹄山、万家山、昊天寺小流域水土流失综合治理工程初步设计进行了批复，概算总投资 2778 万元，其中建安工程费 2495 万元，独立费用 229 万元，预备费 54 万元。主要建设内容为：实施水土流失综合治理面积 150 平方千米。整个工程至 2006 年底完成，实际完成综合治理面积 150 平方千米，其中新增机修水平梯田 5.727 平方千米，乔木林 11.631 平方千米，灌木林 22.229 平方千米，经济林 1.823 平方千米，人工种草 8.117 平方千米，封禁治理 100.473 平方千米。

大同县是全省确定的 13 个风沙县之一，被国家确定为京津风沙源和水土流失严重的县区之一，从 2000 年开始实施了大同县京津风沙源治理工程水利项目，截至 2010 年底，累计完成小流域治理面积 10.2 万亩，其中造林面积 76660 亩，种植黄花 6255 亩，机修水平梯田 1000 亩，封禁治理 18085 亩，治理区内的植被恢复良好。在实施生态建设过程中同时完成水源工程 464 处，节水工程 112 处，发展林草浇灌面积 9.27 万亩。2000—2010 年国家累计给大同县下达京津风沙源治理工程水利水保项目资金 7090.95 万元。

农业

第五节　水政管理

水政机构

全县水行政执法工作从无到有，从有到专，并逐渐规范，取得了一定的成绩。

1993年按照上级统一部署，大同县编制委员会以大编字［1993］2号文件成立了专门的水利法制机构——大同县水利水保局水政股与大同县水资源管理委员会办公室，一套人马两块牌子。

水土保持监督监测站与水土保持站一套人马两块牌子。

1998年结合水利部水政监察规范建设成立专门的水政监察队伍。2002年《水法》修订实施后，明确了水行政处罚、行政许可等执法权限。

水行政执法

2004年全面推行水行政执法责任制，制定了《水行政执法责任制》《水行政执法考核制》《水行政执法程序》《水政监察岗位责任制》《执法完案责任追究制》《水行政执法检查监督制度》。

取水许可制度

大同县水资源分布不均，一些地方盲目开采地下水资源，造成部分乡村地下水资源严重短缺，吃水、用水困难，为了对全县城乡水资源实行统一管理，1997年大同县率先进行水利改革，将水利局更名为水务局，实施城乡水资源一体化管理。结合全县水资源现状于2006年完成了《大同县控制地下水开采规划》，2008年完成《大同县水文地质类型区划分》等规划，做到按规划开发，按资源利用，实施取水许可制度，截至2010年，按照严格审批的制度对城乡自备水源单位共发放取水许可证196本，其中企业发放50本。2002年国家出台《建设项目水资源论证管理办法》，全县把建设项目水资源论证作为规范水资源规范化管理，实现水资源合理配置的重要工作来抓，做到有章可循、有序利用。从2002年以来，先后对山西大同热电有限责任公司"上大压小"工程2×300MW空冷供热机组项目、国电大同第二发电厂四期（湖东项目）大同开发区制药工业园、华岳热电2×50MW煤矸石综合利用热电联产项目等8个建设项目进行了水资源论证。

水资源统一管理

坚持实行水资源统一规划、统一调度、统一管理水质水量、统一发放取水许可证、统一征收水资源费的"五统一"管理。推行水资源有偿使用制度，加大水资源费征收力度，全县水资源费征收由1996年的5万元/年增加到2010年的245万元/年，并加强水资源费的使用管理，建立有效机制，使水资源费真正"取之于水、用之于水"服务水资源管理。开展水资源实时监控管理系统建设。2008年全县水资源远程监控系统信息中心建成并联网，安装15块智能水表，采用GPRS无线通信技术，实行远程抄表，严格计量收费。2010年在全县不同的水文地质类型区建设地下水水位远程监测系统28套，实时监测地下水水位变化情况。

水土流失管理

水土流失是全县重大生态环境问题，严重威胁粮食安全、防汛安全和生态安全，限制了山丘区人民群众脱贫致富，制约着经济社会可持续发展，1996年全国首部《水土保持法》颁布施行，从此全县水土保持事业进入法制轨道，20年来，全县人民水土保持意识逐步增强，水土保持监督执法体系逐步建立健全，人为水土流失加剧的趋势得到有效控制，水土流失治理成效显著。1994年国家出台了《开发建设项目水土保持方案管理办法》，全县把建设项目水土保持方案编制作为水土保持规范化管理的重要内容，先后于1998年在京大高速公路、2009年在东纵高速公路天镇—大同段、大同—浑源段、2010年在国道208线金京湾—秀女河段改建等5个建设项目中，进行了建设项目水土保持方案编制审批和实施。使全县水土保持事业管理服务水平进一步提高。2010年新《水土保持法》的修订通过，为新时期水土保持工作提供了科学、坚实的法律保障。

河道管理

大同县境内所属河流有桑干河、坊城河、御河及支流,2005 年以来,一度时期出现了乱采乱挖河砂的不法行为,且屡禁不止,严重危及行洪安全,流失了大量资源,为加强对河道采砂的管理,2006 年县政府以大政发［2006］28 号文件出台了《关于进一步加强河道采砂管理的规定》,建立和落实严格的地方行政首长负责制,形成县、乡、村三级重视河道、管理河道的新机制,通过多次严厉打击,有效地遏制了河道违章采砂行为,保证河道行洪安全。

水事纠纷预防和调处

建立水事纠纷预防和调处机制,1996 年以来,全县重点加强水事纠纷排查,积极推进水事纠纷调处责任制落实,建立水事纠纷应急工作机制,加强对水事纠纷的协调力度,建立与社会治安综合治理部门的协作机制,从 1996 年到 2013 年全县共调处水事纠纷 8 起,有效防范和缓解水事矛盾。

水行政审批制度改革

1996—2013 年,适应完善社会主义市场经济体制和社会全面进步的需要,深化行政审批制度改革,清理和规范了水行政审批事项,探索建立审批和许可事项的监督管理机制。不断更新管理理念、创新管理方式,进一步提高水行政主管部门社会管理和公共服务的能力和水平。

水法宣传教育

1996—2013 年,在全县深入开展水利法制宣传教育,以适应广大人民群众和法律知识的现实需求。以水法规为重点,紧密结合国家民主法制建设的新进展和新成果,深入开展社会主义法制理念教育,弘扬法治精神。

水利人才培养

1996—2013 年,全县特别注意水利人才的培养。水利大业,人才为本。贯彻"服务发展、人才优先、以用为本、创新机制、高端引领、整体开发"的人才工作指导方针,提高水利职工队伍文化和专业素质,努力培养造就了一支高素质的水利人才队伍,为水利发展和改革提供有力的人才保障和智力支持。

农业

第八章 农业机具

第一节 组织沿革

1972 年 10 月，大同县农业机械管理局正式成立；1983 年机构改革，改为农机化服务中心；1984 年，农机化服务中心又更名为农业机械管理局；2002 年，农机局又更名为农机发展中心；2005 年底，增挂农机局牌子，下设办公室、管理站、推广站，各乡镇设农机管理站。2009 年，农机局参照公务员管理，到 2011 年底，全局共有职工 41 人，其中，参照公务员 10 人，高级工程师 1 人，工程师 7 人，助理工程师 6 人，技术员 3 人，高级工 1 人，中级工 8 人，初级工 4 人。到 2013 年底，全局共有职工 34 人，其中参照公务员 9 人，高级工程师 1 人，工程师 7 人，助理工程师 6 人，技师 1 人，高级工 3 人，中级工 5 人，初级工 2 人。

由于工作成绩显著，县局多次获得上级的表彰和奖励。2001 年被省农机局评为综合先进单位；2002—2011 年连续 10 年被省农机局评为农机工作先进单位；2010 年 3 月被省农机局命名为"全省农机推广气质县"；2010 年 6 月被农业部授予"平安农机示范县"称号；2013 年被山西省农机局确定为全省 23 个示范县之一。

第二节 农机技术培训

农机培训工作，具有培训时间短、专业针对性强、培训效率高等特点，是农机正规化教育的重要补充。从 1987 年开始，大同县设农机培训班，对全县农机驾驶员及管理人员展开培训，先后培养了一大批农机技术操作和经营管理人员，为全县农机化事业发展做出了贡献，到 1994 年底，县农机培训班实现了"四有""四统一"管理，使培训工作逐步走上了科学化和规范化发展的道路。从 1997 年到 2003 年底，共培训农机驾驶人员 1050 人，培训管理人员 200 人次。

2004 年，随着《中华人民共和国道路交通安全法》、《中华人民共和国农业机械化促进法》及农业部《拖拉机驾驶员培训管理办法》相继出台实行，农机培训工作在原有培训"四有"建设的基础上，按照社会化办学的要求，通过对培训学校的法人资格、教学设备、教学人员、学校组织制度以及生源预测等进行申报，并通过省农机局检查验收。到 2005 年底，大同县属全省第一批正式挂牌成立的农机职业培训学校，并取得中华人民共和国拖拉机驾驶培训学许可证，原农机培训班取消。通过农机培训学校对专业技术性强，有培训工作经验的人员进行筛选审查申报，有 5 人取得省局培训教师证，3 人取得教练员证，同时被农机职业培训学校聘用做兼职教师，实行持证上岗，确保了师资队伍的基本水平，为保证培训质量奠定了基础。

从 2006 年至 2011 年，县农机职业培训学校共培训农机驾驶操作员共计 2000 多人，复训驾驶人员 1 万多人，承担"阳光工程"培训任务 1800 人，"雨露计划"培训任务 500 人。

2013 年培训各类农机操作人员 520 名，其中联合收获机驾驶员 50 名。通过技能培训,加大了农村劳动力的转移力度,农机人员的素质大大提高,为全县经济的发展起到了积极的推动作用。

第三节　农机经营管理

农村生产责任制后,农机经营主要以个体为主,到 1996 年底,全县农机总动力为 8.519 万千瓦,拥有大中型拖拉机 27 台,小型拖拉机 1512 台,犁 1049 部,耙 9 台,旋耕机 39 台,铺膜机 78 台,播种机 46 台。全县完成机耕 43 万亩,机播面积 4.3 万亩,机械铺膜 3.79 万亩,农机经营总收入 1755 万元,纯收入 871 万元,其中农户总收入 1736 万元,纯收入 669 万元,从 1996 年至 2005 年,农机经营方面没有多大的变化。

2006 年,全县农机总动力为 9.5118 万千瓦,由于国家购置补贴政策实施,农民购置农机具的积极性有所提高,全县新增大中型拖拉机 310 台,小型拖拉机增 102 台,落实国家补贴资金 62.47 万元。

2008 年,共落实中央购置补贴资金 150 多万元,全县农机总动力达到 13 万千瓦,拥有大中型拖拉机 1004 台,小型拖拉机 1516 台,各类配套机具 3679 台(件)。完成机耕面积 39 万亩,机播面积 24.6 万亩,比 1996 年增近 6 倍,机械铺膜面积 13.5 万亩,是 1996 年的 3.5 倍多,全县农机户达到 5069 户,其中拥有农机原值 50 万元以上的大户 1 户,新建农机专业合作社 2 个,农机总收入 5073 万元,其中农机化作业收入 4967 万元,农机维修收入 96 万元。从 2008 年到 2010 年共落实国家购置补贴资金达 2000 多万元,收益农户达 3000 多户,推动农民投资近 4222 多万元。

2011 年,全县农机总动力达到 17.9371 万千瓦,全年落实农机购置补贴资金 922.46 万元,共补贴机具 1923 台,卷帘机 207 台,设施大棚骨架 255 套。全县拖拉机发展到 3624 台,比 2010 年增长 5.9%,各类配套机具发展到 5180 台,比 2010 年增长 13%,农机配套比达 1:1.43,农机化综合水平达

69.2990,比 2010 年增长 30.7%,农机化总收入达到 8056 万元,比上年增加 760 万元,纯收入 5399 万元,比上年增加 563 万元,全县有农机专业合作社 8 个,拥有 20 万元以上的大户达到 25 户。同年,完成机耕 55 万亩,机播 529 万亩,机械铺膜 22.9 万亩,机械收获面积 10.36 万亩,机械化肥深施 32 万亩,机械深松整地作业完成 8.13 万亩,机械秸秆还田面积 5.1 万亩。

2013 年,全县农机总动力达到 21.0353 万千瓦,各类拖拉机 3858 台,其中大中型拖拉机 1998 台,小型拖拉机 1858 台。各类配套农机具 6153 台件,玉米联合收获机 90 台,马铃薯收获机 92 台。农机化作业总收入达 9867 万元,纯收入 6123 万元。全县农机户达到 7138 户,从业人员 7419 人。2013 年是落实机补最多的一年,共落实国补资金 1229.99 万元,受益农户 1098 户,拉动社会资金 2600 多万元。补贴各类农机具 1846 台套,其中动力机械 139 台,收获机械 50 台,耕整地机械 632 台,种植施肥机械 377 台,收获后处理机械 133 台,排灌机械 64 台,畜牧水产养殖机械 118 台,农田基本建设机械 18 台,田间管理机械 4 台,设施农业机械 311 台,鸡笼鸡架 7850 组。农机作业量也逐年增加,2013 年全年共出动各类农业机械 2300 多台(套),完成机耕面积 63.2 万亩,机播面积 51.3 万亩,机械铺膜 27.1 万亩,机械深松面积 3.1 万亩,机械灌溉 31.3 万亩,玉米机收面积 13 万亩,马铃薯机收面积 1.5 万亩,秸秆还田面积 15.1 万亩,机械植保面积 14.1 万亩。

第四节　农机推广与维修

1997 年开始引进 2BP-2A 型多功能机具、能一次性完成施肥、覆膜、播种等作业,推广达 88 台。2001 年获省农机局授予的农机推广"争先创优"二等奖。2002 年在杜庄乡落阵营村实施国家机械化旱作节水推广项目,累计完成面积 0.5 万亩,增产效果明显,受到农民普遍欢迎。同年,引进马铃薯收

获机具3台。2003年,引进小型马铃薯播种、收获机具10台,示范推广面积2000多亩,在推广新技术,新项目的过程中,培养了大批村级农机户,培养了一批村级农机科技示范户,通过示范户带动农机户的发展,从而推动全县农业机械化事业的发展。同年,引进牧草机械化收获技术,到2005年,牧草收获机具达20台(件)。2006年引进背负式玉米收获机1台,示范收获面积500亩,消除了玉米机收的空白。2008年,为了推广玉米机收技术,在国家、省购机补贴的基础上,县专项补贴使比例达到60%,当年新增玉米收获机6台,其中背负式玉米收获机5台,自走式玉米收获机6台。2009年,在杜庄乡建设了0.9万亩马铃薯种植及收获机械化技术项目示范区,其中落阵营农村核心示范区0.2万亩。核心示范区投资300多万元,配备大型圆形喷灌设备、大中型拖拉机、大型马铃薯种植机、中耕施肥培土机、植保机械、马铃薯收获机械等30台件,耕、播、收主要生产环节综合机械化水平达到100%,亩产比传统种植平均提高4—5倍,工效提高20多倍。9月中旬,全省马铃薯收获现场会在大同县隆重召开,副省长刘维佳、省农机局局长王立伟亲临指导,现场会取得了圆满成功,受到了各级领导的好评。同年,为推动全县设施蔬菜业的强劲发展,积极推广设施农业机械化配套技术,在党留庄乡安留庄村建立示范区,引进推广微耕机12台,卷帘机、气肥、增温等设备120台(件)。2010年,大同县被农业部列为"保持耕作项目县"。同年,引进2BYQF－3、2BQ－4、2BF－8型玉米精少量播种机150台,示范推广面积2000多亩,农民接受良好。2011年,全县玉米收获机数量达到35台,玉米收获面积达5.1万亩,玉米机收率达到19.8%。同年,累计推广保护性耕作技术推广面积达到6万亩。从2012年至2013年全县推广玉米收获机80多台,完成玉米机收秸秆还田面积10万亩,对全县玉米产业的发展起到了积极的作用。

20世纪90年代,以个体为主的农机维修网点上开为维修网络的主题。1996年全县维修网点数量达到6个,2008年,达到三级维修网点25个,从业人数49人,全年维修各类机具2000多台件,维修收入达73万元。2010年,规范维修网点,领取"农业机械维修技术合格证"有22家,有31人领取了"修理工技术等级证书"。2011年,全县有一级维修网点3个,二级维修网点1个,三级维修网点23个,维修技术员达63人,维修各类农机具达2934台次,农机维修总收入达113万元,纯收入94万元。至2013年底,全县持维修证的维修网点为11个,其中二级维修网点2个,三级维修网点9个,维修人员43人。全年维修拖拉机2314台次,维修联合收机186台次,维修农机运输机械2268台次,维修其他机具3784台次,为我县农机安全生产起到了积极作用。

第五节　农机安全监理

1996年,全县共有农业机械安全监理员32人,其中县农机监理站8人,乡(镇)监理员24人。监理站主要负责从事道路运输和从事农田作业的农用运输车及拖拉机的安全技术检验、驾驶员考试、考核和机车行驶车牌证的核发监督、检查的及农机事故的处理。全县有拖拉机1812台,农用运输车109辆,机动三轮运输车1103辆,驾驶人员2210人。1997年初,根据公安部、农业部公通字〔1995〕49号文《关于启用、换发"九二"式拖拉机号牌及行驶证有关问题的通知》精神,核(换)发全国统一的道路行驶证,共计1506副。同年,被省农机局授予"文明监理站"荣誉称号,并由省法制局核发了《山西省行政执法机关》牌匾。

2002年,省农机局连续下发了《山西省考验员、检验员管理办法》《山西省各级农机监理机关工作职责》《农机监理人员行为规范》和《农机监理人员执法守则》等文件,监理站根据这些规章制度,相继完善了各自的职责规章,并装框上墙。2002年8月,经市部门筛选,有5名监理人员参加了全省准军事化训练和技术比武,充分展示了农机监理人员的精神风貌。2004年9月,农业部以42号、43号部长令发布实施《拖拉机驾驶证审领和使用规定》、《拖拉机登记规定》及两个业务规范,监理站于2005年6月举办了为期3天的全县农机监理业务培训班,全县10个乡镇的监理人员及业务骨干共30人参加了这次业务培训,为业务规范打下了坚实基础。

2004年5月1日,《中华人民道路交通安全法》正式实施《道交发》的出台,农机监理委托管理转为授权管理,2004年底,全县拥有拖拉机1847台,农用运输车485辆,机动三轮车1830台,驾驶员3200人。2005年5月,根据《中华人民共和国道路交通安全法》的有关规定,核发全国统一的农业机械行驶牌证和驾驶证。当年共核(换)发新的(晋02)拖拉机行驶牌证2102副,驾驶证1825本。2006年,农用运输车辆正式移交交警部门,农机监理站只对拖拉机进行管理。从2007年开始,农机监理站推出一系列便民措施,监理人员深入村屯,田间地头进行现场办公,深受广大农村驾驶人员的欢迎。

从2008年开始,认真贯彻农业部和国家安全生产监督管理局《关于开展"创建平安农机,促进新农村建设"活动的通知》精神,建立起了"政府负责、农机主抓、部门协作、社会参与"的工作机制,扎实有效地开展了一系列"平安农机"示范县创建活动。相继创建了5个"平安农机"示范乡(镇)、60个"平安农机"示范村、800个"平安农机"示范户,2011年获农业部"全国平安农机示范县"荣誉称号。通过强化农机监管力度,农机安全生产得到有效保障,连续多年无重大农机事故,为维护广大人民群众生命财产安全,构建和谐社会和促进社会主义新农村建设做出了贡献。截至2011年底,全县农机总动力达到17.9371万千瓦,各类拖拉机3222台,各类配套农机具5180台件,玉米联合收获机35台,在册驾驶员1829名。监理站现有职工12人,具有中级职称以上人员4人,配置有电脑、打印机、传真机、复印机、摄像机、自动检测仪等办公设备。2013年,新上户机车152台,新考驾驶员233人,年检机车781台。通过农机安全监督管理,更好地促进了农民科学用机、依法用机,以机富民的服务意识,有效地提高了农机的综合利用率和社会经济效益,全县形成了农机安全生产的新局面,全县连续几年未发生农机重特大事故。

农业

第十四编　工　业

第一章　工业综述

第一节　发展概况

1996年,全县经济整体运行态势良好,超额完成了全年目标任务。但县第二运输公司、县建安总公司、县化工厂、县化工机械厂在这一年停产。

1997年,为了充分调动企业厂长(经理)的积极性和创造性,全面完成1997年的各项目标任务,对全县工交企业厂长(经理)实行强化责任、严格考核、目标抵押、奖罚分明的奖惩办法,奖金由县财政支付三分之一,企业支付三分之二。县活性炭厂原有一条活性炭半成品生产线,总资产计435万元,同年,由山西省许堡煤焦管理站投资410万元新上一台年产1000吨斯列普活化炉,形成股份制合作企业,年终按股分红,预计年创利税130万元。同年,县里决定成立大同中包绿色包装制品厂,企业性质为国有企业。但该企业一直处于间歇性生产状态。同年7月,县建材厂、二轻供销公司停产。同年,县精细化工厂、县安装公司、县彩印厂、县装璜公司、县油毡厂停产。县运输公司关闭。

1998年,是全县工业经济在困难中前进的一年。5月,成立了解庄煤站,总投资1040万元,其中大同县人民政府投资490万元,县农行借款200万元,铁路万通公司出资350万元。设计月发运能力5万吨左右。产权归大同县,挂省乡镇煤运公司的牌子,给大同县一半的货位自主经营权,自负盈亏,派领导班子,余下一半(36个货位)由省乡镇煤运公司租赁经营,每发一吨煤给大同县4元租赁费,给万通公司3.5元租赁费。同年,还成立了大同县册田路石料厂。但精细化工厂、大同同德金属镁厂、钢木厂、冶炼厂停产。

1999年,全县工交企业紧紧围绕经济效益这个中心,以市场为导向,外拓销售,内抓管理,全面完成市下达的各项经济指标任务。县砖瓦厂、工业硅厂、水泥厂、活性炭厂四户国有企业以扩能方式进行了技改,效益可观。砖瓦厂机红砖年产量达3.5亿块,比1998年增长25.3%;工业硅年产量6331吨,比1998年增长128%;水泥年产量10万吨,比1998年增长41.4%。

另外,经大同市煤运分公司同意,山西省许堡煤焦管理站于1997年4月至1997年底,投资320万元,在活性炭厂建成年产1000吨的活化炉一台。1998年9月双方共同制定股份制合作方案。但由于种种原因一直没有规范运作。1999年8月、9月该炉点火生产。

2000年,工业经济保持持续、快速、健康发展态势。工业硅厂投资1100万元,新建的6300千伏安工业硅炉完成主体工程的三分之一。对县黄花公司进行了一次性拍卖,拍卖资金251.4万元。投资2000万元的大同卫华药业有限责任公司动工兴建。2000年8月,大同同德金属镁厂与以肖来河、于思静为代表的自然投资人根据国家法律、法令和有关条例规定,本着平等互利的原则,同意在大同同德金属镁厂内共同投资建立合资经营企业——大同同德镁业有限公司。但县工程公司、县综合厂也在2000年停产。

工业

2001年，为培育新的经济增长点，先后引进活性炭企业两家，共计投资1500万元。其中云光活性炭厂投资1000万元，新建活化炉4台，年生产能力6000吨，可增产值2300万元，利税230万元；魏都活性炭有限公司，投资500万元，新建活化炉两台，年生产能力2500吨，可增产值960万元，利税125万元。另外，工业硅厂第三台6300千伏安工业硅项目，经过努力，省210万元项目资金已到位，市政府200万元配套资金当年到位92.4万元；黄土坡4#主井、5#分井延伸工程展开。同年10月，为了维持大同同德镁业有限公司的继续生存与发展，大同同德金属镁厂和肖来河、于思静一致同意，将肖来河、于思静为代表的各人投资股权转让给高凤来，原有的经营合同由大同同德金属镁厂与高凤来继续履行，同时更换联营公司名称为大同同德镁业科技有限公司。但因多种原因，全县34户工业企业正常生产的为13户，半停产企业8户，停产企业13户。停产企业中2001年又增加了县活性炭厂、黄土坡煤矿。

2002年，全县工业生产围绕"学先进、搞改革、引项目、扶龙头、实现跨越式发展，力争早日跨入全市经济强县行列"的奋斗目标，以发展为主题，以结构调整为主线，以企业改制为突破口，抢抓机遇，奋力赶超，工业经济保持持续、快速、健康发展，取得了显著成效。为培育后续财源，引进和新建5个工业项目。一是由大同市落阵营劳教所、大同市计委和湖南省辰星实业发展有限公司联合投资兴建的年产1.2万吨涂布高岭土项目，一期工程投资5116万元，当年到位资金4816万元，年实现销售收入4036万元，利税1442万元。二是大同日旺板业有限责任公司投资1945万元，占地60亩，在倍加造镇解庄村建设年产3万立方米中密度纤维板项目，年销售收入2983万元，利税661万元。三是大同县黄花总公司扩建年产2000吨黄花深加工项目，投资1600万元，当年筹资381万元（市政府产业办资金30万元，县农业发展基金50万元，农业开发资金53万元，银行贷款80万元，社会融资168万元），年可实现销售收入2200万元，利税220万元。四是大同

天特鑫保健食品有限责任公司兴建"苦荞黄酮粉"保健品项目，一期工程投资650万元，年可实现税金136万元。五是大同市盛祥活性炭有限责任公司引进美国多断炉（耙式炉）生产技术，年产活性炭4500吨，年实现产值900万元，利税540万元。同年，县昊酒有限责任公司、魏都活性炭有限责任公司投产，县黄土坡煤矿复产。

2003年，全县工业生产紧抓发展主题、结构调整主线、改制重点，积极招商引企，各项工作取得可喜成绩。在圆满完成市下各项经济指标的同时，招商引企成效显著。投资465万元的大同喜来乐纸业公司和投资1800万元的卫华药业有限公司固体口服制剂项目建成投产。全县储备技改扩规项目11个，开发招商引资项目58个。三建公司在这一年停产。

2004年，全县工业生产围绕建设"工业经济强县、特色农业富县、开放型经济大县、科技文化先进县"的奋斗目标，紧扣全县"1125"工程，强化目标考核，突出抓企业改制，抓引企引资，各项工作扎实推进，取得较好成绩。

2005年，全县工业生产紧紧扭住经济建设中心，全力推进"1125"工程，各项工作取得了一定的成绩。同年，县药材公司条管后又移交地方管理；县外贸公司停产多年后向全社会公开选拔公司经理。

2006年，全县工业生产以促进发展和财政增收为目标，努力抓好各项工作，取得了一定的成绩。特别是黄土坡煤矿针对2号井资源枯竭，1号井着火的实际，聘请专家制定灭火方案，6月13日，1号井火区成功隔离，矿井灭火工作取得成功，并于9月16日进行了复产验收。

2007年，全县工业生产围绕县委、县政府提出的"二十字"发展方略和"1125"工程思路，紧扣全县五项重点工作，突出加快招商引资步伐，奋力拼搏进取，取得了较好的成绩。特别是招商引资成效较为显著。投资3000万元的大同益晟华物资有限责任公司管道保温材料项目、投资1.5亿元的大同市

金洋物流中心项目、投资2亿元的大同同华矿机用线项目、投资616万美元的大同市银河钢结构制造项目、投资1000万元的华标饲料机械制造项目实现了签约。同年，县工业硅厂停产。

2008年，全县的工业经济紧紧围绕县委、县政府"产业发展、平安和谐、生态宜居、文化繁荣"四大目标，全力克服全球金融危机带来的不利影响，全县上下迎难而上，积极进取，一手抓经济运行，一手抓项目建设，取得了经济稳中有升，招商引资颇丰的好成效。同时，引进7家较大型企业，预估合计可增加年产值9.09亿元，利税1.04亿元。具体为：大同华标机械制造有限责任公司，预计年产值2200万元，利税200万元；大同市重工起重机有限责任公司，预计年产值1000万元，利税50万元；大同市和鼎交通制造有限公司，预计年产值1.7亿元，利税3316万元；大同县栋梁实业有限公司预计年产值1亿元，利税200万元；大同县诚昇洗煤有限责任公司，预计年产值2.09亿元，利税1200万元；大同市凯之升科技发展有限责任公司，预计年产值2000万元，利税420万元；庞大汽贸集团大同汽贸城项目，预计年产值3.78亿元，利税5000万元。同年，大同县昊酒有限责任公司停产。

2009年，全县工业经济和全市工业经济一样，在金融危机的冲击下，企业开工严重不足，发展速度低迷徘徊，全县27家规模以上企业中，全年停产企业有4家（云光活性炭公司、中心压力容器公司、国营活性炭厂、同达实业公司），停产半年以上企业有3家（黄土坡煤矿、银河钢结构公司、魏都活性炭公司），半停产企业有4家（县砖瓦厂、倍加造建材公司、国营农机修造厂、精华机械制造公司），其它企业也或多或少存在着减产压产情况。再加上全县工业基础薄弱，规模小，总量少，科技含量低，产业链短，抗风险能力弱，全年各项指标完成均不理想，亏欠目标任务较大。同年，县地毯厂停产。但招商引资成效喜人，为全县今后发展奠定了良好基础。该年度共引进企业9家较大型企业，合计预估产值42.97亿元，利税3.87亿元。具体为：大同市

恒岳煤机有限责任公司，预估产值3亿元，利税1500万元；大同市伊鑫装饰有限责任公司，预估产值1.2亿元，利税600万元；大同盾石混凝土有限公司，预估产值1.8亿元，利税1400万元；中思远达保温材料厂，预估产值525万元，利税75万元；大同市凯祥集成家具有限责任公司，当年建成投产，预估产值2000万元，利税200万元；天锡钢具厂，当年建成投产，预估产值280万元，利税27万元；中国重汽集团大同齿轮有限公司，当年动工兴建，预估产值30亿元，利税2亿元；大同市同华矿机制造有限责任公司，已选定厂址，预估产值4.5亿元，利税2000万元；大同县同庆祥发展有限责任公司，一期工程当年建设，预估产值2.2亿元，利税5600万元。同年，县活性炭厂复产。

2010年，是"十一五"收官之年，全县工业经济连续保持了平稳增长的势头，产销实现了基本平衡。全县24家规模以上工业企业，基本上运转正常。中小企业逐步由传统工业型、劳动密集型向规模化、集约化方向发展，形成门类多样，产品齐全的工业企业格局。全县建材兴旺发达，龙头建材企业8家，年可产机红砖2.4亿块，水泥10万吨，粉煤灰砌块15万立方米，古城砖80万块，铸石板1万吨。4家活性炭企业年产能2.1万吨，高岭土企业2家，产能1.2万吨。冶金铸造业蓬勃发展，年可产石墨电极1万吨，锰铁加工件（铸钢件）2000吨。黄土坡煤矿通过改扩建产能由原先的10万吨逐步提升为30万吨。医药可年产片剂、冲剂、胶囊各5亿粒。农副产品4家加工企业，可年加工黄花300吨，加工蔬菜3.6万吨，生产脱水蔬菜2000吨，年可加工菊花500吨左右，生产色素颗粒（食用）近400吨。装备制造业方兴未艾，银河钢结构、中心压力容器、荣晨锅炉等公司总体运转良好。全县4家煤运企业年煤炭发运量达400万吨，上缴税金占全县财政收入的60%—80%。本年度招商引资工业项目全年完成投资额60074万元，比上年增长163.3%，成果喜人。恒岳煤机有限责任公司一期、凯祥集成家具一期、大同市重工起重机一期、栋梁实业一期、大同盾

石混凝土项目、伊鑫装饰等项目都于年内建成。并逐步进入运营,为日后的发展奠定了基础。同年,因飞机场修路占地,大同县金属镁厂部分厂区、设备拆除。同年华青活性炭公司获得了全国活性炭行业唯一一个高新技术认证书和山西省级企业技术中心的认定,也获得了科技部颁发的国家重点产品证书。

2011年,全国经济形势逐步好转,2008年金融危机的影响冲击逐步淡化,全县工业经济运转步入良性轨道,各项经济指标稳步推进,全年经济发展保持了健康良好的发展势头。全县工业企业共有中型企业3户(黄土坡煤业公司、恒岳煤机公司、华青活性炭集团)。其余均为小微型企业。全县除建材、活性炭两大行业形成一定的规模外,其他如煤炭、冶金、机械制造、药品、农产品加工、家具制造、印刷、非煤矿山、金属加工业等均未形成规模产业,尚未形成主导产业,企业规模相对较小,抗风险能力相对较弱,技术含量较低,创新能力差是企业发展的瓶颈。本年度招商引资工作主要项目有3个。投资5000万元的鹏瑞混凝土项目,投资1亿元的欧凯建材项目均建成,具备投产条件。栋梁铝型材项目,一期已投资5000万元,8月已领回由国家质检局颁发的生产许可证,具备生产条件。本年进行投资3500万元的二、三期工程建设。

2012年,全县紧紧围绕县十一届党代会提出的"城镇特色化、工业园区化、农业现代化、县域园林化"和"大规划、大招商、大建设、大发展"的战略,积极推进县域工业经济的发展。本年度受全国宏观经济趋缓的影响,全县工业形势趋于严峻,情况错综复杂。建材市场不景气,其他工业产品需求不旺,经济低迷,企业订单不足,产品价格下降等。在这种情况下,规模以上工业企业部分经济指标同比仍有所增长。本年度,栋梁铝型材二期投资500万元,产能提升到3.3万吨,玉鑫农牧资源开发有限公司年产5万吨食用酒精(投资1.5亿元)项目,基本建成,明年5月预计可投入生产。同年,按照国家产业政策要求,根据市淘汰落后产能领导组[2012]1号文件淘汰落实产能的文件精神,经县政府同意,对县水泥厂下达了淘汰通知。11月对该厂机立窑及配套生产措施全部拆毁报废,并通过市县联合检查组的验收。

2013年,由于经济大环境的不景气,全县工业经济形势也呈现出严峻的局面,情况错综复杂,煤炭钢铁价格下滑幅度较大,需求不旺,建材市场不景气,整个市场经济低迷,消费增长缓慢。工业企业生产经营困难重重,部分企业停产、压产现象时有发生,工业经济运行下行压力较大。面对严峻的形势,全县以全省项目推进年为契机,紧紧围绕"百企强县"工程,全力抓好项目建设,按照"六位一体"工作机制,在建工程抓竣工,新上项目抓进度,前期项目抓开工,加快推进项目建设,增强发展后劲。年内主抓了同华矿机二期项目、恒岳重工二期、保利协鑫太阳能电站三个项目,三家项目均于年内建成,同华二期投资8000万元,主要生产大型带式运输机、刮板机和洗选设备,恒岳重工二期总投资1.2亿元。保利协鑫太阳能电站共三期,一期投资2.2亿元,装机容量20兆瓦,已投运发电,三期投资2.2亿元(20兆瓦)已建成。二期60兆瓦(总投资4.98亿元)6月开工。

第二节 工业构成

1996年,全县有工交企业32户,其中国有企业14户;工交企业职工人数5737人,其中国有职工4239人。工业企业以煤炭、建材、冶炼、化工、机械加工为主,主要产品有原煤、机砖、水泥、空心砖、工业硅、白炭黑、地毯、破碎炭等。

1997年至2000年,全县有工交企业34户,其中国有企业15户;工交企业职工人数5800余人,其中国有职工4300人左右。

2001年,全县有工交企业34户,其中国有企业13户;工交企业职工人数5825人,其中国有职工4290人。

2002年,全县有工交企业39户,其中国有企业

15 户;工交企业职工人数 6125 人,其中国有职工 4280 人。

2003 年至 2008 年,全县有工交企业 41 户,其中国有企业 15 户;工交企业职工人数 6200 余人,其中国有职工 4200 人左右。

2009 年,全县有工交企业 46 户,其中国有企业 15 户;工交企业职工人数 6680 人,其中国有职工 4200 人。工业企业以煤炭、建材、冶炼、化工为主,主要产品有原煤、机砖、水泥、空心砖、地毯、破碎炭等。

2010 年,规模以上工业企业 24 户,从业人数 3385 人;全县工业企业中亿元以上企业一家,年产值 3000 万元以上企业 5 家。其余均为小型企业。工业企业以煤炭及煤炭化工、建材、医药化工、农副产品加工、冶炼等为主,主要产品有活性炭、原煤、机红砖、空心砖、水泥、铸石板、石墨电机、铸钢件及石材和脱水蔬菜等二十多个品种。

2011 年,全县规模以上工业企业 15 户,人数 3106 人,其中国有企业 4 户,人数 1607 人,中型企业 4 户。规模以上工业企业以建材、活性炭、机械制造、煤炭等为主,主要产品有机红砖、空心砖、混凝土、水泥、铝型材、保温管道、活性炭、液压支架、铸石板、石墨电极、药品等为主。规模以下企业主要以冶金铸造、非煤矿山、农副产品加工等为主,主要产品有铸钢件、建筑用石材、钢构件、脱水蔬菜、家具、门窗、压力容器、色素颗粒等三十多个产品。

2012 年,全县规模以上工业企业 15 家,职工人数 3391 人,其中国企 4 户,职工人数 1610 人。15 户企业中,中型企业 4 户,小型企业 11 户。全县工业企业以建材、煤化工、机械制造、农副产品加工等为主,产品包括机红砖、活性炭、混凝土、铝型材、液压支架及矿山设备、起重设备、农业机械、铸钢件、煤炭、药材、保温管道、铸石板、脱水蔬菜、黄花、色素颗粒、建筑用石料、石材等三十几个品种。

2013 年,全县民营工业企业共 84 家,从业人员 4188 人,总资产达 281717 万元,营业收入 145288 万元,实现增加值 43467 万元。其中中型企业 2 家,人员 913 人,总资产 34215 万元,营业收入 45357 万元;小型企业 30 家,从业人员 2303 人,资产总额 209634 万元,营业收入 92861 万元,微型企业 51 家,从业人员 972 人,资产总额 37868 万元,营业收入 7070 万元。正在运营中的国有企业 5 家,职工 1720 人,总资产 25500 万元,年营业收入 16500 万元。工业企业以建材、煤化工、机械制造、农副产品加工、煤炭、冶金铸造等为主,产品包括机红砖、空心砖、活性炭、混凝土、铝型材、液压支架及矿山设备、农业机械、起重设备、铸钢件、煤炭、药品、保温管道、铸石板、铸钢件、建筑用石材、脱水蔬菜等四十多个品种。

第三节　体制改革

1996 年,全县企业改革,一方面,坚持因企制宜、分类指导的原则,制定出了全县中小企业改革总体方案,尽管受诸多因素的制约,还没有全面铺开,但由于拓宽了思路,摸索出了一些好的做法,为今后加快企业改革奠定了基础;另一方面,企业改革又有新的突破。改革的主要形式有:国有民营、租赁、股份合作制、合并和一厂多制等,比如钢木家具厂,新的班子上任后,通过实行一厂多制的改革形式,使企业重新活了起来,该厂在启动拔管车间和钢窗车间的基础上,对木工车间实行租赁经营,对机加工车间和两个门市部则实行承包。

1997 年,工业体制改革主要有以下几种方式。1. 改变以往对企业经营者的任命方式,重点对县农机修造厂、运输公司的主要领导进行调整,采取的办法是公开筛选,招标聘任。竞聘者论证答辩、民主测评和组织考察、择优确定。农机修造厂当年止亏,运输公司当年启动营运。2. 对钢木厂木工车间和农机修造厂铸钢车间进行切块租赁,生产经营有了变化,效果较好。3. 实行股份合作制,16 户企业进行了募股和发放股权证,筹集增量股金 320 万元。其中硅厂 76.6 万元,砖厂 68.3 万元。

2002 年,依据全县工业企业确立的改制原则,确保国有资产不流失,上缴税金不减少,银行贷款不悬空,企业职工有饭吃。先后对5户国有企业进行改制。主要是:1. 拍卖。对当时资产262万元,年加工黄花菜100万千克的大同县黄花总公司,进行一次性拍卖,拍卖资金251.4万元,其中183.2万元由购买人直接支付,原68.2万元的财政扶持资金转为政府股金。2. 公司化改组。①县砖瓦厂改制为大同县恒丰砖业有限公司,股本总额550万元,股权结构为县国资局投入400万元,占股本总额的72%,法人代表投入100万元,占股本总额的18%,职工投入50万元,占股本总额的10%。②县活性炭厂改制为大同同晶活性炭有限责任公司,吸纳职工股金50万元,实行股份制经营。③县金属镁厂改制为大同同德镁业科技有限公司,注册资本632万元,其中社会自然人投资322万元,原厂固定资产投入310万元,预估年产镁锭1300吨,上缴税金72万元。3. 租赁经营。县工业硅厂按照"全员租赁,先租后卖,多元投入,公司运作"思路和"全员租赁、国有民营;先租后卖,股份运作;定额上缴、超额分成;租金减债、逐年清理;鼓励民投、积极募股;租方筹资、技改达标;新增权债、全归租方"原则,进行改制。年租金60万元,租赁期10年,年上缴税费300万元。

2003年,县水泥厂、砖瓦厂流动资金严重不足,企业亏损严重,生产难以进行,按照"私资进入、国资退出、私人经营、国有监督"的原则,对两厂进行租赁制改革。水泥厂年租赁费100万元,年上缴税费150万元;县砖瓦厂一、二车间年租赁费100万元,年上缴税费100万元。

2004年,针对县黄土坡煤矿流动资金严重短缺,企业资不抵债,资产负债率达180%,企业长期处于停产状态,银行贷款无望,生产难以恢复,按照县委提出的"坚持安全生产,维护职工利益,保证财政收益,确保煤炭资源可持续利用"的原则,在征求职工意见和专家建议的基础上,研究制定了企业股份制改革实施方案,经职工代表大会74名代表表决,以全票同意通过改制方案,吸纳企业职工股金

200万元、社会股金300万元,组建"大同县黄土坡煤业有限责任公司",原黄土坡煤矿的债权债务由新公司承担,所有职工由新公司妥善安置,矿井复产后,新公司每年上缴县财政150万元。其次,对县农机修造厂、活性炭厂也进行了租赁制改革。此外,还对县水泥厂、砖瓦厂等前期改制企业进行改制完善。要求经营者或留守处在"不增加原企业债权债务"的基础上,在审计和财政部门的监督下,用企业租赁费偿还原企业所欠职工工资和职工养老保险金等。

2005年至2009年,县砖瓦厂、联营砖厂的承包合同已经到期,为保证企业不因下轮承包而延误生产,及早动手完成了两企业的续包工作。

第四节　企业管理

1996年,根据市下达的主要经济指标任务,按照企业实际情况,工交主管部门给企业定任务、下指标、分担子。同时从增强企业发展后劲出发,进行工业企业技术改造,抓运输公司的车辆更新、活性炭厂的活化配套、工业硅厂的新建硅炉、黄矿11号煤层的延伸改造、砖瓦厂的缸瓦生产线、水泥厂的土窑改造等六项大的技改项目。同年,运输公司投资310万元更新十部大吨位汽车,11月投入运营;活性炭厂的活化配套工程已全部竣工,点火投产;工业硅厂新增一台6300千伏安工业硅炉,1997年7月1日投入生产;黄土坡煤矿的11号煤层延伸,第一期工程已全部完工,现正加紧第二期工程的准备工作;砖瓦厂的缸瓦生产线,土建工程和机器设备安装都进入扫尾阶段,1997年4月试产,5月,正式投产;水泥厂的土窑改造项目,到位资金400万元,该厂着手前期准备工作。

1998年,在企业管理方面,全县抓重点企业,抓利税大户,采取高指标、高抵押、高风险、高奖励和依法公证合同的"四高一法"措施,同砖厂、硅厂、水泥厂、活性炭厂、黄矿和纸盒厂等重点骨干企业签订目标责任状,调动企业的生产积极性。对重点企

业技改，县里多方从财政、银行及其他部门，筹集900万元发展资金，注入重点企业，缓减了资金短缺的矛盾。各企业千方百计挖掘内部潜力。如水泥厂、纸盒厂、砖瓦厂等都进行内部革新，降低物耗，降低费用，努力增加生产；活性炭厂等企业克服历年来最大的资金压力，边组织销售，边开展生产，终于迎来四季度市场有所好转；工业硅厂开发了化学级工业硅，同日本日棉株式会社签订了期货合同，并开展了合资项目中的建设性工作。各企业进一步组织实行和落实《大同县工业企业目标成本管理办法》，根据各自实际，找准突破口，定方案，定计划，收到良好效果。水泥厂实施"严、细、实"的管理模式，实现降耗增效。砖瓦厂采用"三级核算制"，使企业内部的管理水平得到提高。针对各企业外欠资金较大，县政府召开了专门工作会议，提出了清欠的关键在企业，当年清欠20%的目标任务，各企业成立内部清欠领导组，层层分解落实清理目标，签订还款协议，限定还款期限。砖厂、水泥厂等还借助了法律手段，清理收回了大部分外欠资金。

2000年，在企业管理方面，建立经营者激励机制，全方位调动积极性。县委、县政府与企业签订有压力经济目标责任书，采用"高指标、高抵押、高风险、高奖励"的"四高"激励机制，将经济目标及早落实，分解到各企业，在保证完成市考核任务的同时，着重对上缴利税指标实行计划任务，保证指标，奋斗目标三级爬杆考核，加大上缴力度。五项速度效益指标有一项未完成扣减奖金额50%，有三项未完成诚勉法人代表和书记三个月，上缴利税指标未完成保证指标，原则上诚勉法人代表和书记，原则上就地免职。完成计划任务未完成保证指标，原则上诚勉法人代表和书记三个月。完成奋斗目标给予重奖，为实现"过半"完成全年任务增添了活力。坚持逐月调度工厂成本，加大降耗增效力度。深入开展"管理年"活动，促进企业效益水平提高，重点采用"工厂成本比较法"对企业实行月调度，并把企业的当期工厂成本和上年同期水平、上年全年水平历史最好水平、同行业先进水平进行比较，从

成本构成上寻找差距和不足，并采取措施加以控制，取得了明显成效。活性炭厂单位工厂成本2293.73元/吨，同比下降83.83元/吨。国有企业实现利润750万元，同比增长26.3%，成本利润4.69%，同比增0.73个百分点。销售利润率4.51%，同比增0.67个百分点。加强企业管理督导，提高经济效益。全县从有关单位抽调人员，组成企业管理督导组，年服务督导各企业1—2次。加强企业原辅材料管理，在材料采购环节上严把原辅材料采购关，按照"货比三家、质优价廉"的原则，实行比价采购，降低原辅材料在成本中的价格含量。如水泥厂加强原辅材料管理，混合材价格由1999年74.04元/吨降为66.51元/吨，直接材料由1999年同期的103.36元/吨降为97.83元/吨；加强企业现金流量管理，加快资金周转，提高资金使用效率。工业硅厂采用灵活营销策略，加速货款回笼，货款回笼率保持100%；控制费用支出，堵塞跑、冒、滴、漏，抓住管理中的薄弱环节，从提高设备使用率、降低物资消耗到控制费用支出各个环节严格把关，努力提高运行的效益水平。工业硅厂吨硅电耗同比下降344千瓦时，管理费用吨硅同比下降80.51元。全年实现利润40万元，同比增90.5%。

2005年后，按照县委、县政府的要求，依据市里下达的工业经济考核指标，参照2004年各工业企业单位经济指标的完成情况和今年的实际状况，将各项工业经济指标分解落实到各企业单位；加大对各企业单位经济指标完成情况的跟踪检查力度，对各企业单位指标的完成情况按月考核，对不能按进度完成任务的企业单位，及时深入企业，督促、帮助、指导他们研究分析解决存在的问题，确保经济平稳运行。

2008年，县经贸局根据全县规模以上工业企业的实际情况，将工业硅厂（停产）和山西政通科技公司2家企业调出规模以上企业，新增益晟化保温材料公司和凯之升科技发展公司2家企业。

2009年11月10日对黄土坡煤矿进行兼并

重组。

2010 年，对全县规模以上企业进行调整。在 2009 年全县规模以上工业企业 27 家的基础上，将拆除的大同县金属镁厂、停产的聚乐通达公司、凯之升科技印厂、化工厂、搬迁到大同县站的湖东电力机务段工贸公司配件厂等 5 家企业调出规模以上工业企业范畴，将符合规模以上工业企业条件的云中热力公司、同晟商品混凝土有限公司两家企业纳入规模以上企业统计库，规模以上工业企业由去年的 27 家调整为 24 家。为准确了解县域工业企业的现状，县经信局深入全县各类工业企业进行调查研究，为规模以上 24 家企业建立企业档案。按照县政府及市煤炭工业局的安排，对全县原有 5 个煤场摸底整顿，并制定"十二五"储售煤场发展规划，新增规划布点 6 个，全县规划布点达 13 个。同年，对符合国家产业政策的"大同热力工程集中供热项目""华润天然气工程项目""大同天益生物气化公司新建农作物桔秆综合利用和气化炉项目""栋梁铝型材年产 5000 吨铝型材项目"5 个涉及新能源、新材料及综合项目进行上报，对集中供热工程、天然气工程两个重点节能项目跟踪监督。狠抓工业领域节能工作。黄土坡煤业公司改革采煤方法，提升采煤工艺，资源回收率由 65.5% 提升为 75%；华青活性炭公司先后完成了国家发明专利"活性炭国家活化炉节能装置"和"活性炭活化炉余热锅炉装置"，国家实用型专利"活性炭活化炉尾气回收利用装置"和"活性炭精制废水处理装置"。对所有活化炉实施了以上节能技改工程。通过努力，全县万元 GDP 综合能耗同比下降 7%，完成市政府下达的 6.1% 的目标，综合能耗 2.0022 吨标煤/万元。

2011 年，县中小企业中心组织人员，对全县民营企业进行了资料的收集、整理、汇报、编报，把全县民营企业纳入省市中小企业和民营企业项目库，实行项目集中管理。县经信局组织人员，对全县 18 家国有工业企业进行摸底，摸清各企业基本情况，为国企进一步强化改制做准备。同时，按照国家统计局的规定，规模以上工业企业门槛由原来营业收入 500 万元以上提高到 2000 万元以上，对规模以上工业企业相应做了调查，规模以上工业企业数由 2010 年 24 家调整为 15 家，减少 9 家。

2012 年，中小企业中心按照国家和省、市对中小企业和民营企业的要求，继续实行项目集中管理，进一步充实全县中小企业和民营企业项目库建设，对全县 72 家工业企业（民营）进行省市项目库管理。强化工业企业节能目标责任制，由经信局牵头，加强日常节能执法监察和管理，促进企业能源消耗的有效降低。同时积极开展淘汰落实产能工作，年度内淘汰水泥厂机立窑一座，磨机及配套设备设施。淘汰落后机电设备，对 6 家单位的 S7 变压器按要求更换为节能环保型变压器（非晶合舍 SH16 - M 型）。2012 年万元 GDP 综合能耗 1.7912 吨标煤/万元，同比下降 3.75%。

2013 年，按照省市对中小企业"小巨人"培育的要求，对筛选出恒岳重工、栋梁实业、华青活性炭三个企业进行考察调研，做为大同县第一"小巨人"培育企业，成为县中小企业增长的亮点。10 月，对全县 62 各中小企业管理人员进行集中培训，聘请了企业管理、市场营销、高新技术和法律等方面的专家讲课传道，以提高企业人员的管理能力和技术的素质。加强对支柱产业重大项目和重点企业运行情况的实时监测，对存在的问题早发现早报告早处置。开展工业节能工作，年内按市政府的要求，会同县电力公司对全县 16 家工业企业 S7 及以下型号高耗能变压器全部进行改造，涉及投资 200 万元。通过努力，全县万元 GDP 综合能耗下降到 1.713 吨标煤/万元，同比下降 4.1%。

第五节 经济规模

1996 年，全县累计完成乡及乡以上工业总产值 25176 万元，占市下达全年计划 24000 万元的 104.9%，比 1995 年的 21839 万元增 15.3%；完成工业销售产值（现价）25103 万元，占市下达全年计划 23980 万元的 104.7%，比 1995 年的 21223 万元增

18.3%；工业产品销售率完成96.05%，比市年计划95%增1.05%，比1995年增2.9%；国有预算内工业实现利税3689万元，占市下达年计划3500万元105.4%，比1995年2994万元增23.2%；全县工交企业实现利润2100万元，比1995年增20.3%；国有预算内工业应收账款余额为1980万元，比市计划2000万元降1%，比1995年降11%；国有预算内工业产成品资金占用额为1359万元，比市计划1390万元降2.2%，比1995年的1483万元降8.4%。

1998年，全县国有企业及销售收入500万元以上非国有企业完成工业总产值21000万元，同比增长9.8%，完成销售产值19500万元，同比增长5.6%，实现利税2200万元，同比增长9.1%，实现利润1090万元，同比增长7.1%。

1999年，全年完成现价工业总产值23584万元，同比增长23.1%；完成工业增加值9264万元，同比增长18.6%；国有企业实现利税2661万元，同比增长24%；国有企业实现利润599万元，同比下降18.8%，剔除工业硅厂补贴因素，同比增长20.1%；上缴利税5113万元，同比增长13.4%。

2000年，全年限额以上工业企业完成现价产值26500万元，占市年度计划25230万元的105%，比1999年23895万元增长10.9%；完成工业增加值10227万元，占市年度计划9910万元的103.2%，比1999年9264万元增长10.4%；国有企业实现利税2600万元，占市年度计划2510万元的103.6%，比1999年2386万元增长8.9%；国有企业实现利润750万元，占市年度计划615万元的122%，比1999年594万元增长26.3%；工交企业上缴利税3959万元，比1999年3589万元增10.3%。其中：上缴国税2881万元，比1999年2682万元增7.4%，上缴地税1078万元，比1999年907万元增18.9%。

2001年，现价工业总产值完成28095万元，占市年计划28000万元的100.3%，比2000年的26658万元增5.4%。工业增加值完成11612万元，占市年计划11600万元的100.4%，比2000年的10058万元增15.5%。销售收入全年实现29930万元，占市年计划29810万元的100.4%，比2000年的28145万元增6.3%。全年实现利税3770万元，占市年计划3700万元的101.9%，比2000年的3358万元增12.3%。全年实现利润1390万元，占市年计划1380万元的100.7%，比2000年的1209万元增15%。

2002年，全年规模以上企业完成总产值31000万元，占市年度任务30910万元的100.3%；完成工业增加值12773万元，占市年度任务12309万元的103.8%；完成销售收入32886万元，占市年度任务32561万元的101%；实现利税4355万元，占市年度任务4193万元的103.9%；实现利润1500万元，占市年度任务1453万元的103.2%。

2003年，现价工业总产值完成47610万元，占市调整目标47610万元的100%，比2002年38395万元增长24%。工业增加值，全年完成19550万元，占市考核目标19000万元的102.9%，占市调整目标19550万元的100%，比2002年15895万元增长23%。销售收入，全年完成41814万元，占市年度计划41400万元的101%，比2002年37962万元增长10.1%。实现利税，全年完成6350万元，占市年度计划46350万元的100%，比2002年的5770万元增长10.05%。实现利润，全年完成2380万元，占市年度计划2380万元的100%，比2002年2178万元增长9.3%。

2004年，现价工业总产值完成53650万元，占年度计划53650万元的100%，比2003年同期46048万元增长16.5%。工业增加值完成22000万元，占年度计划22000万元的100%，比2003年同期46048万元增长15.4%。销售收入完成49500万元，占年度计划49330万元的100.3%，比2003年同期43189万元增长14.6%。实现利税完成7240万元，占年度计划7240万元的100%，比2003年同期6352万元增长14%。实现利润2700万元，占年度计划2700万元的100%，比2003年同期2380万元增长13.4%。

2005年，现价工业总产值完成59146万元，占全年考核目标 59000 万元的 100.25%，比 2004 年同期增 10.15%。工业增加值完成 25433 万元，占全年考核目标 24200 万元的 105.10%，比 2004 年同期增 15.03%。销售收入完成 53972 万元，占全年考核目标 53700 元的 100.51%，比 2004 年同期增 6.00%。实现利税 7829 万元，占全年考核目标 7820 万元的 100.16%，比 2004 年同期增 6.40%。实现利润 2871 万元，占全年考核目标 2860 万元的 100.38%，比 2004 年同期增 106.10%。

2006 年，现价工业总产值完成 70000 万元，占全年考核目标 69800 万元的 100.28%，比 2005 年同期 59146 万元增 18.35%。工业增加值完成 35450 万元，占全年考核目标 35430 万元的 100.06%，比 2005 年同期 25433 万元增 39.38%。主营业务收入完成 64000 万元，占全年考核目标 63690 万元的 100.49%，比 2005 年同期 53972 万元增 18.58%。实现利税 9100 万元，占全年考核目标 9080 万元的 100.22%，比 2005 年同期 7829 增 16.23%。实现利润 3170 万元，占全年考核目标 3160 万元的 100.32%，比 2005 年同期的 2871 万元增 10.41%。

2007 年，现价工业总产值完成 76339 万元（10 月底），占全年考核目标 85250 万元的 89.55%，比 2006 年同期 62315 万元增 22.51%。工业增加值完成 101834 万元（10 月底），占全年考核目标 35290 万元的 90.21%，与 2006 同期相比增速为 19.36%，为年增速任务 18% 的 107.57%。主营业务收入完成 70615 万元（10 月底），占全年考核目标 78420 万元的 90.05%，比 2006 年同期 56863 万元增 24.18%。实现利税 10004 万元（10 月底），占全年考核目标 11500 万元的 86.99%，比 2006 年同期 7954 万元增 25.77%。实现利润 3055 万元（10 月底），占全年考核目标 3480 万元的 87.79%，比 2006 年同期的 2813 万元增 8.6%。

2008 年后，由于省统计口径改变，从规模以上企业剔除了解庄煤站等三家煤站。该年度全县工业主要指标完成情况如下。现价工业总产值完成 118500 万元，占全年考核目标 118550 万元的 99.96%。工业增加值完成 57600 万元，占全年考核目标 57700 万元的 99.82%，主营业务收入完成 105900 万元，占全年考核目标 105960 万元的 99.94%。实现利税 14000 万元，占全年考核目标 14610 万元的 95.82%。实现利润 4200 万元，占全年考核目标 4350 万元的 96.55%。

2009 年，全县工业主要指标完成情况如下。现价工业产值完成 44079 万元，占任务 113000 万元的 39.01%，比 2008 年同期 113000 万元下降 60.99%。工业增加值完成 18708 万元，占任务 41100 万元的 45.52%，比 2008 年同期 44004 万元下降 57.48%。销售收入实现 35410 万元，占任务 81000 万元的 43.72%，比 2008 年同期 104786 万元下降 66.24%。实现利税 2630 万元，占任务 6000 万元的 43.83%，比 2008 年同期 14000 万元下降 81.21%。实现利润 680 万元，占任务 1540 万元的 44.16%，比 2008 年同期 4196 万元下降 83.79%。

2010 年，全县全年完成规模以上工业总产值 69299 万元，比 2009 年增长 72%；实现销售产值 63235 万元，比 2009 年增长 69.25%，销售率 91.25%，比去年增加 3.74 个百分点。实现工业增加值 25062 万元，比 2009 年增长 61.1%。其中国有工业完成 2421 万元，比 2009 年增长 28.7%，集体工业完成 6598 万元，比 2009 年增长 46.3%，民营经济完成 16043 万元；比 2009 年增长 72.3%，实现利税 2842 万元，比 2009 年增长 26.25%。

2011 年，全县规模以上工业企业现价总产值 83605 万元，比 2010 年增长 54.05%，工业增加值 28128 万元，比 2010 年增长 23%，营业收入 77182 万元，比上半年增长 42.2%，实现利润 3174 万元，比上半年增长 140.39%，实现利税 7101 万元，比 2010 年增长 140.36%。本年度万元 GDP 综合能耗 1.8881 吨标煤/万元，同比下降 5.7%。

2012 年，全县 15 户规模以上工业企业完成增加值 30622 万元，按可比价计算，比 2011 年增长 17.2%。完成工业总产值 109227 万元，比 2011 年增长 30.65%，实现销售收入 92936 万元，比 2011 年

增长 20.4%，实现利税 6457 万元，比 2011 年下降 10.43%，实现利润 3612 万元，比 2011 年增长 13.4%。

2013 年，全县 14 家规模以上工业企业全年实现工业总产值 128665 万元，比 2012 年增长 17.8%，实现增加值 36181 万元，比 2012 年增长 12.8%，实现销售产值 118138 万元，比 2012 年增长 19.0%，实现销售收入 115284 万元，比 2012 年增长 24%，实现利税 7331 万元，比 2012 年增长 13%，实现利润 4285 万元，比 2012 年增长 17.8%。

工
业

第二章 企业选介

第一节 建材化工

水泥

大同县水泥厂 1996年,产水泥5万吨,完成工业总产值871万元,完成工业销售产值(现价)920万元,实现利税107万元,实现利润16.7万元。1997年,产水泥4.8万吨,完成工业总产值839万元,完成工业销售产值(现价)866万元,实现利税104万元,实现利润9.6万元。1998年,产水泥7.07万吨,完成工业总产值1200万元,完成工业销售产值(现价)1161万元,实现利税143万元,实现利润1.4万元。1999年,产水泥10万吨,完成工业总产值1500万元,完成工业销售产值(现价)1646万元,实现利税196万元,实现利润23.6万元。2000年,产水泥9万吨,完成工业总产值1351万元,完成工业销售产值(现价)1663万元,实现利税255万元,实现利润43.1万元。2001年,产水泥8万吨,完成工业总产值1223万元,完成工业销售产值(现价)1317万元,实现利税190万元,实现利润15.4万元。2002年,产水泥7.63万吨,完成工业总产值1144万元,完成工业销售产值(现价)1120万元,实现利税150万元,实现利润0.9万元。2003年,产水泥4.13万吨,完成工业总产值611万元,完成工业销售产值(现价)612万元,实现利税96万元,实现利润-2万元。2004年,产水泥4.96万吨,完成工业总产值734万元,完成工业销售产值(现价)736万元,实现利税89万元,实现利润-13万元。2005年,产水泥4.01万吨,完成工业总产值573.7万元,完成工业销售产值(现价)574万元,实现利税76万元,实现利润-12万元。2006年,产水泥3.56万吨,完成工业总产值499万元,完成工业销售产值(现价)499万元,实现利税-12万元,实现利润-32万元。2007年,产水泥4.02万吨,完成工业总产值800万元,完成工业销售产值(现价)820万元,实现利税-104万元,实现利润-220万元。2008年,产水泥2.38万吨,完成工业总产值520万元,完成工业销售产值(现价)522万元,实现利税-23.5万元,实现利润-49.2万元。2009年,产水泥3.74万吨,完成工业总产值92.5万元,完成工业销售产值(现价)926万元,实现利税-114.6万元,实现利润-156.2万元。2010年,产水泥9.43万吨。2011年,产水泥12.09万吨。

砖瓦

大同县砖瓦厂 1996年,产机红砖29897万块,完成工业总产值2824万元,完成工业销售产值(现价)2678万元,实现利税600万元,实现利润419万元。1997年,产机红砖29846万块,完成工业总产值3201万元,完成工业销售产值(现价)2744万元,实现利税800万元,实现利润607万元。1998年,产机红砖28040万块,完成工业总产值3202万元,完成工业销售产值(现价)2789万元,实现利税374万元,实现利润181万元。1999年,产机红砖35141万块,完成工业总产值3547万元,完成工业销售产值(现价)2859万元,实现利税501万元,实现利润280万元。2000年,产机红砖31222万块,完成工业总产值3287万元,完成工业销售产值(现价)2132万元,实现利税402万元,实现利润214万元。2001年,产机红砖15246万块,完成工业总产值1561万元,完成工业销售产值(现价)1593万元,实现利税－60万元,实现利润－200万元。2002年,产机红砖13235万块,完成工业总产值1321万元,完成工业销售产值(现价)1109万元,实现利税－90万元,实现利润－230万元。2003年,产机红砖8700万块,完成工业总产值875万元,完成工业销售产值(现价)834万元,实现利税－30万元,实现利润－210万元。2004年,产机红砖11000万块,完成工业总产值1100万元,完成工业销售产值(现价)1340万元,实现利税20万元,实现利润120万元。2005年,产机红砖13000万块,完成工业总产值1350万元,完成工业销售产值(现价)1690万元,实现利税200万元,实现利润300万元。2006年,产机红砖14800万块,完成工业总产值1490万元,完成工业销售产值(现价)2100万元,实现利税300万元,实现利润250万元。2007年,产机红砖15300万块,完成工业总产值154万元,完成工业销售产值(现价)2250万元,实现利税310万元,实现利润270万元。2008年,产机红砖15600万块,完成工业总产值1570万元,完成工业销售产值(现价)2350万元,实现利税420万元,实现利润300万元。2009年,产机红砖15800万块,完成工业总产值1800万元,完成工业销售产值(现价)2400万元,实现利税430万元,实现利润310万元。2010年,产机红砖1.8亿块。2011年,产机红砖1.31亿块。2012年,产机红砖1.69亿块。2013年,产机红砖1.54亿块。

　　大同县建材厂　1996年,产机红砖4200万块,完成工业总产值378万元,完成工业销售产值(现价)336万元,实现利税268万元,实现利润35万元。

化工

　　大同县精细化工厂　1996年,产白炭黑124万吨,完成工业总产值154万元,完成工业销售产值(现价)79.2万元,实现利税3.3万元,实现利润0.1万元。1997年,产白炭黑475吨,完成工业总产值365.9万元,完成工业销售产值(现价)228万元,实现利税27.4万元,实现利润3.2万元。1998年,产白炭黑475吨,完成工业总产值392万元,完成工业销售产值(现价)162万元,实现利税14.9万元,实现利润1.5万元。

　　大同县活性炭厂　1996年,产活性炭1251万吨,完成工业总产值125万元,完成工业销售产值(现价)48万元,实现利税7.6万元,实现利润0.1万元。1997年,产活性炭1927吨,完成工业总产值191万元,完成工业销售产值(现价)105万元,实现利税10.4万元,实现利润3.1万元。1998年,产活性炭995吨,完成工业总产值99.6万元,完成工业销售产值(现价)46.7万元,实现利税7.4万元,实现利润0.3万元。1999年,产活性炭730吨,完成工业总产值80万元,完成工业销售产值(现价)33万元,实现利税6.4万元,实现利润0.4万元。2000年,产活性炭14.7吨,完成工业总产值36万元。2009年,产活性炭870吨,完成工业总产值564万元,完成工业销售产值(现价)511万元,实现利税11.9万元,实现利润4.1万元。

　　魏都活性炭有限责任公司　2002年,产活性炭2635万吨,完成工业总产值764万元,完成工业销售产值(现价)628万元,实现利税29.3万元,实现利润5.2万元。2003年,产活性炭2982吨,完成工业总产值984万元,完成工业销售产值(现价)875万元,实现利税32.8万元,实现利润6.9万元。2004年,产活性炭3018万吨,完成工业总产值1038万元,完成工业销售产值(现价)943万元,实现利税38.9万元,实现利润10.6万元。2005年,产活性炭2752吨,完成工业总产值1169万元,完成工业销售产值(现价)5152万元,实现利税251万元,实现利润－69万元。2006年,产活性炭3661万吨,完成工业总产值6583万元,完成工业销售产值(现价)1438万元,实现利税40.6万元,实现利润6.6万元。2007年,产活性炭4282万吨,完成工业总产值

1892万元,完成工业销售产值(现价)1906万元,实现利税37万元,实现利润8.8万元。2008年,产活性炭3782万吨,完成工业总产值983万元,完成工业销售产值(现价)1023万元,实现利税130万元,实现利润6.2万元。2009年,产活性炭2240万吨,完成工业总产值531万元,完成工业销售产值(现价)681万元,实现利税9.7万元,实现利润1.6万元。

第二节　矿　业

1996年,大同县黄土坡煤矿产原煤31.6万吨,完成工业总产值2058万元,完成工业销售产值(现价)1377万元,实现利税42万元,实现利润-83万元。

1997年,大同县黄土坡煤矿产原煤34万吨,完成工业总产值2332万元,完成工业销售产值(现价)1619万元,实现利税163万元,实现利润-20万元。

1998年,大同县黄土坡煤矿产原煤33.49万吨,完成工业总产值2652万元,完成工业销售产值(现价)2286万元,实现利税162万元,实现利润7万元。

1999年,大同县黄土坡煤矿产原煤22.2万吨,完成工业总产值1004万元,完成工业销售产值(现价)772万元,实现利税164万元,实现利润-30万元。

2000年,大同县黄土坡煤矿产原煤8万吨,完成工业总产值343万元,完成工业销售产值(现价)263万元,实现利税-289万元,实现利润-314万元。

2002年,大同县黄土坡煤矿产原煤13.2万吨,完成工业总产值1056万元,完成工业销售产值(现价)812万元,实现利税116万元,实现利润7.9万元。

2003年,大同县黄土坡煤矿产原煤5.5万吨,完成工业总产值444.8万元,完成工业销售产值(现价)342.2万元,实现利税-96.9万元,实现利润-126.9万元。

2004年,大同县黄土坡煤矿产原煤13.1万吨,完成工业总产值1831万元,完成工业销售产值(现价)1409万元,实现利税453万元,实现利润308万元。

2005年,大同县黄土坡煤矿产原煤15.6万吨,完成工业总产值3399万元,完成工业销售产值(现价)3008万元,实现利税738.8万元,实现利润300万元。

2006年,大同县黄土坡煤矿产原煤11.4万吨,完成工业总产值3029万元,完成工业销售产值(现价)2499万元,实现利税405万元,实现利润155万元。

2007年,大同县黄土坡煤矿产原煤24.2万吨,完成工业总产值7438万元,完成工业销售产值(现价)15721万元,实现利税945万元,实现利润103万元。

2008年,大同县黄土坡煤矿产原煤21.7万吨,完成工业总产值16444万元,完成工业销售产值(现价)9673万元,实现利税1662万元,实现利润103万元。

2009年,大同县黄土坡煤矿产原煤13.76万吨,完成工业总产值6864万元,完成工业销售产值(现价)5867万元,实现利税1265万元,实现利润102.5万元。

2010年,大同县黄土坡煤矿产原煤17.9万吨。2011年,大同县黄土坡煤矿产原煤21.98万吨。2012年,大同县黄土坡煤矿产原煤6.69万吨。2013年,大同县黄土坡煤矿产原煤14.7万吨。

第三节　冶　金

工业硅

大同县工业硅厂　1996年,产硅3300吨,完成工业总产值2953万元,完成工业销售产值(现价)2954万元,实现利税161万元,实现利润147万元。

1997年,产硅3795吨,完成工业总产值3270万元,完成工业销售产值(现价)2802万元,实现利税330万元,实现利润79万元。1998年,产硅2779吨,完成工业总产值2301万元,完成工业销售产值(现价)2052万元,实现利税134万元,实现利润93万元。1999年,产硅6330吨,完成工业总产值4652万元,完成工业销售产值(现价)3031万元,实现利税173万元,实现利润7万元。2000年,产硅6795吨,完成工业总产值4417万元,完成工业销售产值(现价)5457万元,实现利税378万元,实现利润42万元。2001年,产硅6581吨,完成工业总产值4278万元,完成工业销售产值(现价)5196万元,实现利税315万元,实现利润35万元。2002年,产硅8282吨,完成工业总产值5382万元,完成工业销售产值(现价)5781万元,实现利税298万元,实现利润9万元。2003年,产硅8843万吨,完成工业总产值5748万元,完成工业销售产值(现价)7736万元,实现利税488万元,实现利润13万元。2004年,产硅8219万吨,完成工业总产值5343万元,完成工业销售产值(现价)7867万元,实现利税608万元,实现利润82万元。2005年,产硅6779万吨,完成工业总产值6101万元,完成工业销售产值(现价)5152万元,实现利税251万元,实现利润-69万元。2006年,产硅1609万吨,完成工业总产值1448万元,完成工业销售产值(现价)1855万元,实现利税152万元,实现利润-91万元。

第四节　食品酿造

食品

大同县食品公司　1996年,县食品公司屠宰厂屠宰生猪5763头,完成工业总产值28815万元。1997年,屠宰厂屠宰生猪5838头,完成工业总产值29190万元。1998年,屠宰生猪6340头,完成工业总产值31700万元。1999年,屠宰生猪6540头,完成工业总产值32700万元。2000年,屠宰生猪6500头,完成工业总产值422500万元。2002年,屠宰生猪8005头,完成工业总产值344215万元。2003年,屠宰生猪8265头,完成工业总产值355395万元。2004年,县食品公司屠宰厂屠宰生猪8373头,完成工业总产值120000万元。2005年,屠宰厂屠宰生猪8394头,完成工业总产值335760万元。2006年,屠宰厂屠宰生猪8286头,完成工业总产值331440万元。2007年,大同县屠宰厂屠宰生猪8346头,完成工业总产值333840万元。2008年,屠宰厂屠宰生猪8432头,完成工业总产值337280万元。2009年,屠宰厂屠宰生猪8265头,完成工业总产值330600万元。

酿造

大同县昊酒有限责任公司　2002年,产白酒350吨,完成工业总产值150万元,完成工业销售产值(现价)130万元,实现利税8万元,实现利润-2万元。2003年,产白酒300吨,完成工业总产值130万元,完成工业销售产值(现价)124万元,实现利税6万元,实现利润-3万元。2004年,产白酒200吨,完成工业总产值110万元,完成工业销售产值(现价)110万元,实现利税4万元,实现利润-4万元。2005年,产白酒150吨,完成工业总产值100万元,完成工业销售产值(现价)100万元,实现利税3万元,实现利润-5万元。2006年,产白酒100吨,完成工业总产值90万元,完成工业销售产值(现价)90万元,实现利税2万元,实现利润-4万元。2007年,产白酒80吨,完成工业总产值60万元,完成工业销售产值(现价)60万元,实现利税1万元,实现利润-3万元。

第五节　机械加工

大同县农机修造厂　1997年,大同县农机修造厂加工链轨板900吨,完成工业总产值425万元,完成工业销售产值(现价)434万元,实现利税28.6万元,实现利润0.86万元。1998年,加工链轨板700吨,完成工业总产值457万元,完成工业销售产值(现价)373万元,实现利税29.5万元,实现利润

0.87万元。1999年,加工链轨板700吨,完成工业总产值384.8万元,完成工业销售产值（现价）343.1万元,实现利税41.3万元,实现利润2.2万元。2000年,加工链轨板600吨,完成工业总产值425.5万元,完成工业销售产值（现价）336.5万元,实现利税31.2万元,实现利润2.2万元。2001年,加工高锰钢铸件760吨,完成工业总产值429.16万元,完成工业销售产值（现价）336.5万元,实现利税36.1万元,实现利润1.2万元。2002年,加工高锰钢铸件700吨,完成工业总产值517.3万元,完成工业销售产值（现价）239.3万元,实现利税22.99万元,实现利润为零。2003年,加工高锰钢铸件800吨,完成工业总产值263.7万元,完成工业销售产值（现价）255.4万元,实现利税14.8万元,实现利润为零。2004年,加工高锰钢铸件500吨,完成工业总产值477万元,完成工业销售产值（现价）171万

元,实现利税－39.6万元,实现利润－46.9万元。2005年,加工高锰钢铸件400吨,完成工业总产值188万元,完成工业销售产值（现价）431万元,实现利税－7.6万元,实现利润－13.5万元。2006年,加工高锰钢铸件410吨,完成工业总产值188万元,完成工业销售产值（现价）175万元,实现利税1.5万元,实现利润－4.4万元。2007年,加工高锰钢铸件500吨,完成工业总产值235万元,完成工业销售产值（现价）198.9万元,实现利税2.7万元,实现利润－2.4万元。2008年,加工高锰钢铸件600吨,完成工业总产值282万元,完成工业销售产值（现价）185.8万元,实现利税8.9万元,实现利润5.1万元。2009年,加工高锰钢铸件500吨,完成工业总产值235万元,完成工业销售产值（现价）176.7万元,实现利税4.5万元,实现利润为零。

第三章　安全生产

1996年，各企业也普遍建立健全安全生产制度，制定安全防范措施。坚持做到定期检查与平时检查相结合。由安委会和经委牵头，组织4次安全大检查。多数企业在安全上开展月检查、季总结、年评比等项工作，及时发现问题，及时予以处理。

1997年，企业内层层建立了厂部、车间、班组三级安全工作网络，一级抓一级，一级带一级。全县工交企业用于各类安全投入的资金161万元。

1998年，全县开展春、夏、秋、冬四季安全大检查，对煤炭、化工、建筑等行业进行重点抽查，对特殊工种、易燃易爆的压力容器、雷管炸药、煤矿"一通三防"进行重点监督检查，该整改的坚决整改。各企业开展以防范和遏制重特大事故为主要内容的安全培训、制度建设等安全活动。

2000年，全县安全生产与管理工作，查思想隐患，树立安全第一的思想。强化社会主义市场经济条件下的安全生产意识、责任意识、群众意识。完善党政齐抓共管的安全生产保证体系，形成以行政负责人为主的安全生产指挥系统；以党组织为核心的安全思想教育宣传体系，建立了三级安全工作网络，一级抓一级，一级带一级，形成上有人抓，下有人管的良好局面。查工作隐患，确保安全生产。开展以控制重大事故为中心内容的现场管理，各企业安全组织机构健全，制度明确，安全培训教育扎实有效，做到班班有网员，车间有安全小组，班前班后安全教育不间断，常抓不懈。

2001年，工交系统开展了安全生产专项整治和督察工作。要求各企业一把手承担第一责任人重任，并担当主要责任，分管安全的企业领导担当直接责任。各企业要做到安全底数清，隐患有记录，整改有措施，要把安全生产指标层层分解落实到车间、班组和个人头上，强化安全管理和监督职能，坚持分级控制，分口把关原则，积极推行安全生产效益工资制，把落实责任制的重点放在现场管理和对事故的预防控制上。特别是火工品特殊行业和单位，严格防止火药库值班人员擅自脱岗，严禁火工品失盗发生，认真执行有关火工品清退制度，设专人领退保管，存放专门库房，把安全生产落到实处。

2002年，在县安委会的领导下，成立了煤炭生产、非煤矿山、地面企业等8个专项整治工作领导组，形成主要领导亲自抓，分管领导具体抓，一级抓一级，一级带一级，层层抓落实的局面。对存在安全隐患的1户液化气站、6家非煤矿山进行停业整顿，关闭了党留庄联营煤矿。特别是同年6月开展的"安全生产宣传月"活动，全县各单位共出动宣传车20多辆，悬挂安全生产横幅60多条，宣传画2000多张，出黑板报50多块，散发传单3000多份，设立咨询点4处，解答疑问600多人次，受教育人数6万多人。

2003年，县政府年内召开2次政府常务会和5次全县安全生产工作会，专题研究部署全县安全生产工作。同时，县政府还与安委会成员单位及全县企事业单位签订安全生产责任状，做到安全生产责任制横向到边，纵向到底。全县利用广播、电视等多种新闻媒体，宣传《安全生产法》。在6月的安全生产宣传月活动中，全县各企事业单位悬挂安全生

工业

产横幅 60 多条，出动宣传车 20 多台次，张贴标语、宣传画 2000 多幅，出黑板报 50 多块，有效强化了安全生产意识。开展安全生产大检查，全县下达整改意见书 406 份，查明事故隐患 708 处，查封加油站 9 户，关闭非煤矿山 9 家，及麻峪口乡南庄煤矿。

2004 年，在 6 月"安全生产月"活动中，全县各单位悬挂安全生产横幅 60 多条，张贴标语、宣传画 2000 多幅，出黑板报 50 多块。并由分管县长牵头，安委会各成员单位主要领导为成员组成的安全生产大检查领导组，分成工矿企业、消防、教育卫生、压力容器、建筑安装、易燃易爆、道路交通、森林防火 8 个专项检查小组，对全县 68 个单位进行安全生产大检查，杜绝了矿山死亡事故。

2005 年，对不具备安全生产条件的黄土坡煤矿 1 号井停业整顿。

2008 年，县安监局组织相关部门对黄土坡煤矿进行节后复产验收，确保企业生产的正常进行。组织开展对矿井的隐患排查工作，对排查出的 16 项小的隐患及时进行整改，达到了无重大安全隐患。积极开展民爆器材安全检查工作。督促企业制定"雨季三防"工作措施，确保企业安全生产。

2008 年，黄土坡煤矿圆满完成了 1 号井和 2 号井的衔接工作，1 号井顺利投入生产，年生产能力达到 30 万吨。

2009 年，开展煤矿安全专项整治活动，共检查出各类安全隐患 14 处，督促煤矿投入奖金 380 万元。对检查出的隐患进行治理，组织对煤矿的节后复产验收工作。在煤矿隐患排查和治理后，对黄矿进行了复产验收，使黄矿在 5 月 19 日恢复生产。会同工商部门，加强对全县境内煤场的监督和管理，从源头上制止超载超限问题的出现。

2010 年，印发了《大同县经济商务和信息化局关于继续深入开展安全生产年活动的实施意见》

《大同县经济商务和信息化局关于在全县重点企业推行法定代表人安全生产承诺制的实施意见》《关于集中开展企业安全生产隐患排查治理专项行动的实施方案》《大同县经济商务和信息化局关于继续深入开展企业安全生产专项整治实施方案》《大同县经济商务和信息化局关于继续深入开展煤矿安全生产专项整治实施方案》等一系列关于安全管理方面的文件，从制度上确保全县安全工作落到实处。同时，按照省、市政府"关于成立煤矿安全生产监管五人小组"的要求，专门从外面聘请 3 名从事煤矿安监人员同经信局 2 名工作人员一起，组织成立"大同县煤矿安全五人小组监管小组"。小组工作人员每月最少深入矿井 4 次，就井下采掘工作面、地面井口、调度室、风机房、炸药库等各主要场所安全生产状况进行检查，确保了矿井的安全生产。

2012 年 1 月 9 日，黄土坡煤矿发生顶板事故，死亡 2 人，黄土坡煤矿停产整顿，按照县委、县政府的安排部署，对"1·9"顶板事故后的黄土坡煤矿进行了全面彻底整改。安排投资 328.45 万元对矿井、采煤工作的安全出口、矿井提升系统、采掘巷道布置、机电系统、通讯系统、一通三防设备、防治水设施、运输巷道等进行系统性改造提升。同时加大职工培训，规范规章制度，完善安全技术措施。至 6 月底，黄土坡煤矿复产。

2013 年，黄土坡煤矿经过资源整合管理重组后，县政府股份仅占 33%，但安全监管划归大同县政府管理，经信局代表县政府始终认真履行对该矿的安全监管职责，5 人监管小组坚持每月下井 6—8 次，以"查隐患、反三违、防事故"为重点，突出"一通三防"、防治水、机电运输和顶板的检查管理工作，落实安全质量标准化建设，狠抓安全专项治理工作，保证安全生产平稳运行，实现了全年黄土坡煤矿安全生产无事故的局面。

第四章　乡镇企业

第一节　概　况

1996 年,全县有乡镇企业 6050 个,从业人员 24520 个,完成乡镇企业总产值 100019 万元,完成利润 7116 万元,完成税金 1527 万元。到 2000 年,企业数为 3270 个,从业人员为 32194 人,完成乡镇企业总产值 158061 万元,增加值 48623 万元,完成利润 9788 万元,完成税金 3822 万元。企业数较 1996 年减少了 2780 个,减少了 46%,从业人员较 1996 年增加了 7674 人,增加了 24%,产值较 1996 年增加了 58042 万元,增加了 37%,利润较 1996 年增加了 2002 万元,增加了 22%,税金较 1996 年增加了 1609 万元,增加了 52%。这五年,其他各项经济指标都有所增长,只有企业数降低。主要原因是在统计口径上实行了改变,1996 年以前农户中的小三轮、小四轮并且都主要服务于农业,在户办企业中也统计在内,到 1998 年统计口径变化后,这部分小三轮、小四轮已不统计在户办企业中,所以出现下降。

2001 年,全县乡镇企业个数 3329 个,从业人员 32046 人,完成总产值 169243 万元,完成增加值 48623 万元,完成利润 9788 万元,完成税金 3822 万元。到 2005 年,全县乡镇企业个数发展到 3126 个,从业人员达到 24989 人,完成总产值 202821 万元,完成增加值 42626 万元,完成利润 10322 万元,完成税金 2075 万元。与 2001 年相比,企业数减少 203 个,从业人员减少 7057 人,总产值增长 19.8%,增加值减少 12.4%,利润增加 5.5%,税金减少 45.7%。在这五年中,是中小企业局调整最为活跃的五年。之所以出现企业数、从业人员、增加值、税金四项指标都减,总产值和利润增加的情况,主要原因是:一是国家实行对中小企业上大压小的扶持政策,使一部分小企业逐步淘汰下马,新上了一批比较大的企业;二是国家实行对中小企业减税让利和加大固定投资扶持政策,出现了增加值和税金的降低;三是由于在统计指标上重点强调产值的增长,出现了一些增长性的水分,使产值这一指标不太符合实际的情况。

2006 年,全县乡镇企业个数为 3128 个,从业人员 25265 人,完成总产值 222015 万元,完成增加值 49240 万元,完成利润 11150 万元,完成税金 3620 万元。到 2009 年,企业个数 3414 个,从业人员 10180 人,完成总产值 90089 万元,完成增加值 29348 万元,完成利润 6928 万元,完成税金 2184 万元。这五年,企业数增加 286 个;从业人员减少 15085 人;总产值减少 59.5%;增加值减少 41.4%;利润增加 62.1%;税金减少 39.7%。这四年,特别是后两年,主要受国际金融危机的影响,使中小企业受到了极大的冲击,有不少企业在这两年中纷纷下马停产,尤其是活性炭等涉及出口产品的企业受到了冲击力更大。至于利润的增长,主要是国家在一些政策方面给予中小企业的扶持,很大一部分体现在了企业的利润上。

纵观全县乡镇企业和中小企业的发展,总的来看是发展的、上升的。特别是在新上企业的规模上有了较大的突破。比如:云光活性炭、魏都活性炭、华青活性炭、永翔食品、卫华药业、天特鑫保健食品、新义建材、新成建材、骏腾铸石、钢建构、凯之升、天然色素、压力容器、椿林林牧、天赐钢锯、凯祥家具、霖茂公司等一大批规模企业,就是在这三个五年中发展起来的。到2010年底,全县中小企业中的主要产品有:活性炭、铝矾土、花岗岩、石料、地毯、石墨电极、白灰、食用植物油、机制砖、古瓦、雕刻、药品、脱水蔬菜、耐磨板材、预制构件、内外涂料、卫生纸、压力罐、工矿配件、天然色素、黄花、绿豆、各种豆制品、保温材料、钢铁构件、铁木家具等30多种。

第二节　企业类型

1996年,全县乡镇企业的类型分5种,即:乡办、村办、联办、股份、户办。其中,乡办73个,村办99个,联办181个,股份323个,户办5535个。随着企业的改制和机制的转换到2000年,全县乡镇企业逐步由过去的三级所有,队为基础的乡村企业为主,转换成已股份制和私营为主的企业体制。在这五年中,原来的乡村集体企业,通过包、租、股、卖等形式,实现了由集体经营统一核算、统一分配过渡到利润包干、租赁保底分成、股份联合分配、产权出卖等形式。这一时期,是个人经营最活跃的时期。2001年到2009年,企业的经济类型,基本上是以私营经济为主,各种混合经济并存的时期。除个别企业集体参与股份以外,大多数企业都是以私营投资为主,如新上的一些规模企业,有的投资上千万,甚至数千万,乃至上亿元的投资。都是私营投入的。

第三节　经营管理

1996年至2010年的第三个五年计划中,全县中小乡镇企业的经营体制也发生了深刻的变化。1996年以前,因为企业的主体,大多数为集体所有制。因此,在经营上,大多是乡村集体管理,厂长选任。在经营模式上,大多数沿用集体生产队的管理模式。一般都存在着经营比较粗放,产品质量比较粗糙,创新能力较差,效益比较低下的问题。2000年以后,经营管理上和经营机制上都实行了转换,企业的经营管理也发生了大的变革。由于实现各种形式的生产责任制和经营责任制,企业大多由股东管理,企业的活力得到大大增强,特别是2006年以后,随着投资结构的改变,经营管理也出现了比较大的改观。但是,也不排除有个别企业仍然存在着家族型管理的弊端,导致经营管理不善,无创新产品,市场竞争力不强的情况。

第四节　经营效益

在1996年至2010年的第三个五年计划中,全县中小企业的经营效益基本上是在逐步增加。投资也在逐步增长。2009年,全县的利润和税金在数字上尽管没有1996年的数字高,但这是实实在在的。这里面还有统计情况的问题,1996年,有的企业本来没有那么多的利润和税金,但企业就要报,而2009年,都是私营企业,宁可少报,也不多报。另外,在社会效益上,由于中小企业的发展,对农民的收入有了很大的提高。据不完全统计,农民人均纯收入中有将近60%以上,来自工资性的收入。

1996—2009 年度大同县中小企业各项经济指标完成统计

表 14－4－1　　　　　　　　　　　　　　　　　　　　　　　　单位：个、人、万元

年度 项目 数字	企业数	人数	产值	增加值	利润	税金
1996	6050	24520	100019		7116	1527
1997	6397	26249	136883		9503	2109
1998	2329	24564	126381	30923	7286	2265
1999	2358	26077	141665	36426	8252	2366
2000	3270	32194	158061	44278	9118	3136
2001	3329	32046	169243	48623	9788	3822
2002	3344	30737	181089	52378	10659	2288
2003	3274	29008	185103	37673	8851	2574
2004	2810	24655	186028	39510	9058	2633
2005	3126	24989	202821	42626	10322	2075
2006	3128	25265	222015	49240	11150	3620
2007	3330	24662	223190	55720	12500	3199
2008	2554	11160	178010	44018	9875	2855
2009	3414	10180	90089	29348	6928	2184

工业

第十五编　基础设施建设

第一章　城乡建设

第一节　城乡规划

1996年，在市规划设计院的指导下，编制完成《大同县县城(1996—2010)总体规划》。

1999年，完成了杜庄乡千千村等1乡45村的跨世纪城镇建设规划编修任务，完善修编了县城公园规划、集贸市场规划。

2003年，委托山西省城乡规划设计院编制县城《总体规划》和《近期建设规划》。2004年9月3日，经县十三届人大常委会第六次会议通过，2004年12月20日经大同市政府批准实施。总体规划年限为2003年至2020年。近期建设规划为2003年到2005年。规划区范围为西坪镇行政区域，规划控制132.3平方千米。

2006年，新农村规划2个乡镇：党留庄乡、周士庄镇；9个村分别为：峰峪村、水头村、南息村、苏家寨村、解庄村、三条涧村、东水地村、马连庄村、北石山村。

2007年，新农村规划2个乡镇：瓜园乡、杜庄乡；15个村分别是：西坪村、寺儿上村、邢庄村、小浦村、大北庄村、清泉村、谢疃村、郭家窑头村、徐家堡村、罗卜庄村、长胜庄村、南栋庄村、周士庄村、党留庄村、落阵营村。落阵营村被列为历史文化名村，投资15万元，委托省规划设计院对其进行编制保护规划。同年，投资18万元，委托省规划设计研究院对县城南环路两侧编制了控制性详细规划，总长度7.1千米，向两侧各延伸50米。

2008年，新农村规划19个村：郭家窑头村、杨庄村、西册田村、肖家窑头村、兼埔村、安留庄村、营坊沟村中、倍加造村、下渝涧村、下甘庄村、牛家堡村、三府坟村、瓜园村、西紫峰村、杜庄村、长安村、山自造村、西关村。

2009年，新农村规划22个村：兼场村、施家会村、利仁皂村、马坊村、上庄村、大王村、集仁村、聚乐村、东阁老山村、上泉村、罗庄村、佛堂寺村、王浙疃村、东骆驼坊村、独树村、吴家洼村、李王涧村、东紫峰村、官堡村、中高庄村、王千户村、三十里铺村。同年，投资230万元，编制县城控制性规划，编制范围为12平方千米。

2011年，投资220万元，编制全县战略发展规划；投资250万元，编制县城生态公园规划设计；投资25万元，编制许堡、峰峪两个乡的总体规划。

2013年，编制完成了县城绿地系统规划，城南路两侧街景规划方案，西环路两侧地块详规方案。

第二节　县城建设

1996年，完成了县城九条主要街道的翻修改造和油面铺筑，总长3430米，总面积48677平方米，投资191.97万元；改造和新建了排水管道。工程总长1133米，投资33.14万元；开通县城东环路，总长1.5千米，新建拱涵、桥涵各1座，完成土方1.21万立方米，总投资12.5万元；新建南大街牌门一座，投资25.5万元。完成县公安局办公楼、国税局办公楼建设。

1997年，完成桦林背林场办公楼、西坪村委会办公楼、邮电住宅楼、龚柱服务楼、网通服务楼、水头村办公楼、国税住宅楼、征稽所办公楼、保险公司办公楼、信用社办公及住宅楼、检察院住宅楼等的建设。投资15.72万元，建设街心高杆灯；新建维修下水道1191米，投资36.37万元；新铺设路沿石3010米，投资7.5万元。

1998年，投资28.8万元，道路建设6529平方米；投资25.7万元，排水工程1006米；投资10.2万元，公厕6所；完成了地税局办公楼建设。

1999年，批准建设交警队综合楼、交通局住宅楼、民政局办公楼、宏达综合楼、宏达商业楼。

2000年，完成县人民银行综合楼、中心办公楼，武装部办公楼、住宅楼，正和有限公司商住楼（3层），发展银行办公楼、住宅楼，财政局住宅楼的建设。修建和维修振兴街、西街、自来水公司等排水工程1580米，新修和维修振兴街、西街油路1920米，新建和维修东街路南、安平里居民区等公厕5所，栽植北京松柏200株，总投资57.2万元。

2001年，依据县人民政府出台的《县城主干街道两侧建设改造暂行实施意见》，县城主干道两侧14处800米地段得到改造，建筑总面积3.82万平方米，总投资2429万元，完成物资局综合楼、住宅楼、党校院临街综合楼、正和有限公司商住楼、文化局住宅楼、综合厂商住楼、西坪村商住楼、雁运综合楼、张殿奎商住楼、二轻商住楼、知青服务公司商住楼、邮政住宅楼、粮食局住宅楼建设。

2002年，投资30万元完成西坪湿地公园一期工程的三个亭、三座桥、一个花架、一个广场的建设；投资2万元将文昌东街树木更换为国槐；完成了县电业局营业楼、工业供销公司商住楼、副食加工厂商住楼、药材公司营业楼、计委商住楼、糖烟酒营业楼、电信局服务楼、水头村综合楼、县初级示范中学教学楼、人民法院办公楼、人民检察院办公楼、大同县昊天天然矿泉水开发工程项目。

2003年，7处450米地段得到改造，改造面积2.2万平方米，总投资1040万元，吸引民间资金和外来资金910万元，建起了保险公司商住楼、百货公司商住楼、农行住宅楼、农机局综合办公楼、住宅楼、公路段办公楼、水头地毯厂综合楼。修补主次干道路面修复面积2000多平方米，其中用沥青砼修补1500平方米，用沙砾修补500平方米；汛期组织全县机关人员对防洪渠进行疏通、清淤，清理长度4000米，清除淤泥1.2万立方米，加固长度300米。

2004年，投资2480万元，日处理5000立方米的县城污水处理工程开工建设。6月18日厂区建设、城区管网同时开工。污水厂区工程施工单位为：山西省建工总公司，管网施工单位为山西省电建二公司、大同市矿山建设总公司、大同市安装公司、大同市第五建筑工程公司。同时改造人民商场、红绿灯东南角，建设人民商场综合楼、劳动服务公司综合楼。建设教育局综合楼、住宅楼、广播局综合办公楼、粮食局综合办公楼、西坪镇办公楼。

2005年，平房改造全面铺开，先后有20处地段1500米长的街面按照市场化动作方式，融资9644万元，建起楼房30栋，总建筑面积达12.4万平方米，分别为中医院综合楼、水务局综合楼、土地局综合楼、原检察院综合楼、党校综合楼、老干局办公楼、中医院住宅楼、粮食局综合楼、五交化综合楼、水务局住宅楼、原检察院住宅楼、人民商场住宅楼、县医院住宅楼、客运汽车站等。举全县之力筹资2864万元，对原有11条主次干道进行翻修、重修，新开通了东环路。对42条居民区街巷道进行了硬化，总长度达到26.85千米，建设面积32.95万平方米，11条人行道得到硬化，完成面积7.5万平方米，更换路缘石1.73万延长米；投入资金600万元，铺设雨水管网15千米。投资950万元，电力、电讯、广播及供水管线入地铺设12千米；投资780万元，建成了横穿县城，长度为3千米，由西坪渡槽到县城东环路出口大塘二级公路与109国道合并成的一级路，路面宽度为30米。

2006年，投资150万元，在县城主次干道两侧新建公厕23座，维修改造旧厕21座；投资147万元，在县城11条主次干道上安装路灯247盏；加强环卫设施建设，县财政投资 180 万元，新购大垃圾箱 50 个，小垃圾箱 90 个，摆臂式垃圾运输车一部，清掏公厕吸粪车一部；按照集体个人共同出资原则，投资 312 万元，建设居民区道路 26 千米；投资 150 万元对县城北、东、南三面山体进行了绿化，绿化面积 11 公顷；投资 20 万元，对县城主次干道进行了绿化，绿化长度 9.7 千米，栽植树木 1782 株；完成了临街 300 米的平房改造工程，吸引社会投资 2100 万元新建一中学生公寓 8000 平方米，中医院平房改造建设 5000 平方米，县医院住宅建设 1000 平方米，商业发展中心平房改造 10400 平方米的建设。

2007 年，编制县城昌运大街（109 国道）两侧的详细规划，投资 5 万元，委托大同市园林局编制完成《东梁生态公园规划》。向上申请资金 150 万元，在县城建设雨水管网 2 千米，完善县城排水功能；完成供销大院拆迁改造，新建了占地 12 亩，集娱乐、休闲集会于一体的中心广场；组织协调东西街办事处，投入资金 170 万元，对县城 80 多条居民巷道进行硬化，完成硬化 16 千米；通过市场化运作，有 6 家房地产公司分别对水头地毯厂、粮食局院、供销社院、农业局院、原雁运汽车站等地段进行开发改造，拍卖土地面积 171 亩，财政收益 1300 多万元，开发建筑面积 16 万平方米；西坪村新农村建设建筑面积 7.7 万平方米，可容纳 700 多户农民入住。水头村南建设经济适用房 2.88 万平方米，可解决 370 户城镇中低收入职工住房困难；投资 150 万元新建 1000 平方米的档案馆楼；投资 35 万元，在县城主次干道上栽植云杉、国槐、千头椿、龙爪槐 1851 株，绿化长度 12 千米；新配置垃圾集装箱 50 个，吸粪车 1 部。

2008 年，投资 900 万元在城镇第一小学原址上新建 6000 平方米的教学楼，新建操场 4000 平方米，硬化校院 4000 平方米；投资 420 万元，对县城 150 条居民巷道，长 30 千米的道路进行硬化；投资 50 万元，在县城北环路西段新建排水管道 476 米；9 月，污水处理厂正式运行，并达标排放，年底通过核查小组核查，超额完成省政府为全县下达的减排任务；县城垃圾处理厂项目委托省建设标准设计研究院编制完成《可行性研究报告》，总投资 2000 万元，日处理规模 130 吨，由省建设厅报省发改委立项；投资 150 万元对县城 13 条街道树木进行补植、更新，达到一街一品，一街一景，并投资 200 万元对县城东山、昊天山进行绿化。

2009 年，基础设施工程总投资 2.27 亿元，分别为：县城两条道路建设工程、天然气建设工程和集中供热工程三项。县城道路建设工程为全长 3.15 千米的县城北环路西段和西街延伸段工程，投资 4708 万元；天然气建设工程，总投资 5000 万元。完成飞机场至县城的中压管线 12 千米和县城 5 千米主管网建设工程，11 月 10 日通气点火，成为全市第一家实施天然气工程的县城；集中供热工程，总投资 1.36 亿元，规划供热面积 200 万平方米，一期投资 8500 万元，完成了热源厂、换热站和室外管网建设，11 月 1 日供热，实现供热面积 67 万平方米。公益事业工程建设工程总投资 1.78 亿元，建设规模 8.98 万平方米，涉及到教育、卫生、文化体育等建设工程。新建一中工程，总投资 1.2 亿元，一期工程总投资 7000 万元，建筑面积 48806 平方米；县二中工程，总投资 958.6 万元，建筑面积 8330 平方米，分别建设 2 幢学生公寓楼和 1 座学生食堂；县城镇第三小学教学楼工程，总投资 1200 万元，建筑面积 6700 平方米；县医院工程总投资 1199 万元，建筑面积 9244 平方米，分别建设 1 幢医技楼和门诊楼装修工程；县文体中心工程，投资 700 万元，建筑面积 4000 平方米；新建民兵训练基地工程，投资 357.7 万元，建筑面积 2951 平方米；乡（镇）中小学校建设工程总投资 1232.3 万元，建筑面积 8808 平方米，分别为：周家堡小学改造工程投资 142.3 万元，建筑面积 1224 平方米；党留庄中学校舍改造工程投资 190 万元，建筑面积 1230 平方米；西坪中学校舍改造工程投资 107.7 万元，建筑面积 919 平方米；吉家庄小学工程投资 232.6 万元，建筑面积 1463 平方米；西册田中学改扩建工程投资 127 万元，建筑面积 853 平方米；周士庄小学工程投资 246 万元，建筑面积 1511 平方米；周士庄中学工程投资 109.4 万元，建筑面积 932.94 平方米;杜庄中学工程投资 77.3 万元,建筑面积 675 平方米;乡镇卫生院工程总投资 127.3 万元,建筑面积 1036 平方米,分别为:周士庄卫生院投资 64.3 万元,建筑面积 536 平方米;杜庄卫生院投资 63 万元,建筑面积 500 平方米;民生工程建设工程总投资 2.48 亿元,建设规模 14.73 万平方米。涉及到廉租住房、棚户区改造、困难住房等建设工程。廉租住房工程。总投资 670.5 万元,建筑面积 7500 平方米;黄土坡煤矿棚户区建设工程总投资 1.2 亿元,占地面积 115 亩,总建筑面积 61740 平方米;永业西街改造工程。总投资 1.2 亿元,占地 71 亩,总建筑面积 7.81 万平方米;农村困难住房工程。总投资 88 万元,解决 80 户农村困难群众住房问题。房地产工程建设总投资 8177 万元,建筑面积 7.88 万平方米。全部为引进社会资金,对县城危旧房屋进行改造。昊天佳苑工程由大同市天晨房地产公司投资对工商银行院和原明珠市场进行拆迁改造,总投资 4000 万元,新建面积 3 万平方米;茂和苑工程由县霖茂房地产公司投资对新华书店和文化馆进行改造,投资 2000 万元,总建筑面积 2.1 万平方米;茂祥苑工程由县霖茂房地产公司投资对原食品公司院进行改造,投资 1477 万元,总建筑面积 2.1 万平方米;安详园工程由县霖茂房地产公司投资,对武装部院的平房进行改造,总投资 700 万元,建筑面积 6800 平方米。

2011 年,县城西环路工程:总投资 5467 万元,道路长 3.006 千米,红线宽 50 米,于 4 月开工建设,由山西省工业设备安装公司和河南城建建设集团有限公司承建,10 月正式通车运行。县城西街、振兴街道路维修和西环路工程。一是西街道路维修工程,全长 495 米(从检察院西墙到外贸西墙),维修宽度 12 米,面积 5940 平方米,总投资为 85.5 万元。二是振兴街道路翻修工程,该道路全长 300 米,宽度 7 米,面积 2100 平方米,总投资 58 万元。三是西环路段工程,西环路工程总投资 5815 万元,完成土方工程、路面工程和排水工程以及照明、变配电工程。保障住房工程项目:地址位于县城文昌西街

南、西坪村北,占地 18.07 亩,新建 306 套总建筑面积 15000 平方米的廉租房。永业东街改造情况:总投资 9000 万元,占地 44.925 亩,新建 11 幢住宅楼,建筑面积 6 万平方米。原湖东宾馆改造工程:该工程由大同市鸿和房地产开发有限公司承建,总投资 3300 万元,占地 24.64 亩,建筑面积 32162 平方米,其中,南侧 8.84 亩土地用于建设宾馆,建筑面积 10862 平方米,投资 1600 万元;北部 15.79 亩土地建设住宅楼 5 幢,面积 21300 平方米,投资 1700 万元。永业怡园住宅区二期工程:永业怡园一期工程于 2009 年开始实施,2011 年全部交付使用,二期工程是 2013 年开始实施,对二轻总会、钢木厂办公楼、私人住宅楼、发展银行办公楼、农机中心、农业开发办办公楼进行拆迁。工程占地 11.89 亩,共建三幢 13 层楼,建筑面积约 4.5 万平方米,投资约 9000 万元,由大同市众和恒益房地产公司实施。原看守所院改造:该项目现已完成平面布置和效果图。拟建 11 层楼一幢,三层、二层各一幢,建筑面积约 2.5 万平方米。西坪村平房改造工程:这项工程在县城西街路北,和谐园小区西侧,占地约 69 亩,共改造 67 户,约建 7.8 万平方米,投资约 1.56 亿元。农村困难住房工程:总投资 350 万元,解决 300 户农村困难群众住房问题,该工程为省政府为民办实事项目,由中央投资 200 万元,省投资 60 万元,市、县二级分别投资 45 万元,已落实到各乡镇,解决了全县 10 个乡镇、85 个行政村 740 口人的住房困难问题。

2012 年,县城公园建设工程:由北京博雅方略景观设计院设计,大同市兰园园林绿化有限公司承建,占地 220 亩,预计总投资约 6300 万元。汽车服务区建设工程:项目位于大塘公路南,天大高速公路东,占地约 80 亩,投资 5000 万元,完成 1.6 万平方米的服务用房和配套工程。县城体育馆工程:该工程位于县一中西侧,北环路北,占地面积 25000 平方米,总建筑面积为 8990 平方米,总投资 6300 万元。

2013 年,县城南街建设工程:道路全长 3.46 千米,红线宽度 50 米,总投资约 8500 万元。

第三节　建筑业

2001年,大政发[2001]79号文件,经县委、县政府决定,由大同县工程建设公司、大同县建筑安装公司、大同县第三建筑工程公司、大同县建筑装饰装潢公司、大同县粮食局建筑安装工程公司、大同县第二建筑工程公司、大同县教育建筑工程公司、大同县市政工程公司、大同市册田水库管理局工程队、大同县徐町乡工程队十家建筑企业组建成立大同县建筑工程有限责任公司。

2001年12月25日在县政府四楼会议室召开首届股东会议,全体股东一致通过《公司章程》,一致同意大组干发[2001]41号文件。公司注册资金640万元,资质等级为房屋建筑工程总承包三级。现有工程技术人员79人,劳动力780人,施工机械230台,总功率7000千瓦。

重点工程有:茂和苑、茂祥苑、茂昌苑、茂盛苑、县一中学生公寓、县医院医技楼、县三小教学楼、县青少年活动中心、县武装部民兵训练基地、县示范中学、县二中、县霖茂商城。

第四节　房地产管理

大同县房产管理所是大同县房屋产权、产籍管理的主管部门,成立于1972年,属全额预算事业单位。

1996年10月,根据大同县人民政府文件大政发[1996]50号,全县开始住房制度改革,大规模出售公有住房。1996年至1997年公有住房出售价格为:标准价每平方米358元,成本价每平方米458元;1999年以后房改成本价为每平方米696元。1999年印发《大同县人民政府关于进一步深化城镇政住房制度改革的通知》。至2010年底,全县共出售公有住房(直管)420套,920.5间,20394平方米,回收资金210万元;单位自管公有住房920套,1926.5间,58679平方米,回收资金416.9万元。

全县干部职工从1996年10月开始缴存住房公积金,缴存率为基本工资额的5%～10%。

从2000年开始,全县大规模开展房地产的开发和住宅工程建设,到2011年底,全县城镇实有房屋建筑面积为225.51万平方米(其中住宅104.13万平方米),人均住房建筑面积达25.89平方米。随着房地产业的健康快速发展,房产登记和交易数量也是逐年增加,由上世纪80年代的年登记房屋20件发展到现在的年登记和交易量上千件,面积每年近10万平方米,每年为县财政收取契税100多万元。

从2007年开始,全县开展廉租住房管理工作,截至2011年底,经多方筹措,先后投资5600万元,建设廉租住房11幢3.8万平方米。

第五节　供排水

大同县给水由县自来水公司供水系统,自备井供水系统和水务局南梁供水公司农灌补充供水系统三家共同承担。县自来水公司是县城集中供水的重要主体单位。县城平均日供水7000立方米,其中县自来水系统供水5000立方米,南梁补充1000立方米,其他用水由自备打井供水1000立方米。

机构

历史沿革　1979年成立大同县自来水公司筹建处,位于县城东梁。1980年12月15日正式成立。1985年搬至水头村南,县城安平路49号,县城北。1985年前属财政补助类事业单位,1986年后实行自收自支服务性公益事业单位。1997年曾归属于县水务局,2000年6月又归属于大同县城乡建设局。经费渠道形式属自收自支。

人员情况　2006年2月13日进行事业单位法人登记,在册正式人员总数37人,到2013年共有职工总数49人。其中男22人,女27人。拥有专业技术人员19人,其中中级经济师5人,初级工程师14人,工勤人员30人。

供水设施

水源井　现有两处水源,即是,公司院内大口井1眼和甘庄水源地水源井5眼，日生产能力4000立方米。公司院内大口井日制水能力1800立方米，井径1.7米，水位埋深2米，井深5米，位于规划区水头村南的公司院内。甘庄水源地现有5眼深井，日制水能力3200米，其中1眼由于供水倒灌而在2006年报废。2011年3月又在附近新凿2眼机井。井径均为300毫米，深度70—120米。5眼深井1号井2.5寸，2号、3号、4号、5号是3寸潜水泵。

东水厂供水设施　县城建有东水厂一座。位于县城东梁旧公司院内。8度地震设防。高位水池共有两座。西边一座建于1981年，容量5000立方米，东边一座建于1991年，容量500立方米。

输配水管网　拥有100毫米（4寸）以上管网49.8千米，其中建于80年代灰铸铁管11.2千米，建于90年代PVC管7.5千米，白塑料管18.5千米，建于2004年以后，黑塑料PE管13.6千米。最大的输水管网250毫米，为灰铸铁管，长度740米。

供水情况

大同县自来水公司年供水量约100万吨。至2013年，累计供水2900万吨，为县城的发展提供了良好的供水服务。固定资产由1995年前的98万元上升到现在的767万元。

年供水总量约100万吨，

年售水总量86万吨；

最高日供水量6000立方米；

平均日供水量3000立方米；

水量损生率15%；

水费回收率50%—60%；

水质综合合格率98%；

管网压力合格率99%；

供水设备完好率99%；

用水普及率95%；

单位供水电耗0.58千瓦时/立方米。

制水成本：

1996年——1.15元/立方米，

1998年——1.30元/立方米；

2000年——1.50元/立方米；

2005年——1.90元/立方米；

2008年——3.82元/立方米；

2009年——3.92元/立方米；

2010年——4.45元/立方米；

2011年——4.65元/立方米；

用水定额：160/日/人。

供水水质

自来水公司成立32年来，基本实现了安全优质文明供水，无一例供水水质恶性事件发生。

由于供水事业发展资金一直短缺，没有任何的化验设施，没有基本的水质化验室，不具备国家规定的县级自来水14项指标日常监测能力，供水水质上存在许多问题。一是供水水质存在较大隐患。供水工艺化较简陋，基本上是水源地抽水给水厂高位水池沉淀后直接供水给用水户。东梁水厂配备两台次氯酸钠发生器由于每年约20万元的费用短缺，已不用。所以出现氟化物超标，限值是1.0毫克/升，而实际1.22毫克/升。二是供水管网陈旧老化。三是县城用水结构不合理。纯农业县城，居民生活用水占90%，消费高价水只占不到10%，生活用水浪费严重。四是政府资金投入少，靠水费收入自收自支。从1996年至2011年亏损经营，收支经营只能维持平均每月1200元工资水平，员工在2011年开始才按2005年新调档案工资开支，只是占现在档案工资的50%不到，五项保障没有缴纳。

为了保障供水水质合格，采取了五项措施：一是在取得市卫生监测检验中心卫生检验合格证书和县颁发的卫生许可证后实施供水。二是抽水及供水人员持有县疾控中心健康合格证方可上岗，每年定期进行体验。三是县城水源出厂水、末梢水、饮用水的日常巡查检测监管，专人负责。四是每个季度定期对水源水、出厂水、末梢水在大同市防疫站、水质监管站、市自来水公司等处进行检测化验，并在县疾控中心每月进行水质分析。五是成立水质卫生工作领导组和抢险应急队，防止水质突发事件出现及应对。

供水管理

收费管理　现执行收费标准是同价管字〔2002〕第14号规定，居民和单位1.9元/立方米，工业企业2.3元/立方米，餐饮洗浴等服务业3元/立方米，建筑施工用水4元/立方米。按照标准确定，实行划片承包，指标确定，签订收费协议书等上门服务形式进行收费。县城已有磁卡式水表200多，逐步改上门事后收费为"上门磁卡预存缴费"方式。

管网基础设施建设管理　从1996年至2011年新增100毫米，管网45千米，本着县城规划道路建到哪，管网铺设到哪，改建管网2.25千米，坚持24小时值班制，20分钟到达事故现场。大小型维修已达16000多次，确保用水设施安全，保障人民用水可靠。

安全生产管理　以"安全第一、预防为主"为原则，做好供水台账、水源水厂安全保卫、供水控制调度、降低能耗四项工作，做到勤维修、勤保养、勤防护、加大安全生产力度，保证供水畅通。

加强服务能力建设　公开承诺，政务党务公开，创先争优树立典型，窗口服务行风建设加强，成立"管道抢险组""应急分队"加强年终考核。进一步明确内部组织机构建设，改过去的行政科、供水科、生产科、收费一科、收费二科、收费三科等六个科室，转为现在综合办公室、收费办公室（收费办下设三办五组）、供水办公室、安全保卫办公室、稽查大队、节约用水办公室6个职能科室，并制定了每个岗位职责。

建章上制依法管水　结合全县供用水实际，依据条例，在〔2009〕114号文件通过《大同县城供水管理办法》。科学发展城市供水事业，依法管水。同时依据《水法》《城市供水条例》《城市地下水标准》《城市饮用水卫生标准》《省供水条例》《市水资源管理办法》等国家省市法律法规，加强依法管水，确保供水。

制定编制《大同县自来水公司管理手册》，第一部分公共管理制度10项，第二部分专项管理制度12项，第三部分安全工作。规范优化管理环境，建立新型供水秩序，适应转型跨越新形势。

第二章 交 通

第一节 概 况

大同县交通便利 北有京包(北京—包头)铁路;南有晋煤外运专线大秦(大同—秦皇岛)铁路。西有大准(大同—准噶尔)铁路,省道大张(大同—张家口)公路穿境而过;连通京、津、塘、冀、鲁的大动脉京大高速、德大高速;109 国道和大塘(大同—塘沽)公路。省道大涞(大同—涞源)公路。县乡公路纵横交织,四通八达。全县实现了乡乡村村通油(水泥)路,村村通客车的格局。

截至 2013 年底,农村公路高级路面 1095.337 千米,次高级路面 57.755 千米,175 个行政村全部实现了村村通水泥,6 个村基本实现了户户通。国道(京大、德大、天黎)三条 87.2 千米,省道 4 条 126 千米,县道 11 条 281.541 千米,其中,二级路 4.148 千米,三级路 227.206 千米,四级路 50.187 千米;乡道 86 条 735.361 千米,其中,二级路 4.119 千米,三级公路 36.995 千米,四级公路 694.247 千米;村道 139 条 367.831 千米,其中,二级路 1.971 千米,三级路 7.959 千米,四级路 357.901 千米,等外公路 0 千米;全县公路总里程为 1384.733 千米。每百平方千米土地面积拥有公路里程为 108.11 千米,每万人拥有公路 88.77 千米。

第二节 公路建设

国道

109 线 该线起自北京,讫于拉萨,全长 3763 千米。在大同县境内 39 千米,国内统一编号 G109,俗称 109 线。是大同境内东西走向的一条主要运煤路线,亦为山西省"三纵八横"公路骨架网北部的"第一横",路面为沥青路面。2000 年京大高速公路的建成,该线调整为省道(S302),京大高速公路正式调整为国道(G109)线。

京大高速公路 该线起至北京三环路的马甸桥,讫于大同市南出口,由京张高速、宣大高速、京大高速公路山西段组成,全长 334 千米,该线于 1998 年开工建设,于 2000 年 9 月 21 日建成通车,途经阳高县、大同县、南郊区,是雁门关外第一条建成通车的高速公路,是国内第一条高荷载、超重型水泥混凝土路面的高速公路。大同县境内 37.7 千米,有西坪、马连庄两个出口,一个官堡服务区。

得大高速公路 得大是(G208)国道的主干线,二连浩特至河口山西境内最北端的一段,也是山西公路规划人字形骨架最北端的一段,修建于 2003 年,于 2005 建成通车,起点省界得胜口,终点大同市接京大高速马连庄互通,大同县境内 8.976 千米,有马连庄一个出口。

省道

大同至灵丘线 该线省内统一编号 S203,全长 136.7 千米。新中国成立前,曾称大同—驿马岭线、大同—马头关线;新中国成立后,又称大同—涞源线、大同—灵丘线。在大同县境内 27 千米。新中国成立前是土路、河滩,虽能通行,但很不便利,新中国成立后(1953—1958 年)进行整修,建起简支梁木排桩固定桥。1959—1966 年又进行改建,铺筑砂石路面。20 世纪 70 年代又逐年改造,铺筑沥青路面。

1990—1995年分段对该线进行二级路面配套,到2005年底全线均达二级公路标准,实现文明路70千米。

积儿岭至大同线　该线省内统一编号S301,全长103.165千米。原为大(同)积(儿岭)线、大(同)张(家口)线。在大同县境内21千米。该线从过去的砂土路逐步改造为现在的沥青路和水泥路。

孙启庄至大同线　该线省内统一编号S302,全长56.133千米。原为国道109北线。1999年京大高速公路建后,调整为省道。在大同县境内39千米。1969年该线被国家列入国防公路后,进行了分段技术改造。20世纪70年代又对路面进行改造、铺筑沥青路面;20世纪80年代进行二级改建,1999—2002年进行翻修,设计标准为全幅式平微二级公路。

天黎高速公路　省内编号S45线,该线于2010年开工建设,于2012年6月建成通车,天黎高速公路是山西省规划的"三纵十一横十一环"的第三纵东纵最北端路段,起点位于河北省张家口市怀安县马市口村,途径天镇县、阳高县、大同县、浑源县4县。连接京大高速公路官堡服务区。大同县境内40.32千米,有聚乐、西坪、峰峪三个出口。

孙启庄至吴官屯线　该线省内统一编号S339,全长82.797千米。原为国道109南线,亦是大(同)塘(沽)公路。在大同县境内39千米,始建于1984年。当时采用三级复线公路方案进行,改变混合交通状态,将原国道109北线(S302)改为三级公路并作为辅道,供慢行车辆及非机动车辆行驶,开通一条平行于原路的二级公路作为正线,专供货运汽车行驶。到2005年底,全线均为二级水泥砼路面。

县道

聚落线　县道聚乐—落阵营线,始建于1972年。编号为X010140227,起点位于聚乐,终点落阵营,全长47.7千米,全线纵贯大同县南北4个乡镇。沿线以山岭重丘区地形为主,属亚砂土,全线多数为沙砾四级公路标准。

1974年,杜庄—市劳改农场(落阵营)段5千米

改建为三级沥青表处路面,投资150万元;1999年,南梁—陈庄段6.2千米改建为三级沥青表处路面,投资120万元;2000年,中高庄—县城段7千米改建为三级沥青表处路面,投资120万元;2005年,县城—南梁段2千米改建为二级水泥路,投资120万元;2007年,全线47.7千米改建为三级水泥路,投资2502万元。

养杨线　县道养老洼—杨庄线,始建于1972年,编号为X011140227,起点位于养老洼,终点位于浑源县杨庄,全长24.937千米。沿线地形以山岭重丘为主,属亚砂土,当时按战备公路修建,全线均为四级公路标准。

2001年,将养老洼—西册田段8千米改建为三级水泥砼路面,投资400万元;

2008年,将西册田—杨庄段16.937千米改建为三级水泥砼路面,投资723万元。

陈韩线　县道陈庄—韩村线,始建于1955年,编号为X012140227,原曾称韩后线。1999年,将东后子口段延伸至陈庄,由原起点东后子口变为陈庄,终点为浑源县韩村,全长18.5千米。沿线地形多为山岭重丘区,属亚砂土,四级公路标准。

2004年,将梁庄—西后子口段5千米改建为三级沥青路面,投资150万元;

2007年,将陈庄—梁庄段5千米改建为三级水泥砼路面,投资300万元;

2008年,将东后子口—香水寺段3.7千米改建为三级沥青路面,投资160万元。

阳西线　县道阳高—西坪线始建于1976年,编号为X007140227,起点位于阳高县下深井,终点位于大同县西坪,全长15.954千米。沿线多为山岭重丘区,属亚砂土,四级公路标准。

2008年,将全线改建为三级沥青路面,投资469万元。

二东线　县道二十里铺—东王庄线,始建于1988年,编号为X013140227,起点为二十里铺,终点为南郊区东王庄村,均为沙砾路,原曾称倍周线,全长17.635千米。途径两镇(倍加造镇、周士庄

镇)多个厂矿企业,四级公路标准。

1994年,将倍加造—周士庄段7千米改建为三级沥青碎石路面,投资78万元;

2003年,将周士庄—二十里铺段5千米改建为三级水泥路2千米和沥青路3千米,投资80万元;

2007年,又将倍加造—二十里铺改建为三级沥青路面,投资627万元。

大固线　县道大同—固定桥线,始建于1971年,原为大府线,编号为X014140227,起点南郊区塔儿村,终点固定桥(与大灵线平交),全长18.07千米。全线均为沙砾路,全线地形多属平原微丘区,四级公路标准。

2008年,将全线改建为三级水泥路面,投资592万元。

鳌镇线　县道鳌石—镇子梁线,始建于1955年,原为应册线,编号为X901140227,全长49.6千米。起点为应县镇子梁,终点阳高县鳌石镇界,全线属平原微丘区地形,四级公路标准。该县最长,跨越村庄最多,连接县区最多的一条跨区域县公路。

1976—1977年,投资45.56万元,29.09万个工日,2400个马车工日,动土方39万立方米,砌石4700立方米,对全线进行整修,改变了过去该线册田—小王段"九里十八梁,赶着毛驴叫人忙"的交通落后局面。

2003年,将固定桥—佛堂寺段10千米改建为三级沥青路面,投资300万元;

2007年,将佛堂寺—怀仁界8.335千米改建为三级水泥路面,投资485万元;

2007年,将古定桥—西后子口段11千米改建为三级水泥路,投资639万元;

2008年,将西后子口—堡村段24千米改建为三级水泥路,投资1046万元。

聚许线　县道聚乐—许堡线,始建于1975年,编号为X888140227,起点许堡,全长27.36千米,是2005年内乡公路提升为县公路。全线为四级技术标准,沿线为山岭重丘区地形,黄色亚砂土。

西渔线　县道西册田—渔儿洞线,也叫册田水库旅游专线,始建于1976年,编号为X887140227,起点册田水库与养杨线平交,终点为渔儿洞村,全长22.824千米,原为乡公路。2004—2005年,国家投资及地方配套改造的西册田—渔儿洞通畅工程完成后,2006年由乡公路提升为县公路。全线地形平缓,属平微区,四级沙砾路面。

2006年,将该线改造成水泥砼路面,路面宽3.5~5米宽,投资274万元。

小王—陈韩线　县道小王—陈韩线,始建于1971年,编号为X892140227,起点秦城村,终点谦场村与陈韩线平交,全长18.62千米,原为乡公路。全线地形为平微区,等外砂土路。

2004年,将峰峪—徐町段10千米改建为四级水泥路面,投资100万元;

2007年,将剩余部分改建为四级水泥路面,投资91万元;

2009年,提升为县公路。

周西线　县道周士庄—西坪线,始建于1972年,编号为X893140227,起点周士庄,终点西坪村,全长20.53千米,原为乡公路。全线地形为平原微丘区,等外砂土路;

2005年,将周士庄—下高庄段13千米改建为四级水泥路,投资256万元;

2008年,将路家庄—周士庄段2.5千米改建为四级水泥路,投资35万元;

2009年,提升为县公路。

乡、村道

大同县乡村公路过去均为土路,也就是田间路。第一个五年计划期间,由于公路不适应运力、运量的矛盾比较突出,特别是在1955年全国农业合作化的步伐加快,交通运输,地方运力矛盾非常突出,各地召开的人民代表大会要求修路的提案日增。为此,于1955年12月,交通部门召开全国地方交通工作会议,制定"依靠群众,就地取材,因地制宜,经济实用"的十六字修路方针,重点对县公路进行整修,同时,对乡村公路也进行了填填补补。1958年,交通部在南北方交通工作会议上提出"依靠地方，依靠群众，普及与提高相结合，以普及为主"的公路建设方针，雁北地区掀起声势浩大的群众性筑路热潮。当时正处在农村人民公社时期，特别是在大跃进和大炼钢铁运动的推动力，全县总动员，修通几条干线公路和县乡村公路。

"文化大革命"期间，公路建设、养护、管理陷入混乱之中。由于战备的需要，公路建设贯彻"备战、备荒、为人民"和"发动群众，自力更生，民工建勤、民办公助"的方针，雁同地区组织群众大修国防公路。大同县主要领导挂帅，组织基干民兵参加筑路，全县县、乡、村公路建设得到发展。

1975年，全国正处在农业学大寨时期，交通部推广辉县自力更生，发展道路的经验，大同县同样响应，并结合农田基本建设，兼顾山、水、田、村、路统一规划。主要特点是土方利用农闲发动群众进行，石方和桥梁、涵洞等构造物组织专业队伍施工，使公路标准和质量有了较大提高。

1978年12月中共十一届三中全会之后，大同县公路建设长足发展，公路框架渐成规模，公路建设事业从几十年的计划经济体制向市场经济体制转变。国家交通部将"普及与提高相结合、以普及为主"的公路建设方针及时修改为"以提高为主"，大同县的干线公路建设从重视数量转变为重视质量。在1993年5月4日，全省召开交通会议，发出"全省总动员开展义务修路"的通知，此间农村经济体制改革取得很大成就，城乡集体、个体拥有的汽车、拖拉机大幅度增加，货物外运量日益加大。大同县成立义务修路领导组，并确定三年义务修路的具体目标以及相关的一系列政策。

1994年，新建乡级公路（坨坊—党留庄）13.4千米；

1999年，改建等外乡公路（小王—郭家庄）26千米；

2002年，村村通水泥（油）路34千米，涉及5个乡（镇）新增通水泥（油）路村11个，均为四级公路标准，其中：水泥路13.7千米，沥青路20.3千米；

2003年村村通水泥（油）路24.24千米，涉及3

个乡（镇）新增通水泥（油）路村3个，均为四级公路标准，其中：水泥路8.1千米，沥青路16.14千米。

2004年，村村通水泥（油）路149.6千米（含街道硬化），涉及10个乡（镇）新增通水泥（油）路村29个，均为四级公路标准。

2005年，村村通水泥（油）路111.6千米（含街道硬化），涉及7个乡（镇）新增通水泥（油）路村7个，均为四级公路标准，其中：沥青23千米，水泥路88.6千米。

2006年，村村通水泥（油）路333千米（含街道硬化），涉及10个乡（镇）新增通水泥（油）路村13个，均为四级公路标准，其中：沥青8千米，水泥路325千米。

2007年，村村通水泥（油）路505.6千米，涉及10个乡（镇）新增通水泥（油）路村63个，均为四级水泥路标准。

2008年，村村通水泥（油）路157.2千米，涉及10个乡（镇）新增通水泥（油）路村10个，均为四级水泥路标准。

2009年，村村通水泥（油）路93.3千米，涉及10个乡（镇）新增通水泥（油）路村7个，均为四级水泥路标准。

2010年，完成通外连通村村通水泥路26.3千米。至此，全县175个建制村实现了"全覆盖"（含国省道带通村）。

2011年，完成96个村330.9千米农村街巷硬化工程。

2012年，完成81个村580.6千米农村街巷硬化工程，使全县所有行政村实现街巷硬化全覆盖。2012年同时完成大同县国家火山地质公园旅游公路16.8千米，三级公路技术标准，路面为沥青混凝土路面。

2013年，完成通外连通339省道—寺儿上0.972千米、339省道—官堡1.668千米及省道302—九梁洼0.36千米的村通水泥路建设项目，四级千米技术标准，路面为水泥混凝土路面。

第三节　公路养护

养护方式和养护经费从1971年组建交通局后，全县的公路养护主要有干线公路和县社公路，养护方式以建勤民工，建勤车工养护为主，规定公路沿线15千米至20千米范围内的18岁至43岁妇女，18岁至45岁男子，每年出10个建勤工日，大牲畜和畜力车辆出2个建勤畜（车）工日；1978年推行建勤代表工制度，按养护里程计每千米设养路代表工1人。经费以各村计工为主，交通主管部门补助为辅；到1979年实行分段管理后，公路段负责干线公路，交通局成立了道路股负责县社公路的养护。正式组建养护机构和养护队伍，建勤代表工改为协议工，实行工资制。1982年后，公路实行路段承包责任制。在养护道班中实行"联路、联质、浮动工资"的经济责任制，定期对道班养护的路段进行检查，依照评分标准将所检查路段上的路面、路肩、边坡、边沟、桥涵构造物、行道树及安全设施情况评定分数，分出优、良、次、差四个路况等级，作为工资分配的依据，劳动报酬的分配形式主要是"以人定路，联路计酬"和"五定一奖惩制度"。即定任务，定时间、定质量、定人员、定安全、奖优罚劣。在推行养路责任制的同时，根据雁北地区交通局的精神，陆续开展了"三个一"、"五小"和"三在外"活动。"三个一"，即每一个道班在做好日常养护工作之余，要求有计划地每年在所养护路段内裁一个弯，降一个坡，修理一千米标准路。"五小"活动即组织养路工自己动手进行一些小修工程，有计划地补修或新建小桥涵建筑物，改善小段路，预防或处理小的水毁或翻浆地段，完善小型的安全防护设施，铺筑硬路肩。"三在外"活动，即把原来埋没在路肩上的标志、里程碑和堆放在路肩上的路面养护材料的备料品，迁移到路肩之外，以加宽路面行车的幅度。

进入20世纪90年代，随着运输业的兴旺，大吨位煤车猛增。而大同县是晋煤外运的咽喉要道，加之煤检站的设立，为了逃避煤检收费，煤车大量绕行县乡公路，本来技术含量不高又都是砂土路的县乡公路遭到严重损坏；尤其是鳌镇线、阳西线、廿东线和养杨线；路面全部被砸翻，有的路段路基也遭损坏严重；依据县政府特事特办的精神，在资金严重困难的情况下，每年都拿出几十万资金用于修复被毁路段。可今天修好，明天砸翻，恶性循环。给养护带来了很大难度。大同县政府和交通局经过多方筹资，并动员当地政府和群众支持，连赊带欠，每年都确保公路安全、畅通。

1996年后，开始实行管养目标责任制，交通局与养护办签订目标责任书，养护办与道班签订养护责任状；实行"四包一定一奖惩"责任制，即包里程、包材料、包质量、领工员包道班；定经费，评比奖惩。二是划小道班，缩短各道班的养护里程，以便养护。三是日常养护和突击养护相结合，坚持四季不分，长年不闲。到2005年开始又成立了督查组，完善了质量监督机制，对道班管养采取了定额计酬的办法，严格规范操作规程，实行科学养护，严把三关（三关即备料关、拌料关、铺料关。）由于任务明确，管理规范，定期检查验收，预付养护启动资金，按进度拨款，一季一检查，半年一验收，年终总评比，奖优罚劣，充分调动了养路员工的积极性，有效地促进了道路养护水平的稳步提高。到2013年底，大同县共有县公路11条281.541千米，乡道86条735.361千米，村道139条367.831千米。县公路主要由交通运输局组织养护，现设养路队36个，养护人员282人，采取经常性、季节性、突击性相结合的办法加强养护。由于多方筹资用于道路养护和管理，使2013年县公路年末好路率上升道88.53%，综合值为78.45，创历史新高。

乡村公路养护主要依靠乡村两级政府组织实施，作为交通主管部门，主要职责是督促、检查和指导乡村公路日常养护工作。根据大同市出台的《大同市地方公路养护实施方案》，结合大同县的具体情况，大同县政府办行文制定下发了《大同县农村公路养护实施细则》，明确了县、乡、村公路的责任主体，县公路由交通局管养，乡、村公路以乡村为责任的主体,专人管理,责任到人,集散结合,日养到户的方式进行养护。2008年,省厅将乡村公路也列入养护计划,虽然养护经费有些不足,但有力地促进了乡村公路养护体制地完善,同年,各乡镇成立了乡村公路养护站,并由乡镇副职兼任养护站站长,组织实施所辖公路养护和管理,使乡村公路无论是路容、路况,还是路基路面,除极个别差、次外,基本上保持良好状态。

防灾抗灾 大同县地处山西省地震带和阴山、燕山地震带的结合部位,地震灾情时有发生,因而被国家地震局列入全国地震危险区。1976年,唐山大地震波及到大同时,县交通局就制定了地震应急预案。成立了防震抗灾领导组,下设办公室、抢修队,应急分队和应急车队。1989年10月18日,大同县发生6.1级的较强地震,鳌镇线、养杨线和陈韩线交通严重受阻交通局立即启动应急分队和抢修队,迅速投入抢险救灾工作,对道路的滑坡体、坍塌方和沉陷路段、危桥、险涵及时进行了修复,对道路沿线的安全隐患全面清除,确保公路安全、畅通,确保救灾物资的运输畅通无阻。年底被雁北地区交通局评为"抗震救灾先进集体"。每年,雨季来临前,县交通局制定防汛应急预案,从人员的分工,车辆的安排,抢险物资的储备等做详细的安排、落实,做到有备无患,防患于未然。

绿化工程 从1979年正式组建养护队伍以来,每年植树节前后,组织道班对县公路两侧进行绿化;1989年全县又搞了一次大范围内的绿化工程,大同县县级公路的行道树已初具规模;1992年至1993年期间,再次掀起了绿化高潮,大同县交通局又搞了一次米字形绿色通道,逐年投入,全县的282千米县公路全面绿化。

危桥改造工程 1991年,投资16万元,改建聚落线11K+210米下高庄四孔漫水桥。1996年,投资26万元,改造了聚落线32K+332米陈庄桥5~92米双曲拱桥。2002年,投资29万元,维修鳌镇线K33+669米东后子口桥3~48.5米拱桥。2005年,投资11.6万元,维修聚落线K5+445米东嘴桥1~

7米拱桥。2006年,投资9.5万元,维修聚落线K39+229米杜庄桥1~31米拱桥。投资7.5万元维修鳌镇线小王小桥1座1~5米拱桥。2007年,9月投资5.8万元,重建县道鳌石—镇子梁的K24+300米处小王桥,并加固八字翼墙。2008年,投资91.2万元,维修加固县道陈庄—韩村K5+840米峰峪桥的锥坡、桥面板及引道。2008年,投资104.5万元,加固维修聚落线K39+229米处杜庄桥。

养护设备 随着社会的发展,养护设备更加趋于机械化,从20世纪70年代的人工作业,到80年代、90年代逐步进入半机械化养护。

1983年,购入移山—100马力推土机一台;同年又购入东方红—75马力推土机1台。

1985年,购入16—18T光轮压路机1台。

1990年,从内蒙古京城购入9台平路机(养护用的小型平路机)。

1997年,由交通局自行设计、大同县机械厂承办的自制清边沟机25台。

2000年,购入4T小型压路机1台。

2006年,购入油路综合维修车1台。

2008年,购入一部公路专用扫路机。

第四节 运政管理

大同县交通局道路运输管理所,是交通局授权的行政执法单位。依法审批公路客货运输、车辆维修、运输服务业的开业、歇业、停业申请及统筹安排公路客货运输营运线路及客运站点布局,核发经营许可证,负责客货运输凭证及票据的配发、管理和监督检查,公路运输管理费的征收和管理,监督检查公路运输,汽车维修和运输服务的经营行为和质量,以及年检工作,查处违反公路运输管理的违法行为。

在货运管理方面,加强了对货运市场特别是辖区内危险品运输的监管,严格货运市场准入机制,规范货运行为。在客运管理方面,严查"三无"和各种违规车辆,积极维护客运市场的顺利进行,有效地规范了经营户的经营行为,净化客运市场。积极发展"村村通客车"工程,引导组建了"大同县城乡公交客运公司",建立以县城为中心,以乡镇为结点,辐射各行政村的农村客运网络。

2005年,投资50万元建成杜庄、许堡两个乡级四级汽车站;投资70多万元,在靠近公路的乡村建成57个候车棚,32个乘车招手站;投资605万元,新建大同县二级汽车站,一期工程正在建设中。

2006年,投资90万元,建成聚乐、周士庄两个乡(镇)级四级汽车站;投资81.4万元,安装完成15个候车棚,30个乘车招手站。

2007年,投资70万元,建成峰峪、吉家庄两个乡(镇)级四级汽车站;投资48.5万元,安装完成30个候车棚,10个乘车招手站。

2008年,投资80.13万元,建成西坪、瓜园两个乡(镇)级四级汽车站;投资32万元,安装完成20个候车棚。

2009年,投资45万元,建成倍加造镇级四级汽车站。

客运管理工作的重点是客运场站建设和村村通客车工程,2008年二级客运汽车站的投入使用,推动了客运服务正规化建设,基本实现"安全、便捷、高效、文明"的服务目标。

第三章 邮 电

第一节 邮 政

组织机构

1996年,大同县邮电局设六个邮电所和两个邮政所,全县有摩托车邮路6条,自行车邮路11条,步班邮路2条,负责县城及全县192个行政村的函件、包件、汇兑、报刊收订、各项业务的办理和投递、邮政储蓄业务。

1998年10月23日,邮电局实行分营,分为电信、邮政两部分。10月28日,大同县邮政局正式挂牌营业,开办业务为:储蓄、汇兑、发行、投递、集邮、函件、包件。科级建制,设局长1人,副局长1人。下设一室(办公室),两部(财务部、经营服务部),一中心(储蓄中心),四个班组(营业、投递、储蓄、零售),6个农村支局网点(湖东、杜庄、吉家庄、峰峪、周士庄、许堡)。

储蓄 主要办理个人存取款业务。2009年,存款余额达1964万元,定活比例为1:16。

汇兑 主要办理个人汇款业务,开办有电报汇款、普通汇款,手工办理。

发行 办理党报党刊发行业务以及生活类教辅类报刊的私费订阅。2009年,发行流转额达60万元。

投递 全县共有17条道段,(其中市内4条,农村13条),负责全县13个乡镇村邮件投递工作。

邮政工作

1998年11月,大同县邮政局依据分营工作方案,向县委、县政府申请场地建设用地,经协商,购买原预备役三团驻地作为新办公场所。2000年8月,新邮政办公场所投入使用。

1999年12月,依据全省企业人事财务统一集中管理,大同县邮政局将人事财务集中统一上划市局,县邮政局不具备法人效力。

1999年5月,邮政储蓄事后监督实行微机监督,大同县四个储蓄网点业务统一由事后中心进行核查监督。

2000年5月,邮政储蓄网点实行联网作业,以大同市为中心,大同七县区及郊区邮政局活期存款实行通存通兑,且免收异地交易费用。

2001年3月,全省汇兑业务电子化上线,汇兑信息实行电子化传递,县中心受理汇兑业务信息可以当日上传,缩短了业务办理时限,方便了用户用邮,同时,县中心对机构汇兑信息进行补录,次日进行信息传递,切实了解了农村用邮困难。同年,财务实行一体化核算,县邮政局财务实行收支管理报账制。9月,大同储蓄中心进行机组扩容,大同县邮政局3个网点实行电子化联网网点,县城内实现通存通兑。10月,大同县中心储蓄厅作为县城第一个电子化联网储蓄网点,接受大同县建设银行个人存款1124万元,成为县内个人存款增幅最大的储蓄网点。

2002年,邮政电子化信息工程上线,大同县邮政局中心厅为主要网点,系统业务的包件、发行业务实现电子化操作,且作为骨干网点参加全省邮政系统创优服务评比,获得二星级营业网点殊荣。

2003年，邮政绿卡加入"银联"标识，绿卡可进行异地跨行交易，不受地域部门限制。8月，按全省邮政作业调查安排，县邮政局邮运工作网络调查主要以服务范围、服务时限为主，进行优化组合，并执行投递作业二频次，加快邮件传递投递速度。同年10月，邮政储蓄实行全省联网，在全省所有储蓄网点活期存款实现通存通兑，全省免手续费。同年，大同县邮政局按企业系统内部区域划分将行政区域内的倍加造邮政所，划归市局管理，成立开发区分局。

2004年1月，大同县储蓄网点全部配置身份证鉴别仪且同时进行联网核查用户身份，确保实名制的执行。同年3月，汇兑系统升级，汇兑信息实现实时传递，缩短了信息传输时间。12月，储蓄网点执行"全国同版"工程，所有储蓄网点实行全国联网，实时通存通兑活期业务。同年，邮政储蓄会计系统上线，会计业务处理实现电子化。

2005年5月，邮政建立综合业务平台，将函件、包件、汇兑、集邮统一置入综合业务平台，对大同县周士庄、湖东、杜庄实现综合营业电子化。同年7月，报刊发行业务实行电子化作业，用户可在微机上自行订阅各类报刊，不受时间限制，大大方便用户。

2006年3月，邮政电子稽查系统上线，对联网网点风险进行实时预报，降低金融业务风险。5月，大同县邮政局按省网运要求，对全县网运道段进行优化组合并接受上级拨款10万，对投递进行运输工具更换，确保邮件运输，快捷安全。同年，参加全市邮政系统篮球比赛获得第八名。同年，节目《祖国》大合唱获第四届文化节二等奖。6月，为全县邮政储蓄网点统一安装监控录像设备，有效监控日常柜面业务。

2007年，大同县邮政局成为首家同交警部门合作为违章用户寄递违章通知书函件的单位，年业务收入8.5万元。

2008年2月，大同县邮政局成立"三农服务站"，负责全县"三农"服务站农资日化的配送工作，为三农服务站销售农肥42吨，收入3.2万元。同年11月，大同县邮政局依据业务特点，结合县域风情，成功发行全省第一个新相册：《改革开放辉煌成就》。其内容以宣传风情展示改革成就为主，为县委、县政府宣传县情、县风，吸引外资起到相当大的作用。

2009年8月，根据业务发展需求，大同县邮政局对城镇储蓄网点进行全面改造，并实行柜员制，对外办理业务。

第二节　电　信

1996年，大同县邮电局业务主要为两大块，即：邮政业务和电信业务。时电信通信手段还比较落后，县局开通3000门程控交换机除服务县城外，还通达四个大邮电所（倍加造、周士庄、许堡、吉家庄）服务四条自动电话电路，其他12个乡还是人工交换，所有通达16个乡的传输线路还用的明线传输。全县所有用户1000户左右。寻呼业务开始时，电话会议设备还用的是普通晶体管放大器，电报业务设备已使用计算机，模拟无线电话刚开始使用，全县使用大哥大的用户最多300户左右。

1997年，全县16个乡镇在全省首先实现光缆传输，并开通程控电话。省邮电管理局在大同县召开了现场会。全县程控电话总容量达8000门，为大王、东浮头、徐家堡、秦城等30个村架设了通信电缆，通了程控电话。年底固定电话发展到2000多户，手机用户达1000多户。

1998年10月邮电分营后，单位名称为大同县电信局。全县程控电话总容量1万门，固定电话用户5000多户，16个乡都建有数字机站，手机用户3000多户，全县有一线通网吧用户3家，本年底倍加造、周士庄又有很多村开通程控电话。

1999年2月，中国电信再次重组，拆分为中国移动和中国电信集团公司，全县程控电话总容量达12000门，固定电话达6000户左右，一线通用户发展为6户，本年度寻呼业务已退网，东村、西村、谢疃、蔚洲疃、解庄等又有一大批村开通程控电话。

2000 年，称为大同县电信分公司，全县程控电话总容量达 13000 门，又有一大批农村开通程控电话，全县固定电话用户达 8000 户左右，一线通用户发展到 13 户，电报业务已基本上被电话取代，本年县公司取消了报务班，很少的电报业务由县公司营业厅用传真机代为完成。

2001 年，全县所有农村全部开通程控电话，全县交换机总容量达 2 万门，固定电话用户突破 1.58 万户，县公司业务收入在 2000 年的基础上翻了一番。

第三节　联　通

2002 年 5 月，中国电信再次南北拆分，以长江为界，长江以南为中国电信，长江以北为中国网通，故从 2002 年 5 月公司名称改为中国网通大同县分公司。电话总容量达 2.1 万门，用户达 1.7 万户。

2003 年，电话总容量达 2.2 万户，用户达 1.9 万户。本年度公司上了宽带业务，宽带端口 512 线，宽带用户达 80 户。同年，县公司还开通小灵通业务，建有基站 55 个，用户 100 户。

2004 年，全县有机房 33 个，小灵通基站 70 个，用户 300 户，交换机容量 28000 门，用户达 21000 户，达到全县历史之最。宽带端口达 1000 线。用户 200 户，年内还开通视频电话会议。

2005 年，固定电话开始萎缩，实有 2 万户，宽带端口 155 线，用户 350 户，小灵通基站 80 个，用户 600 户，全县机房 40 个。

2006 年，固话用户不足 1.8 万户，宽带用户 2000 户，小灵通用户 800 户，机房 43 个。

2007 年，固话用户已不足 1.6 万户，宽带已发展为 2000 多户，小灵通 1400 多户。

2008 年，通信行业再次重组，县公司联通和网通合并，称为中国联通，全县有机房 83 个，手机基站 40 个，用户 1.1 万户，固放话用户 1.3 万户，小灵通用户不足 1000 户，宽带用户发展到 2400 多户。

2009 年，机房总数达到 85 个，全部使用光缆传输，宽带端口扩为 6700 线，用户 4300 户，手机基站 47 个，用户达 1.67 万户，固话 1.2 万户，小灵通 900 户。

2010 年，固话用户达 1.1 万户，宽带用户达 6100 户，手机用户达 2.3 万户。

2011 年，固话用户达 1.18 万户，宽带用户达 8000 户，手机用户达 2.8 万户。

2012 年，固话用户达 1.2 万户，宽带用户达 1 万户，手机用户达 3.1 万户。

2013 年，固话用户达 1 万户，宽带用户达 1.3 万户，基站共开通运行 63 个，手机用户达 3.6 万户。

第四章 电 力

大同县供电公司，担负着大同县10个乡（镇）175个行政村的生产、生活用电任务。下设"1室2部2中心、7班、8所"，全民工99人，农电工104人；管理维护35千伏变电站5座，主变10台/82050千伏安，35千伏线路8条/84.76千米，10千伏线路40条/655.759千米。

第一节 变电站

2013年，全县共有35千伏无人值班变电站5座，分别为城关变电站、许堡变电站、倍加造变电站、周士庄变电站、长安村变电站；主变10台，容量82.05兆伏安。

35千伏城关无人值班变电站

位于大同县城南约1千米处，占地6亩，该站建于1989年，1990年10月投运，主要担负着大同县城镇以及大同县城以东的瓜园、陈庄、册田、热力公司及化肥厂等区域的工农业生产生活用电。最大负荷12MW。

有35千伏进线2回，主变2台，容量20000千伏安，10千伏出线8回；

1995年11月安装自动化设施，改为无人值班变电站。

1997年7月实现无人值班变电站。

2002—2003年5月对该站进行主变增容、综合自动化、无油化改造，主变由原来SJ4-3200/2台，改为S9-5000/1台，6300/1台，35千伏断路器由DW8-35/2台，改为SF6-1600/2台，10千伏断路器由SN10-10I/9台改为VS1-630/10台，改造无功补偿2套，综合自动化由原电磁式改造为微机型。

2004年9月新增官城1线、官城2线SF6断路器2台。

2011年10月对该站进行了增容改造，主变由原来S9-5000/1台，6300/1台，增容为S11-10000/2台，35千伏断路器由SF6型2台改为ZW8型真空断路器，10千伏断路器由VS1型改造为KYN28全封闭型16台，电容器由原来1200千乏增为4000千乏。综合自动化由原来珠海优特改为南京南瑞厂家。

35千伏许堡无人值班变电站

位于大同县县城东南15千米处，该站建于2002年，2003年3月投入运营，占地3亩，主要担负着大同县许堡、册田、峰峪、阁老山及册田水库等区域的工农业生产生活用电。最大负荷0.7MW。

有35千伏进线2回，主变2台，容量3150/1台，6300/1台千伏安，10千伏出线4回；

2008年9月新增2号主变1台，容量3150千伏安，35千伏断路器1台。

2011年11月对该站进行增容，主变由3150/2台，增为3150/1台，6300/1台，电容器由原1500千乏，增为1600千乏，综合自动化由原来山东烟台更换为南京南瑞厂家。

35千伏倍加造无人值班变电站

位于大同县城西约15千米处，占地15亩，该站建于1983年，1985年5月投运，主要担负着大同县倍加造、中高庄、大修厂、黑流水劳教所等区域的工农业生产生活用电。最大负荷 11MW。

有 35 千伏进线 2 回,出线 2 回,主变 2 台,容量 20000 千伏安,10 千伏出线 12 回;

1995 年 11 月安装自动化设施,改为无人值班变电站。

1997 年 7 月实现无人值班变电站。

2003—2004 年 5 月对该站进行主变增容、综合自动化、无油化改造,主变由原来 SJ－3200/2 台,改为 S7－6300/2 台,35 千伏断路器由 DW8－35/6 台,改为 SF6－1600/6 台,10 千伏断路器由 SN10－10I/12 台改为 VS1－630/12 台,改造无功补偿 1 套,综合自动化由原电磁式改造为微机型。

2006 年 8 月新增 35 千伏倍周线出线 SF6 断路器 1 台。

2011 年 9 月对该站进行了增容改造,主变由原来 S7－6300/2 台,增容为 S11－10000/2 台,10 千伏断路器由 VS1 型改造为 KYN28 全封闭型 21 台,电容器由原来 1200 千乏增为 4000 千乏。

35 千伏周士庄无人值班变电站

位于大同县县城北 23 千米处,该站建于 2003 年,2005 年 4 月投运,占地 6 亩,主要担负着大同县周士庄、装备园区、御东、骏腾等区域的工农业生产生活用电。最大负荷 0.8MW。

有 35 千伏进线 2 回,主变 2 台,容量 20000 千伏安,10 千伏出线 8 回。

2006 年 8 月新增 2 号主变 1 台,容量 5000 千伏安,35 千伏断路器 1 台。

2000 年新建 35 千伏御周线,新增 35 千伏断路器 1 台。

2011 年 11 月对该站进行增容,主变由 4000/1 台,5000/1 台,增为 10000/2 台,电容器由原 1200 千乏,增为 4000 千乏,综合自动化由原来上海天正更换为南京南瑞厂家。

35 千伏长安村无人值班变电站

位于大同县城南约 30 千米处,占地 10 亩,该站建于 1983 年,1984 年 6 月投运,主要担负着大同县杜庄、党留庄、麻峪口、水泥厂、劳改农场、医药园区等区域的工农业生产生活用电。最大负荷 10MW。

现有 35 千伏进线 1 回,主变 2 台,容量 6300 千伏安,10 千伏出线 10 回。

1995 年 11 月安装自动化设施,改为无人值班变电站。

1997 年 7 月实现无人值班变电站。

2004—2005 年 5 月对该站进行主变增容、综合自动化、无油化改造,主变由原来 SJ－3200/2 台,改为 S9－6300/2 台,35 千伏断路器由 DW8－35/3 台,改为 SF6－1600/3 台,10 千伏断路器由 SN10－10I/16 台改为 VS1－630/16 台,改造无功补偿 2 套 1200 千乏,综合自动化由原电磁式改造为微机型。

第二节　电　网

2013 年,大同县 35 千伏线路共计 9 条,87.74 千米,系统线路 8 条 84.76 千米,其中由 220 千伏官堡变电站供电有 6 条,220 千伏御东变电站供电 1 条,35 千伏神泉堡变电站互供电 1 条。

2000 年 8 月新建 35 千伏御周线 1 条,供 35 千伏周士庄变电站。

2011 年对 35 千伏官许线进行改造,导线由 LGJ－95、70、50 更换为 LGJ－240,全长 17 千米。

2013 年 12 月新建 35 千伏党长线 1 条,长安村变电站实现双电源供电。

大同县 10 千伏线路共计 60 条,1030.96 千米,系统 40 条,655.76 千米。

2011 年 10 月改造 10 千伏杜党线,导线由原来 LGJ－95、70 更换为 LGJ－240 导线,全长 14.5 千米。改造 10 千伏化肥厂线导线由原来 LGJ－70、50 更换为 LGJ－240 导线,全长 8.23 千米。改造 10 千伏倍凡线导线由原来 LGJ－95、50 更换为 LGJ－240、120 导线,全长 14.5 千米。

第三节　变电所

2013 年,大同县 10 千伏开闭所共计 3 座,分别为 10 千伏西坪开闭所、北环开闭所、永业开闭所。

10 千伏西坪开闭所

位于大同县县城西北检察院北 200 米处，建于 2004 年，2005 年 4 月投运，进线 2 回，出线 6 回，主要带东街、南街、西坪、水头、金农园、和谐园小区等生活用电。

10 千伏北环开闭所

位于大同县县城西黄土坡棚户区处，建于 2008 年，2009 年 6 月投运，进线 2 回，出线 5 回，主要带热力公司、一中、黄土坡棚户区等生产生活用电。

10 千伏永业开闭所

位于大同县县城西西坪村处，建于 2011 年，2011 年 11 月投运，进线 2 回，出线 3 回，主要带西坪村、永业怡园等生活用电。

第四节 供 电

2013 年，大同县供电公司共下设 8 个农村供电所和一个农电抢修队，现有人员 113 人，其中全民工 8 人，农电工 105 人。主要担负着大同县（区）10 个乡（镇）299 个行政村的工农业生产和居民客户的抄表、核算、收费、装表、接电、用电检查、供电抢修以及日常营业工作。共管辖公用配电变压器 296 台/38015 千伏安，低压线路 420.21 千米/296 条，服务的客户 44041 户。

倍加造供电所

2000 年 1 月成立倍加造供电所，主要担负着大同县倍加造镇、杜庄乡、党留庄乡三个乡镇 14 个行政村的工农业生产和居民客户的低压业扩报装、抄表、收费、用电检查、供电抢修及公用低压配电设备维护等工作。全所现有人员共 17 人，其中所长 1 人、安全员 1 人、线损管理 1 人、电费核算管理 1 人、电工组长 2 人、营业员 2 人、专职电工 9 人。

城关供电所

2000 年 5 月成立城关供电所，主要担负着大同县西坪镇 22 个行政村的工农业生产和居民客户的低压业扩报装、抄表、收费、用电检查、供电抢修及

公用低压配电设备维护等工作。全所现有人员共 18 人，其中所长 1 人、安全员 1 人、线损管理 1 人、电费核算管理 1 人、电工组长 2 人、营业员 3 人、专职电工 9 人。

周士庄供电所

成立于 2000 年 11 月，主要担负着大同县周士庄镇 23 个行政村的工农业生产和居民客户的低压业扩报装、抄表、收费、用电检查、供电抢修及公用低压配电设备维护等工作。全所现有人员共 13 人，其中所长 1 人、其中所长 1 人、安全员 1 人、线损管理 1 人、电费核算管理 1 人、电工组长 1 人、营业员 2 人、专职电工 5 人。

巨乐供电所

成立于 2003 年 11 月，主要担负着大同县（区）巨乐乡、西坪镇、27 个行政（自然）村的工农业生产和居民客户的低压业扩报装、抄表、收费、用电检查、供电抢修及公用低压配电设备维护等工作。全所现有人员共 12 人，其中所长 1 人、安全管理 1 人、电费管理 1 人、电工组长 1 人、线损管理 1 人、营业员 2 人、专职电工 5 人。

长安村供电所

成立于 2001 年 3 月，主要担负着大同县杜庄乡、吉家庄乡、党留庄乡 35 个行政村的工农业生产和居民客户的低压业扩报装、抄表、收费、用电检查、供电抢修及公用低压配电设备维护等工作。全所现有人员共 14 人，其中所长 1 人，管理人员 3 人，专职电工 10 人。

许堡供电所

成立于 2000 年 1 月，主要担负着大同县许堡乡镇 29 个行政村的工农业生产和居民客户的低压业扩报装、抄表、收费、用电检查、供电抢修及公用低压配电设备维护等工作。全所现有人员共 13 人，其中所长 1 人、安全员 1 人、线损管理 1 人、电费核算管理 1 人、电工组长 1 人、营业员 1 人、专职电工 7 人。

徐疃供电所

成立于 2003 年 11 月，主要担负着大同县（区）

峰峪乡、杜庄乡、28 个行政（自然）村的工农业生产和居民客户的低压业扩报装、抄表、收费、用电检查、供电抢修及公用低压配电设备维护等工作。全所现有人员共 11 人，其中所长 1 人、安全管理 1 人、电费管理 1 人、电工组长 1 人、线损管理 1 人、营业员 2 人、专职电工 4 人。

开发区供电所

2012 年 8 月接收，按照"三集五大"体系建设要求，主要担负着大同县倍加造、党留庄、水泊寺和开发区的工农业生产和居民客户的低压业扩报装、抄表、收费、用电检查、供电抢修及公用低压配电设备维护等工作。全所现有人员共 9 人，其中所长 1 人，副所长 1 人，专职电工 7 人。

第五节　用　电

1999 年，累计供电量 6001.86 万千瓦时，累计售电量 5432.88 万千瓦时。

2000 年，累计供电量 6884.3 万千瓦时，累计售电量 6245.44 万千瓦时。

2001 年，累计供电量 14475.7 万千瓦时，累计售电量 13796.79 万千瓦时。

2002 年，累计供电量 21569.83 万千瓦时，累计售电量 20865.82 万千瓦时。

2003 年，累计供电量 25323.38 万千瓦时，累计售电量 24488.23 万千瓦时。

2004 年，累计供电量 29405.45 万千瓦时，累计售电量 28438.9 万千瓦时。

2005 年，累计供电量 37785.57 万千瓦时，累计售电量 36539.91 万千瓦时。

2006 年，累计供电量 14230.41 万千瓦时，累计售电量 12923.43 万千瓦时。

2007 年，累计供电量 48662.35 万千瓦时，累计售电量 47505.85 万千瓦时。

2008 年，累计供电量 54184.36 万千瓦时，累计售电量 51649.25 万千瓦时。

2009 年，累计供电量 45881.13 万千瓦时，累计售电量 43994.28 万千瓦时。

2010 年，累计供电量 54187.35 万千瓦时，累计售电量 51880.99 万千瓦时。

2011 年，累计供电量 57762.04 万千瓦时，累计售电量 55345.14 万千瓦时。

2012 年，累计供电量 21369.27 万千瓦时，累计售电量 19753.14 万千瓦时。

售电量按各行业分类如下。

2007 年，农林牧渔业 946.64 万千瓦时；工业 7537.97 万千瓦时，建筑业 263.2 万千瓦时；交通运输、仓储和邮政业 34735.79 万千瓦时；信息传输、计算机服务和软件业 47.91 万千瓦时；商业、住宿和餐饮业 112.83 万千瓦时；金融、房地产、商务及居民服务业 654.84 万千瓦时；公共事业及管理组织 901.85 万千瓦时；城乡居民生活用电合计 2304.82 万千瓦时。

2008 年，农林牧渔业 1010.88 万千瓦时；工业 7551.73 万千瓦时；建筑业 225.19 万千瓦时；交通运输、仓储和邮政业 38829.44 万千瓦时；信息传输、计算机服务和软件业 70.14 万千瓦时；商业、住宿和餐饮业 102.65 万千瓦时；金融、房地产、商务及居民服务业 343.82 万千瓦时；公共事业及管理组织 840.90 万千瓦时；城乡居民生活用电合计 2674.49 万千瓦时。

2009 年，农林牧渔业 1366.15 万千瓦时；工业 7520.96 万千瓦时；建筑业 238.01 万千瓦时；交通运输、仓储和邮政业 30256.63 万千瓦时；信息传输、计算机服务和软件业 109.4 万千瓦时；商业、住宿和餐饮业 163.3 万千瓦时；金融、房地产、商务及居民服务业 364.32 万千瓦时；公共事业及管理组织 711.31 万千瓦时；城乡居民生活用电合计 3264.2 万千瓦时。

2010 年，农林牧渔业 1776.03 万千瓦时；工业 9250.52 万千瓦时；建筑业 956.37 万千瓦时；交通运输、仓储和邮政业 35158.52 万千瓦时；信息传输、计算机服务和软件业 254.09 万千瓦时；商业、住宿和餐饮业 238.66 万千瓦时，金融、房地产、商务及居民服务业 460.07 万千瓦时；公共事业及管理组织 747.14 万千瓦时；城乡居民生活用电合计 3039.59 万千瓦时。

2011 年，农林牧渔业 2217.59 万千瓦时；工业 8765.46 万千瓦时；建筑业 1695.32 万千瓦时；交通运输、仓储和邮政业 37178.80 万千瓦时；信息传输、计算机服务和软件业 386.56 万千瓦时；商业、住宿和餐饮业 329.58 万千瓦时；金融、房地产、商务及居民服务业 535.23 万千瓦时；公共事业及管理组织 904.86 万千瓦时；城乡居民生活用电合计 3331.75 万千瓦时。

2012 年，农林牧渔业 1952.49 万千瓦时；工业 6989.17 万千瓦时；建筑业 1123.96 万千瓦时；交通运输、仓储和邮政业 3836.47 万千瓦时；信息传输、计算机服务和软件业 335.72 万千瓦时；商业、住宿和餐饮业 343.55 万千瓦时；金融、房地产、商务及居民服务业 460.29 万千瓦时；公共事业及管理组织 1007.95 万千瓦时；城乡居民生活用电合计 3703.54 万千瓦时。

第六节　管　理

大同县电力管理坚持优质服务从基础工作抓起，不断完善机制，规范管理，大力推广先进技术，全面提升用电营销管理水平；营销收费人员及维护人员包括供电所实现营业窗口无周休日工作制，安排了夜间值班，局领导带班，股室领导值班。线路、修试等有关班组人员组成的事故抢修队，配备了必要的通讯器具，建立了抢修材料备品备件库，确保了安全正常供电；实行"客户经理服务制度"，真正实现了"只进一道门，办妥全部事"，专人接待，特事特办，急事急办和即来即办，架起了供电部门与客户间的服务"连心桥"；重点投资项目和重要客户实行公司领导定期上门走访，现场办公等特别服务，广泛接受社会监督，虚心听取客户意见和建议，切实为客户解决用电问题；要求各部门主动上门与客户面对面的沟通，避免客户因不了解政策而对供电企业产生误解，为客户提供技术指导等热情服务，杜绝"三指定"，帮助客户严格把好电气设备质量关；对高压客户计划停电时，除了按规定提前在新闻媒体（报刊及广播电视台）上公布外，还要求专人对用户电话告知，避免客户在经济上受到不应有的损失。

为了彻底转变职工的工作作风，进一步增强职工的服务意识。县电业局从转变营销观念、提高思想认识上抓起。学习"服务守则""三个十条"等规定。坚持职业道德和"四有"培训，教育和引导职工牢固树立客户至上的服务意识，督促职工认真履行服务承诺，使职工在思想上和行动上做到目标统一、行为规范。并逐步建立健全了各种运转有序的责任制和奖罚分明的激励机制，制定了行风建设考核办法和营销人员规范化服务标准。对发生的投诉举报、事故抢修逐一落实，并在规定的期限内作相应处理。

同时，县电业局还推行了服务承诺制度，政务公开制度，民主评议行风制度，通过各种形式公开内容，宣传解答，相互沟通。从内外两方面加强监督。对内加强职工职业道德教育，实行公开办事制度，增强工作透明度。对外通过召开座谈会，发放征求意见书，聘请用户监督员，设立监督电话、举报箱，建立领导接待日制度等形式，广泛接受社会监督。

第十六编　商贸服务业

第一章　流通体制改革

第一节　商业体制改革

随着商业体制改革的深入发展，国有商业现有的经营方式难以适应社会主义市场经济的需求，出现了经营困难，市场萎缩，难以为继的局面，主管部门为企业的生存做了大量细致艰苦的工作，但效益仍然大幅下滑，出现了严重的负增长。

为了繁荣市场，增加收入，实现两个根本转变，根据商业企业的实际情况，深化改革，改变经营形式和经济增长方式，是零售企业的当务之急。主管部门征得县委、政府领导的同意，对国有零售商业的大众商场、兴达商场、人民商场经营方式进行改革，实行柜台租赁、国有民营的经营管理办法。

经营方式是租赁柜台，国有民营。国营商场留有一定数量的柜台、仓库。用于处理现有的库存及今后有大宗业务，可以此为基地进行交易。在商场的职工可以优先租赁，其余部分柜台面向社会出租。现有存货，租赁者按不同优惠价格接受和挑选。

管理原则是"三自、三统一"。即租赁者要自办执照、自主经营、自负盈亏。三统一是：统一收缴税费、统一管理水电卫生和安全保卫、统一组织上级安排的公益活动。

对商场管理人员的要求是，要对租赁者提供优质服务；建立正常的经营秩序和优美的经营环境；监督经营者依法经营。对租赁者的要求是，不得经营假冒伪劣产品；不得搞不正当竞争和价格欺诈；必须按时缴纳税费；必须爱护所租赁的设施。

柜台出租后。存货必须尽快处理。存放时间越长损失越大。大部分存货是可以销出去的。处理存货的方式和步骤：出租前，将所有存货彻底盘点，摸清底数，分清畅销、滞销数量；在出租时，由承租者自由选购或随柜台配售一部分，价格在进价的基础上再降10%—20%；商场留下的柜台由管理人员销价处理；由商场管理人员送货下乡，销往农村；剩余无价值的通过有关部门报废处理。

至2002年5月，所剩商品全部清理完毕。

根据政府实施经营城市战略，加快发展优化环境，按照县城总体规划，商业黄金地段全部进行拆迁改造，涉及9个企业。全系统共清理不良贷款3000多万元。

1997年5月大众商场，由交警大队投资，县装潢公司承建，以等额经营面积折算大楼，分得经营面积1540平方米。

2002年5月糖酒公司，由县建筑二公司投资并承建。

2003年4月百货公司，由县建筑二公司投资并承建。

2004年5月人民商场，由县建筑二公司投资并承建。

2005年4月五交化公司、兴达商场由霖茂公司投资建设。

2005年5月商业中心，由霖茂公司投资建设。

2007年底拆清，2008年4月加工厂、食品公司由霖茂公司投资建设（以上建设工程均为当年投资当年建成）。

商贸服务业

第二节　粮油流通体制改革

1953—1978年,全县粮油流通实行统购统销体制。1978年后,全县的粮油流通体制改革大致分六个阶段:

第一阶段(1979—1984年)继续维持"统购"制度,提高收购价。这一阶段主要是探索改革粮食收购制度,粮食流通由计划向计划和市场调节相结合转变,逐步放开搞活粮食流通。主要措施有两项。一是维持原有购销政策不变的情况下大幅提高征购价格。从1979年起,粮食统购价提高20%,超购加价由30%提到50%;1982年至1984年根据山西省人民政府指示,实行"粮食征购基数、销售、调拨包干一定三年"不变。二是适当放宽粮食集市贸易。从1983年起对完成征购、超购任务后的粮食及一些小杂粮实行多渠道经营,可以通过集市少量经营粮油,国有粮食企业实行一业为主,多种经营,提高经济效益。

第二阶段(1985—1990年)取消粮食统购,实行合同定购和市场收购并存,继续维持"统销"。从1985年开始,按照国务院的精神,全县取消了实行32年的粮食统购制度,改为合同定购,从同年4月1日执行这一政策。定购的粮食按"倒三七"比例计价,即定购粮食的三成按原统购价收购,七成按原超购价收购。实行合同定购后任何单位不得再下达指示性收购计划,农民完成定购以外的粮食可以自由上市,如果市场价低于原统购价则国有粮站按原统购价敞开收购,形成合同收购和市场收购相结合的"双轨制"。这一阶段全县对粮食大户实行售粮奖励,定购粮食实行化肥、柴油和预购定金"三挂钩"奖励政策。

第三阶段(1991—1993年)取消粮食"双轨制",放开粮食销售市场。这一阶段的改革就是取消"统销",实行居民向市场自由购买,粮价随行就市。1993年5月,在全县实行40多年的粮油票制度取消,粮油票停止流通,取消对非农户的平价供应。粮食销售全面放开,私人粮店应运而生。

第四阶段(1994—1997年)这一阶段虽然放开销售市场,但对收购市场抓得很紧。1995年后实行粮食行政首长负责制,并且粮食收购资金开始向农发行贷款。

第五阶段(1998—2003年)落实"三项政策,一项改革"。1998年大同县人民政府以大政发[1998]58号文件出台《大同县人民政府关于进一步加强粮食流通管理的实施意见》,县粮食局出台《大同县粮食局进一步做好敞开收购顺价销售工作实施办法》《大同县粮食局关于对企业资金实行监督管理封闭运行的实施办法》,贯彻国务院"四分开一完善、三项政策一项改革"的精神。①按保护价敞开收购农民余粮,对农民交售的余粮有多少收多少,保护价由上级粮食部门定。②严格执行粮食顺价销售。坚持顺价销售,售粮不能出现亏损。基层粮站销售原粮需经县粮食局批准,合理核算成本,不合理费用不计入成本。③严格执行收购资金封闭运行。一是实行主营和附营、政策性业务和经营性业务彻底分开。至1998年改革前,全系统附营企业共9个,为粮食局基建队、饲料公司、粮食加工厂、养殖厂、粮运公司、粮油议价公司、粮贸公司、食品厂、二门市,并且在10个国有粮站中政策性和经营性业务也混在一起。虽然1995年开始按照国务院精神探索"两条线"运行,初步实行主营和附营分离,但人、财、物没有彻底分开。1998年改革中,主营和附营、政策性业务和经营性业务彻底分离,业务、人员、资金、财务彻底分开,独立核算,自主经营。全系统又新成立南栋庄经营公司、吉家庄经营公司、峰峪经营公司、杜庄经营公司、党留庄经营公司、直属库经营公司、聚乐经营公司、许堡经营公司、中心经营公司、周士庄经营公司10家附营企业。新成立的附营企业和原有附营企业在农业银行开户,主营企业(粮站)在农业发展银行开户。二是加强收购资金管理。粮食局定期不定期检查资金运行情况,企业贷款需经粮食局审核,严禁直接或变相挤占挪用收购资金;建立健全收购资金预报制度,避免资金出现供应断档，发生给农民打白条事情；收储企业及时向县粮食局报告资金周转情况，严防销货款体外循环；坚持"钱货两清"结算原则，不能形成新的货款拖欠。④强化收购市场管理。县粮食局成立了市场管理稽查队，按照《粮食收购管理条例》对全县粮食市场进行管理，严禁非国有粮食收储企业及个体经营者和私营企业到农村直接收购；粮食收购以县级行政区域为单位，国有收储企业只准在本县区收购粮食，不得到外地收购粮食；所有从事粮食批发的单位和个人须经县粮食局批准发给批发准入证，工商部门据此办照。

第六阶段（2004—2009年）粮食购销市场化改革。这一阶段是全县粮食流通体制改革的攻坚阶段，主要在2004—2007年四年期间。全县认真贯彻落实国务院《关于进一步深化粮食流通体制改革的意见》（国发〔2004〕17号）、《关于完善粮食流通体制改革政策措施的意见》（国发〔2006〕16号）和国家发改委、国家粮食局、财政部等五部委《关于印发进一步深化国有粮食购销企业改革的指导意见的通知》（国粮财〔2004〕第25号），省人民政府《关于进一步深化粮食流通体制改革的指导意见的通知》（晋政发〔2004〕29号）和大同市人民政府《关于进一步深化粮食流通体制改革的实施方案》（同政发〔2004〕172号）及《关于加快全市粮食流通体制改革工作的意见》（同政发〔2006〕第28号）一系列文件精神。以购销市场化为目标，以转变国有粮食收储企业经营机制和产权制度改革为核心，以解决"老粮、老账、老人"三老问题为主要内容，全面推进粮食流通体制改革。

老粮问题：在2002年和2003年加大玉米出口力度的基础上逐步消化老粮，2004—2006年三年进一步加强老粮消化，到2007年改革攻坚时，全县收储企业粮食库存主要为省、市储备粮和小杂粮，老粮全部消化，库存水平较低。

老账问题：2005年上半年，按全国统一部署，对1998年至2004年期间的财务进行挂账审计，全县粮食系统财务挂帐计7130万元，2006年下半年，这部分挂账由县粮食局统一设立专户贷款，从11个收储企业剥离出来，挂在农发行账上。

老人问题。在2004年到2006年三年期间，粮食系统职工进入县"4050"人员约50人。2007年县政府以大政发〔2007〕53号文件下达《大同县关于进一步深化粮食流通体制改革的实施方案》并重新调整县粮食流通体制改革领导组，成立以县长为组长，以分管县长为副组长，以及粮食局、财政局、劳动保障局、国土局、农业局、审计局、质监局、发改委、物价局、编制办公室、农业发展银行等16个部门组成的领导组，推进以分流和安置职工为主要内容的改革。

具体做法。1.大龄职工（全系统50人），距法定退休年龄5年以内（含5年）以及工龄30年以上（含30年）的大龄职工，解除劳动关系后按职工本人的工作年龄，每满一年（以整年整月计算，不满一年按一年计算）给予一个月工资的经济补偿，但不发给本人，新企业建立专账管理，用于交养老保险和失业保险，以及失业二年后无法就业的养老保险和最低生活补助，不足部分由新企业负担，失业后按规定享受失业保险待遇。2.自愿解除劳动关系参与入股的职工（全系统计136人），按职工本人的工作年龄每满一年给予一个月工资的经济补偿，补偿金作为养老保险和股金，对两年后无法就业的股东，可回新企业就业，失业后按规定享受失业保险待遇。3.自愿解除劳动关系不愿参股的职工（全系统计381人），按职工的工作年龄每满一年给予一个月工资的经济补偿，以现金形式一次性支付，原企业为其补交养老保险金（单位部分）至2006年底，并按规定享受失业保险待遇。4.不愿解除劳动关系自愿留在企业的职工（全系统计32人），改制后与企业重新签订劳动合同，工龄连续计算，原企业不再支付经济补偿金，以后不再享受这次粮改待遇。5.寄存档案人员全系统约200多人，按规定解除劳动关系，不给予经济补偿金。

相关配套改革措施。1.粮食行政管理部门在政府有关部门审核后，人员（包括离退休人员）工资经费列入本级财政,不再向企业摊派费用,局行政共 61 人,其中退休 24 人工资及办公经费列入县财政预算。2. 劳动和社会保障部门对粮食职工进行再就业培训,办理好职工失业登记和社会养老保障转移接续手续,对符合"4050""零就业"家庭给予办理安置就业。3. 民政部门办理城镇居民最低生活保障优先考虑粮食系统职工。4. 财政税务部门按中央、省、市有关政策规定,继续落实有关粮食税收优惠政策。5. 改革过程中,办理房产证、土地使用证等事项,有关部门提供优质服务,减免相关费用。6. 国有粮食购销企业改革中支付的审核、评估、验资、登记、签证等行政事业收费只收工本费。7. 省、市政府对购销企业改制安置补偿资金 342 万元,县财政为及时启动改革借给粮食系统 300 万元。8. 充实县级储备粮 800 万斤。

第二章　市　场

第一节　县城市场

1996 年,大同县只有人民商场、大众商场、兴达商场、批零商场四个主要商场。

人民商场　(归原县商业局管辖)位于县城中心东北角,为前商场后库房、办公用房为院式平房建筑,占地面积 1800 平方米,建筑面积 1005 平方米,营业面积 468 平方米;主营日用百货、服装、五金产品和各种家电。

大众商场　(归原县商业局管辖)位于县城中心西北角,为平房建筑,占地面积 3215 平方米,建筑面积 540 平方米,营业面积 270 平方米;

兴达商场　(归原县商业局管辖)位于县城中心西南角,为二层楼房建筑,占地面积 420 平方米,建筑面积 820 平方米,营业面积 420 平方米;

批零商场　(归原供销社管辖),位于县城中心东南角,为二层楼房建筑,营业面积 260 平方米;

除了这些主要商场外,还有百货公司门市部、大同县副食日杂公司门市部、大同县农产品公司门市部、大同县糖酒公司门部等一些小型门市。

1997 年 5 月,由县交警队投资、县装潢公司承建对大众商场进行改造建设。该建筑为 5 层建筑,其中 1—2 层为商业用房,3 层以上为住宅楼,改造后,商场营业面积 1540 平方米。拥有商户 30 户,年销售额 1600 万元。

2004 年,由县第二建筑公司投资对县人民商场进行改造建设,新建商场大楼为 5 层建筑,其中 1—2 屋为商业用房,3 层以上为住宅楼,改建后的商场建筑面积 2000 平方米,营业面积为 1500 平方米。拥有摊位 100 个,商户 80 户,年销售额 1500 万元。

2005 年 4 月,由霖茂公司对兴达商场和五交化公司大院进行改造,新建的霖茂商场为 5 层建筑,1-2 层为商场,3 层以上为住宅楼,新建商场建筑面积为 4200 平方米,使用面积 2600 平方米,有 198 个商户,年销售额达 4300 万元。

2007 年 1 月,由霖茂公司对原供销社大院进行改建,拆除了批零商场,新建了昊和广场和临街商用住宅楼。

此后,随着县城的改造和建设,新改造建设的临街楼房一层全部为商业用房。

1996 年,县城菜市场处于以街为市的状态。

1997 年,由县政府统一组织,对县城永业西街进行改造,共建成一层临街商业店铺 40 个,总计 920 平方米,拥有商户 26 个,建成全县第一个有固定场所的菜市场。

2003—2004 年,县政府先后对永业东街南工业销售公司和物资公司大院进行改造,建成临街二层商店铺,从此,永业东街则作为县城的一个固定市场一直运营到现在。

2006 年,因城市建设需要,县政府又对永业西街进行改造,拆除了原来的临街店铺。

2001 年,由西坪镇政府引进江苏投资人,对县原灯光场进行改造建设,建成明珠批发市场,该市场总投资 260 万元,总建筑面积 8700 平方米。其中固定摊位 200 个,共 3600 平方米;交易棚 2 个,每个

28×14 平方米,市场建成后,最高时期共容纳各类经营 90 户,年交易额达 2000 万元。由于市场设计建设上存在缺陷,商户逐年减少,最少时为 37 户,年销售额为 500 万元。2009 年 7 月,因县城改造建设,该市场拆除。市场设在县城北街。

第二节　农村市场

1996 年,全县农村商品市场仍是以供销社基层门店为主,个体小卖部开始在一些乡村相继出现。蔬菜供应则靠农民自给自足或是乡村流动车辆供应。全县只有倍加造、周士庄、湖东三个地方有自发形成的菜市场,主要经营肉食品和蔬菜。其中倍加造镇农村集贸市场位于倍加造村中心南北大街;周士庄集贸市场位于周士庄村中心东西大街;湖东集贸市场位于湖东中心街;2006 年,随着新农村的建设,党留庄乡集贸市场形成,该市场位于党留庄村乡政府大院对面,主要经营肉品、蔬菜和日用百货。

2007 年 4 月,由倍加造镇政府投资 1000 万元,在新建的倍加造镇政府东开工建设倍加造集贸市场,该市场占地面 10 亩,新建市场摊位 140 个,总建筑面积为 8000 平方米,工程于 2007 年底建成,直到 2010 年,该市场一直没有投入使用。

2005 年 2 月,商务部启动“万村千乡市场工程”,在农村逐步推行连锁经营,构筑以城区店为龙头、乡镇店为骨干、村级店为基础的农村现代流通网络。从 2006 年开始,全县按照省市商务部门的工作安排,选择大同县新农商贸有限责任公司作为承办企业,开始实施这一工程,到 2010 年,共建成农家店 120 家,覆盖全县 10 个乡 86 个行政村,其中,2006 年建设农家店 30 家,其中乡级店 18 个,村级店 12 个;2007 年建设农家店 30 家,其中乡级店 1 家,村级店 29 个;2008 年建农家店 20 家,全部为村级店;2009 年建设农家店 20 家,全部为村级店;2010 年建设农家店 20 家,全部为村乡店。

2010 年,由吉家庄乡政府筹集资金,在南栋庄村投资建设大同县汇丰仓储物流中心,该中心总投资 580 万元,占地面积 115 亩,新建农产品彩钢棚交易场地 12000 平方米,冷藏库 2000 平方米,脱水蔬菜加工区 3000 平方米,办公用房、地磅等附属设施建筑面积 6000 平方米,绿化硬化面积 13252 平方米。该中心主要从事各类瓜果蔬菜和农副土特产品及农资产品的交易及储存外运,首期工程于 2010 年 9 月投入营运,到 2010 年底,交易额达 500 万元。

第三章　商贸服务

第一节　生产资料购销

农业生产资料供应

1996年,全县从事农业生产资料供应的企业主要是大同县供销社生产资料公司、大同县供销社各乡镇供销社和大同县种子公司,农资类型主要是化肥、地膜、农药和种子。

1996—2010年大同县供销社各年度生产资料销售情况

表16 - 3 - 1　　　　　　　　　　　　　　　　　　　　　　　　　　　　　　单位:吨、千克

年份	化肥					农药	地膜
	尿素	硝铵	碳铵	磷肥	复合肥		
1996	1743	974	5169	2687	3612	600	70000
1997	1139	333	2897	2452	1639	700	93000
1998	518	183	309	2244	980		31500
1999	536	231	276	875	1425		546
2000	381	131	629	1000	500	300	
2001	391	121	619	1192	507	300	
2002	903	636	918	713	423		
2004	1582		2959	1581	734		
2006	675		331	170	442		
2008	356		1100	500			60000
2010	900		1000	500	2000		50000

从2003年开始,国家放开农资市场,个体民营资本开始进入农资市场,许多个体商户开始从事农业生产资料供应,到2010年底,全县从事农业生产资料供应的商户共7家,这些个体商户占全县种子、地膜、农药供应量的大部和化肥供应量的一半。

石油供应

1996年,因国家放开成品油管理,全县石油供应由石油公司3家加油站和9家个体加油站供应。

2000年,国家对成品油市场开始清理整顿,实施许可证管理制度,要求所有从事成品油零售和批发的企业必须办理成品油零售经营许可证。在这次整顿中,有些原来从事成品油经营的个体加油站因没有办理成品油零售经营许可证被取缔。以后,随着煤炭市场的复苏和全县公路运输业的发展,成品油零售企业逐年增加,到2010年底,全县取得成品油零售经营批准证书的加油站24座,其中,中石化13

座,中石油3座,社会及民营加油站8座,两大集团加油站占全县加油站的64%;按区域和道路分布:县城区范围内6座;公路18座,分别为:大张公路4座,同浑(大灵)公路4座,109公路(孙吴公路)8座。京大高速2座。2009年底,全县各加油站共销售成品油27232.8吨,其中汽油7713.64吨,柴油19609.16吨。

2009年大同县加油站经营情况

表16-3-2

单位:吨

序号	证书编号	企业名称	隶属关系	成品油销售量		
				汽油	柴油	合计
1	0211903	中国石油化工股份有限公司山西大同县瓜园加油站	中石化	33	190	223
2	0211010	中国石油化工股份有限公司山西大同县杜庄加油站		23	240	263
3	0211006	中国石油化工股份有限公司山西大同县不夜城加油站		27	300	327
4	0211020	中国石油化工股份有限公司山西大同县周士庄加油站		73	400	473
5	0211004	中国石油化工股份有限公司山西大同县西坪加油站		1000	626	1626
6	0211005	中国石油化工股份有限公司山西大同县倍加造加油站		107	961	1068
7	0211007	中国石油化工股份有限公司山西大同县许堡加油站		24	546	570
8	0211018	中国石油化工股份有限公司山西大同县聚乐加油站		201	469	670
9	0201021	中国石油化工股份有限公司山西大同同庆加油站		28	200	228
10	0211008	中国石油化工股份有限公司山西大同京同加油站		536	850	1386
11	0000031	中国石油化工股份有限公司山西大同京大高速公路官堡服务区A区加油站		938	3400	4338
12	0000032	中国石油化工股份有限公司山西大同京大高速公路官堡服务区B区加油站		1336	1000	2336
13	0211801	中国石油化工股份有限公司山西大大同县倍加造第二加油站		520	600	1120
14	0211024	大同县机电加油站	社会		400	400
15	0211012	大同县广源加油站		170	95	265
16	0211013	大同县华利加油站		2.64	35.16	37.8
17	0211011	大同县官堡加油站		172	322	494
18	0211009	大同县鑫龙加油站			800	800
19	0211017	大同市金龙经贸有限责任公司第十加油站		361	2335	2606
20	0211015	大同市金龙经贸有限责任公司第二加油站		97	329	426
21	0211016	大同市金龙经贸有限责任公司第十一加油站		316	674	990
22	0211001	中国石油天然气股份有限公司山西销售分公司大同第十九加油站	中石油	357	1751	2108
23	0211014	中国石油天然气股份有限公司山西销售分公司大同第三十三加油站		438	1883	2321
24	0201006	中国石油天然气股份有限公司山西销售分公司大同第十加油站		954	1203	2157
合计				7713.64	19609.16	27232.8

第二节 农副产品购销

1996年，全县农副产品购销主要由县供销联社、县供销社直属公司、供销社基层社，县粮食局各基层粮站和公司、县外贸公司这三大主体进行。购销品种主要是黄花菜、绿豆、油菜籽、芸豆、红小豆，葵花籽等。

1996—2010年大同县供销社分年度农副产品收购情况

表16-3-3　　　　　　　　　　　　　　　　　　　　　　　　　　　　　　单位：万斤

年份	黄花菜	绿豆	玉米	油菜籽	芸豆	红小豆	黄豆	葵花籽
1996	53.8	71.9	300	24	45	17.6		
1997	26	72	280				20	
1998	42	210						63
1999	13	110						32
2000	29	90	36		24			
2001	15	70			31			6
2002	21	51						
2003	28	59						
2004	24	40	46					
2005	13	69					12	
2006	15	55						
2007	18	60	113					
2008	14	40						
2009	16	20						
2010	12	8						

1996—2001年大同县外贸公司部分年度农副产品收购情况

表16-3-4　　　　　　　　　　　　　　　　　　　　　　　　　　单位：万斤、万元

年份	黄花菜		绿豆	
	数量	金额	数量	金额
1996	56.7	177		
1999	6.3194	25.5	26.5	33.5
2000	8.1842	37.6	26.7242	54.7
2001	4.3137	21.6		

从1999年开始，随着供销、外贸、粮食等农副产品收购企业的不景气，个体民营企业开始进入农副产品购销市场，个体民营企业因其在收购价格和销售方面更具灵活性和主动性而逐渐成为了农副产品购销的主渠道。在众多的农副产品购销民营企业中，大同县三利农产品公司和大同县黄花公司成为众多企业中的领头者。

大同县三利农副产品有限责任公司成立于2004年6月，是一家以收购加工销售黄花、绿豆、玉米以及其他杂粮为主的农业企业。公司位于西坪

镇寺儿上村,总占地面积20亩,总资产900万元,其中固定资产500万元,流动资金400万元,拥有车间、仓库、晾晒台等基础设施和全自动化小米、糕面加工机烘干机、筛选比重机、真空包装机、打包机、输送带等生产设备,年加工销售绿豆250万千克,市场收购占有率达50%,黄花100万千克,市场收购占有率达60%,玉米500万千克,市场收购占有率达40%,成为大同市农副产品加工龙头企业之一。公司充分发挥"龙头企业"的地位和优势,致力于产业基础建设,与全县10个乡镇130个村庄的2.1万户农民签订了种植、收购合同。并注册了御黄牌黄花、绿豆,利黄牌小米、糕面两项商标,产品销往湖南、广东、广西、上海、山东等20个省市。公司经理庞乃东被评为山西省农村青年优秀经纪人、大同市劳动模范。公司被县委、县政府授予先进集体、被

大同县消费者协会授予诚信单位。御黄、利黄商标2011年被大同市评定为知名商标。

大同县黄花总公司成立于1999年4月,是一家公司加农户产供销一体化的综合性股份制企业。企业位于县城北,占地18648平方米,现有职工110名,企业总资产889万元,其中固定资产413万元,年可加工销售黄花200万千克,加工销售绿豆300万千克,是大同市农副产品加工销售龙头企业。产品销往国内22个省市区,公司生产的昊天牌黄花菜和绿豆,在2001年中国国际农博会上获"中国优质产品"和"山西省名牌产品"称号;2003年获国家绿色食品发展中心绿色食品认证;2004年获山西省著名商标;企业于2005年获国家企业信用管理评价中心全国重质量守合同AAA信用单位;产品在2010年第八届中国国际农产品交易会获金奖。

2001—2009年大同县黄花总公司各年度黄花绿豆收购情况

表16-3-5　　　　　　　　　　　　　　　　　　　　　　　　　　　　　单位:吨、万元

年份	收购量				销售量			
	黄花菜		绿豆		黄花菜		绿豆	
	数量	金额	数量	金额	数量	金额	数量	金额
2001	445	712	95	32.3	439	790.4	90	39.6
2002	630	1008	108	36.7	620	1116	100	44
2003	730	1168	166	56.4	720	1295	160	70
2004	810	1458	210	71.4	800	1600	200	80
2005	840	1512	190	85.5	835	1670	180	90
2006	905	1629	170	68	903	1988	170	88
2007	928	1763.2	190	81.7	925	2167	180	90
2008	955	1814.5	200	90	950	2222	188	100
2009	990	1961	247	163	985	2214	240	182

第三节　社会服务业

1996年,全县社会服务业仅限于住宿、餐饮、美容美发等行业,而且规模较小。随着经济的繁荣和

县城改造步伐的加快,餐饮、住宿、洗浴等行业有了进一步发展,规模的档次逐步提高。其中餐饮业中较大规模有昊天商务会馆、宏达大酒店等酒店,这2家酒店集餐饮、住宿、洗浴为一体。

2008—2010 年大同县社会服务业情况

表 16 - 3 - 6

行业类别	年份	户数(户)	从业人员(人)	注册资金(万元)
住宿和餐饮业	2008	264	543	229
	2009	284	587	265
	2010(1—10 月)	321	545	341
居民服务和其他服务业	2008	562	854	622
	2009	639	996	734
	2010(1—10 月)	676	912	789

第四节 对外贸易

1996 年，大同县没有外贸进出口企业，对外贸易主要是出口，所有出口产品都是由外贸公司组织货源，通过山西省外贸进出口公司出口，出口商品主要是工业硅和黄花、绿豆等农副产品。1997 年，国家开始对部分企业和县级外贸公司下放进出口权限，同年 2 月 19 日，大同县工业硅厂获中华人民共和国对外贸易部批准，取得自营出口权，成为大同县首个获得自营出口权的企业，成为全县重点出口企业。2007 年，由于多种原因，企业停产。

1998—2006 年大同县工业硅厂出口情况

表 16 - 3 - 7

年份	1998	1999	2000	2001	2002	2003	2004	2005	2006
出口额 万美元	272	435	601	605	647	879	762	680	287

1998 年，大同县外贸进出口公司取得自营出口权。由于企业不景气，该企业一直没有自营出口，只是利用自营出口权为其他企业代理出口了一些商品。

2004 年，国家全面放开企业自营出口权，后随着全县招商引资进程的加快，许多个体民营企业落户大同县，并先后办理了自营出口权，其中山西省大同县黄花总公司于 2005 年 8 月 10 日取得自营出口权；卫华药业、魏都活性炭于 2006 年取得自营出口权，华青活性炭于 2008 年取得自营出口权。此后，长安高岭土、同晶活性炭、云光活性炭、永翔食品有限公司等企业先后也获得自营出口权，全县出口商品由原来的农副产品和工业硅扩展到农副产品、活性炭、医药、脱水蔬菜等。由于市场等方面的原因，这些企业在自营出口的同时，也为其他出口企业供货，由其他企业代理出口。其中卫华药业的出口情况见表 16 - 3 - 7。

2006—2010 年大同县卫华药业出口情况

表 16 - 3 - 8
单位:万美元

年份	2006	2007	2008	2009	2010(1—10 月)
出口额	34	0	0	9.4	5.7

从 2006 年起，由于工业硅厂的停产，大同县对外出口额，逐年下降。

2006—2010 年大同县对外出口情况

表 16 - 3 - 9
单位:万美元

年份	2006	2007	2008	2009	2010(1—10 月)
出口额	517	386	118	95	114

第四章　粮油购销

第一节　粮食购销

粮食收购

国有粮食购销企业粮食收购　1996 年国有粮食收储企业为：南栋庄粮站、吉家庄粮站、峰峪粮站、杜庄粮站、党留庄粮站、周士庄粮站、聚乐粮站、中心粮站、许堡粮站 10 个粮站。2000 年养老洼粮站从许堡粮站分出，成为独立核算企业，国有粮食购销企业增为 11 家。

1996 年，全县粮食收购总量 31087 万千克，征购价格农业税粮执行上年的定购价格，合同定购粮征购价格执行省、市核定的市场指导价，1997 年全县粮食收购总量 22337 万千克，征收价格执行上年政策。

1998 年，国务院出台"三项政策一项改革"即：按保护价敞开收购农民余粮，粮食顺价销售，收储资金封闭运行。1998 年至 2000 年，严格执行国务院精神，征收价格一律按保护价，1998、1999、2000 年粮食收购总量分别为 38786 万千克、20032 万千克、37708 万千克。

2001 年，国务院出台"放开销区，保护产区，省长负责，加强调控"政策，省政府根据国务院精神，将全省玉米退出保护价。2001 至 2003 年大同县收购价格执行省、市核定的市场指导价，2001、2002、2003 年粮食收购总量分别为 7778 万千克、49276 万千克、14772 万千克。

2004 年，按照国务院、省政府的精神，全面放开粮食收购市场，从 2004 年起全县国有购销企业粮食收购价格均为市场价，随行就市。2004 年、2005 年、2006 年国有粮食购销企业粮食收购总量分别为 30943 万千克、41169 万千克、30448 万千克。2007 年进行人员分流改革，秋粮没有收购。2008 年粮食收购总量 24623 万千克，价格随行就市。2009 年至 2013 年未收购。

非国有企业粮食收购　2004 年粮食收购市场全面放开后，允许非国有企业进入收购市场，至 2013 年全县具有粮食收购资格（县粮食局发放"粮食收购许可证"）的非国有粮食企业计 5 家。分别为大同县涌进农副产品经销部、大同县三利农副产品有限责任公司、大同市鑫迪粮贸有限公司、大同县同联农副产品服务中心、大同县黄花公司。

2005 年，对非国有企业粮食收购进行统计。具体见表 16-4-1。

2005—2013 年非国有粮食企业粮食收购情况

表 16-4-1

年份	2005	2006	2007	2008	2009	收购价格均为市场价		
非国有企业粮食收购量（万千克）	1730	1593	35221	18039	31495			
年份	2010	2011	2012	2013		收购价		
非国有企业粮食收购量（万千克）	31562	30478	33142	34258		市场价		

粮食市场监管

1998 年国务院颁布《粮食收购管理条例》,强化收购市场管理。县粮食局成立粮油批发中心和大同县粮食市场管理稽查队,稽查队由粮食局和工商局联合成立,粮食局 4 人,工商局 2 人,队长由粮食局派出,副队长由工商局派出,配备交通工具车一辆,以及警服、警具,严禁非国有企业及个体到农村直接收购粮食。2004 年 5 月,国务院颁布《粮食流通管理条例》,粮食购销市场全面放开,标示着粮食流通管理正式从行政控管向依法管粮转变。2007 年县粮食局成立市场股,县编制部门批准成立稽查队,编制 15 人。2007 年到 2013 年,全县开展各类执法检查 120 余次,下发监管文件 460 余份,责令整改 30 余家,参加和举办粮食行政执法培训 40 人次,发放粮食收购许可证 16 家。

粮食销售

国有购销企业原粮销售　1996—2001 年国有购销企业销售的原粮大体执行顺价销售,2002—2013 年国有购销企业销售的原粮总体按市场价销售。专项储备粮(国储、省储、市储、县储)其收购、销售、轮换、调拨的价格均由政府组织粮食部门和财政部门联合下文另行规定。出口玉米其价格执行省局指导价。专项储备粮和出口玉米发生的价差而形成的亏损均由财政补贴。

非国有粮食企业原粮销售　大同县从 2005 年开始统计非国有企业原粮销售。

1996—2013 年大同县粮食销售情况

表 16 - 4 - 2　　　　　　　　　　　　　　　　　　　　　　　　　　　　　　　　　　单位:万千克

年份	国有粮食企业销售量	非国有企业粮食销售量	销售价格情况
1996	5471		大体顺价销售
1997	14780		大体顺价销售
1998	18254		严格执行顺价销售,出口玉米执行省指导价。
1999	583		严格执行顺价销售,出口玉米执行省指导价。
2000	30830		严格执行顺价销售,出口玉米执行省指导价。
2001	11617		市场价销售,出口玉米执行省指导价。
2002	43194		市场价销售,出口玉米执行省指导价。
2003	7694		市场价销售,出口玉米执行省指导价
2004	41794		市场价销售,出口玉米执行省指导价
2005	36212	1230	市场价销售
2006	52981	956	市场价销售
2007	1150	33309	市场价销售
2008	1960	13225	市场价销售
2009	22191	36851	市场价销售
2010		38421	市场价销售
2011		37256	市场价销售
2012		39433	市场价销售
2013		38648	市场价销售

成品粮销售　1993年取消"统消"放开销售市场后，成品粮油销售市场形成国有门市部和私人粮店共同竞争的局面，个体粮店在1993—1996年迅速发展，至1996年全县共有国有粮油门市部12家，私人粮店66家。

1996—2013年大同县国有粮食企业成品粮销售情况

表16－4－3　　　　　　　　　　　　　　　　　　　　　　　　　　　　　单位：吨

年份	国有粮油门市部成品粮油销售量	
	大米	面粉
1996	345	2403
1997	172	907
1998	23	52
1999	1	3
2000	34	124
2001		
2002		
2003	98	286
2004		
2005		
2006		
2007		
2008	销售为零	
2009		
2010		
2011		
2012		
2013		

"放心粮油工程"

2009年，按照省政府精神大同县开展"放心粮油工程"建设。利用中心粮站原有仓库改造建成县级放心粮油配送中心一个，通过对社会私人粮店规范，挂牌放心粮油骨干示范店9个，并通过省、市验收。

第二节　油料购销

大同县油料产量较低，1985年前为统购统销，1985年开始实行合同定购，1998年全县油料不在保护价范围。其1996年至2013年具体购销及价格政策见表16－4－4：

1996—2013 年大同县食用油料购销

表16－4－4

年份 \ 项目	食用油料		价格变化
	收购	销售	
1996	5581	631	1996—2000 年税定油料收购执行上年定购价格,合同定购价格执行省、市核定的市场指导价;销售大体按顺价销售
1997	5494	6376	
1998	7062	3600	
1999	2	462	
2000	10243	635	
2001	4052	7209	2001—2013 年按市场价格征收和销售
2002	7901	3019	
2003	5735	6389	
2004	40	13635	
2005	72	16	
2006	68	101	
2007	106	128	
2008	21	19	
2009	26	25	
2010	41	39	市场价
2012	38	42	市场价
2013	17	18	市场价

第三节 粮油储运

库存粮油

20 世纪 90 年代初,大同县开始仓储专项储备粮,最初为国家专项储备粮甲字"506",1997 年新增省级储备粮,2006 年新增市级储备粮,2008 年新增县级储备粮。1996—2009 年库存粮食构成为国储粮、省储粮、市储粮、县储粮、商品粮。2009 至 2013 年底,库存粮食构成为市储粮、县储粮。2004 年国储粮被上级粮食部门集并,2009 年省储粮被上级粮食部门集并。

商贸服务业

1996—2013 年大同县粮油库存情况

表 16 - 4 - 5　　　　　　　　　　　　　　　　　　　　　　　　　　　　　　　　单位:吨

年份	粮食总计	原粮					成品粮	油料	油		
		合计	国家储备	省级储备	市级储备	县级储备			合计	油料折油	油脂
1996	36741	33135	13375				2196	810	319	79	240
1997	65040	62360	12375	2500			2590	90	319	79	240
1998	94490	91730	5862	2500			2680	80	292	72	220
1999	116950	114240	5962	2500			2630	80	292	72	220
2000	125920	124550	5000	2500			1340	30	252	62	190
2001	121180	119880	5000	2500			640	660	240	60	180
2002	103370	101220	3000	2500			720	1430	240	60	180
2003	37760	35690		2500			700	1370	240	60	180
2004	23770	23660		2500			110		240	60	180
2005	28730	28620		2500			110		200	50	150
2006	6734	6684		2500	500		50		66	16	50
2007	5580	5530		2500	500		50				
2008	27250	27200		2500	500	4000	50				
2009	4500	4500			500	4000					
2010	4500	4500			500	4000					
2011	4500	4500			500	4000					
2012	4500	4500			500	4000					
2013	4500	4500			500	4000					

仓储设施

1999 年前国有收储企业 10 个,2000 年新增养老洼粮站,2007 年仓储设施统计中将三家非国有重点企业包括在内。全县仓储设施主要为 1996 年前建设,1996 年后仓储设施的建设情况如下。1996 年吉家庄粮站投资 11 万元建晒场。1997 年中心粮站投资 81 万元新建库房。1998 年峰峪粮站投资 4 万元基建,投资 1.2 万元建晒场;杜庄粮站投资 91 万元新建库房。1999 年聚乐粮站投资 3 万元基建。2000 年杜庄粮站投资 32 万元新建库房,投资 5.4 万元建晒场,投资 4.2 万元基建;南栋庄粮站投资 36 万元新建库房,投资 6.5 万元建晒场。2001 年许堡粮站投资 37 万元新建库房,投资 8.5 万元建晒场;峰峪粮站投资 30 万元新建库房;南栋庄粮站投资 37 万元新建库房。2002 年许堡粮站投资 1.5 万元修晒场。2003 年以后没有进行仓储设施建设。2004 年中心粮站、杜庄粮站、聚乐粮站、南栋庄粮站各安装烘干机一套。杜庄粮站和南栋庄粮站各安装汽车衡一台。

1996—2013年大同县粮食仓储情况

表16-4-6　　　　　　　　　　　　　　　　单位：个、人、公斤、吨、台、套、吨/小时、平方米

项目\年份	库区数	从业人数	保管员	质检员	储粮药剂	有效仓容	检化验设备	晒场	保粮设施		进出仓设施		
									烘干设施	烘干能力	输送机	汽车衡	清理设备
1996	10	425	20	10	2000	30715	20	56453			14		10
1997	10	425	20	10	2000	30715	20	56453			14		10
1998	10	425	20	10	2000	34715	20	57604			14		10
1999	10	342	20	10	2000	37715	20	57604			14		10
2000	11	342	22	11	2000	40715	22	60604			15		11
2001	11	342	22	11	2000	43215	22	61604			15		11
2002	11	342	22	11	2000	43215	22	61604			16		11
2003	11	342	22	11	1500	43215	22	61704			17		11
2004	11	342	22	11	1100	43215	22	61704	4	20	17	2	11
2005	11	342	22	11	1100	43215	22	61704	4	20	17	2	11
2006	11	342	22	11	960	43215	22	61704	4	20	17	2	11
2007	14	248	26	14	1325	45215	28	62604	5	30	21	2	13
2008	14	242	26	14	1080	45215	28	62604	5	30	21	2	13
2009	14	241	26	14	980	45215	28	62604	5	30	21	2	13
2010	14	241	26	14	620	45215	28	62604	5	30	21	2	13
2011	14	241	26	14	210	45215	28	62604	5	30	21	2	13
2012	14	241	26	14	162	45215	28	62604	5	30	21	2	13
2013	14	241	26	14	130	45215	28	62604	5	30	21	2	13

清仓查库

1996年至2013年期间，国务院于2001年和2009年进行两次全国性清仓查库工作。

2001年全国清仓查库中大同县清仓查库情况。范围主要为国有粮站，分自查和交叉检查。县成立了分管县长挂帅的领导机构，组织自查。晋中市来大同县交叉检查。检查中按朱镕基总理讲的"一个麻包一个麻包地过，一个仓库一个仓库地量"。全县统计账面数123955吨，实际清查数为123452吨，基本上账账相符，帐实相符，损耗在合理区间。

2009年全国清仓查库中大同县清仓查库情况。清仓查库的范围包括所有中央储备粮，国家临时存储粮、省、市储备粮、国有收储企业的商品粮。不以粮权而以库存所在地组织检查填报。具体涉及到县属7家国有收储企业以及中央储备粮大同直属库、大同市第二粮油储运公司，大同市地方储备粮管理中心在全县的存粮。大同县成立了由分管县长任组长，县发改委、监察、财政、农业、审计、质监、统计、粮食、农发行等部门为成员组成领导组，下设办公室（在粮食局）。清仓查库分县级自查、市级普查、省级复查、国家抽查四个阶段。在市级普查阶段，新荣区检查组来大同县检查，大同县去矿区进行检查。全县合并统计账面数34084吨，实查为34084吨，账账相符，账实相符。

粮食应急预案

2008年大同县人民政府以大政发〔2008〕12号文件出台《大同县粮食应急预案》。本预案为县级（Ⅳ级），分总则、应急机构和职责、预警监测、应急

响应、应急保障、后期处置、附则，共七章二十三条。具体明确了适用范围、制定依据、粮食应急工作原则、等级划分、指挥部及职责、成员单位及职责、市场监测、应急响应程序及措施、资金物质保障供应体系，以及奖励和惩处等。

大同县粮食应急工作指挥部由县长任总指挥，成员由政府办、发改委、粮食、宣传、财政、民政、农业、公安、交通、卫生、物价、工商、质监、统计、农发行等有关单位组成。指挥部下设办公室，办公室设在粮食局。

县粮食局作为主要成员单位，其职责主要为负责应急工作的综合协调，做好粮食市场调控和供应工作；完善县级调控粮管理和动用机制；对粮情监测预测，掌握全县及国内外粮食供求信息，分析预测市场行情，并及时向县政府和指挥部提出预测意见；负责组织实施应急粮食采购、加工、调运和销售；负责对粮食经营者库存情况监督检查，确保企业账实相符，账账相符，钱粮相符。

县级储备粮

按照粮食行政首长负责制的要求，根据大同市人民政府同政发〔2007〕139号文件精神，2008年大同县人民政府以大政发〔2008〕18号文件下达《大同县人民政府关于建立县级粮食储备规模的通知》，决定建立800万斤县级粮食储备规模，为此县财政每年按96万元列入财政预算。为落实县政府精神，县粮食局、县财政局、县农发行联合以大粮联字〔2008〕9号文件下达《关于贯彻落实大同县人民政府关于建立县级粮食储备规模的通知》的通知，并根据当时粮食市场价格确定储备粮入库成本为0.81元/斤，农发行据此成本价足额发放贷款，并确定大同县粮食局许堡粮站为承储企业。

为了加强对县级储备粮的管理，大同县人民政府以大政发〔2008〕80号文件下达《大同县县级储备粮管理暂行规定》。规定分总则、县级储备粮的计划、县级储备粮的储存、县级储备粮的动用、监督检查、罚则、附则，共七章四十六条。明确县级储备粮是县人民政府储备的用于调节全县粮食供求总量，

稳定粮食市场以及应对重大自然灾害或其他突发事件等情况的粮食和食用油，是救济和保证国家安全的战略物资。储备粮管理应当严格制度、严格管理、严格责任，确保购得进、储得实、管得好、调得动、用得上，并明确县粮食行政管理部门具体负责县级储备粮的经营，对县级储备粮的数量、质量和储存安全负责并实施监督检查。动用县级储备粮由县粮食局会同县财政局和县农业发展银行提出动用方案，报县人民政府批准，县粮食行政管理部门根据县政府的动用命令，具体组织实施。

化学药品使用和管理

粮食行业用于熏蒸、灭鼠化学药品均属剧毒化学药剂，为了在化学药品使用过程中安全规范，2002年粮食局成立了专门组织管理机构，制定了严格的管理制度。对化学药品实行专人保管，专库存放、专账记载。

"一符四无"和"一符六无"。

"一符四无"即：账实相符，无鼠雀、无变质、无虫害、无事故。"一符六无"即：账实相符，无鼠雀、无变质、无虫害、无事故、无污染、无陈化。县粮食局对下属企业组织的仓储检查。2004年前为"一符四无"，以后为"一符六无"。

第四节　粮油加工

大同县粮食加工起步较早，计划经济时期和改革开放初期是大同县粮食加工鼎盛时期。粮食加工企业主要为：大同县粮食加工厂、大同县昊酒有限责任公司、大同县粮食局食品厂、大同县粮食局饲料公司。

大同县粮食加工厂　始建于1963年，当时由小作坊组建成立，主要生产小麦粉、谷黍加工、小米、黄米、玉米面、挂面，各种油料加工。产品供应大同市、矿区居民，并担负全县非农户及军供。大同县粮食加工厂在当时雁北十三县中产量、利润排在前列，年产值高达3000万元，实现利税20万元。随着市场经济的发展，由于设备耗损，出品率低，产品

不能升级换代,于 1996 年停产。2009 年底固定资产 300 万元,主要设备有:面粉车间,安装于 1986 年,加工能力日产 5 万斤;碾米车间,安装于 1990 年,加工能力日产 6 万斤。1996 年后设备基本处于闲置。建厂时从业人员 12 人,随着产品增多,产量增加,1985 年从业人员达 80 余人,通过调离、退休、进入县"4050",特别是 2007 年粮食系统人员分流后,2009 年末从业人员为 6 人。

大同县昊酒有限责任公司　粮食加工厂停产后,2000 年,经过多方努力,利用粮食加工厂原有厂房、车间、办公室组建了从业人员 40 余人,主要产品为:御驾王酒、御驾宴酒、云昊系列白酒近十多个品牌,并注册有云昊、云华两个商标。主要产品产量 2000 年产量为 350 吨,产值 280 万元,实现税金 10 万元;2001 年产量 300 吨,产值 240 万元,实现税金 6 万元。2003 年后,由于产品知名度不高,市场占有率低,企业资金不足,企业不能正常运营,基本处于半停产状态。

大同县粮食局食品厂　大同县粮食局食品厂于 1985 年由原大同县粮食局粮油经营部组建成立。到 2009 年底,固定资产总额约 26 万元,主要设备为加工车间、烤箱、冰箱、轧面机、馒头机、和面机、油炸生产线、多用面食机、粉碎机、磨面机,全部为 1997 年前安装使用。建厂时从业人员 16 人,经过调离、退休、进入县"4050"人员,2009 年末在册人员 8 人。主要产品有蛋糕、酥饼、月饼、黄糕面、玉米面等,2004 年企业停产。主要产品产量 1996 年蛋糕年产量 4 万斤,饼干年产量 2 万斤。1997 年蛋糕年产量 3 万斤。1998 年经营加工绿豆 4.3 万千克,黄花 5800 千克,面粉 115 万斤。1999 年经营蛋糕 4 万斤,麻花 0.5 万斤,月饼 1 万斤。2000 年经营黄花加工 2200 千克,绿豆加工 11 万千克,面粉 9300 千克。2001 年经营玉米面 33 万斤,面粉 1.6 万斤。2002 年经营面粉 2 万千克,亘米 0.5 万千克。2003 年经营黄糕面加工 3 万千克,玉米购销 10 万千克。2004 年经营糕面 5 万千克,玉米面 1 万千克。

大同县粮食局饲料公司　始建于 1979 年,当时以小型饲料加工为主,生产猪、鸡预混饲料。主要面向大同县和阳高县的市场,年销售额大约在 200 万元左右。1998 年进行股份制改制后,生产华牧系列饲料,企业有固定资产 80 万元左右,加工车间两栋,1998 年新安装时产 1.5 吨颗粒饲料机组一套。1996 年从业人员 27 人,2007 年全部进行人员分流。2004 年以后由于市场原因,关闭停产。

1996—2003 年大同县饲料公司产销情况

表 16-4-7　　　　　　　　　　　　　　　　　　　　　　　　　　　　单位:吨

项目	年份	1996	1997	1998	1999	2000	2001	2002	2003
预混饲料	产量	530	480						
	销量	510	460						
颗粒饲料	产量			430	380	260	140	80	
	销量			410	350	230	130	100	60

第五章 烟草专卖

第一节 专营专管机构

1984年，大同县烟草专卖局（公司）成立，隶属于山西省雁北分公司，经营场所设在大同县安平路30号，负责大同县行政辖区内的卷烟供应和市场管理。并设局长、经理、党组书记、副局长、纪检组长、会计师各1人。

1992年8月，设局长（经理）1人，副局长（副经理）1人，广泛开展各项业务，严厉打击违法行为。

1995年，按照山西省卷烟经营网点延伸下农村市场的要求，大同县烟草专卖局积极响应，率先发展，于同年3月开始农村铺点工作，经营类型为国有经济企业。并建立四个批发部：大同县烟草西坪北街批发部，法人是常占福；大同县许堡乡肖家窑头批发部，法人是刘元；大同县周士庄批发部，法人是孙友；大同县党留庄批发部，法人是王进国。

1996年大同县党留庄批发部搬迁到杜庄，法人是王进国。同年，建立册田批发部，法人是李时维。

1997年，撤销西坪批发部，成立倍加造批发部。

1998年，成立峰峪批发部，法人是李树德。实现了全县农村卷烟经营铺点全覆盖，组建和完善了遍及全县的烟草专卖专营管理机构，解决了群众买烟难问题，增加了经济效益。

2000年10月，按照山西省烟草专卖局（公司）要求，雁北公司和大同市第一公司合并，新成立大同市烟草专卖局（公司），大同县烟草局隶属于大同市烟草专卖局（公司）管辖。

2005年，根据上级部门精神，撤销县级法人资格，资产产权全部划入大同市烟草专卖局，形成由市局统一管理、统一核算、统一经营体制，属地纳税。同年客户电子结算率16.3%。取消县级局法人资格，不再称大同县烟草公司，改称烟草专卖局（营销部），县级局负责市场管理、行政许可、服务客户、培育品牌。

第二节 管理与效益

1996年，全年度销售收入达到1637万元，实现利税9.24万元，大同县烟草局被山西省烟草专卖局（公司）评为模范先进单位，局长王国亮（经理）荣立个人二等功。

1997年，全年销售收入1825.89万元，实现利税32.06万元。

1998年，全年销售收入高达2407.2万元，实现利税33.41万元。

1999年，大同县烟草专卖局（公司）运作、经营、管理不断规范，体制不断完善，经济效益和社会效益不断提高。全年销售收入4935.19万元，实现利税33万元。

2000年，全年销售收入3775.91万元，实现利税33.4万元。

2001年，太原卷烟厂的陈建军在大同县挂职销售副经理，协助大同县销售工作。年度全年销售收入2427.56万元，实现利税41.31万元。

2002年全年销售收入3246.28万元，实现利税

88.87万元。

2003年，全年销售收入4245.93万元，实现利税239.54万元，利税首次突破百万元大关。

2004年，加强企业文化建设，设立专职书记，深入开展"3·15""6·29"消费者维权宣传日。同年，全年销售收入4800.56万元，实现利税252.31万元。

2005年，全年销售收入5386.65万元，实现利税273.78万元。

2006年，全年销售收入6018.24万元，实现利税412.67万元。

2007年，全县烟草专卖管理部门长期以来不断加强烟草专卖管理的力度，致力于打击制售假冒商标卷烟的违法活动，维护国家和广大消费者的利益。年度全年销售收入6900.51万元，实现利税510.01万元。县局被评为大同市烟草专卖局（公司）先进集体。

2008年，第十一届全国人民代表大会第一次会议决定，国家烟草专卖局划归工业和信息化部管理。全年销售收入7799.19万元，实现利税614.86万元。

2009年4月，大同市烟草专卖局对全市本行业职工实行定员、定岗、定责、定薪的"四定"体制改革。局（营销部）大胆创新管理体制，理顺产权关系，完善用人制度，加强内部监管，大力推行卷烟打假"四个转变"，全县烟草商业系统卷烟专卖管理和市场经营取得跨越式的发展，新的体制激发出全体员工的潜力。全年销售收入达8697.95万元，实现利税563.27万元。

2010年，全局广大干部职工激情高涨，奋力工作，使大同县的业务再上新水平，年度客户电子结算率达88.85%，网上订货客户218户，达29.18%，本年度全年销售收入再创新高，首次突破亿元大关，达10653.31万元，纳税额度639.96万元。组织开展白沙、黄山、黄鹤楼三品牌卷烟座谈会。开展"夏季攻势"和"云城一号"专项打假行动。县局营销部改扩建办公楼项目通过立项审批，准备实施施工。

2011年，全局（公司）努力加强工商协同，积极推进"按客户订单组织货源"工作，全面提升运行的质量和效率，加快现代物流建设，使全县卷烟销售网络建设向"电话网络订货、现代物流运送"的现代流通方式转变。全年销售收入再创新高，达13388.64万元，实现利税848.91万元。

商贸服务业

第十七编　财税　金融

第一章 财 政

第一节 机 构

1996年，大同县财政局内设预算股、企业股、综合股、农财股、行财股、监察股、会管股、国资股和局办公室，下设16个乡镇财政所。

1998年，设置县国有资产管理局和县会计管理局，为具有行政（部分）管理职能的副科级单位，隶属县财政局管理。

2001年，会计管理局、国有资产管理局撤销，筹备成立大同县政府结算中心、大同县政府采购中心，为隶属于县财政局的副科级事业单位。2002年1月，政府结算中心、政府采购中心正式挂牌办公。

2002年，撤乡并镇，乡镇财政所由16个合并为10个，又增设东街、西街、湖东3个街道办事处财政所，至此有基层所13个。同年，局增设社会保障股。

2003年8月，县局设经济建设股。2005年，设工资股，与国资股合署办公。

乡镇财政所组建于1985年6月，1986年1月正式办公，为县财政局基层单位，受同级政府和县财政局双重领导。

第二节 财政体制

县内财政体制，随着国民经济的发展和经济体制的改革不断地进行改革和调整。

1985年6月至1987年底，对乡财政实行"核定收支、收入上交、支出下拨、节余留用、超收分成、一

年一定"的管理办法。

1988年1月1日至1991年底，实行"定收定支、收支挂钩、分级包干、超收分成、节余留用、一年一定"的财政包干体制，并以大政字〔1998〕42号文件下发到各乡镇人民政府和财政所予以明确。

从1992年1月1日起，全面贯彻实施山西省人大常委会公布的《山西省乡镇财政管理条例》，按照大政发〔1991〕108号文件，批准县财政局《关于建立乡镇国库，完善乡镇财政方案》的通知精神，县政府以大政发〔1992〕25号文件重新明确了对乡财政实行"定收定支、收支挂钩、收入大于支出的定额上解，支出大于收入的定额补助，超收分成，一定三年"的管理体制。

从1992年1月1日起，各乡建立乡镇国库，统称为"中华人民共和国国家金库乡分支库"，并启用公章正式办公。各乡镇的财政收支由原来的收入上交，支出下拨，改为收入就地入库，支出由乡金库直接拨付，在确定体制，建立金库的基础上，各乡财政的收支管理一并随之下放到乡镇管理。

1994年，国家实行"中央和地方分税制"，确定中央和地方财政支出范围，并按税种划分中央与地方预算收入的财政体制。

2004年，县对乡镇实行"定收定支、收支包干、超支不补、节余留用、超收按比例分成"的乡镇财政管理体制。

2006年乡镇国库撤销，收入全部上解，全县统一实行"收支两条线"财政管理体制。

2010年，财政体制继续实行1994年以来的分

税制财政体制。就是各级政府之间明确划分事权及支出范围的基础上，按照事权和分税制财权相统一的原则，结合税种的特性，划分中央与地方的税收管理权限和税收收入，并辅之以补助制的预算管理体制模式。与行政管理体制相适应，现行财政体制遵循"统一领导，分级管理"的基本原则。

2011年，根据《中共中央国务院关于加快水利改革发展的决定》(中发〔2011〕1号)的规定，为加大农田水利建设投入力度，加速改善农田水利的薄弱环节，从土地出让收益中提取10%用于农田水利建设；根据《关于从土地出让收益中计提农田水利建设资金有关事项的通知》(财综〔2011〕48号)，从2011年7月1日起，按照10%的比例计提农田水利建设资金。

为实现《国家中长期教育改革和发展规划纲要(2010—2020年)》提出的2012年国家财政性教育经费支出占国内生产总值4%的目标，根据《国务院关于进一步加大财政教育投入的意见》(国发〔2011〕22号)的规定，根据《关于从土地出让收益中计提教育资金有关事项的通知》(财综〔2011〕62号)，从2011年1月1日起，按照10%的比例从土地出让收益中计提教育资金。

第三节　财源建设

大同县交通便利，地理位置优越，县址距"煤都"大同市区仅28千米。大张、大塘、大涞、109国道四条公路和京大、得大两条高速公路及京包、大秦、大淮铁路横贯全境，经营煤炭运销具有得天独厚的优势。同时，大同县制砖用优质黏土储量丰实，建材业前景广阔基于区位、交通、资源存在的优势，1996年前后，全县把增加财政收入的重点放在发展煤炭运销和建材业，开发培植后续财源上。1993年，大同县与省财政厅签订协议，三年补贴资金一年到位，即由省财政厅一次性拨给本县项目资金460万元，新上和改造一批项目，同时全县自筹部分资金，重点投资660万元兴建湖东联营煤站，改造

扩建县第一砖厂二车间，同时协调资金260万元，帮助县黄土坡煤站、水泥厂等企业进行技术改造。1995年，在后续财源建设上，重点筹集资金2400万元，兴建大同县金属镁厂(按设计能力，年销售产值3500万元，创税1800万元)。1996年，重点支持湖东联营煤站、县煤站和砖厂等支柱企业建设，同时拨付资金120万元扶持县金属镁厂发展。1997年县财政节约资金627万元，用于全县六个重点企业的技改扩建等项目，夯实后继财源基础。1998年，共争取到财源建设上台阶项目资金900万元，其中省级投资400万元，周转金500万元。

2000年后，煤炭市场持续疲软，煤炭发运、结算环节运转不畅，资金调度紧张，同时京大高速公路开通，在全县境内的许堡、聚西煤焦管理站收入锐减，本县主体税源缺失，财政陷入极度困难境地，收支压力巨大，保工资、保运转任务变得异常艰巨。全县挖掘发挥本县区位、交通、资源、人文优势，招商引资，争取上级部门的项目和资金支持，同时利用全省财政支农资金整合试点县的机遇，整合资金做大做强本县黄花，玉米丰产方，大棚蔬菜，万亩节水园区，畜禽养殖等重点农业产业化龙头项目，加强财源地建设，培育新的经济增长点。2008年县委十届七次全会后，围绕"产业发展、平安和谐、生态宜居、文化繁荣"的发展目标，以促进重点项目建设，改变全县"一煤独秀"，85%以上可用财力来源于煤炭运销的畸重财源结构，转变发展方式，建设多元化、可持续、后劲足的财源项目基地，预列财政资金1000万元，重点保障中国重汽集团大齿新厂区搬迁项目、恒岳煤机液压支架项目等8个项目竣工投产，推进国电大同湖东2×1000兆瓦发电项目、庞大集团大同汽贸城项目等6个项目早日开工建设。

2010年，全县确立50个重点项目，发展旅游和庄园经济等新型产业，打造生态宜居县、大同后花园、"京津夏都"。投资2.7亿元的金森农牧万头生态有机种猪项目和投资2.2亿元的同庆祥"自然家园"项目竣工。

2011年，将黄花作为"一县一业"的主导产业推

进，筹资 1000 万元补贴黄花种植户。全县新植黄花 2.3 万亩、日光温室 949 栋、经济林 1.4 万亩。农业生产条件不断改善，全县粮食总产量达 1.26 亿斤。加快发展现代农业，投资 1.02 亿元，实施了土地整理、农机补贴、水库除险加固、小型提水灌区等项目。

2012 年完成固定资产投资 49.7 亿元。投资亿元以上的万昌物流、同华矿机、纳尔松食用酒精、省煤运高端农业循环园区建成投产；大同论坛、金洋物流等一批标杆项目开工建设。

全县新增黄花种植面积 1.8 万亩，总规模达到 6 万亩，主导产业的品牌效应开始凸显。具有地域特色的露地蔬菜、绿豆、杏果面积分别达到 7 万亩、7 万亩、8 万亩。77 个村被省列为"一村一品"专业村。鼎胜肉牛、天佑养鸡等一批龙头企业不断壮大。完成农村饮水安全、高标准农田建设、小型水库除险加固、退耕还林口粮田建设、盐碱地改造等惠农工程。

2013 年，争取落实土地指标 3570 亩，使万昌物流、保利协鑫、"大同论坛"、汽车综合服务园、栋梁铝型材、同华矿机、玉鑫农牧、惠瑞药业、恒岳重工等项目落地。成功引进了海尔—大同虚实网、郑州威厚 IT 产业、国家新能源检测实证基地、北京文德兴业风电厂、国润风电等一批新兴产业项目。

第四节　财政收入

税种分成

2001 年以前征收的增值税按中央 75%、县级 25% 的比例分成。

2002 年，征收的税种按中央、省、市、县四级分成比例（百分比）分别为：增值税 75∶8.75∶7.5∶8.75；营业税 0∶35∶30∶35；企业所得税 50∶17.5∶15∶17.5；个人所得税 50∶17.5∶15∶17.5；资源税 0∶35∶30∶35；城镇土地使用税 0∶35∶30∶35。

2003—2006 年，各税种分成比例（百分比）分别为：增值税、营业税、资源税和城镇土地使用税分成比例与 2002 年相同，企业所得税和个人所得税分成

比例调整为 60∶14∶12∶14，矿产资源补偿费为 50∶22.5∶5.5∶22，2005 年起执行的价格调控基金分成比例为 0∶20∶20∶60，土地有偿使用收入中新增建设用地土地有偿使用费收入分成比例为 30∶14∶7∶49。

2007 年以后，各税种分成比例（百分比）分别为：资源税、矿产资源补偿费和价格调控基金分成比例与 2003—2006 年期间相同，增值税调整为 75∶7.5∶3.75∶13.75，营业税调整为 0∶30∶15∶55，企业所得税和个人所得税调整为 60∶12∶6∶22，排污费为 10∶10∶20∶60，煤炭可持续发展基金中地税局征收部分分成比例为 0∶60∶20∶20，煤检站补征部分全部划省，土地有偿使用收入中用于农业土地开发的土地出让金（30% 部分），省级 10%，县级 90%，其他土地出让金（70% 部分），市级 10%，县级 90%，新增建设用地有偿使用费收入调整为中央 30%，省级 70%。

2010 年以后，各税种分成比例（百分比）分别为：矿产资源补偿费和价格调控基金分成比例与 2003—2006 年期间相同，增值税调整为 75∶7.5∶3.75∶13.75，营业税、资源税调整为 0∶30∶15∶55，企业所得税和个人所得税调整为 60∶12∶6∶22，排污费为 10∶10∶20∶60，煤炭可持续发展基金中地税局征收部分分成比例为 0∶60∶20∶20，煤检站补征部分全部划省。土地有偿使用收入中用于农业土地开发的土地出让金（30% 部分），省级 10%，县级 30%，其他土地出让金（70% 部分），市级 10%，县级 90%，新增建设用地有偿使用费收入调整为中央 30%，省级 70%。水资源管理费收入分成比例为 2007 年前 0∶20∶20∶60，2007 年 9 月后 0∶30∶20∶50，2009 年 1 月后 10∶36∶18∶36。

财政总收入与一般预算收入

财政总收入　"九五"期间，从 1996 年的 5425 万元到 2000 年的 7440 万元，逐年上升，年均增长 8.22%。"十五"期间，从 2001 年的 7560 万元到 2005 年的 23032 万元，上升幅度增大，年均增长 32.12%。2004 年财政总收入首次突破亿元，达到 11518 万元。2005 年财政总收入首次突破 2 亿元，

较 2004 年几乎翻了一番,达到 23032 万元。"十一五"期间,财政总收入从 2006 年的 22544 万元到 2008 年的 41998 万元,年均增长 36.49%。其中:2008 年的财政总收入首次突破 4 亿元,为全县有史以来最高的一年。2009 年,由于受国际金融危机和全省煤炭行业重组影响,财政总收入仅完成 24622 万元,回落到 2005—2006 年的收入水平。"十二五"期间,从 2010 年的 28175 万元到 2013 年的 34343 万元,分别是:2010 年财政总收入完成 28175 万元,2011 年完成 29229 万元,2012 年完成 34076 万元,2013 年完成 34343 万元。

一般预算收入　"九五"期间,从 1996 年的 3658 万元到 2000 年的 4974 万元,逐年上升,年均增长 7.99%。"十五"期间,受上划中央、省、市比例的影响,一般预算收入由 2001 年的 4947 万元下降到 2005 年的 3410 万元,年均减少 8.88%。其中 2004 年,一般预算收入为 1996—2009 年 14 年间最低,仅完成 1807 万元。"十一五"期间,一般预算收入增长较快,从 2006 年的 3873 万元到 2008 年的 10158 万元,年均增长 61.95%。其中 2008 年一般预算收入首次突破亿元,为历年最高。2009 年一般预算收入比 2008 年有所回落,为 9988 万元,仍保持在亿元左右。"十二五"期间,从 2010 年的 11303 万元到 2013 年的 16095 万元,分别是:2010 年公共财政收入(2012 年原一般预算收入更名为公共财政收入)完成 11303 万元,2011 年完成 11328 万元,2012 年完成 13873 万元,2013 年完成 16095 万元;2010 年公共财政收入重新突破亿元大关,并逐年增长。

国税、地税和财政部门收入

国税系统收入　1996—2008 年 13 年间,国税系统收入年均增长 24.9%,"九五"期间保持在 2000 万—3000 万元的水平。"十五"末的 2005 年接近 2 亿元,达到 19175 万元,2007 年突破 2 亿元,2008 年突破 3 亿元,达到 34005 万元,为历年最高。从 2010 年—2013 年 4 年间,国税系统收入有升有降,"十二五"期间保持在 1600 万—2450 万的水平。2010 年 16113 万元,2011 年 14411 万元,2012 年 16105 万元,2013 年 12440 万元。

地税系统收入　在 1996 年—2009 年 14 年间,从 2443 万元到 6332 万元,年均增长 8.26%。从 2010 年的 8816 万元到 2013 年的 19472 万元,逐年增长。2010 年 8816 万元,2011 年 12027 万元,2012 年 15034 万元,2013 年 19472 万元。

财政部门收入　1996—2009 年 14 年间增长较快,从 1996 年的 626 万元到 2009 年的 4315 万元,年均增长 17.45%。从 2010 年的 3246 万元降至 2013 年的 2431 万元:2010 年 3246 万元,2011 年 2791 万元,2012 年 2937 万元,2013 年 2431 万元。

基金预算收入

全县基金预算收入,"九五"期间最高收入年是 1997 年的 92 万元,"十五"期间最高收入年是 2005 年的 403 万元,2009 年达到 3229 万元,为历年最高。2010 年基金预算收入为 7123 万元,2011 年为 4319 万元,2012 年为 5926 万元,2013 年为 6595 万元。

一般性转移支付

大同县从 2003 年开始争取到上级财政部门一般性转移支付 366 万元,以后逐年增长,2004 年增加到 1026 万元,2005 年为 1710 万元,2006 年为 4091 万元,2007 年 6490 万元,2008 年接近亿元,为 9580 万元,2009 年突破亿元,为 12020 万元。从 2003 年到 2009 年,上级一般性转移支付年均增长 78.95%。

均衡性转移支付补助收入　2010 年均衡性转移支付补助收入(原一般性转移支付补助)为 16145 万元(其中:一次性补助 2413 万元),2011 年为 19239 万元(其中:一次性补助 1953 万元),2012 年为 25311 万元(其中:一次性补助 1895 万元),2013 年为 29075 万元(其中:一次性补助 1723 万元)。

1996—2009 年大同县财政总收入明细(1)

表 17 - 1 - 1

单位:万元

预算科目	一般预算收入													
年份	1996	1997	1998	1999	2000	2001	2002	2003	2004	2005	2006	2007	2008	2009
一、税收收入	3032	3258	3581	4108	4160	4154	1818	1711	1650	2885	3466	5869	8634	5673
增值税	589	668	752	801	822	871	362	397	667	1653	1482	2949	4599	1846
消费税														
营业税	653	745	915	1453	917	1169	504	581	424	530	1023	1755	1629	1810
企业所得税	1047	1103	1041	733	800	1196	193	144	151	159	119	189	281	243
企业所得税退税														
个人所得税	149	204	233	421	776	444	114	93	72	67	82	149	140	178
资源税	36	17	21	42	46	27	17	3	8	1	39	55	203	88
固定资产投资方向调节税	15	40	104	62	95	5								
城市维护建设税	133	130	125	262	197	248	201	232	273	400	653	524	820	561
房产税	34	7	6	36	22	29	26	31	19	22	11	34	52	75
印花税	1	1	3	34	34	10	25	7	9	14	19	36	94	86
城镇土地使用税	7	1	1	10	10	10	12	4	3	7	7	62	230	265
土地增值税														
车船税	31	37	40	42	69	1	7	16	9		1	2	50	96
屠宰税	28	32	33	33	56	7	7	1						
农业税	237	214	272	42	253	107	247	190						
农业特产税	22	22	22	17	9	14	15							
耕地占用税	1	7	6	114	51		82	6		24	11	43	84	61
契税	5	5	7	6	3	16	6	6	15	8	19	71	452	364
烟叶税														
其他税收收入	44	25												
二、非税收入	626	835	838	728	814	793	890	636	157	525	407	949	1524	4315
专项收入	90		82	58	103	113	150	163	187	224	493	890	1567	1586
排污费收入	26		4	6	10	8	2		9			80	98	119
水资源费收入			8	6	9	6	12	7	7			55		185
教育费附加收入	64		70	46	84	99	136	154	170	223	492	754	1440	531
矿产资源补偿费收入									1	1	1	1	1	1
探矿权、采矿权使用费及价款收入													28	750
行政事业性收费收入	1	2	16	10	4	46	24	3	4					124
罚没收入	528	597	670	613	361	402	385	556	51	386	12	140	9	2660
国有资本经营收入	-177	166		-57	62	147	-60	-98	-93	-98	-106	-103	-98	-89
国有资源(资产)有偿使用收入								12	8	13	8	22	46	34
土地和海域有偿使用收入	183	70	70	70										
其他收入	1			34	284	85	391							
合计	3658	4093	4419	4836	4974	4947	2708	2347	1807	3410	3873	6818	10158	9988

财税

金融

1996—2009 年大同县财政总收入明细（2）

表 17－1－2　　　　　　　　　　　　　　　　　　　　　　　　　　　　　　　　　　　　　　单位：万元

预算科目	财政总收入													
年份	1996	1997	1998	1999	2000	2001	2002	2003	2004	2005	2006	2007	2008	2009
一、税收收入	4799	5262	5837	6511	6626	6767	8026	8406	11361	22507	22137	27051	40474	20307
增值税	2356	2672	3008	3204	3288	3484	4133	4543	8206	18891	16934	21450	33448	13429
消费税														8
营业税	653	745	915	1453	917	1169	1440	1660	1210	1514	2923	3191	2961	3291
企业所得税	1047	1103	1041	733	800	1196	1103	1032	1076	1134	851	860	1278	1104
企业所得税退税														
个人所得税	149	204	233	421	776	444	651	663	512	477	583	678	635	808
资源税	36	17	21	42	46	27	49	8	24	3	111	100	370	159
固定资产投资方向调节税	15	40	104	62	95	5								
城市维护建设税	133	130	125	262	197	248	201	232	273	400	653	524	820	561
房产税	34	7	6	36	22	29	26	31	19	22	11	34	52	75
印花税	1	1	3	34	34	10	25	7	9	14	19	36	94	86
城镇土地便用税	7	1	1	10	10	10	34	11	8	20	21	62	230	265
土地增值税														
车船税	31	37	40	42	69	1	7	16	9		1	2	50	96
屠宰税	28	32	33	33	56	7	7	1						
农业税	237	214	272	42	253	107	247	190						
农业特产税	22	22	22	17	9	14	15							
耕地占用税	1	7	6	114	51		82	6		24	11	43	84	61
契税	5	5	7	6	3	16	6	6	15	8	19	71	452	364
烟叶税														
其他税收收入	44	25												
二、非税收入	626	835	838	728	814	793	890	636	157	525	407	949	1524	4315
专项收入	90		82	58	103	113	150	163	187	224	493	890	1567	1586
排污费收入	26		4	6	10	8	2	2	9			80	98	119
水资源费收入			8	6	9	6	12	7	7			55		185
教育费附加收入	64		70	46	84	99	136	154	170	223	492	754	1440	531
矿产资源补偿费收入									1	1	1	1	1	1
探矿权、采矿权使用费及价款收入													28	750
行政事业性收费收入	1	2	16	10	4	46	24	3	4					124
罚没收入	528	597	670	613	361	402	385	556	51	386	12	140	9	2660
国有资本经营收入	−177	166		−57	62	147	−60	−98	−93	−98	−106	−103	−98	−89
国有资源（资产）有偿使用收入									12	8	13	8	22	46	34
土地和海域有偿使用收入	183	70	70	70										
其他收入	1			34	284	85	391							
合计	5425	6097	6675	7239	7440	7560	8916	9042	11518	23032	22544	28000	41998	24622

2010—2013 年大同县财政总收入明细

表 17 - 1 - 3　　　　　　　　　　　　　　　　　　　　　　　　　　　单位:万元

预算科目	公共财政收入				财政总收入			
年份	2010	2011	2012	2013	2010	2011	2012	2013
一、税收收入	8057	8537	10936	13664	24929	26438	31139	31912
增值税	2087	1860	2072	1661	15179	13530	15069	11053
其中:改征增值税								
消费税					8	6	2	
营业税	2113	3213	3884	5453	3842	5841	7061	9915
企业所得税	359	645	718	904	1631	2931	3263	4108
企业所得税退税								
个人所得税	161	351	403	326	730	1595	1834	1481
资源税	246	82	63	42	448	149	114	77
城市维护建设税	561	684	806	921	561	684	806	921
房产税	54	42	97	87	54	42	97	87
印花税	95	190	275	212	95	190	275	212
城镇土地使用税	264	188	335	462	264	188	335	462
土地增值税	40	95	161	397	40	95	161	397
车船税	165	230	283	285	165	230	283	285
耕地占用税	1299	565	1094	517	1299	565	1094	517
契税	613	392	745	2397	613	392	745	2397
烟叶税								
其他税收收入								
二、非税收入	3246	2791	2937	2431	3246	2791	2937	2431
专项收入	759	682	1658	799	759	682	1658	799
排污费收入	98	76	103	55	98	76	103	55
城市水资源费收入	89	64	200	146	89	64	200	146
教育费附加收入	571	541	647	578	571	541	647	578
矿产资源补偿费收入	1	1	1	5	1	1	1	5
两权价款收入			707	12			707	12
其他专项收入				3				3
行政事业性收费收入	1782	1798	866	838	1782	1798	866	838
罚没收入	676	240	325	642	676	240	325	642
国有资本经营收入								
国有资源(资产)有偿使用收入	29	71	88	152	29	71	88	152
其他收入								
本年收入合计	11303	11328	13873	16095	28175	29229	34076	34343

上划中央、省市的收入部分

上划中央的收入部分　　"九五"期间，从1996年的1767万元到2000年的2466万元，年均增长8.69%。"十五"期间，从2001年的2613万元到2005年的15134万元，年均增长55.13%，2005年上划资金首次突破亿元。"十一五"期间，从2006年的13560万元到2008年的26234万元，年均增长39.09%，2008年上划资金突破2亿元，为历年之最，2009年按比例上划资金11227万元。上划中央的收入部分，总体看呈下降趋势。"十二五"期间，从2010年的12810万元到2013年的11386万元，年均增长 –3.13%。分别为：2010年12810万元，2011年12869万元，2012年14363万元，2013年11386万元。

上划省级的收入部分　　从2002年的1202万元到2008年的3737万元，年均增长20.81%，2009年为2271万元。从2010年的2708万元到2013年的4575万元，年均增长17.23%．分别为：2010年2708万元，2011年3355万元，2012年3893万元，2013年4575万元。

上划市级的收入部分　　从2002年的1030万元到2008年的1869万元，年均增长10.44%，2009年为1136万元，从2010年的1354万元到2013年的2287万元，年均增长17.22%，分别为：2010年1354万元，2011年1687万元，2012年1947万元，2013年2287万元。

第五节　财政支出

一般（公共财政）预算支出

从1996年至2013年本县一般预算支出逐年增加，"九五"期间，从1996年的6950万元到2000年的8458万元，年均增长6.44%。"十五"期间，从2001年的8918万元到2005年的17846万元，年均增长18.94%。"十一五"期间，从2006年的22652万元到2009年的54660万元，年均增长34.13%，2002年首次突破亿元，2006年突破2亿元，2007年突破3亿元，2008年接近4亿元，2009年突破5亿元。"十二五"期间，从2010年的65954万元到2013年的115436万元。分别是：2010年公共财政支出（2012年原一般预算支出更名为公共财政支出）为65954万元，2011年为73978万元，2012年为84272万元，2013年115436万元。

基金预算支出

全县基金预算支出，"九五"期间最高支出年是1997年的95万元，"十五"期间最高支出年是2004年的551万元，2009年达到4566万元，为历年最高。基金预算支出，"十二五"期间分别为：2010年基金预算支出为10004万元，2011年为7111万元，2012年为18495万元，2013年为18188万元。

总财力和人均财力

全县总财力，"九五"末的2000年实现7202万元，"十五"末的2005年实现12725万元，"十一五"期间的2009年实现34725万元。2005年首次突破亿元，2007年突破2亿元，2008年突破3亿元。"十一五"期间的2009年实现34725万元。2010年为68222万元，2011年69005万元，2012年94529万元，2013年112098万元。

财政供养人员，"九五"末的2000年达5514人，"十五"末的2005年达6712人，"十一五"期间的2009年达7088人。"十二五"期间的2014年为6806人。年均增长幅度为 –1.47%。

人均平衡财力，从1996年的0.99万元到"九五"末的2000年实现1.25万元，"十五"末的2005年达到1.68万元，2009年达到4.09万元，"十二五"期间的2014年达到17.41万元，为历年最高。

1996—2005 年大同县一般预算支出明细

表 17 - 1 - 4

单位:万元

预算科目	一般预算支出决算数									
年份	1996	1997	1998	1999	2000	2001	2002	2003	2004	2005
一、基本建设支出										
二、企业挖潜改造资金	252	788	20	10	80		10			
三、地质勘探费										
四、科技三项费用	10	44	20	34	3		83	95	100	100
五、流动资金										
六、支援农村生产支出	197	212	235	281	287	264	329			
七、农业综合开发支出	171	185	199	139	147	195	202	925	457	383
八、农林水利气象等部门事业费	306	315	328	358	431	481	724	1301	2979	3019
九、工业交通等部门事业费	28	30	37	45	19			123	187	181
十、流通部门事业费									116	118
十一、文体广播事业费	193	146	169	178	206	226	265	291	378	479
十二、教育事业费	1288	1456	1714	1862	2262	2678	2945	3267	3781	4289
十三、科学事业费	7	7	6	7	5	6	6	6	9	14
十四、卫生经费	396	375	472	467	520	531	609	615	1070	926
十五、税务等部门事业费	116	108	87	42	55	53	93	90	130	95
十六、抚恤和社会福利救济费	280	134	193	325	562	314	573	823	1020	951
十七、行政事业单位离退休经费	27	28	29	31	30	27	29	23	66	15
十八、社会保障补助支出			21	149	132	144	249	380	483	561
十九、国防支出	47	42	27	14	41	55	40	44	40	51
二十、行政管理费	1675	1533	1541	1922	1733	1928	2320	2406	2397	2766
二十一、外交外事支出										
二十二、武装警察部队支出										
二十三、公检法司支出	336	451	609	544	561	702	707	796	841	994
二十四、城市维护费	116	109	123	52	62	91	41	82	249	853
二十五、政策性补贴支出	211	253	174	91	83	37	43	94	151	139
二十六、支援不发达地区支出								6	2	
二十七、海域开发建设和场地使用费支出										
二十八、专项支出	105		52	50	57	103	139	138	270	271
二十九、其他支出	829	510	615	1027	1182	1083	769	1654	1622	1641
三十、总预备费										
一般预算支出合计	6590	6726	6671	7628	8458	8918	10176	13159	16348	17846

2006—2009 年大同县一般预算支出明细

表 17-1-5　　　　　　　　　　　　　　　　　　　　　　　　　　　　　　　单位:万元

预算科目	一般预算支出决算数			
年份	2006	2007	2008	2009
一、一般公共服务	4104	6042	7060	8476
二、外交		0	0	0
三、国防	50	68	66	43
四、公共安全	1252	1651	2112	2728
五、教育	5264	7701	10423	14953
六、科学技术	271	394	475	454
七、文化体育与传媒	238	326	674	728
八、社会保障和就业	2119	3058	3413	5496
九、医疗卫生	1523	1704	2799	3380
十、环境保护	1748	2010	2128	3444
十一、城乡社区事务	842	584	1348	928
十二、农林水事务	2529	3828	6108	7607
十三、交通运输				2115
十四、采掘电力信息等事务	43	89	134	175
十五、粮油物资储备管理等事务	384	290	523	691
十六、金融监管支出		32	31	42
十七、地震灾后恢复重建支出				0
十八、预备费				
十九、国债还本付息支出				0
二十、其他支出	2285	2781	2694	3400
一般预算支出合计	22652	30558	39988	54660

2010—2013年公共财政支出决算汇总

表 17 - 1 - 6　　　　　　　　　　　　　　　　　　　　　　　　　　　　　单位:万元

预算科目	一般预算支出决算数			
年份	2010	2011	2012	2013
一、一般公共服务支出	9058	10806	9206	11059
二、外交支出				
三、国防支出	62	38	60	78
四、公共安全支出	4404	3887	3916	6034
五、教育支出	16059	16750	24525	24173
六、科学技术支出	605	598	553	684
七、文化体育与传媒支出	851	1096	1218	1157
八、社会保障和就业支出	6933	7617	8763	10677
九、医疗卫生与计划生育支出	4451	6289	7760	9075
十、节能环保支出	2488	2720	3762	6062
十一、城乡社区支出	843	965	1310	1628
十二、农林水支出	10924	12667	14762	24953
十三、交通运输支出	834	1842	1551	3985
十四、资源勘探信息等支出	177	357	206	240
十五、商业服务业等支出	856	641	474	607
十六、金融支出	83	35		
十七、援助其他地区支出		1309		
十八、国土海洋气象等支出	701	609	1819	6996
十九、住房保障支出	1008	502	1452	2987
二十、粮油物资储备支出	491		465	595
二十一、预备费				
二十二、国债还本付息支出				
二十三、其他支出	5126	5250	2470	4446
本年支出合计	65954	73978	84272	115436

第六节　财政管理与监督

一般预算管理

1995年1月1日,《中华人民共和国预算法》施行,1996年开始对县直行政事业单位推行"核定基数、统一收支、内外统管、超收分成、短收自负、超支不补、节余留用、综合包干、一年一定"的零基预算管理办法,打破了以上年基数为预算制的传统方式,将预算内外收支融为一体。1997年,按照《国务院关于发布〈罚款决定与罚款收缴分离实施办法〉的通知》,实行罚缴分离,但依照行政处罚法的规定可以当场收缴的除外。1998年始,在实行零基预算的基础上,对县直全额拨款的行政事业单位实行

"综合预算、核定基数、统一收支、内外统管、超收分成、短收自负、超支干补、节余留用、综合包干、一年一定"的综合财政预算管理办法。同年,财政决算以财政拨款数作为列报支出的依据。2002年,各乡镇按照县人大《关于乡镇人大监督本级财政暂行办法》的规定,编制科学、合理、规范的年度收支预算。乡镇收支预算,每年3月底前,先由县人民政府委托县财政局审核后报乡镇人民代表大会审议通过,由乡镇人民代表大会和县财政局共同监督执行。2009年纳入县级工资统发的单位62个,纳入零基预算管理的人数7088人,财政累计赤字6824万元。根据省扶贫开发领导组《关于大同县享受集中连片特困地区和国家扶贫开发重点县扶持政策的通知》(晋贫组字〔2013〕3号)有关规定,山西省财政厅以《关于对大同县实行省直管县财政管理改革的通知》(晋财预〔2013〕23号)文件决定从2013年1月1日起,对大同县实行"省直管县"财政管理改革。

行政事业单位财务管理

1953年起,对行政事业单位普遍建立预算管理制度,坚持按预算办事。对没有收入或没有经常收入的,收支全部列入国家预算的行政机关和事业单位,实行全额预算管理。对有比较经常性业务收入来源的,收支相抵后的差额纳入国家预算的事业单位,实行差额管理。2000年,实施《大同县县直行政事业单位财务管理办法》,对全额单位实行"综合预算、核定基数、统一收支、内外统管、超收分成、短收自负、超支不补、节余留用、综合包干、一定一年"的管理办法,对差额预算单位实行定额或定项补助,对自收自支单位实行企业化管理。对在职人员工资福利费按县编制委员会核定的编制,人事局确定的标准安排,实行财政统发,各项津贴、补贴发放,严格按规定执行。2008年按有关规定兑现公务员津补贴。2009年实行义务教育绩效工资,2009年全县全额预算管理单位84个,差额预算管理单位14个,自收自支单位8个。

集中核算

2002年1月,县政府结算中心正式挂牌办公,为隶属于县财政局管理的副科级事业机构,设正副主任各一名,内设文教卫生、政法、农业、小学、中学、社保、后勤共7个办事组,全县115个单位进入中心集中核算。2009年纳入政府结算中心管理的账户共126个。中心工作统一票据使用,规范了记账方法,禁止白条下账等一系列违规现象发生,确保会计资料真实和各类财务报表及时上报,同时有效杜绝了胡支乱花现象,严肃了财政纪律,节约了财政资金,公教人员工资采取集中发放,方便了全县干部职工。

财政监督

1980年,县设立财政监察股。1987年以来财政财务监督主要通过税收财务物价大检查和法规监督检查来实施,严肃财经法纪,平衡财政预算,严控财政支出。同年,成立大同县税收财务物价大检查办公室,简称"三查办"。由县财政局牵头,联合税务、物价部门对税务、财务、物价三个方面的违纪违规问题进行检查,简称"三大检查"。1987至1997年,每年从各单位抽调财务人员组成若干个检查组,对部分单位进行抽查。1998年,根据中央指示精神,不再进行三大检查,只进行法规监督检查。1996年上半年,根据山西省〔1996〕晋财预29号文件和大同市农财工作会议精神开展清理整顿财政支农周转金工作。1997年,按照县大政发〔1997〕2号文件精神,整顿机关财务秩序,共裁减临时工54名,节约资金支出27万余元。2001年对全县教育系统12个单位进行专项检查,涉及资金达360万元,发现和处理违规违纪问题7项,违纪资金87万元。同时,对国债专项资金实行重点跟踪检查,检查7个项目,涉及资金2100万元。2002年以来,县财政联合县监察、审计部门加强对财政专项资金项目进行跟踪检查,切实做好项目的事前、事中、事后监督检查。同时县财政结合党风廉政建设、民主评议政风行风工作,加强内控制度和机制建设,形成和规范内控规章制度共53项,涵盖预算管理、农财管理、社保资金管理等财政工作的方方面面。2008年实施了财政资金

"十个方面"的自查和重点检查，2009年至2013年全县成立"小金库"专项治理领导组，由县纪检委牵头，联合财政、监察、审计等部门组成3个专项治理检查组，对全县112个行政事业单位、乡镇、国有企业和人民团体进行"小金库"专项检查，对查出的3个单位存在的私设"小金库"现象按有关规定进行了严肃处理。2009至2013年治理小金库工作，对全县行政事业单位、社会团体及国有企业进行检查，并对治理结果上报，督促各单位建立预防小金库长效机制。

国库管理

大同县财政国库集中支付中心于2011年10月由大同县政府结算中心转轨成立，副科级建制，编制17人，隶属大同县财政局。国库集中支付已经覆盖全县所有财政性资金，资金支出包括工资支出、社会缴费支出、工程支出、政府采购支出、商品服务支出和购买支出、零星支出的授权支付。支付服务对象涉及全县200多个单位。

会计管理

1997至1998年，在全县换发会计证，共发放证书340本。

1998年开展会计委派制试点工作，由县财政局组织实施，当年委派行政事业单位会计72名，委派企业会计68名，截至2000年底完成委派会计的单位共174户，其中行政事业单位97户，国有工业企业13户，国有商贸企业30户，二轻企业18户，供销企业7户，其他企业9户。

1999年1月，《山西省会计管理条例》实施，县财政局开始实施"会计达标升级活动"，使全县会计工作更加规范化。

2000年7月，新《会计法》施行，县财政加大力度宣传新法，在会计人员中掀起了学习和贯彻《会计法》高潮。同年，《山西省会计账簿监督管理办法》实施，明确财政部门对总分类账、银行日记账、现金日记账实施监管，制止多套设账，从源头上预防腐败的发生。

2001年7月，县人大财经委联合县财政组织

"一法一例"执法情况重点检查，此项活动形成制度，一直延续至今。至2009年，县财政先后对水务局供水公司、新世纪幼儿园、周士庄镇联校等单位进行重点执法检查，及时纠正违规行为，保证一法一例在本县顺利施行。

2003年，全县开展"会计呼唤诚信"大宣传、大学习、大落实、大评比活动。

2003年底，对全县会计证进行全面清理换证，共换发证书380本，至2009年底因调转和考试取得证书人员增减影响，在县财政局存档人数达493人，但由于企业改制和人员退休等原因致使会计人员大量流失，2009年底参加继续教育人数不足150人。

2007年5月，组织全县会计人员参加第三届全省会计大赛。

2009年，大同县派出人员参加全省电算化比赛，取得优异成绩。

2009年，成立全县农村财会人员培训工作协调领导组，对下一步计划进行的农村财会人员"10年培训"做好准备工作。2012年1月《山西省会计管理条例》施行。

2010年7月15日和2011年8月1日举办了两次大同县农村财会人员培训班。

2012年新《会计从业资格管理办法》施行，大力宣传，8月20日培训农村会计人员252人。

2013年农村财会人员党费培训工作积极转培、代培成员对2013年聘书和培训合格证进行注册登记。5月，对全县行政事业学院会计《行政会计制度》《事业学院会计制度》进行全面培训。8月，开展学制度、用制度专题活动，全局参加全省会计知识大赛。

社会保障资金管理

2010年后，大同县加大社会保障资金投入力度，按政策规定足额安排医药卫生体制改革、新型农村合作医疗、城乡最低生活保障和城镇居民医疗保险等社会保障配套资金。

2010年筹集并拨付　新型农村合作医疗基金

185.9万元，新型农村社会养老保险基金200万元，积极争取上级补助资金，其中城市低保1508万元，农村低保1282万元，城市医疗救助133.3万元，农村医疗救助176万元，新型农村合作医疗1301.83万元。

2011年筹集并拨付　公共卫生服务专项资金647万元；新型农村合作医疗补助296万元；城市最低生活保障资金1606万元；农村最低生活保障资金1443万元；城镇居民医疗保险资金35万元；农村养老保险资金1424万元等社会保障资金。按照人均月分别增加25元和22元的补助水平提高城乡低保标准。

2012年筹集并拨付　新型农村合作医疗基金3097万元，城市最低生活保障资金1922万元；农村最低生活保障资金2083万元；城市医疗救助资金288万元，农村医疗救助285万元，就业专项资金492万元，城乡居民养老保险基金2728万元。同年，积极落实配套资金，新型农村合作医疗配套资金348万元，城镇居民医疗保险配套资金25万元，新型农村合作医疗和城镇居民医疗保险财政补助标准由200元提高到240元，城乡低保补助水平每人每月分别增加30元和22元。

2013年筹集并拨付　新型农村合作医疗基金4589万元，其中政府财政资金3686万元，城市最低生活保障资金2252万元；农村最低生活保障资金2498万元；城市医疗救助资金116万元，农村医疗救助327万元，就业专项资金602万元，城乡居民养老保险基金3074万元。同年，足额落实配套资金，确保本级新型农村合作医疗和城镇居民医疗保险财政补助标准由240元提高到280元，其中各级财政按规定标准补助合计3686万元。城乡低保补助水平每人每月分别增加30元和24元，全年共计发放城市低保2361万元，农村低保2660万元。新型农村养老保险基础养老金提高标准10元。

农业财务管理

2010年，大同县被确定为全省支农资金整合试点县后，上级财政共支持全县支农奖励资金700万

元。分别为：2010年100万元，2011年100万元，2012年300万元，2013年200万元。黄花是大同县的特色优势产业，近几年继续实施政府主导作用，发挥财政资金的引领功能，做大做强黄花产业，整合各种渠道资金，继续执行对新增黄花种植户进行补贴政策，保护和调动农民种植黄花的积极性。借鉴对种粮农民进行直补的成功经验，从2009年开始，制定了"对新增黄花种植户进行补贴，第一年补贴300元，第二年补贴200元，连补二年"的政策，有力地保护和调动了农民发展黄花的积极性。全县新增黄花种植面积15000亩，2013年扶持两个黄花加工龙头企业山西永翔食品有限责任公司和黄花总公司，消化加工黄花1000吨，解决黄花保鲜、烘干等技术难题，提高了产品质量。

对2010年中央、省、市三级财政4大类17项强农惠农重点资金进行抽查，特别对农民的补贴资金和农村基础设施建设，农村社会事业投入，其他强农惠农重点专项资金进行了重点检查。

在支农支出执行进度中，从2010年开始上级要求6月底累计支出占调整预算的42%，9月底累计支出占调整预算的70%，12月底累计支出占调整预算的95%，按时完成上级任务。退耕还林和良种补贴按时发放到农户中。按时完成上级财政部门下达的各项工作任务。

经济建设财务管理

经济建设股的主要工作是针对国家和上级政府财政性基础设施建设项目、经济调整类项目（比如刺激内需的4万亿项目）的资金管理。同时要同上级财政科、处室做好业务衔接和指标核对工作，及时将指标送交预算股汇总。

家电下乡惠民工程　2009年2月，开始启动家电下乡惠民工程，至2012年12月31日，全县共销售各类家电摩托车下乡产品29916台，实现家电下乡产品销售总额6131.65万元，摩托车下乡产品销售总额183.85万元。共兑付家电补贴资金778.21万元，兑付率达99.97%。其中家电下乡产品申报补贴29572台，申请家电补贴资金778.21万元，实

际补贴家电下乡产品 29572 台，兑付家电补贴资金 778.21 万元，兑付率为 99.97%；受理摩托车补贴申报 344 辆，发放补贴 15.21 万元，兑付率达 100%。

新建廉租房建设　2009 年总投入 975 万元、150 套、7500 平方米，2010 年总投入 2003 万元、304 套、15180 平方米，2011 年总投入 2683 万元、306 套、15320 平方米。

农村危房改造　2009 年总投入 88 万元、80 户，2010 年总投入 660 万元、600 户，2011 年总投入 350 万元、300 户，2012 年总投入 1450 万元、1000 户，2013 年总投入 2975.7 万元、2000 户。

对种粮农民粮食补贴　2010 年总投入 1891 万元、51.7 万亩，惠及农户 26930 户。2011 年总投入 2585 万元、51.7 万亩，惠及农户 227505 户。2012 年总投入 3499.6 万元、51.7 万亩，惠及农户 27404 户。2013 年总投入 3488.8 万元、53.78 万亩，惠及农户 26982 户。

第七节　预算外资金管理

1986 年，开始实施国务院《关于加强预算外资金管理的通知》有关规定。

1994 年《山西省预算外资金管理条例》颁布实施，这一阶段是本县预算外资金管理的起步阶段，即预算外资金完全由各单位自行管理改为所有权、使用权仍归属各单位，实行财政专户储存、审批，银行监督的管理办法。第二阶段是《山西省预算外资金管理条例》颁布到 1996 年《国务院关于加强预算外资金管理的决定》出台前，这一阶段在第一阶段的基础上，就管理方法而言，由财务规定上升到以法律法规形式固定下来，而预算外资金的权属仍未改变。在这两个阶段的 10 年中，本县预算外资金管理着重点是落实专户储蓄。特别是省《条例》颁布后，以执法力度狠抓《条例》的贯彻实施。经过各方面的协调配合和上上下下共同努力，整个管理工作基本理顺，并且逐步趋于规范化、制度化。1996 年国务院《决定》出台，《决定》将预算外资金的基本概念和权属关系重新作出界定，明确规定预算外资金是国家机关、事业单位和社会团体为履行或代行政府职能，依据国家法律、法规和具有法律效力的规章而收取、提取和安排使用的未纳入国家预算的各种财政性资金，所有权归国家，调控权归政府，管理权归财政。同原来所有权、使用权归本单位的规定有着本质区别，是预算外资金管理工作的一次重大变革。为贯彻落实国务院的《决定》精神，对全县预算外资金进行全面清理检查，以大政发［1996］第 40 号文件印发《关于加强预算外资金管理的暂行办法》。《办法》规定，从 1996 年起，各部门和单位预算外资金实行"定收定支、递增包干、超收分成、短收自补，扣减财政拨款，一定三年"的管理体制。同时规定了预算外资金实行预、决算制度，预算以外的追加支出，一律由县长"一支笔"审批，结余资金经政府批准，由财政部门统筹用于全县经济建设和事业发展。1996 年 6 月以大财字［1996］第 21 号文印发《关于加强行政事业性收费票据管理的通知》。《通知》明确了票据的种类和使用范围，规定了票据的领用、核查、保管和年检制度，对违反票据管理的行为规定了 6 条处罚措施。同时落实在财政局内部建立专账、专柜、专人、专责的管理制度，要求各执收单位相应建立票据管理制度。1996 年 10 月底，全县 82 个行政事业单位全部在县财政局购领票证。实行财政专户管理的单位由年初的 34 户增加到 43 户，占应纳入专户管理 46 户的 93.5%，上缴财政专户资金累计达 353.3 万元，同比 1995 年的 215 万元增长 64.3%。1997 年初，全县所有涉及预算外资金执收的单位全部纳入预算管理；1998 年，全县预算外收入完成 626.6 万元，政府调控 64.5 万元；1999 年，贯彻落实"8·27"全市"收支两条线"工作会议精神，明确要求全县各执收执罚单位全部取消预算外收支两个账户，资金全部实行"收支两条线"管理，全部取消单位内部股室开设的银行账户，各项资金纳入单位财务统一核算，各项收费资金及罚款直接上缴财政或财政专户。2000 年由于煤炭市场持续疲软，全县预算外收入完成 511 万元；2001 年，全县预算外收入完成 410 万元；2003 年，纳入全县预算外财政专户 163 个（157 个单位）；2007 年，全县预算外收入完成 1270.95 万元；2009 年，全县预算外专户 33 个，共完成收入 1296.3 万元。2010 年，为了贯彻落实全国人大和国务院有关规定，财预〔2010〕88 号《财政部关于将按预算外资金管理的收入纳入预算管理》决定从 2011 年 1 月 1 日起，按预算外资金管理收入（不含教育收费）全部纳入预算管理，相应修订《政府收支分类科目》，取消全部预算外收支科目。2012 年全县非税收入完成 1263 万元，上划资金 906 万元。2013 年，晋财库〔2013〕34 号文件《关于实施非税收入分成收入自动清分系统》，同财非税〔2013〕7 号《大同市县区级非税收入收缴改革推进计划》全面推进非税收入收缴系统，实现了"单位开票、银行代收、财政统管"的非税收入收缴管理模式，2013 年全县非税收入完成 1.1 亿元，上划资金 1.09 亿元。

第八节　政府采购

大同县政府采购中心成立于 2002 年 1 月，副科级建制，隶属于大同县财政局管理，全额预算事业单位，人员参照国家公务员管理，核定事业编制 8 名，设副科级领导职数 1 名。

大同县政府采购工作实行"采管分离"，设立了大同县财政局政府采购管理办公室和大同县政府采购中心，并明确规定：政府采购管理办公室依法行使全县范围内所有政府采购的监督管理职权，政府采购中心接受采购人的委托，组织实施政府纳入集中采购目录的政府采购项目，是大同县县本级预算单位政府采购业务的执行机关。

大同县政府采购目录主要包括三大类：货物类、工程类和服务类。

县政府采购中心成立后，先后制定了《大同县政府采购管理暂行办法》《大同县政府采购中心工作流程》《大同县政府采购中心职责》等规章制度，使政府采购工作有章可循，有规可依。同时，结合

全县实际，适时制定政府采购目录，明确界定了政府集中采购具体范围。从 2003 年县本级政府采购工作开展后，集中采购资金从当年的 80.1 万元增长到 2009 年的 869.5 万元，累计实施采购资金 4210.2 万元，节约资金 424.6 万元，资金节约率保持在 10% 以上。

2010 年，大同县政府采购工作，围绕"依法采购、优质服务、规范操作、廉洁高效"的服务宗旨和"重服务、重效率、重规范"的工作思路，共办理采购业务 30 宗，完成采购预算 1935.51 万元，实际采购金额 1754.49 万元，节约资金 181.02 万元，节约率为 9.3%。

2011 年，共办理采购业务 20 宗，完成采购预算 1183.28 万元，实际采购金额 1091.64 万元，节约资金 91.64 万元，节约率为 7.7%。

2012 年，共办理采购业务 31 宗，完成采购预算 4755.20 万元，实际采购金额 4417.57 万元，节约资金 337.63 万元，节约率为 7.1%。

2013 年，共办理采购业务 34 宗，完成采购预算 4667.06 万元，实际采购金额 4253.47 万元，节约资金 413.59 万元，节约率为 8.9%。

第九节　国有资产管理

1992 年以前，国有资产管理实行产权管理主体多元化的管理体制。1992 年，大同县财政局增设国有资产管理股，按照"统一政策，分级管理"的原则，专门负责全县国有资产管理工作。当年，在全县行政事业单位进行国有财产登记工作。同年，转发国家《国有资产产权登记管理办法（试行）》，并组织试行。

1995 年在 1993、1994 两年对国有企业的国有资产进行清查、登记等工作的基础上，全面开展清产核资工作。全县应涉及户数 58 户，实行清产核资 52 户，清产核资总额 20327 万元。同时开展国有企业固定资产评估，评估资金 5056 万元，比估前登记申报的 3792 万元增 33.3%。

1998 年 4 月，县国有资产管理局成立，当年，对全县所有行政事业单位进行产权登记。2001 年，县国有资产管理局撤销。2003 年落实大同县《关于国有企业改制工作的实施方案》，对解庄煤站整体出售，县水泥厂全员租赁，县砖瓦厂一、二车间租赁。2004 年对县农机修造厂、活性炭厂、金属镁厂煤气站全面消产核资，对实施租赁的县水泥厂、县砖瓦厂合同履行情况进行专项检查。

2005 年，对划归地方的县药材公司国有资产进行清产核资，对检察院旧址地产进行公开拍卖，拍卖所得 46 万元全部投入新址建设。对《黄土坡煤矿待处理财产报告》组织力量实地核实。

2006 年 9 月，召开全县国有资产核查工作会议，发出《关于对全县国有资产状况进行核查的通知》，随后组织各有关方面人员 400 余人对全县 110 个行政事业单位和 200 个企业国有资产进行全面核查。

2007 年，根据《大同县行政事业单位资产清查暂行办法》，对全县行政事业单位进行资产清查，共涉 76 户，固定资产总额 6763744 元。

2008 年，对全县行政事业单位国有资产产权进行重新登记，产权登记单位共 76 户。通过产权登记，监督检查了占有、使用单位国有资产存量、构成及其增减变化情况，准确掌握了有关数据和资料，使各行政事业单位达到产权明晰，账实相符，促进了全县行政事业单位国有资产管理步入系统化、规范化、法制化管理轨道。

财税　金融

第二章 税 务

第一节 国 税

税制改革

1994年1月1日,大同县按照中央"统一税法、公平税负、简化税制、合理分权,理顺分配关系,规范分配方式,保障财政收入,建立符合社会主义市场经济要求的税制体系"的指导思想,遵循"有利于加强中央的宏观调控能力;有利于发挥税收调节个人收入相差悬殊和地区间发展差距大的作用,促进协调发展,实现共同富裕;体现公平税负,促进平等竞争;体现国家产业政策,促进经济结构的有效调整,促进国民经济整体效益的提高和持续发展;简化、规范税制"的原则,进行税制改革。

增值税

中国自1979年开始试行增值税,现行的增值税制度是以1993年12月13日国务院颁布的国务院令第134号《中华人民共和国增值税暂行条例》为基础的。增值税已经成为中国最主要的税种之一,增值税的收入占中国全部税收的60%以上,是最大的税种。增值税由国家税务局负责征收,税收收入中75%为中央财政收入,25%为地方收入。进口环节的增值税由海关负责征收,税收收入全部为中央财政收入。

增值税的征税范围包括:销售和进口货物,提供加工及修理修配劳务。

消费税

消费税是在对货物普遍征收增值税的基础上,选择少数消费品再征收的一个税种,主要是为了调节产品结构,引导消费方向,保证国家财政收入。现行消费税的征收范围主要包括:烟,酒及酒精,鞭炮,焰火,化妆品,成品油,贵重首饰及珠宝玉石,高尔夫球及球具,高档手表,游艇,木制一次性筷子,实木地板,汽车轮胎,摩托车,小汽车等税目,有的税目还进一步划分若干子目。

企业所得税

《中华人民共和国企业所得税暂行条例》是1994年工商税制改革后施行的,它把原国营企业所得税、集体企业所得税和私营企业所得税统一起来,形成了现行的企业所得税。它克服了原来按企业经济性质的不同分设税种的种种弊端,真正地贯彻了"公平税负、促进竞争"的原则,实现了税制的简化和高效,并为进一步统一内外资企业所得税打下了良好的基础。

税务管理

做好税收计划的落实,签订组织收入目标责任书,做好税收收入分析预测,加强欠税管理;加强执法监督,深入推行税收执法责任制,整顿和规范税收秩序,强化税务稽查工作。加强税法宣传教育,加强税收征管质量和效率的考核,深化增值税管理,切实加强所得税管理,提高出口退税管理质量和效率,推行"管片负责制",落实税收管理员制度,强化税源控管。加强征管状况分析和纳税评估工作,增强信息管税的针对性和实效性;完善数据管理,保证网络安全;积极构建四位一体互动机制,优化纳税服务,落实各项服务承诺,落实各项税收优惠政策。

1996—2009 年大同县国税完成情况

表 17 – 2 – 1

单位:万元

年份	税收收入	年度考核计划	税收收入占年度考核计划的百分数	各税种收入					
				营业税	增值税	个人所得税	企业所得税	消费税	车辆购置税
1996	2489.35	2120	117.42	56	2430.35		3		
1997	2780.3	2620	106.11	75.30	2690	15			
1998	3114	3084	100.97	66	3011	37			
1999	3401	3130	108.66	70	3326		5		
2000	3636	3408	106.69	131	3384	97	24		
2001	3770	3710	101.62	87	3683				
2002	4321	4174	104.20	22	4140	155	4		
2003	4743	4753	99.79	1	4552	123	66	1	
2004	8112	5217	165.94		7881	139	92		
2005	19200	10000	192.00		18915	153	132		
2006	17356	19200	90.40		16934	184	238		
2007	22030	19968	110.33		21465	228	322		17
2008	34018	25797	131.87		33449	176	381	1	11
2009	13987	36099	38.75		13429.5	86	451.5	8	12

第二节　地　税

大同县地税局是按照分税制财政体制改革的需要和两套税务机构的要求于 1994 年 10 月 13 日组建。全局机构、人员、编制、经费实行省以下垂直管理体制。局机关设:办公室、人事监审股、计划会计股、税政股、征管股、农税股、稽查队。基层下设:城镇第一税务所、西坪地税所、倍加造地税所、陈庄地税所、党留庄地税所、杜庄地税所、麻峪口地税所、吉家庄地税所、峰峪地税所、徐町地税所、册田地税所、瓜园地税所、中高庄地税所、阁老山地税所、聚乐地税所、周士庄地税所。

1995 年 1 月,增设集贸所。1995 年 8 月撤销稽查队,成立大同县地方税务局稽查分局,同时成立了大同县地方税务局党组织纪检组。

2001 年,由于撤乡并镇,地税局的征收机构相应地发生变化,局机关内设股室增加了党办、信息股,人事监审股分为人教股和监察室,基层下设了周士庄地税所、倍加造地税所、西坪地税所、党留庄地税所、湖东地税所、许堡地税所和昊天地税所七个税务所。同时,取消集贸所,原集贸所税收划归西坪所管理。

2002 年,按照上级要求,成立征收分局,负责全县各类税收的申报、征收、入库管理工作,并将农税股更名为农税分局,主要负责全县的耕地占用税、契税和房地产税收管理。

2009 年,农税分局更名为大同县地方税务局直属二分局,并将原征收分局更名为大同县地方税务局直属一分局,二者均为副科级建制单位。全局共有干部职工 69 人,担负着全县地方各税的征收管理。

征收范围

从建局到现在,由地税部门征收的税种为:营业税、个人所得税、土地增值税、城市维护建设税、车船税、房产税、屠宰税、资源税、土地使用税、印花税、固定资产投资方向调节税、企业所得税、农业税、农业特产税、耕地占用税、契税。规费为:教育费附加、水资源补偿费、价格调控基金、育林基金、文化事业费、工会经费、残疾人就业保障金、煤炭可持续发展基金、农村教育费附加。

税收种类变动情况

1996 年，大同县地税局根据税法、暂行条例开征了以下税种：营业税、个人所得税、土地增值税、城市维护建设税、车船税、房产税、屠宰税、资源税、土地使用税、印花税、固定资产投资方向调节税、企业所得税、农业税、农业特产税、耕地占用税、契税。

1991 年 4 月 16 日，国务院发布《中华人民共和国固定资产投资方向调节税暂行条例》，从 1991 年 1 月 1 日起施行。自 2000 年 1 月 1 日起新发生的投资额，暂停征收固定资产投资方向调节税。

2002 年，根据《国务院关于印发所得税收入分享改革方案的通知》（国发〔2001〕37 号）和《国家税务总局关于所得税收入分享体制改革后的税收征管范围的通知》（国税发〔2002〕8 号）的规定，2002 年 1 月 1 日起从无到有的新办企业缴纳的企业所得税归国税局征收。

2004 年，为了贯彻落实党的十六届三中全会和中央农村工作会议精神，继续推进农村税费改革，进一步减轻农民负担，根据《中共中央、国务院关于促进农民增加收入若干政策的意见》（中发〔2004〕1 号）有关规定，取消农业特产税。

2006 年，取消农业税。农业税是国家对一切从事农业生产、有农业收入的单位和个人征收的一种税，俗称"公粮"。2006 年 2 月 22 日，国家邮政局发行了一张面值 80 分的纪念邮票，名字叫做《全面取消农业税》，以庆祝从 2006 年 1 月 1 日起废止《农业税条例》。这意味着，在我国沿袭两千年之久的这项传统税收的终结。作为政府解决"三农"问题的重要举措，停止征收农业税不仅减少了农民的负担，增加了农民的公民权利，体现了现代税收中的"公平"原则，同时还符合"工业反哺农业"的趋势。2004 年全县减免农业税 165 万元，2006 年开始不征农业税。取消农业税是对农民的一种解放，在中国，农业征税、缴税成本太大，这种成本有时候甚至超过了税收本身。以农业税为载体，派生出农民、农村、农业摄取剩余的税费的品种多得令人眼花缭乱。农业税的取消，使这种到处向农民伸手的体制得到了根本性的改变。更为重要的是，现行的农村税制，是在城乡二元结构下设立的。这种两线并行的税制结构，再加上城乡发展水平的不平衡，对农民形成了极为不公平的税收负担。取消农业税，是一种制度性的变化，是中央对城乡经济和社会发展不平衡政策做出的重大调整，是对农民在税负上与城市居民平等地位的恢复。

2006 年，温家宝总理宣布《屠宰税暂行条例》自 2006 年 2 月 17 日起废止。农村税费改革以后，屠宰税已被取消。

2013 年 8 月 1 日起，按照《财政部国家税务总局关于在全国开展交通运输业和部分现代服务业营业税改征增值税试点税收政策的通知》（财税〔2013〕37 号），在全国范围内开展交通运输业和部分现代服务业营改增试点。

规费、基金种类变动情况：

建局初期由地税部门征收的规费、基金有教育费附加、价格调控基金、水资源补偿费三种。

1995 年，由地税局代征林业建设基金，根据晋政办发〔1995〕35 号《山西省人民政府办公厅印发〈山西省林业建设基金代征办法〉的通知》。由地税局在征收资源税的同时，按资源税的课税数量收取林业建设基金。

1997 年，开征文化事业建设费，根据国发〔1996〕37 号《国务院关于进一步完善文化经济政策的若干规定》以及财税字〔1997〕159 号《财政部、国家税务总局关于印发〈文化事业建设费征收管理暂行办法〉的通知》，由地税局在征收娱乐业、广告业营业税时一并征收。

2000 年，根据晋政办发〔2001〕102 号《山西省人民政府办公厅关于由地税部门代征残疾人就业保障金的通知》，由地税局代征。

2001 年，实行农村税费改革，根据《中共中央、国务院关于进行农村税费改革试点工作的通知》（中发〔2001〕7 号）和《国务院关于进一步做好农村税费改革试点工作的通知》（国发〔2001〕5 号），取消农村教育费附加。

2005 年，根据晋工发〔2005〕32 号、晋地税规发〔2005〕6 号、晋工发〔2005〕48 号、晋地税规发〔2005〕8 号文件，由地税局代征工会经费。

2007 年，根据山西省人民政府令第 203 号、晋政办发〔2007〕34 号、晋地税发〔2007〕37 号、晋地税发〔2007〕50 号文件，由地税局征收煤炭可持续发展基金。

2011 年，山西省人民政府以晋政发〔2011〕25 号文件印发了《全省地方教育附加征收使用管理办法》，明确由地税机关从 2011 年 2 月 1 日起征收地方教育附加。

2011 年，山西省人民政府办公厅下发《关于地税部门代征采矿排水水资源费的通知》（晋政办发〔2011〕25 号），规定从 2011 年 1 月 1 日起，山西省行政区域内各类企业采矿排水水资源费委托各级地税机关代为征收。

1996—2013 年大同县征费情况

表 17 - 2 - 2　　　　　　　　　　　　　　　　　　　　　　　　　　　　　　单位：万元

年度	教育费附加	价格调控基金	水资源补偿费	林业建设基金	文化建设事业费	工会经费	残疾人就业保障金	煤炭可持续发展基金	地方教育费附加	采矿资源排水费
1996	64	23	303	3						
1997	24	14	144	1						
1998	70	25	239	3	0.5					
1999	46	36	233	3	1					
2000	84	36	75	5	1					
2001	98	36	95	5	1					
2002	136	43	95	5	1					
2003	154	45	109	5	1		5			
2004	170	74	231	5			5			
2005	223	100	125	5	1		8			
2006	492	187	216	6	1		7			
2007	754	370	345	5	1	28	8	5388		
2008	1440	665	612	3	1	30	11	10908		
2009	531	247	422	1	1	30	10	1357		
2010	571	260	356		1	31	11	1471		
2011	541	253			1	35	11	1225	190	47
2012	647	297	121		1	40	21	450	469	36
2013	578	265			1	51	20	449	363	34

1996—2013 年大同县税收完成情况

表 17 - 2 - 3   单位:万元

年度	合计	工商税收	农业税收	规费收入
1996	2805	2147	265	393
1997	3063	2323	253	487
1998	3406	2525	311	570
1999	3802	3144	271	387
2000	3638	3035	357	246
2001	3533	3161	137	235
2002	4375	3386	349	640
2003	3993	3472	202	319
2004	3409	2909	15	485
2005	3794	3300	32	462
2006	5689	4750	30	909
2007	11952	4937	114	6901
2008	20147	5933	536	13678
2009	8939	5907	425	2607
2010	11518	6904	1912	2702
2011	14331	11070	957	2304
2012	17133	13195	1839	2099
2013	21239	16557	2914	1768

从 1996 年至 2013 年 18 年间的税收收入完成情况看，总体上呈大幅上升趋势。但由于大同县属市区邻近县，一次性税收多，相应地税收情况出现波动，如 2000 年较 1999 年绝对额减少 49 万元，其原因就是京大路一次性税收的影响。在地税收入中，营业税和企业所得税是地税的主税种，每年收入中，二者比例几乎达到 60—70%，完成最好的一年是 2008 年，各类税费总量首次突破了 2 亿元大关，取得了超历史、超同期最好水平。其主要原因是 2007 年开始，山西省开征了煤炭可持续发展基金。国家考虑到山西作为能源大省，几十年来为国家作出了巨大贡献，为此，省委、省政府积极争取中央这一有利政策，由省财政厅统一征收煤炭可持续发展基金。省财政厅将这一任务，交给地税部门代征。中央将山西作为试点，以期在全国推广，真正形成了"全国看山西，山西看地税"的工作格局。2008 年，地税部门仅煤炭可持续发展基金征收就达

1.1 亿元。2008 年之后，地税收入总体呈增长趋势。

第三节　农村税费改革

1995 年至 2003 年，大同县农村一直执行 1995 年前国家和集体规定的上交税费政策。2003 年，本县根据中央政策进行税费改革，主要内容是：四个取消、一个调整和一项改革。

取消乡统筹费和农村教育集资等专门面向农村征收的行政事业性收费和政府性基金、集资等，取消屠宰税，取消农业特产税，逐步取消劳动积累工和义务工；调整农业税收政策；改革村提留征收使用办法。

取消乡统筹后，原开支来源由县财政预算安排或者从农村转移支付资金中解决。劳动积累工和义务工 2003 年不超 10 个，2004 年不超过 8 个，2005 年全部取消。农村公益事业实行"一事一议"，劳动

力每人每年不超 10 个,筹资每人每年不超 15 元。

农业税政策调整,主要是计税面积以农民第二轮承包用于农业生产的土地面积为依据进行核定,计税产量以 1997—2001 年 5 年农作物平均产量核定,农业税率为 7%,农业税附加比例为正税的 20%。

农民不再上缴村提留,原开支来源由农业税附加解决,附加税由地税局代征。

2003 年,全县农业税总额 348 万元,其中正税 290 万元,附税 58 万元,同时进行配套改革,精简了机构,乡镇由原 16 个撤并为 10 个,规范了农村财务管理,调整了中小学布局。

2004 年,农业税又降低 3 个百分点,税率为 4%。2006 年,农业税全部取消。免征农业税及其附加后,除中央财政补助外,影响地方财力部门分省市县三级按 6∶2∶2 比例共同负担。同年 5 月将税费改革原始资料交县地税局统一归档保管。

2007 年,对乡镇农村两级债权债务进行登记。

2009 年,对农村义务教育"普九"债务进行了审计。

财税　金融

第三章 金 融

第一节 机 构

中国人民银行

中国人民银行大同县支行 1996年3月2日,"三定方案"将原7个股室合并更名为:综合办公室、稽核金管股、会计国库股、计划调统股4个股室,工作人员40人。1997年6月,增设合作金融监管股。1999年,经人民银行大同市中心支行批准,中共人行大同县支行党组、纪检组成立。2003年,中国人民银行大同县支行进行职能调整,部分监管职能划出,交由大同市银监局大同县办事处。自此,人民银行主要履行贯彻执行国家货币政策、提供金融服务及维护金融稳定三大重要职能。2006年3月,大同县支行实行统筹管理,对原有纪检监察审计室合署办公成为综合业务部。2009年末,在册职工21人。2010年末,县支行在册职工19人,退休职工2人。2011年末,县支行在册职工18人,退休职工4人。2012年末,县支行在册职工18人,退休职工4人。至2013年末,县支行在册职工19人,退休职工4人。

国有商业银行

中国农业银行大同县支行 1996年,中国农业银行大同县支行内设机构有办公室、信贷部、财务计划部、客户部、营业室,下设倍加造、周士庄、党留庄、杜庄、西坪营业所,在大同市有驻同办事处,在县城设有北街储蓄所、南梁储蓄所,全行共有员工76人。1999年,驻大同办事处由市分行直管,全行共有员工63人。2004年,中国农业银行进行全面精简机构优化组合的改革,基层低效营业网点全部撤并,另在大同市经济技术开发区设一个分理处,全行共有员工49人。2009年,农业银行进行了股份制改革,全称为中国农业银行股份有限公司大同县支行,支行内设机构有综合管理部、客户部、营业室,在大同市经济技术开发区设有一个分理处,全行共有员工30人。2010年,支行大力发展三农业务,当年发放惠农卡两万张,布放转账电话68台。2011年,支行营业室按照总行新网点标准开始装修。2012年,支行营业室装修完毕,提升了企业品牌形象,完成了总行要求的"硬转"。2013年,支行按照总行标准化服务要求,进行"导入"学习,全员仪容仪表、服务质量得到提升,完成总行要求的"软转"。

中国工商银行大同县支行 1996年,中国工商银行大同县支行内设机构有办公室、营业部、业务部,下设东街储蓄所、南街储蓄所、开发区办事处、湖东办事处;2000年,湖东办事处撤销;2002年,东街储蓄所撤销;2003年,开发区办事处撤销;2005年,南街储蓄所撤销。2005年1月,工商银行股改上市,中国工商银行大同县支行更名为中国工商银行股份有限公司大同县支行;内设机构更名为管理部、客户部、营业室,从业人员35人。

政策性银行

大同县农业发展银行 组建于1996年12月16日,支行内设办公室、会计出纳部、计划信贷部三个部门,在职职工17人,退休7人。主要负责粮、棉、油收购资金封闭管理;大力支持农村基础设施建设,重点围绕水利、农村路网、新型城镇化和新农村建设。2006 年,增加农业小企业贷款业务。2010 年,增加项目建设贷款和新农村建设贷款。2013 年,增加农田水利建设贷款。

信用合作社

1996 年 10 月,大同县农村信用合作联社与县农业银行正式脱离行政隶属关系,自立门户,内设办公室、营业部、安全保卫科三个科室,下辖 17 个基层信用社,实行两级法人管理体制,从业人员 118 人。业务管理和金融监管分别由县联社和人民银行承担。2003 年,由省政府对农村信用社实行间接、宏观管理,银监会依法行使对农村信用社的金融监管职能,省联社作为信用社的行业管理部门。

2008 年 8 月,大同县农村信用联合社成立一级法人社,所辖区乡镇农村信用社全部并入县联社。2009 年底,共有人事科、电脑信息科、安全保卫科、财务科、业务科、风险资产管理部、风险合规部、客户部、稽核中队、办公室 10 个内设部门,下辖 14 个基层信用社、1 个营业部、2 个分社、1 个储蓄所,从业人员 184 人。2011 年,大同县农村信用合作联社新增纪检监察室、新业务科、统计科、事后监督 4 个科室,内设部门达到 14 个。2012 年 8 月,2 个分社、1 个储蓄所升格为信用社,至此,大同县联社所有分支机构业务范围相同,服务功能完善。2013 年底,县联社分支机构总数为 18 个,其中营业部 1 个,基层信用社 17 个,内设科、部、室为 14 个,员工总数 210 人。

1978—2012 年荣获省级以上(含省级)荣誉单位名录

表 17 - 3 - 1

获奖单位	荣誉称号	授奖机关	授奖年份
大同县瓜园信用社	大庆大寨式企业	山西省革委会	1978
大同县阁老山信用社	金融红旗单位	山西省农业银行	1980
大同县杜庄信用社	金融红旗单位	山西省农业银行	1981
大同县瓜园信用社	金融红旗单位	山西省农业银行	1983
大同县农村信用合作联社	信贷资产风险分类先进集体	山西省农村信用社联合社	2007.02
大同县农村信用合作联社	2007 年度实施"三千三百惠农工程"先进单位	山西省农村信用社联合社	2008.01
大同县农村信用合作联社	2010 年度"比学习比作风比技能创优业绩"活动先进集体	中共山西省农村信用社联合社委员会	2011.01
大同县农村信用合作联社	2010 年度"优秀宣传报道单位"	山西省农村信用社联合社	2011.01
大同县农村信用合作联社	2010 年度人力资源管理工作先进集体	山西省农村信用社联合社	2011.01
大同县农村信用合作联社	2010 年度组织存款工作先进单位	山西省农村信用社联合社	2011.04
大同县农村信用合作联社	全省农信社纪念"七一"暨创先争优活动先进基层组织	中共山西省农村信用社联合社委员会	2011.06
大同县农村信用合作联社	2011 年度"优秀宣传报道单位"	山西省农村信用社联合社	2012.01
大同县农村信用合作联社	2011 年度最佳服务"三农"集体贡献奖	山西省农村信用社联合社	2012.02

1977—1991 年各年度机构、网点、人员状况

表 17－3－2

年度	市级联社	县级联社	县级农商银行	县级农合银行	信用社	社级农商支行	社级农合支行	信用分社	储蓄所	信用站	员工总数	其中	
												男职工数	女职工数
1977					16						53	45	8
1978					16						54	46	8
1979					16						55	47	8
1980					16						75	58	17
1981					16						74	56	18
1982					16						74	50	24
1983					16						94	64	30
1984					16				1		94	61	33
1985		1			16				1		97	66	31
1986		1			16				1		96	66	30
1987		1			16				1		102	68	34
1988		1			16				1		102	68	34
1989		1			16				1		108	70	38
1990		1			16				1		106	68	38
1991		1			16				1		107	67	40

1977—1996 各年度各项存款统计

表 17－3－3

年度	各项存款	其中		
		单位存款	个人储蓄	其他存款
1977	384.08	279.05	105.03	
1978	351.16	246.08	105.08	
1979	381.08	241.97	139.11	
1980	428.27	180.11	248.16	
1981	502.28	159.96	342.32	
1982	953.85	437.67	516.18	
1983	945.57	281.21	664.36	
1984	1403.56	282.69	1120.87	
1985	1374.75	321.32	1053.43	
1986	1529.08	312	1217.08	
1987	1653.27	251.18	1402.09	
1988	1857.94	305.86	1552.08	
1989	2138.89	308.47	1830.42	
1990	3040	559.56	2480.44	
1991	3517.26	469.42	3047.84	
1992	4151.1	488.6	3662.5	

单位:万元

续表 17－3－3

年度	各项存款	其中		
		单位存款	个人储蓄	其他存款
1993	4975.05	424.68	4550.37	
1994	6122.89	716.47	5406.42	
1995	7130.37	921.33	6209.04	
1996	8106.03	933.64	7172.39	

1977—2012 年度各项贷款统计

表 17－3－4   单位:万元

年度	各项贷款	其中			累计投放	累计收回
		农户贷款	农业集体贷款	乡镇企业贷款		
1977	71.26	25.38	19.38	26.5	159.47	159.23
1978	102.35	21.64	20.19	60.52	180.16	149.07
1979	71.38	22.46	38.75	10.17	168.26	199.23
1980	91.57	23.76	49.85	17.96	253.62	233.43
1981	141.29	36.51	98.48	6.3	424.18	374.46
1982	133.21	116.18	4.13	12.9	473.15	481.23
1983	306.63	226.46	58.19	21.98	783.18	609.76
1984	781.93	564.56	158.29	59.08	1285.15	809.85
1985	498.4	374.6	88.17	35.63	308.91	592.44
1986	718.19	453.58	170.64	93.97	909.28	689.49
1987	904.29	591.19	204.15	108.95	1539.28	1353.18
1988	927.33	586.17	222.29	118.87	955.86	932.82
1989	1090.95	695.91	240.81	154.23	1012.61	848.99
1990	1350.25	844.49	346.28	159.48	1349.2	1089.9
1991	1727.92	1032.18	445.29	250.45	1692.64	1314.97
1992	1899.82	1269.71	352.26	277.85	3068.36	2896.46
1993	2476.13	1290.26	478.19	707.68	2943.97	2367.66
1994	4126.04	1390.36	1532.14	1203.54	5208.42	3558.51
1995	5627.33	1591.53	2310.72	1725.08	4933.58	3432.29
1996	5447.2	1667.35	2633.29	1146.56	5731	5911.13
1997	6061.67	2027.19	2897.17	1137.31	4326.65	3712.18
1998	7425.06	2280.29	1253.48	3891.29	4393.16	3029.77
1999	8225.21	2650.12	1222.23	4352.86	3681.85	2881.7
2000	8686.52	2636.34	1005.18	5045	5321.45	4860.14
2001	9485.78	2778.62	1527.23	5179.93	4251.48	3452.22
2002	10242.27	2994.8	1827.13	5420.34	6347.27	5590.78
2003	11966.31	3450.42	1557.68	6958.21	7757.78	6033.74

续表17－3－4　　　　　　　　　　　　　　　　　　　　　　　　　　　　　单位:万元

年度	各项贷款	其中			累计投放	累计收回
		农户贷款	农业集体贷款	乡镇企业贷款		
2004	12892.53	4969.95	1127.16	6795.42	3827.04	2900.82
2005	16197.49	8791.69	1311.15	6094.65	10427.02	7122.06
2006	20565.42	13303.47	470.08	6791.87	12478.1	8110.17
2007	25519.95	17984.29	569.36	6966.3	18865.76	13911.23
2008	32136.17	22400.13	496.72	9239.32	26358.4	19742.18
2009	42338.76	30044.93	668.37	11625.46	27815.36	17612.77
2010	76785.08	45922.76	206.37	30655.95	64042.11	29595.79
2011	97923.44	46888.63	193.37	50841.44	68222.98	47084.62
2012	104194.04	46207.42	137.07	57849.55	48834.46	42563.86

中国邮政储蓄银行有限责任公司大同县北街支行

2010年1月1日,中国邮政储蓄银行有限责任公司大同县北街支行挂牌成立。向城乡居民提供个人结算、小额信贷、消费信贷、信用卡、投资理财、企业结算等金融服务,充分依托和发挥邮政的网络优势,完善城乡金融服务功能,以零售业务和中间业务为主,坚持服务"三农",自觉承担起"普之城乡,惠之于民"的社会责任。2012年1月12日,更名为中国邮政储蓄银行股份有限公司大同县支行。至2013年底,支行内设综合业务部、综合管理部两个部室,一个营业网点,共有从业人员23人。

第二节　金融体制改革

1996年10月,根据国务院《关于农村金融体制改革的决定》的要求,按照《关于印发〈农村信用社与中国农业银行脱离行政隶属关系实施方案〉的通知》要求,大同县农村信用联合社与大同县农业银行脱钩,迈出了农村信用社管理体制改革的关键一步,县联社与17家乡镇农村信用社实行两级法人管理体制。

1996年12月,第一家政策性银行中国农业发展银行大同县支行正式挂牌成立,主要负责粮、棉、油收购资金封闭管理。

2002年10月,中国建设银行大同县支行撤销。

2003年12月,大同市银监局大同县办事处成立,主要从事银行业监督管理工作。

2005年11月,随着工商银行股改上市,中国工商银行大同县支行更名为中国工商银行股份有限公司大同县支行。

2008年8月,大同县农村信用联合社成立一级法人社,所辖区乡镇农村信用社全部并入县联社。

2009年,随着农业银行股份制改革,中国农业银行大同县支行更名为中国农业银行股份有限公司大同县支行。

2010年1月1日,中国邮政储蓄银行有限责任公司大同县北街支行挂牌成立。为城乡居民提供个人结算、小额信贷、消费信贷、信用卡、投资理财、企业结算等金融服务。

第三节　货币流通

1996年至2009年14年间,全县货币流通以人民币为主。1999年,开始发行第五套人民币。第五套人民币共分两个版别,分别是1999版、2005版。2000年,第三套人民币停止流通。现金收入项目有:商品销售收入、服务业收入、行政税费收入、城乡个体经营收入、储蓄存款收入、其他金融性公司收入、居民归还贷款收入、汇兑收入、有价证券收入和其他收入共10项；现金支出项目有：工资性及个人其他支出、农副产品采购支出、工矿及其他产品采购支出、行政企业管理与经工营费支出、城乡个体经营支出、储蓄存款支出、其他金融公司支出、居民提取贷款支出、汇兑支出、有价证券支出和其他支出共11项。

1996年至2009年14年间，全县累计现金收入2246326万元，年均160451万元，收入最多的2008年为361904万元，最少的1996年为52657万元。在现金累计收入中：商品销售收入为153874万元，占总收入的7%，年均10991万元，最多的2008年为31229万元，最少的2000年为2163万元；服务业收入为368547万元，占总收入的16%，年均26324万元，最多的2004年为86872万元，最少的1996年为2045万元；行政税费收入为29258万元，占总收入的1%，年均2089万元，最多的2009年为4168万元，最少的1997年为360万元；城乡个体经营收入为53107万元，占总收入的2%，年均3793万元，最多的2000年为7514万元，最少的1996年为1506万元；储蓄存款收入为1183788万元，占总收入的53%，年均84556万元，最多的2009年为249039万元，最少的1997年为25549万元；其他金融性公司收入为19930万元，年均1423万元；居民归还贷款收入为76013万元，年均5429万元；汇兑收入为3522万元，年均251万元；有价证券收入为328万元；其他收入为358287万元，年均25591万元。

1996年至2009年14年间，全县累计现金支出2234010万元，年均159572万元，最多的2008年为363327万元，最少的1996年为53555万元。在现金累计支出中：工资性及个人其他支出为217599万元，占总支出的9.7%，年均15542万元，最多的2008年为46996万元，最少的2002年为4228万元；农副产品采购支出为51883万元，占总支出的2%，年均3706万元，最多的2008年为12523万元，最少的2003年为461万元；工矿及其他产品采购支出为49548万元，占总支出的2%，年均3539万元；行政企业管理与经工营费支出为267270万元，占总支出

的12%，年均19090万元，最多的2004年为74227万元，最少的1996年为3546万元；城乡个体经营支出为85875万元，占总支出的4%，年均6134万元，最多的1999年为12164万元，最少的1996年为3017万元；储蓄存款支出为1094104万元，年均78150万元，最多的2009年为236922万元，最少的1997年为22963万元；其他金融公司支出为14364万元，年均1026万元；居民提取贷款支出为90382万元，占总支出的4%；汇兑支出为2617万元；有价证券支出为140万元；其他支出360228万元，占总支出的16%，年均25730万元，最多的2008年为86407万元，最少的2003年为5946万元。

1996年至2009年14年间，货币净投放最多的1999年为13801万元，货币净回笼最多的2004年为15041万元。

2010年，全县累计现金收入580766万元，其中：商品销售收入为18689万元，占总收入的3.2%；服务业收入为6381万元，占总收入的1%；行政税费收入为4190万元，占总收入的0.7%；城乡个体经营收入为586万元，占总收入的0.1%；储蓄存款收入为426474万元，占总收入的73.4%；其他金融性公司收入为5000万元；居民归还贷款收入为23453万元；汇兑收入为463万元；其他收入为95531万元。

2010年，全县累计现金支出573064万元。其中：工资性及个人其他支出为20796万元，占总支出的3.6%；农副产品采购支出为1025万元，占总支出的0.1%；工矿及其他产品采购支出为157万元；行政企业管理与经工营费支出为2857万元；城乡个体经营支出为5372万元；储蓄存款支出为412660万元，占总支出的72%；其他金融公司支出为10万元；居民提取贷款支出为977万元；汇兑支出为288万元；有价证券支出为1万元；其他支出128742万元，占总支出的22%。

从2011年起，县人民银行不对辖内金融机构的现金收支指标进行统计。

财税　金融

财税　金融

1996—2010年大同县金融机构现金收入支出

表17-3-5

单位:万元

年度	收入合计	收入项目·商品销售收入	服务业收入	行政税费收入	城乡个体经营收入	储蓄存款收入	其他金融性公司收入	居民归还贷款收入	汇兑收入	有价证券及其他投资性收入	其他收入	支出合计	支出项目·工资性及个人其他支出	农副产品采购支出	工矿产品及其他产品采购支出	行政企业管理与经营费支出	城乡个体经营支出	储蓄存款支出	其他金融性公司支出	居民提取贷款支出	汇兑支出	有价证券支出	其他支出	投放(+)回笼(-)
1996	52657	8199	2045	491	1506	26054	2056		288	8	12018	53555	6720	1488	651	3546	3017	23779	2637		457	24	11236	898
1997	56023	7017	6063	360	3067	25549	4799	504	431	264	8233	58463	8438	2122	1651	3722	4628	22963	5810	75	433	56	8565	2440
1998	79005	5573	11498	865	4156	43481	1274	1947	455	55	9756	83884	6289	1660	5235	9523	7797	38681	999	1466	309	1	11924	4879
1999	69827	2460	8692	891	4271	44225	117	1975	995	1	6201	83628	9020	2877	1334	8662	12164	36748	99	1940	465	28	10291	13801
2000	91111	2163	14681	1310	7514	54601	461	3597	849		5935	94690	7182	3940	153	8638	11207	52910	632	3028	395	31	6574	3579
2001	85496	4108	17387	1995	4898	47663	482	2191	278		6494	81444	6189	4980	3	9022	5260	45260	505	2003	332		7890	-4052
2002	93279	3195	31884	1964	2405	40448	621	2189	157		10416	91732	4228	2400	1	27982	4004	38894	404	2112	174		11533	-1547
2003	120810	2670	53007	2888	3456	48050	818	3624	59		6238	111989	6041	461	320	43979	6205	44615	695	3680	47		5946	-8821
2004	177216	5270	86872	3109	4565	68499	527	2940			5434	162175	7356	3572	34	74227	4027	63049	1075	2766	4		6065	-15041
2005	187529	12790	63326	2888	3888	80910	505	5551	3		17668	181295	17892	5429	2636	49124	5791	74059	1124	8480			16760	-6234
2006	215084	21772	19069	2243	6207	111601	231	7542	5		46419	213258	22277	4684	7735	4209	7793	105430	266	10025			50839	-1826
2007	313664	25526	22221	3306	3083	152150	8039	13385			85949	305265	40784	1819	15078	11425	4115	141880	118	15626	1		74419	-8399
2008	361904	31229	21446	2780	2477	191518		18721			93733	363327	46996	12523	13127	9425	4722	168914		21213			86407	1423
2009	342721	21902	10356	4168	1614	249039		11847	2		43793	349305	28187	3928	1590	3786	5145	236922		17968			51779	6584
2010	580766	18689	6381	4190	586	426474	5000	23453	463		95531	573064	20796	1205	157	2857	5372	412660	10	977	288	1	128742	-7701

第四节　存　款

1996 年，全县各项存款余额 19438 万元，其中储蓄存款 14963 万元，占比 77%。

2009 年，全县各项存款余额 223544 万元，其中储蓄存款 136903 万元，占比 61%。14 年间，全县各项存款余额增加了 10.5 倍，其中储蓄存款增加了

8 倍。

2010 年，全县各项存款余额 298400 万元，其中储蓄存款 175908 万元，占比 59%；2011 年，全县各项存款余额 341053 万元，其中储蓄存款 223228 万元，占比 65%；2012 年，全县各项存款余额 428893 万元，其中储蓄存款 267003 万元，占比 62%；2013 年，全县各项存款余额 481740 万元，其中储蓄存款 310269 万元，占比 64%。

1996—2010 年大同县金融机构存款余额

表 17－3－6　　　　　　　　　　　　　　　　　　　　　　　　　　　　　　　　单位：万元

项目 年度	各项存款	企业存款			财政存款	机关团体存款	储蓄存款			农业存款	其他存款
			活期存款	定期存款				活期存款	定期存款		
1996	19438	4844	4635	209			14963	2155	12808	265	－634
1997	39499	6620	6365	255			30465	3194	27271	1418	996
1998	52970	10301	9996	305	1037	1387	37089	3966	33123	2364	792
1999	53950	8165	7427	738			42223	5544	36679	1407	2155
2000	57169	9260	8232	1028			44469	6446	38023	2486	954
2001	51218	6842	5997	845	1067	525	42740	5176	37564	1695	－1651
2002	57745	3468	3294	174	875	3341	46800	7660	39140	3186	75
2003	68011	3514	3290	224	2087	5796	53531	9724	43807	2678	405
2004	84670	6564	6354	210	2049	10050	61345	12289	49056	4586	76
2005	103275	7130	7077	53	1421	13187	72904	15571	57333	7049	1584
2006	121586	6617	6617		303	25427	83883	18887	64996	3767	1589
2007	137801	11003	9473	1530	3952	22019	93837	22491	71346	6302	688
2008	186156	16930	14140	2790	9856	32267	116490	26016	90474	9627	986
2009	223544	19981	14561	5420	10589	40179	136903	35948	100955	14996	896
2010	298400	22114	16818	5296	9915	57300	175908	52239	123669	32550	613

2011—2013 年大同县金融机构存款余额

表 17－3－7　　　　　　　　　　　　　　　　　　　　　　　　　　　　　　　　单位：万元

项目 年度	各项存款	单位存款				个人存款				财政性存款	临时存款	其他存款
			活期存款	定期存款	保证金存款		储蓄存款	保证金存款	结构性存款			
2011	341053	112927	105207	7720		223228	223228			4660	192	46
2012	428893	118694	112098	6346	250	267003	267003			43133	47	16
2013	481740	135533	126211	8891	431	310686	310269	30	387	35255	251	15

财税
金融

第五节　银行信贷

1996 年，全县各项贷款余额 29367 万元，其投向以工业、商业、农业、技改为主，其中商业贷款 13577 万元，占比 46%；1997 年，全县各项贷款余额 41356 万元，其投向以工业、农业、商业、技改、乡镇企业为主，其中商业贷款 18669 万元，占比 45%；1998 年，全县各项贷款余额 71141 万元，其投向以工业、农业、商业、技改、乡镇企业、基建为主，当年新增基建贷款 20036 万元，主要是县建设银行发放的京大高速公路建设贷款，占比 28%；1999 年，全县各项贷款余额 96759 万元，其投向以工业、农业、商业、技改、乡镇企业、基建为主，其中基建贷款 44036 万元，占比 46%。

2000 年，全县各项贷款余额 89744 万元，新增贷款以基建贷款为主；2001 年，全县各项贷款余额 90589 万元；2002 年，全县各项贷款余额 47658 万元，较 2001 年下降 42931 万元，主要原因是县建设银行撤销，其基建贷款划走；2003 年，全县各项贷款余额 40913 万元；2004 年，全县各项贷款余额 40748 万元；2005 年，全县各项贷款余额 37901 万元；2006 年，全县各项贷款余额 42201 万元；2007 年，全县各项贷款余额 46879 万元；2008 年，全县各项贷款余额 44602 万元；2009 年，全县各项贷款余额 50731

万元；2000 年以后，新增贷款主要以农村信用社发放的"三农"贷款和农业发展银行发放的粮食收购贷款为主，2005 年，县农业银行为县一中发放 600 万元。

1996 年至 2009 年 14 年间，因金融体制改革，县农业银行政策性剥离贷款 15895 万元；县工商银行核销、政策性剥离贷款 14212 万元；县农业发展银行政策性挂账 7130 万元；县农村信用联合社转换不良贷款 1882 万元，共计 39118 万元。

2010 年，为适应宏观金融形势的需要，推进统计工作的标准化，中国人民银行对信贷统计指标进行调整和修订。2010 年，全县各项贷款余额 85315 万元，个人贷款为 46154 万元，单位经营性贷款为 39001 万元；2011 年，全县各项贷款余额 111625 万元，个人贷款为 50861 万元，单位经营性贷款为 56763 万元；2012 年全县各项贷款余额 121127 万元，个人贷款为 54171 万元，单位经营性贷款为 66956 万元；2013 年全县各项贷款余额 143641 万元，个人贷款为 57948 万元，单位经营性贷款为 81843 万元。2010 至 2013 年固定资产贷款为 160 万元。

2010 年，个人消费贷款为 232 万元；2013 年，个人消费贷款为 3361 万元。4 年间，个人消费贷款增加了 13.5 倍。

1996—2009年大同县金融机构贷款余额

表17-3-8　　　　　　　　　　　　　　　　　　　　　　　　　　　　单位:万元

项目/年度	各项贷款	短期贷款	工业贷款	商业贷款	建筑业贷款	农业贷款	乡镇企业贷款	私营企业及个体贷款	其他短期贷款	个人短期消费贷款	中长期贷款	基本建设贷款	技术改造贷款	其他中长期贷款	个人中长期消费贷款	其他类贷款
1996	29367	27064	8300	13577	93	2049	989	23	2033		2266		1842	424		37
1997	41356	38698	9714	18669	48	5147	2290	297	2533		2539		2184	355		119
1998	71141	46093	10089	24302		6044	3710	7	1941		22835	20036	2119	680		2213
1999	96759	49681	10047	26436		7021	4136	6	2035		47078	44036	2120	922		
2000	89744	42559	7278	23884		4806	3826	4	2761		47185	44366	1936	883		
2001	90589	43538	7273	24594		5400	3841	4	2426	328	47051	44446	1916	689	58	
2002	47658	44625	6841	24758		5904	4183		2939	454	3033		2314	719	90	
2003	40913	36614	6262	17071		6168	4475		2638	286	4299		2294	2005	46	
2004	40748	36436	6039	16545		10576	486		2790	110	4312		2294	2018	29	
2005	37901	34655		16690		10864	3937		3164	18	3246		650	2596	18	
2006	42201	37753	402	17077		14249	2558		3467		4448		600	3848	7	
2007	46879	42350	1470	15999		19136	2798		2947		4529		520	4009	5	
2008	44602	39337		11992		22669	2295		2381		5265		420	4845	54	
2009	50731	45151		7838		30161	2094		5058		5580		300	5280	47	

2010—2013年大同县金融机构贷款余额

表17-3-9　　　　　　　　　　　　　　　　　　　　　　　　　　　　单位:万元

项目/年度	各项贷款	短期贷款	个人贷款	个人消费贷款	单位贷款	经营贷款	固定资产贷款	中长期贷款	个人贷款	个人消费贷款	单位贷款	经营贷款	固定资产贷款	票据融资	贴现
2010	85315	73232	43987		29245	29245		12083	2167	232	9916	9756	160		
2011	111625	57702	40337		17365	17365		49923	10525	1471	39398	39398		4000	4000
2012	121127	60894	33687	54	27207	27207		60233	20485	2421	39748	39748			
2013	143641	75863	33249	4	42614	42614		63928	24699	3357	39229	39229		3850	3850

第六节　债券发行与兑付

国家从1980年至1993年共发行各类国库券、保值公债、财政债券等29种。大同县从1996年以来,没有承担新的债券发行任务,金融机构分年度兑付已到期的各类债券。2002年以后再没有兑付过各类债券。

1996—2002 年大同县金融机构经付国家债券本息报告

表 17－3－10

单位：万元

项目 年度	单位债券		个人债券		合计		备注
	本金	利息	本金	利息	本金	利息	
1996	50600	31542	1276495	625898	1327095	657440	
1998	50600	32178			50600	32178	
2000	－300	－210	36715	11125	36415	10915	
2002	－11000	－4040			－11000	－4040	

以上兑付表：1996 年，兑付单位债券部分包括兑付 1985 年国库券（1990 年到期转换部分）本金 1000 元，利息 650 元；1986 年，国库券（1991 年到期转换部分）本金 17700 元，利息 12390 元；1988 年，国库券（1991 年到期转换部分）本金 26300 元，利息 15254 元。

1998 年，兑付单位债券包括 1987 年国家重点建设债券本金 1800 元，利息 1044 元。

2000 年、2002 年，兑付单位债券红字部分，属冲正以前年度误兑债券额。

第七节　结　算

支付系统演变

全县金融机构支付系统建设伴随着国家经济的发展，金融产业信息化，走过了一个从原始低级到逐步电子化的发展历程。支付系统由最早的手工联行→电子联行→大小额支付系统，资金汇划速度由最初的几天到账变为现在的几秒到账。

1996 年前，人行、工行、农行、信用联社都运行系统内手工联行。1997 年农行，1998 年人行、信用联社运行电子联行；2000 年，工行、农业发展银行运行电子联行。2005 年，人行、农行运行大小额支付系统；2006 年，工行、农发行、信用联社运行大小额支付系统。

支付结算方式

金融机构支付结算方式主要包括票据结算、银行卡结算和其他结算。票据结算方式主要有：银行汇票、商业汇票、银行本票、支票。银行卡结算主要有：借记卡、准贷记卡、贷记卡。县工、农行 2000 年开通银行卡结算方式。农行 2009 年 3 月开办惠农卡业务。其他结算方式有：汇兑、托收承付、委托收款、网上银行业务。县工行 2005 年开通网上银行业务。农总行自 2009 年正式启动建设 BoEing 系统，县支行于 2013 年 10 月投用，该系统覆盖对公和个人贷款、对公存款、现金管理、投资理财等产品线，服务于全县 200 多法人客户和 5 万多个人客户。系统运行平稳，标志着支撑农行未来改革发展的业务平台已经形成。2010 年 8 月，信用联社开办信合通卡业务。

支付结算业务情况

现金收支状况：大同县金融机构 1996－2009 年现金收入累计 1379739 笔，金额 2246326 万元；现金支出累计 1425885 笔，金额 2234010 万元。2009 年和 1996 年收入笔数分别为 199001 笔、34021 笔，增长了 484.9%；支出为 201205 笔、35200 笔，增长了 471.6%。1996 和 2009 年现金收入分别为 52657 万元、342721 万元，增长了 550.8%；现金支出分别为 53555 万元、349305 万元，增长了 552.2%。

1996—2009 年大同县金融机构支付系统往来账发生情况

表 17 - 3 - 11　　　　　　　　　　　　　　　　　　　　　　　　　　　　　　　单位：万元

年度 \ 项目	支付系统往来账发生笔数	金额	备注
1996	15001	102290	
1997	16635	112035	
1998	21250	135626	
1999	26451	154210	
2000	34210	178752	
2001	41320	215420	
2002	48560	248953	
2003	52301	268950	
2004	61203	295231	
2005	68120	322301	
2006	76540	367850	
2007	87536	384524	
2008	91258	412510	
2009	99360	456298	

2010 年，人民银行会计核算系统实行市级集中，县级金融机构支付系统全部集中到中国人民银行大同市中心支行，县支行对支付系统中的各类信息不再统计。

2000—2013 年大同县金融机构银行卡发卡数及结算金额

表 17 - 3 - 12　　　　　　　　　　　　　　　　　　　　　　　　　　　　单位：张、万元

年度 \ 项目	借记卡		准贷记卡		贷记卡		惠农卡	
	发卡数	结算金额	发卡数	结算金额	发卡数	结算金额	发卡数	结算金额
2000	321	1028	5	1				
2001	260	360	24	13				
2002	406	567	38	17				
2003	2617	964	57	29				
2004	858	1571	96	51				
2005	1030	1978	58	30	30	35		
2006	2150	2704	84	64	47	76		
2007	3738	56752	127	87	163	377		
2008	5887	153758	201	112	312	693		
2009	8196	195238	105	175	787	1268	2568	101
2010	18310	23599	102	198	592	409	4203	206
2011	39641	199322	90	87	1030	817	30666	863
2012	87525	249931	84	64	1572	1245	2603	1203
2013	85473	301872	80	58	2518	1668	520	1304

财税　金融

第八节 保险业务

1996 年，中国人民保险公司进行分业管理，分别称之为中国人民财产保险股份公司和中国人民寿险保险股份有限公司。各省、市、县也相应分成了产寿险公司。

人保财险大同县支公司内设经理室、办公室、业务股和财务股，在编职工 9 人。开办机动车、企财险、家财险、意外险、货运险和责任险 6 个险种。1996 年，全年共收各类保费 364.4 万元，全年各险种赔款共 202.7 万元，赔付率为 55.6%。1997 年，大同县支公司在县城南街建起新办公楼，使用面积 1530 平方米。全年共收各类保费 420.2 万元，较 1996 年增幅为 15.3%，各类赔款为 224.7 万元，赔付率为 53.5%。

1998 年，公司保险业务下滑。一是受大环境的影响，当时大同地区经济形势出现了前所未有的下滑局面，煤炭行业实行关井压产，直接影响着运输业，影响着公司的龙头险种机动车。二是新任经理对环境、业务不熟，与企业及相关部门沟通少，也直接影响了业务的发展。1998 年，公司共收各类保费 310.9 万元，较上年降幅为 26%。而支付各类赔款为 235.6 万元，赔付率为 75.8%。1999 年，共收各类保费 404.7 万元，各类赔款为 187.6 万元，赔付率为 46.4%；2000 年共收各类保费 432.3 万元，其中有 38 万元种植业保险，各类赔款为 280.6 万元，赔付率为 64.9%；2001 年，全年共收各类保费 362.5 万元，各类赔款为 196.2 万元，赔付率为 54.1%；2002 年，共收各类保费 315.6 万元，各类赔款为 183.4 万元，赔付率为 58.1%。

2003 年至 2005 年，公司业务发展较快。2003 年，共收各类保费 423.8 万元，较 2002 年的 315.5 万元净增 108.3 万元，增幅为 34.3%。全年各类赔款 170 万元，赔付率为 40.1%。在业务发展上，大同县支公司抓骨干险种，内抓业务竞赛，外抓业务拓展。大力发展公路货运险、车上人员责任险，险

种增加。2004 年大同县支公司共收各类保费 713.6 万元，较 2003 年的 423.8 万元净增 289.8 万元，增幅为 68.4%，其中机动车保费为 705.3 万元，较 2003 年机动车保费 374.8 万元净增 330.5 万元。2004 年，大同县支公司各险种赔款共计 268.4 万元，赔付率为 37.6%。开办新险种，拓展新领域。组织了财产险业务培训，开办了雇主、公众两个新险种，并初见成效。

2005 年，大同县支公司共收各类保险 691.6 万元，各险种赔款共计 345 万元，赔付率为 49.9%。

2006—2012 年，全县共收各类保费 14077.6 万元，年均收保费 2011 万元，赔付率控制在 44.6% 之间。

2007 年，共收各类保费 1134 万元，较 2006 年的 868.2 万元净增 265.8 万元，增幅为 30.6%。全年各险种赔款共计 488 万元，赔付率为 43%。2008 年，共收各类保费 1678.5 万元，较 2007 年的 1134 万元净增 544.5 万元，增幅为 48%。全年各险种赔款共计 765.1 万元，赔付率为 45.6%。2009 年，共收各类保费 1673.9 万元，各险种赔款共计 873.3 万元，赔付率为 52.2%。2010 年，大同支公司共收各类保费 2512 万元，较 2009 年的 1673.9 万元净增 838.1 万元，增幅为 50%。全年各类赔款共计 1183 万元，赔付率为 47.1%。

2011 年，共收各类保费 3072 万元，同 2010 年相比净增 560 万元，增幅为 22.3%，其中种植业保费 214 万元，为全县玉米种植户承担了风险，在民生服务上做出贡献。全年各类赔款共计 1370 万元，赔付率为 44.6%。

2012 年，共收各类保费 3139 万元，其中种植业保费为 405 万元，为全县 22.3 万亩玉米保了险。大同支公司担负了 5798 万元的洪冻雹灾风险，真正为全县农民起到保驾护航的作用。全年共支付各类赔款 1151 万元，赔付率为 36.7%。

1996 年至 2012 年的 17 年间，财保大同支公司共收取各类保费 18517.2 万元，共支付各类赔款 8569 万元，总赔付率为 46.3%。

表 17 - 3 - 13

1996－2012 年中国人民财产保险股份有限公司大同支公司业务情况统计

单位：万元

年份	开办险种数量(个)	各险种保费统计										各险种赔款统计										赔付率%
		小计	机动车	养殖业	种植业	企财险	家财险	意外险	货运险	责任险	健康(专项)	小计	机动车	养殖业	种植业	企财险	家财险	意外险	货运险	责任险	健康(专项)	
1996	4	364.4	344.3			16.4	1.4		2.3			202.7	181.4			20.2	1.1					55.6
1997	5	420.2	388.4			17.6	1.9		3	9.3		224.7	193.9			20.6	10.2					53.5
1998	5	310.9	260			22.8	4		12.8	11.3		235.6	219.3			13.2	0.8			2.3		75.8
1999	5	404.7	372.4			10.1	2.1		10.1	10		187.6	162.1			19.2	3			3.3		46.4
2000	6	432.3	357.5		38	15.6	5.7		3.1	12.4		280.6	227.8		25.8	18	0.7			8.3		64.9
2001	5	362.5	327.9			18	6.2		2.3	8.1		196.2	188.2			6.8	0.6			1.2		54.1
2002	5	315.6	261			21.1	10		9.1	14.4		183.4	156.7			25.3	0.5			0.8		58.1
2003	6	423.8	374.8			12.6	6.9	11.4	8.7	9.4		170	131.5			26	0.3			12		40.1
2004	6	713.6	705.3			1.3	0.9	0.8	2	3.3		268.4	265.2			0.5	1	4.7		2.4		37.6
2005	6	691.6	643.7			21	4.6	5	4.3	13		345	315.3			17	0.2		2	5		49.9
2006	4	868.2	860.8				2.2	3.6	1.6			444.4	440.2				1.3	3.9		4		51.2
2007	6	1134	1097			1.2	3.7	23.6	2.2	6.3		488	481.2				1.5	3.7	1.6			43
2008	8	1678.5	1619	19.3		1.2	6.9	22.4	2.3	5.6	1.8	765.1	748.5	6.9			2.1	2			4.5	45.6
2009	8	1673.9	1530	59.5		33	2.8	12	0.8	23.4	12.4	873.3	823	40			0.3	1.6			6.2	52.2
2010	8	2512	2347	29.6	54.6	29.9	1.2	11.2		26	12.5	1183	1116.5	61.4			0.4				3.2	47.1
2011	8	3072	2737.7	5.6	214	36.5	1	27.6	2.4	46.6	6.2	1370	1195	20.7	21.1	128		2.3	0.6	0.3	2.6	44.6
2012	9	3139	2660		405	11.8	0.3	5.7	4	41.8	4.8	1151	1031		102.7			8.9		4.7	2.7	36.7
合计		18517.2	16886.8	114	711.6	270.1	61.8	123.3	71	240.9	37.7	8569	7876.8	129	149.6	294.8	24	27.1	4.2	44.3	19.2	

财税 金融

第十八编　教育　科技

第一章　教育体制改革

第一节　管理体制

根据《义务教育法》，省政府基础教育实行省、地（州、市）、县（区、特区、县级市）、乡镇分级办学、分级管理的体制。但大同县由于县、乡两级财政吃紧，分级办学、分级管理，部分乡镇实施困难，有些乡镇甚至出现拖欠教师工资现象。根据全县实际，县政府要求各乡镇重点办好一所独立初中、一所小学和一所幼儿园；统筹管理好村办小学，改善教师生活条件，征收、用好农村教育费附加；村委会主要按照乡镇教育规划负责村小学（点）办学条件的改善，每村要建设、完善、办好一所完小。1998 年探索分级办学、分级管理体制，直到 2002 年按照国办发〔2002〕28 号文件，落实了"在国务院领导下，由地方政府负责，分级管理，以县为主的管理体制"，农村中小学教职工工资收归县集中管理，由县按照国家统一规定的工资项目和标准发放。中央 2001 年为构建和谐社会，促进解决"三农"问题，确保教育机制公正公平，提出"两免一补"（对义务教育阶段家庭经济困难学生免费提供教科书、免杂费和补助寄宿生生活费）政策。2005 年 12 月 24 日，《国务院关于深化农村义务教育经费保障机制改革的通知》，对农村义务教育经费保障机制作出明确规定和重大调整。《通知》提出，按照"明确各级责任、中央地方共担、加大财政投入、提高保障水平、分步组织实施"的基本原则，逐步将农村义务教育全面纳入公共财政保障范围，建立中央和地方分项目、按比例分担的农村义务教育经费保障机制。2006 年 6 月 29 日，全国人大常委会通过了新修订的《中华人民共和国义务教育法》。该法规定："实施义务教育，不收学费、杂费。国家建立义务教育经费保障机制，保证义务教育制度实施。"2005 年春季，省及县开始实施"两免一补"政策，2007 年县全面实施"两免一补"新机制。

第二节　办学体制

1989 年至 1999 年，县内实行以国家办学（公办）为主，劳动群众集体办学（民办）为辅的办学体制，县内存在不少民办教师和代课教师。1997 年，国务院颁布的《社会力量办学条例》从 10 月 1 日起施行。同年，县人民政府县长在教育工作会议的讲话中明确"办学体制由国家计划办学向国家办学为主、社会办学为辅转变"，到 2001 年县内出现第一所私立小学——昊天小学。进入 21 世纪，以《中华人民共和国民办教育促进法》的颁布为标志，中国发展民办教育和办学体制改革的有关政策进一步明确和法制化。在法律规范和政策指导下，全县的民办教育得到了持续发展。到 2011 年底，县教育局批准的私立学校增加到 25 所，其中私立幼儿园 23 所，小学 2 所。

第三节　教育人事制度

学校内部管理改革自 20 世纪 80 年代开始进

行,20世纪90年代已形成一定的制度,其间不断改进完善,2006年后又有新的举措。总的趋向是更加科学、合理、规范、理性。在学校领导管理体制方面,校长负责制在20世纪90年代上半期已全部实行,学校中层机构开始设立教导处、政教处等。20世纪末期,全县开始推进学校领导干部竞争上岗制度,试行任期制、任期考核制。同时建立健全教职工代表大会制度,发挥教职工民主管理的作用。2006年,县教育局施行校长跨校流动任用机制,打破多年来只在本校选拔、任用校级干部的局限,扩大人才选用的范围,校级干部的整体素质得到提升。

从20世纪90年代,学校在劳动人事制度上,实行教职工聘任制、全员岗位责任制,对教职工实行定岗位、定工作量、定工作规范。在改革分配制度上,许多学校结合所实行的结构工资制,对校内的"二次分配"进行改革,按工作量和工作实绩进行考核,打破平均主义,调动教职工教书育人、服务育人、管理育人的积极性。

2011年暑假期间,全县"1+6"综合教育改革试点在倍加造联校和峰峪联校拉开了帷幕。"1"是指"职务归一、择优聘用、竞争上岗"的一个核心,"6"是指六项基本改革制度,即"校长竞聘上岗、学校校长组阁、教师择优聘用、工资绩效分配、教学模式创新、后勤统筹管理"六项制度。试点联校所有基层学校的校领导全员下岗后,同其他报名者按照"自愿报名、平等竞聘、综合考核、择优聘用"的原则,在同一起跑线参加海选。通过本人演讲、评委打分、民主录用的方式,为优秀人才创造了机会,试点学校校长中具有本科学历的人数明显增多,平均年龄由47岁下降到39岁。通过改革,打破了过去校长能上不能下,干与不干一个样,干好干坏一个样的"铁饭碗"管理体制,初步建立起一支有朝气、有能力、懂业务、善管理的教育管理干部队伍,校长队伍的工作热情明显提高,大批优秀教师脱颖而出,整个教育系统干事创业的激情明显增强。

第四节 招生制度改革

小学招生,1996年县政府行文实行入学通知书制度,适龄儿童必须入学接受义务教育。1993年县直三所小学试行公平招生、分类评比办法。2006年,高中实行学生按志愿、学校分次序录取的办法,到2009年高中招生实行地县共管、地区录取的方法。

第五节 教育财经制度

1986年4月28日,为了解决"穷国办大教育",义务教育经费短缺的困难,国务院颁发《征收教育费附加的暂行规定》,大同县开始征收教育费附加。教育费附加实行"乡征、县管、乡用"。按照分级办学分级管理的体制,教育经费分级负责。1989年继续把教育经费包干到学区、县直学校。1998年县政府出台《关于多渠道筹措教育经费的决定》,1998年6月县委、县政府又作出《多渠道筹措教育经费和广泛开展社会集资、捐资助学工作的决定》。2000年落实"以县为主",教育经费收归县管。

从2009年1月1日起,全县各义务教育学校实行绩效工资。印发《大同县县教育局关于义务教育学校教职工绩效工资考核工作指导意见(试行)》,从师德、教育教学、班主任工作进行考核发放教师绩效工资。教育系统进一步完善农村中、小学财务管理体制,积极推行"校财局管"的管理模式。

第二章　学前教育及小学教育

第一节　学前教育

发展概况

20 世纪 90 年代，全县农村集体、黄土坡煤矿、水泥厂、水峪部队、落阵营劳改支队及县政府机关普遍开办幼儿园、学前班，学前教育形成了新格局，进入稳步发展新阶段。

1996 年，幼儿园（班）168 所，在园（班）幼儿数 5600 人。幼儿教师及保育员 251 人。当年，首次组织开展学前班教学优质课评比活动。

1997 年 5 月，县教育局成立幼教室，设立专人负责幼教工作。

1998 年，全县 16 个乡镇均建立乡镇中心幼儿园，办园规模较大，园舍建设比较好的有西坪镇中心幼儿园、倍加造中心幼儿园、聚乐乡中心幼儿园，每所中心幼儿园在本乡镇切实起到示范作用。同年 6 月，大同市教育局在大同县召开了全市乡镇中心幼儿园建设工作现场会。

1999 年，全县大力开展"基本满足学前三年教育"基础设施建设，全力以赴抓"普三"。同年 6 月，县人民政府在倍加造镇召开"普三"工作现场会。7 月，县教育局组织全县小学校长、幼儿园园长在倍加造镇召开了"普三"工作现场观摩会，观摩该镇所属小学附属幼儿园，一所乡镇中心幼儿园。10 月，大同县顺利通过了省级"普三"验收，全县 3 - 6 岁儿童入园人数达到 5860 多名，入园率达 85% 以上。倍加造联校、巨乐联校、杜庄联校被评为"普三"工

作先进集体。

2004 年，大同县顺利通过省级"普三"复查验收，全县 3 - 6 岁儿童入园率达 85% 以上。全县各级各类幼儿园师资队伍水平、设施设备建设都提高到一个新的水平，受到省验收组的认可。

2010 年，全县民办幼儿园逐渐增多，村办学校合并后幼儿园（班）随之减少。全县 36 所独立幼儿园中公办幼儿园仅有 13 所，民办幼儿园达到 23 所。小学附属幼儿园 17 个。公办幼儿园在园幼儿 1243 人，民办幼儿园在园幼儿 3105 人，入园率为 73.3%。

学制、课程

学制　1978 年后，全县幼儿园继续实行三年制，分小、中、大班。幼儿满 3 岁入园，大班学习结束后上小学。

学前班学制 1—2 年。5—6 岁幼儿进班，学习期满后升入小学。

课程　学前教育课程按照教育部颁发的《幼儿园教育纲要》拟定实施。

幼儿园的课程设有：体育、语言、认识环境、图画、手工、音乐、计算。上课时间，小班每节课 10—15 分钟，每周 6—8 节；中班每节课 20—25 分钟，每周 10—11 节；大班每节课 25—30 分钟，每周 12 节。一般使用省编三年制幼儿园教材。

学前班的课程设有：语言、故事、计算、常识、唱歌、体育、游戏、舞蹈、图画、手工。有的还设有思想品德、科学常识、算术等课。上课时间，大部分学前班每节课 30 分钟，少部分学前班与所在的小学统一

教育
科技

597

为每节课40分钟,一般每周12至16节,也有每周20至25节的。一般使用省编一年制学前班试用教材。

教养活动

幼儿园、学前班根据《幼儿园教育纲要》向幼儿进行体、智、德、美、劳全面发展教育,使其身心健康活泼地成长,为入小学打好基础。上课以游戏为主要形式,包括创造性游戏、体育游戏、音乐和娱乐游戏。不考试,不留家庭作业。

1996年起,幼儿在园时间,由每周6天改为5天。

由于学前班主要附设在小学内,囿于小学师资、设备设施的限制,一般学前班只注重识字、算术,提高幼儿的小学入学程度,忽视幼儿身心发展的规律和特点,存在着小学化倾向。

为了转变幼教观念,规范幼教行为,改变幼儿教育小学化倾向,建立关注幼儿、注重幼儿发展的新型教育模式,全面提高幼儿质量,省教育厅于2002年7月2日印发《山西省幼儿园教育指导纲要(试行)实施意见》。要求幼儿教育注重教育内容的全面性、启蒙性,教育内容可划分为健康、语言、社会、科学、艺术5个领域,充分挖掘和利用各领域内部及各领域之间的联系,对教育内容进行合理的、有效的整合,渗透在多种活动和一日生活的各个环节之中,从不同角度促进幼儿情感、态度、能力、知识、技能等方面的发展。此《纲要》于2003年秋在县城幼儿园、乡镇中心幼儿园开始实施。

第二节 小学教育

发展概况

1996全县小学183所,874个教学班,在校生19590人。实行三级办学、两级管理,逐步推行校长负责制。1997年被县政府定为义务教育年把"两基"(基本普及九年义务教育和基本扫除青壮年文盲)作为教育工作重中之重来抓。各乡镇建立"两基"领导和业务小组,实行政府、教育双线包干,多渠道筹措经费,改善办学条件。全县开展以法制宣传和征集基础教育基金为主的义务教育宣传月活动。广泛宣传《义务教育法》《教育法》,提高各级领导干部和广大家长及社会各界的义务教育意识,增强依法入学、依法治教观念。全县推行普及九年制义务教育责任制,千方百计完成"普九"任务。是年底通过省政府"两基"验收,1998年被评为"全国两基先进县"。2003年在"两基"复查时,实现高标准高质量的"普九"目标,达到"两高四化",即经费投入高、教育质量高、布局合理化、办学条件标准化、教学管理规范化、办学特色多样化。

2001年始,对全县中小学布局进行调整。至2010年,全县小学从2001年的182所调整为124所,在校生16711人,6-11周岁儿童入学率100%,6-14周岁残疾儿童少年入学率100%。2006年开始,结合校网布局调整、学校危改工程和校舍安全工程,先后创建17所寄宿制小学,解决了山区、农村的义务教育阶段少年儿童入学难的问题。

学制与课程

1996年后,全县执行全日制六年制小学课程。1995年起实行每周40小时工作制,按国家课程计划安排课时。全县各学校严格执行国家、省、市课程设置标准,要求任何学校都不得以任何名义自行改变课程计划中有关课程设置的规定,随意增加或削减课程门类,随意改变各门课程的周课时数和周总课时数;不得以地方课程、校本课程挤占国家课程,或以国家课程挤占地方课程、校本课程。每学年开学前,各学校都要制定本学校的年度课程计划执行方案和课程设置安排表,并认真贯彻落实。其内容包括本学年各年级开设的课程门类、课时分配、课程表、学生作息时间表、课程实施要求、评价办法等。

2002年后,全县在校本课程的开发和管理上进一步加大力度,实行校本课程开发校长负责制,成立了学校校本课程开发工作领导组,负责课程资源分析评估,课程规划与审议、课程计划管理的执行、评价以及教师校本培训工作;建立学校校本课程开发管理制度和激励机制，教师的工作业绩与结构工资、评先晋职相结合，成绩突出者学校予以奖励。通过一个多周期的"开发、实施、观察、反思、再开发"探索、试验、研讨提炼、总结经验，结合学校办学特色、地域风采、时代特征，全县基层学校的校本课程开发踏上开发——运行——管理——评价的良性循环的轨道。

教材与教学

1996 年，全县全日制小学应用省定六年制教材，沿用至 2004 年春季。2004 年秋季，由各市县通过省级推荐目录自选教材征订，自选教材沿用至今。

1996 年，普遍开展教改活动，试用"三三教学原则""情境教学法""发现法""尝试教学法"等教学方法，钻研教学，紧扣"重点、难点、特点"，把好"作者思路、学生学路、教师教路"，掌握"以学生为主体，以教师为主导，以练习为主线"。2008 年，全县中小学校以有效教学为中心，开展各种教学教研活动。各学校都制定了符合实际的活动方案，加大课堂的指导和监控力度，把有效备课、有效上课、有效练习作为实施有效教学的重点环节逐项落实。全县开展以"有效教学"为主题的教学示范观摩活动，先后邀请市优秀教师来大同县作示范课 14 节，全县420 名教师进行了观摩；邀请市省级以上教学能手11 名，来本县作信息技术与学科整合示范课，全县350 名中小学教师参加这项活动；选派各学科骨干教师30 名，参加省、市组织的学科教学研讨会；组织学校常规教学专项检查和教育教学质量考核评价。

为了促进各学校教研和教学工作，制定《大同县中小学教育教学目标管理方案》《中小学教师业务考核方案》，组织了常规教学专项检查、教学质量监控和评价工作。按照中小学教学质量评价方案，通过听汇报、查资料、随机听课的方式，对全县中小学的教学组织管理、计划管理、过程管理和研究管理四个方面二十项要素进行视导和评估，从参考率、及格率和优生率三个维度对中小学教育教学质量进行客观评价。

第三节　民族小学教育

三条涧小学是全县唯一一所全日制少数民族学校，学校占地 7200 多平方米。2013 年，有教学班6 个，在校学生 78 人，在岗教师 11 人。

学校坚持以育人为本的办学宗旨，形成立体式的德育网络机制。在德育工作的管理上，以活动为载体，每月有活动主题，做到有目标、有过程、有考评。在"五爱"教育、"行为养成"教育、"三管住"教育、"手拉手"活动的互助教育等学校、社会、家庭"三结合"全方位教育中，培养了一批又一批得到社会公认的"基础扎实、全面发展、特长突出"的学生。

以科研促课改，以创新求发展　在教学工作中，学校以教学科研为向导，以课堂教学为阵地，以牢固"双基"为前提，以培养学生创新意识和实践能力为核心，以信息技术空中课堂带动学科知识有机结合，以课堂教学为特色，以"自主、感悟、合作、探究"为教学模式，全面提高学生素质的教学管理模式。

教学工作，以特色立校　常年开展教师"三字"比赛、学生书法作品展，整个校园氤氲着浓浓的书香氛围。同时，与每一位学生建立民主、平等、和谐、融洽、相互尊重的关系，努力发现和开发学生潜在的优秀品质是教师们在长期的教育教学工作中探讨的一个课题。在培养提高教师方面，制定培养名师工程的五年金字塔式的培养目标。还采取"走出去""请进来"的办法经常到外校学习、观摩。校内经常开展讲座、听课评课、教案展评、论文评选、教法交流等活动，并注重培优辅差、科学评价学生和学生的终身发展。2007 年至 2010 年，教师在镇、县讲示范课、公开课、展示课 51 人次。教学科研的开展，促进了教学质量的提高。2007 年至 2010 年，小学毕业生期末检测合格率语文达到 98% 以上，数学达到 97% 以上，思品、社会、科学分别达到 98%、97%、96% 以上。

教育　科技

第三章 中学教育

第一节 普通初中教育

发展概况

1996年，全县共有初级中学27所，165个教学班，在校生7253人。以后随着中小学校布局调整，农村初中逐步合并，到2010年时全县共有初级中学16所，147个教学班，在校生8636人。1997年9月在全县城乡开展义务教育宣传月活动，进一步巩固和完善教育工作双线包干责任制。全县在1997年基本普及九年义务教育，小学毕业生全部升入初中，初中的在校学生年巩固率达到98.4%。"普九"工作通过省政府的评估验收和国家教委督导评估。2003年提出实现"普九"目标四高四化：普及程度高，师资合格率高，经费投入高，教学质量高；布局合理化，办学条件标准化，教学规范化，办学特色多样化。至2010年全县初级中学12－14周岁适龄少年入学率100%，巩固率98.6%，初级中学教育完成率99.9%。

教材与教学

1996年，全县全日制初级中学应用省定三年制教材，沿用至2004年春季。2004年秋季，根据上级有关政策，由各市县通过省级推荐目录自选教材征订，自选教材沿用至今。

1996年，全县开展教材教法、学法研究，围绕义务教育新教材，举行各学科备课会和各种形式的研讨会。改变过去"讲得多、练得少"和"光讲不练"、"满堂灌"的教学模式，寻找探讨符合启发式教学思想的教学方法。1999年，坚持课堂教学面向全体学生，全面提高教学质量，培养学生创新精神和实践能力，把素质教育和教育现代化紧密结合，开展集体调研、举办讲座、论文评比、送教下乡活动。2002年，以中考试卷分析为突破口，提高课堂教学效率为重点，开展教研活动。2004年，开展"学习型组织创建"活动，提升全系统的教书育人水平。2008年，县委、县政府决定开展争"四名"（名学校、名校长、名教师、名学生）、创"五优"（优雅环境、优良校风、优美形象、优质教学、优秀业绩）活动和实施教育"八大"工程（中小学校舍改造工程、创建平安校园工程、扶困救助工程、教师培训工程、职教强化工程、高中扩建完善工程、义务教育奠基工程、教学教研强化工程）工作。

2009年后，加强师资队伍建设，通过实施教师素质再提高"五个一"工程，提高执行国家课程标准和计划的能力。县科教局提出了具有中高级职称教师素质再提高"五个一"工程，即每个中级以上职称的教师每学年必须上一次学科教学展示课、写一篇教学论文、设计一份学科教学案例、参加一次教学业务能力考试和一次教学五认真考核，根据实际参加的成效给予计算相应的学分，并对综合成绩优异的教师给予奖励。

科教局及全县各学校大力加强音、体、美、技术、综合实践等学科师资配备力度。加大以上学科教师的培训力度，选送一批年富力强、事业心强的教师外出参加相关科目的培训，从总量上增加全县音、体、美、技术、综合实践等学科教师的数量；通过内部挖潜，调整教学岗位，让学有所长的教师改教或兼教这些学科，努力满足全县中小学音、体、美、技术、综合实践等学科教学的需要。科教局要求全县各级各类学校，要从依法治教、认真执行国家教育法规的高度来切实严格执行国家课程标准和计划，一些学校不仅认真按国家课程标准和计划开足开齐课程，而且为了确保上足上好每门学科，在安排体音美等小学科任课教师时，尽量避开语数教师自己的班级，以减少语数教师利用同班兼课之便挤占小学科的课时。

第二节　普通高中教育

发展概况

1996年，全县有1所普通高中，1所完全中学，共有高中教学班26个，在校生1126人。普高招生数457人，初中升高中比例仅为22.6%。

1997年全县实现"两基"以后，作为基础教育范畴内较高层次的普通高中教育，加快改革步伐，各校按照省市等级评估标准办学，实行目标管理，高中教育教学进一步规范。

2003年以后，全县逐年加大投资力度，改善基层学校办学条件，高中学校办学条件得到了明显改善，配置了计算机多媒体等专用教室，教学现代化设施走进高中校园；普高教学质量显著提高，高中会考优秀率稳中有升。

2009年，县委、县政府决定另选新址新建大同县一中，以提升本县高中教育的知名度和竞争力。建设工程分两期实施，一期工程占地212亩，规划投资7000万元，建设面积48806平方米。主要建筑9

栋楼，包括四层框架结构教学楼4栋，建筑面积18974平方米；四层砖混结构学生公寓楼2栋，建筑面积10256平方米；五层框架结构图书办公楼1栋，建筑面积6516平方米；四层框架结构实验楼1栋，建筑面积5794平方米；二层框架结构学生食堂1栋，建筑面积7365平方米。2012年，此项工程投入使用。

2010年，全县有1所普通高中，1所完全中学，共有高中教学班53个，在校生3668人。普高招生数1368人，初中升高中比例为62.1%，高中阶段毛入学率达到84.2%。

学制与课程

1996年至2013年，全县实行全日制三年高中教育，课程设政治、语文、数学、外语、物理、化学、历史、地理、生物、体育、劳动技术、通用技术等。

教材与教学

1996年，全县高中采用人民教育出版社编写的全国通用教材，此后数年人教社教学大纲曾多次修订。2001年，采用人教社第九套全国通用实验修订本新教材，突出素质教育的要求，突出培养创新精神与实践能力。随着新教材的使用以及研究性课程的开设，网络与计算机应用于教育，传统的教与学的模式发生了变化。2007年秋季以后，改用新课标，大量相应的多媒体教育硬件设备和教学软件进入高中教室，现代教育教学手段逐步代替传统的教育教学方法。

1998年贯彻落实上级部门关于实施素质教育的意见，提出了"面向全体学生，全面提高教育质量，培养学生的创新精神和实践能力、健康心理和健全人格"，促进了高中的教学改革。

第四章　成人教育

第一节　农民教育

教育培训状况

大同县位于山西省北部大同盆地,属大同市近郊。现辖 10 个乡镇(原辖 16 个,撤乡并镇减 6 个),3 个街道办事处。现有 189 个行政村,总人口 16 万人,其中农业人口 13.9 万人。

随着农村产业结构调整、小城镇建设、国家退耕还林政策的推行以及全县突出发展"特色产业",导致人均实有耕地面积日趋减少,失地农民和农村剩余劳动力骤增,为农民教育培训工作带来了机遇和挑战。到 2011 年底,全县有乡镇成人文化技术学校 13 所,管理人员 11 人,专职教师数 12 人,兼职教师数 36 人,学校占地面积 28 亩,校舍建筑面积 1020 平方米,教学设施投入 27.8 万元,年经费投入 43.9 万元。村级成人文化技术学校 152 所,教师 186 人,年经费投入 96 万元,校舍建筑面积 9982 平方米。

受教育培训情况

平均受教育程度仅 6.75 年。文盲半文盲占 11.66%;初中以下占 85.26%;高中及以上仅占 14.74%。农民参加短期技术培训较为普遍。2013 年底有 20% 的人参加过各类短期实用技术培训。

培训方式

一是"走出去""请进来",输送高中以上学历的技术干部到农林大学进行培训,更新知识,提高技术。组织农民到发达地区考察学习,聘请农林大学、师范大学等大学的教授为顾问以讲座的形式培养技术人才。参加这类培训的占 10%。二是下乡队干部的临时培训。三是到县职教中心参加培训。

第二节　职工教育

至 2013 年,大同县街道(乡镇)及社区职工教育学校 9 所,其中专职 11 人,兼职 94 人,校舍面积 1020 平方米,年培训 9.6753 万人,独立设置校数 1 所。

第三节　函授教育

1996 年至 2010 年,大同县招办精心组织报名、考试、考务,全县参加函授学习的达 2087 人,占全县干部总数的 17%。如今,已毕业大专学员 1980 人。

考试科目有高起本、高起专考试,按文科、理科分别设置统考科目。文、理科公共课统考科目均为语文、数学、外语三门。其中数学分文科类、理科类两种,外语分英语、日语、俄语三个语种,由考生任选一种。报考高起本的考生,还需参加专业基础课的考试,文科类专业基础课为"历史、地理综合"(简称史地),理科类专业基础课为"物理、化学综合"(简称理化)。试题均由教育部统一命制。所有统考科目每科试题满分均为 150 分。高起本、高起专的统考科目每门考试时间为 120 分钟;专升本的统考科目每门考试时间为 150 分钟。通过国家统一的成人高考被高校录取后,一般在三年内有计划地开设对应专业的课程,同时放在周末或寒暑假上课,有老师指导学习,然后由课任老师出题考试,通过即可。

1996 年至 2013 年,大同县招生办函授报名站已初具规模。2003、2004 年雁北师院在大同县设立了函授站,报名人数达 600 多人。

第四节 自学考试

1996 年至 2013 年,全县高等教育自学考试报考人数 5397 人,报考科次为 94416 科,自学考试每年分 2 次报考,共办理本专科毕业证 4550 余人。

从 2010 年开始进行网上报名,招办工作人员进行现场确认,照相,在报考情况确认单上签字。报名结束后由县招考办将报考软盘、报表及材料,按规定时间向市招考中心报送。网上报名确认后直接上报省招考办。凡是对有些特殊规定要求的专业,严格审查。凡是上次作弊考生,根据《作弊处理规定》中"一年内不准报考"的规定,取消本次和下次报考资格。

第五节 职业技术教育

2013 年,全县有职业技术学校 1 所,乡镇(街道)成校 13 所,村级成校 152 所。至 2013 年,青少年培训 29.9018 万人次,农民培训 50.8605 万人次,外来务工人员培训 1.6867 万人次,老年教育培训 1.9303 人次。

全县建立健全职业教育管理机构,加大统筹力度。加大支持力度,全面贯彻落实《职业教育法》《教师法》《教育法》《劳动法》以及有关法律法规政策,完善执法监督机制,推动了全县职业教育事业步入依法治教轨道,扩大了职业教育的社会影响。坚持多渠道筹措职业教育经费,提高了资金投入的总量。整合优化职业教育资源,县职教中心统筹协调各行业、各部门的职业教育培训,形成上挂省市有关院校,横联县内各部门,下贯各乡镇教育点的职业教育培训网络。职教中心以"实际、实用、实效"的原则,根据当地资源和经济特色,加强生产实习基地建设,不断调整专业设置,办学形式灵活多样,最大限度地发挥职业教育的资源优势,为当地培养培训人才服务,同时职业技校设立毕业生就业服务机构,为毕业生就业服务,增加学校的吸引力,促进了学校招生工作。

第五章 教 师

第一节 教师培训

教师职业道德教育

认真贯彻落实《公民道德建设实施纲要》和《中小学教师职业道德规范》。紧密结合教师的思想和工作实际，县科教局利用寒暑假，由师资室带头组织全县中小学教师进行专题培训共 10 期，受训达 5000 多人，着重解决教师队伍中违背职业道德要求的不良现象，增强广大教师事业心、责任感和敬业精神，真正做到依法执教，爱岗敬业，热爱学生，严谨治学，团结协作，廉洁从教，教书育人，为人师表。

教师队伍素质教育

加强中小学教师继续教育，建立学习型的教职工队伍，促进教师专业化发展。引导教师树立终身学习的理念，掌握现代教育理论，转变教育教学观念，更新专业知识结构。从 2009 年起县科教局每年组织一次新理念教育培训，受训人数达 98%，大大提高了广大教师教育实践能力和专业技术水平。中小学教师继续教育是基础教育课程改革的关键，鼓励教师积极参加相关的培训学习和业务研究活动。1996—2013 年，参加全员培训的教师达 37900 人，2009—2010 年两年间，组织教师赴上海、天津、太原、大同等地培训 50 多次，提高了教师的业务水平，为教师适应素质教育和教育改革与发展打下了扎实基础。加强对教师的现代教育技术应用和理论方面的培训，强化教师自身素养，提高教师专业技能。2010 年至 2011 年，县科教局以国培计划为主线，以远程教育为核心，以课堂应用为目标，每年组织教师参加教育技术能力远程培训、中青年骨干教师短期集中培训、顶岗置换培训和送培下乡远程培训活动，其中仅"教育技能课堂应用送培下乡"一项全县就有 1684 名教师参加，大大提高了全县广大教师运用现代教育技术和开展创新教育实践的自觉性和能力水平。

切实加强中小学校长岗位培训和提高培训，不断巩固和完善中小学校长岗位培训和持证上岗制度。从 2009 年起，县科教局对各乡镇联校长和初中、小学新任校长进行了上岗培训，开拓中小学校长的管理理念，提升领导水平，促进学校的和谐发展。并推荐选拔出一批校长参加省和国家组织的高级研修，造就一支优秀的专家型的校长队伍。

抓好骨干教师队伍建设，着力培养一批中青年骨干教师和学科带头人。县科教局加大了对优秀中青年骨干教师的培养、培训力度，造就一批 45 岁以下的中青年教学骨干和学科带头人。加强对优秀骨干教师和学科带头人的跟踪管理和培养，充分发挥其典型带动和示范辐射的作用。

强化科研兴教意识，提高教师教育教学科研能力。鼓励教师根据新时期教育改革发展的新要求和新一轮基础教育课程改革的新情况、新特点，积极参与各级组织开展的教育科研活动，并确立相应的教育科研课题，进行教学改革和研究、探索，促进教师教育教学科研能力不断提高。

第二节　教师管理

建设一支高素质的教师队伍，对于实施"科教兴县""人才强县"战略具有基础性、先导性作用。全县教师队伍管理虽有很大的发展，但是，由于中小学教师队伍整体水平不高，资源配置不均衡，政策引领和机制约束不够有力等问题比较突出，已经成为制约全县教育质量提高的主要瓶颈。

师德师风建设

把以马克思主义指导思想、中国特色社会主义共同理想、爱国主义为核心的民族精神、改革创新为重点的时代精神、"八荣八耻"为主要内容的社会主义荣辱观和十八大精神等社会主义核心价值体系融入师德师风建设全过程，严格按照《教师法》《中小学教师职业道德规范》要求，健全机构，强化领导，加强教师职业理想和职业道德教育，规范教师职业行为。坚持引导教师热爱教育事业，潜心培育学生，把人生的价值、个人的生活与事业的奉献有机融合起来。大力弘扬"平凡之中的伟大追求，平静之中的满腔热情，平常之中极强烈的责任感"精神，引导教师积极向上、忠于教育事业，营造师德师风建设的良好社会氛围。要自觉做到"四要五不准"，即：要对所教的每一个学生基本了解，能进行平等的交谈；要善于让每一个学生接纳自己，取得学生的信任；要发现每一个学生的闪光点，并引导其不断进步；要与家长建立有效的沟通，实现学校教育与家庭教育的良性互动。不准向学生或家长索要、收受礼品或钱物，不准体罚或变相体罚学生，不准有侮辱、歧视学生的言行，不准进行"有偿家教"活动，不准擅自向学生推销或诱导学生征订各种报刊、教辅资料或其他商品或擅自设立收费项目或提高收费标准。大力倡导"爱国守法、爱国敬业、关爱学生、教书育人、为人师表、终身学习"的教师

基本道德规范，调动教师自我发展的积极性，引导教师树立良好的道德形象。

教师资源均衡配置

依据《教育法》《教师法》和国家、省、市有关规定，科教局主管全县中小学、幼儿园教师的管理工作，依法履行对教师的公开招聘、职务评审、岗位聘用、调配交流、培养培训和考核奖惩等管理职能。各中小学、幼儿园要根据科教局关于教师管理的政策规定，管理本校（园）的教师队伍，县人社局、编办宏观指导和监督。

教师队伍的专业发展

专业化发展水平是教师队伍整体素质高低的一个最主要、最突出的标志。教师队伍建设要从以学历提升为主，转向以能力建设为主。县科教局要按照教师的专业化发展要求依法履行组织管理教师继续教育的职责。负责好幼儿园、小学和初中教师的培训；学校要把校本培训作为教师继续教育的基本途径和方法，围绕基础教育课程改革，全面安排和组织开展校本培训，讲究质量和效益。不断优化教师的知识和能力结构，提升教师的综合素质。

教师培训制度

按照《山西省中小学教师继续教育实施意见》，建立稳定的教师培训机制，强化政策引领，做到依规施训。实行每5年一个周期的教师培训制度，每位教师5年内应接受不低于240学时的全员培训。培训工作由县科教局负责组织，幼儿园、小学教师以县级培训为主，初、高中教师和幼儿园、小学骨干教师，以参加市级培训为主，高中骨干教师和培训基地的教师以参加国、省培训为主。大力实施"农村教师素质提高计划"，乡村教师要进城进校对课程、对科目、对年级、对班级跟班交流培训，建立教师培训档案，将教师参加培训情况作为职称评审、岗位聘用、考核奖惩和资格定期登记的必要条件和重要依据；建立教师培训监管机制和评估督导机制，切实提高全县中小学教师教书育人的能力。

名师、学科带头人和骨干教师培养

建立名师、学科带头人和骨干教师选拔、培养、

命名、授牌制度。完善"名师、学科带头人和骨干教师"遴选条件和管理办法,建立名师、学科带头人和骨干教师资源库。遵循教师专业发展和名师成长的规律,构建"从教坛新秀到骨干教师到学科带头人到名师"的培养体系。通过专家指导、课题研究、名师访学、考察学习和学术交流等方式,培养造就一批社会认可、成绩卓著的省、市、县教学名师、学科带头人和骨干教师。

教师管理

中小学校长是教师管理责任主体,要将教师队伍建设纳入新时期基础教育改革与发展的总体规划,切实建立教师管理责任体系,采取有力措施,落实工作责任,要把教师队伍建设纳入对校长的年度考核。学校要建立责任制和责任追究制度,对教师队伍出现的问题要依照有关规定严肃处理。学校校长要全面承担起教师队伍建设管理的职责,进一步建立健全教师管理制度,规范管理行为,提高管理水平。

第三节 教师待遇

1996 年,事业单位工作人员职务等级(岗位)、技术等级工资变动,由人事局批准晋升一档,起薪时间 1995 年 10 月;1998 年,事业单位工作人员工资变动,由人事局批准调整,起薪时间 1997 年 10 月;2001 年又发布事业单位工资调整规定:(1)1999 年调整事业单位工作人员工资个人增资,由人事局批准,从 1999 年 10 月执行;(2)根据晋政办发[2001]61 号文件精神,由人事局批准调整工资,从 2001 年 1 月执行;2002 年,根据晋政办发[2001]103 号文件精神,由人事局批准调整工资,从 2001 年 10 月执行;2003 年,正常晋升工资,由人事局批准,从 2003 年 1 月执行;2004 年,调整工资标准,由人事局批准,从 2003 年 7 月执行;2005 年,正常晋升工资,由人事局批准,从 2005 年 1 月执行;2008 年,2006 年事业单位分配制度改革增资,以后每年晋升一个薪级,由人事局批准,从 2006 年 7 月执行;同年:实行绩效工资;2011 年,调整绩效工资;2013 年,调整绩效工资。

第六章　教育管理

第一节　行政机构

大同县科教局位于县城中心，是县政府主管全县科技教育事业的职能部门，主要负责教育系统的统筹规划、组织协调、调研指导和监督检查等宏观管理工作。

至2013年，教育局内设督导室、办公室、人事室、财务室、普教室、成教办、监察室、幼教办、招生办、装备办、教研室、勤工办、党委办、政教室、学生办、安保室、团委、纪检委、师资科、审计室、电教馆、工会等科室。

第二节　教学管理

全县教学管理坚持贯彻"以人为本"的管理思想，以教学科研为方向，以课程改革为重心，以提升教学质量为目标，以提高教师专业素质为关键，全面优化教学管理，努力提升教育教学质量。

常规管理制度

学校建立健全了由校长全面负责，教导处、年级组、学科教研组分级管理、分工负责的教学常规管理体制。各级管理者要转变观念，认真履行教育教学管理职能。同时，学校结合本校实际，制定相关的教学管理制度（如教师考勤制度、教学常规管理制度、教学考核评价制度、听课评课制度、教学质量奖惩制度等），做到用制度来规范教师的教育教学行为，促进教师专业的发展，全面提高教学效益。

教学计划制定

学校根据新课标的新理念和新要求，并结合教学实情，按学期制定目标明确、内容具体、操作性强的教学工作计划，教研组工作计划和教师个人教学计划，确保教学管理的方向性和实效性。

教学常规过程管理

备课　教师在单元备课的基础上进行课时备课，采取集体备课与个人备课相结合的方式进行。做到备课标、备教材、备学生、备学法、备教法，在"五备"的基础上，精心设计教案内容。

上课　强化课堂教学的改革意识、规范意识、质量意识和效率意识。教师在总结规律、概括提炼、传道、授业的同时，要关注释疑、解惑。倡导教师引导下的"自主、合作、探究"学习方式，注重信息技术与学科整合，恰当运用先进的教学策略和教学手段，提高课堂教学效率。

批改　认真设计和布置作业。教师要按照基础性、层次性、探究性、多样性、发展性的原则来精心设计和布置各类作业。所布置的作业教师必须及时批改，并记录批改情况，以便讲评。

辅导　辅导是课堂教学的延伸。各学校主要采取集体辅导与个别辅导相结合的形式，要求教师耐心做好"培优""扶困"工作，做到辅导有时间、有地点、有内容和有形式，从而强化优等生、提升中等生、关心学困生。此外要认真组织好学生的课外活动，开辟第二课堂，开展丰富多彩的综合实践活动，如读书活动、专题讲座、学习兴趣小组、体育运动会、文化艺术节等，为学生的课外学习和实践创造有利条件。

考评 考评作为教学质量验收的主要方式，主要包括课堂测验、单元过关测试、期中检测、期末检测及学业水平考试、学科诊断性考试。各类考试均采取"分级验收"制度，即课堂测验由任课教师负责组织验收；单元过关测试由学校教研组负责组织验收；期中检测由乡镇联校、县直学校负责组织验收；期末检测和学科诊断考试由县局教研室负责组织验收；学业水平考试由县教研室负责评价。各级考试必须按要求做好基本情况的统计工作（均分、及格率、优秀率）、存在的问题及原因、补救的措施等方面的质量分析。

第三节 教学教研

教学教研

建立校本教研制度，定期开展校本教研活动，保证素质教育的实施。以研促教是办学理念的核心内容，学校要成立年级备课组，由学校领导亲自给备课组长开会，安排教研任务，每月至少开展一次校本教研活动。教研活动要精心设计、精心组织，做到有计划、有制度、有研究专题、有活动安排、有活动记录。坚持集体备课制度，实现教学资源共享，推进素质教育的实施进程。学校要以新课改精神为指针，以县教学工作会议精神为指导，以学校实际情况为依据，以"集体备课、资源共享、讨论吸收、课后反思、经验共享"为方式，营造积极向上的研究氛围，形成良好的研究习惯，促进教师专业成长，全面提升教师素养。坚持开展听评课活动，加强教育教学的视导，夯实素质教育的落实。学校要通过对教师的课堂教学听、评活动的视导，不断加强教师的教育教学理念更新和教学方式方法的改进，并通过相互学习与交流，不断吸纳他人教学长处，弥补自身教学中的不足，以提高课堂教学效率，促进教师的专业成长。加强课题实验研究，注重教科研成果的总结与应用，确保素质教育落在实处。学校是课题研究的主体，在立足提高课堂教学效率的前提下，要以学科备课组为单位，扎实开展课题研究，不断转变教师教学行为，努力构建"合作互动、民主和谐"的教学氛围。通过转变教师角色，使每位教师成为教学活动的组织者、参与者、帮助者、引导者、促进者。同时，做到课题研究有专人负责、有实验方案、有阶段性总结、有研究成果。

第四节 设施与经费

教育设施

1996—2011年期间，全县各级各类学校占地面积和校舍建筑面积比例合理，办学条件逐步改善。

1996—2011年大同县教育基础设施情况统计

表18-6-1

单位：平方米

年度	占地面积	建筑面积	备注
1996	1157554	123957	
1997	1158484	128763	
1998	1201746	141067	
1999	1174913	137191	
2000	1171883	128806	
2001	1167663	124998	
2002	1314823	144719	
2003	1364242	143873	

续表18-6-1

单位:平方米

年度	占地面积	建筑面积	备注
2004	1386202	148731	
2005	1304605	146574	
2006	1219372	147833	
2007	1210103	144241	
2008	1216216	150594	
2009	1216980	160736	
2010	1181117	165341	
2011	1017353	149671	

教育经费

经费来源　全县公办中小学所需经费,概由国家拨款,纳入国家财政预算。这是教育经费的主要来源。随着国家经济建设的发展,根据教育事业发展的需要,国家下拨的教育经费逐年增加。另外,按照《国务院关于筹措农村学校办学经费的通知》和国务院《征收教育费附加的暂行规定》等文件精神,大同县地方财政不断加大教育投入。

经费使用　教育经费支出项目有工资、补助、教职工福利费、离退休人员费用、公务费、设备购置费、师资培训费、修缮费、教职工奖金等。

2002—2011年大同县教育经费情况

表18-6-2

单位:千元、%

年度	全县财政总支出	其中:教育支出	教育支出占总支出
2002	89180	34604	38.80
2003	101690	37952	37.32
2004	131590	37968	28.85
2005	164450	47183	28.69
2006	226520	55913	24.68
2007	305580	78959	25.84
2008	399880	112528	28.14
2009	546600	138199	25.28
2010	659540	160809	24.38
2011	738410	158861	21.51

第五节　教育督导

1996年,就全县"两基"规划的实施,开展自查自纠工作,并指导各乡镇建立相应的陈列室。同年,被省政府授予"普及九年义务教育县""扫除青壮年文盲县"称号。县教委被大同市评为"普九"工作先进单位、扫盲工作先进单位。

1997年,省政府"两基"督导检查组对本县"两基"工作和基础教育"三项"内容进行了检查,各项指标合格。

1998年,省政府"两基"督导评估验收组对全县"两基"工作和基础教育"三项"内容进行了复查,大同县被评为"两基先进县"。全县"普实"工作通过了省级验收。

1999年，有专职督学7人，向县政府推荐兼职督学11名。并组织7个检查组赴各乡镇，督查开学情况、安全、收费、订资料等工作。同时还在全县开展德育工作和校园绿化、美化、净化的检查评比。

2000年，对许堡小学等4所小学进行综合督导评估。县督导室和物价局联合对学校收费进行督查。

2001年，省教育厅对"基本满足幼儿学前三年教育"进行评估验收，验收合格。同年，省"两基"复查领导组检查"两基"巩固提高情况及中小学开展素质教育情况，体育卫生艺术教育情况，贯彻落实省基础教育工作会议情况，高中信息技术教育开展情况。"两基"复查验收合格。

2002年，加强对各乡镇"普九"工作的督查，督促各校控制辍学率、提高入学率。

2003年，县督导室对周士庄中学等12所中小学进行评估。

2004年，聘用各科室负责人和部分校长为兼职督学。上半年，县教育督导室对全县各乡镇及以下小学进行督导评估，评选出优秀学校3所，良好学校14所，一般学校37所。下半年，县教育督导室、县教育局组织了3个督导评估组分别对各乡镇中小学进行评估。

2005年，县教育督导室和县教育局对县二中等9所中小学校进行督导评估。共查阅档案资料3000余份，召开教师、家长、其他工作人员、群众座谈会，通过问卷、听课，抽查教师业务档案、学生作业，察看校容校貌等，获取大量信息资料，形成对受评学校的评估报告。同时对各乡镇春、秋两季开学和收费情况进行重点督检。

2006年，县教育督导室和县教育局抽调专业人员组成工作组，深入各中小学，采取听、查、看、访、计等方式，综合督查，对全县教育工作取得的成绩、存在的问题，逐项列出事实和数据，督促——弥补改进。

2007年，县教育督导室印发关于对全县各乡镇中小学进行督导的通知，结合专项复查，多次安排督查组到各乡镇检查指导工作，建立政府教育督导机制。

2008年和2009年，对全县各级各类学校进行督导检查，用新督导理念综合指导各乡镇中、小学提高办学水平。

2010年，继续抓好督政督学各项工作。按照《县政府教育督导评估指标体系（试行）》对各乡镇中小学进行督导评估，严格按照教育发展目标及水平、保障措施、管理与改善办学条件等指标进行评估。

第七章　科　技

第一节　科技机构

大同县科学技术委员会，2001年更名为大同县科学技术局，成为县人民政府下设的行政机关。设局长1名，副局长2名。2009年12月，原科技局与县教育局合并，更名为大同县科学技术教育局，简称为大同县科教局，科技工作职能并入科技教育局。

2013年底全县科技事业单位135个，其中：农业19个，畜牧16个，农机8个，水务14个，卫生16个，教育39个，文化4个，工业2个，其他17个；各类专业合作社、协会700多家。县乡村各级科技网络基本形成。

第二节　科技队伍

20世纪80年代开展技术职称评定工作以来，县政府成立技术职称领导组，办公室设在科委，具体承办技术职称评定工作。1987年职称办从科委分出，成立大同县科干局，负责科技人员技术职称评定、管理工作。2002年机构改革，此项工作移交到县人事局。

1996年全县拥有专业技术人员2358人，高级职称13人，中级职称465人，初级职称1880人。2000年全县拥有专业技术人员2454人，高级职称21人，中级职称613人，初级职称1820人。2005年全县拥有专业技术人员3176人，高级职称57人，中级职称953人，初级职称2166人；其中：工业技术人

员180人，中级职称28人，初级职称152人。2010年全县拥有专业技术人员4005人，高级职称144人，中级职称1153人，初级职称2708人；其中：工业技术人员599人，中级职称48人，初级职称551人。2013年全县拥有专业技术人员4066人，高级职称176人，中级职称1127人，初级职称2763人；其中：工业技术人员599人，中级职称49人，初级职称550人。

第三节　科研成果及推广应用

为实现科技兴农目标，推动农业科技进步，全县开展"两高一优"创建、"一县一业"建设、"科技入户"指导、阳光工程培训等工作，实施科技兴农战略。推广应用了黄花菜优质高产栽培、黄花菜保鲜深加工、旱平地改造、测土配方施肥、奶牛胚胎性控、蛋鸡高产养殖等先进技术；组织技术人员、技术单位对黄花菜采摘机械，黄花菜烘干技术，黄花、绿豆深加工系列产品等新产品、新技术的研究开发，提高了全县的农业科技含量，农业和农业生产得到了长足的发展。1996年，在倍加造村建起了8连栋高科技大棚，是全省7个智能温室大棚之一，棚内集中了滴灌、保暖等先进的农科技术。2004年开始实施阳光培训工程以来，对全县5000多适龄青年农民开展了专业性技术培训。2006年起，全县实施测土配方施肥技术，共对175个村9000多土样进行测土化验，实行科学施肥，平衡施肥，改善土壤营养结构。2012年开展乡镇农技体系建设，全县乡镇农技

站的办公设施全部更新,配备专业化农技服务设备,农业技术服务能力得到提升。县植保站等农科单位,刘文珍、杨宝义、常永瑞等个人多次获得农业部、农业厅"先进集体""先进单位""先进个人"称号;2006年刘文珍获得农业部丰收奖二等奖,2008年常永瑞获得山西省农林水气劳动竞赛委员会"五一劳动奖章";从1996年起,杨宝义、刘文珍、常永瑞、张世湖、吉爱军、赵建青、王建军、赵兴等人先后多次荣获省农技承包二等奖、三等奖,共获市级以上科技奖项达40项以上。在国家和省级期刊上发表《黄花菜栽培技术》《假产蛋鸡的病因分析及防治》等农业种养殖科技论文45篇。

以华青活性炭有限责任公司为代表的民营企业、个人积极开展科技创新,申请国家知识产权保护。截至2013年底,全县申报专利63件,获得授权专利26件,其中:华青活性炭有限公司的常玉清、贺守印等人发明的"活性炭活化炉节能装置"等3项,兴达碳素厂李蒙姬发明的"大规格中空石墨电极成型工艺及模具",大同县峰峪乡西后子口村王喜顺发明的"一种治疗脑积水的药物",西坪镇上甘庄村屈喜发明的"治疗毒虫叮咬的制剂及方法和在治疗腰腿扭伤药物中的应用"等6项技术获得发明专利证书。大同市益鼎汽车防护装置制造有限责任公司的崔振峰、邵立刚、李保阳发明的"汽车防护架",华青活性炭有限公司的常玉清、贺守印等人发明的"成型活性炭的制备方法"等3项,喜红建材装潢大全的张智勇、柴栋伟发明的"多功能燃煤燃秸秆灶台炉",大同县杜庄乡下泉村武永斌发明的"一种设有多功能仓的衣柜",大同县党留庄乡马连庄村徐伟发明的"挤水器",大同县吉家庄乡南米窑村赵学平发明的"环保厕所盖",大同县兴达碳素厂李蒙姬发明的"工业硅冶炼中向电极中孔填加还原剂的装置"等2项,大同县公安局杨永琪发明的"一种能感知来访者的可视对讲门铃"等17项技术发明获得实用新型专利证书。外贸公司郭景昌、巨乐乡姚文成、富康农贸公司康建富等3项发明获得包装设计专利证书。

2010年山西华青活性炭集团有限责任公司获得高新技术企业称号。

第十九编　文化　广电

第一章 文 化

第一节 机构设置

1995 年，文化局内设办公室、财务室、文化市场稽查队；下设公益性事业单位 2 个（大同县文化馆、大同县图书馆）、差补性事业单位 1 个（大同县晋剧团）、企业化管理性事业单位 1 个（大同县电影公司）。

2002 年底，实行机构改革，大同县文化局、大同县体育运动委员会撤销，将其行政职能一并归入大同县教育局，更名为大同县教育文化体育局，局成立文化体育管理科，文化体育工作职能未变。下设文化市场稽查队、公益性事业单位 2 个（大同县文化馆、大同县图书馆）、差补性事业单位 1 个（大同县晋剧团）、企业化管理性事业单位 1 个（大同县电影公司）、全额事业单位 1 个（大同县少体校）。

2005 年 4 月，文化体育职能与教育职能分离，成立大同县文体局，性质为事业局。内部设置 6 个科室：办公室、财务室、群众文化管理科、群众体育管理科、文化遗产管理科、文化市场稽查队。下设事业单位有：公益性事业单位 2 个（大同县文化馆、大同县图书馆）、全额事业单位 1 个（大同县少体校）、差补性事业单位 1 个（大同县晋剧团）、企业单位 1 个（大同县电影公司）。

2009 年底，大同县广播电视中心撤销，广播电视行政职能归入文化体育局，成立大同县文体广电新闻出版局，为行政职能局；同时成立大同县文化市场行政执法大队，为事业建制。局内部设置 6 个科室：办公室、财务室、群众文化管理科、群众体育管理科、文化遗产管理科、广播电影电视管理科。下设事业单位有：公益性事业单位 2 个（大同县文化馆、大同县图书馆）、全额事业单位 1 个（大同县少体校）、大同县文化市场行政综合执法大队、7 支农村文化电影放映队，对 10 个乡镇文化站有指导管理职能（文化站未定建制和编制）。

第二节 群众文化

文化馆

大同县文化馆是县政府核定的纯公益性全额拨款事业单位，隶属于县文体广电新闻出版局。2006 年 2 月，由文化馆推荐的许堡乡浅井村郭有权民间唢呐演奏"得胜令"参加全市民间吹打乐赛获优秀演奏奖。2007 年，开展全县乡镇"创新杯"自创节目汇演，来至全县 10 个乡镇 3 个街道办事处 100 多名演员参加汇演。2012 年 9 月，功能齐全的文化中心大楼投入使用后，文化馆免费开放。

文化馆内设群众文化辅导部、文化艺术培训部、美术摄影部、非物质文化遗产保护部、办公室五个部室。编制 12 人，在册正式工作人员 12 人。

文化馆长期开展"文化三下乡"工作、群众文化辅导工作、乡镇文化站业务指导工作、节庆性文艺演出及指导工作；开展各类展览（迎春剪纸展、摄影书画展、科普惠民图片展等）；春节元宵节街头文艺活动现场指挥解说、音乐焰火晚会解说撰稿；开展各类艺术培训活动；围绕中心工作开展文化服务工作。开展对外艺术交流活动。1997 年 11 月,参加全市"农村文化月"活动,创作出大量优秀录音、录像带。

图书馆

大同县图书馆,是县政府核定的纯公益性全额拨款事业单位,隶属于县文体广电新闻出版局,为股级单位。1996 年后,开展的基本工作是农村流动图书和农家书屋的整理、发放,协助乡镇和农家书屋管理人员搞好图书编目上架工作。并开展各种读书月宣传活动;科普图片宣传展览;建党、建军、建国等大型普片教育展览;开各种题材的摄影作品展。2012 年 9 月,投资近千万元的功能齐全的文化馆图书馆大楼投入使用后,图书馆实行免费开放,图书馆内部设施已趋于完善,馆藏图书在逐年增加,文化资源共享工程投入使用,一个功能齐全的现代化县级图书馆正蓬勃发展。

2013 年,图书馆内设借阅部、报刊工具书阅览部、地方文献古籍部、采编部、辅导培训部、计算机信息部、办公室等 7 个部室。编制 7 人,在册正式工作人员 7 人。由于大同县图书馆长期处于有馆无址的状态,闭馆多年,但送书下乡工作一直坚持不懈。

第三节　文化市场

1990 年 7 月至 1993 年 10 月,县文化局内设文化市场管理人员,主要负责台球,电新闻出版局,为股级单位。是开展社会宣传教育,普及科学文化知识,组织辅导群众文化艺术活动的综合性文化事业单位和活动场所。

1993 年至 2002 年,县文化局内设文化市场稽查队。

2002 年 10 月至 2009 年 12 月,文体和教育局合并,称教育文化体育局,设文化市场稽查队。

2010 年,广播电视行政职能归入文化体育局,成立大同县文体广电新闻出版局,内设文化市场稽查队。

2011 年,成立大同县文化市场行政综合执法队。负责全县文化市场的监管。分别监管网络、书店、印刷、打字复印、音像制品的零售、美术品经营活动、演出市场的管理、"扫黄打非"等工作。

第四节　古遗迹　古遗址

古遗迹

全县共有古迹 335 处。其中,古遗址 152 处、古墓葬 16 处、古建筑 140 处、石刻 1 处、近现代重要史迹 25 处、其他遗迹 1 处;省级文物保护单位 1 处(吉家庄遗址,新石器,937500 平方米,1965 年公布的第一批省保单位),市级文物保护单位 13 处,县级文物保护单位 52 处。馆藏文物主要有肖家窑头汉墓出土的陶器、古钱币,北石山化石地点出土的古脊椎动物化石以及昊天寺经书等。

古遗址

吉家庄遗址　位于吉家庄乡吉家庄村南约 150 米处,东西约 750 米,南北约 1250 米,分布面积约 93.75 万平方米,为新石器时代文化遗存。遗址南岸的台地,层厚 0.3—1 米,断崖暴露 3 处灰坑,地表及文化层采集遗物均为陶片,陶质有泥质灰陶、夹砂灰陶,纹饰有绳纹、蓝纹,器型有双耳罐、高领罐、折腹盆、鬲等。遗址东南角有 1959 年所立市级文物保护标志和 1965 年所立省级文物保护标志。吉家庄遗址分布面积大,文化层遗物十分丰富,为研究新石器时代聚落的分布提供了实物资料。1965 年被公布为省级文物保护单位。

吕家大院　位于杜庄乡落阵营村的吕家大院,为清代遗留下来的较为典型的晋北民宅,占地面积 50 余亩,现存大小房舍 300 余间。现存具有较高观赏价值的照壁、鼓石、壁画、旗杆立座、墓碑。如"三元图"照壁,描绘的是三位书生等待大考张榜的情景,上面题有"碧桐茂蔚阴高轩,又见凌晨喜鹊悬,借问闲情何所报,祯祥早已兆三元"的诗句。画壁上的人物塑像、梧桐树、喜鹊和人物均为烧制,情态活灵活现。

昊天寺　昊天寺坐落在火山锥昊天山上,民间传说"先有昊天寺，后有华严寺"，据说为北魏初期始建。有史可查的修复有三次，一次是明万历年间，一次是康熙年间，一次是清嘉靖年间。因端坐火山之口，自古有"昊天寺，离天四尺四"之说，是火山旅游绝妙的观察点。

　　小坊城龙王庙　位于西坪镇小坊城村东部，始建年代不详，中轴线原建有大殿、戏台，两侧建配殿，东西宽26.8米，南北长56.3米，占地面积约1509平方米。现存大殿，西配殿，为清代建筑风格。大殿建在长9米、宽6.8米、高0.6米的台基之上，坐北朝南，面宽五间，进深五椽，六檩前廊式，单檐硬山顶，格扇门。台基前缘有高约15米的石质旗杆两根，旗杆中部题刻"心存恭敬神常在，意秉虔诚圣有灵"。西配殿面宽三间，进深一椽，单坡硬山顶。大殿东西壁、配殿西壁绘有壁画，面积约20平方米，内容为关公故事等，戏台为现代重建。小坊城龙王庙布局完整，为研究清代建筑提供了实物资料。

第五节　非物质文化遗产保护

　　2007年，文化馆开始着手摸底、普查、收集整理全县的非物质文化遗产（下简称非遗）项目，至2010年，共整理并公布县级非物质文化遗产保护项目4大类7项。2009年，民间舞蹈类"大同踢鼓秧歌"着手申报市级非遗保护项目，该项目于2010年申报成功，成为大同市级第二批非遗保护项目；2010年，着手申报省级非遗保护项目，2011年申报成功，成为山西省第三批非物质文化遗产保护项目，同年踢鼓秧歌传承人胡振华申报省级非遗项目非遗传承人成功。

第六节　红色革命遗址

西庄村应浑同县抗日民主政府驻地旧址

　　此址位于大同县吉家庄乡西庄村，建筑占地面积500平方米。

西庄村应浑同县抗日民主政府驻地旧址

　　1938年5月，为策应三五九旅七一八团开辟桑干河抗日根据地，三五八旅进入大同城南的边跃山一带，由八路军一二〇师三五八旅七一六团二营改编的宋时轮支队机枪连长赵立业，在大同、应县、浑源三县边界地区建立了应（县）浑（源）同（大同）县抗日民主政府。县政府党的负责人由赵立业兼任，推选大同县牛寺沟村人刘福堂为县长。政府驻西庄村，县政府下设三个区公所，一个工作组，并逐步组建了30多人的抗日武装。一区在大同县吉家庄、麻峪口、河头一带；二区在应县东北部边跃、义井、南马庄一带；三区在浑源西北部南水头、北榆林、西留村一带。工作组由峰峪村王贵卿（王公亚）、兼场村李茂勋、孙家港村康巨义三人组成，组长王贵卿。应浑同县抗日民主政府成立后，大力发展群众，打开了抗日斗争的局面。后宋支队挺进平西，赵立业调走，一支30多人的武装也随宋支队远去。1940年初，县长刘福堂被日军逮捕，县政府自行解散。

高原同镇区大王区公所驻地遗址

　　此址位于大同县许堡乡大王村，建筑占地100平方米。

　　1938年6月，359旅政治部主任袁任远、民运科长曾涤、中共晋察冀一分区特委组织部长刘达等人，在大同县东南乡分别建立了2个区公所，一区区公所设在鳌石村，二区区公所设在大王村。

　　同时，袁任远在西团堡村召开100多个村庄的代表会议，成立了高（阳高）原（阳原）同（大同）镇

（天镇）区，这是中国共产党在桑干河沿岸最早建立的政权机构。

高原同镇区大王区公所驻地遗址

6、7月间，在袁任远、刘达等主持领导下，发展了100多名牺盟会员，同时，在西团堡举办了每期有四五十人参加的短期训练班，培训抗日骨干。

魏振亚烈士牺牲处遗址

此址位于大同县许堡乡大王村南山坡上，建筑占地面积2000平方米。

魏振亚，1902年生，山东魏庄人。1936年前，魏振亚曾服役于蒙疆部队金宪章部。后金宪章部被阎锡山整编为新二师。"七七事变"后，新二师进驻五台山，时八路军总部也驻扎在五台山，与新二师互有联系。时魏振亚在新二师任排长，为人随和，讲

魏振亚烈士牺牲处遗址

义气，与上司和下属关系融洽，素有抗日意志，当新二师南撤时，他欲脱离新二师北上抗日。团长察觉，将魏扣押，副团长兰中孚与魏友善，设法将魏救

出。1937年10月，魏振亚伺机将自己的部属及其他连、排共400多人拉至大同西河南一带，自树一帜组成义勇军独立纵队，自称"飞龙"，招兵买马，扩充实力。魏振亚率众脱离新二师不久，兰中孚也前来与魏共谋抗日大事。日军黑田部队派汉奸诱降魏振亚，被他严词拒绝。日军恼羞成怒，便出兵进击魏部，在鲁沟小村被魏部打得大败。魏飞龙之名一时大震。魏部初在大同一带活动时，主要靠请财神捐大户，取得部队给养。后进驻广灵，于羊圈窑击毙日军多人。不久，魏部与八路军游击队合并（游击队长郭中林）。广灵的日军因受魏振亚的威胁，便集中兵力围剿，魏随部便转移至大同、阳高一带活动。1938年4月至5月间，魏部驻阳高杨塔村，曾与附近八路军三五九旅七一八团一起攻打聚乐、罗文皂火车站，日军、汉奸闻风丧胆，龟缩于据点内不敢妄动。1938年7月，魏部被三五九旅整编为晋察冀边区抗日游击队一支队，司令员兰中孚，副司令魏振亚，政治部主任段竟竟（由三五九旅委派），参谋长沈××，下属6个大队。从此，魏部成为一支人民的军队，在中国共产党的教育和领导下，战士们政治素质有了很大提高，给养也由地方供给，战斗力更强。1938年8月1日，魏振亚随部队与七一八团在西团堡联欢庆祝建军节。会上魏振亚慷慨陈词：愿为大同、阳高老百姓报仇雪恨，坚决抗战到底，誓死不当亡国奴。1938年秋，魏振亚随队驻阳高碾儿屯。一天，天刚蒙蒙亮，日军步兵500多人，在飞机、大炮掩护下，从西、北两面包抄而来，企图一举消灭魏振亚部队。魏沉着应战，边打边撤，从黎明战至黄昏，战士们虽一天饮食未进，饥肠辘辘，疲惫不堪，但仍奋勇抗击，击毙日军80多人后，终于胜利撤出战斗。1938年9月，大同、张家口日军调集各地驻军向边区"扫荡"，718团战略转移至灵丘。驻大王村的魏队组织抗击日军。兰、魏二人率部分别占据大王村东西两山，控制制高点，准备迎击日军。拂晓，日军部署于沟北、沟西两侧，向魏部猛烈进攻。魏部居高临下，痛击日军，双方火力十分猛烈。激战至中午，日军死伤多人，始终未越沟西一

步。不料，狡猾的日军一部下午从大王窑迂回至魏队所守的西山头，同沟西之敌形成两面夹攻之势，情况十分危急，兰中孚率大部战士先行撤离，魏和少数战士留下继续阻击日军。在危急关头，魏振亚将自己的生死置之度外，奋力抗击日军，身中数弹后，护兵刘大傻欲背其撤退，魏振亚不肯，命令其他战士先撤，自己留下掩护。在击毙数敌，子弹打光后，魏振亚便将枪械拆开扔掉，吞下金戒指后，壮烈牺牲。

于振光烈士牺牲地遗址

此址位于大同县许堡乡大王村，建筑占地面积50平方米。

于振光烈士牺牲地遗址

1942年7月，为了打破日军的"施政跃进"和"囚笼"政策，中共北岳五地委遵照中共中央到敌后开展工作的指示，决定组建中共桑干河工委和桑干河武工队，工委书记穆岳，于振光从繁峙县调至桑干河工委任副书记，公开身份是武工队指导员。为尽快熟悉情况，开展地下工作，于振光亲自到大王、小王、西册田、南驼子等村发动群众，建立秘密抗日组织。在工作中他同群众同甘苦，共命运，很快取得了群众的信任拥护，在日伪统治严密的大王、大王窑、黎峪、西册田、堡村、南驼子、大辛庄、东浮头等村庄长期从事秘密工作。

1943年6月，日军为确保蒙疆，把雁北建设成反共特区，伪大同省特务科长林宽众（日本人）带领数百人到桑干河的南石门、团堡峪山区进行"清剿"，实行第四次"施政跃进"。由于叛徒杨一平的

出卖，于振光在南坨村的住所被日伪特务包围。于振光临危不惧，与敌进行了顽强的斗争，终因寡不敌众，身负重伤，不幸被俘。特务们用担架将于振光抬到大王村，日特务头子林宽众用花言巧语、重金美女相诱惑，于振光大义凛然不为所动，痛斥日军侵略中国的罪行，大喊"宁死不当亡国奴"，并对汉奸们说："中国人枪口应该对准日本鬼子！"林宽众恼羞成怒，便下令将于振光扔到麻湖坑（大王村北的一蓄水池）里活活淹死，并不让群众收尸。

于振光，原名于文运，河北省蔚县南梁庄村人。1931年，"九一八"事变，日军侵占东北三省，于振光和同学们一起积极宣传抗日，反对蒋介石的不抵抗政策，因积极进行革命活动，受到留校察看处分。1932年在蔚县师范读书时由张苏介绍加入中国共产党。1937年，卢沟桥事变后，于振光辗转到蔚县、繁峙等地开展抗日斗争工作。在繁峙县任区长期间，环境极其艰苦，他把生死置于度外，发动群众，积极开展抗日活动。1942年8月，为开辟桑干河沿岸的抗日工作，中共北岳五地委组建起桑干河武工队，于振光从繁峙县调至中共桑干河工委任副书记，兼武工队指导员。

中共大同县委、县政府成立地遗址

此址位于大同县许堡乡黎峪村，建筑占地面积1500平方米。

中共大同县委、县政府成立地遗址

1945年5月19日，中共冀晋五地委副书记陈一帆在大同县黎峪村主持召开了桑干河工委负责

人和有关人员会议。会议决定：撤销桑干河工委和武工队，正式成立中共大同县委和大同县人民政府；桑干河武工队分成大同、阳高两个支队。县委和县政府领导分别是：书记徐志远，副书记何青，组织部长刘书祥，宣传部长毛新耕，城工部长石效由，敌工部长李铁，社会部长辛之华，县长康世安。县委下设七个区委，县政府下设财政科、实业科、教育科、县联社、公安局等机构，下设五个区公所，不久又增设了五个区公所，共十个区公所。当时县委、县政府驻许堡乡黎峪村领导全县的抗日斗争，并带领全县人民摧毁日伪政权，打击罪大恶极的汉奸。随着工作的迅速开展和根据地的迅速扩大，中共大同县委大胆提拔选用了一批干部，加强和充实了新区的工作。

东浮头村中共大同县委、县政府驻地遗址

此址位于大同县峰峪乡东浮头村，建筑占地面积400平方米。

1945年6月，刚建立的中共大同县委、大同县人民政府驻扎地在峰峪乡东浮头村。他们在全县召集进步的毅然起来要求参加共产党、八路军的贫苦青年，举办短期干部训练班，然后再分配到各区去开展工作。召开贫雇农会，发动群众，开展清算（敌伪政权）斗争，建立我方政权。在向贫雇农宣传政策的基础上，组织了农会，由农会组织了各村的清算斗争。在此基础上选举成立了各区村抗日政权。

东浮头村中共大同县委、县政府驻地遗址

此后，除了一边派干部在边沿区活动开展对敌斗争外，一边在核心地区发动群众成立农会，建立抗日政权，推行合理负担政策，有条件的村庄也搞减租减息，先后在甘庄、西阁老山、东阁老山、山自造、康店、大北庄、小北庄等村建立了抗日政权。随着群众工作的开展，青年、农民积极分子纷纷要求参加革命工作，扩大了区干部队伍，建立了区小队。

大同县三区召开除奸反特斗争大会遗址

此址位于大同县峰峪乡徐町村，建筑占地面积1500平方米。

大同县三区召开除奸反特斗争大会遗址

1945年6月，中共大同县委、县政府发动群众开展了一场声势浩大的除奸反特斗争。日军占领大同时，汉奸特务横行乡里，鱼肉人民，广大人民群众恨之入骨。人民政权建立后，为肃清日伪的反动势力，惩罚汉奸的卖国行径，大同县各区开展了除奸反特斗争。3区区小队将民愤极大，经常给日军送情报的兼场伪甲书记李树勋执行枪决。3区又在徐町村召开三万人大会，处决了为日军征粮时摔碗砸锅、棒打群众的伪甲书记宋日进。此后3区又在东马庄发动群众批斗了称霸一方的恶棍、劣绅、伪甲长张维明。1区在龙堡村组织群众批斗、镇压了罪大恶极的伪大王村长曹乐德。7区在聚乐堡召开5000多人大会，批斗、镇压了群众恨之入骨的恶霸地主刘安邦。经过除奸反特，人民群众扬眉吐气，汉奸特务受到惩处。

中共大同县九区委驻地旧址

此址位于大同县吉家庄乡麻峪口村，建筑占地面积300平方米。

中共大同县九区委驻地旧址

1945年7月,大同县县区武装配合冀晋第五军分区30团,拔掉了大王、吉家庄日伪据点,大同县党政组织发展到大同城下,成立了中共大同县八、九区委,九区委驻吉家庄乡麻峪口村。区委成立后,立即深入到贫苦农民中开展工作,向贫雇农宣传党的抗日政策,开展减租减息。在此基础上,各村又组织了农会等组织,由农会组织全村的清算斗争,并组织农民参加捣毁日伪大王村公所及夺取粮食等斗争。

冀晋军区攻打日军吉家庄警察署遗址

此址位于大同县吉家庄乡吉家庄村。

1938年春,日军在通往浑源、灵邱、广灵公路上的要冲吉家庄村,设立了警察署。署长杨玉(应县人),指导官山口(日本人),下有伪警长3人,警察

冀晋军区攻打日军吉家庄警察署遗址

50多人。警察署的汉奸,经常四处敲诈勒索,驻地人民恨之入骨。

1945年7月,冀晋军区30团,在团长陈忠信带

领下挺进桑干河南西浮头、盘道一带,寻机歼灭吉家庄警署之敌。吉家庄敌人误认为是"土八路军"在此活动,便于7月22日拂晓,只留下部分伪军守护警署,其余在山口指导官带领下,向西浮头八路军驻地进击。

团长陈忠信得知情报后,即命令一连迂回到吉家庄村东侧,监视留守之敌,命令侦察连一排、三排依托南山向进入村内的日伪警察并肩攻击,二排由村北侧迂回堵截。

日伪警察进村抢掠之际,侦察连由一、三排向其猛烈射击,日伪警察听到重机枪声,觉察是八路军正规部队,顿时慌乱,丢弃所劫物资向吉家庄村逃窜,但逃到村西北后又遭二排迎头痛击,日伪警察腹背挨打,大部被歼。日酋指导官山口乘马逃遁,又遇吉家庄东侧设伏的一连打击,山口当即被击毙,余敌纷纷缴械投降。随后陈忠信团长命令一连乘胜向吉家庄桥头堡攻击,碉堡内之敌,见大势已去,纷纷投降。

中共大同市委、市政府组建驻地旧址

此址位于大同县党留庄乡小蒲村南,建筑占地面积200平方米,此遗址共有15间房,其中10间保存较为完好,5间房已损毁。

1945年8月12日,抗日战争胜利在即,中共中央任命中共冀晋区党委城工部长刘达为中共大同市委书记兼市长,李涛和范富山为正副公安局长,准备接收被日军占领八年之久的塞上古城大同。

小蒲村——中共大同市委、市政府驻地旧址

刘达

刘达受命之后，立即准备。接收大同城的干部从河北阜平出发，日夜兼程，越抢风岭、跨桑干河，六天时间行程 200 余千米，到达大同城东的西谷庄村。途中，刘达在大同县党留庄乡小蒲村主持召开会议，正式组建起中共大同历史上第一个市级政权——中共大同市委和大同市人民政府。此前，为接管大同，中共冀晋一地委曾于 8 月 10 日任命李涛为大同市市长，范富山为市公安局局长。李涛曾以大同市市长的名义在城内贴出告市民书。为了加大接管力度，中共中央任命刘达为书记兼市长，李涛改任公安局长。8 月 13 日，冀晋区行政公署又发出《对新收复城市实行军事管制的办法》，大同市委和市政府对接收大同市作了必要的准备工作。在到达西谷庄村的当晚，刘达又连夜召开了各接收小组负责同志会议，对接收工作作了具体部署和分工。8 月 15 日，日本政府宣布无条件投降。8 月 20 日前后，刘达在大同城东党留庄村以"晋察冀军区驻北线全权军事代表"的名义致函大同日军总指挥官，命令他们无条件投降，并令其向中共办理投降事宜。但由于国民党抢夺胜利果实，蒋介石、阎锡山特命令日伪军"负责维持地方治安，只能向国民党军队投降"，密电大同日伪军："坚守城池，严防共军入城"，故日伪军拒绝执行人民军队命令，致使这次接收未能实现。

刘达，曾用名成栋，1911 年生，黑龙江省肇源县人，1935 年参加抗日工作，1936 年 4 月加入中国共产党，其后在"东北抗日救国联合会"做宣传和负责东北难民工作。抗日战争全面爆发后，从北平调任中共晋察冀一分区组织部部长。1938 年 7 月至 9 月，随同 359 旅 718 团到桑干河地区发动群众，开展游击战争。1939 年 1 月，改任中共晋察冀五地委组织部部长。1941 年 10 月，接替李光汉任中共北岳五地委书记。1942 年 11 月，根据地实行党的一元化领导，地委书记由晋察冀军区雁北指挥司令部政委罗元发兼任，刘达改任副书记兼雁北指挥司令部政治部主任、地委敌工部部长。1944 年 9 月调任中共冀晋区党委城工部部长。1945 年 8 月 12 日，中共中央任命刘达为中共大同市委书记兼市长后，因蒋介石、阎锡山阻挠，大同城未能接收。1945 年 9 月，刘达奉调东北沈阳，新组建的大同市委、市政府暂时撤销。

晋察冀军区将领聂荣臻、萧克、杨成武三府坟村驻地旧址

此址位于大同县周士庄镇三府坟村，建筑占地面积 300 平方米。

晋察冀军区将领聂荣臻、萧克、杨成武三府坟村驻地旧址

1946 年 7 月，蒋介石集团破坏停战协定，大举围攻中原解放区，全面展开内战。为了粉碎蒋介石的阴谋，晋察冀、晋绥两军区于 7 月下旬在大同附近集结兵力，准备围攻大同城。晋察冀军区将领聂荣臻、萧克、杨成武等同志曾在周士庄镇三府坟村指挥围攻大同战役。据时任大同县委副书记的毛新耕同志《围攻大同战役》的回忆，其时，曾多次在三府坟村见过上述几位同志，他们曾在此地居留两个多月。

聚乐村晋绥军区、晋察冀军区大同战役前线指挥部驻地旧址

此址位于大同县聚乐乡聚乐村，建筑占地面积400平方米，房屋保存较为完好。

聚乐村晋绥军区、晋察冀军区大同战役
前线指挥部驻地旧址

1946年6月，蒋介石公开撕毁停战协议，向人民解放区大举进攻，驻守在大同的国民党部队也向雁同解放区发动了全面进攻。国民党38师调动3000余人配以战车多辆，分三路进攻大同以东倍加造、三十里铺等地；又以3个团的兵力向城南解放区进犯，企图打通大同与应县乔日成部队的联系，解应县之围，均遭到人民解放军的迎头痛击。从此，由国民党挑起的大同地区内战爆发。从停战令生效之日起到7月底，大同国民党军向雁同解放区发动较大进攻达63次以上，动用兵力12万余人。

7月31日，根据中央军委命令，为扫除晋北阎锡山势力，解放全晋北，使晋绥、晋察冀两大解放区连接在一起，晋绥、晋察冀部队组成野战军，共同发起大同战役（亦称大同集宁战役）。两大军区在雁北地区的阳高县召开了联席会议。会议由晋察冀军区司令员聂荣臻主持，研究讨论了发起大同战役的有关重大问题。晋察冀军区副政委刘澜涛、罗瑞卿，晋绥军区副司令员张宗逊，晋察冀军区第三纵队司令员杨成武，第四纵队司令员陈正湘，晋察冀察哈尔军区司令员郑维山等参加会议。会议决定成立大同战役前线指挥部，张宗逊任前线指挥部司令员，杨成武任副司令员，罗瑞卿任政委。组建后

的晋绥军区、晋察冀军区大同战役前线指挥部驻大同县聚乐乡聚乐村。

大同战役从7月31日开始，至9月16日人民解放军主动撤离，历时1个半月，晋绥、晋察冀两大军区密切配合，统一行动，虽然没有夺取大同城，但消灭了大量国民党军，取得了显著成果，大同外围要塞防御工事全部被摧毁，毙伤国民党军3370余人，俘530余人，向人民解放军投诚者240余人；缴获炮4门、重机枪11挺、轻机枪35挺、步枪380余支、掷弹筒12个、火车两列、汽车两辆；炸毁坦克5辆、击落战机1架。

大同战役沙岭战斗牺牲烈士墓地

此址位于大同县周士庄镇石仁村西，建筑占地面积800平方米。

大同战役沙岭战斗牺牲烈士墓地

1946年6月26日，蒋介石公开撕毁停战协议，向解放区大举进攻，为此中共中央主席毛泽东于7月20日发出了"以自卫战争粉碎蒋介石的进攻"的指示。晋察冀、晋绥两军区遵照中央的指示，于7月下旬在大同附近集结兵力，部署开展大同战役。7月31日大同战役开始，经过一个多月的战斗，城西、城南、城北大部据点相继攻克，但沙岭国民党守军在38师1团一营营长张希起督战下据险顽抗，经数次猛攻均未奏效，双方伤亡惨重。8月14日，李湘旅再次包围沙岭，连续攻击10余次，付出相当代价均未攻克。8月23日夜，人民解放军改用坑道作业近逼沙岭，一夜之间挖成四面包围之工事，困守军于内，通讯阻断，补给断绝，才将其全部歼灭。战

后,人民政府将攻打沙岭牺牲的烈士一部分用马车运至周士庄镇石仁村西掩埋,另一部分运至大同市花园屯乡花园屯村掩埋。

为了深切怀念为人民解放而英勇牺牲的烈士,村民们在墓地周围栽植了树木,每至夏季,墓地绿草茵茵,山花遍地。清明时节,附近村庄的学生在老师的带领下为烈士扫墓献花,祭奠烈士的英灵。

大同兵站旧址

此址位于大同县峰峪乡东浮头村,建筑占地面积500平方米。

大同兵站旧址

1946年8月,冀晋军区第一军分区浑源兵站总站,在大同县东浮头村设置分站——大同兵站。第一任站长杨连生(河北冀县人),指导员姬存道(灵邱人),第二任站长王德新(河北冀县人),指导员江文通。在解放战争中,大同兵站为全国各地转送了许多军政干部和大量物资、装备,形成了四通八达、畅通无阻的运输补给线。特别是在1946年的大同战役中,兵站下设的大车股、担架股、宣传慰劳股等做了大量的物资运输及转运伤病员工作,为大同战役做出了积极贡献。

四十里铺村晋察冀一纵队司令部驻地旧址

此址位于大同县周士庄镇四十里铺村,建筑占地面积200平方米。

1948年3月22日,晋察冀一纵在司令员唐延杰、政委王平指挥下,在平绥线上连战连捷,并再次来到雁北地区的京包铁路线上,经过一昼夜的战斗,攻克了罗文皂、王官屯火车站,解放了阳高城,进而又攻占了聚乐堡、周士庄火车站,大阳丰部分地区获得解放。长城线上的镇宏堡、镇边堡、镇川口、镇川堡等据点内的"牛团子",仓皇向大同城内逃窜。晋察冀一纵司令部此战后曾驻扎于周士庄镇四十里铺村。

四十里铺村晋察冀一纵队司令部驻旧址

四十里铺村中共大同市委、市政府驻地旧址

此址位于大同县周士庄镇四十里铺村,建筑占地面积150平方米,窑洞顶保存较好,门窗已部分损毁。

四十里铺村中共大同市委、市政府驻地旧址

1948年11月,中央军委做出了发起大同战役的重要指示。11月24日晋绥部队奉中央军委之命向大同挺进,晋察冀部队北岳集团军司令员兼政委王平所属一个步兵旅、骑兵第一师和独立4团迅速开赴大同城郊与第一军分区副司令员巫德久所属之两个步兵团、浑源县支队共一万多人将大同城围

困起来,完成了对大同的包围,开始了解放大同的进程。为了加强和平解放大同战役的领导,根据党中央和上级的指示,大同市军事管制委员会、中共大同市委、大同市政府于1948年11月在浑源县成立,王平任军管会主任,赵汉任副主任,李铁生等人任委员。赵汉任中共大同市委书记,李铁生任市长。此后不久,中共大同市委、市政府曾驻扎于周士庄镇四十里铺村。大同市委在大力做好各项支前工作的同时,对大同城国民党守军发起了强大的政治攻势,促使国民党大同守军放弃逃跑的幻想和武力对抗的行为,走上了放下武器接受人民解放军改编,实现大同和平解放的道路,完成了中央军委制定的"围而不打,和平解放"大同的战略方针。大同和平解放使千年塞上古城得以完整保护,大同人民免遭了战火的涂炭。

二十里铺村解放大同战役北岳军区指挥机关驻地遗址

此址位于大同县周士庄镇二十里铺村,建筑占地面积1000平方米。

二十里铺村解放大同战役北岳军区指挥机关驻地遗址

1948年11月24日,奉中央军委之命,北岳军区司令员兼政委王平率所属一个步兵旅、骑兵第一师和独立4团迅速开赴大同城郊,以监视、防止大同之敌向绥远、张家口逃窜。

随后,王平司令员所率部队与北岳第一军分区副司令员巫德久所属的两个步兵团、浑源县支队共

一万余人分别部署于大同四郊,将大同城围困起来。北岳军区指挥机关先设在阳高县小白登村,后移至周士庄镇二十里铺村。

北岳军区司令员王平驻地遗址

此址位于大同县周士庄镇四十里铺村,建筑占地面积300平方米。因无人居住,年久失修,部分土窑洞濒临倒塌。原为村民王财之院,房前面为同张大道旧道,交通极为方便,土窑两边均有民房。

北岳军区司令员王平驻地遗址

王平司令员

1948年11月24日,时任北岳军区司令员王平(1949年1月,冀察军区与北岳军区合并成立察哈尔军区,王平任军区司令员)奉中央军委命令,率北岳军区部队迅速开赴大同城郊,以监视并防止大同国民党守军向绥远、张家口、太原逃窜。为了加强大同战役的领导和指挥,根据中共中央、中央军委的指示,成立了大同战役前线指挥部和大同市军事管制委员会,王平任前线指挥部总指挥和市军管会主任。市军管会成立后,王平立即颁布了《告大同各界人士书》,庄严宣告:"晋北重镇大同的解放已迫在眉睫,解放后即为人民所有,因此我们对新中国成立后的大同是采取保护和建设的方针。"和平解放大同战役的帷幕正式拉开。1948年

文化 广电

12月5日，为了确保平津战役的胜利进行，王平司令员奉中央军委之命，暂撤大同之围，率部挥戈东进，配合二十兵团布防于兴和、尚义、张北一线，以阻绝张家口国民党军之西逃。12月24日，张家口解放后，王平司令员又遵照中央军委的电令，率部日夜兼程，再围大同。他将纪亭榭独立旅部署于大同东面和北面；将雁北军分区的两个步兵团部署在南面和西面；将晋绥军区一个支队部署在云冈方面；将骑兵一师部署在丰镇一线，总共1万余人将大同城团团围困起来。在此期间前敌指挥部也由阳高小白登村移至大同县四十里铺村，并在四十里铺村主持召开了有军区司、政、后负责人和各师旅主要领导参加的第二次围城作战会议。会议肯定了第一次会议以来，围城部队所取得的显著成绩，研究分析了敌情变化，重申了既定的作战指导思想和决心，强调了下一步开展政治攻势，做好分化瓦解敌军上层的工作。特别指出，各部队和民兵要采取积极行动，诱敌出城，歼灭其有生力量于城外，消耗其实力，打消其西窜绥远的企图，为迫其投降进一步创造条件。在王平司令员的直接组织领导下，围城军民通过强大的政治攻势、军事压力和坚强有力的敌工工作，终于迫使国民党大同守军走上了放下武器，接受改编，大同和平解放的光明之路。1949年4月25日，王平司令员同意大同守军出城谈判的请求；4月27日，王平司令员亲自参加了与田尚志、孟祥祉的谈判；4月29日，在城东西坟村终于迫使大同守军无条件地接受了我方提出的五项条款，塞北重镇大同和平解放。大同和平解放充分展现了王平司令员作为一个无产阶级革命家、军事家、政治工作领导人的远见卓识、高超指挥艺术和高尚精神风貌。三百多万大同人民将永远缅怀他为大同解放而建立的丰功伟业。中华人民共和国成立后，王平任华北军区副参谋长兼干部部长，中国人民解放军总参谋部动员部部长，中国人民志愿军第二十兵团政委，志愿军副政委兼政治部主任、政治委员，中国人民解放军军事学院政委、炮兵政委，武汉军区第一政委，中央军委常委、副秘书长，中国人民解放军总后勤部政委。1955年被授予上将军衔。

北岳军区王千户村战斗遗址

此址位于大同县周士庄镇王千户村，建筑占地面积3000平方米，保存较为完好。

北岳军区王千户村战斗遗址

1949年1月13日，困守大同城的国民党38师师长田尚志，率领其1团、2团和保安队7大队、8大队共1800余人，分路向城东牛家堡、三十里铺、王千户等村庄抢粮并作突围试探，妄图作最后的挣扎。解放军北岳军区纪亭榭旅和北岳第一军分区部队向出城抢掠突围的国民党军发起攻击，一部从正面攻击，一部从采凉山下迂回到大同城下包剿敌人，激战数小时，给国民党军以歼灭性打击，残余乘天黑逃回大同，解放军直追击至大同城下御河桥上。

是役，毙伤国民党守军304人，俘少校团副张傅仁以下官兵318名，缴山炮1门，八二迫击炮4门，六○炮2门，重机枪6挺，轻机枪22挺，掷弹筒4个，步马枪193支，冲锋枪5支，信号枪2支，短枪4支，各种子弹8万余发，望远镜4架，美式电台1部，骡马17匹。

这一战，是大同和平解放前夕，解放军围城部队与大同国民党守军之间发生的最大的一次军事行动，此后大同守军军心涣散，士气日益低落，再也不敢轻举妄动。

大同和平解放进城工作会议暨大同市委书记赵汉驻地旧址

此址位于大同县周士庄镇驾遇造村东，建筑占地面积 400 平方米，房屋保存较为完整。

大同和平解放进城工作会议暨大同市委书记赵汉驻地旧址

赵汉 1949 年留影于大同

1949 年 4 月 30 日，中共大同市委书记赵汉在驾遇造村东驻所召开了大同市全体干部进城工作会议。会上他谈了四点：1. 大同所处地位的重要性和迫使敌人投诚谈判经过。2. 和平解放大同的具体做法和重大意义。3. 对进城的全体干部宣布纪律和守则。4. 提出了新的情况下的新任务，干部要适应新的形势。并宣布了成立的机构和戒严令。是日，进城干部在此院连夜进行整训学习，安排工作，确定各区负责人。翌日，奔赴各自的工作岗位。

赵汉，原名王兆汉，1919 年生，河北省定县人。他早在中学读书时就开始积极探求革命真理。抗战爆发后，赵汉毅然放弃学业，投身抗日斗争。1938 年 2 月，他参加了定县抗日游击队，并于同年加入中国共产党。之后，历任中共河北定县区委书记，中共定县县委宣传部部长、组织部部长，中共定北县委书记兼游击队政委，中共望定县委书记等职。1943 年秋，被晋察冀区党委指定为出席中国共产党第七次全国代表大会代表，遂于同年 10 月间随聂荣臻司令员奔赴延安。1944 年，抵达延安后，先是参加了中央党校一部的整风学习，嗣后又参加了七大代表资格的审查工作。1945 年 4 月，作为 547 名正式代表之一，光荣地出席了党的第七次全国代表大会。大会闭幕后，被任命为中央组织部干部科科长，8 月任中央组织部安子文副部长的政治秘书。1946 年 10 月被任命为中共冀晋一地委组织部部长。1947 年 5 月，赵汉调任冀晋三地委书记兼军分区政委。同年 11 月，再度回到（东）雁北地区，任中共北岳一地委书记兼军分区政委。1948 年 11 月，为准备解放晋北重镇大同，中共北岳区党委决定任命赵汉为中共大同市委书记兼军管会副主任。是年 12 月，他在浑源县张庄召集会议，决定抽调 269 名干部（先在浑源县，后移至大同县驾遇造村）进行文化理论和城市政策的集中培训，还亲自给培训干部讲课和作时事报告。1949 年 2 月大同市警备司令部组建，他兼任政委和大同市市长。为做好入城接管准备工作，大同市军管会成立后，赵汉立即参与撰写并及时颁布了《告大同各界人士书》，宣告："我们对新中国成立后的大同是保护和建设的方针。"为了搞好入城接管工作，他亲自拟定《入城工作计划》和《入城工作守则》等。1949 年 4 月 30 日，在入城前夕，他又亲自在驾遇造村召开全体干部大会，亲自作动员、亲自作具体安排，从而保证了入城接管工作稳妥、有序地进行。为了实现大同和平解放，一方面，他领导城、敌工工作部门和广大人民群众，配合北岳集团围城部队对敌展开强大的政治攻势和争取瓦解工作，并卓有成效地开展了护矿、护厂斗争。另一方面，他根据党的指示，参与了和平解放大同的谈判，迫使大同守敌缴械投降，接受改编，使古城大同完整地回到了人民的怀抱。1951 年 3 月，赵汉调离大同，历任中组部办公室主任兼机关党委书记、中组部常务副部长等职。1964 年他当选为第四届全国政协委员。1966 年 12 月 14 日被迫害致死，年仅 47 岁。

此遗址位于村子的最东部。现该遗址仍为村民李达私房，保存完好，现李达仍居于此，窑房正门两边原所刻"民族复兴"四字仍清晰可见。

仓夷烈士纪念亭

此址位于大同县党留庄乡党留庄村,建筑占地面积100平方米,纪念碑保存良好。

仓夷烈士纪念亭

仓夷烈士

仓夷,1921年出生于新加坡,原名郑贻进,乳名虾礼。祖籍福建省福清县鱼溪乡百竹村。卢沟桥事变后,年仅16岁的仓夷正在新加坡华侨中学读书,怀着一颗爱国之心以"国家兴亡,匹夫有责"为己任,说服父母和未婚妻,毅然踏上了抗日救国的归途。回国后,仓夷考上了山西民族革命大学,结业后被分配至晋西北工作,1940年冬加入中国共产党。后调到晋察冀边区政府《救国报》社任记者。《救国报》停刊后,又调到《晋察冀日报》社,成为《晋察冀日报》和新华社晋察冀总分社的记者,一直战斗、工作在抗日第一线。

仓夷在晋察冀边区工作期间,走遍了边区各地,采写了许多出色的报道。为了揭露日军残暴罪行和歌颂抗日军民的英雄事迹,他常常冒着生命危险深入前线采访,有时与县区干部和民兵游击队活动在树林里,睡在潮湿的山洞里。他采写的《平原青纱帐战斗》和《平原地道战》深受读者称赞。1942年,日军在冀中发动了五月"大扫荡",仓夷将一个对敌斗争最勇敢的模范连队的英雄事迹,写成报告文学《纪念连》,在《晋察冀日报》连续发表,获得冀中军区首长的通令嘉奖。后又在冀西采写了《反扫荡》,在阜平采写了《幸福》《爆炸英雄李勇》和《一个小女工》等大量的新闻通讯和报告文学,以真实的笔触将日本军国主义鼓吹的"东亚共荣""王道乐土"等谎言和罪行揭露得淋漓尽致,对人民群众的英雄行为予以热情的歌颂。1946年5月底,《解放报》被国民党封刊后,仓夷于同年6月被调回《晋察冀日报》社工作。1946年6月,蒋介石发动了全面内战,国民党军队向解放区大举进攻。同年8月初,在北平、天津之间发生了美军进攻解放区的"安平事件",情况变得更加复杂。为了调查这起事件,北平军调处执行部成立了第25特别执行小组。驻北平的中共代表立即发电给《晋察冀日报》社,仓夷以新华社记者身份参加第25特别执行小组的工作。8月8日,仓夷从张家口坐飞机去北平,因美国驾驶员的刁难,中途经大同机场停留时,十几个国民党特务,见仓夷戴着新华社记者的徽章,就大喊大叫起来,将仓夷拉下飞机,国民党策反团负责人刘荣先诡称他是国民党方面的代表,有事要和他说。仓夷提出要见大同三人小组中共代表李波。刘荣先表面答应和仓夷一起去找李波,暗地里却命令司机将他们乘坐的汽车开往特务机关,回头又欺骗仓夷回张家口,仓夷同意后,刘荣先陪仓夷坐汽车向大同城郊驶去。行到东西王庄之间车停了下来,刘对仓夷说,前面是共军占领区,不便再送了,便让他的勤务兵陪着送了一程。当走到大同东郊马连庄村西北一带大渠旁边时,12个国民党特务突然涌上,向仓夷下了毒手。这位才华横溢,年仅25岁的俊才为了中国人民的解放,献出了宝贵的生命。

1986年8月,为纪念仓夷烈士牺牲40周年,大同县政府、《晋察冀日报》报史研究会在烈士牺牲地建造了仓夷烈士纪念碑亭。

仓夷烈士纪念碑于1986年被公布为大同县重点文物保护单位，同时被大同县人民政府公布为爱国主义教育基地。

第七节　艺　术

大同踢鼓秧歌（以下简称"大同秧歌"），主要指流传在大同县桑干河沿岸之杜庄、吉家庄、峰峪、麻峪口等乡的秧歌，其中又以杜庄乡利仁皂、峰峪乡沙岭村的秧歌在县内享有盛誉。

大同秧歌历史悠久，清道光十年（1830年）《大同县志·风土》载："上元，俗名灯节，乡下多扮灯管，唱插秧歌，来城内相征逐。"所谓"插秧歌"疑即今之"秧歌"，属边舞边唱或舞中夹唱之歌舞形式，后来舞唱分开。大同秧歌即以舞为主，但至今结尾部分仍要唱《天下太平歌》。古往今来，每逢元宵佳节，耍秧歌已成为民间传统习俗。

秧歌主要在春节、元宵节期间活动。节日将临，有的一入腊月，即行召集人员进行认真而严格的教习排练。多为家传，也有的是由村中酷爱红火的人请本村或外村秧歌艺人进行传授，元宵节前每逢活动之日，其时，锣鼓喧天，围观者盈街堵巷，热闹非凡。民俗中还有"赔牙"。常以表演"月牙""日字翻月""天地牌"等图案，祝愿村民日月兴盛，光景美好。

秧歌队通常由秧歌艺人喜好文艺的村民在农闲时自行组织，购置服装道具的经费，大都是向村民摊派。

大同秧歌由十七人组成，"秧歌头"一人，"踢鼓"四人，"花子"四人，"棒子"四人，"风公""大脚婆""络毛""看书先生"各一人，有的队无秧歌头，就由十六人表演。

秧歌表演的形式主要是"大场子"，还有"过街场子""对耍"等。

过街场子，即在街上边舞边走，乐队在前，秧歌队排成两竖行列后，秧歌头独立队前边舞边指挥，

风公、大脚婆排头，以下顺次为头趟鼓子、头趟花子、头趟棒子，接着是络毛、看书先生、二趟鼓子、二趟花子、二趟棒子，角色的动作单一，以秧歌步为主，队形一般为"蒜辫子"。

大场子，即秧歌队于广场表演各种队形图案，乐队置场中一角。方位以"东南西北"为"正"，按"角—正—角"或"角—正—角—正"方向进行。常用队形图案有"天地牌子""大十字""四门斗""五葫芦""八卦穿顶""蛇盘九颗蛋""里外罗城""雀护群""凤凰双展翅""月牙""日字翻月"等二十余种。一般在表演结尾都要摆字，如"天下太平""大生产""文明村"等，因时而定，摆一字，唱一段，唱罢起舞。

对耍，是两个村或几个村秧歌队的一种联欢活动。往往是今天你来我村，明天我去你村，一来一往，起到增进友谊、促进艺术交流之作用，因而对耍成为秧歌中比较隆重的一种表演形式。

对耍有一定程式和礼仪。两队对耍，首先要发请帖，或去人邀请，约定好对耍的日子，届时，东道村列队于村口大路上迎接客队，两个队均以"对子马"（二人二骑）为前导，骑马人穿长袍，戴礼帽，多由村中有威望的人担任。秧歌头身披一块红礼布（或红绸子）。一见面相互寒宣，恭贺新禧，接着同饮"迎风酒"，为客队接风洗尘。之后，两队行"接换"仪式，此时鼓乐高奏，花炮齐鸣。围观人群聚集于村口，多有邻村扶老携幼者前来观赏。接换式有"大换""小换"之分。"小换"较简单，"大换"先由秧歌头将礼布端放地上相互拥抱作揖（俗称"鞑子礼"），接着端起礼布横放于地上再施一次大礼，然后双方交换礼布。两队一字形穿插表演，客队在前，主队在后，均成两行进村至表演场地，稍事休息，便开始对耍。

对耍时，广场北端放一方桌，裹红桌围，上置黄布包着官印，桌后正面端坐一人，穿红礼袍，戴官帽（由村中德高望重者担任），两旁各站一衙役，对耍开始，先客队、后主队分别单独表演大场子。客队表演前须先"拜印"，并行礼（男作揖，女道"万福"），表示对东道主的敬意，两队表演后，做"大和

营"，即两队合二为一，由两个秧歌头统一指挥，走大场子队形图案，如"大十字"等，两队演员献艺竞技，各显其能，场面壮观，令人大饱眼福。

在长期的演出活动中，大同秧歌逐渐形成自己的风格特点：

1. 角色多，场面大，队形图案丰富。大同秧歌队十七人，八种角色，角色分生旦净末丑五种行当，形象鲜明，性格突出，如"秧歌头"剽悍粗犷，"风公"潇洒大度，"大脚婆"泼辣精明，"鼓子"骁勇刚健，"花子"文静柔美，"棒子"憨厚活泼，"络毛"滑稽风趣，"看书先生"老谋深算。所谓场面大，指"大场子"表演，人多画面广，队形图案丰富，变换繁复，恰似战场布阵一般，严谨有序，繁而不乱。

2. 武技性强，重表演，"亮大面"。大同县地处边塞，自古边患不断，民间练棒习武成风。《云中郡志》（辖大同县）曰："俗尚武艺，风声气习，自昔而然。"因此在秧歌的发展演变过程中也渗透了武术动作，以鼓子动作为例，其中就有"踢、击、翻、跳"等武技。踢的动作如"二踢脚""飞脚""连三挎二五"，击的动作如"碰鼓"、套路，翻的动作如"蛮子""扑虎""旋子"，跳的动作如"虎跳"等，男拳动作大多用猴拳手势"勾子手"，民间俗称"前勾后挠"。拳舞结合，刚柔相济，豪放健美，别具风韵。又如棒术中多变的棒花，棒法："漫头花子""隔山掏火""苏秦背剑"等动作，也都稳健有力，武技性强，具有明显的阳刚之美。其他角色动作虽不多，但注重表演。秧歌手称为"亮大面""拧眉"。"亮大面"即动作舒展，亮相大方，"拧眉"角色之间用眼神交流感情，尤其在"面对面""挽疙瘩""换角"时，更要注重形体动作和面部表情的配合。如对花子艺人有这样的要求："脚上行如流水，手上引线穿针"，"绕鼓子不看，拉花的寡谈"。风公、大脚婆、络毛、看书先生等角色的动作少，甚至只有一个动作，更要靠临场即兴表演，自己做戏。但必须把握住人物性格，如大脚婆不能表演成"懒老婆"，络毛不能拿上鸡毛掸子离队乱跑。

3. 具有古朴风韵和浓厚的民间色彩。大同秧

歌中人物服饰多拟古，大都穿明清服装。如秧歌头的打扮为头戴凉帽，身穿黑箭明衣，黄缎马褂（穿一只袖子，另一只扎在腰后），鼓子穿黑色短衣，头号扎梢子，戴英雄花，腰扎片带，脚穿快靴。这些服装与戏剧服装同，但也有相当多的服饰道具是自制的，因而带有浓厚的民间色彩。如秧歌头肩上挎的骡马串铃，大脚婆耳环用的是胡萝卜片或挂着红辣椒，为了夸张其脚大，有时特意用红纸糊一只大鞋灯顶于头上，以引人注目发笑。

秧歌的道具也发生了历史的变异。原来的鼓子有的腰挎一鼓，有的手握一实心小木鼓（直径6厘米，长12厘米），既可手击，又可脚踢，因此民间称"踢鼓"。现在已不拿鼓，变为空拟，传统动态依然可见，显然要比持鼓的动作轻盈灵活了，又如拉花，原敲击小锣，现在有些地方变为敲击一只小镲。

大同秧歌主要是用打击乐伴奏，有的地方偶有唢呐配合，演员动作踏着节奏做，但并不受伴奏长度的限制。

关于秧歌的起源，民间传说甚多

一说，有一次玉皇大帝下令火烧祁州。有一神仙闻知，即下界通报州人，并出一主意：当日晚上让百姓发旺火，点花灯，放爆竹，耍秧歌，敲锣打鼓，声震霄汉。太白金星听到噼噼啪啪的声响，忙打开南天门一看，只见祁州地面火光冲天，人影晃动。急报玉帝："祁州今已火焚，臣亲眼所见'鬼抽筋'（指'耍秧歌'）。"玉帝信以为真，再不追究。这天正是农历正月十五。祁州百姓为纪念这一吉祥日子，闹元宵，耍秧歌，沿袭至今。

二说，隋末唐初，秦叔宝打登州城，为救落难弟兄，装扮秧歌队混入城中，劫牢反狱而归。今秧歌中的"里外罗城"亦与此说有关。

三说，北宋梁山好汉武松、孙二娘等为救柴进，扮成拳脚艺人耍秧歌，摆下"天下太平"阵，迷惑守城将士，救得"小旋风"出狱。有说是武松等人为救卢俊义，扮秧歌破大名府的。从秧歌角色的化装服饰上看，大都是《水浒》人物，如风公为宋江，大脚婆是孙二娘，踢鼓的是武松，看书先生是吴用等，此说

较普遍。

　　四说，百姓不满元朝统治者，以"七月十五送面人，八月十五杀鞑子"密谋串联造反，由一家子扮演秧歌进行联络，父扮风公，母扮大脚婆，儿扮踢鼓，媳扮花子，孙儿扮棒子，管家扮看书先生，佣人扮络毛的，秧歌头由一汉人伪装成元军模样，率领秧歌队上街表演。明为歌舞升平，暗中联络造反。另一说秧歌头实由元军充任，指挥众百姓为其红火取乐。今秧歌头仍为元军装扮。此说流传也很广。

　　大同秧歌这朵塞外高原上的民间艺术之花，究竟起源于何时尚有待继续考证，但据志书和传说可知，由于地理和历史沿革等诸方面的因素，秧歌扎根在大同这块土地上肯定已有很长的历史。苑育福对大同秧歌有深入研究，并作了详细的图解（详见文艺选辑）。

第八节　图书发行

　　1970年前，大同县学生用书和一般图书发行均由大同市新华书店经营。1971年，大同县党政机关从大同市东街搬迁至西坪，随之组建大同县新华书店。时有职工3人。随着业务发展，1975年职工增至6名。"文化大革命"期间，书店工作秩序混乱，年销售不足10万元。1978年，经整顿，工作秩序恢复正常，销售额增长。1979年，有职工10人，年销售图书8.3万册，共计15万元，人均销售1.5万元。

　　1982年，人事、财务、业务三权实行集中，统一由山西省店管理之后，经营管理有了较大发展，职工没有增加，销售却有较大的增长。这年，销售图书12.6万册，共计2.4万元，全县人均购书近2元。

　　从1984年到1987年，试行经营承包责任制。1988年至1993年，全面推行经营承包责任制，各项管理制度亦逐步建立健全，岗位分工明确。1993年，有职工12人，年销售80余万元。从1994年起实行岗位目标责任制，书店经营管理基本实现制度化、规范化。2000年，全店有职工12人，其中男8人，女4人；营业员4人。年销售364万元。人均购书23元，利润16万元。时有供销网点12处，社会网点4处。

　　2005年后，利润连年攀升，多次受到省市上级主管单位和当地政府部门的表彰和嘉奖。2008年的销售净额为411万元，利润为20万元；2009年的销售额为440.6万元，利润为24.32万元；2010年的销售额为580万元，利润为35万元。

　　1971年建店时，经营场地狭窄。1975年，新建库房12间，职工宿舍6间。1989年，因地震房屋遭到破坏，省店拨专款28万元，在原门市部旧址上重新建起集营业、办公为一体的二层小楼1栋，建筑面积596平方米。2000年，有固定资产88万元。2008年，对1989建的二层小楼进行改造，建成集办公、库房、图书超市一体的办公楼（共占二层）。

文化　广电

第二章　广播　电视

第一节　广　播

广播电台

大同县广播电台,始于 1945 年。同年 8 月,日本投降后,由国民党大同领导组接办,隶属大同军用电讯局。1946 年,该局由国民党中央广播事业管理处平津局接收管理。电台使用 500 瓦中波机一部,呼号为 XKOK,频率 755 千周。

新中国成立后,党和政府重视发展农村有线广播事业。1955 年冬,大仁县建广播站一座,有职工 4 人,老式控制机 1 台,上海产 500 瓦扩大器 1 台,信号全部借用电话线传输,全县有喇叭 600 多个。1958 年,县站与市站合并。1960 年,在倍加造、利仁造设立放大站,安装 250 瓦扩大器 2 台,放大信号仍靠单线传输。

1965 年,大同县人民广播站成立,站址设在大同市东街(印刷厂院内),占地面积 400 平方米,房屋 12 间,有编辑 1 名,播音员 1 名,专职外线 5 名,内线技术员 2 名。谷文章为第一任站长。当时,县站经费自负盈亏,机器设备也较陈旧,只靠 500 瓦扩音器向落阵营、倍加造、孤山 3 个放大站传送,再由放大站传到 22 个公社及所属大队。本年广播喇叭发展到 5000 余个,县到各公社木杆专线达 210 千米,公社到各大队仍使用电话线。

1966 年,"文化大革命"开始,县站"自办节目"停办,一年后恢复。

1968 年,县站迁到大同市南门外。同年 2 月,财政拨款 35000 元,建房 22 间,人员增至 16 人。

1969 年出于战备需要,大搞载波。信号传输通过邮电线路送给各公社,原来的广播线路暂时作废不动。同年 4 月,遇数日大风,高压线与广播线连接引起机房起火,烧毁价值 5000 元的机器一台,值机员因惊吓精神失常而亡。

1971 年,县广播站在西坪筹建。工作人员增至 18 人,并在 16 个公社设立放大站,配备值机,线路员一名。改迁线路 200 多千米。

1974 年,架设新水泥杆专线,安置新喇叭 26000 余个,机器总功率 8000 瓦左右。

1975 年,新建办公室、宿舍 12 间,增设 601 录音机 4 台,前极控制机两台,602 录音机 4 台,示波器 1 台。

1982 年,成立广播事业局,与广播站一套人马,两个机构。

1983 年,广播事业局改为广播电视局。下设广播电视台、电视台,内设技术部和音像管理部。同年实现了广播"两化"(即线路标准化、喇叭户户化)共装喇叭 33232 只,其中小音箱占 73%。并对原有机器设备进行更新,购置 11 台 800 瓦扩大器,机器功率由原来的 9.4 千瓦增加到 15.9 千瓦。到 1986 年全县喇叭都成为小音箱。

1989 年,广播站改为广播台。

1995 年,开通调频广播,有制作播出设备各一套,采访录音机一台,3 瓦小型发射机一部。东山有 300 瓦发射机一部,覆盖半径 40 千米,台内设新闻、专题、文艺 3 个组。

1998 年,由于受工作经费的影响,只播出新闻和文艺节目。

2000年至2013年12月，因设备老化，广播电台停播。

播音

1946年，在国统区，每天播音4小时，分早、午、晚。广播内容除了西乐、国乐，还转播南京、"美国之音"及印度新德里之新闻，演讲间或插播商业广告。1955年建站后，每天播音三次，时间约5小时。1960年，播音增到6小时，节目转播自中央人民广播电台和省人民广播电台，自办节目10分钟，文艺节目放唱片，文字节目播大同县新闻。配专职编辑1名，播稿来自业余通讯员，来稿不付稿酬。1974年，开始办专题节目，内容有《文化生活》《思想交流》《理论讲座》。全年播稿1000多件。

1983年，除定时转播中央、省、地广播电台的《新闻和报纸摘要》，还自办开设了《科学之友》《教育园地》《一周要闻》等节目。1986年后，自办节目增多。增加了《法制教育》《党的生活》《为您服务》，同时还及时播放广告、信息和群众点播。1990年开办了《抗震救灾特别节目》。1991年后，开办《黎明乐园》《请您欣赏》等七个节目。

1995年，主要播出新闻、专题、文艺等节目和天气预报。1998年，专题节目取消。2000年，因发射机遭雷击损失，停播，至2013年12月仍未开播。

第二节　电　视

电视台

1985年，全县集资30万元，在县址东山建起50瓦电视差转台一座；1989年，组建县电视台并自办节目；1995年，筹建有线广播电视台，年底建成。

设备　在县址东山建起45米发射塔一座，300瓦发射机和100瓦备份机各一台。采用12频道，覆盖半径20千米，有大1/2与3/4兼容采编设备，1995年拥有摄录机6部，编辑设备3套，大小演播室各一套，办公室面积250平方米，设备总价直100多万元。

人员　1996年，有职工15人，播音2人，外采8人，制作4人，行政1人。

机构　内设新闻部、专题部、文艺部、广告部、日间部、制作部。

节目　1996年，开设《大同县新闻》《热点导访》《良宵祝愿》《广告之友》《电视剧场》《周末影院》等12个栏目，每晚8时开播自办节目，次日中午复播，全天播出时间达6小时。同时，《大同县新闻》改为每周五次播出，一周制作五期。2005年，更名为广播电视中心，新建起办公大楼。2006年，购置非线性编辑线两条，改变了原有制作播出模式，增添了数字化摄录设备。2009年，新增加非线性编辑线两条，重新装修播音室，更名为"大同县广播电视台"。新开办《坪城聚焦》《卫生与健康》（与卫生局、县医院合办）、《魅力大同县》《幸福人生》等专题、专栏节目，在每周的六、日播出，实现了工作日有自办新闻节目，周六、日有自办专栏节目的自办节目格局。2009年，新开办影视频道，全天候播出。2012年，专栏《魅力大同县》获全市十佳栏目。

有线电视

有线电视筹建于1995年，县直企业赞助部分资金，县级财政投资部分资金，主要传输中央、省市、本县电视节目共50套；有用户2000—3000户，主要分布在县城。

2007年，与山西长治华望有线电视公司合作，进行了有线电视数字化改造，传输节目106套，到2009年底，用户4500户。2009年，有线电视向乡镇发展，信号可以覆盖全县95%的地区，10个乡镇驻地通了有线电视，党留庄、瓜园乡、倍加造发展较为迅速，全县39个村实现了全村通有线电视，乡村有线电视用户达到9000户。2010年，传输节目增加到112套，其中自办节目2套：大同县广播电视台综合频道和大同县广播电视台影视频道。2013年，全县有线电视用户达到15000户。

"村村通"

2009年，"村村通"用户480户。2013年，"村村通"用户达到1200户，解决了个别村庄无法收看有线电视的困难。

第三章　史志　档案

第一节　史志编研

机构沿革

1983 年至 2000 年，大同县党史办公室、县地方志办公室一直分设，均为正科级事业机构。2001 年底大同县党史办公室、县志办公室合并为大同县史志办，正科级事业机构，主管部门为中共大同县委员会，核定编制数为 11 名，与大同县档案局（馆）联合成立中国共产党大同县史志办支部。1983 年，县党史研究室自成立时，一直由一名副主任主持工作，时届 1995 年，县委委任了县党史研究室主任；1983 年，县志办自成立时，一直由一名副主任主持工作。时届 2001 年 12 月份，县党史研究室与县志办合并组建成大同县史志办，仍由一名副主任主持工作。时届 2009 年 9 月，县委调任了刘志远同志为大同县史志办主任、支部书记。

史志工作

1983 年至 2009 年一直收集整理一轮党史资料。

1983 年至 2005 年收集整理编纂一轮县志资料。

2005 年编纂出版了新中国成立后的第一轮《大同县志》，下限为 1995 年底。

2008 年开展了全县抗战损失调查课题调研。大同县抗战时期人口伤亡为 19507 人，其中直接伤亡 813 人（死亡 433 人，伤 260 人，失踪 120 人），间接伤亡 18694 人（被俘 704 人，灾民 461＋17426 人，劳工 103 人）。全县经济损失 235240 块银元。社会财产损失：文物古迹 2 座，12000 块银元；学校 2 所，1240 块银元，其他 140 处，222000 块银元。居民财产损失：房屋 19820 间，树木 8067 株，禽畜 374825 头（只、匹），粮食 246048×200 千克，服饰 20610 件，生产工具 53143 件，生活用品 58405 件，门窗木料 473 方。

2009 年 10 月，启动开展了大同县史志文化"六进"活动，即进机关、乡村、社区、学校、企业、特殊群体等。并组队赴大同市天镇县、朔州市怀仁县等考察学习交流史志工作，双方互赠了史志书籍。

2009 年 10 月，大同县委调整史志办主要负责人后，新任主任刘志远到任后即组织起草出台了《大同县史志办今后两年工作规划》。县委书记杨人毅就此规划责成《大同县报》2009 年第 45 期全文刊登并批示："史志办两年工作规划，是刘志远同志到任后很短时间内提出的强史总体思路，我看了以后很受鼓舞。也请同志们认真看一看。从 3 月份到现在，不少单位更换了正职，但时过 8 个月，有些单位不仅没有大的起色，起码连个雄心壮志的规划也没有。问题就在于能否做到爱岗敬业。相信史志办会取得较大成绩，也相信已走马上任的新官们取得更大成绩。"

2010 年 3 月，首先启动了大同县编修首轮党史（1921—2010）暨二轮县志（1996—2013）工作，召开县四大班领导、县相关部门单位负责人共 200 多人参加的大同县编修首轮党史暨二轮县志工作动员大会，全面铺开了首轮党史和二轮县志的编修工作。其次确定了编修党史和二轮县志的时限。第三是着手编撰首轮党史和二轮修志方案和细则。第四是编写了编修党史和县志的纲目。首轮党史预设时限90年，全史设九编26章，字数设148万，每块内容按编、章、节、目四个层次设计，条目索引；二轮大同县志是对首轮《大同县志》的延续，预设时限18年，全志设22编，字数设150万字，连同大事记、附录共24块内容，每块内容按编、章、节、目四个层次设计，个别目下设有子目。为了突出县志的地方特色，续修县志把黄花、生态林业、火山从大农业和地质地貌中析出，将升格单设为一编，有意识加大记述内容的分量。并把编目规划报告及时报送市史志部门审定。第五是2010年3月隆重举办了180多人参加的大同县二轮县志编修培训班，时任大同市地方志办公室主任要子瑾、修志专家姚斌先生和市志科科长王林作了深入浅出、通俗易懂的续志编修专题讲座，这样大大地提高了修志队伍素质。并组队赴大同市城区矿区、广灵县等考察学习交流史志工作。

2010年5月开始，开展全县新民主主义革命时期的革命遗址的普查，普查到了159处新民主主义革命时期革命遗址遗迹，核实考证了58处具有历史价值的革命遗址遗迹。这是大同县首次对革命遗址进行系统、全面的普查。

2010年7月7日，市委办公厅副秘书长陈兴录、市委党史研究室主任景京、党史研究室宣教科科长田海鹰等一行8人莅临大同县督查指导革命遗址普查工作进展情况，对普查到的58处具有历史价值的革命遗址给予了高度肯定和赞同。

2010年，大同县史志办收集二轮县志文字资料达1100万多字，其中收集纸质年度资料600万字，电子年度资料500万字，图像资料300多幅。汇编完成1996—2013年的历年资料长编，总文字量为500多万，存档备用，图像资料200多幅，影像资料30多份。大同县史志办在搜集资料与整理过程中，截至2013年底共召开县直部门、各镇（街道）编修二轮县志工作推进会议8次，督促通报编撰进度16

次，以县委政府两办名义下发相关文件8次，有126个单位共276人参与资料搜集和编写工作，主要撰稿人105人。涉及领域广泛，持续时间较长，资料搜集难度大，任务重、时间紧。面对这一情况，编辑部采取了各种方式和办法采集资料，足迹几乎踏遍全县每个乡、镇、村，有的还到县外、市外、省外档案局、图书馆、地方志办采集资料。

2010年11月，县委派县史志办主任刘志远赴中共山东省泰安市泰山区委党史办挂职锻炼。在挂职锻炼期间，又通过泰山区党史办联系赴山东省曲阜市史志办、青岛市崂山区党史办、东平县党史办、肥城市党史办、岱岳区党史办等12个市县史志部门考察交流工作。挂职结束后，撰写的《赴中共山东省泰安市泰山区委党史办挂职锻炼报告》，县委书记杨人毅就此报告责成《大同县报》2011年第3期全文刊登并批示："看了刘志远同志的挂职报告，感觉四十天挂职不枉此行。刘志远是个有心人，所思所想所感所悟，体现了敬业之心、建乡之情。建议同志们读一读，从中有所启发。"

2010年，开展了全县抗美援朝调查，并编纂10多万字抗美援朝调查史料上报省委党史办。

2011年1、3月，组队赴大同市新荣区、朔州市应县等考察学习交流史志工作。

2011年11月编纂了10万多字的《山西革命遗址汇编·大同县卷》。

2011年12月编纂出版跨时90年、148万字、870多页、精装本的《中国共产党山西省大同县历史纪事（1921—2010）》，填补大同县党史空白。

2012年7月，举办了《中国共产党山西省大同县历史纪事（1921—2010》首发仪式，县委书记、县长等四大班子领导和市委党史办主任专程出席祝贺并作了重要讲话，高度肯定了县史志办工作。

2012年9月27日，接受由省委督查室主任和省委党史办副主任带队开展的全省党史工作专项督查评比，并在全省党史工作会议上受到通报表扬，被省委党史办评为"2012年度党史工作先进集体"称号。

2013 年 8 月,市党史办副主任带队开展全市党史工作督查,大同县党史工作受到市党史督查领导组的好评,对大同县史志工作的状态和热情度给予了高度赞扬与肯定。

2013 年 8 月,大同县史志办组团赴大同市浑源、新荣、灵丘等县区党史办考察交流学习,并研讨了边墙文化、红色革命文化等党史文化。

2010 年 12 月、2011 年 12 月、2013 年 12 月荣获山西省党史系统和地方志系统先进集体。

第二节 档 案

档案馆

1952 年,建立大同县档案室,属县委科室。

1965 年,正式成立档案馆,负责人由县委办公室主任王善兼任;1985 年,设置大同县档案局,县档案局既是县委的机构,又是县人民政府的直属局,列入县人民政府编制序列。县档案馆归口县档案局领导,机构设置形式为局馆合一;2006 年,大同市人事局批准县档案局机关依照公务员制度进行管理;2013 年,全局在职职工 9 人。

档案管理

档案法规宣传 1987 年,《中华人民共和国档案法》发布,1988 年起施行;1990 年,《中华人民共和国档案法实施办法》发布并施行;2000 年,《山西省档案管理条例》发布,2001 年起施行;2005 年,《大同市档案管理办法》发布,2006 年起施行。县档案局利用法制宣传日等机会,通过街头活动、电视讲话、《县情反映》登载、散发宣传资料等多种形式进行宣传,增强全社会的档案法制意识,《大同市档案管理办法》颁布实施后,分管档案工作的副县长专门在县电视台作了电视讲话,就法规实施的意义、作用、要求等方面作了详细的宣传讲座。

2007 年 12 月,县档案局联合人大法工委、政府法制办组成档案执法联合检查组,由人大常委会副主任、政府副县长带队深入乡镇、街道、机关团体、企事业等 120 多个立档单位检查,并针对性地发放整改意见书 105 份。

档案管理员的培训

1996 年 7 月,县档案局对全县有建档、达标的单位进行了业务培训,培训档案管理员 23 人。

1999 年,县档案局分别于 6 月 30 日、7 月 27 日举办了两期档案业务知识培训班,市档案局业务指导科科员吕秀联授课,全县各机关、团体、乡镇、企业、事业等单位的档案管理员共 106 人参加了培训,并取得市级档案员上岗证。

2000 年,县档案局先后两次组织全县各级各部门各单位的档案管理人员进行业务培训,并于 5 月下旬对全县各乡镇的各财政所、信用社、联校、县直行政事业单位以及驻县条管单位的委派制会计共 170 多人进行《档案法》、新《会计法》以及会计档案整理方法、归档时间、保管期限、销毁程序等业务进行专题培训。这在全县档案业务培训史上尚属首次。

2003 年,为了更好地提高档案管理人员的素质,县档案局在县委党校举办了两期档案业务培训班,邀请市档案局业务骨干进行授课,使参加培训的 80 位档案管理人员掌握了基本业务知识,提高了业务素质。

2007 年 6 月,召开了自档案局成立以来规模最大的全县档案工作会议。全县各乡镇、街道、县直各机关、团体、企业、事业及驻县条管单位的乡镇领导和档案管理员 120 多人参加了会议。会议邀请市档案局的业务指导科就《机关文件材料归档范围和文书档案保管期限规定》以及以卷、以件整理,全宗卷等档案管理方面的业务知识,对 120 名档案管理员进行了详细的业务辅导。

2008 年 6 月 18 日,在县检察院会议室召开了全县档案工作暨表彰先进会议。全县机关事业单位及各乡镇(街道)分管档案工作的领导和档案员 150 多人参加会议。会上县政府对档案工作突出的检察院等 17 个先进集体进行了表彰。

档案目标管理

1996 年,大同县达省三级标准的单位 13 个;达省二级标准的单位 10 个。

1997 年,经省、市检查验收,全县 24 个单位档案达标,其中:省一级 1 个,省二级 12 个,省三级 11 个。特别是县国税局由于领导重视,档案室案卷整理质量设施配备、管理制度等方面标准较高,在 11 月 14 日省、市档案局验收组检查验收时,得分 97.2 分,达省一级标准。同时,县土地局配备专门管理档案室的负责人和工作人员,整改的档案门类比较齐全,数量也多,质量较好,达省二级标准。

1999 年,分管档案工作的副县长张克旺,与县档案局的工作人员到有升级任务的机关、乡镇、企业进行具体安排部署,组织召开涉农部门档案升级工作会议和有 20 多个单位分管领导参加的档案升级工作会议。通过档案局干部职工具体指导,顺利验收达省一级的单位是审计局、地税局、西坪镇、电业局;验收达国家二级的单位是县电业局;验收达省二级的单位是林业局、水务局、倍加造镇、纪检委、计生委、农业局;验收达省三级的单位是教育局等 13 个。企业档案标准化的单位是:砖厂、硅厂、水泥厂。

2000 年,全县有检察院、交警队、防疫站 3 个单位通过省档案局验收,达到省一级标准。卫生局、县医院、计划委员会、粮食局等 14 个单位经市档案局验收达到了省二级标准。

2001 年,县档案局在业务指导过程中实行了分工负责的方法,对档案专业技术骨干分别采取包单位、严把关的办法进行业务指导,全县档案管理工作达省一级标准的单位 1 个,达省二级标准的有 2 个,达省三级标准的有 5 个。截至 2009 年全县达省一级标准的单位 13 个,达省二级的 18 个,达省三级的 7 个。

馆藏档案的收集、接收管理

2003 年,县档案局加强了重大活动档案、重大事件档案的收集进馆工作。主动将时任县长期间的所有文件、会议资料,各种刊物、报纸等全部收藏进馆,分类编目、归档、专柜存放。收集县四套班子近几年形成的荣誉实物档案 41 件。第二届黄花旅游节全部

程序的纸质档案和电子档案全部收集进馆。将县人民法院新中国成立以来形成的 4000 卷刑事案卷接收进馆。将抗击"非典"期间产生的文件、资料、统计报表等全部收集、整理、归档,专项保管。

2004 年,对县委、县政府开展的各项重大活动,县档案局主动介入,征集资料。征集第三届黄花旅游节资料及光碟 1 盘、照片 24 张。征集国家防风治沙现场会的纸质资料和照片 24 张及部分报纸等资料。

2006 年,收集县委、县政府重大活动光盘 38 张,累计库存 64 张;录音带 20 盒,累计库存 40 盒;接收全县大型活动照片 100 多张,归档累计 400 多张;接收政府办机要档案 150 卷。收集时任县委书记办公室报纸 15 种、图书 180 册、杂志 1703 册,并全部整理、编目、归档、上架;收集调离县长及副县长二位同志各种书籍及重要文件 200 多册(件)。

2007 年,县档案局加强了档案的收集、整理工作:收集县委、县政府重大活动中有保存价值的录像光盘 20 多张,照片 100 多张;收集时任县委书记办公室报纸 15 种、图书杂志 260 册;收集一位副县长调离后留下的一些报纸、文件资料;集中一个月时间整理了库存的 2 万多卷档案,并整理目录 100 多本。

馆藏档案的保存管理

1999 年,按照档案库房的"七防"(防火、防盗、防光、防潮湿、防高温、防尘、防鼠)要求,县档案馆逐项落实,修缮档案馆库房,加固门窗,粉刷墙壁,增置了湿度、温度计,分放了防蛀药品、灭鼠药等。同时对办公室进行简单装修,初步改善了办公条件,并增设阅览室,配备了值班员。

2000 年,在坚持定期检查,定期清除案卷尘土,定期防蛀、防鼠,定期通风的同时,对馆藏案卷进行归类管理,并将档案局 1999 年的文书档案进行整理归档,对革命历史档案、卡片进行规范管理,将 760 条革命历史档案目录输入微机软盘,上报市档案局。

2004 年,县档案馆加强了馆藏设施的管理,将库房内外线路全部进行了更换,并添置防火沙袋 50

个，档案柜架都放置了防蛀、防鼠药物，使馆藏档案达到安全保管。

2008年、2009年两年，县档案馆对保存的年代久远的革命历史档案且保管条件达不到技术要求、破损程度较为严重的档案进行抢救和保护工作，并利用一个月时间对120多卷重点档案进行抢救性处理，耐心细致地对每一卷档案进行检查，该粘贴的粘贴，该换皮的换皮，并对其他没有装盒的档案全部装盒。

档案利用

2004年，大同县档案馆成为县政府指定的行政规范性文件查阅场所。

首轮新《大同县志》编纂，其史料主要来自县档案馆的馆藏档案，期间共查阅档案1万多卷约70多万页。

2006年，在落实册田水库移民补偿政策工作中，县档案局主动向县水务局提供1973年至1975年，县委、县政府有关移民工作的实施方案及相关文件，向部分户籍不清的移民提供20世纪60年代第二次农业人口普查的户籍档案资料，为消除争议、维护移民的利益提供了查考依据。同时还为插队知青返城、退休及大同市、矿务局等外地工作人员提供了档案凭证。县档案局共接待利用档案人数100多人次，查阅档案200多卷。

2007年，充分发挥档案的服务作用，为市县公检法部门多次提供案卷凭证，为插队知青及怀仁县、矿务局、朔州电厂等原在本县工作过的外地工作人员提供了重要的档案凭证，全年共接待利用档案人数86人次，查阅档案126卷。

2008、2009年，为"四清"借干落实待遇150多人次。

2009年，共接待档案利用者120多人次，查阅档案360多卷（册），为全县经济建设、落实政策、机关查考、调解纠纷、核实工龄等方面提供了翔实的第一手资料。

馆舍建设

大同县档案馆于1971年随县址搬迁到西坪，在县委大院平房办公，馆藏设施非常简陋，主要用木柜及小部分铁皮柜储藏档案。

1997年搬迁至湖东宾馆（原县招待所），档案设施仍没有大的改观。

1999年，搬回到县委大院后面平房，办公室连同库房共两排14间房，面积约300平方米，馆藏沿用原来的设施。

2006年，投资5万元，为县档案馆安装密集架16列32组，更换原来的木柜，并在档案柜架全部放置了防蛀、防鼠药物，使馆藏档案达到了安全保管。同时购置微机、扫描仪、刻录机、打印机，配备复印机，初步改变了档案馆办公设施落后的现状。

2007年5月，县委、县政府把新建档案馆作为为群众办的10件实事之一，列入政府工作报告，提上重要议事日程，拨款100万元予以资金保证。决定在县城南街原县劳动保险所院内兴建新馆，工程于当年10月开工，年底完成基础工程，主体工程完成一层。还为新档案馆配套新式的档案密集柜、防磁柜、灭火器等必需的档案设备和办公设备。

2008年10月，投资100多万元，总建筑面积1068平方米的县档案馆新馆建设完工。

2009年12月25日，大同县档案新馆举行落成庆典暨揭牌仪式。

馆藏简况

1984年，大同县档案馆成为全雁北地区首家突破万卷档案的县级档案馆。

2003年，县档案馆共接收档案和资料5179卷（册），新接收实物档案41件，声像档案6件，照片档案22件，使馆藏总量达37878卷。

2004年，县档案局接收县委办、政府办机要档案以及县委、县政府的案卷和县委常委会记录共428卷，使馆藏文书案卷总量达34350卷，磁带2盘，光碟8张，照片163张，实物档案44件，资料档案12693册。

馆藏档案资料的历史跨度较大，内容较丰富。馆藏保存年代中最早为清朝黎中辅编写的《大同县志》，同时还有"钦定"的多种书籍：《四书章句集注》

《铜板诗经备旨》《御纂春秋直解》《四书大全摘要·论语》《诗经精华》《礼记》及《中华民国六法大全》等珍贵书籍。也有部分 1934 年至 1949 年 10 月中华人民共和国成立前部分革命历史档案资料，主要反映抗日战争和解放战争时期大同县的生产、教育、支前和部队转业、民政等情况，保存最多的还是中华人民共和国成立后的档案资料及部分报纸、杂志、图书等。主要反映各个时期的运动、落实政策、人事任免、处分决定、生产管理、"文化大革命"等情况，并有土地证、人物卡等方面的资料。

馆内有案卷目录 115 本、全引目录 67 本、专题目录 6 本、卡片 8000 张。

到 2013 年底，县档案馆共有 50734 卷册档案资料，其中馆藏档案 34506 卷，资料 16228 册，照片 510 张、录音带 74 盒、实物 46 件、光盘 125 张。

文化 广电

第二十编　医药卫生

第一章　卫生体制改革

2003年11月，大同县作为当年全省仅有的15个试点县之一，在全省范围内率先开展了新农合试点工作。

2010年6月，全县农村中医药适宜技术推广项目正式启动，先后培训180多名适用型中医人才，振兴中医计划进入全面实施阶段。

2011年，启动城乡居民电子健康档案建档工作，对居民的健康状况实行动态管理。组织乡镇卫生院和村卫生室从3月31日起实施了国家基本药物制度，实行药品"零差率"销售，所有药物均以进价向患者销售。实施基本药物制度后，乡村两级医疗机构药品由省级定点企业统一配送，实现了同药同质同价，药品价格平均降幅达20%以上。同时，乡镇卫生院和村卫生室实施国家基本药物制度，实行了药品"零差率"销售。

2012年6月，全县10个乡镇卫生院和6个分院历史性地正式明确为"基层公益性医疗卫生事业单位，使用财政拨款事业编制"，乡镇卫生院进入了规范化管理轨道。同年12月起，启动了乡镇卫生院管理体制改革试点工作。县卫生局委托县医院对周士庄镇中心卫生院实行了直接管理。

2013年，开展了卫生应急综合示范县创建活动。11月15日，创建工作通过了省厅专家的现场复核评估，自此，大同县成为大同市第2个省级卫生应急综合示范县。同年6月，大同县被确定为全省第二批县级公立医院改革试点县。自此，县级公立医院（县医院，县中医院）综合改革全面展开。同年，为全县159个村卫生室配备了电脑，开启了医疗卫生信息化网络建设的新局面。

医药卫生

第二章 卫生机构

第一节 行政机构

1996年,县卫生局,内设医政科、防保科、药检站、办公室、机关门诊部、公费医疗管理委员会。1998年4月,机关门诊部撤销。2010年6月,县食品药品监督管理局与卫生局合并。

2013年,县卫生局设局长1名、党总支书记1名、副局长2名、纪检组长1名、工会主席1名,下设办公室、医政科教股、公共卫生股、爱卫办、财务室。

第二节 直属机构与乡村卫生网点

2013年,全县共有各级各类医疗卫生机构191个,其中县直医疗卫生单位5个(即县医院、中医院、疾控中心、卫生监督所、妇幼保健站),乡镇卫生院10个、分院6个,农村卫生室(点)159个,个体诊所11个。

第三章　医　疗

第一节　医疗机构

药铺、诊所

长春堂　1992 年 10 月 1 日开诊。坐堂医生王精国。王精国,1937 年生,15 岁开始从师学医,其师有张文丙(擅长中医内外妇科)、王星五(专治伤寒)、李长春(擅长针灸治疗各种疾患)。后在雁北中医进修学校修业 1 年《健康报》中医函授学院修业 3 年,擅长针灸治疗各种疑难杂症,专攻中医内科、妇科,犹以治疗各种伤寒、风湿性关节炎、脑血管疾病及肝胆疾病最为拿手。

济生堂　1993 年 3 月开诊,坐堂医生杨时澍,1944 年生,大学学历,擅长治疗妇科各种疑难杂症。

大同县人民医院

1987 年 2 月,大同县人民医院兴建门诊楼,建筑面积达 2300 平方米,总投资达 84.5 万元,1989 年 12 月正式启用。

1996 年,县医院有医务人员 121 人,其中副主任医师 6 人,主治医(护、药)师 34 人,医(护、药)师 60 人,医士 12 人,有床位 100 张。设门诊部和住院部,门诊部设有:内科、外科、妇产科、儿科、五官科、中医科、方便门诊、急诊、肛肠、理疗、放射、化验、心电图、B 超科等 14 科室。急诊科,抢救设备齐全,诊断准确,抢救及时,深得了患者的好评。方便门诊科,无须挂号,患者即可得到紧急检查诊断、治疗一条龙服务。

1996 年,县医院开始创建爱婴医院,并成立了爱婴医院领导组和技术指导组,经省卫生厅检查验收合格,被卫生部授予"爱婴医院"称号。

1997 年,县医院启用住院楼,患者住院环境和手术室条件得到进一步改善。县医院被红十字会批准为大同县红十字会医院。

1998 年,县医院响应县委、县政府号召,开展"四赛四比"活动,投入资金 10 万元,购置半自动生化分析仪、尿分析仪、酶标、V - 光电子分析仪、进口 B 超等,使化验室检测手段发生了质的飞跃。全年业务收入首次突破 110 万元。同年,县委、县政府下发文件,公费医疗第一次划归县医院管理,当年业务收入突破 100 万元。

1999 年,县医院为培养提高乡村医生技术水平,同全县 195 个乡村医院"结对子"签订了合同,举办医学培训班 3 期,极大地提高了乡村医生的技术水平。同时,为解决全县人民住院费用高问题,出台《大同县人民医院收费优惠办法》。1999 年 4 月,被大同市卫生局授予"卫生行业作风建设先进集体"。

2000 年,县医院出台了胆结石、疝气手术包干优惠办法,胆结石手术 1300 元,疝气手术 800 元,大大减轻了患者的负担,使全县广大患者受益。11 月份,大同县人民医院进行了大同市县级医院首次药品公开招标采购,市医药公司采购供应站和大同市天招药业有限公司一举中标,开创了大同市药品招标采购的先河。3 月,县医院被大同市人民政府授予"公民献血先进集体"。

2001 年,县医院根据党的卫生路线、方针、政策和人事改革的要求,实施"四化(决策民主化、院务公开化、财务透明化、办事制度化)改革",即职代会审议院部决策,各种院务公开,纪检委、工会审计会计凭证和财务报表,各种院务工作按制度办事;同时开展"三个代表"重要思想学教活动,成立输血管理委员会,市三医院皮肤科、血液科、普外科、神经外科、泌尿外科、骨科等11名专家义诊,医疗技术水平有新的提高。

2003年4月,县医院开展防治"非典"工作,召开紧急会议,学习"非典"防治方案、诊断标准、疑似标准和防治方法,成立防治"非典"领导组。下设医护抢救组、后勤供应组、药剂供应组、临床诊治专家组,制定大同县人民医院防治非典型肺炎紧急预案,建立"非典"隔离病房。国家投资建设发热门诊、配备防护服、急救设备等。至8月份,县医院抗击"非典"取得了阶段性胜利。院长赵树平被省委、省政府授予抗击非典二等功,隔离病区被共青团大同市委授予青年突击队称号。

2004年,县医院与北大医疗集团合作开展直视微创胆道手术,与河北医科大学第一医院合作开展风湿病专科,投资3.6万元建设了门诊收费电脑系统,出台大同县人民医院人事制度改革方案,对全院医护人员进行传染病防治知识培训,建设传染病区,总投资78万元,国债项目投资62万元,工程主体年底全部竣工。县医院购置锅炉1台,安装污水处理设备,建设污水处理工程,省厅下拨救护车一辆、心电监护仪一台,省红十字会下拨消毒锅一台。县医院设备装备再上一个新台阶。

2005年,国家国债项目为县医院配置生物安全柜、B超、血球计数仪、凝血仪、离心机、农村巡回医疗车、血糖仪、呼吸机、心电图机等设备,提高了县医院技术水平。

2006至2009年,县医院继续加强医德医风建设,开展"医院管理年"活动,开展行风政风评议活动,选派20名医务人员到大医院进修学习,与二炮总医院建立协作关系,成为中国扶贫协会定点医院。特别是2009年县医院国债项目门诊医技楼

1600万元项目(建筑面积6240平方米)正式开工,年底主体工程完成。

2010年,县医院全年总投资2518万元,其中新增固定资产投资2470万元,新增小型办公设备投资48万元。新增固定资产投资中,基建投资1930万元,医疗设备和办公设备投资540万元。同时装修和启用门诊住院楼、装修和维修了原门诊楼、新建了行政综合楼,全院建筑面积达到13200平方米。开设体检科和预防保健科,并且县医院投资购买了美国进口PQ6000螺旋CT一台,日本柯尼卡CR一台,上海650MA的X光机一台,日本索尼高清晰相机一台,德国西门子彩超一台,日本奥林巴斯腹腔镜和德国利霸全自动生化分析仪等高中档设备50台(件),外聘了各科专家。新门诊住院楼、急诊楼、生活综合楼配套了现代化的办公设备,门诊、住院实现信息化管理,县医院的检查诊断和办公水平发生了质的飞跃。全年住院人数突破2300人次,业务收入和其他收入共计980万元,均创建院以来最好水平,改变了过去县医院检查难、看病难的历史。

2011年,县医院全年门诊患者63526人次,住院患者3518人次,急诊1829人次,手术543人次,业务收入达1576万元,新增固定资产106万元(设备投资)。同年9月,县医院被山西省卫生厅评为"综合医院中医药工作示范单位"。12月22日,县医院通过省厅二甲医院评审验收。二级甲等医院的成功创建,是县医院46年发展史上的重要里程碑,它标志着县医院跨越式发展已变为现实,标志着县医院医疗质量、技术水平、管理水平跃上一个新台阶,标志着县医院步入大同市县级医院的先进行列。同年,普外科、产科被市卫生局批准为市级重点专科。中医科在治疗内科病、妇科病等疑难杂症方面取得明显成效;外科、骨科开展了胃癌、结肠癌、乳腺癌、甲状腺肿物、肝破裂、胰腺损伤、大肠破裂等大手术,并开展腹腔镜胆囊切除术、无张力疝修补术、前列腺切除等大中手术200余例;骨科开展人工股骨头置换术、股骨颈及股骨粗隆间骨折动力

髋螺钉内固定术和加压锁定钢板内固定术、周围神经卡压松解术、手部骨折微型钢板内固定术等各类复杂创伤手术；妇产科开展子宫切除术、腹腔镜卵巢囊肿、宫外孕手术、TCT 检查等新技术；内科在治疗心肌梗塞、脑出血、脑血栓、慢阻肺等疾病方面成效显著；急诊科成功救治各类中毒、休克、心肌梗塞等急危重症 69 例；功能科开展心脏、血管彩超等检查新项目；影像科新开展了各类造影检查；检验科开展了心肌坏死标记物、C 反应蛋白、尿沉渣检查等新项目。尤其是腹腔镜胆囊切除术、无张力疝修补术完成 357 例。全院开展新技术、新疗法、新项目 26 项，极大地推动了全院医疗救治水平的整体提高。同年，投资 12.4 万元完成产房重新布局，达到产科建设标准；投资 13.6 万元对消毒供应室重新进行了科学布局，达到了供应室的建设标准；投资 16.3 万元完善了新生儿病房和检验科的硬件设备建设；投资 80.4 万元购置了低温等离子柜、医用高压气枪、水枪、干燥箱、腹腔镜冲洗槽、腹腔镜器械、医用遥控透视机等设备，极大地提高了全院的诊断和检查水平。同年 3 月，县医院被县妇联授予大同县“三八红旗集体”称号，被大同市卫生局授予“2010 年度卫生检查工作先进集体”，7 月被大同县委授予“窗口单位与服务行业创先争优先进单位”，9 月被山西省卫生厅授予“综合医院中医药工作示范单位”称号。

2012 年，县医院全年门诊 81208 人次，急诊急救 2126 人次，出院病人 4131 人次，手术 644 人次，业务收入 2168 万元，比 2011 年增加 37.6%，药占比 48.6%，病床使用率 64%，新增固定资产 227 万元。在内、外、妇科病区率先开展优质护理服务，示范病区达到了住院病区的 60%。在开展优质护理活动中，护理人员协助行动不便的患者清理个人卫生；妇科病区为产妇免费提供红糖水，并指导产妇做好产后康复操和正确的母乳喂养；手术室开展了“牵手”行动，减轻患者的恐惧心理。通过实施一系列优质护理措施，改善了病人的就诊环境和住院感受，使护理服务满意度达到了 98%。同年，完成了

155 万元 350 平方米的大同县医疗急救中心项目可研审批、立项和“两证一书”；对院内空地全部硬化、绿化、美化，新增硬化面积 600 平方米，新增绿化面积 1800 平方米；完成了 250 万元县医院能力建设设备配置；配备了电子病历和财务管理软件，全院的检查诊断治疗水平和医院信息化建设水平不断提高，居全市各县区医院前列。特别是新开设的血液透析室，投放了价值 320 多万元的水处理设备和 5 台透析机，为全县终末期肾病患者提供了质优价廉方便的医疗服务。加大临床路径管理力度，扩大临床路径管理的病种，病种数量已增加到 20 种，同时严格住院病人的临床路径，严格用药，严格收费，努力减少患者的平均住院日和住院费，使人民群众得到实实在在的好处。截至 12 月底，为 136 名病人节省费用 8.8 万元。进一步推行按病种付费改革，10 月 20 日起对 37 种疾病 40 个病种实施单病种付费改革；继续推行国家基本药物制度，基药品种提高到 65%，加大网上采购药品的品种和数量，能挂网采购的品种全部挂网采购，网上采购率达 84%；设置了和谐苑和茂顺苑两个卫生所，填补县城无社区卫生服务站的空白。同年 4 月，县医院被大同市老龄委授予“敬老文明号”称号。7 月份，院党支部被大同市委授予“先进基层党组织”称号，手术室被大同县委授予“创先争优活动模范岗”。

2013 年，县医院门急诊达到 81216 人次；出院人数 4603 人次，手术 668 人次，业务收入实现 2568 万元，比 2012 年增加 18.5%，病床使用率 76.45%，药占比 46.8%，新增固定资产 870 万元。7 月，大同县急救中心在县医院正式建成并投入使用。同年，县医院制定和完善护理工作制度 57 项，修订护理核心制度 15 项，修订护理工作流程 30 项、关键护理环节缺陷防范措施 10 项；全院修订、新增工作制度 339 个，形成《大同县人民医院新增、修订工作制度汇编》一书，修订出台了《大同县人民医院突发事件应急预案汇编》，新增预案 50 个，全院各项工作步入制度化管理的轨道。出台了深化平安医院建设方案，完善患者投诉处理制度，完善医疗纠纷调解

流程。认真落实医疗责任保险制度,投资15万元,为135名医务人员购买了医疗责任保险。成立以院长为组长的医疗纠纷调解委员会和医疗投诉领导小组,完善了院长接待日制度,建立了阳光警务室、"医疗纠纷司法调解室",备有摄像和录音设备。使社会和患者的满意度进一步提高。同年,县医院被省卫生厅确定为全省第二批公立医院改革试点医院。在县委、县政府和县卫生局的支持指导下,各项工作正在有序推进。大力推行临床路径和单病种付费管理,严格了40种疾病单病种付费管理和20种疾病临床路径管理,全年进入临床路径的有8个专业20个病种,临床路径入径率55.43%,入径完成率70.89%。同时,继续推进优质护理示范工程。在认真做好基础护理、健康宣教、治疗等工作的基础上,严格按护理级别对病人施行等级护理。对生活不能自理者给予完成生活护理;对生活部分自理者,给予协助完成生活自理;对生活能够自理者,提醒和指导完成生活护理。为提高护理服务质量及病人满意度,县医院各示范病区开展护理延伸服务,示范病区开展了为患者做辅助检查的预约诊疗服务,建立护患沟通备忘录,进行病人出院电话随访,全年发放临床护理服务满意度调查表388份,收回388份,满意度调查96.4%。推进信息化建设。安装电子病历系统、门诊医生工作站、医学影像传输系统、门诊分诊叫号系统、HIS系统、LIS系统、会计软件系统、新农合和医保办结算系统、病案软件系统、电子监控系统和远程会诊系统。加大科室和职工的考核力度,完善绩效考核方案,按工作量、工作质量、满意度测评等指标对科室量化考核,使全院的绩效工资分配更趋合理。制定《大同县人民医院2013年对口支援乡镇卫生院工作实施方案》。成立以院长为组长的对口支援工作组,每个副院长带领一个3人组成的下乡工作小组,分别对倍加造、周士庄、杜庄、峰峪、许堡5个乡镇卫生院进行了支援。共下乡328人次,收到了很好的社会效益,达到了预期目的。投资建设新的污水处理站,污水达标排放,对急诊楼的供暖、供水系统全部进行了更换,更新病床70张;配置16排东芝螺旋CT,自筹资金56.6万元,购置细菌检测系统、自动加样仪、诊断听力计、声阻抗中耳分析仪、可拆卸测听室、数码电子阴道镜、幽门螺旋杆菌检测仪、便携式肺功能仪和尿沉渣分析仪(系统);根据病人需求,组建了内科二病区,设立单独的护理单元;开展了胃肠超声诊断检查新项目、HP螺杆菌检查、细菌鉴定和药敏试验等4项医技检查新项目。同年,县医院被大同县精神文明建设委员会授予"文明单位"称号。

大同县中医院

1996年,县中医院向县委县政府申请修建办公楼,并开展中医妇科、儿科、普通内科等医疗项目。到2000年底,共诊治患者3000多人。

2005年4月,县中医院经上级资助在院内进行了改建,建筑面积为800平方米,业务用房为420平方米。设有内科、妇科、儿科、针灸科、中西药房、检验科、B超室等科室,设置床位30张。

2010年,县中医院向省卫生厅申请设立糖尿病、中医康复理疗特色专科,并配备了一批先进的医疗设备。同年,县中医院组织开展农村常见病多发病中医药适宜技术培训,共举办2期培训,培训农村医务人员202人次。同年,与县民政局联合为县低保人员进行免费体检,发放救助药品,受到了社会各界的好评。11月,吴绍进任院长、范民任书记,自筹资金对医院进行改扩建,中医院建筑面积为1200平方米,业务用房为780平方米。2011年3月,在省卫生厅组织的考核中,中医院工作获得上级的肯定和好评。

2013年,县中医院设门诊部、住院部,具体科室设置有内科、外科、妇科、儿科、脾胃病科、针灸科、皮肤科、检验科、放射科、心电图室、B超室、医务科、护理部、防保科、感染科、财务科、收费室、煎药室、供应室、统计室、档案室、医疗保险办公室等。特色科室有康复理疗科、糖尿病。主要设备有500MA的X光机、彩超、三维牵引床、全自动生化分析仪、血球分析仪、血流变机、酶标仪、制氧机、微波治疗仪、呼吸机、手法床、肛肠治疗仪、心电监护仪、中药切片机、粉碎机、煎药机、熏蒸床、骨质增生治疗仪、疼痛治疗仪、中频治疗仪等。有固定资产168万元。共有职工36人，其中副主任医师1名，中级职称医务人员15名，编制床位30张，开设床位30张。2011年，门诊诊疗达11419人次，病床使用率55%，日门诊能力40多人次，业务收入达130万元。

针灸理疗科　2009年、2010年、2011年先后三次派出技术骨干到山西省中医学院附属医院、山西针灸研究所进修学习，该科采用针灸、理疗、康复相结合治疗的常见病多发病，尤其擅长用针灸治疗多种疼痛性疾病（如颈、肩、腰腿痛，头痛，痛经等）及某些疑难杂症，并在治疗妇科、推拿手法治疗婴幼儿湿疹等方面有独特见解。

脾胃病科　以副院长苟稳为学术带头人，多年来发扬团队精神，潜心脾胃病的研究，辨证论治，采用中医的健脾益气、燥湿化痰、调畅气机等治疗方法，治疗消化性胃溃疡、十二指肠溃疡、消化道出血、溃疡性结肠炎、消化不良、儿童厌食等疾病，对轻症病例完全用中草药治疗；重症，如严重胃溃疡，治疗以中草药为主，在此基础上结合针灸治疗，均取得了良好效果。

重点乡镇卫生院

杜庄乡中心卫生院　杜庄乡中心卫生院位于桑干河畔同浑路西，始建于1958年，占地面积4050平方米，建筑面积1160平方米，其中业务用房面积816平方米，辖一所街道门诊和18个村卫生室，是一所集医疗、预防、保健、社区卫生服务为一体的非营利性基层医疗卫生机构。2013年，该院有职工17人，其中初级职称14人，医技人员3人。开放病床18张，设有急诊科、内科、外科、妇幼保健科、中医科、检验科、放射科、B超科、防保科、预防接种室。医技科拥有200MA放射机、落地B超和便携式B超各一台，心电图机、半自动生化分析仪、血球计数仪、全自动尿液分析仪等多种仪器设备。能开展全身各部位的摄片、各种生化检查、心电图等多种检查。2009年，争取国家项目，新建住院部大楼500平方米，污水处理、焚烧楼等配套设施齐全，就医环境和诊疗条件得到了明显改善。2012年，全乡参加新型农村合作医疗12847人，参合率达到96.9%。同年1月1日，实行基本药物网上采购，全乡医疗机构药品实现统一采购、统一派送、零差价销售。老百姓最直接、最深刻的一个体会就是药价下降，而药价下降幅度之大似乎让他们有些"措手不及"。2011年，该院门急诊均费比同期相比下降28%，这次实行国家基本药物制度，使广大人民群众真正享受到实惠廉价的医疗卫生和预防保健服务，对改变医疗机构"以药养医"的局面，减轻群众的基本用药负担具有重要意义。全乡建立居民健康档案13210份，占全乡总人口的97%，各村都建立了高标准的卫生知识宣传栏，定期开展卫生咨询和健康讲座；完善了儿童免疫规划信息化管理系统和传染病直报系统，全乡儿童预防接种实行信息化管理，为全乡包括外来人口在内的适龄儿童免费提供卡介苗、脊灰疫苗、麻疹疫苗、百白破疫苗、乙肝疫苗、乙脑疫苗、流脑疫苗、甲肝疫苗、麻风腮疫苗等11种疫苗接种，抽查五苗全接种率98%，随访结核病人16例，及时开展了辖区内的疫情处理；0—6岁儿童保健管理率达95%，全乡孕产妇保健覆盖率96%，老年人保健管理率97.8%，高血压、糖尿病患者保健管理率分别达100%，重症精神病患者保健管理率达96.1%。

周士庄镇中心卫生院

周士庄镇中心卫生院位于大同县西北部，坐落于镇政府所在地，距大同城区10千米，地理位置优越，是大同市著名的工业园区，境内有富嘉有限公司、大齿集团、同煤集团、雪花啤酒等大中型企业数十家。周士镇行政村总数23个，全镇总人口为1.65万，其中，农业人口总数1.53万，流动人口1万。全院开设床位20张，设有妇产科、儿科、内科、外科、五官、中医等8个临床科室，B超、心电图、放射、检验四个功能科室。

医院占地总面积1700平方米，业务用房面积

800 平方米（系 2004 年国债项目建设）。全院有卫生专业技术人员 20 人，专科 1 人，中专 20 人，职称情况为：中级 1 人，初级 20 人。2011 年，周士庄镇中心卫生院有 200MA 的 X 光机、落地 B 超和便携式 B 超各一台，及超声波诊断仪、心电图机，诊疗条件较好，能够为本镇及周边乡村的居民提供高质量的医疗、预防、健康教育、妇幼保健等服务。年门诊达 12262 人次，医院总收入 50 万元。

第二节　医疗队伍

2013 年，全县有在职医疗卫生人员 435 人，其中，县卫生局 14 人，县医院 123 人，中医院 35 人，疾控中心 27 人，卫生监督所 27 人，妇幼保健站 18 人，乡镇卫生院 191 人；全系统具有高级技术职称的为 14 人，具有中级技术职称的为 96 人，具有初级技术职称的为 289 人。全县共有村医 197 人。

第三节　医疗设施

2013 年，全县医疗系统拥有固定资产 3748 万元，其中房屋面积为 23987 平方米，大中型医疗设备 160 台（件），救护车辆 13 辆，办公车辆 12 辆。拥有床位 390 张，其中，县医院 166 张（编制 100 张，开放床位 166 张），中医院 30 张，乡镇卫生院 194 张（编制 185 张，开放床位 194 张）。

第四章　疾病预防与控制

第一节　疾控机构

大同县疾病预防控制中心

　　大同县疾病预防控制中心前身是大同县卫生防疫站，成立于1956年。2003年7月根据国家、省、市、县卫生体制改革精神，县防疫站撤销，在原防疫站的基础上组建成立大同县疾病预防控制中心，是政府举办的实施疾病预防控制与公共卫生技术管理和服务的公益性机构，全额预算事业单位，正科级建制，隶属大同县卫生局，接受大同市疾病预防控制中心业务指导。中心位于大同县城西街外贸桥西，占地面积2475平方米，主体办公楼3层，建筑面积1890平方米。2013年，在编职工37人，设中心主任、书记各一名，副主任两名，职工均为大中专以上学历，其中，高级职称2人，中级职称6人，初级职称25人，工勤人员4人。中心设：办公室、信息中心、传染病防治科、地病科、免疫规划科、结核病防治科、检验科、体检科等8个科室。主要承担全县预防医疗诊疗服务、儿童计划免疫、预防性职业健康体检、结核病诊治与管理、地方病预防与控制、慢性非传染性疾病监测、突发公共卫生事件应急处置、传染病疫情监测、健康相关因素信息管理等。主要设备：原子吸收仪，酶标仪，722型可见分光光度计，万分之一的电子分析天平，200MA的X光机等精密仪器设备等，设备价值180万元。

乡镇防保站

　　2013年，全县共有16个乡镇防保站，防保医生44名。防保站均设在乡镇卫生院，业务上接受县疾控中心管理，承担各自辖区内的预防保健、传染病监测报告、免疫规划、疫苗接种及相关报表资料收集、整理和上报等工作，配合县疾控中心在辖区内完成相关各项事务。各乡镇防保站内均设有规范的接种门诊。

第二节　疫情报告与疾病管理

传染病监测与管理

　　2003年，发生非典疫情，因组织得力，防控严密，全县境内未发生一例非典病例。同年9月，同步启动了传染病疫情网络直报系统，提高了传染病疫情报告的及时性、敏感性和准确性。

　　2003年7月25日，聚乐乡遭遇百年不遇的山洪灾害。在救灾防病中，共投入消毒药品优氯净200千克、敌敌畏200千克、博谱50千克、84消毒液50千克、科瑞德120瓶。出动车辆20辆次、人员130人次。确保了灾后无疫。

　　2005年4月5日，峰峪乡中学十多名学生发生麻疹。对现症12名病例进行采血，送检，家庭隔离，观察治疗，并责成乡防保医生负责随时观察记录。积极开展健康教育宣传，动员社会、学校、家庭共同参与防治麻疹的流行和传播。加强教室通风、换气，每周三次过氧乙酸空气消毒。积极开展麻疹强化免疫工作，共计接种153人。

　　2005年4月13日，西坪镇官堡小学二年级发生6例腮腺炎。同年4月14日，杜庄乡崔庄村朱哲在大同市第人民一医院,被确诊为流脑,隔离治疗,5月16日痊愈出院。通过对该病例的8名密切接触者进行最长潜伏期监测,没有发现异常症状,无二代新发病例发生。对8名密切接触者的住所进行了二次消毒,同时对学校等公共场所进行了消毒。消毒面积34000平方米,消耗消毒液4.2万毫升。积极宣传防治流脑的科普知识,紧急印制宣传品2000份,主要发放在崔庄周围临近村庄,使广大群众增强了预防流脑的自我保护意识。对崔庄村全体村民免费应急接种了A+C流脑疫苗,共接种流脑疫苗612人份。对8名密切接触者给予免疫预防性服药,且对其住所进行了终末消毒,消毒面积3.5万平方米,共消耗消毒液5万毫升。4月21日,周士庄镇宇新学校有4-5名学生发生麻疹,6月5日,疫情处置工作结束。对疫情进行如下处理:对现症病人全部家庭隔离,观察治疗。加强教室通风、换气,每周三次过氧乙酸消毒。建议学校密切注意和发现新发病例,随时报告。对患病学生都进行采集血标本,送市疾控中心检验。积极开展健康教育宣传活动,动员全校师生共同参与防止麻疹的扩散,并同步进行麻疹疫苗的应急接种工作。8月2日,在全县范围内结合农村合作医疗体检进行居民传染病漏报调查,对杜庄乡、许堡乡、党留庄乡、西坪镇、周士庄镇共计5349名农民进行了传染病回顾性调查。调查中发现杜庄乡利仁皂村在过去的一年中发生过多例布鲁氏菌病,8月7日、8日对该乡58名症状典型的患者进行检查,结果其中7人被确诊为布病患者。

2006年6月,周士庄镇罗卜庄小学流行性腮腺炎疫情暴发。累计发病44例,因防控得力,疫情迅速得到控制和扑灭。所有病例均康复。易感人群用腮腺炎疫苗应急接种。这次对疫区的腮腺炎疫苗应急接种,是由大同县人民政府批准,报省、市卫生主管部门备案,接种对象是以罗卜庄为中心,辐射周士庄镇的全部中小学学生,以及倍加造镇的独树、倍加造、解庄、小村四个村庄学校的在校学生,共计4912人。

2006年7月13日,党留庄乡留庄村一所私立幼儿园发生多例流行性腮腺炎,疫情上报后,县疾控中心汇同市疾控中心有关专家前往该幼儿园进行了病例确诊和流行病学调查。同时抽调流调、消杀人员和卫生院的临床医生等多名专业技术员对疫区进行了相关处理。

2007年4月6日,倍加造镇独树村小学发生水痘疫情。累计发病20例。主要采取了如下控制措施:(1)疫情报告,在进行网络直报的同时,也在突发公共卫生事件网上进行了网络直报。同时向县卫生局和大同市疾病预防控制中心用电话、传真进行了详细报告。(2)报请县卫生局按突发公共卫生事件相关条例对事件等级进行评定。(3)根据疫情的波及程度,向教育部门做了相关通报,要求在全县的中小学中认真实行晨检制度,发现患病儿童立即报告,并进行隔离观察治疗。(4)积极开展健康教育宣传,动员社会、学校、家庭共同参与防治水痘的流行和传播。(5)对现症患儿全部家庭隔离,观察治疗,并责成乡防保医生负责随时观察记录。(6)加强教室通风、换气,并进行消毒处理。

2008年5月,许堡乡大王窑村发生麻疹事件。经核实诊断,该村共有麻疹患者3人,其中一人在大同市四医院住院治疗,二人在本村家中治疗。麻疹为春季多发病,以上三例出现在同一个村庄,有明显的聚集性,三名患者均有麻疹接种记录。由于该村经济状况不佳,三名患者中有两名是单亲家庭,发病后无人照顾护理,致病情加重死亡。

2008年9月19日,杜庄乡落阵营小学发生水痘事件,经调查确认为水痘疫情暴发。累计发病15例,痊愈15例。在调查中发现,病例主要聚集在四年级。首发病例吕志强,男,10岁,四年级学生。9月12日发病,主要症状表现为发烧,发热38℃—39℃,持续2—3天,全身症状轻,胸前、背部、手背、脸上出现斑疹、丘疹、水痘结痂等多种形式的疹子,疹子呈向心性分布,无外出史、免疫史,已愈,随母亲前往浑源定居。之后断断续续出现患儿14名,均无外出史、免疫史。所有患儿分布情况为四年级14

人，一年级 1 人。

在北京奥运会期间，为保障奥运会的顺利举行，维护社会稳定，对学校、托幼机构、建设工地、农贸市场、流动人口聚居地，特别加强了疫情监测。

2008 年 1 月 1 日，大同县传染病自动预警信息系统启动运行，预警系统将根据本县的历史数据自动生成预警信息。县疾控中心主要工作人员将会收到"传染病自动预警信息系统"发出的信息。传染病自动预警信息系统的启用，可提高传染病监测的敏感性，为及时有效地处理疫情提供技术保障。

2009 年 7 月，在许堡、党留庄、西坪、周士庄、杜庄进行了居民法定传染病漏报调查。本次共调查了 5 个乡镇（街道），5 个村（许堡村、邢庄村、水头村、周士庄村、利仁皂村），人口 7134 人，查出法定传染病乙类病例 4 种 104 例，漏报 17 例，总漏报率为 16.35%。漏报率高的病种仍以常见病、多发病为主。

2009 年 4 月，杜庄乡杜庄中学发生风疹事件。经流行病学调查核实诊断定性为风疹暴发。首发病例王刚，男，15 岁，八年级学生，4 月 7 日发病。主要表现为发热，体温不详，此后出现红色斑丘疹，细小色淡，先面部和颈部，再躯干和四肢，一天内疹出齐，10 日疹退，未见色素沉着。未发现耳后、枕部、颈下和颈部淋巴结肿大。最近无外出史、有麻疹免疫史，已痊愈。之后陆续出现患儿 16 名。其中王晓宁、金龙经大同市传染病医院诊断为风疹病例。14 例病例之前接种过麻疹疫苗。根据临床症状结合流行病学史，同时有省疾控中心实验室血清学检验结果风疹 IgM 抗体阳性，判定为一起风疹疫情。

2009 年 4 月，周士庄村手足口病疫情暴发。首发病例曾海洋，男，3 岁，2009 年 3 月 27 日发病，在大同市第一人民医院诊断为手足口病。主要症状为，手掌、脚掌部出现斑丘疹和疱疹，皮疹周围有炎性红晕，疱内液体较少，口腔粘膜出现散在的疱疹，疼痛明显。之后陆续有 29 名儿童手、足、口腔粘膜出现不同程度的斑丘疹和疱疹。

2009 年 1 月 1 日至 5 月 31 日，全县共计报告手足口病 91 例，报告发病率为 53.53/10 万。无重症

及死亡病例报告，10 个乡镇中有 5 个乡镇有病例报告。

2009 年 1 至 3 月，全县累计报告手足口病病例数为 1 例。进入 4 月，随着气候逐渐转暖，报告病例数迅速增多，并呈逐渐上升的趋势。其中 4 月份报告 41 例，5 月份报告 49 例，4、5 月报告病例数占 2009 年前 5 月总报告病例数的 98.90%。无危重及死亡病例，但出现 1 起手足口病暴发疫情。

2009 年，境内出现第一例甲型 H1N1 流感病例，截至 12 月 7 日，全县累计确诊甲流病例 15 例，13 例发生在学校，2 例发生在社区。疫情主要发生在县一中（2 例）、二中（4 例）、示范中学（1 例）、城镇三小（2 例）、倍加造中学（3 例）、大同市九中（1 例）、西坪镇（1 例）、解庄煤站（1 例）。由于科学应对，防控到位，将疫情控制到了最小范围，将危害降到最小限度，未出现一例危重死亡病例，疫情得到有效控制和扑灭。

2010 年 5—10 月，抽调 3 名专业人员于 5 月 20 日对各级各类医疗机构的腹泻病专科门诊进行监督检查，督促其建立肠道门诊领导组，制定霍乱、O157、肠出血热防治方案，组建应急小组，制定肠道门诊制度，实行腹泻病零报告制度。发现存在的问题：肠道门诊设置不规范，科室混用。没有专门的腹泻病登记簿和腹泻病个案调查表。相关的制度和规定不完善。不能严格按照"四固定""六分开"的要求去执行，没有健全相关的辅助配套科室，消毒工作执行得不严格。同年 10 月，在全县范围内进行了医疗机构传染病漏报调查，同时对各级各类医疗机构传染病管理现状进行了全面的检查。本次共调查各级各类医疗机构 16 所，查出病例医院数 15 所，共查出乙、丙类传染病 7 种 60 例，报告病例 59 例，漏报 1 例，漏报率为 1.67%。

2011 年 5 月，峰峪乡兼场村幼儿园、小学有 12 名学生患流行性出血性结膜炎，病例主要聚集在第一幼儿园。大多数病例急性发病，开始有明显眼刺激症状，如刺痛、砂砾样异物感、烧灼感、畏光、流泪等。后来出现眼睑水肿，睑、球结膜充血，眼分泌物

为水样、浆液性,有两名患者全部球结膜呈鲜红色。

2011年11月16日西坪镇寺儿上村康羽幼儿园发生手足口病。首发病例李忻怡,女,3岁,2011年11月10日发病,在附近一家诊所诊断为手足口病。主要症状为,手掌、脚掌部出现斑丘疹和疱疹,皮疹周围有炎性红晕,疱内液体较少;口腔黏膜出现散在的疱疹,疼痛明显。之后,该幼儿园陆续有9名儿童手、足、口腔黏膜出现不同程度的斑丘疹和疱疹。

2012年5月14日大同县城镇第一小学发生腮腺炎疫情。首发病例李新阳,2012年4月29日发病,起病初期仅表现为倦怠、畏寒、食欲不振、低热、头痛等症状,5月1日出现左侧腮腺肿大,左侧面部明显肿大变形,局部疼痛、过敏,开口及咀嚼时疼痛明显,含食酸性食物胀痛加剧。在他之后,该校在不同年级的教学班中断断续续出现类似症状的学生75名。

2001—2013年大同县传染病发病情况统计

表 20 - 4 - 1

年份	发病数(人)	发病率(1/10 万)
2001	187	71.81
2002	193	89.40
2003	142	86.65
2004	384	215.52
2005	627	357.18
2006	693	394.78
2007	645	384.57
2008	1173	696.89
2009	658	389.56
2010	461	272.00
2011	1038	558.74
2012	1179	638.58
2013	964	517.41

水质调查

2006年8月,对境内10个乡镇的水质按比例分层(不同水源:地下水、地表水;不同供水方式:集中式、分散式)进行水质监测。调查内容项目有:水质检测指标:色度、浑浊度、pH、总硬度、铁、锰、砷、氟化物、硝酸盐氮、氯化物、硫酸盐、耗氧量、总大肠菌群、细菌总数、水温、臭和味、氨氮、亚硝酸盐氮、余氯。还抽取了10个行政村,每个村随机选取10户开展了农村改厕与粪便处理情况(户厕类型、卫生状况、使用、维护管理和粪便处理方式)、农村垃圾治理情况(垃圾来源、种类、数量、清运和处理方式)、农村污水治理情况(污水来源、种类、数量、排放和处理方式)。

2009年,对全县7个省级监测点和9个县级监测点进行了一次全面科学的水质调查。本次水质监测中的采样工作分枯水期和丰水期两次进行。(1)在全县10个乡镇,共采集水样23份(出厂水7份,末梢水16份)。(2)全县农饮安全工程监测结果总体情况分析。①感官性状和一般化学指标合格率:枯水期出厂水为85.71%,末梢水为93.75%。丰水期出厂水为100.00%,末梢水为100.00%。②毒理学指标(氟化物、砷、硝酸盐)合格率:枯水期出厂水为57.14%,末梢水为37.50%;丰水期出厂水为28.57%,末梢水为

25.00%。③微生物学指标（菌落总数、总大肠菌群、耐热大肠菌群）合格率：枯水期出厂水为28.57%，末梢水为12.50%。丰水期出厂水为42.86%，末梢水为25.00%。

2010年，对全县13个省级监测点和10个县级监测点进行了一次全面科学的水质调查。本次水质监测中的采样工作分枯水期和丰水期两次进行。（1）在全县10个乡镇，共采集水样30份（出厂水26份，末梢水30份）。（2）①感官性状和一般化学指标合格率：枯水期出厂水为85.71%，末梢水为93.75%。丰水期出厂水为100.00%，末梢水为100.00%。②毒理学指标（氟化物、砷、硝酸盐）合格率：枯水期出厂水为57.14%，末梢水为37.50%；丰水期出厂水为28.57%，末梢水为25.00%。③微生物学指标（菌落总数、总大肠菌群、耐热大肠菌群）合格率：枯水期出厂水为28.57%，末梢水为12.50%；丰水期出厂水为42.86%，末梢水

为25.00%。

居民疾病死因监测

疾病监测系统死因监测网络直报项目的启动。2006年初，由省疾病预防控制中心慢病科任泽萍主任带队亲临本县，召开了大同县疾病监测系统死因监测网络直报项目启动会，参加启动会的有市县两级卫生行政部门的领导、疾控中心全体工作人员及乡镇卫生院防保人员100多人。

2009年6月，在境内三个乡镇6个行政村开展了一次居民死因漏报调查。通过入户排查、逐户登记的方法进行漏报调查工作，共查出死亡病例160例，发现22例漏报，漏报率为13.75%。调查工作于7月初圆满结束，取得了很好的效果，为以后的无漏报工作打下了扎实的基础。

结核病防治

2003年8月11日，中日结核病控制项目——日本援助项目在大同县启动。

2003—2013年大同县结核病控制管理情况

表20-4-2　　　　　　　　　　　　　　　　　　　　　　单位：例

年份	门诊登记	涂阳	初治涂阳	复治涂阳	涂阴	其他	合计	转诊	追踪
2003	415	71	11	60	52	67	190		
2004	522	108	64	44	139	16	263		
2005	310	96	85	11	144	13	253	5	102
2006	226	91	75	16	105	1	197	0	98
2007	235	75	68	7	97	7	179	19	75
2008	351	65	62	3	72	9	146	14	72
2009	245	67	61	6	34	2	103	57	1
2010	206	70	64	6	37	7	114	48	38
2011	511	71	63	8	38	2	111	34	40
2012	514	56	51	5	33	0	89	6	13
2013	500	52	46	6	33	0	85	11	41

大同县2003年8月启动中日结核病控制项目和全球基金项目，2005年启动中央转移支付结核病控制项目。2006年3月底结束中日结核病控制项目，2010年6月结束全球结核病控制项目。中央转移支付结核病控制项目至2013年仍在运行。

地方病监测与管理

大同县地方病主要有二种：地方性甲状腺肿大病（以下简称地甲病），地方性氟病。1996年，对病区孕产妇和0-4岁儿童服碘油丸5260人，碘油丸普及率为95%。重点打击了无碘盐不法分子，共查

获私盐和非法盐2.1吨,全部没收销毁。从1997年开始每月对县盐业公司供盐监测两次,对零售店和居民用盐每季度监测一次。1997年县盐业公司供盐监测碘含量合格率100%,零售店和居民用盐合格率为98%。1997年对三个病区小学120名8—10岁儿童甲状腺肿大进行调查,肿大率为2.17%。对南水地村46名8—12岁学生进行氟斑牙检查,患病率是38775/10万。南水地村16岁以上氟骨患病率为12935/10万。1998年县盐业公司碘盐监测合格率为100%,零售店和居民碘盐合格率99%。三个

病区5所小学400名8—10岁儿童甲状腺肿大调查,肿大率2.5%。许堡南水地村46名8—12岁学生氟斑牙检查,患病率29790/10万,16岁以上氟骨病患病率为11970/10万。1999年对盐业公司、零售店和居民每季度监测一次,碘盐合格率100%。三个病区5所小学400名8-10岁儿童甲状腺肿大调查,肿大率2.0%。许堡南水地村8-12岁学生氟中毒发病情况监测,患病率28260/10万,16岁以上氟骨病患病率为11970/10万。

2004—2013年大同县碘盐监测情况一览

表20-4-3   单位:个

年份	样品数	合格碘盐	不合格盐	非碘盐
2004	288	282	1	5
2005	288	283	1	4
2006	288	284	1	3
2007	288	285	3	0
2008	288	277	3	8
2009	288	281	2	5
2010	288	274	3	11
2011	288	277	5	6
2012	300	265	10	25
2013	300	283	6	11

鼠疫监测

从1962年开始,大同县一直进行着动物鼠疫的监测和鼠疫自然疫源地的调查工作,是山西省的7

个达乌尔黄鼠监测县之一。1997年至2013年,共采集黄鼠血清5622份,经血清学检查,均为阴性。

1997—2013年大同县黄鼠密度及黄鼠血清检验情况

表20-4-4

年份	黄鼠密度(只/公顷)	黄鼠血清检验(份)
1997	0.4	500
1999	0.15	305
2001	0.4	305
2002	1.05	305
2003	1.75	306
2004	1.37	362
2005	1.35	312
2006	1.30	503

续表 20 – 4 – 4

年份	黄鼠密度（只/公顷）	黄鼠血清检验（份）
2007	2.00	502
2008	2	506
2009	1	504
2010	1.25	502
2011	1.00	236
2012	1.05	234
2013	1.35	240

2006—2013 年大同县黄鼠蚤体调查

表 20 – 4 – 5   单位：只

年度	检查鼠数	带蚤鼠数	检蚤数	染蚤率%	蚤指数
2006	200	35	41	17.50	0.20
2007	200	38	99	19.00	0.50
2008	237	95	431	40.08	1.82
2009	200	38	122	19.00	0.61
2010	207	40	73	19.32	0.35
2011	205	44	77	21.46	0.38
2012	200	47	81	23.50	0.41
2013	240	54	77	22.50	0.32
合计	1689	391	1001	23.15	0.59

布鲁氏菌病疫情预防与控制

2004 年，境内共发生布鲁氏菌病患者 18 例，主要分布在杜庄、党留庄、倍加造、周士庄 4 个乡镇。杜庄乡周家堡村的疫情中，对重点人群采血样 77份，查出阳性血清 2 份，为该村 992 名村民免费发放 7 日量土霉素和抗菌优冲剂，并为患者提供了有效的治疗药物。同时对该村所有布病患者居住的场所以及所有的羊圈，羊群经过的地方进行严格的消毒。共消毒房屋 104 间 9360 平方米，消耗 15% 过氧乙酸 62400 毫升，优氯净 200 千克，科瑞达 2400毫升，使疫情得到有效控制。

2007 年，共报告布病患者 186 人。全县布病高危人群检验血清 7681 份，阳性 182 份。

2008 年，加强了布病的监测力度，对境内布病病人进行摸底排查，对新发现的病人进行调查。为布病病人建立个人档案。

2009 年，为全县所有现症布病病人建立了个人档案。年内布病发病 58 例，处理疫情一起，即 4 月23 日，吉家庄乡西浮头村疫情，对该村 83 名疑似病人进行血清血检验，其中检出阳性病人 20 名。并进行有效治疗和严格消毒，疫情得到迅速控制和扑灭。

2010 年，全县布病发病 63 例，所有现症布病病人建立了个人档案。乡镇防保医生对辖区布病病人定期随访观察，县疾控中心对病人进行定期实验室检查。县疾控中心与畜牧部门密切联系，相互通报人间和畜间布病疫情，掌握畜间布病疫情动态和防治情况。

2011 年，布病筛查 63 人，全年报告布病 96 例。2011 年 7 月 27 日到 8 月 2 日在瓜园乡李汪涧村、杜庄乡土井村开展了一次羊布病调查工作。对李汪涧村、土井村 2 个村的 63 人进行布病流行病学调查，瓜园乡李汪涧村 18 人，杜庄乡土井村 45 人，并采血检测，共检血清 63 份，检出阳性 5 人，瓜园乡李汪涧村检出 3 人，阳性率为 16.7%；杜庄乡土井村检出 2 人，阳性率为 0.04%。并对村民提出的问题做了详细的讲解，同时发放了宣传资料，使广大村民及养殖户对布病的相关知识及防护措施有了进一步的认识。

2012 年，全县共报告布病 144 例，分布于 10 个乡镇 53 个行政村。发病时间主要集中在 4—9 月份。人群分布在 1—79 岁，集中在 40—65 岁，其中男 114 人，女 30 人，职业分布在养羊、放羊、邻居养羊、屠宰、接触史不详等。

高危人群筛查　2012 年 10 月 30 日—11 月 4 日，在许堡乡、瓜园乡、西坪镇 3 乡镇对从事牛羊等家畜养殖，乳、肉、皮等畜产品贩运、屠宰、加工、兽医等职业以及医疗机构就诊的有流行病学接触史等 800 人进行筛查，确诊发病人数为 22 人。

布病健康教育和行为干预　2012 年，对从事牛羊家畜饲养，乳、肉、皮等畜产品贩运、屠宰、加工职业进行行为干预，干预人数 150 人，为他们发放宣传品，每人发放 20 个一次性帽子、口罩、手套，对他们讲述牲畜流产物、流产羔（犊）、病畜要及时扑杀等无害化处理。在健康教育方面，抽取许堡、瓜园西坪 3 个乡镇，进行了健康教育和行为干预群体调查，健康教育前后的知晓率为：47%、87%；行为干预前后的知晓率为：48%、89%。

2013 年 1—12 月，全县共报告布病病例 180 例，分布于 10 个乡镇 51 个行政村。发病时间主要集中在 4—9 月份。人群分布在 2－79 岁，集中在 25－60 岁，其中男 134 人，女 46 人，职业分布在养羊、放羊、邻居养羊、屠宰、接触史不详等。

2013 年 8 月 23 日至 10 月 9 日，县疾控中心对从事牛羊等家畜养殖，乳、肉、皮等畜产品贩运、屠宰、加工、兽医等职业以及医疗机构就诊的有流行病学接触史等 910 人进行流行筛查，确诊发病人数为 48 人。

第三节　免疫规划

大同县免疫规划工作严格按照《传染病防治法》《突发公共卫生事件应急条例》《疫苗流通与预防接种管理条例》以及《预防接种工作规范》等相关法律、法规之要求运作，加强对 AFP 和麻疹的监测控制，继续保持无脊灰状态。在做好儿童常规免疫工作的基础上，适时开展强化免疫和查漏补种活动，免疫规划各项工作均取得了长足进步，免疫规划疫苗常规接种率继续保持在较高水平，各种免疫规划相关传染病得到有效控制。1997 年，县防疫站被卫生部授予"全国计划免疫工作先进集体"。1998 年 5 月，全省安全注射现场会在大同县召开。2000 年，被卫生部授予"县级二等卫生防疫站"。2000 年，实施了全县麻疹强化免疫，应接种人数 34196，实接种人数 29663，接种率 86.74%。2003 年，乙肝疫苗纳入计划免疫程序。2004 年，实施了免疫规划信息管理网络直报系统，所有免疫规划内的疫苗常规和加强免疫全部实现网络直报。2008 年，扩大免疫规划从"7 苗防 9 病"扩大到"14 苗防 15 病"，扩大后的疫苗分别为乙肝、卡介苗、脊灰、百白破、麻疹、乙脑、流脑 A 群、白破、甲肝、麻腮风（麻风、麻腮）、流脑 A + C 群等疫苗、出血热疫苗（炭疽疫苗和钩端螺旋体疫苗作为应急接种使用），分别预防乙肝、结核病、脊灰、百日咳、白喉、破伤风、麻疹、甲肝、流脑、乙脑、风疹、腮腺炎、出血热、炭疽、钩体病等 15 种传染病。2009 年 4 月进行了麻疹查漏补种工作。分年龄段报告接种率：2008 年为 90.36%，2007 年为 84.44%，2006 年为 94.29%，2005 年为 96.50%，2004 年为 85.34%，2003 年为 93.10%，2002 年为 86.52%，2001 年为 86.49%，2000 年为 88.24%，1999 年为 93.59%，1998 年为 86.87%，1997 年为 85.87%，1996 年为 90.91%，1995 年为 72.79%，1994 年为 98.38%，全县接种率 92.57%。

15 岁以下儿童乙肝疫苗补种工作：第一次

（1994 至 1995 年）补种率 93.48%，第二次（1994 至 1995 年）补种率 95.49%。

2010 年 9 至 11 月完成了对 1994 至 1998 年目标人群的摸底造册：第一次应接种人数 2469 人，实际完成接种人数 2396 人，接种率 97.04%；第二次应接种人数 855 人，完成接种人数 833 人，接种率 97.43%。

2011 年完成了对 1999 至 2001 年目标人群的乙肝疫苗查漏补种：摸底人数为 904 人，完成接种人数 904 人，接种率 100%。1999 年需补种 1 针应种 125 人；实种 125 人；需补种 2 针应种 46 人；实种 46 人；需补种 3 针应种 160 人，实种 160 人。2000 年需补种 1 针应种 113 人；实种 113 人；需补种 2 针应种 42 人，实种 42 人；需补种 3 针应种 143 人，实种 143 人。2001 年需补种 1 针应种 93 人，实种 93 人；需

补地方种 2 针应种 43 人，实种 43 人；需补种 3 针应种 139 人，实种 139 人。

2012 年，加强预防接种异常反应的监测工作，实行零报告制度，疑似异常反应全部进行网络直报。

全县所有接种单位安装金苗软件，并在全县全面开展儿童预防接种信息化系统管理，基本完成了 2008 年以来儿童个案信息的录入。

2012 年 3 月，开展了扩大免疫规划疫苗查漏补种活动：脊灰疫苗应种 343 人，实种 343，接种率 100%；麻疹疫苗应补种 341 人，实补种 340 人，接种率 99.71%；乙肝疫苗应种 31 人，实种 31 人，接种率 100%；百白破应种 153 人，实种 150 人，接种率 98.04%；流脑应种 133 人，实种 132 人，接种率 99.25%；A＋C 应种 221，实种 221，接种率 100%；乙脑应种 372，实种 371，接种率 99.73%。

医药卫生

1996—2013 年大同县糖丸·麻疹强化情况

表 20 - 4 - 6　　　　　　　　　　　　　　　　　　　　　　　　　　　　　　　　　单位：人、%

年份	糖丸（一轮）			糖丸（二轮）			麻疹		
	应种人数	规范接种人数	接种率	应种人数	规范接种人数	接种率	应种人数	规范接种人数	接种率
1996	7176	7158	99.75	8426	8279	98.26			
1997	8301	8103	97.61	8450	8249	97.62			
1998	7296	7247	99.33	7411	7351	99.19			
1999	9025	8967	99.36	9065	8960	98.84			
2000							34196	29663	86.74
2001	6451	6202	96.14	6704	6507	97.06			
2002	7155	6822	95.35	7476	7092	94.86			
2003	645	630	97.67	904	892	98.67			
2004									
2005	9674	9401	97.18	9920	9755	98.34			
2006	5496	5381	97.91	5662	5525	97.58			
2007	5976	5908	98.86	6711	6434	95.87			
2008							26556	26074	98.18
2009							2168	2006	92.53
2010	7918	7704		8007	7825		9267	9091	98.10
2011	8575	8471	98.79	8838	8712	98.57	2152	2142	99.54
2012									
2013	1376	1374	99.86	1240	1235	99.60	5550	5528	99.61

1996—2013 年大同县免疫规划情况（一）

表 20 - 4 - 7 　　　　单位：个、人、%

年份	建卡情况			卡介苗			乙肝疫苗		
	应建卡数	实建卡数	建卡率	应种人数	规范接种人数	接种率	应种人数	规范接种人数	接种率
1996	1799	1799	100.00	1799	1715	95.33	5342	2257	42.25
1997	1573	1570	99.81	1573	1464	93.07	5027	2847	56.63
1998	1725	1725	100.00	1725	1646	95.42	5663	3580	63.22
1999	1642	1642	100.00	1642	1642	100.00	1466	1458	99.45
2000	1677	1668	99.46	1728	1668	96.53	1362	1335	98.02
2001	1699	1670	98.29	1699	1670	98.29	1692	1273	75.24
2002	1740	1701	97.76	1740	1701	97.76	1737	1421	81.81
2003	1523	1490	97.83	1523	1490	97.83	1522	1338	87.91
2004	1479	1459	98.65	1479	1459	98.65	1153	1137	98.61
2005									
2006	2142	2133	99.58	2142	2133	99.58	1744	1703	97.65
2007	2358	2346	99.49	2358	2346	99.49	1791	1746	97.49
2008	2209	2209	100.00	2004	2001	99.85	2141	2141	100.00
2009	2205	2205	100.00	2108	2104	99.81	2089	2078	99.47
2010	1970	1970	100.00	1970	1970	100.00	2037	2034	99.85
2011	2155	2105	97.68	2097	2096	99.95	1859	1854	99.73
2012	2340	2340	100	2311	2310	99.96	1888	1886	99.89
2013	1498	1486	99.2	1535	1535	100	1825	1785	97.81

1996—2013 年大同县免疫规划情况（二）

表 20 - 4 - 8 　　　　单位：人、%

年份	脊髓灰质炎疫苗			百白破疫苗			麻疹疫苗		
	应种人数	规范接种人数	接种率	应种人数	规范接种人数	接种率	应种人数	规范接种人数	接种率
1996	6569	6437	97.99	5407	5227	96.67	1730	1630	94.22
1997	6331	6231	98.42	4836	4691	97.00	1626	1510	92.87
1998	6935	6859	98.90	5295	5160	97.45	1751	1656	94.57
1999	1880	1860	98.94	2057	2014	97.91	1719	1707	99.30
2000	1754	1719	98.00	1758	1673	95.16	1758	1676	95.34
2001	1693	1673	98.82	1693	1668	98.52	1705	1674	98.18
2002	1737	1710	98.45	1740	1692	97.24	1745	1692	96.96
2003	1528	1498	98.04	1527	1490	97.58	1522	1491	97.96
2004	1265	1258	99.45	1240	1228	99.03	1216	1202	98.85
2005	1508	1490	98.81	1427	1401	98.12	1305	1282	98.24

续表 20 - 4 - 8

单位：人、%

年份	脊髓灰质炎疫苗			百白破疫苗			麻疹疫苗		
	应种人数	规范接种人数	接种率	应种人数	规范接种人数	接种率	应种人数	规范接种人数	接种率
2006	2044	2027	99.17	1951	1930	98.92	1758	1744	99.20
2007	2060	2027	98.40	1980	1950	98.48	1859	1801	96.88
2008	2150	2139	99.49	2112	2097	99.29	2035	2015	99.02
2009	2188	2182	99.73	2214	2201	99.41	2145	2099	97.86
2010	2057	2053	99.81	1999	1995	99.80	2058	2051	99.66
2011	1908	1905	99.84	1894	1892	99.89	1862	1860	99.89
2012	2103	2101	99.91	2079	2077	99.90	2002	1999	99.85
2013	1908	1906	99.90	1828	1826	99.90	1979	1977	99.90

医药卫生

第五章 卫生与保健

第一节 爱国卫生

1952 年，大同县爱国卫生领导组成立，下设爱国卫生领导小组。1953 年，全县城乡开展了"除四害、讲卫生"的第一次爱国卫生运动。

1965 年，本县再次成立了爱国卫生运动委员会，2001 年合并至县卫生局。

第二节 妇幼保健

大同县妇幼保健站位于大同县东街 56 号，始建于 1972 年，已发展成为一所集医疗、保健、预防、培训为一体的非营利性公立医疗保健机构。2013 年，在职职工 21 人，其中管理人员 1 人，后勤人员 2 人，卫生专业技术人员 18 人；卫生技术人员中，主治医师 7 名、主管护师 1 名、医师 5 人、护师 5 人。拥有先进的 B 超、生化分析仪、新生儿抢救台、产后康复仪等医疗设备。站内设置科室有：儿童保健科、妇女保健科、信息管理科、健康教育科、检验科、B 超室。

从 1996 年至 2013 年，该站始终坚持"以保健为中心，以保障生殖健康为目的，保健与临床相结合，面向基层，面向群体，预防为主"的办站方针，坚持"儿童优先，母亲安全"的服务宗旨，承担着全县妇女儿童的保健、医疗、健康教育、培训、信息统计等工作任务，是全县妇幼保健业务技术指导中心。

第六章　卫生管理

第一节　卫生监督

大同县卫生局卫生监督所于 2002 年 10 月在原大同县卫生防疫站的基础上调整组建而成，为副科级建制事业单位，隶属大同县卫生局，核实事业编制 27 名，副科级领导职数 1 名。2013 年，全所有职工 27 人，其中男 15 人，女 12 人，管理人员 3 人，专业技术人员 22 人，工勤人员 2 人。全所设综合管理科、行政许可证科、监督执法科、稽查科。

2011 年 7 月，食品安全监管职责调整至县药监局，卫生监督所主要负责全县公共场所、饮用水、职业卫生、医疗机构监管和卫生监督执法。

第二节　食品、药品监督

机构沿革

2002 年 4 月 8 日，根据《山西省人民政府关于印发全省药品监督管理体制改革实施方案的通知》设置大同市药品监督管理局大同县分局，为正科级行政单位，作为大同市药品监督管理局的垂直机构，主管大同县辖区药品监督管理工作。下设办公室、市场科。

2005 年 1 月 21 日，又在县药品监督管理局分局的基础上挂牌为县食品药品监督管理分局。由山西省食品药品监督管理局垂直管理，为市食品药品监督管理局的派出机构。配置股室 3 个：办公室、食品安全监督股、药品市场监督股。

2009 年 12 月，再次实行机构改革，由省以下垂直管理改为各级政府管理。2010 年 7 月 28 日正式归回县人民政府管理，并入卫生局。

2011 年 4 月，根据中共大同县编办《关于调整设置大同县食品药品监督管理局的通知》（大编办字〔2011〕4 号）文件精神，调整为县人民政府工作部门。2011 年 11 月 14 日，药监局与卫生局进行了职能交接，正式履行新的职能。同年，分局内设办公室、药品综合监管股、食品安全监督股、许可股、法制股五个职能科室。2013 年，全局在编公务员 6 人，工勤人员 1 人。

至 2012 年，全县共有药品生产企业 1 家，经营企业 37 家，各级各类医疗机构 172 家。药品经营从业人员 45 人，医疗机构药剂人员 186 人，呈现出药品市场点多、面广、线长的特点。

主要工作

2002 年 4 月 8 日，大同市药品监督管理局大同县分局正式组建并开展工作。按照晋政发〔2001〕40 号文件及《药监系统公务员考录方案》，经认真考核选录药政人员 1 名，公务员 3 名。

2003 年，面对"非典"的严峻考验，局长李国成带领分局全体药监人员开展了"非典"药品药械专项大检查，先后深入 210 余家药品生产、经营、使用单位，进行调研摸底，掌握医药市场情况，并撰写了调查报告。经过全面摸底，全县共有药品经营企业 6 家，医疗机构 138 家，药品经营从业人员 30 人，医疗机构药剂人员 150 余人，具有药品市场面广、线长的特点，而且存在着经营行为不规范，游医药贩猖獗诡秘等问题，大同县药监分局面临的工作任务艰

医药卫生

巨,药监人员担子重、责任大。同年,大同县分局被县委、县政府表彰为"先进集体"。在全县行政执法责任落实情况大检查活动中,以全县评分第一的优异成绩,被县人大常委会授予"执法模范单位"。被市局评为"先进集体"。被山西省食品药品监督管理局授予"先进集体""行风建设优秀集体"。被山西省爱国卫生运动委员会授予"卫生先进单位"。

2004年,行风建设及行风评议工作中,大同市药品监督管理局大同县分局在全县42个参评部门中排名第一。

2005年1月21日,大同市药品监督管理局大同县分局正式更名为大同市食品药品监督管理局大同县分局。工作在原来药品监管的职能上增加了对食品、保健品、化妆品安全管理的综合监督、组织协调和依法组织开展对重大事故的查处等职能。面对新的任务,全局干部职工上下一心,团结一致,做了大量工作。7月16日,在县政府的大力支持下,大同县食品安全协调领导组成立,分管副县长任组长。制订了《联席会议制度》《信息报送制度》等工作制度。先后两次召开了食品安全协调领导组会议,开展食品安全专项整治活动,充分利用这个平台更好地发挥政府的抓手作用。同年,被山西省食品药品监督管理局评为"2005年度政风建设先进单位";大同县委、县政府颁发"道路建设贡献奖";被市委、市政府评为"大同市2004至2005年度文明单位"。在政风行风评议活动中取得了排名第一的优异成绩,并被确定为2006年度政风行风评议免评单位。

2006年,按照省市局要求,对齐齐哈尔第二制药有限公司的所有药品及安徽华源药业有限公司的"欣弗"克林霉素磷酸酯葡萄糖注射液进行了全面清查,确保清查工作不留死角,保证了人民群众的用药安全。

2011年4月25日,县食品药品监督管理局调整为县人民政府工作部门。具体:将综合协调食品安全、组织查处食品安全重大事故的职责划入县卫生局;将县卫生局食品卫生许可、餐饮业、食堂等消费环节(以下简称消费环节)食品安全监管和保健

食品、化妆品卫生监管职责,划入县食品药品监督管理局。11月14日,与卫生局完成职能调整交接,对所有档案进行了交接。

2012年,分局对全县10个乡镇189个行政村餐饮业(包括餐馆、学校食堂)进行了一次拉网式检查。全县共有餐饮服务单位119家,大型餐馆2家,中型餐馆8家,小型餐馆85家,小吃店1家,学校食堂22家,集体食堂1家,餐饮业从业人员达1000多人,并一一对餐饮单位进行建档管理。组织人员加强《重大活动餐饮服务食品安全监督管理规范》的学习,认真按照规范要求开展保障工作,做到每次保障工作有方案、有应急预案、有领导带队、有监督人员到场,保障了重大活动餐饮食品安全,顺利完成了全市政法会议、"两会"、国庆中秋两节、十八大及高考等重大活动食品安全保障工作,确保了重大活动的用餐安全。开展了两节期间肉及肉制品专项检查、春季学校食堂食品安全专项整治、食品添加剂专项整治等八项专项整治。全年共出动执法人员292人次,出动执法车辆79车次,检查餐饮服务单位85家次,下达责令改正通知书59份,停业整治通知书12份,行政处罚决定书6份。

2013年,全局确保餐饮业食品安全。全年共出动执法人员634人次,出动执法车辆210车次,检查餐饮服务单位304家次,下达责令改正通知书68份,行政处罚7家,罚款共计34000元。在前两年创建试点的基础上,就组织领导、创新药品安全监管手段、建立完善的药品不良反应(医疗器械不良事件)监测和药物滥用监测体系以及完善应急管理体系、深化农村药品"两网"建设、监督管理、基本药物质量、诚信体系建设和安全用药、合理用药科普宣传等方面扎实推进2013年药品安全示范县创建工作。按照省市文件精神,制定了《大同县餐饮服务食品安全监督量化分级管理工作实施方案》,细化评定内容和要求,统一公示样式,严格等级评定,加大宣传力度,扎实推进餐饮服务单位食品安全监督量化分级管理,全县110家餐饮服务单位全部完成了量化分级管理工作。

第二十一编　民俗风情

第一章　衣食住行

第一节　衣　饰

衣着　旧时一般以土粗布面料为主,主料为白色,俗称"内洋布",主色调为黑、红、灰、兰、白,颜色以自染为主,夏天上为白布衫,内衬"汗褟子",对开缀有掏圪褡扣子。下配黑、灰、蓝裤子,裤带多为布条或线织带,少数人系动物皮革裤带。春秋穿夹袄、夹裤,冬穿大棉袄、大裆棉裤且扎腿,外出时穿羊皮袄,一般为白茬皮袄,皮袄以羔羊皮最为上乘,领子一般用狐皮、羊皮、狗皮、兔皮,羔羊皮皮袄配狐皮领为最高级御寒服。内穿棉"主腰",俗有"腰里没棉,冻个圐圙"之说。红布一般为小孩或"逢九"之人穿用,小孩7岁前穿筒状"主腰",双肩之上前后扣合,7岁之后穿前开式"腰子",8岁前穿开裆裤,俗称"叉叉裤",此为大小便方便,8岁后穿补裆裤,民间有"七开心,八补裆"之说。

中华人民共和国成立后,20世纪50年代到60年代中期,一段时间曾在青年人中流行列宁装,但总体衣着未有大的改变。之后随着物质的丰富,轻纺业的发展,花色品种的增多,服饰也逐渐向多样化过渡。20世纪70年代初,"大裆裤"在青年人中已不多见,只是少年和老年群体中仍有穿着,单衣也开始由手工缝制改为机器缝制。当时流行中山装和军装、劳动装、大喇叭裤,面料:春、秋、冬,流行花达呢、条绒(俗称猫儿挖呢)、呢子、毛哗叽、凡尔丁等;夏,流行的确凉、涤卡等。进入20世纪80年代后,改革开放,布料生产机械化程度

的提高,以棉花为主的布料加工原料被化工合成原料所代替,花色品种、面料种类逐步增多,人们的穿着也发生了巨大变化,个性化穿着成为主流,皮袄被军大衣、新式棉袄、皮夹克等替代。尤以青年人为最,儿童、中年妇女次之。20世纪90年代后,棉、麻料衣服又被推崇,秋衣、秋裤被品种繁杂的保暖服饰所取代。

帽子　旧时男性春秋一般戴用牛毛制作的毡帽,双层,从里面中间剪开,翻出可护耳。夏天有的农民戴毛巾或草帽,冬日戴毡帽或皮帽,有狐皮、羊皮、狗皮、兔皮帽等,大部分为护耳,在布帽内侧毛向外缝制而成,亦有戴绒帽(俗称栽绒帽)、礼帽和瓜皮帽者。女性、少女一般什么也不戴,梳大辫,称之为赤头儿,冬戴毡帽或罩头巾;中年妇女夏罩巾,冬戴帽;老年妇女春、夏、秋罩巾,冬戴平顶黑大绒帽。20世纪50年代,成年男子多戴列宁帽、解放帽、火车头帽,中老年人仍以戴毡帽者居多。60年代中后期,流行的确凉军帽,因真品缺乏,仿军帽亦抢手,青年女性亦有戴者,女性多为棉织毛巾。70年代初青年男性春夏秋流行缸缸帽,女性流行蒙头纱,甚至姑娘出嫁时,列在所要彩礼之中。80年代流行前进帽,戴毡帽者已不见。90年代后,青年男女以不戴帽、罩巾者居多,戴者装饰成分大于遮阳避雨、御寒的作用。老人戴帽、罩巾者多见于农村,小孩戴帽者居多,实为遮阳挡风、御寒防冷。20世纪90年代后,除小孩、老年人戴帽外,中、青年男女戴帽者极少,多为新式发型,非极寒的天气和特殊情况,一般不戴帽。特别是

中、青年妇女,把头发当作重要装饰材料,每年用于染烫的支出较大。

鞋　旧时大人、小孩无论男女,鞋多为家做,做鞋成为妇女的一大任务。男鞋一般为"牛舔鼻""脸脸鞋"和"碰倒山"。女鞋从布料到式样稍讲究,尤其是小脚妇女绣花鞋。冬,男、女穿饺子状棉鞋居多。1970年后兴穿球鞋、胶鞋,之后为翻毛皮鞋、三接头皮鞋。1980年后家做鞋基本退出,式样多样化,只有部分小脚老人穿自做的鞋,亦有穿小皮鞋者。20世纪90年代后,鞋的市场繁杂,四季均有适合季节之鞋,每个人均有数双鞋,每个家庭鞋多为患。鞋的功能也发生了较大变化,由单一的护脚走路,向装饰化发展,亦成为身份的象征。

第二节　饮　食

大同县地处高寒,土地贫瘠,加之受自然灾害困扰,风调雨顺的丰收年只十之二三,广种薄收,亩不盈斗。丰收之年自给稍余,多数年份自给不足。自古生活简朴,虽一日三餐,但冬闲时亦有日食二餐者。一般家庭为二稀一稠,早晚为稀,中午吃稠,中午剩稠,分别调配到晚上和次日早饭,谓之"干硬的"。春耕春播和夏锄季节,下田劳作者,早除稀饭外,配食少量"炒面""块垒"。遇灾年,次年春夏常以野菜充饥。

莜面类　窝窝、纥卷儿、刨渣、毛鱼条、饴烙、糊糊、鱼鱼、拿糕、猫耳朵等。

莜面与土豆相配　饨饨(必叩)、块垒、棒打灰、抿八股、筋筋头、丸子、片片、焖鱼子、煮鱼子、山药鱼、玻璃饺子、摩擦片子、老哇含柴等。

小米类　稀粥、稠粥、米面粉、花儿、硬米面窝窝、起窝窝、发糕,小米稀饭与其他合做的有:红稀粥、肉稀粥、稀粥余面及稀粥煮山药、萝卜、葫芦等。

豆面类(须添加莜面或白面,否则不能吃)　抿豆面、圪塔、饴烙、扒股、擀(压)豆面、拌汤。黄、黑豆与莜面或白面混合可做窝窝(俗称"噎蓝眼")。

荞面类　饴烙、面条、猫耳朵、拿糕等。

第三节　居　住

旧时大同县居民住宅主要有窑、房两类三种,北部、东南部以窑为主,西部、南部以房为主,丘陵沿河谷地带窑与房相间。窑分两种,一为崖打窑,即在土质较好的地方,于土崖沟畔掘洞,依崖傍水造屋,门前下雨为河,无水为街。二为"网基"碹窑,有些山庄还有石碹窑。因此大同县以窑为名的村庄较多,约占全县自然村总数的21%。20世纪70年代后有些村庄开始建砖挂面窑和砖碹窑。大同县建县后,县级机关办公即在现招待所院内砖碹窑。这个时期"崖打窑"均已废弃,1995年洪涝灾害,土窑倒塌数量较多,之后除个别村庄有少数居住者外,土窑居住时代基本结束。

房

房分两种,土坯房和砖瓦房。旧时多为土坯房。建筑面积小,屋墙为土坯,顶部椽檩上铺栈,栈上盖草,草上抹泥。但大同县境内各堡多为砖瓦房,部分村庄有钱人家亦建砖瓦房。1980年前,基本上以土坯房为主,后有用白石灰抹顶的"明灰房"。1980年之后,随着农村经济的发展,开始进入大规模的砖木结构房建造时期,现农村主要居住房为砖木结构瓦房,房屋以三五间组成院落居多,以四合院为主。

朝向　土碹窑、土坯房主室坐北朝南。居住方式,两间者外为"堂屋",入堂屋后再进居室,俗称"家",家中皆为土炕。三间者,中为过室(堂屋),两边为居室(俗称家),居室亦有休息、做饭、摆设家具等多种功能。

采光　旧时多为上下扇窗户,上窗天热可开透风、透气,下窗固定。上窗为方格状糊麻纸,过年糊小窗花,下窗格稍大亦糊麻纸,后改为玻璃。进入1980年后,改为满面玻璃窗。

居住形式　旧时一般依地势、空间而建,大多数村庄房屋比较零散、错乱。1980年初,开始出现按统一规划建设的民居。但建新居,弃旧居,闲置現象严重。后新农村建设力度加大，旧村整治，农村面貌有了大的改观。

室内陈设（俗称摆设） 旧时一般为正面一只大红柜，全部值钱的东西均在其内。顶前部有柜盖供开合，后固定，上置家中好看之物件，以烘托家中气氛。墙角摆菜瓮、水瓮，过室摆泥缸者居多。1980年后，房屋开始宽敞，兴衣箱、立柜，之后被写字台、组合家具代之。室内地面旧时土地面居多，新中国成立后，各堡内居民拆堡墙墁地者居多。1980年后，砖墁地开始普及，后被水泥、水磨石地取而代之，现被釉面砖代之。且多数家庭居、厨分设。

第四节 出 行

旧时，大同县人出行，无论远近，均以徒步为主，骑马、骡、驴，坐轿、坐车出行者为极少数有钱人。新中国成立后，干部下乡亦以徒步为主，只部分行业和部门配有少量自行车。

1960年后，牛拉板车逐渐被马、骡拉胶轮车取代，出行时有搭车者。自行车开始在公务人员中流行，但数量不多，会骑车者为数不多。1970年后自行车逐渐进入普通家庭，拖拉机数量增加，出行方式发生变化。1980年后，随着道路建设力度的加大，人们经济条件的改善，各种车辆的增加，出行选择余地更大，徒步出行者极少。2000年之后，道路交通条件进一步优化，加之家庭车辆的增加，出行更加快捷方便。

特别是通信业的发展，过去需徒步、骑车、坐车去办的事，可以利用手机通话联系就可解决，大大减少了出行次数。

社会的发展，也使出行目的发生了根本变化，由过去的办事谋生、探亲访友为主，变为上学、工作、旅游、购物等。

民俗风情

第二章 节 俗

第一节 传统节日

春节俗称"大年"，是一年中最为隆重热烈的传统节日。大同县过年的文化习俗与中原无大的差异。不但准备延续时间长，而且文化内涵深厚，习俗繁杂。每年一进入农历十二月（腊月）便开始了过年的准备，无论生活条件如何，都要尽最大努力把年过好。掸尘扫舍、置办年货、添置新衣、压粉条、磨豆腐、炸糕花、炸油果，摊花、煮猪头、烧猪肉、搭捞饭、炒红茶、糊窗、贴对联年画、挂财神、贴门神。20 世纪 80 年代前，由于生活条件和社会物质条件的限制，所有要准备的过年物品均需在家里自己完成，俗有"宁穷一年，不穷一日"之说，之后随着人民生活水平的不断提高和社会物质的充沛，绝大多数物品以购置为主，且随人们思想观念的转变，对食物类的准备逐渐减少，且由传统的粮食食品类向水果类转变，由传统的以吃为主的食品向丰富精神生活的物品转变。

年三十（小月为农历十二月二十九）　中午要吃糕，庆贺一年顺顺利利地走过。晚上吃年夜饭，除鸡鸭鱼肉各种炒菜之外，必不可少的是猪头（日子越过越煊翻）、饺子（更岁饺子）。吃过年夜饭要熬夜守岁（俗称熬年），随着时代的发展，熬年也注入了许多时代特色。旧时小孩子们一群一伙东家出西家进，女孩亮衣服，男孩亮炮子，大人们串门聊天。20 世纪 60 年代到 70 年代之间，有的村里还采取吃忆苦饭，开忆苦思甜会的方式熬年，后发展为玩纸牌、麻将熬年。进入 20 世纪 80 年代，大多数人以看春节联欢会的形式熬年。熬年至子时，便要举行接神仪式，发旺火、摆供品、响鞭炮、放礼花，过年达到高潮。接神古已有之，相传至今，腊月二十三祭灶后，诸神都回天宫，不理人间俗事，到除夕之夜时，诸神又将全数复返人间，为此民间就要举行盛大的迎接仪式。接神时全家人都要把新衣穿好，"逢九"之人还要穿红内衣，系红裤带，旺火正旺时全家人要转旺火，把接神花馍在旺火上烤一烤，象征性地吃上几口，谓之"接福运"。然后将燃烧的旺火铲于屋内炉灶，一夜不灭，谓之"接旺气"。屋内、院中之灯一夜通明。

春节　即为新的一年的第一天，民间称正月初一。旧时这一天早上要带供品、香烛到村中的庙宇烧香敬表。拜庙之后开始拜年，先是家庭拜，一拜天地，二拜祖宗，三拜高堂，接着小孩子们要到宗亲家拜长辈（跪拜），拜后长辈要赐"压岁钱"，但面额不大。同辈份人相见要抱拳作揖，互道平安，现一般为握手互致问候。

正月初二　五更要接财神（俗称五明头接财神），接时找柴、木之类点火，放响爆竹，之后铲火于屋内炉灶内。现在人们一般睡前就接，因各家在时间上不尽统一，故一夜都能听到接财神的爆竹声。早晨起来后还要吃煮饺子，其中饺子里还要包上硬币，谓之"捞元宝"。

正月初三　"迎喜神"，全村男女老少穿上新衣，赶上牛羊等牲畜，到喜神所在方位旺火处，现人们一般只是向喜神所在方位走一走。迎喜神后即可出门走亲戚。

正月初五 又叫"五穷日"，亦称"破五"。民间有清扫炕底、清除垃圾、送穷土、补穷孔儿的习俗。忌出门走亲戚，忌办大事，忌用针、锥、钉之类的尖物乱扎，怕扎开穷孔儿，还要把窗户上的洞糊上。

正月初八 为"八仙日"，为神仙活动日，旧时，该日人们要到在寺庙举行大型拜庙活动，春节文化活动也从这一日开始。

正月初十 为"十籽日"，是祈祷丰收之日，有些村庄以本日为老鼠娶媳妇之日，民间有"蒸籽日""蒸雨水钵儿"（用莜面捏一厚一点的长条形，上点十二个坑，熟后看哪个坑里的水多，以此判断哪个月雨水多）的习俗。各家用小米做捞饭，盛于盆，上插黍枝，意即禾苗旺盛、五谷丰登。夜间要在缸柜角暗处点燃油灯，放置食物，意为取悦老鼠，让其少害人。

正月十五 称"元宵节"，是正月乃至一年中较为隆重热闹的节日，村村红火热闹，家家张灯结彩。大同县当地有闹红火、吃元宵、包饺子、拢旺火、放烟花、挂彩灯、唱戏耍玩艺儿的习俗。民间有"红红火火的正月十五，哭哭恻恻的七月十五，吃吃喝喝的八月十五"之说。闹元宵体现在一个"闹"字，以闹得红火、闹得开心为目的。活动从正月十三开始直到正月十六，唱大戏、演小戏、跑旱船、扭车灯、舞狮子、踩高跷、抬搁、耍龙灯，雅俗共赏，其乐融融。旧时元宵之夜不但家家挂灯，较大的村子还要举办灯会，有的村子还点"黄花灯"。20世纪90年代后，大同县每年都要举办大型的灯展、春节文艺汇演和焰火晚会，场面壮观，万人空巷。

正月十六 为"送亡"日，民间有除夕傍晚请"亡塑"的习俗（将已故祖宗请回家与家人过完十五），十六要用面筶端上，走出村，向坟地方向，将"亡塑"烧掉，后滚动面筶，边滚边说"让故人骑着骡子走吧"。忌走亲、聘女。正月二十为"小添仓"，正月二十五为"老添仓"，皆为祭祀仓神之日，俗有"小添仓打窖、老添仓盖窖"（储存粮食的坑）之说。

二月二 有"龙抬头"之说，旧时有到水井前烧

香敬表之俗，传承下来的主要习俗有：早吃面条，谓之"挑龙尾"；中午吃油炸食品，谓之"炸龙皮"；晚上红豆稀粥，谓之"点龙眼"。还要剃头理发，谓之"剃龙头"。

三月三 古代神话中王母娘娘的生日，民间有"三月三红缨凉帽单布衫"之说，即三月三天已暖，到了换单衣的时节，因此本地有换单衣、吃凉食、开窗户的习俗。

清明节 又称寒食节。清明本为二十四节气中的一节气，到了清明，气温升高，雨量增多，是春耕春播的季节。而寒食节起源于远古时期，为纪念春秋晋国忠臣孝子介子推而逐步演变为扫墓、祭祖的传统节日。当地有扫墓、上坟、祭祀祖先和捏寒燕、给未满12岁小孩戴清明穗、吃冷食、踏青的习俗。且有清明忌女性上坟的习俗。上坟前先准备贡品、祭品。贡品主要有：花馍、糕点、水果等，祭品主要有：冥币、纸钱、元宝、纸折等。祭祀议程：摆设贡品、焚烧祭品、敬香、添土、礼拜。

四月八 是纪念佛教创始人释迦牟尼诞生的日子。在大同县有举办庙会、祭祀"曹奶奶"的习俗，主要围绕"求子，生子，旺子，安子"进行祭祀活动。民间有"四月八麦子掩老哇（乌鸦）"的农谚和吃包子（谓之泛地虚）的习俗。

端午节 农历五月初五，为民间传统节日。大同县人有贴符、插艾草、贴公鸡、戴五谷香袋、系五色线绳、用艾草洗脸、饮黄酒、吃粽子等习俗。民间有端午下雨，狼"当柴（得病）"的说法，还有采中草药的习俗。

六月六 是汉族和一些少数民族的传统节日，由于民族的居住地不尽相同，习俗也不尽相同。大同县地处高寒之地，山多草坡地多，到农历六月正是羊肉肥美鲜嫩之时节，也是当地葫芦可摘食之时，有"六月六，西葫芦炒羊肉"的说法。民间亦有晾晒家中衣物、被褥的习俗。旧时寺庙有晾晒藏经的习俗。

七夕节 农历七月初七，大同县民间流传着七月七日至七月十六日是牛郎织女一年一度相会期

的传说。因农历七月为雨季，正常年份通常会下雨，民间有这日下雨是牛郎织女相会痛哭的泪水，若遇旱天，有翻雨点、掏水道、祈雨的习俗。

七月十五　亦称中元节。大同县人有上坟祭祖的习俗。因进入农历七月，当地禾苗旺盛、瓜果成熟，因此上坟供品亦较清明时丰盛。近年，人们生活水平提高，交通便利，且正值大同县山清水秀之时，兄弟姐妹携全家相约上坟祭祖、叙亲情、吃野餐、赏美景，为这一传统节日增添了新的文化内涵。在当地还有七月十五蒸面鱼儿、捏面人儿和互相赠送的习俗。

中秋节　大同县当地称中秋节为"八月十五"。八月是大同县金色的季节，是收获和喜庆的季节，也是繁忙的季节，有"八月秋忙，绣女上场"的谚语。是庆祝丰收的节日，也是家家团圆的节日。有家庭成员回家过节吃月饼和祭拜月神的习俗。傍晚祭拜月神时将月饼、水果摆放于院中的桌子上，等待月亮升起。拜完月神后，全家开始坐在一起吃团圆饭，主食主要是饺子。

重阳节　农历九月九日，为传统节日重阳节，大同县人有重阳节吃糕、登高的习俗。

十月一　农历十月一日，民间迷信的说法称"鬼节日"，该时大同县进入冬季，有为故去的亲人做寒衣、烧寒衣（布）的习俗，是一年中三次对故去亲人祭祀活动迷信色彩最浓的一次。旧时有晚上在十字路口烧纸，回家后吃炒豆子的习俗，谓之"咬鬼"，此俗延续至今。

冬至　二十四节气之一，俗称"冬节"等。既为季节性气候表征节气，亦为民间传统节日。有冬初日（冬至前一天）吃饺子，冬至日吃肉的习俗，民间有"冬至不吃肉，冻掉脚趾头""冬至吃肉，活得急溜（健康敏捷）"的谚语。旧时有杀公鸡去五道庙供祀的习俗，今演变为冬至节前后杀小公鸡。古代冬至有祭火神的习俗。

腊八　农历十二月初八日，俗称"腊八节"。有做腊八粥、吃腊八粥的习俗。旧时及新中国成立后的1970年前，乡村在腊八前一天下午有打腊八冰的

习俗，即到村周围河沟涌泉处刨冰块，部分消融后备做腊八粥时用，部分放入水瓮内，部分放于院外粪堆、羊圈、牛马圈。孩子们边打边吃，且有"腊八的冰，吃死也不肚疼"的谚语，后大部分村庄河干泉沽，此俗难以延续。

腊月二十三　又称"小年"，是中国传统民间祭灶、扫尘日。民间习俗，灶王爷为家中常住神，每家一年之大小事情，灶王爷均了如指掌，腊月二十三这日要回天庭汇报情况，因此各家为了让灶王爷说点好话，要举行送灶仪式，还要给灶王爷嘴上抹点当地的麻糖（用小米熬制的麦芽糖），一为让其说甜话，二为粘糊其嘴。妇女们一边供祭，一边还要祷告，不同地方，祷告之词亦不尽相同，不过均为让灶王爷回天庭后说好话、别说坏话之词。这日中午要吃麻糖糕。

第二节　现代节日

1949年新中国成立后，逐步把一些有纪念意义的日子定为节假日，并且深入人心。1999年后出台的节假日调休，使一些节假日与人们的生产生活联系得越来越密切，主要节日有：元旦（1月1日），三八国际妇女节（3月8日），五一国际劳动节（5月1日），五四青年节（5月4日），护士节（5月12日），六一国际儿童节（6月1日），七一建党节（7月1日），八一建军节（8月1日），教师节（9月10日），国庆节（10月1日），记者节（11月8日）等。有的专为特定人群而设，有的则为全民性节日，特别是五一、国庆假日的调整更是涉及到了千家万户，也给这些节日增添了许多新的内涵。

1971年大同县迁县址以来，每年都要在一些重大节日期间采用多种形式开展庆祝活动。元旦期间，县委、县政府要开展走访慰问活动，致新年贺词，组织"歌咏比赛"等活动。各单位召开座谈会、茶话会或联欢会等，辞旧迎新。近年过新年时，为数不少的家庭兄弟姐妹聚在一起，设宴席、放礼花，祝贺新年的到来。妇女节、劳动节、青年节、建党

节、教师节等，在专门召开会议庆贺的同时，还要召开表彰会，对各条战线涌现出的先进模范予以表彰。八一建军节全县广泛开展拥军活动，县领导进行走访慰问活动和军民联谊活动。六一儿童节，从设立之日起，就不但是孩子们的节日，而且越来越成为家长参与的活动。通过对这些节日的庆祝活动，逐步形成了新的风俗。随着人民生活水平的提高，传统节日和现代节日都过，小节日也成为了红火热闹的节日。

放的深入，在中国传统文化走出国门走向世界的同时，外来文化也正在渗入社会的各个角落，在一些传统节日逐渐被淡出的同时，一些外国节日却在青年人和一些群体中被推崇，如情人节、愚人节、母亲节、感恩节、圣诞节等等，尤其是情人节和圣诞节已成为了重要节日，有些节日还拉动了节日经济。但过归过，绝大多数人只是图红火凑热闹，对其文化内涵并未有深刻的理解，只是成为节日的消费群体。

第三节　外来节日

进入新世纪，随着社会经济的发展和对外开

民俗风情

第三章 婚嫁 丧葬

第一节 婚 嫁

大同县地处塞外，是多民族聚居之地。所以风俗民情多元，文化特征明显。婚俗文化上讲究多，程序也繁杂，但是不系统，没有形成完整体系。

相亲

从旧时一直延续到现在，儿女到了适婚年龄，托人或找专门从事婚介的媒人（也叫中间人、介绍人），从中牵线，选择时间、地点、方式见面，谓之"相亲"，民间一般叫相媳妇儿或相女婿。通常为两次，一次男到女方家，另一次是女到男方家。第一次基本上是看人对不对，如一方看不上人，则会找托词让中间人捎话取消另一次相亲。若双方都看对了，则会托中间人进行女方到男方家的相亲。女方到男方家主要是看家境，所以也叫相家。之后，一般都不表态，还要托亲找友访察对方情况。访察内容范围较广，包括双方父母在村为人情况，作风情况，男女双方脑子是否灵活，生辰八字、属相是否相合，有时还要追溯到祖宗三代，老爷娘舅的情况，连男方家有兄弟几个，女方家有几个未成婚兄弟都要涉及到。这些情况了解透彻后，各自心里也有了底，才进行谈婚论嫁的程序。

订婚

相亲之后，双方认为合适，便由媒人或介绍人中间沟通，选择良辰吉日举行订婚仪式，仪式由男方家操办，订婚宴旧时一般在自家举办。杀鸡、宰猪、宰羊，置买烟酒，场面非常热闹，现多在饭店举办。参加者多为男方家亲戚和部分朋友，媒人或介绍人必不可少，还有女方及家人。订婚所传达的信息，一是对外宣布男女双方已有婚约，省去以后再有人介绍对象；二是旧时一般人家娶媳妇难以单独完成，需帮忙，亲戚朋友不能白吃白喝，该出力的出力，该出钱的出钱；三是向女方家里显示一下自己的人脉和为人。订婚最主要的任务是定彩礼，包括女方父母的聘金（也叫身价钱），女方的衣服首饰，婚后的房舍家具等，随着社会的发展，内容也有所增加。所有条件均由女方家提出，如男方家提出异议，则由媒人或介绍人从中斡旋，有时男方家会先应下来，以后再慢慢筹备。定好了，如女方日后再加条件，俗话叫"水涸"。旧时聘金一般为银元，也有要粮食的，女方银手镯、银耳环、银戒指是必要之物。20世纪五六十年代聘金300元人民币左右，衣服不超过3身，毡、被不超过2套。20世纪60年代后期，"文化大革命"期间，聘金彩礼之风有所遏制。进入20世纪70年代后期到80年代，聘金一般500元人民币，也有上千者，同时有女方为工作人员，女方父母开女儿工资1至2年的。20世纪90年代以后，钱数大增，到2000年以后由于计划生育政策的实施，加之人们生活水平的提高，聘金之风渐弱，女方家长陪嫁之风渐盛。衣物面料20世纪60年代有大绒、花达呢、毛哔叽、条绒（俗称灯芯绒、猫儿挖呢），还有毛线；20世纪70、80年代有条绒、的确凉、凡尔丁、呢大衣、风雪大衣等；进入20世纪90年代后，衣物面料已不在彩礼范围，基本上需要什么买什么。20世纪70年代以后饰品已不再时兴，以自行车、手表、缝纫机"三大件"替代，俗话说"三转一提溜"，即

"三大件"外加半导体收音机。20世纪80年代后期到90年代,旧"三大件"被电视机、冰箱、录音机新"三大件"取代。之后随着社会经济和科技的发展,就不仅局限于"三大件",几乎社会上新的用品都在彩礼之列,如摩托车、VCD(DVD)、电动自行车,后来发展到小汽车,饰品又开始流行,但由银饰品转为金饰品,如金项链、金手镯、金耳环等。房舍也由20世纪50、60年代的有住即可,逐渐变为砖木结构平房、楼房、高层楼房。订婚有关事宜谈妥后,女方家人一般不留宿,只是女方和随同来的姐妹留下来,第二天到大同市区或周边商贸发达的乡镇扯布做衣,后为买成品衣服,俗称"买订婚衣服"。订婚之后,男女可以"未婚夫妻"相称,男方村里若有红火热闹、唱戏等会邀请女方前来,未婚女婿在中秋节、春节前后带礼品去岳母家拜敬。两家若有婚丧大事会相互邀请,未过门之前,男方还要于夏、冬、过节时为女方换衣服。

结婚

旧时举办了婚礼即视为正式夫妻,新中国成立之初,人们一般要到县办理结婚登记手续,之后由乡人民公社秘书办理,后由民政部门登记办理,但这只是法定结婚。而民间却把举行婚礼庆典视为正式成婚,且此时女方才可称为新娘。如未成婚或已登记结婚未举行婚礼庆典,女方怀孕,会被乡间民众诟病。

择日

举办婚礼庆典首先要择日(俗称看日子),旧时民间对选定日子相当重视,所以都要请阴阳算命先生根据男女生辰八字、十二属相、五行命宫找出男女双方相生相合、不冲不犯的吉日。择日时,阴阳先生还会把起落轿时间、迎娶、送亲及相关人员属相相配相仿情况说清楚。因旧时新娘所穿衣服及头戴的凤冠称作"硬衣",所以旧时看红火热闹的人们因不知相仿何种属相,一般在新娘上下轿时躲避不看。中华人民共和国成立之后,特别是进入20世纪60年代中期,破除迷信,一般以节庆日和星期日(俗称礼拜日)为婚嫁日。2000年之后,择日之风又起。

开脸

就是定下日子后,准备做新娘的女子,要请一位技术娴熟的"全人"妇女(有儿有女有丈夫,父母、公婆健在)用细线拔掉面部的汗毛。开脸之后,同族或亲朋还要请女方吃饭,名曰"吃开脸饭"。

洗头

日子定下后,准备做新郎的男方,要在家由父母为其洗头,现一般是理发,同族或亲朋也请其吃饭,名曰"洗头饭"。

下茶

下茶在娶亲前一天,男方由媒人、新郎姐夫或家中除父母之外的主事之人,一般首选与新郎同辈份之人,在男方赋予的权限范围能当机立断之人,带上以茶为主的物品送到女方家,主要任务是为了第二天娶亲顺利而进一步沟通,解决一些之前未尽事宜和商讨娶亲事项。旧时女方家或女方本人提出要求,需下茶之人当场拍板,而现在通信发达,用电话已提前沟通好了,且有男方亲自参与下茶活动,下茶也就程式化了。下茶之寓意,古有"茶不移木"之说,因此送茶寓意女方嫁到男方,白头到老,从一而终。俗有男不"下茶"女不"烧茶",即男方下茶之主要代表非男方,女方家则不特殊招待。

下茶之物除茶外,有黄米(现为白面、大米),带骨猪腰条、带筋骨羊前腿和盒式糕点。送米、面之意为报父母米面养育之恩,送肉之意为女儿是娘的心头肉,因糕点在当地叫点心,吃起来又非常甜,送糕点之意即甜到心头。下茶还要给女方送"长命钱",现叫"岁数钱",旧时钱数不论多少,现在以女方岁数而定,而且还要在女方岁数上再加上一岁的钱,少则几百,多则上千。同时要把第二天女方的新娘衣服一并送上。下茶人员旧时多为步行或骑马,但绝不骑骡、骑驴(因骡为无后代牲畜,驴叫"鬼毛驴"),后改为自行车、拖拉机、汽车。但到现在,由于男女双方家庭相距较远,所以这一程序有时省略。

吃面

嫁娶前一天,民间称为"吃面日",旧时一日三餐为面,且男女双方家都吃,面食有"长命""长寿"之说,因此过生日前一天吃面。祝寿吃面,嫁娶作为人生三件重要事情之一,当然更要吃面。一般早、晚为豆面加白面和面手擀,切成长条,中午为莜面饸饹,现在基本为机器压面。旧时吃面也有讲究,第一碗面供神、供祖先,第二碗面准新郎、新娘吃,之后长辈、其他人吃。晚上准新郎、新娘还要吃"翻身饼"、"满碗肉",意婚后日子有面有肉,越过越好,在现在基础上来个"大翻身"。炕"翻身饼"也有讲究,从制作到炕熟,需一男一女两个"全人"完成,饼一大七小共8个,大饼供神后众人分享,其余小饼由准新郎新娘吃掉,实在吃不下,每个饼上咬一口,其他人吃。炕饼过程中,室内女"全人"炕,室外男"全人"问:"香喷喷的这是做啥哩?"内答:"炕翻身饼哩。"外问:"翻过了没有?"内答:"翻过了。"外问:"炕好了吗?"忌问炕完了没有。内答:"油津津的,红重重的(红且一层一层的)。"其实一般饼子炕熟为黄色,炕红有焦的可能,但忌说"黄",为图吉利才说红重重的。当然在人们嬉戏当中问答者难以对答如流,只能说个大概意思。旧时,娶亲要定鼓匠吹奏,吃面日亦为"安鼓"日。鼓匠班子旧时以盲人居多,人数7—8人,主乐器为唢呐,另有笙管笛胡、鼓板锣镲。吃面日晚上鼓匠到来开始演奏,称作"安鼓"。安鼓很庄重,且迷信色彩很浓。现在娶亲订鼓匠的极少。

嫁娶

嫁娶即娶媳妇、聘女儿。吃面晚上的主要工作有一项是安排娶嫁事宜。

娶家 一、组建娶亲队伍,旧时一般由下列人员组成:男女娶亲人、新郎或伴郎、升炮人、轿夫、车夫、挠(方言,同"抗")红毯的、凤冠掌管人、鼓匠等人。娶亲人一般是姐夫和嫂子,姨、婶子、妗子也可,但忌姑姑娶亲,民间有"姑不娶,姨不送,姐姐送妹妹送命",有身孕的妇女也不能去娶的说法。男女娶亲人是到了女方家的主宾,要随时解决到了女方家可能出现的一些问题,因此在选择人选时,要选择能力强、善于应变之人。所有人员都必须同新

郎新娘命相相合,不能有相冲相克者,挠红毯者一般为新郎之弟,遇忌之物用红毯予以遮扫。

二、备好娶亲之物,红毯(最好是牛毛毯上缝一块红布),两瓶喜酒、一双红筷、一棵子母葱(用红毛线拴在一起,寓男女喜结连理、连理同根、久不分离。到女方家后要把酒倒出,倒入绿豆,男方拿同用此绿豆生豆芽,寓女方到了男方家后生根发芽,栽根立后)。面兔面鱼各一对(用红绒拴在一起)。29个纯肉馅小饺子,俗称喜缘饺子。29个离娘花馍,寓儿女亲事,久结喜缘,天长地久。带7根肋骨羊腿一条(女方家收到后取两根肋骨让男方娶亲的带回)。装新棉衣(旧时夏天也是棉衣,寓厚厚摞摞,光景越过越厚实),红布裤带二条、洗刷用具、首饰、上下轿(车)钱,等等。

聘家 组建送亲队伍,一、选送亲人,一般与娶家娶亲人辈分对等安排。忌安排姨姨、姐姐送亲,送亲人为娶亲日最尊贵的客人。二、押轿人(新娘弟弟),圆饭人。三、准备陪嫁箱(不能为空的,要么装陪嫁物,要么放压箱底钱,上放红喜字)。

蒸喜糕

吃面日的次日,是娶亲日,是聘娶双方最忙碌的一天,也是娶家最红火热闹的一天。天还未亮,喜炮震天,告诉人们要开始蒸喜糕,"糕"与"高"谐音,取高升旺长,喜气高、财运高、福寿高之意,且"糕"之面由黍子剥皮加工而成,"黍"为"麦麻豆谷黍"辟邪物"五谷"之一,民间平时过节、过生日待客一般都要吃糕,娶媳妇就更要吃糕。蒸喜糕之人不但要技术好,而且也要求是"全人"。喜糕蒸出后,其中一部分还要包红豆馅,有的地方还包菜馅,但一般不包菜馅,因怕取回"菜"媳妇,因"菜"与"寡"在方言中同意,即指说话多且无味的人和好操别人心的人。捏好糕后,用麻油(胡油)炸,炸糕之人也为"全人"。因炸的糕多,放在放糕用的缸或浅子(盛物器具,与缸瓮同质,高为缸的二分之一左右,口阔,底与口相差较小)中。在放油炸糕前首先放一用糕捏的猪头,意即光景过得越拱越喧翻(发得按不住)。为防糕凉发硬,要把糕盆放在炕头上,还

要用棉衣（被）围着窝，这样窝出来的糕叫"坨油糕"。早上，亲戚们都要去吃糕，喝"羊杂"。

娶亲

娶亲团队要吃"上马饭"，三声炮响，娶亲队伍出发，旧时因用轿娶，加之还有鼓匠，队伍比较壮观，有钱人家娶亲队伍就更庞大了。

娶亲的一走，男方家就开始布置喜房，拢旺火，糊窗花，贴喜联，贴"囍"字，整个布置以大红为主，体现出喜庆氛围。且要在炕的四角褥子下放花生、红枣、核桃，核桃寓多生贵子，花生寓儿女都要生，红枣寓早生。

娶亲队伍沿途若遇村庄、庙宇须点炮、鸣号（订鼓匠者）、奏乐而过；遇河、桥等还得鸣长号而过。到达女方村口，鞭炮齐鸣，鼓乐奏《凤求凰》等曲。女方送亲人员出大门迎接宾客，并按上下手（左为上，主；右为下，客）并列而步行入院内。入室后，由陪亲人员开始"烧茶"接待，与此同时新娘开始换装，梳头（从此时开始梳抓髻，由女变妇），女方家将男方带来的礼仪物品一一收起，并做回赠。离娘馍一对，肋条两根（带肉），喜酒倒出装入红豆，有根须芹菜一颗，喜缘饺子69个，挂面两束，喜鱼吉兔双双返归。一切准备好之后，娶亲人员要赠予女方橱工"道喜钱"，且要"偷"一点桌上的东西。新娘准备上轿（车）出门时，要与母显出依依不舍惜别之势，滴上几点喜泪最佳，父母是忌讳将女儿送出门的。

娶亲队伍回程忌走重道，沿途每经一村都要落轿停留，鸣炮、吹奏，每遇井、石、庙宇、婚丧之事都要以红毡遮挡花轿。

花轿回到村口要响炮，到达大门前，轿口朝向吉日落于地上的红毡上，搀新娘的手提"宝瓶壶"点胭脂的小姑儿（新郎之妹），手捧胭脂盘，走向轿前，轻掀轿帘，由小姑子为新娘点胭脂，搀新娘者将宝瓶壶送与新娘，然后新娘一手怀抱着宝瓶壶，一手牵着搀者的手，走出轿口。由一对童子把黄布渐渐铺开（院落深时，几块黄布交替使用），在一老者手托条盘，边撒谷草、核桃、红枣等物，一边唱诵的引导下，走近旺火。此环节谓之"撒帐""踩黄道"，但

唱诵致辞不尽相同，皆为喜庆顺口、押韵祝福之词句。走近旺火时，是娶亲的最高潮，此时旺气冲天，人声鼎沸，你推我挤，热闹非凡，争看婆婆引着媳妇儿左右各转旺火三圈，边转婆婆还要从碗里用勺舀出油向旺火上浇油，转旺火后，新郎由同辈抱出，站新娘上手，双双站立供桌前，随主持先生的吆喝拜天地，拜高堂，夫妻对拜，此称为"拜天地"。礼毕，新娘入喜房，拉上窗帘，由小姑子服侍洗脸，然后把赏钱放入洗脸水中，由小姑子把水倒掉。接着新娘上炕，将炕四角之物（花生：寓生儿又生女，核桃：辟邪）取出收存，名曰"踩四角"。接着，新娘开始换衣，谓之"脱硬衣"。与此同时，女方送亲人员在男方迎亲人员陪同下，吃"烧茶"，安排"吃小份"。新亲是本日最尊贵的客人，陪客须是新郎的舅舅、姑父、姨夫等，辈分规格要比女方送亲人员高，俗称"陪新亲"。之后才进行典礼仪式，典礼俗称"拜人"，一是宣布礼单，二是新娘认亲，旧时采取新郎新娘跪拜叩首方式，后改为鞠躬，主持人宣布典礼开始，传唤人员进行传达。首拜者为"宾公"[媒人依次为男女新亲（此时嫁妆品要摆放在点礼台前）]、新郎的老爷娘舅、姑姑姨姨、舅婊、姑婊、姨婊、宗族本家依亲情远近辈次进行。典礼拜人之后，新娘再入喜房，要通过"把门要笑"这一程序，需用烟、糖给"要笑"者，但地上的给了，还有站在房顶上的，用线拴个馍馍用棍挑着让新郎抱新娘探馍馍，一探即提升，探不着怎么办？烟糖打点，门外的通过了，门里还有不让进，怎么办？烟糖打点，不在多少，在于红火热闹。新娘入室后接着"坐席"，旧时安排坐席时叫"安席"，这可不是件容易之事，讲究礼数很多，很复杂，不像现在坐席随便坐，旧时安排席位出错麻烦很多，因此，安席需请懂礼数的老者出面。除新亲席外，通常为先外亲、后宗亲，先长辈、后晚辈，最后幼字辈。

晚上则需吃对面饭，亦称闹洞房，对面饭主要由大姐夫组织进行，弟妹等同辈作陪，其间首先要换碟筷，并让女方说："碟子（日）换碟子（日），当年养个有钱子（日），筷子（日）换筷子（日），我给你生

个富贵子(日)。"之后新娘向在座的敬酒,有的说些祝福的话,喝了,而大多数则出个"令子(绕口令)",或出个谜语让新娘说、猜,否则不喝,因多为荤段子或荤谜素底,还有些是因绕"滚嘴"而说成荤的,常会引的一屋子人哄堂大笑,更有让新娘、新郎做些动作,整个场面体现一个"闹"字,"闹"的目的是为了红火热闹。"闹洞房"结束后,新郎新娘还要装枕头,众人离去之后,新郎新娘入洞房,入洞房之后婆婆要观察是否屋外有"听房"者,如没有,要把扫帚头向上立于喜房窗台下。

回门

回门是嫁娶第二天,旧时第三天,也叫"请回门"亦叫"请姑爷",一般由新娘之弟来请,后变为送亲者回去,留下"押轿"的弟弟第二天一同与新郎新娘到新娘父母家,这天是女方家最红火的一天,且是新郎在岳父母门下受到礼遇最高的一天,只有这一天姑爷可坐岳父母家的"正面"。旧时俗有"回双不回单"之说,"双"就是偶数日,"单"就是奇数日。若遇双日,要回当日门,若单日,第二天回男方家。回门之后,新娘要在婆家住够9天,之后回娘家住够9天,谓之住"对九",新娘住"对九"期间喜房不能空着,要生火住人。

第二节　丧　葬

寿俗

寿衣　"人活七十古来稀",寿衣就是儿女们为步入古稀之年的父母提前准备的下世后新穿的衣服。缝制寿衣要在农历闰月年进行,所选之日、月要请阴阳先生择取,缝时可请亲邻中的中老年妇女"全人"帮助。一般为里单外棉,男的多为兰底"寿"字绸缎,女的多为紫色"寿"字绸缎。富裕者男的罩衣加长袍,女的罩衣为罗裙。鞋袜用棉布、麻、棉线缝制,忌用皮革、橡胶、塑料之类制作,做好后一般不随意翻动。

寿材　做寿材所选时间忌讳与缝制寿衣相同,所选材质、厚度依家境而定,富裕人家多用红松木,取红孙之意,普通家庭用杨、柳木,忌用榆木(防后代出愚人)。旧时厚度8寸以上为棺,7寸以下为材,6—7寸叫实垛材,但绝大多数只为2—3寸厚。寿材不论是否同时准备,忌材质不同。做好后大头贴"寿"字,除特殊情况不得移动。

寿葬　选寿葬(未下世前做墓)为个别富裕人家所为,旧时以砖、石碹为主。中华人民共和国成立到2000年前,较少见,到2000年之后造者较多,修造所选时间亦为农历闰月年,择吉日进行。当地曾有此俗,但多数人无论是寿衣、寿材都要等到老人病危,甚至亡故之后才赶制,亡故第三日,"破土""打墓"。

丧葬

批殃　俗称"殃"是人故亡之后的一股不吉气煞。"殃"落何处,只有请阴阳先生推算、指点,落殃处一段时间内不得随意乱动。批"殃"时一并推算出"入殓""破土"、"出殡"时间,及所妨的属相和整个丧葬活动过程中的注意事项等,并将这些内容列成条款,谓之"殃状",写于板上,谓之"殃状板"。挂于院门侧(男左女右)。

入殓　"入殓"就是将亡者遗体安放于棺材内。一般为当日"入殓",多在夜深人静时进行,安放过程中忌呼唤活人姓名、忌放声嚎哭、忌女性参与。"入殓"时,还要请一外姓人参与,此俗一是缘于旧时妇女地位低,有非正常死亡者,为防止亡者娘家人事后追究原因;二是旧时人礼数讲究较多,即使亡者为男性,其舅家人事后也要追究原因。后延续至今。

报丧　亡人入殓后次日,由孝子(旧时由长子)头顶孝布手执丧棒,赴亲属处告知亲人亡故即下葬时间,谓之"报丧"。首报为亡者主(儿)家,男为舅家门下,女方为娘家门下。到被报者院,拄"棒"跪拜告知,入室时丧棒立于门后,脱孝帽进入。

破孝　人死后,当地风俗,孝子们要外穿白布"孝衣",缝制孝衣谓之"破孝"。其穿戴规矩很多,子女、媳、孙、孙媳为"重孝",不但穿孝衣而且带麻辫,谓之"披麻戴孝",孝帽、孝衣,男女有别,麻辫根据生者父母生死情况,亡者性别不同,亦有所区别。从孝衣、孝帽上的标识,肩上披的布的颜色还可区别戴孝者与死者的关系。

取水　亡人逝后第三天,时近中午时,孝子要抬上人们送的帐子,手持丧棒,到村中井边举行取水仪式。先焚香、焚纸、跪叩,后从井中打水。之后烧放鞭炮。此水,取回放于家中,待埋葬前一日安家时置于墓中放的小水缸中。

瞭儿女　亡人逝后第三天中午,孝男孝女以长幼逝者主(儿)家在前,跪灵前敬香烧纸,俗称“三天”“瞭儿女”。

开光　就是在人死后的第三天晚上将棺打开,亲属最后瞻仰遗容。其在于:一、让未赶上入殓看到遗容之亲人看一下亡者;二、让亲人最后再看一眼亡者;三、旧时妇女地位低,有的妇女非正常死亡,所以主(儿)家人通过开光要查一下死因。因此开光主(儿)家是必看之人。开光时孝子要用棉球蘸上水给亡者洗眼,之后,须得主(儿)家同意后盖棺固定,谓之“掩银钉”。孝子或他人边执斧敲打银钉,边呼让其父(母)躲开,意即怕钉伤着父(母)的阴魂。

破土　“破土”即打墓的开始,通常在人死后第三天进行。由阴阳先生点穴择定,之后由孝子在坟地的后土神位前烧香烧黄表祭祀后,再在本坟地祖坟封土前祭奠,然后在本墓穴前烧纸,用一银器划定墓穴方位,即开锹破土。第一锹土由长子挖起后送放在后土神位前(下葬后要再铲回),破土仪式结束。

打墓　破土之后方可打墓,如当日不成时,完工后要用黍子头去粒做成的扫帚将打墓者脚印扫掉,在墓穴内放一块木炭。墓穴中亡者棺大头对的方向壁上还要挖一小方洞,用以放置为亡人安家时之物品。打墓同时,进行棺材漆画。

纸折　为亡者做的阴间所用之物,院落,由孝子出钱制作,其余金银摇钱树、金山银山聚宝盆、花圈引魂幡等等由亡者女儿、外孙女儿、侄女儿出钱制作。所做之物也因时代发展而变化,现在除传统的外,社会上出现什么新式的东西,纸扎里都能看到,如小汽车、大彩电、手机、冰箱、楼房等应有尽有。

辞灵　逝者入殓后,棺材放在室内(旧时称不能在院外数星星),在出殡的前两天要把棺材移出院中临时停棺的地方,移灵在当地称“接纸日”,该日凡参加葬礼的亲朋都前来吊唁,俗称“吊孝”。接纸的第二天是“辞灵日”,旧时该日的仪程有:上午“走祭”“取水”“大家纸”,中午坐席,下午“安家”,晚上“送灯”(定鼓匠才有此仪式)。送灯回来,男孝子在院门外,女孝子在院门内烧纸,谓之“接灯”,接灯之后孝子不离灵柩,叫“守灵”,轮流不断地放声嚎哭,叫“吵灵”。夜里女儿、侄女、外孙、外孙女等出钱让鼓匠吹,称“坐夜”,五更时儿媳们还要用入殓时剪下的寿衣底襟或一块红布摸棺材底,谓之“摸财”。鸡鸣前,长子夫妇要将棺材稍移动,谓之“醒灵”,随之从灵前,边退边扫至大门外十字路口,烧一纸车,谓之“开路”。

出殡　出殡也叫“发引”,俗称“起灵”。起灵要选吉时,起灵前全体孝子要对亡者举行最后一次跪拜,烧香烧纸,当阴阳先生将灵前的捞饭碗用菜刀砍碎后(谓之折碗),全体孝子即嚎哭扶灵而起,长子用背背棺材大头中央,其他孝子各扶大头两侧,侄儿外甥扶两侧,孙子、外孙扶棺材小头,抬向灵车。女孝子们边哭边跟随后边,长孙扛“灵幡”(俗称幡儿杆)跟其后,旧时女孝子面前还有一层用麻编织的网状物,谓之“眼纱”,为干嚎无泪者、不悲痛者做遮掩之物。沿路还要由女婿抛洒纸钱,待达烧亡者枕头处,灵车停下,女孝子们将身上孝衣及麻辫脱下,由各自的娘家人或他人为其头上系一块蓝布,谓之“收头”。不到坟上的男孝子亦脱孝服,之后返回,只有埋亡者之孝子不脱孝服去坟地,返回之孝子孝衣忌从门入,要越墙扔入院内。到坟地之孝子们埋完死者后脱孝服,回去后孝服越墙扔入院内,进门时,门前摆一桌,桌上放一刀、一水碗,用水擦一下眼,摆弄一下刀,吃一口馍,之后进院,谓之“刀割水洗”。

下葬　就是把棺材安葬于墓穴内,下葬前,长子要把内装猪羊骨肉、上盖黄糕的陶瓷器皿“衣饭钵儿"置于穴壁小方洞内。然后把两根小圆木放于墓底，俗称"财滚"，接着把棺材放入墓穴，棺材顶部放有死者生卒年月之生砖板瓦等，如亡者之夫（妻）已于之前逝，则由妻之兄弟或妻娘家其他人将两只棺材用红布合盖在一起，俗称"合葬"。埋葬时，由亡者长孙扛幡（儿）杆在地面沿墓口左右各绕三圈，插入墓穴亡者脚蹬部位，其他人挥锹填土，边填土边不时要把幡（儿）杆拨一拨，意思是怕幡（儿）杆活了，幡（儿）杆活了家中活人不兴旺。填埋好以后，要把"破土"时挖取的第一锹土铲回，放于坟头最高处，随即敬香烧纸，名曰"谢后土"。整理好坟封土之后，将纸折摆好后一并烧掉，脱掉孝衣，孝子只脱上衣返回。

复三　旧时故者葬后第三天，子女要到坟上整理坟丘封土，谓之"复三"，也叫圆坟。现绝大多数因工作忙改为第二天圆坟，还有正好遇第二天要过年等特殊情况，埋完之后，走出坟地，再返回圆坟者。

过七　从故者死亡之日算起，每七天为一周期，第一周期谓之"头七"，直到"七七"为止，俗称"近七"，每七的第七天晚上都要烧纸，"三七""近七"，还要举行祭奠仪式。

百日　故者死后一百天，俗称"百日"，旧日百日内孝子有不理发不刮脸之俗忌，该日儿女们要聚在一起，去上坟，并要在家里会聚祭奠。

周年　故者逝去一年，要举行祭奠活动，谓之"过周年"，逝去三年举行祭奠活动，谓之"三周年"。旧时过三周年时，富裕人家举行的祭奠活动还非常隆重，请鼓匠在家、坟地吹奏。三周年过后，整个丧葬活动才算正式结束，对死者的祭奠转入传统习俗中的上坟。

第三节　寿诞　喜庆

庆生

旧时当地自然条件差，人民生活艰苦，医疗条件更差，婴儿成活率低，孩子顺利健康的成长，是家长的最大心愿，因此从孩子出生起每成长到一个关节点，都要举行仪式，加以庆贺，直到长大成人。

生孩子是旧时妇女的一道关，也是人来到这个世界上过的第一道关，顺利生产，母子平安，便是喜事因受重男轻女思想的影响，首胎生男孩，更是举家庆贺的大喜事。在孕妇生孩子的一个月内（俗称"坐月子"）的第十天，亲戚朋友、左邻右舍都要携礼来看望、祝贺，俗称"打听月子"。

孩子出生第一天，因母乳未下，要选请"开奶的"，第三天要"洗三"；生下12天后要过"十二天"，设席请"打听"坐月者前来庆贺。到婴儿出生满30天（男29，女30），俗称"满月"，要请"月子"里"打听"者和亲朋为孩子过满月，满月之后产妇要抱孩子去娘家为孩子"挪尿窝"。婴儿出生第一百天，要举行规模较大的庆贺仪式，俗称"百岁"。参加庆贺者要送米（祝孩子能活像米粒那么多的岁数）和五色锁线。"百岁"的最高潮是为孩子套"面圈"（俗称面圞圞），边套边依面圈上所捏"九石榴（实留）、二佛手（佛守）、守着亲娘不再走，茄子虔住（虔：方言赖着不走）、鹅子讹住、莲花连住、锁子锁住、滑鱼吉兔，活个没数"。过百岁时还要为孩子戴长命锁，旧时一般为银质，现人们生活条件好了，有戴金锁者。第一胎（头生）为男孩或"缺见""娇养"（男孩少女孩多的家庭），该日为孩子剃头时还要在脑后留一小绺头发，称"扎根儿辫"。

生日　孩子长到一周岁时，一般都要为孩子举办过生日活动，头胎或"缺见""娇养"的孩子，虽较过百岁简单，但亦比较隆重，俗称"大过"。过生日时孩子姑姑要在蒸糕时开始为孩子做鞋，到炸完后要做成，谓之"赶嘴鞋"，意为长大成人后在别家吃好饭时能赶上。俗有"姑做鞋，姨送袜，姥姥的肚兜，妗子的裢"。过周岁生日时还要将笔、算盘、书、食品、剪刀、钱等物品置于孩子面前，让孩子抓取，名曰："抓周"，以此预测孩子成人后兴趣爱好、职业取向。

圆锁　孩子长到12周岁时要为孩子举办庆贺仪式，谓之"圆锁"，要对过百岁时戴的长命锁进行开锁仪式，还要剃掉"扎根（儿）辫"。圆锁其实是当地民间的一种"成人"仪式。此俗一直延续至今，旧时及中华人民共和国成立之初到1980年前，其规模仅限亲戚及少量朋友，庆贺日亦定在孩子12周岁生日这天。1980年之后，特别是进入21世纪，其规模越来越大，宴席也由在家里举办，变为在宾馆、饭店举办，圆锁之日也非其孩子12周岁生日这一天，大操大办，有的超过了婚庆规模。圆锁之后，生育庆贺礼俗基本完结。

庆寿

当地有为老者过生日的习俗，俗称"庆寿"或"祝寿""贺寿"。旧时亦有50岁庆寿者，随着生活水平的提高，人们岁数的普遍增加，现一般为60、70、80岁进行庆寿。庆寿只有50岁以上者可为，以下只能过生日。

其他

当地有盖新房上梁、乔迁新居、商铺开业请亲邀友设席庆贺的习俗。新中国成立之后，20世纪80年代以后参加工作、参军等也有庆贺的，到2010年之后更有孩子考入大学之后庆贺的。

第四章　禁忌陋俗

第一节　禁　忌

门禁　初生婴儿,在街门的门首插干草(谷子秸秆),上用红布系炭和大蒜,意:能打会算。生男插左首,生女插右首,以示家中有坐月子妇女和初生儿。忌陌生人入室,忌大牲畜从房前屋后过,俗称怕踩着孩子。女儿忌在娘家与夫同房。出聘闺女忌在娘家过年、过中秋节。女分娩未出满月忌回娘家,更忌在娘家生小孩,孩子满月后方可到娘家,俗称挪窝。忌披麻戴孝入他人室,丧事报丧时需脱掉孝帽入室。抬棺材忌碰门。探视病人忌下午和晚上。院门忌向北开,如开则属万般无奈。起房盖屋忌屋门与院门正对。

食物忌　大年初一忌食荤,初三、初五忌生米下锅。探视病人忌送梨,吃梨忌用刀切分着吃。小米稀饭忌与八宝粥(俗称红稀粥)掺和到一起喝(怕红事与白事遇到一块),孕妇忌吃大牲畜肉和兔肉,怕难产和生兔唇孩子。

借物忌　借药壶、火罐忌还,需原主或他人用时自取,借盆、笼忌空还。

婚丧忌　旧时男女婚配先看八字,忌属相、大相不对,主要为龙虎、牛马、羊鼠、鸡狗、猪猴,俗称"金鸡不遇狗,白马怕青牛,龙虎两不合,羊鼠不长久,猪猴泪常流"等说法,也有"鸡犬不宁,马牛不合,龙虎斗"等说法。忌潘杨结亲。春节、中秋节忌婚嫁,忌新娘与新娘相遇,如碰面、相遇则要相互交换随身手帕之类小物品,迎娶新娘忌遇井口、婚轿(车)丧车、大树、巨石、庙宇、坟墓等,如遇用红毡(毡上缝一小块红布)遮掩。现因街面下水井口多,多采取井盖上用砖石压块红纸的办法。新婚宴席间忌吵嘴打架。迎娶新娘看热闹者忌看新娘上下轿(俗称怕妨着,新婚之日特别是新娘下轿(车)时忌狗打架,娶亲忌用驴、骡(驴脾气犟,又称"鬼毛驴",骡为无后之动物)。迎娶新娘忌走重道。重孝百日内忌理发、刮脸。家有丧事者当年过年忌贴红对联(旧时当年为白,第二年为黄,第三年才贴红对联)。同在一个祖坟,宗族有亡者,年内忌刷房扫尘,忌院内动土(指起房盖屋等工程)。未满12周岁的男孩离世忌入祖坟,人卒于外地忌入村进院,亡者三日内忌停放室外(俗称数星星)。孝衣忌脱后放于柜顶上。为死者入殓下葬时忌互唤参与者姓名,忌将毛皮、毛织品纽扣、铁器等入棺内。死者入殓后忌棺木着地,下葬时忌妇女参加。

生活忌　忌戴手套与人握手。忌骑车、骑马问路。忌对着人泼水。吃饭时忌用筷敲碗,握筷时忌食指不握筷而指向前方,端碗时忌用手掌把碗底放于手心(俗称乞讨者才用此方式)。做客时忌先动筷,请客时忌主人先放筷,客人正吃饭时忌问客人是否喝水(汤),家中来客忌打骂孩子,男人忌让妇女拍肩,交谈时忌用手指指着对方。玩耍、闲谈忌站坐当路,民间有"好狗不在当路卧"。用油炸过节食物时忌小孩在近前,闲杂人员忌说"完"了。炸制时油溢了忌用嘴吹或大声叫,悄无声息地用勺舀,舀出越多越好。出嫁闺女忌从娘家拿扫帚,忌在娘家缝被子,忌在娘家给小孩理发。妇女忌坐在锅台上、柜顶上。忌明着从近亲家里把小狗抱回自己家养，偷着抱走时要往水瓮里放钱。做客时，忌碗里太满。生孩子未满月的产妇，忌进别人家。客来，忌说又来了，客在，忌扫地、泼水，客走，忌立即扫地、泼水。吃饭时忌发出太响声音。忌用筷子夹这个盘里的，眼里还盯着另外盘里的。吃饭时晚辈、妇女坐桌子的侧面，忌坐"正面"。桌靠后墙时北为正面，桌在靠南窗户的炕上，南为正面，妇女忌双腿叉开把碗放在裆里吃。戏院舞台，忌坐北朝南。"逢九"，忌见死人、棺材。倒水，忌对人而泼。小孩，忌农历三月剃头。同排盖房，忌东低西高。厕所、猪圈，忌建于宅院东侧。小孩晾衣物，忌星辰，谓之怕落贼星（流星）。妇女忌代奶比自己孩子大的孩子，怕抢奶。送礼忌送"钟"。旺火忌说"点"，应说"发"，发着旺火忌塌。夜行，忌左顾右盼，俗称夜行每人肩上有两盏灯，左右扭头会弄灭。送人东西，忌四、六、八、十二数字。扫地时，忌把杂物直接扫出门外，而应扫到簸箕里再倒掉。

节忌 过年接下神之后忌扫地洒水，过节、婚庆忌打碎盆、碗。初二接财神要敞开大门，忌开箱柜，只许招财进宝，不准财源外流。初三忌不迎喜神出门儿（走亲戚），初五忌针、忌打炭，怕捅开穷眼、凿开穷窟窿。腊月初八吃红稠粥，忌日出后吃，怕得红眼病。除夕夜兴熬夜，如睡觉忌脱衣服。每月初五、十六、二十三忌出行、探病。正月里多忌针日也同时忌剪；初一不忌忙一年；初三不忌"孤"、死父母、丈夫；初四不忌"寡"（守寡）；初五不忌扎"穷窟儿"；初六不忌生"六指"；初七不忌"生疮"；初八不忌生"秃"孩子；初九不忌生"豁牙"孩子；初十不忌"折指"孩子；十二不忌生"罗圈腿"孩子；十四不忌生"眉秃"孩子；十五不忌生"点脚"（腿瘸）孩子；小添仓（二十）、老添仓（二十五）不忌生"苍瘆"（白毛孩子）；二十三忌洗脸、干活（包括忌针），俗称赤脚打板要一天。相关谚语有：三孤、四寡、五穷、六指、七疮、八秃、九豁牙。忌针日大部分是指辛苦一年的妇女，生出许多孩子，不动针线，利用过年休息几天，中间也有不忌之日，为的是万一有需要缝

补的东西而专门空出。谚语：过了老填仓，羞死懒婆娘。进入二月仍有忌针日，"二月二，扎龙眼；三月三，贼来攀；二月四，贼栽赃"。但忌针日各地也有不同的禁忌，民间也有十里不同俗的说法。

语忌 过节、过生日、婚庆忌说不吉利的话，忌吵嘴，小孩忌说"肉"（胖），应说好膘膘，忌说能吃（饭量大），怕怪着。吃饭时忌说狼，应说"怕怕"。家中老人生病忌说病，称不精神。老人故去忌说死，称老咽了、没了、走了。炸制过节食品忌问完了没有、有没有了之类的话。丧事忌说埋，称打发、安顿。遇人下楼时忌说下，称出去，遇家长忌说其小孩丑。忌直呼长辈姓名、乳名。见长辈忌直呼你，称您（方言您儿），与他人谈起长辈或旁指时，称怹。对残疾或有其他缺陷的人，忌触及有关的字词（有秃的护秃，有瞎的护瞎）。

职业忌 医生看完病忌说让人再来，铁匠忌让人坐其门槛，经商忌提"黑"字。

迁居忌 搬家忌天坑，有季天坑和月天坑之分，主要忌端锅，端锅忌红日，即日出时端走，锅笼一块儿端，笼里点灯（现在放手电筒）搬走后自己收拾好原居，忌自己搬走后马上让别人扫。

称谓忌 对匠人、艺人忌直呼其名，应称"师傅"或姓名后加"师傅"。忌对长辈直呼其名，青年人忌称老年人"老头""老板""老家伙"之类的不雅之语，应称大叔、大爷、大婶、大娘。

第二节 陋 俗

缠脚

缠脚盛于明代，时有"大同婆娘，蔚州城墙，宣府教场，朔州营房"和"大同尖，益阳平"之说，都是说大同妇女的脚。到清代大同县境内乡村几乎无女不缠脚，且以小为美，以脚之大小分贵贱美丑，谓之"脚小遮百丑"，并美其名曰"金莲"。三寸金莲成为当时男子择偶的重要标准，相亲也是先看脚后看长相，"金莲"重于容貌姿色，民间小戏《老少换妻》就是对此的绝妙讽刺。在当时的社会氛围下，纵然

皮破骨折,伤肤断筋,也要缠出一双小脚来,你小我更小,正所谓"要想人前显贵,还得背后受罪",比唐代的以"胖"为美要更残酷。

一般女孩从六七岁身体正发育、骨头正嫩时开始缠脚,缠脚不是随便而缠,有一定程序,选福寿双全有经验技术的老妇人,择吉日(一般在女孩的生日)把脚洗净,修剪指甲,撒明矾,坐于小凳上,用长长的缠脚布(俗称裹脚布)一层一层缠绕,先右脚,后左脚,先缠足趾,次缠外脚骨,最后把全脚缠成弓形,足心凹陷,脚背隆起,除拇指外其余四指都应尽量压于脚掌下,民间有"小脚一双,眼泪一缸"之说。中华人民共和国成立之后,缠脚彻底根除。

方术

即看相,测字,打卦,算命。新中国成立前,乡村百姓做何事,都让"二仙斧"(算卦先生)看一看,算一算,求得心安。1960年中后期,"文化大革命""破四旧",打"牛鬼蛇神",摆摊算卦基本绝迹。

巫

也称"大仙爷""仙家",多为中年妇女,也有男子,自称仙人附体,有的还不止一位仙人。求仙问事(病)者来后,先请大仙上身,然后供好烟茶再焚香。之后便哈欠连连,摇头晃脑,身上打一"冷疙瘩",表示仙家已上身,然后用一种唱调来说教。语气双关,半吞半吐的语言,问事答解,有的因求者不解或语言含糊不清听不懂,旁边还有专门帮腔问话、解释之人。新中国成立后,特别是"破四旧""打牛鬼蛇神",巫术绝迹了。

赌博

主要有押宝、打麻将、扔骰子、耍纸牌等类型,新中国成立前,此风遍布乡村,有的为此倾家荡产,新中国成立后予以反对、打击,只玩纸牌,为部分妇女为之,但亦东躲西藏,不敢明目张胆。近年来耍麻将的居多,并专门开设麻将馆以供消遣娱乐。

抽大烟

大烟,俗称"洋烟"。1949年前,抽大烟的遍布乡村,且有大面积种植,抽烟的是男多女少。抽大烟抽上瘾后,有人抽得倾家荡产,卖儿卖女卖老婆,弄得人财两空。新中国成立之后,严厉管治下,该恶习有所好转。近年又有所抬头,多部门联合防控。

第五章　民间信仰

大同县全境处于塞外要地,长期处于战乱之中,加之自然条件差,旱、风、冻、雹、虫等多种自然灾害并存,人民长期生活在灾、乱的环境和对自然的愚昧认识当中,居无定所,因此把对安居乐业的希望寄托在依靠神灵的保护,神灵崇拜成为人的精神生活和日常生活的重要组成部分。上至玉皇大帝,下至十殿阎罗。风有风神,雷有雷神,火有火神,水有水神,马有马神,牛有牛神,念书拜孔子,下雨求关公,久旱请龙王,求子拜观音,送子请娘娘,进家有门神,吃饭有灶神,户户接财神,人人迎喜神。

大同县境内大小村落几乎都有大小不等的寺庙。数量如此之多,所尊所崇所敬的神如此之多,一则村落所处地理自然环境不同,因此所敬之神也就各尊所需,二则商贾来自四面八方,也带来了各种家乡的庙宇文化。因此所崇拜、供奉的神也就比较多,几乎可涉及到生活的方方面面。崇拜自然神的庙有:龙王庙,雷公庙,风神庙,火神庙,河神庙,井神庙,土地庙,城隍庙,五谷神庙等;崇拜天神的庙有:三官(天官、地官、水官)庙,玉皇阁,四季天王殿,文昌阁,魁星楼,观音庙等;崇拜人神的有:关公庙,孔子庙,白娘娘庙,奶奶庙,崇祯皇帝庙等;此外还有许多与堡有关的庙。除此之外,民间还有许多日常生活中崇拜的俗神,如送子娘娘、曹奶奶、财神、喜神、土地神、灶王爷(灶神)、灯娘娘、牛王、马王等。有的虽未建庙,但却家家崇拜,日日相敬。因大同县境内十年九旱,自古经济落后,人民生活贫苦,因此在对诸神的崇拜当中,对龙王、关公的崇拜尤盛,对财神、喜神的崇拜更盛。前者因自然的原因,人无法改变,而把希望寄托于神灵,后者因经济原因,把美好愿望寄托在神灵的保佑中。在对诸神的崇拜中所体现的是一种愿望和祈盼,只能说是一种信仰,谈不上宗教,但这种信仰中道教色彩较浓。到中华人民共和国成立之初,几乎村村有庙,"文化大革命"期间,破"四旧",庙宇、殿阁尽毁无存。到2000年昊天寺、地藏寺、灵安寺、凤龙寺、普渡寺、三官庙等重建。

第六章 方 言

第一节 方言简述

大同县,位于山西省北部,桑干河中部边缘。悠久的历史,独特的地域,沉淀了丰富的具特色的"方言"。按语系分,大同县方言属于晋语。就全部晋语来说,按大范围,大同县方言属于大同包头片(主要分布在山西北部和内蒙古中部);按山西境内的晋语来说,大同县方言与大同市区、天镇、阳高、左云、右玉、山阴、怀仁等区域同属于以大同为中心的云中片。而浑源、灵丘方言就列入山西方言五台片,广灵方言属河北语系,列入北方官话区。

大同县方言有五个声调:阴平、阳平、上声、去声、入声。普通话只有前四声,没有入声。大同县方言的入声带了一个喉塞韵尾,所以发音都很短促。大同县方言虽然保留着入声,但是古代读入声的字有一部分在大同县方言里已经不读入声了,例如:粥、拉、杂、盒、敌、白、眨、给、肉、目。

大同县方言根据有无 zh、ch、sh 这三个声母而分为两类。一类大都有 zh、ch、sh 声母,称为老大同县话,主要分布在大同县的东部地区。一类大都没有 zh、ch、sh 声母,称为新大同县话。

第二节 大同县话的语音

在语音方面,大同县方言和普通话韵母差别较大。普通话有 39 个韵母,其中有 20 个韵母大同县方言没有。主要包括 16 个鼻韵母和 ai、ei、uai、uei。

汉语是有声调的语言。声调在汉语音节当中能够区别音的高低。中古时有平、上、去、入四声。入声是一种喉收塞音韵尾的声调。

今天汉语普通话中,入声已舒化并归入其他几类声调中。而汉语方言中,入声却不同程度地得到保留。属山西晋语的大同县方言存在中古入声。大同县话的入声自成一个调类,独立而稳定地存在于大同县方言的声调系统中。大同县话入声韵尾已合并,收喉塞音韵尾。

入声只有一个,不分阴阳。入声韵母系统也大为简化,只剩下两组八个入声韵。中古的入声字在今大同县方言中绝大多数保留着。

入声读法,也有些已经完全舒化,归入其他四调。还有部分字为入舒两读,呈现出入声向舒化发展的过渡性状态。

尽管如此,总体上看,大同县方言的入声仍以一种较为稳定的姿态存在着。同时,有一部分中古的舒声字,在今大同县方言中也读成了入声,即所谓"舒声促变"。这种促变现象虽表现于语音方面,却没有区分语法功能和意义的作用。这种现象可能与音节的急读和轻读有关,也可能是部分上古入声的遗留。语言是不断发展的,舒化是大同县方言入声发展的趋势。

在普通话的影响下,它必将继续舒化下去直至完全消失,大同县话的声调系统将呈现舒声声调的格局。当然,这种变化是逐渐的漫、长的,入声在一定时期内还将继续存在。

第三节　大同县话的特点

1. **在词的结构方面**　大同县方言有不少带词头"圪、忽"的词，带词尾"达"的词，也有不少合音词、分音词。带儿化音的词比较多。大同方言中有许多四字格，大部分用来表达贬义，这与四字格的结构形式有关。这些结构既有附加式，又有复合式。贬义性是大同县方言四字格主要的语言特色。

2. **在语法方面**　大同县方言多数时候不用表示疑问的语气词"吗"，凭语调来表示问句。并且还有一些特殊的副词、介词。

3. **儿化音**　儿化是大同县方言中一种非常重要的语言现象，通过比较大同县话和普通话，使我们认识到大同县话儿化的特点是基本韵母儿化后趋于相同，儿化韵母比普通话少，儿化词比普通话多，儿化在方言中有不可忽视的作用。大同县地处山西北部的塞外高原，大同县方言是晋语大同片的代表，儿化是大同县方言的一种突出语言现象，是造成大同县方言地方特色浓郁的一个重要因素。与普通话儿化比较，大同县话的儿化现象在语音、词汇、语法各方面别具特色：大同县方言有 37 个基本韵母，除卷舌韵母 r 之外，36 个韵母均可以儿化。基本韵母被儿化后，把有些原来不同的韵母变得相同了，形成了 14 个儿化韵。其中舒声韵、入声韵音变情况不同，也表现出不同的语音特点。"人类语言结构之所以会有种种差异，是因为各个民族的精神特性本身有所不同。""只有语言才适合于表现民族精神和民族特性最隐蔽的秘密（民族智能特性），需要到每一种语言中结构中去发现"。依据此话可以看出：总的来说，相对于南方的言语，大同县的方言比较直率，且大同县方言的口音也很直白，很少有南方语言的那种温柔缠绵的感觉，甚至很少有需要舌头卷曲起来发的词语。语言与风俗是密不可分的一个整体，也许，大同县方言的这些特点就是由大同县淳朴爽快的民风造就的。

第四节　大同县话词汇特点

一、大同县方言有很多以"圪"作词头的词。"圪"是大同县话里最常用的一个词头。它常常加在一些单音节的名词、量词、动词、形容词的前面，构成双音节词。

带词头"圪"的名词如：圪台、圪棱、圪角、圪崖、圪疤、圪蛋。

带词头"圪"的量词如：圪截儿、圪节儿、圪绺儿、圪堆儿、圪撮儿。

带词头"圪"的动词最多，例如：圪吵、圪怯、圪爹、圪抓、圪嚼、圪卷、圪摆、圪叨、圪瞪、圪沓、圪扭、圪肋、圪爬、圪翻、圪躺、圪挤、圪蜷、圪眨、圪谄、圪颤、圪揉、圪挪、圪摇。带词头"圪"的形容词如：圪腥、圪朽、圪腻、圪瘆、圪搐、圪蔫。

带词头"圪"的词有不同的重叠形式：一是"圪×圪×"相当于"×一×"。"圪涮圪涮"相当于"涮一涮"，"圪挪圪挪"相当于"挪一挪"，"圪挤圪挤"相当于"挤一挤"，"圪转圪转"相当于"转一转"。二是一部分"圪×"式动词可以重叠成"圪××"式，并在"圪××"后带个"的"字，具有形容词性。如："他这会儿长得圪晃晃的了"。三是一些"ABB"式形容词可以嵌进一个词缀"圪"，构成"A圪BB"式。如急圪念念、稠圪洞洞、白圪生生、新圪棱棱。

词头"圪"的作用，主要是把一个单音节词变成了双音节词。

词头"圪"作名词时，隐含有"小"的意思，如：圪弯、圪角、圪头。作动词时，表示的动作具有短暂、轻微的特征，如：圪摇、圪颠、圪眨、圪晃、圪闪、圪挪。

具体哪些时候需要加"圪"受习惯制约。稍微躺一会儿，可以说成"圪躺一会儿"，睡、说、唱、哭、笑前不能加"圪"，但"哼"可以说成"圪哼"。

二、大同县方言一些动词带词尾"达"。带有词尾"达"的词，附加了一种随意、随便的色彩，一些不用于庄重的场合。常见的带"达"的动词有：跌达、端达、背达、磕达、哄达、包达、抱达、刨达、碰达、拍达、逗达、颠达、叨达、推达、踢达、蹦跶、编达、抢达、凿达、诌达、戳达、说达、扇达、喝达、揪达、挤达、抖达、试达、摇达、骂达、夸达。

三、大同县方言一些动词带后缀"活"。如：抢活、比活、摆活、参活、撇活、晾活、难活、好活、贼活……

四、大同县方言一些动词带后缀"切"。如：挖切、刻切、抠切、割切、啃切、剥切……

五、大同县方言一些动词还带中缀"格、不"。中缀部分一般用在形容词和它辅助成分的中间。比如，"格"中缀：金格愣愣、蓝格莹莹、脆格生生、凉格荫荫、紧格蹦蹦、清格粼粼……"不"中缀：赤不溜溜、土不混混、涩不粗粗、愣不悻悻、小不分分、臭不哄哄……

第五节　大同县方言中的程度词特点

大同县方言的表示程度的词，一般主要包括以下几种方式：1. "挺"。大同县方言表示程度"很"时，用"挺"。如：挺贵、挺多、挺热、挺结实、挺不赖。2. "×了个X"。相当于普通话的"非常X"。如"热了个热"即"非常热""多了个多"即"非常多"，"日脏了个日脏"即"非常日脏"。3. "再没肘（偶）A"。相当于普通话"特别A、最A"。肘即"这么"的合音，偶是"那么"的合音，分别表示现在和过去时态。如"再没肘热"即"特别热"，表示现在天气热的程度，"再没偶贵"即"特别贵"，表示过去买卖东西价格高的程度。4. "习"。大体相当于普通话"特别、非常"。如："那个人习软""那根棍儿习长"。5. "可"。三种程度：一是"可"读ke时，表示程序减轻，如"可疼啦"是"疼得轻了"；二是"可"读入声调，在大同县话读成"客"时，表示很、非常的意思，"可冷呢"即"非常冷"；三是"可"读成ká（在去声字前）或kà（在非去声字前）时，相当于"特别"，如～甜着呢、～远着呢、～长着呢、～多着呢。6. "过"。相当于普通话"格外"。如"那天气过冷，可把我冻灰啦""那男人过懒"。有时也说成"过逾"。7. 称

山崖为挨［音］，一般叫挨头，如，鸦儿崖［挨］，红石崖。

第六节　大同县话介词特点

大同县方言除有一些普通话中的介词外，还有一些特有的介词，这些介词主要包括以下几个：1. 迎。相当于普通话"从""向""朝"。"他迎南来，迎东走啦"。2. 赶。相当于普通话"比"。"我赶他快""张三赶李四岁数大"。3. 评。相当于普通话"比"。"我评他胖""今天评前天冷"。4. 往。表示朝、向的介词。大同县话读"屋"，如"一直往里走，再往东拐"。5. 辟。有时相当于"照"，"辟脸唾了他一口"。有时相当于"从"，"辟手把瓜刁走啦"。6. 串。有时相当于"从"。"串房上跳下个人"。有时相当于"向"，"那只狼串山坡下来，串河沟跑啦"。

第七节　大同县话动词特点

一、大同县方言有一些动词以"忽"作词头。大同县方言中"忽"作词头的一般是动词，用法大体与"圪"相同。如忽撩、忽搅、忽舔、忽转、忽颠、忽跳、忽眨、忽颤、忽扇、忽闪、忽参、忽甩、忽揉、忽绕、忽悠、忽衍。带有词头"忽"的词的重叠式和带有"圪"的词的重叠式大致相同。"忽"词头大同县方言中"忽"作词头的，用法大体与"圪"相同。前缀部分一般用在动词和形容词的前面，也有用在名词和象声词前面的。带有词头"忽"的词的重叠式和带有"圪"的词的重叠式大致相同。比如，忽撩：挑动；忽悠：鼓动；忽抖：抖动；忽揉：扭动；忽捞：捅咕；忽拉：划、画；忽扇：反复扇动；忽跳：上下跳动；忽颤：上下颤动；忽搅：搅和拨动；忽摇：摇晃松动；忽抽：伸缩乱动；忽甩：一甩一甩的样子；忽眨：眼睛不停地睁闭；忽闪：一眨一眨的；忽转：无目的地转；忽戏：撩逗、引逗；忽揣：对付、应付；忽衍：摇晃溢出；忽绕：无目的地走来走去；忽舔：舌头一舔一舔的；忽撒：尽情玩耍；忽栏：指一片一片的；忽沓：指物体破旧

变形但将就能用;忽拉盖:做事损人利己但很会骗人的人;鬼忽拉:滑头;忽松咬沓:不严实,不牢固;忽里了拉:连续的响动声音;忽摇倒怪:摇晃、松动。

二、大同县方言有些词以"日"作词头。"日"(音:ri),在大同县话中有两个读音,年月日的"日"读去声,做词头的"日"读入声调。如:日怪、日哄、日吹、日撅、日能、日脏、日精、日粗、日显、日恶。这些词多数是形容词,少数是动词。同时词头"日"附加了贬义的色彩。比如,

日哄:欺骗,哄。例:你这个家厮,在秤上日哄人呢。

日玄:离谱,过分。例:不大点点儿事,叫他一说就日玄了。

日怪:离奇、奇怪、出奇迹。例一:你说这车一开到岗楼就灭火儿,真日怪了,莫非它也怕警察?例二:就你现在三天打鱼两天晒网的,不好好儿上学,能考住大学那才日怪了。

日脏:肮脏、数论、骂。例一:家里别提多日脏呢,进了屋苍蝇嗡嗡乱飞呢。例二:你说你办了那叫的啥事儿呢,让人家妈来了可日脏一气。

日粗:吹牛,说大话。例:快甭日粗了,你那点底底儿谁不知道。

日搅:糊弄。例:你干点儿活儿就日搅呢,你看你这家打扫的,圪叽圪捞的圪闹还在呢。

日撅:骂脏话。例:你做上甚没理的了,还管人家日撅你呢(捏)。

日恶:恶毒、厉害。例一:今天看电视,有个孩子把他妈给杀了。你看看这孩子多日恶呢。例二:七月份的日头可(喀)日恶呢。

日馕:吃,拼命地往嘴里塞食物。例:营生没做多少,吃顿了,三盆子十八碗可(喀)能日馕了!

日囔:嘟囔,小声埋怨。例:有意见大声说,一圪儿(自己)在那儿日囔啥呢。

日鬼:弄,使花招。例一:刚刚买的半导体没声了,就是这小家伙日鬼的了(兰)。例二:你这事儿没办成,就是有人日鬼的了(兰)。

日能:能耐、手巧。例一:二圪蛋会修电脑,看人家孩子多日能呢(捏)。例二:人家他爹挺日能的,硬把孩子的"农皮"脱了。串话:地球没人了,显得你也日能了。

日显:谝示、显露、表现。例一:就这点东西还拿出去日显啥呢。例二:别人都没做声,你唧啥嘴,就日显出个你来。

日虚:自负、露于外表。例:有上(什)俩钱,可(喀)日虚呢(捏)。

日蓝:指责、反复絮叨。例一:今天让领导可(喀)日蓝一气。例二:就那一宛子话,日蓝了一上午。

日凶:声势大、说得严重。例一:盖个小房房儿,弄来这么多人,人马三惊闹了个日凶。例二:一个头疼脑热,让大夫一说那可就日凶了。

日嫌:嫌弃。例:人老了,能带脘涎的,就是儿女们再好,日子长了也日嫌呢(捏)。

日撅:训斥、骂脏话。例:做上(什)没理的了,可(喀)叫人家日撅灰了。

日怂:无力、不结实。例:这后生干大没瓤子,日怂的那,连袋子洋灰也搬不动。

日翻:翻腾、骂、数论。例一:吃的那点儿熟肉详情有问题,这阵子肚子可(喀)日翻的忽呢。例二:翻箱倒柜可(喀)日翻了一起,也没找着。例三:我也没说点啥,人家来了把我日翻了一气。

日摆:拨弄、显露。例一:你不专心听讲,日摆文具盒做啥呢。例二:这玩意儿算个啥东西,还拿着到处日摆呢。

日蹦:跳。例:女孩子没个女孩子样儿,日蹦啥呢。

日奔:奔忙。例:小子(男孩儿)上大学哩,出去能多日奔几个,把大学供出来。

日怂打胯:做事无精打采样子。例一:你这日怂打胯的,到哪儿也没人要你。例二:做点儿营生日怂打胯的,打篮球精神头儿可足呢。

日脏八带:肮脏、邋遢,不干净。例一:那苹果滚的日脏八奈的咋让人吃呢?例二:到他家那路,尽是水坑泥坑,日脏八带的走也不能走。

日祖操亡:骂人时,连同长辈以及死去的亡人都捎进去。

例:让人家日祖操亡地骂上一顿就好受了。

日猫造狗:喻干活不细致、马虎。例:咋干活儿呢? 日猫造狗的,这能结实嘛?

日粗捣大:喻讲大话,吹牛。例:他那一天日粗捣大的,说话谁信呢。

第八节 大同县方言的合音词和分音词

合音词是指由两个字音拼合起来,读的是拼合后的音节,表达的意思是拼合前两个字的意思。如:"甭"就是"不用"的合音;"zuǎqia"是"做啥去呀"的合音。"肘"就是"这么"的合音,如:肘些、肘大、肘冷。"耨"就是"那么"的合音,如:耨远、耨甜、耨多。分音词与合音词正好相反,一个字读成两个音节。语音上,取第一音节的声母、第二音节的韵母和声调,并且第一音节的声母读得短促。如:不浪——棒;没捞——摸;没腊——摸;忽腊——画;只腊——爹;不垒——摆;克料——翘;克娄——眍;黑娄——驹;骨腊——刮;圪览——秆;忽兰——环;骨

裸——裹;屈敛——圈;骨敛——卷。

一、大同县方言里的合音词

"甭"——读 beng,"不用"两字的合音。例:"甭去了",意思是不用去了,普通话中也有此说。

"爪恰"——读 zua qia? 是由"做啥"和"去呀"合成。例:大同最常见问候语,"老张,大清早的爪恰?"

"轴"——读 zhou,是"这么"的合音。例:这西瓜"轴"大呢!

"nou"——(无合适近音词),是"那么"的合音。例:那个村闹了半天 nou 远呢!

"者"——读 zhe,是"这个"两字的合音。

"讷"——读 ne,是"那个"两字的合音。例:这两个帽子都不赖,不过 zhe 更合适,我不要 ne 啦。这两个西瓜都熟了,你看是要 ne 呢,还是要 zhe 呢?

与合音词正好相反的是分音词,一些单音节词,在大同县方言口语中常常要分读成两个音节。规律:分音词第一个音节都是短促的。

薄楞——蹦薄浪——棒菏浪——巷格佬——搅格榄——杆薄烂——绊得拉——夺支棱——撑薄来——摆摸拉——摸忽拉——画拾拉——撒拨拉——扒菏拉——缝窟联——圈

第九节 大同县方言中的指物名词

表 21-6-1   大同县方言中的指物名词与普通话对应

方 言	普通话	方 言	普通话
主腰、腰心儿	背心	肚肚浅儿	肚脐
盖握	被子	崩楼	额头
能带	鼻涕	撇灯捏子	蛾子
野三灰	不着家的人	逼兜(打脸上)、郭刷(打头顶)	耳光
个顶子	菜根	耳杀	耳屎
插关、八子	插销(门窗上的)	窝窝	发糕
毛湿	厕所	毛忽露(lu)	粪罐车
不闪子	衬衣	黑楞儿	缝隙
仰层	顶棚	呢想院	隔壁院

续表 21－6－1

方　言	普通话	方　言	普通话
港港	哥哥	妞妞	乳房
作丈	工具	妞妞个朵儿	乳头
狗弯儿	狗	条出	扫帚
烂八海儿	过分随便的人	成色	傻瓜
植被	后背	妨主侯	丧门星
kuo(三声)子	疙瘩(脸上身上的)	布籽儿	沙包
胡子	果核	车或子	司机
曲灯儿	火柴	把巴	屎
结壳子	结巴	收收	叔叔
个圈儿头	卷发	铺(一声)吃	碎布头
个生儿	颗粒	完鞋	痰
八子、八儿	坑	瓦灰勺子	炭勺
到层(三声)儿、兜儿	口袋(衣服上的)	铁丝	铁铲
不逮子	口袋(大,布的居多)	铁千	铁锹
不逮儿	口袋(小,纸的居多)	特拉本儿	拖鞋
个闹	垃圾	头福	头发
个抛	来路不明的人、私生子	动牛儿	陀螺
昝布	抹布	八儿	窝头
家巴雀儿	麻雀	鸡完儿	小鸡
马妈边缝儿	蚂蚁	土克拉	小土块
毛弯儿	猫	黑朗子	小巷
德唠	脑袋	莫(三声)坡	坡度不大的斜面
节讷(一声)、节尿	内急	眼扎毛	睫毛
死见	尿布	个杯	硬纸板
帮朗头	偏头	资泥	淤泥
沙八头儿	蜻蜓	二门黑朗子	外院(头道院)
个督	拳头	个涝指窝儿	腋下
秋铃儿	蛐蛐		

第十节 大同县方言中的动作词

表21-6-2 大同县方言中的动作词与普通话对应

方 言	普通话	方 言	普通话
纠、最	拔	忽点	点(头)
蒿(一声)	拔(主要指毛发)	忽颠	颠簸
溜天	巴结	个塔、个嚼	喋喋不休地说
摆咧	摆放	如(一声)节、等当	动手
爬长	败家	绕节	兜圈子
娘(三声)	半躺半卧	忽抖、抖达	抖
兰、不兰	爆炒(炒肉至出油断生并烹调)	个纠	蹲
拘	逼	孬	炖
等当	比画	窝缺	躲在一边不出声
不辣	拔动	十翻	翻腾
醋节	补充,凑数	达瞎	估计
抬	藏	个咧	滚
抬郭	藏起来	妖忽	喊(招唤)
醋、醋节	擦(去除)	叫忽	吼
千	擦(脸手脚,桌椅)	撇	胡说
旮	擦(揩干)	哄送	糊弄
个对	尝试	不辣	划分、分开
觅	插	做塌、做害	祸害(较重)
颤达、忽颤	颤抖	偏摊	祸害(较轻)
妖、自	称量	做帆	祸害(由于病或痛)
定,楞(一声)	吃(量较大)	旮郭	积累
孔	吃(带骨头的)	共淹	祭祀
叼夺	抽空、抢时间	邓	架、搭
勿略	处理、收尾	个夹	夹
戳鬼、戳楼子	闯祸	鸡	夹(用筷子夹菜)
定、摔	打(人)	折楞	叫板、挑衅
扯(四声)	打(耳光)	刀握	接触(挨、碰、摸)
晃	打(玻璃)	除住	揪住
菜	打(易碎品)	楼(一声)	看(粗看)
乳	打(用拳头捅)	沙漠	看(浏览)
定每、导年、捏扁、霍臭	打垮、消灭	宁迷	看(盯住)
摊霍	打砸、踢场子	老色	看(搜索)
南(三声)塔	戴、扣		

续表 21 - 6 - 2

方　言	普通话	方　言	普通话
老郭	看(张望)	对达	挪对
丑念	看(仔细)	颠	跑
虎擦	看(想要)	吊夺	平衡、调度
猫桥(一声)	看(查看)	泼(茶)	沏(茶)
猫	看(探望)	争割	清理
脑	抗(用肩)	逮霍、抹郭	清扫(主要指住家)
炸霍、忽炸	恐吓	央计	求、央求
个抽	哭	蛮	扔、抛弃
最、揪	拉	六	扔(小石块)
邓	拉(往平展了拉)	cua(四声)	洒(指块粒状固体)
揪决	拉扯	个产	撒娇
忽沙	撩起扇动(尤指上衣下摆)	忽闪	闪烁
兰算	理睬(一般用否定,不怕)	哨	射、喷、洒
尿	理睬(一般用否定,不屑)	养(孩子)	生(孩子)
胆	晾(衣服床单在绳上)	折(火、炉子)	生(火、火炉)
瓜达	聊天	整戳、把决	收拾(人)
旅忽	留心	十夺	收拾(物)
个绕、忽绕	溜达	前死	耍赖
糙决、糙砍	骂(恶毒痛斥)	晒(三声)达	甩
瓜蒜	骂(挖苦)	楚	摔、跌(跤)
浪(一声)当	骂(埋怨)	摆	涮(衣物等)
个支	骂(发牢骚)	个说	吭
黑兰(一声)	骂(大声训斥)	捞淹	死(敬语)
辽昌	骂(讽刺)	哽儿屁	死(蔑称)
戳达	骂(不留情面)	个缩	缩小
个刀	骂(说教、吹风)	翠	塌落
导心	描述、叙述	夺蛋	抬举
擦牛	摩擦、冲突、挑事	如(一声)	探、伸
摸捞、没辣	摸	如(三声)擦	探过来、伸过来
肖(二声)	模仿、学习	够凿	探到
拿念	拿一手(迟迟不动)	谈挠官儿	弹脑门
前除把戏	拿一手(讨价还价)	个老	掏
个折	闹情绪	八切	讨好(常用否定)
挖	挠(见血程度)	抠切	剔除(小工具少量)
努擦	努力	滴溜、踢溜	提(东西)

续表 21－6－2

方　言	普通话	方　言	普通话
优	提起来甩	摇达	摇晃
金优	提醒	瓦	舀
哨霍	添加（量少）	谷辣	舀（被舀物已不多，刮到底）
担	挑（用肩）	忽眼	溢（液体因容器晃动而出）
毛腻、辽戏	挑逗	祸刀、个刀	影响
厦（sha）、厦八厦八	挑拣	捣	砸
及	跳（往上往高）	个挤	拥挤
读跳、跳达	跳动	忽咱	眨（眼）
不楞	跳跃，扭动	喘旦	扎堆
个切	停止（暂时）	犯木忽	诈尸
个服	停止（永久）	楚	站
乎擦、末（三声）霍	涂抹	哄（孩子）	照看（小孩）
渊	推（用手）	踢达	折腾（到光的程度）
杭（三声）	推（用肩膀）	周割	整理
叶沙	猥亵	读达	指
虎擦	围过来	八料	指点
个逗	戏弄	摆操（一声）	指挥（多次、一再）
抽节	戏弄（多次）	告	注（油）
闪霍	戏弄（因失约）	断	追
奈节	喜欢	地读、思木	琢磨、考虑
郭哒	闲逛	个刀	自言自语
出溜	向下滑	竹（事）	做（事）
忽辣	写、画	住（饭）	做（饭）
列八	修正、修理	逮	捉
不全	摇（头）		

　　另外，大同县方言一些动词还带词尾"达"词，带了词尾"达"的词，就附加了一种随意、随便的色彩，一些不用于庄重的场合。常见的带"达"的动词有：跌达、端达、背达、磕达、哄达、包达、抱达、刨达、碰达、拍达、逗达、颠达、叨达、推达、踢达、蹦达、编达、抢达、凿达、诌达、戳达、说达、扇达、喝达、揪达、挤达、抖达、试达、摇达。

第十一节　大同县方言中的形容词、副词

大同县方言中的形容词、副词与普通话对应

表21－6－3

方　言	普通话	方　言	普通话
日脏	肮脏	个正枕	衣着鲜亮
克凉(一声)、难霍	不舒服	个邓	犹豫
个丝个忍	不爽快、不痛快	个金、个韧	有韧性
不白烟	不喜欢	戳蟒	有闯劲
不争色,不达理	差不多	严客严、卯翘	正好
先花儿	差一点	肉楚除	胖
兰原	打籽的(指蔬菜)	干傍绑	瘦
得决	得意	楞醒行	楞
那塌	腐败(变味程度)	烂瓦娃	乱
耨(四声)	腐败(松散程度)腐蚀	忙更耿	忙
直楞	刚挺	贵把拨	贵
摸脱	过头	乏更耿	累
三或凿	汗后着风的	嫩眼爷	软(性格)
当码儿	或许、碰巧	甜胜审	甜
及的忽、拔的忽(水)、塔的忽(炕、地)	凉、冷	咸后吼	咸
念话着呢	快(形容跑)	酸自子	酸
湿雷(一声)、个胜	令人恶心	香碰捧	香
猴儿手不聂绝	毛手毛脚	臭哄红	臭
抹板	没办成	大虎胡	大
及六	敏捷	小念碾	小
墙会儿	勉强、差一点没	热喊含	热
个朽	蔫	冷外委	冷
肉	胖(体形)	粗奋粉	粗
么奔子	跑得快	细碾年	细
吸人	漂亮	干档挡	干
个溜、不正色	品行不端	粘哈(四声)哈(三声)、水菜彩	湿
受英、云霍	舒服	软嫩嫩(三声)	软
忽摇	松动	硬卷卷(二声)	硬
黑能	窝囊	绿影营	绿
炸的、蓄炸	显摆(的样子)	蓝应影	蓝
七塔	小巧玲珑	黑定顶	黑
个出	形象不好、不展阔	白胜审	白
结忽烂子	血脉不畅	红丢(四声)丢(三声)	红
寡气	一般、不如意	黄正整	黄

第十二节　大同县方言中的代词

大同县方言中的代词与普通话对应

表 21 - 6 - 4

方　言	普通话
爪(不卷舌)	干什么？
将脚儿	刚才
贺儿	后天
呢	那
耨(nou，三声)瞎	那么多
呢忽懒	那儿
你、您儿、隔人	你
爪(不卷舌)切	去哪里
偲(上他下心，tan，音瘫，儿化)，营姐	他
我、掌	我
明儿	明天
边眼儿	旁边
图	全部
阔(kuo)	到处
直	这
走瞎	这么多
当浅儿	中间
夜你、影儿个	昨天

第十三节　大同县方言中的介词、连词、叹词

大同县方言中的介词、连词、叹词与普通话对应

表 21 - 6 - 5

方　言	普通话
内碗儿	本来(强调本身就)
元根儿	本来(强调长时期一直就)
带害	本来(主要说第三方)
并揭	不用
抗们	就是、对(随声附和)
红送	就是、对(对不好的事随声附和,早该如此……)

方　言	普通话
鹤怕	就是、对(不这样还有别的选择吗？)
欢欢儿的	快一点
掌(第一次)？囊(第二次)？	真的？是不是？

第十四节　大同县方言中对动植物的称呼

大同县方言中的动植物与普通话

表 21 - 6 - 6

方　言	普通话
吱怪子	猫头鹰
檐耗子	蝙蝠
秋灵儿	蟋蟀
家巴雀儿	麻雀
显俏子	喜鹊
方言	普通话
叫蚂籽	蝈蝈
扁担	绿蚂蚱
圪另	松鼠
蛇末籽儿	蜥蜴
疥蛤蟆	青蛙
鸦吗圪斗子	蝌蚪
马马边蜂儿	蚂蚁
皮条	蛇
壁虱	臭虫
沙棒头儿	蜻蜓
面那儿	蝴蝶
天牛	金龟子
勺儿白	圆白菜
甜草苗	甘草
酸溜溜	沙棘
铁丝	锅铲
灶滤	漏勺
球儿鞋	运动鞋

第十五节　大同县方言中日常交谈的俗语、俚语

方言中的俗语、俚语的普通话相对应的意思。如：

咋了？——扎蜡？

小乃球——只可意会，意多为挑衅，藐视。

小球大，小个泡——只可意会，意多为挑衅，藐视，程度较上稍轻。

球大个东西——按字面理解即可，意多为挑衅。

乃球货——只可意会，多用于老朋友相见时的"昵称"。

枪崩候——字面意思为挨枪子儿的东西，意诅咒，用于狠骂。

乃刀货——字面意思挨刀子的东西，意同上，程度稍轻，或用于老朋友间的戏谑。

则愣——挑衅，顶嘴，跟东北方言中的得瑟差不多。

寡货——多事、好管闲事的家伙，没事找事干的人。

菜根头——意思同上，无聊的人。

没时收货——做事没谱，不着调的人。

多你呀——我揍你呀，意警告或朋友间开玩笑。

乃逼兜呀——你快挨耳光呀，意警告。

崩个咋——别跟我得瑟，与"多你呀，或乃逼兜呀"连用更有气势。

个炸——意思得瑟。

能害——调皮，捣蛋，多用于对小孩的昵骂。

抖膘哩——大冷的天，穿很少的衣服，意带有讽刺的劝解。

个塌——啰唆，说话反反复复。

你真没调——你做的这件事真没意义。

爬肠（床）货——没出息的人，意为恨铁不成钢。

扑刀子——急急忙忙，多用于熟悉的人之间的漫骂。

愣七坎正——傻了吧叽的样儿，做事不动脑筋，鲁莽。

求毛鬼胎地——小器，意讽刺。

鬼令令的——做事神神秘秘的，有讽刺的意味。

扯淡——别瞎扯，或多管闲事。

寡逼，逼寡——意同上，程度稍重。

港——"我"的自称。

个溜——弯曲的样子，形容词。

个此——撒娇，多用于讽刺。

个辍——皱皱巴巴的样子。

崩克谅——别委屈自己，想怎么做就怎么做。

个嗓——把东西放在嘴里吮吸。

个究——蹲着。

喜人——长得漂亮。

我乃见你——我喜欢你。

咯叨——捣乱，破坏。

拧成咯拜了——形容某人很倔强，或形容语气很拽。

稳了——形容东西放得很稳当。

失田——挤塞进去。

山获着了——意为大冷的天穿很少衣服而感冒。

第十六节　大同县方言中常用的特色字词

叫惑：大同县方言中的"叫惑"，是形容嗓门亮、声音大的喊叫，常常引起外地人的误会和反感，因而产生不愉快。其实这个大同人最常用的词，可能是"叫唤"或"叫呼"的音变。当批评或劝阻别人大声嚷嚷的时候，大同人常说："你叫惑啥呢！""甭叫惑啦！"这个词在不少地方是只用于牲畜的，难怪会引起别人的不快。实际上，"叫"字在古代是既可以用于人的喊叫，也可以用于动物的吼叫的。大同县方言的叫惑正是保留了古代的词义。例："态度好点，就这点事，你叫惑个啥？"例："屋里有人睡觉呢，你们甭在院子里叫惑啦。"例："那个售

货员又跟顾客叫惑起来了。"例:"这俩狗娃黑夜卡能叫惑呢。"

你忘了 常用的口头语"你忘了"。在普通话中"忘了"一词表示的是:忘记、失忆、想不起的明确意思。而在大同县方言中"你忘了"的意思只是一种提示的口头语,意思是:你还记得吗?并非是明确质疑对方忘记的意思。例:"你忘了,那天我们一起爬过山?"再如:"你忘了,我以前戴过的那串项链?"

噢 常用的口头语"噢"尾音较长:表示肯定、应承、答应的意思。其他地区的方言口头语为:哦、哎、嗯哪。

寡 普通话里的"寡"字有淡而无味的意思,如"清汤寡水"。在普通话里寡字一般不单用,也没有别的引申义。大同县方言里的"寡"字的意思要宽泛得多。不管是人的品德、才干、技艺还是物品的样式、质量,只要是"不怎么样",大同县方言都可以概括为"寡"。

(1)寡:没味道、不怎么样。例:"这道菜真寡,没吃头儿。"例:"他的酒量也寡。"

(2)寡气:一般。例:问现在钱挣得不少哇?回答"寡气"。例:"我和他的关系也寡气。"

(3)寡逼、逼寡、寡货:程度稍重,多事、好管闲事,没事找事。例:"人家两口的事,你少寡逼,甭管!"

(4)寡说、寡说六道:没什么用处,没什么意义的话。例:"领导还木(没)讲呢,你在那寡说六道个啥!"

(5)由寡字带叠音词缀构成的形容词:例:寡菜菜、寡忽忽、寡歪歪、寡出情由……

灰 在普通话里"灰"字的各个义项,大同县方言也都有,而大同县方言里的灰字另外又有特殊的含义。

大同县方言的灰字主要指"不好""赖""不怎么样",可以分别用作形容词、名词、动词。

(一)"灰"用作形容词

(1)常用来形容人,并且形成习惯用语。例:灰猴、灰鬼、灰脑袋、灰圪蛋——都指不好的人。例:

"那个人卡灰呢。""他的脾气卡灰呢。"歇后语:"打籽儿茄子——老灰鬼","炉坑的山药——灰圪蛋"。

(2)用来形容事物,有不满意的意思。例:灰天气、灰牲口、灰家具、灰地方、灰单位……

(二)"灰"用作动词

(1)表示不上进、不学好,走下坡路。例:"你就好好的灰哇,我看你能灰到啥时候。"

(2)放在动词后面作补语,表示程度。例:冻灰了、饿灰了、渴灰了、累灰了、气灰了……

(三)"灰"用作名词,表示不好的事情。例:发灰——多指淘气、捣乱。寻灰——指自找麻烦,自找倒霉。歇后语:"王家园儿的毛驴——对儿灰(两个懒鬼)","抱上香炉打喷嚏——寻灰呢"。

(四)"灰"用作词干,后面加重叠的词语,形容人不好。

例:灰惺惺、灰转转、灰楚楚。歇后语:"大青山的娄娄(野鸽子)——一色色的灰"。

第十七节　大同县方言中的固定四字俗语

方言词有不少是本字不明的,因此写方言词时常常只得用同音代用字了。

有些方言词,只能说出来,用字写出来就是另一回事了。书面用语还真不如方言形容得那么准确。或许,这就是方言的魅力所在。

大同县方言用词丰富,形象生动,也可以说是入木三分,根据词义把常用的和地方特色的词语简单地归纳成五类;

一、形容眼神的表情

失溜二眼,瞎眉触眼,颠毛颤眼,求眉杏眼,瓷眉杏眼,囊眉凤眼,光眉俊眼,舒眉展眼,灰眉触眼,假眉惺眼,胖眉肿眼,急眉霸眼,猴眉注眼,立眉霸眼,黑眉注眼,骚眉垃眼,丢眉扯眼,死眉羊眼,贼眉鼠眼,土眉混眼,秃眉少眼,鬼眉六眼,揣眉塌眼,没眉晃眼,瓷八瓦观,活眼转色,恼眉恨眼,喜眉笑眼,慈眉善眼。

二、形容做事不稳当

夹疯楞症，愣七砍八，陈里圪色，精说白道，跌东旮西，仄愣散偏，毛反带乱，打架各厌，成色懒气，劈头盖脸，阴七阳八，鬼忽零丁，张巴盖九，游出摆进，撩猫戏狗，白皮泛脸，平不呀查，虚棱凳架，龇牙打调，吐天洼地，打牙讪嘴，嘴尖毛长，闪深踏浅，横搅顺说，成里八色，变眉失脸，歪三仄愣，哇叽吵闹，鬼七裂八，云山雾罩，磨鼻蹭痒，寡鼻六说，多鼻咳嗽，油鼻圪嚼，阴言鬼语，五眉三道，呛查古东，聋七坎症，穷打急闹，穷急生风，牵粗把细，跌皮弄垮，斗打神散，拿龙捉虎，忙慌什乱，飘游浪荡，扭头不垒，拍大来小，支天了地，神头鬼脸，扒头上脸，白不理正，本不牙叉，不由分水，大口马牙，点着吹美，卪几乱达，鬼声夜气，憨吃愣害，哼五喝六，胡支也扯，急刁瓦抢，尖言诈语，讲经说法，扇扇达达，私由作翻，跌跟抢头，横躺竖卧，精七明八，油腔滑调，日祖王朝。

三、形容行为不大方

圪朽打蛋，瘦马圪连，圪思圪忍，圪折摆势，忽松咬沓，豁沟打牙，死松破肚，冷清客气，翻鼻麻叶，软鸡圪能，迷糊打蛋，死求一记，秃嘴笨舌，四大不挨，讨吃乱鬼，十龇赖害，软腰裂垮，圪连前蛋，圪叽散塌，窝叽圪囊，圪促打蛋，孤独流细，小家瓦气，翻里折外，酸文假醋，浮皮了草，小眼薄皮，圪抽圪扯，粘几糊察，眯连忽都，圪列圪八，死精圪韧，爽前褪后，推前爽后，眉毛眼扎，拉汤沫线，没捉没拿，拉巴扯叶，抽柚架架，惜脓养疮，支牙八怪，习香懒气，七抽八扯，门鞋代王，软支旦叶，拿长捏短，泥猪疥狗，耍眼前花，描眉打鬃，赤脚打板，颠吐倒屙。

四、形容脏乱不整齐

圪磣害伙，圪梁瓦梢，油渍抹奈，黑能圪痂，圪丁抱脑，十咸八塌，圪丁圪巴，烟喷雾罩，毛连什带，黑潮污烂，日脏八代，滴溜连蛋，滴溜连挂，不叽不垃，四沙五堰，圪瘾巴次，灰塌二虎，圪都丫杈，圪梁宣天，滴流水鬼，圪溜把弯，圪朽打蛋，赤吱八奈，寡汤劣水，筋头巴脑，精牙圪坠，酸胖懒气，圪抿圪促，棍枪圪揽，零七碎八，干毛湿燥，圪列圪八，把抓口喃，打杂铬毛，走风漏气。

五、形容心情

什没老过［偶然，登崩］，展油擂水，心猫忽乱，没倌垃撒，吓人捣怪，团家伙伴，稀肥大胖，乱朝王世，撒骨杨尘，趴家拾业，汪心火燎，二夹克凉，东老西刮，悉底尽明，干牙克凉，晕么圪刀，穷家薄业，闲没垃瓜，丁风冷气，积灵见敢，信马由缰，忆梦瞄怔，巧言圪色，巧说方辩，跟头把势，打鸦呵气，阴麻忽都，干眼骨净，利利洒洒，正言立色，二吗耶乎，麻里倒烦，丢人背兴，大明五亮，二忽二意，热扒燎噪，烧心火燎，失人失信，安稳守紧，安分守己，圪磣害伙，甚么老过，坷壏瓦梢，圪促打蛋，展油擂水，夹疯愣赠，小家瓦器，孤独流戏，心猫呼烂，毛反带烂，失溜二眼，稀肥大胖，油渍抹耐，吓人捣怪，团家伙伴，瞎眉触眼，陈里格瑟，愣七砍赠，窝儿各囊，精说白道，点毛颤眼，打架隔厌，黑能圪痂，失咸巴塌，圪丁圪巴，跌东旮西，扎愣散骗，讨吃烂鬼，没倌辣撒，咯唧散塌，圪坼锞蛋，软腰裂胯，十龇赖害，假眉三道，阴七阳八，烟喷雾罩，成色懒气，失咸邋遢，甜忽腻腻，鬼狐零丁，八大不挨，秃嘴笨舌，死求一记，迷糊打蛋，喧天驾雾，张八盖九，软机圪嫩，球毛鬼胎，翻鼻麻叶，求迷性眼，瓷眉杏眼，囊眉粪眼，光眉俊眼，超眉架眼，酸眉醋眼，灰眉触眼，砍眉惺眼，胖眉肿眼，张风喝冷，三八两下，游出摆进，撩猫戏狗，白皮泛脸，平不呀叉，毛连涩带，虚棱凳架，龇牙打调，五马长枪，打牙讪嘴，冷阴坎晴，嘴尖毛长，死松破肚，撒骨扬尘，闪深踏浅，乱朝王世，黑潮污烂，豁沟打牙，忽松咬沓，圪折摆受，把家守业，五哭六笑，猴眉洼眼，横搅顺说，成里八色，汪心火燎，日脏八代，的零兰蛋，滴溜牵挂，秃叽淡舌，不叽不腊，变眉色脸，四撒五偃，二夹克梁，立眉霸眼，圪瘾八自，戳鬼不悟，悉底尽明，圪丝圪韧，灰塌二虎，东老西刮，背锅打蛋，歪三扎愣，干噎克梁，黑眉洼眼，圪丁抱脑，磨鼻蹭痒，晕么圪刀，稀汤害水，穷家八业，寡壁溜梢，圪都丫杈，闲没拉呱，哇叽吵闹，拐七列八，油说八道，闪深塌浅，龇牙打调。

第十八节　大同县方言中的四字俗语的特性

　　大同县方言词语中有非常丰富的四字俗语，属于四字格的结构形式。这些结构既有附加式，又有复合式。

　　幽默性、贬损性是大同县方言四字俗语主要的语言特色，内容广泛、结构凝练。人们在日常交际中经常使用，使话语更生动，更风趣。例如：心猫呼烂、失溜二眼、油渍抹耐、成色懒气、黑潮污烂、哇叽吵闹等等，让人初听有些丈二和尚摸不着头脑，但理解词义之后，又有种哑然失笑的冲动。再如：

　　白不拉叉——不觉得不好意思。

　　白凭无故——没有任何原因。

　　白皮泛脸——不自爱。

　　白说六道——说慌话。

　　扒头上脸——在大人身上爬滚。

　　半半不啦——进行到一半儿时候。

　　半前啦晌——半个上午。

　　绊脚样手——妨碍别人做活。

　　背地旮旯儿——偏僻狭窄的地方。

　　背锅庆寿——身材带驼背（多指老人）。

　　背锅打蛋——身材不展，带驼背。

　　背门失户——住的地方偏僻。

　　本不牙叉——好像没有那回事。

　　崩颅碗盏——前额突出，脑门大。

　　边头沿脑——物品靠边的地方。

　　编巴湿灶——干活利落，手脚快。

　　变眉色脸——面带恼怒的样子。

　　薄忽灵灵——很薄（褒义）

　　薄忽奈奈——很薄（贬义）。

　　薄眉甚眼——长得秀气。

　　不叽不腊——碍手碍脚。

　　不识火色——说话办事不看场合。

　　财迷转向——想钱想得入迷了。

　　敞门啦户——住房没有院墙。

　　缠八捣七——没完没了地缠磨。

　　成里八色——傻。

　　成色览气——带傻的。

　　澄清瓦害——指液体不均匀，上下清下面稠。

　　赤乩打蛋——光屁股，没有穿衣服。

　　赤脚打板——光脚丫。

　　赤滋八奈——说话不文明，过于暴露。

　　吹五喝六——吹牛。

　　戳鬼不悟——无意中做了错事。

　　瓷钵瓦罐——发呆的样子。

　　瓷眉信眼——发呆的样子。

　　挫前抹后——时间相差不多。

　　打白骂油——因经常打骂，已不在乎。

　　打架隔夜——打架。

　　打惊失怪——大惊小怪。

　　打里照外——照顾内外。

　　打牙讪嘴——顶嘴。

　　打杂涝毛——没正经职业，帮别人做杂活儿。

　　大肚八歇——孕妇肚子大。

　　大明五亮——公开地。

　　当打对面——面对面。

　　的拎兰蛋——稀稀拉拉。

　　的溜连蛋——携带的多而乱。

　　的溜连挂——吊着物品连挂着。

　　的溜甩拐——穿得单薄、破烂。

　　点毛颤眼——使眼色。

　　点着吹美——反复胡折腾。

　　跌东摇西——跌跌撞撞，走路摇晃。

　　跌皮撂胯——讹诈别人。

　　跌皮现脸——舍脸皮。

　　丢底跌帮——丢丑。

　　丢筋得连——情绪低落。

　　丢眉扯眼——眼光不正经。

　　丢人现眼——丢丑，在众人面前显眼。

　　东老西国——东瞅西看。

　　堆三愣四——物品多得堆放到处都是。

　　对门识户——门对门的街坊。

讹七造八——讹诈，耍赖。

讹人跌皮——耍赖讹诈人。

恶心圪叨——恶心。

二不楞邓——不在乎。

二忽担心——担心。

二忽二意——犹豫不定。

二夹圪梁——距离要求还差点儿。

二麻夜胡——马马虎虎。

翻筋麻叶——说话絮絮叨叨，也作翻逼麻叶。

翻里作外——挑拨离间。

翻舌撂嘴——传闲话。

妨主圪叨——不吉利、倒霉的。

乌叽呐喊——大声嚷嚷。

窝叽圪囊——软弱、窝囊。

汪心火燎——反胃、烧心。

干噎克梁——缺少汤菜，不舒服。

光不溜丢——精光、赤条条。

灰眉处眼——灰尘多。

灰说六道——说话爱开玩笑，夹带荤味。

焦毛忽栏——焦糊味。

筋头八脑——筋多肉少。

呛茬故东——没顺序、不整齐。

心毛忽乱——烦躁不安。

虚棱凳架——松散、虚伪。

扇扇达达——爱说谎、爱骗人。

龇牙打调——难伺候、毛病多。

牲口八道——粗野、下流。

酸膀啦气——酸臭的气味。

腰软肚硬——能吃不能干。

游眉打盹——瞌睡的样子。

烟喷雾罩——烟雾大。

阴麻忽都——天气阴沉。

门限大王——在家厉害，出门软弱。

无多楞少——过量、太多。

拿龙捉虎——干活时比划空样子。

能代丸闲——鼻涕多、痰多。

年忽啦查——粘上粘液。

撩猫戏狗——撩逗别人、好动。

活眼转色——机灵、眼里有活。

齐棱展板——物品码放得整齐。

讨吃烂鬼——穿戴破旧、穷困。

土眉混眼——满脸灰尘。

吐天哇地——喝多了，乱吐一气。

老眉处眼——长得面老。

两旁外人——没有亲属关系的人。

鬼忽伶仃——不诚实

假眉三道——虚情假意。

小眼薄皮——爱占小便宜。

小家瓦气——小气。

展油活水——平展。

闪深踏浅——深浅不一、说话办事没尺度。

死眉羊眼——无精打采、不机灵。

死筋圪韧——不脆、办事不痛快。

有滋啦味——饭菜有味道。

变眉失脸——面露恼怒。

雾更连天——尘土飞扬。

雾里砍正——鲁莽、冒失。

乱朝王事——没有秩序、不成体统。

汗爬流水——汗流满面。

净眼毛光——一点儿没剩。

吓人倒怪——使人受惊吓。

意朦瞪怔——似醒非醒、瞌睡样子。

黑塌二虎——无灯光、没有光亮。

黑青五烂——青一片、紫一片。

息寡没味——缺少味道。

血淋溅虎——满身血迹。

失没拢公——偶尔、偶然。

费力拨气——费力气。

丁一不二——认真，说话算数。

大口挠勺——狼吞虎咽。

菜水烂气——比喻人说话多，又言不及义。

第十九节　大同县方言中的歇后语

三条涧的香瓜，曹夫楼的糕，水泊寺的姑

娘——不用挑。

喝的西谷庄了——喝蓝了（西谷庄姓兰的多）。

王家园的毛驴——对儿灰（该地养驴的多）。

大青窑的毛驴——对儿灰（大青窑劳改队用毛驴驮炭）。

站在采凉山眼望御河湾——可望而不可即。

芨芨棍安了个羊粪枣——冒充积极分（粪）子。

大姑娘纳屎件——张罗的早。

砂锅捣蒜——一锤子的买卖。

锅盖上的米——熬上来的。

炉坑打嚏喷——扑灰呢。

草筛子蒸窝窝——走气不在一处处。

口外（二岁）的牛（犊）——认不得麻糁（不知好歹）。

门背后头吃馍馍——自哄自。

尿泡打人疼倒不疼——臊气难闻。

脓带（鼻涕）打人——软捧。

炉盘子上的眼儿——灰眼。

高粱叶子烧纸——哄鬼呢。

骆驼撒欢——大没样。

好说赖——不当呢，赖说好——日脏呢。

三年等一个闰月年。

你有初一我有十五。

月亮进家——越看你越来了。

屎巴牛踢飞脚——露露你那黑腿。

不怕吱怪子叫——就怕吱怪子笑（据说吱怪子笑会死人的）。

屎巴牛哭他妈——两眼墨黑。

疥蛤蟆跳门鞋——又蹲乩子又伤脸。

二求排多打个定心——明白得迟了。

男人活了个调夺，女人活了个俏色。

大同县有句歇后语叫锤板石打耗子，击溜出眼睛珠子了，就是讽刺处处爱沾小便宜的人。还有一句叫石头跌在茅坑里，溅（贱）出巴巴（大粪）了也是讽刺爱占便宜的人砍价没深浅。

第二十节 新生词

新生词是目前网络上和生活中我们耳熟能详的一些口头语，比如：“奔奔族”“独二代”“返券黄牛”“国际高考移民”“学术超男”“压力山大”“下载”“链接”“复制”等。它们具有非常有冲击力的创新，是代表某个时段非常热门的话题。词语如花，盛开在时代的枝干上，记录着世界的脉动。一沙一世界，一词一时代。

新生词，是新产生的词汇，尤其是在当今网络的虚拟世界里更容易产生，是社会发展的必然产物。新生词作为一种新事物具有强大的生命力，是符合事物发展的客观规律和前进趋势的，具有极大的影响力。新生词，是人们日常语言交往中产生的，具有一定的创新性，一般说来新生词是根据谐音（包含部分的当地口音）、象形、拟音、合并、半边和在现有的词汇的基础上加入特定的含义应运而生的具有特定意思的新词汇。新生词具有幽默性和趣味性，倍受人们的追捧，甚至在特定的人群中具有相当的效应力，在传播模仿的过程中被人们所认可。比如：

1. 以“给力”一词为代表的网络流行的新生词

人不叫人，叫淫；我不叫我，叫偶；年轻人不叫年轻人，叫小P孩；岁数不叫岁数，叫年轮；蟑螂不叫蟑螂，叫小强；什么不叫什么，叫虾米（神马）；不要不叫不要，叫表；喜欢不叫喜欢，叫稀饭；这样子不叫这样子，叫酱紫；好不叫好，叫强；强不叫强，叫弓虽；看不懂不叫看不懂，叫晕；欠扁不叫欠扁，叫陈水；不满不叫不满，叫靠；见面不叫见面，叫聚会；大哥不叫大哥，叫兄台；看法不叫看法，叫愚见；有钱佬不叫有钱佬，叫vip；提意见不叫提意见，叫拍砖；支持不叫支持，叫顶；强烈支持不叫强烈支持，叫狂顶；不忠不叫不忠，叫外遇；纸牌游戏不叫纸牌游戏，叫杀人；被无数蚊子咬了不叫被无数蚊子咬了，叫新蚊连啵；追女孩不叫追女孩，叫把MM；看MM不叫看MM，叫鉴定；好看不叫好看，叫养眼；厉害不叫厉害,叫牛×;用烂了的东西还拿出来,叫老;不懂装懂,叫傻b;乐一乐不叫乐一乐,叫happy;尴尬不叫尴尬,叫汗;不喜欢不叫不喜欢,叫吐;思想异类,叫变态bt;我爱你不叫我爱你,叫你去死;你进来不叫你进来,叫乱入;吃喝不叫吃喝,叫腐败;请人吃饭不叫请客,叫反腐败;文字擦边游戏,叫rp-wt测试;帖子老不叫老,叫火星;帖子总发不叫总发,叫月经贴;变态贴不叫变态贴,叫潜力贴;第一个回贴的不叫第一,叫沙发;第二个回贴的不叫第二,叫板凳;第三个回帖的不叫第三,叫地板;悲剧不叫悲剧,叫杯具;没有不叫没有,叫木油;非常不叫非常,叫灰常;隐身不叫隐身,叫潜水;帅哥不叫帅哥,叫帅锅;震惊不叫震惊,叫雷人;无聊不叫无聊,叫蛋疼;东西不叫东西,叫东东;追女孩不叫追女孩,叫泡妞;吃不叫吃,叫撮;羡慕不叫羡慕,叫流口水;跳舞不叫跳舞,叫蹦迪;别人请吃饭不叫请吃饭,叫饭局;兴奋不叫兴奋,叫high;特兴奋不叫特兴奋,叫至high;有本事不叫有本事,叫有料;倒霉不叫倒霉,叫衰;单身女人不叫单身女人,叫小资;单身男人不叫单身男人,叫钻石王老五;看帖不叫看帖,叫瞧瞧去;祝你快乐不叫祝你快乐,叫猪你快乐;富翁不叫富翁,叫负翁;高手不叫高手,叫大虾;超强不叫超强,叫走召弓虽;过奖不叫过奖,叫果酱;喝酒不叫喝酒,叫哈9;新手不叫新手,叫菜鸟;幽默不叫幽默,叫油墨;炫耀不叫炫耀,叫亮骚;不给力不叫不给力,叫ungelivable。

2. 数字

拜拜代表88;不错代表8错;去死代表74;亲亲你代表771;抱抱你代表881;气死我了代表7456;就是代表94;是啊代表42;哭代表5555。

3. 字母

FT代表晕倒;BT代表变态;JJWW代表唧唧歪歪;SL代表色狼;GF代表女友;BF代表男友;kao代表靠;MD代表妈的;TMD代表他妈的;TNND代表他奶奶的;SJB代表神经病;PMP代表拍马屁;MPJ代表马屁精;kick代表扁;slap代表打耳光;KH代表葵花(代指高手);KHBD代表葵花宝典;PXJF代表辟邪剑法;SP代表支持;HSK代表汉语水平考试;RMB代表人民币;XPP代表夏骗骗;ZL代表专利。

4. 其他

新生词就在你身边,如很多人喜欢上微博,"围脖"一词就出现了,价格狂涨,很多菜名也上了,如"蒜你狠""豆你玩",你别out了。

博斗:在博客上吵架。最著名的博斗士是韩寒和王朔。

美丽垃圾:节日激增的生活垃圾,很大一部分是过度包装而增加的礼品外包。

图书漂流:书友将不再阅读的图书贴上特定标签,投放在公共场所。

赖校族:某些大学生毕业后,不工作,不深造,待在学校继续生活。

职粉:职业"粉丝",专为艺人拉票、造势。

灰色技能:喝酒、搓麻、高尔夫等职场技能,有些大学生正在努力练习这些技能,为求职增加筹码。

半糖夫妻:说的是同城分居的婚姻方式——两个人婚后并不生活在一起,而是过着"五加二"的生活——五个工作日,两个双休日。即夫妻在工作日独自生活,周末共同生活。

白奴:"白领奴隶"的简称,"奴隶主"可能是房子、汽车、奢侈品,也可能是人情世故、理想抱负。

垄奴:垄断行业的消费者别无选择,只能被迫接受消费条款,被称为"垄奴"。

奔奔族:1975年至1985年出生的人,中国社会压力最大的族群。

吊瓶族:本不需要打吊针却坚持要打吊针的患者。

丁宠家庭:不要孩子,把宠物当孩子养的家庭。

冻容:20岁左右的女孩希望冻结青春,早早开始抗老历程。

独二代:"421"家庭,即独生子女的父母也是独生子女。

二奶专家:那些表面上看似与开发商唱反调,背后却与开发商勾肩搭背的专家学者。

飞鱼族:在国内已取得不俗成绩,却毅然放下一切,到国外名校求学的特殊群体。

分手代理:付费委托代理人向恋人提出分手请求。

海绵路:会"喝水"的新型路,它像海绵一样迅速吸收地面所有水分。

裸考:一种说法是指什么加分都没有,完全靠实力参加考试的人;另一种说法是没有复习功课,在没有做准备工作的情况下参加考试。不是说没有穿衣服去考试。

乐活族:LOHAS 的音译,Life styles of Health and Sustainability 的缩写,意为健康及自给自足的生活。

诺亚规则:上帝曾告诉诺亚修建一艘方舟来躲避灾难。现指共同采取切实可行的措施抑制全球变暖的趋势。

跑酷:Parkour 音译,指把整个城市当做一个大训练场,一切围墙、屋顶都成为可以攀爬、穿越的对象。

拼客:指的是人们集中在一起,共同完成一件事或活动,AA 制消费,有拼房(合租)、拼饭(拼餐)、拼玩、拼卡、拼用等。

捧车族:买得起车用不起车,宁可把车"捧"起来闲置,美其名曰"捧车族"。

擒人节:是指在情人节,没有情人的人临时搭伙过节。

晒客:一个把自己的生活、经历和心情展示在网上,与他人分享的人群。

三手病:"游戏手""鼠标手""手机手",俗称"三手病",是由于拇指或腕部长期、反复、持续运动引起的指、腕损伤。

威客:英文是 Witkey(wit 智慧、key 钥匙),凭借自己的创造能力,在互联网上帮助别人而获得报酬的人。

压洲:指如今的亚洲,似乎变成了压力之洲。西方资本向亚洲转移,也转移了压力。

印客:也称 IN 客,以互联网为联系渠道,把网民写的、画的、摘录的任何文字和图片变成具有永久保存价值的个性化印刷品。

新生词是社会发展的产物,在交流中你必须适当地掌握,有利于交流,但不能为了赶潮流而忽略了自身文化知识的积累,更要注意用语文明。

第二十二编　人　物

编录说明：

本志的人物编包括三部分。第一部分为人物传，收录 1996 年以后去世的大同县籍正处级以上领导、教授，获省级以上奖励和前志漏记人物，共 3 人。第二部分为人物简介，收录人物分四块：（一）国内外专家学者，共 17 人；（二）本籍在外工作的省部级领导干部，共 2 人；（三）本籍在外工作的市厅级领导干部，共 13 人；（四）本籍处级以上职务的领导干部及社会知名人士，共 108 人（①各级领导的职务按供稿时提供的职务为准，后续的职务不再入志；②排名以职务类型不分先后为序，其他人物排名以供稿时为序）。第三部分为人物表，共 38 人。

本志的人物编按照新时代编史修志"随籍编录记载人物"的原则不编录客籍人物。本志编录的人物的简介不能作为晋级、诉讼的依据，仅供参考了解。

另之，本志的人物编有一部分是由于截稿前无法与本人联系，而是通过其他刊物、网络等媒体书籍未经同本人核实而转录的，还有一部分人物本人不愿在本志的人物编中公开编录。故本编人物中本籍的人物是不尽详全的。

第一章　人　物

第一节　人物传

范成忠　（1936—2003）　大同县杜庄乡落阵营村人。1952年任互助组组长时，因生产火热，工作出色，受到了当时区委、区政府的嘉奖，被评为一等劳模。1954年他积极参加初级社，并担任生产小组长；1964年担任落阵营村第二生产队队长；1966年担任第二生产队饲养员，多次被评为劳动模范和"五好社员"；1983年他承包了村里204亩耕地，当年就生产粮食8.95万千克，向国家交售商品粮8.4万千克，粮食总产、售粮、增产率、商品率4项主要指标名列全省第一，被山西省委、省政府命名为"售粮状元"，被原雁北地委授予"新粮王"称号。从1986年开始，范成忠连续4次当选为山西省劳动模范。其中，两次被评为全省特级劳模；1990年被中共山西省委评为"十佳模范党员"；1994年，被山西省委授予"优秀共产党员"称号；1995年又被评为全国劳模，成为新中国成立以来大同县历史上唯一的一位受党中央国务院表彰的全国劳动模范。中国农业部原部长何康握着范成忠同志的手说："相信科学，才能再上台阶，你是中国农民的典型代表。"省领导李立功、王森浩、李修仁、王庭栋、郭裕怀等称赞范成忠是三晋农民的楷模；22个国家的驻外使者称赞范成忠内容。香港《东方日报》《晶报》《陕报》《文汇报》《城报》等12家报社的13名记者组成新闻代表团采访报道，都称当代中国农民的典型代表。

陈顺林　（1938—2014）　大同县人。1953年10月参加工作，1955年5月加入中国共产党。历任雁北地区计委副主任、纪检组长、主任，大同市政府市长助理等职，1998年4月退休。2014年10月逝世。

王继光　（1953—2011）　大同县人。1970年参加工作，1975年1月加入中国共产党，大专学历，经济师。

1975年5月至1984年12月历任大同市钢铁厂轧钢车间工段长、轧钢车间主任、副厂长、厂长兼书记；1985年9月至1987年7月在山西省经济干部科理学院经济管理专业学习；1987年8月至1995年5月任大同市钢铁厂副厂长；1995年6月至1997年9月任山西新大钢铁有限公司副总经理；1997年10月至1999年6月任大同市钢铁厂厂长；1999年7月后任山西新大钢铁有限公司副董事长、总经理；2003年5月任大同市大兴钢铁有限责任公司、山西同嘉钢铁有限公司董事长兼总经理。

2000年6月，王继光受市委、市政府委托，主持山西新大钢铁有限公司工作。通过强化企业内部管理、加强企业技术改造等一系列扎实有效的工作，彻底扭转了原外方管理期间造成的企业管理混乱、连年亏损的局面，使企业连续迈出"起死回生、扭亏增盈、初见成效、跨越发展"的四大步，钢产量从20万吨，迅速上升到42万吨、52万吨、54万吨。在王继光带领下，山西同嘉钢铁有限公司已发展成为具有年产生铁100万—120万吨、钢坯120万—150万吨规模的中型钢铁企业，被评为山西省34户重点优势企业和6户重点钢铁企业。

2004 年，王继光承担并主持大同市"6656"工程重点建设项目"年产钢铁双百万吨工程"的建设任务。工程于同年 10 月 18 日全部建成投产，使企业钢产量从 50 万吨一举提高到 120 万吨，销售收入达 24 亿元，工业总产值达 20 亿元、年创利税达 2 亿元，对大同市工业经济的加速发展起到较大的推动作用。

第二章　人物简介

专家学者

杨　勇　1960年12月生,大同县瓜园乡瓜园村人。获美国俄克拉荷马大学MBA学位。旅美私人企业家,美国盖威国际发展公司总裁。

曾就学于大同县一中。1978年考入山西财经大学贸易经济系,毕业后去武汉大学学习计量经济学、市场营销和法语;1985年考入商业部和美国俄克拉荷马城大学合作开办的中国第一批中美合作的MBA研究生班;于1987年获得美国俄克拉荷马大学授予的MBA学位,毕业后,打破体制束缚,辞去公职,在北京担任瑞士、美国、比利时和新西兰等数家公司业务顾问;1993年7月以私人企业家身份赴美开办盖威国际发展公司,从事石材和室内装饰品国际贸易,公司业务已扩展至家具、室内用品、珠宝、塑料制品和纺织品的一体化经营范畴,公司客户包括沃尔玛超市、阿登公司、威灵顿公司等一系列跨国公司。在促进中美贸易和民间交流中作出了贡献。

于学义　1941年11月生,大同县党留庄乡蔡庄村人。1964年毕业于内蒙古大学物理系无线电专业。毕业后一直从事教科研工作。曾任内蒙古大学教授。

于小兰　女　1968年8月生,原籍大同县党留庄乡蔡庄村人。1991年清华大学化工专业毕业,同年考入中国农业科学院研究生院攻读研究生;1994年获硕士学位,在中国农业科学院生物技术研究所工作;1996年去英国工作。

于小萍　女　1963年10月生,原籍大同县党留庄乡蔡庄村人。1987年毕业于中央财经大学财经专业,同年分配到财政部工作;1994年调入中国进出口银行工作。曾任中国进出口商品银行会计清算部总经理。

于小燕　女　1968年10月生,大同县党留庄蔡庄村人。毕业于中央财经大学国际金融专业。2001年去英国留学,就读于英国曼彻斯特索尔福德大学国际银行与金融专业,获硕士学位;2004年回国,曾任北京燕园新星教育科技有限公司总经理。

于学礼　1937年11月生,山西大同县人。研究员,中共党员。1963年毕业于北京农业大学农业经济管理专业。曾任中国农业科学院所属北京中固生物新技术开发公司总经理。政府特殊津贴享受者。先后参加或主持过多项有关畜牧经济、农业区划和持续农业等方面的研究课题。主持的"中国饲料区划"研究成果,先后获农业部科技进步二等奖和国家科技进步三等奖,并以专著出版。先后担任中国农业科学院专业区划研究所、农业经济研究所的党委书记兼副所长,中国农业科学院人事局、国际合作与产业发展局副局长,在农业科研院所的科研管理、科技队伍建设、科技开发等方面做过许多有益的探索和贡献。1992年获得农业部有突出贡献的中青年专家。主要著述:专著《中国饲料区划》(农业出版社,1989.11);撰文《加强农业科研队伍建设》(1991.12)、《饲料生产的挑战及其对策》(1988.7)、《浅谈贫困山区的脱贫致富问题》(1987)、《关于发展草原畜牧业的几点意见》(1982)等20余篇。

刘洲绿 1963年1月生，大同县许堡乡西水地村人。解放军总医院小儿科主任，外科主任医师，硕士生导师，中华外科学会会员，中华小儿外科学会青年委员，全军儿科专业委员会委员。

1979年，在大同县第一中学毕业考入解放军第四军医大学军医系；1984年大学毕业分配到解放军总医院普通外科工作；2002年调解放军总医院小儿科工作；1995年获医学硕士学位；1998年在香港中文大学外科学系进修学习；2002年在北京儿童医院外科学习。

从事外科临床工作20多年，具有丰富的经验和深厚的功底。擅长肿瘤外科治疗，如内分泌肿瘤、消化道肿瘤、腹膜后肿瘤各种小肿瘤；肛肠畸形，如先天无肛、先天性巨结肠等；小儿肝胆疾病，如先天性胆道闭锁、胆总管囊肿等；常见小儿泌尿系疾病，如肾积水、尿道下裂；等等。副主编专著《儿科典型病例分析》《外科解剖与手术技巧》《手术学全集·小儿外科卷》。发表论文20余篇。

牛琪瑛 1957年7月生，大同县人。研究生学历，工学硕士学位，现为太原理工大学建筑与土木工程学院教授，硕士生导师。

一直从事岩土工程教学与科研工作，主要研究土的工程性质及地基处理，尤其在液化土的加固方面作出有价值的研究，出版了《工程地质学》专著，发表了20余篇学术论文，完成了山西省自然科学基金支持的《地震粉土液化机理的研究及其判别方法》《液化土地基加固机理的研究》两项科研项目。正主持国家自然科学基金委支持的《液化沙土作用机理的试验研究》科研项目。已培养6名硕士研究生和4名工程硕士研究生。

肖连团 1966年10月生，大同县许堡乡肖家窑头村人。1989年7月参加工作，为山西大学物理电子工程学院教授、博士研究生导师。山西省青年学术带头人。

1985年9月至1989年7月，山西大学物理系本科生，毕业留校任教；1993年9月至1996年6月，山西大学光学专业硕士研究生；1996年9月至2004

年7月，山西大学物理电子工程学院讲师、副教授；2001年12月至2002年12月，法国国家科学中心Cachan高师分子物理实验室博士后；2006年2月至2006年4月，美国马里兰大学原子分子物理实验室访问学者；2004年7月，太原，量子光学与光量子器件国家重点实验室，山西大学物理电子工程学院教授，博士研究生导师。山西省青年学术带头人。

从事激光光谱原子分子光物理方面的研究工作，先后主持国家基金与省部课题9项，在国际权威学术刊物《物理评论快报（PRL）》《应用物理快报（APL）》和国内核心期刊《中国物理快报》《科学通报》等发表论文70余篇，其中被SCL、EI收录48篇，被SCL期刊引用80多次。在国际上首次提出并应用谐波探测法获得高分辨率和高灵敏光谱。获国家发明专利两项，2001年和2006年获山西省高等学校科技进步一等奖，2002年获得山西省科技进步二等奖。2005年被评为山西省青年学术带头人。教学上承担了山西大学物理电子工程本科生的教学课程《光电子技术》、《电子测量》和《激光技术》以及国家重点实验室光学专业的教学专业的研究课程《激光光谱学》。多次荣获山西大学"三育人"先进工作者、"先进工作者"、"十佳园丁"、"优秀党员"等荣誉称号。2005年，荣获山西省第八届"育人杯"先进个人。

李培春 1957年生，大同县人。1982年参加工作，主任医师。曾任大同市第三人民医院肿瘤外科主任，山西医科大学教授。中华外科学会会员，大同肿瘤学会理事。

1982年，毕业于山西医科大学医疗系，学制五年，后从事临床工作和带教工作20余年；1983年，在大同市五医院病理科工作；1986年，在大同市三医院外科工作；1987年，任外科主治医师；1989年，从事胸外、肿瘤外科工作；1993年在天津胸科医院学习1年，后任胸外、肿瘤外科副主任医师、副教授；2003年，任主任医师、山西医科大学教授、主任。

相继发表国家级优秀论文3篇《胸外伤的早期急救》《15例颈部刀刺伤的急救》《乳腺癌改良根治

术的临床分析》；省级优秀论文《ZT 胶在气管成型术的应用》《甲状腺癌疾病手技的体会》《消炎痛治疗胆绞的临床疗效观察》《中西医结合治疗阑尾周转脓肿》等多篇。

开展大型的手术气管成型术、隆突成型术、打开心包行全肺切除术、纵隔肿瘤摘除术、甲状腺癌根治术、慢性脓胸脱术、胰十二批肠切除术等，为医院创三级甲等医院作出了贡献，多次被评为先进工作者，并受到广大患者的一致好评。

1998 年在丹东市参加全国甲状腺胃病学术研讨会，并获得了优秀论文证书。

庞中英　1962 年 12 月出生，山西省大同县人。中国当代著名的国际政治学者之一。北京大学亚非研究所毕业，获法学（国际政治学专业）博士学位。中国人民大学国际关系学院国际政治教授、博士生导师。曾在中国社会科学院世界经济与政治研究所、中国国际问题研究所和中国驻印度尼西亚大使馆从事研究工作。美国布鲁金斯学会访问学者（客座研究员）。主要研究和教学方向为全球问题与全球治理、亚洲和非洲研究、国际政治经济、外交政策分析。

出版的代表性著作（专著、论文、编著、译著，包括在国际学术期刊和论文集发表的英文论文）有《权力与财富：经济民族主义研究》《地区主义与民族主义》《全球化的复杂性与多样性》《全球治理》《中国与亚洲》《中国与联合国维护和平行动》《世界大国与正常国家》《全球化、社会变化与中国外交》《外交理论与实践》《加强中国在全球治理中的作用》《中非关系与中西关系》《中国的外交力量》等。国际外交问题专栏作者，最近 10 年在国内外严肃报刊发表的论文上百篇。

英国《全球化》季刊和美国《国家利益》双月刊等学术期刊的国际编辑委员。

北京大学国际关系学院研究生毕业，获法学（国际政治学专业）博士学位。英国华威大学政治学和国际研究硕士。北京师范大学经济学硕士（世界经济专业）。南开大学经济系本科毕业。

中国人民大学国际经济系助教、讲师。中国社会科学院世界经济与政治研究所国际经济关系研究室助理研究员、副主任。中国国际问题研究所助理研究员和副研究员。中国驻印度尼西亚大使馆政务二等秘书。清华大学人文社会科学学院副教授。南开大学国际关系学教授、博士生导师、全球问题研究所所长。南京大学—约翰斯·霍普金斯大学中美文化中心国际问题研究所访问研究员。在台湾"夏潮基金会"资助下在"政治大学国际关系研究中心"和"彰化师范大学政治学研究所"从事短期研究。

美国布鲁金斯学会访问研究员。瑞士日内瓦安全政策中心（GCSP）、斯里兰卡科伦坡（南亚）地区战略研究中心（RCSS）等国际研讨班的讲座教授。韩国天主教大学国际学部访问教授。英国华威大学全球化与地区化研究中心访问研究员。新西兰惠灵顿维多利亚大学战略研究中心访问研究员。埃及开罗大学政治经济学院访问学者。

应邀发表过论文或者演讲的世界学术机构：英国牛津大学、剑桥大学、杜伦大学；韩国汉城大学、延世大学；日本早稻田大学、世川良一基金会美国分会；美国尼兹高级国际问题研究院（SAIS）、兰德公司（RAND）、哈佛大学、华盛顿大学、战略与国际问题研究中心、卡内基国际和平研究基金会；新加坡南洋理工大学国际关系学院（RSIS）；南非国际问题研究所；意大利当代中国高级研究中心；德国艾伯特基金会（FES）、德国国际问题研究所（SWP）；瑞典斯德哥尔摩国际和平研究所（SIPRI）等。

国内外出版的代表性著作：《加强中国与西方的合作》（德文和英文，德国《国际政治》双月刊，2008 年）；《加强中国在全球治理中的作用》（英文论文，德国艾伯特基金会，2007 年，收入墨西哥出版的《中国—拉丁美洲关系》一书，2008 年）；《中国在非洲》（编者和作者之一，英文论文集，意大利当代中国研究高级中心，2007 年）；《中国的外交力量》（收入论文集《中国的实力与可持续》，英国 Routledge 出版社，2008 年）；《权力与财富：经济民族主义研究》（专著，山东人民出版社，2002 年）；《地区主义与民族主义》（载《欧洲》，1999 年第 2 期。）《地区化、地区性和地区主义：论东亚地区主义》（载《世纪经济与政治》，2003 年第 11 期）《全球化的复杂性与多样性》（主编，上海人民出版社，2002 年）；《全球治理》（主编，香港和平图书公司和北京新世界出版社，2006 和 2007 年，繁体和简体）；《中国与亚洲》（论文集，上海社会科学院出版社，2004 年）；《中国对联合国维和行动的态度演化》（收入英文论文集《联合国和平行动和亚洲安全》，英国 Routledge 出版社，2005 年）；《世界大国与正常国家》；《全球化、社会变化与中国外交》；《中国与全球化：亚洲金融危机》；《外交理论与实践》（译著，北京大学出版社，2005 年）；《族族、种群和民族》（载《欧洲》1996 年第 6 期）。

世界外交问题国际评论作者。在国内外有领先影响力的报刊发表的言论文章数百篇。分别是中国联合国协会、中国改革开放论坛等社会团体的理事。2002 年获得澳大利亚—中国理事会"澳大利亚研究奖"。英国 Routledge 出版社的《全球化》季刊国际编委，荷兰 Brill 出版社出版的、设在澳大利亚昆士兰大学的国际学术季刊《全球保护的责任》国际编委。曾任美国《国家利益》杂志特邀编辑。

庞中鹏 大同县人。法学（国际关系专业）博士，专业为日本外交，所在部门：日本外交研究室，职务为助理研究员。主要研究领域：日本与中东的关系、日本能源（石油与天然气）问题研究。在研课题为日本能源外交。

主要论著有《试析冷战后日本的能源外交》，载《日本学刊》，2009 年第 2 期（中国人民大学书报资料中心 2009 年第 7 期《国际政治》全文转载）；《日本与中东的关系及对中东能源外交》，载 2009 年日本蓝皮书《日本发展报告》，社会科学文献出版社2009 年 8 月版；《麻生"北方四岛高调"的背后》，载《环球》2009 年第 5 期；《试析中日东海能源之争》，载《吉林广播电视大学学报》2006 年第 1 期；《试析冷战后日本的新民族主义思潮》，载《吉林广播电视

大学学报》2006 年第 5 期；《警惕，2006，小泉要"抢夺"中东》，载《看世界》2006 年第 2 期；《日本为何热衷援助黑非洲》，载《看世界》2006 年第 6 期；《安倍上任，为何首访中国》，载《看世界》2006 年第 11 期；《中东：日本外交新重点》，载《看世界》2007 年第 6 期；《不可思议的日本家族政治》，载《看世界》2007 年第 11 期；《试从两次海湾战争看日本的政治大国战略》，中山大学《亚太评论》2004 年第 2 期；《钓鱼岛问题的由来及对中日关系的影响》，载《亚洲论坛》2003 年第 2 期；《走向政治大国的日本》，载《亚洲论坛》2005 年第 1 期；《试从建构主义的角度解读 20 世纪 70、80 年代的日本对华政策》，载《现代社科导刊》2004 年第 11 期；《日本向军事大国迈出危险步伐》，《紫荆》（香港时政刊物），2002 年第 6 期；《试析环境安全问题对国际安全的影响》，载《学人论丛》2004 年第 5 期；《小泉接班人难带日本再飞跃》，载《世界新闻报》2005 年 11 月 8 日；《日本外交改不掉"短视病"》，载《世界新闻报》2005 年 11 月 18 日；《五种力量制约日本修宪》，载《世界新闻报》2005 年 11 月 29 日；《日本"亚洲老大"梦难圆》，载《世界新闻报》2005 年 12 月 13 日；《失落感让小泉反咬一口》，载《世界新闻报》2005 年 12 月 20 日；《小泉抢摊中东难如愿》，载《世界新闻报》2006 年 1 月 6 日；《日本到西南亚寻出路》，载《世界新闻报》2006 年 1 月 6 日；《日本的失态和失落》，载《世界新闻报》2006 年 3 月 21 日；《争端影响东北亚融合》，载《世界新闻报》2006 年 5 月 9 日；《对华外交考验安倍诚信》，载《世界新闻报》2006 年 10 月 13 日；《安倍为何迟迟不访美》，载《世界新闻报》2007 年 1 月 26 日；《三个政党的"游戏"——评日本政局》，载《东方早报》2008 年 9 月 12 日；《新"三国演义"——评东亚三国峰会》，载《东方早报》2008 年 12 月 12 日；《能源：中日竞争还是合作》，载《中国能源报》2010 年 2 月 22 日。

宋迎昌 1965 年生，大同县许堡乡东水地村人。1981—1985 年，在山西师范大学地理系地理专业学习，毕业并获理学学士学位；1985—1988 年，在

中国科学院地理研究所经济地理专业学习，毕业并获理学硕士学位；1988—1993年，在中国科学院新疆地理研究所工作，被聘为助理研究员；1993—1996年，在中国科学院地理研究所人文地理专业学习，毕业并获理学博士学位；1996—1998年，在上海华东师范大学地理学博士后流动站工作，被聘为副教授；1998—2013年，在中国社会科学院城市发展与环境研究所工作，先后被聘为副研究员、研究员；2007—2009年受中组部委派赴甘肃省兰州市安宁区挂职，担任区委常委、副区长。1998年从华东师范大学中国行政区划研究中心博士后流动站出站工作。曾任职于中国社会科学院城市发展与环境研究所，担任所长助理、三级研究员和城市与区域管理研究室主任。同时兼任中国社会科学院城市发展与环境研究系教授、博士生导师。社会兼任中国城市经济学会常务理事，中国城市规划学会区域规划与城市经济专业委员会学术委员，中国行政区划与区域发展促进会专家委员会委员、北京市自然科学基金项目学科评审组专家。近年来负责主持完成了国家社会科学基金、中国社会科学院重大项目、中国社会科学院网络中心项目、中国社会科学院基础研究学者项目共计6项，主持完成地方城市政府委托研究项目20多项。出版个人学术著作3部，在《地理学报》《地理研究》《城市规划》《城市发展研究》《经济地理》《城市规划汇刊》《人口学刊》等杂志发表学术论文40多篇，获省级科技进步三等奖1次、四等奖1次。

研究领域：主要从事城市与区域规划、城市与区域经济、城市管理等领域的研究工作，主要研究方向包括城市与区域发展、城镇化、产业发展、行政区划、大都市管理、城市可持续发展等。

主要奖励：所参加的项目《西南地区资源开发与发展战略研究》荣获1995年度国家科技进步二等奖，随参加的2项国家自然科学基金项目分别荣获1991年新疆科技进步三等奖和1992年新疆科技进步四等奖；主持的国家社会科学基金项目阶段成果发表在《城市环境与生态》杂志上，荣获该杂志

2002年度优秀论文。

学术专著：［1］宋迎昌著．都市圈战略规划研究．北京：中国社会科学出版社，2009。［2］宋迎昌著．都市圈：从实践到理论的思考．北京：中国环境科学出版社，2003。

科研课题：［1］城市与区域管理的理论与实践，中国社会科学院基础研究学者资助计划项目，负责人，2010—2012。［2］北京市东城区体育馆路街道中长期发展规划，体育馆路街道委托课题，负责人，2011。［3］北京市东城区龙潭湖体育产业园中长期规划，东城区体育产业园管理办公室委托项目，负责人，2011。［4］北京市崇文区"十二五"生态建设与环境保护规划，崇文区环保局委托项目，负责人，2010。［5］朝阳区储备土地整体功能定位和策划研究，北京市土地整理储备中心朝阳分中心邀标项目，负责人，2010。［6］克拉玛依市可持续发展战略研究，克拉玛依市发改委委托项目，负责人，2009—2010。［7］北京市城乡空间识别系统研究，中国社会科学院网络中心研究项目，负责人，2007。［8］北京市朝阳区土地利用规划修编（2005—2020年）前期研究，朝阳区国土资源局委托，负责人，2006。［9］北京市崇文区创建生态和谐环境宜居城区规划，崇文区环保局委托，负责人，2006。［10］河北省大厂工业园区产业发展规划（2005—2020年），大厂县人民政府委托，负责人，2005。［11］"十一五"期间北京市崇文区城市空间发展战略研究，崇文区发展和改革委员会委托项目，负责人，2005。［12］都市圈发展战略规划研究，中国社会科学院重大项目，负责人，2004—2006。［13］三大都市密集区发展路径比较研究，中国社会科学院重大项目，第二负责人，2003—2005。［14］"十一五"期间北京市城市空间发展战略实施研究，北京市发展和改革委员会中标项目，负责人，2004—2005。［15］北京市通州区"十一五"规划，通州区发展和改革委员会委托，负责人，2005。［16］青岛市城镇化发展用地需求研究，国土资源部土地规划所合作项目，负责人，2004—2005。［17］根河市产业发展规划和行政

管理体制改革研究,根河市政府委托项目,负责人,2004—2005。[18]天津经济社会发展与土地利用关系研究,国土资源部土地规划所合作项目,负责人,2004—2005。[19]宁波市土地利用规划修编,国土资源部土地规划所合作项目,负责人,2003—2005。[20]武汉市黄陂区发展战略研究,黄陂区政府委托项目,负责人,2003。[21]划拨用地管理研究,国土资源部科技项目,负责人,2002—2003。[22]荒漠化与沙尘暴的综合防治模式及其验证,国家社会科学基金项目,负责人,2002—2003。[23]天津大都市圈的土地利用模式和结构调整研究,国土资源部土地规划所合作项目,负责人,2002。[24]城镇在西部大开发中的战略作用研究,中国社会科学院重大项目,第二负责人,2000—2002。[25]朝阳区土地利用总体规划(1997—2010年),国土资源部土地规划所合作项目,负责人,2000。[26]顺义区土地利用总体规划(1997—2010年),国土资源部土地规划所合作项目,负责人,2000。

王 春 1973年8月出生,大同县村庄乡王家堡村人,中国著名空气动力学家。现为中国科学院力学研究所高温气体动力学国家重点实验室副研究员,为我国航天事业作出杰出贡献。

1992年9月—1996年7月本科,太原工业大学热能工程系。

1996年8月—1999年3月硕士,航天科工集团第三研究院31所;1999年4月—2001年1月助理工程师,航天科工集团第三研究院31所;2001年2月—2004年7月博士,中国科学技术大学力学和机械工程系;2004年9月—2006年8月博士后,中国科学院力学研究所高温气体动力学重点实验室;2006年9月—2007年12月助理研究员,中国科学院力学研究所高温气体动力学重点实验室;2008年始任中国科学院力学研究所高温气体动力学重点实验室副研究员;

研究领域:非定常空气动力学理论和实验方法、超声速燃烧和爆轰、化学反应流动模拟。

社会任职:国际激波学会会员;美国AIAA会员;中国力学学会会员;中国空气动力学学会会员;北京力学学会会员。

获奖及荣誉:2011年度第十二届中国力学学会青年科技奖;2009年度中国科学院力学研究所优秀青年;2002年度国防科学技术进步奖二等奖,排名第二;2000年度国防科学技术进步奖二等奖,排名第六。

代表论著:期刊论文(2006—)Wang C, Jiang Z, Hu Z, et al., Numerical investigation on the flowfield of "swallowtail" cavity for supersonic mixing enhancement, Acta Mechanica Sinica Wang Chun, Jiang Zong-lin, Gao Yun-liang, Half-Cell Law of Regular Cellular Detonation, Chinese Physics Letters Wang Chun, Jiang Zong-lin, Hu Zong-min, Han Gui-lai. Numerical investigation on evolution of cylindrical cellular detonation Applied Mathematics and Mechanics.

C. Wang, Z. Y. Han and M. Situ, Investigation of high-speed combustible gas ignited by a hot gas jet produced in the shock tube, Shock Waves Hu ZM, Wang C, Zhang Y, et al., Computational confirmation of an abnormal Mach reflection wave configuration, Physics of Fluids Han GL, Jiang ZL, Wang C, et al., Cellular cell bifurcation of cylindrical detonations, CHINESE PHYSICS LETTERS Hu ZM, Myong RS, Wang C, et al. Numerical study of the oscillations induced by shock/shock interaction in hypersonic double-wedge flows, Shock Waves Zonglin Jiang, Guilai Han, Chun Wang, Fan Zhang, Self-organized generation of transverse waves in diverging cylindrical detonations, Combustion and Flame。国际会议论文(2006—)Chun WANG, Zonglin JIANG, Zhaoyuan HAN, A Theoretical Approach to One-dimensional Detonation Instability, Proceedings of th 28th International Symposium on Shock Waves Chun WANG, Zonglin JIANG, Zhaoyuan HAN, The Mechanism of Self-Excited Oscillation Induced by Shock Wave and Chemical Reaction Interactions, Proceedings of the

13th Asian Congress of Fluid Mechanics Chun Wang, Zonglin Jiang, Zhaoyuan Han, The Mechanism of Self-Excited Oscillation of Chemical Reaction Induced by Shock Wave C. Wang and Z. Jiang. Numerical study on the self – organized regeneration of transverse waves in cylindrical detonation propagations. The 26th International Symposium on Shock Waves, Göttingen, July。

承担科研项目情况：2007—2009 年度国家自然科学基金青年基金，《强化超声速混合的三维壁面凹槽设计原理及其数值和实验验证》，27 万元。2008 年度力学所高温气动重点实验室青年创新课题《化学反应流动不稳定性研究》。2006 年度力学所高温气动重点实验室青年创新课题《爆燃转爆轰（DDT）机理研究》。2005 年度力学所高温气动重点实验室青年创新课题《振荡化学反应及其对爆轰波 DDT 过程影响》。2005 年度中国博士后基金《爆轰中的振荡化学反应效应》，1 万元。

袁进明　1965 年生，山西省大同县瓜园乡西沙窝村人。1982 年 7 月，大同县一中毕业；1982 年 9 月至 1987 年 7 月，北京化工大学管理工程专业，获得学士；1994 年 4 月至 1997 年 1 月，中国人民大学工商管理专业，获得硕士研究生学位（MBA）；2000 年 10 月，获得副教授专业技术职称。

1987 年 8 月，大学毕业分配到北京燕山石化公司党校，历任教研室教师、副主任、主任，从事企业干部教育培训教学和教学管理工作。在 1996 年至 1999 年期间，接受中石化集团公司人教部教培处的任务，参与编写中石化集团公司企业管理干部岗位资格考试大纲中的企业生产计划处（科）长、计控处（科）长岗位资格专业课程考试大纲。作为中石化集团公司企业生产计划处（科）长岗位资格专业培训课题开发的负责人，三期培训班的课程协调员和班主任，参与培训开发、培训实施的全过程。

2002 年 4 月，以副教授的身份调入国家行政学院教务部教材处。从 2005 年下半年到 2010 年底，一直主持教材处的工作，2006 年 1 月任副处长，2009 年 1 月任调研员。2011 年 1 月，调到国家行政学院机关党委，任组织处调研员，后因工作需要调整安排到宣教处，负责宣教处的工作，2011 年 6 月，任机关党委宣教处处长。

在国家行政学院教务部教材处工作时，除每年圆满完成教材处日常管理工作外，作为全国干部培训教材编审指导委员会经济与管理教材编审委员会办公室、学院教材编审委办公室、港澳和涉外教材编写委办公室的成员，在学院教材建设方面做了大量的组织、协调和服务工作。先后负责中组部全国领导干部学习培训教材、学院基本教材、专题培训教材、MPA 教材、港澳和涉外培训教材的具体工作。多年参与了全国行政学院院长会议、全国行政学院教学系统研讨会的组织和服务工作。调到机关党委后，主要负责宣传教育工作。多次起草完成了学院的有关文件和《建党 90 年来思想政治工作基本经验调研报告》《特色立院蓬勃发展》等理论文章。特别是 2011 年，在全国行政学院系统组织开展"学习型党组织建设和领导干部读书学习情况"调查研究工作，作为调研报告的执笔人之一，形成的调研成果，以《把学习作为一种精神追求——关于当前领导干部学习情况的调查报告》为题，在 7 月 19 日《光明日报》"光明调查"专版刊发，当天的《光明日报》还在头版头条，以《学习正成为广大领导干部的精神追求》为题刊登消息。调查报告在《光明日报》发表后，深受社会各界好评。"人民网"、"光明网"、"新华网"、相关理论网站以及地方网站，《新华月报》（2011 年 8 月号/下半月）、《全国干部教育通讯》（2011 年第 7 期）等报刊全文转发。

张学奇　1964 年 6 月生，大同县南栋庄村人。教授级高级工程师，国家一级注册结构师，硕士研究生导师。

1979 年初中毕业于大同县南栋庄学校，1979 年至 1981 年在大同县一中学习，1981 年以优异的成绩考入武汉水利电力学院（现武汉大学），大学本科学历，工学学士。1985 年毕业参加工作，先后就职于西北电管局、陕西电力公司、中国能源建设集团，从事设计和管理工作。

参加工作以来，主持和参与完成包括电力建设项目、各类工业项目和民用建筑项目等设计400余项。特别是在电力建设设计中取得较好成绩，主持完成了包括渭河热电厂、黄陵热电厂等单机300MW以上大型电厂十数项，主持新能源建设项目设计，完成秸秆电站、风电场、各类光伏太阳能电站等工程设计数十项，为电力建设做出了自己的贡献，多项工程获得了省部级优秀设计奖。

主持和参与科研项目数十项，多项获得了奖励。发表论文20余篇。2008年5·12汶川大地震，做为专家，震后第一时间赶赴地震现场，参加了电厂抗震救灾工作，掌握了第一手资料，主持编制了发电厂震害调查报告和加固设计方法。发表论文《电厂震害分析及抗震设防对策研究》，得到同行高度评价。

作为中国土木工程学会、陕西土木工程学会会员，《电网与清洁能源》科技期刊评审专家，陕西省重点建设项目初步设计审查及招标、投标、评标专家库专家，国家电网公司系统勘察设计专家库人才，陕西省电力公司评标专家，西安建筑科技大学硕士研究生兼职导师，参加了大量社会活动和工程设计审查、工程评标和工程验收等以及教学工作。

李渊涛 1975年8月生，祖籍大同县党留庄乡马连庄村。1995年结业中央美术学院书法研究室。为中国书法家协会会员、山西省书法家协会理事、《艺谭》丛刊执行主编。

1993年，书法、篆刻作品入选"第二届中国书坛新人新作展"（郑州）；篆刻作品入选"第五届全国中青年书法篆刻作品展览"（北京）；书法作品入选"首届中国历史文化名城书画篆刻家作品联展"（遵义，获三等奖）；获"首届神龙杯中日青少年书法争夺赛"银奖（北京）；《大同日报》发表冯桢先生专访；《青少年书法报》发表专题介绍。1994年，篆刻作品入选94国际书法大展（北京）；书法作品入选中国当代书画篆刻名家邀请展（成都）；参加"第三届华北五省市书法联展"（五省市巡展）。《书法之友》杂志发表专题介绍；《大同日报》发表专题介绍；加入

中国书法家协会。1995年，结业于中央美术学院书法艺术研究室；书法作品入选"文化部对外文化门外汉书法展"（西班牙，获三等奖）；参加"第六届全国书法篆刻作品展览"（北京）。《中国书画报》"佳作鉴赏"栏目发表专题介绍；《书法报》《书法导报》《火花》杂志等刊物发表作品多件。1996年，书法作品入选"第六届全国中青年书法篆刻家作品展览"（沈阳）；举办"李渊涛书法艺术展"暨"李渊涛书法研讨会"（太原）；《山西日报》、《都市》杂志、《书法文献》杂志发表专题介绍；《太原晚报》发表乔傲先生专访《漫说书家李渊涛》。

1997年，书法作品入选"第七届全国中青年书法"篆刻家作品展览（北京）；《青少年书法》《现代书法》杂志发表专题介绍；《大同日报》发表殷宪先生文《李渊涛的其人其书——兼议时下书风》；《大同晚报》发表王祥夫先生文《写在李渊涛书法展前头》。

1998年，书法作品入选"第七届全国中青年书法篆刻家作品展览"（北京）；参加"中国当代实力派书法家作品邀请展"（成都）；篆刻作品入选"中日篆刻交流展"（日本崎玉县）；举办"高英柱、左建春、李渊涛书法篆刻联展"（大同）。1999年，篆刻作品获"《书法赏评》全国篆刻征稿评比"二等奖（哈尔滨）；出版《李渊涛书法篆刻集》（新世纪出版社）；《现代书法》杂志发表专题介绍。2001年主编出版《艺谭》艺术丛书第一辑（吉林摄影出版社）。2002年，篆刻作品入选"第二届中国书法艺术节——全国中青年篆刻家作品展"（天津）；作品入选"第一、二届全国青年书法篆刻家提名展"（苏州、连云港、大连、天津、衡阳等地巡展）；参与主编《七十年代书家作品选》第一、二辑（天马图书出版公司）；作品入编，《中央美术学院王镛工作室学员作品集》《千年印痕》。香港《大公报》、台湾《世界论坛报》发表专题介绍；被选为山西省书法家协会理事。2003年书法作品选"衡阳书法周——中国当代著名书法家邀请展"；《青少年书法》杂志发表专题介绍二、三、四、五；主编出版《艺谭》艺术丛书第二辑《中国摄影出

版社》;出版《清吟斋印存》(华夏文化出版社);2004年后主编出版《艺谭》艺术丛书家第一、二、三、四、五辑。

省（部）级领导干部

吕日周 1945年1月生,大同县杜庄乡落阵营村人。1969年毕业于山西大学中文系,先后在大同齿轮厂当锻工、广灵县百疃村任党总支书记;在中共雁北地委政策研究室、中共山西省委农工部、省委政策研究室工作。从1983年起,先后任中共原平县委书记、忻州地委委员;中共山西省委第五届候补委员;中共朔州市委副书记、市长;山西体改委副主任、主任和省政协常委等职。2000年后,任中共长治市委书记、中共山西省委第八届委员。2002年,被选为党的十六大代表。2003年年初,任山西省政协副主席。

兼任山西省改革创新研究会会长、北京大学、山西大学、西安交通大学、大理学院教授和山东菏泽新闻学院名誉院长等,中国社科院及国务院发展研究中心特邀研究员,曾应邀赴香港中文大学讲学。

2003年被评为"中国时代十大新闻人物";被《中国改革杂志》列为改革开放25年来25位代表人物之一。2004年被联合国大学国际领导学院列为转型社会的管理案例研究中国入选案例。

著有《中国县级综合改革战略》、《山西省国企改革指要》、《在生活的激流中》、《长治长治——一个市委书记的自述》、《吕日周自选集》(共五卷:省情卷《吕丁解晋》、太原卷《三晋触怀》、晋北卷《雁北听风》、长治卷《在天下脊》、附录卷《我行我述》)、《中国改革模式》等27部作品,共700余万字。他所著的《长治长治——一个市委书记的自述》一书,被全国30多家刊物转载,山东齐鲁电视台的长编报道《吕日周新政》被选送法国嘎纳电影节参评。

市（厅）级领导干部

柴树彬 1955年4月生,大同县瓜园乡瓜园村人。1972年4月参加工作。

1972年4月,平鲁县革委业务组、办事组工作;1975年10月,中共雁北地委办公室干事;1983年11月,中共雁北地委办公室副主任;1985年12月,中共雁北地委办公室主任;1987年5月,共青团雁北地委书记;1988年9月,省委党校学员;1991年9月,雁北行署副秘书长(正县级);1993年4月,中共天镇县委副书记(正县级);1996年6月,中共广灵县委副书记、县长;1998年4月,中共浑源县委书记;2001年8月,中共大同市委秘书长、办公厅主任;2001年9月,中共大同市委常委、市委秘书长、办公厅主任;2009年8月,中共大同市委副书记、市委秘书长、办公厅主任;2010年11月,中共大同市委副书记。2013年5月,政协大同市十三届二次会议当选为政协主席。第十二、十三、十四届市委委员。

周喜成 1939年8月生,大同县人。1957年参加工作,中共党员。曾任内蒙古呼和浩特市人大常委会主任、党组书记。

1957年12月至1960年8月,内蒙古军区后勤部训练大队、步兵三团一连、骑兵十三团任战士、副班长、代排长;1960年8月至1964年3月,内蒙古军区政治部干部,任见习干事(少尉);1964年3月至1964年12月,锡盟边防勤务连,任副政治指导员;1964年12月至1970年11月,内蒙古军区政治部干部调配科,任干事(中尉);1970年11月至1983年4月,内蒙古军区政治部干部处,任副处长、处长、兼处党支部书记,政治部党委委员;1984年4月至1987年3月,内蒙古军区政治部,任政治部主任(正师)、党委副书记,军区党委委员、纪检委常委);1987年3月至1990年3月,内蒙古军区兴安盟分区,任分区政委、党委书记、兴安盟盟委委员,内蒙古军区党委委员;1990年3月至1994年5月,呼和浩特市委,任副书记;1994年5月至1995年8月,呼和浩特市委,任市委常委、副书记;1995年8月至1998年任市人大常委会主任、党组书记;1998年至2004年,内蒙古自治区人大常委会,任专职常委;2006年12月退休。

许进娥　1959 年 9 月生，山西大同县人，在职研究生，统计师，民盟成员。

1976 年 12 月，在大同市南郊区高庄插队；1978 年 10 月，任大同市矿务局忻州窑矿计划科统计员；1985 年 7 月，任大同市统计局物基科科员；1992 年 11 月，任大同市统计局物基科副科长；1995 年 8 月，任大同市统计局工业交通科科长；1998 年 4 月，任大同市统计局城调队地方科科长；2001 年 10 月，任天镇县政府副县长（期间：2001 年 9 月至 2003 年 7 月，在山西财经大学在职研究生金融系学习）；2007 年 5 月，任阳高县政府副县长；2007 年 6 月，任民盟大同市委主委、阳高县政府副县长；2008 年 7 月，任大同市政协副主席，民盟大同市委主委，阳高县副县长；2009 年 12 月，任大同市政协副主席，民盟大同市委主委。山西省第十届人大代表，十届省政协委员。

王玉田　1947 年 1 月生，大同市人。祖籍大同县，无党派。在职大专学历，高级统计师。

1953 年 9 月至 1959 年 7 月，在马王庙小学读书；1959 年 9 月至 1962 年 7 月，大同市五中读初中；1962 年 9 月至 1965 年 7 月，大同市二中读高中；1965 年 12 月，大同制帽厂计划统计科任科长；1981 年 3 月，大同市经济委员会任科长（期间于 1985 年 9 月至 1989 年 10 月在山西财经学院函授计划统计专业学习）；1994 年 5 月，任大同市工商联合会副会长兼秘书长；1996 年 4 月，任大同市工商联合会会长兼秘书长；1998 年 7 月，任大同市人大常委会副主任兼大同市工商联合会会长。

徐世立　1949 年生，大同县徐疃乡徐家堡村人。中共党员，大学文化。中共大同市委第十一届、第十二届委员，大同市十一届人大代表。1956 年 9 月，大同县麻峪口乡南栋庄小学读书；1960 年 9 月，大同县麻峪口乡王渐疃完小读书；1962 年 9 月，大同县千千相中学读书；1965 年 9 月大同一中读书；1968 年 10 月，怀仁县里八庄乡柳东营插队；1970 年 5 月，大同县砖瓦厂工人；1971 年 5 月，王庄高中、杜庄高中、大同县三中任教；1978 年 3 月，山

西大学中文系读书；1982 年 1 月，中共雁北地委办公室、中共大同市委秘书处工作。

1985 年 5 月，任中共大同市城区区委常委、组织部部长，大同市城区政府副区长，中共大同市城区区委副书记；1995 年 10 月，任大同市新荣区区长、区委书记；2001 年 8 月，任大同市建设委员会主任、党组书记；2003 年 7 月任大同市政协副主席、市政协党组成员。

雷雪峰　1961 年 10 月生，大同县陈庄乡人。1981 年 7 月毕业于雁北师专中文系，1981 年 9 月参加工作，2001 年 9 月毕业于山西大学马克思主义哲学研究生进修班，学制四年，现学历为研究生。1984 年 7 月加入中国共产党。

1978 年 7 月至 1981 年 7 月，雁北师专中文系读书；1981 年 9 月至 1983 年 10 月，天镇县委宣传部工作；1983 年 10 月至 1992 年 1 月，任《雁北日报》社编辑室主任；1992 年 1 月至 1993 年 4 月，雁北地委宣传部工作；1993 年 4 月至 1997 年 1 月，任浑源县委常委、组织部长；1997 年 1 月至 1998 年 4 月，任浑源县委常委、县委副书记；1998 年 4 月任浑源县委副书记、县长；2006 年 6 月任天镇县委书记；2009 年任大同市城区区委书记；2011 年任大同市湖东经济技术开发区管委会主任。

陈汝银　1940 年 7 月生，大同县峰峪乡吉家会村人。曾任中国工商银行山西分行行长、党组书记、省政协七届常委。

1955 年至 1960 年，在大同三中、大同一中就读；1960 年至 1965 年，于山西大学生物专业毕业；1965 年 8 月至 1966 年 12 月，先后参加了文水县、孝义市的“四清”工作，工作关系暂留在晋中地委组织部等待分配。由于“文化大革命”的全面展开，无法落实工作单位，于 1968 年 10 月进五七干校当学员；1971 年 10 月，正式分配到中国人民银行晋中地区中心支行，历任科员、副科长、科长、副行长；1984 年，调任中国工商银行晋中地区中心支行行长、党组书记；1985 年 3 月，调任中国工商银行山西省分行副行长、党组成员；1992 年，任中国工商银行山西

省分行行长、党组书记；1998年，退二线任正厅巡视员至60岁；由于担任山西省政协七届常委，退休时间延迟至2003年底。曾兼任山西省政协企业联合会会长，山西省促进经济联合会常务副会长，山西省司法工作者联合会副会长，山西省城市金融学会常务副会长，山西大学校权会副会长等社会群团组织中的职务。

李宝山　1966年11月生，大同县阁老山乡大北庄人。1985年10月参加工作，1988年6月加入中国共产党，研究生学历，工程师职称。

1985年10月至1992年2月，在北京军区警卫四师、山西省军区、石家庄陆军学院63集团军工作；1992年2月至2003年4月，任山西省乡镇煤炭运销有限公司副总经理；2003年4月，任山西省天然气股份有限公司和山西煤层有限公司总经理。1995年，被榆次市人民政府评为先进工作者；1999年，获省直团工委授予的"跨世纪杰出青年人才"称号；1999年，被省委组织部、团省委评为"山西省优秀青年管理者"；1994年至2000年，连续7年被省乡镇局评为先进工作者；2004年，被省劳动竞赛委员会评为"山西省劳模范"2006年，因重点工程建设被省劳动竞赛委员会记个人一等功一次。

张一士　1944年生，大同县瓜园乡渔儿涧村人。1983年加入中国共产党。太原工学院电机系发电厂专业电力网及电力系统自动化专业班学习。先后在册田水库、怀仁县农林水电局的输电办公室、雁北电业局工作。1986年，雁同合并，原雁北供电局和大同供电局合并组成雁同电力公司（后为大同电力公司），调任生产技术科科长、任大同供电局局长。1995年1月，任北京供电局党委书记兼第一副局长。2001年，调任华北电管局副局长。

赵进明　1957年1月生，大同县人。1976年2月入党，研究生学历，高级经济师职称。

1978年10月至1982年7月，山西财经学院计划统计系本科毕业，经济学学士；1982年7月至1984年7月，山西省统计办公室工作；1984年7月至1993年12月，山西省委组织部经干处主任科员、

副处长；1993年12月至1999年10月，山西省煤炭运销总公司党委委员、副总经理、党组成员；1999年10月至2003年6月，山西省煤炭运销总公司党委委员、副总经理（副厅级）；2003年6月任现职。期间于1996年9月至1998年8月，山西大学马克思主义哲学研究生班结业；2001年7月为中国管理科学研究院管理创新研究所高级研究员；2003年3月为山西省科技专家学会专业会员，认定名称为"现代企业管理高级专家"；2004年7月至2006年6月，中共中央党校法学理论导师制研究生班毕业。

康吉仁　1965年11月生，大同县许堡乡东水地村人。1989年10月加入中国共产党，1987年11月参加工作。

1984年9月至1987年7月，太原师范专科学校地理系学习；1987年11月至1991年1月，太原市河西区委办公室科员、信息科科长；1991年1月至2001年12月，山西省纪委监委审理室副主任科员、主任科员、副处级检查员（期间：1999年8月至2000年12月，在中央党校函授经济管理专业学习）；2001年12月至2002年6月，山西省纪委监委审理室正处级副主任；2002年6月至2003年6月，吕梁地委副秘书长；2003年6月至2006年4月，山西省公安厅政治部副主任（正处级）；2006年4月至2008年8月，晋城市人民政府副市长；2008年8月至2012年10月，中共晋城市委常委、市委宣传部部长；2012年10月至2013年5月，中共晋城市委常委、市纪委书记；2013年5月任中共朔州市委常委、市纪委书记。

吕振时　1939年5月生，大同县落阵营村人。1959年4月加入中国共产党，1964年大学本科毕业，曾留学日本学经济管理，1987年评聘经济副教授，1984年任副厅级干部。2001年退休。

1964年，太原工学院毕业后，先后在企业工作16年，大学（包括干部学院）工作14年，政府部门工作7年，从事过教学工作、企业管理、经济管理及研究和政府行政工作。

1983年初，从日本留学回国后，任山西汽车制造厂厂长、党委常委；1984年任山西经济管理干部

学院副院长（主持工作）；1993 年任山西省国防科技工业办公室副主任，并兼任山西省企协常务理事、山西省经济学会常务理事、山西省内燃机协会副会长、太原市企业家协会理事。

张引强 1949 年 10 月生，大同县周士庄乡王千户庄村人。1969 年参加工作。中共党员，中专文化，高级工程师。曾任省经委纺织工业行业办主任（副厅级）。

1956 年至 1962 年，在大同市城区第八小学读书；1962 年至 1965 年，在大同市四中读初中；1965 年至 1969 年在大同市技工学校读中专；1969 至 1994 年，在大同市化纤纺织厂工作，先后任车间副主任、主任、车间书记、副厂长、厂长；1994 年至 2002 年，任山西省纺织工业副厅长；2002 年，任省经委纺织工业行业办主任（副厅级）。

寇福明 1970 年 8 月生，大同县许堡乡大王村人。中共党员，博士，副教授。1988 年毕业于雁北师范专科学校英语系，1993 年至 1995 年，曾在大同县第一中学任教，1996 年调入雁北师范学院工作，历任雁北师范学院学生处（部）干事、副处（部）长，大同大学学生处（部）副处（部）长、校办主任。2008 年至 2010 年曾挂职担任阳高县委常委、副书记。现任山西大同大学副校长，主管后勤、基建、校医院、安全保卫等工作。主持或参与省部级科研项目 5 项，公开发表学术论文 15 余篇。

县（处）级领导干部

乔日永 1957 年 5 月生，大同县瓜园乡南坡村人。研究生学历，法学学士、史学硕士学位。曾任山西省国有资产经营有限责任公司党委副书记、纪委书记。

1974 年 1 月，大同县第三中学毕业后回村务农；1975 年 1 月，在本村加入中国共产党，任村党支部书记；1978 年 3 月，考入山西农业大学师资班（委托山西省委党校大学班培养），学习中共党史专业，获法学学士学位；1982 年 1 月，毕业后留山西农业大学马列主义教研室工作，历任助教、讲师。1984

年 9 月至 1985 年 7 月，在南开大学进修；1985 年 9 月至 1988 年 7 月，在山西大学历史系读研究生，学习中国近现代史专业，获史学硕士学位。1990 年 8 月，调入山西省委组织部组织指导处工作，历任主任科员、副处级组员、副处长；2000 年 9 月，调入山西省委企业工委党建处工作，任处长。2003 年 10 月，任山西省国有资产经营有限责任公司党委副书记、纪委书记。

孙振 1955 年生，大同县聚乐乡艾家窳村人。大学文化，研究员。1974 年 1 月，大同县三中高中毕业，3 月担任阁老山公社农业技术员兼公社农校教师。1977 年，考入大寨农学院农学系，1979 年，合并到山西农业大学农学系。1982 年 1 月毕业，到省农科院高寒作物研究所工作。1986 年任助理研究员，1992 年任副研究员，1995 年任研究员。1993 年 9 月，通过公开竞选、民主推荐、院党委任命为高寒作物研究所副所长，主持行政工作。1994 年 9 月，任高寒所党委书记兼所长，1997 年，主持高寒所党政全面工作。2000 年 8 月，任高寒所党委书记兼所长。2002 年 12 月，任山西省农科院科研处处长。2005 年 3 月至 7 月，在中共山西省委党校第 38 期中青年领导干部培训班学习。

张连奎 1964 年 8 月生，大同县人。1958 年加入中国共产党，会计师。

1964 年 7 月毕业于山西财院会计系；1964 年 8 月至 1970 年 7 月，省水利厅计财处工作；1970 年 8 月至 1973 年 6 月，下放太原市体委充实基层；1973 年 7 月至 1981 年 4 月，省水利厅办公室总务科工作；1981 年至 1993 年，省水利厅计财处科员、主任科员、副处长（1989 年）；1993 年 10 月至 2002 年 12 月任驻厅纪检组副组长兼监察室主任；2002 年退休。1984 年起先后被聘任为山西水利会计学会副会长、省会计学会理事、水利部会计学会常务理事。

曾获省委、省政府煤炭运销检查领导组授予的 1996 年度先进工作者称号；获省实施农村饮水解困工程领导组、水利厅授予的先进工作者称号。

吕凤东 1968 年 2 月生，大同县杜庄乡杜庄村人。在山西省公安厅政治部宣传处工作，三级警督警衔。

1975年9月至1982年7月，大同县杜庄读小学、初中；1982年9月至1987年7月，大同县第五中学、第二中学读高中；1987年7月至1991年7月，山西文化艺术学校（现为山西职业艺术学院）影视专业学习；1991年8月至1993年4月，山西省第四监狱政治处干事；1993年5月至1995年12月，太原第一监狱政治处干事；1995年12月至1998年9月，山西省监狱管理局政治部干部处科员；1998年9月至2001年1月，山西省公安厅政治部干部处科员；2001年1月后历任山西省公安厅政治部宣传处影视科副科长、科长（1997年9月至2000年7月，中国政法大学法学函授本科、学士学位）。

从事公安电视报道工作，主要负责拍摄报道省公安厅重要会议、重要部署以及全省公安机关重大案件等。同时负责山西广播电视总台驻公安厅记者站工作。日常工作中还负责联络、协调中央电视台新闻频道《法治在线》、社会与法频道等法治类节目以及山西电视台各个频道记者拍摄报道公安类题材的新闻和专题节目。与中央电视台《法治在线》先后合作拍摄了反映山西省公安机关成功破案例的专题片《被绑架的亲情》《不懈追踪》《追剿破烂王》等十多部专题片。其中，《不懈追踪》获2005年国家公安部全国公安系统第八届"金盾文化工程"金盾新闻奖三等奖。每年与山西卫视《记者调查》栏目合作拍摄反映山西省公安工作的专题片5部以上，其中《热血铸警魂》获2002年第八届全省社会治安综合治理好新闻评选二等奖。每年在山西卫视《山西新闻联播》播出反映公安工作的新闻150多条。2001年至2005连续五年省公安厅记者站被山西省广播电视局评为"全省电视新闻宣传先进集体"。本人还先后被省公安厅评为宣传思想工作先进个人、抗击非典斗争先进个人等。

李忠人　1959年9月生，大同县许堡乡许堡村人。1982年1月参加工作，副教授，硕士生导师，在读博士。

1968年1月，入许堡完小学习；1975年1月，初中毕业入大同县四中学习；1976年10月，高中毕业到许堡公社机械厂做工，先后当过钳工、刨工、铣工；1978年3月，考入山西大学历史系历史专业读大学本科，1982年1月，毕业留校任教；1985年9月，考入华东师大历史系世界近现代史专业读硕士研究生；1986年6月，加入中国共产党；1988年7月毕业回校任教，从事世界史教学和研究工作，先后兼任办公室秘书、系分团委副书记等工作；1990年12月，兼任历史系副主任；1993年11月，晋升副教授；1994年2月，调任山西大学教务处副处长；1999年3月，任山西大学党委组织部副部长；2001年1月，任山西大学党委组织部部长；2008年10月任山西大学党委副书记。曾先后争取省教育厅社科项目、省软科学项目2项，中国社会科学院社科项目1项，获历史学一等奖、国家社科基金优秀成果二等奖各一项。

李春平　1960年9月生，汉族，山西省大同县西坪镇人。在职大学学历，1981年7月参加工作，1987年2月加入中国共产党。

1981年7月，大同县周士庄中学教师；1983年09月，大同县教育局干事（其间：1986年05月至1988年10月，借调雁北行署教育局工作）；1987年05月，雁北地区北岳中学干事（其间：1988年10月至1990年09月，借调雁北地委组织部工作）；1990年09月，雁北地委组织部干部二科干事；1993年07月，大同市委组织部干部二科干事（其间：1994年08月至1997年03月，挂职任阳高县马家皂乡党委副书记）；1995年12月，大同市委组织部干部二科副科长；1997年02月，大同市委组织部企事业干部科副科长；2000年01月，大同市委组织部企事业干部科正科级组织员；2003年04月，大同市委组织部市直干部科科长；2006年12月，大同市委组织部地方干部科科长；2009年12月，大同市委组织部副部长；2013年10月，大同市委组织部副部长、市人力资源和社会保障局局长、党组副书记。

于化忠　1961年6月生，大同县党留庄乡蔡庄村人。1979 年至 1981 年，在大同市会计学校读中专；1985 年至 1987 年，在大同市人大常委会工农财经委任科长；1987 年至 1989 年，带职在大同市委党校读大专班；1989 年至 1991 年，在大同市人大常委会工农财经委任副主任、科长；1991 年至 1997 年，在大同市人大常委秘书科任科长；1997 年至 2003 年，在大同市人大财经委任副主任；2003 年任大同市人大财政委主任，市人大常委会委员。

于海军　1955 年生，大同县人。1972 年参加工作，中共党员。1978 年至 1993 年，在雁北乡镇企业管理局工作，任副科长、科长；1993 年至 2001 年，任大同市乡镇企业管理局副局长；2001 年至 2004 年，任大同乡镇企业服务中心主任；2004 任大同市中小企业局（民营经济发展局）党组书记、局长。

王守刚　1950 年 7 月生，大同县周士庄镇南庄村人。曾任大同市云冈饭店副总经理，大同市委秘书处行政科副科长、科长；曾任中共大同市委副秘书长。

乔 中　1955 年 10 月生，大同县人。中共党员，函授专科学历。1974 年 12 月在大同县入伍，1985 年 1 月转业到地方工作。在大同公路分局历任：大同县公路管理段党支部副书记、分局党委办公室主任、工程二处党支部书记，1994 年 4 月调任朔州公路局任党委副书记、党委书记，1999 年 9 月在大同公路局任党委书记、局长，2005 年 9 月任京大高速公路有限公司董事长。

朱 印　1950 年 2 月生，大同县倍加造镇独树村人。1972 年 5 月参加工作，1979 年 12 月加入中国共产党，1994 年中央党校党政专业毕业，大学本科学历。

1972 年 5 月至 1975 年 9 月，大同县倍加造公社工作；1975 年 9 月至 1979 年 2 月，大同县团委工作；1979 年 2 月至 1983 年 10 月，雁北团地委工作；1983 年 3 月至 8 月，在中央团校学习；1983 年 10 月至 1987 年 5 月，雁北地委办公室工作（1986 年任催办检查科科长）；1987 年 5 月至 1993 年 7 月，任雁北地委办公室副主任；1993 年 7 月至 1997 年，任大同

市委办公厅副主任兼大同市档案局党组书记、局（馆）长；2003 年 6 月任大同市人大常委会副秘书长兼办公厅副主任（正处）。

刘志发　1952 年 1 月生，大同县瓜园乡人。1969 年 12 月参加工作，1971 年 3 月加入中国共产党，大学文化，经济师。

1969 年 12 月至 1973 年 3 月，空军 902 部队服役，任战士、连队和大队文书；1973 年 3 月至 1973 年 9 月，大同县瓜园公社民办教师；1973 年 9 月至 1976 年 9 月，山西师范大学读书，任班党支部书记；1976 年 9 月至 1991 年 8 月，历任大同县"五七"农大教师、大同县组织部干事、陈庄乡党委副书记、组织部党管科科长、大同县纪委副书记，期间于 1981 年 10 月至 1982 年 11 月，在雁北地委党校学习；1991 年 8 月至 1998 年 4 月，任左云县纪委书记、县委副书记；1998 年 4 月至 2001 年 9 月，任南郊区委副书记；2001 年 9 月，任大同市纪委副书记。

肖连瑞　1948 年生，大同县许堡乡肖家窑头村人。大专文化，中共党员，曾任中共大同市委政法委员会副书记（正处级）。

1967 年 7 月毕业于大同师范，同年参加工作。先后在大同县阁老山小学和阳高县革委会政工组任教、任职；1970 年 12 月应征入伍，在某部任排长、政治处干事；1979 年转业后，在原雁北地区中级人民法院工作，先后任研究室主任、行政审判庭庭长、审判委员会委员；1992 年 5 月起任原雁北地委政法委副书记，雁同合并后任中共大同市委政法委副书记。

张日斌　1951 年 12 月生，大同县杜庄乡王家堡村人。1975 年参加工作，1971 年 12 月加入中国共产党，大学文化，工程师。

1975 年至 1982 年，在大同县经委任干事；1982 年至 1985 年，任大同县淀粉厂书记、厂长；1985 年至 1990 年任雁北地区地区工业局副局长、党组成员；1990 年至 1993 年，任灵丘县委副书记、常委；1993 年至 2001 年，任大同商检局党组书记、局长；2001 年任大同出入境检验检疫局党组书记、局长。

张培林　1951年6月生，大同县瓜园乡渔儿涧村人。1972年参加工作，1979年加入中国共产党，硕士研究生学历，高级经济师职称。曾任大同市炭素厂厂长兼党委书记、晋能公司副董事长。大同市新成炭素有限责任公司董事长。全国劳动模范，山西省政协委员。

1972年至1985年，在大同县工作，任大同县工业局副局长；1985年至1988年，在大同市经委工作；1988年至2001年，任大同市炭素厂厂长兼党委书记；1992年被评为山西省劳动模范、山西省优秀青年厂长；1994年被评为山西劳动模范；1997年被评为山西省特级劳动模范；1999年被评为全国劳动模范（五年一次，国务院表彰）。

张颖川　1948年10月生，大同县杜庄乡落阵营村人。中共党员，农经师。

1972年5月至1979年11月，在大同县工作，任峰峪公社主任；1979年11月至1983年10月，在原雁北地委调研室、行署办工作；1983年10月至1996年5月，在原雁北行署、大同市政府工作，先后任副主任、政府副秘书长；1996年5月至2001年8月，在大同市乡镇局工作，任党委书记、局长；2001年8月任大同市环保局党组书记、机关党委书记、局长。

杨彦宝　1959年生，大同县杜庄乡下泉村人。1977年参加工作，任民办师；1978年转为公办教师；1979年考入雁北师专；1983年大同县委办公室工作，1986年任县委政研室副主任；1988年借调原雁北行署工业局；1989年调到雁北行署办公室；1990年1月，雁北行署卫生局秘书科副科长；1990年1月至1992年7月，雁北师院中文系；1992年大专毕业回大同县一中任高中语文教师；1990年任原雁北办公室科教科科长；1993年地市合并，任市政府办公厅文卫办主任；2001年任大同市政府办公厅副主任；2003年任大同市政府办公厅副秘书长；2013年任大同市人力资源和社会保障局组书记。

杜　斌　1964年3月生，大同县人。1981年9月参加工作，1994年12月加入中国共产党，大学文化。大同市政协委员、中国人民银行天津分行高级专业技术评审委员会专家组成员。

1978年至1984年，大同市会计学校财金专业学习；1991年至1994年10月，山西大学行政管理自考毕业；1994年8月至1997年12月，中央党校函授学院毕业（在职）；2000年9月至2002年7月，天津商学院研究生课程班结业（在职）。

1991年9月至1997年5月，先后在中国人民银行大同县支行、中国人民银行雁北分行、中国人民银行大同分行工作，历任科员、副科长、科长（主任）；1975年5月至2003年12月，任中国人民银行大同市中心支行（大同分行）党委委员（党组成员）、副行长、外管局大同分局副局长。2003年12月任中国人民银行大同市中心支行党委书记、行长，兼任外管局大同市中心支局局长。

赵常富　1952年11月生，大同县峰峪乡西后子口村人。1971月加入中国共产党，大学毕业。

1958年至1964年，在兼场村小学、完小读书；1964年至1968年，在峰峪中学读书；1968年9月至1970年9月，回乡务农，先后任民办老师、赤脚医生，期间在雁北干部疗养院学习一年；1970年9月至1971年9月，在海南岛三亚市参加农业科技育种；1971年12月至1974年8月，在山西农业大学农学系读书；1974年8月雁北行署卫生局秘书科科长；1986年12月至1993年7月，任雁北地委副秘书长兼党群系统党委书记，期间1992年9月至1993年7月在山西省委党校中青年领导干部培训班学习，任班长、党支部副书记；1993年7月，在山西省委党校中青年领导干部培训班学习，任班长、党支部副书记；1993年7月至1996年5月，任中共大同市委副秘书长；1996年5月至2001年8月，任中共大同市委农村工作委员会、大同市农业委员会主任，中共大同市委农业领导组副组长兼办公室主任；2001年8月后，任大同市政公用局党组书记、局长。

秦服国　1956年11月生，大同县西坪镇东坪村人。1972年12月参加工作，1974年7月加入中国共产党，大专文化，高级政工师。

1963年2月至1972年11月在大同县阁老山公社小学、初中、高中读书；1972年12月至1976年5月，空军航空兵第二十三师雷达导航连战士；1976年6月至1979年12月，空军航空兵第二十三师导航连领航员（排级干部）；1980年1月至1981年2月，任空军航空兵第二十三师导航中队副指导员；1981年3月至1984年9月，任空军航空兵第二十三师导航中队指导员；1983年9月至1984年7月，在空军政治学校学习、中专毕业；1984年10月至1986年11月，任空军航空兵第二十三师司令部直政科干事；1986年12月至1988年6月，任雁北地区纪委教育室科员；1988年7月至1992年4月，任雁北地区纪委教育室副科级检查员；1989年7月至1992年5月，在山西省委党校学习，大专毕业；1992年5月至1993年12月，任雁北地区纪委教育室主任；1994年1月至1996年12月，任大同市第二物资集团总公司党委办主任；1997年1月至2001年8月，任大同市第二物资集团总公司党委委员、副经理；2004年9月任大同市工交国有资产经营公司党委书记。

寇润宝　1950年2月生，大同县人。1968年1月1日参加工作，大学文化。

1968年1月任空军第五军战士、电台台长；1979年10月，任雁北检察分院科员；1983年6月，任雁北检察分院正科级检察员、法纪处副处长；1987年11月，任雁北检察分院副处级检察员、办公室主任；1993年4月，任大同市左云县人民检察院检察长；1999年8月，任大同人民检察院副检察长；2003年11月，任大同市人民检察院副检察长（正处级）。

葛德军　1962年4月生，大同县西坪镇寺上村人。1984年4月加入中国共产党，1984年7月参加工作，大学文化（在职研究生）。

1978年9月至1980年7月，阳高一中读高中；1980年9月至1984年7月，山西农业大学上学；1984年7月至1987年8月，灵丘县城关镇任党委秘书；1987年8月至1992年9月，任灵丘团县委副书记；1992年9月至1997年1月，任灵丘县委委员、共青团委书记；1997年1月至2002年4月，任共青团

大同市委副书记、党组成员（1998年7月当选大同市政协常委）；2002年4月，任大同市第二卫生学校党委书记。

武　明　1954年12月出生，大同县人。1981年11月加入中国共产党，1982年1月参加工作，大学学历。

1978年3月，山西农业大学学习；1982年1月，在大同县陈庄乡工作；1984年5月，任大同县阁老山乡党委副书记；1986年6月，任大同县西册田乡党委副书记、乡长；1990年2月，任大同县西册田乡党委书记；1993年4月，任大同县委常委、政法委书记；2001年10月，任大同县委副书记；2006年6月，任大同县人大常委会党组书记；2007年5月任大同县人大常委会主任、党组书记。

薛守清　1955年3月出生，大同县杜庄乡周家堡村人。1975年9月参加工作，1977年5月加入中国共产党。

1975年9月，任大同县三中团委书记；1979年5月，在县教育局工作；1983年10月，在县委农工部工作；1985年5月，在县委办工作；1988年6月，任县委办副主任；1990年2月，任聚乐乡党委副书记、乡长；1992年8月，任聚乐乡党委书记；1993年7月，任中高庄乡党委书记；1997年12月，任县教委主任；1998年7月，任大同县政协副主席兼教委主任；1998年7月，任大同县政协副主席兼县委办主任；2001年12月，任大同县委常委、政法委书记；2003年6月，任大同县人民政府副县长；2006年6月，任大同县政协党组书记；2007年月任大同县政协主席、党组书记。

杨近源　1960年7月出生，大同县许堡乡浅井村人。1980年8月参加工作，1983年12月加入中国共产党。

1980年8月，在大同县农业局工作；1986年9月至1988年8月，在山西农业大学学习；1988年8月至1995年8月，在县委办公室工作，历任干事、办公室副主任、督查室主任；1995年8月，任大同县农委主任兼农业综合办主任；1998年9月，任大同县

政府办主任兼农委主任；2001 年 4 月，任县政府办主任；2001 年 11 月，任中共大同县委常委、县委办主任；2006 年 6 月，任中共大同县委常委、政府常务副县长；2011 年 5 月，任中共大同县委副书记。

刘志强　1964 年 9 月生，大同县杜庄乡长安村人。硕士研究生。1984 年 9 月参加工作，1986 年 12 月加入中国共产党，2002 年 7 月山西大学哲学系马克思主义哲学专业在职研究生毕业。

1984 年 9 月至 1985 年 9 月，在大同县农业局工作，任干事；1985 年 9 月至 1988 年 8 月，在大同县西坪镇工作，任党委秘书；1988 年 8 月至 1990 年 4 月，在大同县聚乐乡政府工作，任副乡长；1990 年 4 月至 1993 年 12 月，在大同县聚乐乡党委工作，任党委副书记；1993 年 12 月至 1998 年 5 月，任共青团大同县委书记；1998 年 5 月至 2001 年 3 月，任陈庄乡党委书记；2001 年 3 月至 2002 年 2 月，任大同县许堡乡党委书记；2002 年 2 月至 2003 年 6 月，在大同县人民政府工作，任县政府党组成员、办公室主任；2003 年 6 月，任中共左云县常委、宣传部部长；2006 年 6 月，任左云县人民政府副县长；2011 年 5 月，任中共左云县委常委、政法委书记；2013 年 6 月任左云县人大常委会主任、党组书记。

1996 年被市委、市政府评为劳动模范，2011 年被省委、省政府评为劳动模范。

薛志文　1960 年 4 月出生，大同县杜庄乡周家堡村人。大学学历，研究生，中学高级教师，中共党员。1980 年 7 月参加工作。1995 年到 2014 年连续 5 届任大同市城区人民代表大会代表，连续 3 届任中国政协大同市委员会委员。

1985 年至 1993 年在大同十四中工作，先后担任班主任、教研组长、教务处主任、副校长职务。在担任教务处主任、教学副校长期间，学校教育教学质量明显提高。先后被评为"大同市优秀班主任""大同市德育先进工作者""大同市优秀教师"、"大同市优秀党员干部"等。1993 年破格晋升中学高级教师，是当时山西省最年轻的高级教师。

1994 年 1 月至 1999 年 4 月，任大同十二中校长、党支部副书记。期间，学校连续三年被评为"任期目标考核优秀学校"连续五年被评为先进党支部。并荣获"全国环保网络学校""山西省体育传统项目学校""山西省治理乱收费先进学校""大同市绿化先进单位""大同市卫生达标单位""大同市考核先进单位""大同市文明学校""大同市文明单位"等称号，个人先后被评为"山西省精神文明先进个人""山西省三育人先进个人""山西省创建卫生城市先进个人""大同市劳动模范""大同市杰出青年""大同市劳动竞赛二等功""省'三育人'先进个人""省先进文明个人"等荣誉称号。

1999 年 4 月至 2002 年 4 月，任大同市十中校长，党支部副书记。他治校期间，该校被评为"山西省文明单位""山西省劳动竞赛集体二等功""山西省优秀基层党组织""大同市文明单位"；2001 年学校被评为"省示范初中学校"，他本人也被评为"大同市文明市民标兵""大同市跨世纪杰出青年"，学校多次受到省、市领导的赞扬。

2002 年 4 月至 2014 年 1 月，任大同市四中校长、党总支副书记。期间，2010 年获得"山西省名校长"称号。

2014 年 1 月 17 日经市委市政府委派任大同实验中学校长、党总支副书记。他到任后，积极改变校园风貌，投巨资进行了校园硬化、亮化工程、校园监控安防工程、图书馆改扩建工程（由田家炳先生捐资）等，使学校面貌焕然一新。

社会兼职及学术领域成就：他是中国数学学会会员、山西省自然学会会员、山西省教育学会会员、大同市数学学会理事。参加过大型辞书《数学辞海》的编写工作，有三十多篇论文在省级以上刊物上发表或获奖。

赫　瑞　1965 年 11 月出生，大学学历，大同县西坪镇下甘庄村人。1987 年 7 月参加工作，1986 年 1 月入党。

1987 年 8 月，在大同县农委工作；1989 年 8 月，在县政府办工作，历任无线电管理委员会办公室副主任、政府办副主任兼无线电管理委员会办公室主任;2000 年 3 月,任西坪镇党委副书记、镇长;2003 年 12 月,任许堡乡党委书记;2009 年 3 月,任县农业局局长;2009 年 12 月,任中共大同县委常委、宣传部长。

李　军　1958 年 10 月生,大同县人。大学学历,1976 年 5 月参加工作,1989 年 10 月加入中国共产党。

1976 年 5 月,在大同县聚乐乡任教;1980 年 7 月,在浑源师范学习;1982 年 7 月,在县委党校任教;1993 年 12 月,任县委组织部干事;1998 年 4 月,任县委电教中心主任;1999 年 9 月,任县委组织部正科级组织员;2001 年 4 月,任县委组织部副部长、正科级组织员;2007 年 5 月,任大同县政协副主席、统战部部长。

陈秀凤　女,1957 年 7 月出生,大同县人。大学学历。1977 年 8 月加入中国共产党,1980 年 9 月参加工作。

1980 年 9 月,在大同县公安局工作;1991 年 11 月,任大同县检察院副检察长;1993 年 7 月,任大同县许堡乡党委副书记、乡长;1998 年 4 月,任大同县许堡乡党委书记;2001 年 3 月,任大同县西坪镇党委书记;2007 年任大同县财政局长;2011 年 6 月,任大同县政协副主席、财政局长。

乔焕　女,1961 年 7 月出生,大同县人。群众,1981 年 9 月参加工作,大专学历。

1981 年 9 月,在大同县东水地小学任教;1983 年 3 月,在大同县西坪中学任教;1985 年 7 月,在大同县城镇一小任教;2004 年 2 月,任大同县政府督导室督导员;2007 年 5 月,任大同县人大常委会副主任。

王一飞　1962 年 10 月生,大同县瓜园乡梁庄村人。1981 年 7 月参加工作,1990 年 6 月加入中国共产党,大学文化,曾任大同市政府办公厅农业办公室主任。

1978 年 7 月至 1981 年 6 月,在山西省水利学校农水专业读书;1981 年 7 月至 1985 年 10 月,在原雁北行署水利局任技术员(期间 1982 年 7 月至 1985

年 10 月,在山西广播电视大学电子专业读书);1985 年 11 月至 1992 年 5 月,在原雁北地委秘书处任科员;1992 年 6 月至 1993 年 7 月,在原雁北行署秘书处任副科长;1993 年 8 月至 1998 年 3 月,在大同市政府办公厅文书科任副科长;1998 年 4 月至 2002 年 4 月,在大同市政府办公厅文书科任正科级副科长;2002 年 5 月任大同市政府办公厅农业办公室主任。

2001 年至 2003 年连续三年被评为优秀公务员;2001 年被省保密委员会评为先进工作者;2002 年获省劳动竞赛委员会农村饮水解困二等功;2002 年至 2005 年连续被市委、市政府授予农业农村工作先进工作者。

王　健　1957 年 7 月生,大同县人。1976 年 2 月加入中国共产党,1980 年 3 月参加工作,大专学历。

1978 年 3 月,山西省晋中技工学校锅炉专业学习;1980 年 3 月,原雁北地区行署房产科技术员;1981 年 4 月,原雁北地区设计室工作;1982 年 10 月,原雁北地区房管局生产办公室负责人;1986 年 12 月,原雁北房产管理处副处长(期间于 1990 年 6 月至 1992 年 6 月在山西大学行政管理专业学习);1994 年 4 月,任大同市市直机关房产管理处处长。大同市城区第十三届人大代表。

1990 年 4 月荣获市政府授予 1989 年度节约用水先进工作者称号;1995 年被评为大同市劳动模范;1998 年被评为大同市优秀建设工作者;1999 年被省委干部下乡领导组评为模范工作队员,并授予扶贫攻坚奖章一枚;2001 年被评为城区社会治安综合治理工作先进个人。

王　铭　1953 年 10 月生,大同县人。1975 年 2 月加入中国共产党,1972 年 12 月参加工作,高中文化,政工师。

1972 年 7 月,毕业于佛堂寺中学(全日制);1972 年 12 月至 1980 年 1 月,北京军区坦克训练基地干部;1980 年至 1983 年 5 月,北京军区坦克训练基地六十九军第七师装甲技术处干部;1983 年 5 月至 1987 年 11 月，六十九军坦克七师技术处干部；1987 年 11 月至 1989 年 4 月，中国建设银行大同市支行行政科科员；1989 年 4 月至 1992 年 5 月，任中国建设银行大同市支行行政科副科长；1992 年 5 月至 1993 年 7 月中国建设银行大同市支行行政科科长；1993 年 7 月至 1994 年 5 月，中国建设银行大同市分行行政科科长；1994 年 5 月至 1999 年 5 月，中国建设银行大同电力专业支行行长室副行长；1999 年 5 月至 2003 年 7 月，中国建设银行大同市分行机关服务中心经理；2003 年 7 月至 2005 年 3 月，中国建设银行大同市分行机关服务中心经理；2005 年 3 月，任中国建设银行大同分行安全保卫部经理。

2001 年 6 月被中共建行山西省分行委员会评为优秀共产党员；2005 年 2 月被建行大同分行评为 2004 年度先进工作者。

冯天林　1949 年生，大同县聚乐乡聚乐村人。大专文化，曾任大同市委、市政府新闻中心副主任。

1969 年至 1973 年，参军服役；1973 年至 1976 年，大同矿务局大斗沟矿工作；1976 年至 1990 年，大同市新闻办任干事；1990 年至 2006 年，大同市委、市政府新闻中心任科长、副主任（副处）。

白玉军　1966 年 12 月生，大同县西册田乡大王窑村人。1995 年加入中国共产党，1988 年 7 月参加工作。

1986 年至 1988 年，在大同市会计学校上学；1988 年 7 月始在大同市矿山机械厂工作；1994 年，任财务科副科长；1988 年，任审计科科长；1999 年，任财务科科长；2001 年，任大同市矿山机械厂总会计师。

田玉莲　女，1956 年 5 月生，大同县倍加造村人。1971 年 10 月参加工作，1986 年 1 月加入中国共产党。大学文化，高级审计师。

1971 年 10 月至 1978 年 5 月，在大同县农机修造厂任会计；1978 年 8 月至 1986 年 9 月，大同市供销合作社工作，任主管会计、科长；1986 年 9 月至 1988 年 8 月，借调大同市人民政府工作，任职行政科；1988 年 9 月至 1990 年 9 月，大同市监察局工作，

任会计主管、主任科员兼机要工作；1990 年 10 月至 1996 年，大同市煤气化总公司工作，任财务科长、审计处长；1997 年 4 月，任煤气化总公司总会计师；2003 年 4 月，任公司副总经理；2005 年 3 月，任大同市煤气化总公司党委委员、董事职务。

田军　1968 年 8 月生，大同县倍加造村人。1987 年参加工作，1991 年 11 月加入中国共产党，中国社会科学院在职研究生，政工师职称。

1987 年 12 月至 1996 年 7 月，山西省许堡煤焦管理站、神泉堡煤焦管理站工作，先后任干事、股长、办公室主任、副站长；1996 年 7 月至 1998 年 8 月，山西省聚西煤焦管理站任站长兼党支部书记；1998 年 8 月至 2000 年 11 月，先后任大同城工煤炭运销公司副经理（正科）、大同煤运分公司京大煤焦管理站建站领导组副组长；2000 年 11 月至 2002 年 2 月，任山西省京大高速路煤焦管理站站长兼党支部书记；2002 年 2 月，任大同市旧高山煤炭集运站长兼党支部副书记（副处）。2003 年 12 月被选举为大同市青年联合会副主席；2005 年 5 月被选举为山西省青年联合会常委。

刘文　1950 年 6 月生，大同县麻峪口乡东庄村人。1969 年 9 月加入中国共产党，大专学历，工程师。

1968 年至 1970 年，任东庄村小学校民办教员；1970 年 12 月，在大同县人武部应征入伍，服役在中国人民解放军工建第 106 团。在部队期间历任文书、副排长、排长、副政指，其中在 1973 年至 1977 年就读于南京工程兵工程学院；1979 年初至 1981 年，参加中越自卫反击战。1982 年，转业到雁北行署民政局任党组成员、优抚科长；1992 年，任雁北人事局党组成员、纪检组长，1992 年至 1993 年，在省委党校中青干部培训班学习一年，雁同合并后任大同市人事局党组成员、纪检组长；2001 年改任大同市人事局副局长、党组成员。

刘祥　1956 年生，大同县人。1980 年 1 月参加工作，中共党员，高级畜牧师。

1972 年至 1974 年，大同县三中读高中；1974 年

至 1976 年，大同县东庄村中学任民办教师；1976 年至 1979 年，山西雁北农学院畜牧兽医系上学；1980 年至 1983 年，雁北行署畜牧局工作，任政工干事、助理牧医师；1983 年至 1993 年，雁北行署农牧局工作，任团总支书记、饲料草站畜牧师；1993 年，任大同市农业局饲料牧草工作站副站长。

曾获得山西省科技农村承包奖二等奖 1 项，三等奖 2 项；省厅科技开发一等奖 2 项；雁北行署、大同市科技进步奖 5 项，二、三等奖多项。在国家、省级发表、交流优秀论文 3 篇；地市级优秀论文 3 篇。《作物秸秆氨化技术》分别在《中国农业报》《雁北日报》登载；《浅谈我市草地建设存在的问题及采取的对策》一文在《大同科普》登载发表；《利用饲料监测手段开发饲料资源、提高配合饲料质量》和《略论雁北地区山地草原类草地的改良方法》两篇在省畜牧兽医学会学术论文交流会上获得优秀论文二等奖；《左云县生态农业》和《北方农区舍饲养羊》及《养猪试验报告》均获得市科协优秀论文二、三等奖；参加《雁北农牧业高效模式选编》和《畜牧兽医适用技术二百题问答》、《农村养殖适用技术手册》三本书的编著工作。参加编写的《大同盆地盐碱地发展畜牧业可行性研究报告》被中国农业工程院采纳。2005 年 9 月被甘肃农业大学聘请为农业推广硕士研究生导师。

吕振林　1954 年 3 月生，大同县杜庄乡落阵营村人。1974 年参加工作，大学文化，学士学位。

1973 年 1 月至 1973 年 8 月，在党留庄乡蔡庄村任代课教员；1973 年 9 月至 1974 年 6 月，在大同县三中做后勤工作；1974 年 7 月至 1978 年 3 月，在大同县苗圃任管理员、采购员、保管员（协议工）；1978 年 3 月至 1981 年 12 月，在山西财大贸易经济系上学；1982 年 2 月至 2001 年 12 月，在大同市物价局任科长、检查所长；2001 年 12 月至 2004 年 6 月，在大同市外贸局任纪检组长；2004 年 7 月，任大同市国有资产监督管理委员会纪委书记。

1995 年 3 月被评为全省物价系统先进工作者；1995 年 9 月在全省粮食行业价格检查中被评为先

进个人；1996 年被大同市人大常委会评为执行《消费法》《质量法》先进个人；1997 年被国家计委授予"全国物价工作先进个人"荣誉称号；2001 年元被评为全省价格监督检查先进工作者；2001 年元月被大同市政府评为创建中国优秀旅游城市先进个人。

吕振德　1947 年 6 月生，大同县杜庄乡落阵营村人。1968 年 12 月参加工作，1985 年 1 月加入中国共产党，大专文化，高级工程师。

1964 年 8 月至 1968 年 12 月，在大同煤校煤层地下开采专业 233 班上学；1968 年 12 月至 1982 年 5 月，在晋城矿务局凤凰山矿工作（从事机电修理劳动工资核算技术员工作）；1982 年 5 月至 1992 年 9 月，大同市姜家湾煤矿工作，历任技术科副科长、科长、调度副主任、主任、矿长助理；1992 年 9 月至 2001 年 6 月，任姜家湾煤矿总工程师（期间于 1994 年 3 月至 1995 年 3 月，在山西矿业学院大专采矿工程专业生结业）；2001 年 6 月至 2003 年 12 月，任大同市地方煤炭有限责任公司总工程师；2003 年 6 月，任大同煤炭集团地方煤炭有限责任公司总工程师。

1984 年被大同市委、市政府评为"五讲""四美""三热爱"活动积极分子；1991 年被大同市政府评为节约用水先进工作者；1994 年被省煤炭工业厅评为通风先进工作者；1998 年被省煤炭工业厅党组在全省煤炭工业精神文明建设"八个一工程"中，评选为优秀知识分子；1999 年被大同市煤炭工业局评为煤炭系统优秀知识分子；2001 年被大同市安监局、煤炭工业局评为环境保护先进个人。

任继宏　1976 年 9 月生，大同县峰峪乡徐疃村人。1997 年参加工作，1999 年 7 月加入中国共产党。

1993 年 9 月至 1997 年 7 月，在大同市商业学校就读；1995 年至 2000 年，自修山西财经大学；1998 年 7 月，任册田水库管理局计财科副科长；1999 年至 2001 年，在天津商业学院工商管理系读研究生；2000 年 2 月，任册田水库管理局局长助理；2003 年 1 月，任册田水库管理局党总支委员，爱岗敬业，成绩突出，多次受到表彰奖励；2004 年，被评为市级预防职务犯罪先进工作者；2005 年被评为优秀共产党员；2002 年、2003 年、2004 年年度考核中被评为优秀。

吴子江 1951 年 7 月生，大同县杜庄乡落阵营村人。1969 年 3 月入伍，1970 年 10 月加入中国共产党。1978 年晋升工程师。1988 年 8 月 1 日被授予中校军衔，1991 年晋升为上校。

1969 年 3 月至 1970 年 10 月，在中国人民解放军国防科委第二十四训练试验基地汽车第三十九团管理股任文书；1970 年 11 月至 1974 年 5 月，在上海复旦大学数数系计算机应用软件专业读书；1974 年 6 月至 1976 年 4 月，国防科委第二十四试验训练基地测量数结果处下站一中队任技师；1976 年 5 月至 1982 年 5 月，国防科工委第二十六试验训练基地数据处理中心处弹道测量数据处理室任副组长；1982 年 6 月至 1983 年 11 月，国防科工委第二十六试验训练基地数据处理中心处弹道测量数据处理室副主任（副营）；1983 年 11 月至 1989 年 3 月，国防科工委第二十六试验训练基地数据处理中心处弹道测量数据处理室副主任（副团）；1991 年 2 月至 1994 年 3 月，国防科工委西安卫星测控中心处弹道测量数据处理室主任（正团）；1994 年 9 月 12 日被任命为大同市第一人民医院党委副书记。

先后参加并完成了 40 余次战略武器（洲际弹道导弹）运载火箭发射试验、人造卫星及其他航天器发射测控及数据处理任务，完成了十多台套装备试验靶场的大型高精密测量设备的测控精度校验的数据处理任务。曾先后四次荣立三等功，两次被评为学雷锋先进干部；获得了六项国防科学技术进步成果奖。其中有两项为"国防科学技术进步成果奖"二等奖。

1995 年被市卫生局评为行业优秀工会工作者；1997 年被市卫生局党委评为优秀党务工作者；1998 年被市卫生局评为行业作风建设先进工作者；2000 年被评为市卫生系统"三五普法"教育学习先进个人；2003 年在防治非典工作中被评为信息工作先进个人；2003 年、2004 年连续被市卫生局党组评为优秀党务工作者；2001 年 12 月 29 日《大同日报》发表《改进思想政治工作，加强医疗行风建设》，《加强医院文化建设》在《大同日报》登载。

吴文奎 1950 年 7 月生，大同县人。1968 年参军入伍，1970 年加入中国共产党，1971 年提干，1977 年大学普通班毕业，1997 年任高级政工师。

1968 年至 1971 年，解放军总后勤部营房部公务员；1971 年至 1974 年，解放军总后勤部营房部助理员；1974 年至 1977 年，解放军后勤工程学院学员；1977 年至 1982 年总后勤部营房部工程处副营职助理员；1982 年至 1986 年，陆军第 69 军后勤部营房处助理员、副处长；1986 年至 1996 年，大同市矿业公司副经理（党委委员）；1996 年至 1998 年，大同市矿业公司党委副书记、经理；1999 年至 2001 年，市委组织部借调到"三个代表"学教检查第 8 指导组任副组长；2002 年任大同市农业国有资产经营公司党委副书记（正县待遇）。

张万富 1954 年 11 月生，大同县杜庄乡落阵营村人。1988 年 1 月加入中国共产党，大学文化，副主任医师。

1978 年，考入雁北卫校公卫专业；1981 年毕业后，分配到雁北地区卫生防疫站当医生；1984 年，调入雁北行署卫生局任干事、办公室主任；1991 年，任雁北地区鼠疫防治研究站站长；1993 年，地市合并任大同市地方流行病防治所所长（自考中医专业专科毕业）；1995 年，主管医师；2000 年，副主任医师。

曾在《中国地方病防治杂志》《中华流行学》等国家级杂志上发表论文十余篇。

张引驰 1953 年 9 月生，大同县周士庄王千户庄村人。1970 年参加工作。中共党员。1995 年 5 月加入中共党员，大专文化，工程师。

1970 年至 1986 年，在大同矿务局白洞矿宣传部工作，先后任宣传干事、广播站站长；1986 年至 1995 年，在大同矿务局电视台工作，任技术部主任；1995 年至 1998 年，在朔州市电视台工作，任副站长（正科）；1998 年至 2002 年，在朔州市电视台工作，任书记(副县级);2002年,任大同市第一技工学校副校长(副县级)。

曾四次被评为大同市劳动模范;一次获朔州市"强市富民"一等功奖励。

宋玉斌 1956年11月生,大同县人。1975年12月参加工作,1986年6月加入中国共产党,研究生学历,经济师职称。

1975年12月至1987年3月,大同县徐疃公社工作;1980年9月至1984年4月,大同市色织厂工作,任厂办主任;1984年5月至1989年10月,大同经济委员会计划科工作;1989年11月至1992年1月,大同经济委员会计划科副科长;1992年2月至1998年8月,大同经济委员会计划科科长;1998年9月至2001年11月,大同市经济委员会副总经济师兼科长;2001年12月至2004年7月,大同市经济委员会副主任、党组成员;2004年8月至2013年12月,任大同市国有资产监督管理委员会副主任。

1991年度被山西劳动竞赛委员会授予三等功;1992年度被大同市劳动竞赛委员会授予二等功;1993年度获山西省经委工业经济调度协调先进个人;1994年度获山西省工交系统目标责任制考评领导组目标管理先进个人;1995年度被大同市经委评为目标管理先进工作者;2005年度被大同市人民政府评为安全生产先进工作者;2005年度被大同市人民政府评为大同市质量管理先进个人。

庞乃升 1942年7月生,大同县吉家庄乡王渐疃村人。1962年11月15日参加工作,1966年6月加入中国共产党,中专文化。

1959年7月至1962年7月,在山西省科学技术学校读书;1962年11月至1964年3月,任大同市古城区水泊寺乡石家寨小学教师;1964年3月至1971年9月,大同县河头乡王庄村小学教师;1971年9月至1973年10月,怀仁县组织部干部办公室任干事;1973年10月至1975年9月,雁北地区劳动局任科员;1975年10月至1979年10月,雁北地区组织部任干事;1979年10月至1993年7月,雁北地区人事局任科员、科长、编办副主任;1993年7月至2002

年7月,任大同市人事局副局长;2002年7月退休。

武德印 1951年8月生,大同县人。1968年7月参加工作,1976年7月加入中国共产党,大专文化,高级经济师。

1968年至1970年,到原籍插队;1970年至1972年,在大同矿务局忻州窑上班,在工程区和矿专案组工作;1972年至1974年,在大同水泥厂立窑车间电工组工作兼厂团委委员、车间团支部书记;1974年至1976年,大同水泥厂立窑车间办公室任干事;1976年至1980年,在大同水泥厂任立窑车间党支部副书记;1980年至1983年,大同水泥厂任环保科副科长;1983年至1985年,大同水泥厂任厂长办公室副主任(在职自学行政管理学);1985年至1989年,在大同水泥厂任矿山车间党支部书记、车间主任;1989年至1995年,大同水泥集团公司计划处处长(自学毕业取得大专学历);1995年至1996年,任大同水泥集团公司副总经济师兼计划处处长;1996年至2002年,任大同水泥集团公司总经济师兼大同水泥股份有限公司(上市公司)董事;2002年,任大同水泥集团公司党委委员、董事、工会主席。

曾兼任过大同市统计学会理事;1994年被选为中国建材水泥数理协会副主任,并担任内部刊物总编;2001年山西省建材工业局企业管理协会理事、副秘书长;2003年任大同市总工会委员;2004年被选为中国机械冶金建材全国工会委员会委员。1992年在中国建材内部调查发表《企业技术改造之路》;1996年发表《综合因素系数考核管理方法》获国家建材企业管理协会三等奖;1998年发表《模拟市场机制,全面改革内部经营考核管理办法》获省经贸委、省企业管理协会一等奖和二等奖;1999年在山西经济管理干部学院学报杂志发表《论国有企业建立现代企业制度与管理科学化创新》。

胡 权 1956年10月生,大同县党留庄乡蔡庄村人。中共党员,函授本科学历。

1974年12月于大同县武装部应征入伍,在部队先后任:战士、班长、排长、连长、副营职参谋、正营职助理、副团职干事、正团职秘书;1999年12月,从北京军区转业地方；2000 年 12 月，任大同公路分局党委委员、工会主席。

昝有福　1951 年 11 月生，大同县倍加造镇蔚州疃人。1968 年 11 月参加工作，1970 年 10 月加入中国共产党，大学文化，一级警督（1992 年 9 月授）、三级警监（2003 年 4 月授）。

1968 年 11 月至 1970 年 10 月，在铁三局三处任干事；1970 年 10 月至 1976 年 2 月，在山西省灵丘三线任干事；1976 年 2 月至 1984 年 7 月，任大同县巨乐乡党委副书记、革委会主任；1984 年 7 月至 1990 年 5 月，任大同县许堡乡党委书记；1990 年 5 月至 1992 年 3 月，任大同县公安局政委；1994 年 5 月至 1999 年 12 月，任大同市公安局矿区分局政委；1994 年 12 月至 2002 年 8 月，任大同市公安局矿区分局局长；2002 年 8 月，任大同警校书记、校长。

1993 年 5 月当选大同县第十一届人民代表大会代表；1998 年 5 月当选大同市矿区第六届人民代表大会代表；1998 年 5 月当选中国共产党大同市矿区第六次代表大会代表；1995 年 5 月因破获新平旺地区流氓残害妇女系列案，被省公安厅记二等功；1997 年 5 月，因工作成绩突出被公安部授予全国优秀人民警察称号，12 月因打黑扫恶成绩显著，被大同市记一等功；1998 年 3 月，因工作成绩显著，被评为大同市劳动模范，12 月政法委授予"双十佳"先进个人称号；1998 年 4 月、1999 年 4 月、2000 年 4 月连续三年被评为大同市劳模；2000 年 1 月被评为省优秀人民警察；2005 年 4 月被授予山西省"劳动奖章"。

郝　库　1952 年 12 月生，大同县杜庄乡落阵营村人。中共党员，大学文化，政工师。

1972 年，任大同县杜庄公社通讯员；1975 年，任大同县杜庄公社落阵营村党支部书记；1976 年，任大同县瓜园乡革委会主任；1983 年，任大同县瓜园乡党委书记；1990 年，任大同县黄土坡煤站党总支部书记；1993 年，任山西省许堡煤焦管理站站长、党支部书记；1997 年，任大同煤运分公司公路公司副经理；2006 年，任大同煤运分公司副经理。

1993 年获大同市劳动模范称号；2000 年、2001 年、2002 年连续三年被评为山西煤炭运销总公司先进工作者。

赵连义　1943 年 6 月生，大同县峰峪乡沙岭村人。中共党员，高级工程师，原任大同供电分公司党委副书记兼纪委书记。

1969 年毕业于太原工学院电机系发配电专业，学校毕业后分配回大同县工作；1970 年 9 月至 1974 年 5 月，在大同县机电水工程队（后名大同县农林水利局）工作；1974 年 5 月至 1991 年 3 月，在大同县电业局工作，先后担任技术员、生产办主任、副局长、局长；1991 年 3 月至 2003 年 6 月，在大同供电分公司工作，先后担任人劳科科长、党委副书记兼纪委书记；2000 年 12 月，退居二线；2003 年 6 月退休。

赵继强　1960 年 11 月生，大同县党留庄乡上泉村人。祖籍大同县峰峪乡东后子口村人。大学学历，研究生课程班结业，中学高级教师，山西省教育学会理事，中国西部教育顾问。

1977 年 10 月恢复考试制度第一年考取了浑源师范学校；1979 年 9 月被分配在大同县三中（千千村）任高中数学教师；1986 年 8 月，在山西省教育学院进修专科毕业后，经考试被选拔到雁北地区北岳中学任教。1992 年，被任命为教务处副主任。1998 年，被选拔为大同九中校长（正科）。2002 年 3 月，被市委任命为大同十中校长（副处级）。在市级以上教育刊物上发表文章十余篇，主要有《学校实施素质教育的基本策略》《数学教学培养学生智能的四个途径》《推进素质教育的政府职责》《构建实施素质教育的立交桥》《关于"研究性学习"的研究》《感悟教育真谛，透视学校管理》《中小学实行聘任制势在必行》《构建和谐社会要求教育公平》《实施文化管理，优化教育生态》等，多数文章获山西教育学会科研成果一等奖。2003 年被评为大同市劳动模范。

姚建忠　1953 年生，大同县倍家造镇樊庄村人。1970 年参加工作，1973 年入伍，1976 年加入中国共产党，大专文化。

1976 年，任坦克一师炮团政治处新闻干事；1978 年，任北京军区装甲兵政治部干部处干事；1985 年，任坦克七师二十七团二营政治教导员；1988 年，任坦克七师政治部宣传科科长；1993 年，任坦克七师政治部副主任（正团）；1996 年，任山西省大同市矿区人民武装部政治委员；1999 年，转业地方工作，任大同市公安局党委委员、局长助理。

在《解放军报》《中国青年报》《河北日报》《战友报》等省级以上报刊和总政、北京军区、集团军内部刊物发表文章 200 余篇，其中长篇通讯《军令重如山》获山西省一等奖，获全国三等奖。论文《正确处理"三个关系"，不断增强党委班子凝聚力》入编 1999 年 7 月当代世界出版社出版的《当代中国改革与建设文库》一书。本人入编《中国优秀领导人才大典》一书。在部队先后四次荣立三等功，嘉奖 20 多次。

贾 文 1959 年 10 月生，大同县许堡乡大王村人。1980 年毕业于山西省水利学校，1984 年至 1987 年在水利部丹江口工程管理大学学习三年，大学文化。

1980 年，山西省水利学校毕业后分配在大同市册田水库工作，历任水库工程科副科长、管理科科长、工程科科长、大坝观测科科长、副总工程师、水库党总支副书记。1998 年，任大同市册田水库管理局副局长。

1991 年在水利部南京《大坝安全中心》刊物上发表了《册田水库大坝变形观测方法及精度分析》；2002 年在《人民日报》《市场导报》《红旗飘飘》刊物上发表了《实施"二次创业"战略，再铸"塞外明珠"光辉》；2003 年在《山西水利》刊物上发表了《册田水库供水初步探讨》；2004 年在《海河水利》刊物上发表了《册田水库大坝渗流处理及评价简介》；2004 年在《山西水利》刊物上发表了《册田水库大坝工程场地地震地质灾害及评价》；1995 年被评为山西省水利系统先进工作者；1996 年被评为大同市水利系统劳模。

贾富忠 1954 年 12 月生，大同县峰峪乡小王村人。1970 年参加工作，中共党员，清华大学水利系毕业。

1970 年至 1975 年，在册田水库工作；1975 年至 1979 年，在清华大学水利系学习，1979 年毕业后仍分配在册田水库工作。从 1984 年起，先后担任册田水库防汛办公室主任、灌溉科科长、供水科科长；1995 年，兼任局党总支副书记；1997 年，被评为大同市劳动模范。2002 年 9 月，任大同册田水库管理局副局长。

徐世勇 1949 年 6 月生，大同县人。中共党员，高级政工师。

1970 年 1 月至 1975 年 8 月，大同县一中、二中、三中任教师；1975 年 9 月至 1978 年 10 月，大同县倍加造乡任材料员兼信用社会计；1978 年 11 月至 1982 年 5 月，大同县农业银行任稽核员；1982 年 6 月至 1986 年 9 月，大同县第一中学校教师、副校长；1986 年 10 月至 1992 年 6 月，大同县广播电视局副局长；1992 年 7 月至 1995 年 6 月，任大同市矿药厂乳化分厂书记；1995 年 7 月至 1998 年 1 月，任大同市矿药厂厂办主任；1998 年 2 月至 1998 年 11 月，任大同市矿药销售公司经理；1998 年 12 月，任大同市云威矿药有限责任公司副总经理（副处级）（2002 年 5 月 21 日大同市矿药厂改制变为大同市云威矿药有限责任公司）。

郭 耿 1963 年 1 月 12 日生，大同县周士庄镇三府坟村人。1982 年参加工作，1990 年加入中国共产党，大学本科毕业，并取得管理学学士学位，高级讲师。曾任大同市商业学校党委委员、副校长。

1980 年考入雁北商业学校财务会计专业学习，1982 年 9 月分配到雁北糖酒公司工作。1983 年 12 月任雁北糖酒公司财务科副科长。1984 年 5 月任大同市副食品批发公司计划统计科副科长。1986 年 5 月调入雁北商业学校任教，1988 年 3 月任大同市商业学院学生处副主任；1990 年 3 月加入中国共产党，1995 年 10 月任大同市商业学校学生处主任；2002 年 5 月任大同市商业学校党委委员、副校长。期间：1991 年 7 月毕业于山西财经学院会计学专业函授大专，2005年7月毕业于天津商学院会计学函授本科，并取得管理学学士学位。

梁仁国　1959年12月8日生，大同县人。大学本科学历，中共党员，经济师，曾任中国人寿保险大同分公司支公司经理。

1977年9月参加工作，毕业于山西省教育干部学院中文系，在十余年的教育生涯中，注意教育及教育管理方面的研究，先后任大同县第四中学团委书记、副校长，带出毕业班20余届，考入大中专院校学生近600人。撰写发表教育论文、通讯30多篇，曾任教育报特约通讯员；山西省孔子协会常务理事；山西省作文周刊辅导员。

张　陆　1955年10月生，大同县吉家乡佛堂寺人。中共党员，大专学历。

1972年高中毕业后在大同县水泥厂当合同制工人；1973年入伍，在解放军灵丘县中队服役；1978年至1982年，在中央武警干部大队任排长；1982年至1988年，在大同市公安局武警科任干事、中队政治指导员；1988年至1999年，在大同市民政局任干事、科长等职（1989年至1991年云大成人班学习）；1999年至2003年，任山西能源产业集团公司驻上海办主任、公司处长等职；2003年后在大同市城建开发公司任副经理。

王希占　大同县峰峪乡峰峪村人。1971年参加工作，1983年加入中国共产党，大同市著名民营企业家。2004年大同市电视十大新闻人物候选人。曾任大同安华红墙煤矿书记。

1971年3月至1990年4月，大同县大修厂工作，任矿车车间主任；1990年5月至1993年5月，大同市城区机电修理厂工作，任厂长；1993年6月，创办经营民营企业——大同市安华红墙煤矿。

王希喜　1971年生，大同县峰峪乡峰峪村人。大同市著名民营企业家。

1983年9月，在大同市无线电厂学习；1985年至1994年，在大同市无线电厂担任检验科科长。1994年，从大同无线电厂辞职，自己成立大同市捷信通信器材有限责任公司，担任总经理，公司的开

办，为大同市的通信业做出一定贡献；1998年，成立大同市晋龙娱乐有限责任公司，担任董事长；2002年，成立大同市金太阳娱乐有限责任公司，担任董事长，金太阳俱乐部的成立，为大同人民的休闲娱乐生活提供了一个较为理想的环境，为大同市娱乐业奠定一定的基础，同时帮助市劳动局解决就业人员200多人。在此期间，分别为大同县峰峪村、河北蔚县、大同新荣区各地贫困农民捐粮、捐物及学习用品价值20余万元；为大同县峰峪村修路并建立了峰峪希喜小学；2006年，在希喜小学设立金太阳阅览室，丰富了学生们课余生活。

杜振瑞　1957年10月生，大同县党留庄乡邢庄村人。中共党员，大专文化，助理经济师。市政协党委委员。

1972年至1974年，大同二中读高中；1974年至1976年，在大同市氮肥厂工作；1976年至1984年，大同七中总务处工作；1984年至1995年，大同市红旗大酒家任副经理（期间报考了省党校企业管理专业大专班，经过三年的培训，现为助理经济师）；1995年，任大同市红旗饭店总经理。

1996年被评为省"优秀青年乡镇企业家"；1996年、1997年被连续评为"大同市劳动模范"；1997年还被评为"优秀党务工作者"，同年在社会主义四化建设中因成绩显著荣立三等功；1998年被评为省"优秀乡镇企业厂长经理"；2000年被大同市评为"优秀党务工作者"；2002年6月被省消协授予"全省维护消费者合法权益优秀企业家"；1997年8月被《中外产业科技》杂志社聘为编委。

曾先后安置2000名员工就业，累计接待游客45万人次，创造销售收入1.5亿元，缴纳利税2000万元。曾多次为灾区、孤儿院、福利院、重病学生捐款捐物。1999年饭店被省旅游局评为"二星级旅游涉外饭店"。

牛进仁　1943年6月生，大同县西坪镇下榆涧村人。1964年8月参加工作，大学文化。原任新荣区政协主席。

1964年8月至1972年2月，在新荣区拒墙乡任

教;1972 年 3 月至 1973 年 9 月,在新荣区拒墙乡任联校长;1973 年 10 月至 1976 年 6 月,在新荣区拒墙乡任党委秘书;1976 年 7 月至 1980 年 9 月,新荣区拒墙乡任党委书记;1983 年 12 月至 1993 年 4 月,任中共新荣区纪律检查委员会书记;1993 年 5 月至 2002 年 4 月,任政协大同市新荣区委员会主席;2002 年 6 月退休,退休后享受副厅级待遇。

张月娥　女,1953 年 3 月生,大同县周士庄镇牛家堡村人。1970 年 4 月参加工作,大专文化。

1970 年 4 月至 1980 年 10 月,大同县周士庄镇学校任教;1980 年 10 月至 1990 年 9 月,新荣区破鲁小学任教;1990 年 9 月至 1993 年 3 月,新荣区破鲁乡任妇联主任;1993 年 3 月至 1998 年 5 月,任新荣区文教体委副主任;1998 年 5 月,任新荣区人民政府副区长。

肖 鹏　1954 年 4 月生,大同县原陈庄乡西紫峰村人。1974 年 3 月参加工作,大学文化。

1974 年 3 月至 1975 年 5 月,在大同市新荣区破鲁七年制学校任教;1975 年 5 月至 1978 年 3 月,在大同市工农化肥厂做工人、生产调度、调度组组长、技术员;1978 年 3 月至 1982 年 2 月,在山西师院物理系学习;1982 年 2 月至 1983 年 7 月,任大同县杜庄公社司法员;1983 年 7 月至 1983 年 12 月,任大同县委组织部、县委办干事;1983 年 12 月至 1984 年 9 月,任大同县杜庄公社管委会副主任;1984 年 9 月至 1990 年 10 月,雁北地委组织部科员;1990 年 10 月至 1992 年 10 月,雁北地委组织部干部一科任副科长;1992 年 10 月至 1993 年 9 月,任雁北地委组织部正科级组织员;1993 年 9 月至 1997 年 2 月,任大同市委组织部正科级组织员;1997 年 2 月至 2001 年 10 月,任大同市委组织部市直干部科科长;2001 年 10 月至 2003 年 6 月,任大同市矿区区委常委、政治委书记;2003 年 6 月,任大同市新荣区委常委、组织部部长。

梁日山　1964 年 9 月生,大同县瓜园乡北石山村人。1990 年 7 月参加工作。大学文化,毕业于山西农业大学。

1990 年 7 月至 1992 年,任新荣镇行政秘书;1993 年至 2002 年 6 月,任新荣镇副镇长;2002 年 6 月至 2003 年 6 月,新荣区工商联会长;2003 年 6 月,任新荣区政协副主席兼工商联会长。

樊瑞敏　1955 年 4 月生,大同县倍加造镇樊庄村人。大学文化。

1973 年至 1974 年,蔚州瞳完小教书;1975 年至 1978 年,山西师范大学读书;1979 年至 1990 年,大同市一中教书;1990 年至 1992 年,任新荣区政府办秘书;1993 年至 1998 年,任新荣区总工会副主席;1999 年,任新荣区总工会主席;2004 年,任大同市新荣区政协副主席兼总工会主席。

张月英　女,1953 年 3 月生,大同县西坪镇下甘庄村人。1971 年 4 月参加工作,1976 年 9 月加入中国共产党,大学文化。

1971 年 4 月至 1971 人 7 月,在大同县师训班学习;1971 年 7 月至 1972 年 4 月,在大同县妇女办任干事;1972 年 4 月至 1976 年 3 月,任大同县吉家庄公社妇联主任;1976 年 3 月至 1976 年 9 月,在县委办(政策落实办公室)工作;1976 年 9 月至 1978 年 11 月,任大同县妇联副主任;1978 年 11 月至 1985 年 2 月,任大同县妇联主任;1985 年 2 月至 1991 年 9 月,任大同县法院副院长(期间 1985 年 9 月至 1988 年 9 月,参加全国业余法律大学学习);1991 年 9 月至 1993 年 5 月,任大同县倍加造镇党委书记;1993 年 5 月至 1998 年 5 月,任大同县检察院党组书记、检察长;1998 年 5 月,任左云县检察院党组书记、检察长(期间 2000 年 8 月至 2002 年 12 月,参加中央党校函授学院本科班法律专业学习);2002 年 5 月,任大同市矿区检察院党组书记、检察长。

1990 年 12 月在"严打"斗争和社会治安综合治理工作中,被雁北地委、行署评为先进个人;1991 年 7 月被大同县妇联评为"三八"红旗手;2005 年 2 月被大同市人民检察院记三等功。

齐世礼　1955 年 1 月生,大同县陈庄乡吴家窳村人。1980 年参加工作,大专学历。

1980 年 8 月至 1985 年 12 月,天镇县农业局技术人员；1985年12月至1988年8月，天镇县农业局区划办技术人员；1988年8月至1990年2月，天镇县政府办干事；1990年2月至1996年1月，天镇县农业区划办副主任；1996年1月至2001年12月，天镇县政协经济委主任；2001年12月，任天镇县政协副主席。

1996年"雁北地区农村庭院资源评价与开发研究"项目（合作）获农业资源区划科学技术成果三等奖。

刘世清　1963年3月生，大同县许堡乡许堡村人。中共党员，大学文化。

1985年8月山西大学数学专业本科毕业后，被省委组织部选拔为大学生基层干部，分配到平鲁县向阳堡乡工作；1987年3月调入天镇县。1987年3月至1989年1月，任天镇县东河乡秘书；1989年1月至1993年6月，任天镇县孙家店乡副乡长、副书记、镇长；1998年3月至1999年3月，任天镇县新平镇党委书记；1999年3月至2001年7月，任天镇县东沙河乡党委书记；2001年7月至2001年12月，任天镇县统计局局长；2001年12月，任天镇县委党校常务副校长。2007年4月，任天镇县政协主席；2009年6月任天镇县人大常委会主任；2011年6月再任天镇县人大常委会主任。

王守礼　1948年1月20日生，大同县许堡乡人。1971年2月加入中国共产党，1972年4月参加工作，大专文化。

1965年9月至1968年10月，在阳高农校读书；1968年12月，在许堡乡任民办教师；1972年4月至1975年12月，在许堡公社工作；1975年12月至1977年10月，任许堡公社党委秘书；1977年10月至1979年12月，任许堡公社副主任；1979年12月至1983年10月，任许堡公社党委副书记；1983年10月至1984年10月，任大同县峰峪公社党委书记；1984年10月至1986年8月，在省委党校学习；1986年8月至1992年10月，任大同县委宣传部副部长、教育局书记；1992年10月至1997年2月，任大同县委党校常务副校长；1997年2月至1998年9

月，任大同市开发区管委会副主任（副县级）；1998年9月至2004年9月，任大同市开发区管委会副主任（正县级）；2004年9月，任大同市经济技术开发区党委副书记（正县级）。

1984年4月被大同县委、县政府授予"造林功臣"；1989年被大同县委评为优秀党员；1990年2月因在抗震救灾中成绩突出，被雁北地委、行署给予记三等功奖励；2000年8月被大同市土地协会聘为理事。

武振华　1957年10月21日生，大同县瓜园乡东坪村人。1974年3月参加工作。1988年加入中国共产党，大专文化。

1974年3月，任大同县供销社管理员、财务科长；1983年2月，任大同县供销社理事会成员、综合服务公司经理、副主任；1994年4月，任大同市开发区房地产开发公司经理；1997年1月，任大同市经济技术开发区管委会主任助理、驻京办事处主任、社会处处长；1999年5月，任大同市经济技术开发区党委委员、管委会主任助理、开发区城南街道办主任；2002年8月，任大同市经济技术开发区管委会委员（副县级）；2003年4月，兼任大同市经济技术开发总公司副总经理；2004年9月，任大同市经济技术开发区管委会副主任（正县级）。

1983年至1991年连续被评为省、地、县供销系统先进工作者，记一等功两次；1991年以优秀企业家入选《山西财贸人物荟萃》；1992年当选雁北地区企业家协会理事；1999年当选市计生协会理事；1999年、2000年被评为大同市劳动模范；2003年被《人民日报·市场报》等五家报社联合授予"当代中国优秀管理人才"荣誉称号；2004年3月被大同市政府授予"推动项目促进发展先进个人"称号。

童进壁　1951年6月2日生，大同县聚乐乡阁老山村人。1969年12月加入中国共产党，1974年8月参加工作，大学文化，学士学位，中级农艺师。

1971年9月至1974年7月，在山西农业大学农学专业学习；1974年8月至1982年6月，在大同县农业局工作；1982年7月至1983年3月，在大同县党留庄公社工作;1983年3月至1983年7月,在大同县种鸡场工作;1983年7月至1984年7月,在大同县西册田乡工作,任党委书记;1984年7月至1998年12月,任大同县倍加造镇党委书记;1990年1月至1992年9月,任大同县政法委书记;1992年10月至1993年3月,任雁北湖东经济开发区副主任;1993年4月至1996年12月,任雁北湖东经济开发区委会委员;1997年1月至3月,兼任大同市经济技术开发区社会处处长;1997年4月,兼任大同市经济技术开发区工会主席;1998年10月任大同市经济技术开发区副主任。在气象出版社出版的《北方旱地主要粮食作物栽培》一书中担任编委。

陈巨有 1962年8月生,大同县周士庄镇人。1981年9月参加工作,1985年8月加入中国共产党,大专文化。

1969年9月至1979年9月,原籍上学;1979年9月至1981年7月,浑源师范上学。1981年8月至1985年5月,本县任教;1985年5月至1987年10月,大同县周士庄镇工作;1987年5月至1989年10月,大同县委宣传部工作;1989年10月至1993年10月,县政府办工作兼任县示范中学书记;1993年10月至1996年10月,任大同县县委办副主任;1996年6月至2002年8月任大同市开发区管委会办公室主任、党委委员;2002年8月,任大同市开发区区委办主任、党委委员。

2000年被市委、市政府评为劳动模范;2001年被市委评为优秀党员。

李守林 1956年4月生,大同县人。1980年7月参加工作,1983年11月加入中国共产党,大专文化。

1980年7月至1981年11月,任左云马道头乡干事;1981年11月至1983年9月,任左云畜牧局办公室主任;1983年9月至1986年9月,任左云县政府办公秘书;1986年9月至1987年5月,任左云县委政研室副主任;1987年5月至1989年12月,任左云县政府办公室副主任;1990年1月至1993年10月,任左云千堡乡乡长;1993年10月至1997年4月,任左云水窖乡乡长;1997年4月至1998年12月,任左云县管家堡乡党委书记;1998年12月,任大同市开发区区委委员、区委组织部部长。

1982年获雁北行署科技应用一等奖;1994年,获林业部二等奖;1996年获省政府增加农民收入奖。

李有顺 1964年7月生,大同县周士庄镇西水峪村人。1986年8月参加工作,1988年加入中国共产党,大专文化,工程师。

1979年7月至1982年10月,在大同县二中就读;1982年10月至1985年8月,在山西省建材工业学校水泥工艺专业学习;1986年8月至1993年3月,在大同县建设局工作,期间任大同县建材厂副厂长;1993年3月至2002年9月,任大同开发区市政工程公司经理、市政房地产开发公司经理;2002年9月至2003年4月,任市湖东经济开发总公司市政建设管理处处长;2003年4月至2005年3月,任开发总公司总经济师;2005年3月,任大同市湖东经济开发总公司经理。

1985年被省建材局授予“优秀团员”称号;2003年因在经济建设活动中成绩显著荣立二等功一次。

贺文虎 1963年9月生,大同县人。1980年11月参加工作,1999年9月入党,大专文化,助理会计师。曾任大同开发区总会计;2002年8月任市湖东经济开发总公司财务处处长;2002年9月兼任开发区财政局副局长;2003年4月任大同开发区总会计。

郭存奎 1964年12月生,大同县倍加造镇窑头村人。1985年9月参加工作,1995年5月加入中国共产党,中专文化,助理工程师。

1979年7月至1982年7月,在大同县一中学习;1982年9月至1985年7月,省建筑工程学校水暖通风专业学习;1985年9月,任大同县工程公司技术员、施工队长;1993年3月,任大同开发区市政公司副经理;1994年11月,任大同开发区供热供水公司支部书记、经理;2002年1月,任大同开发区污水处理有限责任公司经理;2002年8月,任市湖东经济开发总公司综合协调处处长；2003 年 4 月，任大同市湖东经济开发总公司工会主席。

2002 年被大同市委、市政府评为大同市劳动模范；2003 年被大同市市政公用局评为市政公用系统先进工作者。

乔 成　1965 年 9 月生，大同县人。1987 年 9 月参加工作。1987 年 1 月加入中国共产党，大学文化。

1987 年 7 月，毕业于山西农业大学，历任雁北农机局干事、副科长、大同市农机局副科长、大同市农机培训学校校长；2001 年 12 月，任广灵县委常委、宣传部长；2003 年 6 月，任广灵县政府副县长。

张映煌　1956 年 5 月 11 日生，大同县杜庄乡落阵营村人。中共党员，大学学历。

1974 年 9 月至 1977 年 10 月，在太原工学院读书；1977 年 10 月至 1981 年 4 月，在大同县农机修造厂工作，任技术员、助理工程师；1981 年 4 月至 2002 年 5 月，在大同县法院工作，先后任书记员、审判员、经济庭庭长、办公室负责人、土地法庭庭长、副院长、党组成员、审判委员会委员等职（期间从 1985 年 9 月至 1988 年 9 月在全国法院干部业余法律大学学习，获法律大专文凭）；2002 年 5 月，任广灵县委委员、法院党组书记、院长（期间从 2002 年 9 月至 2005 年 7 月在北京大学远程教育法学专业学习，获法律本科文凭）。1999 年被市中院记三等功一次。

任健碧　1964 年 12 月生，大同县人。1979 年 12 月入伍，1983 年加入中国共产党，大学文化，上校军衔。

1979 年 12 月至 1981 年 2 月，原六十九军坦克团特务连战士；1981 年 8 月，原六十九军坦克团特务连骨干集训队学习；1981 年 9 月至 1982 年 4 月，原六十九军坦克团特务连任班长；1982 年 5 月至 1983 年 5 月，在北京军区侦察教导大队学习；1983 年 6 月至 1985 年 2 月，在原六十九军坦克特务连任排长；1985 年 3 月至 1987 年 7 月，在石家庄陆军学院学习；1987 年 5 月至 1989 年 4 月，任原二十八集团军坦克七师二十八团政治指导员；1991 年 5 月至

7 月，在原后勤指挥学院学习；1991 年 8 月至 1993 年 9 月，在原二十八集团坦克七师修理科任正营助理；1998 年 10 月至 1999 年 3 月，在大同市南郊区人武部任正营参谋；1999 年 3 月至 2000 年 1 月，在大同市南郊区人武部军事科任科长；2001 年 1 月至 2004 年 1 月，在大同市南郊区人武部任副部长；2004 年 2 月至 2005 年 3 月，在运城市万荣县人武部任部长。2005 年 3 月，任广灵县武装部政委。

李中林　1930 年 10 月生，大同县陈庄乡吴家洼村人。1951 年 7 月参加工作，1953 年 1 月加入中国共产党，大学文化，高级经济师。

1972 年 7 月，在内蒙古自治区革命委员会政治部干部组任干事，是年 10 月改任内蒙古自治区革委会人事局干部组任干事；1973 年 12 月，任命为内蒙古自治区革命委员会人事局工资福利组副组长，后改为副处长；1983 年，劳动、人事合并，为内蒙古自治区劳动人事厅提任工资处处长；1992 年 1 月退休。1997 年任人事厅修志办公室联络员和常务副总纂，2001 年帮助自治区劳动厅编修《劳动志》，2002 年帮助党史研究室编辑《中共内蒙古自治区组织史（第二卷）》到 2004 年 4 月。主编过《历代俸禄记述选》一书；主编过《中国古代俸禄制度研究与借鉴》一书；已编出暂定名为《古代工人工资》一书；参加《人事志》《劳动志》《中共内蒙古自治区组织史（第二卷）》编辑等。1997 年为内蒙古地方志学会会员、内蒙古自治区行政管理学会会员；1998 年为四川省侨光东方文化科技研究院研究员；2002 年为内蒙古自治区劳动与社会保障学会常务理事；2005 年为内蒙古政协文史资料委员会特邀委员。

张 亮　1956 年 3 月生，大同县党留庄乡罗庄村人。1976 年 3 月参军，1977 年 5 月加入中国共产党，大学文化。

1976 年 3 月，参军到中国人民解放军陆军部队六十九军二〇五师六一三团重炮连，后被调到团政治处、师政治部、军政治部工作。1986 年 2 月从部队转业到呼和浩特市委组织部工作，历任呼市组织部党政干部科副科长、科长。1995 年 7 月，任呼市

新城区委副书记兼组织部部长;1995年10月,任呼市玉泉区委副书记;1998年10月任呼市玉泉区委副书记、人大常委会主任;2001年11月任内蒙古呼和浩特市清水河县县委书记。

于耀贵 1937年4月生,大同县党留庄乡蔡庄村人。1953年8月参加工作,1954年3月加入中国共产党,中专学历,高级政工师。

1952年11月至1954年2月,任大同县粮食局协助员;1954年3月至1956年2月,任大同县马连庄乡信用社主任;1956年2月至1959年,任一九三师五七九团炮营战士、班长;1959年8月至1961年4月,任河南信阳步兵学校学员、支部委员;1961年5月至1964年7月,任张家口军分区警通排排长;1964年8月,任张家口军分区参谋、机关支部委员;1969年9月至1977年6月,任张家口军分区教导队队长、支部副书记;1977年7月至1979年10月,任张家口市桥东区人武部部长、党委成员;1981年4月至1983年7月,任河北省阳原县人武部部长、党委副书记、张北县人大常委;1983年8月至1985年3月,任河北省阳原县人武部部长、党委书记、县委常委;1985年4月至1985年12月,任张家口金融党委副书记;1986年1月至1991年11月,任农行张家口市中心支行科长、党办主任;1991年11月至1997年6月,任农行张家口市分行党组成员、纪检组长、机关党委书记;1997年7月退休。

张 奋 1957年1月生,大同县杜庄乡落阵营村人。1974年参加工作,在职硕士研究生。

1974年至1978年,在大同县杜庄公社材料员;1978年至1981年7月,在雁北师专中文系学习;1981年7月至1984年9月,在大同县三中任教、在大同县县委办材料员;1984年9月后在雁北师专、雁北师院、山西大同大学(筹)工作,任校产处处长、评估办主任。

温占仁 1955年2月生,大同县峰峪乡西堡村人。1971年4月参加工作,1983年11月加入中国共产党,在职硕士生,工程师。

1971年4月至7月,在大同县师训班接受培训;1971年7月至1978年10月,在大同县徐疃乡杨庄村、东浮头村任教,担任中心校长职务;1978年11月至1981年7月,在雁北师专上学;1981年9月至1983年7月,在大同县四中任教;1983年7月至1983年12月,在大同县委驻大同县一中工作组工作;1983年12月至1984年9月,在大同县五中工作任副校长;1984年10月后在雁北师专、雁北师范学院工作,历任雁北师专、雁北师院总务处处长;在此期间,于1991年至1993年完成了中央党校函授学院政治专业的大学本科学业,于2003年9月至2005年6月完成了天津师范大学现当代文学的硕士研究生学业。

马占义 1954年2月生,大同县峰峪乡峰峪村人。1971年4月参加工作,1990年7月加入中国共产党,大专文化,经济师。

1971年7月至1985年3月,在麻峪口、党留庄、峰峪公社任教,并担任中心校长职务;1985年4月至1990年1月,在雁北师专后勤处工作;1990年1月至1991年1月,参加省农村工作队,赴天镇县三里屯村下乡;1991年4月到1995年7月,在山西省委党校函授学院学习;1995年7月,任雁北师范学院院长办公室副主任;2003年6月后兼任山西大同大学(筹)校长办公室协助负责人。

李凌雁 女,1978年2月生,大同县人。2002年11月入党,2000年8月参加工作。2000年7月,山西师范大学教育学专业毕业,大学本科学历,硕士学位,讲师。曾任山西大同大学团委副书记。

黄淑珍 女,1968年10月生,大同县人。2002年6月加入中国共产党,1991年7月参加工作。1991年7月,山西师范大学物理专业毕业,大学本科学历,硕士学位,副教授。曾任山西大同大学教育科学与技术学院教育学系主任。

赵刚松 1970年12月生,大同县人。1998年1月加入中国共产党,1993年7月参加工作。1993年7月,山西师范大学英语专业毕业,大学本科学历,硕士学位,副教授。曾任山西大同大学外语学院英语系主任。

李秀兰　女，1965年6月生，大同县人。1997年6月加入中国共产党，1985年7月参加工作，1985年7月山西大学数学系毕业，大学本科学历，硕士学位，教授。曾任御东校区数学系教师，拟任山西大同大学数学与计算机科学学院数学与应用数学系主任。

康占成　1964年1月生，大同县人。1997年6月加入中国共产党，1985年9月参加工作。2003年7月，雁北师院物理系毕业，大学本科学历，高级实验师。2013年任御东校区物理系教师，曾任物理与电子科学学院党总支物理学系党支部书记。

李秀英　女，1966年9月生，大同县人。1986年9月加入中国共产党，1986年8月参加工作。1994年7月，山西省教育学院数学专业毕业，大学本科学历，副教授。2013年任向阳街校区管理系教师，任山西大同大学商学院党委工商管理系党总支书记。

杨丽萍　女，1964年2月生，大同县人。1995年6月加入中国共产党，1987年7月参加工作。1997年7月山西省教育学院汉语言文学专业毕业，大学本科学历，中学高级教师。曾任山西大同大学附属中学副校长。

韩　锋　1970年8月生，大同县倍加造镇蔚州瞳村人。1989年3月入伍，中共党员，大专学历，武警少校警衔。

1991年8月，考入武警南京消防指挥学校，毕业后分配回大同消防支队服役。先后任副中队长、政治处干事、参谋、副科长。

韩锋入伍近20年，先后荣立三等功三次，多次被评为优秀共产党员、先进工作者，并被市委、市政府评为消防安全先进个人，广灵县委、县政府授予"十杰青年"荣誉称号。他带领的广灵县消防大队，自2003年起，连续被大同市消防支队评为先进单位、优秀基层组织，2004年被省消防总队评为先进大队。

韩锋工作之余酷爱新闻写作和摄影，并通过自学取得了山西大学新闻专业大专学历，各种作品散见于《法制日报》《解放军画报》《人民公安报》《大同日报》《大同晚报》等报刊。

苑育福　汉族，1939年5月15日出生，山西怀仁人，1959年朔县师范中师毕业，党员，职称馆员，曾任大同县西坪中小学教导主任、校长，大同县文化局局长、文联主席、广播电视局书记、大同市炭素厂纪检书记等职。

社会兼职：中国音乐家协会山西分会会员、山西省文化学会会员、雁北文联音曲舞协会理事、大同县音乐、戏剧、舞蹈协会名誉主席。

主要业绩：苑育福同志能歌善舞，能写会画，是一个地地道道"全下山"的文艺行家。无论从事教育工作，还是从事文化工作，甚至是改行，都没有离开基层群众文化战线。凭着对文化艺术事业的至诚酷爱和执着追求，以及勤奋好学、勇于探索的创新精神，艺术成果收获颇丰，特别是在文化艺术的研究和辅导工作中取得显著成绩。在大同县文化局期间，曾编写大同县《文化志》《文化概况》《艺术大观》《文化艺术大事记》《名人名胜录》《文物地图集》等文字资料计二十余万字。曾走村串户遍访老艺人，挖掘搜集整理编写了濒临失传的《大同踢鼓秧歌》，入选《中国民族民间舞蹈集成》（山西卷）。其中文字概述、动作说明一万七千字，绘场记图七十七幅、音乐记谱八曲。本人入选《中国世纪专家传略》。曾创作过不少音乐、舞蹈、戏曲、曲艺节目。歌曲《家乡处处是春天》《少先队植树歌》《喜鹊呀，你在叫啥？》《刘少奇同志又回到我们中间》等曾在《雁北演唱》上发表。其中《喜鹊呀，你在叫啥？》和笛子独奏曲《欢乐的集市》在1982年雁北地区文艺调演中分别获创作一、二等奖。改编、作曲、导演的晋剧《赶花轿》，将民间舞蹈语汇和戏曲程式动作有机结合，在"轿舞"中进行了新的尝试，产生了妙趣横生的艺术效果。受到全场喝彩，获多项奖励。编导的座唱《十二大精神放光彩》和地方戏曲联唱《十唱联合学校》在1983年山西省民兵文艺调演中一枝独秀，脱颖而出，受到省军区首长的亲切接见和高度评价。编

人物

导的喜剧小品《武大郎认妻》于1990年山西省工商系统文艺调演；1991年雁北地区专业剧团汇演中赢得赞誉。编导的舞蹈《欢庆丰收》《水利跨马》《采黄花》均在大同市历次文艺会演中获奖。改编和创作的具有浓郁地方特色的大同方言快板《孩子多了累煞人》《我的家》《储蓄情》《法轮功害死人》等由大同县著名演员田存喜主说，多次参加省、市有关部门文艺会演独领风骚，博得满堂喝彩，被誉为塞北高原上的一朵文艺奇葩。其中方言快板《我的家》由霍守廉演说，曾在1982年雁北地区业余文艺调演中获创作表演一等奖。以独角戏的形式配以歌伴舞的大同方言快板音乐小品《储蓄情》迭爆笑料，令人捧腹，在1997年大同市农村文化月文艺会演中获优秀节目一等奖，创作二等奖。方言快板《法轮功害死人》在2003年大同市总工会文艺会演中获优秀创作奖。在苑育福同志的文艺生涯中，开拓进取，不断创新是永恒的音符。正如大家所说："苑老师每次都有新招数，每年都有新套套"。远在70年代，他就把三句半一改锣鼓为轻音乐伴奏，由四女演员合说"计划生育好"，风趣而不落俗套，给人耳目一新之感。1996年他编导的《棒花秧歌》，以《大同踢鼓秧歌》中的"打棒"和"拉花"为素材，巧妙糅进迪斯科、拉丁舞，使传统的民间艺术焕发出时代的光彩，由大同市甘庄煤矿舞队代表大同市参加山西省元宵社火比赛，一举获银奖。

贾守权 1957年出生，大同县人。1980年毕业于雁北农校分派天镇县东沙河公社，1985年在大同大学干修班政治系进修两年。后在民政、供销、粮食部门任职，2002年调县文联任文联主席，兼县政协常委两届。期间创办了《边城诗讯》、《边城文艺》。收集整理出版了《边城名胜诗文集》、《边城新韵》。组织了各种书画展二十余次，组织全县书画爱好者赴大同、应县、怀安、兴和、商义等地参加书画作品展出，积极推动全县文学创作，六名同志加入了市作协，十一名同志加入了市诗词学会。2011年从文联主席职务上退下，任天镇县三晋文化研究

会副会长兼秘书长，大同市三晋文化研究会理事，山西省长城保护研究会常务理事，天镇县人大常委会委员。并于2013年金秋组织成立了天镇县摄影艺术家协会，并创办了《边城光影》，陆续出版发行了六期。在《山西长城》发表多副摄影作品、散文，在《大同人大》发表了散文数篇。在《三晋儿女》发表了长篇报告文学《草帽县长李福生》协助县政协出版了《天镇县散文集》《天镇县小说集》《天镇县诗歌集》。

孙蓉蓉 女 祖籍山西阳高，1989年生于大同县县城。

2008年9月至2012年6月，太原科技大学英语专业学习。

2013年6月至2015年6月，北京师范大学外国语言文学学院英语笔译专业攻读硕士学位。曾获英语专业八级证书。在2013年第五届"中国翻译职业交流大会"上被评为"优秀志愿者"。参加翻译的书籍有SPARK体育翻译、Gbbal、Marbeting、Management《全球营销管理》。

李学文 男，汉族。1959年2月生，大同县聚乐乡大北庄村人。1976年1月毕业于大同县一中；1976年3月在阳高县下深井乡丰稔山村当民办教师；1980年12月于太原冶金工业学校毕业，分配到天镇县公安局刑警队；1988年3月调天镇县农村工作部任干事；1990年9月，先后任天镇县南河堡乡副乡长、天镇县贾屯乡副书记；1998年5月任政协天镇县委员会提案委员会主任；2001年1月任天镇县地震局局长至今。2005年被大同市人民政府授予《2014年度大同市防震减灾先进个人》，三次被大同市地震局评为防震减灾先进个人。

自幼喜爱文学艺术，琴棋书画。曾在《山西法制报》发表过采写的刑事侦察案例；参与编辑天镇县委农村工作部编写的《天镇县农村改革之花》一、二集，政协天镇县委员会编写的《文史资料》，并有文章和硬笔书法发表其中；有2首诗收录于《天镇县志》。

第三章　人物表

大同县荣获省（部）级以上表彰的劳动模范、先进工作者表。

大同县省（部）级及以上劳动模范花名表

表22-3-1

姓名	性别	出生年月	工作单位	单位性质	所属行业	获奖时间	获奖名称
张海军	男	1974	杜庄乡落阵营村			2011	全国种粮售粮
曾梅生	男	1934	矿产局（国土局）			1985	省劳模
李占山	男	1959	花园屯砖厂			1998	省劳模
刘巨的	男	1952	粮食局车队			1986	省劳模
周运	男	1924	倍加造供销社			1979	省劳模
兰凤英	女	1939	县饲料公司			1978	省劳模
臧文奎	男	1947	县砖瓦厂			1992.1995	省劳模
朱利	男	1969	西坪镇上榆涧村			2004	省特级劳模
王银权	男		黄土坡煤站			2004	省劳模
鲁善	男	1938	县计生委			1989	省劳模
张平如	男	1961	峰峪乡东马庄村			2001	省劳模
付德财	男	1936	巨乐乡新边村			1984	省劳模
胡成英	女	1942	城小,岳秀园小区4-1-1			1977	省劳模
孙润奎	男	1949	巨乐乡山自造村			2001	省劳模
张万有	男	1954	西坪镇西坪村			1998	省劳模
范世荣	男	1938	杜庄乡落阵营村			1982	省劳模
宋潮玉	男	1947	许堡乡东水地村			1986	省劳模
郭存仁	男	1956	县钢木厂			1992	省劳模
常玉青	男	1964	大同华青活性炭			2007	省劳模
杨栋	男	1970	倍加造镇郭家窑头村			2010	省劳模
张兴云	男	1968	吉家庄乡			2010	省劳模
刘猛	男	1982	吉家庄乡西瓜合作社			2010	省劳模
朱志刚	男	1959	浩源绿色生态园			2010	省劳模
王茂成	男	1945	县委党校			1977	省劳模
白继跃	男	1954	峰峪乡徐家堡村			2014	省劳模
赵德清	男	1958.11	大同县林业局			2014	省特级劳模
柴贵美	男	1935	许堡联校			1977	省劳模
刘建祥	男		县工业硅厂			1989	省劳模
张宏毅	男					1982	省劳模
范成忠	男		杜庄乡落阵营村				全国劳模
徐生玉	男	1930	黄土坡煤站			1954.1955.1956	全国劳模
李生贵	男	1931	县供销联社			1986	省劳模
马兴才	男		县粮食局			1998	省劳模
孙永珍	男		许堡供销社			1964	省劳模
郭茂	男		党留庄供销社			1964	省劳模
王政殿	男	1936	西坪镇大坊城村			1982	省劳模
王守明	男	1945.01	西坪镇上高庄村			1982	省劳模

山西省五一表彰先进个人花名表

表 22 - 3 - 2

姓　名	性别	出生年月	工作单位	单位性质	所属行业	获奖时间	获奖名称
柴宝国	男	1963	县水泥厂	国有	建材	2000	一等功
康　勇	男	1972.12	省乡镇煤运公司 湖东煤炭有限公司	股份	煤运	2003	一等功
常玉青	男	1964.12	华青活性炭	民营	煤加工	2005	三等功
王尔瑾	女	1964.1	山西富嘉焦化有限公司	合资	化工	2006	三等功
穆成如	男	1952	县砖瓦厂	国有		1997	三等功
马兴才	男		县粮食局			1996	二等功
赵常富	男	1957	县工业硅厂			1994	二等功
武　郡	男	1943	县农机厂			1993	二等功
臧文奎	男		县砖瓦厂			1991	二等功
梁德禹	男		瓜园信用社			1990	优秀班组长
张凤莲	女	1960	人民商场			1989	
赵良太	男	1939	县生产资料公司			1989	
罗元孝	男	1933	县农机厂			1984、1987.1988	一等功
徐生玉	男		黄土坡煤站				二等功
郭　权	男		县钢木厂			1987.1988	三等功
杨灵枝	女	1964	许堡信用社			1987	三等功
王一鄂	男	1926	县农机厂			1984	一等功
张希川	男	1945	饮食服务公司				二等功
尉文斌	男	1954.1	县地税局				一等功
韩玉娥	女	1962.11	昊天酒店			2009	二等功
雷振海	男	1964.11	示范中学			2009	三等功
赵良俊	男	1948.3	峰峪乡东后子口村	集体	农业	2002	二等功
王高平	男	1964	大同县云中热力有限公司	民营	热力	2011	二等功
张志强	男	1972	大同县人民医院	事业	卫生	2012	五一劳动奖章

附 录

中共大同县地方组织沿革及负责人名录

机构全称	起止时间	隶属	负责人及任职时间	职务
中共大同县工委	1937.6—1937.9	中共雁北工委	阎秀峰 1937.6—1937.9	书记
中共大怀左县委	1938.5—1939.2	中共晋绥边特委	苏 兴 1938.5—1939.2	书记
	1939.7—1940.2	中共晋绥边地委	范 平 1939.7—1940.2	书记
中共大怀县委	1940.6—1941.3	中共晋绥边地委	白 奇（刘耀宗）1940.6—1941.3	书记
中共大丰凉左县委	1940.10—1946.5	中共晋绥中地委、中共雁北地委、中共晋绥五地委	李瑞呈 1940.10—1946.5	书记
中共大左工委	1941.3—1943.12	中共晋绥边地委、中共晋西区九地委、中共晋绥五地委	王晓民 1941.3—1942.4	书记
			杨敏箴 1942.4—1943.1	书记
		中共雁北地方工委	马 浩 1943.1—1943.12	书记
	1947.3—1947.11	中共晋绥五地委	白 奇（刘耀宗）1947.3—1947.11	书记
中共西大同县工委	1947.11—1949.5	中共绥蒙区党委、中共晋绥五地委、中共雁北地委	杜秉清 1947.11—1949.5	书记
中共应浑同县委	1938.5—1939.12	三五八旅	赵立业 1938.5—1939.12	书记
中共大同县委	1939.8—1940.1	中共雁北地委	康世安 1939.8—1940.1	书记
中共桑干河工委	1942.7—1943.7	中共北岳五地委	穆 岳 1942.7—1942.11	书记
			蔡维新 1942.11—1943.7	书记
中共桑干河工委	1944.7—1944.8	中共晋察冀五地委	穆 岳 1944.7—1944.8	书记
	1945.1—1945.5	中共冀晋五地委	徐志远 1945.1—1945.5	书记
中共西大同县委	1945.8—1947.3	中共晋绥五地委	徐刚民 1945.8—1946.9	书记
			康 庄 1946.9—1947.3	书记

续表

机构全称	起止时间	隶属	负责人及任职时间	职务
中共大阳丰工委	1947.3—1948.8	中共冀晋一地委	刘书祥 1947.3—1947.9	书记
			雷　迅 1947.9—1947.10	书记
			明吉顺 1947.10—1948.8	书记
中共大同县委	1945.5—1954.7	中共冀晋五地委 （1944.10—1946.5） 中共冀晋一地委 （1946.5—1947.11） 中共北岳五地委 （1947.11—1949.1） 中共察哈尔省雁北地委 （1949.1—1952.11） 中共山西省雁北地委 （1952.12—1958.11）	徐志远 1945.5—1945.10	书记
			康世安 1945.10—1948.10	书记
			田　林 1948.10—1949.4	书记
			周礼仁 1949.4—1949.8	书记
			郑　浩 1949.8—1952.6	书记
			张天亮 1952.6—1954.7	书记
中共大仁县委	1954.7—1958.11		臧　新 1954.7—1958.11	书记
中共大郊区委	1958.11—1960.1	中共大同市委 1958.11—1965.8	臧　新 1958.11—1960.1	书记
中共古城区委	1960.1—1965.1		高学增 1960.1—1962.10	书记
			王　瑞 1962.10—1965.1	书记
中共大同县委	1965.1—1967.3	中共雁北地委	王　瑞 1965.1—1965.8	书记
			刘　杰 1965.8—1967.3	书记
中共大同县核心小组	1967.3—1971.6	中共雁北核心小组	陈喜茂 1967.3—1970.8	组长
			王敬林 1970.9—1971.6	组长
中共大同县委	1971.6—	中共雁北地委 （1971.6—1993.7）	张繁新 1971.6—1973.6	书记
			李志远 1973.6—1975.12	书记
			杨作新 1975.12—1978.1	书记
			苗继池 1978.1—1981.12	书记
			张力才 1981.12—1983.9	书记
			贺　锐 1983.9—1986.8	书记
			张昌和 1986.8—1990.4	书记
			刘采京 1990.4—1993.7	书记
		中共大同市委	刘采京 1993.7—1996.6	书记
			冯及时 1996.6—2003.6	书记
			刘俊雍 2003.6—2008.6	书记
			杨人毅 2008.8—2011.5	书记
			王凤瑞 2011.5—	书记

大同县人民代表大会常务委员会机构沿革及负责人名录

机构全称	起止时间	隶属	负责人及任职时间	职务
大同县人民代表大会常务委员会	1980.6—1993.7	雁北地委	阎　勇　1980.12—1984.8	主任
			剧世保　1984.8—1990.6	主任
			马德先　1990.6—1993.7	主任
	1993.7—	大同市委	马德先　1990.3—1998.6	主任
			孔致如　1998.6—2001.12	主任
			刘　政　2001.12—2002.5	主任（代理）
			刘　政　2002.5—2007.5	主任
			武　明　2007.5—2015.6	主任
			白采堂　2015.6—2016.8	副主任（主持）
			杨近源　2016.8—	主任

大同县人民政府机构沿革及负责人名录

机构全称	起止时间	隶属	负责人及任职时间	职务
应浑同县政府	1938.5—1939.12	三五八旅	刘福堂　1938.5—1938.12	县长
高源同镇区政府	1938.6—1938.10	三五九旅	康世安　1938.6—1938.10	区长
西大同县抗日民主政府	1938.6—1939.7	晋西北十一专署	孟吉成　1938.6—1939.7	县长
大怀左行政委员会	1939.7—1940.2	晋西北十一专署	左　才　1939.7—1940.2	县长
大同县民主抗日政府（包括大同、阳高、天镇、怀仁）	1939.8—1939.11	雁北专署	王怀远　1939.8—1939.11	县长
大丰凉左县	1940.1—1940.5	绥中专署	李子恩　1940.1—1940.5	代县长
西大同县人民政府	1945.8—1946.9	晋绥五专署	刘　昆　1945.8—1946.9	县长
大阳丰办事处	1947.3—1948.8	冀晋一专署	田　苏　1947.3—1947.9	主任
			王　信　1947.9—1948.8	主任
大同县民主政府	1945.5—1949.5	冀晋五专署	康世安　1945.5—1945.10	县长
			王任山　1945.10—1946.6	县长
		冀晋一专署（1946.5—1947.10）北岳五专署（1947.11—1949.1）察哈尔省雁北专署（1949.1—1952.11）山西省雁北专署（1952.10—1958.11）	石效由　1946.6—1948.8	县长
			田　苏　1948.8—1948.12	县长
			李　铁　1948.12—1949.5	县长
大同县人民政府	1949.5—1954.7		赵　玉　1949.5—1952.6	县长
			齐学曾　1952.6—1954.7	县长
大仁县人民委员会	1954.7—1958.11		张进义　1954.7—1955.10	县长
			范崇礼　1955.10—1956.3	县长
			徐继祥　1956.3—1956.12	县长
			郭兴恒　1956.12—1958.11	县长

续表

机构全称	起止时间	隶属	负责人及任职时间	职务
大郊区人民委员会	1958.11—1960.1	大同市人委 1958.11—1965.1	徐　新　1958.11—1960.1	区长
古城区人民委员会	1960.1—1965.1		徐培国　1960.1—1964.5	区长
			刘　平　1964.5.—1965.1	区长
大同县人民委员会	1965.1—1967.3	雁北专署	刘　平　1965.1—1967.3	县长
大同县革命委员会	1967.3—1981.2	雁北地区革命委员会	刘　平　1967.3—1971.5	主任
			张凡兴　1971.5—1972.7	主任
			孟祥营　1972.7—1974.1	主任
			苗继池　1974.1—1976.12	主任
			马德先　1976.12—1980.9	主任
			张力才　1980.9—1981.2	主任
大同县人民政府	1981.2—	雁北行署	张力才　1981.2—1983.4	县长
			冯鹤春　1983.4—1985.3	县长
			霍凤歧　1985.3—1989.3	县长
			刘采京　1989.3—1990.6	县长
			高希明　1990.6—1993.7	县长
		大同市人民政府	高希明　1993.7—1998.6	县长
			马　斌　1998.6—2001.3	县长
			刘俊雍　2001.3—2003.6	县长
			门开发　2003.6—2006.6	县长
			孙永胜　2006.6—2010.12	县长
			邢　斌　2011.5—2013.5	县长
			周聚德　2013.5—	县长

中国人民政治协商会议大同县委员会机构沿革及负责人名录

机构全称	起止时间	隶属	负责人及任职时间	职务
中国人民政治协商会议大同县委员会	1984.7—1993.7	雁北地委	陈连元　1984.8—1993.5	主席
			孙　诚　1993.5—1998.6	主席
	1993.7—	大同市委	白　日　1998.6—2007.5	主席
			薛守清　2007.5—2015.6	主席
			李　军　2015.6—2016.8	副主席（主持）
			闫　军　2016.8—	主席

文献选辑

2016 年 12 届党代会工作报告

为建设美丽富裕幸福的大同县而奋斗

——在中国共产党大同县第十二次代表大会上的报告

（2016 年 8 月 9 日）

王凤瑞

各位代表、同志们：

现在，我代表中共大同县第十一届委员会向大会作报告。请各位代表审议，并请列席人员提出意见。

中国共产党大同县第十二次代表大会是在全党上下全力加快脱贫攻坚，全面建成小康社会新形势下召开的一次十分重要的会议。这次会议的主题是：以党的建设为统领，以脱贫攻坚为抓手，为建设美丽、富裕、幸福的大同县而奋斗。

一、过去五年的工作

县十一次党代会以来的五年，是大同县发展史上不平凡的五年。五年来，面对经济持续下行，财政收支问题突出的压力，面对社会矛盾越来越复杂，管理难度越来越大的情况，面对不断出现的许多新情况、新问题，全县各级党组织和广大干部群众围绕"建设现代城郊型新大同县、打造宜业宜居宜游乐园"的目标，抢抓机遇，勇于担当，用心、用力，实打实地抓，扎扎实实地干，圆满完成了县十一次党代会提出的各项任务，全县保持了政治健康稳定、经济向好发展、社会安定和谐、人民安居乐业的

良好局面。2015 年，全县 GDP 达到 25.9 亿元，较 2010 年增长 73.5%，年均递增 11.7%；公共财政预算收入达到 1.7 亿元，较 2010 年增长 52.8%，年均递增 8.9%；城镇、农村常住居民人均可支配收入分别达到 17065 元、7675 元，较 2010 年增长 72.2%、76%，年均递增 11.5%、12%。

（一）围绕做强县域经济抓项目，转型发展迈出了坚实步伐。我们大力实施"项目强县"战略，千方百计招商引资上项目，提供"保姆式"服务，加快转型跨越发展。五年来，共引进产业类项目 23 个，其中 30 亿元以上的 1 个，10 亿元以上的 2 个，亿元以上的 13 个，已有万昌物流园、保利协鑫光伏电站、同华矿机、恒岳重工、玉鑫农牧食用酒精等 15 个项目建成投产，改变了过去以煤炭运销业支撑全县经济的产业结构，初步形成以装备制造、光伏能源、现代物流、食品加工为主的多元化新型产业格局。在去冬今春的"冬季行动"中，又成功签约总投资 49.7 亿元的 11 个项目。今年全县已开工项目 14 个，总投资 78.3 亿元，华青活性炭集团公司成为全市第三家、我县第一家成功登陆证券"新三板"的企业，为

全县"十三五"加快发展注入新的生机。

（二）围绕农民增收抓调产，农业发展走上了希望之路。我们立足特色农产品资源，整合各类政策，加大扶持力度，积极调整产业结构，有力地促进了农民增收。种植业上，把黄花作为"一县一业"的主导产业，各部门联动，全方位服务，由原来的3万亩发展到今年的10万亩，初步形成了"公司＋基地＋农户"的产业化模式，发展势头良好。养殖业上，蛋鸡养殖达到200万只，实现了规模化、现代化、产业化，在晋北地区规模最大、产业化程度最高。都市农业，围绕大同市百万市民"菜篮子"做文章，形成8个规模上百栋的日光温室园区，草莓、油桃和其它反季节蔬菜等观光休闲农业得到了快速发展。

（三）围绕"绿水青山就是金山银山"科学理念抓生态，在全国打响了生态品牌。我们按照"打生态牌、走转型路"的发展思路，持续推进林业建设由"山上治本"向身边增绿、营造景观、壮大林果产业、发展生态旅游业转变，以生态创环境、以生态聚资源、以生态促新型产业。五年来筹资2.3亿元进行造林绿化，全县林业面积突破百万亩，达到105.6万亩，森林覆盖率达到33.8％，先后被评为"全省林业生态县""全国绿化模范县"，去年5月被列入"国家生态保护与建设示范区"。继2012年被命名为"大同火山群国家地质公园"后，去年年底又被评为"大同西坪国家沙漠公园"和"大同桑干河国家湿地公园"，一个县拥有三个国家级公园，全省唯此一家，为今后我县旅游业大发展奠定了坚实基础。

（四）围绕"宜业宜居"抓基础，城乡建设跃上了新台阶。我们大力实施"山水园林城、文化特色镇、产业中心村"三位一体发展战略，坚持生产、生活、生态三管齐下，不断提升城乡发展质量和宜居水平。以大规划为引领，聘请中规院等国家知名院所编制了全县空间发展战略规划和县城规划。从完善道路框架、实施旧城和棚户区改造、提升公共服务功能等方面入手，投资9.4亿元加快县城基础设施建设。新修、改造县城到机场城际路、城南街、永业东西街等道路8条，完成和在建棚改房1268套

1.1万平方米，建成了西坪、东山2个公园，配套和兴建了文化馆、图书馆、体育馆、电影院"三馆一院"，城市功能、宜居指数进一步提升。同时，争取项目资金3.5亿元，围绕产业发展、移民搬迁、道路基础设施搞建设，完成农村土窑洞、土坯房改造3900户，今年实施抗震房加固2700户、危房改造2130户，全面加快特色镇、中心村建设，城乡面貌发生了显著变化。

（五）围绕民生关切抓根本，社会事业取得了长足发展。实施了教育改革，强化了日常管理，加大政府支持力度，大力营造全社会关心支持教育的氛围，实现了高考达线人数大幅度提升。从2012年起，县一中高考达二本B类线人数连年增长，今年达到129人，是2011年的2.3倍；千方百计促进就业，"十二五"期间新增就业岗位6417人，转移农村劳动力13899人，增加了城乡居民收入；圆满完成行政事业单位养老保险改革，认真落实"五险一金"和城乡居民养老保险、大病救助、五保供养、低保和优抚等政策；着力改善医疗服务，加快公立医院改革步伐，县医院与省市医院建立了医疗机构联合体协作关系，县级医院对口支援乡镇卫生院，全县"新农合"参合率达到95％以上，缓解了群众就医难、看病贵的难题；深入推进社会主义核心价值观教育，加强广播电视、电影院、农家书屋、乡村健身场所等文化体育阵地建设，连续组织开展了道德模范评选活动，开展了多种形式的文化下乡和全民健身活动。去年我县通过了省级"文化强县"先进县的验收评估；持续开展平安大同县建设，高度重视安全工作，积极解决信访问题，严厉打击违法犯罪行为，严打整治"百日行动"成效明显，提升了人民群众的安全感，我县先后被命名为全国"六五"普法先进县、省级平安县、省级双拥模范县。

（六）围绕"党要管党"抓责任，从严治党开创了新局面。本届县委特别是党的十八大以来，首先从县委常委做起，讲规矩、守纪律、转作风，带头严守党的政治纪律、政治规矩和组织纪律，坚决执行中央和省委、市委的决定，在思想上政治上行动上与

党中央保持高度一致；带头严守党的廉洁纪律，以上率下，以身作则，发挥了表率作用。严格履行从严管党治党的责任，管好班子，带好队伍。精心组织开展了党的群众路线教育实践活动、"三严三实"专题教育和"两学一做"学习教育，用党的基本理论、党章党规、优良作风，特别是习近平总书记系列重要讲话精神武装党员干部头脑，党的意识和组织观念明显增强，服务群众的自觉性有了新的提高，党员领导干部的示范带头作用得到了有效发挥，全县各级党组织重视党建、履行"一岗双责"的氛围正在形成。特别是党风廉政建设不断加强，"八项规定"得到贯彻执行，"四风"问题得到有效遏制，正风反腐持续保持高压态势，"不能腐""不想腐"的效应初步显现。

五年来取得的成绩来之不易，得益于中央和省委、市委的正确领导，得益于各级各部门和社会各界的关心支持，得益于全县广大党员、干部和人民群众的拼搏进取。在此，我代表中共大同县第十一届委员会，向全县党员干部和人民群众，向所有关心支持大同县发展的各界人士，致以衷心的感谢和崇高的敬意！

肯定成绩是为了增强信心，但这些成绩仅仅是万里长征的第一步，更重要的是正视工作中存在的差距和问题，增强紧迫感、责任感。主要有：经济总量还不大，全县GDP在全市占比不高，财政收入的"蛋糕"还很小，加快发展刻不容缓；引建的大项目、好项目还不多，支撑县域经济的后劲不足，三大产业结构占比不合理，转型发展任务艰巨；引领农民群众增收脱贫的产业还没有真正做大做强，产业化程度比较低，脱贫攻坚的力度还需进一步加大；一些领域的社会矛盾仍比较多，在信访维稳工作上还需进一步加强；一些党组织的战斗堡垒和党员的先锋模范作用发挥不到位，组织群众、教育群众的能力不强，服务群众工作不深入；一些党组织党的意识不强，党的建设抓得不紧，管党治党还有差距，一些党员干部从严思想不牢固，纪律意识、规矩意识不强，作风漂浮不实的问题不同程度存在。对此，

我们必须要有一个清醒的认识，树立起忧患意识、问题意识、责任意识，在今后工作中认真加以解决。

回顾过去五年的工作，得与失都是宝贵财富，成与败都需要认真总结，至少有五点体会。

一是必须坚持党的领导，听党话跟党走。领导我们事业的核心力量是中国共产党，党的领导在任何时候都不能动摇，党的领导只能加强，不能削弱。历史的经验和教训证明，核心只能有一个，这就是各级党的组织。全县各级党组织和广大党员必须要有这种认识，增强政治意识，自觉维护党的领导，把思想和行动统一到中央和省、市、县委的决策部署、具体要求上来。

二是必须明确思路，准确定位。思路决定出路，思路是管方向、管根本、管长远利益的，发展思路、定位对头不对头、实际不实际、科学不科学，从根本上决定着发展的成效。五年来，全县上下围绕"建设现代城郊型新大同县、打造宜业宜居宜游乐园"的定位，各项工作取得了明显成效。面对新形势、新要求，我们必须把创新改革作为重要路径，用"五大发展理念"武装头脑，引领指导工作，将县情、乡情、村情放在全国、全省、全市的大背景来考量，才能走对路、踩对点、干对事，建成小康的道路才会越走越宽。

三是必须抓住关键，重点突破。坚持重点突破是推动工作的有效方法。一个地方资源有限，一个人精力也是有限的，抓任何工作，做任何事情，必须善于抓重点、抓关键，集中主要力量解决主要矛盾。抓住了关键，就等于抓住了事物发展的"牛鼻子"，只要围绕重点、突出重点，坚持重点突破，就能以点带面、以重点带动一般，推动各项工作上水平上档次。

四是必须抢抓机遇，借势干事。小机遇小发展，大机遇大发展，没机遇难发展。认准机遇，抓住机遇，在机遇面前不犹豫不松懈，才能成就事业。过去五年，我们抢抓机遇，干了一些实事好事，今后五年是我们发展的最大机遇期，只要我们因势利导，紧抓不放，就会使一个个梦想变为现实。面对

当前的机遇，我们必须要有历史责任和使命担当，挑起重任，奋力前进，把机遇变成全县经济社会发展的巨大资源、强大动力，为人民群众造福。

五是必须上下一心，团结和谐。和谐稳定是我们做事干事的前提条件，没有和谐稳定的环境，就会人心乱、组织乱、社会乱，不仅伤害到个人，而且会伤害我们为之奋斗的事业，这是道理，也是真理。所以，和谐稳定需要人人参与，人人建设，要像爱护眼睛一样爱护团结，要像珍惜自己的身体一样珍惜稳定，人心齐，泰山移，我们的事业就会无往而不胜。

二、今后五年的工作

我们对全县形势总的判断是：今后五年，我县发展处于重大历史机遇期、转型跨越攻坚期、强县富民转折期。我们要牢记责任，不忘初心，抓住机遇，继续前进，全面开创各项事业发展的新局面。

今后五年，全县总体工作思路是：全面学习贯彻习近平总书记系列重要讲话精神，以党的十八大以来中央和省委、市委战略部署为指导，以党的建设为统领，以脱贫攻坚为抓手，着眼市县同城一体化发展，打响火山、黄花、生态"三张牌"，建好现代新型工业园、火山文化旅游园、都市特色农业园、自然美丽新家园"四大园"，打造新型产业承载地、旅游休闲体验地、京津冀避暑康养目的地，为建设美丽富裕幸福的大同县而奋斗。

今后五年全县发展的奋斗目标是：提前一年到2019年贫困人口全部脱贫；经济实力大幅提升，地区生产总值达到50亿元以上；人民生活水平和质量普遍提高，城、乡居民人均可支配收入分别达到2.5万元、1.2万元以上；生态环境质量进一步改善，社会治理取得重大进展，人民素质和社会文明程度显著提高，党的建设全面加强，从严治党取得明显成效。

建设美丽、富裕、幸福大同县是全面建成小康社会的美好蓝图，是实现转型发展的主要目标。美丽，主要是建设我们的山水田园，突出自然特色，展示自然风光，让山、水、林、田园构成一幅美丽的自然画卷，让人们享受大自然的美，看得见山、望得见水、留得住乡愁。同时，教育引导人们心灵美、行为美，社会公平正义、诚信友善、和谐稳定，实现人与人、人与自然、人与社会协调发展。富裕，就是要实现经济强、百姓富。要实现真正的富裕，必须有好项目支撑，有好产业支持，"十三五"期间我们有许多机遇、有许多优势，只要我们奋发图强，用"五大发展理念"推进各项工作，做大做强产业，一定能壮大县域经济，实现人民生活的真正富裕、长久富裕。幸福，就是以人为本，让群众过上幸福的日子。我们的各项工作必须以群众高兴不高兴、反对不反对、满意不满意作为最终检验标准，为人民而做，向人民交账，建设人民群众的幸福家园，是我们共产党人的不懈追求。

脱贫攻坚既是责任使命，又是重大机遇，更是主要抓手。我县作为燕山—太行山国家集中连片特困地区、我省晋西北和太行山革命老区，脱贫攻坚是我们的政治责任，必须向党和人民交好这份答卷。我们的目标是提前一年到2019年实现4.28万人全部脱贫、80个贫困村全部摘帽，做到一个不能少。

坚决打好脱贫攻坚战，突出抓好以下四方面。一是坚定态度决心。我县贫困人口多、差距大，脱贫攻坚起步晚，任务艰巨而繁重。全县各级党组织必须把脱贫攻坚作为全县工作的头等大事、第一要务来认识看待，各项工作围绕脱贫去推进，用脱贫成效检验各项工作。要坚持资源向扶贫倾斜，利益向贫困户靠拢，千方百计增加贫困户收入。二是必须加强组织领导。脱贫工作是各级党委的第一责任，党委书记是第一责任人，有责任就要负责、担当。各级党委和政府都必须倒排工期，落实责任，抓紧实施，强力推进。要层层立下脱贫攻坚军令状，层层签订责任书，加强督查问责，把导向立起来，让规矩严起来，形成县、乡、村三级书记抓脱贫，全党动员促攻坚的局面。同时，要把脱贫攻坚的实绩作为考察识别、选拔任用干部的重要依据。三是在精准上下功夫。脱贫攻坚要紧紧围绕精准扶贫、精准脱贫来展开，平均数代表不了贫困数，精准脱贫是我们五年脱贫工作的"硬道理"。按照脱贫对象精准、项目安排精准、资金使用精准、措施到户精准、因村派人精准、脱贫成效精准的要求，通过产业扶持、转移就业、易地搬迁、教育支持、医疗救助、社保兜底等措施实施脱贫，保证做到如期完成。四是各级干部必须扑下身子真扶贫。扶贫工作来不得半点虚假，要做到"勤"，坚持一线工作法，沉下去到贫困户当中，按照目标导向、问题导向，认认真真推进各项脱贫工作。要做到"实"，脱贫不能空、不能虚，更不能搞形式主义，实打实地干、扎扎实实地帮。只有这样，才能确保脱贫工作经得起组织的严格验收，经得起历史和群众的检验。

市县同城一体化是现实基础，也是发展方向。历史上大同县与大同市同城相融，地缘、情缘交织，渊源至深，现实中随着大同市发展规划的进一步明晰，我县的区位优势更加明显，在全市的空间发展布局上承载着新区开发、产业园区、生态屏障等重要功能，目前装备制造、医药工业、新能源园区位于我县，市县产业集聚，优势互补，决定了我县必须依托城市、承接城市、服务城市，同城一体规划布局，体现功能，彰显特色，打造全市的新型产业承载地、旅游休闲体验地、京津冀避暑养生目的地。随着环渤海合作、京津冀协同、乌大张长城金三角区域合作等重大发展战略的推进，大张、大西高铁的修建，乃至北京和张家口"冬奥会"的举办，我县将成为区域联动发展的重要平台和联系纽带，成为大同市承接京津产业转移的"最前沿"和"桥头堡"。

"火山、黄花、生态"三张牌，是优势资源，是大同县的响亮名片。大同火山群国家地质公园是世界上独一无二的黄土高原火山群，是我国六大火山群中唯一没有开发的火山群，上承云冈石窟、大同古城，下接北岳恒山、五台山，是国内旅游黄金线的重点节点，是感受体验沧桑历史、地质奇观的大美之地，是我县县域标志的亮丽"名片"，也是着眼长远的独特优势项目。我们必须打好火山牌，做好火山文化旅游这篇"大文章"，把火山与峰峪湿地、生态绿色、特色农业、康养产业、乡土文化、桑干文化

等相结合，形成我县旅游发展的龙头产品、拳头产业，以火山文化旅游带动全县转型跨越发展。黄花是大同县的特色产业，全国稀缺，在我县有着300多年的种植史，国内"大同黄花"品质最好，享誉海内外，在历届全国农博会上获得过12次金奖，盛产期黄花亩均收入上万元，已经成为农民脱贫致富的首选产业，完全可以打造成为一、二、三产相融合的龙头特色产业。我们必须充分认识黄花产业的潜在优势和巨大经济价值，通过不懈努力，完全可以把黄花做成占领全国、走向世界的优势产品和产业。生态就是绿水青山，绿水青山就是金山银山。我县拥有采凉山森林公园、火山地质公园、落鹰山森林公园、峰峪湿地、桑干湖旅游区五个大的生态区，从南向北、由西向东绵延百里，青山绿水环境优美，自然田园景色诱人，土窑古堡文化厚重，原生态特色十分明显，是休闲体验的"天然氧吧"和"城市绿肺"。面对这些优质的绿色资源，我们不能走低水平发展的老路，不能走"守着绿水青山苦熬"的穷路，更不能走牺牲环境生态为代价的歪路，必须走出一条向生态要效益的新路，把绿水青山变成金山银山。

建设"四大园"是根据我县城郊型区域特征和宜业宜居宜游的目标提出的板块经济，既是规划，也是定位，既是发发展路径，也是工作载体。

（一）把建设现代新型工业园作为发展县域经济的龙头。我们要继续坚持工业园区化的理念，总的规划是工业项目布局在县域西部，以周士庄、党留庄、倍加造、杜庄作为工业园区带，进一步完善规划，特别是要按照多规合一的原则，面向未来，市县衔接，搞好战略规划及实施规划，在此基础上有计划地完善基础设施，积极申报项目，筹措资金实施，尽快形成设施齐全、配套完善、特色鲜明的现代化园区框架。

大力招商引资，壮大县域工业。我们要把握供给侧结构性改革的契机，树立开放意识，创优发展环境，高起点谋划、高标准选商、高效率服务，大力开展大招商、招大商活动。加大国有企业改制力

度,在保证职工利益的前提下盘活国有资产,降低企业发展成本。这里强调的是,全县干部群众都是招商的参与者,都要为全县招商出力,敢于与企业家交朋友,做到既清白,又亲近。要做到真心实意、全心全意为企业服务,引导他们为大同县发展投资出力,投入到工业园区、都市农业、生态转型、文化旅游、城市建设当中。

发展我县工业园区,夯实发展基础。依托市级园区,服务项目落地,促进县域经济强劲发展。借助装备园区位于我县的优势,实现市县融合发展,全力推进我县国家中小微企业示范园建设。国家工信部中小企业发展中心定点扶贫帮扶我县,在装备制造园区以东建设国家中小微企业大同县示范园,积极服务森源激光制造、骏腾养殖屠宰、玄武岩岩棉制造、玻璃丝纤维制造等项目尽快建成投产。借助我县交通发达优势,全力推进空港物流园建设。以万昌物流、金洋物流为中心的公路物流园已投入运营,依托云冈飞机场积极推进航空物流园发展,特别是推动选址在周士庄火车站的晋北铁路物流园尽快开工。借助我县成为大同市产业承载核心区的优势,强力推进纺织工业园、装配式钢结构绿色建筑集成产业园、航空产业园落户我县,开工建设。同时,积极探索发展“飞地经济”,全方位引进项目,将园区做大做强。

坚持产城融合,共享经济发展成果。要迎接高铁经济的到来,依托市区和工业园区,在发展商贸流通、餐饮服务等第三产业上做足文章,带动贫困人口就业,拉动县域西部村镇的发展。要强化政策支持和规划引导,明确乡镇的发展定位,调动各级各部门的积极性,大力承接全市六大基地、八大产业建设,打造转型跨越发展先行试点县、乌大张长城金三角合作的核心枢纽县。

(二)把建设火山文化旅游园作为产业转型的突破。文化旅游业是一个关联度广、附加值高、牵动面大的朝阳产业,我们要挖掘火山的内涵,整合众多资源,突出旅游资源的唯一性和地域特色性,多元开发利用,推动我县文化旅游业向全域旅游和全域休闲康养方向发展,与全市文化旅游业互动融合,打造国家级长寿养生旅游目的地,成为县域经济新的重要增长极。

推进全域生态景观化。调整优化产业布局,加强大气、水、土壤污染防治,搞好生态修复,进一步提升环保质量,推进全域环境友好化。巩固生态建设成果,以城郊景观林、经济林、生态公益林为网络,以水网、路网为连接,形成森林公园、自然保护区、森林城镇等点面结合的城乡一体化生态网络格局,到“十三五”末全县林地力争达到120万亩以上,森林覆盖率达到40%。充分利用生态资源,大力发展林下经济,整合水库、庄园,推动生态旅游的发展,带动贫困人口增收。

打造旅游龙头产品。围绕大同火山群国家地质公园,我们要以“国际地质遗产观光名胜地、全方位火山旅游体验园”为定位,统一规划、分步实施,建设游客服务中心、火山石街道、火山剖面观赏、火山特色农业和观景平台等,加大宣传力度,扩大影响力。以火山为品牌,结合桑干湿地、杜庄土林、麻地沟、采凉山、落鹰山等自然景观,连接聚乐驿站、许堡古堡、吕家大院、李殿林故居和宗教寺庙等景点,吸引大企业、大集团投资开发,赋予文化内涵,融入到全市旅游业蓬勃发展之中。

大力发展乡村旅游。要树立“有为生态”的理念,依托黄花观光采摘、日光温室大棚、传统田园种植、景观农业种植、民俗民居开发等方面,与美丽一日游、采摘体验游、摄影采风游、体育运动游、家庭自助游等融为一体,大力发展市民体验田、观光采摘园、农家乐、乡村手工艺等,使之成为繁荣农村、富裕农民的新兴产业。引导和支持社会资本,通过盘活农村闲置房屋、集体建设用地、可用林场和水面等资产资源,发展休闲农业和乡村旅游,发展具有历史记忆、地域特点、民俗风情的特色小镇,建设一村一品、一村一景、一村一特色的魅力村庄。

建设火山康养目的地。要依托区位优势,打造火山康养元素,以基础设施、医疗服务、健康食疗等为内容,融合中医、登高健身、绘画书法等文化,逐步形成"火山康养目的地"的旅游形象。划定生态红线，大力发展生态工业、生态农业、生态旅游和生态交通，打造宜居宜业的健康环境。通过招商引资、对外合作等方式，发展具有乡土特色、亲近自然、体现乡趣的农村客栈、生态庄园，满足市民和游客的康养需求。

（三）把建设都市特色农业园作为农民增收的主要途径。绿色健康农产品是消费热点。我县紧靠大同市区，地处京津冀蒙的交通枢纽，建设都市农业、特色农业、观光农业是我们的优势所在。我们要立足市场需求，强化政府扶持，吸引社会资本介入，积极引导农民参与，全力推进都市特色农业发展。

坚定不移地发展以黄花为主导的"一县一业"。要引导和扶持农户扩大黄花种植面积，向规模要效益，到"十三五"末全县达到15万亩，确保农民人均1亩，特别要确保有条件乡村的贫困人口人均达到1亩，力争2亩，实现长久富裕。要强化服务意识，整合资金，用足政策，全方位服务黄花产业发展。在坚持不懈扩大种植规模的基础上，提高知名度，打响"大同黄花"品牌，打造全国优质黄花生产基地，组建产业联盟，采取多种方式，强化黄花的区域地位，形成全国黄花的集散中心。要积极推进黄花的深加工，"吃干榨尽"，挖掘黄花的丰富内涵，不断开发新产品，做到一、二、三产业在同一产品上相融合，达到全链条开发、高端化发展，让黄花成为我县、我市甚至我省的亮丽名片，成为老百姓致富的首选产业。

推进都市特色农业发展。必须立足我市百万人口的城市大市场，创新农业发展理念，创新组织化形式，加快发展休闲观光农业、订单农业、有机无公害绿色农业、标准化特色化养殖。同时，挖掘我县杏果、杂粮等传统特色农产品，走公司＋农户的路子，实现规模化种养、品牌化打造、市场化运作，形成特色优势，致富人民群众。

建立新型产业，必须加快培育新型农民。面对农村老龄化的现状，我们要积极吸引有志于现代农业的城乡青年、返乡农民工、农技推广人员、大中专毕业生和退役军人等加入职业农民队伍，发展特色农业。依托职业中学和其他培训，鼓励农民通过"半农半读"等方式就地就近接受职业教育，提高农业科技、田间管理和市场营销水平。积极培育种养大户、家庭农场、农民合作社，把千家万户小生产的农民组织起来，提高农业标准化、规模化、市场化程度，实现农业增效、农民增收，真正走出一条农业转型发展的新路子。

（四）把建设自然美丽新家园作为区域协调发展的阶段性目标。建特色城镇、赏田园风光是城乡发展的新方向，我们要树立"按区建设、按县作为"的理念，突出"山水园林城、文化特色乡、产业中心村"的特点，严格执行规划，创新融资方式，提高城乡建设水平，吸引居民集聚，实现协调发展。

突出自然美丽特色，建设山水园林县城。我们要坚定不移地建设好县城，坚持地上地下、功能齐全、特色明显的原则，进一步完善规划，形成系列配套的县城发展大规划，打造山水园林城，建设宜居幸福城。要深刻认识县城所具有的独特资源优势，牢固树立融于山水之间的城市规划理念，在注重建筑群整体格局的基础上，糅进秀丽山川的独特因素，努力凭借城市四周的山水环境，形成风格独特的城市构图。要积极实施设施提升、城乡安居、城中村改造和环境提质等城市人居环境改善"四大工程"，完善旧城基础设施建设和公共服务功能，有序开展棚户区改造、保障房建设，加快新区建设进度，增强布局的合理性，提升通透性和微循环能力。立足已建成的西坪公园，向南拓展到西坪水库，向北延伸至昊天寺，打造滨河景观带，为城市发展增添灵韵。加强县城的绿化净化美化，从水、电、暖、路、卫生和小区管理等具体事入手，完善日常管理。通过在旧城发展商业贸易，在新城发展火山旅游服务，在西坪水库周边发展健康养生，打造吃、住、玩、购为一体的"火山观光名城、旅游购物中心、美丽宜居家园"。

突出乡土文化特色，建设特色镇和中心村。要科学规划乡村空间布局,遵循发展规律,体现农村特点,注重乡土味道,集中打造周士庄、党留庄等小城镇和63个中心村,建设农民的幸福家园。按照合理的农业生产和服务半径,根据工业聚集区、特色发展区、生态保护和涵养区的规划,综合考虑历史文化、传统民居、文物古迹、产业前景、群众意愿等因素,保留发展基础较好、人口具有一定规模的村庄,对一些边远山村实施易地扶贫搬迁,整合资金项目,实施抗震房加固、危房改造,加强小城镇和中心村基础设施、公共服务设施建设,改善群众生产生活条件。

让人民过上幸福生活是我们始终不渝的奋斗目标。民生是最大的政治,为人民服务是我们党的根本宗旨,我们必须要以人民为中心,更加推动民生事业发展,不断提高全县人民的自豪感、幸福感和满足感。办人民满意教育。要加大对教育的投入,抓好校长、教师队伍的建设、管理和素质提升,科学布局学校,合理配置教育资源,加大教育改革力度,提高教育教学水平和学生综合素质,全县教育发展在今后五年再上新台阶;就业是最大的民生,要采取各种方式促进就业,消除"零就业"家庭。要认真落实养老、医疗等保险制度和城乡低保、临时救助、优抚等政策,广泛动员社会力量开展救济互助、志愿服务活动;要继续推进卫生医疗事业发展。把国家对医疗事业的优惠支持政策用足用好,把我们的卫生医疗资源充分发挥好、使用好,增强服务理念,提高服务水平,真正让老百姓看得起病、看的好病;要高度重视全民道德建设。围绕社会主义核心价值观教育,动员一切可以动员的力量,利用一切可以利用的手段,特别是要充分发挥各级党组织的作用,开展形式多样、针对性和有效性强的全民素质教育活动,教育引导群众树立正确的人生观、价值观,形成全民向上向善的正能量;要高度重视社会安全稳定工作。全县上下必须把安全稳定作为一项红线工程、底线工程,警钟长鸣,常抓不懈,做到如履薄冰抓安全,履职尽责保稳定,把安全稳定责任落实到平时、落实到日常,把矛盾隐患解决在萌芽状态,确保全县不出现大的、有影响的事件。

三、全面落实从严治党的各项要求

履行新使命,实现新目标,必须充分发挥党在全县各项事业中的领导核心作用。办好大同县的事,关键在党,关键在全县各级党组织。建设一支能够组织群众、宣传群众、发动群众,具有凝聚力和战斗力的党组织和党员干部队伍,是事业发展的坚强保证。我们必须坚持全面从严治党,牢记"党建是最大的政绩",充分发挥各级党组织的战斗堡垒作用,不断提高广大党员的模范带头能力,把思想和行动落实到全心全意为人民服务的宗旨上来。

(一)强化政治引领,发挥领导核心作用。抓好党的建设,首先要加强县委班子建设。县委班子要带头树立"四个意识",坚定理想信念,保持政治方向,在大是大非问题面前旗帜鲜明、站稳立场,坚决与党中央和省委、市委保持高度一致。要向习近平总书记和中央领导集体看齐,自觉遵守中央八项规定精神和党规党纪,勤奋吃苦,廉洁自律,切实做到"三严三实"。要树立正确的政绩观,打基础、谋长远,甘当铺路石,有"功成不必在我"的胸襟,增强战略定力和科学发展的耐心。要认真落实民主集中制,完善议事决策、党内情况通报和工作报告等制度,坚持科学决策、依法决策、民主决策。要加强对经济工作的领导,抓好对经济社会重大事务的综合协调,健全重大决策部署执行定期检查和纪律保障机制,确保政令畅通。要支持人大依法行使职权,支持政府依法行政,创造性地开展工作,支持政协围绕两大主题履行职能。要进一步加强统一战线和党管武装工作,充分发挥工青妇等人民团体的作用,最广泛地调动各方面的积极性,切实发挥总揽全局、协调各方的领导核心作用。其次要把关键少数管理好建设好。各级党组织的"一把手"是关键少数,上到县委书记,到人大党组书记、政府党组书记、政协党组书记,下到党委书记、党组书记、支部书记,都是关键少数。有了称职的书记,才会有称职的班子,才会发挥出党员的先锋模范作用。所以,加强各级党组织"一把手"建设是全县党的建设的关键和重点。各级党组织"一把手",都要牢记职责,以身作则,带头学习贯彻党章,带头学习贯彻习近平总书记系列重要讲话精神,做听党话、跟党走的模范,做敢担当、愿作为的模范,做一心想着群众、全心全意为人民服务的模范,做清正廉洁、一身正气、两袖清风的模范。

（二）加强基层党建,打造坚强有力的战斗堡垒。党员队伍是各项事业发展的中坚力量,各级党组织必须严字当头,把严的要求贯彻全过程,充分发挥政治引领和服务群众两大功能。第一,强化学习教育。坚持学习常态化、多样化,注重学习的针对性和有效性,强化理想信仰学习,强化习近平总书记系列重要讲话精神学习,强化党章党纪党规学习,强化社会主义核心价值观学习,强化业务知识学习,以上率下,形成氛围和习惯,建设有理想、有道德、有作为、有品行的党组织和党员干部队伍。第二,严格党内政治生活。认真落实党的政治纪律和政治规矩,落实"三会一课"和专题民主生活会、组织生活会制度,积极开展批评与自我批评,时刻牢记自己的身份是党的干部,第一责任是为党工作,按党的要求办,按党的规矩行事。第三,选好用好干部。要坚持好干部"20 字"、合格党员"四讲四有"的标准,注重在推动脱贫攻坚、完成急难险重任务、处置突发事件中考察和识别干部,让那些有本领、肯实干、敢担当、守纪律的干部脱颖而出。要坚决调整不称职、不担当、耽误事业发展的基层组织负责人,调整配强农村党支部带头人,特别是贫困村的"第一书记"和党支部书记,解决好"领头雁"问题,把各级党组织打造成坚强的战斗堡垒。

（三）转变党的作风,把谋事干事作为各级干部的坚守和遵循。今后五年,我们面对着难得的发展机遇,必须要有一种时不我待、快马加鞭的紧迫感,要有一种真抓实干、拼搏进取的奋斗精神,切实解决"为官不为"的问题,才能确保我们的目标任务如期实现。为此,必须做到以下几点。第一,领导带

头,以上率下。实行县四套班子领导包乡镇、包重点工作、包重点项目和包信访案件工作责任制,进一步转变文风会风、工作作风,推行一线工作法,靠前指挥,解决问题。各级领导干部都要以德修身、以德立威、以德服众,注重知识更新,加强实践锻炼,团结带领班子人员和干部群众向着一个目标出力流汗。第二,真抓实干,马上就办。要深入到农村农户、企业厂矿,查找问题,研究对策,虚心向群众学习,热心为群众服务,真心对群众负责。要坚持务实高效的作风,马上就办、定下就干,立说立行、雷厉风行,不达目的绝不收兵。第三,牢记职责,勇于担当。广大党员干部要正确认识从严治党的新要求,克服私心杂念,把心思放在谋划发展上。要从"怕"字当头中走出来,敢闯、敢试、敢做,只要出以公心、利于群众、符合原则的事,就要积极去想,大胆去干。要加强机关作风整治,教育与管理结合,焕发干部的工作激情。第四,科学考核,奖惩兑现。各项工作都要坚持高标准,对标一流,争创一流,建设精品。要完善目标责任考核,明确具体部门、具体人员、完成时限、阶段进度,做到任务层层分解,量化细化具体化。要将考核结果与干部使用挂钩,做到能者上、庸者下、平者让,使目标责任制考核成为落实各项工作的"指挥棒"。

（四）坚持从严治党,把廉洁自律作为干事创业的原则和标尺。从严治党是十八届党中央的鲜明特征,也是新形势下加强和改进党的建设的必然要求。纪律是党的生命,我们当干部要有干部的样子,必须要严明党的纪律,首先要严明政治纪律,说话、做事都要讲政治、守纪律、有规矩,从一点一滴做起,从具体事情上体现,实打实地从严,做到越往后越严。要夯实管党治党的政治责任,改变"一岗双责"一手硬一手软的状况,以上率下、层层加压,对党的领导弱化、党的建设缺失、从严治党不严等行为敢于亮剑,严肃问责。要坚持把纪律和规矩挺在前面,实践运用"四种形态",从严教育管理,抓早抓小、动辄则咎,勇于拿起批评和自我批评的武器,敢于咬耳扯袖、红脸出汗,敢于得罪人,绝不能无原

则地当老好人。要寸步不让纠"四风"，持续落实中央八项规定精神，坚决查处隐形变异现象。继续保持遏制腐败的高压态势，重点关注党的十八大后不收手、不收敛的各类违纪违法行为，紧盯我县重点领域，比如领导干部插手工程、工程招投标、"吃拿卡要"以及不作为、慢作为和有令不行、有禁不止等，尤其要对扶贫领域出现的问题从严从快，坚决查处。阳光是最好的防腐剂，严密、规范、程序是最有效的防腐措施，要不断改革完善各项办法，加强政治巡察，接受群众监督，做好制度防腐，真正织起反腐倡廉的"安全网"。

各位代表、同志们，路在脚下，幸福掌握在我们自己的手上，我们有条件、有能力建设好自己的家园，有决心、有信心让人民群众过上幸福美好的生活。让我们紧密团结在以习近平同志为总书记的党中央周围，在省市委的坚强领导下，勇于担当，奋力拼搏，为建设美丽富裕幸福的大同县而奋斗！

2011 年 11 届党代会工作报告

勇于担当　转型跨越
为建设现代城郊型新大同县而努力奋斗

——在中国共产党大同县第十一次代表大会上的报告

（2011 年 6 月 2 日）

王凤瑞

各位代表、同志们：

中国共产党大同县第十一次代表大会是在我县改革发展的关键时期召开的一次重要大会。这次大会的主题是：勇于担当，转型跨越，为建设现代城郊型新大同县而努力奋斗！

现在，我代表中共大同县第十届委员会向大会作报告，请予审议。

一、过去五年的工作

2006 年以来，十届县委坚持以科学发展观为指导，团结带领全县各级党组织和广大干部群众，解放思想，奋力赶超，圆满完成了第十次党代会确定的工作任务，经济社会各项事业取得了较大成绩。

（一）项目建设步伐加快，经济实力不断增强。县委坚定不移地加大招商引资力度，项目建设成效显著。五年来，全县共引办投资 500 万元以上的工业项目 72 个，总投资 39.49 亿元，完成投资 23.6927 亿元。2010 年，全县地区生产总值达到 148978 万元，年均增长 9.53%；社会消费品零售总额达到 80640 万元，年均增长 12.7%；全社会固定资产投资总额达到 124193 万元，年均增长 42.5%；财政总收入、一般预算收入分别达到 28175 万元、11303 万元，年均分别增长 4.1%、27.1%。

（二）农业产业化扎实推进，农民收入稳步提高。县委高度重视"三农"工作，认真落实各项惠农政策，多种渠道促进农民增收。不断扩大特色农业种植规模，全县蔬菜、黄花、林果面积分别达到 4.5

万亩、3 万亩、5 万亩，日光温室、移动大棚分别达到 2021 栋、2504 栋。不断扩大养殖规模，积极推进畜禽标准化小区建设，畜牧业收入占到农村经济总收入的 17.65%。不断加强生态绿化建设，森林覆盖率达到 23.6%，荣获"全国防风治沙先进县"称号。不断发展庄园经济，建成生态庄园 14 个。2010 年，全县农业总产值达到 9.7 亿元，比 2005 年增长 83%；农民人均纯收入达到 4361 元，比 2005 年增长 65%。

（三）社会民生有效改善，各项事业全面进步。县委坚持以人为本的执政理念，不断改善城乡基础设施，着力解决群众关心的热点难点问题。县城南环路、西街延伸路、北环西路建成通车，污水处理厂、集中供热和天然气工程投入使用，旧房改造和县城住宅小区建设步伐加快，农村"五个全覆盖"工程全面完成，城乡面貌发生了显著变化。新建了县一中新校区，改建了城镇一小，启动实施了县城和农村中小学危房改造工程，积极推行新型农村合作医疗和城镇居民医疗保险制度，完成了县医院、乡镇卫生院改扩建和村卫生室建设，有效推进人口计生工作，认真落实城乡低保、农村五保和职工养老、医疗保险等政策，积极促进城镇居民就业，大力转移农村剩余劳动力，社会各项事业全面发展。

（四）始终坚持正确导向，文化事业健康发展。县委按照"高举旗帜、围绕大局、服务人民、改革创新"的总要求，加强和改进宣传思想文化工作，高度重视未成年人思想道德建设，认真开展文明乡村、文明单位和文明社区等群众性精神文明创建活动，积极开展"三下乡"活动，丰富了群众文化生活。扎实推进文化体制改革，挖掘利用本土文化，鼓励文艺创作，打造了"火山文化"品牌，进一步提升了我县的知名度和影响力。

（五）民主法制积极推进，社会管理水平得到提高。县委大力支持人大、政府、政协履行职能，充分发挥工会、团委、妇联等群团组织的作用，形成了推进发展的合力。扎实开展"五五"普法宣传教育，提高了公民法制意识。积极加强社会治安综合治理，严厉打击违法犯罪行为，提升了群众安全感。认真落实安全生产责任制，实现了重大安全事故"零目标"。有效开展矛盾纠纷排查调处，不断完善信访工作机制，全县呈现出和谐稳定的社会局面，相继获得"全国平安建设先进县""全省和谐社会建设先进县"称号。

（六）党的建设继续加强，执政能力明显提升。县委始终以党的建设为统领，深入开展学习实践科学发展观、创先争优、建设学习型党组织活动，组织完成村级组织活动场所"全覆盖"工程，不断创新党建活动载体，基层党组织的凝聚力、战斗力明显提高。着力加强干部队伍建设，多种形式提高干部能力，大力转变工作作风，党员干部干事创业的氛围逐步形成。认真落实党风廉政建设责任制，严肃查处违法违纪案件，党风和社会风气明显好转，荣获"全省农廉工作先进县"称号。此外，国防、双拥、统一战线、民族宗教、环境保护、老干老龄等工作都取得了明显进步。

这些成绩的取得，是中央和省、市委正确领导的结果，是全县各级党组织和广大干部群众共同努力的结果，是历届县委特别是十届县委扎实工作的结果，是社会各界大力支持的结果。在此，我代表中共大同县第十届委员会，向全县广大党员和干部群众，向民主党派、无党派人士，向各人民团体、各部门各单位的同志，向政法干警、驻县武警、解放军官兵和民兵预备役部队，向关心支持我县发展的各级领导和社会各界人士，表示衷心的感谢和崇高的敬意！

在肯定成绩的同时，我们也应清醒地认识到，我县在推进科学发展中仍存在着许多困难和不足。一是欠发达的县情仍然没有改变，经济总量不大，基础不牢，转型跨越发展任务艰巨；二是农业生产基础条件还比较差，农民增收渠道不宽，农业产业结构调整任重道远；三是财政收入总量偏小，收入渠道单一，收支矛盾突出，发展社会事业的实力明显不足；四是社会新旧矛盾相互交织，民生问题日益显现，社会管理面临的压力仍在加大；五是干部思想观念、精神状态、工作作风等还不能完全适应新形势新任务的要求，一定程度上影响了全县的发展。这些问题，都需要我们在今后的工作中采取措施认真加以解决。

二、今后五年的工作

今后五年，是我县发展极为重要的五年。全县发展处在一个千载难逢的历史机遇期，转型跨越处在一个前所未有的战略转折期，我们必须以高度的历史责任感，用科学的思维和务实的作风，规划美好未来，创造幸福生活。

今后五年，全县总体工作思路是：以科学发展观为指导，以"建设现代城郊型新大同县"为目标，坚持大规划、大招商、大建设、大发展，推进城镇特色化、工业园区化、农业现代化、县域园林化，为构建和谐社会，让全县人民过上更加幸福美好的新生活而努力奋斗。

今后五年主要经济发展指标：到2015年，地区生产总值达到32.7亿元，年均增长17%；财政总收入和一般预算收入分别达到10亿元和3.5亿元，年均分别增长29%和25%；全社会固定资产投资总额达到39亿元，年均增长26%；城镇居民人均可支配收入达到2万元，年均增长15%；农民人均纯收入达到9000元，年均增长16%。

确立这样的总体思路和发展目标，是县委立足县情、实事求是、科学发展的判断，是统筹兼顾、把握大局、谋划长远的选择，是集思广益、尊重民意、关注民生的考虑,也是贯彻落实市委、市政府"转型发展、绿色崛起"和"三名一强"战略部署的重大决策。我们必须统一思想,坚定信心,长期坚持。

这里提出的"现代城郊型新大同县",不同于传统的城郊型经济,涵盖了经济、政治、文化、社会和生态等各个方面。其内涵就是依托中心城市,优势互补,彰显特色,独具魅力;其目标是使经济社会发展趋于协调,城镇更具带动性,产业更具成长性,环境更具宜居性,社会更具创造性。

确立"建设现代城郊型新大同县"这一目标,就是因为地处近郊是我县最大的实际和最大的优势。从历史看,市县原为一体,有着割不断的渊源,县城搬迁也仅四十年。从现实看,得天独厚的区位优势是其他县区不可比拟的,市区东移进一步缩短了我县与大同市的距离,同城一体成为现实可能。广阔的土地、丰富的水源、良好的生态、独特的矿产等资源是我县转型跨越发展的极大优势,是我们发展园区、承接产业转移的基础条件。同时,我们具有市区发展需要的土地、水、劳动力等资源,而大同市又具有资金、项目、技术、市场、人才等优势,市县共同发展,相得益彰,这是我县转型跨越发展的又一优势。从未来看,大同市建设区域性中心城市的战略定位,必然要进一步东移扩张,必定会增强对我县的拉动效应,为我们融入大同市中心城市的发展创造了更加有利的条件。我们必须认识和把握这一发展趋势,精心谋划,强力推进。

坚持大规划、大招商、大建设、大发展,是我们建设现代城郊型新大同县的必然选择,是县委总结借鉴先进经验,立足县情,着眼长远,摒弃传统思维,向现代社会管理方式转变的根本举措。大规划是前提,大招商是手段,大建设是途径,大发展是目的。面对大同市快速发展的历史机遇和我县转型跨越发展面临的挑战,我们必须站在历史发展的高度,用现代城郊型理念和战略眼光来谋划未来蓝图。坚持大视野布局、大手笔规划,按照一流的标准、聘请一流的团队,绘制出经得起历史检验和时间考验的城乡发展总体规划,为后人留下宝贵的物

质财富,留下精彩的文化靓点,留下辉煌的时代印迹,绝不能留下发展的障碍,绝不能留下历史的遗憾。在规划的引领下,我们要伸开双臂,敞开胸怀,大招商、招大商,以优势招商、以特色引商、以环境留商、以发展惠商,在全县上下真正掀起一个大招商热潮,开创一个大建设格局,走上一条大发展道路。

推进城镇特色化、工业园区化、农业现代化、县域园林化,是经济社会转型跨越发展的四大板块,是建设现代城郊型新大同县的发展路径,是实施大规划、大招商、大建设、大发展的重要载体,它们是相辅相成、互促互动、有机统一的整体。今后五年,全县上下必须围绕"四化建设",全力以赴加快"五个突破"。

(一)创造和谐宜居环境,加快城镇特色化的突破

城镇建设是民生工程的主要内容和重要组成部分,是一个地区经济发展、人民生活水平提高的主导力量,必须高度重视,积极探索,突出特色,大力推进。要围绕"特色城镇"的定位,坚持把建设城镇与带动农村结合起来,把健全产业体系与完善城镇功能结合起来,把突出县域特色与体现时代气息结合起来,积极创新市场化运作方式,全面提升城镇建设与管理水平,做到县城有品位,城镇有特色,农村有亮点。到"十二五"末,全县城镇化率力争达到50%。

一要进行科学规划。要增强规划的先导性、科学性和权威性,加大规划设计投入,聘请国家级的规划设计院编制好全县总体发展规划、县城规划等,将我县的规划纳入大同市的整体规划之中,形成符合县情、科学超前的城乡建设规划体系。特别是要按照功能齐全、生态优美、宜居宜业、富有特色的思路,运用宽广的视野审视县城发展定位,科学规划未来城市的建设中心和发展走向,为建设大县城,推进城乡一体化战略创造条件。

二要彰显城市特色。要把建设机场到县城快速通道作为重点来抓,运用超前的眼光搞好路网配

套工程,拓展县城发展空间,搞好沿路控制性规划,打造具有现代气息的城市观光带、产业发展带。要逐步加大县城扩容改造力度,完善供气、供热、垃圾处理等各类基础设施建设,增强县城的功能性、通达性和承载力。要有步骤地建设一批高低呼应、错落有致、风格各异的建筑,形成城市新景观。要借助县城依山傍水的优势,做好周边绿化、街道绿化、小区绿化,突出城中"景"的塑造和点缀,形成清水绕城、绿树成荫、自然人文浑然一体的公园式县城。

三要加快小城镇建设。要坚持因地制宜、合理布局的原则,科学规划不同的功能区,认真搞好公共基础设施建设,打造一批富有特色的小城镇。要着眼于经济上有新发展、设施上有新改观、环境上有新面貌,按照政府引导、市场主导的方式,全面落实好小城镇建设规划和保障措施,探索城市依托型、工业带动型、旅游观光型的城镇建设模式,完善配套服务功能,加快发展加工、商贸、物流等产业,促进农民向二、三产业集中、农村人口向城镇转移。

四要提高城镇管理水平。城镇管理同城镇建设同等重要,让城市干净整洁、美观亮丽,让城镇居民宜居、舒适始终是我们追求的目标。要高度重视解决城市管理中存在的体制障碍,下功夫解决日常管理中存在的突出问题,尽快形成精致化建设、精细化管理机制,全力打造清洁、有序、优美的城镇环境。

（二）加大招商引资力度,加快工业园区化的突破

工业园区是发展现代工业的承载平台,工业园区化有利于资源共享,有利于产业集聚,有利于市场竞争力的提升。大同市装备制造、医药工业、绿色食品、新能源新材料四大园区已落户我县,为增加财政收入,发展县域工业,拉动第三产业发展带来了千载难逢的机遇。因此,我们必须抢抓机遇,主动承接,加大招商引资力度,加快工业园区化进程。

大力进行招商引资,加快县域工业发展步伐。工业是发展县域经济的基本动力和重要支撑。我

县工业基础薄弱,总量小,结构单一,直接制约着经济发展、财政增收,影响着劳动力就业和人民生活水平提高。今后五年,我们要把握发展工业经济的历史机遇,认真做好招商引资的各项工作,搜集、推荐项目,建好项目储备库。要跟踪服务、热情服务、周到服务,让更多、更好的项目在我县安家落户,落地生根,结出硕果。要积极争取用地指标,搞好土地利用规划,做好土地收储工作,加大市场化运作力度,为项目用地提供有效保证。要加大国有企业改制力度,盘活国有资产,增强县域工业发展活力。

发展我县工业园区,培植县域经济增长点。加快我县转型跨越发展,必须以项目建设为引擎,上好项目、上大项目。项目建设必须以园区化为承载,搭建平台,招商引资。要按照设施共享、产业配套、市场互补、环境同治的思路,在市级园区周边培育发展我县工业园区,形成大园区带动小园区的互利互惠发展格局。要加大基础设施建设投入,在道路、供电、供水等"七通一平"方面与市级园区有效连接,吸引企业入驻县级园区。要实现与市级园区企业的"零距离对接",主动赢得支持,发展相关产业,生产配套产品,延伸产业链条,并且学习引进他们先进的发展理念和现代企业管理模式,借助技术、信息、人才等方面的优势,努力发展县域工业。要抓住"东资西进、煤资找出路"的历史性机遇,实行全方位招商,按照"非禁可进"的原则,吸纳社会资本,吸引资源节约型、环境友好型、支柱带动型、高科技含量、高附加值的"三型两高"企业落户我县园区。

服务市级工业园区,共享经济发展成果。要牢固树立大局观念,主动积极地协调解决市级园区建设中的用地、用电、用水等问题,为园区的稳步推进创造良好条件。要认真做好干部群众的思想工作,教育引导群众树立正确的发展观,辩证地看待园区建设,着眼长远,敢舍善得,在服务市级园区发展壮大的同时,让我县得到更多实惠。

加快工业园区化,不仅要在市县园区建设上做足文章,而且要依托园区的辐射带动,在发展商贸

流通、文化旅游、餐饮服务等第三产业上做足文章，充分发挥园区的综合效益，拉动园区周边村镇快速发展。

(三)依托特色农产品资源优势，加快农业现代化的突破

农业是发展县域经济的基础。加快传统农业向现代农业转变，实现由粗放经营向集约经营转变，必须发挥近郊优势和特色农产品优势，紧盯大同市百万市民的"菜篮子""米袋子"，加快科技推广应用，做大做强做精农业，使农业走向规模化、产业化，让农民在发展现代农业、城郊型农业的实践中得到更多实惠、过上幸福生活。

一要发展城郊农业，提高农业综合效益。我县区位优势明显，农业生产条件较好，特色农产品种植已初具规模，适应中心城市对绿色农产品的需求，必须紧盯农业未来的发展趋势，因地制宜，科学规划，合理调整种养业布局，努力形成区域化种植、规模化养殖、标准化管理、市场化经营的农业产业化发展模式。要做强黄花，做大设施蔬菜，做精绿豆，做好杏果、谷黍、土豆、瓜类，使整个农业产业在明确方向的基础上突出重点，延伸农业产业链，最大限度挖掘农业潜在效益，加快发展步伐。要大力推广优特新品种和先进适用技术，加快发展无公害农产品、绿色食品和有机食品，打造一批农产品品牌，争取一批农产品产地认证，推进农业标准化生产。要积极引导发展观光农业、休闲农业、体验农业和庄园经济，进一步拓宽农民增收渠道。

二要创新组织形式，加快农业产业化经营。农业产业化的关键是培育龙头企业，前提是规模化经营。要按照农户→基地→公司→品牌→市场的链条，集中精力、下大决心引进全国、全省有影响的农业龙头企业入驻我县，积极扶持现有农业企业扩大规模，提高加工转化能力。要按照依法自愿有偿原则，加快农村土地流转步伐，积极探索合作社、公司等组织经营形式，促使零散土地种植向规模化、集约化种植转变，发展多种形式的适度规模经营。要培育扶持各具特色的种植基地、农业庄园和标准化

养殖小区，教育引导农民掌握现代集约化种养技术，有组织地从事农业生产经营，通过试验示范，典型带动，典型推广，实现农业的规模效益。要选择一批农业重点项目，整合资金，重点帮扶，加快推进，形成现代农业经营模式。要建设集农产品收购、藏贮和销售为一体的批发市场，探索组建农科、农贸联营公司，实现农业的规模化、产业化、特色化发展。

三要用活支农政策，夯实农业发展基础。要坚持政府规划引导、政府扶持服务的原则，全力抓好"三农"工作。各级各部门要借助我县列入全省现代农业示范园区的平台，瞄准政策支扶方向，在做好基础工作的同时，"眼睛向上"，积极运作，全力争取上级项目资金，有效整合，集中使用，加快我县农业发展步伐。要委托科研院所、大专院校攻克黄花采摘、烘干、仓储等生产加工过程中的技术难题，研究解决制约日光温室、规模养殖发展的技术瓶颈，积极开展科技服务，推广应用科技成果。要加大农建投入，提升农机化水平，提高农业综合生产能力。

(四)发展生态旅游产业，加快县域园林化的突破

园林化是生态文明的重要内容，是经济发展和社会进步的重要标志。建设宜居秀美的家园，让全县人民呼吸清新的空气，喝上干净的水，拥有更多的青山绿地，我们责无旁贷。我县拥有23.6%的森林覆盖率和51.2%的林草覆盖度，拥有独特的自然景观、丰富的历史文化遗存、星罗棋布的水库和初具规模的庄园，这些得天独厚的资源禀赋都为我们推进县域园林化提供了有利条件。今后五年，我们要按照建设京津"夏都"的定位，统筹城乡，突出重点，打造亮点，整体推进。要进一步加大工程造林力度，使森林覆盖率和林草覆盖度每年增长1个百分点。要加快实施"身边增绿"工程，高标准规划、高起点建设、高水平管理，围绕城镇、农村、道路、林网等打造身边景观、林中景区，形成点、线、面多树种、立体式、景观化的县域园林发展大格局，营造鸟语花香、绿树成荫的生态环境。

要依托良好的生态基础、丰富的人文景观和优越的区位优势，大力发展文化生态旅游业。要继续培育农牧庄园、生态庄园，突出地域文化优势，抓住农作物生长、采摘的黄金时节，举办各种文化节、采摘节等活动，吸引市民来我县观赏田园风光，享受采摘乐趣，体验农家生活，形成一批观光农业景点。要充分发挥我县旅游资源丰富、文化积淀深厚的比较优势，按照政府引导、市场投入、共建共赢的思路，推进各个景点基础设施建设，实现由点到线、由线成面的突破，切实打造旅游大景观、大景区。要紧紧抓住文化创意这个核心，大力挖掘火山文化、黄花文化内涵，着力打造一批文化与景区有机结合的旅游品牌。要积极加强与旅行社及中介机构的合作，组织参与全国性的旅游推介活动，通过网络、电视、报刊等媒介进行对外宣传。要借助我市建设旅游名都契机，加强休闲、娱乐、观光、餐饮等旅游要素和服务设施建设，大力推进旅游商品和纪念品的开发，开拓旅游服务市场，提高旅游产业效益。要通过景区搭台、文化唱戏、市场开发、服务保障等综合举措，形成以山水林草自然景致为依托，以历史人文景观为支撑，以各具特色的景点为点缀的文化生态旅游大格局，打造一个充满绿意、富有活力的生态园林县、大同后花园。

（五）全力关注民生，加快全民幸福指数提高的突破

幸福指数是监测社会整体良性运转的重要指标，是衡量经济社会全面发展进步的重要标志。提高全民幸福指数，是我们立党为公、执政为民理念的具体体现，是所有工作成效的检验标准，是我们总体思路的终极目标。因此，我们必须更加关注民生，更加促进经济社会各项事业协调发展，努力创造一个经济发展快速、社会公正公平、安全稳定有序、人人和谐相处的生活环境，不断提高全县人民的优越感、成就感、自豪感和幸福感。

一要实施社会保障工程。扩大城乡社会保障体系覆盖面，进一步推进农村养老保险和职工养老、医疗、失业、工伤保险等工作，提高统筹层次，完善转移接续办法。要不断完善社会救助体系，逐步提高城乡低保人员、五保供养、优抚对象等特殊人群的生活保障水平，大力发展社会福利、慈善事业和老龄事业。要认真实施经济适用房、廉租房、农村危房改造等保障性安居工程，进一步解决困难群体住房问题。要通过事业单位招聘、开发公益性岗位、联系用工企业等渠道，进一步解决高校毕业生、零就业家庭的就业问题。要完善扶持政策，健全社会化服务体系，促进民营经济的发展，努力创造良好的创业就业环境。要有针对性地搞好职业培训，扩大劳务输出，实现劳动力有序转移。

二要实施医疗健康工程。要继续深化医药卫生体制改革，着力加强医疗卫生服务体系建设，不断巩固"县提高、乡达标、村覆盖"成果，解决群众看病"不放心"问题。着力加强公共卫生服务体系建设，努力实现城乡居民医疗卫生服务均等化，解决群众"看病难"问题。着力加强医疗保障服务体系建设，巩固完善职工、居民医保制度和新型农村合作医疗制度，认真推行大病救助，解决群众就医"负担重"问题。着力加强药品保障服务体系建设，实施国家基本药物制度，切实降低药品价格，解决群众"看病贵"问题。健全疾病预防控制长效机制，提高应对突发公共卫生事件的能力。全面落实计划生育国策，稳定低生育水平，提高人口素质。

三要实施教育提升工程。坚持教育优先发展、教育优质发展的原则，按照"三年有明显变化、五年有大的提升"的教育工作目标，全力做好学前教育、基础教育和职业教育。要努力提高教师队伍素质，进一步创新学校管理，抓好校长队伍建设，实施"名师名校名校长"工程。要从有利于教育长远发展出发，进一步挖掘现有潜力，整合教育资源，优化教育布局，实施各项改革措施，激活教育内部活力，提高综合素质，培养优秀人才，使整个教育步入良性发展轨道，进入快速发展状态。

四要实施文体惠民工程。要加强文化体育基础设施建设，争取图书馆、电影院、剧场、体育馆、文化综合服务大楼等项目和资金，建设富有创意、有代表性的城市"新地标"。要加强乡镇文化站、农村文化室建设，切实成为农民群众学习文化的阵地、休闲娱乐的场所和了解市场的窗口。要推进网络信息、数字电视全覆盖，提高城乡信息化水平。要积极实施全民健身计划，增强群众体质。要挖掘整理乡土文化、地域文化和特色文化，扶持发展民间文艺团体，组织开展丰富多彩的群众文化体育活动，满足人民群众日益增长的精神文化需求。

五要实施社会管理创新工程。认真分析社会管理面临的新形势、新任务、新挑战，创新工作方法，完善工作机制，维护全县的安全稳定。坚持以人为本、服务为先的理念，扎实推进农村管理、社区管理，寓管理于服务之中，有效保障群众合法权益。坚持立足基层、源头治理的理念，加强县、乡、村三级网络建设，抓好生产安全、公共安全、群体突发事件的应急处置等工作，确保人民群众生命财产安全；畅通信访渠道，完善矛盾纠纷排查调处机制，尽可能通过真诚沟通、协商协调、教育引导等办法解决问题，最大限度地减少不安定因素。坚持依法管理、依法治县的理念，加强普法宣传，创新活动载体，提高各级各部门的法制水平和人民群众的法律意识。切实加强社会治安综合治理，有效落实平安创建各项措施，不断夯实工作基础，努力形成治安联防、矛盾联调、问题联治、事件联处、平安联创的县、乡、村综治维稳合力，扎实推进平安大同县建设。要建立健全以专业力量为核心的"警防网"，以电子监控为重点的"技防网"，以群防群治队伍为基础的"民防网"，形成打击违法犯罪行为的大防控工作机制，为经济社会发展创造一个和谐稳定的社会环境。

三、关键在于落实

完成这次大会确立的目标任务，关键在落实，核心是干事创业。我们必须以全面加强党的建设为统领，求真务实，勇于担当，不断提高各级党组织领导发展的能力，不断提高广大党员攻坚克难的能力，把思想和行动统一到建设现代城郊型新大同县的目标上来，全力推动经济社会转型跨越发展。

（一）继续解放思想，提高推进发展的创新能力。思想是行动的先导。当前，我县正处于转型跨越发展的重大战略机遇期，我们必须冲破一切影响和制约全县发展的陈旧思想和体制障碍，在科学发展的大道上阔步前进。首先，不断加强理论学习，善于谋事。要建设学习型党组织、学习型机关，让学习成为党员干部增长才干、提高素质的必要手段和有效途径，使学习成为每位党员干部的人生态度、价值追求和政治责任。要坚持工作学习化、学习工作化的理念，争做专业型、专家型的干部，把所学知识与大同县实际紧密结合，发挥聪明才智，谋划工作思路，破解发展难题。其次，大胆转变观念，敢于做事。广大党员干部要增强执政责任感和历史使命感，把心思放在谋划发展上，把精力放在干事创业上，以思想的大解放促进观念的大创新，推动事业的大发展。要从"怕"字当头中走出来，敢闯、敢试、敢做，变"等靠要"为"争试闯"，变"找依据"为"创先例"，变"算小账"为"算大账"。各级领导干部要树立"不进就是错，无功就是过"的理念，只要符合原则、方向正确、有利于发展的事，就要积极去想，大胆去干。再次，培养战略思维，踏实干事。要牢固树立"发现即发展、开放即发展、招商即发展"的理念，树立开放思维，构建开放平台，以世界眼光和战略思维来谋划工作，制定举措，促进发展。要充分借鉴全国各地的先进经验和做法，抓住我省资源型经济转型综合配套改革试验区的历史机遇，用活政策、用好政策，抢时抢点、把握先机，赢得发展的主动权。

（二）加强干部队伍建设，营造干事创业的良好氛围。政治路线确定之后，干部就是决定因素。要加强对干部的培养锻炼和教育管理，使他们牢固树立正确的世界观、人生观和价值观，带头提升素质，带头干事创业，带头服务群众，带头弘扬正气，在建设现代城郊型新大同县的历史进程中建功立业。一要加强各级领导班子建设。要坚持干部队伍"四化"方针和德才兼备、以德为先的用人标准，在工作实践中、在完成急难险重任务中、在处置突发事件中考察和识别干部，让那些有思想、有本领的干部脱颖而出，让那些肯实干、敢担当的干部得到提拔重用，营造论实绩、重品行、讲公道的用人环境，打造开拓创新、奋发有为、清正廉洁的干部队伍。要提高干部的干事能力，切实做到想干事、能干事、干成事。二要加强基层党组织建设。要认真落实党建工作责任制，创新活动方式，优化组织设置，扩大组织覆盖面，夯实党的执政基础。要推进学习型党组织建设，用社会主义核心价值体系引领社会思潮。要继续开展"创先争优"和"三级联创"活动，创新载体，注重实践，充分发挥党组织的战斗堡垒作用，使党员干部成为建设现代城郊型新大同县的带头人，成为让全县人民过上更加幸福美好新生活的领路人。要认真做好发展党员工作，加强党员经常性教育管理，提高党员素质。要健全完善城乡基层党组织互帮互建机制，发挥村级组织活动场所的作用，拓宽服务群众的渠道，构建党员联系和服务群众的工作体系。三要加强党风廉政建设。要按照标本兼治、综合治理、惩防并举、注重预防的方针，认真抓好党风廉政建设。强化对党员干部特别是领导干部的从政道德、法律法规教育，大力弘扬廉政文化。认真落实廉洁自律的有关规定，建立健全法律监督、群众监督、舆论监督工作机制。认真解决群众反映的热点难点问题，坚决纠正部门和行业的不正之风。加大案件查处力度，特别是要严肃惩处破坏投资环境、影响对外形象、阻碍经济发展的典型案件。各级领导干部要以身作则，率先垂范，自觉接受党组织、广大党员和人民群众的监督，树立党和政府的良好形象。

（三）积极创优环境，打造更具潜力的发展平台。环境是生产力，更是竞争力。创优环境对我们来说，只有起点，没有终点，只有更好，没有最好。面对转型跨越发展的历史机遇，我们必须全力创优环境，营造良好的发展氛围。要打造高效优质的政务环境。继续推进行政审批制度改革，实行阳光作业，减少审批程序，提高审批效率。积极开展机关效能建设，严格落实首办负责制和限时办结制，对

于重大项目开辟绿色通道，形成办事成本低、综合服务优的政务环境。建立重大项目领导包点、部门跟踪服务责任制，形成"一个项目、一套班子、一抓到底"的项目建设组织实施体系。职能部门及其公务人员要牢固树立服务意识，解发展之所难，救企业之所困，排工作之所忧，决不允许借各种名义刁难阻挠、干扰破坏发展环境，这要作为对干部的一项最基本要求。要打造公平公正的法制环境。鼓励公平竞争，坚持公平正义，维护社会秩序，为经营者提供有效的法律咨询和及时的法律援助，保护投资者的合法权益。认真化解影响企业发展的各类社会矛盾，为企业做强做大营造良好的发展环境，使我县成为创业宝地、兴业福地和投资洼地。加强市场监管，规范企业行为，加大对土地、水源的保护力度，为可持续发展提供基本保障。要打造健康向上的文化环境。要高度重视宣传思想文化工作，建设社会主义核心价值体系。坚持正确的思想导向，加大对外宣传力度，合理引导舆论监督。积极开展精神文明创建活动，加强社会公德、职业道德、家庭美德教育。大力加强和谐文化建设和人文精神培育，形成良好的社会风尚，营造亲商、惠商、安商、富商的投资环境。

（四）转变工作作风，推进决策部署的贯彻落实。作风是形象，是力量，是保障。我们拥有什么样的精神面貌、什么样的工作作风，是推进各项决策部署能否有效落实的根本。面对艰巨的发展任务，全县上下要认真学习弘扬"杨善洲精神"和"右玉精神"，始终保持旺盛的精力、蓬勃的朝气和干事的激情，破解发展难题，推进工作落实。第一，坚持领导干部带头。各级领导干部都要具备干事创业的精神、求真务实的作风、清正廉洁的品行，在工作中树形象、作表率、创佳绩。实行县四套班子领导包乡镇、包重点工作和包信访案件工作责任制，进一步转变文风、会风、工作作风，推行一线工作法，靠前指挥，了解情况，解决问题，一级做给一级看，一级带着一级干。坚持务实高效的作风，说了就办，定了就干，立说立行，雷厉风行，一抓到底，真正

出实绩、见实效。第二,完善目标责任考核机制。要确立一流工作目标法,想"一流"、干"一流"、成"一流",各项工作都要创精品。要按照抓重点、破难点、出亮点的思路,建立更加科学的干部考核体系,客观、全面、公正地评价干部的德能勤绩廉。要把发展目标和任务层层分解,量化细化,做到任务目标明确、责任主体明确、工作标准明确、完成时限明确。要建立领导干部动态管理机制,全面采集、梳理、汇总干部履行岗位职责的情况和工作实绩方面的信息,形成考核信息库。要将考核结果与干部使用挂钩,做到能者上、庸者下、平者让,使目标责任制考核成为落实各项工作的"指挥棒"。第三,建立督查问责机制。要进一步深入推行党务公开、政务公开、村务公开,通过人民监督、社会监督促进工作落实。要建立督查制度,依靠定期和不定期的督促检查,形成对落实主体的外部约束。严格执行问责制,对抓落实消极被动、完不成任务的,要公开曝光;对因落实不到位而造成恶劣影响的人和事,要追究有关人员和领导的责任。第四,心系人民群众。要牢固树立"一切为了群众、一切依靠群众"的观点,大兴密切联系群众之风,大兴求真务实之风,大兴艰苦创业之风。积极开展"机关干部下基层,转变作风促发展"活动,植根沃土、承接地气,听实话、察实情、解难题,密切与群众的血肉联系。尊重人民群众的首创精神,坚持问政于民、问计于民,从人民群众中汲取智慧和力量。关心群众疾苦,解决群众困难,通过卓有成效的工作,让人民群众得到更多实惠。

（五）加强党的领导,提高党的执政能力和水平。要按照总揽全局、协调各方的原则,充分发挥县委的领导核心作用,凝聚各方面的智慧和力量。坚持民主集中制,进一步完善议事决策、党内情况通报、重大决策咨询和工作报告制度,对事关全县发展的重大决策和重要部署,都要由县委常委会集体研究、讨论决定,逐步形成科学执政、民主执政、依法执政的领导体制。要确保政令畅通,健全重大决策部署执行情况定期检查、专项督查制度和纪律保障机制,坚决纠正有令不行、有禁不止现象。要加强对经济工作的领导,抓好对经济社会重大事务的综合协调,着力提高县委班子领导科学发展、驾驭市场经济、构建和谐社会和应对复杂局面的能力。要支持人大依法行使职权,支持政府依法行政,创造性地开展工作,支持政协围绕两大主题履行职能。要充分发挥工会、团委、妇联等人民团体的作用,进一步加强统一战线和党管武装工作,最广泛地调动各方面的积极性、创造性,形成推动发展的强大合力。

各位代表、同志们,转型跨越迫在眉睫,奋力赶超时不我待。站在新的历史起点,我们承担的使命重大而神圣,面临的任务光荣而艰巨。让我们在市委的坚强领导下,团结带领全县广大干部群众,以更加积极的态度,更加务实的作风,更加昂扬的斗志,勇于担当,转型跨越,为建设现代城郊型新大同县而努力奋斗!

2017 年政府工作报告

——在大同县第十六届人民代表大会第二次会议上

（2017 年 2 月 24 日）

周聚德

各位代表：

现在，我代表县人民政府向大会作工作报告，请予审议，并请县政协委员和其他列席人员提出意见。

一、2016 年工作回顾

2016 年是大同县发展极不平凡的一年。一年来，我们认真贯彻落实党的十八大和十八届三中、四中、五中、六中全会和习总书记系列重要讲话精神，按照省委"一个指引、两手硬"思路要求和市委"136"发展战略，紧紧围绕建设美丽富裕幸福新大同县目标，克难攻坚，担当作为，着力打响"三张牌"，建好"四大园"，推动新型产业承载地、旅游休闲体验地、健康养老养生地、绿色农产品供给地建设，全县经济社会发展稳中有进，呈现出经济格局日臻优化、发展潜力蓄势待发的良好态势。

——经济实力得到新提升。地区生产总值完成 26.92 亿元，增速 4%；规模以上工业增加值完成 3.60 亿元，增速 8.3%；固定资产投资完成 87.45 亿元，增速 12.6%；社会消费品零售总额完成 15.93 亿元，增速 7.0%；公共财政预算收入力克减税因素增多等诸多困难，完成 1.62 亿元，超额完成预定目标任务；城镇常住居民人均可支配收入达到 18242 元，增速 6.9%；农村常住居民人均可支配收入达到 8189 元，增速 6.7%。

——工业经济转型取得新成效。以装备制造、货运物流、光伏发电、医药生产、轻工纺织、通用航空、钢构建材等新型产业为支撑的多元产业格局正

破茧而出。投资 300 亿元的 49 个新上项目，完成投资 48.5 亿元；投资 13.3 亿元的 11 个续建项目，完成投资 3.6 亿元；投资 8.3 亿元的森源激光再制造、誉瑞硅微粉加工、积德益食品加工、大同以琳盛驰矿泉水 4 个项目投产运行；投资 42 亿元的骏腾屠宰、大同装配式绿色建筑集成产业基地、通用航空产业园、联绿垃圾一体化处理等项目开工建设。

——农业产业化实现新突破。传统农业正向以精品黄花、都市蔬菜、绿色林果、规模养殖为载体的特色农业、都市农业、休闲农业转型，农业产业化步伐明显加快，现代农业呈现发展新气象。"一县一业"黄花新增面积 2.4 万亩，加工企业达到 12 家，品牌效应、规模效应和带动农民增收能力日益显现，特别值得一提的是，随着宜民公司的组建和运营，我县黄花标准化、规模化种植、产业化发展走上了正路。蔬菜、林果、杂粮、百栋以上日光温室面积分别达 8 万亩、10 万亩、20 万亩、3000 亩；省、市重点农业龙头企业达到 7 家，一村一品专业村达到 101 个，农村专业合作社达到 1094 家；周士庄"双百万"蛋鸡养殖、南北两山肉羊规模养殖，分别达到 195 万只、15 万只，呈规模化、板块化、园区化发展。蛋鸡养殖成为我县农业发展又一可靠的产业。

——城乡面貌发生新变化。编制完成《大同县"十三五"近期建设规划》。投资 2.93 亿元的城市棚户区改造项目基本完成，投资 1.29 亿元的公租房基础建设已经完成；投资 1.42 亿元的县乡道路、火山地质公园旅游路建成通车；投资 0.28 亿元的污水

处理厂提标改造和垃圾转运站建设全面完成，并投入运行；营坊沟、邢庄、北石山等7个省、市美丽宜居示范村建设扎实推进，7个村村庄绿化、20个村巩固绿化、20千米通道绿化全面完成。

——生态旅游取得新进展。绿色发展、全域生态、全域旅游理念深入人心，生态保护与开发持续加强，旅游开发点、线、面基础工作日渐夯实，生态游、乡村游、休闲体验游等新业态快速发展。全县完成造林3.72万亩。50千米火山天路景观带建设全面完成。成功入选国家生态保护与建设示范区和全域旅游示范县建设行列。大同火山群沙漠公园、桑干河湿地公园、大同火山群国家地质公园3个国家公园建设同步推进。落阵营成功入选中国传统古村落名录。"中国诗词之乡"和"国际长寿养生基地"申报工作有序展开。许堡古堡、三府坟康养示范点建设陆续启动。大同火山群自行车环行赛和热气球赛成功举行。

——脱贫攻坚取得新突破。围绕精准脱贫目标，定向发力下真功，16个贫困村4737名贫困人口年度脱贫目标任务全面完成。投资2.9亿元实施了2700户的抗震房改建、危房改造和4560名贫困人口易地搬迁；投资1508万元，实施了万人就业培训、雨露计划、光伏扶贫等项目，完成73个村级光伏电站建设，成为全省两个贫困村村村有村级光伏电站的示范县之一；积极加大金融扶持力度，共为建档立卡贫困户、龙头企业投放扶贫贷款1.67亿元。

——社会事业获得新进步。始终坚持统筹发展，托住底线惠民生，群众在共建共享中，拥有了更多获得感。周士庄中学宿舍楼、党留庄中学教师周转宿舍、示范中学教学楼等5所学校加固新建工程，县一中多功能会议厅主体工程全面完工。城镇新增就业1105人，农村转移劳动力2110人。企业离退休人员养老金待遇，人均增资15%。城镇基本医疗保险和新农合基本医疗保险参保率达到95%，重特大疾病医疗保险实现全覆盖。严格落实各项惠农支农政策，发放农机补贴503万元，粮食补贴3471万元，冬季取暖补贴1393万元。深入实施重

点领域安全生产专项整治，全面加强社会管控，严厉打击各类违法犯罪，群众安全感进一步增强。群众性健身活动蓬勃开展，文化事业健康推进。财政、人事、审计、统计、地震、应急、老龄、残联、民族宗教等各项工作全面进步。

——政府建设得到再加强。自觉接受县人大及其常委会法律监督、县政协民主监督和舆论监督，办理人大代表建议58件、政协委员提案88件，办结率为100%。"12345"政府服务热线按时办结各类工单2877件，办结率96.7%。政务大厅受理各类事项4129件，办结率100%。扎实开展"两学一做"学习教育，持续推进政府系统党风廉政建设和反腐败斗争，全面构建良好政治生态，政府自身建设得到进一步加强。

各位代表，回首2016年，我们在同心同力、克难攻坚中阔步前行，一批前景广阔的重点项目正在落地建设，一批成长性好的企业投产达效，一批关乎全局的大事要事顺利推进，一批群众关切的热点难点问题妥善解决。最值得高兴的是，通过不懈努力，财政赤字得到化解，财政收支实现平衡，全口径预算成为可能。这些沉甸甸的收获，是县委坚强领导的结果，是县人大、县政协监督支持的结果，是全县干部群众开拓进取、艰苦奋斗的结果。在此，我代表县人民政府，向所有为大同县改革发展作出贡献的同志们、朋友们，表示衷心的感谢和崇高的敬意！

各位代表，成绩值得珍视，问题不容回避，我们必须认真面对：经济发展总体水平不高，既有总量不大的问题，又有结构不优的问题，经济下行压力依然较大；产业及园区大企业、大项目支撑不够，经济发展后劲还不足；资金、土地等要素制约比较突出，发展环境、营商环境欠优，经济增长面临诸多挑战；贫困人口脱贫摘帽任务繁重，民生改善与群众的期盼还有一定差距；财政收入增速减缓，刚性支出快速增加，财政运行比较困难；政府自身建设与经济新常态下的新要求不相适应，对一些重点难点问题缺乏新手段、新办法；一些干部工作作风不实，

担当精神缺失,不敢为、不能为、不善为、慢作为、不作为等问题不同程度存在。对此,我们要切实增强忧患意识,强化问题导向,采取有效措施加以解决。

二、2017年工作安排

2017年是实施"十三五"规划的重要一年,也是供给侧结构性改革的深化之年,做好2017年各项工作至关重要。

政府工作的总体要求是:全面贯彻落实习近平总书记系列重要讲话精神和治国理政新理念新思想新战略,统筹推进"五位一体"总体布局和"四个全面"战略布局,坚持稳中求进、快进工作总基调,按照省委"一个指引、两手硬"重大思路和市委"136"发展战略要求,适应把握引领经济发展新常态,深入推进供给侧结构性改革,全力推进新型城镇化示范县,新型产业承载地、旅游休闲体验地、健康养老养生地、绿色农产品供给地"一县四地"建设,使宜业环境、宜居品质、宜游目标更彰显,为建设美丽富裕幸福新大同县,全面建成小康社会奠定坚实基础,以优异的成绩迎接党的十九大的胜利召开!

主要预期目标:地区生产总值完成28.01亿元,增长6.0%;一般公共财政预算收入完成1.72亿元,增长6.0%;规模以上工业增加值完成3.71亿元,增长3.0%;固定资产投资完成75亿元,增长10%(新口径);社会消费品零售总额完成17.0亿元,增长7.0%;城镇居民、农村居民人均可支配收入分别完成19420元、8746元,增长6.5%、6.8%;居民消费价格涨幅控制在3%左右,城镇登记失业率控制在4.2%以内。

约束性指标:万元GDP综合能耗下降3.2%,万元GDP二氧化碳排放量、二氧化硫、化学需氧量、氨氮、氮氧化物排放量,烟尘、工业粉尘排放量,工业增加值用水量完成省市下达任务。

围绕上述目标,今年要重点抓好以下八个方面的工作。

(一)聚焦工业转型升级,大力发展实体经济,打造新型产业承载地。

主攻重点园区。着力抓好投资30亿元的大同纺织科技园、投资10亿元的大同通航产业园、投资23亿元的晋北铁路物流园、投资22亿元的大同装配式绿色建筑集成产业园,推进国家中小微企业园、晋能特色农产品加工展示园、高新智能家电产业园、温泉文化产业园、休闲养生康养产品制造创新服务园、节能环保新材料新能源示范园等十大园区建设。

抓项目促投资。按照"签约项目抓落地,落地项目抓进度,在建项目抓竣工,竣工项目抓投产,投产项目抓达产"的要求,强化各项服务措施,拉动固定资产投资。着力抓好总投资102.5亿元的22个在建项目;总投资95.4亿元的19个新建项目,积极推进总投资81.4亿元的10个前期项目。

——加快推进骏腾屠宰、大同瑞城装配式绿色建筑集成产业基地、联绿建筑垃圾一体化处理、通用航空产业园等在建项目建设进度,力争早日竣工。抓好投资50亿元的大张高铁及列检库建设项目。

——积极推进投资20亿元的100MW大同联合熊猫电站与单晶光伏组件生产基地项目;依托市级装备园区,积极推进凌云聚胺脂、三金制衣、富冶钢结构、国药物流4个入园项目建设;积极推进投资20亿元的卓达绿色装配式建筑园区建设。

——大力抓好项目策划、用地、服务工作。认真研究国家产业导向、政策导向,加强项目前期策划,滚动建好项目库,确保项目拿得出手、落得下地。强化四套班子领导包联项目服务工作机制,优化项目跟踪服务机制,完善并联审批制度,开辟"绿色通道",缩短项目审批时限,全力抓好项目用地保障,加强信贷担保,缓解融资难题,确保项目落地。认真抓好一批事关发展全局的关键项目前期工作,做好政府投资项目储备。

推动工业升级。继续抓好13家规上工业企业生产;继续"抓大壮小",对达到申报规模要求的企业进行帮扶,确保及时纳入规上企业范围。加大对森源激光再制造、誉瑞硅微粉加工、积德益食品加工、大同以琳盛驰矿泉水等项目的后期服务,促其达产达效,尽快形成新的经济增长点。依托市级医药园区,积极推进卫华药业、惠瑞药业生产;培育壮大新兴产业,支持煜森铁路非标制造、大连冰山冷冻维修、百晶太阳能 LED 灯具制造等高新产业项目建设;依托丰富玄武岩资源,积极推进晋投玄武岩连续纤维及岩棉开发。

(二)聚焦农业提质增效,大力推进供给侧改革,打造绿色农产品供给地。主打"特色""优质"两张牌,做精黄花、做优杂粮、做好果菜、做强畜牧,大力发展龙头企业,拓展农产品融合发展空间,构建标准化生产、精细化加工、现代化营销、多产业融合的现代特色农业新格局。

加大规模化基地建设。继续巩固黄花、蔬菜、杂粮、规模养殖、林下种植等特色基地建设。大力发展富锌、富硒康养特色农产品基地建设,突出抓好以火山周边、南北两山为重点的 20 万亩优质杂粮基地建设,以吉家庄、峰峪、党留庄、倍加造等乡镇为重点的蔬菜基地建设,以聚乐乡为重点的优质杏果种植基地建设;大力培育林下产业,新发展黄芪种植 2 万亩。

抓好农业龙头的培育。加快推进农业产业化国家重点龙头企业北京华都峪口蛋鸡与周士庄镇双百万只蛋鸡养殖基地合作,提升蛋鸡的品牌效应和市场占有率;着力推进恒升农牧、鼎盛牧业、三江肉牛养殖,春源养殖项目,泽财、科迪和吉昌肉羊等规模养殖基地建设,加快实施骏腾肉鸡养殖、屠宰加工一体化建设项目,加快提升三利、永翔、兴农黄花等农产品深加工企业的规模和水平。加强与科研院所院校合作,提升农产品的产出质量和效益。

加快农业融合发展。加快把现代产业发展理念和组织方式引入农业,引导技术、资本、管理等先进生产要素向农业集聚,发展农产品加工业,培育新型农业经营主体,完善农业社会化服务体系,建立风险共担、利益共享的利益联结机制,促进一、二、三产业融合发展,组织实施好瓜园乡高标准农田建设,推动菲尼克司葡萄种植基地和酒庄建设;整合桑干河南岸吉家庄、峰峪、许堡各类资源,鼓励

和引导农民进行土地流转,进行第六产业开发;引入广东美辰生物科技有限公司,积极兴办富硒、富锌黄花、杏果、杂粮加工生产。

提高农业创新发展水平。以农业标准化倒逼供给侧结构性改革,积极推进省出口黄花菜质量安全示范区建设和大同绿色原料(黄花菜)示范基地建设,积极申报国家级农产品质量示范区和示范基地。开展无公害农产品、绿色产品、有机农产品和农产品地理标志"三品一标"基地认证和产品认证。积极申报省、市级专业示范合作社,提高合作社办社质量和水平。积极申报全省农村电子商务示范县项目,引导利用各种电商平台开展农产品批发零售、大宗交易、产销对接等电子商务业务,着力畅通农产品销售渠道,解决农产品"质优价不优"的问题。加大黄花原产地商标的保护和运用,整合县域内优势农产品资源,积极创建市级、省级以及国家级知名农业品牌。积极筹备召开大同黄花发展年会。

(三)聚焦全域绿色发展,大力推进生态文明建设,打造健康养老养生地。坚守绿色发展理念,积极探索绿色生态发展新路子,构建大同县绿色发展新优势。

推进全域生态景观化。按照"春有花、夏有果、秋有景、冬有绿"全域景观生态要求,大力推进生态景观、荒山治理及重点林业工程管护,实现生态效益和经济效益"双提升"。完成京津风沙源治理 1.5 万亩,环京津生态屏障区建设 0.8 万亩,道路及两侧荒山绿化 0.3 万亩,村庄绿化 5 个。以国家生态保护与建设示范区建设为契机,大力实施桑干河、南北两山生态治理以及大同火山群国家地质公园、大同火山群沙漠公园、桑干河湿地公园"一河、两山、三园"工程,争取西坪沙漠公园和桑干河湿地公园如期验收挂牌。强化森林管护,保护森林资源安全。

推进全域环境友好化。按照净气、净土、净水"三净"要求,加大桑干河流域水污染防治和水源地整治保护工作,促进水质稳步提升。深入治理农业面源污染和畜禽养殖污染,全面落实集中式饮用水

水源地安全保障。积极推进扶贫攻坚安全饮水和西促会农村饮水提标项目，实现全域生活用水安全；积极引进晓青环保公司垃圾无害化处理项目，提高全县垃圾处理转化能力，实现垃圾处理全覆盖。加强大气污染综合防治，推进县城环境空气自动监测、工业废气和施工扬尘污染防治等工程。严格执行环境保护"三同时"制度，加大环保执法力度，严厉打击环保违法违规行为。积极倡导绿色消费，积极推进农村煤改电、煤改气试点工作，大力推进公共机构节能，提高全民生态文明意识。

（四）聚焦全域旅游示范，大力发展文化旅游产业，打造旅游休闲体验地。按照"连点成线，穿线成面，立体推进"的思路，全方位、多业态进行旅游开发，推动全域旅游产业化。

做好"点"文章。加大对大同火山群国家地质公园旅游项目的包装策划，吸引资金，进行火山群旅游开发。积极推动宜民公司对册田水库9万亩水域周边进行全方位的旅游开发；积极推进昊天寺、普渡寺、龙凤寺、大同土林、乌龙峡等景点、景区配套服务设施，提升旅游的品质品位。积极推进三府坟康养示范点、大同金色颐和健康养老园建设；积极推动以聚乐乡麻地沟为试点的沟域经济乡村休闲游，以瓜园乡东、西沙窝村，西坪镇上、下甘庄村为试点的农家生活体验游；挖掘庄园文化元素和特质，整合泰和春、经纬、菲尼克司酒庄等各类农家庄园，提升农家庄园的旅游功能。

完善"线"功能。完善旅游景点之间的连接功能，强化交通沿线的景观建设及旅游配套等基础设施建设，大力推进连接线美丽景观带建设。整合旅游资源，根据市场需求，完善乡村游、休闲游、体验游、观光游等旅游线路，以旅游产品的多元化吸引游客。强化与各大旅行社的合作，加强与市级旅游线路对接，吸引游客驻足观光。

谋求"面"突破。挖掘地域文化内涵和文化潜质，组织开展"中国诗词之乡"和"国际长寿养生基地"的申报工作。结合扶贫移民搬迁，整合土地、资金等各类资源，因地制宜，科学规划，以许堡村开发

改造为试点，打造一批古堡风情、休闲养老、历史文化村镇，推动文化旅游产业快速发展。依托火山、黄花、生态和农家庄园以及丰富的人文、自然景观，加大文化旅游产业的开发，推动旅游产业向全域旅游和全域休闲养老健康方向发展，努力打造国家级长寿养生旅游目的地。

（五）聚焦城镇扩容提质，大力推进特色城镇建设，激活城乡承载辐射新功能。把规划奉为至尊，全域统筹，结合大同火山群地质公园的旅游开发，加快推进旧城改造、新区开发，配套完善城镇基础设施，提升城乡承载空间，统筹推进城乡一体化发展。

突出规划引领。加快县城控制性详细规划和县域乡村建设规划的编制，统筹推动城乡建设，争取县城控规的覆盖率达到60%以上。

完善城市功能。立足大同火山群开发，加快推进旧城改造和新区建设。加快推进城南路两侧改造，公开出让北环路南、西环路西净地，进行商品房建设。列入预算，采取政府购买服务模式，争取农发行贷款，推进城市道路改造、棚户区改造和易地搬迁建设。投资2.2亿元，进行11条13千米的县城主次干道改造和新区道路建设。积极推进保障性安居工程，完成公租房续建710套，棚户区改造748套，启动实施2016年棚户区改造项目。深入推进县城环境专项整治，努力解决县城交通拥堵、停车难等突出问题；结合智慧城市建设，进一步建立健全市容市貌、环境卫生、交通秩序、市政设施管理长效机制，努力营造洁净、舒适、文明的城市环境。

推进特色小镇建设。以建设新型城镇化示范县为目标，重点做好周士庄、西坪、倍加造三个特色城镇建设。借势大同市和装备园区产业支撑，紧盯需求把周士庄镇打造成休闲康养小镇；发挥大同火山群国家地质公园地质地貌优势，瞄准休闲运动需求，把西坪镇打造成运动休闲度假小镇；发挥独特区位优势，积极推进卓达产业新城建设，把倍加造镇打造成新型城镇化产业新城。

完善交通路网。投资800万元，完成下高庄至

路庄 9 千米乡村道路建设工程；投资 750 万元，完成 20 千米乡村窄路加宽工程；积极配合完成在我县境内的 50 千米东纵扶贫道路建设工程。

建设美丽乡村。大力开展农村人居环境整治和宜居示范村建设。大力实施农村安居工程，积极推进建档立卡贫困户 4560 人的易地搬迁，改善农村居住条件。健全美丽乡村规划、建设、投入、管理和推进机制，以基本公共服务设施建设为重点，继续巩固完善营坊沟、邢庄、北石山等 7 个省、市美丽宜居示范村建设，同步推进其他行政村垃圾处理、污水治理、村道硬化、村庄绿化、村庄整治。深入推进农村清洁工程，扩大农村垃圾处理的覆盖范围，完善乡村环境长效保洁机制，逐步实现农村城乡垃圾一体化处理，保持农村环境干净整洁。

（六）聚焦破解瓶颈制约，大力推进重点领域改革，增添转型发展新动能。

推进供给侧结构性改革。加强对中央、省、市惠企政策的研究，积极落实"三去一降一补"政策，加强助保贷融资平台建设，解决企业生产资金困难问题，防范和化解企业资金链断裂风险，助推企业发展。按照"放、管、服"要求，进一步简化行政审批，优化办事流程，提升服务实效。

深化国有企业改革。按照国家有关政策规定，制定出台县级国企国资改革方案，进一步理清国有企业资产现状，积极稳妥处置停产企业闲置资产，推进国有资本投资运作，妥善解决国有企业下岗、退休职工养老等历史遗留问题。

深化投融资体制改革。发挥好政府投资的引导和带动作用，建立完善 PPP 有效推进机制。加快市场化融资步伐，加大贷款协调力度，稳步提高存贷比，优化企业贷款结构，大幅增加信贷规模；积极推进栋梁铝材完成上市挂牌，做好华青活性炭上市融资。

深化商事制度改革。大力削减工商登记前置审批事项，抓好"证照分离"改革。在全面实施"五证合一、一照一码"登记制度的基础上，积极探索"多证合一"登记模式。有序推进电子营业执照和

全程电子化，开展简易注销改革。创新事中事后监管，完善企业信用信息公示系统，推动企业信息共享交换和互认互用。

深化农村产权制度改革。完善农村土地所有权、承包权、经营权分置机制，基本完成农村土地承包经营权确权登记颁证。积极推进农村集体经营性建设用地入市、集体土地征收、集体资产股份权能改革，探索农村土地经营权和住房财产权抵押贷款工作。继续深化集体林权制度改革。

深化教育体制改革。合理调整农村学校布局，优化教育资源配置；严格落实国家职称评定聘用和教师合理流动政策，任职和职称挂钩，试点开展在岗教师称职与工资挂钩，推动学校教师双向选择和教师合理流动，调动一线教师队伍工作积极性。密切关注教育前沿发展动态，积极加大名师、名校对接交流，大力开展教研教学研究，引入教育新理念、新教法，提升教育教学质量。

提升开放发展水平。全域开放，全面融入国家重大战略，将我县建设成为"一带一路"重要节点县、山西省与京津冀区域协同发展连接的战略支点县、"乌大张长城金三角"区域核心县，不断提升大同县在各个层面的战略地位。加强与城区合作，引资、引技、引智，大力发展"飞地经济"，建好 1000 亩园区建设。全面对接市区，积极承接大同市御东新区规划建设，全面配合做好开发区扩区工作，紧密对接，联动融合，在推进区域协调发展中实现地缘升值效益和利益最大化。

（七）聚焦全面小康建设，精准施策定向发力，实现脱贫攻坚新目标。把脱贫攻坚作为一项严肃的政治任务、当前头等大事和头号民生工程来抓，按照"六个精准"要求和"五个一批"脱贫路径，围绕贫困人口"两不愁三保障"的基本生活需要，对全县贫困户从产业、智力、住房、上学、医疗等方面进行全方位入户帮扶，提高脱贫精准度、实效性和群众的满意度，完成 28 个贫困村整体脱贫摘帽，1 万名贫困人口脱贫。

打好产业扶贫攻坚战。大力实施产业扶贫到

户工程,做好合作经营增收、资产增收、产业增收文章。抓好黄花这一招牌产业,积极支持宜民公司利用金融资本,创新土地经营模式,新发展黄花1.5万亩,大力发展蔬菜、万寿菊、规模养殖、光伏发电、林下经济等产业,增加农民收入,带动贫困人口脱贫。

抓好差别化搬迁移民。实施好2017年7个乡镇50个村2800户危房改造工程,同步推进15个村易地搬迁,新建4个中心村、13个100户以上安置点,实现6000名贫困人口易地扶贫搬迁和1000名非贫困人口同步搬迁。

抓好扶贫政策的落实。着力做好"强农贷"、"富民贷"资金发放,确保贫困户及时得到政策资金支持。落实好国家在就业、培训、就学等方面的扶持政策,保障贫困人口稳步脱贫。深入推进以县级领导包乡、单位包村、干部包户为主的"连心"扶贫工程,实现"一对一"、"面对面"精准帮扶脱贫。加大财政投入,以扶贫资金撬动社会资金,鼓励引导社会各界积极参与扶贫,形成扶贫攻坚的强大合力。

(八)聚焦全民普惠共享,大力推进社会民生事业,谋求社会福祉新收获。

完善社会保障体系。实施更加积极的就业扶持政策,营造全民创业氛围,以创业促就业。继续做好社会养老保险和医疗、工伤、生育、失业保险扩面征缴工作,扩大社会保险覆盖范围。落实好粮食直补、农机补贴等各项支农惠农政策。完善廉租住房实物配租方案,解决城镇低收入家庭住房困难问题。加快推进农村危旧房改造、棚户区改造,改善城乡困难群众生活条件。

统筹发展社会事业。全面完成30所小学、9所中学和30个教学点"全面改薄"工程,积极推进北大附属国际学校建设。加快卫生基础设施建设,积极推进中西部扶贫发展基金会大同县医院建设项目。提升卫生和人口计划生育水平。加强民族宗教工作。加强公共文化基础设施建设,新建一批乡村文化、体育场所。继续办好群众文艺活动,丰富群众精神文化生活。

全面加强社会治理。健全重大事项社会稳定风险评估机制,从源头上预防矛盾纠纷发生。完善畅通有序的诉求表达和矛盾调处制度,提高矛盾纠纷化解能力。始终把安全生产作为一切工作的"底线",坚决杜绝较大以上事故,努力减少一般事故。加强市场监督管理,保障群众食品药品安全。加强社会治安综合治理,完善立体化社会治安防控体系。加强应急管理、救援体系建设,提升防灾、减灾、救灾工作水平。

全力办好十件民生实事。①完成2700户的抗震房改建和危房改造工程,整村搬迁7个。②建成启用县体育馆。③完成县城主次干道、居民巷道、新区道路道路建设改造13.08千米。④完成全面改薄工程和县一中多功能报告厅建设。⑤完成广播电视无线发射台站建设。⑥完成已建成公共租赁住房分配。⑦完成9千米乡村道路建设和20千米农村公路提质改造。⑧完成县城自来水管网升级改造;启动实施全域饮水安全示范工程建设。⑨启动大同县三级诊疗医院建设。⑩启动实施残疾、精神病等特殊人群筛查治疗工作。

三、政府自身建设

各位代表,新常态、新形势、新任务对政府工作提出了新的更高要求,政府及各组成部门必须恪守为民之责,多办利民之事,夙夜在公,勤勉工作,努力向人民交上一份合格的答卷。

1. 坚持政治定力,接受监督、为民执政。严守政治纪律。牢固树立政治意识、大局意识、核心意识、看齐意识,坚决维护县委权威,做政治上的明白人。主动接受监督。自觉接受人大法律监督、工作监督和政协民主监督,主动接受社会公众和新闻媒体的舆论监督,认真办理落实人大代表建议和政协委员提案。树立为民意识。将群众满意作为政府施政的最高标准,积极回应群众关切,全面落实和兑现政府承诺的惠民实事,以诚信取信于民,用实绩回馈于民。

2. 坚持法治思维,科学规范、依法行政。坚持科学决策。自觉遵法学法守法用法,充分发挥政府法律顾问作用,提高决策的科学化、民主化、法制化水平。坚持依法办事。深入开展"七五"普法,增强全民法治意识。严格依照法定权限和程序行使权力、履行职责,规范行政执法行为,进一步提高政府执行力和公信力。坚持政务公开。深化行政权力运行、公共资源配置等信息公开,大力推进 OA 系统建设,促进权力阳光运行。

3. 坚持创新管理,优化服务、高效理政。善谋善为。以更加开阔的视野和理性的思维,注重运用市场机制、经济手段解决问题,推动产业发展、项目建设、城市管理等工作的落实,提升政府组织经济工作的能力和水平。深化改革。推进供给侧结构性改革,深化行政审批、投融资、公务用车、不动产统一登记等重点领域改革。深化财税征管体制改革,完善综合治税体系,形成征管合力。提高效率。在难题面前敢闯敢试、在矛盾面前敢抓敢管,执行"13710"工作机制,确保决策第一时间落实、工作第一时间启动、任务第一时间完成,高效推进政府各项工作。

4. 坚持主动作为,敢于担当、务实勤政。大力发扬"钉钉子"精神,狠抓各项部署落细落实,紧抓快办、敢为快为、立说立行。把精力放在狠抓落实上,把心思放在干事创业上,把本领用在促进发展上,在担当中点燃激情、激发干劲,切实做到困难面前不退缩、问题面前不推诿、矛盾面前不回避。加大督查督办力度,注重正向激励,严肃责任追究,努力形成勇于担当、勤勉尽责的工作氛围。

5. 坚持转变作风,倡俭治奢、廉洁从政。认真贯彻落实《关于新形势下党内政治生活的若干准则》和《中国共产党党内监督条例》等党内法规,自觉在纪律约束下工作,习惯在社会监督下干事,主动在法治环境中作为。严格执行党风廉政建设有关规定,切实加强县人民政府党组党建工作。加强对工程招投标、政府采购、公共资源交易等重点领域的行政监察和审计监督,从源头上消除权力寻租空间。严肃查处各类违纪违法案件,坚决纠正损害群众利益的不正之风,营造风清气正的政务环境。

各位代表!梦想照亮前方,奋进正当其时。让我们在县委的坚强领导下,牢记使命、创新实干、锐意进取,为决战决胜脱贫攻坚,提速"一县四地"建设,全面建成美丽富裕幸福新大同县而努力奋斗!

2016 年政府工作报告

—— 在大同县第十六届人民代表大会第一次会议上

（2016 年 8 月 20 日）

周聚德

各位代表：

现在，我代表县人民政府，向大会报告工作，请予审议，并请各位政协委员和其他列席人员提出意见。

一、"十二五"时期工作回顾

"十二五"时期是大同县发展极不平凡的五年，也是综合实力显著提高、城乡面貌变化巨大、人民生活水平不断改善的五年。五年来，全县上下在市委、市政府和县委的坚强领导下，深入贯彻落实党的十八大及十八届三中、四中、五中全会和习近平总书记系列重要讲话精神，紧紧围绕"建设现代城郊型新大同县，打造宜业宜居宜游三大乐园"的目标定位，同心同力，共谋发展，统筹做好稳增长、调结构、促改革、惠民生等各项工作，"十二五"各项工作任务圆满完成。

五年来，我们致力于全面协调发展，着力谋求县域经济新突破，综合实力不断提升，发展能力显著增强。

"十二五"期末，全县地区生产总值完成 25.9 亿元，较 2010 年增长 73.5%，年均递增 11.7%；社会消费品零售总额完成 14.9 亿元，较 2010 年增长 84.6%，年均递增 13%；固定资产投资完成 77.6 亿元，是 2010 年的 6.3 倍，年均递增 44.3%；规模以上工业增加值完成 3.3 亿元，较 2010 年增长 31.7%，年均递增 5.7%；一般公共预算收入完成 1.73 亿元，较 2010 年增长 52.8%，年均递增 8.9%；城镇居民人均可支配收入达到 17065 元，较 2010 年增长 72.2%，年均递增 11.5%；农村居民人均可支配收入达到 7675 元，较 2010 年增长 76%，年均递增 12%。

五年来，我们致力于发展多元产业，着力培育支撑县域经济主干，产业结构日趋优化，"宜业"基础不断夯实。

始终坚持项目带动战略，紧盯重点项目不松劲，着力推进重大工程项目，初步构建起以装备制造、货运物流、光伏发电、医药生产为支撑的新型产业格局。五年来，有效推进项目 23 个，其中 30 亿元以上 1 个、10 亿元以上 2 个、亿元以上 13 个。万昌物流园区一期，保利协鑫光伏电站，同华矿机，恒岳重工，明通冷链物流，玉鑫农牧，栋梁铝材，锄禾农业园，菲尼克司酒庄，三利农副产品加工、兴农黄花深加工以及大同恒升千头奶牛养殖园区建成投产；大张高铁客运专线（大同县段）、大同通航产业园、森源激光制造、誉瑞微分硅加工、铁路非标制造、冰山冷冻产品维修、骏腾养殖屠宰等项目全面开工建设；大同纺织园区、晋北铁路物流园、国电湖东 2×100 万千瓦热电等一批投资大、带动能力强的新兴项目正全面启动实施。华青活性炭集团公司成功登陆证券"新三板"，为全县加快发展注入新的活力。工业经济转型升级步入轨道，涉煤税收比重由 2010 年的 49.98% 降为 8.11%。

紧抓农业产业化不松手，大力发展精品黄花、都市蔬菜、绿色林果、规模养殖，推动传统农业向特色农业、都市农业、休闲农业转型。农业龙头企业达到 7 家，一村一品专业村达到 101 家，农业专合组织达到 824 家。新增黄花面积 6.6 万亩，新发展黄花加工企业 12 家。杂粮、林果种植面积均达到 10 万亩，新增设施大棚 1597 亩，形成上百栋规模日光温室园区 8 个。经济林面积达到 10 万亩，建成优质杏果种植基地 1 个、特色林果园区 6 个和苗木园区 6 个。畜牧养殖呈现规模化、板块化、园区化，肉牛、奶牛饲养量分别达到 4.5 万头、7600 头，规模养鸡、养羊达到 200 万只、33.3 万只，培育建成天佑蛋鸡、鼎胜肉牛、恒升奶牛、羊大大肉羊等一批新型规模养殖企业。

五年来，我们致力于完善基础设施，着力提升城乡承载辐射功能，城乡发展更加协调，"宜居"环境持续改善。

强化规划引领，多规融合，推动县域经济和社会发展。五年来，相继编制完成《大同县空间发展战略规划》《县城总体规划》《大同火山群国家地质公园概念性旅游规划》等 3 个综合性规划和多个专项规划。累计投资 9.4 亿元，完成火山地质公园旅游路、机场至县城城际快速路、县城西环路和县城东街延伸段等 8 条道路。建成文化馆、图书馆、体育馆、电影院"三馆一院"，西坪公园、火山地质公园两个公园和 3 个县城集贸市场。完成 81 个村街巷硬化工程，农村路网通车里程 600 千米；新建公租房 916 套、城市棚改住房 2009 套，完成农村危房改造 9300 户，农村住房抗震改建 3900 户，整体易地扶贫移民搬迁 3 个村；投资 1.49 亿元建成高标准农田 2.65 万亩；认真办好农村"五件实事"，持续推进"城乡清洁"工程，全面完成新一轮农村"五个全覆盖"工程，大力改善农村人居环境，城乡面貌明显改善。

五年来，我们致力于环境综合治理，着力做大做强生态这一品牌，生态环境不断巩固，"宜游"目标日益彰显。

投资 2.3 亿元，完成大片造林 18.8 万亩，林地总面积达到 105.6 万亩。先后荣获"全省林业生态县""全国绿化模范县"称号，2015 年被国家列为"生态保护与建设示范区"。大力推进节能降耗，完成减排项目 33 个，万元 GDP 综合能耗下降 16%，万元工业增加值用水量下降 27%。县城新增集中供热面积 28 万平方米，新增天然气用户 3000 户，全县二级以上良好天数稳定在 310 天以上。大同火山群沙漠公园、桑干河湿地公园和大同火山群国家地质公园列为国家建设支持范围，为涵养生态，发展文化旅游产业，进行全域旅游开发奠定了基础。

五年来，我们致力于改善民生福祉，着力推动社会事业均衡普惠，民生保障更加有力，群众幸福感稳步提升。

五年来，累计投入教育建设资金 2.28 亿元，努力推动学前教育、义务教育、高中及职业教育均衡发展，教育教学质量得到提升，为全国高校输送学子 572 名。城镇新增就业、转移农村劳动力 6417 人、13899 人；全县企业基本养老、医疗、工伤、生育和失业保险参保人数大幅增长。机关事业单位养老保险改革稳步推进。城镇职工、居民和新农合三项基本医保实现应保尽保，城乡居民大病保险和重特大疾病医疗救助实现全覆盖。城乡低保，农村集中、分散供养五保对象，集中散居孤儿补助标准逐年提高。县级医院综合改革稳步推进，县乡卫生与计生、妇幼保健与计生服务中心机构整合全面完成，县级医院支援乡镇卫生院工作全面开展，基层医疗卫生机构和村卫生室全部实行基本药物制度，与省市医院医联体协作关系更加密切，医疗卫生服务保障能力不断提升。扶贫攻坚力度不断加大，两年实现减贫 1.41 万人。强化安全生产监管，深入实施十大重点领域安全生产专项整治，安全生产形势稳定。全面加强社会管控，严厉打击各类违法犯罪，群众安全感进一步增强。积极畅通群众信访诉求服务渠道，"12345"政府服务热线办结群众诉求 5731 件，一批信访问题得到妥善解决。群众性健身活动蓬勃开展，文化事业健康推进，方言快板《老金针夸妻》、舞蹈《我能行》在省市会演中多次获奖，电影《黄花女人》全国公开上映。工会、共青团、妇女、儿童、老龄、残疾人、慈善、红十字会事业全面发展，人武、人防、民族、宗教、史志、外事、老干部、金融、双拥、气象、档案等工作取得新成绩。

五年来，我们致力于政府自身建设，着力建设勤政廉洁高效政府，政府效能不断强化，科学理政能力显著提升。

深入开展党的群众路线教育实践活动、"三严三实"专题教育和学习讨论落实活动，认真贯彻落实中央八项规定精神，狠刹"四风"，着力解决"不作为、慢作为"问题，广大干部的纪律意识和规矩意识得到强化。自觉接受县人大的法律监督、工作监督和县政协的民主监督，代表、委员议案提案办结率达到100%。积极推进"六权治本"，科学规范、阳光透明行使权力。政府各项制度改革全面深化，"三公"经费支出逐年下降。狠抓党风廉政建设，行政监察和审计监督力度持续加大，干部监督管理全面加强。

历尽天华成此景，人间万事出艰辛。各位代表，五年的变化和成绩来之不易，成绩的取得是县委总揽全局、科学谋划的结果，是县人大、政协有效监督、大力支持的结果，是全县人民攻坚克难、共同奋斗的结果。在此，我代表县人民政府，向所有参与、关心、支持大同县建设和发展的同志们、朋友们表示衷心的感谢，并致以崇高的敬意！

成绩令人鼓舞，经验弥足珍贵。回顾"十二五"，我们深深体会到：坚持以经济为中心、促进大同县发展，始终是我们工作的第一要务；坚持改革创新、敢于争先进位，始终是我们工作的第一动力；坚持民生优先、增进群众福祉，始终是我们工作的第一目标；坚持风清气正、致力团结奋进，始终是我们工作的第一保障。

在看到成绩的同时，我们也清醒地认识到工作中仍面临较多的困难和问题。经济总量不大、产业结构不优、龙头企业偏少，竞争力不强，发展后劲不足，仍然是我们现实发展中最根本的问题；城镇化率偏低，集聚度不高，社会保障体系不够完善，脱贫攻坚任务艰巨繁重，城乡发展不平衡、社会事业发展滞后，仍然是我们实现城乡统筹发展、全面建成小康社会的突出矛盾；政府职能转变不到位、行政审批效能提升和工作落实存在薄弱环节，政府自身建设与经济新常态下的新要求不相适应、一些干部

担当不够，不作为、慢作为等问题不同程度存在，仍然是我们政府工作的重要短板。这些问题必须引起我们的高度重视，并在今后的工作中针对性加以解决。

二、"十三五"时期奋斗目标和主要任务

各位代表，察势者智，驭势者赢。唯有把握大势、顺应潮流，才能抢抓大机遇、赢得大发展。"十三五"期间，我县面临多重叠加的战略机遇，地处近郊的大同县蓄势待发：随着大张高铁的建设，使我县融入京津冀、对接环渤海、参与乌大张区域一体化发展更加紧密，拓展了我们开放发展的新空间；沿海产业转移、"北京疏解非首都功能"、江浙地区溢出项目，以及大同市御东新区建设和产业东移，开辟了我们协调发展的新路径；结构性改革，"大众创业、万众创新"深入推进，新型城镇化加速发展，增添了我们创新发展的新活力；生态建设成果的不断巩固，文化旅游产业、健康休闲养老等新兴业态的蓬勃兴起，提供了我们绿色发展的新方向；供给侧结构性改革"三去一降一补"具体措施的陆续出台，精准扶贫脱贫的强力推进，作为燕山—太行山连片特困地区的大同县，必将获得更多政策和项目支持，也必将为我们创造更多共享发展的新机遇。

综合判断，我县正处于发展的黄金机遇期，经济总体向好的基本面没有变，加速发展的态势没有变，发展的后发优势没有变。新的增长点正在加快孕育并不断破茧而出，新的增长动力正在加快形成并不断积蓄力量。我们必须珍惜机遇，抢抓机遇，履职尽责，才能不辱使命。

根据县十二次党代会精神，"十三五"时期，政府工作的指导思想是：深入贯彻落实习近平总书记系列重要讲话精神，按照中央、省、市部署和"四个全面"战略布局，强化创新、协调、绿色、开放、共享发展五大理念，以扶贫攻坚为主线，以改革创新为动力，转方式、调结构、增效益、提速度，同城一体、产城融合、优势互补，打响"三张牌"，建好"四大园"，努力将大同县打造成新型产业承载地、旅游休闲体验地、健康养老养生目的地，使大同县宜业环

境更宽松,宜居品质更提升,宜游目标更彰显,提前完成精准脱贫任务,全面建成小康社会,实现美丽富裕幸福大同县新目标。

为落实这个要求,县政府结合实际,组织编制了《大同县国民经济和社会发展第十三个五年规划纲要(草案)》,提请大会审议。

"十三五"期间全县经济社会发展的主要目标是:到2020年,地区生产总值达到50亿元以上,年均递增14%,城乡常住居民人均可支配收入比2010年翻一番,达到2.5万元、1.2万元,年均递增8%、9%;全县森林覆盖率达到40%。生态环境质量指数位居全省前列;教育、卫生、文化、就业等民生事业持续改善,公共服务体系更加健全,基本公共服务均等化水平稳步提高。

实现上述发展目标,必须结合我县具体实际,坚持落实好五大发展新理念。

坚持创新发展,培育经济发展新动能。全面深化改革,在供给侧和需求侧两端同时发力,扩大有效供给,创造新的需求,激发新的动能。以科技创新为引领,大力实施创新创业工程,着力推进现代新型工业园区建设,促进大众创业、万众创新。借助国家工信部中小企业发展中心定点扶贫的政策机遇,建设国家中小微企业大同县示范园;借助"铁公机"齐备的交通发达优势,全力推进以万昌物流、金洋物流为中心的公路物流园、以云冈飞机场为节点的航空物流园、以京包、大秦、大准和大张高铁为支撑的晋北铁路物流园,"三园"互动融合,推动空港物流园建设。借助市县融合、产业承接、同城一体的发展机遇,建设大同纺织工业园、绿色装配式住宅集成产业园、航空产业园,使我县成为大同市产业承载核心区。积极培育科技金融、文化创意、商贸流通、餐饮服务等新业态,构建制造业与服务业融合发展新模式,走出一条创新发展的新路子。

坚持协调发展,拓展城乡发展新空间。以新型城镇化为抓手,大力实施城镇扩容提质工程,突出自然美丽和乡土文化特色,立足县城、特色镇、中心村,多规融合,协调发展、整体推进,打造自然美丽

新家园。积极实施设施提升、城乡安居、城中村改造和环境提质等城市人居环境改善"四大工程",完善旧城基础设施建设和公共服务功能,有序开展棚户区改造、保障房建设,加快新区建设进度,增强布局的合理性,提升通透性和微循环能力。立足已建成的西坪公园,向南拓展到西坪水库,向北延伸至昊天寺,打造滨河景观带,为城市发展增添灵韵。通过在旧城发展商业贸易,在新城发展火山旅游服务,在西坪水库周边发展健康养生,打造吃、住、玩、购为一体的"火山观光名城、旅游购物中心、美丽宜居家园"。按照合理的农业生产和服务半径,根据工业聚集区、特色发展区、生态保护和涵养区规划,综合考虑历史文化、传统民居、文物古迹、产业前景、群众意愿等因素,保留发展基础较好、人口具有一定规模的村庄,对24个边远山村实施易地扶贫搬迁,整合资金项目,实施抗震房加固、危房改造,加强小城镇和中心村基础设施、公共服务设施建设,改善群众生产生活条件。

坚持绿色发展,开辟环境友好新路径。实行最严格的环境保护制度,严守环境质量底线、生态保护红线、资源消耗上限,合理布局生产、生活、生态空间,形成人与自然和谐的绿色发展新格局。用绿色倒逼产业升级,培育绿色产业,发展绿色经济。大力开展大气、水、土壤污染防治行动,按照新产品、新技术、新模式、新业态"四新"要求,推动传统农业向生态农业、绿色农业方向发展,着力建设都市特色农业园,打造健康养生食品供给地。依托火山、黄花、生态以及丰富的人文、自然景观,加大文化旅游产业的开发,推动旅游产业向全域旅游和全域休闲养老方向发展,努力打造国家级长寿养生旅游目的地。倡导绿色低碳、文明健康的生活方式和消费模式,努力推进旅游与文化、城镇建设、特色农业、生态建设和精准脱贫深度融合,实现资源节约型、环境友好型的目标。

坚持开放发展,打造合作共赢新优势。全域开放,全面融入"一带一路""京津冀协同发展""环渤海经济圈""乌大张长城金三角合作"国家重大战

略,将我县建设成为"一带一路"重要节点县、山西省与京津冀区域协同发展连接的战略支点县、"乌大张长城金三角"区域核心县,不断提升大同县在各个层面的战略地位。积极承接大同市在区域交流合作中的重大项目,深入实施"引进来""走出去"战略,大力发展"飞地经济",开展引资、引技、引智行动和对外贸易提升行动,营造市场化、法制化、国际化的营商环境,提升对外开放能力和水平。全面对接市区,积极承接大同市御东新区规划建设,打好"三张牌"、建好"四大园",优化区域布局,在基础设施建设、产业发展上与市区紧密对接,同城一体,联动融合发展,在推进区域协调发展中获得最大的地缘升值利益。

坚持共享发展,满足群众生活新期待。实施民生共享工程,创新提供方式,增加公共服务,保障基本民生。把脱贫攻坚作为第一民生工程来抓,坚决打赢脱贫攻坚战,到2019年提前一年实现4.28万人全部脱贫、80个贫困村全部摘帽,做到一个不能少。坚持"普惠性、保基本、均等化、可持续"方向,加强义务教育、就业服务、基本医疗、社会保障、公共文化、环境保护等基本公共服务,让广大人民群众在共建共享中有更多的获得感。坚持廉洁发展底线意识,将其自觉渗透到经济社会发展各环节、各领域,实现经济发展与干部清正、政府清廉、政治清明的良性互动。坚守安全发展红线,坚持安全第一、预防为主、综合治理的方针,落实完善安全生产责任和管理制度,健全公共安全体系,切实维护人民生命财产安全,维护全县安全稳定。

各位代表,"十三五"蓝图已经绘就,这是我们今后五年乃至更长一段时期的目标纲领和行动指南,全县上下特别是广大干部一定要咬住目标,抢抓机遇,务实担当,善抓真为,争取早日将宏伟目标转化为现实。

三、2016年工作安排

2016年是实施"十三五"规划的开局之年,是全面建成小康社会决胜阶段的开局之年,也是推进供给侧结构性改革的攻坚之年,做好今年政府工作,意义重大。

今年全县经济社会发展的主要预期指标是:地区生产总值增长6.5%,固定资产投资增长15%,一般公共预算收入下降7.83%,规模以上工业增加值增长2.5%,社会消费品零售总额增长6.0%,城镇常住居民人均可支配收入增幅不低于6.8%,农村常住居民人均可支配收入增幅达到6.5%以上。城镇登记失业率控制在3%以内,居民消费价格总水平涨幅控制在3%以内,节能减排指标控制在省、市下达任务指标之内。

为了完成目标任务,今年着重抓好以下六个方面工作。

（一）坚持园区承载,项目带动,增强经济发展后劲

我们要以超现实的思维、超常规的措施,大力推进项目建设,促进产业升级,培育新兴产业,为增强县域实力提供新的产业支撑。

主攻重点园区、重大项目。借助市级园区要素集聚、产业集群、服务集成的优势,推进国家中小微企业园入园项目建设;着力抓好投资200亿元的大同纺织园区、投资100亿元的大同通航产业园区、投资30亿元的晋北铁路物流园区、投资30亿元的大同装配式绿色建筑集成产业园区建设;同时着力抓好投资78亿元的国电电力湖东2×100万千瓦项目、投资50亿元的大张高铁及列检库建设项目。

抓项目促投资。紧盯国家投资重点方向和省重点投资领域,做好项目谋划,加快前期工作,狠抓项目落地建设,让有效投资在稳增长、调结构、惠民生中发挥关键作用。组织实施好总投资229.08亿元的八大板块38个新建项目,争取年内实现投资52.68亿元以上。重点抓好总投资147.19亿元的工业新型化项目,总投资0.27亿元的生态建设项目,总投资39.31亿元的铁路、交通项目,总投资3.23亿元的新型城镇化建设项目,总投资7.62亿元的现代农业项目,总投资30亿元现代物流板块项目,总投资0.15亿元的教育基础设施项目,总投资1.3亿元的食品加工项目。

推动工业升级。继续抓好 15 家规上工业企业的生产；继续"抓大壮小"，培育一批亿元企业、规上企业。依托市级医药园区，积极推进卫华药业、惠瑞药业生产；培育壮大新兴产业，支持森源激光制造、煜森铁路非标制造、大连冰山冷冻维修、誉瑞硅微分加工、百晶太阳能 LED 灯具制造等高新产业项目建设；依托丰富玄武岩资源，积极推进晋投玄武连续纤维及玄武岩岩棉开发；依托市级装备园区，积极推进凌云聚胺脂、三金制衣、富冶钢结构、国药物流 4 个入园项目建设；积极支持积德益食品加工、以琳盛驰矿泉水生产。

强化项目服务。扎实推进"项目创新年"活动，大力抓好项目策划、用地、服务工作。认真抓好一批事关发展全局的关键项目前期工作，做好政府投资项目储备，为争取上级项目资金和融资做好准备。优化项目跟踪服务机制，全力抓好项目用地保障，加强信贷担保，缓解融资难题，继续完善四套班子领导包联项目服务工作机制，确保项目落地生根，以项目大建设，促进经济大发展。

（二）坚持融合发展，龙头带动，提升"三农"工作水平

按照市场化、特色化、园区化、板块化发展思路，加快推进农村一、二、三产业深度融合，不断推升现代农业发展水平，促进农民持续稳定增收。

大力发展特色农业。继续巩固黄花、蔬菜、杂粮、规模养殖特色基地建设，大力发展设施蔬菜、绿色杏果、林下种植、休闲农业、规模养殖等潜力产业。继续加大对黄花财政性补贴和保险性补贴，新发展黄花 1 万亩；继续抓好以吉家庄、许堡、瓜园、峰峪乡为重点的 10 万亩优质绿豆、6 万亩优质杂粮基地建设，以吉家庄、峰峪、党留庄、倍加造等乡镇为重点的蔬菜基地建设，以聚乐乡为重点的优质杏果种植基地建设；大力培育林下产业，新发展黄芪种植 2 万亩。

加快农业融合发展。以基地带龙头，龙头促加工，加工促提质，努力形成农业融合发展大格局。着力做好周士庄镇双百万只蛋鸡养殖基地，恒升农

牧、鼎盛牧业、三江肉牛养殖项目，倍加造春源养殖项目，羊大大、泽财、科迪和吉昌肉羊规模养殖等基地建设，加快实施骏腾肉鸡养殖、屠宰加工一体化建设项目，加快提升三利、永翔、兴农黄花等农产品深加工企业的规模和水平。以农业设施蔬菜种植园区为重点，优化种植结构，积极鼓励发展采摘农业、休闲农业、体验农业。积极破解农业产业发展的制约因素，加大对农业龙头企业的扶持力度，加强与科研院所院校合作，推进农产品的深度开发，着力构建标准化生产、精细化加工、现代化营销为一体的产业链条，提升农产品的产出质量和效益。

提高农业创新发展水平。创新生产经营模式，培育新型农业经营主体。积极申报省、市级专业示范合作社，提高合作社办社质量和水平。加大对龙头企业、农民专业合组织和种养大户培训，着力培育一批有技术、懂经营、善管理的新型职业农民，使之成为推动全县农业现代化发展的主力军。创新宣传、营销模式，大力推广"互联网 + 农业"。积极申报全省农村电子商务示范县项目，引导利用各种电商平台开展农产品批发零售、大宗交易、产销对接等电子商务业务，着力畅通农产品销售渠道，解决农产品"质优价不优"的问题。加大黄花原产地商标的保护，整合县域内优势农产品资源，积极创建市级、省级以及国家级知名农业品牌。全力实施好小型农田水利重点县建设项目，杜庄乡高标准农田建设项目，西坪坊城河河道治理工程，吉家庄乡、峰峪乡等 17 个村农田整理项目，城乡建设用地增减挂钩建设项目和农村饮水安全工程，改善农业生产条件，夯实农业发展基础。

（三）坚持全域统筹，提升品质，加快建设新型城镇

加快推进旧城改造、新区开发、配套完善县城、小城镇基础设施，提升城乡承载空间，统筹推进城乡一体化发展。

突出规划引领。加快县城控制性详细规划和县域乡村建设规划的编制，统筹推动城乡建设，争取县城控规的覆盖率达到 60%。

完善城市功能。加快推进旧城改造和新区建设。加大旧城改造，筹措资金，积极推动县城小街小巷道路改造；投资完成县农发行办公楼和消防队办公楼建设任务；公开出让北环路南、西环路西净地，进行商品房建设。积极推进保障性安居工程建设，完成棚户区849套，保障性住房355套。加强城市管理，完善城市精细化、规范化管理服务机制，推进数字化城管建设，打造市容整洁、管理有序的县城形象。

完善交通路网。完成西册田—渔儿涧、聚乐—艾家洼、浑源—大同县战备公路，大同火山群国家地质公园旅游公路，小王—陈韩线5条60.5千米道路建设。

建设美丽乡村。开展农村人居环境整治和宜居示范村建设。大力实施农村安居工程，完成2130户农村危房改造和2700户抗震房改建任务，改善农村居住条件。持续开展环境综合整治，着力推进垃圾处理、污水治理、村道硬化、村庄绿化，努力建设布局优美、环境美化、建筑美观、生活美满新农村，守住乡土气息，留住乡愁记忆。

（四）坚持绿色主题，生态示范，深化生态文明建设

以绿色发展引领生态文明建设，牢固树立"绿水青山就是金山银山"的发展理念，力争在改善生态环境上实现新突破，构筑全域生态、全域旅游新优势。

加强生态治理，推进全域生态景观化。认真落实省政府"三加三不减"要求，大力推进城郊生态景观、荒山治理及重点林业工程管护，完成造林绿化任务3.72万亩，村庄绿化7个，巩固完善村庄绿化20个。大力发展苗木产业，新增育苗面积0.27万亩。强化森林防火工作，严格林业资源管理，保护森林资源安全。以国家生态保护与建设示范区建设为契机，积极推动大同火山群沙漠公园、桑干河湿地公园建设。

加大环境保护，推进全域环境友好化。扎实推进总量减排，加大桑干河流域水污染防治和水源地整治保护工作，促进水质稳步提升。加强生活污水设施建设，加大县城污水收集管网建设，全面完成污水处理厂提标改造工程。加强农业源污染减排工作，持续推进养殖场减排设施升级改造。完善城镇生活垃圾无害化处理设施，全面完成县城生活垃圾转运站建设。加强大气污染综合防治，推进县城环境空气自动监测、工业废气和施工扬尘污染防治等工程。强化执法监督，严厉打击非法采砂等环境违法行为。

加快旅游开发，推动全域旅游产业化。按照"打造旅游点，拉长旅游线，扩大覆盖面"的思路，加大旅游基础设施建设，全方位、多业态进行旅游开发，提升全县旅游发展水平。挖掘地域文化内涵，积极推进景点、景区配套服务设施，提升旅游的品质品位；加大对大同火山群国家地质公园旅游项目的包装、策划，吸引资金，进行火山群旅游开发；积极做好2016年全省文化旅游发展大会在我县的各项工作，加大人文、自然景观宣传力度，扩大县域旅游景点知名度和影响力；加强与市级旅游线路对接，密切与各旅行社的合作，吸引游客驻足观光；加强与晋旅等知名旅游集团合作与交流，引进先进的旅游开发及营销模式，助推县域旅游业发展。发挥产业、生态、青山、绿水、古村、古堡等优势，结合移民扶贫搬迁，整合土地、资金、资源，因地制宜，科学规划，打造一批古堡风情、休闲养老、历史文化村镇，推动文化旅游产业向多方位、深层次延伸。

（五）坚持改革创新，扩大开放，激发县域发展潜能

以开放发展促进区域联动共赢，力争在推动改革开放上实现新突破，为加快县域经济发展汇聚新的发展动力。

深化各项改革，释放发展动力。推进供给侧结构性改革，积极引导企业创新经营、强化内部管理，削减非生产性支出，降低成本费用。统筹用好各类政府性基金和专项扶持资金，促进银企对接，缓解企业融资难问题。完善廉租住房实物配租方案，稳妥推进公租房分配。积极推进住房公积金缴存异

地互认和转移接续,有效推进异地房贷业务。深化行政体制改革,积极推进"六权治本",推动政府高效运行;完善公务用车制度,有效降低行政运行成本;推进政府购买服务,提高公共服务供给质量和财政资金使用效率。深化投融资体系改革,创新融资方式,完善政府融资平台,加强公共基础设施、休闲旅游、扶贫开发等重点领域的项目策划包装,进一步争取国家政策性银行支持,探索政府和社会资本合作(PPP)模式,破解融资难题。深化农村体制改革,创新土地经营模式,全面推开5个乡镇的87个行政村农村土地承包经营确权颁证工作,鼓励承包户合法自愿流转土地,推进农村产权交易规范化建设,为加快农业适度规模经营创造条件。加快完成县农村信用社改制,统筹推进教育、医疗、工商等其他领域改革。

加强开放合作,集聚发展要素。加大项目招商创新、审批制度创新、推进机制创新、服务方式创新、考核机制创新,为项目提供高效便捷服务,确保项目引得进、留得住、推进快。加大招商引资力度,优选适合发展项目,积极参加各类招商活动,吸引客商投资,助推大同县重点项目建设。深化与高校、科研机构的交流合作,采取合作研究、高薪聘请、技术参与等多种形式,引进项目策划、电子商务、法律顾问等领域高端人才,为推动经济转型升级提供技术支撑和智力支持。

(六)坚持民生优先,普惠共享,切实增进民生福祉。

坚持共享发展,力争在增进民生福祉上实现新突破,让改革发展成果更大程度惠及民众。

实施精准扶贫,精准脱贫。以精准识别为基础,实施"五个一批"精准帮扶措施,全力打好精准脱贫攻坚战。建立健全领导挂钩、对口帮扶工作机制,引导资源要素向80个建档立卡贫困村倾斜。对专项扶贫资金、相关涉农资金和社会帮扶资金捆绑集中使用,提高资金使用效率。着力做好"强农贷"、"富民贷"资金发放,确保贫困户及时得到政策资金支持。着力推进产业扶持、教育扶智、光伏扶

贫等工作,年内实现6900人脱贫。整合各类扶贫资源,创新社会帮扶机制,组织动员社会各界,广泛参与扶贫开发。

大力保障改善民生。完善落实就业创业扶持政策,争取年内城镇新增就业1100人,农村转移劳动力2100人。加快养老体系建设,做好机关事业单位养老保险并轨工作。健全救灾救助制度,完善低保申请核查制度。加强保障性住房建设,推进棚户区、农村危房改造。落实惠农政策,及时兑现粮食直补、农机购置等各项补贴政策。对国有企业及下岗职工,采取盘活资产、转产承包、培训就业等途径,多措并举,帮助企业逐步解决遗留问题。

发展社会各项事业。加快教育事业发展,完成周士庄中学学生宿舍楼、党留庄中学教师周转宿舍、示范中学教学楼加固等5所学校加固新建任务和县一中多功能会议厅建设任务,完成县职教中心省级达标验收工作。加强卫计工作,继续深化医药卫生体制改革,进一步健全县、乡、村三级医疗卫生服务网络,加快推进分级诊疗和医联体建设,破解看病难问题。坚持计划生育基本国策,促进人口均衡发展。大力开展全民健身和文化"三下乡"活动,丰富群众文体生活。积极推动数字电视向乡镇延伸,不断满足人民群众日益增长的精神文化需求。

推进平安大同县建设。启动"七五"普法工作,建立公共法律服务体系,提高全民法律意识。加大矛盾纠纷调处力度,完善信访调解机制,落实领导包案责任,把各类矛盾纠纷化解在基层和萌芽状态。持续推进"平安大同县"建设,进一步完善、细化相关监管制度。强化危爆物品管控,加强出租屋、物流业等公共领域和重点行业安全管理,推进公共安全视频监控系统建设,逐步实现"天网工程"全覆盖;加强特殊人口管理,打击整治涉毒涉黄等违法犯罪行为,深化社会治安防控体系建设,提升公众安全感满意度。严格落实安全生产"党政同责、一岗双责"制度,做好非煤矿山等十大重点安全领域专项整治,加强地质灾害防治和防汛抗旱工作,严防重大责任事故发生。严格执行新《食品安

全法》，加强食品药品安全社会共治，提高食品药品安全保障。健全各类突发事件应急机制，提高应急处置能力，切实维护社会大局稳定。

此外，继续加快人武、消防、工商质监、物价、供销、税务、气象、史志、民族宗教、残联、双拥、妇女儿童等各项事业发展。

四、全面加强政府自身建设

主动适应经济发展新常态，政府必须要有新作风、新状态、新作为。我们要进一步加快政府职能转变，用法治思维抢先机，用法治方式开新局，努力打造法治、务实、高效、廉洁政府。

突出纪律与规矩，推进法治政府建设。认真执行《中国共产党廉洁自律准则》《中国共产党纪律处分条例》，始终把纪律和规矩挺在前面。坚持法定职责必须为、法无授权不可为，把政府工作全面纳入法治轨道。严格遵循公众参与、专家论证、风险评估、合法性审查、集体讨论研究的决策程序，严格按原则、按政策、按规矩办事。推进政务公开和政府信息公开。自觉接受县人大及其常委会的法律监督和工作监督，主动接受县政协民主监督，认真办理人大议案、建议和政协提案，确保事事有着落、件件有回音。

突出实干与担当，推进务实政府建设。扎实开展"两学一做"学习教育活动，大兴学习调研之风，积极借鉴先进地区发展经验，从做得不够的方面去追赶，从可以做得更好的地方去超越，努力推动工作思路创新、体制机制创新、方法路径创新。坚持干在实处、走在前列，少说多做、真抓实干，对定下来的事雷厉风行，对部署的工作一抓到底，真正干在发展一线、闯在改革前线、冲在攻坚火线。深入

实际、深入基层，把五年规划分解细化到年度，具体化到项目，敬终如始抓紧每一天、做好每件事。不断强化担当意识，敢于直面矛盾，敢涉"险滩"，敢啃"硬骨头"，善用法治思维和法治方式破难闯关、创新突破、推动发展。

突出服务与效率，推进高效政府建设。持续推进简政放权、放管结合、优化服务，建立健全权力清单、责任清单、负面清单，进一步减少审批事项、减少审批环节，精简审批项目，缩短审批时限，提高服务效率。加强行政审批标准化建设和管理，强化事项进驻、职能归并、流程优化，多让数据网上走，少让群众路上跑。坚决反对为官不为、懒政慢为、违规乱为，推动机关效能建设向重点领域、关键岗位和基层窗口拓展，打通政策落实"最后一千米"。

突出预防与惩治，推进廉洁政府建设。落实党风廉政建设主体责任和监督责任，切实履行"一岗双责"，健全改进作风长效机制，全面推进惩治和预防腐败工作。强化对财政预算执行、行政审批、项目招投标、土地出让、政府采购等重点领域、关键环节的行政监查和审计监督，严肃查办违纪违法案件，切实做到干部清正、政府清廉、政治清明。严格执行中央八项规定，驰而不息纠正"四风"，厉行勤俭节约，力戒奢侈浪费，严格执行公务接待、办公用房等管理标准，改革公务用车制度，确保"三公"经费只减不增，把更多财力用于推动发展、改善民生。

各位代表，新机遇面临新考验，新目标呼唤新作为。让我们在中共大同县委的坚强领导下，因势而谋，乘势而上，攻坚克难，为圆满完成今年和"十三五"经济社会发展目标，早日建成美丽富裕幸福的大同县而努力奋斗！

2015 年政府工作报告

—— 在大同县第十五届人民代表大会第五次会议上

（2015 年 7 月 29 日）

周聚德

各位代表：

现在，我代表县人民政府向大会报告工作，请予审议，并请县政协委员和其他列席人员提出意见。

2014 年工作回顾

2014 年，面对经济下行压力持续加大的严峻形势和艰巨繁重的改革发展任务，我们牢牢把握稳中求进的工作总基调，紧紧围绕"建设现代城郊型新大同县"发展定位，按照"宜业宜居宜游"三位一体的发展模式，团结带领全县干部群众，深入贯彻落实党的十八届三中、四中全会精神，务实担当，努力作为，扎实推进十大工程，统筹做好稳增长、促改革、调结构、惠民生等各项工作，经济和各项社会事业取得新进步。

2014 年全县地区生产总值完成 24.97 亿元，增速 6.2%；社会消费品零售总额完成 13.8 亿元，增速 11.1%；固定资产投资总额完成 75.03 亿元，增速 8.3%；规模以上工业增加值完成 3.57 亿元，增速 7.2%；公共财政预算收入完成 2.27 亿元，增速 41.2%；农村常住居民人均可支配收入达到 7081 元，增速 10.7%；城镇居民人均可支配收入达到 15763 元，增速 7.5%。全县万元 GDP 综合能耗下降 4%，六项约束性指标任务全面完成，二级以上良好天气达到 329 天，全市目标任务综合考核排名由第 11 位上升至第 3 位。

一年来，我们围绕"宜业"目标，聚焦优势调结构，经济实力实现新提升。农村经济总收入达到 30 亿元，粮食总产量达到 1.86 亿斤，"513"龙头企业

实现收入 4.26 亿元，"百园立农"实现投资 2.2 亿元。黄花、杂粮、蔬菜、杏果面积分别达到 9 万亩、10 万亩、10 万亩、10 万亩的种植规模，一村一品专业村达到 91 个。规模养殖势头迅猛，建成 10 万只以上现代化养鸡企业 5 个，千只以上的规模养羊场 12 个，肉、蛋、奶产量分别达到 2.58 万吨、1.02 万吨和 1.2 万吨。

16 家规模以上工业企业实现产值 15.2 亿元；191 家中小企业实现收入 16.9 亿元，2 家企业实现小升规；储备、签约、落地、开工、建设、投产项目分别完成 1336.6 亿元、121.4 亿元、71.3 亿元、57.1 亿元、29.2 亿元、44.2 亿元；"百企强县"11 个建成项目完成投资 10.7 亿元，恒岳重工、万昌物流、同华矿机二期、玉鑫农牧、栋梁铝材、惠瑞制药等一批项目运营生产，为县域经济发展注入了新的动力。

一年来，我们围绕"宜居"目标，强化管控夯基础，城乡面貌发生新变化。编制完成了《县城总体规划》《大同火山群国家地质公园概念性旅游规划》《县城新区修建性详细规划》3 个综合性规划，《城南街街景详细性规划》《县城绿地系统规划》等 6 个专项规划。县城永业东街、永业西街、益民路、东环路和聚乐—许堡县乡道路建成通车，3000 户农村危房改造、1000 户抗震加固房、504 套棚户区改造和 2000 人移民搬迁工程顺利完工，西坪公园正式开园迎客，县城供水改扩建工程启动实施。大力实施城乡清洁工程，扎实开展农村人居环境宜居示范村建设，城市品位、居住环境、城乡面貌发生了新变化。

完成造林面积5万亩，绿化村庄21个，通道绿化55千米，林地面积突破百万亩大关，森林覆盖率达到31.8%，荣获"全国绿化模范县"称号。

一年来，我们围绕"宜游"目标，整合资源打品牌，旅游产业取得新进展。借助大同火山群国家地质公园、全省林业生态县和全省休闲农业与乡村旅游示范县的品牌优势，大力发展都市休闲观光采摘农业，旅游品牌的内涵和竞争力不断增强。成功举办了2014年"中国旅游日"第二届大同音乐帐篷节和"2014年首届大同国际自行车骑游大会火山群自行车挑战赛"；积极推进大同火山群国家地质公园规划建设，基础设施建设开工启动；大同火山群国家地质公园正式揭碑、授牌，倍加造镇营坊沟村省级乡村游示范点正式命名授牌。

一年来，我们坚持统筹发展，托住底线惠民生，社会事业获得新进步。严格落实安全生产责任制，全年未发生较大的安全生产经营性事故和食品安全事故。认真落实领导干部信访接待、接访包案制度，一批信访问题得到化解。全面加强社会管控，严厉打击违法犯罪，群众安全感进一步增强。"1+6"教育综合改革持续深化，基础教育质量得到提升。严格落实各项惠农支农政策，农资综合补贴、良种补贴、农机购置补贴及时发放到位。县级公立医院改革顺利推进，看病就医条件得到改善。养老、失业、医疗、工伤保险和就业覆盖面不断扩大，城镇新增就业人数、创业就业人数、转移农村劳动力分别达到1553人、367人、2683人。城镇居民医保和新农合人均财政补助标准提高40元；城乡低保标准每人每月分别提高31元、27.5元；农村五保集中、分散供养补助标准每人每年分别提高200元、130元；全年共发放城乡低保资金0.37亿元，新农合补偿资金0.48亿元。群众性健身活动蓬勃开展，数字影院工程基本完工，财政、人事、审计、统计、地震、应急、老龄、残联、民族宗教等各项工作全面进步。

一年来，我们持之以恒转作风，整治"四风"不放松，政府建设得到再加强。自觉接受县人大及其常委会的法律监督、工作监督和县政协的民主监督，自觉接受公众和媒体监督，认真办理人大代表议案和政协委员提案，议案、提案办复率达100%。严格履行党风廉政建设主体责任和监督责任，党风廉政建设常态化机制得到完善。切实加强效能监察、执法监察、廉政监察和审计监督，内部审计制度更加完善。积极畅通群众信访服务渠道，信访服务大厅建成启用，"12345"政府服务热线受理办结群众诉求1976件。扎实开展党的群众路线教育实践活动，严格执行"八项规定"，厉行勤俭节约，反对铺张浪费，"三公"经费支出同比下降5.67%，文件和会议数量分别压缩14%、33%。

各位代表，这些成绩的取得，靠的是省、市和县委的正确领导，靠的是人大、政协的监督支持，靠的是全县18万名干部群众的艰辛付出。在此，我代表县政府向全县广大干部群众，向所有关心、支持大同县发展的同志们、朋友们，表示最衷心的感谢！

成绩来得不易，应该倍加珍惜；问题不容回避，应该正面直对。一是县域经济缺乏重大项目的拉动、支撑，经济增长后劲不足；二是征地难、用地难、融资难等影响发展的瓶颈问题依然突出；三是财政收支压力增大，民生投入与实际需求差距较大；四是少数部门"中梗阻"现象仍然存在，一些干部干事创业劲头、担当勇气不足；等等。对此，我们一定高度重视，以更大的决心、更大的力度、更加务实的举措认真加以解决。

2015年工作安排

2015年是全面深化改革的关键之年，是全面推进依法治国的启动之年，是全面完成"十二五"规划的收官之年，做好今年的工作意义重大。

今年政府工作的总体要求是：深入贯彻党的十八大及十八届三中、四中全会和习近平总书记系列重要讲话精神，咬住"建设现代城郊型新大同县，打造宜业宜居宜游乐园"的目标不动摇，主动适应经济社会发展新常态，着力深化改革，着力加快发展，着力保障民生，深入实施"十大工程"，全力推进"六大发展"，促进全县经济平稳健康发展和社会和谐稳定。

根据这一总体要求，我县今年经济社会发展的主要预期目标是：

经济发展预期指标：地区生产总值增长6%左右，固定资产投资增长17%，社会消费品零售总额增长10%，公共财政预算收入力争完成市下达的计划任务。

民生保障指标：城镇常住居民人均可支配收入增长7%，农村常住居民人均可支配收入增长8%，城镇新增就业岗位1300个，城镇登记失业率控制在4.2%，居民消费价格涨幅控制在3%左右。

安全约束性指标：万元GDP综合能耗、万元GDP二氧化碳排放量、万元工业增加值用水量、二氧化硫、化学需氧量、氨氮、氮氧化物、烟尘、粉尘排放量九项约束性指标和安全生产指标完成省市下达任务。

在这些指标中，固定资产投资按市下达同比增长17%的考核任务，全年需要完成87.8亿元，我们必须全力以赴，千方百计抓紧抓好。公共财政预算收入，由于2014年税收完成基数较大，今年一次性税收减少6000多万元，加之营业税应税项目改成缴纳增值税的影响，初步预测今年公共财政预算收入为负增长，因此我们要广开税源，加大征缴工作，确保应收尽收，努力完成上级考核任务。

为实现今年工作目标，我们将着力抓好八个方面的工作。

（一）提振发展信心，抢抓机遇谋跨越。

当前，我国进入了经济增长换档期、结构调整阵痛期、刺激政策消化期"三期叠加"时期，经济发展进入新常态。大同市也进入了工业化城镇化中后期、资源城市成熟期、社会矛盾凸显和全面小康攻坚期、主导产业不振政府债务沉重经济遇冷期"四期叠加"的特殊时期。新常态下的大同县，既有全省、全市趋势变化的共性，也有自身后发内生动力不足的缺陷，固有的矛盾依然突出，特别是14万农业人口中，还有近4.3万农村人口处在贫困线下，随着各种利益的不断调整变化，新问题、新情况、新

挑战会不断出现，但加快发展，在发展中破解各种难题，仍然是全县工作的第一要务。

尽管我们面临着诸多的困难与问题，但从辩证的角度看，我们将迎来新的发展机遇。从宏观政策上看，我县作为燕山—太行山连片特困地区国家级扶贫开发重点县，随着全面建成小康社会扶贫攻坚力度加大，国家京津冀协同发展、"一带一路"战略实施、支持晋冀蒙（大张乌）长城金三角区域合作深化，这些宏观政策红利的逐步释放，都会成为我县经济社会发展的强大动力支持。从发展优势上看，随着大同市战略东移和产业转型，独特的区位、交通、生态、土地、水源等立地条件，使我县与大同市的发展联系更加紧密，近郊区位优势将更加凸显，市级装备制造、医药、现代物流、新能源光伏园区的建设推进，大张客运专线、国电2×100万千瓦火电等项目的启动建设，重大项目拉动、支撑县域经济发展的格局正在形成。从发展前景上看，随着人们对生活品质、生态环境的更高追求，我县的生态、火山、温泉、湿地等旅游资源和黄花、杂粮、蔬菜、杏果等特色产业，必将成为吸引人才、资本、技术等要素的重要舞台，为打造特色城郊经济、现代旅游服务业、都市休闲观光采摘业，提供了得天独厚的便利条件。

上述利好因素，就是我们坚定信心、加快发展的基础。信心比黄金更重要。我们必须坚定信心不动摇，自我加压不懈怠，主动适应新常态，牢牢把握新机遇，不断开拓新局面，努力做出无愧于时代的新业绩。

（二）抓住关键环节，深化改革求突破。

以综改转型为统领，全面深化重点领域、关键环节改革，争取在全局性及关键节点改革事项上取得突破，增强发展动力和活力，推动全县经济社会新发展。

深化土地制度改革。扎实做好5个乡镇85个行政村23.06万亩农村土地承包经营权的确权登记颁证工作，有序推进农村土地流转。完成农村宅基地使用权确权登记发证工作。调整完善土地利用

规划,加强耕地保护,加快耕地后备资源开发。完成城乡建设用地增减挂钩项目和全国永久性基本农田划定工作。

深化财税制度改革。深化预算管理制度改革,完善政府预算体系。加强对重点税源管控和税收稽查。严格控制"三公"经费和一般性支出,集中财力支持重大基础设施和重大民生建设。

深化户籍制度改革。着力做好户口迁移政策的调整、人口管理和保障农业转移人口及其他常住人口合法权益,推进落户人员各项社会保障政策的落实,努力健全就医、就业、就学等相关配套措施建设。

深化民生领域投资制度改革。出台土地、资金扶助政策,支持民营资本参与转型综改试验重大项目建设,扩大民间资本市场准入范围,降低准入门槛,鼓励和吸引社会资本通过多种方式,合作参与政府项目建设,多渠道筹措建设资金。

深化政府机构改革。完成食品、药监、工商、质监行政管理体制和卫生、计生部门管理体制改革,完成人员调整,理顺职责关系。全面推行政府部门权力清单制度,切实推动政府职能转变。

深化金融服务改革。落实全省金融振兴意见,加快推进农村金融改革,完成大同县农信社改制。加强社会信用体系建设,防范打击非法集资,优化金融环境。健全政银企有效合作机制,创新中小微企业融资扶持机制,解决中小微企业资金困难。

深化医药卫生体制改革。巩固完善基本药物制度,加快推进公立医院改革,规范促进基本公共卫生服务,全面抓好卫生信息化建设。继续推进以五医院为龙头的医联体建设和县医院对口支援乡镇卫生院工作。

深化小型水利工程管理体制改革。探索建立水权交易依法有序流转机制;理顺小型水利工程产权关系,构建起管理顺畅的运行机制;建立健全小型水利工程管理体制、管理模式、运行机制、经费保障和管理监督机制。

(三)扭住重点项目,夯实基础强实力。

持续推进"百企强县"工程,坚持"六位一体"重点项目推进机制,扎实开展"项目提质增效年"活动,严格落实县级领导包联项目责任制,开工建设一批大项目,建成一批好项目,谋划一批新项目。

——力促同华矿机矿山运输机械皮带设备项目、大同恒岳重工二期挖掘机项目、万昌物流配送中心项目、大同市明通农副产品冷链物流配送项目、玉鑫农牧食用酒精项目、山西羊大大肉羊养殖项目、锄禾农业设施建设项目、中国大同论坛建设项目、栋梁铝型材建设项目、菲尼克司葡萄种植基地10个在建项目达产达效。

——积极推进大张客运专线大同县段建设项目、华阳玛里纳无水港项目、威厚IT国际产业园项目、大同航校迁建项目、惠瑞药业冻干粉针剂项目、大同金洋物流配送中心建设项目、晋能黄花菜深加工建设项目、大同县三利脱水黄花加工项目、大同县兴农黄花菜食品深加工项目、大同恒升千头奶牛养殖园区10个项目建成运营。

——加快完善前期手续,促成国电电力湖东2×100万千瓦电厂项目、大唐国际湖东热电联产2×35万千瓦电厂项目、大同温泉文化产业园项目、山西世纪新盛3万千瓦光伏发电项目、大同县协和新能源3万千瓦光伏发电项目、山西双良5万千瓦光热发电项目、广东汕头美家家俱城项目、铁路非标制造(搬迁)项目、矿机制造激光修复项目以及冰山冷冻产品维修10个前期项目具备落地、开工条件。

——紧盯国家产业政策和投资方向,以农副产品加工、商贸物流,园区设施建设,城乡建设、火山、温泉、湿地开发,文化旅游、节能环保和民生项目为重点,抓好项目策划、包装、储备和申报,持续充实千亿元以上动态储备项目库。

——加大招商引资力度。落实招商优惠政策,创优招商环境,用足用活国家政策,为项目引进搭建平台。加强融资平台建设,进一步激活民间投资,健全投融资担保体系,提高项目的后续发展能力。

(四)立足资源特色,做大龙头强产业。

以特色产业为支撑,加快推进农业产业结构调整，在"优、特、高、深"上下功夫，推进产业深度融合，打造全产业链，构建产业特色鲜明、基础设施齐备、服务体系完善的现代农业新格局。

1. 加快农业产业结构调整。持续推进"百园立农"工程，继续做大做强黄花、蔬菜、杂粮、规模养殖、林下经济五大产业。一是做精黄花产业：继续实行对新增黄花面积补贴政策，新发展黄花面积1万亩。巩固做好西坪、倍加造2个两万亩精品片建设；加大对三利、永翔、天特鑫等黄花龙头企业的扶持力度，提升黄花加工、产品研发能力，拉伸产业链，提高附加值。二是做优蔬菜产业：发展露地蔬菜5万亩。抓好吉家庄、峰峪、党留庄等专业乡镇蔬菜基地建设；以现代农业示范园区为龙头，引进和推广新品种新技术，扩大食用菌和大棚葡萄、油桃生产，提高设施蔬菜种植效益。三是做大杂粮产业：发展杂粮20万亩。做好10万亩优质绿豆、5万亩优质马铃薯生产基地建设，积极引办杂粮加工和销售龙头企业，提高杂粮种植效益。四是做强畜牧产业：培优做强一批具有示范带动作用的规模养殖场和养殖专业合作社。扶优做强羊大大、泽财、科迪和吉昌为重点的肉羊规模养殖；发展好以周士庄镇为重点的双百万只蛋鸡养殖基地；巩固发展好鼎胜、三江肉牛养殖场；培育好倍加造镇春源万头肉猪养殖场。五是做好林下产业：积极探索林下产业发展新路子，引进以黄芪为主的林下药材种植模式，推广以养鸡为主的林下养殖模式，在保障生态效益的基础上，提高我县林业的经济效益，实现林业产业的健康发展。

2. 夯实农业农村发展基础。加强农田水利、农业综合开发、土地整理、小流域治理，不断提升农业增收潜力和发展承载能力。投资2300万元，完成吉家庄乡、周士庄镇小型农田水利重点县项目；投资1821万元，完成瓜园乡1.3万亩高标准农田建设示范工程；投资8700万元，完成农田整理项目和耕地占补平衡项目；大力实施农村饮水安全工程，完成10个村5400人的建设任务；扎实推进全省农机综合示范县创建活动，完成农机购置补贴资金600万

元、玉米机收秸秆还田6万亩、机械深耕作业4万亩。

3. 打好扶贫开发攻坚战。整合资金，完成吉家庄、聚乐、周士庄、西坪扶贫移民搬迁工程；投资3137万元，完成西坪、瓜园、峰峪、聚乐等5个乡镇20个贫困村扶贫产业项目；做好"百企千村"产业扶贫开发，积极推进金融扶贫小额贷款富民工程，做好"强农贷、富农贷"发放工作；积极争取2015年中央专项彩票公益金支持革命老区小型公益设施建设项目；高起点、高标准制定全县扶贫规划和2015年行动计划；深化扶贫工作机制，落实驻村帮扶工作措施，科学制定产业规划，确保帮扶到位，做到包一户成一户带一片，实现6500人精准脱贫目标。

4. 提升农业综合发展水平。建立健全农产品质量安全监管、农业保险、农业技术推广、动植物疫病防控等公共服务体系。积极推进农村合作经济组织规范化管理，年内建成省级示范社3个、市级示范社6个。

（五）统筹城乡发展，打造宜居新城镇。

按照"大县城、特色镇、中心村"的发展思路，持续推进城镇提质、城乡安居工程，加快旧城改造、新区开发和小城镇建设，提升城市承载辐射功能。

1. 强化规划管控。完成《县城总体规划》等3个大的规划和《城南街街景详细性规划》等6个专项规划的评审报批。尊重规划，严格按照规划建设，维护规划的严肃性。

2. 加快推进城镇基础设施建设。加快推进新区土地出让，争取新区主干道路早日开工建设；投资1600万元，完成东街道路东段至火山地质公园广场道路建设；投资520万元，开工建设2个县城集贸市场；投资1600万元，完成大同火山群国家地质公园基础设施建设；投资1600万元，完成县城供水管网改造工程；投资1700万元完成垃圾转运站新建任务；投资3400万元，完成渔儿涧—册田21千米县道改造工程；完成县城体育馆和数字影院后续工程，年内实现启用。

3. 切实改善城乡居住条件。积极推进县城棚

户区改造，争取贷款支持，投资新建保障性住房1249套；完成农村抗震改建房2900户，农村困难家庭危房改造3000户。

4. 提升城乡管理水平。大力开展爱国卫生运动，加强城市综合管理，持续推进城乡清洁工程，加快推进机构改革整合，探索环卫市场化运行机制，建设新市场，坚决取缔违法占道经营，严厉查处整治各种违法占地、违法建设行为，改善城市环境面貌，强化小区物业管理，提升城市精细化管理水平，营造洁净舒适的人居环境。抓好农村安居工程、环境整治工作、宜居示范工程，改善农村人居环境。

（六）坚持绿色发展，打造生态新亮点。

持续推进生态建设工程，提升生态建设档次，放大生态发展优势。

1. 加大生态建设与保护。完成生态绿化3.8万亩（人工造林1.9万亩，薪炭林0.63万亩，干果经济林0.4万亩，市县造林0.2万亩和其他林业工程0.67万亩），义务植树40万株，生态移民1600人。加强乡村及周边环境绿化，完成村庄绿化20个、道路绿化50千米，着力构建"村在林中、院在绿中、人在景中"的乡村生态格局。大力发展苗木产业，育苗面积实现1.6万亩。着力推进锄禾生态观光园苗木生产基地建设，新增育苗面积0.32万亩。加强森林管护，做好护林防火和封山禁牧工作，严厉打击毁林行为，做到栽一片、成一片、绿一片。

2. 狠抓节能减排工作。推进节能技术改造和工业能效提升。依法淘汰落后产能，严禁引入高污染、高能耗的企业和项目。严格实施污染物排放总量控制，加强大气、水源污染防治，加大"黄标车"及老旧车淘汰力度，全面完成节能减排任务。着力推进城乡生活垃圾无害化处理，完成县城垃圾无害化处理场和污水处理厂提标工程建设任务。加大农业污染源防治，完成红星农牧场、三江养殖专业合作社、上榆涧万胜养殖专业合作社、太康牧业有限公司污染减排建设工程。

（七）兜住民生底线，织牢社会保障网。

尽心竭力办好兜底民生，强化基础民生，关注热点民生，推动民生工作上水平。

1. 优先发展教育事业。持续推进"1＋6"教育综合改革，进一步优化中小学布局调整和教育资源配置，实现义务教育均衡发展。狠抓中小学教学质量管理，推进特色化办学。加快发展现代职业教育，推进县职中与汇林集团融通办学，探索具有大同县特色的办学新路。落实好第二个学前三年行动计划和义务教育薄弱学校改造工程，努力改善办学条件。制定《大同县教育"十三五"发展规划》。坚持科技创新，做好专利宣传、申报工作。

2. 提高城乡居民收入。继续实施收入倍增工程，通过产业带动、劳务输出，提高农民经营性收入。严格落实农资综合补贴、良种补贴、农机购置补贴等各项惠农支农政策，提高农民政策性收入。健全工资收入分配制度，提高城镇居民收入，合理调节企业工资收入分配，适时调整最低工资标准。严格执行国家有关工资、福利政策，调整机关事业单位工作人员的工资及福利待遇。

3. 着力提升社会保障水平。着力提高养老、失业、医疗、工伤保险水平。摸清底数，用足政策，筹措资金，逐步解决国有企业退休职工养老保险问题。完善对城乡低保家庭的分类施保工作，实现动态管理下的应保尽保；加大新农合保障水平，新农合参合率继续保持在95%以上；全力做好就业培训工作，抓好城镇新增就业和农村劳动力转移。进一步落实失地农民社会养老保险相关政策，保障农民的基本权益。

4. 提升社会综合治理水平。推进信访信息化建设，全面实行网上受理信访制度。强化重大事项社会稳定风险评估，健全基层社会服务网格化管理体系，有效预防和化解社会矛盾。落实安全生产"党政同责、一岗双责"制度，加大重点行业、重点领域安全生产整治力度，实行安全生产"打非治违"常态化，坚决杜绝重特大事故发生，防范一般性安全生产事故的发生。完善法律援助和司法救助体系，完成好"六五"普法验收各项工作，积极推进法律服务惠民工作。

5. 统筹推进社会事业发展。加大税费收缴力度，严厉打击偷逃税费行为，确保应收尽收。加大对刑事犯罪打击力度，全面完成"六网覆盖"工程，提升治安打防管控能力。持续推进"名城复兴"工程，做好小坊城龙王庙维修保护工作。加大文物保护力度，提升全民文物保护意识。搞好文化惠民工程，认真做好县级"三馆一院"建设，办好《火山文化》《平城文苑》，搭建文化生活平台，提高群众文化素质。开展全民健身活动，促进群众体育，提高全民健康生活水平。全面加强卫生应急体系建设，扎实推进疾病防控、妇幼保健工作，努力提高公共卫生管理能力。做好全国第二次地名普查和大同县—浑源县、大同县—南郊区的行政区域界线联检工作。严格落实计划生育政策，积极支持工会、共青团、妇联等群团工作。大力发展老龄、残疾人和红十字会等社会事业。加强应急管理、防灾减灾工作。抓好统计、人事、审计、监察、双拥、气象、地震、人防、史志、档案、外事、民族宗教等工作。

（八）加强自身建设，提高政府执行力

各位代表，新形势赋予新使命，新常态要有新作为。我们要以"三严三实"专题教育活动为契机，不断强化政府自身建设，不断提高政府工作水平，努力打造创新型、法治型、服务型、务实型、廉洁型政府。

1. 打造创新政府。提高发展站位，主动适应新常态，把思想解放、改革创新融入到政府工作各领域，让工作部署更加切合实际，政策措施更加富有成效。把握机遇，立高标杆，在全县、全市、全省乃至更大的范围争先进、上水平、创一流。坚持超前谋划，准确把握发展趋势，深入研究重大课题，广泛征求意见，科学编制"十三五"发展规划。敢为人先，借鉴成功经验、创新成果，学以致用，加快赶超，以创新激发活力，增添发展动力。

2. 打造法治政府。把政府工作全面纳入法治轨道，运用法治思维和法治方式深化改革、推动发展、化解矛盾、维护稳定。积极推进"六权治本"，坚持法定职责必须为、法无授权不可为，严格按照法定权限和程序行使权力、履行职责。深化政务公

开，逐步建立"权力清单""负面清单""责任清单"制度，做到决策公开、管理公开、服务公开、结果公开。自觉接受县人大的法律监督、工作监督和县政协的民主监督，依法及时高效办理代表、委员议案提案。广泛听取社会各界人士的意见建议，主动接受公众监督和舆论监督。

3. 打造务实政府。要把务实作为一种责任要求和工作常态。把"严"的作风和"实"的干劲落到工作的方方面面，摆脱换挡焦虑，克服本领恐慌、浮在面上、沉不下去、工作疲沓、心态浮躁的不良作风，突破守摊子、保位子观念束缚，亲力亲为，敢抓敢管，敢闯敢干，以踏石留印的精神、抓铁有痕的劲头，抓好工作落实。要少说多做、说到做到，真抓实干、争先进位、争创一流，把全部心思和主要精力集中到抓工作上，汇聚经济社会发展正能量。

4. 打造服务政府。加强政务服务规范性建设，拓展政务服务功能，提升政务服务水平，充分发挥政务服务大厅、"12345"政府服务热线、政府OA系统、信访服务中心、电子监察等公共服务平台作用，打通联系服务群众"最后一千米"。紧盯发展目标任务，围绕企业发展、项目建设和基层群众，主动作为不懈怠，靠前服务不松劲，久久为功、善作善成，用作风大转变、服务大提升，助推全县经济大发展。

5. 打造廉洁政府。坚决落实党风廉政建设主体责任和"一岗双责"，坚持以零容忍态度严肃查处各类违法违纪案件。加强岗位权力风险防控机制建设，用制度管权、管事、管人、管钱，扎紧制度笼子，防范权力越线。推动公务用车制度改革，完成全县行政机关和参公单位公务用车改革。严格执行中央八项规定，驰而不息遏制"四风"，严肃财经纪律，严控"三公"经费，把有限的资金尽可能多地用于民生、用于发展。

各位代表，新常态蕴含新机遇，新征程承载新希望。让我们在县委的坚强领导下，凝心聚力，务实担当，积极作为，为全面完成"十二五"规划目标、建设现代城郊型新大同县、打造宜业宜居宜游乐园而努力奋斗！

大同县国民经济和社会发展第十三个五年规划纲要

　　"十三五"时期是大同县实现全面建成小康社会的决胜阶段，是扶贫开发攻坚克难的关键时期，也是我县实现赶超跨越的战略机遇期和黄金发展期。《大同县国民经济和社会发展第十三个五年（2016—2020年）规划纲要》，是根据《中共大同县委关于制定国民经济和社会发展第十三个五年规划的建议》编制，主要明确我县未来五年经济社会发展的宏伟目标、主要任务和重大举措，是全县人民的共同愿景、政府履行职责的重要依据和引导市场主体行为的重要参考，对我县抢抓机遇，推动"十三五"时期经济社会发展具有纲领性意义。

第一章　"十三五"规划实施情况

　　"十二五"期间，面对错综复杂的宏观环境和经济调整压力，在市委、市政府的坚强领导下，大同县委、县政府团结带领全县人民，按照"四个全面"战略布局，着力推进"五大发展"，以转型综改试验区建设为切入点，加快转变发展方式，推动产业结构调整和转型升级，加强生态环境保护和县域基础设施建设，提高社会治理水平，完善社会保障和改善民生工作，在经济发展、产业转型、城乡建设、改革开放、社会事业和民生保障等领域迈上了新台阶，全面提升了全县综合实力和竞争能力，实现了经济社会可持续发展，全面完成了"十二五"规划确定的发展目标，为"十三五"发展奠定了坚实基础。

第一节　经济发展稳中有进

　　"十二五"期间，我县地区生产总值稳步增长，从2011年的17.78亿元，增加到2015年的25.85亿元，平均增长速度11.76%，高于全国平均水平，也高于大同市的9.4%。

　　全县财政总收入从2011年的2.92亿元增加到2015年的3.52亿元，年均增长4.75%。公共财政收入从2011年的1.13亿元增加到2015年的1.73亿元，年均增长11.12%。

第二节　产业转型蓄势待发

　　全县农牧业规模与效益同步增长，工业经济具备发展潜力，质量逐年提升，服务业发展速度与比重同步提高。2015年第一产业增加值完成7.56亿元，比上年增长2.9%；第二产业增加值完成5.55亿元，比上年下降6.6%（其中，工业完成增加值4.06亿元，比上年增长9%）；第三产业（服务业）完成增加值12.74亿元，比上年增长9.1%。第一、第二、第三产业对全县生产总值增长的贡献率分为：22.5%、-6.6%、84.1%。

　　"十二五"期间，全县围绕小杂粮、蔬菜、黄花、畜牧、林果五大产业，发展优势产品，优质小杂粮种植面积达到了 15 万亩，高产玉米种植面积达到了 30 万亩以上，粮食生产总量保持在 1.8 亿斤左右，蔬菜种植面积达到了 5 万亩，产量达到了 20 万吨，特色产品黄花种植面积达到了 9.6 万亩，总产量达到了 1000 万斤以上，总收入达到 2 亿元。2015 年全县实现农林牧渔业总产值 13.98 亿元，比上年增长 2.4%。

2015 年，我县共有规模以上工业企业 18 家，恒岳重工、华青活性炭、万昌物流、陕汽重汽、同华矿机二期、玉鑫农牧、栋梁铝材、惠瑞制药等一批项目运营生产，为我县经济发展注入了新的动力。中小微企业示范园建成后，将吸纳一批企业入驻，与大同市产业进行协同，成为今后经济发展的助推力和增长点。这些重点项目的建设和储备，为我县产业转型，新兴工业发展和创新发展奠定了坚实基础。

第三节　城乡建设步伐加快

至 2015 年末，全县境内公路通车里程达到 1544 千米，其中：国道通车里程为 46 千米、省道 127 千米、县道 286 千米、乡道 733 千米、村道 352 千米，路网密度达到 104.4 千米/100 平方千米。全县投资约 1.5 亿元，完成了 910 千米农村街巷硬化工程，所有行政村实现了街巷硬化"全覆盖"。

累计完成土地治理面积 4.84 万亩。新打机井和修复配套机井 163 眼，输变电线路配套 79.9 千米，安装变压器 48 台，埋设节水管道 233.7 千米，改良土壤 2.24 万亩，修建机耕路 71.2 千米，建设渠道建筑物 993 处，农田林网植树 0.172 万亩。农村人居环境不断改善。以新农村建设为引领，不断改善农村人居环境建设。五年时间，全县共投入十多亿元开展了基层设施改善，城乡清洁，危房改造，宜居美丽示范村建设等一系列工程，使全县农村人居环境不断美化、亮化，涌现出省级美丽宜居示范村 2 个，市级 6 个。

第四节　改革开放不断深化

"十二五"时期，我县发展环境发生重大变化，改革任务艰巨繁重。在市委、市政府的正确领导下，县委、县政府团结带领全县人民，积极面对经济下行压力，妥善应对经济增速趋缓、金融危机持续影响等一系列重大问题，主动适应经济发展新常态，围绕"建设现代城郊型大同县，打造宜业宜居宜游乐园"目标，不断深化改革，形成了一批有特色、可复制、可推广的范例。以经济体制改革为牵引，各领域改革有声有色，科技示范推广项目实施了西坪镇 1500 亩黄花特色基地建设项目和杜庄村 200 亩脱毒马铃薯示范推广作用。招商引资五年累计引进资金 1336.6 亿元，签约 121.4 亿元，落地项目 71.3 亿元，开工 57.1 亿元，建设 29.2 亿元，投产项目 44.2 亿元。投资行业领域涉及装备制造、农产品加工、医药、物流等，对经济结构调整和发展方式转变起到很大作用。

第五节　社会事业全面提升

过去五年，科技、教育、文化、卫生、计生等社会事业取得显著成绩。"1 + 6"教育综合改革持续深化，基础教育质量得到提升，在教育的目标任务、投入机制、管理机制等方面进行了多层次、多角度的改革尝试，激活了社会各方面支持教育发展的积极性，其中，城镇幼儿入园率达到了 91.2%，农村达到了 80.3%。全县拥有数字影院一座，县级文化馆、图书馆、体育馆各一个，乡镇文化站 10 个，村级文化室 175 个。全县拥有县级医疗卫生机构 6 个，乡镇卫生院 10 个，卫生院分院 6 个，农村卫生室 159 个。全县卫生和计划生育工作以项目为载体，以农村为重点，狠抓卫生计生体制改革、预防保健、医疗质量和卫生计生行政执法等工作，取得了巨大成绩。群众性健身活动蓬勃开展。地震、应急、老龄、残联、民族宗教等各项工作全面进步。

第六节 民生保障得到改善

"十二五"期间,全县财力的70%以上用于民生、民本、民利项目支出,城乡居民生活质量不断提高。2015年,全县居民人均可支配收入为10740元,比上年增加828元,增长8.4%,其中:城镇居民人均可支配收入为17065元,比上年增加1302元,增长8.3%,农村居民人均可支配收入为7675元,比上年增加594元,增长8.4%,在岗职工平均工资为52043元,比上年增加13774元,增长35.9%。贫困人口由上年的36800人减少到28700人,年内净减少贫困人口8100人,全县贫困村减少到71个。到"十二五"期末,全县城镇职工基本养老、医疗、失业、工伤、生育五大保险参保人数达7998人、30101人、7615人、11160人、14596人。城乡居民参保人数70954人,机关事业单位养老保险参保人数4939人。全县新农合以村为单位覆盖率达到100%,截至2015年,参合农业人口总数为120849人,参合率达到96.2%,新农合年人均筹资标准由2010年的230元提高到470元。补偿方案进一步优化,政策范围内住院费用报销比例提高到75%左右,新农合基金使用控制合理,基金运行平稳。

第二章 "十三五"时期发展环境 发展思路及战略定位

第一节 发展优势

(一)交通区位的辐射优势

我县紧邻大同市区,位于市区东部门户位置,处于大同市与京津冀地区联系的主要方向上,所处区域(大同市)是全国性综合交通枢纽,是沟通华北、西北、东北和三晋腹地联系的重要交通节点,同时位于我国西北北部出海运输大通道沿线。县域公路有京大、得大、天大、同源4条高速公路以及208国道、109国道、S301省道、S302省道、S203省道、S339省道等经过。铁路有京包线、大秦线、大准线和在建的大张高速铁路。素有我国"能源大动脉"之誉的大秦铁路的重要枢纽——湖东编组站,位于县域杜庄乡,湖东编组站也是我国第一座电气化重载列车大型编组站。此外,山西省第二大民用机场——大同云冈机场位于大同县倍加造镇。公路、铁路、航空形成的立体交通体系,成为我县汇聚各种资源的核心节点,为实施开放引领战略奠定了坚实条件。

(二)产业临近的发展优势

2012年3月22日,国家住建部正式批复同意大同市进行城市总体规划修改。修改方案提出将大同县的周士庄镇、倍加造镇、党留庄乡、杜庄乡部分用地纳入城市规划区范围。市区快速发展对建设用地的需求与市区拓展空间有限的事实,客观上使我县具备承接市区部分职能(如工业、职业教育等)的功能;市、县的地缘优势,中心城市新的战略定位,将为我县依托市区、甚至更大区域寻求发展机遇创造了条件。随着大同市战略东移和产业转型,独特的区位、交通、生态、土地、水源等立地条件,使我县与大同市的发展联系更加紧密。大同市正处于工业化推进阶段,为我县开展招商引资,承接产业转移,加快工业结构调整创造了有利条件。县域西部已经成为市区非煤产业承载区,也是大同市新经济积聚地域。

(三)文化旅游的潜在优势

我县在历史上长期处于农耕文明与游牧文明交融地域,其紧邻的大同市历来为国家的战略重镇,在历史上,更有"一代京华、两朝陪都、华夏重镇"的辉煌历程。在漫长的历史演进过程中,我县积淀了厚重的以边塞文化为特征的地方传统文化。县域有古文化遗址、古建筑、古战争遗址、古墓葬、古庙宇等多处文化遗存和丰富的非物质文化遗产。县域自然景观资源品位高、特色鲜明,而且地形山水兼备、组合度良好。有被誉为"东亚大陆珍稀自然遗产"、"火山地质博物馆"的大同火山群，土林特色地貌景观，山西省第二大水库——册田水库（桑干湖），被誉为塞北"九寨沟"的乌龙峡等。厚重的文化底蕴、丰富的旅游资源、良好的生态本底，为我县发展特色文化旅游业奠定了坚实的基础。目前，已成功申报大同西坪国家沙漠公园和大同桑干河国家湿地公园，基本上形成了以火山公园为龙头、以沙漠公园和湿地公园为两翼的旅游起飞阵式。

（四）生态养生的天然优势

大同县年日照时数达 2834 小时，年平均气温 6.3℃，无霜期 132 天以上。分布于西坪镇水头村的优质锶型矿泉水，矿区范围 0.064 平方千米，地质储量 8 吨/小时，年流量 8.76 万吨，由山西省天然矿泉水鉴定委员会核发了天然矿泉水年检合格证书，为稀有富锶优质泉水。瓜园乡的李汪涧村地热资源相对集中，并于 2011 年成功地开凿出大同市近郊第一口温泉深井。全县有各类林地面积 95.0 万亩，森林覆盖率 33.8%，县域有森林公园 2 个，分别是吴阳森林公园和采凉山森林公园，自然保护区 2 处，分别是桑干河自然保护区和六棱山自然保护区，国营林场 4 个，分别是落阵营林场、九梁洼林场、桦林背林场、长城山林场。此外，全县有湿地面积 6 万余亩。这些自然条件成为我县发展康养产业得天独厚的优势。

（五）资源禀赋的开发优势

我县土地资源丰富，农业发展基础较好，农业地区比较优势较为明显，处于大同市 12 个县区的前列。县域种植业主要以玉米、小杂粮、黄花、蔬菜、林果、马铃薯为主，现已建成优质玉米、黄花、露地蔬菜、小杂粮、林果、马铃薯六大种植基地。按照"高产、优质、高效、生态、安全"要求，全面推行农业标准化，初步形成了有标可依、按标生产、凭标流通的农业标准化工作局面。全县累计通过认定无公害农产品产地 7 个、认证无公害农产品 30 个，大同黄花和大同小明绿豆是中国地理标志产品。县域火山岩、玄武岩、石灰岩、花岗岩、白云岩等非金属矿产储量较为丰富，其中玄武岩分布广、储量大、利

于规模开采利用，主要分布于瓜园乡、许堡乡一带，储量约为 6 亿立方米，目前尚未开发利用。玄武岩石料深加工制成的玄武岩纤维及其复合材料可以较好地满足国防建设、交通运输、建筑、石油化工、环保、电子、航空、航天等领域结构材料的需求，对国防建设、重大工程和产业结构升级具有重要的推动作用。随着人们对生活品质、生态环境的更高追求，我县的这些资源禀赋将是吸引人才、资本、技术等要素的重要筹码，为打造特色城郊经济，提供了无可比拟的便利条件。

（六）宏观政策的组合优势

我县作为燕山—太行山连片特困地区，从宏观政策上看，《中共中央关于制定国民经济和社会发展第十三个五年规划的建议》提出，"十三五"时期我国现行标准下农村贫困人口实现脱贫、贫困县全部摘帽、解决区域性整体贫困。习近平总书记要求谋划好"十三五"时期扶贫开发工作，明确了精准扶贫、精准脱贫的基本方略。我省是全国扶贫开发重点省份，受经济下行等因素影响，2015年以来各级财政出现严重困难，但省上仍明确提出，省级财政要持续加大扶贫资金投入，提高扶贫支出占一般公共预算支出的比重，确保年度财政扶贫资金投入总量和增幅保持"双增长"。省上同时提出，要引导社会资本投入扶贫开发，强化金融支持，强化扶贫资源整合机制。要赋予贫困县更多扶贫资源整合使用的自主权，支持贫困县以脱贫攻坚规划为引领，以重点扶贫项目为平台，对专向扶贫资金、相关涉农资金和社会帮扶资金捆绑集中使用，解决突出问题。大同市在"十三五"期间将建设区域性中心城市，将从城市品质、产业发展、市场体系和文化交流几个方面加快推动区域化，为我县利用相关政策提供了积极条件。此外，国家京津冀协同发展，"一带一路"战略实施，支持蒙晋冀（乌大张）长城金三角区域合作深化，这些宏观政策红利的逐步释放，都会成为我县经济社会发展的强大动力支持。

第二节　指导思想

高举中国特色社会主义伟大旗帜，深入贯彻党的十八大及十八届三中、四中、五中全会精神，以马克思列宁主义、毛泽东思想、邓小平理论、"三个代表"重要思想、科学发展观、"四个全面"为指导，牢固树立和贯彻落实创新、协调、绿色、开放、共享发展理念，积极适应经济社会形势的新变化，牢牢抓住以京津冀协同发展为牵引的新一轮改革开放的战略机遇，认真践行新时期国家关于全面建设小康社会、全面深化改革、创新驱动发展、生态文明建设、推进新型工业化、新型城镇化、农业现代化等一系列战略部署，以转型综改试验区建设为统领，全面协调推进经济建设、社会建设、文化建设、生态建设，开启县域经济发展新模式。

第三节　基本原则

——坚持创新驱动、绿色引领的原则。深入实施创新驱动战略，促进发展动力升级，推动科技创新、产业创新、企业创新、市场创新、产品创新、业态创新、管理创新等，加快形成以创新为主要引领和支撑的经济体系和发展模式，形成大众创业、万众创新的生动局面；同时，坚持绿色引领，把生态文明建设融入经济、政治、文化、社会建设各方面和全过程，协同推进新型工业化、城镇化、信息化、农业现代化和绿色化。

——坚持市场主导、政府引导的原则。坚持发展市场经济，使市场在资源配置中起决定性作用和更好发挥政府作用，积极转变政府职能，强化企业的市场主体地位，积极发挥政府在战略、规划、政策、标准等方面的引导作用。增强规划的约束力，通过规划有效引导和调控市场主体的行为。政府主要针对关系发展全局而且存在市场失灵的重要领域编制规划，凡是市场机制能够充分发挥作用的领域，要减少不必要的政府干预。

——坚持整体推进、重点突破的原则。坚持全县发展一盘棋和分类指导相结合，统筹兼顾，分类指导，重点突破，整体推进经济、政治、社会、文化、生态文明建设；同时，抢抓大同市区域性中心城市建设、"京津冀协同发展"、"北京冬奥会"、"互联网＋"、"乌大张长城金三角经济合作区"与"扶贫攻坚"等重大历史机遇，围绕经济社会发展重大需求，整合资源，突出重点，实施若干重大工程，实现领先发展、率先突破。

——坚持统筹兼顾、多规合一的原则。坚持处理好与国家、省和县已出台且执行期涵盖到2020年的相关发展规划、重要文献和政策文件的关系，以保持规划实施的连续性、一贯性和严肃性。推进国民经济和社会发展规划、城市总体规划、土地利用规划、生态环境功能区规划、旅游规划等"多规合一"，形成"一张蓝图、一个信息平台、一张表格、一套运行机制"的"四个一"成果。

——坚持以人为本、关注民生的原则。坚持经济发展以保障和改善民生为出发点和落脚点，明确发展方向，规划解决好人民群众最关心、最直接、最现实的教育、医疗、就学、就业、收入、养老、社会保障、食品安全等重要问题。加快提高城乡居民收入，坚决消除贫困，保护生态环境，完善社会治理，建设美丽幸福家园，让改革发展成果更多、更公平、更实在地惠及广大人民群众。

第四节　发展思路

（一）正确认识我县城郊型经济发展现状

我县虽然有明显的区位优势和相对便利的交通条件，但由于煤炭等自然资源贫乏，缺乏带动性强的大中型企业，只能通过发展农业和第三产业来推动经济的发展，城郊型经济发展水平较低，工业倚重的状况不太明显，经济发展仍局限于本县范围之内，缺少与周边大中城市的经济联系与互补，严重制约了县域经济的快速发展。相较而言，大同市西部的左云县矿产资源丰富，尤其以煤炭资源最为丰富，分布广、煤层浅、煤质好，总储量约170亿吨，是全国优质动力煤基地县，第二产业占生产总值比重接近50%；怀仁县虽然隶属朔州，但临近大同，全县探明矿产的有39种，其中煤炭储量44亿吨、高岭土储量2.2亿吨、硝铁矿200万吨、铝土矿588.6万吨、石灰石近100亿吨，县域城镇化率和经济总量都很可观。资源拉动成为上述城郊型县域经济发展的主要推动力，而区位和市场等优势在其经济发展中的作用不太明显。

"十二五"及此前很长时期，大同市作为区域增长极在经济发展中积累了巨大优势，包括强大的工业力量、便捷的交通通信系统、完备的基础设施、优越的生产协作条件、雄厚的资本和集中的消费市场，再加上技术进步、工业布局指向性的变化，更进一步突出了其作为区域中心城市的优势，对周边经济发展构成极化效应。由于中心城市所拥有的先进产业对生产要素产生强大吸引力，周围地区的生产要素和经济活动不断向其集中，从而加快了大同市的发展，但同时拉大了区域间的不平衡，这种极化效应对我县发展形成负面抑制。按照国际经验，城市人均GDP超过5000美元，城市化率超过50%时，城市发展便从数量扩张向质量提升转变，其中包括区域平衡发展问题。伴随着我国经济步入新常态，"十三五"时期，大同市主城区的"极化效应"将开始逐渐惠及周边，形成"涓滴效应"。因此，探索城郊型非资源县域经济发展路径，开启我县经济发展新模式成为"十三五"时期我县经济社会全面发展的基本要义。

（二）从需求出发寻找发展突破口

发展城郊型经济，是"十三五"时期城区和城郊双方经济发展的内在需求和必然趋势。现实情况表明，大同城区工业密度已趋于饱和，其发展受到劳动力、空间等因素的制约，必须要向城郊扩展；我县作为大同市工业的首要腹地，有着广阔的发展空间和充足的劳动力，而城区在技术、管理、人才、信息等方面的优势，又为我县城郊经济的发展提供了有利条件；城区交通运输和基础设施的延伸，为城

区和城郊经济协作网络的形成，提供了一般乡村所没有的物质前提；城区和城郊汇聚而形成的丰富的经济资源，包括资金、物资、土地、建筑物、劳动力等，有利于通过调整产业结构，优化组合，形成新的社会生产力，获得更高的经济效益。我县必须以县域资源和现有发展水平为基础，充分发挥城郊县的区位优势、市场优势、科技和人才等优势，积极承接大同及泛区域京津冀城市的产业转移，确立县域主导产业，以主导产业为县域经济增长级，带动其他产业的发展，实现县域产业与大同中心城市产业的有效对接。

（三）重视战略思维运用

1. 实施聚焦战略，将有限的资源用在有限的目标上，在县域经济发展中避免广泛撒网，收窄战略面，高度聚焦，在特色领域冲到最前面，规避与其他竞争者的利益冲突。

2. 实施开放引领战略，以外引为主，外引的思路一方面是自身基础优势，即资源、区位，一方面是外在机遇，即大同市产业辐射、高铁、冬奥会、京津冀协同等。

3. 实施内生发展战略，即在城市化和工业化工程中，反求诸己、自我打造，建设晋北印象体验地、黄土地貌特色火山群等开创型或独有项目。

4. 开展产业协同，一方面是内部协同，即大同县内传统产业、新兴产业和特色产业之间的共荣共生，彼此协同，一方面是利用大同县与市区高度互补的资源条件，进行产业配套，此外，大同县产业与泛区域内产业之间的彼此协同。

5. 梯次推进发展，利用产业、经济、社会、文化、生态之间发展的逻辑关联，依次有序确定产业发展顺序，实现全面发展。

综上，聚焦2020年提前脱贫摘帽，全面建成小康社会的既定目标，深刻认识"十三五"时期经济社会发展新特点、新要求、新目标、新任务，深刻把握大同县面临的新情况、新挑战、新机遇，牢固树立"五大发展理念"，深入贯彻"四个全面"，全县发展明确为"开放引领，对接市区，内生发展，突出专业化与特色化，

促进市县一体化发展"的总体发展思路,加快各领域突破创新,开启我县经济发展新模式。

第五节　主要目标

今后五年,在提前脱贫摘帽,全面建成小康社会目标要求的基础上,努力实现以下新的目标要求:在经济发展质量、产业结构、新型城镇化和开放创新程度等方面实现新跨越;民生基础设施和社会保障不断完善,人民生活水平和质量普遍提高,百姓幸福指数持续提高;推动形成绿色发展方式和生活方式,生态环境质量总体改善,绿色、低碳水平显著上升,形成人与自然协调发展的新格局;公共文化服务体系基本建成,社会文明程度显著提高,文化旅游产业成为国民经济重要产业;建设美丽、富裕、幸福大同县是全面建成小康社会的美好蓝图,是实现转型发展的主要目标,"十三五"期间主要经济指标如下。

"十三五"期间大同县经济社会发展主要指标

GDP	亿元	25.85	50	14%
公共财政预算收入	亿元	1.73	2.6	9%
社会消费品零售总额	亿元	14.88	21.86	8%
城镇居民人均可支配收入	元	17065	25000	8%
农村居民人均可支配收入	元	7675	12000	9%

第三章　坚持创新驱动着力改变经济发展基础和方式

"十三五"时期是实现全县经济快速发展的关键时期,必须把创新摆在发展全局的核心位置,推动技术、产业、品牌、文化、体制等全面创新,形成以创新为引领的经济体系和发展模式。深化供给侧改革,优化要素配置,培育发展新动力。进一步理顺政府和市场的关系,增强各类市场主体活力,推进重点领域和关键环节改革取得决定性成果。把握外部机遇,练好内功,以园区为载体,发展新兴产业,拓展发展新空间,构建产业新体系。着力提高发展质量和效益,进一步优化产业结构,确保农业、工业信息化和服务业"质""量"共进。

第一节　培植创新发展动力

（一）实施创新驱动战略

把创新驱动发展战略落实到我县"十三五"规划建设整个进程和各个方面。一是在加大技术引进力度的同时,全县研发经费与全县生产总值的比例提高到1.8%。高新技术引进规模持续增加,企业研发投入强度较大幅度提升,科技创新投融资渠道进一步拓展。二是实施重大科技项目带动战略。围绕我县西部优势产业集群,凝练出一批具有高度战略性、前瞻性和全局性的重大科技项目,提升支柱产业核心竞争力。三是发挥好创新平台的作用。引导企业建立研发中心,鼓励研发中心、服务平台加强合作,引进高端技术人才。四是引导农民创新创业。加快构建多元化众创空间。构建形式多样的低成本、便利化、全要素、开放式的众创空间,打造从"创新—创意—创客—创业"的全链条服务体系,到"苗圃→孵化器→加速器"的孵化链条,实现创新与创业、线上与线下、孵化与投资相结合,为广大创新创业者提供良好的工作空间、网络空间、社交空间和资源共享空间。

（二）推进特色农业发展

根据大同市"十三五"规划要求,我县要利用特色农业以及生态优势,成为连通京津市场绿色食品供给地。基于农林牧渔业的比较优势，根据农产品深加工的资源指向性与市场指向性兼顾原则，积极进行"种—养—加、产—供—销"一体化生产。农业的种植要向基地化生产、产业化经营、市场化方向发展。在建设城郊商品粮生产基地的前提下，调整农业生产结构，发展优质无公害蔬菜、水果等经济作物；发展高效农业和生态农业，逐渐培育具有比较竞争优势的外向型农业品牌。此外，在保证生产出优质农林牧渔业产品的基础上，大力发展产品加工和销售业务，形成产供销网络式配套服务，以此形成比较稳固的农副产品基地，以满足日益增长的城市人口对优质的肉、蛋、奶、禽、菜、果等农副产品的需求。

具体而言，以做强做大传统优势产业为目标，充分发挥比较优势，建设以西坪、许堡为重点布局区域的黄花产业板块；发展以西坪为重点的设施农业和以吉家庄、峰峪为主的露地菜蔬菜产业；以聚乐、周士庄北部山区、吉家庄、峰峪为主，打造林果产业板块；以绿豆、谷黍、黄豆等为重点，建设以许堡、瓜园、峰峪为主的小杂粮产业板块。

（三）加强园区载体建设

立足我县，服务全市，辐射京、津、冀、蒙，打造好中小微示范园区及配套服务的空港物流园，抓好工业企业转型升级，破除行政区划限制，在县城西部主动配合市区建设新能源、装备制造、生物医药等产业园区，进一步发挥要素集聚、产业集群、服务集成的优势，促进现代新型产业的发展。

1. 中小微企业示范园区；
2. 装备制造园区；
3. 医药园区；
4. 新能源园区；
5. 晋北铁路物流园区；
6. 瑞成建筑产业园区；
7. 纺织科技园区；
8. 文化产业园区；
9. 通用航空产业园区；
10. 健康养生园区。

（四）构建新型产业体系

1. 产业协同，培植工业产品配套产业体系。

围绕工业强县，在发挥自身资源优势的基础上，充分利用紧临大同市和资源中心的便利条件，借助中心城市的资金、技术和人才优势，不断加快煤炭及相关产业的升级改造，实现产业结构的优化升级。依托中心城市较为发达的工业和建筑业，建立适应城乡市场需要和吸引城市工业扩散的城郊县工业结构。为城市工业协作配套和直接服务于城乡人民生产生活需要的第二产业尤其是工业和建筑业，应成为我县的主导产业部门。大中型工矿企业和房地产业是山西省城市经济的主要推动力，大同市是山西省重要的资源型城市，大中型工矿企业比较集中，这些工矿企业对其周边经济有较强的辐射作用，也为周边城郊县发展产品加工与配套产业提供了契机。此外，随着城市人口的增加、全面二孩政策的放开和经济的快速发展，房地产业在经济发展中依然扮演着重要的角色，房地产业的发展势必会增加对新材料及建筑业的需求，我县可以利用较为丰富的劳动力资源，大力发展相关产业和建筑业，既推动本地经济的发展，也满足日益增加的城市人口的需求。

应积极主动承接城市工业由于扩张和改造而扩展到城郊县的劳动力密集型行业和协作配套产品，形成城市工业和城郊县工业合理分工、协作配套的格局，从而提高城郊县工业的生产能力和竞争力。升级改造支柱产业，培育新型经济增长空间，具体而言，重点发展同华矿机矿山运输机械皮带设备项目、大同恒岳重工二期挖掘机项目、铁路非标制造（搬迁）项目、矿机制造激光修复项目及玉鑫农牧食用酒精项目；调整提升智能装备制造产业，如冰山冷冻产品维修项目、建设新型建材产业，重点建设栋梁铝型材建设项目、广东汕头美家家俱城项目；培育生物化工产业，重点扶持惠瑞药业冻干粉针剂项目。促成国电电力湖东2×100万千瓦电厂项目、大唐国际湖东热电联产2×35万千瓦电厂项目、山西世纪新盛3万千瓦光伏发电项目、大同县协和新能源 3 万千瓦光伏发电项目、山西双良 5 万千瓦光热发电项目。此外,加快轻工业转型升级,加快农业现代化转型。

2. 深度嵌入,构筑多层次城郊服务网络。

随着大同市人口的快速增加和人民生活水平的提高,我县应发展为城乡人民生活和工农业生产服务的商业、饮食业、交通运输、仓储业和旅游服务业等第三产业。围绕中心城市建立多层次城郊服务型产业网络。

建立多层次服务网络需要以中心城市的需求变化为中心,进行产业延伸和产业创新。创新活动广泛分布在工业、农业和服务业等多个产业领域,邻近中心城市的需求变化是发展我县第三产业的重要动力源,中心城市的扩散和辐射是县域产业发展的重要外在拉力。多层次城郊服务型产业体系是城郊县围绕服务于中心城市,运用现代发展理念和经营手段,结合区域特色发展起来的各种产业组成的结构体系,其基本特征是明确而强烈的服务指向性、特色性和多层次性。其中,服务指向性指产业选择和变迁以城市需求为核心;特色性指产业选择和发展应充分利用区域的独特优势;多层次性指产业工业、农业、建筑业、交通运输和餐饮服务业等多行业产业。多层次城郊服务型模式要求,县域在区位上临近大同市,在接受中心城市的辐射方面具有得天独厚的优势,能够主动有效地接受中心城市在人才、技术、资本以及关联产业等方面的辐射,并且中心城市在农产品供应、零配件生产和组装以及其他服务性行业方面对我县经济有一定的依赖性。发展建筑业、交通运输业、仓储业、服务业等第三产业,形成为中心城市工业、农业和第三产业服务的多层次服务型格局,包括万昌物流配送中心项目、大同市明通农副产品冷链物流配送项目、中国大同论坛建设项目、威厚 IT 国际产业园项目、大同航校迁建项目、大同金洋物流配送中心建设项目,以此推进我县县域经济的全面发展。

3. 理顺一心多核关系。

强化现有专业功能,彼此相互配合,积极促进农工贸协调发展。以资源、区位和产业密集度为出发点,打破乡村分割和各自为战的"群蚁经济",培育壮大多个专业化小区经济。以小城镇建设为依托,建立以中心县城镇为核心,近郊远郊与西部四镇等若干中心城镇为节点构成的多核心城镇网络系统。县城作为工业城市政治、文化中心,西部工业区各乡镇作为经济中心。以高科技为主导,市场化运作为手段,均衡城市发展和环境、居住舒适度等各个方面的平衡关系,建设成一个产业高端、空间生态、人文荟萃、近悦远来的现代化"工业新城"。双轮驱动,产业带动城市的发展,城市也带动产业的发展,把产业嵌入我县发展当中,解决城市化、就业、产业发展等诸多问题,从而调整我县产业结构,转变发展方式,惠及百姓民生,实现我县经济的全面转型。

(五)优化产业空间布局

按照"高端集聚、创新带动、生态宜居、产城融合"的发展原则,结合我县产业发展现状,确定未来产业空间格局应强化点轴集聚,形成各具特色的多个产业集群,空间布局的基本框架。

根据该思路,我县县域产业的总体空间布局为两轴(两条产业发展主轴)、三片(工业集聚发展片区、特色服务发展片区和生态休闲农林片区)和多个产业园区(工业集聚发展片区:装备产业园区、生物医药园区、新能源新材料园区、物流园区;特色服务发展片区:县城综合服务区、文化创意产业区、火山旅游发展区、农产品物流园区;生态休闲农林片区:桑干河湿地旅游度假区、聚乐生态休闲旅游区、战备洞军事体验乐园)。

此外,合理布局县域各功能区与中心城区的交通通道,推动县域发展。将云州路延伸至火山地质公园西侧,将古城、文瀛湖和火山公园串联;调整同浑公路部分走向,与208国道相接,联通各工业区,一方面完善工业聚集区交通环境;另一方面避免工业区交通对城市生活区造成干扰;将巨落线延伸至御河东路。

第二节 激发创新活力氛围

(一)营造发展环境氛围

牢固树立环境兴县理念。以良好的环境来支撑发展、保障发展、助推发展。一是优化政务环境。政务环境是经济发展的第一环境,将优化政务环境作为优化发展环境的第一任务,对于重点重大项目,在政策支持、项目用地、建设条件等方面给予重点保障,实现"服务发展零距离,投资大同零障碍"。二是规范市场秩序。健全土地、资本、劳动力、技术、信息等要素市场,完善市场法规和监管体制,打击各种违法经营活动,规范市场主体行为和市场竞争秩序,清理整顿对企业的乱收费、乱罚款和各种摊派。三是加快信用体系建设。健全失信惩戒制度,加强商业道德建设、企业社会责任建设,逐步建立公平诚信、竞争有序、遵纪守法、道德责任良好的市场环境。四是加强商业文明建设。强化亲商理念、培育重商文化、优化便商环境,着力打造"爱商、护商、便商、富商、安商"的理念。五是培育创新创业文化。积极营造"想创业、敢创业、会创业"的社会氛围,倡导"创业者最光荣,成功者受尊敬"的精神风尚,在全县形成"群众创家业、能人创企业、干部创事业"的生动局面。六是创造民营经济发展条件。支持和引导民营经济发展,鼓励民营企业参与国有企业改革,允许民营经济进入法律法规未禁止的行业和领域,进入金融服务、公用事业、基础设施等领域。

(二)构筑创新活力之源

充分发挥我县文化旅游资源优势,精心打造文化旅游品牌,建设文化旅游大县强县,通过集聚人气活跃创新。第一,以古镇为载体建设晋北文化印象体验地,提升大同县旅游在国内外的知名度,使晋北文化成为县域文化旅游业的独特符号。第二,围绕"边塞文化",做好边塞项目综合开发;大力建设森林公园,打造集观光、旅游、避暑、休闲为一体的省级森林公园。第三,增强旅游配套服务设施建设,增强旅游保障系统的能力。推进串联各景区的

交通设施建设,加强停车场、宾馆、加油站等景区服务配套设施建设,发展旅游纪念品加工业。积极引导和鼓励多种经济成分以市场为导向,培育壮大产业集群,提升规模效益。将旅游与北魏文化、边塞文化、晋北民俗文化有机结合,策划一批特色鲜明的精品景区、历史文化古镇、特色饮食街区、旅游文化演艺产品。

第三节 提升创新增长潜力

(一)促进企业成长

集合各种要素资源,向成长性好的骨干企业(大同县龙头企业)倾斜,促使其尽快做大做强,使中小企业得以快速扩张,小微企业迅速长大,特别是培育出一批具有较大市场份额、较强竞争力的现代化企业,大幅提升县域经济实力和竞争能力,提高发展质量和发展效益。借助在我县境内办起的装备制造、生物医药、新能源新材料三个园区的功能,立足我县,服务全市,辐射京、津、冀、蒙,打造好中小微示范园区及配套服务的空港物流园,抓好工业企业转型升级,打造好小微企业成长工程。核心任务是选择50多家左右企业进行重点培育,到2020年,全县有1户企业年产值超过10亿元,有20户企业年产值超过1亿元,30户企业年产值超过1000万元。

(二)树立品牌引领

打造大同县品牌体系,推动大同产业链向高端攀升,以品牌经济引领转型升级,向品牌要利润,向品牌要价值,放大品牌效应,培育品牌产业链,推进品牌经济大发展,实现大同产品向大同品牌的根本转变。一是旅游品牌建设。以晋北文化、特色小吃、民俗体验、遗址观光、科学考察为着力点,高品位、精内容、强特色为格调,努力做大、做足、做强、做好晋北印象体验地品牌。二是企业品牌建设。围绕装备制造园、新能源新材料产业园、医药园和中小企业示范园等园区,强化专题推介,引进特色项目,构建由国际、国内和省内知名品牌组成的多层次企业品牌体系。三是民俗

创意品牌。依托丰富的边塞文化、民俗文化、饮食文化等特色资源，积极挖掘、培育和提升民间演艺（如踢鼓秧歌、挠搁、抬搁、二人台、耍孩儿、小道情等）非物质文化遗产和民间民俗艺术（如绘画、剪纸、纸扎、雕塑、面塑等），发展特色食品，打造国内知名的"民俗艺术之乡"。四是特色农产品品牌建设。继续推介大同黄花、大同绿豆全国地理标志产品，不断推出新的特色农产品项目。

（三）抓好人才强县

高度重视和加强人才工作，重点抓好党政人才、专业技术人才、企业经营管理人才和农村乡土实用人才"四支队伍"建设，努力造就一支规模宏大、结构合理、素质较高的人才队伍，为我县的创新驱动、转型升级和绿色发展提供可靠保证和有力的智力支撑。

1. 加强干部队伍建设

从"选拔任用、学习培训、管理考核"等方面，不断加强干部队伍建设，激发领导班子和干部队伍干事创业的活力，提高驾驭和服务"新常态"发展的能力。一是加强思想政治教育，发挥典型示范作用。积极挖掘和树立先进典型，大力宣传和发挥典型示范作用。二是拓展选拔任用渠道，探索分类管理机制。拓展选拔任用渠道，进一步优化后备干部的选拔、培养、考核和使用机制，积极探索领导干部选拔积分制。三是优化绩效管理体系，加强考核结果应用。不断优化绩效考核办法与指标，坚持客观、公正考核，加强考核结果与薪酬福利、职务晋升、教育培训和评优评先的衔接。

2. 加强农村实用人才队伍建设

把扩大总量、提高素质、改善结构作为现阶段农村实用人才工作的重点，紧紧抓住培养、服务、评价、激励等环节，突出开发培养这个重点，充分发挥农村实用人才引领、示范、带动作用。一是培养大批"三新"农村实用人才。通过帮培带动、专家传授、院镇合作、企业帮带、协会培训、科技下乡等多种形式，探索农村实用人才开发培养的有效途径，培养更多的"三新"人才，"三新"即培养新人、运用

新技术、培育新产业。二是营造广大农村劳动者成长成才、创业兴业的良好环境，落实鼓励农村实用人才自主创业，引导支持农村实用人才创办农业产业化龙头企业、兴办经济实体和领办农村合作经济组织的相关政策。三是完善农村实用人才服务体系。落实中央要求，加大对农村实用人才工作的投入，形成逐年增长的长效机制。每两年表彰一批"有突出贡献的农村实用人才"。

3. 实施创新创业人才积聚工程

加快培养造就一支规模宏大、结构合理、适应需要的高层次创新创业人才队伍。一是实施高层次人才聚集计划，完善创新型科技人才引进机制。结合产业发展需求，加大实用型、技能型人才的培养力度，深化校企校合作，实施"三晋学者"、"百人计划"，加快高端人才引进，加大企业创新人才培养。二是大力培育高层次创新创业人才。疏通自我人才培养渠道，以"三化"加强"内生性"人才培养。从党政机关、科研院所、企业中公开选拔、招聘表现优秀的后备干部和科研、管理人员，建立"人才资源库"，定期向人才工作一线部门和单位以及急需人才的企业推荐。三是完善吸引普通高等院校毕业生来大同创新创业政策，鼓励各类优秀人才在大同创办科技型企业。

第四章　坚持协调发展切实增强可持续发展能力

统筹区域发展、城乡发展、经济社会发展，坚持人与自然和谐发展，物质文明和精神文明并重，协调好大同县与大同市、泛区域的关系，完善促进协调发展的政策措施和体制机制，不断增强发展的协同性、整体性。

第一节　优化城镇空间布局

（一）科学规划城镇空间

"十三五"期间，按照"以城带乡，城乡互动，全

面统筹,协调发展”的原则优化城镇空间布局。西部地区,涉及倍加造镇、党留庄乡、杜庄乡西部、周士庄镇部分,是大同县未来重要的工业区。该区构建较为完善的现代田园型工业城镇,努力修复生态环境,提高资源和环境承载能力。南北山区,涉及吉家庄乡、峰峪乡、巨乐乡、许堡乡部分村、周士庄镇部分村,为大同县未来主要的生态农业区及林木渔业区。该区以合理开发利用治理土地、水资源为重点,合理利用土地,逐步完善乡村经济发展的绿色城镇。中部地区,涉及县城、西坪镇、瓜园乡、许堡乡部分,为大同县未来主要的特色农业及旅游业服务区。该区构建较为完善的城乡资源供给保障体系,保障城乡经济发展需求,建设新型智慧城镇。

(二)完善中心城区基础设施

第一,实施城区拓展工程。第二,实施城区扩容工程,完成县城体育馆和数字影院建设工程,完善城市承载功能。第三,实施城区扮靓工程,高标准建设县城西、东出入口,逐步实施“点缀成线、线汇成面”的临街亮化工程,提升城市品位。投资 520万元,开工建设 2 个县城集贸市场;投资 1600 万元,完成县城供水管网改造工程;投资 1600 万元,完成大同火山群国家地质公园基础设施建设;投资 1700万元完成垃圾转运站新建任务;新建火山地质公园客运站 1 个,规划等级为四级。

第二节　推进新农村建设

持续推进新农村建设,使之与新型城镇化协调发展、互惠一体。完善农村基础设施建设机制,推进城乡基础设施互联互通、共建共享,创新农村基础设施和公共服务设施决策、投入、建设、运行管护机制,积极引导社会资本参与农村公益性基础设施建设。

(一)大力发展现代农业

按照“园区引领、项目支撑、科技驱动、产业突破”的总体工作思路,将重点抓好主导产业发展、农业项目建设、农民教育培训、农产品质量安全等工作,确保全县农业经济稳步发展。重点抓好黄花种植基地、绿豆种植基地、现代农业园区、设施瓜菜现代农业园区,林果等基地建设,以此辐射带动全县农业科技创新事业的发展。

(二)加大农村空间整治

进一步落实城乡建设用地置换,建立专门的流转平台,通过市场化提升农村土地资源的价值,带动城乡要素市场的发展。进一步深化棚户区改造工程,做好征收补偿和安置工作。进一步完善土地流转配套机制,给予土地流转优惠政策、建立农业风险保障机制、完善农村社会保障体系、拓展农村劳动力就业渠道等举措,确保土地流转工作有序、合理地进行。

(三)加快农村路网建设

在全面实现“村村通”的基础上,以各镇为中心,向周边较近处行政村辐射,在山区中以中心村为中心向周边村落辐射,加强行政村与行政村之间的公路连通。重点解决路网结构不合理、公路修建标准低、养护维修资金不足等问题,探索和建立农村道路建设和养护多元投入机制,破解日常养护和定期维修资金难等问题。“十三五”期间乡道改造规划 560 千米,规划等级为三级公路,规划双向道路建设项目 180 千米,规划等级为四级公路,3.5 米及以下窄路面村道拓宽改造里程为 500 千米,规划等级为四级,路基宽度 5—6.5 米。在全县农村公路全面逐步实施安保工程,为广大群众提供安全、畅通、便捷的交通运输服务,“十三五”期间规划安保工程1000 千米。到“十三五”末,实现各镇到中心村,中心村到各行政村的交通网络,实现各镇到中心村之间的班车网络,建成与城乡一体化发展相适应的农村公路交通网络。

(四)加快农村生活设施建设

进一步加强农村生活基础设施建设,全面提高农村居民的生活质量。一是实施自来水“提质增效”工程。不断提升农村自来水的供水质量和效率,既实现资源的集约利用,也达到饮水安全的目标。二是做好农村污水及垃圾处理工作,完善农村环境基础设施。三是推广和实施农村清洁能源和民居改造工程。加大对农村新建或改造节能民居的补助力度，引导农民建设太阳能取暖房，减少污染源。

第三节　促进城乡一体化

坚持推进城乡一体化与城镇化建设并进，城乡一体化与全县基础设施建设并进，打破城乡二元结构，实现社会服务均等化，促进城乡和谐，确保城乡一体化目标任务顺利实现。

（一）促进城乡等值化发展

逐步消除城乡制度障碍和政策壁垒，彻底打破城乡二元结构，逐步推进城镇建设与城镇化进程。推进教育、卫生、文化等公共事业性服务城乡等值化，保证城乡居民享受同等的社会服务。加快新农村建设，促进农村生产生活条件改善，在城镇化水平提高与新农村建设的基础上推进城乡的一体化建设。预计到2020年，人口城镇化率突破55%。

（二）统筹城乡要素市场体系

加快建立城乡统一的人力资源市场，形成城乡劳动者平等就业、同工同酬的制度。全面推行农村集体土地所有权、土地承包经营权、宅基地使用权、农村集体建设用地使用权确权登记颁证和产权交易。坚持依法自愿有偿原则，探索宅基地有偿使用制度和自愿有偿退出机制；引导农村土地承包经营权有序流转，发展多种形式的适度规模经营。完善主要由市场决定价格的机制，建立城乡统一的建设用地市场，提高土地配置效率，提高农民在土地增值收益中的分享比例。完善农村金融服务，规范发展村镇银行等农村金融组织和小额贷款公司、融资性担保公司等机构，探索开发"信贷＋保险"的金融服务新产品，构建商业性金融、政策性金融相结合的农村金融服务体系，引导更多信贷资金和社会资金投向农业农村。

（三）推进城乡产业一体化

从体制、规划、政策上解决城乡产业分割问题，顺应城乡经济社会发展不断融合的趋势，统筹规划和整体推进城乡产业发展，引导城市资金、技术、人才、管理等生产要素向农村合理流动。按照一二三产业互动、城乡经济相融的原则，促进城乡各产业有机联系、协调发展。以现代工业物质技术装备改造传统农业，以现代农业的发展促进二、三产业升级，以现代服务业的发展推动产业融合，促进三次产业在城乡科学布局、合理分工、优势互补、联动发展。

（四）加强县域统筹城乡工作

整合各类资源，提升居住区服务功能，推进城乡统筹发展。同时，深化新农村晋星升阶，推行领导包抓、部门帮扶、单位联建、干部驻村"四位一体"的工作机制，动员引导社会各方力量助推新农村建设，带动全县各类村庄升级发展。

第四节　加强精神文明建设

以满足人民群众日益增长的精神文化需求为出发点和落脚点，以创新体制机制为动力，以繁荣文化事业和振兴文化产业为重点，在全县上下兴起文化建设新局面，为全县经济社会快速发展提供强大的精神动力和智力支持。

加强社会主义核心价值体系教育，大力倡导"爱国守法、明礼诚信、团结友善、勤俭自强、敬业奉献"的基本道德规范；大力倡导"文明礼貌、助人为乐、爱护公物、保护环境、遵纪守法"的社会公德；大力倡导"爱岗敬业、诚实守信、办事公道、服务群众、奉献社会"的职业道德；大力倡导"尊老爱幼、男女平等、夫妻和睦、勤俭持家、邻里团结"的家庭美德，广泛宣传和教育引导全民积极参加道德实践活动。广泛开展大同历史文化和改革开放成就的宣传教育，调动和激发全县人民建设文化大县、文化强县的热情。大力开展全民讲文明、讲礼貌、讲道德、树新风和学礼仪、知礼仪、懂礼仪、讲礼仪活动，倡导文明行为。积极开展诚信宣传教育活动，在全社会弘扬诚信精神，塑造诚信大同的良好形象。

第五章 坚持绿色发展
着力改善生态环境

树立绿色发展理念,坚定不移地走"绿水青山就是金山银山"的生态发展之路,推进生态文明建设,优化生态空间布局,大力发展生态经济,不断提升生态环境质量。实行能源和水资源消耗、建设用地等总量和强度双控行动,确保水、土地、矿产、森林等主要资源得到有效保护和有序开发,打造生态大同。

第一节 优化生态空间布局

(一)明确主体功能区划

依据我县"十二五"期间的国土开发现状评价,结合"十三五"期间发展要求,以及国家主体功能区规划依据,将我县"十三五"主体功能区划如下。

1. 禁止开发区

禁止建设区包括地质灾害极易发区和高易发区、地下采空区、河流水域、地表水源一级保护区、地下水源核心保护区、文保单位、风景名胜、森林公园核心保护区、公园绿地以及坡度大于35度的山体等。本次规划禁止建设区主要包括基本农田、桑干河与坊城河生态带、采凉山生态涵养区和六棱山生态保护区,涉及吉家庄、峰峪及许堡,北部包括聚乐和周士庄301省道以北部分的绿色生态区。

2. 限制开发区

限制建设区包括地质灾害中易发区和低易发区、地表水源二级保护区、地下水源防护区、文保单位的建设控制地带、风景名胜区协调区、森林公园协调区、城市绿地和坡度在25—35度之间的山体等。本次规划限制开发区主要包括昊天寺周边、区域通道两侧保护范围、高压线走廊等,还涉及西坪、瓜园、聚乐301省道以南部分以及杜庄203省道以东部分等分布有火山、土林、乡村、生态等县域特色旅游资源集中分布地域。

3. 重点开发区

适宜建设区是指资源环境承载能力较强、集聚经济和人口条件较好的区域,是城市建设、产业布局和人口集聚的重点区域,主要包括中心城区和各村庄居民点、产业发展片区,沿109国道的城市发展轴,延续大同中心城市的发展轴线。包括倍加造、党留庄、周士庄301省道以南地区以及杜庄203省道以西部分为工业集聚区。这一区域是大同市区的有机组成部分,是城市新型产业的重要空间载体。

(二)加强生态环境保护

1. 生态保护区

在县域南部、北部、东部边缘地区,要加强以桑干河自然保护区、六棱山自然保护区、昊阳森林公园、采凉山森林公园等为重点的生态保育。桑干河生态保护区对桑干河进行河岸整治、底泥疏浚;南岸地区加大林业建设力度,重点营造防护林、人工林和自然林木合理配比;北岸则加强植树造林、实施风沙源治理,控制地下水抽取规模。

2. 生态涵养区

在县域南部、东部、北部边缘重点加强生态环境的保护与建设,构筑城市的生态屏障。包括县城中东部驰名中外的火山锥,火山锥周围呈放射状沟谷,阁老山、集仁、大北庄一带平均海拔为1208米。南部属恒山山脉余支,平均海拔1108米,最高峰大梁山海拔2010米。北部采凉山生态涵养区加强水土流失控制、加强土地利用的管理,加大天然林保护,整体提高水源涵养能力。

3. 环境修复区

加强黄土塬区水土保持与生态涵养区建设,推进水土流失严重地区的修复工作,包括土地整治以及林草种植等;矿区环境修复主要是对露天矿产开发引起的水土流失以及环境污染问题的整治。积极推进乡镇驻地建设,提升乡镇驻地综合服务功能,整合乡村居民点,促进人口合理分布,同时,引导生态敏感区域的人口逐步外流,进一步降低人口密度。

第二节　发展生态经济产业

大力发展生态工业、生态农业、生态林业、生态旅游等生态经济，把全县生态环境优势转化为区域发展的强大动力，实现经济发展、民生改善、环境保护、生态文明建设等的一体联动、全面发展、综合提升。

（一）发展生态工业

坚持用生态理念引领工业发展，以节能、环保和"减量化、再利用、资源化"的思路指导工业发展，以发展循环经济为核心，以生态工业园区创建为载体，着力构建循环工业产业链，提升现有工业区绿色发展、循环发展和低碳发展水平，推进工业生态化、生态产业化，努力走出一条绿色、环保、可持续的生态工业化发展的新路子。

1. 推进循环经济发展模式

一是积极提供政策支持和服务指导工作。落实责任，明确任务，抽调专人对三废回收利用项目运行情况进行日常监督和检查，保证工业资源循环利用的比率逐步提高。二是充分引入市场机制。以市场机制，大力建设低投入、高产出、低消耗、高循环、可持续的资源节约型、环境友好型绿色工业企业。三是加快新技术研发与推广。鼓励和支持节能环保技术的研发投入，积累、整合、推广全县工业资源循环发展经验，推进工业废渣、废气、废水的综合回收与利用，发展循环经济。

2. 建设生态型工业园区

把建设生态工业产业园作为发展生态工业的载体和平台，既要按照现代生态意识打造园区的外部环境，使得整个园区保持良好的生态运转；又要按照生态标准严格要求园区企业，杜绝那些不符合生态要求的企业进入园区，淘汰那些工艺落后或环保不达标的企业。园区建设坚持高起点、高标准、高水平管理的原则，按照规划科学、定位准确、布局合理、功能齐全、管理规范的要求，立足产业互联、要素互融、设施共用、信息共享，把各园区建成资源深度利用的平台、产业相互融合的纽带。

3. 加强工业节能减排

努力降低全县工业生产总值单位能耗，努力削减全县工业污染物排放总量。一是积极争取省、市支持节能减排、技术创新、新产品开发、结构调整等方面的项目和资金，引导企业采用新技术、新工艺、新材料、新设备，对现有能源资源消耗高、污染物排放量大的设备工艺进行改造。二是建立健全节能减排指标体系、监测体系和考核体系，实行生产总值能耗、主要污染物排放量和工业增加值用水量指标考核公报制度，严格检查、考核、处理；三是严格环境准入，强化环保执法，严厉打击非法排污行为，加大对主干道路、铁路、河流沿线和城区、村庄及风景区的非法生产企业和污染企业专项整治；四是加快淘汰落后产能，对列入国家明令淘汰目录的落后生产工艺装备、产能、产品和符合关闭条件的小企业，限期实施淘汰关闭，为新建项目腾出市场空间和环境容量。五是对部分重点企业进行深度治理，努力实现环境保护由低水平合格向高水平达标跨越，打造一批节能减排示范企业。

（二）发展生态农业

大力发展生态农业模式，是转变农业发展方式的有效途径，是突破资源环境制约的内在要求。强化科技支撑、完善运行机制，以资源化、循环化利用，减量化、清洁化生产为抓手，建立资源高效利用、生产清洁安全、环境持续优化的生态农业发展体系和农业可持续发展的长效机制。

1. 促进农业资源循环利用

在种植业方面，大力推广节水灌溉，实现灌溉用水的高效利用；积极采用高新种植技术，大大提高单位土地面积的年利用效率；结合养殖业，通过直接还田、沼气发酵等途径，提高农作物的秸秆综合利用效率，实现农业生态系统内的资源循环利用；培育一批绿色农业加工企业，实现种养加一体化发展循环链条；积极发展无公害、有机农业，大力构建无公害、有机农产品生产基地，改善种植业生态环境。在养殖业上，逐步改变农户散养向规模化养殖、合作社养殖模式转变，走农牧结合的发展道路，科学规划、分配养殖场的规模与土地，保证养殖场的资源最大利用和养殖场排放粪便和废水被土地充分吸收利用，实现养殖场的内部自净，保证畜牧业的良性、可持续发展。以沼气池建设为纽带，大力发展畜牧业、养殖业和绿色有机农业，在农村全面推广"畜（养）—沼—菜"、"畜（养）—沼—果"等生态农业模式，构建农业循环产业链。

2. 减少农业污染排放

投入专项资金，抽调农业科技专业人员，深入开展测土配方施肥工作，引导农民合理使用农药、化肥，降低土地污染；加强教育、宣传、指导、检查，有效督促农业废旧农膜等农业生产包装材料的回收处理；及时收集、处理畜禽粪便，加工高效无污染农业有机肥料，变废为宝；多方投资，支持新型沼气池建设，促进农村环境持续改善，资源循环利用。

（三）发展生态林业

坚持绿山、富民、活行业的发展战略，以南北两山为屏障，全面推进城乡绿化建设。加强森林资源培育，不断提高森林资源质量；扎实开展四旁绿化、农田林网、火山群、通道绿化和城镇绿化工程，快速推进城镇绿化建设，持续推动我县森林生态环境进一步改善和提高，提升人居生活环境，促进人与自然和谐发展。大力发展苗木产业，育苗面积实现1.6万亩。着力推进锄禾生态观光园苗木生产基地建设，新增育苗面积0.32万亩。

（四）发展生态旅游

坚持旅游发展与环境保护并重的原则，深入挖掘"水木金火土"等旅游资源，完善旅游配套设施，大力发展生态旅游，打响别具特色的旅游品牌。一是做好生态旅游大转型。立足从观光型旅游向休闲型、养生型、互动型旅游转型，保护好文化遗址，延续好历史文脉，利用好生态环境优势，积极开发参与性强、趣味性高、有益身心健康的旅游产品，拓展旅游领域、提高旅游附加值。二是做好生态旅游大融合。促进山水资源与人文资源对接、生态旅游业与生态农业对接、线上与线下对接，促进产业的

融合发展、拉长产业链、提升带动力，努力扩大旅游消费。三是做好生态旅游大配套。适应移动互联网发展趋势，加快构建集信息发布、智能导览、出行服务等功能于一体的智慧旅游平台，定期发布水质、空气质量、社会治安等涵盖自然生态、人文生态、经济生态、社会生态的指数体系，吸引和促成更多游客前来旅游。

第三节　建设生态文明乡村

坚持以点带面、稳步推进，以"宜居宜游、安居乐业"为目标，以发展生态农业、生态旅游和生态文化为内容，全面加快我县美丽乡村建设，力争在全市率先实现美丽乡村建设县域全覆盖。重点做好乡村生态工程、生态环境、生态经济、生态文化等四方面的工作。

（一）生态工程建设

根据各村特色，采取新造、补植等措施，优化美化乡村景观，特别是沿109国道两侧的绿化景观带改造，提高生态效益和景观效果，力争显著提高中心村村民居住区绿化覆盖率。加快推进美丽乡村创建，按照"点面结合，梯次推进；部门配合，协调联动；标本兼治，注重长效"的思路，采取环保项目资金"打基础"、美丽乡村资金"贴面子"、财政资金"扛大梁"三大举措，以实施村庄绿化20个、道路绿化50千米，着力构建"村在林中、院在绿中、人在景中"的乡村生态格局，全面落实"五化""四清"标准，消灭脏乱差，建设绿净美，打造秀美乡村。

（二）生态环境建设

按照"村容整洁环境美"的要求，突出重点、连线成片、健全机制，切实抓好改路、改水、改厕、垃圾处理、污水处理、广告清理等项目整治。一是整治乡村生活垃圾。全面推进"户集、村收、镇运"垃圾集中处理的模式，合理设置垃圾中转站、收集点，做到户有垃圾桶，自然村有垃圾收集池，行政村负责垃圾收集，镇有垃圾填埋场，确保乡村清洁。二是整治乡村生活污水。清除农村露天粪坑、简易茅厕、废杂间，整治和规

范生活污水排放，全面推行无害化卫生厕所。三是整治农村畜禽污染。拆除污染猪舍、牛栏等，村庄内畜禽养殖户实行人居与畜禽饲养分开、生产区与生活区分离，畜禽养殖场全面配套建设污染治理设施，达到畜禽粪便无害化处理。

（三）生态经济建设

按照"创业增收生活美"要求，推动农业特色产业生态化。发展乡村旅游业、生态乡村工业，促进农民创业就业，增加农民收入，构建高效的农村生态产业体系。一是发展乡村生态农业。大力发展精致高效农业，扩大无公害农产品、绿色食品、有机食品和森林食品生产。突出培养具有地方特色的"名、特、优、新"产品，推进"一村一品"的生态农业。二是发展乡村生态旅游业。利用农村森林景观、田园风光、山水资源和乡村文化，发展各具特色的乡村休闲旅游业，努力做到"镇镇有特色，村村有美景"。加快形成以重点景区为龙头、骨干景点为支撑、"农家乐"休闲旅游业为基础的乡村休闲旅游业发展格局。

（四）生态文化建设

以提高农民群众生态文明素养、形成农村生态文明新风尚为目标，增强村民的可持续发展观念，构建和谐的农村生态文化体系。优化美化村庄人居环境，把历史文化底蕴深厚的传统村落培育成传统文明和现代文明有机结合的特色文化村。挖掘传统农耕文化、山水文化、人居文化中丰富的生态思想，特别挖掘边塞文化、三晋文化，编制农村特色文化村落保护规划，制定保护政策，把特色文化村打造成为弘扬农村生态文化的重要基地。

第四节　加强环境综合治理

重点做好加强燃煤污染治理、严控工业企业污染、控制低空面源污染等工作。

（一）加强燃煤污染治理

全县禁止新建10蒸吨以下的燃煤锅炉，新安装10蒸吨以下的锅炉必须使用天然气或其他清洁能源，10蒸吨以上的燃煤锅炉必须配备烟气治理设施。禁燃区内采暖锅炉全部拆除，茶浴锅炉一律改用清洁能源；禁燃区外的采暖、茶浴锅炉必须燃用型煤；各类集贸餐饮市场小火炉，必须燃用型煤或改为清洁能源。在重污染天气下，实施锅炉停用或降低负荷措施。加大集中供热和燃气管网建设力度，出台优惠政策，延伸管网，增加用户，努力扩大覆盖面。对煤炭的存储和流通进行控制。加快煤炭物流园建设，引导煤炭经营企业入驻园区，设置煤炭集中供应点。

（二）严控工业企业污染

加快推进工业排放大户治污项目进度，督促完成排放大户的除尘、脱硫、脱硝任务，对不能按期完成的企业，采取强制措施，限期整改到位。所有使用集中供热锅炉、20蒸吨及以上的燃煤锅炉企业，按照"国十条"和省、市要求，严格执行大气特别排放限值。在重污染天气下，对部分工业企业及生产设施实行限产限排措施。对违反国家产业政策、生产工艺落后、环境污染严重、污染物超标排放的"十五小""新五小"企业以及证照不全、非法生产的小作坊和地下加工企业进行拉网式排查，彻底废毁其生产设施、切断其供水供电。

（三）控制低空面源污染

一是加快推进扬尘污染防治。加大城市主干道机扫率，加大县城渣土车治理力度，加强采矿、粉石企业管理，加强建筑施工扬尘治理。二是推进餐饮油烟污染治理。综合治理城区露天烧烤。按照"统一组织、部门联动、属地为主、疏堵结合、依法处置"的原则，对辖区内所有占用城市道路和公共区域的烧烤行为进行集中整治，疏堵结合，取缔一批，规范一批，改善环境面貌。对大型餐饮企业，强制安装油烟净化设施，实施达标排放。三是严查焚烧垃圾、树叶、秸秆等面源污染。加大农作物秸秆禁烧工作力度。四是加大对黄标车、老旧车的淘汰工作力度。

（四）完善环境保护基础设施，加快生态文明建设

以建设美丽大同为目标，严守环境安全底线和

生态保护红线。积极推进镇村生态园林、道路绿色长廊、坡面森林屏障、水系生态景观等四大绿化工程,构建点面结合、成林成景的生态网络体系。强化环境监督执法,着力解决流域水污染、大气污染和农村污染等环境问题。加强饮用水水源地的保护,控制入河污染物排放,逐步完善污水和垃圾处理体系。完善各工业园区污染物处理设施,积极推进绿色循环经济。着力推进城乡生活垃圾无害化处理,完成县城垃圾无害化处理场和污水处理厂提标工程建设任务。加大农业污染源防治,全面完成规模化畜禽养殖企业的污染治理工程建设。

第五节　加强水土资源保护

依据大同市"十三五"规划,以水源涵养与水资源保护为重点,建设我县,加强水土资源保护,提高发展承载能力,促进人与自然和谐发展。重点要做好基本农田保护、土地资源利用综合管理、土壤污染的治理和控制、水资源管理及水污染的治理和控制、农田水利建设、河湖水系工程建设等方面工作。

(一)加强基本农田保护

实行最严格的耕地保护制度,严控新增建设占用耕地。建立基本农田保护区,确保基本农田面积,实行占用耕地补偿制度和基本农田保护制度,坚持耕地占补平衡数量与质量并重,全面推进建设占用耕地耕作层土壤剥离再利用。严格区分公益性用地和经营性用地,加强宏观调控和土地规划管理,严格实行土地用途管制。提升耕地质量,采取深耕深松、保护性耕作、秸秆还田、增施有机肥、种植绿肥等土壤改良方式,增加土壤有机质,提升土壤肥力。恢复和培育土壤微生物群落,构建养分健康循环通道,促进农业废弃物和环境有机物分解。

(二)加强土地资源利用的综合管理

强化年度土地利用计划管理,合理调整土地利用规划,做好产业项目及工业园区用地保障;积极争取年度建设用地指标和占补平衡指标,确保年度招商引资项目用地保障;规范区域内非法矿山,采

矿项目用地;提高土地利用集约化水平,完善节约集约用地具体措施标准,控制土地供应总量,加强土地复垦整理工作,适度开发宜农荒草地,确保基本农田总量不减少,实现耕地占补平衡。

(三)加强土壤污染的治理和控制

科学施用农药,积极推广低毒低残留农药,推行农作物病虫害生物综合防治技术,选用抗性品种;推广生物防治技术,开展农业病虫害的生物防治,逐步减少农药用量,减少农药污染;积极推广有机肥、复合肥和作物专用肥,全面实行配方施肥技术,进一步改良土壤,提高土地肥力;采用平衡施肥、适时施肥和深度施肥技术,减少易流失的化肥用量,降低农田肥料流失量;应用生态复合肥、控释肥、微生物肥、绿肥等,代替单纯全施化肥的农田,逐年降低化肥施用量,减少化肥进入水体总量;制定和组织实施平衡施肥和测土施肥技术推广计划;积极推广畜禽粪便资源化综合利用和秸秆综合利用。

(四)加强水资源管理及水污染的治理和控制

建立水资源开发利用控制红线,严格实行用水总量控制;建立用水效率控制红线,坚决遏制用水浪费;建立水功能区限制纳污红线,严格控制入河排污总量;建立水生态保护预警管理体系,促进水生态的保护和修复。发展节水灌溉,开展末级渠系改造工程和河道治理工程。加大对河流、水库周边地区治理力度,严格落实取水许可制度和计划用水制度。强化城乡饮用水源地保护措施,减少农药施用量,逐年降低化肥施用量,减少化肥进入水体总量,确保饮水安全。定期发布饮用水源地水质信息,接受公众监督,全县饮用水源地水质全面达到地表水Ⅲ类要求。抓好城区河道拓宽、挖深、综合治理和管网改造,推进污水管网与水系隔离,实施雨污分流。重视对污水的回收和对雨水的收集、回用。

(五)加快农田水利工程体系建设

实施基本农田建设、新增粮食生产能力、高效节水灌溉、中小型泵站改造工程,基本建成全县农

田水利工程体系。加快河湖水系水治理,建设水生态文明。按照"聚集天雨水、留住地表水、涵养地下水"的总体要求,抓好桑干河河流治理工程。

第六章　坚持开放发展持续提高发展的活力和动力

开放是拓展发展空间的必由之路。牢牢把握大同市区域性中心城市建设、京津冀协同发展、乌大张"长城金三角"规划、北京冬奥会等多重国家战略机遇,充分发挥我县优势,争当承接产业转移排头兵,提升开放型经济水平,让黄金区位产生黄金价值。

第一节　深度融入区域一体化

大同市是全国42个交通综合枢纽城市之一,是晋冀蒙区域的中心城市,处于乌大张"长城金三角"的中间位置,加之大同作为首都副中心建设的不断推进,我县在构建晋北开放新高地的建设中,占有得天独厚的区位优势。着力把握开放发展的新机遇,我县必须积极对接"京津冀协同发展"战略,拓展开放发展的新空间,促进经济要素有序自由流动、资源高效配置和市场深度融合,积极谋划区域经济一体化,升级已有的区域配套,或选择更为广泛的区域合作伙伴,掌握开放发展的主动权,提高开放发展的积极性,开展更大范围、更高水平、更深层次的区域合作。

(一)融入区域发展

充分发挥对接京津冀、融入环渤海、面向乌大张和市区转型发展承载地的地缘经济优势,融入国家战略和区域发展战略,紧抓机遇、顺势而为、加快开放、拓展空间,构建全方位、多领域开放开发新格局。努力以外部技术、资本、人才的突破带动项目水平的提升和投资结构的优化,引领经济向高端发展。积极融入区域一体化发展,推动交通、能源、科技、金融、环保、公共服务等领域全方位合作。加快与大同市的同城化步伐,全面对接大同御东新区建设,以装备制造园为核心,以邻近各乡镇为节点,全面推进与御东新区的重要基础设施互联互通、公共服务体系共建共享、体制机制等对接。加快建设中小微企业示范园,与大同御东新区共同构成大同东部城市带枢纽,作为我县产业发展承东启西、承南接北的战略新支点,与大同发展同步城市。深化与京津冀城市协作,以促进资金、技术、人才等要素资源联动共享为依托,实现在更大范围优化配置资源,打造跨行政区域的产业聚集地。

(二)突出产业招商

坚持把投资拉动作为我县经济社会发展最有效、最现实的重要抓手,积极拓宽"向上争、向内挖、向外引"路径,紧紧把握产业转移的重要战略机遇,根据产业发展规划和投资市场导向加强项目招商,突出产业招商,围绕政策争选项目,打好亲情招商牌,大力宣传PPP项目,着力引进一批高科技含量、高附加值的良性投资。一是紧抓航空制造、专用设备制造、新能源、新材料、有机食品、旅游、文化七大优势产业方向招商,出台主导产业核心配套项目投资奖励政策,重点解决主导产业配套项目优先用地、投资奖励、创新奖励、人才引进补贴等问题。二是强化内培外引,聚内力、借外力、挖潜力,积极走出去、请进来,瞄准大企业、大集团,抓住在外骄子、企业能人,发挥自身优势,瞄准重点领域,大力开展上门招商、专业招商、点对点招商。三是围绕火山、黄花、绿豆、特色古镇等强化专题推介,引进特色项目。紧盯政策导向,强化项目包装,年储备项目30个以上,总投资50亿元以上,"十三五"期间谋划项目150个以上,总投资在300亿元以上。加大"争、跑、要"力度,争取省市财政资金支持增幅在10%以上,走在全市前列。

第二节　提高产业承接水平

(一)在产业细分领域拱卫首都

提高产业承接水平,除了面向大同市外,坚持围绕首都、依托首都、保障首都、服务首都、得益于首都,深度融入京津冀协同发展,把我县打造成承接非首都功能疏解和产业转移的前沿高地,首都经济圈产业转移的示范区、产业升级的助力区、产业发展的拓展区。根据国家、省市产业发展规划和我县实际,以文化旅游、电力、煤化工、资源综合利用、装备制造、医药、新材料、新能源、信息产业、商贸物流、特色农业、健康养老、通用航空以及金融保险等非煤产业为重点,大力发展特色优势产业。积极发挥专用装备产业、新材料产业、绿色食品加工业等优势产业,推进园区专业化、特色化、集聚化发展,打造园区开放平台,提升园区的功能性、集成性和影响力。依托黄花、绿豆、杏果生产加工优势,完善营销平台和体系建设,强化区域合作,构建面向京津冀市场的绿色农产品生产加工输出基地。借助北京—张家口冬奥会申报和大同—张家口—北京高铁开工契机,打造文瀛湖、桑干河水上冰雕、滑冰、火山群冬雪、六棱山国际滑雪场和阳高、汤头温泉泡浴等项目。目标 2020 年全面建成并投入运营,年接待游客 60 万人次,旅游创收 5 亿元。

(二)提高招商引资水平和能力

擦亮我县承接产业转移示范区品牌,坚定不移加大招商引资力度。围绕战略性新兴产业、主导产业、现代服务业、现代农业,大力推进产业招商,积极承接技术含量高、市场前景好、带动能力强的优质产业,着力引进知名公司和行业龙头企业,建设一批总部机构、功能性机构、研发机构,加快形成规模效应和集聚效应。紧盯京津冀等资源集聚地,积极开展项目推介对接,吸引优秀人才和优秀团队投资。抢抓北京非首都功能疏解机遇,有针对性地开展与在京央企和知名民企的对口招商,尤其是吸引晋商企业投资发展。加强新形势下招商引资政策研究和创新,制定产业扶持招引政策,增强担当意识,强化底线思维,提高新常态下招商引资的能力和水平。

第三节　加快园区转型升级

(一)深入实施园区转型升级工程

坚持集群发展、绿色集约、产城融合、示范带动,入园项目强化投资强度、亩均税收“双控”,做强开发园区主增长极,力争“十三五”末园区的新增建设用地亩均税收贡献实现翻番。装备制造园重点打造重型汽车及配套、轿车整装车及配套、食品制造、煤机制造、新能源、新材料产业,成为战略性新兴产业集聚发展和产业转型升级的主要平台,努力争创“省高新开发区”、“省级创新型开发区”和“省级高新技术产业基地”,以创新驱动引领产业转型升级。县中小微企业示范园重点打造“新材料、绿色食品、新能源”三大主导产业,建成在全省乃至全国有重大影响的绿色食品、清洁能源、新材料产业集群。加快提升医药集中区产业层次,向高附加值、低污染产业方向发展,成为从传统医药化工向生物产业转型的新型医药园区。

(二)争创国家级高新技术产业开发区

大同非煤产业集聚区必将成为晋北创新崛起的重要增长极、现代产业体系的新高地和区域创新体系建设的主战场,具备升级为国家级高新区的基本条件。鉴于国家高新区扩充,晋北尚没有国家级高新区,突出以分步实施为关键,着力推进资源有效整合,建设一区多园,创建国家高新区。总体实施“四步走”战略:第一步,2016 年确保在我县境内园区在省级开发区中综合排名上升 5 位,力争进入第二板块并创成省级高新区;第二步,2017 年成为省级高新区,跻身全省省级开发区第一方阵并编制国家级高新区申报材料;第三步,2018 年对接审批涉及部门,争取通过创建验收;第四步,2019 年力争获批国家级高新区。

第四节 推动发展外经外贸

构建便利化贸易投资体制,探索实行外商投资负面清单,跟进准入前国民待遇模式。加快建设跨境电子商务综合信息服务系统和监管平台,搭建政银企互动合作平台,为企业提供更加便利化的外贸服务。用足用好各级各类外贸扶持政策,认真学习借鉴国家自贸区等可沿用的政策。培育一批重点成长型外贸企业,支持本地实体贸易型企业发展,支持企业运用电子商务走出去。积极引导企业"走出去"参与重大项目国际合作和工程承包,鼓励有条件的企业和园区建设海外资源基地、生产基地、营销网络、研发机构和经贸合作区。

第五节 不断增强开放能力

（一）着力构建开放发展的新体制

坚决破除一切阻碍对外开放的体制机制障碍,把开放目标定位在增强县域经济竞争力、区域要素配置力、对外开放影响力上,实现从政府主导、强势推动向通过制度设计、增强市场微观基础活力转变,加快形成有利于培育县域竞争新优势的制度安排,构建与区域经济规则相对应的开放型发展新体制。建立起适应城市产业化的组织框架和制度体系,营造高标准区域营商环境,打造利益共同体。

（二）着力提升开放发展的新本领

要求提升各级领导干部深刻把握国内经济深度调整变革的新形势、新趋势、新变化,高层次融入区域分工体系,增强对区域资源尤其是人才、科技、先进经营管理经验等高端要素的优化配置能力,提高利用区域资源推动发展的能力,不断提高开创对外开放新局面的能力和本领,全面提高开放型经济发展水平,推进全方位开放战略,发展更高层次的开放发展,培育开放发展营商环境新优势,拿出开放新举措,积极打造大同战略副中心,以开放举措推动我县发展上新台阶。

第七章 坚持共享发展不断增进人民群众福祉

树立共享发展理念,坚持人民主体地位。把增进人民福祉、促进人的全面发展作为发展的出发点和落脚点,实现好、维护好、发展好最广大人民根本利益。维护社会公平正义,保障人民平等参与、平等发展权利,让全县人民在共建共享发展中有更多幸福感,全面打造共同富裕的大同社会。

第一节 增加公共服务供给

紧紧围绕扩大就业、健全社会保障体系、切实提高人居住房水平、做好精准扶贫、抓好平安建设、保护劳动者合法权益等方面,维护社会公平正义,促进社会和谐。

（一）完善城乡便民体系

以中心城区、社区及村级便民服务中心全覆盖工作为抓手,建设公共服务三级体系平台、公共服务信息平台建设,建成中心城区便民服务中心、社区服务站和村级服务点三级服务体系,在政务办理、民政社保、农事服务、计生卫生服务、政策宣传、村务公开、为农代理、养老助残等方面提供服务。

（二）推进服务型政府建设

扩大财政支配权、土地收益权、行政执法权和事务管理权。按照精简高效的原则,以搭建公共服务三级体系为契机,从机构调整、领导配置、中心城区机构设置优化等方面入手,实现优化行政管理机构的目标。

（三）加强中小微企业信用担保体系建设

针对县域国有商业银行贷款授权、授信高度集中,而多数中小微企业经营规模小、现代企业管理制度不完善、不符合商业银行信贷支持的实际,加大对中小微企业信用担保机构的财政支持力度。综合运用资本注入、风险补偿和奖励补助等方式,提高中小微企业信用担保机构对中小微企业的融资担保能力。同时加强中小微企业信用担保机构与银行业金融机构业务合作，推动把大型农用生产设备、林权、水域滩涂使用权等纳入农村有效担保物范围，建立中小微企业信用担保机构与银行业金融机构间的风险分担机制。

（四）引导民间资金发展

积极支持与引导民间资金投入实体经济、支持中小微企业发展。探索搭建民间融资备案管理制度，建立民间融资监测体系，拓宽民间资本投资渠道，为借贷双方提供资金供求信息、借贷合约公证和登记、交易结算、资产评估、法律咨询等综合服务，促使民间融资行为合法化、规范化，引导民间资本投向符合国家产业政策的中小微企业。

（五）扩大就业创业规模

实施积极的扩大就业创业政策，多角度、多层次、多领域谋划和推进就业创业工作。到2020年，全县各类人才总量达到1.5万人，高层次人才数量显著增加，基本形成适应产业发展要求与方向、有利于开展创新的人才支撑体系。劳动者素质明显提升，就业创业能力明显改善；公共就业服务体系进一步完善，就业保障比较健全；规模持续扩大，劳动者就业比较充分，就业结构更加合理，就业局势保持基本稳定。全县实现城镇新增就业人数达到2.3万人，城镇登记失业率控制在4%以内。农村劳动力转移就业人数达到10万人。

（六）健全社会保障体系

坚持广覆盖、保基本、多层次、有弹性、可持续的方针，加快建立更加完善的社会保障体系，基本实现社会保障全覆盖，稳步提高社会保障水平。力争到2020年，社会保障制度基本完备，体系比较健全，覆盖范围进一步扩大，保障水平稳步提高，历史遗留突出问题总体上得到解决。社会保险基金监管能力、支付能力进一步增强，实现当期收支平衡、略有节余。社会保障水平稳步提高，企业退休人员基本养老金形成正常增长机制。到2020年，农村五保集中供养率达到40%，每千名老人平均拥有养老床位40张，农村敬老院乡镇覆盖率100%，社区综合服务设施覆盖率城市达到100%、农村达到80%。

（七）提高人居住房水平

首先，实施安居宜居工程，提高广大人民群众幸福指数。结合住房改革，大力实施安居工程，保障广大居民有房住。尽快建立并逐步完善廉租房、经济适用房和限价商品房三种住房保障体系制度，保证不同收入水平居民的置业需求；加大对房地产市场的宏观调控，持续稳定房价，使房价稳定在合理范围内。其次，加快县城和园区建设，积极推进宜居工程，不断改善广大居民的居住环境。按照"超前、科学、系统"的原则，努力抓好加强交通、通讯、供水、供暖、供电、市政等基础设施建设，提升城市环境品位，保障广大居民的基本生活需要。

（八）构建和谐劳动关系

深入贯彻劳动保障法律法规，全面推行劳动合同制度、集体协商和集体合同制度，健全劳动关系、协商三方机制，推进和谐劳动关系建设。切实保障职工合法劳动报酬、休息休假、劳动安全卫生、享受社会保险、参加职业培训的权利。健全劳动关系矛盾调处机制，创新管理方式，推动劳动监察"网络化、网格化"管理，强化案件查处力度，打击劳动违法犯罪；加强基层劳动争议机构建设，发挥预防调解作用，促进劳动人事争议及时有效处理，营造和谐劳动关系氛围。加强对职工的人文关怀，教育引导职工合理确定工资增长预期诉求。教育经营者积极履行社会责任，不断完善和谐劳动关系法制体系。"十三五"期末，劳动合同签订率达到90%，企业集体合同签订率达到90%，劳动人事争议仲裁结案率达到95%。

第二节　促进文化资源共享

繁荣文化事业，实施文化繁荣工程，推进文化创新，打造文化品牌，营造良好文化环境。深化文化体制改革，推进文化单位转机建制。加大公益性文化事业投入，调整资源配置，逐步构建公共文化服务体系，加快繁荣文化事业。

（一）做好文化资源保护开发工作

建立集文物保护、景区管理、资源利用于一体的良性发展链条，推动文化遗产的有效保护和可持续利用。做好文化遗产的普查和保护工作，加强文化市场监管，抓好文化遗产、重点文物资源保护利用。加大对优秀民族民间艺术等非物质文化遗产的保护，认真开展各类非物质文化遗产普查，充分挖掘和整理各种文史资料，编排并完善《大同县非物质文化遗产展示图录》《大同非遗图录》等非遗著作，逐步建立起比较完备的非物质文化遗产保护制度。加大对文化遗产保护工作的经费投入，通过政策引导等措施，鼓励个人、企业和社会团体对文化遗产保护工作进行资助。加强文化遗产保护工作队伍建设，通过有计划的教育培训，提高现有人员的工作能力和业务水平，充分发挥科研院所、高等院校的人才优势和科研优势，大力培养专门人才，进一步实现对非物质文化遗产的保护工作。进一步增加档案事业投入，改善基础条件，推进信息化建设促进档案工作提质增效，与经济社会事业同步发展。

（二）努力培育文化市场和文化消费

深化文化流通体制改革，培育和形成不同层面、不同群体的文化市场消费主体，培育文化消费新热点。积极发展环境艺术和室内装修、广告装潢、服装设计以及饮食文化等满足人民群众精神需要的文化消费，重点培育满足知识需要的图书、视听消费，满足健康需要的健身消费，满足休闲需要的娱乐、旅游消费，满足生活需要的花卉、装饰等环境艺术消费，发挥文化消费对文化市场乃至整个经济的拉动作用。加强对文化娱乐市场的管理，引导健康消费。

（三）大力发展广播电视业

进一步加大投入，强化管理，改善基础设施条件，提升公共服务能力，提高我县电视广播节目内容和播出质量。提高广播电视技术含量和装备水平，推广应用有线数字电视；发展调频数字广播，逐步实现电台、电视台节目采集、制作、传送、播出、发射、存储的数字化和网络化，广播电视节目制作能力和节目质量达到省内先进水平。创新服务方式，丰富节目内容，增加节目播出时间，加强维护服务，提高服务质量，保证广大群众能够长期接收到多套节目。

（四）大力发展数字文化产业

积极推进文化产业信息化进程，利用信息技术提升规模、完善功能、创新业态，实现文化产品制作和传播方式的优化升级。加快县级综合网站建设，拓展网上资讯服务。加快推进数字图书馆、数字博物馆建设。利用现有有线电视光缆传输网络资源，实现有线网络多功能业务拓展，加快推进有线电视网与电信网、计算机网的融合与合一。建设一大批信息化资源服务网站，形成以文化资源数据库和公用电信网为基础的文化信息网络。

（五）不断推进文化创新

建立引导有力、激励有效、宽松和谐、活跃有序，不同主体踊跃参与的艺术创新体系。重点扶持有代表性、示范性和保护性的文艺门类，加强对优秀作品、品牌和文艺家的宣传展示，实现社会效益与经济效益的有机统一。重点完善以文体广场、体育健身工程、文体活动室、数字信息共享工程等为主的公共文体设施建设。健全县镇村三级文化工作网络，构建面向基层的公共文化服务体系。到2020年，基本建成覆盖城乡、便捷高效、保基本、促公平的现代公共文化服务体系。公共文化设施网络全面覆盖、互联互通，人民群众基本文化权益得到更好保障，基本公共文化服务均等化水平稳步提高。

（六）丰富群众文体生活

以重大文化活动为龙头，积极开展群众文艺活动，大力繁荣群众文化活动。培育农村文化大院、群众文化团体，打造具有大同县特色、黄花之乡特色群众文化品牌，充分发挥我县固有优势，凝聚本土文学爱好者力量，创作更多、更好具有本土特色的文艺作品。举办三晋文化艺术节、名吃美食节等重大节庆活动。积极开展文化进机关、进校园、进社区、进农村、进企业等形式多样的文化下乡活动，活跃群众文化生活。充分发挥文艺社团及协会作用，加快推进民间艺术团体发展。在全县各镇及机关开展并推广全民阅读等文化活动，加大县剧团、县大剧院和县文化公司为人民服务的力度，提高服务质量，丰富服务内容。

第三节　提高健康医疗水准

把人民群众的健康放在第一位，从不断满足人民群众健康需要出发，实现好、维护好、发展好广大居民的健康权益。做好医疗卫生工作、人口和计划生育工作，建设健康社区，提升全民健康素养，千方百计提升广大人民群众的医疗卫生福利和健康水平。

（一）搞好医疗卫生工作

第一，积极稳妥推进医药卫生改革。推进公立医院的改革，确立县级医院公益性质，把维护人民健康权益放在第一位，实行政事分开、管办分开、医药分开，推进体制机制创新，加大政府投入，调动医务人员积极性，提高公立医院运行效率，努力让群众看好病；推进农村卫生改革，提高计划免疫、健康教育、劳动卫生工作水平，加强卫生监督执法管理，公共场所服务人员体检率达到90%以上，劳动卫生和学校卫生体检率达到80%，确保公共场所和饮用水安全；推进新型农村合作医疗，"十三五"期间新农合参合率稳定在95%以上。第二，进一步健全三级卫生网建设。第三，做好人才队伍建设和信息管理。"十三五"期间计划招聘第一学历大专及以上卫生技术人员、管理人员及其他技术人员150人，充实医疗卫生队伍，确保人才队伍可持续充实加强。

（二）做好人口和计划生育工作

"十三五"期间我县人口和计划生育工作主要目标任务是年均人口自然增长率控制在7‰以内，出生人口政策符合率保持在90%以上，新生儿出生缺陷发生率控制在7‰以内。一是全面落实"全面二胎"政策。二是进一步提升优质服务水平。深入

开展"母亲健康工程"，实施"优生促进工程"，继续推进"计生家庭创业工程"。三是强化流动人口管理。大力推进流动人口均等化服务，巩固提升流动人口"一盘棋"示范县创建成果和水平，强化信息化应用水平，突出探索创新，建立完善流动人口计划生育工作机制。四是营造有利于人口计生工作的政策环境。全面落实法定的优惠政策，完善计划生育奖励优惠政策体系。五是加强全员人口数据库信息质量建设，提高人口信息化应用水平。

（三）建设健康社区

广泛开展群众性爱国卫生运动，积极推进建设"健康城区"和"健康社区"工作。一是组织社会各界和广大民众积极参与，积极倡导文明健康生活方式，开展相关文化活动项目和民间组织健康促进项目；建立固定的文化活动场所，创作健康教育剧目，定期举办农民舞蹈大赛、社区居民歌咏大赛、健身操比赛等活动；充分发挥全县各类有益健康的健身中心、戏曲队、歌舞队等社团组织作用，开展丰富多彩的健康促进活动。二是重视人口老龄化问题，加强推进养老社会化，进一步加大社会养老服务设施建设力度，规划建设综合性老年医疗康复中心。"十三五"期间，建成2家以上综合性老年医疗康复中心。三是加强健康知识宣传力度。成立专门的宣传部门，加强健康知识宣传教育，从日常生活入手，倡导和传播健康生活方式理念，努力实现"人人具有基本卫生知识、人人具有基本健康技能、人人具有健康生活方式"。

第四节　发展教育培训事业

（一）推进教育全面发展

继续实施农村薄弱学校改造和普通高中建设项目、中小学素质教育提升和"名校孵化"工程，不断提高教育教学质量，促进城乡教育均衡发展。2016—2020年期间，努力实现优质资源不断壮大，办学条件稳步改善，布局结构科学合理，教育质量迅速提高，学前幼儿毛入园率达到99%以上，公办

幼儿园和普惠性民办幼儿园覆盖率达到90%以上；义务教育巩固率达99%以上，进城务工人员随迁子女进入公办学校入学率达到90%以上。全面提升教育教学质量，办人民满意教育，教育教学工作进入全市前列。提升教育信息化水平，中小学校宽带网络接入率、校园网普及率、多媒体网络计算机教室达标率达100%。全面改善农村教师居住条件，实施农村中小学教师公寓、公租房和教师周转房建设。重视和加强特殊教育和建立终身教育体系。

逐年提高高中招生名额分配到农村初中的比例。一是继续加大教育投入力度，保证在校学生人均教育经费、教师工资和学生生均公用经费逐步增长。二是科学合理优化学校布局，优化教育资源配置，缩小城乡、校际之间差距，扎实推进教育均衡发展。三是加强师资队伍建设，提高教师教学和管理水平。四是全面推进素质教育，提高教育质量。五是鼓励民办教育发展，积极引进北京、大同等优质品牌教育在大同县合作办学。

（二）加快建设现代教育体系

推进教育现代化，积极发展职业教育，大力鼓励民办教育，全面提升教育服务经济社会发展和人的全面发展的能力。大力发展中等职业教育，扩大职业教育办学规模，推动职校与企业合作，建立政府主导、行业引导、企业参与、学校主体的"四位一体"集团化办学管理体制，加快培养造就一批社会紧缺、企业急需的技术、技能型人才。以教育优化创新环境。中等职业教育招生规模与普通高中招生规模大体相当。

第五节　统筹体育事业发展

着力实施"全民健身"与"经济发展"并重战略，并把"全民健身"提到"全社会全民族的事业"的高度来抓，力求达到全民健身经常化、全民健身全民化，力争到2020年，国民体质测试合格率达85%以上。一是加强体育科学技术的宣传推广。提高人民群众的体育科学知识水平，充分利用报纸、电视、网络、户外广告等媒介，让"生活奔小康，身体要健康""每天锻炼一小时，幸福生活一辈子"等观念街知巷闻、深入人心。二是完善全民健身服务体系。健全群众体育组织网络，加快城乡健身设施建设，打造群众体育特色活动和品牌项目，积极开展群众体育活动，实现体育生活化，开展全民健身运动，提高全民健康水平，依法设置和落实全民健身专项资金，广泛开展全民健身活动，保障广大人民群众享有基本的体育服务。三是突出重点，以点带面，加强体育组织网络建设，坚持每两年召开一次全民健身运动会，建设2所校园足球项目校。

第八章　推进扶贫攻坚着力打好提前脱贫攻坚战

我县作为燕山—太行山集中连片特殊困难地区，扶贫攻坚任务艰巨。我们的目标是提前一年到2019年实现4.28万人全部脱贫、80个贫困村全部摘帽。根据习总书记的指示，按照贫困地区和贫困人口的具体情况，实施好"五个一批"工程（即：发展生产脱贫一批；易地搬迁脱贫一批；生态补偿脱贫一批；发展教育脱贫一批；社会保障兜底一批）。

按照"切实落实领导责任、切实做到精准扶贫、切实强化社会合力、切实加强基层组织"的具体要求，做好精准扶贫工作，全面消除贫困人口。一是不断提高精准扶贫的针对性和实效性。以把扶贫对象摸清搞准、家底盘清为前提，坚持因人因地施策，因贫困原因施策，因贫困类型施策，逐村逐户逐人制定具体扶持措施。二是找准工作的突破口和切入点，不断强化精准扶贫的各项工作举措。突出基础建设"补短板"，突出培育产业"强支撑"，突出教育培训"拔穷根"，突出易地搬迁"挪穷窝"，突出兜底保障"全覆盖"，不断改善贫困群众生产生活条件，实现稳定增收脱贫。三是坚持改革创新，积极探索精准扶贫的新思路、新机制。完善扶贫开发工作体系，通过思想帮扶、造血发展、内源扶贫，不断提高贫困群众的自我发展、脱贫致富能力，全面加快贫困群众服务致富步伐，实现贫困群众与全县人民同步迈入小康社会。

第一节　扶贫工作基本原则

（一）坚持转型发展与扶贫攻坚相结合

把保障和改善民生作为发展的出发点和落脚点，通过转型发展为扶贫攻坚创造更好的外部条件，有效提高扶贫攻坚整体工作水平，使全县广大群众特别是贫困人口共享发展和改革成果；通过扶贫攻坚加快脱贫致富步伐，改变"输血式"扶贫方式，鼓励和帮助具备劳动能力的扶贫对象在国家支持下，通过自身努力发展生产、增收致富，激发广大群众参与发展的积极性和创造性，加快县域经济社会发展。

（二）坚持连片开发与开放创新相结合

把解放思想、锐意创新作为推动发展与扶贫开发的强大动力，统筹产业开发、基础设施、公共服务和生态建设，实施集中连片开发，最大限度地把先行先试政策用活用足。坚持集中力量重点突破，促进片区内优势互补与共同发展，在发展产业与扶贫项目的实施上加强与周边县区的衔接，积极推进区域一体化建设，加强对外交流合作，打造全方位对外开放和全社会扶贫攻坚新格局。

（三）坚持突出产业与保护生态相结合。

按照"一村一品""一乡一业"的推进思路，以产业开发为核心实施扶贫板块推进战略，着力培育壮大能够带动贫困群众稳定增收的优势产业，提高贫困地区和贫困群众自我发展能力。同时要以资源环境承载力为前提，优化产业结构和空间布局，集约节约利用资源，严格保护生态环境，加快造林绿化进程，推进县域园林化，促进经济发展和生态建设形成良性互动格局。

（四）坚持市场调节与政府主导相结合

充分发挥市场机制在资源配置中的基础性作用，加快区域经济发展步伐。更加注重发挥政府政策的引导作用，建立并实行扶贫开发目标责任制和考核评价制度，促进各种资源向最困难的地区、最贫困的人口倾斜，确保贫困群体优先受益。

（五）坚持统筹协调与突出重点相结合

区域连片特困地区发展是一个系统工程，既要着眼长远打牢发展基础，又要立足当前解决突出问题；既要统筹区域整体发展，又要着力突破最薄弱环节；既要通盘考虑总体规划，又要分步实施稳步推进。

（六）坚持自力更生与国家支持相结合

贫困区的广大干部群众是促进区域发展和扶贫攻坚的主体，要继续发扬不等不靠、自强不息和艰苦奋斗精神，不断增强自我发展能力；针对贫困区发展的特殊困难，国家加强规划引导和区域协调，进一步加大投入力度，实行"片为重点、工作到村、扶贫到户"的工作机制和专项扶贫、行业扶贫、社会扶贫"三位一体"的扶贫格局，并广泛动员社会各界参与扶贫开发，形成扶贫攻坚的强大合力。

第二节　健全扶贫工作体系

围绕光伏扶贫、乡村旅游扶贫、电商扶贫等，实施产业扶贫项目入户工程，支持贫困户发展家庭经济，努力拓宽稳定增收渠道。加快科技扶贫示范村和示范户建设，为贫困村、贫困户提供生产技术、市场信息、政策咨询服务。要坚持开发式扶贫，以产业扶贫为着力点，多渠道筹集扶贫资金，为实现脱贫保驾护航。将政府渠道的财政资金、金融系统的信贷资金和非政府渠道的社会资金综合统筹，每年投入 1 亿元，到 2020 年实投资 5 亿元。创新发展扶贫小额信贷，建立贫困村、贫困户征信体系，开展扶贫小额信贷保险。加强贫困村互助资金管理，积极探索互助资金与扶贫小额信贷有机结合的途径和模式，为贫困户创业增收提供资金支持。加大防灾减灾支持力度，拓宽灾害救助资金渠道，有效缓解因灾致贫、因灾返贫问题。结合美好乡村建设，对部分居住在地理位置偏僻、资源较匮乏地带的贫困人口，实施易地搬迁，实施专项扶贫。积极创新目标责任机制、资金投入增长和管理机制、社会扶贫机制、扶贫开发评估考核机制、精准扶贫动态管理机制等"五项扶贫脱贫工作机制"。

第三节　扶贫工作功能分区

（一）工业集聚扶贫区

主要包括倍加造镇、周士庄镇、党留庄乡、杜庄乡四个乡镇，充分利用城镇空间和产业基础条件，积极推进工业化、城镇化，适度集中人口、集聚产业，着力提高综合承载能力。对接大同市区东移和产业扩张，协助发展装备制造园区、生物医药园区，依托园区发展本县产业。同时在大张公路北侧的三十里铺村附近，规划一个占地1万亩的县级工业园区，实现供电、供热、给排水等基础设施与市装备制造园区同网同用。

（二）农业产业化扶贫区

主要包括西坪镇、瓜园乡、聚乐乡（部分村）、许堡乡（部分村）四个乡镇。以县城为中心，在109国道北侧的小坊城至上榆涧一带发展现代农业园区、农产品加工业；在109国道南侧的李汪涧至茹庄一带，发展温泉度假、休闲垂钓等；依托现代农业园区、李汪涧温泉及周边产业的发展，在天大高速公路西侧的康店村至下榆涧村一带，规划建设一个可容纳1万人、配套设施完善的特色风情小镇，吸纳易地搬迁人口。同时对四个乡镇300人以下的贫困村实施整村移民搬迁，人口向县城、集镇和中心村集中。大力发展黄花、林果、蔬菜、养殖等产业和旅游休闲服务业，推进火山地质公园和采凉山生态建设，将其打造成扶贫攻坚示范区。

（三）绿色生态扶贫区

主要包括吉家庄乡、峰峪乡、许堡乡、聚乐乡、周士庄镇（部分村）五个乡镇，重点在南北两山营造经济林、生态林，实施风沙源治理，加强水土流失控制，建设以绿色生态农业为特色、以自然采摘和农家乐项目等为主体的绿色生态园区。重点打造采凉山生态涵养区（包括聚乐乡、周士庄镇北部山村）、桑干河生态保护区（包括吉家庄乡、峰峪乡和许堡乡南部山村）。利用丰富独特的山水生态和文化旅游资源优势，促进旅游产业转型升级，打造京津夏都和生态文化旅游区，建成国内外具有影响力的生态文化旅游胜地。同时以吉家庄乡、峰峪乡为重点，积极发展露地蔬菜，以许堡乡、峰峪乡为重点，扩大绿豆等小杂粮种植规模。

（四）特色发展与休闲观光区

结合山西省乡村旅游与休闲观光农业示范县建设，倾力打造10—15个具有地域特色的休闲观光农业景点。以109国道为轴线，重点发展黄花、设施蔬菜、特色农产品加工业及火山地质公园、李汪涧温泉度假山庄、杜庄土林、册田水库等项目，依托县域内的15座中小型水库，建设各具特色的生态庄园，让游人观赏塞北生态风情的同时体验北方农家生活。

第四节　完善扶贫工作配套建设

（一）完善农业技术支撑体系

加强科技推广，提高科技成果运用水平。支持特色农产品原产地认证，培育绿色名、优、特农产品品牌。推进农业技术集成化，扶持农机合作组织，促进农机农艺融合。加强公益性推广、社会化创业及多元化科技服务"三位一体"农村科技服务体系建设，完善产前、产中、产后服务。逐步建立起农业科技成果转化与应用体系、农业科技培训体系，有效解决黄花、蔬菜、绿豆、杏果等特色农产品生产加工过程中重点、难点和热点问题，逐年提高科技进步对农业增长的贡献率。

（二）建设农产品加工、存储设施

围绕"改善条件""创造机会"，根据贫困村镇的需求改善设施建设，因地制宜地实施扶贫项目。以政府为主导投入资金在黄花种植区域设立黄花烘干加工场地，为贫困农民提供设备和场地。在小杂粮和蔬菜种植区域建设农产品粗加工、蔬菜粗加工场地和仓储运输场地，引导农民与市场需求衔接，提高收入。

（三）加强市场体系建设

完善农产品市场、生产资料市场和农村消费品市场建设。重点扶持现有的以种养加为主的 327 个农民专业合作社，大力扶持发展各类农民专业合作社、农产品批发市场、行业协会、流通企业、农村流通大户和农民经纪人。积极推进物流配送，建设一批农产品加工配送中心，积极开展多种形式的"农超对接"，鼓励农民专业合作社在城市社区设立直销店、连锁店，积极推进农产品网上推介、洽谈和交易，加大对特色农产品的营销力度。深入推进"万村千乡市场工程"建设，提高农村商品流通连锁率、配送率。

第九章 坚持深化改革推动治理能力现代化

第一节 全面推进依法治县

（一）全面推进法治大同建设

一是认真落实《大同市人民政府关于加快推进法治政府建设的实施意见》，结合政府机构改革和政府职能转变，坚持法定职责必须为、法无授权不可为，运用法治思维和法治方式深化改革、推动发展、化解矛盾、维护稳定。二是积极推进司法体制改革，严格落实领导干部和司法人员过问案件的相关规定，以公平促公正，以制度保廉洁。三是完善科学民主决策机制，坚持重大事项集体决策、专家咨询、社会公示、风险评估等制度，提高决策的科学化、民主化、法制化水平。四是自觉接受人大法律监督和政协民主监督，积极采纳社会各界建议意见。五是加大监察、审计、财政监管力度，强化权力运行制约和资金使用监管，在土地出让、工程招标、资金拨付等方面严格依法依规、公正公开办事。

（二）加快法律服务体系建设

一是创新律师法律服务工作，拓展规范律师服务。开展"五化"建设，促进律师服务业向规模化、专业化、外向化、品牌化、规范化方向发展。二是创新公证管理运行体制，加快公证机关体制改革，推进和完善公证运行管理机制，不断拓展业务服务领域，提高服务质量、管理水平和公信力。三是健全创新法律援助体系，为弱势群体提供有效服务，加快法律援助网络建设，维护弱势群体的合法权益。四是创新监督管理机制，加强诚信体系建设。开展律师、公证业诚信评价体系建设，打造诚信律师所和公证处，提高法律服务队伍的整体素质和社会公信力。

（三）深入开展普法教育

加大普法宣传力度，高标准制定"七五"普法规划，教育引导干部群众牢固树立法治理念，形成崇尚法治、践行法治的新风尚。一是以领导干部学法用法为重点，带动政府、企业、学校等层面的法制教育。二是围绕我县中心工作，通过多种形式开展专项法律法规宣传工作。三是以法律颁布日、实施日和周年纪念日为契机开展法律宣传。四是进行载体创新，建设"大同县普法教育网"，充分运用互联网络向国内外宣传我县民主法制建设情况，进一步加强与国家司法部、省司法厅及其他省市的工作交流，办好大同县青少年法制教育基地，提高我县法制宣传教育工作的层次和效率。

第二节 积极推进深化改革

（一）推进行政体制改革

加快推进行政管理体制改革，建立服务、效能、法治、责任、透明型政府。一是进一步转变政府职能，深化行政审批制度改革，精简审批项目和审批环节，推行网上审批。二是加快推进政企分开，减少政府对微观经济活动的干预，按照"政府引导市场、市场公开交易、交易规范运行、运行统一管理"的要求，寓管理于服务之中，更好地为基层、企业和社会公众服务，切实发挥市场在资源配置中的基础作用，加快服务型政府建设。三是严格控制行政管理费支出，降低行政成本，加快建设节约型政府。继续优化政府结构、行政层级、职能责任，坚定推进职能有机统一的大部门体制,基本解决政府部门分工过细、职责交叉的问题。四是健全科学决策、民主决策、依法决策机制,推进政务公开,增强公共政策制定透明度和公众参与度。五是依法行政,完善行政执行机制,提高政府执行力,推行行政执法责任制度,完善行政监督体系和行政问责制,加快建设法治型和责任型政府。

（二）创新投资融资体制

加快投资融资体制改革创新,逐步建立完善全方位、多层面、多主体的新型投融资模式。一是积极争取国家层面资金支持,尽可能多地争取和利用国家层面的扶持政策和扶贫资金。二是发挥财政投融资作用,搞好财政资金资本化运作,综合运用贴息、担保、入股等手段,扩大财政资金导向作用。三是组建政府投融资管理机构,整合城市建设资源,搭建融资平台,加强投资公司建设,增强融资能力,服务县域经济发展。推广PPP融资模式,为经济发展提供坚实的资金保障。四是发挥银行筹融资主渠道作用,定期举办重点项目发布会,为银企互动、银企对接搭建协作平台,积极探索"银团贷款"制度。五是大力发展各类地方法人金融机构,按照"自主经营、自我约束、自我发展、自担风险"的原则,积极组建适应农村经济需求的农村合作银行和农村商业银行等新型金融机构。六是规范现有信用担保机构,鼓励民间资本建立高标准的信用担保机构,为企业和个人快速融资搭建平台,切实解决中小企业、科技型企业、民营企业贷款担保难问题。七是加强县域金融生态环境建设,加强社会信用建设,规范完善中介服务职能,搭建经济发展沟通平台,发挥政府职能部门在传导货币政策方面的作用,加强信息沟通交流,促进银企合作。

（三）深化农村体制改革

推进农村土地承包经营权确权登记颁证。分类开展农村土地征收、集体经营性建设用地入市、宅基地制度改革试点。开展工业用地市场化配置改革试点。开展"积极发展农民股份合作赋予农民对集体资产股份权能改革试点",探索赋予农民更多财产权利。制定推进农村集体产权制度改革指导意见。开展农村承包土地经营权和农民住房财产权抵押担保贷款试点。稳妥开展农民合作社内部资金互助试点。全面深化供销合作社综合改革。探索建立农业补贴评估机制。改革涉农转移支付制度,有效整合财政农业农村投入。

（四）深化预算管理制度改革

一是深化预算改革,改革完善政府预算体系,建立部门综合预算,推行零基预算,积极推进预决算公开,进一步细化公开内容、扩大公开范围,促进预算管理透明,倒逼部门单位规范支出管理,根据经济形势发展变化和财政政策逆周期调节的需要,建立预算平衡机制。二是规范政府债务管理,对政府债务纳入预算管理,逐渐剥离融资平台公司政府融资职能。推广使用政府与社会资本合作模式,鼓励社会资本通过特许经营等方式参与城市基础设施等有一定收益的公益性事业投资和运营。建立债务风险预警及化解机制。财政部门根据债务率、新增债务率、逾期债务率等指标,评估债务风险状况,对债务高风险部门进行风险预警。债务高风险部门积极采取措施,逐步降低风险。对甄别后纳入预算管理的地方政府存量债务,积极申请发行地方政府债券置换,以降低利息负担,优化期限结构。三是推进政府采购服务改革,制定政府购买服务指导性目录,明确政府购买服务种类、性质和内容,科学编制政府购买服务预算,真正实现购买服务市场化、社会化。

第三节　创新社会治理体系

（一）创新社会信用管理

充分运用大数据、云计算和互联网等现代信息技术,加快建立我县统一的信用信息共享交换平台。以社会信用信息系统先导工程为基础,整合金融、工商登记、税收缴纳、社保缴费、交通违法、安全生产、质量监管、统计调查等领域信用信息,实现各部门信用信息共建共享。建立健全失信联合惩戒机制,将使用信用信息和信用报告嵌入行政管理和公共服务的各领域、各环节,作为必要条件或重要参考依据。建立各行业"黑名单"制度和市场退出机制。推动将申请人良好的信用状况作为各类行政许可的必备条件。

(二)加强城乡社区协商

按照协商于民、协商为民的要求,以健全基层党组织领导的充满活力的基层群众自治机制为目标,以扩大有序参与、推进信息公开、加强议事协商、强化权力监督为重点,拓宽协商范围和渠道,丰富协商内容和形式,保障人民群众享有更多更切实的民主权利。到2020年,基本形成协商主体广泛、内容丰富、形式多样、程序科学、制度健全、成效显著的城乡社区协商新局面。

(三)创新基层治理结构

推行"3 + N"社区治理模式,完善以"(社区党组织、居民议事会、居民委员会) + 各类群众组织"为基本要素的"3 + N"基层组织体系,建立健全以社区党组织为核心、社区自治组织为基础、社区服务站为依托、社区社会组织为补充、社区居民广泛参与的新型社区治理模式。

(四)加强基层组织建设

完善以居民会议和居民代表会议为基础的居民自治制度,促进居民自治制度社区实践具体化,强化居民自治组织能力。同时,加大培育社会组织发展的力度,探索建立社会组织培育发展专项资金,改革社会组织登记办法,建立本土社会组织孵化基地,引进具有示范带动作用的社会组织。构建以基层干部为骨干,党员、志愿者、义工、居民于一体的"1 + N"服务队伍体系,建立健全社区党群共建联席会议制度,将党建工作融入到社团活动中。

第四节　健全政绩考评体系

(一)推进绩效考核内容的科学化

加快建立健全政绩评价体系,树立科学的政绩观。充分体现绩效考核内容的科学性、人本性、全面性,以及实用性和可操作性,推进制定《大同县人

民幸福指数指标体系》、《大同县GDP质量指数指标体系》以及《大同县创新发展指标体系》。出台具体的考评办法,以此作为检验引领"新常态"发展能力、水平、质量的尺度和标准,为引导、激励和鞭策我县各部门转变发展理念,牢固树立以人为本、为民谋福祉的发展理念,调动干部积极性,使政绩考评更加合理化、科学化,走出"唯GDP"政绩考核标准的误区,真正迈入创新发展、绿色发展的轨道,促进我县健康可持续发展。

(二)推进绩效考核方法的民主化

一是整合考核力量。成立绩效考核工作领导小组,下设办公室,由组织部门、纪检监察部门,督察部门、人事部门等组成,以合署办公的形式,具体负责日常工作的组织实施。二是落实考核责任。明确界定责任范围,由承担提供考核数据、考核认定任务的职能部门,加强对业务范围内相关数据的监控,确保数据准确可靠;建立配套机制,不断加强对实绩考核工作的业务培训,提高考核人员的素质和考核工作质量。三是完善考核程序。考核程序按照各责任单位自查申报,各专项核查认定部门进行核查认定、分析论证和综合评定,并确定档次,县委审核,公布考核结果等步骤进行。

(三)推进绩效考核工作的制度化

一是健全日常考核制度。我县直属各单位按月或季上报工作进度,各考核责任单位每季度督查一次各单位绩效目标完成情况,对各单位绩效目标实行动态管理。二是实行重点工作项目申报制。对列入本单位绩效考核的重点项目、阶段性的中心工作,根据工作周期实行申报审核制,由被考核单位向此项工作的主管部门和县委组织部进行申报。三是建立干部考核责任制。建立《大同县干部绩效考核登记表》,对考核对象、考核方式、考核日期和考核组组成人员及考核组的结论性意见等情况进行填表登记,在每个环节、每个步骤明确专人负责,严格落实"谁考核谁负责"的责任机制。四是坚持绩效考核沟通联系及公示制度。考核前,进行考核公示,公布考核人和监督电话,接受群众监督;考核

中，尽量扩大座谈范围，邀请群众代表列席，扩大考核内容，兼顾考核生活圈和社交圈；考核后，通过新闻媒体、电视、广播、政府网站等公众途径公示考核结果。五是建立考核监督制度。进一步拓宽监督渠道，通过聘请绩效考核工作监督员，开通监督举报电话和信箱等进行全方位的监督。

（四）推进绩效考核结果的激励化

建立完善绩效考评结果与干部奖惩挂钩的制度。一是建立绩效考核结果"双挂钩"机制。对绩效考核总分排名优秀、良好等次的领导班子分别给予优秀奖、先进奖；对通过绩效考核单项工作排名靠前的领导班子给予单项奖；对有典型经验在市级（含市）以上推介或获得省级（含省）以上表彰奖励的给予创新奖；对绩效考核在良好（含良好）等次以上，为全县工作发展做出显著贡献，或者有其他突出事迹的领导班子和领导干部给予特别贡献奖等等。二是建立绩效考核结果责任追究制。坚持以发展论英雄，凭实绩用干部，把绩效考核结果与干部选拔任用、奖惩结合起来。对绩效突出的领导干部，优先提拔任用；对排名末等领导班子的党政正职实行"黄牌警告"、诫勉谈话；对连续两年被"黄牌警告"和诫勉谈话的领导干部予以免职。

第五节　切实保障安全发展

牢固树立安全发展理念，坚持人民利益至上，抓好生产安全、供水安全、食品药品安全、社会治安综合治理、加强防灾减灾、应急管理体系建设等，努力为人民安居乐业、社会安定有序编织全方位、立体化的公共安全网，把风险消灭在萌芽状态，实现安全与发展的同步。

（一）抓好安全生产工作

牢固树立"发展决不能以牺牲人的生命为代价"的红线意识，坚持安全第一、预防为主、综合治理的安全生产方针，着力推进安全生产监管体制机制改革创新，着力构建"党政同责、一岗双责、齐抓共管"的安全生产责任体系，推进安全生产社会

治理能力现代化建设。第一，全面推进"三级五覆盖"制度，即城区、乡镇（街道）、行政村（社区）三级做到"五个覆盖"，即"党政同责"全覆盖，"一岗双责"全覆盖，"三个必须（管行业必须管安全、管业务必须管安全、管生产经营必须管安全）"全覆盖，"政府（行政）主要负责人担任安委会主任"全覆盖，"安全生产部门定期向本级纪检、组织部门报送安全生产情况"全覆盖。第二，全面推进"五落实五到位"制度，"五落实"即一是明确企业董事长、党委书记、总经理对本单位安全生产同时担责。二是落实"岗双责"；三是落实安全生产领导机构；四是落实安全管理人员；五是落实安全生产报告制度。"五到位"即安全责任到位，安全投入到位，安全培训到位，安全管理到位，应急救援到位。第三，强化预防治本，加强重点行业安全专项整治。第四，以安全生产月活动为重点，加强安全生产宣传教育工作。

（二）保障食品药品安全

切实加强食品药品安全监管，用最严谨的标准、最严格的监管、最严厉的处罚、最严肃的问责，加快建立科学完善的食品药品安全治理体系，坚持产管并重，严把从农田到餐桌、从实验室到医院的每一道防线。建立全县统一协调的食品安全监管体系；建立完善的食品安全应急处理体系；建立食品安全风险评估评价体系；建立食品安全信息网络体系；建立食品安全领域高素质人才队伍及技术支撑体系，逐步形成完善的食品安全监管和农产品安全保障体系。加大种植养殖、生产加工、市场流通、餐饮消费等环节的监管力度，加强农产品农药残留检测，建设一批"绿色放心市场"，保证食品质量安全。

（三）保障供水安全

把规划统筹县域水资源，保障区域经济发展用水、城乡生活用水作为重点，实施县城后备水源建设、供水管网及农村饮水提质增效工程。开发利用水库，谋划桑干河引水工程，建成北、中、南部供水保障网络，对空间水资源进行均衡调配。保障县城和西部产业聚居区供水，改善农村供水，初步建立

现代化的供水安全保障系统。

(四)加强社会治安综合治理

全面开展平安创建活动,突出抓好校园安全管理工作,大力推进社会治安防控体系建设,深入开展"严打"整治斗争,强化治安管理,优化治安环境。第一,按照网络化、信息化、社会化的要求,创新完善立体化社会治安防控体系,健全社会管理功能,切实保障公共安全。第二,不断深化社会矛盾问题源头治理,健全完善社会调处、司法调处相配套的矛盾纠纷排查调处机制。第三,完善群防群治机制,健全民主管理功能,完善治安分析机制,增强科学决策功能;第四,改革综治体制,建立实用高效的办事机构,提高综治人员素质,建立高素质综治队伍。第五,推进县域综治信息化建设,加强信息共享、互通互联和深度应用,努力实现以信息化引领平安建设的现代化。第六,全面落实重大决策社会稳定风险评估机制,加大对非法集资的防范和处置力度,不断提升"两率一度"。

(五)加强防灾减灾和应急管理体系建设

努力建立健全以防灾减灾、灾害应急响应、灾民生活救助、灾后恢复重建和社会应急动员为主要内容的防灾减灾体系,切实保障受灾群众的基本生活权益。第一,完善灾害管理体制机制。健全政府主导、分级负责、条块结合、属地为主的灾害应急管理体制,强化各级政府救灾工作职责,完善救灾工作分级管理、救灾资金分级负担制度,按保障受灾群众基本生活需要支出的资金投入长效机制。第二,建立安全预警与应急管理机制。坚持以预防为主,防御、处置和救助相结合的方针,加快构建重大灾难、重大病疫和重大突出事件等社会应急体系。加强公安、消防、安监、卫生、环保、防震、减灾、气象、人防、水利、民政、教育等部门基础数据库的信息互通和资源共享。第三,健全灾害应急响应制度。完善重大灾害应急综合协调机制、灾情会商、评估、发布制度,规范各项应急工作程序,及时启动灾害应急预案,建立部门协调、军地结合、全社会共同参与的灾害救助应急体系。第四,加强重点行业

和场所监测。第五,加强应急救援队伍建设。不断优化以专业队伍为主体、群众性队伍为辅助的应急救援队伍网络,积极开展专业技能培训和跨部门、跨行业的综合性减灾演练,提高队伍快速反应和协同作战能力。

第十章　加强和改善党的领导切实保障规划顺利实施

深刻认识发展是党执政兴国的第一要务,改进领导经济社会发展工作体制机制,完善治理体系,提升治理能力,更好推动全县经济社会发展。

明确大同县国民经济和社会发展第十三个五年规划纲要是指导"十三五"期间我县经济社会发展的纲领性文件,在各类规划中居于主导地位。本规划一经批准,即具有法律效力,是编制国民经济和社会发展年度计划及各级政府审批、核准各类投资项目的重要依据。

第一节　提高党领导经济社会发展的能力和水平

坚持党总揽全局、协调各方,充分发挥各级党委(党组)领导核心作用。适应、把握、引领经济发展新常态,创新党委领导经济社会发展的观念、体制、方式和方法,提高党委把握方向、谋划全局、提出战略、制定政策、推进改革的能力。加强党委领导经济社会工作的制度化建设,强化全委会决策和监督作用,完善党委研究经济社会发展战略、定期分析经济形势、研究重大方针政策的工作机制,推动党领导经济社会发展制度化、规范化、程序化。完善决策机制,注重发挥智库和专业研究机构作用,提高科学决策能力,确保制定的重大战略、出台的政策措施符合客观规律。

第二节　始终保持惩治腐败、狠刹"四风"

反腐倡廉建设永远在路上,反腐不能停步,不

能放松。从严落实党风廉政建设"两个责任"，加强巡视督查工作，始终保持惩治腐败高压态势，以最坚决的态度减少腐败存量、以最果断的措施遏制腐败增量，以零容忍态度惩治腐败，坚决把反腐败斗争进行到底。严格执行《中国共产党廉洁自律准则》和《中国共产党纪律处分条例》，坚决落实中央八项规定，坚持不懈狠刹"四风"，推动党风政风和社会风气持续好转。强化权力运行制约和监督，构建不敢腐、不能腐、不想腐的长效机制，持续净化政治生态，营造良好从政环境。"打黑除患"斗争要与反腐败斗争同步推进，加大依法打击、从重惩处力度，以最大限度压缩黑恶势力滋生发展的空间。

第三节　坚持从严治吏从严治党重在从严治吏

继续保持选人用人风清气正，坚持"德才兼备、以德为先、以廉为基"用人导向，严格执行《党政领导干部选拔任用工作条例》，完善干部选拔任用"三个一批"工作机制，把好干部选出来用起来。推进干部能上能下，探索建立干部调整退出的动态化常态化机制。加强对领导干部特别是"一把手"的日常监督管理，加强干部作风和能力培训，逐步建立从严治吏长效机制。探索建立政绩考核评价体系和奖惩机制，保护和调动各级干部干事创业积极性、主动性、创造性。加强党的各级组织建设，强化基层党组织整体功能。加强基层党组织带头人队伍建设，管好用好农村第一书记。统筹加强社区、机关、高校、企业等各领域基层组织建设，着力实现非公经济组织和社会组织党组织和党的工作"两个全覆盖"。

第四节　坚决把纪律和规矩挺在前面

坚持全面从严治党，以党章为根本遵循、以党纪为基本准绳，落实"三严三实"要求，在严格执行党纪党规上"先走一步"。严明党的纪律和规矩，严格落实两部"法规"，用好监督执纪"四种形态"，筑牢法律和党纪"两道防线"，坚决反对"七个有之"，切实做到"五个必须"，做到有令必行、有禁必止。保持坚强政治定力，发扬党的光荣传统和优良作风，在党言党、在党忧党、在党为党，正确用权、谨慎用权、干净用权，确保中央和省、市、县决策部署落地生根。

第五节　切实抓好"十三五"规划落实工作

全县上下要按照十三五规划确定的指导思想、主要目标、发展路径、重大举措，增强政府履行职责的约束性指标，全县上下，同心同力，把全会确定的各项决策部署落到实处。实现"十三五"规划的目标任务光荣而艰巨。全县各部门、各单位和广大干部群众，要紧密地团结在以习近平同志为总书记的党中央周围，坚定信心、奋发进取、众志成城、攻坚克难，夺取我县全面建成小康社会决胜阶段的伟大胜利！

2016 年大同县国民经济和社会发展统计公报

2017 年 3 月 25 日

大同县统计局

2016 年，面对复杂严峻的经济形势，全县上下在县委、县政府的坚强领导下，认真贯彻落实党的十八大以来各项方针政策和习近平总书记系列重要讲话精神，按照省委"一个指引、两手硬"思路要求和市委"136"发展战略，紧紧围绕建设美丽富裕幸福新大同县目标，攻坚克难，着力打响"三张牌"，建好"四大园"，推动新型产业承载地、旅游休闲体验地、健康养老养生地，全县经济社会发展又取得了新进展，上了新台阶。

一、综 合

初步核算，2016 年全县实现生产总值 269206 万元，比上年增长 4.0%，其中，第一产业增加值完成 76082 万元，比上年增长 1.9%；第二产业增加值完成 59109 万元，比上年增长 6.6%，其中，工业完成增加值 43497 万元，比上年增长 7.2%；第三产业（服务业）完成增加值 134015 万元，比上年增长 4.1%。第一、第二、第三产业对全县生产总值增长的贡献率分为：21.8%、34.1%、44.6%。三次产业结构的比为 28.3 : 21.9 : 49.8。人均生产总值为 15124 元，比上年增加 521 元，增长 3.6%。万元 GDP 综合能耗由上年的 1.2710 吨标准煤降至 1.2224 吨标准煤，下降 4.65%。

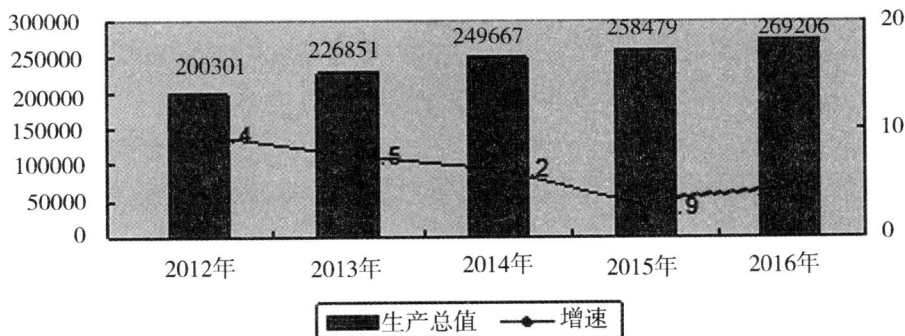

图 1   2012 年—2016 年全县生产总值及增速   单位：万元、%

2016 年，城镇登记失业率控制在 3.42% 以内，年内城镇新增就业人数 1105 人，其中：创业带动就业人数 366 人，失业人员再就业 1004 人，其中就业困难人员就业 205 人，转移农村剩余劳动力 2110 人。技能人才培养（技能鉴定）105 人，城镇失业人员再就业培训人数 210 人，农民工职业技能提升培训人数 1220 人，新成长劳动力培训人数 52 人，创业培训人数 60 人。常住人口城镇化率（含市开发区）为 40.42%，户籍人口城镇化率为 28.37%。

二、农 业

2016 年，全县农作物播种面积为 42005 公顷，比上年减少 1077 公顷，下降 2.50%，其中：粮食作物播种面积为 36807 公顷，比上年减少 1591 公顷，下降 4.14%，在粮食作物中，谷物播种面积为 29420 公顷，比上年减少 3280 公顷，下降 10%，在谷物中玉米面积为 23368 公顷，比上年减少 2577 公顷，下降 9.9%，谷子面积为 1987 公顷，比上年减少 1064 公顷，下降 34.9%，高粱面积为 195 公顷，比上年增加 173 公顷，增长 686.4%。其他谷物面积为 3870 公顷，比上年增加 188 公顷，增长 5.1%。豆类面积为 6159 公顷，比上年增加 1801 公顷，增长 41.3%。在豆类中，大豆为 1221 公顷，比上年增加 207 公顷，增长 20.4%，杂豆为 4939 公顷，经上年增加 1595 公顷，增加 47.7%。薯类面积为 1227 公顷，比上年减少 113 公顷，下降 8.4%。油料面积为 153 公顷，比上年减少 56 公顷，下降 26.8%。甜菜面积为 121 公顷，比上年减少 22 公顷，下降 15.4%，蔬菜面积为 4128 公顷，比上年增加 455 公顷，增长 12.4%，瓜类面积为 780 公顷，比上年增加 127 公顷，增长 19.4%。

表一　2016 年全县粮食、油料等农作物产量

产品名称	产量（吨）	比上年 ±%
一、粮食	99709	52.3
1. 谷物	92037	49.8
其中：玉米	80000	45.6
谷子	4389	39.1
高粱	539	246.7
其他	7108	113.5
2. 豆类	5734	269.9
其中：杂豆	4436	278.1
3. 薯类	9692	−21.2
二、油料	178	36.9
三、蔬菜	80715	−22.3
四、瓜类	20671	23.1
五、水果	9963	6.9

畜牧业生产：2016 年全县全年奶类产量为 19675 吨，比上年减少 11781 吨，下降 37.45%；禽蛋产量为 15212 吨，比上年减少 4766 吨，下降 23.86%；肉类产量为 11122 吨，比上年减少 2792 吨，下降 20.07%；羊毛产量为 154 吨，比上年减少 189 吨，下降 55.1%。畜禽存、出栏情况见表。

表二　2016 年主要畜禽存出栏情况

单位：头、只

畜禽名称	存栏	比上年 ±%	出栏	比上年 ±%
大牲畜	19229	−7.1	9346	−30.1
其中：牛	14216	−2.6	7929	−34.5
其中：奶牛	4702	−13.6	−	−
其中：驴	4735	−17.2	1230	13.8
猪	5367	29.8	57157	−12.5
羊	191173	12.7	99663	−29.0
家禽	1882980	14.1	1032394	−19.0

林业生产：当年人工造林面积为 2148 公顷，比上年减少 382 公顷，下降 15.1%。按经济成分分：国有造林 334 公顷，比上年增加 1 公顷，增长 0.3%；集体造林 1647 公顷，比上年减少 83 公顷，下降 4.8%；非公经济造林 167 公顷，比上年减少 300 公顷，下降 64.2%。按林种用途分：经济林 167 公顷，比上年减少 300 公顷，下降 64.2%；防护林 1558 公顷，比上年减少 85 公顷，下降 5.2%；薪炭林 423 公顷，比上年增加 3 公顷，增长 0.7%。四旁零星植树 60 万株，年末实有封山（沙）育林面积 3201 公顷，当年苗木产量 800 万株，当年育苗面积 733 公顷。

2016 年，全县实现农林牧渔业总产值 141308 万元，比上年增长 1.1%。农村用电量为 3501 万千瓦时，比上年增长 8.3%；农用化肥施用量（实物量）为 18508 吨，比上年下降 8.1%；农用塑料薄膜使用量 1154 吨，比下降 5.6%；地膜覆盖面积 16051 公顷，比上年增长 3.0%；农药使用量为 108 吨，比上年下降 30.3%。至年末，全县农业机械总动力为 131979 千瓦，拖拉机 4060 台，动力为 82298 千瓦，其中：大中型拖拉机 2300 台，动力为 63419 千瓦，小型拖拉机 1760 台，动力为 18879 千瓦。配套农机具 6339 台。

三、工业和建筑业

2016 年，全县共有规模以上工业企业 13 家，实现增加值 36020 万元，按可比价计算，比上年增长 8.3%，实现销售产值 207334 万元，比上年增长

16.5%,实现销售收入 183319 万元,比上年增长 8.8%,实现利税 12017 万元,比上年下降 16.2%,实现利润 7605 万元,比上年下降 24.2%。全年全县规模以上工业企业共实现总产值 202055 万元,比上年增长 10.5%,其中:水泥制品制造业完成 6298 万元,占全部产值的 3.1%,煤炭制品制造业完成 22320 万元,占全部产值的 11.0%,机械制造业完成 80712 万元,占全部产值的 39.9%,酒类饮料制造业完成 7744 万元,占全部产值的 3.8%,电力热力生产业 16298 万元,占全部产值 8.11%,汽车制造业 59052 万元,占全部产值的 29.2%。

表三　2016 年规模以上工业企业主要产品产量

产品	计量单位	产量	比上年±%
新能源汽车	辆	2471	40.5
活性炭	吨	11500	79.8
铝型材	吨	7800	57.6
商品混凝土	万立方米	25.8	−20.1
矿山专用设备	吨	1960	−3.7
啤酒	千升	46298	10.6

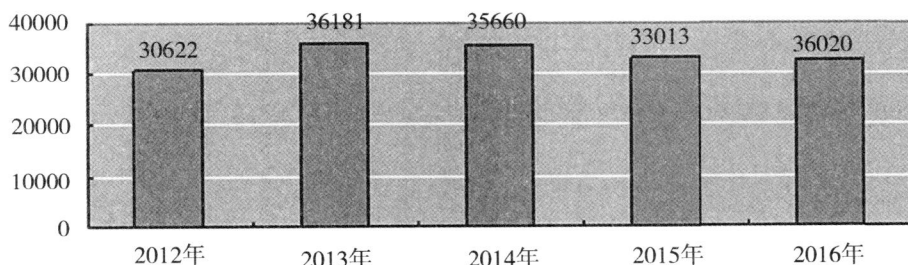

图2　2012 年—2016 年规模以上工业增加值　单位:万元

2016 年,全县共有资质以上建筑业企业 7 家,共完成建筑业产值 34502 万元,比上年增长 8.6%。

四、固定资产投资

2016 年,全县完成固定资产投资 874492 万元,比上年增长 12.6%。从三次产业结构看:第一产业完成投资 236926 万元,占全部投资的 27.0%,比上半年增长 13.2%;第二产业完成投资 310806 万元,占全部投资的 62.6%,比上年下降 36.1%,全部为工业投资。在工业投资中,采矿业投资 21310 万元,占工业投资的 6.9%;电力生产与供应业投资 20424 万元,占工业投资的 6.6%;制造业投资 269072 万元,占工业投资的 86.5%,第三产业完成投资 326760 万元,比上年增长 303.5%,占全部投资的 10.4%。从建设构成看:建筑工程完成 565244 万元,安装工程完成 226897 万元,设备工器具购置 57745 万元,其他投资 24606 万元。从建设性质看:新建投资 774217 万元,扩建 97468 万元,改建和技术改造 2807 万元。从经济类型看:国有投资 150590 万元,占全部投资的 17.2%,非国有投资 723902 万元,占全部投资的 82.8%,全年共有固定资产投资项目 247 个,其中 2015 年新开工项目 212 个。

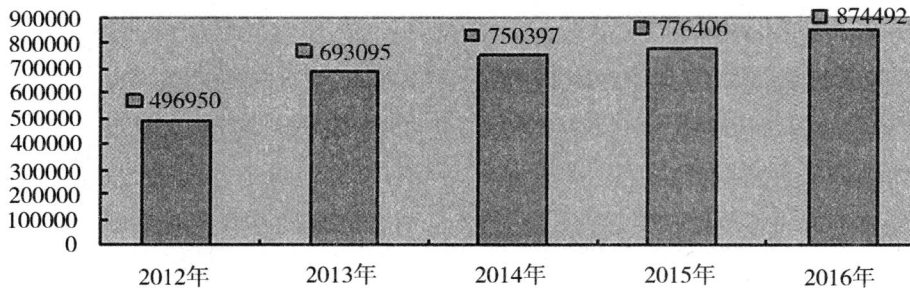

图3　2012年—2016年固定资产投资完成情况　单位:万元

五、贸易、交通与通讯

2016年全县全年完成社会消费品零售额159265万元,比上年增长7.0%。按销售地区分:城镇的零售额为41952万元,比上年下降2.5%,占全部零售额的26.3%;农村的零售额为117313万元,比上年增长10.9%,占全部零售额的73.7%。按消费形态分:餐饮业消费零售额为15650万元,比上年增长13.6%,占全部零售额的9.8%;商品消费零售额为143615万元,比上年增长6.3%,占全部零售额的90.2%。

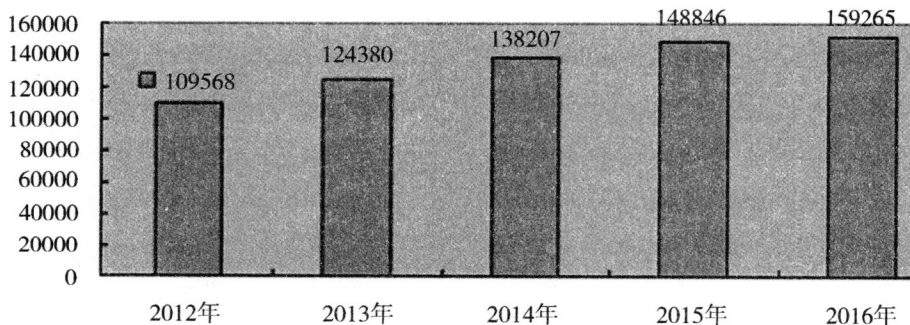

图4　2012年—2016年消费品零售额情况　单位:万元

至2016年年末,全县境内公路通车里程达到1488公里,其中:国道通车里程为37公里、省道73公里、县道290公里、乡道731公里,村道357公里。公路密度为100.7公里/百平方公里。全县十个乡镇175个行政村全部通了水泥(油)路。年内投资4055万元,改造山西省集中连片特困地区(燕山—太行山片大同县县道西册田—渔儿涧公路改造工程)拥有牵引车5118辆,挂车5558辆,吨位183304吨。货运车1189辆,吨位5711吨,其中:大型371辆4408吨,中型13辆42吨,小型805辆1261吨。

公路客运方面,拥有县际大型客车35辆1085座,村村通客车21辆233座,出租车250辆。

通讯方面:至年末,全县拥有固定电话用户3126户,比上年增长41.1%,拥有移动电话用户126525户,比上年增长7.7%,拥有互联网宽带用户18130户。

六、财政与金融

2016年,全县全年完成公共财政预算收入16200万元,比上年减少1073万元,下降6.2%。其中:国税部门完成3408万元,比上年增加516万元,增长17.8%,地税部门完成6845万元,比上年减少1543万元,下降18.4%,财政部门完成5947万元,比上年减少46万元,下降0.77%。

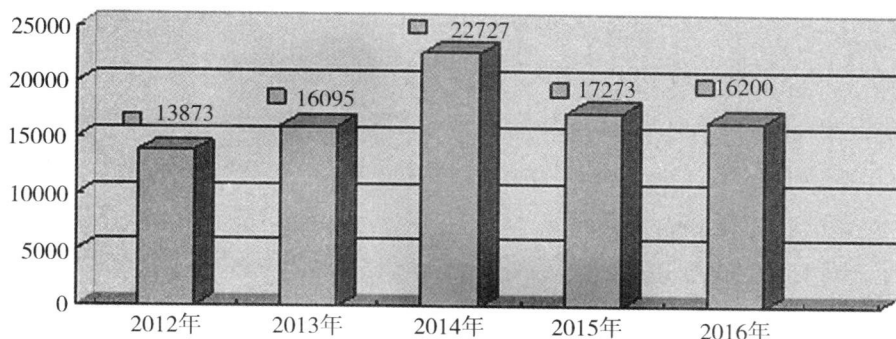

图 5　2012 年—2016 年公共财政预算收入情况　单位：万元

全县财政总收入完成 34909 万元，比上年减少 277 万元，下降 0.79%，分级部门完成情况为：上划中央级收入为 12197 万元，比上年增长 8.32%，上划省级收入 4346 万元，比上年下降 2.01%，上划市级收入 2166 万元，比上年下降 2.34%，县级一般为 34909，共预算收入 16200 万元，比上年下降 6.2%。

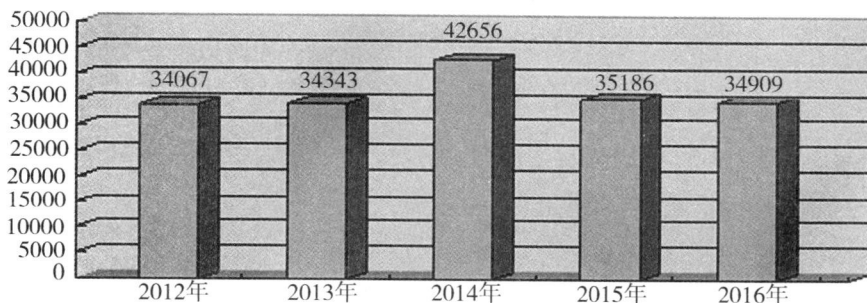

图 6　2012 年—2016 年财政总收入完成情况　单位：万元

全县全年一般公共预算支出 157096 万元，比上年增长 11.2%，其中：一般公共服务支出 12629 万元，比上年增长 1.98%；公共安全支出 7849 万元，比上年增长 5.31%；教育支出 28750 万元，比上年下降 2.01%；文化体育与传媒支出 2379 万元，比上年增长 38.39%；社会保障和就业支出 13729 万元，比上年下降 2.78%；医疗卫生与计划生育支出 13127 万元，比上年下降 3.19%；节能环保支出 5263 万元，比上年下降 16.82%；城乡社区支出 2406 万元，比上年增长 52.86%；农林水支出 41440 万元，比上年增长 38.23%；交通运输支出 10074 万元，比上年增长 226.65%；国土气象等支出 966 万元，比上年下降 88.95%；住房保障支出 9659 万元，比上年增长 6.29%。

至 2016 年末，全县金融机构存款余额 635383 万元，比年初增加 104579 万元，增长 19.7%，其中：单位存款 180461 万元，比年初增加 41357 万元，增长 29.7%。在单位存款中，活期存款 163235 万元，比年初增加 41238 万元，增长 33.8%；定期存款 16793 万元，比年初减少 71 万元，下降 0.4%，个人存款 433859 万元，比年初增加 62114 万元，增长 16.7%，在个人存款中储蓄存款 433780 万元，比年初增加 62108 万元，增长 16.7%，财政性存款 21062 万元，比年初增加 1429 万元，增长 8.4%。各项贷款余额为 209988 元，比年初增加 21618 万元，增长 11.5%。其中短期贷款为 95090 万元，比年初增加 10814 万元，增长 12.8%，在短期贷款中个人贷款及透支 39788 万元，比年初增加 6975 万元，增长 21.3%；中长期贷款为 54663 万元，比年初增加 7763 万元，增长 16.6%，其中个人贷款 16704 万元，比年初减少 5667 万元,下降 25.3%,在个人贷款中个人消费贷款 6675 万元,比年初减少 172 万元,下降 2.53%,票据融资 60235 万元,比年初增加 3041 万元,增长 5.3%。

七、教育、卫生、文化、体育

教育:2016 年,全县拥有幼儿园 36 所(不含无证园),小学 24 所,小学办学点 35 所,初中 11 所(九年一贯制学校 2 所),高中 1 所。幼儿园在园幼儿为 4655 人(含民办园),小学招生人数为 1251 人,在校学生为 8775 人,毕业生人数 1307 人;初中招生人数 1119 人,在校学生为 3834 人,毕业生人数 1504 人;高中招生人数 798 人,在校学生人数 2462 人,毕业生人数 921 人。专任教师人数为:幼儿园 337 人(含民办园),小学 975 人(含民办),初中 449(含民办)人,高中 212 人。

卫生:全县拥有县级医疗卫生机构 6 个,乡镇卫生院 10 个,卫生院分院 6 个,农村卫生室(点)159 个,个体诊所 11 个。年末医疗卫生机构共有卫生技术人员 612(含村医)人,其中执业医师和助理执业医师 259 人,执业护士 138 人,疾病防治卫生技术人员 47 人,妇幼保障技术人员 39 人,农村乡镇卫生院技术人员 140 人,床位 303 张,其中县级 160 张,乡镇卫生院 143 张。

文化体育:全县拥有数字影院一座,县级文化馆图书馆各一个,乡镇文化站 10 个,村级文化(图书)室 175 个,拥有各类图书 84625 册。拥有篮球场 113 个,门球场 1 个,健身广场 332 个,健身路径 1518 件套。

八、环境保护和社会保障

2016 年,空气综合质量指数(AQI)为 6.26,全年一级天气 48 天,二级天气 184 天,三级及以下天气 133 天。

全县拥有敬老院 6 所,床位 442 张,集中供养 205 人,全年政府为集中供养的老人支付养老费用 67 万元,分散供养五保户 1440 人,支付养老费用 302 万元,为优抚对象支付抚恤金 545 万元。全县为 2446 户 5820 人城镇低保对象支付低保金 1793 万元,为 13185 户 15179 人农村低保对象支付低保金 3911 万元,新型农村合作医疗参保人数为 113933 人,全年共为农村参保患者报销医药费 4893 万元。

至 2016 年末,全县企业职工参加养老保险人数为 8162 人,征缴养老保险费 9581 万元,城乡居民参加养老保险人数为 71360 人,征缴养老保险费 1251 万元,机关事业单位参加养老保险人数为 4395 人,征缴养老保险金 3260 万元,工伤保险参保人数 11160 人,征缴工伤保险金 142 万元,企业职工参加失业保险人数 7615 人,征缴失业保险金 187 万元,参加生育保险的人数 14602 人,生育保险基金征缴 83 万元,城镇基本医疗保险参保人数 30101 人,征缴医疗保险金 1724 万元。

九、人口与人民生活

据省人口抽样调查推算,2016 年全县常住总人口为 192213 人,出生人口为 1971 人,死亡人口为 890 人,出生率为 10.28‰,死亡率为 4.64‰,自然增长率为 5.64‰。

表四　2016 年全县常住人口构成情况

单位:人、%

	人数	比重
总人口	192213	100.00
男	98363	51.17
女	93850	48.83
城镇人口	77692	40.42
农村人口	114521	59.58

2016 年,全县居民人均可支配收入为 11470 元,比上年增加 730 元,增长 6.8%。其中城镇居民人均可支配收入为 18242 元,比上年增加 1177 元,增长 6.9%,农村居民人均可支配收入为 8189 元,比上年增加 514 元,增长 6.7%,在岗职工平均工资为 56058 元,比上年增加 4015 元,增长 7.7%,城乡居民储蓄存款余额为 433780 万元,比年初增加 62108 万元,增长 16.7%。精准扶贫取得新进展,至 2016 年年末,全县共有 16 个村 2142 户 4737 人脱贫。

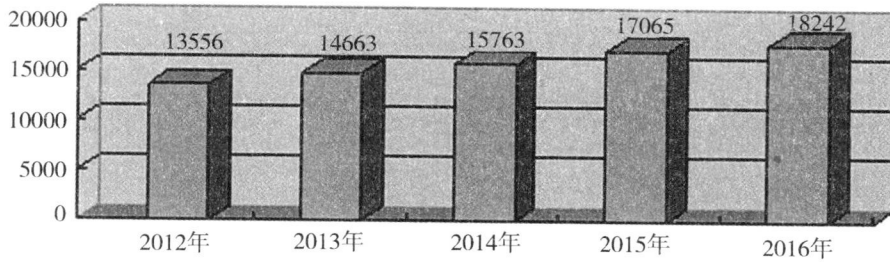

图7　2012年—2016年城镇居民人均可支配收入情况　单位：元

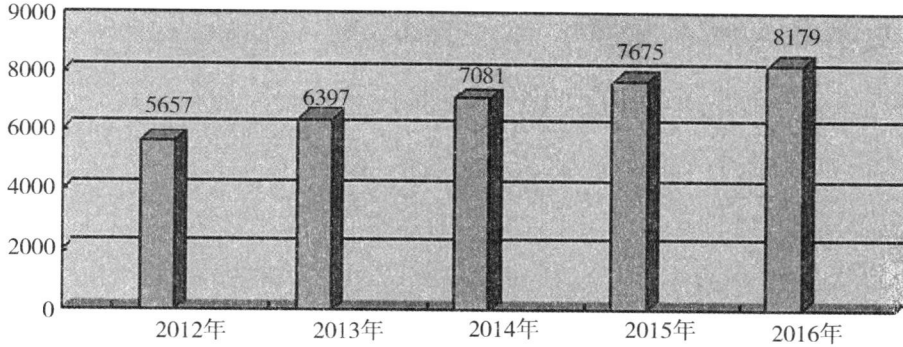

图8　2012年—2016年农村居民人均可支配收入情况　单位：元

表五　2016年大同县主要经济指标完成情况与大同市对比

单位：万元

指标	大同市		大同县				总量指标绝对额大同县占大同市比重（%）
	绝对额	增速±%	绝对额	全市排名	增速±%	全市排名	
地区生产总值	10253399	1.0	269206	8	4.0	9	2.63
规模以上工业增加值	2545911	-14.5	36020	9	8.3	5	1.41
社会消费品零售总额	6090130	7.3	159265	8	7.0	7	2.62
固定资产投资	12128208	5.9	874492	5	12.6	4	7.21
公共财政预算收入	889262	-3.76	16200	6	-6.2	4	1.82
城镇居民人均可支配收入	18242	6.1	18242	11	6.9	2	—
农村居民人均可支配支配收入	8217	6.6	8189	3	6.7	5	

注：1. 本公报部分数据为初步统计数据；

2. 地区生产总值及各产业增加值绝对额按现价计算，增长速度按可比价计算；

3. 所有指标增长或下降均为同口径与上年相比较；

4. 部分指标为抽样调查数据；

5. 部分数据因四舍五入原因，存在总项与分项不等的情况；

6. 本公报数据涉及的各类社会指标和部分经济指标来源于相关部门，需了解详情请咨询相关部门；

7. 人口数据各项指标中，均含市开发区。

2015 年大同县国民经济和社会发展统计公报

2016 年 3 月 25 日

大同县统计局

2015 年，面对复杂严峻的经济形势，全县上下在县委、县政府的坚强领导下，继续围绕"建设现代城郊型新大同县，打造宜业宜居宜游乐园"目标，坚持稳中求进和改革创新，主动适应经济发展新常态，认真做好稳增长、促改革、调结构、惠民生、防风险各项工作，全县经济发展有升有降，人民收入稳步提高，社会保持和谐稳定，全面建成小康社会迈出了坚定的步伐。

一、综合

初步核算，2015 年全县实现生产总值 258479 万元，比上年增长 2.9%，其中，第一产业增加值完成 75551 万元，比上年增长 2.9%，第二产业增加值完成 55451 万元，比上年下降 6.6%，在第二产业中，工业完成增加值 40559 万元，比上年增长 9.0%，第三产业（服务业）完成增加值 127476 万元，比上年增长 9.1%。第一、第二、第三产业对全县生产总值增长的贡献率分为：22.5%、-6.6%、84.1%。三次产业结构的比为 29.2∶21.5∶49.3。人均生产总值为 14579 元，比上年增加 474 元，增长 3.4%。万元 GDP 综合能耗由上年的 1.333 吨标准煤降至 1.2863 吨标准煤，下降 2.83%。

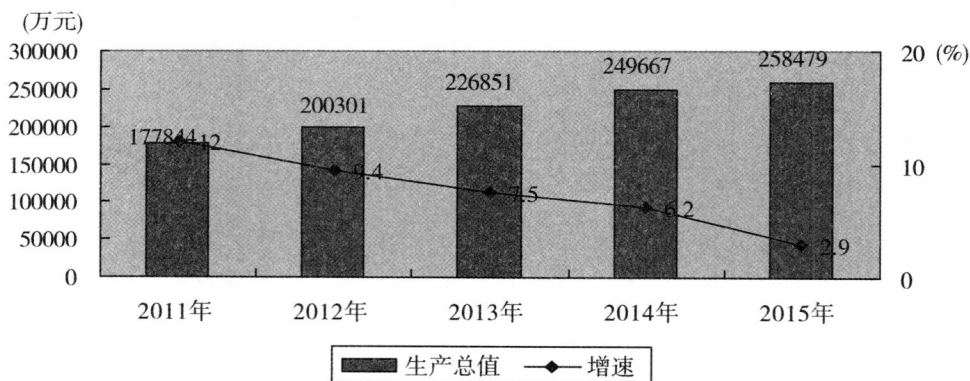

图1 2011—2015 年全县生产总值及增速

2015 年，城镇登记失业率控制在 3.88% 以内，年内城镇新增就业人数 1303 人，创业带动就业人数 369 人，失业人员再就业 215 人，其中就业困难人员就业 140 人，转移农村剩余劳动力 2406 人。职业技能培训人数 50 人，城镇失业人员再就业培训人数 200 人，农民工职业技能提升培训人数 1200 人，新成长劳动力培训人数 50 人，创业培训人数 60 人。

常住人口城镇化率（含市开发区）为 39.04%，户籍人口城镇化率为 28.65%。

二、农业

2015 年，全县农作物播种面积为 43082 公顷，比上年减少 692 公顷，下降 1.58%，其中：粮食作物播种面积为 38398 公顷，比上年增加 1055 公顷，增长 2.83%，在粮食作物中，玉米播种面积为 25945

公顷,占全部粮食作物的 67.57%;经济作物播种面积为 4682 公顷,比上年减少 1749 公顷,下降 27.2%,在经济作物中,油料作物播种面积为 209 公顷,比上年增加 36 公顷,增长 20.8%,甜菜面积为 143 公顷,比上年减少 51 公顷,下降 26.3%,蔬菜面积为 3673 公顷,比上年减少 1085 公顷,下降 22.8%,瓜类面积为 653 公顷,比上年减少 586 公顷,下降 47.3%。

表1　2015年全县粮食、油料等农作物产量

产品名称	产量(吨)	比上年±%
一、粮食	75300	-27.79
其中:玉米	54941	-30.21
谷子	3155	16.72
高粱	21	-93.69
豆类	1550	-59.92
薯类	12303	304.97
其他	3330	27.09
二、油料	130	11.11
三、蔬菜	103893	-25.25
四、瓜类	16789	-44.31
五、水果	9320	4.97

畜牧业生产:2015 年全县全年奶类产量为 31456 吨,比上年增加 42 吨,增长 0.13%,禽蛋产量为 19978 吨,比上年增加 6389 吨,增长 47.02%,肉类产量为 13914 吨,比上年增加 1082 吨,增长 15.05%,绵羊毛产量为 343 吨,比上年增加 2 吨,增长 0.6%。畜禽存、出栏情况见表2。

表2　2015年主要畜禽存出栏情况

单位:头、只

畜禽名称	存栏	比上年±%	出栏	比上年±%
大牲畜	20708	-3.1	13373	-7.8
牛	14596	-1.9	12176	-8.5
奶牛	5445	-4.7	-	-
驴	5717	-3.9	1081	3.8
猪	41342	10.0	65337	4.6
羊	169642	45.1	140437	25.3
家禽	1649593	9.3	1275100	5.4

林业生产:当年人工造林面积为 2530 公顷,比上年减少 803 公顷,下降 24.1%。按经济成分分:国有造林 333 公顷,比上年减少 133 公顷,下降 28.5%,集体造林 1730 公顷,比上年减少 403 公顷,下降 18.9%,非公经济造林 467 公顷,比上年减少 267 公顷,下降 36.4%。按林种用途分:经济林 467 公顷,比上年减少 267 公顷,下降 36.4%,防护林 1643 公顷,比上年减少 623 公顷,下降 27.5%,薪炭

林 420 公顷,比上年增加 87 公顷,增长 26.1%。从树种用途看,2530 公顷全部为乡土树种。四旁零星植树 87 万株,年末实有封山(沙)育林面积 2867 公顷,当年苗木产量 650 万株。

2015 年,全县实现农林牧渔业总产值 139760 万元,比上年增长 2.4%。农村用电量为 3233 万千瓦时,比上年下降 7.3%,农用化肥施用量(实物量)为 20138 吨,比上年下降 11.7%,农用塑料薄膜使用量 1222 吨,比上年增长 14.2%,地膜覆盖面积 15583 公顷,比上年增长 9.7%。农药施用量为 155 吨,比上年增长 63.2%。至年末,全县农业机械总动力为 225944 千瓦,比上年增长 1.92%,拖拉机 4030 台,动力为 80077 千瓦,其中:大中型拖拉机 2240 台,动力为 60876 千瓦,小型拖拉机 1970 台,动力为 19201 千瓦,配套农机具 6304 台,农用运输车 5240 台,动力为 98689 千瓦。

三、工业、建筑业和房地产业

2015 年,全县共有规模以上工业企业 18 家,实现增加值 33013 万元,按可比价计算,比上年下降 12.5%,实现销售产值 184153 万元,比上年下降 18.5%,实现销售收入 170281 万元,比上年下降 23.3%,实现利税 12169 万元,比上年下降 22.0%,实现利润 7339 万元,比上年下降 30.6%,全年全县规模以上工业企业共实现总产值 188619 万元,比上年下降 18.9%,其中:药品制造业完成 2400 万元,占全部产值的 1.3%,水泥制品制造业完成 9692 万元,占全部产值的 5.1%,煤炭制品制造业完成 25000 万元,占全部产值的 13.3%,机械制造业完成 60106 万元,占全部产值的 31.9%,酒类饮料制造业完成 7003 万元,占全部产值的 3.7%,电力生产业 13198 万元,占全部产值 7.0%,汽车制造业 41598 万元,占全部产值的 22.1%。

表3   2015 年规模以上工业企业产品产量

产品	计量单位	产量	比上年 ±%
新能源汽车	辆	1759	−45.3
活性炭	吨	6396	−0.9
铝型材	吨	4949	1.0
石墨电极	万吨	0.54	−84.5
铸石板	万吨	0.79	−48.7
商品混凝土	万立方米	32.3	−48.2
矿山专用设备	吨	2036	47.8
啤酒	千升	41868	76.4

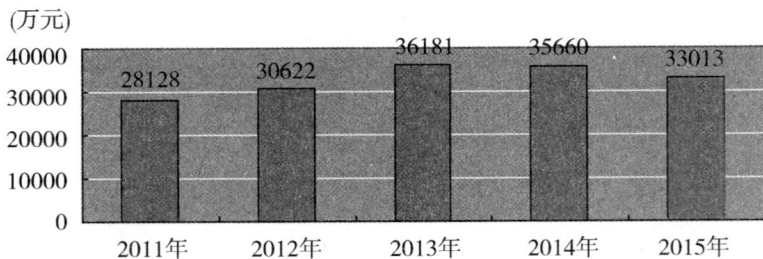

（万元）

	28128	30622	36181	35660	33013
	2011年	2012年	2013年	2014年	2015年

图2   2011—2015 年规模以上工业增加值

2015 年,全县共有资质以上建筑业企业 7 家,共完成建筑业产值 31765 万元,比上年增长 52.5%,资质以上房地产开发企业 3 家,共完成开发投资 31932 万元,比上年下降 15.8%。

四、固定资产投资

2015年，全县完成固定资产投资776406万元，比上年增长3.5%，从三次产业结构看：第一产业完成投资209302万元，占全部投资的27.0%；第二产业完成投资486130万元，占全部投资的62.6%，全部为工业投资，在工业投资中，电力生产与供应业投资65879万元，占工业投资的13.6%，制造业投资420251万元，占工业投资的86.4%；第三产业完成投资80974万元，占全部投资的10.4%。从建设性质看：建筑安装工程完成569022万元，设备工器具购置150920万元，房地产开发31922万元，其他投资24592万元。从经济类型看：国有投资509317万元，占全部投资的65.6%，非国有投资267089万元，占全部投资的34.4%，在非国有投资中，外商港澳台商投资3836万元，民间投资263253万元。全年共有固定资产投资项目174个，其中2015年新开工项目166个。

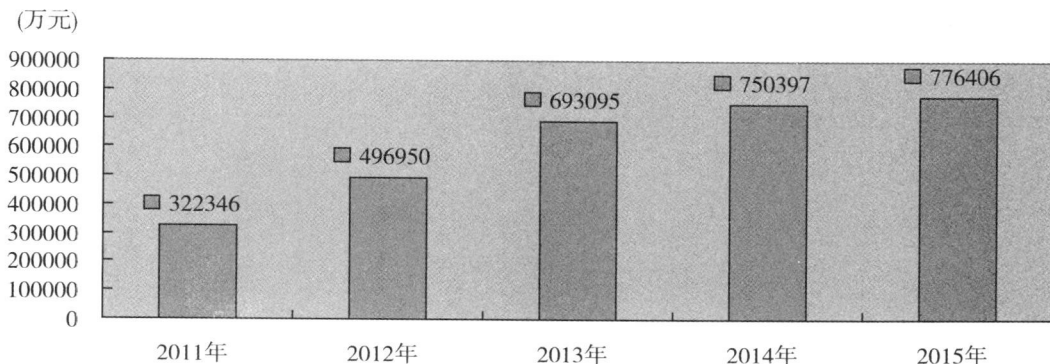

图3　2011—2015年固定资产投资完成情况

五、贸易、交通与通信

2015年全县完成社会消费品零售额148846万元，比上年增长4.1%，按销售地区分：城镇的零售额为60170万元，比上年增长4.3%，占全部零售额的40.4%；农村的零售额为88676万元，比上年增长3.9%，占全部零售额的59.6%。按消费形态分：餐饮业消费零售额为18672万元，比上年增长3.2%，占全部零售额的12.5%；商品消费零售额为130174万元，比上年增长4.5%，占全部零售额的87.5%。

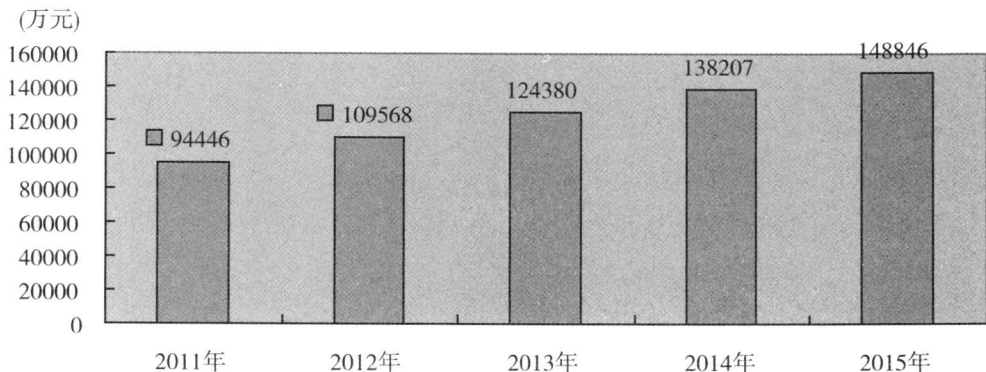

图4　2011—2015年消费品零售额情况

至2015年末，全县境内公路通车里程达到1544千米，其中，国道通车里程为46千米，省道127千米、县道286千米、乡道733千米，村道352千米。公路密度为104.4千米/百平方千米。全县10个乡镇175个行政村全部通了水泥(油)路。拥有牵引车5172辆,挂车5218辆,吨位170624吨。货运车2033辆,吨位9085吨,其中,大型601辆6805吨,中型90辆320吨,小型1342辆1960吨。

公路客运方面,拥有县际大型客车35辆1085座,村村通客车51辆445座,出租车250辆。

通信方面:至年末,全县拥有固定电话用户2215户,比上年下降66.8%,拥有移动电话用户117450户,比上年下降18.0%,拥有互联网宽带用户21399户,比上年增长21.1%。

六、财政与金融

2015年,全县全年完成公共财政预算收入17273万元,比上年减少5454万元,下降24.0%。其中,国税部门完成2892万元,比上年增加192万元,增长7.1%,地税部门完成8388万元,比上年减少4804万元,下降36.4%,财政部门完成5993万元,比上年减少842万元,下降12.3%。

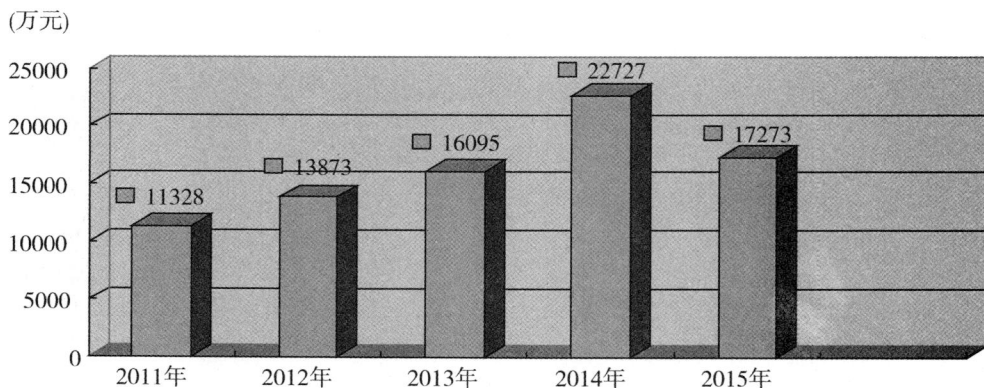

图5　2011—2015年公共财政预算收入情况

全县财政总收入完成35186万元,比上年减少7470万元,下降17.5%,分部门完成情况为:国税部门完成11506万元,比上年减少1161万元,下降9.2%;地税部门完成17687万元,比上年减少5467万元,下降23.6%;财政部门完成5993万元,比上年减少842万元,下降12.3%。

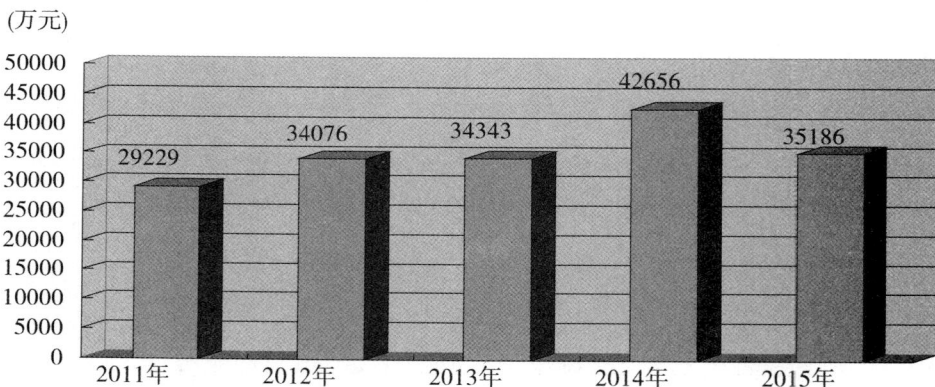

图6　2011—2015年财政总收入完成情况

全县全年一般公共预算支出141306万元,比上年增长36.3%,其中,一般公共服务支出12384万元,比上年增长21.0%,公共安全支出7453万元,比上年增长12.2%,教育支出29339万元,比上年增长41.8%,文化体育与传媒支出1719万元,比上年增长30.6%,社会保障和就业支出13360万元,比上年增长 23.4%，医疗卫生与计划生育支出 13559 万元，比上年增长 28.9%，节能环保支出 6327 万元，比上年下降 61.0%，城乡社区支出 1574 万元，比上年下降 52.8%，农林水支出 29979 万元，比上年增长 49.5%，交通运输支出 3084 万元，比上年增长 155.7%，国土气象等支出 8739 万元，比上年增长 74.0%，住房保障支出 9087 万元，比上年增长 401.5%。

至 2015 年末，全县金融机构存款余额 530804 万元，比年初增加 24344 万元，增长 4.8%，其中，单位存款 139105 万元，比年初增加 17599 万元，增长 14.5%。在单位存款中活期存款 121997 万元，比年初增加 18369 万元，增长 17.7%，定期存款 16864 万元，比年初减少 420 万元，下降 2.4%。个人存款 371745 万元，比年初增加 36517 万元，增长 10.9%，在个人存款中储蓄存款 371672 万元，比年初增加 36900 万元，增长 11.0%，财政性存款 16932 万元，比年初减少 30011 万元，下降 60.5%。各项贷款余额为 188370 元，比年初增加 27006 万元，增长 16.7%，其中，短期贷款为 84276 万元，比年初增加 3399 万元，增长 4.2%，在短期贷款中个人贷款及透支 32813 万元，比年初减少 1691 万元，下降 4.9%，中长期贷款为 46900 万元，比年初减少 16381 万元，下降 25.9%，其中个人贷款 22371 万元，比年初减少 2269 万元，下降 9.2%，在个人贷款中个人消费贷款 6847 万元，比年初增加 1474 万元，增长 27.4%，票据融资 57194 万元，比年初增加 39988 万元，增长 132.4%。

七、教育、卫生、文化体育

教育：2015 年，全县拥有幼儿园 36 所（不含无证园），小学 25 所，小学办学点 35 所，初中 12 所（九年一贯制学校 1 所），高中 1 所。幼儿园在园幼儿为 4663 人（含民办园），小学招生人数为 1365 人，在校学生为 8795 人，毕业生人数为 1315 人；初中招生人数 1223 人，在校学生为 4156 人，毕业生人数为 1557 人；高中招生人数为 816 人，在校学生人数为 2585 人，毕业生人数为 1021 人。专任教师人数为：

幼儿园 343 人（含民办园），小学 987 人（含民办），初中 495（含民办）人，高中 209 人。

卫生：全县拥有县级医疗卫生机构 6 个，乡镇卫生院 10 个，卫生院分院 6 个，农村卫生室（点）159 个，个体诊所 11 个。年末医疗卫生机构共有卫生技术人员 582 人，其中执业医师和助理执业医师 247 人，执业护士 94 人，疾病防治卫生技术人员 47 人，妇幼保障技术人员 39 人，农村乡镇卫生院技术人员 161 人。

文化体育：全县拥有数字影院一座，县级文化馆图书馆各一个，乡镇文化站 10 个，村级文化（图书）室 175 个，拥有各类图书 74125 册。拥有篮球场 113 个，门球场 1 个，健身广场 332 个，健身路径 1478 件套。

八、环境保护和社会保障

2015 年，综合污染指数由上年的 1.19 上升到 1.6，实际上升 0.41。全年一级天气 129 天，二级天气 184 天，三级天气 47 天。

全县拥有敬老院 6 所，床位 442 张，集中供养 278 人，全年政府为集中供养的老人支付养老费用 66.72 万元，分散供养五保户 1440 人，支付养老费用 220.32 万元，为优抚对象支付抚恤金 900.6 万元。全县为 2078 户 5077 人，城镇低保对象支付低保金 1592 万元，为 14109 户 16025 人农村低保对象支付低保金 3136 万元，新型农村合作医疗参保人数为 120694 人，全年共为农村参保患者报销医药费 4785 万元。

至 2015 年末，全县企业职工参加养老保险人数为 7998 人，征缴养老保险费 6796 万元，城乡居民参加养老保险人数为 20954 人，征缴养老保险费 1275 万元，机关事业单位参加养老保险人数为 4939 人，征缴养老保险金 1953 万元，工伤保险参保人数 11160 人，征缴工伤保险金 121 万元，企业职工参加失业保险人数 7615 人，征缴失业保险金 238 万元，参加生育保险的人数 14596 人，生育保险基金征缴 94 万元，城镇基本医疗保险参保人数 30101 人，征缴医疗保险金 1657 万元。

九、人口与人民生活

据省人口抽样调查推算，2015年全县常住总人口为191132人，出生人口为1896人，死亡人口为993人，出生率为9.94‰，死亡率为5.21‰，自然增长率为4.73‰。

表4　2015年全县常住人口构成情况

单位：人、%

	人数	比重
总人口	191132	100.00
男	100148	52.40
女	90984	47.60
城镇人口	74617	39.04
农村人口	116515	60.96

2015年，全县居民人均可支配收入为10740元，比上年增加828元，增长8.4%。其中城镇居民人均可支配收入为17065元，比上年增加1302元，增8.3%，农村居民人均可支配收入为7675元，比上年增加594元，增长8.4%，在岗职工平均工资为52043元，比上年增加13774元，增长35.9%，城乡居民储蓄存款余额为371672万元，比年初增加36900万元，增长11.0%。贫困人口由上年的36800人减少到28700人，年内净减少贫困8100人，全县贫困村由上年的80个减少到71个，年内减少9个。

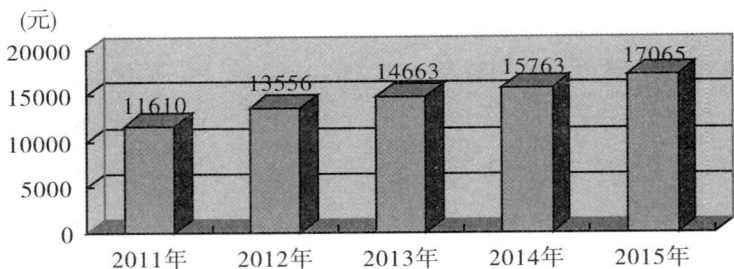

图7　2011—2015年城镇居民人均可支配收入情况

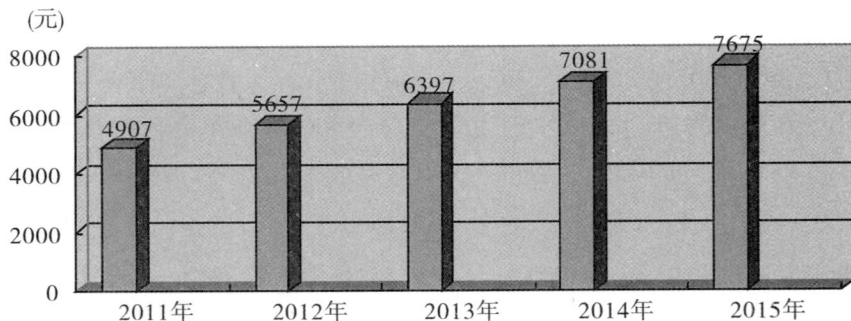

图8　2011—2015年农村居民人均可支配收入情况

表5　2015年大同县主要经济指标完成情况与大同市对比

单位：万元

指标	大同市		大同县				总量指标绝对额大同县占大同市比重（%）
	绝对额	增速±%	绝对额	全市排名	增速±%	全市排名	
地区生产总值	10529165	9.0	258479	8	2.9	5	2.45
规模以上工业增加值	3556879	8.4	33013	8	−12.5	5	0.92
社会消费品零售总额	5676817	4.8	148846	8	4.1	12	2.62
固定资产投资	11453535	6.8	776406	7	3.5	10	6.78
公共财政预算收入	923962	−12.0	17273	6	−24.0	11	1.87
城镇居民人均可支配收入	24771	7.5	17065	11	8.3	1	—
农村居民人均可支配收入	7708	8.0	7675	3	8.4	4	—

注：1. 本公报部分数据为初步统计数据；

2. 地区生产总值及各产业增加值绝对额按现价计算，增长速度按可比价计算；

3. 所有指标增长或下降均为同口径与上年相比较；

4. 部分指标为抽样调查数据；

5. 部分数据因四舍五入原因，存在总项与分项不等的情况；

6. 本公报数据涉及的各类社会指标和部分经济指标来源于相关部门，需了解详情请咨询相关部门；

7. 人口数据各项指标中，均含市开发区。

2013 年大同县国民经济和社会发展统计公报

2014 年 3 月 15 日

大同县统计局

文献选辑

2013 年,面对国内外环境复杂多变的严峻形势,县委、县政府带领全县人民以党的十八大精神为指导,紧紧围绕"大规划,大招商,大建设,大发展"的总体部署,统筹兼顾,全县经济和社会发展在各种挑战中稳中有进,稳中有为,稳中向好,经济运行情况稳中增长,各项社会事业取得了新的进步。

一、综合

初步统计,全县全年实现生产总值 226851 万元,比上年增长 7.5%,其中,第一产业完成增加值 70197 万元,比上年增长 5.0%;第二产业完成增加值 49998 万元,比上年增长 11.3%,在第二产业中,工业完成增加值 45221 万元,比上年增长 12.7%;第三产业完成增加值 106656 万元,比上年增长 7.2%。第一、第二、第三产业对全县生产总值的贡献率分别为 33.4%、5.3%、61.3%,三次产业结构的比由上年的 30.6:24.3:45.1 变为 30.9:22.0:47.1。人均地区生产总值达 12831 元,比上年增加 1483 元,增长 13.1%。城镇登记失业率控制在 4.2% 以内,城镇比率为 36.06%(含市开发区)。

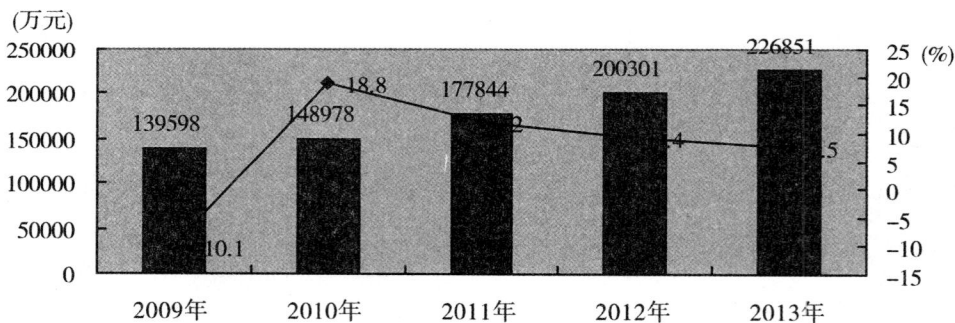

图 1　2009—2013 年全县生产总值

2013 年全县新增城镇就业人员 2000 人,扶持创业带动就业 900 人,转移农村劳动力 7000 人,创业培训 400 人,城镇登记失业人员技能培训 800 人,农村转移劳动力培训 3200 人,技能人才培训 1200 人,高技能人才培训 160 人。

二、农业

2013 年,全县农作物播种面积为 43031 公顷,比上年增加 94 公顷,增长 0.5%,其中,粮食作物播种面积为 36706 公顷,比上年增加 502 公顷,增长 1.39%,经济作物播种面积为 6325 公顷,比上年减少 194 公顷,下降 2.9%。在经济作物中,油料作物面积为 214 公顷,比上年增长 9.8%,甜菜面积为 245 公顷,比上年下降 26.6%,蔬菜面积为 4513 公顷,比上年下降 0.5%,瓜果播种面积为 1302 公顷,比上年增长 1.1%。

表1　2013年粮食、油料等农作物产量

单位:吨

产品名称	产量(吨)	比上年±%
一、粮食	88225	13.2
玉米	74911	13.9
谷子	1391	-65.9
黍类	4988	121.6
豆类	3639	10.5
薯类	3296	29.6
二、油料	269	9.8
三、蔬菜	138649	-0.5
四、瓜类	36050	2.3
五、水果	1595	8.4

畜牧业生产:2013年全县全年奶类产量30518吨,比上年下降0.7%,羊毛产量295吨,比上年增长0.9%,禽蛋产量12524吨,比上年下降1.8%,畜禽存出栏情况见表2。

表2　2013年畜禽存出栏情况

单位:头、只、万只

畜禽名称	存栏	比上年±%	出栏	比上年±%
牛	16093	15.96	15093	0.11
奶牛	5012	-4.31	-	-
猪	35309	3.58	59517	7.98
羊	111970	8.63	98399	1.14
家禽	100.84	9.61	115.43	10.04

林业生产:当年造林面积2678公顷,按造林方式分:人工造林2345公顷,无林地和疏林地新封造林333公顷。按经济成分分:国有造林333公顷,集体经济造林1745公顷,非公经济造林600公顷。按林种用途分:经济林600公顷,防护林1704公顷,薪炭林374公顷。四旁(零星)植树87万株,年末实有封山育林面积11866公顷,中、幼龄林抚育面积133公顷,当年苗木产量1200万株,本年新增育苗面积193公顷,全年木材产量537立方米。

2013年,全年全县实现农林牧渔业总产值130460万元,比上年增长12.2%,拥有农业机械总动力210353千瓦,比上年增长8.02%,农村用电量5192万千瓦时,比上年增长8.63%,农用化肥施用量(实物量)29157吨,比上年下降1.3%,农用塑料薄膜使用量1198吨,比上年增长5.32%,其中地膜使用量213吨,比上年增长9.38%,地膜覆盖面积14210公顷。农用柴油使用量1137吨,比上年下降14.06%,农药施用量52.6吨,比上年下降6.07%。

三、工业、建筑业和房地产业

2013年,全县全年14家规模以上工业企业实现增加值36181万元,比上年增长12.8%,实现销售产值118138万元,比上年增长19.0%,实现销售收入115284万元,比上年增长24%,实现利税7331万元,比上年增长13%,实现利润4285万元,比上年增长18.6%,全年实现总产值128665万元,比上年增长17.8%,其中,采矿业完成产值6303万元,占全部产值的4.9%,药品制造业完成产值5000万元,占全部产值的3.9%,水泥制品制造业完成产值

20791万元，占全部产值的16.2%，煤炭制品制造业完成产值21000万元，占全部产值的16.3%，机械制造业实现产值32006万元，占全部产值的 24.9%，其他建材类产值26066万元，占全部产值的20.3%。

表3 2013年全县规模以上产品产量

产品	计量单位	产量	比上年±%
原煤	万吨	14.7	119.7
机红砖	万块	15378	−9.4
活性炭	万吨	1.39	15.8
石墨电极	万吨	7.45	−14.0
铝型材	吨	3631	22.9
铸石板	万吨	1.66	−8.8

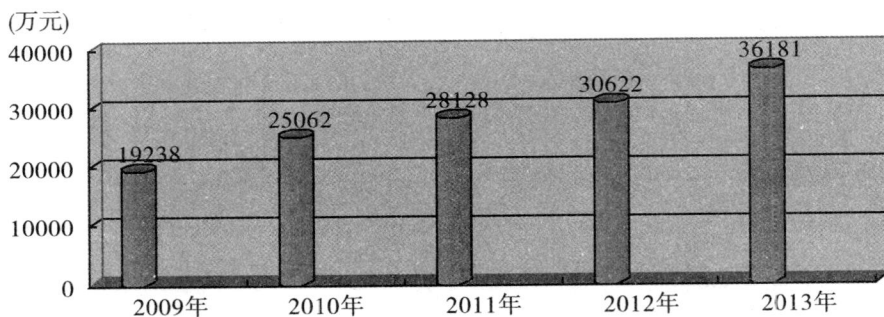

图2 2009—2013年规模以上工业增加值

2013年，全县共有资质以上建筑业企业6家，共完成建筑业产值7961万元，比上年下降9.2%，资质以上房地产开发企业3家，共完成开发投资46527万元，比上年增长36.9%。

四、固定资产投资

2013年，全县共完成固定资产投资693095万元，比上年增长39.5%，按建设性质为：建筑工程完成投资408845万元，安装工程完成投资111587万元，设备工器具购置投资117705万元，房地产开发与经营投资46527万元，其他投资8431万元。全年共有投资项目76个，其中2013年新开工项目62个，房屋施工面积46700平方米，房屋竣工面积40000平方米，房屋竣工价值5491万元。

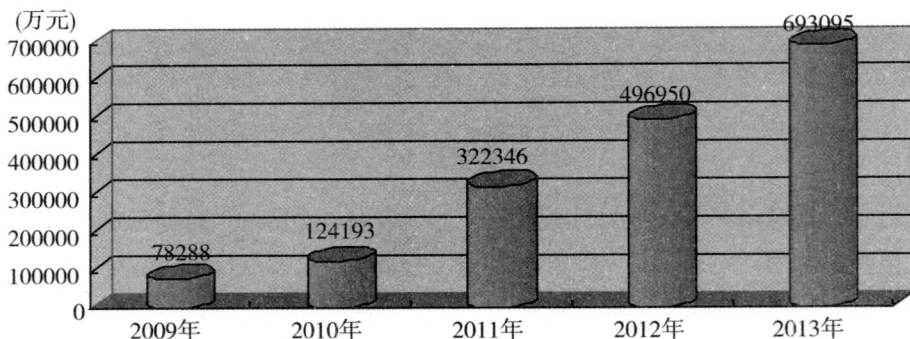

图3 2009—2013年全县固定资产投资完成情况

五、贸易、交通与通讯

2013年,全县全年完成社会消费零售总额124380万元,比上年增长13.5%,按销售区域分:城镇的零售额为48938万元,比上年增长9.1%,占全部零售额的39.3%,乡村的零售额为75442万元,比上年增长16.6%,占全部零售额的60.7%。按消费形态为,餐饮业消费9564万元,比上年增长8.7%,占全部零售额的7.7%,商品零售为114816万元,比上年增长13.9%,占全部零售额的92.3%。

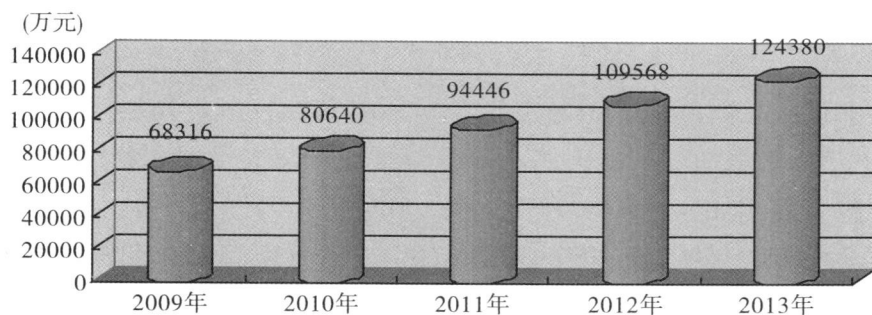

图4 2009—2013年消费品零售额情况

至2013年年末,全县境内公路通车里程达到1558千米,其中:国道通车里程为46千米,省道127千米,县道282千米,乡道735千米,村道368千米,公路密度为105.4千米/百平方千米,全县十个乡镇175个行政村全部通了水泥(油)路。全县拥有大型货用车4081辆,吨位达到117566吨,中型车辆171辆,吨位610吨,小型车辆1700辆,吨位2376吨,拥有牵引车3188辆,挂车3437辆,挂车吨位达109873吨,至年末,拥有大巴车41辆,拥有村村通小客车66辆,出租车250辆。至年末,全县拥有固定电话用户12130户,比上年增加571户,增长4.94%,拥有手机用户143112户,比上年增加5700户,增长4.15%,拥有互联网宽带用户15726户,比上年增加2309户,增长17.21%。

六、财政与金融

2013年,全县财政总收入为34343万元,比上年增长0.78%,其中国税部门完成12440万元,比上年下降22.62%,地税部门完成19427万元,比上年增长29.52%,财政部门完成2431万元,比上年下降17.23%,公共财政预算收入完成16095万元,比上年增长16.02%。

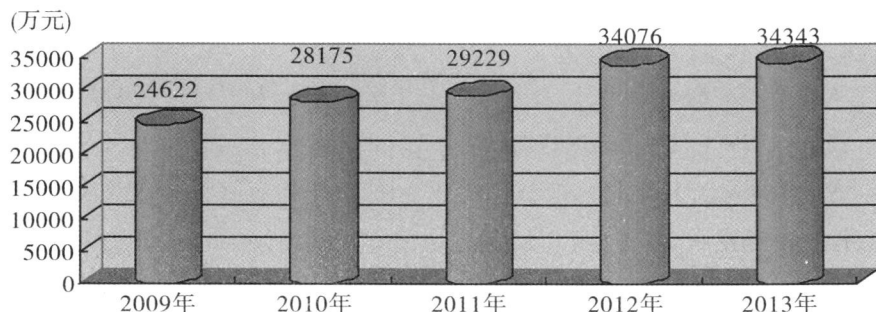

图5 2009—2013年全县财政总收入情况

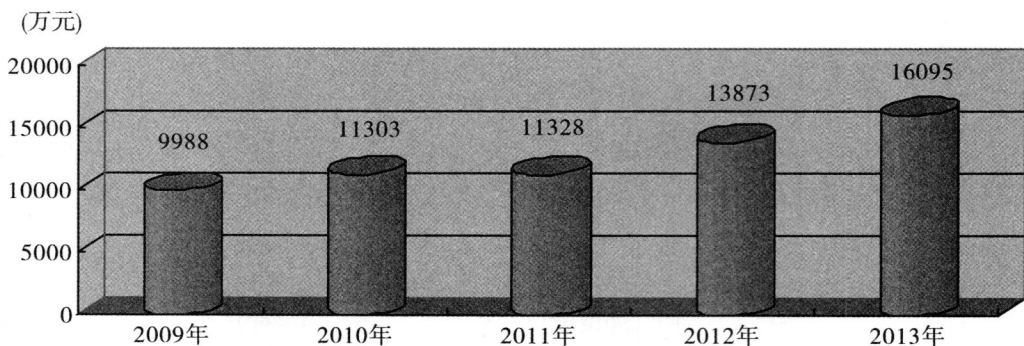

图6　2009—2013年全县公共财政预算收入情况

全年全县公共财政支出累计执行115436万元，比上年增加31164万元，增长36.98%，其中，一般公共服务支出11059万元，比上年增长20.13%，公共安全支出6034万元，比上年增长54.09%，教育支出24173万元，比上年增长1.44%，文化体育与传媒支出1157万元，比上年增长5.01%，社会保障和就业支出10677万元，比上年增长21.84%，医疗卫生支出9075万元，比上年增长16.95%，节能环保支出6062万元，比上年增长64.14%，城乡社区事务支出1628万元，比上年增长24.27%，农林水事务支出24953万元，比上年增长69.04%，交通运输支出3985万元，比上年增长156.93%，国土资源气象等支出6996万元，比上年增长284.61%，住房保障支出2987万元，比上年增长105.72%。

至2013年年末，全县金融机构各项存款余额481740万元，比上年增加52847万元，增长12.32%，其中，单位存款135533万元，比上年增加16839万元，增长14.19%，个人储蓄存款310687万元，比上年增加43684万元，增长16.36%，财政性存款35255万元，比上年减少7878万元，下降18.26%。各项贷款余额为143641万元，比上年增加22514万元，增长18.59%，其中短期贷款为75863万元，比上年增加14969万元，增长24.58%，在短期贷款中个人贷款及透支33249万元，比上年减少438万元，下降1.3%，单位普通贷款(经营贷款)42614万元，比上年增加15586万元，增长57.67%，中长期贷款63928万元，比上年增加3695万元，增长6.13%，在中长期贷款中，个人贷款

24699万元，比上年增加4214万元，增长20.57%，单位普通贷款(经营贷款)39229万元，比上年减少519万元，下降1.31%。

七、教育、卫生、文化体育

教育：2013年，全县拥有幼儿园36所(不含无证园)，小学47所，小学办学点15所，初中14所，高中1所。小学招生人数为1672人，在校学生为9183人，毕业生人数为2566人，初中招生人数为938人，在校学生为3092人，毕业生人数为1147人，专任教师人数为：幼儿园79人(不含民办)，小学959人，初中510人，高中202人。

卫生：全县拥县级医疗卫生机构6个，乡镇卫生院10个，卫生院分院6个，农村卫生室(点)159个，个体诊所11个，全县具有高级医疗卫生技术职称的人数为10人，全部为县级，具有中级医疗卫生技术职称人数为91人，其中县级83人，乡镇卫生院8人，具有初级医疗卫生技术职称人数293人，其中县级122人，乡镇卫生院171人。拥有床位390张，其中县级196张，乡镇卫生院194张，救护车13辆，其中县级3辆，乡镇卫生院10辆，大中型医疗设备(1万元以上)174台件，其中县级137台件，乡镇卫生院37台件。

文化体育：全县拥县级文化馆、图书馆各一个，乡镇文化站10个，村级文化(图书)室175个，拥有各类图书38625册。拥有篮球场99个，乒乓球台48个，门球场一个，健身路径157套。

八、环境保护和社会保障

环境保护：2013年，综合污染指数由上年的

1.78 下降到的 1.63，实际下降 0.15，一级天气 104 天，二级天气 218 天，三级天气 22 天。二氧化硫排放量为 2284 吨，比上年下降 3.38%，化学需氧量排放量 2148 吨，比上年下降 3.89%，氨氮排放量 137 吨，比上年下降 4.2%，氮氧化物排放量 568 吨，比上年下降 8.54%，烟尘排放量 3280 吨，比上年下降 0.09%，工业粉尘排放量 1345 吨，比上年下降 1.32%，万元工业增加值用水量为 71.88 吨，比上年下降 5.8%，工业废弃物综合利用 10 万吨，比上年增长 100%，年内建成区新增绿化面积 12.4 万平方米，比上年增长 2.3%，污水处理率达 70%，比上年提高 2 个百分点，新增集中供热面积 13 万平方米，全县农村饮水提标人数为 12190 人。投资 1600 万元完成两家活性炭企业活化炉节能改造工程 2 项，投资 1137 万元完成锅炉脱硫除尘、煤气发生炉改天然气炉、农业源污染减排工程 3 项。2013 年万元 GDP 综合能耗为 1.7084 吨标准煤，比上年的 1.7912 吨标准煤减少 0.0828 吨标准煤，下降 4.62%。

社会保障：全县拥有光荣院、敬老院 9 所，床位 450 张，集中供养 364 人，政府为集中供养老人支付养老费用 86 万元，分散供养五保户 1463 人，支付养老费用 190 万元。全县为 3074 户 6102 人城镇低保对象支付低保金 2334 万元，为 14064 户 15715 人农村低保对象支付低保金 2370 万元，新型农村合作医疗参保人数为 126153 人，全年共为农村参保患者报销医疗费 4959 万元。

至 2013 年年末，城镇企业职工参加养老保险的人数为 9821 人，城镇居民参加养老保险的人数为 1764 人，农村居民参加养老保险的人数为 67012 人，事业单位参加养老保险的人数为 237 人，参加工伤保险人数为 10596 人，参加生育保险人数为 14078 人，参加城镇基本医疗保险人数为 30074 人，参加失业保险人数为 7614 人。

九、人民生活和人口

人民生活：全县城镇居民人均可支配收入为 14883 元，比上年增加 1327 元，增长 9.8%，农村居民人均纯收入为 6364 元，比上年增加 707 元，增长 12.5%，在岗职工年平均工资 38152 元，比上年增加 6832 元，增长 21.8%，城乡居民储蓄存款余额为 310687 万元，比上年增加 43684 万元，增长 16.4%。

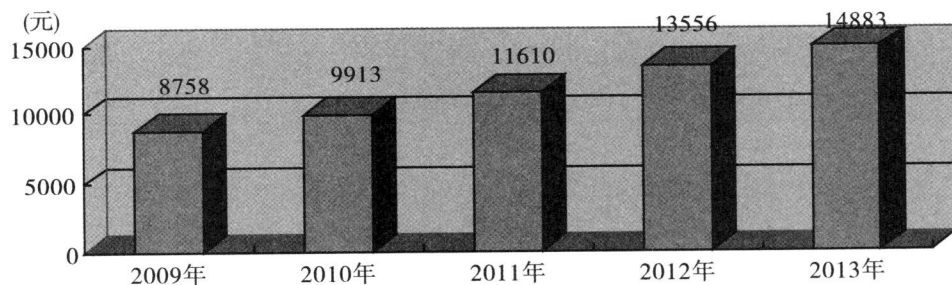

图7　2009—2013 年城镇居民人均可支配收入情况

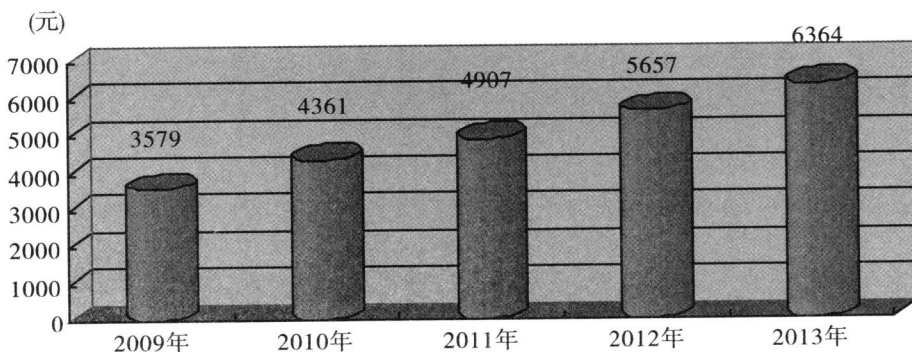

图8　2009—2013 年农村居民人均纯收入

人口：据省人口抽样调查推算，2013年全县总人口常住为189256人，出生2184人，死亡1031人，出生率11.58‰，死亡率5.46‰，自然增长率6.12‰。

表4 2013年全县常住人口构成情况

	人数（人）	比重（%）
总人口	189256	100
男	97553	51.55
女	91703	48.45
城镇人口	68245	36.06
乡村人口	121011	63.94

表5 2013年大同县主要经济指标完成情况与大同市对比

单位：万元

	大同市		大同县				绝对额大同县占大同市的比重（%）
	绝对额	增速（±%）	绝对额	全市排名	增速（±%）	全市排名	
地区生产总值	9675136	8.3	226851	9	7.5	7	2.34
规模以上工业增加值	3996000	10.0	36181	10	12.8	3	0.91
农林牧渔业总产值	1017083	10.1	130460	3	12.2	2	12.83
社会消费品零售总额	4712235	13.97	124380	8	13.5	8	2.63
固定资产投资	10362711	24.6	693095	6	39.5	8	6.69
公共财产预算收入	945719	17.8	16095	8	16.0	7	1.7
城镇居民人均可支配收入	21430	10.1	14883	11	9.8	5	
农村居民人均纯收入	6365	12.8	6364	5	12.5	5	

注：1. 本公报部分数据为初步统计数据；

2. 地区生产总值及各产业增加值绝对额按现价计算，增长速度按可比价计算；

3. 所有指标增长或下降均为同口径与上年相比较；

4. 部分指标为抽样调查数据；

5. 部分数据因四舍五入的原因，存在与分项不等的情况；

6. 公报涉及的各类社会指标和部分经济指标来源于相关部门，需了解详情请咨询相关部门；

7. 人口数据各项指标中，均含市开发区。

文艺选辑

大同县踢鼓秧歌

一、音乐

（一）说明

大同秧歌中实用的乐器有手锣（或镲片）、木棒（长50厘米、直径4厘米的两根硬木棒）及大鼓、大镲、大锣、小镲、小锣等。前两种由演员敲打，系舞蹈道具；后五种为伴奏乐器，形制无严格规定，每样一件。锣鼓点共五个：【楼鼓】散板快击如暴雨落地，用于秧歌的开场与结尾；【起鼓】进入正常节奏，引秧歌场表演；【慢板秧歌】悠缓抒情，为主要伴奏锣鼓点，无限反复，由慢转稍快；【快板秧歌】速度较快。热烈振奋，多用于舞蹈高潮部分，即各角色狂舞疾进奔向摆子所要求的位置的时候；【切鼓】快速是演员到位后舞蹈暂时中止的收点。之后，接着由演员齐声清唱《天下太平歌》。有条件的秧歌队还加用唢呐伴奏，【安鼓令】与【慢板秧歌】同时演奏；【出对子】与【快板秧歌】同时演奏。而且唢呐为领奏指挥；吹唢呐者根据演员的表现段落转换曲牌。锣鼓则随之转换鼓点；无唢呐时，则由击大鼓者指挥转换鼓点。

行进时，伴奏在秧歌队前面，鼓居中，小镲和大镲分别在其左、右；小锣和大锣分别在其左、右后。定场表演时按上述基本队形站于场地一角。

（二）曲谱

传授 许进才

记谱 苑育福

楼鼓

1 = bB

起 鼓

1 = bB

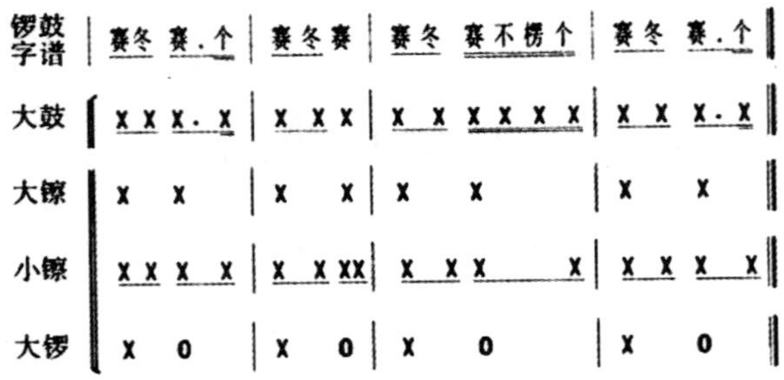

快板秧歌

$\frac{2}{4}$快速

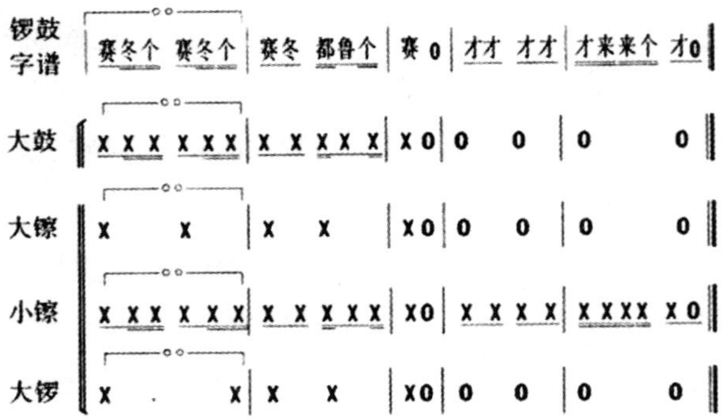

慢板秧歌

$\frac{2}{4}$稍慢　悠然沉稳地

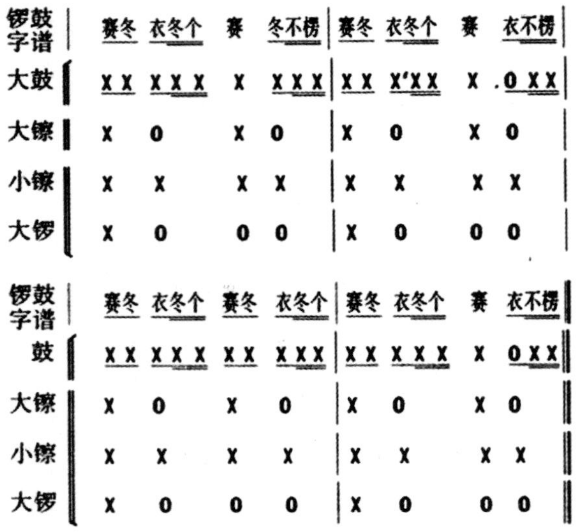

安鼓令

（唢呐曲）

出对子

（唢呐曲）

$1 = F$ $\frac{2}{4}$ 稍快 热烈欢快地

〔1〕
6 . 5 65 | 6 2̇ 1̇ 6 | 54 21 | 5̰ - | 6 1̇ 5 | 2 1 5 |

tr 〔8〕
6 4 5 | 5 - | 5 - | 2̇ 1̇ 6 2̇ | 42 12 | 4 6 1̇ | 〔12〕

tr 〔16〕
5 6 25 | 4 - | 4 - | 21 64 | 56 1̇ | 2̇ 6 1̇ 6 |

〔20〕 ̰
6 5 43 | 2 . 3̰ | 2 0 | 23 51 | 2 . 3̰ | 2 - | 〔24〕

tr 〔28〕
2 . 3 51 | 23 12 | 5 4 | 3 - | 3 - | 5 2 45 |

〔32〕 〔36〕 ̰
6 5 1̇ | 5 1̇ 65 | 4 3 | 2 5 | 65 32 | 1 . 2̰ |

〔40〕 ̰ ̰
1 0 | 1̇ . 2̇ 3̇ 2̇ | 1̇ 3̇ 2̇ 1̇ | 62 45 | 6̰ - | 2̇ 1̇ 4 . 5 | 6̰ - |

〔44〕 〔48〕 tr
2̇ 6 1̇ 6 | 54 21 | 5 6 1̇ | 5 21 | 5 6 4 5 | 5 - | 5 - ‖

天下太平歌

$1=C\frac{2}{4}$ 稍快 欢乐、赞颂地

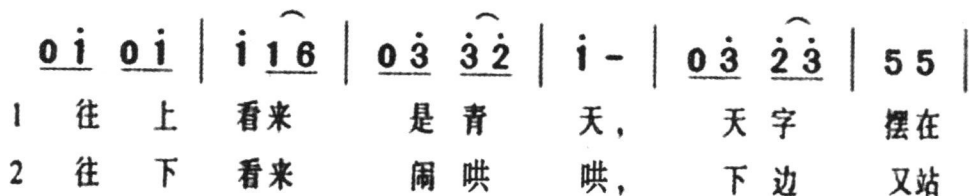

1 往上 看来 是青 天， 天字 摆在
2 往下 看来 闹哄哄， 下边 又站

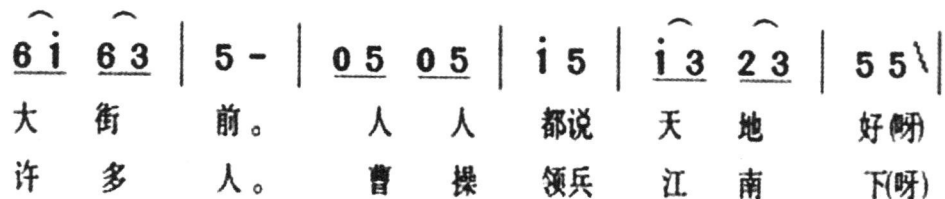

大街 前。 人人 都说 天地 好（呀）
许多 人。 曹操 领兵 江南 下（呀）

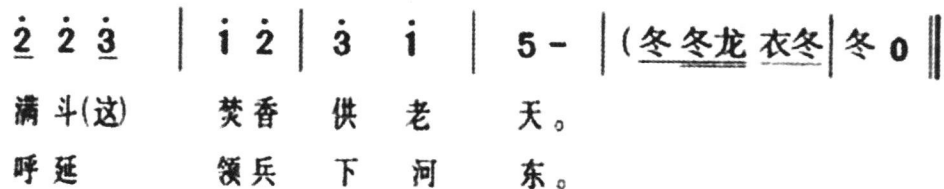

满斗（这） 焚香 供老 天。
呼延 领兵 下河 东。

第 3 段歌词为：

阴阳两家是太安，自有山西古太原，

太字本是火神道，太阳太阴照世界。

第 4 段歌词为：

这山看来那山平，斛头尺秤为公平，

平字阵上诸神到，与民同乐天下太平。

二、造型、服饰、道具

（一）造型

秧歌头（大打扮）

秧歌头（小打扮）

凤公

大脚婆

头趟鼓子

二趟鼓子

头趟棒子

二趟棒子

花

看书先生

络毛

（二）服饰（除附图外，均见"统一"图）

1. 秧歌头

服饰有两种，分大打扮和小打扮。

大打扮：头戴清代凉帽，抹紫色脸，戴连鬓髯口。身穿黑色团花马挂，黄色对襟马褂、领口、肩、前胸后背绣团花，红彩裤，腰扎白色大带，脚穿黑色快靴。

小打扮：头戴清代红缨帽，抹紫脸，画连鬓胡。身穿黄色对襟袄，外套一件镶蓝边黑坎肩，红彩裤，紫色大带，右肩斜跨串铃，脚穿牛鼻子鞋。

2. 凤公

头戴小生巾，须生扮，挂黑色满髯。身穿紫色对襟袄，外套蓝色绣花褶子，红色彩裤，腰扎黄色大带，脚穿快靴。

3. 大脚婆

彩旦扮。头扎黑水纱，戴头箍，脑顶竖绑一小牛角，眉心稍上方点一大火罐印，耳上各挂一红萝卜削成的原片（代"耳环"）。身穿粉红绣花短大襟袄，外套紫色白边坎肩，绿色彩裤，腰扎白色绣花片群，脚穿彩鞋。

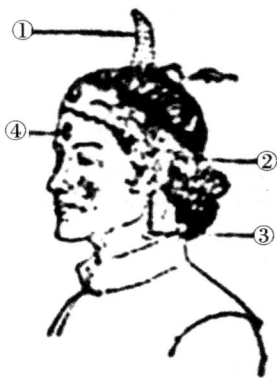

大脚婆头饰脸谱

头箍

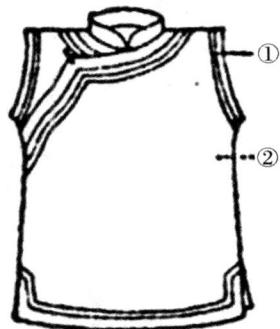

大脚婆坎肩

①牛角　　　　　　②头箍　　　　　　①白色
③红萝卜片　　　　④火罐印　　　　　②紫色

4. 鼓子

服饰分为两种。

头趟鼓子武生扮，头勒网子扎梢头围水纱，额头正中插英雄花面牌。身穿黑色袴衣，红灯笼裤，腰扎蓝色大带，脚穿黑色快靴。

二趟鼓子武生扮，头戴鸡冠毡帽，额前插英雄花，带黑三髯。身穿黑色对襟袄镶白边，绿彩裤，腰扎黄色大带，脚穿黑便鞋。

5. 花子

旦扮。分头趟和二趟（各两人），服饰不同，颜色不同。

头趟花子身空红色短大襟袄，红色彩裤，披蓝色绣花云肩和粉色斗篷，脚穿红彩鞋。

二趟花子服色区别于头趟花子即可。

6. 棒子

分为头趟棒子和二趟棒子。

头趟棒子丑扮、戴黑罗帽。穿黄色镶蓝边对襟袄，红色彩裤，腰扎紫色绸带，脚穿黑便鞋。

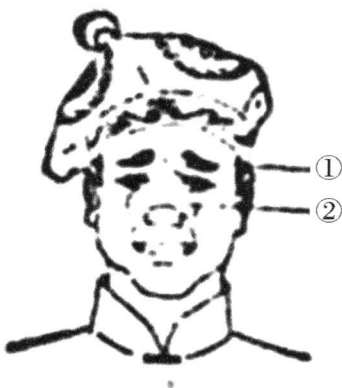

头趟鼓子　　　　　　　　头趟鼓子头饰脸谱　　　　　　甩发（梢头）

头饰　　　　①黑色②白色

二趟棒子丑扮，戴红边黑和尚帽。穿大红色镶白边对襟上衣，红彩裤，腰扎黄绸带，脚穿黑便鞋。

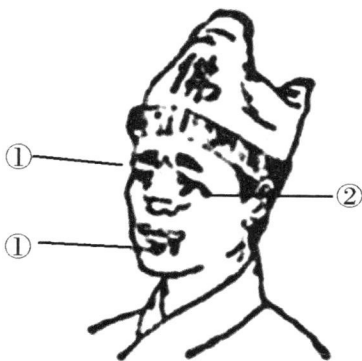

二趟鼓子　　　　　　　　二趟鼓子头饰脸谱　　　　　　二趟鼓子上衣

头饰　　　　①白色　②黑色　　①红色图案　②白色

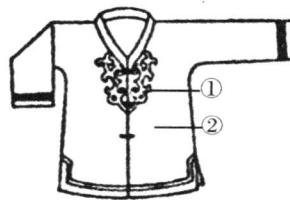

7. 看书先生

三花脸。头戴书板巾，带灰三络髯子。身穿黑色长斜襟道袍，外套蓝色坎肩，黄色彩裤，扎黄色腰带，脚穿黑便鞋。

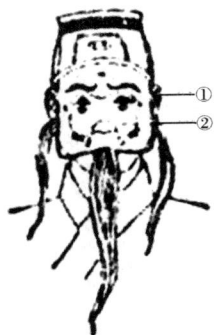
看书先生头饰脸谱

①黑色　②白色

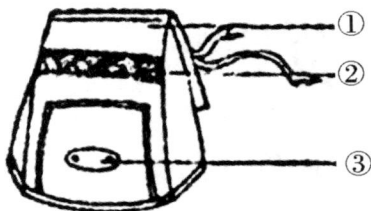
书板巾

①黑色　②白色花边　③白骨片

络毛头饰

①白色　②黑色

8. 络毛

三花脸。头戴白色鸡冠毡帽,戴五六髭。身穿黄色对襟袄,蓝色坎肩,红彩裤,扎黄腰带,脚穿黑便鞋。

(三)道具(除见附图外,均见"统一"图)

1. 拂尘(俗名"云帚");

2. 串铃;

3. 折扇(纸);

4. 笤帚;

5. 手锣和锣板;

6. 木棒;

7. 善本书(按线装书式样制作,蓝皮,厚薄不拘);

8. 毛笔;

9. 鸡毛掸子。

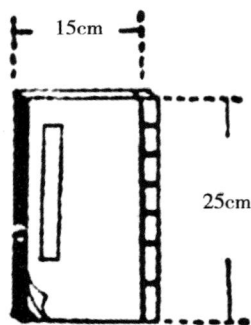
善本书

毛笔

三、动作说明

1. 握云帚:右手满把握其柄。

2. 握鸡毛掸子:右手满把握掸子木柄。

3. 握扫帚:右手满把握扫帚把。

4. 执手锣、锣板(见"统一图")。

5. 端扫帚(见图一)。

后 记

　　《大同县志(1996—2013)》(以下简称本志)历经数载寒暑,现已问世。本志以客观朴实的笔触、翔实准确的资料、图文并茂的形式全面而系统地记录下了大同县改革开放18年社会、经济、政治各个领域的巨大发展变化,向世人展示了一幅大同县改革开放、快速发展的壮丽画卷。

　　本志的面世,为全县各级领导干部认识县域、研究县域、管理县域、发展县域,制定推动地方经济和社会发展的政策提供了重要的科学依据,必将为全县经济社会在科学发展的轨道上又好又快发展发挥积极作用。当我们把这部厚重的志书奉献给读者的时候,百感交集,思绪万千。

　　此次修志始于2010年3月。2010年3月启动的二轮县志暨首轮党史动员会,县委、县政府及时调整了编纂委员会,下发了编修通知和方案细则,计划7年时间完成第二轮修志任务。自此拉开了该志续修工作的序幕。

　　启动修志工作后,史志办在不断完善编目的基础上,采取主编、副主编、责任编辑和基层采编人员分工合作的方法,收集整理资料,编写资料长编和初稿。在设计编目上力求创新。史志办编写人员南下北上,东进西征,跑档案馆,访老干部,查报刊资料,搜集民间传说,去实地佐证史料,到现场观察实情,走过十多个省、区、市,行程1万多千米;同时各乡镇又分别组织人员提供乡镇资料,县直100多个单位成立分志稿编写小组。到2014年6月,史志办共搜集原始资料达1200多万字。

　　2014年6月后,县史志办全体人员进一步梳理材料,修改完善编目,开始着手编辑分志,到2014年底形成分志(讨论稿)26编、初稿15编,并指导了30多个部门编写了部门志。这些工作为志书的总体完成打下了坚实的基础。期间,历届县委、县政府主要领导和分管领导多次协调指导修志工作。采取了"以编为主,采编结合"两条腿走路的工作方针,至2014年底,全面完成了各分志稿编辑任务,同时分纂出18个专业志,工作取得了突破性进展。2015年7月,集中力量编纂完成了170多万字的县志送审稿报市地方志办公室进行了初审。2016年10月26日至28日,《大同县志(1996—2013)》志稿评审会在大同县召开,省市以及周边兄弟县区编修志书专家共30多人参加会议,与会的专家学者认真评议,畅所欲言,对本志提出了许多宝贵意见。

　　2016年11月,全体编辑人员迅速着手梳理评审会提出的修改意见,抓紧拟定了总纂修改方案，进行了细致分工，落实了岗位责任制。全体编纂人员再接再厉，信心百倍地投入了总纂修改攻坚战。从篇目、体例、资料、行文规范、语言文字等方面进行再修改，再精编，努力提高志书的质量。整个编纂修改过程中，经过反复征求意见，先后作了15次大的修改。2017年5月，完成了总纂修改完善任务，形成了本志的终审稿。

2017年5月5日，本志的终审稿呈县委、县政府主要领导审阅。6月底，根据县委、县政府主要领导的意见和建议再修改完善后，送市地方志办公室审查验收。同时，呈送到省地方志办公室进行审核，根据省市地方志办公室审验意见，我们组织全体编纂人员再次进行认真的修改完善。11月呈送线装书局编审出版。

从修志伊始到定稿付梓，整个修志过程中，县委、县政府领导都高度重视，亲自指导，统一安排，因而修志工作才得以顺利进行。我们深深感到：这部志书的完成，是县委、县政府正确领导及大力支持的结果；是广大干部群众，特别是曾在本县工作过的老同志热情支持的结果；是上级地方志部门的领导、专家具体指导的结果；是社会各部门及同仁鼎力相助的结果；是集体智慧的结晶。在编写过程中，省、市地方志办公室领导以及相关科室工作人员等亲临大同县检查帮助指导。另外，县档案局、县新闻中心、市日报社、市档案馆等部门为修志大开方便之门，各部门负责人在督促抓好县志资料提供的同时，积极帮助审核志稿，提出修改意见。值此，谨向一切关心支持编写并为此做出贡献的所有单位和同志，致以崇高的敬意和由衷的谢忱！

本志定稿付梓时，作为编纂人员，感到无比的欣喜和不安。欣喜的是，经过几年的努力，终于完成了党和人民交给我们的光荣而艰巨的任务；不安的是，作为一部流传后世的志书，因其纵跨十八载，横贯百科，涉猎诸业，触及具体，有些资料实是难查，再加上我们的水平有限，难免有许多纰漏或谬误，敬望读者不吝赐教，有待续志给予补正。

编　者

2017年11月

图书在版编目（CIP）数据

大同县志:1996—2013 / 刘志远主编,山西省大同县地方志
编纂委员会办公室编．—北京:线装书局,2018.5
　ISBN 978－7－5120－3206－4

Ⅰ.①大… Ⅱ.①刘… ②山… Ⅲ.①大同县—地方志—
1996－2013　Ⅳ.①K292.54

中国版本图书馆 CIP 数据核字（2018）第 093246 号

大同县志(1996—2013)

主　　编:刘志远

编　　者:山西省大同县地方志编纂委员会办公室

责任编辑:姚　欣

出版发行:线 装 書 局

　　　　地　址:北京市丰台区方庄日月天地大厦 B 座 17 层(100078)

　　　　电　话:010－58077126(发行部)　010－58076938(总编室)

　　　　网　址:www.zgxzsj.com

经　　销:新华书店

印　　制:三河市华东印刷有限公司

开　　本:880mm×1230mm　　1/16

印　　张:54.25

字　　数:1350 千字

版　　次:2018 年 5 月第 1 版第 1 次印刷

印　　数:0001—3000 册

线装书局官方微信

定　　价:438.00 元